SONDERHEFT 42

ORGANISATIONSSOZIOLOGIE

KÖLNER ZEITSCHRIFT FÜR SOZIOLOGIE
UND SOZIALPSYCHOLOGIE

SONDERHEFTE
Begründet durch *René König*

Herausgegeben von
Jürgen Friedrichs, Karl Ulrich Mayer und *Wolfgang Schluchter*

ORGANISATIONS-SOZIOLOGIE

HERAUSGEGEBEN VON
JUTTA ALLMENDINGER UND THOMAS HINZ

WESTDEUTSCHER VERLAG

Kölner Zeitschrift für Soziologie und Sozialpsychologie

Begründet als „Kölner Zeitschrift für Soziologie" durch *Leopold von Wiese* (1948–1954)
Fortgeführt als „Kölner Zeitschrift für Soziologie und Sozialpsychologie" durch *René König* (1955–1985)
Herausgeber: Prof. Dr. *Jürgen Friedrichs*, Universität zu Köln, Prof. Dr. *Karl Ulrich Mayer*, Max-Planck-Institut für Bildungsforschung Berlin, und Prof. Dr. *Wolfgang Schluchter*, Universität Heidelberg
Beirat: Prof. Dr. *Marlis Buchmann*, ETH Zürich; Prof. Dr. *Hartmut Esser*, Universität Mannheim; Prof. Dr. *Christian Fleck*, Universität Graz; Prof. Dr. *Ute Gerhard*, Frankfurt a.M.; Prof. Dr. *Wolfgang Streeck*, Max-Planck-Institut für Gesellschaftsforschung, Köln; Prof. Dr. *Gisela Trommsdorff*, Universität Konstanz; Prof. Dr. *Paul Windolf*, Universität Trier

Redaktionssekretär: Dr. *Heine von Alemann*, Forschungsinstitut für Soziologie der Universität zu Köln

Zuschriften werden erbeten an: Redaktion der Kölner Zeitschrift für Soziologie und Sozialpsychologie, Forschungsinstitut für Soziologie, Lindenburger Allee 15, D-50931 Köln. Telefon: (0221) 470-2518; Fax: (0221) 470-2974; E-Mail: kzfss@uni-koeln.de; Internet: http://www.uni-koeln.de/kzfss/

Die KZfSS wird u. a. in den folgenden Informationsdiensten erfasst: *Social Science Citation Index* und *Current Contents* des Institute for Scientific Information; *sociological abstracts; psychological abstracts; Bulletin signalétique; prd*, Publizistikwissenschaftlicher Referatedienst; *SRM*, social research methodology abstracts; *SOLIS*, Sozialwissenschaftliches Literaturinformationssystem; Literaturdatenbank *PSYNDEX;* Referatedienst *Psychologischer Index* u.a.m.

Westdeutscher Verlag GmbH, Abraham-Lincoln-Straße 46, 65189 Wiesbaden,
Postfach 15 46, D-65173 Wiesbaden   www.westdeutscher-verlag.de

Geschäftsführer: Dr. Hans-Dieter Haenel
Verlagsleitung: Dr. Heinz Weinheimer
Gesamtleitung Produktion: Reinhard van den Hövel
Gesamtleitung Vertrieb: Gabriel Göttlinger
Gesamtleitung Anzeigen: Thomas Werner

Leserservice: Tatjana Hellwig; Telefon: (06 11) 78 78-151, Telefax: (06 11) 78 78-423
E-Mail: tatjana.hellwig@bertelsmann.de

Abonnentenverwaltung: Ursula Müller; Telefon: (0 52 41) 80 19 65, Telefax (0 52 41) 80 96 20
E-Mail: Ursula.Mueller@bertelsmann.de

Marketing: Ronald Schmidt-Serrière M.A.; Telefon: (06 11) 78 78-280, Telefax: (06 11) 78 78-439;
E-Mail: Ronald.Schmidt-Serriere@bertelsmann.de

Anzeigenleitung: Christian Kannenberg; Telefon: (06 11) 78 78-369,
Telefax: (06 11) 78 78-430; E-Mail: Christian.Kannenberg@bertelsmann.de
Anzeigendisposition: Monika Dannenberger; Telefon: (06 11) 78 78-148, Telefax: (06 11) 78 78-443
E-Mail: Monika.Dannenberger@bertelsmann.de
Es gilt die Anzeigenpreisliste vom 1.10.2001.

Produktion/Layout: Gabriele McLemore; Telefon: (06 11) 78 78-174, Telefax: (06 11) 78 78-468
E-Mail: Gabriele.McLemore@bertelsmann.de

Bezugsmöglichkeiten: Jährlich 4 Hefte. Jahresabonnement 2003: € 105,–/sFr 181,–, Studentenabonnement gegen Studienbescheinigung € 66,–/sFr 118,50, Einzelheft € 30,–/sFr 54,–. Alle Preise zuzüglich Versandkosten. Die angegebenen Bezugspreise enthalten die Mehrwertsteuer. Alle Preise und Versandkosten unterliegen der Preisbindung.
Die Bezugsgebühren enthalten die gültige Mehrwertsteuer. Kündigungen des Abonnements müssen spätestens 6 Wochen vor Ablauf des Bezugszeitraumes schriftlich mit Nennung der Kundennummer erfolgen. Jährlich kann ein Sonderheft erscheinen, das nach Umfang berechnet und den Abonnenten des laufenden Jahrgangs mit einem Nachlass von 25 % des jeweiligen Ladenpreises geliefert wird. Bei Nichtgefallen kann das Sonderheft innerhalb einer Frist von 3 Wochen zurückgegeben werden.

© 2002 Westdeutscher Verlag GmbH, Wiesbaden

Der Westdeutsche Verlag ist ein Unternehmen der Fachverlagsgruppe BertelsmannSpringer.

Die Zeitschrift und alle in ihr enthaltenen einzelnen Beiträge und Abbildungen sind urheberrechtlich geschützt. Jede Verwertung außerhalb der engen Grenzen des Urheberrechtsgesetzes ist ohne Zustimmung des Verlags unzulässig und strafbar. Das gilt insbesondere für Vervielfältigungen, Übersetzungen, Mikroverfilmungen und die Einspeicherung und Verarbeitung in elektronischen Systemen.

Gedruckt auf säurefreiem und chlorfrei gebleichtem Papier.

ISBN-13: 978-3-531-13999-9   e-ISBN-13: 978-3-322-80453-2
DOI: 10.1007/978-3-322-80453-2

INHALTSÜBERSICHT

Vorwort 7

I. Einleitung

Jutta Allmendinger und *Thomas Hinz:*
Perspektiven der Organisationssoziologie 9

II. Grundlagen

Uwe Schimank:
Organisationen: Akteurkonstellationen – korporative Akteure – Sozialsysteme   29

Rafael Wittek und *Andreas Flache:*
Rational Choice und Organisationstheorie 55

Dorothea Jansen:
Netzwerkansätze in der Organisationsforschung 88

Martin Schulz und *Nikolaus Beck:*
Die Entwicklung organisatorischer Regeln im Zeitverlauf 119

Stefan Liebig:
Gerechtigkeit in Organisationen. Theoretische Überlegungen und empirische
Ergebnisse zu einer Theorie korporativer Gerechtigkeit 151

Amy Wharton:
Geschlechterforschung und Organisationssoziologie 188

III. Organisationen als Handlungsfelder

Lutz von Rosenstiel:
Führung in Organisationen 203

J. Richard Hackman:
Ein alternativer Blick auf Gruppen in Organisationen 245

Astrid Podsiadlowski:
Diversität in Organisationen und Arbeitsgruppen 260

Juliane Achatz, Stefan Fuchs, Nina von Stebut und *Christine Wimbauer:*
  Geschlechterungleichheit in Organisationen. Zur Beschäftigungslage hochqualifizierter Frauen 284

IV. Organisationen und ihr Umfeld

Hayagreeva Rao:
  Gründung von Organisationen und die Entstehung neuer organisatorischer Formen 319

Emanuela Todeva und *David Knoke:*
  Strategische Allianzen und das Sozialkapital von Unternehmen 345

Glenn Carroll, Stanislav Dobrev und *Anand Swaminathan:*
  Theorie der Ressourcenteilung in der Organisationsökologie 381

V. Organisationen und Gesellschaftstheorie

Paul Windolf:
  Die Zukunft des Rheinischen Kapitalismus 414

Armin Nassehi:
  Die Organisationen der Gesellschaft. Skizze einer Organisationssoziologie in gesellschaftstheoretischer Absicht 443

Die Autorinnen und Autoren 479
English Summaries 484

Vorwort

Die Arbeiten an diesem Sonderband begannen im vorigen Jahrtausend. Erste konzeptionelle Überlegungen fanden mit den Herausgebern der Kölner Zeitschrift für Soziologie und Sozialpsychologie, Jürgen Friedrichs, Karl Ulrich Mayer und Wolfgang Schluchter, im Jahre 1999 statt, und nicht nur in retrospektiver Verklärung fiel diese Zeit des Projektbeginns leicht und war voller Enthusiasmus. Es stand fest, dass hier kein weiteres Handbuch der Organisationssoziologie erstellt werden sollte, kein Aufriss der historischen Entwicklungslinien, keine Würdigung der Klassiker, keine Darstellung und Klassifizierung unterschiedlicher Organisationsformen, keine Einführung in organisationssoziologische Theorien und auch kein umfassender Aufriss des gegenwärtigen Forschungsstandes. Selektivität war Programm und Konsens. Gemeinsam verständigten wir uns auf eine Beschränkung auf Arbeitsorganisationen, darauf, international und interdisziplinär vorzugehen, Autorinnen und Autoren zu suchen, welche Theorie und Empirie miteinander verbinden und dies vor allem kritisch und zukunftsweisend leisten. In der Gesamtschau des Bandes sollten dann Verbindungslinien deutlich werden zwischen Ansätzen, die sich auf Prozesse in Organisationen beziehen, auf das Verhältnis zwischen Organisationen und ihrer Umwelt und auf den Wandel von Organisationen. Damit verbunden war die Erwartung, dass gerade die Konzentration und der Verzicht auf die Darstellung einzelner Theorie- und Forschungsansätze von allein alle Theorien und Methoden der Organisationsforschung breit einbinden werde und zu überraschenden Verbindungen zwischen ihnen führen könnte. Gewünscht war ein Quer- und nicht linientreues Denken.

Es steht uns nicht an, den Erfolg dieses Vorhabens zu beurteilen. Umsetzbar jedenfalls ist diese ursprüngliche Konzeption schon. Nach der Lektüre der fünfzehn Beiträge wird offensichtlich, dass die in der Organisationssoziologie so betont hervorgehobenen Regelungs- und Kontrollsysteme zwischen Menschen und zwischen Organisationen so lange scheitern müssen, wie wir die Rolle von Vertrauen und Gerechtigkeit nicht ernsthaft mitdenken und miterfassen. Dies gilt für strategische Allianzen zwischen Organisationen ebenso wie für Beziehungen zwischen Vorgesetzten und Ausführenden und für eine effiziente Arbeit in (oft ganz unterschiedlich zusammengesetzten) Gruppen in Organisationen. Auch eine an Personen ansetzende Betrachtung greift zu kurz, die Bedeutung relationaler und kontextueller Einbettung wird in allen Beiträgen, gleich welcher theoretischen Ausrichtung und welchem Forschungsgegenstand sie gelten, betont. Marktbeziehungen sind nicht ohne ihre institutionelle Verankerung zu verstehen, Geschlechterungleichheiten nicht ohne den organisatorischen und gesellschaftlichen Zusammenhang, persönliche Handlungsstrategien nicht ohne Bezug auf die Arbeitsgruppe, auf Führung und Kultur von Organisationen. Theorien stehen nicht unverbunden nebeneinander, Handlungstheorien, Strukturtheorien und Systemtheorie können aufeinander bezogen werden. Auch methodisch wird das Nebeneinander und nicht Gegeneinander unterschiedlicher Forschungsstrategien deutlich, auch das vorsichtige und doch durchgängige Hinterfragen oft zu einfacher Kausalmodelle. Auf diese und weitere gemeinsame Linien der Beiträge und die damit verbundenen Herausforderungen an die Organisationsforschung gehen wir in unserem einführenden Beitrag näher und ausführlich ein.

Vorworte erlauben Persönliches. Für die Herausgeberin waren die Jahre zwischen Projektbeginn und dem Erscheinen des Buches vor allem durch den Verlust zweier wichtiger Personen geprägt, von zwei Kollegen, die zu lieben Freunden geworden waren. Der Tod von Aage B. Sørensen schmerzt nachhaltig. Die in diesem Band jetzt so offensichtlich klaffende Lücke – Ausführungen über Mobilitätsregime in Organisationen – ist nur ein äußerlicher Ausdruck dieses Zustands. Erika Brückner fehlt täglich an allen Ecken und Enden, und auch mit ihr haben wir einen auf eine kritische Methodenreflexion zugeschnittenen Beitrag verloren.

Für beide Herausgeber gilt, was alle Herausgeber kennzeichnet: Die Profession ist überbeschäftigt, unsere Autorinnen und Autoren hatten, wie wir selbst, eine Vielzahl von Arbeiten parallel zu erledigen. Wir konnten daher mit ihnen nie richtig böse sein über das verspätete Eingehen von Manuskripten oder das oft lange Hinausschieben der Überarbeitung. Eine große Mühe machte dagegen der Kampf mit der eigenen Frustration, welche sich vorwiegend aus den vielen Übersetzungen aus dem Englischen ergab. Manuela Thurner hat alle Texte übersetzt und dies ganz hervorragend erledigt. Und dennoch sind Übersetzungen eben keine Originale, bleibt die Schönheit vielleicht gerade der wissenschaftlichen Sprache nur bedingt erhalten. Ende gut, alles gut – und doch wäre zu überlegen, ob es heutzutage eines solch hohen zeitlichen wie finanziellen Aufwandes wirklich bedarf, wo wir doch alle auch englisch lesen und verstehen können und uns auch europaweit verständigen wollen.

Wir schließen mit Zeilen, die am Anfang hätten stehen müssen, mit Zeilen des Dankes. Diese richten sich zunächst an unsere Autorinnen und Autoren für ihr Vertrauen, für ihre Bereitschaft der Mit- und Zusammenarbeit und für ihre immer konstruktive Kooperation auch bei der Überarbeitung. Gleiches gilt für die Herausgeber der KZfSS und insbesondere für Heine von Alemann, der vor allem in den letzten Wochen vor Abgabe zur Höchstform auflief und viele wertvolle Anregungen einbrachte. Auch jene, und das sei am Rande und mit Herzlichkeit vermerkt, das Wort *gender* doch aus der englischen Sprache zu verbannen und es hinfort durch das Wort *Geschlecht* zu ersetzen. Manuela Thurner haben wir bereits erwähnt. Ohne ihre Bereitschaft, vergleichsweise trockene soziologische Texte zeitgleich zu spannenden Drehbüchern und Kriminalromanen zu übersetzen, wäre der vorliegende Band erst im nächsten Jahrzehnt erschienen. Und dann gibt es noch Jochen Groß, der neben diesem Band noch tausende Seiten für gleich zwei Kongressbände der DGS bearbeitet hat, und all dies souverän, zuverlässig, selbstständig – einfach gut. Die Arbeit ist nur ein Teil des Lebens, glücklicherweise. Persönlich begleitet haben uns viele Personen, für deren Rückhalt und Unterstützung wir danken. Einige kamen dabei viel zu kurz, insbesondere Philipp, dessen Mutter noch den Arbeitsort wechselte und plötzlich nicht nur mit Münchner Arbeit, sondern auch mit vielen roten Nürnberger Mappen nach Hause kam. Der Dank an ihn ist groß und besteht aus mehr als in der Adoption von Laurids, einem dankbaren Kater.

München, im Januar 2003 *Jutta Allmendinger* und *Thomas Hinz*

I. Einleitung

PERSPEKTIVEN DER ORGANISATIONSSOZIOLOGIE*

Jutta Allmendinger und Thomas Hinz

Zusammenfassung: Ausgehend von einer Bestandsaufnahme zur Organisationssoziologie werden Herausforderungen an die Theoriebildung und die Organisationsforschung diskutiert. Zunächst wird das Spannungsverhältnis zwischen Vertrauen und Kontrolle behandelt und am Beispiel der Effektivität von Gruppen, Verläufen organisatorischer Regeln und strategischen Allianzen verdeutlicht. Danach wird die Einbettung von Organisationen in ihre sozialen Rahmenbedingungen hervorgehoben, so Bezüge zwischen Arbeitsgruppen und Organisation, zwischen Organisationen und ihren organisationalen Feldern und zwischen Organisationen und gesellschaftlichen Institutionen. Die Frage bleibt offen, ob solche Kontexteffekte angesichts einer zunehmenden Entgrenzung in und zwischen Organisationen an Bedeutung verlieren oder gewinnen werden. Anschließend werden zwei Querschnittsthemen aufgegriffen, die sich durch die gesamte Organisations- und Gesellschaftstheorie ziehen: Der Stellenwert von Organisationen für Formen sozialer Ungleichheit sowie der Zusammenhang von organisatorischem und sozialem Wandel. Den Abschluss bildet ein Aufriss methodischer Herausforderungen an die zukünftige Organisationsforschung.

Die Organisationssoziologie hat in den letzten Jahrzehnten in Deutschland einen enormen Aufschwung genommen. Organisationssoziologische Veröffentlichungen werden in den etablierten soziologischen Zeitschriften immer zahlreicher, es entstehen einschlägige DFG-Schwerpunktprogramme, im Rahmen der Deutschen Gesellschaft für Soziologie wird die Organisationssoziologie wohl bald den Status einer Sektion bekommen. Woher kommt die erhöhte Attraktivität eines an sich alten und zugleich klassischen Untersuchungsgegenstandes?[1]

---

* Für wertvolle Hinweise danken wir Heine von Alemann und Stephan Leibfried.
1 Dieser Aufschwung der Organisationsstruktur trat in Deutschland später als in anderen Ländern ein. So hat die Organisationssoziologie in den USA seit langem den Status einer Sektion in der American Sociological Association, und Veranstaltungen über Organisationen sind auf den Kongressen der ASA zahlreicher als in den meisten anderen Feldern der Soziologie. Ähnliches gilt für die meisten europäischen Länder. Über Ländergrenzen hinweg hat sich die European Group for Organizational Studies (EGOS) fest und erfolgreich etabliert. Dies mag auch daran liegen, dass in der westdeutschen Soziologie nach dem Zweiten Weltkrieg viele empirische Projekte, die für das Fach Maßstäbe setzten, der Forschung in und über *Industrieunternehmen* galten (so Dahrendorf 2002 in seinen autobiographischen Notizen). Diese Forschungen

Ein zentraler Grund ist darin zu suchen, dass Organisationen Kristallisationspunkte für viele, eine moderne Gesellschaft prägende soziale Prozesse darstellen. In einer auf das Spannungsverhältnis von ‚Gesellschaft und Individuum' oder ‚Struktur und Handlung' verengten und zu kurz greifenden theoretischen Diskussion wurden diese Prozesse bislang kaum beachtet. Organisationen haben grundlegende gesellschaftliche Funktionen. Ihre Bedeutung liegt darin, dass sie es individuellen Akteuren erlauben, sich zu koordinieren, sie liegt in ihrer Kraft, die Gesellschafts- und Wirtschaftsstruktur zu prägen. Dabei sind Organisationen Einheiten mittlerer Ebene, verortet zwischen Mikro- und Makrosoziologie. Organisationen sind auch symbolische Orte. In Organisationen und durch sie lassen sich theoretisch und empirisch herausfordernde Fragestellungen nach Herrschaft, Wettbewerb oder Kooperation, sozialem Wandel und nach der Bedeutung von Institutionen präziser, anschaulicher und mit neuen Erkenntnismöglichkeiten formulieren und untersuchen.

In dieser Einleitung werden zunächst – in einer Bestandsaufnahme – die interdisziplinär zu verortenden Inhalte der Organisationsforschung umrissen, anschließend wird auf einige Spannungsfelder und Herausforderungen näher eingegangen. Wir setzen hierbei zwei Schwerpunkte, die es uns erlauben, alle in diesem Band versammelten Schriften vorzustellen. Zunächst gehen wir auf das alte und dennoch ungelöste Spannungsmoment zwischen Vertrauen und Kontrolle in und zwischen Organisationen ein, der zweite Schwerpunkt liegt auf Fragen des Kontextes von Organisationen und von Gruppen in Organisationen. Diese zwei Themenfelder führen uns weiter zu Fragen der sozialen Ungleichheit, des sozialen Wandels, und letztlich zu einigen methodischen Herausforderungen.

I. Bestandsaufnahme

Als Organisation wird ein kollektives oder korporatives soziales System bezeichnet, das vor allem Koordinations- und Kooperationsprobleme lösen soll. Es gibt die Organisation kennzeichnende Ziele, es sind Mitglieder der Organisation vorhanden, es gibt ein Innenverhältnis, das sich durch eine Mischung aus formalisierten und informellen Handlungen und Strukturen auszeichnet, und es bestehen Außenverhältnisse zu anderen Organisationen sowie Anpassungs- und Austauschbeziehungen mit einer vielfältigen Umwelt. Organisationen sind Akteure zweiter Ordnung, in denen Ressourcen von Akteuren erster Ordnung zusammengeführt werden, um spezifische Zwecke zu verfolgen. Ganz unabhängig davon, ob die Zusammenlegung dazu dient, unterschiedliche

---

waren einer konflikttheoretischen und marxistischen Analyse des Arbeitsmarktes eng verbunden. Die entstehenden Zentren soziologischer Industrie- und Betriebsforschung etwa in München, Göttingen und Frankfurt a.M. haben Forschungsprogramme geprägt, die auf Herrschafts- und Ausbeutungsverhältnisse und ihre humane Umgestaltung in Arbeitsorganisationen zielten (vgl. auch Schimank 1994; Kühl 2003). Eine weitere ‚wissenschaftsinstitutionelle' Ursache dafür, dass in Deutschland Organisationssoziologie weniger populär ist, liegt in den hierzulande sehr ausgeprägten Fachgrenzen. In den US-amerikanischen Zeitschriften, wie beispielsweise dem *Administrative Science Quarterly*, schreiben viele Soziologinnen und Soziologen neben Ökonomen, Psychologen und Rechtswissenschaftlern.

oder gleichgerichtete Interessen von Organisationsmitgliedern zu verfolgen, macht erst die Zusammenlegung selbst eine solche Interessendurchsetzung möglich.

Nimmt man diese kursorische Begriffsbestimmung als Ausgangspunkt, so lässt sich eine Reihe weithin gestellter Fragen und geteilter Einsichten in der Organisationsforschung bündeln. Gleichzeitig wird deutlich, dass die sozialwissenschaftliche Beschäftigung mit Organisation ein interdisziplinäres Unterfangen ist, da bei der Betrachtung von Innen- wie Außenbeziehungen von Organisationen vor allem auf Theoriebestände der Soziologie, der Psychologie und der Ökonomie zurückgegriffen werden muss.[2]

In der Soziologie wurden historisch zunächst bestimmte *Organisationstypen* identifiziert. Es ging um Organisationsformen, die für die gesamtgesellschaftliche Ebene prototypisch sind. Sofort denkt man an die Herrschaftstypologie von Max Weber, in der die moderne *Bürokratie* als den modernen Kapitalismus kennzeichnende Herrschaftsform vorgestellt wird, die mit der Logik zwingender Durchsetzung versehen ist (Weber 1972). Die Frage rationaler Organisierbarkeit – zielend auf größtmögliche Effizienz und weitgehende Unabhängigkeit von Launen und Willkür – beschäftigte an Weber anschließend die soziologische Organisationsforschung mit der Analyse des Verhältnisses von formalen und informellen Aspekten von Organisation (Blau 1955; Udy 1962). Insbesondere haben Peter M. Blau und W. Richard Scott (1962) mit ihrer vergleichenden Studie zur *formalen Struktur* die Beschäftigung mit Organisationen mitten in der Soziologie verankert. In ihrer Typologie werden vier Arten von Organisationen danach unterschieden, wer aus den Ergebnissen der Organisationsaktivität den größten Nutzen zieht, Mitglieder, Klienten, Eigner oder die Öffentlichkeit.

Eine weitere klassische soziologische Perspektive ergibt sich ebenfalls aus Webers Schriften über die Formen legitimer Herrschaft. Organisationen sind *Herrschaftsapparate*. „Bei allen Herrschaftsverhältnissen ... ist für den kontinuierlichen Bestand der tatsächlichen Fügsamkeit der Beherrschten höchst entscheidend vor allem die Tatsache der Existenz des Verwaltungsstabes und seines kontinuierlichen auf Durchführung der Ordnungen und ... Erzwingung der Unterwerfung gerichteten Handelns. Die Sicherung dieses die Herrschaft realisierenden Handelns ist das, was man mit dem Ausdruck ‚Organisation' meint" (Weber 1922: 9). Dementsprechend sind Organisationen dauerhafte Macht- und Abhängigkeitsverhältnisse. Untersuchungen dazu, wer in Organisationen über wie viel Macht verfügt, sind gleichzeitig aussagekräftig für „gesamtgesellschaftliche" Machtverhältnisse, da kollektive Handlungsfähigkeit in modernen Gesellschaften nur in organisierter Form erreicht werden kann.

In der klassischen Studie von Robert Michels (1925) über die Durchsetzung von oligarchischer Herrschaft, vor allem in der bekannten Anschlussuntersuchung über ‚Union Democracy' von Lipset, Trow und Coleman (1956), werden die Bedingungen der Durchsetzbarkeit bestimmter Herrschaftsstrukturen herausgearbeitet. Wichtig bleibt die Einsicht, dass es neben der Bedeutung der Interaktionen, der psychischen Ausstattung und dem individuellen Wunsch nach Macht vor allem strukturelle und relationale Bedingungen sind, die über die Chancen einer demokratischen Organisation ent-

---

2 Auch auf juristische Organisationsbetrachtungen ist stärker zurückzugreifen. Das ist vor allem im öffentlichen Bereich gut vorbereitet (vgl. u.a. Schuppert 2000).

scheiden – etwa das Vorhandensein einer starken und nicht zersplitterten Opposition, eine bestimmte Organisationsgröße oder die soziale Heterogenität von Organisationen.

In psychologischer Perspektive kann sich die Organisationssoziologie darüber informieren, wie einzelne Organisationsmitglieder durch geeignete Maßnahmen – etwa durch die Anwendung bestimmter Führungsstile oder durch eine produktive Zusammensetzung von Arbeitsgruppen – dazu *motiviert* und dabei unterstützt (oder gar dabei behindert) werden können, kollektive oder korporative Ziele zu verfolgen. Was sind *kognitive Voraussetzungen und Grenzen* für koordiniertes Handeln mehrerer Akteure (Simon 1950)? Welche psychischen Dispositionen kennzeichnen den „organization man" (Whyte 1956)? Die Antworten auf diese Fragen sind mittlerweile in organisationspsychologischen Standardwerken festgehalten und können auch als unverzichtbares Basiswissen der Organisationssoziologie gelten.

Auch aus der ökonomischen Sichtweise ergeben sich spezifische Fragen: Wie müssen Betriebe ‚organisiert' sein, um ihre Produktion zu maximieren? Unter welchen Bedingungen treten Organisationen als *alternative Koordinationsformen zu Märkten* in Erscheinung? (Coase 1937; Williamson 1975) Welche Folgen ergeben sich aus der Betriebsförmigkeit und ihren unterschiedlichen Spielarten für ganze Volkswirtschaften? (Schumpeter 1993) Auch hier kann die soziologisch orientierte Organisationsforschung in vielfältiger Weise anknüpfen. Diese ökonomischen Antwortversuche werden in der weiteren Diskussion aufgegriffen.

Einige zentrale Themen sind nun benannt, mit denen sich die Organisationssoziologie seit ihren Anfängen beschäftigt hat. Die in der Organisationsforschung entwickelten theoretischen Konzepte, mit denen Antworten auf diese Fragen gesucht wurden, sind je nach Theoriezweig unterschiedlich ausgearbeitet und unterschiedlich eng auf die hier formulierten allgemeinen Fragen bezogen worden. Die Forschungsprogramme der Organisationssoziologie wurden – insbesondere in den USA und in Großbritannien – durch die *Kontingenztheorie* (auch situativer Ansatz; Überblick bei Kieser und Kubicek 1992), die *Organisationsökologie* (Überblick bei Carroll und Hannan 2000), die *institutionenökonomischen Ansätze* (Überblick bei Douma und Schreuder 2002) und den *Neo-Institutionalismus* (Überblick bei Powell und DiMaggio 1991) beeinflusst.

Die *Kontingenztheorie* betont, dass die Leistungsfähigkeit von Organisationen von deren Organisationsstruktur, insbesondere ihren Strukturen zur Lösung von Kontroll- und Kooperationsproblemen, abhängt. Allerdings gibt es nach diesem Ansatz nicht *die* ‚beste Lösung', da der Zusammenhang zwischen Struktur und Leistungsfähigkeit stark durch Merkmale der Umwelt geprägt wird. So unterscheiden etwa Burns und Stalker (1961) zwischen statischen und dynamischen Umwelten. Hebt dieser situative Ansatz die Gestaltbarkeit von Organisationen hervor, so geht die *Organisationsökologie* von der ‚Trägheit' der Organisationen und ihrer formalen Struktur aus. Veränderungen von Organisationen sind auf der Populationsebene nur durch Neugründungen und neue organisatorische Formen möglich. Organisationen, die ihre Kontroll- und Kooperationsprobleme nicht lösen können, sterben, während erfolgreiche Modelle imitiert werden (vgl. auch Aldrich 1999). In diesem Band werden die Beiträge von Hayagreeva Rao sowie Glenn Carroll, Stanislav Dobrev und Anand Swaminathan aus dem Theoriegebäude der Organisationsökologie entwickelt. Die *institutionenökonomischen Ansätze* beschäftigen sich damit, wie institutionelle Arrangements, etwa Vertragsbeziehungen,

Eigentumsrechte und Arbeitsverhältnisse unter ökonomischen Effizienzüberlegungen zu beurteilen sind. Damit sind auch die genannten organisationssoziologischen Fragen nach Herrschaft und der Koordination direkt angesprochen. In diesem Band werden in den Beiträgen von Rafael Wittek und Andreas Flache sowie von Dorothea Jansen die verschiedenen, für die Organisationsforschung einflussreichen Varianten genauer vorgestellt. Der *Neo-Institutionalismus* sieht deutliche Verbindungen zwischen kulturellen Werten wie Normen und der Organisationslandschaft.

Neben diesen theoretischen Ansätzen gibt es viele weitere theoretische Perspektiven auf Organisationen, etwa solche, die sich aus dem interpretativen Paradigma (Diskussion bei Burrell und Morgan 1979; Burrell 2002) oder der Strukturationstheorie (Diskussion in Beiträgen bei Ortmann et al. 1997) herleiten. In diesem einleitenden Beitrag können diese Ansätze nicht umfassend kommentiert werden. Sie werden aber in den einschlägigen Lehr- und Handbüchern dargestellt und diskutiert (so etwa in Kieser 1995; Büschges und Abraham 1997; Clegg, Hardy and North 1996; Sorge 2002).

In diesem Band sollen vielmehr neuere Entwicklungen und Herausforderungen eines Forschungsfeldes benannt werden. Dementsprechend werden ausgewählte und besonders viel versprechende Entwicklungen und Herausforderungen hervorgehoben, in denen sich die angerissenen klassischen Themen und auch die theoretischen Positionen wiederfinden lassen. Zunächst betrachten wir das Spannungsfeld zwischen Vertrauen und Kontrolle.

II. Vertrauen, Kontrolle und Handlungsfähigkeit von Organisationen

Es gibt viele Arten von Organisationen. Renate Mayntz etwa führt in einem der ersten deutschen Lehrbücher (1963) als Beispiele Betriebe, Kirchen, Schulen, Krankenhäuser, Gefängnisse, Verwaltungen und Vereine an. Obgleich diese Organisationsformen ganz unterschiedliche Zielsetzungen verfolgen und durch recht unterschiedliche Strukturen gekennzeichnet sind, wird in allen Organisationen letztlich nach der Lösung eines Problems gesucht: Wie gelingt die Kooperation zwischen individuellen Mitgliedern und dem korporativen oder kollektiven Akteur? Im Innenverhältnis von Organisationen geht es darum, die Anstrengungen der Mitglieder im Blick auf das jeweilige Organisationsziel zu koordinieren. Die Beiträge der Mitglieder sind zu kontrollieren, die Ausbeutung von Organisationsressourcen ist zu erschweren. Gleiches gilt für Beziehungen zwischen Organisationen, auch hier geht es um Koordination von beteiligten Organisationen, um Zusammenarbeit und um Dominanz.

Die Ausübung von Herrschaft ist im Innen- und Außenverhältnis eine unter mehreren Varianten, mit denen sich Kooperation gewährleisten lässt. In vielen Arbeitsorganisationen erweist sich gerade die direkte Ausübung von Herrschaft durch die korporativen Akteure als kontraproduktiv, weil dann die Beiträge der Akteure erster Ordnung zurückgehalten oder zurückgedrängt werden. In letzter Zeit werden Versuche unternommen, die Rolle von *Vertrauen* bei der Lösung von Kooperationsproblemen systematisch zu berücksichtigen. Dies gilt für die Beziehungen innerhalb wie zwischen Organisationen.

Diese Probleme der Koordination und Kooperation in und zwischen Organisationen werden fast ausschließlich in Bezug auf die Interessen- und Motivlagen von individuellen Akteuren bzw. ihrer Koalitionen diskutiert und mit Blick auf ihre Restriktionen bei der Verfolgung ihrer Interessen. Auch in dem Ansatz des *strategic choice* (grundlegend bei Child 1972) wird diese Frage noch ähnlich beantwortet. Mit den Managern, die mit den entsprechenden Machtbefugnissen durch die Eigentümer ausgestattet worden sind, handeln Menschen. Alternativ stellt sich aber die Frage, inwieweit Organisationen selbst Handlungsträger sind und damit vornehmlich auf eine abstrakte und einzelne Menschenschicksale überdauernde Organisation abzustellen ist.

Beispielhaft und am deutlichsten in der Systemtheorie, werden Interessen und Strategien von Organisationen unabhängig von den Interessen der Mitglieder formuliert. Auch in der Organisationsökologie verfolgen die Organisationen Strategien, um Ressourcenräume zu nutzen, hier sind Organisationen einer bestimmten Organisationsform durch ihre Populationszugehörigkeit ‚programmiert'. Aber auch eine der pessimistischen Prognosen des eingangs schon zitierten Werks von James Coleman (1982) lautet: Organisationen werden im Zuge ihrer Ausbreitung immer mehr Macht im Verhältnis zu den individuellen Akteuren gewinnen. Die Machtverschiebung ist mit möglichen negativen Konsequenzen verbunden, wenn Organisationen systematisch suboptimale Ergebnisse erbringen. In einem Überblicksartikel argumentiert Diane Vaughan zu den „dunklen Seiten von Organisationen" (1999), dass in Organisationen Routinen und Strukturen unter bestimmten Umständen unerwünschte Ergebnisse mit sich bringen. Ein Beispiel wäre der bürokratische Teufelkreis (Crozier 1964), andere Beispiele sind Fehler, Fehlverhalten und Katastrophen in Organisationen (Perrow 1984) oder die bei Robert Merton (1957) diskutierten Dysfunktionen wie „geschulte Unfähigkeit" (trained incapacity) oder „Überkonformität" von Bürokraten.

Das Spannungsfeld zwischen einer akteurs- und systemtheoretischen Perspektive auf Organisationen wird in diesem Band einführend von Uwe Schimank umrissen. Er zeigt, dass die *Autopoiesis* von Organisationen, also das Entscheiden auf Grund des Entscheidens, in einer akteursorientierten, handlungstheoretischen Perspektive drei organisationsbegründende Fiktionen zeitigt. Insofern bietet die Systemtheorie einen alternativen Blick und eine alternative Interpretationsmöglichkeit für Handlungstheorien und ergänzt sie fruchtbar. Die Systemtheorie wird diesen Band abschließend von Armin Nassehi aufgegriffen, hier mit dem Anliegen, Gesellschaftstheorie und Organisationssoziologie zu verbinden. Bisherige Versuche von Sozialtheoretikern wie Adorno, Parsons, Habermas und Luhmann, Coleman und Presthus, diese Verbindung zu leisten, konnten letztlich nicht klären, wie Organisationen und Modernität zueinander stehen. Der Beitrag widmet sich konkret der Frage, welches ‚Problem' einer funktional differenzierten Gesellschaft durch die Ausbreitung von Organisationen gelöst wird.

Die handlungszentrierten Beiträge werden in ihren Grundlagen von Rafael Wittek und Andreas Flache dargestellt, hier steht der Rational Choice Ansatz im Vordergrund: Nach der Integration von kognitiven Annahmen, des sozialen Kontextes, der sozialen Einbindung von Organisationsmitgliedern, sind die egoistischen Handlungsmotive in der Rational Choice Theorie so abgeschwächt, dass die Theorie in breiten Bereichen der Organisationsforschung eingesetzt werden kann.

Das Verhältnis von Vertrauen und Kontrolle spielt auch in Netzwerkansätzen eine Rolle. Wie der Beitrag von Dorothea Jansen zeigt, entsteht Kontrolle durch die Positionierung in Netzwerken, und Vertrauen ist mit der Dauer und Intensität von Netzwerkbeziehungen verbunden. Dies gilt nicht nur für die Beziehungen zwischen Individuen, der Ansatz ist ebenso auf die Entstehung von Organisationen und organisatorischer Unterformen sowie auf strategische Allianzen zwischen Organisationen anzuwenden. Hayagreeva Rao argumentiert, dass bei der ‚Geburt' neuer Organisationen auf die soziale Einbettung und die Reputation von Gründungspersonen und Mitarbeitern zurückgegriffen werden muss. Bei der Entstehung neuer organisatorischer Formen ist es entscheidend, Legitimität als Grundlage für das Vertrauen potenzieller Klienten zu gewinnen. Emanuela Todeva und David Knoke zeigen, dass sich solche Allianzen auf der Grundlage bereits vorhandenen Vertrauens leichter aufbauen lassen und dass das in der Allianz weiterentwickelte Vertrauen vertraglich geregelte Beziehungen und Kontrollstrategien allmählich ersetzt. Im Beitrag von Paul Windolf, welcher die Veränderungen der institutionellen Umwelt im ‚rheinischen Kapitalismus' darstellt, wird deutlich, dass die Vertrauensbeziehungen, die in der Vergangenheit für den Bestand des ‚Modells Deutschland' wesentlich waren, angesichts externer Veränderungen, etwa einer zunehmenden Globalisierung und Liberalisierung, gefährdet sind.

Aus sozialpsychologischer Sicht stellen Lutz von Rosenstiel, J. Richard Hackman und Astrid Podsiadlowski die Frage, inwieweit Regelwerke überhaupt tragen und ob nicht das Setzen geeigneter Rahmenbedingungen Grundlage für Vertrauen bilden und damit effizienterer Gruppenergebnisse bewirken. Auch Stefan Liebig zeigt in seinem gerechtigkeitsbezogenen Ansatz, dass Organisationen weniger auf Kontrolle als auf Vertrauen als Steuerungsinstrument setzen können, wobei hier Vertrauen im Sinne von Gerechtigkeitsvorstellungen operationalisiert wird, und zwar hinsichtlich der Wahrnehmung von Gerechtigkeit im Tausch, im Verfahren, in der Interaktion und bei der Verteilung von Gütern.

Somit lässt sich zeigen, dass der Organisationsforschung hier ein zentrales Thema gegeben ist, welches alle Bereiche von Organisationen betrifft. Dennoch sind Arbeiten noch selten, welche die hier aufgezeigten, jeweils an unterschiedlichen Stellen der Organisationsforschung auftretenden Spannungsfelder zwischen Vertrauen und Kontrolle systematisiert darstellen. Weiterhin wäre dieses Spannungsfeld in Bezug zu setzen mit dem Verhältnis von Formalstruktur und informellen Beziehungen, gerade letztere sind für die Entwicklung von Vertrauen trotz aller Regelbedarfe nicht zu unterschätzen. Letztlich sind auch Verbindungen herzustellen zu dem Spannungsfeld zwischen den unterschiedlichen Regelungsformen von Markt und Hierarchie, für beide ist Vertrauen von entscheidender Bedeutung.

III. Kontexte von Organisation und ihre Entgrenzung

Organisationen sind zweckgerichtet, aber sie sind dies – so eine zentrale Botschaft des Institutionalismus – immer bezogen auf größere soziale Kontexte. Darunter fallen Marktsegmente, Industriezweige, politische Systeme und Nationalstaaten. Diese *embeddedness* betrifft aber auch Arbeitsgruppen, die sich in Organisationen bilden oder von diesen gebildet werden. Sie betrifft letztlich auch den Erfolg von Führungsstilen in Organisationen. Die Frage nach dem Einfluss des Kontextes muss also breit und die Organisationsforschung übergreifend gestellt werden. Gleich welche spezifischen Kontexte man untersucht, immer haben sich diese durch in historischer Zeit ablaufende Prozesse der Institutionalisierung von Vorstellungen darüber ausgebildet, wie etwas getan werden soll, wer etwas tun soll und mit welchem Ziel etwas getan werden soll. Man könnte sagen, es handle sich um allmählich sedimentierte, weithin geteilte Normen, welche durch Wiederholung und Verinnerlichung breite gesellschaftliche Wirkung entfalten. Der Prozess der Institutionalisierung geht auch mit der Formalisierung und Fixierung von Normen einher. So entstanden rechtliche Regelungen, ebenso politische Verfassungen, und auch ökonomische Austauschprozesse sind in ein System von Institutionen eingebettet, wie dies in einem der meist zitierten soziologischen Aufsätze, dem Beitrag von Mark Granovetter (1985) zur *social embeddedness*, für eine ganze Reihe von Tauschmärkten ausgeführt ist.

Das Argument der Institutionalisten, auf Organisationen gewendet, lautet nun, dass diese in ihrer Entstehung, ihrem Wachstum und ihrem möglichen Ende auf engste mit dem System der Institutionen verbunden sind (DiMaggio und Powell 1983; Tolbert und Zucker 1983; Zucker 1988; Scott 1995). Bereits vor der Gründung einer Organisation sind die normativen Erwartungen, die in einer Gesellschaft den Charakter von Institutionen annehmen, für die Entscheidung, welche Art von Organisation gegründet wird, ausschlaggebend. Institutionen verringern die unbegrenzte Zahl von Möglichkeiten auf ein *feasible set*, das sich durch geübte Praxis laufend selbst erneuert.

Der Verweis auf ein solches *set* an Vorstellungen und Erwartungen ist in der Soziologie ein alter Gedanke, der lange Zeit in Kontrast zu Vorstellungen moderner gesellschaftlicher Dynamik stand. So sind Institutionen oft Hemmschuh und nicht Beschleuniger des sozialen Wandels. Man denke etwa an die Institutionen der Ständegesellschaft konfrontiert mit einem sprießenden Kapitalismus oder an die Institutionen des ‚rheinischen Kapitalismus' wie sie sich heute einem globalisierten Kapitalmarkt ausgesetzt finden. Es entspräche aber einem verkürzten Verständnis von Institutionen, nur den Aspekt der institutionalisierten Blockade hervorzuheben. Institutionen schaffen zunächst für die Mitglieder eines sozialen Systems Handlungssicherheit, sie legitimieren eine bestimmte Handlungspraxis, sie ‚organisieren' gesellschaftliche Vorgänge. Unabhängig davon, ob Institutionen auf Emile Durkheims berühmten vorkontraktuellen Grundlagen gesellschaftlichen Handelns beruhen oder sich durch interessegeleitetes Handeln gleichsam endogen erklären lassen, sind die Institutionen selbst wichtige Wegmarken gesellschaftlicher Entwicklung. Sie sind ‚pfadabhängig': Einmal entstandene Institutionen wird man so leicht, und vor allem so billig, nicht wieder los. Das erklärt beispielsweise, warum es so viele unterschiedliche Kapitalismen gibt (Hall und Soskice 2001) oder – auf die Organisationsform von Bürokratie gemünzt – warum bürokratische Apparate selbst tiefgreifende politische Systemwechsel einigermaßen unbeschadet überleben (Weber 1972).

Mit dem *Neo-Institutionalismus* ist dieses soziologische Denkmuster in die Organisationsforschung eingezogen. Dies geschah in einem Triumphzug, weil in den einschlägigen Arbeiten eine fundamentale Alternative zur Interpretation von Organisationen als rationale (und formale) Systeme angeboten wurde, die sich nur allzu leicht auf die offensichtlichen Irrationalitäten vieler Organisationen anwenden ließ (eine skeptische Einschätzung zum Neo-Institutionalimus findet man bei Stinchcombe 1997). Nicht die Effizienz ist das Selektionskriterium zur Gestaltung von Organisationen, sondern eben die Tatsache, wie „man etwas macht". Nicht die Funktionalität von Strukturen oder die strategische Adaption, sondern Übereinstimmung mit legitimen Normen und die Nachahmung von erfolgreichen Mustern sind die treibenden Kräfte der Organisationsentwicklung.

Die Einbettung von Organisationen und Organisationseinheiten in ihr Umfeld wird von den hier vertretenen Autorinnen und Autoren durchgängig aufgegriffen. J. Richard Hackman zeigt, wie sehr die Zahl, die Art und der Zuschnitt von Arbeitsgruppen von den Rahmensetzungen der Organisation abhängt, wie stark diese Rahmenbedingungen die Gruppenergebnisse prägen und welch vergleichsweise geringer Einfluss individuellen Eigenschaften der Gruppenmitglieder zukommt. Ähnlich weist Astrid Podsiadlowski darauf hin, dass insbesondere heterogen zusammengesetzte Gruppen erst dann kreativ und effizient arbeiten können, wenn bestimmte Gestaltungsprinzipien der Organisation ausgeprägt sind. Auch die Forschung über Führung in Organisationen verabschiedet sich zunehmend von der Betrachtung individueller Merkmale der Führenden und verweist auf die Struktureffekte der Organisationsgestaltung (Lutz von Rosenstiel). Die Arbeiten zur Geschlechterungleichheit (Amy Wharton und Juliane Achatz et al. in diesem Band) verweisen auf die Wirkung organisatorischer und gesellschaftlicher Merkmale zur Herstellung und Aufrechterhaltung geschlechtsspezifisch unterschiedlicher Karriereverläufe in Organisationen. Dies gilt auch für den Beitrag von Stefan Liebig über Gerechtigkeit in Organisationen.

Betrachtet man die Arbeiten über Organisationen und deren Umfeld, findet man das gleiche Muster. Glenn Carroll, Stanislav Dobrev und Anand Swaminathan zeigen, wie sehr die Größenverteilung in Organisationspopulationen eines bestimmten Wirtschaftsbereiches von kulturellen Werten und den Distinktionsbedürfnissen der Kunden abhängt. Emanuela Todeva und David Knoke verweisen auf Umfeldeffekte bei der Bildung strategischer Allianzen und dem Sozialkapital von Unternehmen, seien es nun besondere staatliche Eingriffe zur Förderung von Allianzen im Forschungssektor oder kulturelle Bezüge. Paul Windolf beschreibt schließlich die institutionelle Kulisse des ‚rheinischen Kapitalismus', er sieht sie unter dem Veränderungsdruck einer neuen globalen institutionellen Umgebung, eines – in vielfältigen bilateralen und multilateralen Vereinbarungen auf der Ebene von Nationalstaaten und Unternehmen – liberalisierten globalen Marktes. Organisationen und ihre Manager erfahren ‚krisenhafte' Situationen als Folge neuer institutioneller Kontexte, etwa wenn lange geltende Arrangements zwischen Management, Banken und Staat durch neue Regelungsregime ersetzt werden.

Der Beitrag von Dorothea Jansen verdeutlicht vielleicht am besten die konzeptuellen Vorteile einer kontextbezogenen Organisationssoziologie. Der Kontext, ob nun für

Individuen in Organisationen oder für die Organisationen selbst, wird durch die jeweilige Netzwerkposition bestimmt. Damit sind zunächst die Verbindungen des fokalen Akteurs zu anderen Akteuren gemeint, die strukturelle Eingebundenheit ist für Individuen und für Organisationen bedeutsam. Dies lässt sich auch mit den von Hayagreeva Rao dargestellten Selektionsprozessen veranschaulichen, die im Entstehungsprozess neuer Organisationen wirken. Gründungsversuche mit einem strukturell günstigeren Kontext sind erfolgversprechender. Damit sind beispielsweise die vorgängigen Beziehungen der Gründungspersonen zu anderen Akteuren im organisationalen Feld gemeint. Die kontextuelle Einbettung bezieht sich aber auch auf das kulturelle Umfeld, in dem neue Organisationen entstehen. In dem Beitrag von Rafael Wittek und Andreas Flache wird ebenfalls auf die strukturelle und ergänzend auf die normative Einbettung Bezug genommen. Die Autoren stellen beispielsweise auf Reputationseffekte ab, welche sich aus dem Netzwerkkontext ergeben und die nur in einer bestimmten Konstellation (nämlich bei positiv oder negativ verknüpften Personen) wirksam sind. Die Regelregime, die Martin Schulz und Nikolaus Beck beschreiben, sind ebenfalls eng mit den institutionellen Umwelten verbunden. Eine ihrer Fragen lautet in diesem Zusammenhang: Begünstigen institutionelle Regeln, also kontextuelle Regeln auf überorganisatorischer Ebene, die Regelproduktion in Organisationen oder unterbrechen sie sie eher?

Besonders komplex ist die Beschäftigung mit Kontexten in der systemtheoretischen Perspektive, wie sie von Uwe Schimank und Armin Nassehi als Arbeitsgrundlage vorgeschlagen wird. Organisationen finden sich in verschiedenen Subsystemen einer funktional differenzierten Gesellschaft. Für die Entscheidungsmacht der Organisationen ist es besonders wichtig, dass sie ‚kontextfrei' nur mit Bezug auf eigene vorgängige Entscheidungen entscheiden und eine sehr deutliche Trennlinie zwischen Organisation (samt Mitgliedschaft) und der Umwelt ziehen. Allerdings dürften Organisationen stark danach variieren, welche Aspekte von Umwelt in die Organisationsentscheidung integriert werden, welche Aspekte ausgegrenzt sind und – dies ist nochmals eine andere Frage – welche Teile des Systems von Entscheidungen der Organisationen betroffen sind.

Somit lässt sich auch für diesen Bereich zeigen, dass der Frage danach, wie die Organisationsforschung kontextuell eingebettet ist, insgesamt eine hohe Bedeutung zukommt. Auch hier bleiben jedoch folgende Fragen offen:

Zum einen vermerken fast alle Autorinnen und Autoren selbstkritisch in ihrem Ausblick, dass Kontextmerkmale und Kontextebenen bislang unzureichend erfasst werden. Bei Arbeitsgruppen blickt man auf den Einfluss von Organisationsmerkmalen, selten jedoch auf die gesellschaftlichen Rahmenbedingungen, die sich erst im internationalen Vergleich sauber analysieren ließen. Arbeiten, welche die Beziehungen zwischen Organisationen thematisieren, fehlt ebenso häufig der breitere gesellschaftliche Makrobezug.

Zum zweiten wird fast ausschließlich thematisiert, wie Organisationen und Organisationseinheiten von ihren Umwelten geprägt werden. Die umgekehrte Richtung, der Einfluss von Organisationen auf ihre Umwelt, wird selten untersucht. Hier besteht großer Forschungsbedarf.

Und drittens bleibt weitgehend unklar, welcher Stellenwert Entwicklungen zukommt, die auf eine zunehmende Auflösung von Grenzen innerhalb und zwischen Organisationen hinweisen. Mit der Entstehung und zunehmenden Bedeutung von Netzwerken und Allianzen geht eine Entgrenzung von Organisationen einher (Powell 1990). Veranschaulichen kann man sich dies an vielen bereits genannten Beispielen: Die Rekrutierung von neuen Mitarbeiterinnen und Mitarbeitern erfolgt zunehmend weniger über interne Arbeitsmärkte, Beschäftigungsverhältnisse werden instabiler, kollektive Akteure, wie die Gewerkschaften, welche in den Großorganisationen mit internen Arbeitsmärkten hohe Verhandlungsmacht besaßen, verlieren an Einfluss, Leiharbeit und eine Einschränkung des Kündigungsschutzes soll die Flexibilität der Organisationen erhöhen. Viele Arbeitnehmer arbeiten mittlerweile in verschiedenen Jobs in unterschiedlichen Organisationen, auf der Ebene von Arbeitsgruppen findet man Entwicklungen hin zu größerer Durchlässigkeit und Fluktuation. Damit gehen die individuelle motivationale Einbindung in die jeweilige Organisation und Arbeitsgruppe, die Identifikation und das *commitment* zurück. Wichtiger werden aus Sicht der temporären Mitglieder die organisationsübergreifenden Beziehungen, damit sie *boundaryless careers* durchlaufen können (Arthur und Rousseau 1996; Collin und Young 2000). Offen bleibt die Frage, inwieweit sich auf Grund dieser Entgrenzungserscheinungen die Beziehung zwischen Organisationen und ihren Umwelten mittlerweile ganz anders gestaltet.

Die beiden Schwerpunkte dieser Einleitung sind damit umrissen und die Beiträge zu diesem Band sind in die Spannungsfelder ‚Vertrauen und Kontrolle' sowie ‚Kontext und Entgrenzung' eingeordnet. Innerhalb dieser Bereiche und über diese hinweg verlaufen jedoch noch mindestens zwei Dimensionen, welche die besondere Aufmerksamkeit der Organisationssoziologie erfordern: Zu fragen bleibt nach sozialer Ungleichheit zwischen und in Organisationen und nach dem Wandel von Organisationen.

V. Organisationen und soziale Ungleichheit

In allgemeinen Gesellschaftstheorien, aber auch in den empirisch breit ansetzenden Sozialstrukturanalysen, wird die Rolle von Organisationen bislang zu wenig thematisiert. Dies zeigt sich in herkömmliche Analysen zur sozialen Ungleichheit, welche in den Kategorien Klasse, Schicht und Geschlecht verbleiben, ohne einen Bezug zu Organisationen herzustellen. Obgleich diese Untersuchungen auf der Individualebene ansetzen, erheben sie dennoch den Anspruch, die Sozialstruktur einer Gesellschaft in Gänze abzubilden.

Aus einer immer geringer werdenden empirischen Erklärungskraft von Klassen- und Schicht-Theorien sind nur vorschnell Schlüsse über Individualisierung zu ziehen, mag doch die Ausbreitung und Ausdifferenzierung von Organisationen der eigentlichen Grund für den sozialen Wandel sein. Das kann an einem Beispiel erläutert werden: In Deutschland verzeichnet man seit etwa 15 Jahren einen spürbaren Rückgang von Normalarbeitsverhältnissen. Insgesamt geht die Zahl der Erwerbspersonen jedoch nicht zurück, die Arbeitsverhältnisse differenzieren sich nur stärker – in Teilzeitarbeit, geringfügige Beschäftigung, zeitlich befristete Arbeitsverhältnisse und berufliche Selbstständigkeit. Die Entwicklung dieser vom Normalarbeitsverhältnis abweichenden Formen von Erwerbstätigkeit ist aber nicht notwendigerweise ein Ausdruck von Individualisierung, sondern dürfte viel mehr auf Veränderungen des Organisationsbestandes in der Arbeitswelt zurückzuführen sein (für die USA: DiPrete 1993; Haveman 1993).

Die Prägung sozialer Ungleichheit durch Organisationen soll zunächst am Beispiel des Innenverhältnisses von Organisationen erläutert werden. Die für die Marxsche Konzeption fundamentale Unterscheidung von Besitz und Nicht-Besitz an Produktionsmitteln wird in Organisationen, durch Arbeitsverträge und durch Herrschafts- sowie Machtverhältnisse geregelt. Mit den bei Rafael Wittek und Andreas Flache erwähnten Modellen wird auf Abhängigkeiten verwiesen, die bei unterschiedlichen Interessenslagen von Principal und Agent nur in bestimmten Konstellationen Kooperation gewährleisten, etwa wiederholten Interaktionen, glaubwürdigen Drohungen und Überwachung. Die Verteilung der Kooperationsgewinne zwischen den Angehörigen verschiedener Klassen (nach Erik Olin Wright 1997: Besitzer, Manager, Experten und Arbeiter) ist ein klassisches Thema der Organisationssoziologie und wird im Beitrag von Stefan Liebig unter dem Stichwort der Verteilungsgerechtigkeit aufgegriffen. Auf der Ebene zwischen Organisationen verweisen einige Autoren (Hayagreeva Rao, Emanuela Todeva und David Knoke) auf einen Matthäus-Effekt („Wer hat, dem wird gegeben") zu Gunsten der Marktpositionierung großer, ressourcenreicher Organisationen. Dieser Ansatz wird in den Ausführungen von Glenn Carroll, Stanislav Drobrev und Anand Swaminathan, relativiert, wonach es unter bestimmten Marktbedingungen auch Kleinunternehmen gelingt, sich gegenüber den ‚Großen' zu behaupten. Die Autoren verweisen in diesem Zusammenhang auf das ‚Rätsel' des deutschen Mittelstands, der sich auf den ersten Blick nicht in die Logik der Ressourcenteilung einfügt. Auch wenn wir die Verteilung der Unternehmensgrößen nur jeweils *branchenspezifisch* betrachten – und damit ein nach herkömmlicher Definition mittelständisches Unternehmen ein großer, möglicherweise internationaler Marktführer sein kann – ist das Ungleichheit mildernde Phänomen des deutschen Mittelstands auch auf die institutionellen Kontexte, etwa das stark regionalisierte Kreditgewerbe, zu beziehen.

Einen anderen Akzent setzen Amy Wharton und Juliane Achatz et al., welche auf die Ungleichheit zwischen den Geschlechtern abheben und die Abhängigkeit dieser Ungleichheit von Merkmalen der Organisation und sozialen Interaktionen in Organisationen nachzeichnen. In diesen Beiträgen wird eindrucksvoll gezeigt, dass beispielsweise vergleichbare Positionen in Netzwerkstrukturen geschlechtsspezifisch unterschiedliche Erträge für die Karrieremöglichkeit abwerfen (vgl. auch Burt 1998). Die Autoren verweisen gleichermaßen auf die gesellschaftliche Einbettung von Organisationen und darauf, wie sich diese auf die soziale Interaktion in Organisationen auswirkt.

IV. Organisationen und sozialer Wandel

Organisationen sind dynamische soziale Systeme, sie sind mit Prozessen gesellschaftlichen und wirtschaftlichen Wandels eng verknüpft. So waren (und sind) neue Organisationen und neue organisatorische Formen Träger von Innovationen – etwa wenn es darum ging, neue Technologien anzuwenden (Eisenbahngesellschaften), neue Ressourcen zu erschließen (Kolonialgesellschaften) oder neue (sozial-)politische Vorstellungen in die gesellschaftliche Praxis umzusetzen (Sozialversicherungen). Diese historischen Beispiele verdeutlichen, wie die Entstehung der kapitalistischen Wirtschaftsweise und ihre politische Einbettung in ein System aus Institutionen an die Ausbreitung von Organisationen und die Schöpfung neuer organisatorischer Formen gebunden waren. Durch Kapitalgesellschaften wurden finanzielle Ressourcen in einem zuvor nur den Feudalherren möglichem Ausmaß gebündelt (Coleman 1990). Wenn nun Gegenwartsgesellschaften – wie im Beitrag von Dorothea Jansen – als ‚Netzwerkgesellschaften' oder Informations- und Wissensgesellschaften bezeichnet werden, dann verweisen solche Metaphern auf mögliche, einschneidende Veränderungen der ‚Organisiertheit' von Gesellschaft.

Der Zusammenhang von Organisationsdynamik und gesellschaftlichem wie wirtschaftlichem Wandel liegt quer zu den bislang diskutierten Aspekten der Organisationssoziologie. Sozialer Wandel ergibt sich im Spannungsfeld von Kontrolle und Vertrauen, etwa wenn formale Regeln einer Organisation ‚Lernprozesse' durchlaufen, um ihre Steuerungswirkung aufrecht zu erhalten und anzupassen. In dem Beitrag von Martin Schulz und Nikolaus Beck wird beschrieben, wie auf Regeln gegründetes, organisationales Lernen abläuft, unter welchen Bedingungen Lernprozesse in Organisationen eher blockiert und wann Regeln nicht nur geändert, sondern beseitigt werden. Nicht nur neue Organisationen und Organisationsformen sind für die Speicherung und Weitergabe von Information und Wissen von Bedeutung. Allgemein wird im Innenverhältnis von Organisationen Wissen in Regelsystemen festgehalten, durch die eine Übermittlung an neue Organisationsmitglieder erleichtert, eine Übertragung auf andere Organisationen ermöglicht und die Ausrichtung an institutionellen Arrangements signalisiert werden. Regelsysteme unterliegen einer Dynamik von Regelsetzung, Regelrevision und Regelabschaffung. Mit der Untersuchung der Regelverläufe können Prozesse sozialen Wandels *in* Organisationen nachvollzogen werden.

Bei Prozessen sozialen Wandels im Arbeitsmarkt stellen die Beiträge von Astrid Podsiadlowski und Juliane Achatz et al. die Integration von ehemaligen ‚Randgruppen' in den Mittelpunkt. Wegen demographischer Veränderungen in der Gesellschaft, veränderten Einstellungen zur Erwerbstätigkeit und der optimierten Ausnutzung von Qualifikationen werden Angehörige verschiedener ethnischer Minderheiten und Frauen verstärkt in Arbeitsorganisationen eingebunden, sie dringen dort auch allmählich in hierarchisch höhere Positionen vor. Der gesellschaftliche Wandel – etwa die stark gestiegene Bildungsteilnahme von Frauen – wird in Organisationen jedoch ganz unterschiedlich verarbeitet. Hier hat man ein Beispiel dafür, wie sozialer Wandel und Organisationsdynamik kontextabhängig verläuft.

Im Zuge des Wandels von Arbeitsorganisationen sind Formen der Gruppenarbeit in der Praxis und auch für die Organisationsforschung immer interessanter geworden. Dabei steht auf der einen Seite der bewusste Abbau von Kontrollhierarchien, zumindest in der Rhetorik der Organisationsexperten und -berater. Auf der anderen Seite sind Organisationen, die bei der Verfolgung ihrer Ziele auf selbstregulierende Gruppen (vgl. Hackman in diesem Band) setzen, einer größeren selbstproduzierten Dynamik ausgesetzt. Damit werden Prozesse der Vertrauensbildung eher behindert. Selbstregulierende Arbeitsgruppen sind wandlungsfähiger, ihre Zusammensetzung wechselt häufiger und sie haben mitunter nur kurzfristig Bestand. In den Beiträgen von J. Richard Hackman und Astrid Podsiadlowski werden die Bedingungen beschrieben, unter denen sich wandelnde Organisationen ‚gute' Organisationsergebnisse hervorbringen. Durch planvolles Management sei die Richtung des organisatorischen Wandels nur indirekt steuerbar, nämlich über die Gestaltung von Rahmenbedingungen und Gruppenzusammensetzungen – und damit also wieder über Kontexte. Sich in der Organisation gegenseitig zu vertrauen, ist dabei eine Voraussetzung für erfolgreichen Wandel.

Vertrauen ist auch für den Aufbau der von Emanuela Todeva und David Knoke behandelten strategischen Allianzen wichtig. Sie können als ‚geplanter sozialer Wandel' verstanden werden; Einrichtung, Entwicklung und Erfolg hängen von den erwähnten Vertrauensbeziehungen und ihrer kontextuellen Einbettung ab. Auch strategische Allianzen haben in vielen Fällen nur einen kurzen Zeithorizont, in dem sich Prozesse des Wandels abspielen können. Der Beitrag stellt die zunehmende Einrichtung strategischer Unternehmensallianzen in direkten Zusammenhang mit wirtschaftlichen Globalisierungsprozessen.

Sozialer Wandel geht auch auf soziale Bewegungen zurück, wie dies im Beitrag von Hayagreeva Rao thematisiert wird. Die Entstehung neuer organisatorischer Formen ist an politische Aktivisten gebunden, die für die Ausbreitung neuer Ideologien sorgen und damit den Boden für die damit verbundenen Trägerorganisationen bereiten. Schließlich spiegelt sich sozialer Wandel auch in der Entwicklung von Märkten und ihren Ressourcenräumen. In dem Beitrag von Glenn Carroll, Stanislav Dobrev und Anand Swaminathan wird darauf abgestellt, dass Konzentrationsprozesse und die gleichzeitige Entstehung von Spezialisten-Organisationen sich nicht ausschließen. Ein wesentlicher Grund liegt in der Marktdynamik, über die vermittelt sich im Zentrum des Ressourcenraumes Generalisten ansiedeln, die über Größenvorteile miteinander konkurrieren, während von ihnen andere ‚dünne' Bereiche an der Peripherie des Ressourcenraumes nicht abgedeckt werden. Unterstützt durch normative Prozesse können sich kleine Spezialisten-Organisationen dann auch in hoch konzentrierten Märkten behaupten.

Zum Zusammenhang von Organisationsdynamik und gesellschaftlichem Wandel lässt sich sagen, dass beide Prozesse eng verwoben sind. Die Lösung der Kontroll- und Vertrauensproblematik stellt angesichts von schnellem sozialem und tiefgreifendem Wandel eine besonders große Herausforderung dar, da viele formale und informelle Selbstverständlichkeiten innerhalb von Organisationen in Frage gestellt werden. In vielen Organisationsstudien wird zwar die Längsschnittperspektive betont, aber die empirischen Grundlagen, mit denen Prozesse in ihrer Interdependenz untersucht werden können, sind allzu selten gegeben. In dem Beitrag von Dorothea Jansen wird schließlich festgestellt, dass die Erforschung von Netzwerkdynamiken noch nicht sehr weit fortgeschritten ist. Durch weitere Anstrengungen, die Entwicklungen von Netzwerken über die Zeit zu untersuchen, kann auch die Organisationsforschung nur gewinnen.

VI. Methodische Herausforderungen der Organisationsforschung

In der Organisationssoziologie wird der gesamte Apparat der qualitativen und quantitativen Sozialforschung angewendet: Dokumentenanalysen, Gruppendiskussionen, Expertengespräche und Mitarbeiterbefragungen werden insbesondere zur qualitativen Auswertung der – in der deutschen Organisationssoziologie überwiegend durchgeführten – Fallanalysen einzelner Organisationen vorgenommen. Hier handelt es sich um Standardanwendungen, die wenig Innovation im Bereich der Methodenentwicklung mit sich bringen.

Die quantitative Sozialforschung hat in der deutschen Organisationsforschung dagegen einen eher bescheidenen Platz eingenommen. Noch stärker trifft dies für die Verbindung von qualitativen und quantitativen Analysen zu. Diese Unterbelichtung ist vor allem dem weitgehenden Fehlen repräsentativer Organisationsstichproben zuzuschreiben, wobei einige Spezialstichproben die Ausnahme zur Regel bilden (zu Unternehmensgründungen etwa Brüderl, Hinz und Ziegler 2001; zu einzelnen Branchen: Liebig und Achatz et al. in diesem Band).

Die in Deutschland weitverbreitete und anerkannte Survey-Forschung kann diese Lücke in Großerhebungen, wie dem Sozio-ökonomischen Panel (SOEP), der allgemeinen Bevölkerungsumfrage in den Sozialwissenschaften (ALLBUS) und dem Wohlfahrtssurvey, nicht schließen, da diese Surveys wenig über die organisationsbezogene Strukturiertheit der Gesellschaft aussagen. Aus erhebungs- und stichprobentechnischen Gründen liegen über Organisationen bestenfalls sporadische Informationen vor, so etwa zur Größe der Arbeitsorganisation. Die eingangs angesprochene, relativ späte Entwicklung der deutschen Organisationssoziologie dürfte auch auf das Fehlen solcher Datensätze zurückzuführen sein, ganz abgesehen einmal davon, dass auch die soziologische Arbeitsmarkt- und Ungleichheitsforschung allein auf Grund dieser Datenlage die notwendige Aufmerksamkeit für Organisationen vermissen lässt.

In einer angemessenen Untersuchung des breiten organisationssoziologischen Fragespektrums müssten idealerweise Individual- und Organisationsdaten verknüpft werden. Dieses Vorgehen ist nur begrenzt durchführbar, da oft keine umfassende Liste von Arbeitsorganisationen zur Verfügung steht. Alternativ könnte man über eine Zufallsstichprobe der Beschäftigten ein verknüpftes Organisationssample erhalten, allerdings mit dem Nachteil, dass nur ein Individuum oder wenige Individuen pro Organisation erreicht würden.[3] Zwar ist dies kein optimales Vorgehen, doch eröffnet es Analysemöglichkeiten für einige Verknüpfungen von Individual- und Organisationsdaten (vgl. die verschiedenen Beiträge in Kalleberg et al. 1996). Ein solcher Datensatz liegt für Deutschland noch nicht vor.

Diese für die deutsche Organisationssoziologie bedauerliche Situation wird sich allerdings bald ändern (Kommission zur Verbesserung der informationellen Infrastruktur

---

3 Diesen Weg haben die Initiatoren der National Organizations Study (NOS) gewählt. Im General Social Survey (GSS), in etwa dem ALLBUS vergleichbar, wurden die erwerbstätigen Personen nach ihrem Arbeitgeber bzw. nach dem von ihnen geführten Betrieb befragt. In einer zweiten Befragung wurden dann Informanten in den angegebenen Arbeitsorganisationen ermittelt. Auf diesem Weg erhält man eine größenproportionale Stichprobe von Arbeitsorganisationen (Kalleberg et al. 1996).

zwischen Wissenschaft und Statistik 2001). Mit der in Nürnberg anstehenden Einrichtung eines Forschungsdatenzentrums der Bundesanstalt für Arbeit und des Instituts für Arbeitsmarkt- und Berufsforschung wird der Zugang zu neu erschlossenen Datenbeständen ermöglicht. Für die in Deutschland sozialversicherungspflichtig Beschäftigten liegen im Zeitverlauf aufbereitete Daten zur Erwerbsgeschichte vor, bei denen die jeweilige Arbeitsorganisation bekannt ist. Zusätzlich erhobene Befragungsdaten aus einer Organisationsstichprobe, dem IAB-Betriebspanel, können mit (grundsätzlich allen) Beschäftigteninformationen zusammengespielt werden. So wird ein komplexer und in der deutschen Sozial- und Arbeitsmarktforschung einmaliger Datenbestand entstehen und zugänglich werden (Bellmann, Bender und Kölling 2000).[4]

Mit diesen Daten können nun viele Themenfelder der Organisationssoziologie untersucht werden: Fragen nach individuellen Erwerbsverläufen in und zwischen Organisationen, Unterschieden in der Lohnungleichheit zwischen Frauen und Männern, Unterschieden in der beruflichen Segregation in Abhängigkeit von Merkmalen der Organisation (Hinz und Schübel 2001), aber auch Größenveränderungen von Organisationen im Zeitverlauf lassen sich nun erstmals beantworten.

Wenngleich sich mit diesen Datensätzen nur wenige individuelle Merkmale auswerten lassen und die Zugehörigkeit von Individuen zu Arbeitsgruppen nicht identifizieren lässt, können zumindest Unterschiede zwischen Organisationen bestimmt werden.

Um solche Daten auswerten zu können, bedarf es anspruchsvoller, aber mittlerweile etablierter Analysemethoden. Um die Beziehung zwischen einzelnen Analyseebenen (etwa Individuen in Organisationen) untersuchen zu können, sind Mehrebenenmodelle sinnvoll einzusetzen. Dieses statistische Auswertungsverfahren erlaubt es den auf individueller Ebene geschätzten Regressionskoeffizienten eine ebenenspezifische Variation zuzuordnen (Bryk und Raudenbush 1992). Damit können in Mehrebenenmodellen die organisationsbedingten Unterschiede in den individuellen Parametern erklärt werden, indem organisatorische Kontextvariablen berücksichtig werden, und zwar auch in Abhängigkeit von regionalen Arbeitsmärkten (vgl. Cotter et al. 1998).

Um den Wandel von Organisationen und die Beziehungen zwischen Individuen und Organisationen im Zeitverlauf abbilden zu können, bedarf es ereignisanalytischer Methoden. In diesen statistischen Modellen werden zeitabhängige Prozesse, wie etwa Überlebens-, Gründungs- und Wachstumsraten, in Abhängigkeit von individuellen

---

4 Man muss sich Stärken und Schwächen dieses Nürnberger *employer-employee* Datensatzes vergegenwärtigen: Anders als in der NOS sind detaillierte Informationen zur gesamten Beschäftigungsstruktur vorhanden, die eine Stichprobe oder sogar eine Vollerhebung der in einer Arbeitsorganisation beschäftigten Personen zur Grundlage haben. Neben den erhebungsbedingten Beschränkungen auf die sozialversicherungspflichtig Beschäftigten ist das enge Spektrum der erhobenen Daten über die individuellen Beschäftigten zu erwähnen. Dementsprechend können subjektive Wahrnehmungen und Einstellungen am Arbeitsplatz nicht gemessen werden. Ebenso fehlen Angaben zur über die Organisation hinausweisenden sozialen Positionierung, sofern sie von der Erwerbsgeschichte unabhängig sind, also etwa den Haushaltszusammenhang betreffen, in dem die Individuen leben. Gerade diese Informationen könnten für die Beurteilung der individuellen Interessenlagen maßgeblich sein. Darüber hinaus sind zwar die Angaben über die aktuell geleistete Arbeit vollständig, aber spärlich. Man weiß außer der Bezeichnung der beruflichen Tätigkeit nichts über die Anforderungen am Arbeitsplatz, über Überstunden und weitere Qualitäten des Beschäftigungsverhältnisses.

Merkmalen und von Organisations- und Umweltvariablen untersucht. Damit können insbesondere Interdependenzen zwischen unterschiedlichen Prozessen herausgearbeitet werden.

Auch hier soll auf einige Beiträge dieses Sonderhefts verwiesen werden. So werden ereignisanalytische Methoden von Glenn Carroll, Stanislav Dobrev und Anand Swaminathan in ihrer Darstellung der Ressourcenteilung als weiter zu verfolgende Strategie vorgeschlagen, ebenso werden sie in dem Beitrag von Martin Schulz und Nikolaus Beck bei der Untersuchung von Regelverläufen angesprochen und in dem Beitrag von Hayagreeva Rao zu Gründungsraten von Organisationen. Strategische Allianzen lassen sich im Hinblick auf ihre Entstehung und mögliche Auflösung ebenfalls mit einem ereignisanalytischen Vorgehen untersuchen (Todeva und Knoke in diesem Band). Mehrebenenanalysen werden in den Beiträgen von J. Richard Hackman und Astrid Podsiadlowski als notwendige Analysestrategien erachtet. Auch Netzwerkanalysen würden von einer Zusammenführung von Individual- und Organisationsdaten profitieren.

Es bleibt festzuhalten, dass dieser Band viele Anregungen für eine theoretische wie methodische Weiterentwicklung der Organisationsforschung enthält. Es bleibt der zukünftigen Forschung vorbehalten, diese Anregungen aufzugreifen, zu nutzen und auch die deutsche und dann die international vergleichende Organisationssoziologie zu bereichern.

VII. Ausblick

Die Konzeption des vorliegenden Bandes mit 15 Einzelbeiträgen verfolgt zwei Ziele: Die Organisationssoziologie soll in ihrer Bedeutung für die gesamte Disziplin herausgestellt und der deutschen Organisationsforschung sollen neue Ideen und Anregungen gegeben werden.

Zum ersten Ziel. Die Bedeutung der Organisationssoziologie für die Disziplin zeigt sich darin, dass soziologisch grundlegende Fragestellungen nach den Bedingungen sozialer Ordnung und den Bestimmungsgründen sozialen Wandels ohne den Bezug auf Organisationen nicht abzuarbeiten sind. Ohne Organisationen gibt es keine soziale Ordnung, gibt es keine Kooperation in funktional differenzierten Gesellschaften. Organisationen sind wesentliche Regelschöpfer und Regelanwender, Organisationen befördern und behindern Innovationen. Damit ist ein weitere Motivation für die sozialwissenschaftliche Beschäftigung mit Organisationen genannt: Organisationstheorien sind in Richtung allgemeiner soziologischer Theorie zu entwickeln und zu diskutieren. Dies verdeutlichen diejenigen Beiträge, die sich mit bekannten Organisationstheorien beschäftigen, ebenso die am Schluss des Sonderhefts stehende Prüfung, inwieweit Organisationssoziologie in systemtheoretischer Spielart in Richtung Gesellschaftstheorie entwickelt werden kann. Ebenso wichtig ist der systematische Einbezug von Organisationen in die Sozialstrukturanalyse. Viele Beiträge des Sonderhefts unterstützen die Ansicht, dass ‚Sozialstruktur' – ob nun im Sinne einer strukturellen Soziologie der sozialen Ungleichheit oder im Sinne der deutschen Sozialkunde – Organisationen und organisationale Felder erfassen muss. Es wäre zu wünschen, dass sich diese Einsicht auch in den einschlägigen Lehrbüchern der ‚Sozialstrukturanalyse' wiederfindet.

Das zweite Ziel, neuere Entwicklungen der Organisationsforschung aufzuzeigen, erfüllen einige Beiträge in besonderem Maße. Dies gilt für die Ausführungen zu organisatorischen Regelverläufen, welche insbesondere die Literatur zur Formalisierung von Organisationsabläufen bereichert. Dies gilt auch für die vorgestellten Ideen zur Ressourcenteilung als wichtigem Mechanismus in der Organisationsökologie. In Ergänzung hierzu kann man auch in den dargestellten Bedingungen für die Entstehung neuer organisatorischer Formen eine für die deutsche Forschungslandschaft wichtige Anregung erkennen: Der Zusammenhang von (politischen oder ideologischen) sozialen Bewegungen und der Entstehung von Organisationsformen wurde in Deutschland bislang erst in Ansätzen (etwa in der Forschung zum Dritten Sektor) untersucht. Die Betonung von Fairness und Reziprozität für die ‚Effizienz' sozialer Beziehungen in und zwischen Organisationen ist ebenfalls ein verhältnismäßig neues Thema, welches weiter verfolgt werden sollte. Schließlich ist auch die Anregung, Erklärungsansprüche und Kausalitätsannahmen zu überdenken angesichts des Verhältnisses von Wissen und Nicht-Wissen ernst zu nehmen – die meisten Kausalmodelle erklären im technischen Sinn nur geringe Anteile der Varianz.

Der vorliegende Band ist selektiv und behandelt die Organisationssoziologie nicht in ihrer gesamten Breite. Es gibt weitere Organisationstypen als die hier behandelten und weitere theoretische und methodische Perspektiven als die eingehend dargestellten. Wir hoffen, die Gründe für diese Auswahl kenntlich gemacht zu haben, und setzen auf weitere Beiträge zur Organisationssoziologie mit dann anderen Schwerpunkten. Ein interdisziplinärer Zuschnitt und die Verbindung von Teildisziplinen innerhalb der Soziologie sind in jedem Fall unabdingbar für den weiteren Erkenntnisgewinn.

Literatur

Aldrich, Howard, 1999: Organizations Evolving. London: Sage.
Arthur, Michael B., und *Denise M. Rousseau* (Hg.), 1996: The Boundaryless Career. A New Employment Principle for a New Organizational Era. New York: Oxford University Press.
Bellmann, Lutz, Stefan Bender und *Arnd Kölling,* 2000: Aufbau eines Employer-Employee-Datensatzes aus IAB-Betriebspanel und Beschäftigtenstatistik der Bundesanstalt für Arbeit. Nürnberg: Institut für Arbeitsmarkt- und Berufsforschung. Unveröffentlichtes Manuskript.
Blau, Peter M., 1955: Dynamics of Bureaucracy. Chicago: University of Chicago Press.
Blau, Peter M., und *W. Richard Scott,* 1962: Formal Organizations: A Comparative Approach. San Francisco, CA: Chandler.
Brüderl, Josef, Thomas Hinz und *Rolf Ziegler,* 2001: Micro Data on Entrepreneurship. The Munich and the Leipzig Founder Study, Schmollers Jahrbuch – Zeitschrift für Wirtschafts- und Sozialwissenschaften 121: 435–442.
Bryk, Anthony, und *Stephen Raudenbush,* 1992: Hierarchical Linear Models. Newbury Park, CA: Sage.
Burns, Tom, und *George M. Stalker,* 1961: The Management of Innovation. London: Tavistock.
Burrell, Gibson, 2002: Organization Paradigm. S. 25–42 in: *Arndt Sorge* (Hg.): Organization. London: Thomson Learning.*Burrell, Gibson,* und *Gareth Morgan,* 1979: Sociologial Paradigms and Organizational Analysis. London: Heinemann.
Burt, Ronald S., 1998: The Gender of Social Capital, Rationality and Society 10: 5–46.
Büschges, Günter, und *Martin Abraham,* 1997: Einführung in die Organisationssoziologie. 2. Aufl. Stuttgart: Teubner.

Carroll, Glenn, und *Michael T. Hannan,* 2000: The Demography of Corporations and Industries. Princeton: Princeton University Press.
Child, John, 1973: Organizational Structure, Environment and Performance: The Role of Strategic Choice, Sociology 6: 1–22.
Clegg, Stewart, Cynthia Hardy und *Walter R. Nord* (Hg.), 1996: Handbook of Organization Studies. London: Sage.
Coase, Ronald, 1937: The Nature of the Firm, Economica 4: 386–405.
Coleman, James S., 1982: The Asymmetric Society. Syracuse: Syracuse University Press.
Coleman, James S., 1990: Foundations of Social Theory. Harvard, MA: Belknap.
Collin, Audrey, und *Richard A. Young* (Hg.), 2000: The Future of Career. Cambridge: Cambridge University Press.
Cotter, David, Jo Ann DeFiore, Joan Hermsen, Brenda Marsteller Kowalewski und *Reeve Vanneman,* 1998: The Demand for Female Labor, American Journal of Sociology 103: 1673–1712.
Crozier, Michel, 1964: The Bureaucratic Phenomenon. London: Tavistock.
Dahrendorf, Ralf, 2002: Über Grenzen. Lebenserinnerungen. München: C.H. Beck.
DiMaggio, Paul J., und *Walter W. Powell,* 1983: The Iron Cage Revisited: Institutional Isomorphism and Collective Rationality in Organizational Fields, American Sociological Review 48: 147–160.
DiPrete, Thomas A., 1993: Industrial Restructuring and the Mobility Response of American Workers in the 1980s, American Sociological Review 58: 74–96.
Douma, Sytse, und *Hein Schreuder,* 2002: Economic Approaches to Organizations. 3. Aufl. Harlow: Pearson Education.
Granovetter, Mark, 1985: Economic Action and Social Structure: The Problem of Embeddedness, American Journal of Sociology 91: 481–510.
Hall, Peter A., und *David Soskice,* 2001: Varieties of Capitalism. The Institutional Foundations of Comparative Advantage. Oxford: Oxford University Press.
Haveman, Heather, 1993: Organizational Size and Change. Diversification in the Savings and Loans Industry after Deregulation, Administrative Science Quartely 38: 20–50.
Hinz, Thomas, und *Thomas Schübel,* 2001: Geschlechtersegregation in deutschen Betrieben, Mitteilungen aus der Arbeitsmarkt- und Berufsforschung 34: 286–301.
Kalleberg, Arne L., David Knoke, Peter V. Marsden und *Joe S. Spaeth* (Hg.), 1996: Organizations in America. Analyzing Their Structures and Human Resource Practices. Thousand Oaks: Sage.
Kieser, Alfred (Hg.), 1995: Organisationstheorien. 2. Aufl. Stuttgart: Kohlhammer.
Kieser, Alfred, und *Herbert Kubicek,* 1992: Organisation. 3. Aufl. Berlin: deGruyter.
Kommission zur Verbesserung der informationellen Infrastruktur zwischen Wissenschaft und Statistik (Hg.), 2001: Wege zu einer besseren informationellen Infrastruktur. Gutachten der vom Bundesministerium für Bildung und Forschung eingesetzten Kommission zur Verbesserung der informationellen Infrastruktur zwischen Wissenschaft und Statistik. Baden-Baden: Nomos.
Kühl, Stefan, 2003: Organisationssoziologie. Ein Ordnungs- und Verortungsversuch, Soziologie, Heft 1/2003: 37–47.
Lipset, Seymour Martin, Martin Trow und *James S. Coleman,* 1956: Union Democracy. Glencoe: Free Press.
Mayntz, Renate, 1963: Soziologie der Organisation. Reinbek: Rowohlt.
Merton, Robert K., 1957: Social Theory and Social Structure. Glencoe: Free Press.*Michels, Robert,* 1925: Soziologie des Parteiwesens. Stuttgart: Kröner.
Ortmann, Günther, Jörg Sydow und *Klaus Türk,* 2000: Theorien der Organisation. 2. Aufl. Wiesbaden: Westdeutscher Verlag.
Perrow, Charles, 1984: Normal Accidents. New York: Basic Books.
Powell, Walter W., 1990: Neither Market nor Hierarchy: Network Forms of Organizations. S. 295–336 in: *Barry Staw* und *Larry L. Cummings* (Hg.): Research in Organizational Behavior (Volume 12). Greenwich: JAI Press.
Powell, Walter W., und *Paul DiMaggio* (Hg.), 1991: The New Institutionalism in Organizational Analysis. Chicago: University of Chicago Press.

Schimank, Uwe, 1994: Organisationssoziologie. S. 241–254 in: *Harald Kerber* und *Arnold Schmieder* (Hg.): Spezielle Soziologien: Problemfelder, Forschungsbereiche, Anwendungsorientierungen. Reinbek: Rowohlt.
Schumpeter, Joseph, 1993 (1943): Kapitalismus, Sozialismus und Demokratie. 7. Aufl. Stuttgart: UTB.
Schuppert, Gunnar Folke, 2000: Verwaltungswissenschaft: Verwaltung, Verwaltungsrecht, Verwaltungslehre. Baden-Baden: Nomos.
Scott, W. Richard, 1995: Institutions and Organizations. Thousand Oaks: Sage.
Scott, W. Richard, 1998: Organizations. Rational, Natural, and Open Systems. 4. Aufl. Englewood Cliffs: Prentice Hall.
Simon, Herbert, 1950 (1945): Administrative Behavior. New York: MacMillan.
Sorge, Arndt (Hg.), 2002: Organization. London: Thomson Learning.
Stinchcombe, Arthur L., 1997: On the Virtues of the Old Institutionalism, Annual Review of Sociology 23: 1–18.
Stinchcombe, Arthur L., 2001: When Formality Works: Authority and Abstraction in Law and Organizations. Chicago: University of Chicago Press.
Tolbert, Pamela, und *Lynne G. Zucker*, 1983: Institutional Sources of Change in the Formal Structure of Organizations: The Diffusion of Civil Service Reform 1880–1935, Administrative Science Quartely 28: 22–39.
Udy, Stanley H., 1962: Administrative Rationality, Social Setting, and Organizational Development, American Journal of Sociology 68: 299–308.
Vaughan, Dianne, 1999: The Dark Side of Organizations: Mistake, Misconduct, and Disaster, Annual Review of Sociology 25: 271–305.
Weber, Max, 1922: Die drei reinen Typen der legitimen Herrschaft. Eine soziologische Studie, Preußische Jahrbücher 187: 1–12.
Weber, Max, 1972 (1922): Wirtschaft und Gesellschaft. Tübingen: Mohr.
Williamson, Oliver E., 1975: Markets and Hierarchies. New York: Free Press.
Whyte, William H., 1956: Organization Man. New York: Simon and Schuster.
Wright, Erik O., 1997: Class Counts. Cambridge: Cambridge University Press.
Zucker, Lynne G. (Hg.), 1988: Institutional Patterns and Organizations: Culture and Environment. Cambridge: Ballinger.

II. Grundlagen

ORGANISATIONEN: AKTEURKONSTELLATIONEN –
KORPORATIVE AKTEURE – SOZIALSYSTEME*

Uwe Schimank

Zusammenfassung: Formale Organisationen werden, ausgehend von einer akteurtheoretischen Perspektive, zunächst als korporative Akteure bestimmt, die aus einer Konstellation individueller Akteure hervorgehen können. Dabei sind zwei Grundtypen zu unterscheiden: „von unten" konstituierte Interessen- und „von oben" konstituierte Arbeitsorganisationen. Luhmanns systemtheoretische Sicht von Organisationen als autopoietische Entscheidungszusammenhänge lässt sich akteurtheoretisch dann so lesen, daß darin drei gemeinsam die organisatorische Prägung des Handelns der Mitglieder tragende Fiktionen abgebildet sind. Organisationen stellen danach eine akteurlose Sozialität dar, die Situationen durch formale Entscheidungsprämissen sehr weit gehend vorstrukturiert und aus sich heraus immer weiter voranschreitet. Diese systemtheoretisch eingefangene soziale, sachliche und zeitliche Verselbstständigung der Organisation gegenüber ihren Mitgliedern ist eine entscheidende Voraussetzung organisatorischer Handlungsfähigkeit. Getragen wird die Verselbstständigung durch eine Verdinglichung der organisatorischen Formalstrukturen, die in Rationalitätsfiktionen und Verkettungssachzwängen verankert ist.

Wie in der Soziologie generell, werden auch in der Organisationssoziologie system- und akteurtheoretische Herangehensweisen an Sozialität gemeinhin als inkompatible Perspektiven angesehen. Man muss sich, was dann fast einem Bekenntnis gleichkommt, für eine von beiden entscheiden. Manchmal wird auch gesagt, dass die Perspektiven trotz – besser: wegen – ihrer Inkompatibilität komplementär seien, weil die eine Perspektive in den Blick bekomme, was jenseits des Blickfeldes der anderen liege, und umgekehrt. Versteht man solche Perspektiven als Werkzeuge für soziologische Erklärungen, kann es dann nicht schaden, über beide Werkzeuge zu verfügen und je nach Erklärungsproblem zu entscheiden, welche man heranzieht – gegebenenfalls auch beide.
    Ob man System- und Akteurtheorie nun als Bekenntnisse oder Werkzeuge auffasst: Man geht jedenfalls von der strikten Distinktheit der beiden Theorieperspektiven aus. Dies ist zweifellos in vielerlei Hinsicht ausreichend und zweckmäßig. Dennoch möchte ich im Folgenden etwas anderes versuchen. Ich möchte die systemtheoretische Perspek-

---

* Für anregende Kommentare danke ich Thomas Hinz.

tive auf Organisationen in der akteurtheoretischen rekonstruieren. Dabei geht es mir nicht darum, gewissermaßen besserwisserisch zu demonstrieren, dass man als Akteurtheoretiker die Systemtheorie gar nicht benötigt, weil die Akteurtheorie deren Erkenntnisse alle schon selbst besitzt. Sondern ganz im Gegenteil sollen genuin systemtheoretische Einsichten akteurtheoretisch fruchtbar gemacht werden. Was kann und sollte eine akteurtheoretische Herangehensweise an Organisationen von der systemtheoretischen Herangehensweise lernend übernehmen?

Ausgangspunkte für ein solches Vorhaben sind das Konzept der Akteurkonstellation und das Problem kollektiver Handlungsfähigkeit. Eine Organisation ist, akteurtheoretisch betrachtet, zunächst eine bestimmte Art von Konstellation individueller Akteure: ihrer Mitglieder. Diese Konstellation kann einen korporativen Akteur bilden und besitzt dann mehr oder weniger Handlungsfähigkeit.

Diese Begriffskette ist erst einmal rein akteurtheoretisch konzipiert: individuelle Akteure – Akteurkonstellation – korporativer Akteur. Die systemtheoretische Perspektive kommt hinein, wenn man die organisatorische Akteurkonstellation zugleich als Sozialsystem begreift – und zwar im strikten Sinne von Niklas Luhmanns Theorie sozialer als autopoietischer Systeme.[1] Damit lassen sich die beiden Leitfragen der theoretischen Überlegungen präziser fassen: Welche wichtigen Eigenschaften der organisatorischen Akteurkonstellation, insbesondere hinsichtlich ihrer Konstitution als korporativer Akteur, erfasst eine Betrachtung der Organisation als autopoietisches Sozialsystem? Und wie lässt sich diese systemtheoretische Erkenntnis in die akteurtheoretische Perspektive einbauen?

I. Kollektive Handlungsfähigkeit

Warum gibt es überhaupt Organisationen – z.B. Firmen? Das ist logisch – keineswegs theoriegeschichtlich – die Ausgangsfrage jeder Organisationstheorie.[2] Denn mit der Beantwortung dieser Frage versichert sich die Organisationstheorie ihres Gegenstandes. Die Frage ist dabei weniger genetisch als vielmehr funktional gemeint. Es geht nicht so sehr darum, die historische Entstehung und Ausbreitung von Organisationen – die es ja nicht immer schon in menschlichen Gesellschaften gab – nachzuzeichnen. Sondern die Existenz von Organisationen – dort, wo sie existieren – soll unter Rekurs auf deren Funktion im jeweiligen Sozialzusammenhang hergeleitet werden. Für eine akteurtheoretisch ansetzende, dem methodologischen Individualismus verpflichtete Organisationssoziologie läuft dies darauf hinaus, ein funktionales Bezugsproblem zu identifizieren, das sich individuellen Akteuren bei ihrem handelnden Zusammenwirken oft genug so stellt, dass es ihnen die Schaffung und Erhaltung von Organisationen nahe legt.

---

[1] Andere Arten von Systemtheorie werden hier also nicht betrachtet – wie auch auf akteurtheoretischer Seite im Wesentlichen der „akteurzentrierte Institutionalismus" (Mayntz und Scharpf 1995; Schimank 2001a) zu Grunde gelegt wird.

[2] Siehe mit Bezug auf Firmen Coase (1937) und dann später Williamson (1975): Warum gibt es in der Wirtschaft überhaupt Firmen und nicht bloß Märkte?

Es geht also ganz generell, wie immer in sozialen Situationen, um Interdependenzbewältigung,[3] und bereits spezifischer um solche Modi der Interdependenzbewältigung, die auf die Herstellung und Stabilisierung *kollektiver Handlungsfähigkeit* einer Mehrzahl individueller Akteure hinauslaufen. Legt man eine Typologie von Renate Mayntz und Fritz Scharpf zu Grunde,[4] kann Interdependenzbewältigung durch bloße Anpassung zwischen den Akteuren, einseitig oder wechselseitig, auf der Grundlage von Beobachtungen geschehen,[5] oder durch „negative Koordination", bei der zusätzlich bestimmte ausgesprochene oder unausgesprochene Vetos der Gegenüber respektiert werden, oder durch punktuelle Aushandlungen nach Art des Tausches auf Spot-Märkten (Mayntz und Scharpf 1995: 61). Keiner dieser drei Modi konstituiert kollektive Handlungsfähigkeit in dem Sinne, dass mehrere individuelle Akteure sich darauf einigen, ihr handelndes Zusammenwirken über einen längeren Zeitraum auf eine bestimmte Art und Weise miteinander abzustimmen – etwa als arbeitsteilige Kooperation. Entscheidend dafür ist eine aus Verhandlungen hervorgegangene formelle oder informelle, jedenfalls bindende Vereinbarung (Schimank 2000: 285–306).

Mayntz und Scharpf unterscheiden in ihrer Typologie drei Modi einer solchen Herstellung kollektiver Handlungsfähigkeit, wobei deren Ausmaß zwischen den Modi variiert:

Netzwerk: Hier kann noch jeder individuelle Akteur verhindern, dass ihm ein Handeln auferlegt wird, das er von sich aus in der gegebenen Situation nicht wählen würde. Kollektive Handlungsfähigkeit kommt nur als jederzeitige „freiwillige" Einigung zustande.[6] Diese Vetomacht jedes Einzelnen besteht erst recht im Sonderfall eines solchen Zwangsverhandlungs-Netzwerkes, bei dem die Akteure keine „exit"-Option haben und auch nicht ausgeschlossen werden können, aber ein Einstimmigkeitsprinzip herrscht.

Polyarchie: Hier wird kollektive Handlungsfähigkeit durch Mehrheitsbeschlüsse auch der Minderheit auferlegt, die dann allenfalls noch „exit" wählen kann, sofern keine Zwangszugehörigkeit besteht. Da aber „exit", auch wenn es möglich ist, immer nur ein „last resort" (Emerson 1981) darstellt, findet bereits ein erhebliches Maß an „unfreiwilliger" Beteiligung am Kollektivhandeln statt. Die kollektive Handlungsfähigkeit ist hierdurch deutlich größer als im Netzwerk.

Hierarchie: Entscheidungsbefugnisse über das Handeln aller Beteiligten liegen bei einer übergeordneten Leitungsinstanz. Eine Minderheit bestimmt das Handeln aller. Kollektive Handlungsfähigkeit wird, eine entsprechende Durchsetzungsfähigkeit der Spitze vorausgesetzt, maximiert. Dies gilt insbesondere bei fehlenden „exit"-Möglichkeiten; aber auch wenn „exit" zulässig ist, wird es in der Hierarchie, wie in der Polyarchie, nur im äußersten Fall gewählt.

---

3 Siehe Schimank (2000: 81–85) zur zu Grunde gelegten Konzeption von Sozialität als Interdependenzbewältigung in Akteurkonstellationen.
4 Diese Typologie knüpft an vielfältige typologische Überlegungen anderer an – siehe als eine weitere Zusammenschau nur noch Wiesenthal (2000).
5 Hierzu auch ausführlich Schimank (2000: 207–246).
6 Was alle Arten der sozialen Beeinflussung nicht ausschließt – wohl aber eben Zwang.

Der Modus der Hierarchie prägt Organisationen. Keine Organisation ohne Hierarchie – wie immer „flach" oder polyarchisch überformt sie auch beschaffen sein mag.[7] Zwar gibt es Hierarchien auch außerhalb von Organisationen – etwa als stabile Rangordnungen in Kleingruppen. Aber die technisch rationalste Form von Hierarchie ist an Organisation gebunden, wie im Weiteren noch deutlich werden wird.

Damit habe ich die Ausgangsfrage vorerst so beantwortet, dass ich Organisationen äquivalenzfunktionalistisch (Luhmann 1974) als eine von mehreren Möglichkeiten der Konstitution kollektiver Handlungsfähigkeit verorte. Überall dort also, wo soziale Interdependenzbewältigung auf kollektive Handlungsfähigkeit angewiesen ist oder diese zumindest vorteilhaft wäre, ist Hierarchie eine Option – was, jedenfalls in der modernen Gesellschaft und bei einer größeren Anzahl involvierter individueller Akteure, auf Organisation hinausläuft. Da Organisationen mehr kollektive Handlungsfähigkeit bieten als Polyarchien oder gar Netzwerke, kann man erwarten, dass die Organisationsoption immer dann zum Zug kommt, wenn die anderen beiden Modi diesbezüglich nicht genügend leistungsstark sind – vorausgesetzt freilich, dass eine Organisation realisierbar ist, also nicht zu viele der involvierten individuellen Akteure sich der Hierarchie zu entziehen vermögen und dann allenfalls eine Polyarchie oder ein Netzwerk zulassen. Anders gesagt: Eine Organisation wird dann realisiert werden, wenn eine entsprechend hohe kollektive Handlungsfähigkeit sowohl erforderlich als auch möglich ist.[8]

II. Korporative Akteure

Eine Organisation stellt kollektive Handlungsfähigkeit in der Form eines *korporativen Akteurs* bereit. Dabei sind zwei grundlegende Arten von korporativen Akteuren danach zu unterscheiden, ob sie sich als reine Hierarchie „von oben" oder als polyarchisch überformte Hierarchie „von unten" aufbauen.[9] Beiden Arten gemeinsam ist die von James Coleman (1974) als „Ressourcenzusammenlegung" herausgearbeitete Bündelung der Einflusspotenziale individueller Akteure auf der Basis untereinander ausgehandelter bindender Vereinbarungen.[10]

Coleman entwickelt sein theoretisches Modell an „von unten" konstituierten korporativen Akteuren. Diese sind zwar in ihrer morphologischen Grundstruktur komplizierter gebaut als „von oben" konstituierte korporative Akteure, aber in ihrem genetischen Mechanismus der Einflussbündelung einfacher – weshalb ich mich ihnen zuerst zuwende.

---

7 Dazu später noch Näheres!
8 Ist die hohe kollektive Handlungsfähigkeit zwar erforderlich, aber nicht möglich, liegt ein Organisationsdefizit des betreffenden handelnden Zusammenwirkens vor – mit entsprechenden Dysfunktionalitäten etwa in Gestalt chronischer Leistungsmängel. Die derzeit modische euphemistische Umschreibung dieses Zustands lautet: Nichts geht über Netzwerke! Wenn umgekehrt die hohe kollektive Handlungsfähigkeit nicht erforderlich, aber Organisationsbildung möglich ist und auch realisiert wird, findet man Überorganisation vor, die zumindest Ineffizienzen und vermeidbare Einschränkungen individueller Handlungsautonomie mit sich bringt.
9 Dieser und der folgende Abschnitt beruhen auf Schimank (2000: 310–320).
10 Siehe weiterhin, Coleman systematisierend, Vanberg (1982: 8–22).

„Von unten" konstituierte korporative Akteure sind *Interessenorganisationen*: vor allem Verbände, Vereine, Kirchen und politische Parteien. Individuelle Einflusspotenziale wie Macht, Geld oder Wissen werden durch den organisatorischen Zusammenschluss gebündelt und können dann effektiver für die Durchsetzung der je individuellen, aber gemeinsamen Interessen eingesetzt werden – insbesondere auch, weil so potenzielle Konkurrenzkonstellationen zwischen Individuen in Kooperationskonstellationen transformiert werden. So bewirkt beispielsweise eine gewerkschaftliche Organisation von Arbeitern nicht nur, dass sie ihre Interessen durch kollektiven Streik wirksamer als durch jeweils individuelle Arbeitsverweigerung durchsetzen können; ebenso wichtig ist, dass die organisierten Arbeiter nicht länger gegeneinander ausgespielt werden können.

Dass Interessenorganisationen „von unten" konstituiert werden, heißt, dass die Zielsetzungen dieser Art von Organisationen an gemeinsame Interessen ihrer Mitglieder rückgebunden bleiben. Am Anfang steht also die Erkenntnis übereinstimmender Interessen auf Seiten individueller Akteure. Wenn die Akteure dann zu dem Schluss gelangen, dass sie gemeinsam stärker sein könnten, können sie beginnen, miteinander darüber zu verhandeln, wie die kollektive Interessenverfolgung organisiert sein soll. Verhandlungsgegenstand ist also die Beschaffenheit des zu gründenden korporativen Akteurs. Im Einzelnen umfasst das vor allem folgende Verhandlungsfragen:
- Wer darf Mitglied der Interessenorganisation werden?
- Welche Zielsetzungen soll sie verfolgen, und mit welchen Mitteln?
- Welche Beiträge in Gestalt bestimmter Einflusspotenziale sollen die individuellen Mitglieder für die Zielverfolgung der Interessenorganisation erbringen?
- Wie wird deren interne Entscheidungsstruktur gestaltet?
- Wie werden die Erträge der Interessenverfolgung auf die individuellen Mitglieder verteilt?

Sofern die Individuen über diese Fragen Einigkeit erzielen, also eine bindende Vereinbarung treffen, wird diese typischerweise in Form einer Satzung der Interessenorganisation schriftlich fixiert.

Die andere Möglichkeit, wie sich eine formale Organisation konstituieren kann, ist „von oben" durch einen Träger. Dies ist bei *Arbeitsorganisationen* der Fall. Der Träger kann ein Individuum sein, etwa ein Unternehmer, der eine Firma gründet; oft treten als Träger aber auch Gruppen von Individuen, beispielsweise Gesellschafter eines Unternehmens, oder andere Organisationen auf. Letzteres ist insbesondere bei staatlichen Organisationen der Fall, z.B. Schulen, die je nach Befugnis von Schulbehörden oder Kultusministerien geschaffen und beaufsichtigt werden.

Hier findet man eine ganz andere Verhandlungskonstellation vor. Es steht keine substanzielle Interessenübereinstimmung individueller Akteure am Anfang. Der Träger will vielmehr seine Interessen mittels der Organisation realisieren – etwa Gewinne machen oder für Unterricht sorgen. Er sucht sich dann geeignete weitere individuelle Akteure, die auch ohne Übereinstimmung mit den von ihm gesetzten Zielsetzungen der Organisation deren Mitglied werden, um an deren Leistungsproduktion mitzuwirken. Arbeitsorganisationen benötigen demnach von vornherein die Möglichkeit, sich sehr weitgehend über die konkreten und je individuellen Motivlagen ihrer Mitglieder hinwegsetzen zu können (Luhmann 1964: 89–108) – ganz anders als Interessenorganisationen, auch wenn bei ihnen noch auf Oligarchisierung einzugehen sein wird. Diese Zweck-Motiv-Trennung geht mit einer Differenzierung von Trägern und Mitarbeitern einher. Die Träger sind an der Leistungsproduktion interessiert – sei es, weil sie für ausbleibende Leistungen verantwortlich gemacht werden würden, sei es, weil mit der Leistungsproduktion wirtschaftliche Gewinne erzielt werden können. Die Mitarbeiter haben demgegenüber höchstens ein nachrangiges Interesse an der Leistungsproduktion. Ihnen geht es primär darum, durch ihre Mitarbeit den eigenen Lebensunterhalt zu sichern und gegebenenfalls eine berufliche Karriere zu machen.

Dementsprechend sind Arbeitsorganisationen also keine Interessenzusammenschlüsse, sondern Tauschbeziehungen.[11] Anstelle einer multilateralen Verhandlungskonstellation zwischen allen Mitgliedern, woraus sich Interessenorganisationen konstituieren, baut sich eine Arbeitsorganisation durch ein Nebeneinander vieler bilateraler Verhandlungskonstellationen zwischen jedem einzelnen Mitarbeiter und der Organisation auf. Damit gibt es bei Arbeitsorganisationen auch nicht nur, wie bei Interessenorganisationen, eine einzige bindende Vereinbarung, die für alle Mitglieder geltende Satzung, sondern jede der Verhandlungskonstellationen führt zu einer eigenen bindenden Vereinbarung: dem jeweiligen Arbeitsvertrag.

Diesen Charakter von Arbeitsorganisationen als korporativen Akteuren arbeiten James March und Herbert Simon prägnant heraus (March und Simon 1958: 35–112). Sie sehen eine Arbeitsorganisation als einen Tauschzusammenhang von an die Mitarbeiter gerichteten „inducements" der Organisation und „contributions" der Mitarbeiter an die Organisation. Für festgelegte Anreize insbesondere finanzieller Art, also den Arbeitslohn, verpflichtet sich der individuelle Akteur, Beiträge zur Leistungsproduktion des korporativen Akteurs zu liefern. Der Arbeitsvertrag regelt so vor allem die gegenseitigen Rechte und Pflichten von Organisation und Mitarbeitern – also:
– in der einen Richtung u.a. die zeitliche Dauer der Tätigkeit des Mitarbeiters für die Organisation und die Arbeitszeiten, dessen sachliches Aufgabengebiet und Befugnisse, insbesondere Entscheidungsrechte, sowie dessen Kooperationsverpflichtungen,
– und in der anderen Richtung vor allem die Ansprüche des Mitarbeiters in Bezug auf Lohn und eventuelle weitere an ihn gehende Leistungen der Organisation.
Eine sachlich gebotene Eigentümlichkeit von Arbeitsverträgen besteht allerdings darin, dass sie die Art des Beitrags der Mitarbeiter zur organisatorischen Leistungsproduktion nicht präzise spezifizieren, sondern lediglich eine „zone of indifference" (Barnard

---

11 Die Unterscheidung von Interessen- und Arbeitsorganisationen ist teilweise Amitai Etzionis (1975) Organisationstypologie nach der Art des vorherrschenden Modus der Herstellung von „compliance" ähnlich. Dieser Gesichtspunkt liegt auch hier zu Grunde. Allerdings wird das, was Etzioni als „normative" Basis für Fügsamkeit ansieht, hier auf gemeinsame Interessen zurückgeführt, die zweifellos sehr oft normativ überhöht sind. Weiterhin wird Etzionis dritter Typ, die auf physischem Zwang beruhenden Organisationen wie z.B. Gefängnisse, hier als sehr spezieller Typus ausgeblendet. Wichtig ist freilich Etzionis Hinweis, dass reale Organisationen oft Mischtypen darstellen, also beispielsweise auch als Arbeitsorganisationen in gewissem Maße damit rechnen können, dass zumindest ein Teil ihrer Mitarbeiter sich mit den Organisationszielen identifiziert. Noch kompliziertere Mischtypen stellen diesbezüglich selbstverwaltete Betriebe dar.

1976: 167–169) umreißen, innerhalb derer sich die Anforderungen der Organisation bewegen müssen.[12]

Was der „Ressourcenzusammenlegung" in Arbeitsorganisationen, verglichen mit Interessenorganisationen, somit fehlt, ist der Nexus zwischen Einbringung der je individuellen Einflusspotenziale und deren Einsatz im Sinne geteilter substanzieller Interessen. Stattdessen beschaffen sich die Träger einer Arbeitsorganisation die Fügsamkeit der Mitarbeiter durch finanzielle Gegenleistungen. Damit lässt sich in Arbeitsorganisationen auf der Basis dieses Tausches eine reine Hierarchie als zentrale Struktur der Konstellation der Mitglieder aufbauen. Auf der Grundlage der ursprünglichen binären Ungleichheit zwischen Trägern und Mitarbeitern werden vielfältig abgestufte organisatorische Ränge etabliert.

In Interessenorganisationen besteht demgegenüber eine ursprüngliche Ranggleichheit aller Mitglieder. Dennoch wird auch hier eine Führung benötigt. Die anfänglichen basisdemokratischen Entscheidungsprozesse, über die eine Interessenorganisation geschaffen worden ist, müssen durch repräsentativ-demokratische Verfahren ersetzt werden. Wenn in der Sozialdimension eine geringe Mitgliederzahl überschritten wird sowie Ansprech- und Verhandlungspartner für die Kommunikation nach außen bereitstehen müssen, wenn in der Zeitdimension rasche Entscheidungen zu treffen sind und wenn in der Sachdimension eine arbeitsteilige Spezialisierung stattfindet, die dann wieder Koordinationsbedarf mit sich bringt: Dies sind typische Anlässe dafür, eine Führung zu wählen und dieser in operativen Entscheidungen einen eigenen Dispositionsspielraum zuzugestehen. Damit wird eine – dann wiederum weiter differenzierbare – Hierarchie geschaffen, die freilich polyarchisch überformt bleibt. Was es an Führungspositionen gibt, wird durch Entscheidungen von Seiten der dieser Führung Unterworfenen bestimmt, ebenso wie – in Form von Wahlen – die personelle Besetzung dieser Positionen. Im Unterschied zu Mitarbeitern einer Arbeitsorganisation bestimmen die Mitglieder einer Interessenorganisation demokratisch selbst die hierarchische Struktur, der sie unterworfen sind.[13]

III. Sicherung kollektiver Handlungsfähigkeit korporativer Akteure

Akteurtheoretisch betrachtet sind Organisationen also korporative Akteure, die sich aus Verhandlungskonstellationen individueller Akteure konstituieren. So lässt sich kollektive Handlungsfähigkeit mobilisieren. Dies ist jedoch nicht ohne weiteres und immer

---

12 Das unterscheidet einen Arbeitsvertrag von einem Werkvertrag. In Letzterem wird eine bestimmte Arbeit, die jemand bis zu einem bestimmten Zeitpunkt erledigt haben muss, um das vereinbarte Honorar zu erhalten, oftmals genauestens festgelegt. Dabei geht es aber eben auch nur um eine zeitlich und sachlich eng begrenzte Leistungserbringung. Ein Arbeitsvertrag wird hingegen zumeist zeitlich unbefristet, auf jeden Fall aber über einen längeren Zeitraum geschlossen. In diesem Zeitraum können sich die organisatorischen Anforderungen in Richtungen verändern, die bei Vertragsschluss nicht vorhersehbar waren. Um dann nicht jedes Mal wieder einen neuen Vertrag schließen zu müssen, baut man in den Arbeitsvertrag eine gewisse sachliche Flexibilität ein.

13 Siehe auch Luhmanns (1981b: 42–49; 2000b: 253–265) Konzept von repräsentativer Demokratie als rekursiver Hierarchie.

der Fall und kann auch erheblich zwischen verschiedenen Organisationen sowie bei derselben Organisation im Zeitverlauf variieren. Das Kontinuum reicht von einer kaum gegebenen bis zu einer hohen kollektiven Handlungsfähigkeit.[14] Ersterer Zustand trifft etwa auf „organizational anarchies" (Cohen und March 1974), z.B. nicht wenige Hochschulen, zu.

Abstrakt lässt sich sagen: Die kollektive Handlungsfähigkeit einer Organisation ist umso höher, je größer der Anteil an in der Organisation stattfindenden Handlungen von Organisationsmitgliedern ist, die der Organisation und nicht den Mitgliedern als Individuen zugerechnet werden. Als Testkriterium, anhand dessen sich das Ausmaß an kollektiver Handlungsfähigkeit einer Organisation einschätzen lässt, bietet sich oft die Wahrnehmung durch diejenigen Akteure in der Umwelt an, die mit der betreffenden Organisation zu tun haben. Es gibt Fälle, in denen solche Bezugsakteure einer Organisation die Qualität des korporativen Akteurs kaum zusprechen. Dies ist insbesondere dann der Fall, wenn die Konstellation der Mitglieder durch große innere Konflikte oder durch ein völlig unabgestimmtes Nebeneinanderherhandeln der Beteiligten gekennzeichnet ist. Dann spricht die betreffende Organisation gegenüber Außenstehenden – wie es alltagssprachlich plastisch heißt – nicht mit einer Stimme. Je nachdem, an welches Organisationsmitglied man sich wendet, hört man etwas ganz anderes. Die einzelnen Handlungen der Mitglieder stehen also in keinem konstruktiven und geordneten Verhältnis zueinander. Sondern sie widersprechen einander oder sind gar bewusst gegeneinander gerichtet; oder die Handlungen nehmen lediglich gelegentlich aufeinander Bezug, so dass eine spätere nicht das fortführt, was in einer früheren angelegt war, sondern diese gleichsam in eine ganz andere Richtung umbiegt; oder die Handlungen stehen in ihrem Sinngehalt gänzlich beziehungslos nebeneinander und sind nur dadurch sozusagen „sinnlos" miteinander verbunden, dass sie von individuellen Akteuren getätigt werden, die zufällig Mitglied derselben Organisation sind.

Meistens sind die externen Bezugsakteure daran interessiert, dass die Organisation kollektiv handlungsfähig ist. Dann können sie sich nämlich auf eine Entscheidung der Organisation verlassen, haben diesbezüglich Erwartungssicherheit. Manchmal freilich kommt es den Bezugsakteuren ganz gelegen, dass eine Organisation nur eine geringe kollektive Handlungsfähigkeit aufweist. Dann lassen sich verschiedene Organisationsmitglieder gegeneinander ausspielen, und die Organisation als Ganze ist so schwach, dass ihre Direktiven und Widerstände ignoriert werden können.

Im Umkehrschluss heißt das: Eine Organisation ist in dem Maße kollektiv handlungsfähig, wie die Handlungen der einzelnen Mitglieder eine konstruktiv geordnete Gestalt ergeben, also nicht bloß gelegentlich, sondern systematisch so ineinander greifen, dass an Stelle von Individualinteressen eine übergreifende Zielsetzung verfolgt wird.[15] Fragt man nach den Determinanten der kollektiven Handlungsfähigkeit einer Organisation, kommen grundsätzlich sehr viele Faktoren in Betracht, auf die hier nicht

---

14 Es sollte nochmals betont werden, dass ein hohes Maß an kollektiver Handlungsfähigkeit nicht per se etwas Positives darstellt. Das hängt vielmehr davon ab, wie viel kollektive Handlungsfähigkeit funktional erforderlich ist.

15 Bei aller ansonsten berechtigten Kritik am organisationssoziologischen Zielparadigma (Luhmann 1973: 55–86) bleibt dies wichtig. Über Organisationsziele wird der korporative Akteur ausgeflaggt – nach außen ebenso wie nach innen.

weiter eingegangen werden kann. In der dargelegten generellen Konstitution von Interessenorganisationen auf der einen, Arbeitsorganisationen auf der anderen Seite sind jedoch strukturelle Dynamiken angelegt, die kollektive Handlungsfähigkeit für beide Arten von Organisationen dauerhaft prekär und damit die Wahrung kollektiver Handlungsfähigkeit zur organisatorischen Daueraufgabe machen.

Um mit Arbeitsorganisationen zu beginnen: Sie müssen sich mit dem „shirking" ihrer Mitarbeiter, also deren *Leistungsverweigerung* herumschlagen und entsprechende Gegenmaßnahmen treffen. Dies hat insbesondere die „principal-agent"-Perspektive auf formale Organisationen herausgearbeitet (Moe 1984; Coleman 1990: 145–174; Ebers und Gotsch 1993: 203–216). Die „agents" sind die Mitarbeiter einer Arbeitsorganisation, die für den Träger als „principal" bestimmte Leistungen vollbringen sollen, um im Gegenzug dafür Lohn zu erhalten und gegebenenfalls auch befördert zu werden. Als nutzenorientierter Akteur tendiert ein „agent" zum „shirking". Er will die Belohnung von Seiten des „principals" mit geringst möglichem eigenen Aufwand erlangen, es sich also bei der Leistungserbringung einfacher als vereinbart machen. Dieser klammheimliche Bruch der im Arbeitsvertrag getroffenen bindenden Vereinbarung kann so aussehen, dass der „agent" nicht die volle Leistung erbringt, also weniger tut oder es an Qualität fehlen lässt, z.B. aus Nachlässigkeit viele Fehler macht. „Shirking" kann aber auch darin bestehen, dass ein „agent" bei der Leistungserbringung Mittel einsetzt, die ihm verboten worden sind, weil ihm diese wiederum die Sache leichter machen – wenn z.B. ein Wissenschaftler Daten fälscht, um sein Forschungsprojekt scheinbar erfolgreich abzuschließen.

Dass „agents" überhaupt „shirking" praktizieren können, liegt an drei häufig vorkommenden Schwächen des „principal". Erstens muss er oftmals so viele „agents" gleichzeitig im Auge behalten, dass er mit einem quantitativen Überwachungsproblem konfrontiert ist. Er muss es z.B. bei Stichproben der abgelieferten Leistungen belassen, was Betrugsmöglichkeiten für die „agents" eröffnet. Zweitens hat der „principal" nicht selten auch mit einem qualitativen Beurteilungsproblem zu kämpfen – zumindest wenn er nicht über die Spezialkenntnisse verfügt, um die Leistungserbringung beurteilen zu können. Dann kann ein „agent" ihm etwas als effektiv und effizient verkaufen, was es in Wirklichkeit überhaupt nicht ist – z.B. eine wissenschaftliche Expertise gegenüber Nicht-Fachleuten. Und sogar wenn der „principal" erkennt, dass eine Leistung mangelhaft war, kann der betreffende „agent" immer noch beteuern, dass er sein Möglichstes getan habe und angesichts der widrigen Umstände nicht mehr zu machen gewesen sei. Drittens schließlich bleibt selbst ein überwachungs- und beurteilungsfähiger „principal" ohnmächtig gegenüber „shirking", wenn er nicht über wirksame negative Sanktionen gegenüber den betreffenden „agents" verfügt – wenn er einen „agent" beispielsweise nicht austauschen kann, weil kein anderer der zur Verfügung stehenden „agents" zu der betreffenden Leistung befähigt ist oder, wie nicht nur bei deutschen Beamten, Unkündbarkeit vorliegt.

Je mehr „shirking" um sich greift, desto weniger orientieren sich die Organisationsmitglieder an den Organisationszielen und desto mehr verfolgen die Mitglieder stattdessen nur ihre individuellen Interessen. Arbeitsorganisationen stehen so in der Gefahr, mehr oder weniger stark zum Objekt der Ausbeutung durch ihre Mitarbeiter zu werden – mit dem Effekt nach außen, dass die betreffende Organisation hinsichtlich ihrer

Zielverfolgung an Verlässlichkeit und Konsistenz des Handelns einbüßt, die Organisationsziele also nur noch eine Fassade und nicht länger die Ausflaggung eines korporativen Akteurs darstellen.

Interessenorganisationen unterliegen einer anderen, in ihrer Wirkung auf kollektive Handlungsfähigkeit nicht weniger problematischen Dynamik, die sich als *Oligarchisierung* aus dem Wechselspiel von Führung und „Basis" ergibt. Robert Michels (1989) hat schon früh am Beispiel der sozialdemokratischen Partei des Kaiserreichs „das eherne Gesetz der Oligarchie" aufgestellt. Damit ist die Tendenz gemeint, dass solche ursprünglich „von unten" gebildeten korporativen Akteure sich – für Michels zwangsläufig – gegenüber ihren Mitgliedern verselbstständigen, also die Organisationsführung sich von ihrer „Basis" entfernt. Entsprechende Vorwürfe sind in der Tat aus nahezu allen Interessenorganisationen geläufig – ob es um politische Parteien, Verbände, aber auch Vereine und Kirchen oder sogar Bürgerinitiativen geht. Hierbei wird also auf die Konstitution der Interessenorganisation aus einer Verhandlungskonstellation Gleicher rekurriert und der Führung zum Vorwurf gemacht, dass sie sich nicht an die bindenden Vereinbarungen halte; und wenn ihr schon kein Verstoß gegen den „Buchstaben" der Satzung und der beschlossenen Programme nachgewiesen werden kann, so wird sie zumindest eines Verstoßes gegen deren „Geist" beschuldigt.

Dass eine solche Oligarchisierung überhaupt stattfinden kann, liegt daran, dass Interessenorganisationen – wie dargestellt – sehr schnell dazu gezwungen sind, sich eine Hierarchie zuzulegen. Dies ist gewissermaßen bereits der Sündenfall der „Entfremdung" von Führung und „Basis" – ein unvermeidlicher, gerade um kollektive Handlungsfähigkeit herzustellen. Die Problematik dessen liegt darin, dass man auf diesem unumgänglichen Weg sehr schnell zu weit gehen kann. Dann passiert es, dass die Führung eine Linie der Interessenpolitik verfolgt, die unübersehbar von dem abweicht, was die Mitglieder wollen. Es mag sein, dass die Führung ihre Freiräume dazu ausnutzt, eigennützige Interessen zu verfolgen, also etwa ihre Privilegien zu sichern und auszubauen. Es kann auch sein, dass das der „Basis" nur so erscheint und womöglich von „Jungtürken", die selbst die Führung übernehmen wollen, suggeriert wird. Möglich ist weiterhin, dass die „Basis" die Führung durchaus für integer hält, aber deren Interpretation der gemeinsamen Interessen und die daraus abgeleitete Strategie der Interessenverfolgung als verfehlt erachtet. Das mag wiederum zutreffen. Es mag sich aber auch so verhalten, dass die Führung ein situationsangemesseneres Verständnis der gemeinsamen Interessen besitzt. So vermag eine Parteispitze oftmals besser einzuschätzen, was politisch durchsetzbar ist, während die „Basis" einem utopischen Radikalismus anhängt; oder die Führung denkt langfristiger als die „Basis". Oligarchisierung bedeutet also keineswegs immer eine Missachtung der gemeinsamen Interessen durch die Führung. Doch sofern es ihr nicht gelingt, die eigene Interpretation dieser Interessen auch der „Basis" plausibel zu machen, stellt sich auf deren Seite „Entfremdung" ein.

Die Mitglieder gewinnen dann den Eindruck, mit ihren Interessen von der eigenen Interessenorganisation nicht mehr vertreten, sondern ignoriert zu werden, fühlen sich entsprechend missachtet und reagieren darauf durch „exit" oder „voice" (Hirschman 1970). Die Mitglieder können sich also entweder in ihrem Engagement für die Organisation zurückziehen – von der „inneren Emigration" bis hin zum Austritt. Oder die unzufriedenen Mitglieder können innerorganisatorische Opposition betreiben, also Änderungen verlangen und durchzusetzen versuchen – bis hin zum Austausch der Führung und zu einer solchen Modifikation der Entscheidungsverfahren, die die Führung zukünftig stärker an den Willen der „Basis" bindet. Diese verschiedenen Reaktionen der „Basis" können auch nebeneinander erfolgen. Ein Teil der enttäuschten Mitglieder tut dieses, ein anderer jenes. Insbesondere ist ein angedrohtes eigenes „exit" oder ein Verweis auf das „exit" anderer Mitglieder oft eine wirksame Drohung, um für „voice" Gehör zu finden.

Gleichgültig, ob „exit" oder „voice" überwiegt: Beides schwächt die kollektive Handlungsfähigkeit der Interessenorganisation. „Voice" führt zu inneren Konflikten und „exit" zu einem Mitgliederschwund. Letzteres mag zwar die umfangmäßig reduzierte kollektive Handlungsfähigkeit der verbleibenden Mitglieder stärken; oft genug schürt ein länger andauernder Mitgliederschwund aber auch innere Konflikte, die vielleicht sogar noch durch entsprechende Aktivitäten der Ausgetretenen von außen in die Organisation hinein getragen werden.

In beiden Arten von Organisationen sorgen also strukturell angelegte Dynamiken dafür, dass die kollektive Handlungsfähigkeit nie völlig ungefährdet ist und daher kontinuierlich Maßnahmen ergriffen werden müssen, um sie zu erhalten bzw. wiederherzustellen. Den entscheidenden Part hierbei spielt jeweils die Organisationsspitze. In Arbeitsorganisationen hat sie die untergründige Leistungsverweigerung der Mitarbeiter zu verhindern; und in Interessenorganisationen muss die Führung durch eigenes Verhalten und dessen Inszenierung dafür sorgen, dass die „Basis" bei der Stange bleibt. In Arbeitsorganisationen liegt der Schwerpunkt letztlich auf sozialer Kontrolle, in Interessenorganisationen auf Legitimationsbeschaffung. Beides sind unter normalen Umständen keine unlösbaren Aufgaben, und beide Aufgaben werden tagtäglich millionenfach zumindest insoweit gemeistert, dass die betreffenden Organisationen als handlungsfähige korporative Akteure auftreten. Eine unentrinnbare Verfallslogik kollektiver Handlungsfähigkeit gibt es also nicht.

IV. Autopoiesis von Entscheidungen

Bis zu diesem Punkt der Überlegungen kommt man, ohne irgendwo auf die systemtheoretische Perspektive Bezug nehmen zu müssen. Im Weiteren will ich nun verdeutlichen, dass ein systemtheoretisches Verständnis von Organisationen als autopoietischen Sozialsystemen gleichsam eine phänomenologische Konstitutionsanalyse hoher kollektiver Handlungsfähigkeit liefert, und dass die akteurtheoretisch ansetzende Organisationssoziologie, ohne eine solche Analyse in der erforderlichen Subtilität selbst leisten zu können, sich deren Ergebnisse zu eigen zu machen vermag.

Autopoietische Systeme sind solche Systeme, die die Elemente, aus denen sie bestehen, fortwährend aus diesen Elementen erzeugen (Maturana 1982). Es geht also um selbstreferenziell temporalisierte Systeme. Die Elemente sozialer Systeme sind für Niklas Luhmann Kommunikationen, so dass die Autopoiesis einer bestimmten Art von sozialem System so vonstatten geht, dass es den jeweils spezifischen Typ von Kommunikation aus eben solchen Kommunikationen herstellt (Luhmann 1984). Der für Organisationen spezifische Kommunikationstyp sind Entscheidungen (Luhmann 2000a).

Die Existenz einer Organisation als eines autopoietischen Sozialsystems lässt sich demnach operativ als Abfolge aufeinander Bezug nehmender Entscheidungen fassen. Entscheidungen gehen aus Entscheidungen hervor und bringen weitere Entscheidungen hervor. Luhmann (2000a: 63) behauptet entsprechend, „daß Organisationen entstehen und sich reproduzieren, wenn es zur Kommunikation von Entscheidungen kommt und das System auf dieser Operationsbasis operativ geschlossen wird. ... Alle Entscheidungen des Systems lassen sich mithin auf Entscheidungen des Systems zurückführen."

Freilich gibt es mehr als eine Organisation auf der Welt. Woher weiß die Autopoiesis einer bestimmten Organisation, dass sie an bestimmte – nämlich von dieser getroffene – Entscheidungen anzuknüpfen hat, und nicht an in anderen Organisationen getroffene? Mit anderen Worten, was verhindert, dass sich die Autopoiesen verschiedener Organisationen heillos miteinander verheddern?[16] Zum einen sorgen räumlich und sozial markierte Kommunikationsunterbrechungen dafür, dass die Autopoiesis der einen Organisation schlicht keine Kenntnis von den allermeisten anderswo getroffenen Entscheidungen hat. Zum anderen aber wird die Autopoiesis selbst dort, wo entsprechende Kenntnis besteht, deshalb nicht aufs falsche Gleis gelenkt, weil Organisationssysteme – in diesem Punkt wie Interaktionssysteme (Luhmann 1972) – auf Systemgeschichte als Identitätsanker rekurrieren. In diesem Sinne stellt für Jürgen Habermas (1985: 437) der „Aktenfluss" in einer Behörde geradezu das Paradigma für eine Vorstellung von Sozialität als Autopoiesis dar: Akten erzeugen Akten, und das Organisationsgeschehen einer Behörde besteht aus solchen „Vorgängen". Natürlich wird in den Akten einer Organisation auch auf Kommunikationen Bezug genommen, die von außen gekommen sind – etwa Eingaben von Seiten der Klienten. Und natürlich stellt ein erheblicher Anteil dieser externen Kommunikationsbezüge Kontakte zu anderen Organisationen her – denn: „Am liebsten kommunizieren Organisationen mit Organisationen" (Luhmann 1997: 834). Doch diese externen Kommunikationsbezüge stellen – um eine wissenschaftstheoretische Unterscheidung zu übertragen – immer nur den „Entdeckungszusammenhang", nicht den „Begründungszusammenhang" der Organisationsentscheidungen dar. Letzteren liefern allein frühere Entscheidungen dieser betreffenden Organisation.

Wenn man das Organisationsgeschehen auf diese Weise als temporalisierte Selbstreferenzialität des Entscheidens begreift, erhebt man „Anschlussfähigkeit" (Luhmann 1984: 62) zum primären analytischen Bezugsproblem. Wie gelangt das Organisationssystem von einer Entscheidung zur nächsten, und so weiter? Dies ist eine gleichsam dynamisierte Fassung des traditionellen funktionalistischen Bestandsproblems. Dem hierin unterstellten ad infinitum der Autopoiesis können sich zwei Blockaden in den Weg stellen:[17] eine innere und eine äußere. Ein Stillstand der Autopoiesis kann zum einen durch Interventionen von außen, also letztlich durch Zerstörung der Organisa-

---

16 Ein Problem, das sich auf der Ebene gesellschaftlicher Teilsysteme nicht stellt, weil es eben beispielsweise nur ein Wirtschaftssystem gibt, so dass eine Zahlung automatisch richtig „verortet" wird. Luhmann widmet sich diesem Problem in seinen organisationstheoretischen Überlegungen nicht.

17 Vergleichbar dem spieltheoretischen Konzept der Iteration – im Gegensatz zu „one-shot games" (Holler und Illing 1991: 21–24). Iteration meint Zukunftsoffenheit in dem Sinne, dass keiner vorher weiß, dass eine bestimmte Runde die letzte gewesen ist.

tion eintreten. Das kommt nicht selten vor, etwa als Konkurs bei Unternehmen oder als zwangsweise auferlegte Auflösung wie z.B. bei einem Parteienverbot. Zum anderen könnte die Organisation den Stillstand ihrer Autopoiesis aber auch selbst herbeiführen. Dies kann die konträren Ausprägungen von völligem Misserfolg oder totalem Erfolg der Organisation annehmen. Wenn eine Organisation bei ihrer Zielerreichung eklatant und dauerhaft versagt, wird möglicherweise ihre Mitgliedsbasis durch Austritte bzw. Kündigungen so dramatisch schrumpfen, dass der verbliebene Rest manchmal noch vor einer entsprechenden äußeren Einwirkung die Selbstauflösung als letzten Entscheidungsakt beschließt. Wenn eine Organisation umgekehrt über alle Maßen erfolgreich arbeitet, also ihr gesetztes Ziel endgültig und vollständig erreicht ist, besteht eigentlich ebenfalls kein sachlicher Grund mehr zum Fortbestand. Freilich verführt der Erfolg dann oft genug dazu, sich neue Ziele zu suchen. Man überträgt gewissermaßen die Erfolgserfahrung auf andere Zielsetzungen – womit man sich oft genug täuscht.

Letzteres sind bereits wieder akteurtheoretische Argumente, um den mit der systemtheoretischen Autopoiesis-Vorstellung behaupteten Hang von Organisationen zum eigenen Fortbestand zu präzisieren. Geht man zunächst einmal davon aus, dass die organisatorische Autopoiesis nur einen ihr aufgezwungenen Schlusspunkt kennt, keinen selbst initiierten, sich also als unendliche Fortsetzungsgeschichte setzt: Welche Erfahrungen individueller Organisationsmitglieder werden in diesem völlig akteurfrei formulierten theoretischen Kernkonzept von Luhmanns Organisationsbetrachtung eingefangen?

V. Die Fiktion akteurloser Sozialität

Autopoiesis heißt, wie Luhmann nicht müde wird zu betonen, ein nicht nur analytisch zulässiges, sondern – im Sinne einer theoretischen Pointe – geradezu realistisches Absehen von Akteuren als Trägern der Kommunikation: „Der Mensch kann nicht kommunizieren, nur die Kommunikation kann kommunizieren" (Luhmann 1990: 31). Allerdings muss die Kommunikation immer wieder als Handeln „ausgeflaggt" (Luhmann 1984: 226) werden, um zu markieren, wer etwas mitgeteilt hat (Luhmann 1997: 86). Handlungen und Akteure als Urheber von Handlungen sind für Luhmann also unverzichtbare Konstrukte der kommunikativen Autopoiesis. Dies gilt für individuelle Akteure, etwa Personen, ebenso wie für korporative Akteure, und dann auch für individuelle Akteure als Mitglieder korporativer Akteure. Und wenn Handeln als Entscheiden stilisiert wird, stellt das sozusagen eine besonders markante „Ausflaggung" dar.

Für Luhmann sind also Akteure notwendige Fiktionen der Kommunikation. Nur indem diese sich selbst so beobachtet, als ob sie Handeln wäre, vermag sie ihre Autopoiesis fortzusetzen. Dies kann man nun akteurtheoretisch umdrehen und fragen, welche Anthropologie hinter einer solchen Konzeptualisierung steht – die sich selbst gerade als anthropologiefrei ansieht (Schimank 1991). Es ist die unausgesprochene negative Anthropologie einer Sozialität, in der den menschlichen Akteuren eine äußerste Ohnmacht bei der Gestaltung der sozialen Verhältnisse, in denen sie sich bewegen, zu attestieren ist. Sozialität ist völlig verselbstständigt gegenüber den Motiven der Individuen. Zwar bleiben soziale Systeme – wie Luhmann (1984: 293) weiß – auf interpenetrierende psychische Systeme angewiesen. Diese sind Lieferanten von Kommunikationsmaterial. Doch die sozialen Systeme müssen und können sich Luhmann zufolge nicht auf die diesen Lieferungen zu Grunde liegenden Bewusstseinsvorstellungen einlassen, sondern können und müssen die Beiträge der psychischen Systeme völlig eigensinnig verwenden. Die Selbstreferenzialitäten beider Systeme stellen gleichsam zwei Kreise dar, die einander situativ immer nur an einem einzigen Punkt kurzfristig berühren. Man könnte von der tangentialen Koexistenz sozialer und psychischer Systeme sprechen.

Akteurtheoretisch beobachtet bringt Luhmanns Konzept kommunikativer Autopoiesis also eine *Fiktion akteurloser Sozialität* zum Ausdruck. Diese wiederum zuallererst praktische, dann erst theoretische Fiktion hält – auf Organisationen bezogen – fest, dass diese sich in wichtigen Aspekten so reproduzieren, als ob Akteure keine Rolle spielen: Akten – nicht: Akteure! – erzeugen Akten. Dies ist immer dann eine alltagsplausible Sicht der Dinge, wenn Akteure in indirekter, vielleicht sogar anonymer und routinisierter Kommunikation nur als „triviale Systeme" (Foerster 1984) ihre vorgesehene formale Rolle spielen und damit als bloße Betriebsmittel teilsystemischer Autopoiesis konzeptualisiert werden können. Mit Alain Touraine (1995) würde man von „actors" im Schrumpfzustand von „agents" sprechen. Diese Zustandsänderung individueller Akteure erfolgt in Organisationen über die einmal getätigte und dann jederzeit vergegenwärtigbare Mitgliedschaftsentscheidung: „Kann ich Mitglied bleiben, wenn ich diese und jene Zumutung offen ablehne?" (Luhmann 1964: 40). Die Mitgliedsrolle wird weiter strukturiert, indem dem Rolleninhaber eine Stelle zugewiesen wird. Eine Stelle ist ein Zusammenhang von Entscheidungsprämissen (Luhmann 1975b: 41f.). Der Inhaber einer Stelle hat bei seinem organisatorischen Entscheiden spezifische Programme und spezifische Kommunikationsregeln – z.B. Mitzeichnungsrechte – zu beachten sowie spezifische persönliche Eigenschaften wie etwa bestimmte Qualifikationen einzubringen. So an die Kandare genommen, erscheint er sich selbst und seinen Gegenübern dann in der Tat als austauschbares Exekutivorgan der Entscheidungsprämissen, die Entscheidungsvorgänge prozedieren.

Diese im Autopoiesis-Konzept eingefangene Fiktion akteurloser Sozialität bringt die organisatorische Formalstruktur prägnant auf den Punkt. Ausgeblendet wird dabei freilich der größte Teil der informalen Organisation, insbesondere auch der Mikropolitik in Organisationen.[18] Denn in dieser spielen sehr häufig eingespielte persönliche Beziehungen und Vertrauen in bestimmte Personen eine zentrale Rolle.[19] Man könnte z.B. in einer Seilschaft nicht einfach ein Mitglied durch irgendein anderes Organisationsmitglied ersetzen. Es handelt sich also bei der Betrachtung von Organisationen als autopoietischen Sozialsystemen nur um eine Partialbeschreibung des organisatorischen Geschehens. Genauso unvollständig ist aber eine seit der Entdeckung von Informalität diese Seite von Organisationen verabsolutierende Sicht – als bestünde alles organisatorische Geschehen nur aus persönlichen Beziehungen und mikropolitischen Spielen. Es gibt die Formalstruktur und sie ist auch nicht beliebig manipulierbar oder bloße Fassa-

---

18 Siehe nur zusammenfassend zur informalen Organisation Luhmann (1964), zur Mikropolitik Küpper und Ortmann (1988).
19 Nicht immer: Kollegialitätsnormen beispielsweise sind weitgehend von bestimmten Personen unabhängig.

de, sondern eine sehr spürbare Prägung des Handelns von Organisationsmitgliedern. Luhmanns systemtheoretische Sicht von Organisationen als akteurlose Sozialität ist ein heilsames Korrektiv gegen das – freundlich oder zynisch gemünzte – „Allzumenschliche" eines breiten Stroms organisationstheoretischer Forschung von der Human-Relations-Schule bis zu „principal-agent"-Perspektiven und allen Arten von Betrachtungen, die Organisationen als „lokale Ordnungen" (Friedberg 1995) der Machtauseinandersetzungen zwischen individuellen Akteuren und Gruppen anzusehen.

VI. Formalstruktur als situationsdefinierende Fiktion

Die Fiktion von Organisationen als akteurlose Sozialität ist in der Sozialdimension angesiedelt. Diese Fiktion schafft ein gewisses Maß an Fügsamkeit der Mitglieder mit den organisatorischen Formalstrukturen. Eine zweite Facette der systemtheoretischen Konzeptualisierung von Organisationen macht, akteurtheoretisch gewendet, auf eine Fiktion in der Sachdimension aufmerksam: Organisationssysteme sind den Akteuren – in ihnen und draußen – als allgemein verbreitete *situationsdefinierende Fiktionen* gegenwärtig.[20] In sachlicher Hinsicht beruht der fiktionale Charakter der organisatorischen Formalstruktur darauf, dass sie das vielschichtige und einer Vielzahl von Einflüssen unterliegende Handeln der Akteure stets simplifiziert, diese Simplifikationen aber in dem Sinne sich selbst wahrscheinlicher machende Prophezeiungen darstellen, dass die Akteure einander wechselseitig eine bestimmte Sicht der Dinge und des je eigenen Handels nahe legen. Lynne Zucker (1977) zeigt, dass Organisation als Formalstruktur nicht nur Fügsamkeit mit normativen Vorgaben erzeugt, sondern genau so wichtig die Justierung kognitiver – und, wie hinzuzufügen wäre: evaluativer – Orientierungen ist. Auch in der Sachdimension steht die Organisation „über" den Akteuren, prägt ihre Sinnverarbeitung in entscheidendem Maße.

Die kognitive und evaluative Ausrichtung des Handelns der Akteure betrifft erstens die je spezifischen Entscheidungsprämissen der betreffenden Stellen. Wie etwa jemand aus dem Vertrieb das Unternehmensgeschehen wahrnimmt, welche Gesichtspunkte ihm wichtig sind und welche Entscheidungen er entsprechend fällt: Darüber gibt es Stereotype in anderen Abteilungen des Unternehmens, und diesen Stereotypen passt sich das Vertriebspersonal „der Einfachheit halber" an, wodurch es sie wiederum bestärkt, usw. Jean Paul Sartre abwandelnd ließe sich aus der Perspektive jeder Abteilung und ihrer Mitglieder, letztlich jeder Stelle sagen: Die Organisation – das sind die anderen. Als situationsdefinierende Fiktion wirkt die organisatorische Formalstruktur also durch wechselseitige Zuschreibungen von kognitiven und evaluativen Orientierungen – und diese Zuschreibungen sind notwendigerweise stets starke Vereinfachungen dessen, was die jeweiligen Urheber nur aus der Distanz kennen. Das Konzert dieser Vereinfachungen ergibt dann wiederum eine Verselbstständigung der Organisation gegenüber den individuellen Akteuren; und diese Verselbstständigung lässt sich als Autopoiesis von Entscheidungen fassen.

---

20 Siehe als analoge Betrachtung gesellschaftlicher Teilsysteme Schimank (1988).

Zweitens bezieht sich die Organisation als situationsdefinierende Fiktion generell auf die Entscheidungsförmigkeit des organisatorischen Geschehens.[21] Akteurtheoretisch formuliert: Längst nicht jedes Handeln in Organisationen geschieht entscheidungsförmig in dem anspruchsvollen Sinne, dass die Kontingenz des Handelns thematisiert wird (Luhmann 1981a: 338). Oft handelt man schlicht routineförmig oder gewohnheitsmäßig, manchmal folgt man auch spontanen Emotionen. Aber die Gegenüber in der Organisation dürfen einem, sogar sehenden Auges kontrafaktisch, jederzeit unterstellen, dass man eine Entscheidung getroffen habe – womit die Folgenverantwortung eindeutiger verortet wird.[22] Darüber wissend, wird sich ein Organisationsmitglied auch tatsächlich stärker darum bemühen, entscheidungsförmig zu handeln. Die allseitige Entscheidungsunterstellung schafft also mehr Entscheidungsförmigkeit, was wiederum die Unterstellung unterstreicht, usw.

Wiederum gilt: Kontrafaktische Evidenz lässt sich nicht völlig überspielen. Informell muss man einander wechselseitig zugestehen, dass einem so manches Handeln einfach passiert ist und dass jeder vielschichtigere Deutungs- und Bewertungsmuster besitzt als die stellenbezogenen Stereotype suggerieren, wodurch oftmals komplizierte interaktive Verständigungs- und Aushandlungsprozesse erforderlich sind. Insbesondere interaktionistische Untersuchungen organisatorischen Handelns haben sich auf derartige Phänomene konzentriert (Silverman 1995; Treutner et al. 1978: 141–200). Auch in der Sachdimension ist also zuzugestehen: Was Luhmann mit dem Autopoiesis-Konzept einfängt, ist nur ein Teil des organisatorischen Geschehens – doch es ist, wie in der Sozialdimension, derjenige Teil, der eine Organisation als Organisation ausmacht. Informalität jeglicher Art ist in der sozialen Welt ubiquitär – Formalität, gegen die sich das Informale überhaupt erst als solches abhebt, gibt es dagegen nur in Organisationen.

VII. Die Fiktion des Und-so-weiter

Zwischen den beiden Fiktionen in der Sach- und in der Sozialdimension besteht ein enger wechselseitiger Ermöglichungszusammenhang. Weil Organisationen situationsdefinierende Fiktionen der Akteure darstellen, kann diesen das organisatorische Geschehen als Fiktion akteurloser Sozialität erscheinen – und umgekehrt. Zugespitzt formuliert: Die Fiktion, dass alle anderen entscheiden, führt dazu, dass ich entscheide; und dass alle entscheiden, führt zu der Fiktion, dass keiner entscheidet, sondern die Entscheidungen entscheiden.

Es gibt nun noch eine dritte, in der Zeitdimension angesiedelte Fiktion, die in der theoretischen Fassung von Organisationen als Autopoiesis von Entscheidungen präg-

---

21 Siehe hierzu auch Luhmann (1981a: 353–356).
22 Nicht nur diese Fiktion ist, sondern alle drei Fiktionen sind auch strategisch einsetzbar. Die Organisationsmitglieder wissen über die Fiktionalität und können sie, je nach situativer Interessenlage, als Entschuldigung anführen oder – um eine Anklage zu betreiben – ignorieren. Man kann freilich nicht immer einschätzen, wie die Mehrheit der Gegenüber denkt, wen man also auf seiner Seite hat, wenn man etwa darauf beharrt, dass ein bestimmtes Handeln eine Entscheidung gewesen sein muss.

nant zum Ausdruck kommt. Wie schon angesprochen, vermag sich ein autopoietischer Kommunikationszusammenhang sein Ende nicht vorzustellen. „Anschlussfähigkeit" heißt: Aus sich heraus läuft die Kommunikation immer weiter. Das nährt eine *Fiktion des Und-so-weiter*[23] – als ob die Organisation „unsterblich" wäre. Und auch diese in der Formalstruktur verankerte Zuversicht demonstriert dem individuellen Mitglied wieder, dass die Organisation, wiewohl von ihm mit getragen, gewissermaßen entrückt „über" ihm steht: Mitglieder kommen und gehen – Organisationen bleiben bestehen. Der Fortbestand der Organisation hängt nicht vom Verbleib irgendeines ihrer Mitglieder ab; vielmehr ist umgekehrt jedes Mitglied austauschbar.

Entscheidend für die Plausibilität dieser Fiktion ist, dass die Organisation – obwohl ein Ziele verfolgender korporativer Akteur – eine nicht-teleologische Zukunftsperspektive kultiviert. Es geht darum, „zu verhindern, daß das System sich im Erreichen eines Ziels ... festläuft und dann aufhört zu operieren" (Luhmann 1997: 749). Die Organisation kann, wenn eine definitive Realisierung ihrer ursprünglichen Ziele droht, das Anspruchsniveau der Zielerreichung höher schrauben; oder sie kann sich neue Ziele suchen. Für beide Richtungen der Zielverschiebung lassen sich plausible Gründe finden und gerade aus der Erreichung der ursprünglichen Ziele herleiten. Anspruchsniveaus sind im Zuge allgegenwärtiger Fortschrittssemantiken ebenso beliebig steigerbar, wie neue und dennoch in einen Zusammenhang mit dem ursprünglichen Ziel bringbare Ziele auffindbar sind.

Auch anhand dieser Zielfortschreibungen und -verschiebungen erfährt das einzelne Organisationsmitglied die systemische „Eigenzeit" der Organisation.[24] Der „lange Atem" der Organisation – ob nun einer politischen Partei oder eines Unternehmens – nimmt dann keine Rücksicht auf die kurzfristigen pragmatischen Interessen der Mitglieder. Um ihre Interessen – seien es politische Projekte, seien es eigene Karrieren – überhaupt noch verfolgen zu können, müssen die Mitglieder sich ins organisatorische Und-so-weiter in Gestalt formaler Entscheidungsverfahren einspannen lassen. Genau das bedeutet „Legitimation durch Verfahren" (Luhmann 1975a) in zeitlicher Hinsicht, dass Entscheidungen angestoßen durch frühere Entscheidungen und im Rahmen von – ihrerseits entschiedenen – Entscheidungsprämissen gefällt werden und dass die Entscheidungsbeteiligten und -betroffenen sich hierin prozedural einbinden lassen. Selbst wer bestimmten Entscheidungen widerspricht, tut dies auf dem formellen Weg des Einspruch-Einlegens und trägt damit – systemtheoretisch formuliert – die Autopoiesis der Entscheidungen weiter. Erst wer Entscheidungsträger z.B. mit Steinen bewirft, durchbricht zumindest temporär die Fiktion des organisatorischen Und-so-weiter.

Dass morgen weiter entschieden werden wird, führt heute eine Entscheidung herbei – die wiederum auf gestrigen Entscheidungen beruht. Diese zeitliche Fiktion steht, wie die anderen beiden Fiktionen untereinander, mit diesen in wechselseitigen Ermöglichungszusammenhängen. Akteurtheoretisch resümiert: Was Luhmanns Systemtheorie der Organisation als Autopoiesis von Entscheidungen erfasst, sind somit auf Seiten der individuellen Akteure inner- und außerhalb von Organisationen intersubjektiv geteilte,

---

23 Durchaus in einem der phänomenologischen Prägung dieser Wendung vergleichbaren Sinne (Schütz und Luckmann 1979: 29).
24 Um ein von Helga Nowotny (1990) auf Individuen gemünztes Konzept auf Organisationen zu übertragen.

handlungsleitende und darüber Realitätsgehalt gewinnende aufeinander verweisende soziale, sachliche und zeitliche Fiktionen darüber, was in Organisationen abläuft.

Grundsätzlich sind Arbeits- und Interessenorganisationen gleichermaßen auf diese drei für sie konstitutiven Fiktionen angewiesen. Eine offene Frage bleibt freilich, ob es zwischen diesen beiden Organisationstypen Unterschiede in der spezifischen Wirkungsweise der Fiktionen gibt. Beispielsweise könnte man fragen, ob nicht die Fiktion akteurloser Sozialität in Interessenorganisationen rhetorisch durch eine Deklaration unentwegten Akteurbezugs dementiert werden muss.[25] Interessenorganisationen müssen geradezu hinaus posaunen, dass ihnen das Wohl jedes einzelnen Mitglieds am Herzen liegt, während Arbeitsorganisationen sich sehr viel unverblümter als verselbstständigte Sozialgebilde inszenieren können.

VIII. Handlungsprägung durch Verdinglichung

Diese akteurtheoretische Rekonstruktion dessen, was systemtheoretisch als Autopoiesis von Entscheidungen begriffen wird, steht in einem harten Kontrast zu dem Organisationsverständnis, das zuvor mit rein akteurtheoretischen Mitteln entwickelt wurde. Begreift man eine Organisation als Verhandlungskonstellation individueller Akteure, spricht man diesen Gestaltungsinteressen und Gestaltungsbemühungen hinsichtlich der organisatorischen Strukturen zu. Dies gilt nicht für alle involvierten Individuen jederzeit; aber zumindest einige Individuen entfalten immer wieder Gestaltungsaktivitäten. In größerem Maßstab und offiziell vorgesehen müssen die Leitungsfiguren einer Organisation so auftreten. In kleinerem Maßstab und informell können aber selbst kleine Gruppen oder gar einzelne Individuen auf den unteren Rängen versuchen, ihren organisatorischen Nahbereich gezielt zu gestalten – sei es als Umgestaltung, sei es als Blockade von anderswo initiierter Umgestaltung. Nicht, dass dergleichen Gestaltungsaktivitäten stets die intendierten Wirkungen und nur diese hervorbringen würden! Diese fromme Hoffnung mancher klassischer Managementtheorien hat die akteurtheoretische Organisationsforschung längst gründlich widerlegt (Schimank 2002a). Transintentionalität von Gestaltungsaktivitäten ist allgegenwärtig. Doch völlig entmutigend sind solche Erfahrungen ganz offensichtlich nicht, weil die individuellen Akteure in ihren Gestaltungsbemühungen nicht nachlassen, sondern sich eher immer noch mehr Mühe geben.

Diese Seite des Organisationsgeschehens wird in der systemtheoretischen Perspektive ausgeblendet bzw. als bloßes Konstrukt des autopoietischen Entscheidungszusammenhangs angesehen. Akteurtheoretisch ist dies so zu lesen, dass individuelle Akteure sich Gestaltungsillusionen hingeben und man allenfalls danach fragen kann, welche latente Funktionalität diese Selbstbeschreibung der organisatorischen Autopoiesis hat. Das systemtheoretische Bild des organisatorischen Geschehens stellt sich also akteurtheoretisch so dar, dass die individuellen Akteure in ihren Verhandlungskonstellationen Organisationsstrukturen schaffen, die ihnen sodann völlig über den Kopf wachsen.

Das akteurtheoretische Verständnis von Organisationen als *handlungsfähigen* korporativen Akteuren wird so durch die systemtheoretische Sichtweise auf Organisationen

---

25 Siehe allgemein Brunsson (1989) zum Unterschied zwischen „talk" und „action".

als *handlungsprägende* Sozialsysteme ergänzt. Betont werden muss nochmals, dass die Intensität der Prägewirkung erheblich variieren kann – zwischen verschiedenen Organisationen ebenso wie bei ein und derselben Organisation im Zeitverlauf. Je ausgeprägter die Formalstruktur ist, desto stärker ist die organisatorische Handlungsprägung gegenüber den Mitgliedern und desto plausibler ist das Bild des organisatorischen Geschehens als Entscheidungs-Autopoiesis. Je stärker hingegen Informalität das Geschehen bestimmt, desto weniger handlungsprägend ist die Formalstruktur. Deren Prägewirkung darf freilich, soll die Organisation sich nicht als Organisation auflösen, ein bestimmtes Intensitätsminimum nicht unterschreiten.

Man kann jegliche Art der Handlungsprägung durch gegenüber den jeweiligen Akteuren verselbstständigte soziale Strukturen als Einschränkung individueller Handlungsfreiheit einstufen und dies kritisch als „Entfremdung" deuten. Touraines schon erwähntes Konzept des „agent" legt solche Konnotationen nahe. Dies wäre jedoch eine gänzlich unsoziologische Vorstellung von Sozialität. Das völlige Fehlen von handlungsprägenden sozialen Strukturen maximierte nicht eine aus der Sicht des Akteurs positiv zu bewertende Freiheit, sondern versetzte diesen in eine von ihm höchst negativ bewertete Situation größter Orientierungslosigkeit. Die durch das Zusammenwirken der drei Fiktionen konstituierte organisatorische Handlungsprägung stellt auf Seiten der Organisationsmitglieder – und auch der gegenüber der Organisation – eine unerlässliche Erwartungssicherheit her.[26] Diese wiederum ist ein funktionales Erfordernis der Handlungsfähigkeit der Organisation als eines korporativen Akteurs. Die Organisationsmitglieder müssen für den größten Teil ihres organisationsbezogenen Handelns ohne aufwendigere situative Abstimmungen wissen, was von ihnen erwartet wird und was sie wechselseitig voneinander erwarten können. Nur dann vermag jeder routiniert im Sinne der Organisation zu handeln – und nur so kommt organisatorische Handlungsfähigkeit zustande.

Allein eine effektive Handlungsprägung nach innen schafft also eine effektive Handlungsfähigkeit nach außen. Nur wenn die individuellen Organisationsmitglieder durch Formalstrukturen auf der Basis der drei Fiktionen so eingebunden werden, dass ihnen wie auch anderen Beobachtern ein erheblicher Teil des Organisationsgeschehens als verselbstständigte Autopoiesis von Entscheidungen vorkommt, wird die Organisation zum korporativen Akteur. Paradoxerweise entspricht also erst eine erhebliche – keine unbegrenzte – Verselbstständigung der Organisation gegenüber ihren Mitgliedern deren auf die Organisation gerichteten Interessen. Bei Interessenorganisationen heißt das: Die erfolgreiche Durchsetzung der gemeinsamen Interessen setzt eine organisatorische Verselbstständigung voraus. Bei Arbeitsorganisationen beruht die erfolgreiche Behauptung, etwa gegenüber konkurrierenden Anbietern der gleichen Leistungen, wovon wiederum individuelle Einkommens- und Karrierechancen in der Organisation abhängen, auf organisatorischer Verselbstständigung.

Wenn die systemtheoretische Perspektive einer akteurtheoretisch ansetzenden Organisationsbetrachtung diesen wichtigen analytischen Baustein liefert, schließt sich akteurtheoretisch die Frage an: Wann ist denn die systemtheoretisch hervorgehobene

---

26 Erst in deren Rahmen kann sich dann eine anspruchsvolle individuelle Handlungsautonomie, u.a. für Gestaltungsaktivitäten, entfalten – siehe generell Arnold Gehlens (1963) These von der „Geburt der Freiheit aus der Entfremdung".

Handlungsprägung durch die organisatorische Formalstruktur am besten gewährleistet? Wann also sind auf Seiten der Organisationsmitglieder die Neigungen zum „shirking" und zu „voice" bzw. „exit" am geringsten? Anders ausgedrückt: Wann fühlen sich die Mitglieder am stärksten im Einklang mit der Organisation? Die Antwort lautet: Dies ist in dem Maße der Fall, in dem eine Organisation als Verhandlungskonstellation individueller Akteure, insbesondere die das Konstellationsgleichgewicht stabilisierende Formalstruktur, *verdinglicht* ist.

Peter Berger und Thomas Luckmann greifen Karl Marx' kapitalismustheoretisches Konzept der Verdinglichung auf und geben ihm eine allgemeinere sozialtheoretische Bedeutung, wodurch zugleich der ursprüngliche ideologiekritische Impetus des Konzepts neutralisiert wird (Berger und Luckmann 1971: 106–109). Sie bezeichnen als Verdinglichung „an extreme step in the process of objectivation" (Berger und Luckmann 1971: 106), nämlich den Tatbestand, dass eine soziale Struktur, obwohl Produkt des handelnden Zusammenwirkens von Akteuren, diesen als über ihnen stehende, völlig ihrem Einwirken entzogene, stählerne „Gussform" (Durkheim 1970: 126) ihres Handelns erscheint: „It becomes necessity and fate" (Berger und Luckmann 1971: 108).

Traditionelle Verdinglichungsmechanismen bestanden in der Zurückführung bestimmter sozialer Strukturen auf Gesetze der Natur oder Gottes Wille – beides für die Menschen unverfügbare Vorgaben, denen nur gefolgt werden kann. Einen solchen Charakter hat eine organisatorische Formalstruktur nun ganz und gar nicht. Ihre Kontingenz ist ihr auf doppelte Weise ins Gesicht geschrieben. Erstens können Organisationen „sterben" und wurden geschaffen, und zwar absichtsvoll; und zweitens kann jedes Element der Formalstruktur jederzeit durch Entscheidung geändert werden. Gerade die Entscheidungsförmigkeit der organisatorischen Autopoiesis lässt nie vergessen, dass jedes Strukturelement prinzipiell auch ganz anders aussehen könnte. Aus der Perspektive eines einzelnen Mitglieds ist dies, wie dargestellt, als Verhandlungskonstellation gegenwärtig. In Interessenorganisationen sind die Mitglieder an der Gründungsentscheidung und allen damit zusammenhängenden Strukturentscheidungen ebenso beteiligt wie an späteren Entscheidungen zur Strukturänderung; und in Arbeitsorganisationen geht die Eintrittsentscheidung mit immer wieder neu auszuhandelnden Entscheidungen über Arbeitsbedingungen und Ähnlichem einher.

Wie also ist die Verdinglichung solch eines durchgängig entscheidungsförmigen Geschehens überhaupt möglich? Die Kontingenz einer Entscheidung kann schon auf Grund ihrer Form niemals völlig invisibilisiert werden. Doch was immerhin möglich ist, ist eine sehr weit gehende Ausblendung der Kontingenz, die dann gleichsam bei jeder Entscheidung nur noch für einen winzigen Moment aufblitzt und gleich wieder vergessen wird. Dafür sorgen die organisatorischen Entscheidungsprämissen, die als Kommunikations-, Programm- und Personalstrukturen das Gros der Entscheidungssituationen so fixieren, dass diese in Gestalt von „standard operating procedures" (Nelson und Winter 1982) entschieden werden können. March und Simon (1958: 141) sprechen von „performance programs": „For example, the sounding of the alarm going in a fire station initiates such a program. So does the appearance of a relief applicant at a social worker's desk. So does the appearance of an automobile chassis in front of the work station of a worker on the assembly line". March und Simon charakterisieren dies als „situations in which a relatively simple stimulus sets off an elaborate program of activity without any apparent interval of search, problem-solving, or choice". Die üblicherweise mit Entscheidung assoziierten Phänomene der Kriterienvergegenwärtigung, Alternativensondierung und Auswahl fehlen also, weil das Verhaltensprogramm diese Komplexitätsreduktion bereits geleistet hat.

Wenn man so sagen darf, handelt es sich hierbei um vorentschiedene, sprich: *institutionalisierte Entscheidungen*. Es bleiben Entscheidungen; denn sie werden den jeweiligen Organisationsmitgliedern zugerechnet, und diese müssen sich ihrer Verantwortung bewusst sein. Geht etwas schief oder wird angefochten, kann der Entscheider nicht einfach sagen, das sei ihm „irgendwie so passiert". Doch was er, im Unterschied zu den allermeisten sonstigen Entscheidungssituationen außerhalb formaler Organisationen, sehr wohl tun kann, ist, darauf zu verweisen, dass ihm „praktisch gar keine andere Wahl" geblieben sei. Für diese Darstellung der Dinge vermögen Organisationsmitglieder vor allem auf zwei Sachverhalte hinzuweisen, die letztlich die Verdinglichung der Entscheidungs-Autopoiesis tragen: Rationalitätsfiktionen und Verkettungssachzwänge.

Rationalitätsfiktionen bilden die Legitimierungsgeschichten der organisatorischen Entscheidungsprämissen. Rationalitätsfiktionen sind in den „symbolic universes" – der obersten Ebene der Legitimierung von Institutionen – angesiedelt (Berger und Luckmann 1971: 110–115). Insbesondere der organisationssoziologische „new institutionalism" hat zahlreiche dieser Fiktionen zusammengetragen (Meyer und Rowan 1977; Powell und di Maggio 1991; Walgenbach 1999; Hasse und Krücken 1999). Eine Rationalitätsfiktion fixiert – eher spezifisch oder eher generell – ein Entscheidungsmuster, das gesellschaftlich als rational gilt, so dass derjenige, der sich an diesem Muster orientiert, in den Augen aller nichts falsch macht und daher selbst dann, wenn sich im Nachhinein herausstellt, dass er falsch entschieden hat, nicht zur Rechenschaft gezogen werden, sondern darauf verweisen kann, dass eigentlich nur ungünstige Umstände für den schlechten Verlauf der Dinge ursächlich gewesen sein können. „In einer Gesellschaft bestehen Vorstellungen, Regeln und Annahmen, wie effektive und effiziente Organisationen auszusehen haben" (Walgenbach 1999: 320). Beispiele für spezifische Rationalitätsfiktionen sind heutzutage, „daß Organisationen EDV nutzen", oder „das Assessment Center als ein selbstverständliches Instrument der Personalselektion" (Walgenbach 1999: 320f.). Eine generelle Rationalitätsfiktion besteht darin, momentan erfolgreiche andere Organisationen in ihren Entscheidungsprämissen zu kopieren, so dass etwa eine Zeitlang alle Unternehmen in Europa und den Vereinigten Staaten von den japanischen Unternehmen lernen mussten. Natürlich konnte man hier wie bei jeder Rationalitätsfiktion darauf verweisen, dass die japanische Gesellschaft und Kultur ganz anders beschaffen sei als etwa die europäische, so dass man das, was in Japan gut funktioniert, nicht einfach auf Europa übertragen könne. Doch dass dieser Einwand kaum verfing, zeigt, wie wirkmächtig Rationalitätsfiktionen sind – weil sie Entscheidungsunsicherheit reduzieren und die Folgenverantwortung gesellschaftlich diffundieren, also nicht dem einzelnen Entscheider aufbürden. Wer hingegen nicht der Rationalitätsfiktion folgt, geht das hohe Risiko ein, persönlich als Schuldiger für Fehlentscheidungen haftbar gemacht zu werden.

Verkettungssachzwänge bestehen darin, dass eine Entscheidung, isoliert betrachtet, zwar durchaus ganz anders hätte ausfallen können – doch im Gefüge von Vor-, Parallel- und schon am Horizont sichtbaren Folgeentscheidungen blieb rationalerweise gar nichts anderes mehr übrig als das, was tatsächlich entschieden worden ist. Wiederum diffundiert Folgenverantwortung. Was andere früher entschieden haben oder – wie man antizipiert – zukünftig entscheiden werden, oder wie andere zeitgleich in interdependenten Entscheidungssituationen entscheiden, verengt den eigenen Entscheidungsspielraum so stark, dass im Extremfall nur noch ein einziger gangbarer Weg übrig bleibt. Wie auch die Rationalitätsfiktionen, stellen Verkettungssachzwänge kognitive Verdinglichungen dar – im Gegensatz zu zumeist religiös begründeten traditionellen Verdinglichungen, die normativer Natur waren. Dem Akteur werden keine als selbstverständlich hingestellten Sollensvorgaben mehr gemacht, sondern er macht sich allgemeine Klugheitsgebote zu eigen. Das „This is how these things are done" (Berger und Luckmann 1971: 76f.) wird nicht mehr im Sinne göttlicher Gebote verstanden, denen man sich fügen müsse, selbst wenn man sie völlig uneinsichtig findet. Eine Unterscheidung von James March und Johan Olsen aufgreifend, gilt keine „logic of appropriateness", sondern eine „logic of consequentiality" (March und Olsen 1989): „Man macht das so, weil es so am besten ist!"

Zweifellos sind diese Verdinglichungen organisatorischer Entscheidungsprämissen durch Rationalitätsfiktionen und Verkettungssachzwänge nicht so festgefügt und unhinterfragbar wie viele tragende Strukturen traditionaler Gesellschaften oder wie die teilsystemischen Codes der modernen Gesellschaft (Schimank 2002b). Doch zumeist reicht es aus, um jene Intensität der Handlungsprägung und Fügsamkeit der Organisationsmitglieder zu gewährleisten, die für die Handlungsfähigkeit der Organisation als korporativer Akteur erforderlich ist. Bemerkenswert daran ist noch, dass die Mechanismen der Verdinglichung ganz überwiegend in der Umwelt der jeweiligen Organisationen verankert sind. Nur die wenigsten Rationalitätsfiktionen entstammen der „Kultur" der betreffenden Organisation selbst; die allermeisten kommen aus dem interorganisatorischen Feld, in dem eine Organisation steht, oder aus noch weiter gespannten gesellschaftlichen Bezügen. Der Schwerpunkt der Verkettungssachzwänge liegt ebenfalls nicht in der betreffenden Organisation, sondern in ihrem interorganisatorischen Feld. Es ist also die Umwelt einer Organisation, die deren Formalstruktur ganz wesentlich trägt.

Eine Frage, die sich an die Herausarbeitung des verdinglichten Charakters der Organisationsstrukturen anschließt, ist die nach Möglichkeiten, Mechanismen und Verlaufsformen organisatorischen Wandels. Ich kann hierauf nicht mehr genauer eingehen. Nur so viel: Analytisch liegt für mich das Primat darauf, erst einmal die Unwahrscheinlichkeit der Entstehung und Verfestigung von Organisationen als korporativen Akteuren zu erklären – wofür, wie ich gezeigt habe, deren systemische Beschaffenheit mit den Fiktionen und Verdinglichungen unabdingbar ist. Klar ist auch, dass die Verdinglichung der Organisationsstrukturen nicht als so weit gehend gedacht werden darf, dass gar kein Wandel mehr vorstellbar ist. Allerdings impliziert die konzipierte Theorieperspektive schon, dass organisatorischer Wandel schwierig ist – nicht nur als zielgerichtet herbeigeführter, sondern auch als „evolutionär" sich ergebender. Das entspricht der praktischen Erfahrung von Managern und Organisationsberatern ebenso wie der bisherigen organisationstheoretischen Beschäftigung mit dem Thema.²⁷ Vor allem müssen offenbar starke Impulse von außen – etwa in Gestalt andersartiger Rationalitätsfiktionen – mit passenden organisationsinternen Antrieben koinzidieren. Aber im Einzelnen sind hier noch viele Fragen offen.

VIII. Schluss

Damit habe ich mein vorläufiges Ziel erreicht, eine akteurtheoretische Rekonstruktion und Einbeziehung der systemtheoretischen Autopoiesis-Perspektive auf Organisationen zu skizzieren. Geht man vom übergreifenden analytischen Bezugsproblem der Stabilisierung kollektiver Handlungsfähigkeit einer Akteurkonstellation aus, kann man Organisationen zunächst akteurtheoretisch als eine mögliche Lösung dieses Problems begreifen. Das Verständnis einer Organisation als eines aus Verhandlungen der beteiligten individuellen Akteure hervorgegangenen korporativen Akteurs in den zwei Varianten der Interessen- und der Arbeitsorganisation macht allerdings auch den prekären Charakter dieser kollektiven Handlungsfähigkeit deutlich. Sie muss dauerhaft gegen „exit" und „voice" bzw. gegen „shirking" gesichert werden. Dafür ist eine Herstellung und Sicherung individueller Fügsamkeit mit den formalen Verhaltenserwartungen der Organisation wichtig. Die systemtheoretische Sicht von Organisationen als autopoietischen Entscheidungszusammenhängen lässt sich akteurtheoretisch so lesen, dass darin drei gemeinsam die organisatorische Prägung des Handelns der Mitglieder tragende Fiktionen abgebildet sind: Organisationen stellen eine akteurlose Sozialität dar, die Situationen durch formale Entscheidungsprämissen sehr weit gehend vorstrukturiert und aus sich heraus immer weiter voranschreitet. Diese systemtheoretisch eingefangene soziale, sachliche und zeitliche Verselbständigung der Organisation gegenüber ihren Mitgliedern ist eine entscheidende Voraussetzung organisatorischer Handlungsfähigkeit.²⁸ Getragen wird die Verselbständigung durch eine Verdinglichung der organisatorischen Formalstrukturen, die in Rationalitätsfiktionen und Verkettungssachzwängen verankert ist.

Zwei Spannungsverhältnisse geraten einer so systemtheoretisch angereicherten akteurtheoretischen Perspektive in den Blick. Beide ergeben sich als – häufig nur analytisch trennbare – sozial- und systemintegrative Dimensionen des Verhältnisses von Formalität und Informalität des Organisationsgeschehens:²⁹

---

27 Siehe nur neuere Beiträge in Schreyögg und Conrad (2000). Die populationsökologische Perspektive auf Organisationen geht ja sogar so weit zu behaupten, dass die „inertia" von Organisationen derart groß sei, dass sie in der Regel eher „sterben" als sich durch Wandel veränderten Umweltbedingungen anzupassen (Hannan und Freeman 1977; Deeg und Weibler 2000).
28 Wobei anzumerken wäre, dass die Systemtheorie diese Fiktionen nur theoretisch auf den Punkt bringt. Empirisch rekurriert sie, wie auch in fast allen anderen Forschungsfragen, parasitär auf akteurtheoretisch angeleitete Untersuchungen. Man könnte freilich erwarten, dass im nächsten Schritt aus der systemtheoretischen Fassung von ursprünglich akteurtheoretisch gewonnenen Erkenntnissen weitere, nicht auch schon akteurtheoretisch angedachte empirische Forschungsfragen folgen. Bislang allerdings verweigert sich die Systemtheorie diesem Ansinnen.
29 Zur Unterscheidung von System- und Sozialintegration siehe nur die Aufarbeitung der neueren Diskussion bei Mouzelis (1997).

Sozialintegrativ habe ich einerseits betont, dass die Verselbstständigung der formalen Verhaltenserwartungen gegenüber den Organisationsmitgliedern auch diesen nutzt, weil sie daran interessiert sein müssen, dass die Organisation als korporativer Akteur kollektiv handlungsfähig ist. Andererseits kann dabei der Bogen so weit überspannt werden, dass die Interessen der Mitglieder dauerhaft zu kurz kommen. Umgekehrt können Teilgruppen der Mitglieder die Organisation so für die eigenen Interessen ausbeuten, dass die organisatorische Handlungsfähigkeit leidet. Über- und Unterformalisierung sind also mögliche Abweichungen vom Nexus zwischen individuellen Mitgliederinteressen und kollektiver Handlungsfähigkeit.

Systemintegrativ ist in Rechnung zu stellen, dass eine verdinglichte Formalstruktur nicht nur funktional für die Gewährleistung von Erwartungssicherheit ist, sondern untrennbar damit verbunden auch eine dysfunktionale Rigidität bedeutet, wenn der Organisation situative Flexibilität und Wandlungsfähigkeit abverlangt wird. Je komplexer und turbulenter die Umwelt ist, in der eine Organisation sich bewegt, desto weniger ist eine festgefügte Formalität angesagt und desto wichtiger wird reaktionsfähige Informalität (Burns und Stalker 1961; Emery und Trist 1965). Auch in dieser Hinsicht ist die Frage, wie eine Organisation es schafft, die für sie richtige Balance zwischen Formalität und Informalität zu halten.

Zusammengefasst: Der von der systemtheoretischen Perspektive richtig herausgestellte Kern des Organisationsgeschehens – die Formalstruktur und ihre prozesshafte Manifestation in der Autopoiesis von Entscheidungen – darf weder überhand nehmen noch zu sehr schwinden. Diese Problematik steht im Zentrum einer soziologischen Betrachtung formaler Organisationen als Mechanismen zur Herstellung kollektiver Handlungsfähigkeit.

Damit widmet sich die Organisationssoziologie zugleich einem gesellschaftstheoretisch eminent wichtigen Problem. Denn die moderne Gesellschaft ist gerade als funktional differenzierte Gesellschaft eine Organisationsgesellschaft, beruht also auf einer fast flächendeckenden Durchorganisierung. Eine nur so zu gewährleistende kollektive Handlungsfähigkeit ist ein ganz entscheidendes Vehikel für die Operationalisierung und Durchsetzung der verschiedenen Teilsystemlogiken in der modernen Gesellschaft und für notwendige Abstimmungen zwischen diesen Logiken (Schimank 2001b).

Literatur

Barnard, Chester, 1976 (1938): The Functions of the Executive. Cambridge, MA: Harvard University Press.

Berger, Peter L., und *Thomas Luckmann*, 1971 (1966): The Social Construction of Reality. A Treatise in the Sociology of Knowledge. Harmondsworth: Penguin Books.

Brunsson, Nils, 1989: The Organization of Hypocrisy. Talk, Decisions, and Actions in Organizations. Chichester: Wiley.

Burns, Tom, und *George M. Stalker*, 1961: The Management of Innovation. London: Tavistock.

Coase, Ronald H., 1937: The Nature of the Firm, Economica 4: 386–405.

Cohen, Michael D., und *James G. March*, 1974: Leadership and Ambiguity. Boston, MA: Harvard University Press.

Coleman, James S., 1974: Power and the Structure of Society. New York: Norton.

Coleman, James S., 1990: Foundations of Social Theory. Cambridge, MA/London: The Belknap Press.
Deeg, Jürgen, und Jürgen Weibler, 2000: Organisationaler Wandel als konstruktive Destruktion. S. 143–193 in: Georg Schreyögg und Peter Conrad (Hg.): Organisatorischer Wandel und Transformation – Managementforschung. Bd. 10. Wiesbaden: Gabler.
Durkheim, Emile, 1970 (1895): Regeln der soziologischen Methode. Neuwied: Luchterhand.
Ebers, Mark, und Wilfried Gotsch, 1993: Institutionenökonomische Theorien der Organisation. S. 193–242 in: Albrecht Kieser (Hg.): Organisationstheorien. Stuttgart: Kohlhammer.
Emerson, Richard, 1981: On Last Resorts, American Sociological Review 27: 31–41.
Emery, F. E., und E. L. Trist, 1965: The Causal Texture of Organizational Environments, Human Relations 18: 21-32.
Etzioni, Amitai, 1975 (1961): A Comparative Analysis of Complex Organizations. New York: Free Press.
Foerster, Heinz von, 1984: Principles of Self-Organization – In a Socio-Managerial Context. S. 2–24 in: Hans Ulrich und Gilbert J. B. Probst (Hg.): Self Organization and Management of Social Systems. Berlin: Springer.
Friedberg, Erhard, 1995 (1993): Ordnung und Macht. Dynamiken organisierten Handelns. Frankfurt a.M.: Campus.
Gehlen, Arnold, 1963 (1952): Über die Geburt der Freiheit aus der Entfremdung. S. 232–246 in: Ders.: Studien zur Anthropologie und Soziologie. Neuwied/Berlin: Luchterhand.
Habermas, Jürgen, 1985: Der philosophische Diskurs der Moderne. Frankfurt a.M.: Suhrkamp.
Hannan, Michael T., und John Freeman, 1977: The Population Ecology of Organizations, American Journal of Sociology 82: 929–964.
Hasse, Raymund, und Georg Krücken, 1999: Neo-Institutionalismus. Bielefeld: Transcript.
Hirschman, Albert O., 1970: Exit, Voice and Loyalty: Responses to Decline in Firms, Organizations, and States. Cambridge, MA: Harvard University Press.
Holler, Manfred J., und Gerhard Illing, 1991: Einführung in die Spieltheorie. Berlin: Springer.
Küpper, Willy, und Günter Ortmann (Hg.), 1988: Mikropolitik – Rationalität, Macht und Spiele in Organisationen. Opladen: Westdeutscher Verlag.
Luhmann, Niklas, 1964: Funktionen und Folgen formaler Organisation. Berlin: Duncker & Humblot.
Luhmann, Niklas, 1972: Einfache Sozialsysteme, Zeitschrift für Soziologie 1: 51–65.
Luhmann, Niklas, 1973 (1968): Zweckbegriff und Systemrationalität. Frankfurt a.M.: Suhrkamp.
Luhmann, Niklas, 1974 (1962): Funktion und Kausalität. S. 9–30 in: Ders.: Soziologische Aufklärung 1. Opladen: Westdeutscher Verlag.
Luhmann, Niklas, 1975a (1969): Legitimation durch Verfahren. Darmstadt/Neuwied: Luchterhand.
Luhmann, Niklas, 1975b: Allgemeine Theorie organisierter Sozialsysteme. S. 39–50 in: Ders.: Soziologische Aufklärung 2. Opladen: Westdeutscher Verlag.
Luhmann, Niklas, 1981a (1978): Organisation und Entscheidung. S. 335–389 in: Ders.: Soziologische Aufklärung 3. Soziales System, Gesellschaft, Organisation. Opladen: Westdeutscher Verlag.
Luhmann, Niklas, 1981b: Politische Theorie im Wohlfahrtsstaat. München: Olzog.
Luhmann, Niklas, 1984: Soziale Systeme. Grundriß einer allgemeinen Theorie. Frankfurt a.M.: Suhrkamp.
Luhmann, Niklas, 1990: Die Wissenschaft der Gesellschaft. Frankfurt a.M.: Suhrkamp.
Luhmann, Niklas, 1997: Die Gesellschaft der Gesellschaft. Frankfurt a.M.: Suhrkamp.
Luhmann, Niklas, 2000a: Organisation und Entscheidung. Wiesbaden: Westdeutscher Verlag.
Luhmann, Niklas, 2000b: Die Politik der Gesellschaft. Frankfurt a.M.: Suhrkamp.
March, James G., und Johan P. Olsen, 1989: Rediscovering Institutions. The Organizational Basis of Politics. New York: Free Press.
March, James G., und Herbert A. Simon, 1958: Organizations. New York: Wiley.
Maturana, Humberto, 1982 (1975): Die Organisation des Lebendigen: eine Theorie der lebendigen Organisation. S 138–156 in: Ders.: Erkennen – Die Organisation und Verkörperung von Wirklichkeit. Braunschweig/Wiesbaden: Vieweg.

Mayntz, Renate, und Fritz W. Scharpf, 1995: Der Ansatz des akteurzentrierten Institutionalismus. S. 39–72 in: Dies. (Hg.): Gesellschaftliche Selbstregelung und politische Steuerung. Frankfurt a.M.: Campus.
Meyer, John W., und Brian Rowan, 1977: Institutionalized Organizations: Formal Structures as Myth and Ceremony, American Journal of Sociology 83: 340–363.
Michels, Robert, 1989 (1911): Zur Soziologie des Parteiwesens in der modernen Demokratie. Untersuchungen über die oligarchischen Tendenzen des Gruppenlebens. Stuttgart: Kröner.
Moe, Terry M., 1984: The New Economics of Organization, American Journal of Political Science 28: 739–777.
Mouzelis, Nicos, 1997: Social and Systems Integration. Lockwood, Habermas, Giddens, Sociology 31: 111–119.
Nelson, Richard, und Sidney G. Winter, 1982: An Evolutionary Theory of Economic Change. Cambridge, MA.: Belknap.
Nowotny, Helga, 1990: Eigenzeit – Entstehung und Strukturierung eines Zeitgefühls. Frankfurt a.M.: Suhrkamp.
Powell, Walter, und Paul di Maggio (Hg.), 1991: The New Institutionalism in Organizational Analysis. Chicago, IL/London: University of Chicago Press.
Schimank, Uwe, 1988: Gesellschaftliche Teilsysteme als Akteurfiktionen, Kölner Zeitschrift für Soziologie und Sozialpsychologie 40: 619–639.
Schimank, Uwe, 1991a: Von Komplexitätsreduktion zu Anschlußfähigkeit: Der „antihumanistische" Weg der soziologischen Systemtheorie Niklas Luhmanns. Köln (unveröffentlichtes Manuskript).
Schimank, Uwe, 2000: Handeln und Strukturen. München: Juventa.
Schimank, Uwe, 2001a: Der akteurzentrierte Institutionalismus. Erscheint in: Manfred Gabriel (Hg.): Paradigmen akteurtheoretischer Soziologie. Wiesbaden: Westdeutscher Verlag.
Schimank, Uwe, 2001b: Funktionale Differenzierung, Durchorganisierung und Integration der modernen Gesellschaft. S. 19–38 in: Veronika Tacke (Hg.): Funktionale Differenzierung und Organisation. Wiesbaden: Westdeutscher Verlag.
Schimank, Uwe, 2002a: Das Wechselspiel von Intentionalität und Transintentionalität im Institutionalismus und in der Organisationsforschung. Erscheint in: Rainer Greshoff, Georg Kneer und Uwe Schimank (Hg.): Transintentionalität – vergleichende Untersuchungen zum Stellenwert von „nicht-intendierten Handlungsfolgen" in verschiedenen Sozialtheorien. Hagen: Fernuniversität.
Schimank, Uwe, 2002b: Gesellschaftstheorie nach Luhmann – eine Bilanz in Stichworten. Erscheint in: Hans-Joachim Giegel und Uwe Schimank (Hg.): Beobachter der Moderne – Beiträge zu Niklas Luhmanns „Die Gesellschaft der Gesellschaft". Frankfurt a.M.: Suhrkamp.
Schreyögg, Georg, und Peter Conrad (Hg.), 2000: Organisatorischer Wandel und Transformation – Managementforschung. Bd. 10. Wiesbaden: Gabler.
Schütz, Alfred, und Thomas Luckmann, 1979: Strukturen der Lebenswelt. Bd. 1. Frankfurt a.M.: Suhrkamp.
Silverman, David, 1995 (1970): The Theory of Organizations. London: Heinemann.
Touraine, Alain, 1995 (1992): Critique of Modernity. Oxford, Cambridge, MA: Blackwell.
Treutner, Erhard, Stephan Wolff und Wolfgang Bonß, 1978: Rechtsstaat und situative Verwaltung. Frankfurt a.M.: Campus.
Vanberg, Victor, 1982: Markt und Organisation. Individualistische Sozialtheorie und das Problem kooperativen Handelns. Tübingen: Mohr.
Walgenbach, Peter, 1999: Institutionalistische Ansätze in der Organisationstheorie. S. 319–353 in: Alfred Kieser (Hg.): Organisationstheorien. Stuttgart: Kohlhammer.
Wiesenthal, Helmut, 2000: Markt, Organisation und Gemeinschaft als „zweitbeste" Verfahren sozialer Koordination. S. 44–73 in: Raymund Werle und Uwe Schimank (Hg.): Gesellschaftliche Komplexität und kollektive Handlungsfähigkeit. Frankfurt a.M.: Campus.
Williamson, Oliver E., 1975: Markets and Hierarchies. New York: Free Press.
Zucker, Lynne G., 1977: The Role of Institutionalization in Cultural Persistence, American Sociological Review 42: 726–743.

RATIONAL CHOICE UND ORGANISATIONSTHEORIE*

Rafael Wittek und Andreas Flache

Zusammenfassung: Eine erweiterte Version der Rational Choice-Theorie (RCT) ist in der Lage, die Beschränkungen der orthodoxen Theorie zu überwinden und der Organisationsforschung neue Impulse zu geben. Ziel des Beitrages ist es, die wichtigsten Elemente dieses erweiterten Erklärungsansatzes der RCT vorzustellen und neuere empirische Evidenz zu sichten. Der Beitrag stellt zunächst Kernannahmen und Erklärungslogik der RCT vor. Danach werden drei Theorieströmungen und ihre Anwendung auf die Organisationsforschung beschrieben: die institutionenökonomischen Ansätze (Agentur- und Transaktionskostentheorie), die Theorien struktureller Einbettung (Belohnungs- und Reputationsmodelle) und die Theorien normativer Einbettung (Theorien rationaler Nutzenverknüpfung und Theorie relationaler Signale). Im Anschluss daran werden neuere empirische Einsichten anhand dreier zentraler Anwendungsbereiche besprochen: Modelle formaler Organisation, Modelle informeller Organisation und Modelle der Kooperation in und zwischen Organisationen.

I. Einleitung

In ihrer orthodoxen Form stellt die Rational Choice-Theorie (RCT) für die Organisationsforschung ein radikales und provozierendes theoretisches Programm dar. Dieses Programm ist durch drei der neoklassischen Wirtschaftstheorie entlehnte Kernannahmen gekennzeichnet, die jede für sich geeignet sind, scharfe Kritik und Zurückweisung in der Organisationssoziologie hervorzurufen. Diese Annahmen können besonders gut anhand der Agenturtheorie (Alchian und Demsetz 1972) erläutert werden, da die Agenturtheorie als Repräsentantin der orthodoxen Form der RCT angesehen werden kann. Erstens macht diese Theorie die Annahme *voller Rationalität:* Akteure in einer Organisation werden als perfekt rational modelliert, sie können also auch die kompliziertesten Konsequenzen ihrer Handlungen vorherberechnen und treffen immer optimale Entscheidungen. Zweitens handeln Organisationsmitglieder aus rein egoistischen Motiven. Mit dieser *Egoismusannahme* wird insbesondere unterstellt, dass Akteure keine Gelegenheit auslassen, ihren eigenen Vorteil zu verfolgen, auch wenn dies durch moralisch verwerfliche Handlungen auf Kosten anderer geschieht, etwa in Form von Lügen oder Trittbrettfahren. Drittens besagt die *Materialismusannahme,* dass Organisationsmitglieder einzig und allein materielle Ziele verfolgen: die Maximierung finanzieller Gewinne und die Minimierung von Arbeitsanstrengung.

---

* Die Forschungsarbeit von Rafael Wittek an diesem Artikel hat am Netherlands Institute for Advanced Studies (NIAS) stattgefunden. Die Forschungsarbeit von Andreas Flache an diesem Artikel wurde durch die Königliche Niederländische Akademie der Wissenschaften (KNAW) ermöglicht.

Angesichts dieser theoretischen Ausgangspunkte verwundert es nicht, dass die RCT im Allgemeinen (Friedman 1996; Green und Shapiro 1994) und ihre Anwendung auf Organisationsprobleme im Besonderen (Vaughan 1998; Zey 1998) stark kritisiert wird. Die Schar der Kritiker zerfällt dabei mindestens in zwei Fraktionen. Ihren radikalen Gegnern zufolge hat der Ansatz auf breiter Linie versagt. Die Vorwürfe gleichen einer vernichtenden Fundamentalkritik: Das Menschenbild der RCT sei unhaltbar; sie kennzeichne sich durch unrealistische Annahmen über die kognitiven Kapazitäten von Individuen sowie die Effizienz von Organisationen und sie blende Machtunterschiede und sich daraus ergebende Konflikte aus (Zey 1998: 87–113). Die Aussichten auf eine Korrektur der RCT oder eine Verknüpfung mit anderen Theorien sind in den Augen radikaler Kritiker demnach schlecht, sie sind unmöglich, man könnte fast meinen, sie sind auch unerwünscht.

Das zweite Lager stellt die gemäßigteren Kritiker, die nicht selten selbst auf dem Gebiet der RCT arbeiten. Diese plädieren für eine sorgfältige Erweiterung und Korrektur der RCT (vgl. z.B. Furubotn 2001; Hechter und Kanazawa 1997; Smelser 1992; Voss 1990). Dabei wird zunächst die Position der radikalen Gegner der RCT mit dem Argument zurückgewiesen, dass die RCT trotz ihrer vermeintlichen Mängel wie kein anderer Ansatz in der Lage sei, eine fruchtbare analytische Strategie für die Erforschung unterschiedlichster sozialer Phänomene anzubieten. Welches Element von Organisationen auch erforscht wird, sei es die formale Struktur, die informellen Netzwerke oder das Handeln der Organisationsmitglieder, der eindeutige analytische Ausgangspunkt einer RCT-Erklärung sind die persönlichen Ziele und Handlungsrestriktionen der beteiligten Akteure. Auch die analytische Methode ist eindeutig und präzise, sie beruht auf dem mikroökonomischen Standardinstrumentarium zur Modellierung zielgerichteten individuellen Entscheidungsverhaltens (Coleman 1990, 1994). Die gemäßigten Kritiker attackieren denn auch nicht das Grundprinzip der RCT, sondern sie rufen dazu auf, den Ansatz mit Annahmen anzureichern, die es ermöglichen, die Mängel der RCT zu beheben, ohne auf ihre analytische Stärke verzichten zu müssen.

Wir teilen die Position der gemäßigten Kritik an der RCT. Ziel dieses Beitrages ist es, die wichtigsten Elemente einer erweiterten RCT vorzustellen und deren Leistungsfähigkeit anhand neueren empirischen Materials zu drei zentralen organisationssoziologischen Forschungsbereichen kritisch zu diskutieren. Die zentrale Hypothese ist, dass es systematischen Erweiterungen des Ansatzes in der Organisationsforschung gelingt, die Beschränkungen der orthodoxen RCT zu überwinden und zu empirisch fruchtbaren, neuen Einsichten zu gelangen. Diese Erweiterungen integrieren insbesondere realistischere kognitive Annahmen in die RCT, sie berücksichtigen den sozialen Kontext und die soziale Einbettung von Organisationsmitgliedern und sie stellen die Abschwächung egoistischer Handlungsmotive durch soziale Normen in Rechnung. Damit können Aspekte von Organisationen erforscht werden, die im ursprünglichen Forschungsprogramm der RCT unterbelichtet bleiben mussten, ohne hierfür die analytische Kraft des Programms zu opfern.

Die drei zentralen Anwendungsbereiche sind die formale Organisationsstruktur, die informelle Struktur einer Organisation und das Organisationsverhalten der Mitglieder, insbesondere Kooperation in und zwischen Organisationen.

Für die Diskussion des Forschungsstandes haben wir uns für eine problemorientierte Darstellung entschieden. Der Schwerpunkt dieses Artikels besteht somit nicht in einer erschöpfenden Literaturübersicht oder darin, die feinen Unterschiede zu anderen Organisationstheorien bzw. zwischen verschiedenen Strömungen innerhalb der RCT herauszuarbeiten. Wir bemühen uns vielmehr, die Gemeinsamkeiten verschiedener Rational Choice-Ansätze sowie deren Fruchtbarkeit für die Untersuchung von Organisationsphänomenen aufzuzeigen.

Der Beitrag ist wie folgt aufgebaut. Zunächst skizzieren wir kurz die wesentlichen allgemeinen Annahmen der RCT sowie die Erweiterungen dieser Annahmen *(Abschnitt II)*. Der folgende *Abschnitt III* stellt drei Varianten vor, die im Rahmen einer schrittweisen Erweiterung der RCT in der Organisationsforschung Bedeutung erlangt haben: institutionenökonomische Ansätze (Agentur- und Transaktionskostentheorie), Theorien struktureller Einbettung und Theorien normativer Einbettung. In den darauf folgenden Abschnitten gehen wir näher auf die drei zentralen empirischen Anwendungsgebiete – formale Organisation *(Abschnitt IV)*, informelle Organisation *(Abschnitt V)* und Kooperationsprobleme *(Abschnitt VI)* – ein. Im Mittelpunkt stehen dabei die Rekonstruktion der theoretischen Mechanismen und eine Sichtung neuerer empirischer Ergebnisse.

II. Die Rational Choice-Theorie

Eine wesentliche Eigenschaft aller Rational Choice-Theorien besteht darin, dass sie ihre Annahmen über individuelle Handlungsorientierungen offen legen und sich einer expliziten Heuristik zur Lösung des Mikro-Makroproblems bedienen (Lindenberg 1977; Hedström und Swedberg 1998).

1. Kernannahmen und Erweiterungen

Gemeinhin wird zwischen umfassenden und mageren Varianten der RCT unterschieden (Little 1991: 41). Unter mageren Versionen versteht man Modelle, die sich stark an neoklassischen Akteurs- und Verhaltensannahmen orientieren und damit von voller Rationalität und egoistischer Gewinnorientierung ausgehen. Umfassendere Varianten arbeiten mit Modellen eingeschränkter oder prozeduraler Rationalität und Opportunismus oder Solidarität als Verhaltensannahmen. Hier kann zwischen Rationalitätsannahmen, Präferenzannahmen und Einbettungsannahmen unterschieden werden.

Rationalitätsannahmen beziehen sich auf das Ausmaß der Rationalität, die man den Akteuren unterstellt. Sie lassen sich grob in drei Kategorien einteilen (Grandori 2001; Hendrikse 1998). Bei *Modellen voller Rationalität* sind Individuen bei ihren Entscheidungen über alle Handlungsalternativen und deren Konsequenzen voll informiert und unterliegen keinerlei kognitiven Beschränkungen bei der Verarbeitung der ihnen zur Verfügung stehenden Information. Alternativen werden nach einem Optimierungsprinzip gegeneinander abgewogen. Gewählt wird jene Alternative, die den höchsten subjektiv zu erwartenden Nutzen liefert (Werterwartungstheorie). Die Spieltheorie (vgl. Fudenberg und Tirole 1991) untersucht dabei insbesondere rationales strategisches Entscheiden in Situationen wechselseitiger Abhängigkeit.

In *Modellen eingeschränkter Rationalität* hingegen sind Individuen weder vollständig informiert noch in der Lage, alle ihnen zur Verfügung stehenden Informationen nach strikten Optimierungsprinzipien kognitiv zu verarbeiten (Simon 1957; Heiner 1983, 1988). Stattdessen nimmt man an, dass verfügbare Informationen durch Prozesse selektiver Wahrnehmung *(framing)* stark reduziert werden, und der Gebrauch von entscheidungsvereinfachenden Heuristiken (etwa das *satisficing*) bei der Wahl von Handlungsalternativen eine entscheidende Rolle spielen. Die Grundannahme ist dabei stets, dass Individuen ihre Ziele so gut wie möglich erreichen wollen. Allerdings werden die vorhandenen Handlungsalternativen nicht mehr als gleichrangig betrachtet, wie dies bei der Werterwartungstheorie der Fall ist.[1] Neben *Framingprozessen* werden auch eine Reihe weiterer, in den Wirtschaftswissenschaften als ‚kognitive Anomalien' bezeichnete Faktoren in die Modelle integriert (siehe auch Frey und Eichenberger 1989).

Modelle *prozeduraler Rationalität* schließlich nehmen an, dass individuelles Verhalten in starkem Maße durch Automatismen und Imitation gesteuert wird. Eine besondere Rolle spielen hierbei Lernmodelle, die von einfachen *trial and error*-Mechanismen der Entscheidungsoptimierung ausgehen (vgl. Macy und Flache 1995). Prozedurale Rationalität wird vor allem bei der Modellierung von Entscheidungsverhalten in Situationen radikaler Unsicherheit angewendet, in denen die Akteure die Konsequenzen verschiedener Handlungsalternativen nicht einschätzen können (Nelson und Winter 1982).

Theorien rationaler Wahl unterscheiden sich schließlich auch hinsichtlich ihrer Präferenzannahmen. Zum einen variieren Rational Choice-Modelle in dem Maß, in dem sie die *Materialismusannahme* der orthodoxen Variante übernehmen. So gehen viele Modelle davon aus, dass Individuen auch soziale Ziele verfolgen, so etwa die Maximierung sozialer Anerkennung (Coleman 1990) oder eine Erhöhung ihres Gruppenstatus (Blau 1955). Zum anderen unterscheiden sich Rational Choice-Modelle voneinander dadurch, dass sie entweder die orthodoxe *Egoismusannahme* verwenden oder annehmen, dass Akteure zumindest partiell auch am Wohlergehen anderer interessiert sind (Becker 1974, 1976; Taylor 1987). Vor allem in Organisationskontexten entspricht der Unterscheidung von Egoismus und partiellem Altruismus die Unterscheidung von Gewinnorientierung, Opportunismus und Solidarität. Die dem Ansatz ursprünglich zu Grunde liegende Annahme der Gewinnorientierung unterstellt, dass Individuen primär ihre eigenen Interessen in den Vordergrund stellen, sich bei deren Realisierung jedoch ehrlich verhalten und über ein zu tauschendes Gut wahrheitsgetreu Auskunft geben. Vor allem Williamson (1975) hat jedoch darauf hingewiesen, dass Individuen in vielen Situationen bereit sind, ihre Ziele auch mit opportunistischen Mitteln zu verwirklichen. Die *Opportunismusannahme* bezieht also explizit die Möglichkeit bewusster Falschinformation und Manipulation mit ein.[2] Die *Solidaritätsannahme* schließlich un-

---

1 Siehe Lindenberg (1981) für eine Gegenüberstellung von Werterwartungstheorie und Framingtheorie.
2 Da die in der Agenturtheorie unterstellte Kombination von Egoismus- und Materialismusannahmen bereits Opportunismus impliziert und etwa beim moral hazard Problem ja auch be-

terstellt, dass Individuen bei der Verwirklichung ihrer Ziele darauf achten, dem Wohl Anderer keinen Schaden zuzufügen.

Ein weiterer häufig angeführter Kritikpunkt gegen die klassische RCT liegt in deren *Atomismusannahme*. In dieser Perspektive treffen atomistische rationale Individuen ihre Entscheidungen, ohne durch einen sozialen Kontext beeinflusst zu werden (Granovetter 1985). Die Herausforderung für eine erweiterte RCT ist demnach, die *Annahme sozialer Einbettung* mit einzubeziehen, ohne dabei in das entgegengesetzte Problem der übersozialisierten Akteure zu verfallen. Hierbei können institutionelle (bzw. normative) und strukturelle Arten sozialer Einbettung unterschieden werden (vgl. hierzu auch Raub und Weesie 1991).

Rationalitäts-, Präferenz- und Einbettungsannahmen der RCT umfassen somit ein Spektrum, das von der vollen Rationalität eines opportunistischen, atomisierten Akteurs bis zur prozeduralen Rationalität eines teilweise altruistischen und sozial eingebetteten Individuums reicht. Es ist also im Rahmen einer erweiterten RCT prinzipiell möglich, altruistische Verhaltensannahmen, Lernprozesse und soziale Kontexte zu integrieren. Unter einem erweiterten Rational Choice-Ansatz fassen wir somit jene Modelle, in denen die neoklassischen Präferenz- und Rationalitätsannahmen abgeschwächt werden und/oder die soziale Einbettung der Akteure explizit miteinbezogen wird (zum Problem der Erweiterung vgl. allgemein auch Furubotn 2001).

2. Erklärungslogik und soziale Mechanismen

Eine wichtige Eigenschaft der RCT besteht in ihrer spezifischen Vorgehensweise zur Erklärung sozialer Phänomene. Drei Prinzipien spielen dabei eine zentrale Rolle.

Das Prinzip des *methodologischen Individualismus* macht die folgenden Kernannahmen (Rutherford 1994: 31; vgl. auch Little 1991: 183–201): 1. Nur Individuen haben Ziele und Interessen; 2. Sozialsysteme und deren Veränderungen sind das Resultat der Handlungen von Individuen; 3. Alle sozialen Phänomene auf der Meso- und Makroebene müssen letztlich durch Rückgriff auf Theorien erklärt werden, die *nur* auf Individuen, deren Überzeugungen, Dispositionen und Beziehungen zurückgreifen.

Dem Prinzip der *abnehmenden Abstraktion* (Lindenberg 1992) zufolge sollte man beim Modellieren sozialer Phänomene mit wenigen einfachen Annahmen beginnen und erst in späteren Phasen der Theoriebildung komplexere (weniger abstrakte) Zusatzannahmen einführen. Wenngleich oft unrealistisch, haben Annahmen auf einem relativ hohen Abstraktionsniveau – so die Annahme, dass ein Individuum über alle vorhandenen Informationen verfügt – oft den Vorteil, dass sie die Ableitung von Hypothesen wesentlich vereinfachen. Die Methode der abnehmenden Abstraktion verweist für die Theoriebildung zudem darauf, erst die objektiven Restriktionen des Handelns – „die stumme Macht der Möglichkeiten" (Esser 2000) – zu berücksichtigen, bevor man die kognitive Komplexität in den Annahmen über die Akteure erhöht.

Einen besonders wichtigen Platz nimmt in der RCT das Prinzip der *sozialen Mechanismen* ein (Hedström und Swedberg 1998; Lindenberg 1977). Theoretische Aussa-

---

rücksichtigt wird, handelt es sich hier streng genommen jedoch nicht um eine zusätzliche Präferenzannahme.

Abbildung 1: Die Erklärungslogik der Rational Choice-Theorie

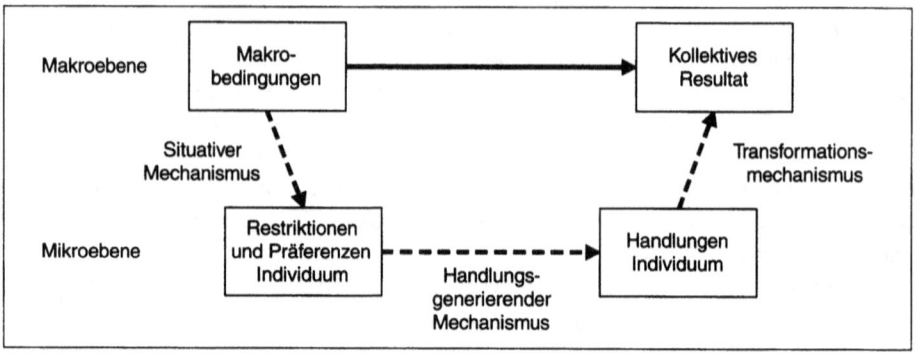

gen, bei denen zwei Phänomene auf Makro- oder Mesoniveau miteinander in Beziehung gebracht werden (etwa: „je größer die Organisation, desto unwahrscheinlicher ist es, dass die Mitglieder streiken"), bedürfen in einer RCT immer einer mikroanalytischen Grundlage. Letztere macht die Beantwortung einer Reihe von Fragen notwendig: Wie wirkt sich das Explanans (Organisationsgröße) auf die Entscheidungssituation der Organisationsmitglieder aus? Welche Abwägungen nimmt ein Individuum vor? Zu welchen individuellen Handlungsfolgen führen diese Abwägungen? Und schließlich: In welcher Weise werden die zahlreichen Individualhandlungen zu einem kollektiven Ergebnis transformiert? Eine vollständige Erklärung beinhaltet somit immer drei soziale Mechanismen (Hedström und Swedberg 1998: 22; vgl. Abbildung 1): einen *situativen Mechanismus*, der die Wirkung eines Makrophänomens auf das Mikroniveau individueller Akteure spezifiziert (z.B. „je höher die Anzahl der Organisationsmitglieder, desto unwahrscheinlicher ist es, dass alle Mitglieder durch persönliche Kontakte verbunden sind"), einen *handlungsgenerierenden Mechanismus*, der die auf der Mikroebene waltenden kognitiven Prozesse angibt, die zu individuellem Handeln führen (z.B. Abwesenheit von Kontakten erschwert informelle Kontrolle), und einen *transformationellen Mechanismus*, der angibt, wie die Handlungen auf der Mikroebene sich zu einem Ergebnis auf der Makroebene verdichten (z.B. Abwesenheit von informeller Kontrolle reduziert die Produktion von kollektiven Gütern).

III. Die Rational Choice-Theorie in der Organisationsforschung

1. Theorieströmungen

Es gibt nicht *die* Rational Choice-Theorie. Insbesondere in der Organisationssoziologie lassen sich viele Ansätze mit einem breiten Spektrum theoretischer und methodologischer Annahmen finden. Zwar teilen alle Ansätze die Annahme des methodologischen Individualismus und alle geben einige der sehr restriktiven Auffassungen des neoklassischen Modells auf. Sie unterscheiden sich jedoch hinsichtlich der Präferenz-, Entscheidungs-, und Einbettungsannahmen und ihrer Nähe zum neoklassischen Ausgangsmodell der RCT. Das Kontinuum reicht dabei von der stark formalisierten und an der neoklassischen Wirtschaftstheorie orientierten Agenturtheorie bis hin zu der nicht-formalisierten Theorie relationaler Signale, einer Theorie normativer Einbettung, die die neoklassische Idee individueller Nutzenmaximierung mit Elementen einer psychologischen Framingtheorie kombiniert.

Im Folgenden gehen wir auf Kernelemente der unterschiedlichen Ansätze ein und zwar auf die so genannte Institutionenökonomie mit ihren Varianten der Agentur- und Transaktionskostentheorie sowie auf Theorien struktureller und normativer Einbettung. Aus institutionenökonomischer Sicht werden Organisationsstrukturen so gewählt, dass das Verhalten mehr oder weniger rationaler, egoistischer und materialistischer Organisationsmitglieder zu optimalen Ergebnissen für die Organisationen führt. Theorien struktureller Einbettung erweitern das Handlungsmodell und können so auch die Einbettung in soziale Netzwerke und soziale Handlungsmotive, wie soziale Anerkennung und das Streben nach Status, integrieren. Theorien normativer Einbettung gehen noch einen Schritt weiter, indem sie annehmen, dass rein egoistische Handlungsmotive durch soziale Normen modifiziert werden.

2. Institutionenökonomische Theorien

Zu den institutionenökonomischen Ansätzen werden in der Regel drei Theorien gezählt: die Agenturtheorie, die Transaktionskostentheorie und die Theorie der Verfügungsrechte.[3] In allen drei Ansätzen spielen Anreize eine zentrale Rolle (Prendergast 1999). Da es für die Verfügungsrechtstheorie noch sehr wenig organisationsbezogene empirische Studien gibt (Ebers und Gotsch 1999: 216), beschränken wir uns in unserem Beitrag auf die Darstellung der Agenturtheorie und der Transaktionskostentheorie.

a) Die Agenturtheorie. Ziel der Agenturtheorie ist es, empirisch zutreffende Vorhersagen über formale Organisationsstrukturen sowie die Effekte verschiedener Organisationsstrukturen auf die Leistungs- und Kooperationsbereitschaft der Organisationsmitglieder zu machen. Sie kann als reinste Form des ursprünglich aus der neoklassischen Wirtschaftstheorie stammenden Rational Choice-Ansatzes gesehen werden, da sie dessen orthodoxe Kernannahmen (volle Rationalität, egoistische und materialistische Präferenzen, Atomismus) übernimmt (Alchian und Demsetz 1972; Jensen und Meckling 1976; für eine Übersicht vgl. Petersen 1993).

Obgleich jede einzelne dieser Annahmen empirisch unrealistisch ist, setzen Anhänger der Agenturtheorie diesem Einwand entgegen, dass in Organisationsprozessen nahezu immer ein gewisses Maß an rationaler Interessenverfolgung, Egoismus und materieller Zielorientierung eine Rolle spielen (vgl. Petersen 1993: 288). Des Weiteren wird argumentiert, dass die Einfachheit der Verhaltensannahmen der neoklassischen Wirtschaftstheorie eine große Präzision in der Ausarbeitung der theoretischen Argumente erlaubt. So sind denn auch viele der von uns im Folgenden besprochen agenturtheoretischen Modelle mathematisch ausgearbeitet.[4]

---

3 Gute Einführungen und Überblicksartikel finden sich in Ebers und Gotsch (1999), Milgrom und Roberts (1992), Ricketts (1994) und Seth und Thomas (1994).
4 Wir werden allerdings auf die zu Grunde liegenden Formalismen aus Darstellungsgründen nicht weiter eingehen.

b) Die Transaktionskostentheorie. Auch die Transaktionskostentheorie fragt nach der Gestaltung von Anreizsystemen sowie den Bedingungen effizienter institutioneller Arrangements. Die Gestaltung von Organisationen wird in diesem Ansatz vor allem durch drei Aspekte der zwischen zwei Parteien auszuführenden Transaktionen bestimmt: dem Ausmaß der *asset specificity* (transaktionsspezifische, also nicht für Transaktionen mit anderen Tauschpartnern nutzbare, Investitionen[5]), dem Ausmaß der Unsicherheit (inwieweit ist die zu erbringende Leistung von Umweltfaktoren abhängig; vgl. kritisch hierzu Slater und Spencer 2000) und der Häufigkeit der Transaktion. Zur Beherrschung der sich aus diesen Transaktionseigenschaften und der Opportunismusannahme ergebenden Probleme stehen drei Kategorien institutioneller Lösungen zur Verfügung: klassische Verträge (Marktbeziehungen), neoklassische Verträge (hybride Formen mit Markt- und Hierarchieelementen) und relationale Verträge (Hierarchie).

Die Transaktionskostentheorie ist in vielerlei Hinsicht komplementär zur Agenturtheorie. Beide Ansätze teilen die Materialismus- und die Atomismusannahme, sie unterscheiden sich aber in den anderen Präferenz- und Rationalitätsannahmen. Geht die Agenturtheorie eher von perfekter Rationalität und Egoismus aus, unterstellt die Transaktionskostentheorie meist beschränkte Rationalität und Opportunismus. Des Weiteren betrachtet die Agenturtheorie Organisationen als ein System von Verträgen und legt damit den Nachdruck auf *ex ante* Arrangements. Die Transaktionskostentheorie hingegen sieht Organisationen als *governance structures* und wendet sich vor allem der Frage zu, welche Mechanismen *ex post* bemüht werden, um Vertragsprobleme zu lösen (Williamson 1988).

3. Theorien struktureller Einbettung

Institutionenökonomische Theorien werden vor allem von soziologischer Seite für ihre weitgehende Blindheit gegenüber Effekten der Einbettung von Individuen in soziale Strukturen kritisiert. Theorien struktureller Einbettung versuchen dieses Manko zu beheben, indem sie explizit die Atomismusannahme der neoklassischen RCT aufgeben. Konsistent mit dem Rational Choice-Erklärungsmodell werden in diesen Theorien soziale Beziehungen als Handlungsrestriktionen und -ressourcen gesehen, die rationale Akteure bei ihren zielgerichteten Entscheidungen in Rechnung stellen. Dabei halten Theorien struktureller Einbettung in unterschiedlichem Maße an den anderen neoklassischen Ausgangspunkten der Materialismus-, Egoismus- und Rationalitätsannahme fest. Zwei wichtige Formen der Theorien struktureller Einbettung sind *Reputationsmodelle* und *Belohnungsmodelle*.

Reputationsmodelle gehen davon aus, dass die Verbreitung von Informationen über das Verhalten von Akteuren in der Vergangenheit eine Restriktion für ihre zukünftigen Handlungen formen kann. Besonderes Augenmerk wird dabei auf die Wirkung sozialer Netzwerke als Disziplinierungsmechanismus bei drohendem opportunistischen Verhalten gelegt. Raub und Weesie (1990) und Buskens (1999) haben die Effekte sozialer

---

5 Es ist zum Beispiel eine transaktionsspezifische Investition seitens des Arbeitnehmers in der Beziehung zum Arbeitgeber, wenn ein Hochschullehrer Lehrveranstaltungen entwickelt, die nur im Curriculum seiner derzeitigen Universität verwendbar sind.

Netzwerke am Beispiel der Entstehung von Vertrauen in dyadischen Transaktionen, etwa zwischen Käufern und Verkäufern, theoretisch herausgearbeitet. Diese spieltheoretischen Modellierungen gehen von der Annahme vollständiger Rationalität und egoistischer Präferenzen aus und sie machen keinerlei explizite Annahmen über nicht-materialistische Handlungsmotive. Die Modelle nehmen an, dass ein dichtes Netzwerk den Austausch von Informationen über Transaktionspartner erleichtert. Dadurch steigen die Chancen, dass unkooperatives Verhalten entdeckt wird. Ein dichtes Netzwerk erzeugt somit einen Anreiz, sich kooperativ zu verhalten, da unkooperatives Verhalten mit einer Schädigung der eigenen Reputation und dem Verlust möglicher Austauschmöglichkeiten einhergeht. Der Kern des theoretischen Mechanismus in diesen Modellen ist eine generalisierte Reziprozitätsstrategie. Gemäß dieser Strategie sind rationale Akteure bei hinreichender temporaler Einbettung bedingt kooperationsbereit. Sie stellen die Zusammenarbeit aber ein, wenn sie erfahren, dass ihr Gegenüber in früheren Interaktionen mit anderen Partnern opportunistisches Verhalten an den Tag gelegt hat. Je stärker ein Akteur in das Netzwerk eingebettet ist, umso schneller verbreitet sich seine Reputation und umso eher muss er fürchten, für opportunistisches Verhalten von seinen bedingt kooperativen Partnern in der Zukunft bestraft zu werden. Umso eher ist es darum auch rational, selbst bedingt kooperativ zu sein.

Belohnungsmodelle geben die Materialismusannahme explizit auf. Sie sehen soziale Beziehungen vor allem als Kanäle für den Transfer informeller sozialer Belohnungen, wie etwa Status, Freundschaft oder soziale Anerkennung. Belohnungsmodelle weichen dabei die Rationalitäts- und Egoismusannahme in unterschiedlichem Maße auf. Es können drei Spielarten unterschieden werden.

Modelle *rationaler sozialer* Belohnungsstrategien halten am Kern der klassischen RCT fest und gehen von perfekter Rationalität und individuellem Egoismus aus (Coleman 1990; Kandel und Lazear 1992; Holländer 1990; Flache 1996: Kap. 4; Spagnolo 1999). Modelle *adaptiver sozialer* Belohnungsstrategien gehen einen Schritt weiter und ersetzen rationale Kalkulation durch prozedurale Rationalität. Diese Modelle verwenden einen Akteur, der zwar gleichfalls nach Eigennutzen strebt, aber Handlungsentscheidungen auf Basis einfachster *trial-and-error*-Heuristiken trifft, anstatt optimale Strategien auszutüfteln (Macy 1993; Flache und Macy 1996; Kitts et al. 1999). Der Preis, den diese Theorien dafür zahlen, liegt dabei in einem geringeren Grad formaler Präzision. Eine Zwischenform sind Theorien *beschränkt rationaler sozialer* Belohnungsstrategien. Ein Beispiel dieser Theorieklasse ist Heckathorns (1989, 1990) Modellierung sozialer Kontrolle als ungewollte Konsequenz „heuchlerischer Kooperation" durch beschränkt rationale Akteure. Heckathorns Verhaltensannahme ist dabei myopische Rationalität, das heißt Akteure sehen bei ihren Entscheidungen die zukünftigen Handlungen anderer nur als Fortschreibung ihres aktuellen Verhaltens und versuchen nicht, diese strategisch zu antizipieren.

4. Theorien normativer Einbettung

Theorien normativer Einbettung[6] zeichnen sich durch die Abschwächung der Egoismusannahme aus (vgl. z.B. Fehr und Gächter 2000; Hart 2002). Sie gehen davon aus, dass rationale Akteure zumindest bis zu einem gewissen Grade und unter bestimmten Bedingungen genuin am Wohlergehen anderer interessiert sind. Dabei werden die übrigen Kernannahmen der orthodoxen RCT in unterschiedlichem Maße aufgegeben. Es lassen sich zwei Hauptvarianten unterscheiden: *Theorien rationaler Nutzenverknüpfung* und die *Theorie relationaler Signale*.

Theorien rationaler Nutzenverknüpfung integrieren in die RCT die plausible und bereits von klassischen Moralphilosophen (z.B. Smith 2000) vertretene Annahme, dass soziale Akteure in der Regel nicht rein egoistisch sind, sondern zumindest partiell altruistische oder teilweise moralische Präferenzen haben. Theorien rationaler Nutzenverknüpfung unterscheiden üblicherweise zwischen den natürlichen oder egoistischen Präferenzen und den effektiven handlungsleitenden Präferenzen eines rationalen Akteurs (vgl. Sen 1974). Die effektive Präferenz eines Akteurs verknüpft die eigenen egoistischen Interessen mit denen anderer. Dabei werden Akteure als partiell altruistisch, aber dennoch vollständig rational modelliert. Verschiedene Autorinnen und Autoren haben aufgezeigt, dass Nutzenverknüpfung im rationalen Eigeninteresse der Beteiligten sein kann. So ist es etwa in Situationen wechselseitiger Abhängigkeit für partiell altruistische Akteure eher als für egoistische Akteure rational, Anreizen zu opportunistischem Verhalten auf Kosten anderer zu widerstehen (Sen 1974; Becker 1974, 1976; Taylor 1987). Dies erleichtert Kooperation in Situationen wechselseitiger Abhängigkeit – eine Konsequenz, die auch aus Sicht vollständig egoistischer Akteure vorteilhaft sein kann. Neuere Varianten der Theorie rationaler Nutzenverknüpfung zeigen selbst auf, dass es für ursprünglich egoistische Akteure strategisch rational sein kann, sich für eine altruistische Modifikation ihrer Präferenzen zu entscheiden (Raub und Voss 1990; Raub 1990; Rotemberg 1994).[7]

In der *Theorie relationaler Signale* (Lindenberg 1994, 1998, 2000; Mühlau 2000; Wielers 1997; Wittek 1999a) spielen so genannte *Framingeffekte* eine zentrale Rolle. Im Unterschied zu Theorien rationaler Nutzenverknüpfung schwächt die Theorie relationaler Signale neben der Egoismusannahme auch die Rationalitätsannahme ab. *Frames* definieren, welche Aspekte einer Situation wir wahrnehmen und welche wir vernachlässigen. Ein *frame* besteht aus einem dominanten Ziel, das unser Handeln bestimmt und einer oft großen Anzahl von Hintergrundzielen. Letztere reduzieren oder verstärken die Intensität, mit der wir versuchen, das dominante Ziel zu erreichen. Wenn wir z.B. von einem Freund gebeten werden, ihm eine größere Summe Geld zu leihen, wird diese Bitte wahrscheinlich das Ziel ‚Hilf Deinem Freund' aktivieren und Bedenken hinsichtlich möglicher finanzieller Verluste in den Hintergrund drängen (vgl. auch Ligthart 1995). Dies ändert sich jedoch, sollte der Freund vergessen oder

---

6 Die Wahl dieses Sammelbegriffes erfolgt in Ermangelung besserer Alternativen. Wir fassen hierunter Ansätze mit altruistischen oder moralischen Präferenzannahmen bzw. Annahmen über interindividuelle Nutzenverknüpfung.

7 Raub und Voss haben dazu allerdings die Zusatzannahme zumindest leicht eingeschränkter Rationalität nötig.

sich weigern, das Geld zurückzubezahlen. In betrieblichen Kontexten wirken starke Solidaritätsnormen (*equality* und generalisierte Reziprozität) nur in Ausnahmefällen als Vordergrundziel. Ein solcher Ausnahmefall sind Arbeitssituationen, in denen die Beteiligten in hohem Maße voneinander abhängig sind, um hohen materiellen Schaden oder Gefahr für Leib und Leben zu vermeiden. Sind die wechselseitigen Abhängigkeiten weniger ausgeprägt, regulieren hingegen „schwache" Solidaritätsnormen innerbetriebliches Solidarverhalten. In diesem Falle wirken egoistische Motive im Vordergrund, werden aber von relationalen Überlegungen (*equity* und balancierte Reziprozität) eingeschränkt.

Die Theorie der relationalen Signale nimmt an, dass die Stabilität eines *Solidaritätsframes* ständig durch situationsbedingte Versuchungen in Gefahr ist und deshalb durch Relationssignale aufrechterhalten werden muss (Lindenberg 1998: 78–92; Wittek et al. 2003). Relationssignale bestehen aus Handlungen, mit denen jemand einem Transaktionspartner deutlich macht, an der Stabilität einer bestehenden Beziehung interessiert zu sein.

Ähnlich den Theorien rationaler Nutzenverknüpfung, versucht die *Framingtheorie* rationale Kooperation in Situationen wechselseitiger Abhängigkeit zu erklären und Bedingungen für Kooperation anzugeben. Die hierfür relevanten Kernannahmen der Theorie relationaler Signale lassen sich wie folgt zusammenfassen (Mühlau 2000: 411). Verhalten in einer Austauschbeziehung wird erstens nicht durch strategische Kalkulation aller möglichen Handlungsoptionen geprägt, sondern durch die jeweils vorherrschenden *Solidaritätsframes* der Tauschpartner. Die Stärke eines *Solidaritätsframes* ist zweitens davon abhängig, welche relationalen Signale der jeweils andere Tauschpartner durch sein Verhalten vermittelt. In Arbeitsorganisationen sind es drittens vor allem die organisatorischen Maßnahmen der Arbeitgeberseite, wie etwa Tarifabsprachen, Pensionsregelungen etc., die von den Arbeitnehmern als Signale für die Stabilität des *Solidaritätsframes* der Gegenseite aufgefasst werden. Signalisieren diese Maßnahmen Bereitschaft zu fairer und wohlwollender Behandlung der Arbeitnehmer, so verstärken sie den auf das Unternehmen gerichteten Solidaritätsframe der Arbeitnehmer und damit auch die Kooperationsbereitschaft in Bezug auf Gruppenleistung in Arbeitsgruppen. Signalisieren die organisatorischen Maßnahmen eher einen reinen *Gewinnframe* der Arbeitgeberseite, kann dies die Solidaritätsbereitschaft der Arbeitnehmer untergraben und insbesondere in Arbeitsgruppen eher zu Trittbrettfahrerverhalten oder sogar Solidarisierung der Arbeitnehmer untereinander gegen die Interessen des Unternehmens führen. Im Folgenden stellen wir drei Anwendungsgebiete der RCT im Bereich der Organisationsforschung vor.

IV. Erweiterte Rational Choice-Erklärungen formaler Organisation

Rational Choice-Studien zur formalen Organisation richten sich auf zwei Bereiche. Zum einen auf die Frage, für welche Organisationsform bzw. governance-Struktur sich eine Organisation entscheidet. Wird etwa ein Franchisingvertrag aufgestellt, erwirbt man neue Technologien über eine Lizenz oder entwickelt sie mit einem Konkurrenten gemeinsam. Zum anderen modelliert diese Forschung die Gestaltung von Arbeitsbeziehungen. Hierunter fallen etwa die Art der Kontrollpraktiken oder das Ausmaß von Lohndifferenzierung.

1. Determinanten der Organisationsform

Angesichts der Bandbreite tatsächlich existierender Organisationsformen erscheinen die in der Literatur getroffenen theoretischen Unterscheidungen oft ungenügend (Grandori 1997). Anhänger der Transaktionskostentheorie argumentieren aber, dass ‚diskrete strukturelle Alternativen' für die Form einer Organisation unterschieden werden können (Williamson 1991; Menard 1995). Vertreter der Agenturtheorie gehen zumindest von einem Kontinuum unterschiedlicher Formen aus, das sich von Märkten auf der einen zu Hierarchien auf der anderen Seite erstreckt (Alchian und Demsetz 1972; Jensen und Meckling 1976). Empirische Studien reagieren auf diese Debatte, indem sie sich vor allem auf klar abgrenzbare Teilaspekte des an sich multidimensionalen Konstruktes der *governance structure* richten. Informationsasymmetrien und Transaktionseigenschaften (*asset specificity*, Unsicherheit, Häufigkeit) wurden dabei von institutionenökonomischen Ansätzen als wichtigste Determinanten formaler Organisation identifiziert. Trotz ihrer Unterschiede (Williamson 1988) kommen sie oft zu ähnlichen Vorhersagen, weil die Bedingungen, die zu einer Verminderung investitionsbedingter Transaktionskosten führen, dieselben sind, die auch zu einer Verminderung der Agenturkosten führen (Vilasuso und Minkler 2001).

Empirische Studien lassen keinen Zweifel daran, dass die von institutionenökonomischen Ansätzen identifizierten Faktoren signifikante Effekte auf die Wahl einer Organisationsform haben. Vor allem die Transaktionskostentheorie gilt dabei als empirisch weitgehend bewährt. Etwas weniger erfolgreich ist in dieser Hinsicht die Agenturtheorie (Ebers und Gotsch 1999: 216). Eine umfassende Übersicht über die breiten Anwendungsgebiete und die zahlreichen empirischen Überprüfungen der Transaktionskostentheorie findet sich in Ebers und Gotsch (1999: 242) und Shelanski und Klein (1995). Die dort genannten, überwiegend quantitativen Studien bestätigen unter anderem die institutionenökonomische Vorhersage, dass Unsicherheit im Markt die Tendenz zu vertikaler Integration und hierarchischer Kontrolle erhöht (vgl. etwa Blumberg 2000; Manolis et al. 1997). In Einzelfallstudien erweisen sich die institutionenökonomischen Ansätze jedoch als weniger erfolgreich. Wir wollen dies am Beispiel der Theorien zu ‚hybriden' Organisationsformen illustrieren.

Folgt man der Transaktionskostentheorie, sind hybride Organisationsformen (also neoklassische Verträge mit langer Laufzeit und sehr unvollständig spezifizierten Bedingungen) vor allem dann zu erwarten, wenn sowohl transaktionsspezifische Investitionen und Transaktionskosten einen moderaten Umfang haben. In vielen Analysen ‚hybrider' Organisationsformen werden jedoch meist zwei Faktoren ausgeblendet (Lindenberg 1996). Erstens können Beziehungen zwischen Transaktionspartnern sehr unterschiedlich gestaltet sein. Hier mangelt es institutionenökonomischen Begriffen an Trennschärfe, um die empirisch beobachtbaren Formen zu unterscheiden. Zweitens werden strukturelle Vorteile in Austauschnetzwerken als Ursache der Organisationsform meist übersehen.⁸ Als Standardbeispiel für die institutionelle Gestaltung einer Austauschbeziehung bei hohen transaktionsspezifischen Investitionen wird häufig die Beziehung zwischen General Motors und seinem Karosseriezulieferer Fisher Body angeführt (vgl. die Beschreibung von Ebers und Gotsch 1999: 236–237). Beide hatten im Jahre 1919 einen 10-Jahres-Vertrag abgeschlossen. Die Übereinkunft hatte viele Kennzeichen eines ‚neoklassischen Vertrages', mit vielen Anpassungs- und Sicherungsklauseln und der Vereinbarung, bei Meinungsverschiedenheiten ein verbindliches Schiedsgerichtsverfahren einzuleiten. Da die erforderlichen Karosseriepressen nur für einen bestimmten Karosserietyp verwendet werden konnten und Fisher Body erhebliche transaktionsspezifische Investitionen tätigen musste, forderte Fisher Body einen langfristigen Liefervertrag. GM verpflichtete sich außerdem dazu, seine Karosserien ausschließlich bei Fisher Body zu kaufen. Um zu vermeiden, dass Fisher Body seine Monopolstellung etwa durch Preiserhöhungen opportunistisch ausnutzt, wurde der Abnahmepreis auf 117,6 Prozent der Herstellungskosten festgelegt.

Ab diesem Punkt gehen die historischen Rekonstruktionen jedoch auseinander. In der allgemein gängigen Beschreibung kommt es trotz dieser Absicherungen zu Problemen in der Austauschbeziehung, mit dem Resultat, dass GM Fisher Body 1926 aufkaufte. Die Probleme haben darin bestanden, dass GM durch zunehmende Konkurrenz gezwungen war, Kosten zu reduzieren. Fisher Body habe sich aber geweigert, effizienzerhöhende Maßnahmen durchzuführen (diese Art Probleme werden als ‚*holdup*' bezeichnet), und sei auch nicht auf den Vorschlag eingegangen, die Fertigung näher an GM zu verlegen, um so Transportkosten zu sparen. Fisher Body habe die Vertragsbeziehung opportunistisch ausnutzen können, da es durch gestiegene Nachfrage nach Karosserien die Beziehung ohne gravierende Nachteile hätte beenden können (*exit*-Option). Das Marktversagen habe schließlich zur vertikalen Integration geführt. Das Beispiel illustriere somit sowohl die Rolle transaktionsspezifischer Investitionen als auch die Bedeutung der Opportunismusannahme für die Wahl der Organisationsform.

Einige neuere Artikel (Coase 2000; Freeland 2000; Casadesus-Masanell und Spulber 2000) belegen jedoch, dass diese Interpretation nicht zutrifft und außerdem den historischen Tatsachen widerspricht. Bereits im Jahre 1919 besaß GM 60 Prozent von Fisher Body. Die Fisher Body Fabriken wurden nicht weit entfernt von den GM Fabriken errichtet. Des Weiteren war die von Fisher Body gebrauchte Produktionstechnologie nicht in dem Maße transaktionsspezifisch gebunden wie dies in den bisherigen Darstellungen nahe gelegt wurde. Auch das Argument, dass Fisher Body ineffiziente Produktionsmethoden gebraucht hätte und dadurch einen *holdup* verursachte, hält genauerer Analyse nicht stand (Coase 2000; Freeland 2000). Die neuere Lesart zeigt, dass vertikale Integration das *holdup*-Problem nicht gelöst hat, sondern vielmehr die durch transaktionsspezifische Investition erzeugte Verletzbarkeit für opportunistisches Verhalten erhöht. Die Beziehung zwischen GM und Fisher Body vor der Übernahme war eher durch Vertrauen gekennzeichnet als durch Opportunismus (Casadesus-Masanell und Spulber 2000). Fisher Body unternahm hingegen einen erfolgreichen *holdup*-Ver-

---

8 Lindenberg nennt als dritten Faktor, den institutionenökonomische Modelle übersehen, den Einfluss historisch gewachsener Strukturen (Pfadabhängigkeit). Wir vertiefen diesen Punkt im Folgenden nicht, da hierzu noch wenig empirische Studien vorliegen (für eine Ausnahme s. Steensma und Fairbank 1999).

such, *nachdem* die Firma von GM gekauft worden war (Freeland 2000). Der Grund für die Übernahme war dann auch nicht bedingt durch Opportunismusprobleme, sondern durch das Bestreben von GM, Koordinationsprobleme in der Produktion und dem Lager zu minimieren. Folgt man dieser Rekonstruktion der Austauschbeziehung zwischen den beiden Firmen, erweist sich die Transaktionskostentheorie nur bedingt in der Lage, eine befriedigende Erklärung für die beobachteten Phänomene zu liefern. Die Frage jedenfalls, warum das *holdup*-Problem nach der Übernahme größer war als davor, kann sie nicht beantworten.

Die beiden Versionen machen deutlich, wie wichtig eine detaillierte Betrachtung der relationalen Einbettung einer Transaktion ist. Im vorliegenden Fall ist die Transaktionskostentheorie zwar äußerst hilfreich, wenn es darum geht, problematische Aspekte der Transaktion zu identifizieren. Da sie jedoch nicht über eine explizite Theorie sozialer Einbettung verfügt, kommt sie zu unvollständigen – oder, wie in diesem Fallbeispiel, inkorrekten – Erklärungen formaler Organisation. Ohne eine Theorie struktureller und institutioneller Rahmenbedingungen ist die Transaktionskostentheorie somit nicht in der Lage, eine befriedigende Erklärung für die vorgefundenen Organisationsformen zu entwickeln (vgl. auch Artz und Brush 2000). Wir zeigen im Folgenden, wie eine Reihe neuerer Studien *Theorien struktureller Einbettung* in eine Transaktionskostenperspektive integriert.

In einer Analyse von 204 bilateralen Transaktionen US-amerikanischer Betriebe konnten Reputationseffekte auf die Wahl der Vertragsstruktur nachgewiesen werden (Houston und Johnson 2000). Bei 42 der Transaktionen war das Resultat ein *joint venture*, bei 166 ein Liefervertrag. Die Daten bestätigen die Voraussagen der Reputationsmodelle struktureller Einbettung. Ist die Reputation eines Lieferanten gut, entscheiden sich Firmen eher für die schwächere aber weniger kostenintensive Einbindungsform des Liefervertrages. *Joint ventures* treten häufiger auf als Verträge, wenn transaktionsspezifische Investitionen sowie die Unsicherheit über die Leistung des Lieferanten *(performance ambiguity)* hoch sind.

Auch eine Vignetten-Studie bei 40 Einkaufsmanagern zu den Determinanten vertraglicher Komplexität bei zwischenbetrieblichen Transaktionen kann Effekte struktureller Einbettung nachweisen: Soziale Einbettung reduziert den Aufwand, den die Transaktionspartner in die Absicherung ihrer Verträge investieren (Rooks et al. 2000). Eine andere Studie zu Determinanten vertraglicher Komplexität bei 92 Technologietransaktionen von fünf holländischen multinationalen Betrieben konnte hingegen keine signifikanten Effekte für Netzwerkeinbettung finden (Blumberg 1998, 2000). Die Komplexität von Verträgen wird, konform der Transaktionskostentheorie, in starkem Maße durch das Problempotenzial bestimmt: Je höher das Problempotenzial, umso komplexer der Vertrag. Allerdings spielt die Beziehungsdauer eine große Rolle: Je länger die Transaktionspartner bereits miteinander in Beziehung stehen und je stärker der ‚Schatten der Zukunft' ist, desto geringer wird die Komplexität vertraglicher Arrangements. Dieser Effekt wird durch eine empirische Studie von 165 Einkaufsbeziehungen bestätigt (Buvik und Halskau 2001). Die Studie zeigt, dass mit zunehmender Dauer eines Just-in-Time-Liefervertrages zwischen zwei Firmen weniger aktive Kontrolle stattfindet und mehr relationale Beherrschungsinstrumente angewendet werden.

2. Determinanten der Gestaltung der Arbeitsbeziehung

Rational Choice-Modelle der Gestaltung der Arbeitsbeziehung – also all jener Maßnahmen, die das Handeln von Organisationsmitgliedern direkt oder indirekt beeinflussen – richten sich zunächst vor allem auf die Rolle von materiellen Anreizen. Wichtige Impulse kamen hier hauptsächlich von der Agenturtheorie. Mittlerweile ist auch eine Zunahme von Arbeiten zu verzeichnen, in denen Effekte sozialer Einbettung explizit mit dem Instrumentarium der RCT modelliert und empirisch getestet werden. Wir stellen daher zunächst neuere institutionenökonomische Studien vor und danach Beiträge der Theorie relationaler Signale.

Der Grundgedanke institutionenökonomischer Theorien ist, dass formale Organisationsstrukturen das Ergebnis eines optimalen Designprozesses durch den Arbeitgeber (den *principal*) sind. Da der Arbeitgeber im Prinzip die Ziele seiner Arbeitnehmer (der *agents*) kennt, kann er vorhersagen, wie sie sich in einer bestimmten Struktur verhalten werden und kann dann diejenige Organisationsstruktur wählen, in der die Leistung der Arbeitnehmer aus seiner Sicht optimal sein wird. Eine Fragestellung in der Agenturtheorie ist die Gestaltung optimaler Belohnungssysteme für Gruppenarbeit. Die Situation einer Arbeitsgruppe kann als ein Anwendungsfall von Olsons (1968) klassischer Rational Choice-Analyse der „Logik kollektiven Handelns" aufgefasst werden. Die Agenturtheorie sagt voraus, dass ein Arbeitgeber weiß, dass die Gruppenleistung unter den von Olson diagnostizierten Trittbrettfahrerproblemen leiden wird, sobald Gruppenarbeit den Charakter der Erzeugung eines kollektiven Gutes hat. Entsprechend wird der Arbeitgeber immer dann, wenn es die Beobachtbarkeit und Messbarkeit individueller Leistungen erlaubt, Kontroll- und Belohnungsstrukturen so gestalten, dass Lohnzahlungen, Beförderungen oder Entlassungen, auf Basis dieser Leistungen festgelegt werden.

Systematische empirische Tests von Hypothesen der Agenturtheorie über Gruppenarbeit sind eher selten zu finden. Beispielhaft ist hier die Studie von Petersen (1992). Er untersucht die oben skizzierten Hypothesen über Effekte unterschiedlicher Belohnungssysteme mit Daten des U.S. Bureau of Labor Statistics für zwei ausgewählte Industrien mit unterschiedlichen Lohnstrukturen. Petersen benutzt das Einkommen von Produktionsarbeitern dieser Industrien als Indikator für den Grad der Kooperation in Arbeitsgruppen. Aus seiner Untersuchung der Lohndaten schließt Petersen, dass bei Gruppenstücklohn immer Trittbrettfahrereffekte auftreten, während dies bei Individualstücklöhnen nur für einen Teil der erhobenen Arbeitsgruppen der Fall ist, nämlich für die Gruppen, bei denen wechselseitige Abhängigkeit im Produktionsprozess die Messbarkeit der tatsächlichen individuellen Leistungsinvestition erschwert. Damit findet Petersen indirekte Evidenz für die Hypothese, dass Gruppenlohn negative Effekte auf die Leistungsbereitschaft hat.

Neben der Gestaltung von Entlohnungssystemen für Gruppenarbeit sind noch zahlreiche andere Aspekte von Arbeitsbeziehungen unter Nutzung der Agenturtheorie untersucht worden. Aoki (1988) erklärt etwa die differenzierten Beförderungssysteme und Trennungsregelungen japanischer Firmen dadurch, dass sie überdurchschnittlich leistungsfähigen Arbeitnehmern starke Anreize bieten, sich langfristig an die Firma zu binden, während es für weniger motivierte oder weniger leistungsfähige Arbeitnehmer unter dem Beförderungssystem eher eine rationale Strategie ist, die Firma frühzeitig zu verlassen. In einer anderen typischen Studie untersucht Eisenhardt (1985, 1988), unter welchen Bedingungen US-amerikanische Einzelhandelsfirmen feste Gehälter oder Provisionen als Belohnungssystem einsetzen. Im Einklang mit der Agenturtheorie findet Eisenhardt, dass Provisionen vor allem dann gezahlt werden, wenn das Arbeitsergebnis besser beobachtbar ist als der Arbeitseinsatz von Mitarbeitern.

Eine bisher implizite, aber kaum getestete Annahme der Transaktionskostentheorie besteht darin, dass Eigenschaften von Transaktionen wie etwa *asset specificity* sich nicht nur auf die Wahl formaler Organisationen oder auf die Art von Arbeitsverträgen auswirken, sondern auch auf das Ausmaß der Kontrollaktivitäten innerhalb einer Organisation. Aus der Sicht der Transaktionskostentheorie würde man erwarten, dass starke Aufgabeninterdependenz und spezifisches Humankapital zu einer (Fest-)Anstellung bei der Organisation führt (und nicht zu Werk- oder Zeitarbeitsverträgen). Weniger eindeutig sind hingegen die Implikationen der Transaktionskostentheorie, was Unterschiede im Ausmaß der Kontrolle von Arbeitnehmern mit und ohne fester Anstellung betrifft (James 1998: 455). Einerseits kann die Festanstellung aus der Sicht der Firma mit dem Ziel geschehen, die betreffenden Arbeitnehmer effektiver kontrollieren und koordinieren zu können. Kontrolle ist gewissermaßen inhärenter Bestandteil von Arbeitsverträgen (Alchian und Demsetz 1972). Andererseits kann eine Festanstellung zur Zuerkennung größerer Autonomie und einer Verringerung der Kontrollintensität führen. Aus dieser Sicht verringert eine Festanstellung die Anreize zu opportunistischem Verhalten des Arbeitnehmers, da diese durch einen längeren „Schatten der Zukunft" und höhere firmenspezifische Investitionen auch mehr zu verlieren haben, wenn Fehlverhalten zur Entlassung oder Verringerung von Aufstiegschancen führt.

Diese Annahme wurde anhand von Daten eines US-amerikanischen Elektronikbetriebes getestet (James 1998). Kontrollintensität wird hier gemessen als Anteil der Aufgaben, die durch einen Vorgesetzten zugewiesen werden.[9] Im Durchschnitt bekommen Angestellte 65 Prozent ihrer Aufgaben zugewiesen, eine hohe Standardabweichung zeigt jedoch große Unterschiede. Die weitere Analyse ergibt dann, dass Angestellte mit Arbeitsvertrag nicht intensiver kontrolliert werden als Personen mit Werk- oder Zeitvertrag. So wird ein Viertel der Personen mit einem Arbeitsvertrag praktisch nicht kontrolliert, während 15 Prozent nicht fest angestellt sind, aber stark kontrolliert werden. Dies gilt auch für die unterste Hierarchieebene.

Eigenschaften der Transaktion haben, theoriekonform, starke Effekte auf die Form des Arbeitsvertrages (Festanstellung vs. Werkvertrag) und auf das Ausmaß der Kontrolle. Personen in Positionen, die ein spezifisches Humankapital erfordern, haben höhere Chancen (um bis zu 26 Prozentpunkte), angestellt zu werden. Die Wahrscheinlichkeit, kontrolliert zu werden, liegt dagegen um 12 Prozentpunkte niedriger als bei Personen in Positionen, die weniger Humankapital erfordern. Ein hohes Maß an Aufgabeninterdependenz erhöht die Kontrollintensität. Die Effekte sind unabhängig von der Position des Organisationsmitglieds in der formalen Hierarchie.

Für den technischen Sektor ergab die Studie hingegen abweichende Resultate. So nimmt die Kontrollintensität des Managements bei Personal im technischen Sektor ab,

---

9 Über die Validität dieses Indikators lässt sich freilich streiten.

wenn diese in hohem Maße interdependent sind. Verfügt technisches Personal hingegen in hohem Maße über firmenspezifische Fähigkeiten und erfordert der Aufgabenbereich komplexes Wissen, nimmt die Kontrollintensität zu. In einem Versuch, diese Abweichungen post hoc zu erklären, verweist James (1998) auf die zentrale Rolle des zerstörerischen Potenzials von Arbeitnehmern als mögliche moderierende Variable. Einen systematischeren Versuch, den Effekt zerstörerischen Potenzials auf die Gestaltung von Arbeitsbeziehungen herauszuarbeiten, wurde im Rahmen der Theorie relationaler Signale vorgenommen und wird im folgenden Abschnitt besprochen.

Die bisher vorgestellten Befunde zur Modellierung von Arbeitsbeziehungen zeigen, dass die durch institutionenökonomische Ansätze identifizierten Faktoren – transaktionsspezifische Investitionen, Informationsasymmetrien und die daraus resultierenden Anreizsysteme – einerseits wichtige Determinanten interner Organisationspraktiken darstellen, die auch empirischen Überprüfungen weitgehend standhalten. Andererseits zeigen sich auch hier Effekte, die von institutionenökonomischen Ansätzen übersehen werden. Theorien normativer Einbettung bieten hier vielversprechende Lösungsansätze an.

Die Theorie relationaler Signale hat sich ausgiebig mit der in institutionenökonomischen Ansätzen meist nur angedeuteten Rolle des zerstörerischen Potenzials von Arbeitnehmern und den Folgen für die Gestaltung der Arbeitsbeziehung auseinandergesetzt (Mühlau 2000: 180–278; Wielers 1997). Mühlau (2000: 231–242) unterscheidet zwischen zwei Formen von zerstörerischem Potenzial. Produktives zerstörerisches Potenzial liegt in Organisationen vor, in denen Arbeitnehmer den Betrieb durch opportunistisches Verhalten schädigen, aber auch durch kooperatives Verhalten zu einem besseren Organisationsresultat beitragen können. Disruptives zerstörerisches Potenzial liegt in Betrieben vor, in denen Arbeitnehmer diesen durch opportunistisches Verhalten zwar schädigen können, Kooperation im Sinne eines besonderen Einsatzes jedoch keine nennenswerten Auswirkungen auf ein besseres Organisationsresultat hat. Die Theorie relationaler Signale sagt voraus, dass mit zunehmendem produktiven zerstörerischen Potenzial auch die Wahrscheinlichkeit zunimmt, dass der Betrieb in den Aufbau und die Stabilisierung einer schwachen Solidaritätsbeziehung investiert. Die governance structure dieser Betriebe sollte also durch interne Arbeitsmärkte, starke Zeichen relationalen Interesses für neue Arbeitnehmer sowie Strategien zur Vermeidung relationaler Verluste gekennzeichnet sein. Überwiegt hingegen das disruptive zerstörerische Potenzial, wird die Firma vermeiden, relationale Erwartungen bei Arbeitnehmern aufzubauen, weil die relationale Einbettung zu keiner Leistungssteigerung führt und weiterhin Kosten verursacht, da auf Grund der Enttäuschung relationaler Erwartungen große Frustrationen entstehen können. Mühlau (2002) kann beide Hypothesen anhand der oben genannten Untersuchung stützen.

V. Erweiterte Rational Choice-Erklärungen informeller Organisation

Die informelle Organisation spielt in der erweiterten RCT als Kodeterminante der formalen Organisation und als Explanandum eine Rolle. Die Notwendigkeit, die informelle Organisation nicht als gegeben anzunehmen, sondern theoretisch zu erklären, ergibt sich aus der Einsicht, dass formale Organisationsstrukturen nicht immer erfolgreich sind, wenn es darum geht, das gewünschte Verhalten bei Organisationsmitgliedern zu erzeugen. Aus Sicht der RCT gibt es zwei mögliche Erklärungen: Das Management mag zum einen nicht vollständig rational bei der Gestaltung formaler Organisationsstrukturen sein, wodurch diese unvollkommen implementiert werden und damit nicht den gewünschten Effekt bei den Organisationsmitgliedern erzielen. Zum anderen mögen die betroffenen Organisationsmitglieder durch informelle Faktoren beeinflusst sein, die nicht durch die formelle Organisationsstruktur bestimmt werden (vgl. auch Barkema 1995). In beiden Fällen ist eine Erweiterung der RCT notwendig. Die Beiträge zur Erklärung informeller Organisation aus der Sicht der RCT kommen vor allem von Theorien normativer oder struktureller Einbettung. Dem Phänomen informeller Organisation wird dabei auf zweierlei Arten Gestalt gegeben: in Form von *informellen Normen* und in Form von *informellen Netzwerken*.

1. Determinanten normativer Einbettung

Rotemberg (1994) analysiert die Entstehung altruistischer Motivationen am Arbeitsplatz mit dem Ansatz rationaler Nutzenverknüpfung. Sein Modell erweitert einen strikt agenturtheoretischen Ansatz um die Annahme, dass die beteiligten Akteure rational darüber entscheiden, in welchem Maße sie altruistische Gefühle für ihre Kollegen oder Vorgesetzten entwickeln. Rotemberg betrachtet einerseits den Zusammenhang von Gruppenkohäsion, Entlohnungssystem und Arbeitsleistung in Arbeitsgruppen und andererseits die Beziehungen zwischen Vorgesetzten und Mitarbeitern. In beiden Fällen ist es rational, dann altruistische Gefühle für Kollegen zu hegen, wenn der Schaden, den man ihnen durch Opportunismus beibringen kann, größer ist als der Nutzen, den man selbst durch Opportunismus gewinnen könnte.

Angewandt auf die Situation von Arbeitsgruppen kann dieses Modell auf einige Resultate der klassischen Hawthorne-Experimente (Roethlisberger und Dickson 1939) bezogen werden. Das Modell sagt beispielsweise voraus, dass rationale Arbeitnehmer eher altruistische Gefühle für ihre Teamkollegen entwickeln, wenn die Gruppenentlohnung eine „strategische Verknüpfung" von Arbeitnehmern erzeugt und wenn hinreichend Möglichkeiten für soziale Kontakte bestehen, etwa während gemeinsamer Arbeitspausen. Die entstehenden altruistischen Gefühle können dann auch die Trittbrettfahrerprobleme lösen, die für egoistische Akteure in einer Gruppenentlohnungssituation sonst unvermeidlich sind. Diese Hypothesen sprechen zu zwei empirischen Beobachtungen. Zum einen führte in den Hawthorne-Experimenten ein Entlohnungssystem mit stärkerer wechselseitiger Abhängigkeit auch zu mehr Gruppenleistung. Zum anderen trat dieser Effekt vor allem dann auf, wenn Teammitglieder gemeinsame Pausen hatten, und ging in diesem Fall auch mit wesentlich intensiveren sozialen Kontakten einher.

Das Modell kann auch auf die Beziehung zwischen Vorgesetzten und Untergebenen angewendet werden. So wird es von Rotemberg auf die Beobachtung Croziers (1964) angewendet, dass Vorgesetzte eher positive Gefühle für ihre Untergebenen empfinden als umgekehrt. Das agenturtheoretische Modell generiert die Erklärung, dass Vorgesetzte in Arbeitsgruppen von positiven Gefühlen für ihre Mitarbeiter profitieren, weil dies wiederum die Mitarbeiter dazu bringt, ihren Vorgesetzten eher zu vertrauen und sich eher einzusetzen, wenn dies in beiderseitigem Interesse ist. Umgekehrt haben die Mitarbeiter kein rationales Interesse daran, ihre Vorgesetzten zu mögen. Altruistische Gefühle für die Vorgesetzten könnten die Mitarbeiter nämlich „zwingen", sich auch bei mangelnder Beobachtbarkeit ihrer Arbeitsleistung stark einzusetzen. Als Egoisten kann das jedoch nicht in ihrem Interesse sein, da Arbeitnehmer von der Reduktion ihrer Leistung profitieren.

2. Determinanten struktureller Einbettung

Seit den Hawthorne-Experimenten sind informelle Netzwerke ein beliebtes Untersuchungsgebiet in der Organisationsforschung. Versuche, Netzwerkstrukturen zu erklären, verweisen dabei auf die Rolle formaler Strukturen, Umwelt- und Technologiefaktoren und die demographischen Charakteristiken der Organisation (eine Übersicht für intraorganisationale Netzwerke findet sich in Flap et al. 1998: 113–119; für interorganisationale Netzwerke vgl. Grandori und Soda 1995 sowie Gulati und Gargiulo 1999). Erweiterte Rational Choice-Modelle intraorganisationaler Freundschaftsnetzwerke (van de Bunt 1999) greifen dabei auf allgemeine, außerhalb von Organisationskontexten gewonnene Einsichten zurück (Zeggelink 1993). Neben der Atomismusannahme wird dabei zunächst die Materialismusannahme aufgegeben, indem Homophilie-, Balance-, und Reziprozitätsannahmen in die Motivationsfunktion der Akteure integriert werden, um das soziometrische Wahlverhalten zu modellieren (vgl. auch Popielarz 1999). Empirische Überprüfungen in zwei Abteilungen eines niederländischen Krankenhauses zeigen, dass diese Faktoren das Eingehen von Freundschaften auch innerhalb von Organisationen stark beeinflussen (van de Bunt 1999). Diesem Homophilieprinzip zufolge sind Freundschaften zwischen zwei Kollegen umso wahrscheinlicher, je ähnlicher sie sich hinsichtlich bestimmter Attribute (Geschlecht, Alter, Raucher) sind. Auch die physische Nähe spielt eine wichtige Rolle. Einige der empirischen Überprüfungen sind jedoch nicht im Einklang mit den Annahmen. Während die Mitglieder der einen Abteilung eine signifikante Tendenz haben, Freundschaften mit Personen des gleichen Geschlechts einzugehen, zeigen die Mitglieder der anderen Abteilung genau die entgegengesetzte Tendenz. Dieses Resultat lässt sich mit den gängigen Homophilie- bzw. Balancemechanismen nicht erklären.

Die Theorie der relationalen Signale versucht dieses Problem zu lösen, indem sie die Egoismusannahme durch die Solidaritätsannahme ersetzt. Aus dieser Perspektive greifen bestehende Rational Choice-Modelle informeller Strukturen zu kurz, weil sie sich auf die Modellierung dyadischer Beziehungen beschränken und Organisationsmerkmale unberücksichtigt lassen. Während äußerlich sichtbare Attribute oder die Neigung, intransitive Beziehungen durch Triadenschließung zu balancieren, zweifelsohne das Eingehen von Freundschaftsbeziehungen beeinflussen, spielen innerhalb von Organisationen Externalitäten, die mit wechselseitigen Abhängigkeiten einhergehen, sowie formelle Anreizsysteme eine mindestens ebenso große Rolle (Wittek 1999b). In solchen Kontexten wird das Anknüpfen und Aufrechterhalten informeller Beziehungen in sehr starkem Maße davon abhängen, inwieweit das Verhalten ambivalente oder negative relationale Signale erzeugt. So wird innerhalb von Organisationen, in denen formelle Anreizsysteme Wettbewerb zwischen Kollegen stimulieren (etwa durch Bonus-Gewährung) das Eingehen und die Stabilität von Freundschaften auch wesentlich davon abhängen, für wie verlässlich sich ein Tauschpartner in früheren Transaktionen erwiesen hat. Das bedeutet, dass Freundschafts- und Vertrauensbeziehungen wesentlich stärker durch funktionale Interdependenzen bestimmt werden als durch äußere Attribute der Personen (wie man es auf Grund des Homophilieeffekts erwarten würde). Auch die oft beobachtete Tendenz zur transitiven Netzwerkschließung („Ein Freund meines Freundes wird mein Freund") bringt in kompetitiven Organisationskontexten keine Vorteile und wird durch eine an Interdependenzen orientierte Logik der Freundschaftswahlen verdrängt.

Analysen der Veränderungen innerhalb der informellen Netzwerke von 25 Managern in einer Papierfabrik (Wittek 1999a) und von 22 Verkäufern in einem Möbelkaufhaus (Wittek 1999b, 2001) stützen diese Argumente. Im ersten Fall führt eine Veränderung der formalen Struktur dazu, dass Verantwortlichkeiten nicht mehr eindeutig verteilt sind. Ein Verhalten von Kollegen, das bisher ‚unverdächtig' war und sogar positiven relationalen Signalcharakter hatte – wie etwa das Geben und Empfangen professioneller Ratschläge – nahm jetzt einen ambivalenten Charakter an, da es nun als Versuch des Ratgebers interpretiert werden konnte, seinen informellen Status auf Kosten des Empfängers zu erhöhen. Eine signifikante Abnahme in der Dichte des Vertrauens- und Kommunikationsnetzwerkes war die Folge. Im zweiten Fall – einer Organisation, in der durch Bonussysteme und Kommissionen Wettbewerb zwischen den Verkäufern stimuliert wurde – treten signifikant weniger Netzwerkschließungen auf, als man unter dem Modell der Balance erwarten würde. Auch spielt Homophilie zu Beginn der Beobachtungsperiode eine Rolle (die Hälfte der Verkäufer waren jüdischen Glaubens), hat bei späteren Messungen aber keinen signifikanten Effekt mehr auf die Wahl von Freundschaftsbeziehungen. Dies deutet darauf hin, dass sich aus funktionalen Interdependenzen ergebende Externalitäten einen starken Einfluss auf das Eingehen und Beenden von Freundschaftsbeziehungen haben. Ein großer Teil der Veränderungen im Netzwerk lässt sich des Weiteren darauf zurückführen, dass Organisationsmitglieder das Wahlverhalten jener Kollegen imitieren, die eine ähnliche Netzwerkposition innehaben. Die Imitation soziometrischen Wahlverhaltens von Kollegen in ähnlichen Netzwerkpositionen ist eine an relationalen Signalen orientierte Strategie, mit deren Hilfe Unsicherheit über die Vertrauenswürdigkeit anderer reduziert werden kann. Auch zeigt sich, dass Beziehungen zu Personen, die auf Grund ihrer Position im Netzwerk eine strukturelle Vermittlerrolle haben, stabiler sind als Beziehungen zu Personen in anderen Positionen. Der Grund hierfür ist, dass diese Personen über wertvolle Information über die Vertrauenswürdigkeit anderer Akteure verfügen. Die Kosten des

Abbruchs einer Beziehung zu einem Vermittler sind also höher, da man dadurch auch den Zugang zu wichtiger Information über andere verliert.

VI. Erweiterte Rational Choice-Erklärungen kooperativen Handelns in und zwischen Organisationen

In diesem Abschnitt befassen wir uns mit den Konsequenzen formaler und informeller Organisation für Kooperation und Konflikt in und zwischen Organisationen.[10] Das Problem der sozialen Ordnung und somit kooperativen Handelns nimmt in der RCT einen zentralen Platz ein. Der Kerngedanke des Ansatzes der rationalen Wahl besteht darin, dass jedes soziale Handeln – also auch kooperatives Handeln – das Ergebnis des Strebens von Individuen nach der bestmöglichen Erreichung ihrer *persönlichen* Ziele ist (vgl. Coleman 1990). Dieses Streben kann dann zu Kooperation führen, wenn individuelle soziale Akteure voneinander *funktional abhängig* sind, sie also einander brauchen, um ihre persönlichen Ziele zu erreichen (Hechter 1987). Funktionale Abhängigkeit allein genügt aber nicht, um Kooperation zu stabilisieren. Die Einbettung der Individuen in ein Netz aus sozialen Beziehungen und Verpflichtungen sowie Kontrolle sind weitere entscheidende Voraussetzungen dafür, dass Eigeninteresse und solidarisches Verhalten vereinbar werden (Lindenberg 1998). Die kooperationsfördernde Rolle von Netzwerkeinbettung wird dabei auf unterschiedliche Weise begründet. So argumentiert Coleman (1990), dass rational handelnde Individuen kooperieren, weil sie damit Verpflichtungen erzeugen, die sie später gemäß des Reziprozitätsprinzips wieder einfordern können. Das entstehende Netzwerk sozialer Verpflichtungen trägt darüber hinaus auch zur Lösung des so genannten Trittbrettfahrerproblems zweiter Ordnung[11] bei, indem es den Gruppenmitgliedern einen Anreiz bietet, abweichendes Verhalten zu sanktionieren.

1. Institutionenökonomische Erklärungen

Aus der Perspektive der RCT ist es besonders offensichtlich, dass Zusammenarbeit in Arbeitsgruppen problematisch ist. Agenturtheoretische Analysen richten sich hier insbesondere auf Effekte des Belohnungssystems auf Kooperation. Analysen von Holmström (1982) und Petersen (1992) kommen zu dem Schluss, dass Trittbrettfahrerprobleme eher bei Gruppenstücklohnsystemen zu erwarten sind als bei einem leistungszielgebundenen Gruppenbonus. Bei einem Stücklohnsystem führt jede Veränderung der Arbeitsleistung eines einzelnen Gruppenmitgliedes zu einer eher geringen Veränderung des zu erwartenden Gruppenlohnes. Ein rationaler, egoistischer Arbeitnehmer wird daher unter einem Gruppenstücklohnsystem nur eine geringe Arbeitsleistung investieren. Ein

---
10 Wittek und Flache (2001) betrachten ausführlicher als das hier möglich ist Solidarität am Arbeitsplatz als einen besonders wichtigen Spezialfall von betrieblicher Kooperation.
11 Dieses Problem besteht darin, dass soziale Sanktionen als Lösung des ursprünglichen Trittbrettfahrerproblems scheitern können, weil egoistische rationale Akteure auch bei der Produktion des „kollektiven Gutes" der sozialen Kontrolle Trittbrett fahren.

leistungszielgebundenes Gruppenbonussystem kann dies verändern. Hier wird ein Gruppenbonus erst dann ausgezahlt, wenn die Gruppenleistung einen bestimmten Zielwert erreicht. Jetzt kann jede Leistungsminderung dazu führen, dass der gesamte Bonus in vollem Maße verloren geht. Entsprechend sagt die Agenturtheorie voraus, dass bei Gruppenentlohnung die Gruppenleistung unter leistungsbezogenen Bonussystemen höher ist als unter Stücklohnsystemen. Petersen (1992) belegt dies an Lohndaten amerikanischer Industriearbeiter. Wie vorhergesagt verdienen Arbeiter, die unter leistungszielbezogenen Bonussystemen arbeiten, signifikant mehr als solche, die nach Stücklohn bezahlt werden.

2. Effekte normativer Einbettung

Die Forschung zu kooperativem Handeln in Betrieben eignet sich besonders gut, um die Fruchtbarkeit einer erweiterten RCT zu illustrieren, da die empirischen Resultate weder mit der klassischen RCT, noch mit einer rein normativen Erklärung in Einklang zu bringen sind. Aus den zahlreichen zur Erklärung von *Organizational Citizenship Behavior* (OCB) bzw. *Organizational Commitment* (OC) verwendeten Variablen hat sich wahrgenommene *Fairness* als besonders robuster Faktor erwiesen (Organ und Ryan 1995; Organ und Moorman 1993; Podsakoff et al. 2000). Organisationsmitglieder, die der Ansicht sind, dass der Betrieb sie fair behandelt, sind auch eher bereit, sich für Kollegen oder den Vorgesetzten einzusetzen, ohne dass sie hierfür zusätzlich materiell belohnt werden. Die Frage ist nun, warum Fairness diese Wirkung hat (vgl. Mühlau 2000: 69–126).

Einige aus der Institutionenökonomie und der Theorie der relationalen Signale abgeleitete Hypothesen zum *Fairnesseffekt* wurden durch Mühlau (2000: Kapitel 15) getestet. Die Studie untersucht, welchen Effekt Variationen in den jährlichen leistungsgebundenen Lohnerhöhungen in japanischen Betrieben (dem so genannten *teiki-shokyo* System) und die damit einhergehende Karrieredifferenzierung auf das *commitment* der Arbeitnehmer hat. Dabei werden zwei sich widersprechende Hypothesen gegenübergestellt.

Aus der Sicht der *Agenturtheorie* liegt es nahe, den Fairnesseffekt als einen Scheineffekt zu interpretieren, der lediglich andeutet, inwieweit ein Arbeitnehmer mit seiner finanziellen Kompensation zufrieden ist. Das würde bedeuten, dass Anreizstrukturen, die sich besonders günstig auf den Geldbeutel auswirken, auch eher als fair angesehen werden. Bei einer empirischen Überprüfung würden dann zwei mögliche Resultate für Fairnesseffekte sprechen. Erstens würde man erwarten, dass der Zusammenhang zwischen wahrgenommener Fairness und OCB bzw. OC verschwindet, sobald man den Einfluss von anreizbezogenen Drittvariablen wie etwa der Zufriedenheit mit dem Gehalt kontrolliert. Zweitens wäre, wenn überhaupt, ein Fairnesseffekt nur in Bezug auf wahrgenommene Gerechtigkeit bei der Verteilung materieller Kompensation zu erwarten, nicht aber für wahrgenommene Verfahrensgerechtigkeit. Sollte dies der Fall sein, ist die dem Fairnesseffekt eigentlich zu Grunde liegende Motivation in Wirklichkeit rein instrumenteller Natur. Drittens sollte ein positiver Zusammenhang bestehen zwischen der Höhe der Anreize und der Bereitschaft, sich für die Firma einzusetzen. Und wenn die finanzielle Belohnung oder Beförderung eines Kollegen die Chancen reduziert, dass man selbst befördert wird bzw. eine Belohnung erhält, reduziert sich mit zunehmender Karrieredifferenzierung auch der Anreiz, Kollegen zu helfen, während die Bereitschaft, sich für den Betrieb einzusetzen, zunimmt (Drago und Garvey 1998).

Die *Theorie relationaler Signale* hingegen kommt zu der Schlussfolgerung, dass das Ausmaß der Karrieredifferenzierung *keinen* Effekt auf Kooperation zwischen Arbeitnehmern haben sollte und sogar einen negativen Einfluss auf die Bereitschaft, sich für den Betrieb einzusetzen (niedrigeres *commitment*). Die Annahme ist dabei, dass Arbeitnehmer auf Grund bestehender Fairnessnormen von ihrer Firma erwarten, dass die Löhne nicht allzu weit auseinander liegen. Starke Karrieredifferenzierung wird als ein Hinweis gewertet, dass die Firma sich nicht an diese Fairnessnormen hält. Dies führt zu Frustration und einer geringeren Bereitschaft, sich für die Firma einzusetzen. Dem steht aber gegenüber, dass jene Arbeiter, die sich durch die Ungleichverteilung bedroht fühlen, ihre Solidaritätsbeziehungen *untereinander* verstärken, um sich gegen den Opportunismus des Arbeitgebers zu wappnen. Beide Effekte heben sich im Aggregat gegenseitig auf.

Die Ergebnisse der empirischen Überprüfung stützen die Interpretation der Theorie relationaler Signale und widersprechen der institutionenökonomischen Auffassung: Das Ausmaß der Karrieredifferenzierung hat einen signifikanten negativen Effekt auf *organizational commitment*, während mit der Variable kollegialer Hilfeleistungen kein signifikanter Zusammenhang besteht. Erklärungen innerbetrieblicher Kooperation, die sich ausschließlich entweder auf materielle Anreize stützen – und dadurch Fairnesseffekte wegerklären – oder sich vor allem auf normative Faktoren richten – und dadurch instrumentelle und strategische Orientierungen der Akteure unterbelichten – greifen also zu kurz. Die Ergebnisse stützen jedoch einen erweiterten Rational Choice-Ansatz, wie er durch die Theorie der relationalen Signale entwickelt wurde.

3. Effekte struktureller Einbettung

Grundlegend können zur Beschreibung relationaler und struktureller Einbettung drei Eigenschaften sozialer Beziehungen unterschieden werden. Erstens können zwei Personen eine positive oder eine negative Beziehung im Sinne gegenseitiger emotionaler Zu- bzw. Abneigung haben. Zweitens kann die Intensität der Zu- bzw. Abneigung variieren – es gibt also starke und schwache positive und negative Beziehungen, beispielsweise eine sehr gute Freundschaft, eine ausgeprägte Feindschaft, oder die nicht über gegenseitige Sympathie hinausgehende Bekanntschaft schwacher Beziehungen. Drittens können direkte und indirekte Beziehungen unterschieden werden. Bei einer direkten Beziehung kennen sich zwei Personen persönlich und interagieren auch mehr oder weniger regelmäßig miteinander. Eine indirekte Beziehung liegt vor, wenn zwei Personen zu derselben dritten Person eine direkte Beziehung haben – unabhängig davon, ob sie selbst direkt miteinander in Kontakt stehen. Eine starke negative indirekte Beziehung zwischen zwei guten Freunden beschreibt dann beispielsweise eine Situation, in der eine Freundschaftsbeziehung durch den Kontakt zu einem gemeinsamen ‚Feind' auch strukturell eingebettet ist. Das Vorhandensein gemeinsamer Freunde oder Bekannter kennzeichnet dementsprechend eine strukturelle Einbettung durch positive indirekte Beziehungen. Das Gros der Studien zur strukturellen Einbettung richtet sich auf die Dichte des sozialen Netzwerkes in oder zwischen Organisationen: Je mehr Akteure direkt und indirekt miteinander verbunden sind, desto dichter das Netzwerk. Trotz des großen Interesses, das den Effekten von informellen Netzwerken auf inner- und zwischenbetriebliche Kooperationsbeziehungen in den letzten Jahrzehnten entgegengebracht wurde, sind die Resultate dieser Forschungen jedoch wesentlich weniger eindeutig als man erwarten würde. Während einige Studien tatsächlich einen positiven Zusammenhang zwischen der Dichte des Netzwerkes und dem Ausmaß der Kooperation finden (Lazega 2000; Rooks et al. 2000), ist diese Beziehung in anderen Studien nicht signifikant (Blumberg 1998; Wittek 1999a: 172; Wittek und Wielers 1998) oder sogar negativ (Flache 1996). In diesen Studien werden *Reputationsmodelle, Belohnungsmodelle* und das *Modell relationaler Signale* angewendet.

Neuere Auseinandersetzungen mit den Folgen informeller Netzwerke für Kooperation (Burt 2001; Wittek und Wielers 1998) richten sich auf einen Test von *Reputationsmodellen*. Dabei werden Reputationseffekte von Echoeffekten unterschieden (Burt 2001).

Beim *Reputationseffekt* wird die Atomismusannahme orthodoxer Rational Choice-Ansätze zu Gunsten der Annahme struktureller Einbettung von Akteuren abgeschwächt, während die Egoismus-, Atomismus-, und Materialismusannahmen beibehalten werden. Die strukturelle Einbettung wirkt sich vor allem auf die Informationslage der beteiligten Akteure aus. Personen, zu denen man aus früheren wiederholten Interaktionen eine stabile Kooperationsbeziehung aufgebaut hat, werden in diesen Modellen als verlässliche Informationsquelle über die Vertrauenswürdigkeit Dritter angesehen (Coleman, 1990: 310). Angenommen, Ego sieht, dass sein Freund Tertius eine gute Beziehung zu dem Ego weiter nicht bekannten Alter unterhält. Anhand dieser Information wird Ego die Wahrscheinlichkeit, dass seine eigene Zusammenarbeit mit Alter zufriedenstellend verlaufen wird, höher einschätzen als in einer Situation, in der er keinerlei Information über Alter besitzt. Positive indirekte Beziehungen müssten demnach die Kooperation zwischen zwei Individuen erhöhen, während negative indirekte Beziehungen kooperationsmindernd wirken sollten.

Genau das Gegenteil würde man beim *Echoeffekt* erwarten. Beim *Echoeffekt* wird neben der Atomismusannahme auch die Materialismusannahme fallen gelassen. Die Akteure sind nun an sozialer Wertschätzung durch andere interessiert. Die Grundidee hinter dem *Echoeffekt* besteht darin, dass dichte Netzwerke (und damit eine große Anzahl positiver indirekter Beziehungen zwischen direkt verbundenen Individuen) weniger dazu beitragen, neue Information über andere zu generieren, sondern vielmehr bestehende Meinungen und Urteile über andere verstärken. Dem liegt die Annahme zu Grunde, dass das Motiv für den Austausch von Informationen über Dritte darin besteht, Gruppengrenzen und Solidaritätsbeziehungen zu festigen (Wittek und Wielers 1998). Dies würde bedeuten, dass unter dem *Echoeffekt* negative indirekte Beziehungen (z.B. ein gemeinsamer ‚Feind') zwischen zwei Personen mit einer positiven Beziehung kooperationsverstärkend wirken. Positive indirekte Beziehungen (z.B. ein gemeinsamer Freund oder Bekannter) zwischen zwei Personen mit einer schwachen oder negativen Beziehung sollten hingegen kooperationsmindernde Auswirkungen haben: In den Einzelgesprächen, die Ego und Alter mit dem gemeinsamen Freund führen, bestätigt dieser – um die soziale Wertschätzung des Gesprächspartners nicht zu verlieren – jeweils die negative Meinung des Gesprächspartners über den abwesenden Dritten. Durch dieses „Echo" angestachelt intensiviert sich daraufhin die ursprüngliche Haltung Egos und Alters zueinander, wobei die Intensität des Echos mit der Stärke der indirekten Beziehung zunimmt. Im Echoeffekt basiert Kooperation zwischen zwei Individuen auf einer Kosten-Nutzenabwägung zwischen aufgeklärten, aber an sozialer Wertschätzung interessierten Egoisten.

Das empirische Material aus einem vergleichenden Test beider Mechanismen bei 950 Managern in drei amerikanischen Betrieben spricht für den *Echoeffekt* und widerspricht dem *Reputationseffekt* (Burt 2001). Betrachtet man Personen mit Kooperationsproblemen dann ist – wie zufolge des Echoeffektes erwartet – der Prozentsatz von Kooperationsproblemen bei Managern, die über starke indirekte Beziehungen verbunden sind, um 37 Prozentpunkte höher als in der Gruppe der über schwache Beziehungen indirekt verbundenen Personen. Burts Studie zeigt somit, dass ein dichtes Netzwerk mit starken Beziehungen auch negative Effekte auf Kooperation haben kann (vgl. auch Burt und Knez 1995). Das Interesse an sozialer Wertschätzung kann hier gerade in Kombination mit einer strukturellen Einbettung in Beziehungen zu Dritten zu negativen Konsequenzen für Kooperation führen.

Bei *Belohnungsmodellen* werden die Effekte sozialer Wertschätzung direkter modelliert als beim Echoeffekt. Es wird angenommen, dass Akteure soziale Belohnungen als Instrument zur Beeinflussung des Verhaltens anderer Gruppenmitglieder einsetzen. Verschiedene Autoren (Kandel und Lazear 1992; Holländer 1990; Flache 1996, 2002; Spagnolo 1999) haben gezeigt, dass soziale Belohnungsstrategien mit der Annahme vollständiger Rationalität und selbst mit der Egoismusannahme – aber nicht mit der Materialismusannahme – kompatibel sind. Soziale Kontrolle wird hier als eine Reziprozitätsstrategie beschrieben, bei der ein Gruppenmitglied selbst kooperationswillig ist, das Geben sozialer Belohnungen aber von der Kooperationsbereitschaft anderer Gruppenmitglieder abhängig macht. Kurzfristige Gewinne unkooperativen Verhaltens werden gegen den langfristigen Schaden abgewogen, der einem Akteur durch den Verlust der Anerkennung seiner Kollegen entsteht. Dementsprechend sollte soziale Kontrolle umso effektiver sein, je langfristiger die erwartete Mitgliedschaft in der Arbeitsgruppe ist. Darüber hinaus heben die genannten Autoren das Interesse von Gruppenmitgliedern an sozialer Anerkennung durch Kollegen als entscheidenden Faktor heraus. Beide Bedingungen verstärken das Sanktionspotenzial der Reziprozitätsstrategie und erhöhen damit den Anreiz für ein Gruppenmitglied, sich kooperativ zu verhalten. Indirekte Evidenz für dieses Argument findet sich in der bereits genannten Studie von Petersen (1992), bei der industriespezifische hohe Arbeitsplatzwechselraten – und damit schlechtere Möglichkeiten zur Bildung informeller Netzwerke – mit einer höheren Anzahl von Trittbrettfahrerproblemen einhergehen.

Burts Echoeffekt spiegelt sich auch in Belohnungsmodellen wider, die vorhersagen, dass ein dichtes Netzwerk Kooperation in einer Arbeitsgruppe unter bestimmten Bedingungen eher erschweren kann (Flache und Macy 1996; Flache 1996, 2002). Demnach kann ein kohäsives Netzwerk die soziale Kontrolle von Trittbrettfahrern dann untergraben, wenn die Trittbrettfahrer viele Freunde in der Arbeitsgruppe haben, denen sie Kritik und Sanktionierung des Trittbrettfahrerverhaltens als Verletzung der Freundschaftspflicht anrechnen können. Diese Hypothese konnte in Laborexperimenten mit einem „Arbeitsgruppenspiel" bestätigt werden (Flache 1996). Weitere theoretische Arbeiten zeigen, dass das Resultat mit der Annahme strikter Rationalität kompatibel ist (Flache 2002), wenn Gruppenmitglieder imperfekte Information über die Arbeitsleistung ihrer Kollegen haben. Eine Strategie sozialer Kontrolle kann dann zu „versehentlichen" Konflikten führen, die die sozialen Beziehungen zwischen Gruppenmitgliedern belasten. Gerade in einem kohäsiven Netzwerk kann es dann eine rationale Entscheidung sein, eher die emotional wertvollen sozialen Beziehungen zu schonen, statt die Einhaltung hoher Leistungsstandards durch soziale Kontrolle zu erzwingen.

Die *Theorie relationaler Signale* lässt neben der Atomismus- und Materialismusannahme auch die Egoismusannahme fallen und ersetzt diese durch eine Solidaritätsannahme. Ausgangspunkt dieser Überlegungen ist, dass stabile Kooperationsbeziehungen ihren Ursprung in wechselseitigen funktionalen Abhängigkeiten haben. Interdependente Individuen erzeugen durch ihr Handeln positive wie negative Externalitäten. Erstere erzeugen einen Anreiz für beide Tauschpartner, nicht die *exit*-Option zu wählen, während Letztere zur Entstehung von Solidaritätsnormen und den damit einhergehenden Regeln zur Schadensvermeidung bzw. -begrenzung führen (Lindenberg 1994). Die Einhaltung der Solidaritätsnormen wird dabei auch auf der Ebene relationaler Signale überprüft. Dabei kommt der Verwendung negativer oder ambivalenter relationaler Signale bei der ex post Abwicklung von Kooperationsproblemen eine besondere Rolle zu. Der resultierende *sharing group-Effekt*[12] sagt somit voraus, dass Kooperationsbereitschaft – unabhängig von der Stärke der Beziehung zwischen beiden Partnern – vor allem in jenen Dyaden besonders stabil ist, die in hohem Maße wechselseitig voneinander abhängig sind, und die bei der Lösung von Kooperationsproblemen auf negative relationale Signale verzichten.

Diese Hypothese wurde anhand von 1.400 dyadischen Kooperationsbeziehungen zwischen 70 Mitgliedern eines Wohnungsbaubetriebes getestet (Wittek et al. 2000). Als Maß wechselseitiger funktionaler Abhängigkeit wurde Burts Hierarchieparameter – eine dyadische Variante der bekannten Maßzahl für strukturelle Löcher (Burt 1992) – auf das Kommunikationsnetzwerk im Betrieb angewendet. Es zeigt sich, dass die Wahrscheinlichkeit für eine stabile Zusammenarbeit am höchsten (bis zu 74 Prozent) in stark interdependenten Dyaden ist, und bis zu 30 Prozentpunkten niedriger in Dyaden, in denen entweder ein Partner stark abhängig vom anderen ist oder in denen kaum Interdependenzen bestehen. Diese Resultate sind unabhängig von der Stärke der Beziehung zwischen beiden Personen (gemessen als Intensität der Kommunikation). Besonders aufschlussreich ist zudem der Befund, dass die Wahrscheinlichkeit für Kooperation, unabhängig vom Ausmaß der Interdependenz, im Schnitt um zehn Prozentpunkte sinkt, wenn eine Partei probiert, Kooperationsprobleme ex post über Dritte – also durch Tratsch und Klatsch – zu lösen.

---

12 Lindenberg hat die Rolle relationaler Signale zunächst am Beispiel so genannter *sharing groups* betrachtet. Damit sind Gruppen gemeint, deren Mitglieder ein gemeinsames Gut miteinander teilen, wie z.B. die Bauern eines Dorfes, die gemeinsam eine teure Erntemaschine anschaffen und benutzen.

Die hier vorgestellten Studien zeigen, dass strukturelle Einbettung auf vielfältige Weise in eine erweiterte RCT integriert werden kann. Die Resultate zeigen aber auch, dass innerhalb der RCT – abhängig vom Grad der Erweiterung den man wählt – sich widersprechende Hypothesen die Folge sein können.

VII. Schlussfolgerungen und Ausblick

Die Kritik an den sehr restriktiven Grundannahmen des orthodoxen neoklassischen Modells hat der RCT in den letzten zwei Jahrzehnten entscheidende Impulse gegeben. Für die Organisationsforschung war dabei die Integration normativer und struktureller Einbettung in den Ansatz besonders fruchtbar. Um diese Integration zu ermöglichen, haben diverse theoretische Erweiterungen die Rationalitäts-, Egoismus-, Materialismus-, und Atomismusannahmen des orthodoxen Modells in unterschiedlichem Maße modifiziert oder abgeschwächt. Eine nahe liegende Kritik an einem solchem Verfahren ist der Vorwurf der theoretischen Beliebigkeit. Smelser (1992) warnt etwa davor, dass auf diese Weise der Wein der RCT so weit verwässert werden kann, dass die Theorie letztlich alles und damit auch wieder nichts erklären kann, je nachdem welcher Kombination von Erweiterungsannahmen sich der Forscher bedient. Diese Kritik übersieht aber, dass es in Anwendungen wie der Organisationsforschung gar nicht darum geht, die RCT als solche zu testen, sondern sie eher als ein Rahmenwerk für die Ableitung testbarer empirischer Vorhersagen dient. Unserer Ansicht nach ist die Erweiterung der RCT denn auch keine Gefahr, sondern eine notwendige Voraussetzung für ihre empirisch fruchtbare Anwendung. Eine Grundlage hierfür ist allerdings, dass eine Strategie der *transparenten theoriegesteuerten Erweiterung* verfolgt wird. Wir meinen damit eine Strategie, bei der explizit gemacht wird, welche der Kernannahmen in einer konkreten Anwendung in welcher Weise modifiziert werden. Eine solche Strategie ermöglicht es, alternative Erklärungen und Vorhersagen zu vergleichen, die aus unterschiedlichen Annahmenkombinationen folgen. Sie schafft auch die Chance, dass auf lange Sicht die Kumulation theoriegesteuerter empirischer Studien zu einem Konsens darüber führt, welche Erweiterungen der Kernannahmen empirisch adäquat für bestimmte Anwendungsfelder sind.

Für die weitere Entwicklung der RCT erscheinen uns vor allem die folgenden zwei Punkte von besonderer Bedeutung. Erstens besteht ein besonderes Verdienst des Ansatzes in der theoriegesteuerten Beschreibung von *Organisationsformen*. Der Versuch Organisationen als *governance structures* zu modellieren, hat in zweierlei Hinsicht wichtige Impulse für die Organisationstheorie erzeugt. Zum einen wurde deutlich, dass es sinnvoll ist, Organisationen als ‚diskrete strukturelle Alternativen' (Williamson) zu beschreiben. Anders als die in den 1960er Jahren erfolglos abgebrochenen Versuche der Erstellung empirischer Organisationstaxonomien (Pugh et al. 1969; Scott 1981) erweist sich eine theoriegesteuerte Unterscheidung als wesentlich fruchtbarer, da sie konsistente Kriterien zur Beschreibung und Erklärung formaler Organisationsstrukturen bereitstellt. Hier hat die RCT auch einen deutlichen Vorzug gegenüber institutionalistischen Ansätzen, die durch ihren Nachdruck auf Prozesse der Imitation keine ausgeprägte Theorie der Organisationsform aufzuweisen hat (Walgenbach 1999: 350f.).

Zum anderen wurde deutlich, dass die von der RCT verwendeten Konstrukte zur Beschreibung formaler Organisation viel zu grobkörnig sind, um die empirisch beobachtbaren Organisationsformen auch nur annähernd zu kennzeichnen (Grandori 1997). Dies wurde mit der in den 1980er Jahren bei vielen Firmen einsetzenden Erosion ‚traditioneller' Organisationsstrukturen deutlich. Die viel diskutierte Erweiterung der bis dahin geltenden Unterscheidung zwischen Markt und Hierarchie um so genannte ‚hybride' Organisationsformen (Menard 1996; Ebers und Gotsch 1999: 231; Williamson 1991; Ouchi 1980) hat jedoch keineswegs zu einer Lösung dieses Problems beigetragen, sondern eher zu einer größeren Begriffsverwirrung. Systematische Bemühungen, diese Schwächen zu beheben, stehen allerdings erst am Beginn (Grandori 1997; James 1998; Lindenberg 1996; Lomi 1997; Menard 1995; Noorderhaven 1995). Die Unterscheidung zwischen Markt und Hierarchie blendet auch aus, dass das Ausmaß von Kontrolle in beiden Kontexten stark variieren kann. So gibt es Betriebe, in denen Organisationsmitglieder kaum kontrolliert werden, während in bestimmten Marktbeziehungen sehr viel Kontrolle vorkommt. Arbeitsbeziehung und Kontrolle sind also keineswegs identisch (James 1998).

Eine in diesem Zusammenhang besonders interessante neue Entwicklung innerhalb der Agenturtheorie stellt der Versuch dar, das Ausmaß *realer* Autorität innerhalb von Organisationen formal zu modellieren (Aghion und Tirole 1997; Baker et al. 1999). Diese Ansätze identifizieren eine Anzahl von Faktoren – Aufgabenüberlastung, Entscheidungsdruck, Leistungsmessung –, welche die faktische Autorität des Prinzipals reduzieren oder zu ‚informeller Delegation' führen. Damit zeigt die Agenturtheorie, dass es möglich ist, die Realitätsnähe von RCT zu vergrößern, ohne dass dabei gleich die wesentlichen Kernannahmen des Ansatzes angetastet werden müssen. Eine empirische Überprüfung dieser Überlegungen steht jedoch noch aus.

Zweitens zeigen einige der in diesem Artikel genannten Studien, dass sich die Arrangements zur Beherrschung der Transaktion über die Zeit systematisch verändern – die theoretischen Grundlagen zur Modellierung der *Veränderung von Beherrschungsstrukturen* über die Zeit stecken jedoch noch in den Anfängen (Noorderhaven 1995). Auf Grund der hohen Transparenz in ihrem Annahmenapparat, ihrem Fokus auf soziale Mechanismen und den sehr erfolgreichen Bemühungen, verschiedene Formen der sozialen Einbettung als exogene und endogene Faktoren zu integrieren, stellt die Theorie rationaler Wahl ein solides Fundament für die Organisationsforschung zur Verfügung.

Literatur

Aghion, Philippe, und *Jean Tirole*, 1997: Formal and Real Authority in Organizations, Journal of Political Economy 105: 1–29.

Alchian, Armen, und *Harold Demsetz*, 1972: Production, Information Costs and Economic Organization, American Economic Review 62: 777–795.

Aoki, Masahiko, 1988: Information, Incentives and Bargaining in the Japanese Economy. New York: Cambridge University Press.

Artz, Kendall, und *Thomas Brush*, 2000: Asset Specificity, Uncertainty and Relational Norms: An Examination of Coordination Costs in Collaborative Strategic Alliances, Journal of Economic Behavior & Organization 41: 337–362.

Baker, George, Robert Gibbons und *Kevin Murphy*, 1999: Informal Authority in Organizations, Journal of Law, Economics, and Organization 15: 56–73.
Becker, Gary, 1974: A Theory of Social Interactions, Journal of Political Economy 82: 1063–1093.
Becker, Gary, 1976: Altruism, Egoism and Genetic Fitness: Economics and Sociobiology, Journal of Economic Literature 14: 817–826.
Barkema, Harry, 1995: Do Top Managers Work Harder When They Are Monitored?, Kyklos 48: 19–42.
Blau, Peter M., 1955: The Dynamics of Bureaucracy. Chicago, IL: University of Chicago Press.
Blumberg, Boris, 1998: Management von Technologiekooperationen. Partnersuche und vertragliche Planung. Wiesbaden: Gabler.
Blumberg, Boris, 2000: Cooperation Contracts Between Embedded Firms. S. 84–86 in: *Jeroen Weesie* und *Werner Raub* (Hg.): The Management of Durable Relations. Amsterdam: Thela Thesis.
Burt, Ron, 1992: Structural Holes. The Social Structure of Competition. Cambridge: Harvard University Press.
Burt, Ron, 2001: Bandwith and Echo: Trust, Information, and Gossip in Social Networks. S. 30–74 in: *Alessandra Casella* und *James E. Rauch* (Hg.): Networks and Markets: Contributions from Economics and Sociology. New York: Russell Sage Foundation.
Burt, Ron, und *Marc Knez*, 1995: Kinds of Third Party Effects on Trust, Rationality and Society 7: 255–292.
Buskens, Vincent, 1999: Social Networks and Trust. Amsterdam: Thela Thesis.
Buvik, Arnt, und *Øyvind Halskau*, 2001: Relationship Duration and Buyer Influence in Just-in-Time Relationships, European Journal of Purchasing and Supply Management 7: 111–119.
Casadesus-Masanell, Ramon, und *Daniel Spulber*, 2000: The Fable of Fisher Body, Journal of Law and Economics 43: 67–104.
Coase, Ronald, 2000: The Acquisition of Fisher Body by General Motors, Journal of Law and Economics 43: 15–32.
Coleman, James S., 1990: Foundations of Social Theory. Cambridge, MA: Harvard University Press.
Coleman, James S., 1994: A Rational Choice Perspective on Economic Sociology. S. 166–180 in: *Neil J. Smelser* und *Richard Swedberg* (Hg.): The Handbook of Economic Sociology. Princeton: Princeton University Press.
Crozier, Michel, 1964: The Bureaucratic Phenomenon. Chicago, IL: Chicago University Press.
Drago, Robert, und *Gerald Garvey*, 1998: Incentives for Helping on the Job: Theory and Evidence, Journal of Labor Economics 16: 1–23.
Ebers, Mark, und *Wilfried Gotsch*, 1999: Institutionenökonomische Theorien der Organisation. S. 199–252 in: *Alfred Kieser* (Hg.): Organisationstheorien. Stuttgart: Kohlhammer.
Eisenhardt, Kathleen M., 1985: Control: Organizational and Economic Approaches, Management Sciences 31: 134–149.
Eisenhardt, Kathleen M., 1988: Agency and Institutional Theory Explanations: The Case of Retail Sales Compensation, Academy of Management Journal 31: 488–511.
Esser, Hartmut, 2000: Spezielle Soziologie. Bd. 4: Opportunitäten und Restriktionen. Frankfurt a.M./New York: Campus.
Fehr, Ernst, und *Simon Gächter*, 2000: Fairness and Retaliation: The Economics of Reciprocity, The Journal of Economic Perspectives 14: 159–181.
Flache, Andreas, 1996: The Double Edge of Networks: An Analysis of the Effect of Informal Networks on Cooperation in Social Dilemmas. Amsterdam: Thesis Publishers.
Flache, Andreas, 2002: The Rational Weakness of Strong Ties: Collective Action Failure in a Highly Cohesive Group of Rational Agents, Journal of Mathematical Sociology 26: 189–216.
Flache, Andreas, und *Michael W. Macy*, 1996: The Weakness of Strong Ties: Collective Action Failure in a Highly Cohesive Group, Journal of Mathematical Sociology 21: 3–28.
Flap, Henk, Bert Bulder und *Beate Völker*, 1998: Intra-Organizational Networks and Performance, Computational and Mathematical Organization Theory 4: 109–149.
Freeland, Robert, 2000: Creating Holdup through Vertical Integration: Fisher Body Revisited, Journal of Law and Economics 43: 33–66.

Frey, Bruno S., und Reiner Eichenberger, 1989: Should Social Scientists Care about Choice Anomalies?, Rationality and Society 1: 101–122.
Friedman, Jeffrey (Hg.), 1996: The Rational Choice Controversy. Economic Models of Politics Reconsidered. New Haven: Yale University Press.
Fudenberg, Drew, und Jean Tirole, 1991: Game Theory. Cambridge, MA: MIT Press.
Furubotn, Eirik, 2001: The New Institutional Economics and the Theory of the Firm, Journal of Economic Behavior and Organization 45: 133–153.
Grandori, Anna, 1997: Governance Structures, Coordination Mechanisms and Cognitive Models, Journal of Management and Governance 1: 29–47.
Grandori, Anna, 2001: Organization and Economic Behavior. London: Routledge.
Grandori, Anna, und Giuseppe Soda, 1995: Inter-Firm Networks: Antecedents, Mechanisms, and Forms, Organization Studies 16: 183–214.
Granovetter, Mark, 1985: Economic Action and Social Structure. The Problem of Embeddedness, American Journal of Sociology 91: 481–512.
Green, Donald, und Ian Shapiro, 1994: Pathologies of Rational Choice Theory. A Critique of Applications in Political Science. New Haven: Yale University Press.
Gulati, Ranjay, und Martin Gargiulo, 1999: Where Do Interorganizational Networks Come From?, American Journal of Sociology 104: 1439–1493.
Hart, Oliver, 2002: Norms and the Theory of the Firm. S. 180–192 in: Eric Brousseau und Jean-Michel Glachant (Hg.): The Economics of Contracts: Theories and Applications. Cambridge: Cambridge University Press.
Hechter, Michael, 1987: Principles of Group Solidarity. Berkeley: University of California Press.
Hechter, Michael, und Satoshi Kanazawa, 1997: Sociological Rational Choice Theory, Annual Review of Sociology 23: 191–214.
Heckathorn, Douglas, 1989: Collective Action and the Second Order Free Rider Problem, Rationality and Society 1: 78–100.
Heckathorn, Douglas, 1990: Collective Sanctions and Compliance Norms: A Formal Theory of Group Mediated Social Control, American Sociological Review 55: 366–384.
Hedström, Peter, und Richard Swedberg, 1998: Social Mechanisms: An Introductory Essay. S. 1–31 in: Dies. (Hg.): Social Mechanisms. Cambridge: Cambridge University Press.
Heiner, Robert, 1983: The Origin of Predictable Behavior, American Economic Review 73: 560–595.
Heiner, Robert, 1988: Imperfect Decisions in Organizations. Toward a Theory of Internal Structure, Journal of Economic Behavior and Organization 9: 25–44.
Hendrikse, Gert, 1998 (1993): Moderne Organisatietheorieën. Schoonhoven: Academic Service.
Holländer, Heinz, 1990: A Social Exchange Approach to Voluntary Cooperation, The American Economic Review 80: 1157–1167.
Holmström, Bengt, 1982: Moral Hazard in Teams, Bell Journal of Economics 13: 324–340.
Houston, Marc B., und Shane A. Johnson, 2000: Buyer-Supplier Contracts Versus Joint Ventures: Determinants and Consequences of Transaction Structure, Journal of Marketing Research 37: 1–15.
James, Harvey, 1998: Are Employment and Managerial Control Equivalent? Evidence from an Electronics Producer; Journal of Economic Behavior and Organization 36: 447–471.
Jensen, Michael, und William Meckling, 1976: Theory of the Firm. Managerial Behavior, Agency Costs, and Ownership Structure, Journal of Finanical Economics 3: 305–360.
Kandel, Eugene, und Edward Lazear, 1992: Peer Pressure in Partnerships, Journal of Political Economy 100: 801–817.
Kitts, James, Michael W. Macy und Andreas Flache, 1999: Structural Learning: Conformity and Social Control in Task-Oriented Groups, Computational and Mathematical Organization Theory 5: 129–145.
Lazega, Emmanuel, 2000: Teaming Up and Out? Solidarity and Control in a Collegial Organization. S. 97–99 in: Jeroen Weesie und Werner Raub (Hg.): The Management of Durable Relations: Theoretical Models and Empirical Studies of Households and Organizations. Amsterdam: Thela Thesis.

Ligthart, Paul, 1995: Solidarity in Economic Transactions. An Experimental Study of Framing Effects in Bargaining and Contracting. Amsterdam: Thela Thesis.

Lindenberg, Siegwart, 1977: Individuelle Effekte, kollektive Phänomene und das Problem der Transformation. S. 46–84 in: *Klaus Eichner* und *Werner Habermehl* (Hg.): Probleme der Erklärung sozialen Verhaltens. Meisenheim: Anton Hain.

Lindenberg, Siegwart, 1981: Rational, Repetitive Choice: The Discrimination Model versus the Camilleri-Berger Model, Social Psychology Quarterly 44: 312–330.

Lindenberg, Siegwart, 1992: The Method of Decreasing Abstraction. S. 3–20 in: *James S. Coleman* und *Thomas J. Fararo* (Hg.): Rational Choice Theory: Advocacy and Critique. Newbury Park: Sage.

Lindenberg, Siegwart, 1994: Norms and the Power of Loss. Ellickson's Theory and Beyond, Journal of Theoretical and Institutional Economics 150: 101–113.

Lindenberg, Siegwart, 1996: Multiple-Tie Networks, Structural Dependence, and Path-Dependency: Another Look at Hybrid Forms of Governance, Journal of Institutional and Theoretical Economics 152: 188–196.

Lindenberg, Siegwart, 1998: Solidarity: Its Microfoundations and Macrodependence. A Framing Approach. S. 61–112 in: *Patrick Doreian* und *Thomas J. Fararo* (Hg.): The Problem of Solidarity. Theories and Models. Amsterdam: Gordon and Breach.

Lindenberg, Siegwart, 2000: It Takes Both Trust and Lack of Mistrust: The Workings of Solidarity and Relational Signaling in Contractual Relationships, Journal of Management and Governance 4: 11–33.

Little, Daniel, 1991: Varieties of Social Explanation. Boulder: Westview Press.

Lomi, Alessandro, 1997: Markets with Hierarchies and the Network Structure of Organizational Communities, The Journal of Management and Governance 1: 49–66.

Macy, Michael W., 1993: Social Learning and the Structure of Collective Action. S. 1–35 in: *Edward J. Lawler* et al. (Hg.): Advances in Group Processes 10. Greenwich: JAI Press.

Macy, Michael W., und *Andreas Flache,* 1995: Beyond Rationality in Models of Choice, Annual Review of Sociology 21: 73–91.

Manolis, Chris, Arne Nygaard und *Bård Stillerud,* 1997: Uncertainty and Vertical Control: An International Investigation, International Business Review 6: 501–518.

Menard, Claude, 1995: Markets as Institutions versus Organizations as Markets? Disentangling some Fundamental Concepts, Journal of Economic Behavior and Organization 28: 161–182.

Menard, Claude, 1996: On Clusters, Hybrids, and Other Strange Forms: The Case of the French Poultry Industry, Journal of Institutional and Theoretical Economics 152: 154–183.

Milgrom, Paul, und *John Roberts,* 1992: Economics, Organization, and Management. Englewood Cliffs: Prentice Hall.

Mühlau, Peter, 2000: The Governance of the Employment Relation. A Relational Signaling Perspective. Amsterdam: Thela Thesis (Dissertation Universität Groningen).

Nelson, Robert, und *Sidney Winter,* 1982: An Evolutionary Theory of Economic Change. Boston: Harvard University Press.

Noorderhaven, Niels, 1995: Transaction, Interaction, Institutionalization: Toward a Dynamic Theory of Hybrid Governance, Scandinavian Journal of Management 11: 43–55.

Olson, Mancur, 1968 (1965): Die Logik des kollektiven Handelns. Tübingen: Mohr.

Organ, Dennis, und *Robert Moorman,* 1993: Fairness and Organizational Citizenship Behavior: What are the Connections?, Social Justice Research 6: 5–18.

Organ, Dennis, und *Katherine Ryan,* 1995: A Meta-Analytic Review of Attitudinal and Dispositional Predictors of Organizational Citizenship Behavior, Personnel Psychology 48: 775–802.

Ouchi, William, 1980: Markets, Bureaucracies and Clans, Administrative Science Quarterly 25: 125–141.

Petersen, Trond, 1992: Individual, Collective and Systems Rationality in Work Groups: Dilemmas and Market-Type Solutions, American Journal of Sociology 9: 469–510.

Petersen, Trond, 1993: The Economics of Organization: The Principal-Agent Relationship, Acta Sociologica 36: 277–293.

Podsakoff, Philip M., *Scott MacKenzie*, *Julie Beth Paine* und *Daniel G. Bachrach*, 2000: Organizational Citizenship Behaviors: A Critical Review of the Theoretical and Empirical Literature and Suggestions for Future Research, Journal of Management 26: 513–563.
Popielarz, Pamela, 1999: Organizational Constraints on Network Formation, Research in the Sociology of Organizations 16: 263–282.
Prendergast, Canice, 1999: The Provision of Incentives in Firms, Journal of Economic Literature 37: 7–63.
Pugh, Derek, *David J. Hickson* und *C. Robert Hinings*, 1969: An Empirical Taxonomy of Structures of Work Organizations, Administrative Science Quarterly 14: 91–114.
Raub, Werner, 1990: A General Game-Theoretic Model of Preference Adaptations in Problematic Social Situations, Rationality and Society 2: 67–93.
Raub, Werner, und *Thomas Voss*, 1990: Individual Interests and Moral Institutions: An Endogenous Approach to the Modification of Preferences. S. 81–117 in: *Michael Hechter*, *Karl Dieter Opp* und *Reinhard Wippler* (Hg.): Social Institutions: Their Emergence, Maintenance and Effects. Berlin: De Gruyter.
Raub, Werner, und *Jeroen Weesie*, 1990: Reputation and Efficiency in Social Interactions: An Example of Network Effects, American Journal of Sociology 96: 626–654.
Raub, Werner, und *Jeroen Weesie*, 1991: The Management of Matches. Decentralized Mechanisms for Cooperative Relations with Applications to Organizaions and Households. Utrecht: ISCORE-Paper 1.
Ricketts, Martin, 1994 (1987): The Economics of Business Enterprise. New York: Harvester Wheatsheaf.
Rutherford, Malcolm, 1994: Institutions in Economics. The Old and the New Institutionalism. Cambridge: Cambridge University Press.
Roethlisberger, Fritz J., und *William J. Dickson*, 1939: Management and the Worker. Cambridge: Harvard University Press.
Rooks, Gerrit, *Werner Raub*, *Robert Selten* und *Frits Tazelaar*, 2000: How Inter-Firm Co-operation Depends on Social Embeddedness: A Vignette Study, Acta Sociologica 43: 123–137.
Rotemberg, Julio, 1994: Human Relations in the Workplace, Journal of Political Economy 102: 684–717.
Scholl, Richard, *Elizabeth A. Cooper* und *Kevin J. McKenna*, 1987: Referent Selection in Determining Equity Perceptions: Differential Effects on Behavioral and Attitudinal Outcomes, Personnel Psychology 40: 113–124.
Scott, William R., 1981: Organizations. Rational, Natural, and Open Systems. Englewood Cliffs: Prentice Hall.
Sen, Amartya, 1974: Choice, Orderings and Morality. S. 74–83 in: *Ders.:* Choice, Welfare and Measurement. Reprint. Oxford: Blackwell.
Seth, Anju, und *Howard Thomas*, 1994: Theories of the Firm: Implications for Strategy Research, Journal of Management Studies 31: 165–191.
Shelanski, Howard, und *Peter Klein*, 1995: Empirical Research in Transaction Cost Economics: A Review and Assessment, Journal of Law, Economics, and Organization 11: 335–361.
Simon, Herbert A., 1957: Models of Man: Social and Rational. New York: Wiley.
Slater, Gary, und *David Spencer*, 2000: The Uncertain Foundations of Transaction Costs Economics, Journal of Economic Issues 34: 61–88.
Smelser, Neil J., 1992: The Rational Choice Perspective. A Theoretical Assessment, Rationality and Society 4: 381–410.
Smith, Adam, 2000 (1759): Theory of Moral Sentiments. Amherst: Prometheus Books.
Spagnolo, Giancarlo, 1999: Social Relations and Cooperation in Organizations, Journal of Economic Behavior & Organization 38: 1–25.
Taylor, Michael, 1987: The Possibility of Cooperation. Cambridge: Cambridge University Press.
Van de Bunt, Gerhard, 1999: Friends By Choice. An Actor Oriented Statistical Network Model for Friendship Networks Through Time. Amsterdam: Thela Thesis (Dissertation Universität Groningen).

Vaughan, Diane, 1998: Rational Choice, Situated Action, and the Social Control of Organizations, Law and Society Review 32: 23–61.
Voss, Thomas, 1990: Eine Individualistische Theorie der Evolution von Regeln und einige Anwendungsmöglichkeiten in der Organisationsforschung. München: Sozialwissenschaftliche Fakultät der Universität München (Habilitationsschrift).
Vilasuso, Jon, und *Alanson Minkler*, 2001: Agency Costs, Asset Specificity, and the Capital Structure of the Firm, Journal of Economic Behavior and Organization 44: 55–69.
Walgenbach, Peter, 1999: Institutionalistische Ansätze in der Organisationstheorie. S. 319–354 in: *Alfred Kieser* (Hg.): Organisationstheorien. Stuttgart: Kohlhammer.
Wielers, Rudi, 1997: The Wages of Trust: The Case of Child Minders, Rationality and Society 9: 351–371.
Williamson, Oliver, 1975: Markets and Hierarchies. New York: Free Press.
Williamson, Oliver, 1988: Corporate Finance and Corporate Governance, Journal of Finance 43: 567–586.
Williamson, Oliver, 1991: Comparative Economic Organization: The Analysis of Discrete Structural Alternatives, Administrative Science Quarterly 36: 269–296.
Wittek, Rafael, 1999a: Interdependence and Informal Control in Organizations. Amsterdam: Thela Thesis (Dissertation Universität Groningen).
Wittek, Rafael, 1999b: Closed Structures, Open Structures, Stable Structures. Explaining Structural Form and Temporal Stability of Informal Social Networks in Organizations, Bulletin de Methodologie Sociologique 63: 5–28.
Wittek, Rafael, 2001: Mimetic Trust and Intra-Organizational Network Dynamics, Journal of Mathematical Sociology 25: 109–138.
Wittek, Rafael, Marijtje van Duijn und *Tom Snijders*, 2003: Frame Decay, Informal Power, and the Escalation of Social Control in a Management Team: A Relational Signaling Perspective. Research in the Sociology of Organizations 20: 355–380.
Wittek, Rafael, und *Andreas Flache*, 2001: Solidarität am Arbeitsplatz. S. 149–182 in: *Hans-Werner Bierhoff* und *Detlef Fetchenhauer* (Hg.): Solidarität. Konflikt, Umwelt und Dritte Welt. Opladen: Leske + Budrich.
Wittek, Rafael, und *Rudi Wielers*, 1998: Gossip in Organizations, Computational and Mathematical Organization Theory 4: 189–204.
Wittek, Rafael, Henk Hangyi, Marijtje van Duijn und *Charles Carroll*, 2000: Social Capital, Third Party Gossip, and Cooperation in Organizations. S. 100–101 in: *Jeroen Weesie* und *Werner Raub* (Hg.): The Management of Durable Relations: Theoretical Models and Empirical Studies of Households and Organizations. Amsterdam: Thela Thesis.
Zeggelink, Evelien, 1993: Strangers into Friends. The Evolution of Friendship Networks Using an Individual Oriented Modeling Approach. Amsterdam: Thela Thesis.
Zey, Mary, 1998: Rational Choice Theory and Organizational Theory: A Critique. Thousand Oaks: Sage.

NETZWERKANSÄTZE IN DER ORGANISATIONSFORSCHUNG

Dorothea Jansen

Zusammenfassung: Der Aufsatz behandelt das Netzwerkkonzept in der Organisationsforschung aus der Perspektive der soziologischen Netzwerkanalyse und stellt insbesondere Bezüge zur Institutionenökonomik und zum soziologischen Institutionalismus her. Die soziologische Netzwerkanalyse ist inzwischen mehr als ein bloßes methodisches Instrument. Mit dem Konzept des Sozialkapitals liegt vielmehr eine soziale Theorie der Netzwerke vor. Netzwerke und ihre Strukturen bedingen Wettbewerb und Kooperation, sie prägen die Diffusion und das Entstehen von Innovationen und die Legitimität von Organisationen. Korporative Akteure, Akteursgruppen, Politikfelder oder Branchen ziehen Vorteile und Erträge aus spezifischen Netzwerkstrukturen. Der Ertrag der Netzwerkansätze für die Organisationsforschung liegt in einer besseren Erfassung von systemischen Effekten und emergenten Eigenschaften von Akteuren, Gruppen, Branchen oder ganzen Netzwerken. Dies wird durch die Diskussion zweier Fragen veranschaulicht: 1. Welche Netzwerkstruktur verspricht unter welchen Rahmenbedingungen einen Ertrag für individuelle oder korporative Akteure aus intraorganisationalen und interorganisationalen Beziehungen? 2. Welche Mechanismen treiben die Evolution von Netzwerken an und welche Rolle spielen dabei Organisationsakteure?

I. Einleitung

Aktuellen Zeitdiagnosen zufolge leben wir nicht nur in einer Informations- oder Wissensgesellschaft, sondern auch in einer Netzwerkgesellschaft (Castells 1996; Messner 1997). Dabei werden mit dem Netzwerkbegriff häufig positive Konnotationen verbunden. Man erhofft sich etwa von Politiknetzwerken bessere Politikergebnisse, von Innovationsnetzwerken neue wettbewerbsfähige Produkte und qualifizierte Arbeitsplätze, von regionalen Netzwerken den Aufschwung vom Strukturwandel gebeutelter Regionen oder von netzwerkartigen Unternehmensformen größere Anpassungspotenziale an eine dynamische Organisationsumwelt.

Der Netzwerkbegriff erfasst metaphorisch und diffus wesentliche Eigenschaften moderner Gesellschaften. Es geht um eine trotz oder gerade wegen zunehmender Ausdifferenzierung eingetretene „Ausfransung" sozialer Gebilde an ihren „Rändern". Es geht um zunehmende Interaktion und Interdependenz zwischen überwiegend korporativen Akteuren in verschiedenen Politikfeldern, Sektoren, Branchen oder Regionen. Konstatiert wird eine Vernetzung von privaten und öffentlichen Akteuren, von Akteuren verschiedener Branchen und verschiedenen Typs (so etwa Wissenschaft, Wirtschaft, Politik, Profit- und Nonprofitorganisationen). Dabei werden Netzwerke heute als eine zusätzliche Ebene der Handlungskoordination „über", „neben" und auch „in" den korporativen Akteuren, den Organisationen, verstanden.[1] Hieraus erklärt sich das stark ge-

---

1 Vgl. Tacke (2000), Kämper und Schmidt (2000) für eine systemtheoretische Sicht. William-

wachsene Interesse der Organisationsforschung am Netzwerkkonzept (Salancyk 1995; Perrow 2000). Der Begriff wird dabei innerhalb der Organisationsforschung durchaus unterschiedlich verwendet. Ausgangspunkt für diesen Beitrag wird die soziologische Netzwerkanalyse sein. Es soll danach gefragt werden, welche theoretischen, methodologischen und empirischen Erträge eine solche Perspektive auf Netzwerke für die Organisationsforschung verspricht.

Bevor diese Perspektive eingehend erläutert wird, sollen kurz die Netzwerkbegriffe der Institutionenökonomik und des soziologischen Institutionalismus beschrieben werden. Für die Institutionenökonomik und für den soziologischen Institutionalismus sind Netzwerke spezifische Formen der Handlungskoordination oder Governanceformen, die gegen andere Formen, zum Beispiel den Markt oder die Hierarchie bzw. die Organisation abgegrenzt werden. Die zentrale Frage der *Institutionenökonomik* ist, wie man die Existenz verschiedener Governancetypen als Ergebnis rationaler Wahlhandlungen durch Akteure erklären kann. Netzwerke entsprechen einem bestimmten Koordinationsmodell, in dem Kooperation und Wettbewerb, nachträgliche ex post Anpassung an Marktparameter und vorherige Abstimmung von Akteuren miteinander gepaart sind (Williamson 1991). Eigenschaften von Transaktionen wie das Ausmaß der notwendigen Investitionen in die Beziehung zum Vertragspartner, das Ausmaß der Unsicherheit über die Vertragserfüllung und die Veränderlichkeit der Aufgaben bestimmen, welche Governancestruktur am effizientesten ist und deswegen von den Akteuren gewählt wird (Wolff und Neuburger 1995).

Auch der *soziologische Institutionalismus* sieht in Netzwerken eine neue und unter bestimmten Bedingungen auftretende Form der Handlungskoordination (Sabel 1994; Powell und Smith-Doerr 1994; Powell 1990; Granovetter 1985). Diese Richtung der Organisationsforschung betont jedoch, dass Netzwerke – wie sämtliche Formen der Handlungskoordination – nicht notwendig effizient sind. Ferner wird eine wesentliche Verhaltensannahme der Institutionenökonomik in Frage gestellt, nämlich dass Menschen immer und überall eigennützig und ausbeuterisch handeln, wenn ihnen dies ohne eigenen Schaden möglich ist. Entstehen und Funktionieren von Netzwerken hängen dann nicht nur von bestimmten aufgaben- und vertragstypischen Problemen ab, sondern auch von einer spezifischen, oft an Normen ausgerichteten Interaktionsorientierung der Beteiligten. Dies schafft die Basis für nationale und regionale Kooperations- und Wettbewerbskulturen, welche bestimmte Governancestrukturen für die Akteure als praktikabel erscheinen lassen. Als typisch für Netzwerke gelten dabei eine relative Gleichrangigkeit und Autonomie der Akteure, eher horizontale als vertikale Beziehungen und die vertrauensvolle Kooperation der Akteure. Die zentralen Fragen sind, unter welchen Bedingungen diese netzwerkartige Kooperation zwischen den Akteuren möglich wird, wie Vertrauen aufgebaut und stabilisiert werden kann, und wie sich Länder-, Regionen- und Branchenunterschiede in den typischerweise verwendeten Mechanismen der Handlungskoordination erklären lassen.

---

son (1991), Wolff und Neuburger (1995) für die akteurtheoretische Perspektive der institutionellen Ökonomik. Granovetter (1985), Powell (1990), Powell und Smith-Doerr (1994), Windolf und Nollert (2001) für eine soziologische Erweiterung der institutionenökonomischen Sicht auf Netzwerke.

Die von beiden Richtungen aufgeworfenen Fragen werden auch von der soziologischen Netzwerkanalyse gestellt. So wird zum Beispiel die Verflechtung zwischen Unternehmen und Banken als ein Grundmuster des „rheinischen Kapitalismus" (Windolf und Nollert 2001; Windolf in diesem Band) oder die Wirkung von FuE-Kooperationen auf den Erfolg von Unternehmen oder Forschungsgruppen untersucht (Ahuja 2000; Powell et al. 1999; Jansen 2000). Der Netzwerkbegriff wird dabei allerdings nicht im Sinne einer ganz bestimmten Governancestruktur benutzt und impliziert noch keine Festlegung hinsichtlich der Struktur oder der Leistungsmerkmale des Netzwerks. Hierarchische Netzwerke sind hier also durchaus möglich.

Netzwerke im Sinne der soziologischen Netzwerkanalyse sind rein formal definiert: Beziehungen in abgrenzbaren Sets von Knoten. Die Gesamtheit der vorhandenen Verbindungslinien zwischen den Knoten beschreiben ein Netzwerk.[2] Eine solche formale Definition von Netzwerken ermöglicht, mit dem gleichen Instrumentarium Wettbewerbs- und Kooperationsstrukturen zu beschreiben. Auch hinsichtlich der Art der Knoten macht die Netzwerkanalyse keine grundsätzlichen Vorannahmen: Knoten können individuelle und korporative Akteure sein, diese können mehr oder weniger autonom sein. Auch interne Netzwerke, etwa die Kooperation zwischen Mitarbeitern oder Abteilungen innerhalb einer Organisation, können Gegenstand der Netzwerkanalyse sein. Den Grad der Autonomie oder Weisungsabhängigkeit der Akteure kann man am Auftreten und der Balance von Weisungs- und Autoritätsbeziehungen festmachen. Knoten können aber auch Ereignisse sein, die durch gemeinsame Themen oder gleichzeitig Anwesende miteinander verknüpft werden, oder Patente, die durch Zitationen miteinander gekoppelt sind.

Mit der Entwicklung einer spezifischen Netzwerktheorie im Rahmen der soziologischen Netzwerkansätze befasst sich im Folgenden der zweite Abschnitt dieses Beitrags. Im dritten Abschnitt wird ein Überblick zu zentralen methodischen Konzepten der Netzwerkanalyse gegeben. Die weiterführenden Anwendungen in der Organisationsforschung und wichtige Forschungsergebnisse werden dann im vierten Abschnitt vorgestellt. Zum Abschluss werden einige vielversprechende neue Forschungsfragen und methodische Entwicklungen im Bereich der Computersimulation angesprochen und ein Blick in die Zukunft der Netzwerkanalyse versucht.

---

2 Dargestellt werden Netzwerke oft als Soziogramme, in denen Punkte die Knoten und gerichtete oder ungerichtete Linien die Beziehungen symbolisieren. Eine solche Darstellung wird jedoch schnell unübersichtlich und eignet sich nicht für mathematische Transformationen. Die gleichen Informationen können auch in so genannten Soziomatrizen dargestellt werden, in denen in Vorspalte und Kopfzeile jeder Akteur als Sender und als Empfänger notiert wird. Im Inneren der Matrix stehen in den Zeilen die ausgehenden Wahlen der Akteure, in den Spalten die eingehenden Beziehungen. Sofern die Beziehung ungerichtet ist, sind Zeilen und Spalten für einen Akteur identisch (vgl. ausführlicher zur Notation Jansen 1999: Kapitel 5). Mehrere Beziehungen für den gleichen Set von Knoten werden in verschiedenen Soziomatrizen bzw. Soziogrammen dargestellt.

II. Auf dem Weg zu einer Theorie sozialer Netzwerke

Die soziologische Netzwerkanalyse hat sich in ihren Anfängen eher als eine Forschungsperspektive und als eine Sammlung von Instrumenten verstanden denn als theoretischen Ansatz (Barnes 1972; vgl. Jansen 1999: Kapitel 2). Das verbindende Element war die Bedeutung realer Beziehungen für die Erklärung von sozialen Prozessen. Im Folgenden wird zunächst der theoretisch-methodologische Rahmen in seiner Entwicklung aus den frühen Ansätzen der 1950er Jahre bis hin zur heutigen Netzwerktheorie vorgestellt. Anschließend wird der Begriff des sozialen Kapitals erläutert, mit dem die Theorieentwicklung im eigentlichen Sinn einen Aufschwung nahm. Für die Organisationsforschung wichtige Fragen stehen abschließend im Mittelpunkt: Welche Netzwerkstrukturen gehen mit Wettbewerb, welche mit Kooperation einher? Unter welchen Bedingungen und für welche Akteure ist eine Wettbewerbsstrategie oder eine Kooperationsstrategie erfolgsversprechender?

1. Die Netzwerkperspektive zwischen instrumentellem Relationismus und relationalem Konstruktivismus

In netzwerkanalytischen Ansätzen werden regelmäßig relationale Merkmale als Ursachen für die Ausprägung absoluter Merkmale von Merkmalsträgern betrachtet. So wird beispielsweise das erzielte Erwerbseinkommen oder der Aufstieg eines Managers durch die Struktur seines Netzwerkes erklärt (Burt 1992; Meyerson 1994).

Die frühen Netzwerkanalytiker (White et al. 1976; Wellman 1988; Nadel 1957) setzten sich mit dieser Erklärungsstrategie dezidiert von dem in den 1950er und 1960er Jahren vorherrschenden Strukturfunktionalismus ab. Sie begriffen Struktur nicht als eine Verteilung von Status und Einkommen oder als ein Gefüge aus Kontrollhierarchien und Informationsflüssen im Sinne von Parsons, sondern als ein Gefüge aus Relationen, die an beobachtbarem Verhalten von Individuen und Gruppen festzumachen sind. Gleichzeitig widersprachen sie mit ihrem strukturalistischen Ansatz der Dominanz von Normen und Werten als Erklärungsfaktoren. Sie suchten die Erklärungen für das Handeln von Akteuren in deren relationaler Einbettung in Netzwerken.

Mit der zunehmenden Verwendung von netzwerkanalytischen Theorieansätzen und Forschungsmethoden ist inzwischen aber auch die Bereitschaft gewachsen, netzwerkanalytische Ansätze mit anderen Theorieansätzen zu verbinden, komplexere Erklärungsmodelle zu bauen, in denen auch nicht-relationale Eigenschaften und insbesondere kulturelle, kognitive und normative Erklärungsgrößen verwendet werden. Netzwerkbezogene Erklärungs- und Forschungsstrategien lassen sich mit dem Strukturationsansatz von Giddens (1984) verbinden (vgl. z.B. Sydow et al. 1995; Windeler 2001), mit dem Mikro-Makro-Schema von Coleman (1990; Burt 1982) oder mit evolutionstheoretischen Ansätzen (Kappelhoff 1993, 2000a). Erst durch eine Kombination der Netzwerkansätze mit Handlungs- und Evolutionstheorien kann das komplexe Wechselspiel zwischen Interaktionen und Strukturen, deren Verfestigung und Auflösung und die

Beziehung zwischen Interpretationsmustern, Machtverhältnissen und als geltend angenommenen Normen angemessen erfasst werden.[3]

Als die beiden heute wesentlichen methodologischen Perspektiven in der Netzwerkanalyse stehen sich ein *instrumenteller Relationalismus* und ein *relationaler Konstruktivismus* gegenüber. Der instrumentelle Relationalismus verbindet Rational Choice als Handlungstheorie und relational begründete Optionen und Beschränkungen im Sinne einer Situationslogik (z.B. Burt 1982). Der relationale Konstruktivismus (vgl. White 1992; Emirbayer und Goodwin 1994; Emirbayer 1997; Kappelhoff 2000a) betont die Konstruktion und Wirkung von Identitäten und Institutionen in sozialen Einbettungen. Diese Debatte spiegelt sich in den Fragen wider, auf welcher Ebene das zentrale theoretische Konstrukt – Sozialkapital – angesiedelt ist und welche Prozesse seine Produktion und Weitergabe prägen.

Hierbei ist entscheidend, ob Sozialkapital im Wesentlichen als *individuell* anzueignende Ressource oder auch als *Kollektivgut* mit Konsequenzen für die Ausbildung von Institutionen und Identitäten begriffen wird, etwa starken und partikularen Solidaritätsregeln oder universalistischer „weak solidarity" (Lindenberg 1989) und allgemeinem Norm- und Systemvertrauen (Putnam 1993, Fukuyama 2000).

2. Zum Begriff des Sozialkapitals

Unter Sozialkapital ist ein Aspekt der Sozialstruktur zu verstehen, der individuellen oder korporativen Akteuren Handlungsmöglichkeiten eröffnet, ihnen also unternehmerische Profite ermöglicht oder die Koordination ihrer Handlungsabsichten zu kollektiver Aktion erleichtert. Erträge aus der Sozialstruktur eines Netzwerkes kann es auf verschiedenen Ebenen geben. Netzwerke sind dann ein Wettbewerbsfaktor sowohl auf der Ebene von Einzelorganisationen als auch von Organisationsclustern oder ganzen Gesellschaften. Welche Netzwerkerträge das sein können, bei wem sie anfallen, und wie die entsprechenden Netzwerkstrukturen aussehen, darauf wird im Folgenden eingegangen. Auch die Ambivalenz zwischen Kooperation und Wettbewerb in Netzwerken soll

---

3 Während die von Emirbayer und Goodwin (1994; Emirbayer 1997) für die Netzwerkanalyse angemahnte Berücksichtigung von kulturellen Deutungsmustern und Identitäten inzwischen auch in vielen empirischen Studien eingelöst wird, ist ein von diesen Autoren in die Diskussion gebrachtes zweites Desiderat für die Theorieentwicklung erst in Ansätzen erfüllt. Alle Modelle des Mikro-Makro-Prozesses von Interaktion und Strukturierung implizieren Dynamiken der Veränderung von Netzwerken. Hier beginnt die empirische Forschung erst mit der Entwicklung von Forschungsdesigns und Analysemethoden (Doreian und Stokman 1997; Stokman und Doreian 2001; vgl. Abschnitt V).

Wenn man das dynamische Interdependenzverhältnis von (Inter-)Aktionen von Handelnden und den das Handeln ermöglichenden und begrenzenden kognitiven und sozialen Strukturen zu Ende denkt, dann wird meines Erachtens die teilweise erhitzt geführte Debatte um die Priorität von „individualistischen" oder „kollektivistischen" Erklärungsansätzen obsolet. Die Dynamik von Netzwerken kann man dann als eine Evolution von Tauschregeln (Kappelhoff 2000a: 49ff.) begreifen. Aus einer Bottom-Up-Perspektive stellt sich der gleiche Sachverhalt als das größtenteils unbeabsichtigte Ergebnis von absichtsvollem Handeln von Akteuren dar. Diese handeln unter Unsicherheit und innerhalb eines strukturierenden Rahmens, der auch ihre Identitäten und Präferenzen endogen prägt.

angesprochen werden. Wie sieht ein unternehmerisches Netzwerk aus, das Wettbewerbsprofite verspricht? Was leistet es und was leistet es nicht? Und umgekehrt: wie sieht ein Kooperationsnetzwerk aus? Was leistet es und worin liegen seine Gefahren?

Der strukturelle Charakter von Sozialkapital bedingt, dass der Prozess seiner Produktion oft nicht bewusst ist. Es wird eher beiläufig gemeinsam mit anderen Handlungen produziert. Das hat zwar den Vorteil, dass Sozialkapital ohne Zusatzkosten produziert wird, aber auch den Nachteil, dass man es nur bedingt gezielt herstellen kann. Sozialkapital hat im Gegensatz zu ökonomischem Kapital und Humankapital die Eigenart, nicht völlig im Besitz eines Akteurs zu sein: Es ist abhängig von den direkten und indirekten Beziehungen, die ein Akteur zu anderen Akteuren in einem Netzwerk unterhält. Diese anderen Akteure, die unter Umständen mit dem Akteur nur indirekt verbunden sind, haben ebenfalls Einfluss auf dessen Sozialkapital. Auch ist das Sozialkapital nur sehr bedingt frei übertragbar. Insofern sind die Eigentumsrechte an Sozialkapital für den einzelnen Akteur stets beschränkt. Dennoch können Akteure versuchen, strategisch ihr Sozialkapital zu optimieren.

Die durch Sozialkapital vermittelten materiellen und immateriellen Ressourcen sind selbst wieder andere Kapitalien, wie ökonomisches Kapital, Humankapital, Information, Macht oder gesellschaftliche und gruppenbezogene Werte wie Solidarität und Vertrauen in die Geltung einer Tauschmoral. Es lassen sich im Wesentlichen sechs Ressourcen oder Werte unterscheiden, die mit Sozialkapital verbunden werden:[4]

1. Familien- und Gruppensolidaritäten,
2. Selbstorganisationsfähigkeit von Kollektiven,
3. Vertrauen in die Geltung allgemeiner sozialer Normen,
4. Information,
5. Macht im Sinne struktureller Autonomie und
6. Macht im Sinne sozialen Einflusses.

Bei den drei ersten Typen steht eher der *Kollektivgutcharakter* im Vordergrund, bei den drei letzten der *individuelle Nutzen*. Unterschiedliche Netzwerkstrukturen leisten dabei unterschiedliche Dienste. Was für den einen Zweck – zum Beispiel kollektive Solidarität – dienlich ist, kann für eine andere Zielsetzung – zum Beispiel möglichst weitreichende Information – durchaus schädlich sein. Außerdem unterscheiden sich die Positionen der Akteure in derselben Netzwerkstruktur: Die gleiche Struktur kann dem einen hohe Profite ermöglichen, die der andere zu bezahlen hat. Damit stellt sich auch die Frage nach dem Zusammenhang von Netzwerkstruktur und Macht sowie den Mechanismen der Entstehung und Perpetuierung sozialer Ungleichheit.[5] Sozialkapital im Sinne eines raschen Informationszugangs, einer guten Wettbewerbsposition oder struktureller Autonomie ist ein Gut mit hoher Rivalität im Konsum. Je mehr andere Akteu-

---

4 Vgl. Bourdieu (1983), Coleman (1988, 1990), Burt (1982, 1992), Portes und Sensenbrenner (1993), Portes (1998), Putnam (1993), Sandefur und Laumann (1998); andere Abgrenzung von Sozialkapital als identisch mit den Outcomes der Sozialstruktur: Gabbay und Leenders (1999: 10).
5 Vgl. zur Anwendung der Netzwerkperspektive in der klassischen soziologischen Frage nach den Grundlagen sozialer Ungleichheit und differenzieller sozialer Mobilität schon Granovetter (1973) und Teil II (Social capital and the labor market) in Lin et al. (2001).

re die gleiche Position besetzen, desto geringer wird ihr Wert. Sozialkapital im Sinne von sozialstrukturell bedingtem Vertrauen in Normen produziert dagegen positive Externalitäten. Sein Wert ist umso größer, je mehr andere Akteure im Netz die gleiche Ressource genießen und der gleichen Koordination unterliegen. Dazwischen liegt Sozialkapital im Sinne von sozialem Einfluss. Es ist zwar individuell erstrebenswert, den höchsten sozialen Einfluss zu genießen, der eigene Einfluss ist jedoch höher, wenn man von einflussreichen Partnern umgeben ist.

3. Strukturelle Grundlagen von Sozialkapital

Im Folgenden werden die strukturellen Grundlagen von Sozialkapital im Sinne von Informationszugang, struktureller Autonomie, Gruppensolidarität,[6] Selbstorganisationsfähigkeit und sozialem Einfluss vorgestellt. Dabei wird auch gefragt werden, welche Kooperations- oder Wettbewerbsprozesse dem Sozialkapital zu Grunde liegen und auf welcher Ebene und zu wessen Gunsten und Lasten Erträge anfallen.

Die Idee des Sozialkapitals ist eng mit dem auf Granovetter (1973, 1974) zurückgehenden Begriffspaar der *strong ties* und *weak ties* verbunden. Granovetter stieß in einer der ersten Netzwerkstudien zur beruflichen Mobilität auf die so genannte „Stärke schwacher Beziehungen". Relevante Informationen über eine zu besetzende offene Stelle im Arbeitsmarkt erhielten Personen seltener von engen Freunden als vielmehr von entfernten Bekannten. Auch führten Informationen, die aus schwachen Beziehungen hervorgingen, häufiger zu gut bezahlten Jobs.

Abbildung 1: Strukturelle Löcher und Weak Ties (nach Burt 1992: 27)

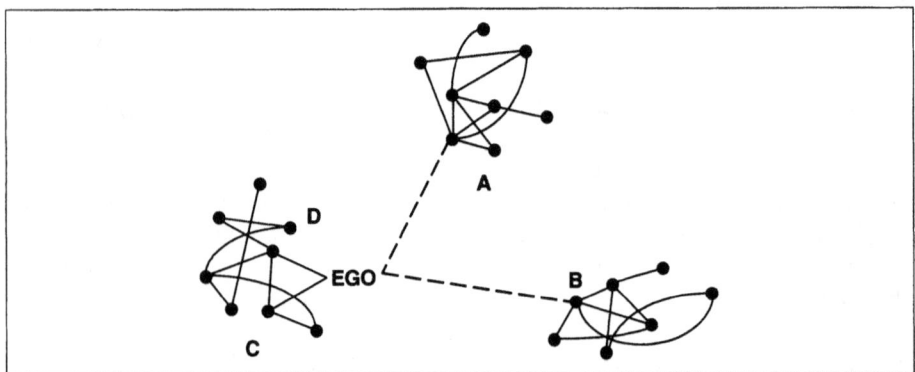

---

6 Auch allgemeines Normvertrauen hat sozialstrukturelle Ursachen, wie Putnam (1993) in seiner Analyse der demokratietheoretischen Bedeutung der Beteiligung an Vereinen und Verbänden gezeigt hat. Diese Ideen werden im Moment vor allem im Zusammenhang mit der Entwicklungspolitik intensiv diskutiert (vgl. Dasgupta und Seralgeldin 2000).

Starke Beziehungen (*strong ties*) sind in der *Abbildung 1* als durchgezogene Linien dargestellt, schwache Beziehungen (*weak ties*) als gestrichelte Linien. *Strong ties* sind starke, intensive, familiäre oder freundschaftliche Beziehungen. Sie schaffen Solidarität und Vertrauen. Die Anzahl solcher Beziehungen, die ein Akteur unterhalten kann, ist begrenzt. Mehrere solcher Beziehungen führen oft zu einer Gruppe untereinander vernetzter Akteure. Das hat zwei Ursachen. Erstens tendieren *strong ties* auf Grund der Mechanismen kognitiver Balance zu sozialer Schließung: Freunde meiner Freunde werde ich über kurz oder lang kennen lernen und vermutlich in meinen eigenen Freundeskreis aufnehmen. Zweitens liegen solchen Beziehungen ökonomische Überlegungen zu Grunde. Mit der Teilnahme an einem Ereignis, zum Beispiel einer Familienfeier, lassen sich gleichzeitig mehrere Beziehungen pflegen. Ein Merkmal der starken Beziehungen ist also, dass untereinander verbundene Akteure einander bereits ähnlich sind (Selektionseffekt) oder einander ähnlich werden (über sozialen Einfluss und Mechanismen kognitiver Balance).

Weak ties sind dagegen eher peripherer und lockerer Natur.[7] Sie sind weniger redundant als starke Beziehungen. Durch sie können auch große Distanzen in Netzwerken überbrückt werden. Deswegen sind sie für alle Mobilitäts-, Modernisierungs-, Innovations- und Diffusionsprozesse von großer Bedeutung, sie vermitteln verschiedenartige und oft auch neue Informationen und Werte. Damit bilden sie die Grundlage für strukturelle Autonomie und eine gute Wettbewerbsposition (Burt 1992).

a) Weak ties, strukturelle Löcher und strukturelle Autonomie. Burt (1992) hat in seiner Studie zu *structural holes* darauf hingewiesen, dass es eigentlich nicht die Eigenschaften von *weak ties* sind, die Sozialkapital erschließen. Sozialkapital erschließt sich vielmehr einem Akteur in einer *Position*, in der er als einziger Akteur mehrere Cluster starker Beziehungen miteinander verbinden kann. Als Makler oder *broker* zwischen den Clustern kann der Akteur Gewinne aus einer Position struktureller Autonomie erzielen. Diese Gewinne ergeben sich aus einer strategisch guten Position hinsichtlich des Informationsprozesses. Solche strukturellen Löcher erschließen den Akteuren darüber hinaus Handlungsmöglichkeiten, die sich aus der Position des lachenden Dritten ergeben (Simmel 1992).

Die strukturelle Autonomie eines Akteurs hängt dabei von drei Eigenschaften seines Netzwerks ab: Erstens ist er umso autonomer, je einzigartiger seine eigene Position im Netzwerk ist. Muss er sich seine Position mit anderen teilen, so gerät er mit diesen in Konkurrenz und unter strukturellen Zwang. Zweitens ist er umso autonomer, je verschiedenartiger seine eigenen Netzwerkbeziehungen sind. Je mehr Beziehungen es sind, und je weiter das Netzwerk über schwache Beziehungen ausgreift, desto unabhängiger ist er gegenüber verschiedenen Bezugsgruppen und desto besser sind seine Chancen, Informationsvorteile zu erhalten. Dabei kommt es auch noch darauf an, dass er sein Netzwerk effizient gestaltet, also mit seiner begrenzten Kapazität für direkte Verbindungen möglichst viele und möglichst verschiedene andere Akteure indirekt er-

---

7 Granovetter (1974) selbst klassifizierte familiäre und freundschaftliche Beziehungen als stark, berufliche als schwach. Während die Beziehungsstärke zunächst auch über die Kontakthäufigkeit operationalisiert worden ist, hat sich inzwischen durchgesetzt, dass die Intensität der persönlichen Beziehungen das entscheidende Kriterium ist (Marsden 1990).

reicht. Drittens hängt seine strukturelle Autonomie davon ab, welche Koordinationsmöglichkeiten zwischen ihm und mit ihm vergleichbaren Konkurrenten bestehen – je größer diese sind, desto besser für den Akteur. Aber auch seine Netzwerkpartner können versucht sein, Kartelle zu bilden. Je stärker die Partner untereinander vernetzt sind, desto schlechter die Netzwerkposition des Akteurs. Insofern stellt Vernetzung einen Wettbewerbsfaktor dar, eine für die Oligopoltheorie alte Einsicht.[8]

b) Soziale Schließung, Gruppensolidarität und Vertrauen. Netzwerke aus schwachen Beziehungen versagen, wenn es darum geht, Solidaritätsnormen zu unterstützen. Hier sind ihnen die Netzwerke mit vornehmlich starken Beziehungen überlegen. Ein Beispiel für die positive Wirkung von solchen Netzwerken ist ein von ethnisch homogenen Einwanderergemeinden in den USA organisiertes privates Kreditsystem, mit dem Existenzgründungen von Personen der eigenen Ethnie unterstützt werden. Dieses Kreditsystem funktioniert – sowohl was die Bereitschaft zur Einzahlung als auch was die Rückzahlungsmoral anbetrifft – auf der Basis sozialer Schließung. Die häufigen und engen Beziehungen unter den Gemeindemitgliedern sichern unaufdringlich und ohne aufwändigen Kontrollapparat die Sichtbarkeit und Sanktionierbarkeit von Abweichlern. Sie fördern die Kooperation aller Beteiligten und tragen zur Entstehung von Normvertrauen bei (Coleman 1988; Portes und Sensenbrenner 1993; Sabel 1994). An die Erfolge solcher solidarischen, über gemeinsame Kulturen und Wissensbestände integrierten Kollektive knüpfen auch die Konzepte regionaler Netzwerke, innovativer Milieus oder von *industrial districts* an (Crouch et al. 2001; Braczyk et al. 1998; Saxenian 1994; Grabher 1993).

Sozialkapital in Form von starken Beziehungen, von konsentierten und durchsetzbaren Normen, senkt Transaktionskosten, ermöglicht Lernen trotz Unsicherheit und erlaubt den Aufbau kollektiver Identitäten. Die hiermit verbundene soziale Schließung hat aber auch Kehrseiten. Die preiswerte Monitoring- und Solidaritätsfunktion eines Netzwerks starker Beziehungen ist mit Abgrenzung und Misstrauen nach außen, und das heißt auch mit Diskriminierungen anderer verbunden. Und sie impliziert erheblichen sozialen Druck, unter Umständen ein Nicht-Aussteigen-Können. Im Extrem können eng begrenzte und nach außen geschlossene Netzwerke Modernisierungsprozesse verpassen (Grabher 1993; Glasmeier 1991; Kern 1998) oder Mafiastrukturen aufbauen (Gambetta 1988).

---

8 Für Burt stellt die Netzwerkposition eines Cutpoints (siehe Ego in Abbildung 1) zwischen zwei oder mehr untereinander vernetzten Cliquen mehr strukturelle Autonomie bereit, als die völlige Vereinnahmung durch nur eine Gruppe. Hier widerspricht ihm Krackhardt (1999) mit seiner These der „Simmelian Ties". Der zwischen zwei Cliquen stehende Akteur ist für ihn gleichzeitig zwei u.U. unterschiedlichen Erwartungsstrukturen unterworfen. Dies stelle für ihn eine noch größere Einschränkung seiner Handlungsoptionen dar als die Mitgliedschaft in nur einer Gruppe und könne sogar in double-bind-Situationen der Handlungsblockade führen.

4. Selbstorganisationsfähigkeit von Kollektiven: Hierarchisierung und Stratifizierung in Netzwerken

Neben den Netzwerken aus starken Beziehungen gibt es auch andere, weniger dichte Strukturen zur Sicherstellung von Koordination und zur Sanktionierung von Abweichlern. Große Netzwerke solcher Art sind auf Grund des hohen Aufwandes der Kontaktpflege eher selten. Andere Netzwerkstrukturen wie hierarchische Muster oder Zentrum-Peripherie-Muster sind im Wirtschaftsleben und damit auch zwischen Organisationen wahrscheinlicher. Die Koordinationsfähigkeit einer Teilgruppe in einem Netzwerk ist wichtig, wenn es darum geht, Ausbeutungsstrategien eines Dritten zu begegnen oder sich als Gruppe von potenziellen Konkurrenten so zu organisieren, dass man selbst die Position des „lachenden Dritten" ausnutzen kann.[9]

Wettbewerb und Konkurrenz in Netzwerken gibt es nicht nur im Sinne eines Gegeneinanderausspielens, sondern auch im Sinne eines Mehr-Habens und Mehr-Seins. Der Besitz von hochbewerteten knappen Ressourcen führt zu asymmetrischen Beziehungsmustern, die sich auf individueller Ebene im netzwerkanalytischen Status oder Prestige der Akteure niederschlagen. Hohes Prestige, Ansehen und Einfluss bezieht ein Akteur nicht aus strukturellen Löchern, sondern daraus, dass andere Akteure, möglichst selbst mit hohem Prestige, ihm ihr Ansehen bekunden. Akteure auf dem oberen Ende dieser Rangskala sind deswegen gut geeignet, um innerhalb von Teilnetzwerken Aufgaben der Koordinierung und Sanktionierung vorzunehmen. Netzwerkpositionen mit hohem Prestige und hoher Zentralität werden dabei um ihrer selbst Willen zum Ziel von positiven Kooperations- und Tauschangeboten anderer Akteure. Es setzt ein sich selbst verstärkender Prozess ein, der zu einer Stratifizierung der Akteure führt. Die Position in einer Netzwerkstruktur bekommt einen Informations- und Signalwert eigener Art und dies kann Such- und Verhandlungskosten senken.

5. Macht: Sozialer Einfluss und strukturelle Autonomie

In der bereits erwähnten Studie, in der Burt (1992) seine These von der Vorteilhaftigkeit struktureller Löcher entwickelt, gibt es einen wichtigen empirischen Befund, der auf den Unterschied zwischen Macht im Sinne von sozialem Einfluss und Macht im Sinne struktureller Autonomie hindeutet.[10] Grundsätzlich erwiesen sich für die meisten Manager Netzwerke mit vielen weit ausgreifenden Beziehungen zu untereinander nicht oder nur schwach verbundenen Kontaktpersonen als vorteilhaft. Es gibt jedoch zwei Ausnahmen. Das sind jüngere Manager und weibliche Führungskräfte. Für sie sind Netzwerke mit wenigen starken Beziehungen zu hochrangigen und einflussreichen Personen im Unternehmen günstiger als Netzwerke aus schwachen Beziehungen. Während gewöhnlich ein Netzwerk mit vielen Kontakten außerhalb der eigenen Abteilung

---

9 Netzwerkanalytische Maßzahlen zum Zentralisierungs- und Hierarchisierungsgrad von Netzwerken oder ihren Teilgruppen messen diese Koordinationsfähigkeit als kollektiven Wettbewerbsfaktor.

10 Hierin scheint der gleiche Unterschied auf, den Weber mit der Differenzierung zwischen Herrschaft (legitime, anerkannte Macht) und bloßer Macht bezeichnet hat.

vorteilhaft ist, ist es für diese beiden Personengruppen besser, viele aufgabenorientierte Kontakte in der eigenen Abteilung aufzubauen. Hintergrund ist – Burt zu Folge – die in Frage stehende Legitimität von jüngeren und weiblichen Führungskräften. Für die bei diesen Personen erforderliche Absicherung von Loyalitäten und den Aufbau kollektiver Identitäten werden andere Netzwerkstrukturen benötigt als bei bereits etablierten Personen. Was jüngere und weibliche Führungskräfte für ihren beruflichen Aufstieg brauchen, ist somit nicht strukturelle Autonomie, also Freiheit von Zwängen, die andere ausüben, sondern Teilhabe am sozialen Einfluss bereits etablierter Personen.

Nicht nur die Forschungsergebnisse zu jüngeren und weiblichen Führungskräften belegen die Zweischneidigkeit von Netzwerken mit hoher struktureller Autonomie der Akteure. So zeigen mehrere Studien zu kleinen und mittleren Unternehmen, dass starke Beziehungen langer Dauer und Multiplexität sowie ein von starken und schwachen Beziehungen gleichermaßen geprägtes Netzwerk sich vorteilhaft auf den Kapitalzugang und -preis, die Profitabilität und die Überlebenschancen auswirken. Während strukturelle Löcher sich in der Anfangsphase von Unternehmen als vorteilhaft erweisen, muss ein Unternehmen längerfristig auch seine Kooperationsfähigkeit und Legitimität unter Beweis stellen (Gabbay 1997; Uzzi 1996, 1997). Für die Entdeckung einer Innovationschance ist ein Netzwerk mit vielen strukturellen Löchern optimal, aber für ihre Realisierung ist man auch auf vertrauensvolle Kooperation und damit auf starke Beziehungen angewiesen.

In den unterschiedlichen Ergebnissen zeigt sich, dass die Art der Interdependenz von Netzwerkbeziehungen bei „struktureller Autonomie" und „sozialem Einfluss" verschieden ausfällt. Es geht also darum, ob eine und gegebenenfalls wie eine Transaktion zwischen zwei Akteuren A und B durch eine Beziehung zwischen B und einem dritten Akteur C beeinflusst wird. Hat B keine Beziehung zu C, so macht es keinen Sinn, eine indirekte Beziehung von A zu C zu untersuchen. Wenn es eine indirekte Beziehung von A zu C über B gibt, so kann sie positiver Natur sein: Informationen, Ressourcen, Einfluss werden weitergegeben und zusammengefügt. Das ist die Voraussetzung für Kooperation und Kooperationserträge. Oder das Netzwerk ist negativ verbunden: dann stehen A und C untereinander in Konkurrenz um die Beziehung zu B. B kann nur bei dem einen oder anderen kaufen, ihn befördern oder heiraten. Dies bedeutet dann auch, dass B die Position des „lachenden Dritten" einnehmen kann. Er kann den Wettbewerb von A und C zu seinen Gunsten ausnutzen. Allerdings sind empirische Netzwerkbeziehungen selten eindeutig als komplemetär/additiv oder exklusiv/kompetitiv einzuschätzen (Jansen 2000; Matiaske 1999; Kappelhoff 2000a). In Tauschnetzwerken bestehen immer zugleich Interessen an Kooperation im Sinne der Weitergabe und Zusammenfügung von Ressourcen, und Interessen daran, Konkurrenzsituationen zwischen potenziellen Partnern zu schaffen und auszubeuten.

III. Analysemethoden für Netzwerke in der Organisationsforschung

Netzwerkanalysen in der Organisationsforschung sind hinsichtlich der Knotentypen, der Netzwerkabgrenzung und der Frage, ob empirisch bestätigte oder theoretisch postulierte Beziehungen untersucht werden, zu unterscheiden.

Bezüglich der Knotentypen geht es um intraorganisationale und interorganisationale Netzwerke. Während im ersten Fall die Knoten Personen oder auch Abteilungen innerhalb einer Organisation sind, sind im zweiten Fall die Knoten der Netzwerke die Organisationen selbst. Im Fall der Analyse intraorganisationaler Netzwerke ist die Abgrenzung des Gesamtnetzwerkes unproblematisch, da es mit den Organisationsgrenzen zusammenfällt. Bei interorganisationalen Netzwerken stellt die Netzwerkabgrenzung dagegen ein methodisches Problem dar. „Vergessene" Knoten können wegen der Wichtigkeit indirekter und auch fehlender Beziehungen für fast alle netzwerkanalytischen Verfahren zu falschen Ergebnissen führen. Übliche Abgrenzungsverfahren greifen daher sowohl auf vom Forscher theoretisch abgeleitete Kriterien (z.B. formale Entscheidungs- oder Anhörungsrechte, Ansässigkeit in einer Region, Zugehörigkeit zu einer Disziplin oder Branche; „nominalistische" Abgrenzung), als auch auf empirische Kriterien der Beteiligung der Akteure („realistische" Methode) zurück. Darüber hinaus wird mit der so genannten „relationalen" Methode validiert, ob die Akteure sich gegenseitig kennen und bei ihren Handlungen berücksichtigen (vgl. Laumann et al. 1983; Jansen 1999: Kapitel 4.1).

Ein wichtiger methodischer Unterschied in der Art der Netzwerkabgrenzung besteht zwischen egozentrierten Netzwerken und Gesamtnetzwerken. Egozentrierte Netzwerke betrachten einen fokalen Knoten und die unmittelbar mit Ego verbundenen Knoten. Ein solches Design liegt der erwähnten Studie von Burt (1992) zu den Netzwerken amerikanischer Manager zu Grunde. Eher selten werden die über Ego erhobenen Beziehungen zu den Alteri-Akteuren durch eine Befragung der Alteri validiert oder die nächste Zone aller mit den Alteri-Akteuren verbundenen Akteure erhoben. Die Erhebung egozentrierter Netzwerke ist auch bei Organisationen anwendbar, zum Beispiel in der Analyse der Netzwerke von kleinen oder neugegründeten Unternehmen und ihres Beitrags zu Erfolg und Überleben (Uzzi 1996, 1997; Jansen 2001). Ein wichtiger Vorteil bei Studien auf der Basis von egozentrierten Netzwerken ist der Einsatz der üblichen wahrscheinlichkeitstheoretisch abgesicherten Auswahlverfahren. Ihr Nachteil besteht darin, dass mit ihnen nur ein kleiner Teil des Netzwerkes um das fokale Ego zu erfassen ist und daher ein großer Teil des netzwerkanalytischen Instrumentariums nicht angewendet werden kann (z.B. Maße, die auf indirekten Beziehungen oder auf strukturell äquivalenten Positionen beruhen).

Zu differenzieren ist schließlich auch zwischen empirischen und theoretischen Netzwerken. So kann man etwa die formale Organisationsstruktur mit den tatsächlichen Informations- und Ressourcenflüssen vergleichen oder Hypothesen über das Vorliegen eines bestimmten Netzwerkmodells mit empirischen Daten konfrontieren. Empirische Erhebungen von Netzwerken durch Befragung können auf der Antwort des Senders oder aber von Sender und Empfänger beruhen. So haben zum Beispiel Pappi und König (1995) für ein Netzwerk des Austauschs vertraulicher Informationen im Politikprozess die Sichtweisen von Sender und Empfänger abgeglichen und nur die vom Empfänger bestätigten Sendungen vertraulicher Informationen in die Analyse eingehen lassen. Bestätigte Netzwerke sind eine Vorstufe für die noch komplexeren kognitiven Netzwerke. Akteure haben selbst eine Sicht auf die sie umgebenden Netzwerke und so kann jeder Akteur nicht nur nach seinen eigenen Beziehungen, sondern nach seiner Sicht auf die Beziehungen zwischen allen anderen Akteuren im Netz gefragt werden. Diese kognitiven Netzwerke werden statt durch zweidimensionale Soziomatrizen durch Matrizenquader dargestellt. Dies ist ein Verfahren, das im Bereich der Analyse intraorganisationaler Netzwerke häufig eingesetzt wird (Krackhardt 1987, 1992). Hier sind einerseits relativ klare kognitive Vorstellungen von Netzwerken vorhanden, andererseits ist die Einschätzung dieser Netzwerke von großer Bedeutung für die eigene Managementfähigkeit.

Die Ergebnisse von netzwerkanalytischen Verfahren können sich auf drei verschiedene Analyseebenen beziehen. Sie charakterisieren entweder einen einzelnen Akteur, das gesamte Netzwerk oder Teilgruppen in Netzwerken.[11] Eine erste Gruppe von Maßzahlen charakterisiert einzelne Akteure in ihrer Netzwerkeinbindung, zum Beispiel durch ihre Zentralität, ihr Prestige oder ihre Macht. Diese Maßzahlen können zur Messung des Sozialkapitals einzelner Akteure herangezogen werden, also zum Beispiel den Informationszugang, die strukturelle Autonomie oder den sozialen Einfluss eines Akteurs quantifizieren. Der einfachste Indikator für das Sozialkapital eines Akteurs ist sein so genannter Degree (*degree of connection*). Einen positiven Beziehungstyp vorausgesetzt, ist das Sozialkapital eines Akteurs umso größer, je größer die Anzahl der mit ihm direkt verbundenen Personen ist. Um Vergleichbarkeit zwischen unterschiedlich großen Netzwerken zu erreichen, wird die Anzahl der Beziehungen auf die Zahl der möglichen Beziehungen im Netzwerk bezogen (Degree-Zentralität). Sofern die betrachtete Relation gerichtet ist, muss man zwischen dem Indegree (eingehende Wahlen) und dem Outdegree (ausgehende Wahlen) unterscheiden.

Asymmetrien in gerichteten Netzwerken sind wesentlich, um Status- und Einflussunterschiede zu erkennen. Prestigemaßzahlen setzen daher anders als Zentralitätsmaßzahlen gerichtete Beziehungen voraus. Der Indegree eines Akteurs ist die einfachste Maßzahl für das Prestige eines Akteurs. Hoher Degree bzw. Outdegree eines Akteurs indiziert seine starke Beteiligung in einem Netzwerk, hoher Indegree indiziert seinen hohen Status im Netzwerk. Degree bzw. Outdegree als Zentralitätsmaßzahl korreliert mit Macht in negativ verbundenen Netzwerken, da ja die Zahl potenzieller Tauschpartner steigt. In Tauschnetzwerken korreliert Degree mit dem Marktanteil und ist daher ein wesentlicher Parameter im Wettbewerb zwischen den Akteuren. Ein weiteres Maß, das eher für negativ verbundene Netzwerke geeignet ist, ist die Betweenness-Zentralität. Sie misst, wie häufig ein Akteur auf der kürzesten Verbindungslinie zwischen allen anderen Akteurpaaren im Netz liegt.

Neben den akteurbezogenen Maßzahlen gibt es Verfahren, die auf das gesamte Netzwerk abzielen, es also in seiner Dichte, Kohäsion (Häufigkeit gegenseitiger Wahlen) oder dem Grad seiner Zentralisierung bzw. Hierarchisierung kennzeichnen. Diese Maßzahlen messen Sozialkapital als Kollektivgut, zum Beispiel das Solidaritäts- und Normdurchsetzungspotenzial. Die Netzwerkdichte als Quotient der im Netzwerk vorhandenen Beziehungen und der grundsätzlich möglichen Beziehungen ist der einfachste Indikator für ein hohes Solidaritätspotenzial. Die Koordinationsfähigkeit verschiedener Netzwerke oder von Teilgruppen in einem Netzwerk kann aus dem Vergleich der Zentralitäts- bzw. Prestigewerte der Akteure abgeleitet werden. Sie ist umso größer, je eindeutiger einer der Akteure an der Spitze der Rangskala zu verorten ist. Dabei geht

---

11 Vgl. ausführlicher zu den Methoden der Netzwerkanalyse Jansen (1999), Schweizer (1996), Wasserman und Faust (1994), Scott (1991). Dort finden sich auch Hinweise auf Software.

dieser Effekt des Zusammenhangs zwischen Zentralisierung/Hierarchisierung und der Koordinationsfähigkeit eines Netzwerkes oder einer Arbeitsgruppe auf menschliche Wahrnehmungsphänomene zurück, da die Informationsübertragung am schnellsten von jeder Position eines Netzwerkes an jede andere in einem total verbundenen Netz, einer so genannten Clique möglich wäre. Allerdings gibt es für den einzelnen keinen herausgehobenen „Integrationsakteur", der die Entscheidung darüber, wen man (zuerst) informieren soll, leicht macht. Empirische Studien haben gezeigt, dass die kollektive Verarbeitungskapazität einer solchen Clique meistens schlechter ist als die einer klar zentralisierten Struktur. Erst wenn die Integrationsfähigkeit der Zentrale – wegen einer hohen Komplexität der Aufgabe oder eines dezentral verteilten Wissens – zum Problem wird, können horizontale und redundante Strukturen überlegen sein (vgl. hierzu etwa die Überlegungen zu den Vorteilen von horizontalen Netzwerken und *industrial districts*).

Drittens gibt es die Möglichkeit, Akteursgruppen in Netzwerken zu identifizieren und diese zu beschreiben, so etwa durch ihr Verhältnis zu anderen Akteursgruppen oder durch ihre interne Koordinationsfähigkeit. Hierdurch können zum Beispiel eng miteinander verbundene Cluster, zwischen denen strukturelle Löcher bestehen, aufgefunden werden. Viele strukturelle Löcher deuten einerseits auf gute Unternehmerchancen für einzelne Akteure in Maklerpositionen, aber aus der Perspektive des Gesamtnetzes auch auf sozusagen negatives Sozialkapital, nämlich hohe Informations- und Transaktionskosten.

Es gibt zwei verschiedene Teilgruppenkonzepte in der Netzwerkanalyse. Das Cliquenkonzept stellt auf die starke interne Verbundenheit der Cliquenakteure im Vergleich zum Gesamtnetz ab. Im Konzept der strukturellen Äquivalenz werden dagegen diejenigen Akteure zusammen gruppiert, die ähnliche Außenbeziehungen zu anderen Akteuren haben. Untereinander müssen diese Akteure nicht verbunden sein, sie können es aber. Die letztere Analysemethode hat noch den Vorteil, dass parallel mehrere Beziehungstypen in die Gruppenbildung eingehen können.

Eine Clique im netzwerkanalytischen Sinne ist im Wesentlichen das, was man auch umgangssprachlich darunter versteht. Es ist eine Zone relativ dichter Beziehungen im Netzwerk, die sich über die Clique hinaus durch einen Mangel an Einbindung abgrenzen lässt. Die drei Cluster in der *Abbildung 1* sind zum Beispiel Cliquen, die nur über den Ego-Akteur miteinander verbunden sind. Die Akteure sind möglicherweise in mehreren Beziehungstypen gleichzeitig miteinander verbunden (Multiplexität) und weisen bei gerichteten Beziehungen viele gegenseitige Wahlen auf (Kohäsion).

Verfahren der Analyse struktureller Äquivalenz versuchen ein Netzwerk mit *n* Akteuren und *m* Kanten in einer übersichtlicheren kleineren Sozialstruktur so zusammenzufassen, dass Akteure mit gleichartigen Beziehungen zusammen gruppiert werden. Die Teilgruppenzerlegung anhand der empirischen Beziehungsprofile gibt Aufschluss darüber, welche Akteure sich möglicherweise in einer Konkurrenzsituation untereinander befinden könnten, weil sie für andere Akteure strukturell austauschbar sind. Diese Teilgruppen kann man dann auf ihre interne Koordinationsfähigkeit und ihr Verhältnis zu anderen Positionen weiter untersuchen.

IV. Erträge für die Organisationsforschung

Der zentrale Beitrag eines netzwerkanalytischen Zugangs zur Organisationsforschung liegt zum einen in einer systematischen und quantifizierbaren Beschreibung von Phänomenen des Wettbewerbs, des Tauschs und der Kooperation und zum anderen in der Untersuchung deren Konsequenzen, wie sie sich etwa in dem Erfolg und Überleben von Organisationen, der Entstehung von Normen und Identitäten und der Verbreitung und Veränderung organisationaler und gesellschaftlicher Praktiken zeigen. Die Netzwerkforschung beschäftigt sich somit gerade mit jenen Phänomenen, die auch im Zentrum der aktuellen Organisationstheorien stehen, man denke hier etwa an institutionenökonomische Ansätze, den organisationssoziologischen Institutionalismus, den Macht-Abhängigkeitsansatz oder die Populationsökologie (Williamson 1994; Scott 1995; Aldrich 1999; Baum 1999; Carroll und Hannan 2000). Allerdings geht die Untersuchung von Netzwerken insofern über diese Ansätze hinaus, als damit ein neuer Blick auf systemische Effekte der relationalen Eigenschaften der Akteure geworfen werden kann. Aus den akteursbezogenen Daten lassen sich emergente Eigenschaften der Akteure selbst sowie von Organisationskollektiven und ganzen Gesellschaften ableiten, die auf den ersten Blick nicht sichtbar sind. Damit lassen sich Aussagen treffen zur Innovationsfähigkeit eines Unternehmens, zur Strategiefähigkeit von Branchen, zu Verbänden, gesellschaftlichen Sektoren und der Fähigkeit von staatlichen oder politischen Akteuren, steuernd oder gewährleistend in die Aushandlungs- und Marktprozesse einzugreifen. Ein bislang noch nicht ausreichend genutztes Potenzial der Netzwerkanalyse liegt in deren Fähigkeit, Fragen nach dem Zusammenhang zwischen Mikrophänomenen auf der Ebene der Interaktionen von Akteuren und den Makroergebnissen, ihrer Rationalität und Normbindung zu stellen und nachvollziehbare Mechanismen für eine „Logik der Aggregation" (Esser 1993: 96ff.) zu liefern.

1. Netzwerke als Erfolgsfaktor: Soziale Schließung oder strukturelle Löcher?

Wesentliche Fragestellungen einer netzwerkanalytischen Betrachtung des Innenlebens von Organisationen sind Analysen von Autoritäts- und Kontrollprozessen und die Zusammenhänge zwischen Kommunikations- und Kooperationsbeziehungen innerhalb der Organisation mit der Leistungsfähigkeit der Organisation. In Analysen von Interorganisationsnetzwerken stehen verschiedene Erfolgsparameter der Organisation wie Überleben, Wachstum, Rentabilität und Innovationsfähigkeit im Mittelpunkt. Von besonderer Bedeutung ist dabei das Verhältnis von Kooperation, Vertrauen und sozialer Schließung einerseits und Konkurrenz, Misstrauen und Marktbeziehungen auf Distanz zu anderen Organisationen andererseits. Die theoretische Blickrichtung ist dabei zumeist noch die eines instrumentellen Relationalismus: Welche Netzwerkstrukturen sind für einzelne Akteure förderlich?

Hansen (1999) untersuchte die Frage, ob die Weitergabe von Wissen innerhalb von Organisationen eher durch *weak ties* oder *strong ties* zwischen den Organisationseinheiten befördert wird. Als Indikator für die Innovationsfähigkeit der Organisation verwendete er die Zeit, die in der Entwicklung neuer Projekte in der untersuchten

Elektronikindustrie von großer Bedeutung für den Markterfolg ist. Als theoretisch weiterführend erwies sich eine Differenzierung zwischen Such- und Transferprozess und zwischen explizitem, kodifiziertem *„stand alone"*-Wissen und komplexem, oft implizitem Wissen als wesentlichen Kontingenzfaktoren. Die Chance einer Organisationseinheit zur rechtzeitigen und übergreifenden Integration von Wissen stieg nur dann mit der Schwäche der Beziehungen zu anderen Organisationseinheiten an, wenn es nicht um implizites oder komplexes Wissen ging. Sobald die Komplexität und Implizitheit des transferierten Wissens einen mittleren Wert überschreiten, ist der Nettoeffekt von schwachen Beziehungen auf die Projektdauer deutlich negativ.

Zu ähnlichen Ergebnissen kam Ahuja (2000) in einer Analyse von technologischen Allianzen zwischen weltweit tätigen Unternehmen der Chemieindustrie, die ebenso wie deren Patentanmeldungen zeitbezogen anhand von Sekundärdaten erhoben wurden. Die Anzahl der direkten und indirekten Beziehungen wirkten positiv auf die registrierten Patente eines Unternehmens in der folgenden Beobachtungsperiode. Es gab einen Interaktionseffekt zwischen direkten und indirekten Beziehungen, das heißt der zusätzliche Nutzen von weiteren direkten Beziehungen sank mit der Zahl indirekter Beziehungen und vice versa. Aber die Hypothese einer positiven Wirkung struktureller Löcher wurde widerlegt. Im Gegenteil: je besser Beziehungen in ein Netzwerk eingebunden waren, also auch Beziehungen zu den Partnern der Partner bestanden, desto höher war die Anzahl der Patente. Umgekehrt: je weniger Schließung die Forschungskooperationsnetzwerke eines betrachteten Unternehmens aufwiesen, desto geringer war der Innovationserfolg. Dies lässt sich möglicherweise als ein Effekt der Notwendigkeit von wechselseitiger und interdependenter Anpassung und Verständigung deuten, die über Dyaden hinausgeht. Außerdem ist denkbar, dass innerhalb einer solchen geschlossenen Forschungsallianz das Kollektivgutproblem eher gelöst werden kann. Erst innerhalb der geschlossenen Gruppe entstehen Reputationsmechanismen und das Potenzial an Überwachung und Sanktionierung, welche den offenen Austausch auch bei implizitem Wissen der Akteure und bei Offenlegung der eigenen Absichten erlauben.

Diese Interpretation wird gestützt durch Ergebnisse einer Studie von Rooks et al. (2000) zu den Faktoren, welche die Höhe der für den Einsatz und die Aufrechterhaltung einer Beziehung für erforderlich gehaltenen Ressourcen beeinflussen. Befragt wurden in der Untersuchung Einkaufsmanager zu dem Verhältnis zwischen ihrem Unternehmen und dessen Zulieferern. Weiterführend an dieser Studie ist die Unterscheidung zwischen einem *Voice*-Network – das sind die Kooperationspartner – und einem *Exit*-Network alternativ möglicher Zulieferer (vgl. Hirschman 1970). Im Ergebnis zeigte sich, dass neben den ökonomischen Faktoren aus dem Transaktionskostenansatz die Faktoren der sozialen Einbettung, das heißt der sozialen Schließung innerhalb des *Voice*-Netzwerks und eine gemeinsame Geschichte der Partner zu einer signifikanten Senkung der Transaktionskosten führte. Auch empirische quantitative und qualitative Studien zu Zulieferer-Netzwerken und zu den Beziehungen zwischen Unternehmen und Banken belegen den positiven Effekt von sozialer Einbettung und starker Beziehungen für wichtige Erfolgsvariablen wie Kapitalzugang und -kosten,[12] die vertrauens-

---

12 Vgl. Baker (1990), Uzzi (1999). Zur Bedeutung legitimer großer Kooperationspartner für den Erfolg des Börsengangs von Biotechnologie-Start-Ups siehe Stuart et al. (1999).

volle Kooperation sowie für den Transfer von implizitem und geschütztem Wissen und das Überleben von kleinen und mittleren Unternehmen.[13] Dieser positive Effekt der Einbettung nimmt aber jenseits eines Schwellenwertes ab und wird dann negativ. Mit Blick auf die Unterscheidung von *Voice-* und *Exit-*Netzwerk und das Verhältnis von Kooperation und Konkurrenz ist dies erklärlich: Die Unternehmen verlieren bei zu hoher sozialer Schließung den Zugang zu Informationen und Optionen außerhalb ihres *Voice-*Netzwerks. Damit verpassen sie womöglich gute Alternativen und verlieren innerhalb ihres *Voice-*Netzwerks an Verhandlungsmacht.

Welche Balance zwischen Einfluss und Legitimität in den Augen von Partnern und Beobachtern (z.B. Kunden, Finanzmärkten, Aufsichtsbehörden) und der Nutzung von Innovations- und Profitmöglichkeiten auf der Basis struktureller Löcher sinnvoll ist, hängt außerdem von Markttypen und der Netzwerkdichte ab. In dichten Netzwerken sinkt der Wert struktureller Löcher für einen Broker (Burt 1997). Wie Podolny (2001) in einer Analyse verschiedener Segmente des Risikokapitalmarktes zeigt, spielen strukturelle Löcher eine positive Rolle, wenn es um die Bewältigung von *ego*bezogener Unsicherheit geht. Hierunter versteht er Unsicherheiten über technologische Entwicklungen und künftige Marktchancen. Dagegen ist die auf hohem Netzwerkprestige basierende Legitimität einer Finanzinstitution dann von großer Bedeutung, wenn *alter*bezogene Unsicherheit das dominante Problem ist, wenn etwa die Qualität und Zuverlässigkeit von Lieferanten und Partnern schwer einzuschätzen sind. Dies findet er in einer Analyse von Finanzinstitutionen des Risikokapitalmarktes bestätigt. Akteure mit vielen strukturellen Löchern sind eher in sich entwickelnden, technologisch hoch riskanten Märkten aktiv, während solche mit hohem Netzwerkstatus eher in etabliertere Firmen in einem späteren Stadium investieren.[14]

2. Gestaltung, Wandel und Evolution von Netzwerken

In einer dynamischen Perspektive müssen Netzwerkstrukturen als Institutionen begriffen werden, die aus den Strategien der Akteure und den vorgängigen Strukturen erwachsen. Damit werden Netzwerkvariablen als abhängige Variablen betrachtet und da-

---

13 Vgl. Uzzi (1996, 1997), Brüderl und Preisendörfer (1998), Jansen (2001). Zu kleinen bzw. neu gegründeten Unternehmen und ihren Überlebenschancen sowie zum Zusammenhang von Zentralitätsindikatoren in technologischen Kooperationsnetzwerken in der Biotechnologie und Patenterfolgen, Einwerbung von Forschungsgeldern und Unternehmenswachstum siehe Powell et al. (1999).

14 Über die Effektivität und Effizienz dieser verschiedenen Strategien werden allerdings keine Daten vorgelegt. Insofern leidet die Analyse ähnlich wie die Studie von Lazega (vgl. IV.2.a) an einem impliziten Funktionalismus. Es wird unterstellt, dass die gewählten Strategien auch die unter den gegebenen Bedingungen effektivsten sind. Das muss jedoch nicht so sein. So kommen Mizruchi und Brewster Stearns (2001) zwar zu ähnlichen Ergebnissen hinsichtlich der bevorzugten Strategie von Bankmanagern: Je unsicherer ein Geschäft ist, desto stärker suchen sie Unterstützung bei Kollegen in der Bank, denen sie vertrauen. Aber je dichter und hierarchischer dieses interne Ratgebernetzwerk ist, desto seltener kommt die Transaktion zustande, was möglicherweise ein Hinweis auf Konservatismus und das Verpassen guter Geschäftsoptionen sein könnte. Daten über Gewinne und Verluste aus der Transaktion liegen aber auch hier nicht vor.

mit geraten auch höhere Analyseebenen und die gemeinsamen Interessen von Akteurgruppen in den Blick, welche endogen von Netzwerkstrukturen und ihrer mehr oder weniger bewussten Gestaltung mitgeprägt sind. Einen ersten Schritt in Richtung einer solchen Analyse von Netzwerken geht eine hier exemplarisch vorgestellte Studie von Lazega (2000; Lazega und Krackhardt 2000) mit der Suche nach den Gestaltungsprinzipien für ein informales Kontrollregime in einer professionellen Organisation (*Abschnitt IV.2.a*).

Darüber hinaus liegen Studien für Unternehmensallianzen vor, in denen die Wirkung von Strukturen zum Zeitpunkt t_1 auf Leistungsmerkmale einer Organisation zum Zeitpunkt t_2 und zu eigendynamischen Veränderungen und den Mechanismen der Schließung, Öffnung und Differenzierung von Netzwerken untersucht werden. Zu diesen Unternehmensallianzen, die sich zu weltweiten Unternehmensnetzwerken zusammenfügen, gibt es Datenbanken, die eine längsschnittliche Verfolgung der Netzwerkaktivitäten der Akteure und der entstehenden Netzwerke erlauben (*Abschnitt IV.2.b*).

a) Das Management von Koordination und Kontrolle. Lazega verbindet in seiner Studie einer mittelamerikanischen Law Firm komplexe netzwerkanalytische Verfahren mit Ansätzen aus der Theorie des kollektiven Handelns und institutionentheoretischen Fragestellungen (Lazega 2000; Lazega und Krackhardt 2000). Die betrachtete Law Firm (36 Partner und 35 Associates in drei Niederlassungen) ist durch eine hohe Informalität ihrer Organisationsstruktur gekennzeichnet. Es gibt nur eine schwache Leitung, wenige formale Regeln und einen hohen Konsensbedarf. Die Einkommensverteilung orientiert sich an Seniorität bei geringer direkter Abhängigkeit von individuellem Arbeitsaufwand und erzielten Einnahmen.

Die Frage ist nun, wieso die Kollektivressourcen der Law Firm nicht ausgebeutet werden. Die Autoren führen dies auf die Etablierung eines lateralen Kontrollsystems zurück, das in der Lage ist, gleichzeitig die Kosten einer informalen Kontrolle (Trittbrettfahrerproblem zweiter Ordnung) durch räumliche, fachliche und relationale Nähe gering zu halten, durch frühzeitiges Monitoring und graduelle Sanktionen auf der Basis eines hohen internen Status des informalen Kontrolleurs (Seniorität, fachliche Autorität und sozialer Einfluss im intraorganisationalen Netzwerk) Verhaltensänderungen zu bewirken und das Vertrauen aller in das Funktionieren dieses Kontrollregimes zu erhalten (Lazega 2000). Hierbei wird insbesondere das Problem der Balance von niedrigen Sanktionskosten durch soziale Nähe und der Gefährdung der Kontrollfähigkeit des Regimes durch zu enge Cliquen behandelt. Methodische Basis der Studie sind dreidimensionale kognitive Netzwerkdaten über die von den an der Law Firm beteiligten Partnern präferierte Kontrollstruktur.

Diese kognitiven Netzwerke sind die Grundlage für die Behandlung einer zweiten Fragestellung, nämlich die Identifizierung von Einflussfaktoren für die individuelle „Institutionenwahl" zur Sicherung eines Kollektivgutes (Lazega und Krackhardt 2000). Die präferierten Muster informaler Kontrolle unterscheiden sich im Grad ihrer Fragmentierung, wenn zum Beispiel örtlich segmentierte Kontrollregime vorgeschlagen werden (häufig unter neuen oder schlecht integrierten Partnern). Sie unterscheiden sich in der Hierarchisierung, also in der Frage, ob einige wenige Partner für fast alle in asymmetrischer Weise als geeignete Sanktionsinstanzen vorgeschlagen werden. Und sie unterscheiden sich darin, ob die Sanktionsaufgabe eher als vertrauliche Aufgabe eines Partners oder als Teamaufgabe betrachtet wird. Letzteres ist dabei zugleich ein Instrument zur Kontrolle der Kontrolleure. Von den untersuchten Faktoren (Niederlassung, Fachgebiet, Seniorität, Indegree-Maße für Freundschaft, Rat und Arbeitskooperation und zwei Maße für die Arbeitsproduktivität) erwiesen sich nur die Niederlassung und der Indegree im Freundschaftsnetzwerk als signifikant. Die Fragmentierung der Kontrollstruktur wurde durch keinen Faktor signifikant beeinflusst. Hierarchisierung hängt positiv, Kontrollredundanz der präferierten Kontrollstruktur dagegen negativ vom Indegree im Freundschaftsnetzwerk ab. Populäre Partner tendierten dazu, die Kontrollkosten weniger breit zu streuen und seltener mehrere Kontrollpersonen zu nennen.

In einem zweiten Schritt wurden Strukturvariablen als Determinanten für die Wahlen konkreter anderer Partner als Kontrolleure untersucht. Die zu prüfende Frage ist dabei, wessen Freunde, Arbeitspartner oder Ratgeber die Befragten mobilisieren, um ein Kontrollproblem zu lösen – ihre eigenen, die der Problemperson oder die des Kontrolleurs. Als wesentlicher Faktor stellte sich die Beziehung zwischen Problemperson und Kontrolleur heraus. Es werden häufig solche Personen gewählt, die die Problemperson als Freund oder Ratgeber genannt hat. Damit werden die Kontrollkosten auch dem Kontrollierten aufgebürdet, dessen firmeninternes Sozialkapital für die Kontrollzwecke mobilisiert wird. Als zweiter Effekt stellte sich eine positive Wirkung von Ähnlichkeit zwischen Kontrolleur und Kontrolliertem im Standort und vor allem im Senioritätsrang heraus. Dagegen spielte das Prestige der Akteure kaum eine Rolle für die individuellen Wahlen eines geeigneten Kontrollregimes.

Die Autoren entwickeln aus ihren Daten drei verschiedene Konzeptionen eines lateralen Kontrollregimes für Seniorpartner, Partner mittlerer Seniorität und Juniorpartner. Seniorpartner benutzen noch öfter als andere das Sozialkapital des Kontrollierten und legen weniger Wert auf die Abschwächung der Sanktionsmaßnahmen durch die Berücksichtigung von räumlicher Nähe zwischen Kontrolleur und Kontrolliertem. Gleiche Seniorität ist ihnen aber wichtig. Partner mit mittlerer Seniorität weisen die größte Bereitschaft auf, ihr eigenes Sozialkapital in das Kontrollregime zu investieren. Sie wählen als Kontrolleure typischerweise Partner mit hohem Indegree-Prestige im Einflussnetzwerk – und sind selbst durch einen hohen Einflussstatus gekennzeichnet. Dabei verteilen sie die Kontrollaufgabe tendenziell auf mehrere Partner. Sie entsprechen damit am ehesten dem Idealtyp eines lateralen Kontrollregimes. Juniorpartner setzen dagegen ihre eigenen Freunde, Arbeitspartner und Ratgeber selten als Kontrolleure ein. Auch vermeiden sie es, Kontrolleure zu wählen, die die Problemperson als Freund ansehen. Aus ihrer Perspektive ist es eher die Aufgabe von wenigen ausgewählten Partnern hoher Seniorität, diese Kontrollfunktion zu übernehmen und die damit verbundenen Kosten zu tragen.

Zusammenfassend bestätigt sich die Bedeutung örtlicher und sozialer Nähe für ein informales Kontrollregime in Organisationen, aber auch die Bedeutung von Prestigedifferenzierungen und Hierarchisierung im organisationsinternen Netzwerk. Kontrolleure zeichnen sich gerade nicht durch strukturelle Löcher aus, sondern durch gute Beziehungen zum Kontrollierten und zum „Auftraggeber" sowie durch hohen sozialen Einfluss in der Organisation. Dabei sind persönliche Beziehungen zu den mit der Kontrolle Beauftragten für „Auftraggeber" mittlerer Seniorität wichtiger als für Juniorpartner, die sich eher an der offiziellen Hierarchie orientieren. Unter welchen Bedingungen persönliche Netzwerkerfahrungen ausschlaggebend für die Wahl von Partnern sind und wann objektive Positionen im Netzwerk die Wahl anleiten, lässt sich an der Entwicklung von Unternehmensallianzen im nächsten Abschnitt genauer darstellen. Kritisch bleibt anzumerken, dass die Analyse zu Koordination und Kontrolle auf eine Querschnittsperspektive beschränkt blieb. Es können zwar Zusammenhänge zwischen Strukturen und daraus ableitbaren Institutionenpräferenzen beschrieben werden, aber die (Eigen-)Dynamik der Arbeits- und Einflussbeziehungen oder die Entwicklung der Kontrollregime können so nicht in den Blick geraten.

b) Eigendynamik und Differenzierung von Netzwerken. Interorganisationsnetzwerke weisen ebenso wie persönliche Netzwerke eine starke Tendenz zur Homophilie auf. Qualitative Studien zu Kooperationsmustern (Uzzi 1996, 1997) zeigen ebenso wie Längsschnittanalysen von Netzwerken technologischer Allianzen, dass die Entscheidung für eine Kooperationsbeziehung von der vorherigen Erfahrung mit dem Partner oder Partnern des Partners geprägt ist. Das Passungsverhältnis des Partners und dessen Vertrauenswürdigkeit ist für einen bekannten Partner weniger problematisch als beim Eingehen einer neuen Beziehung. Die Wahl bekannter Partner reduziert Unsicherheit und führt zu tendenziell cliquenhaften Netzwerkstrukturen. Vertrauen wird aufgebaut, kollektive Normen und gegenseitiges Verständnis wachsen und damit nehmen die Fähigkeiten zu gemeinsamen Problemlösungen und der Ertrag aus Kooperationen zu. Ein in die Richtung stärkerer Netzwerkheterogenität wirkender Faktor ist dagegen die Notwendigkeit, komplementäre und unterschiedliche Partner einzubinden. Die Suche nach Komplementarität begrenzt den Effekt der Vertrautheit eines Partners auf die Entstehung neuer Beziehungen (Gulati 1995). Komplementarität und Heterogenität der Partner wirken – einigen Studien zu Folge – positiv auf den wissenschaftlichen und technologischen Erfolg (Stuart und Podolny 1999; Jansen 2000). Gleichzeitig begrenzen sie die Chancen der gegenseitigen Verständigung (Contractor und Grant 1999; Carley 1999). Dies ist aus der Analyse der Ursachen für das Fehlschlagen von Allianzen und Unternehmensfusionen wohlbekannt (Todeva und Knoke in diesem Band; Stuart 1998).

Eine ganze Reihe von Verlaufsstudien belegt die Bedeutung von Zentralität und Prestige in Interorganisationsnetzwerken bei der Auswahl von Kooperationspartnern für strategische Allianzen.[15] Mit der Schaffung eines interorganisationalen Netzwerks gewinnt das Netzwerk als solches Informationsqualität für die beteiligten Organisationen. Die Netzwerkstruktur und die Positionen im Netzwerk werden sichtbar und dies verringert die Unsicherheit über die Wahl von Partnern. Diese orientiert sich nicht nur an eigenen Erfahrungen oder an den Erfahrungen von Partnern, sondern an den Positionen potenzieller Kandidaten im Netzwerk. Die Analysen von Gulati und Gargiulo (1999) belegen, dass die Tendenz zur Bildung neuer Allianzen mit dem Grad der Stratifizierung des Netzwerks steigt. Dabei partizipieren die Akteure unterschiedlicher Zentralität in unterschiedlichem Ausmaß an den neu entstehenden Kooperationsbeziehun-

---

15 Vgl. Stuart (1998) zur Halbleiterbranche; Gulati (1995), Gulati und Gargiulo (1999) zur Automobilindustrie, Industrieautomation und Neuen Materialien; Powell et al. (1999) zur Biotechnologieindustrie.

gen. Je höher die gemeinsame Zentralität der potenziellen Partner, desto größer die Chance der Entstehung einer neuen Verbindung. Je ausgeprägter die Stratifizierung des Netzwerks in verschiedenrangige Positionen ist, desto mehr sinken die Chancen weniger zentraler Akteure, neue Allianzen einzugehen. Die Homophilietendenz gilt hinsichtlich der Zentralität der Organisationen nur innerhalb der oberen Ränge. Bei den weniger zentralen Organisationen herrscht dagegen die Suche nach Allianzen mit statushöheren Partnern vor. Netzwerke entwickeln so eine Pfadabhängigkeit, geringe anfängliche Unterschiede in der Position von Akteuren verstärken sich im Zeitverlauf.

Die Entwicklungsfähigkeit der Netzwerkposition und Zentralität einer Organisation werden zu eigenständigen Ressourcen, zu Sozialkapital, das umso wertvoller ist, je komplexer die Produkte und Dienstleistungen der Organisation sind und je schwieriger es ist, diese zu bewerten. Die Netzwerkeinbindung von Organisationen gilt daher in der aktuellen Managementliteratur als eine wichtige Eigenschaft, auch weil sie auf Grund ihrer Relationalität eine schwer zu imitierende Ressource darstellt (Galaskiewicz und Zaheer 1999; Nahapiet und Ghoshal 1998).

Unternehmensnetzwerke und Netzwerke im Bereich von Wissenschaft und Technik zeigen überwiegend ein Zentrum-Peripherie-Muster. Die zentrale Akteursgruppe richtet dabei ihre Beziehungen zum großen Teil aufeinander, aber auch nach außen, während die peripheren Akteursgruppen ihre Beziehungen auf das Zentrum richten. Intern ist insbesondere die Akteursgruppe am äußersten Rand der Struktur oft unverbunden.[16] Die Anziehungskraft des Zentrums produziert dabei über die eben benannten Mechanismen einen sich selbst verstärkenden Prozess der Stratifizierung. Dies und die Knappheit von Zeit und Ressourcen der Akteure verhindern, dass ein Netzwerk zu einer allumfassenden Clique zusammenwächst. Gleichzeitig begünstigen begrenzte Zeit und Ressourcen und der Umgang mit Unsicherheit die Bildung relativ kohäsiver Subgruppen.

Moderne Organisationsnetzwerke sind jedoch ebenso wenig wie Elitenetzwerke polarisiert. Vielmehr stehen den Mechanismen der Einforderung und Durchsetzung von Solidarität und Vertrauen innerhalb enger Cluster die Mechanismen reziproken Tauschs zwischen Clustern gegenüber.[17] Dies zeigt sich in der Gleichzeitigkeit von positiven und negativen Effekten von Netzwerkdichte. So kommen Talmud und Mesch (1997) zu dem Ergebnis, dass die Stabilität einer ganzen Branche von der Existenz struktureller Löcher und der Existenz kohäsiver Subgruppen positiv beeinflusst wird. Eine Zunahme der Gesamtdichte des Netzwerks führe hingegen zu erhöhter Turbulenz in der Branche. Dahinter steht der aus der Populationsökologie bekannte Effekt zunehmender Dichte einer Nische, also erhöhter Konkurrenz (Stuart 1998).[18] Ähnliche Er-

---

16 Vgl. Gulati und Gargiulo (1999) zu Netzwerken in der Automobilindustrie, der Industrieautomation und Neuer Materialien; Walker et al. (1997) zu Biotechnologie; Stuart (1999) zur Halbleiterbranche; für Forschungsorganisationen siehe Jansen (1995).
17 Vgl. Frank und Yasumoto (1998) mit einer Analyse der Subgruppenstruktur der französischen Elite und der durch diese Struktur geprägten Unterlassung von feindlichen Ausbeutungsakten innerhalb der Gruppen und der Konzentration von unterstützenden Aktionen nach dem Muster des reziproken Tauschs zwischen Dyaden aus verschiedenen Gruppen. Ähnliche Ergebnisse eines gleichzeitigen positiven Effektes sowohl von struktureller Autonomie als auch von sozialer Einbindung liegen auch für Manager (Gabbay 1997) vor.
18 Dichte innerhalb einer über Patentzitationsnetzwerke abgegrenzten technologischen Nische

gebnisse liefern Simulationen, die sich mit dem Zusammenhang von Marktvolatilität und Marktstrukturen befassen. Netzwerkgröße und Netzwerkdichte erhöhen die Interdependenzen und damit auch die Volatilität. Je größer die Märkte werden, desto mehr Strukturierung und Differenzierung ist auf Grund der begrenzten kognitiven Kapazitäten von Menschen nötig. Diese Strukturierungen stellen sich als dichte Subgruppen und dazwischen liegende strukturelle Löcher dar. Austauschbeziehungen in Cliquen versprechen Sicherheit und Kooperationsgewinne. Die in großen Netzwerken jedoch unvermeidlichen strukturellen Löcher produzieren Volatilität und Innovationsdruck (Baker 1984; Baker und Iyer 1992; Arthur 1995; Watts 1999). Dabei entsteht ein Wechselspiel, das aus der Innovationsforschung bekannt ist: Es kommt zu schöpferischer Zerstörung und einer zunehmenden Turbulenz durch die Aktivitäten von Innovatoren, die etablierte Grenzen überschreiten. Aber die Umsetzung der Innovationen verlangt Diffusion und Legitimation, also erneuten Aufbau von Strukturen und Erwartungssicherheiten.

Ob die Akteure im Zentrum einer solchen Struktur dabei die Rolle des lachenden und unternehmerischen Dritten einnehmen (Burt 1992), ist keinesfalls klar. Wenn man die Modifizierung der Burtschen Überlegungen durch Krackhardt (1999; vgl. Fn. 7 in *Abschnitt II.3.a*) einbezieht, so sind Akteure, die gleichzeitig Mitglieder in mehreren Cliquen sind, in hohem Maße sozial gebunden. Und es sind die Zentrumsakteure, die typischerweise Akteursgruppen aus verschiedenen Schichten der Peripherie miteinander verbinden und integrieren. Gleichzeitig sind sie in hohem Maße sichtbar und daher starken Reputationseffekten unterworfen. Durch die Beziehung zu mehreren kohäsiven Subgruppen werden die Zentrumsakteure mit unterschiedlichen normativen und kognitiven Erwartungen konfrontiert. Auf der Ebene von Personen in Organisationen kann sich eine solche Konstellation im Konfliktfall durchaus als *double bind* auswirken und zur Handlungsblockade führen (Krackhardt 1992, 1999). Für korporative Akteure im Zentrum ist dies offenbar selten der Fall. Vielmehr zählen sie typischerweise zu den erfolgreichen und auch innovativen Akteuren, die in der Lage sind, Ideen aus der Peripherie aufzugreifen und durchzusetzen.[19] Diese Fähigkeit gründet

---

führt zu einer Intensivierung von technologischen Kooperationen, die der Vermeidung von Doppelforschung, der Schaffung gemeinsamer Standards oder gar der Kartellbildung dienen. Gleichzeitig wird hierdurch allerdings auch die Stärke des Einflusses von hohem Status im Patentzitationsnetzwerk auf die Wachstumsraten des Unternehmens im Halbleitermarkt reduziert (Podolny et al. 1996). Auch Burt (1997) verweist auf die Abwertung einer Position in einem Netzwerk durch die Existenz von Akteuren mit gleichartigen Positionen. Kooperation zwischen Wettbewerbern als eine Strategie der Partnerwahl wird auch aus anderen Branchen, zum Beispiel der Hotelbranche, berichtet (Ingram und Roberts 2000).

19 In einer Fallstudie zu britischen Forschungsorganisationen (Jansen 1995, 2000) führte eine zentrale Position in dem entstehenden Zentrum-Peripherie-Netzwerk zu hoher Forschungsqualität. Die hoch leistungsfähigen Forschungsgruppen zeichneten sich dabei durch interne Interdisziplinarität aus. Auch die Heterogenität der Akteure im Zentrum hinsichtlich organisationaler Charakteristika war hoch. Ihre Einbindung in die unterschiedlichen Normsysteme ihrer Peripherie-Partner hat offenbar keinen negativen Effekt auf die wissenschaftlich-technologische Performanz. Allerdings konnte sich diese Zentrumsgruppe mit ihren forschungspolitischen Vorstellungen schlechter als andere Gruppen durchsetzen. Dies ist bisher auf ihre geringere interne Hierarchisierung und größere Heterogenität zurückgeführt worden. Überlappende und sich widersprechende Simmel'sche Ties im Sinne von Krackhardt könnten eine alternative Erklärung sein.

sich vermutlich weniger auf Ausbeutung ihrer Partner, als vielmehr auf Integration und Koordination von verschiedenen Akteuren. Welchem normativen Druck Zentrumsakteure in Netzwerken sich ausgesetzt sehen und wie sie ihre eigene Position hinsichtlich der Anforderungen an Legitimität und Innovativität des Handelns deuten, ist dabei eine noch offene Forschungsfrage.[20]

V. Ausblick

Auf der Forschungsagenda der Netzwerkanalyse für die Zukunft steht die Analyse der Dynamik und der Evolution von Netzwerken. Hier gibt es eine Reihe von analytischen Ansätzen (Valente 1995; Leenders 1997; Banks und Carley 1997; Doreian und Stokman 1997; Stokman und Doreian 2001). Allerdings leiden solche analytisch lösbaren Modelle oft an inhaltlicher Trivialität. Fortschritte sind hier eher von Simulationsmodellen, insbesondere von Modellierungen von *complex adaptive systems,* zu erwarten (Levinthal und Warglien 1999; Kappelhoff 2000b; Stokman und Doreian 1997).[21] Was solche Simulationen leisten sollten, ist die evolutionäre Dynamik von Netzwerken auf der Grundannahme von zielorientierten und lernfähigen Akteuren zu modellieren, die über lokale Informationen verfügen und lokale, begrenzt rationale und parallel ablaufende Anpassungsprozesse in Gang setzen. Inzwischen gibt es eine Reihe von Simulationsstudien, die soziale Nähe und sozialen Austausch in verschiedenen Strukturen betrachten. Die Ergebnisse – etwa zur Frage der Abhängigkeit der Stabilität von kooperativen Regimen von deren Strukturen oder zur Frage, ob Innovationen eher im Zentrum oder an der Peripherie eines Netzwerks entstehen – sollen hier abschließend diskutiert werden, auch wenn sie noch sehr uneinheitlich ausfallen.

Zur Frage der Stabilität kooperativer Regime kann auf die überraschenden Resultate einer Simulationsstudie von Watts (1999) zum *small world* Phänomen verwiesen werden. Die Überraschung entsteht wegen des Auseinanderfallens von globaler und lokaler Struktur des Netzwerkes. Wie Watts zeigt, lässt sich dies in zwei Parametern, der mittleren Pfadlänge im Netzwerk und der mittleren Clusterdichte einfangen. Seine Simulationen belegen, dass bei abnehmender „Strukturierung", also bei geringerer Bedeutung vorhandener Beziehungen für die Frage, ob sich zwei beliebige Akteure kennen lernen, die mittlere Pfadlänge rascher absinkt als die mittlere Clusterdichte. Es gibt also auch in großen Netzwerken einen Bereich zwischen starker Ordnung und völliger Zufälligkeit, in dem hohe Clusterung und kurze mittlere Pfaddistanzen zusammenfallen. Dies kann das *small world*-Phänomen veranschaulichen.

An diese Arbeit schließen Kogut und Walker (2001) mit einer Kombination von empirischen Analysen und Simulationen an. Gegenstand sind die Netzwerke zwischen

---

[20] Der von Frank und Yasumoto (1998) für die Interaktionen zwischen kohäsiven Subgruppen der französischen Elite berichtete Interaktionsstil des reziproken, eingeschränkten Tauschs könnte eine Lösung sein, die gleichzeitig Profit und Legitimität verspricht.

[21] Dabei ist eine schrittweise Steigerung von Komplexität auch in Kombination und Absicherung durch analytische Verfahren sinnvoll. Insbesondere müssen Simulationen auch durch longitudinale empirische Daten und die Entwicklung von Verfahren für Parameterschätzungen und Anpassungstests begleitet werden (Stokman und Doreian 1997: 245).

den 500 größten deutschen Aktienunternehmen und deren Eigentümern zwischen 1993 und 1997. Ihre Forschungsfrage lautet, ob es sich dabei um ein *small world* Netzwerk handelt, das in seiner Struktur durch Fusionen und Akquisitionen gefährdet sein könnte. Die zufällige Variation von bis zu 192 Beziehungen hatte bis zur Anzahl von 19 Beziehungen nur einen geringen Effekt. Auch darüber hinaus sank die durchschnittliche Pfaddistanz wesentlich langsamer als die Clusterbildung, die selbst nach Austausch von 192 Beziehungen noch wesentlich größer als in einem Zufallsnetzwerk blieb. Die Autoren schließen daraus, dass das Netzwerk der deutschen Unternehmen relativ robust gegenüber Turbulenzen durch Akquisitionen ist.

Das theoretische Interesse an der Stabilität von *small world* Strukturen gründet auf der Annahme, dass kooperative Regime einer stabilen Sozialstruktur bedürfen, damit Reputationseffekte eine Ausbeutung kooperativer Partner verhindern können. Eine spieltheoretische Simulationsanordnung mit lokal lernfähigen Agenten zeigt, dass Zufallsnetzwerke erwartungsgemäß nicht geeignet sind, ein hohes Kooperationsniveau zu erreichen und aufrecht zu erhalten (Cohen et al. 2001). Werden die Agenten jedoch in einer fixen räumlichen Struktur gepaart, so ist das Kooperationsniveau hoch. Die Agenten spielen in dieser Anordnung immer wieder mit den gleichen Partnern, zusätzlich sind sie in ein gemeinsames, räumlich bestimmtes Interaktionsnetzwerk eingebettet. Die Frage, ob es die Stabilität der Interaktionspartner ist, die Kooperation induziert, oder aber der Reputationseffekt durch die überlappenden Interaktionssysteme, wird durch eine Kontrollanordnung überprüft. Die Agenten werden zu Beginn zufällig miteinander gepaart und nur diese Paarung (ohne umgebende räumlich eingebettete Struktur) wird über alle Simulationsläufe konstant gehalten. Es zeigt sich, dass fast das gleiche Kooperationsniveau erreicht wird. Auch eine moderate Ersetzung eines Teils der fixen Partner durch neue Zufallspartner führt nur zu einem geringen Absinken der Kooperationsfähigkeit und des mittleren Erfolgs der Akteure. Wenn allerdings der Anteil neuer Zufallspartner etwa 30 Prozent erreicht, nähert sich die Dynamik der eines reinen Zufallsnetzes an. Neben Reputationseffekten spielt also ein „Schatten einer anpassungsfähigen Zukunft" (*shadow of the adaptive future*) für die Entstehung eines kooperativen Regimes eine bedeutende Rolle. Es kommt darauf an, dass Agenten ihre Strategien gemeinsam entwickeln und aneinander anpassen. Auf Grund der Lokalität der Anpassungsstrategien und des Fehlens einer einzigen optimalen Strategie ist die gemeinsame Anpassung ein Weg zur Entwicklung kompatibler Strategien.

Welche sozialen Strukturen Innovationen und ihre Diffusion begünstigen, ist eine weitere Frage, die sowohl mit empirischen Studien[22] als auch mit Simulationsstudien[23] angegangen wurde. Empirisch zeigt sich, dass in zentralisierten Strukturen Diffusionsprozesse dann rasch vorangehen, wenn die ersten Anwender zum Zentrum der Struktur gehören. Der Prozess kann jedoch mangels kritischer Masse abbrechen, wenn die ersten Anwender eher periphere Akteure sind. Stevenson und Greenberg (2000) betonen in einer Analyse sozialer Bewegungen, dass soziale Innovationen häufig aus peripheren Positionen vorgebracht werden, wenngleich sie häufiger scheitern, da sie sich

---

22 Vgl. Valente (1995), Hedström (1994), Renner (1997), Stevenson und Greenberg (2000), Strang und Soule (1998).
23 Vgl. Buskens und Yamagushi (1997), Krackhardt (1997), Axelrod (1997), Abrahamson und Rosenkopf (1997).

Vermittlern bedienen müssen (vgl. auch die Literaturübersichten bei Strang und Soule 1998: 279 oder Abrahamson und Rosenkopf 1997: 294).

Als zusätzliche Variablen werden in Simulationen spezielle Bedingungen des Verbreitungsprozesses und unterschiedliche Typen von Innovationen betrachtet. Buskens und Yamaguchi (1999) entwickeln ein Modell, das den langsameren Diffusionsprozess für das Transit-Modell im Vergleich zum Contagion-Modell erklärt. Das Transit-Modell beschreibt die Reise eines Pakets oder die soziale Mobilität eines Wissenschaftlers mit implizitem Wissen in einer Sozialstruktur, während die Ausbreitung einer infektiösen Krankheit durch das Contagion-Modell erfasst werden soll. Hier wird die Krankheit oder explizites Wissen nicht nur weitergegeben, sondern bleibt bei jeder Durchgangsstation im Netzwerk erhalten. Das Transit-Modell unterscheidet sich ferner dadurch, dass der Effekt sozialer Schließung im Sinne einer Abschottung von Informationen in einem bestimmten Teil des Netzwerks dort wesentlich ausgeprägter ist. Dass die theoretische Durchdringung einer Innovation und die Kommunizierbarkeit einer neuen Praxis (auf Grund von Explizitheit und/oder Legitimität) zur Beschleunigung von Innovationsprozessen führt, ist auch empirisch bestätigt (vgl. Strang und Soule 1998: 279; vgl. auch die Differenzierung zwischen Such- und Transferprozess in *Abschnitt IV.1*).

Krackhardt (1997) befasst sich schließlich in seiner Simulation zur „Viskosität" in Organisationen mit Grenzen und ihrer Durchlässigkeit. Sein Modell der Organisation ist eine aus mehreren Gruppen bestehende Einheit. Eine der Gruppen, der *mother site*, ist Ausgangspunkt für eine Innovation und alle Gruppenmitglieder übernehmen diese. Die interessanten Parameter sind nun die Austauschrate zwischen den Gruppen und die Strukturanordnung der Gruppen. Anfangsstruktur ist eine Fünferkette mit dem *mother site* an erster Stelle. Es zeigt sich, dass es – weitgehend unabhängig von der Intensität der Suche der Akteure nach Gleichgesinnten in ihrer Gruppe oder ihrer Neigung zu Konversion bzw. Rückkehr zum alten Status quo – ein schmales Fenster von Austauschraten zwischen 0,08 und 0,16 gibt, bei denen es dem *mother site* gelingt, die übrigen vier Gruppen zu „unterwandern". Unterhalb dieser Rate kommt es zum parallelen Überleben der Gruppe von Innovatoren und den ablehnenden Gruppen. Kontraintuitiv ist zunächst, dass darüber liegende Mobilitätsraten zum Aussterben der Innovation führen. Ursache ist die Verschlechterung der Chancen, in den Gruppen Gleichgesinnte zu finden, die eine Rückkehr der Innovatoren zum alten Status quo verhindern. Die periphere Position des *mother site* ist von daher sogar günstig für einen so modellierten Diffusionsprozess. Es zeigt sich nämlich, dass es in einer Fünferanordnung mit dem *mother site* als zentraler Gruppe dieser in keinem Fall gelingen kann, mit ihrer Innovation die anderen Gruppen zu unterwandern.

Entscheidende Fortschritte in der Anwendung von Netzwerkkonzepten in der Organisationsforschung sind von einer weiteren Integration der theoretischen und methodischen Konzepte mit anschließbaren Theorietraditionen zu erwarten. In eine solche Modellierung können Konzepte der Populationsökologie wie das der Nische und der Nischendichte, der Ressourcenknappheit und -konkurrenz ebenso eingebaut werden, wie Konzepte des Neoinstitutionalismus zu Imitationslernen und sozialem Einfluss. Es geht darum, die auf Prozessen der Ähnlichkeit, Nähe und sozialer Schließung beruhenden Mechanismen der Kooperation und des Einflusses in Netzwerken mit den gegenläufigen Mechanismen der Selektion, des Konkurrenzdrucks und des Ausbrechens aus zu eng werdenden Nischen zu verbinden. Ziel muss es sein, Netzwerke in ihrer Dynamik zu beschreiben, die dahinter liegenden Mechanismen zu identifizieren und damit auch die Evolution von Netzwerken erklären zu können. Dabei geht es um den Einfluss von Strukturen auf künftige Strukturen. Diese verlaufen erstens über Selektion und Matching von Partnern, die von individuellen Eigenschaften der Akteure wie Ähnlichkeit und Komplementarität geprägt werden. Zweitens geht es um *contagion*, also um die Frage, ob sich beispielsweise Freunde ähnlich sind, weil sie sich in ihrer Freundschaftsbeziehung immer ähnlicher werden, also einen endogenen Identitäts- und Präferenzwandel durchlaufen (Leenders 1997).

Drittens – und dies dürfte die schwierigste Frage sein – geht es darum, die Pfadabhängigkeiten gemeinsamer lokaler Anpassungen und die entstehenden Normsysteme (z.B. verallgemeinerter oder reziproker Tausch) in Abhängigkeit von den Ausgangsstrukturen und -bedingungen systematisch zu beschreiben und zu modellieren. Fortschritte werden hier nur in enger Kooperation von inhaltlicher Theoriebildung, empirischer Forschung und Nutzung von Simulationstechniken zu erreichen sein. Mit den gestiegenen Rechnerkapazitäten und der Verbreitung von Simulationssoftware ist für die Zukunft ein steiler Anstieg der Nutzung von Simulationsmethoden parallel zu empirischen Studien zu erwarten. Dabei müssen die realen Entsprechungen zu den Simulationen sorgfältig geprüft und eine parallele Steigerung der Komplexität der Analysen angestrebt werden. Erst wenn Simulationen so gut sind, dass sie die Realität einigermaßen treffend abbilden, wird man auch ihre Vorzüge, die Entdeckung kontraintuitiver und langfristiger Effekte, wirklich nutzen können.

Literatur

Abrahamson, Eric, und *Lori Rosenkopf,* 1997: Social Network Effects on the Extent of Innovation Diffusion: A Computer Simulation, Organization Science 8: 289–309.
Ahuja, Gautam, 2000: Collaboration Networks, Structural Holes, and Innovation. A Longitudinal Study, Administrative Science Quarterly 45: 425–455.
Aldrich, Howard E., 1999: Organizations Evolving. Thousand Oaks: Sage.
Arthur, W. Brian, 1995: Complexity in Economic and Financial Markets, Complexity 1995: 20–25.
Axelrod, Robert, 1997: The Dissemination of Culture. A Model with Local Convergence and Global Polarization, Journal of Conflict Resolution 41: 203–226.
Baker, Wayne E., 1984: The Social Structure of a National Security Market, American Journal of Sociology 89: 775–811.
Baker, Wayne E., 1990: Market Networks and Corporate Behavior, American Journal of Sociology 96: 589–625.
Baker, Wayne E., und *Ananth V. Iyer,* 1992: Information Networks and Market Behavior, Journal of Mathematical Sociology 16: 305–332.
Banks, David, und *Kathleen M. Carley,* 1997: Models of Network Evolution. S. 209–232 in: *Patrick Doreian* und *Frans N. Stokman* (Hg.): Evolution of Social Networks. Amsterdam: Gordon and Breach.
Barnes, John A., 1972: Social Networks, Module of Anthropology, Module 26: 1–29.
Baum, Joel A. C., 1999: Organizational Ecology. S. 71–108 in: *Stewart R. Clegg* und *Cynthia Hardy* (Hg.): Studying Organization. Theory & Method. London u.a.: Sage.

Bourdieu, Pierre, 1983: Ökonomisches Kapital, kulturelles Kapital, soziales Kapital. S. 183–198 in: *Reinhard Kreckel* (Hg.): Soziale Ungleichheiten. Soziale Welt Sonderband 2. Göttingen: Vandenhoek & Ruprecht.
Braczyk, Hans-Joachim, Philip Cooke und *Martin Heidenreich* (Hg.), 1998: Regional Innovation Systems. London: UCL Press.
Brüderl, Josef, und *Peter Preisendörfer,* 1998: Network Support and the Success of Newly Founded Businesses, Small Business Economics 10: 213–225.
Burt, Ronald S., 1982: Toward A Structural Theory of Action. New York: Academic Press.
Burt, Ronald S., 1992: Structural Holes. Cambridge, MA: Harvard University Press.
Burt, Ronald S., 1997: The Contingent Value of Social Capital, Administrative Science Quarterly 42: 339–365.
Buskens, Vincent, und *Kazuo Yamaguchi,* 1999: A New Model for Information Diffusion in Heterogeneous Social Networks, Sociological Methodology 29: 281–325.
Carley, Kathleen M., 1999: On the Evolution of Social and Organizational Networks. S. 3–30 in: *Steven B. Andrews* und *David Knoke* (Hg.): Networks in and Around Organizations. Research in the Sociology of Organizations Vol. 16. Stamford, CO: JAI Press.
Carroll, Glenn R., und *Michael T. Hannan,* 2000: The Demography of Corporations and Industries. Princeton, NJ: Princeton University Press.
Castells, Manuel, 1996: The Rise of the Network Society. The Information Ages. Economy, Society and Culture Vol. 1. Cambridge, MA: Blackwell.
Cohen, Michael D., Rich L. Riolo und *Robert Axelrod,* 2001: The Role of Social Structure in the Maintenance of Cooperative Regimes, Rationality and Society 13: 5–32.
Coleman, James S., 1988: Social Capital in the Creation of Human Capital, American Journal of Sociology 94, Supplement: 95–120.
Coleman, James S., 1990: Foundations of Social Theory. Cambridge, MA: The Belknap Press.
Contractor, Noshir, und *Susan S. Grant,* 1996: The Emergence of Shared Interpretations in Organizations. S. 215–230 in: *James H. Watt* und *C. Arthur VanLear* (Hg.): Dynamic Patterns in Communications Processes. Thousand Oaks u.a.: Sage.
Crouch, Colin, Patrick Le Galès, Carlo Trigilia und *Helmut Voelzkow* (Hg.), 2001: Local Production Systems in Europe: Rise or Demise? Oxford: Oxford University Press.
Dasgupta, Pantha, und *Ismael Serageldin* (Hg.), 2000: Social Capital. A Multifaceted Perspective. Washington, DC: The World Bank.
Doreian, Patrick, und *Frans N. Stokman* (Hg.), 1997: Evolution of Social Networks. Amsterdam: Gordon and Breach.
Emirbayer, Mustafa, 1997: Manifesto for a Relational Sociology, American Journal of Sociology 103: 281–317.
Emirbayer, Mustafa, und *Jeff Goodwin,* 1994: Network Analysis, Culture, and the Problem of Agency, American Journal of Sociology 99: 1411–1454.
Esser, Hartmut, 1993: Soziologie. Allgemeine Grundlagen. Frankfurt a.M.: Campus.
Frank, Kenneth A., und *Jeffrey Y. Yasumoto,* 1998: Linking Action to Social Structure Within a System: Social Capital Within and Between Subgroups, American Journal of Sociology 104: 642–686.
Fukuyama, Francis, 2000: Social Capital and Civil Society. IMF Working paper WP/00/74.
Gabbay, Shaul M., 1997: Social Capital in the Creation of Financial Capital: The Case of Network Marketing. Champaign: Stripes.
Gabbay, Shaul M., und *Roger Th. A. Leenders,* 1999: CSC: The Structure for Advantage and Disadvantage. S. 1–14 in: *Roger Th. A. J. Leenders* und *Shaul Gabbay* (Hg.): Corporate Social Capital and Liability. Boston u.a.: Kluwer.
Galaskiewicz, Joseph, und *Akbar Zaheer,* 1999: Networks of Competitive Advantage. S. 237–261 in: *Steven B. Andrews* und *David Knoke* (Hg.): Networks in and Around Organizations. Research in the Sociology of Organizations Vol. 16. Stamford, CO: JAI Press.
Gambetta, Diego, 1988: Mafia: the Price of Distrust. S. 158–175, in: *Diego Gambetta* (Hg.): Trust Making and Breaking Cooperative Relations. Oxford: Basil Blackwell.

Giddens, Anthony, 1984: The Constitution of Society. Outline of the Theory of Structuration. Cambridge: Polity Press. (Dt.: Die Konstitution der Gesellschaft. Frankfurt a.M. u.a.: Campus 1988).

Glasmeier, Amy, 1991: Technological Discontinuities and Flexible Production Networks: The Case of Switzerland and the World Watch Industry, Research Policy 20: 469–485.

Grabher, Gernot (Hg.), 1993: The Embedded Firm: On the Socioeconomics of Industrial Networks. London: Routledge.

Granovetter, Mark, 1973: The Strength of Weak Ties, American Journal of Sociology 78: 1360–1380.

Granovetter, Mark, 1974: Getting a Job. A Study of Contacts and Careers. Cambridge, MA: Harvard University Press.

Granovetter, Mark, 1985: Economic Action and Social Structure: The Problem of Embeddedness, American Journal of Sociology 31: 481–510.

Gulati, Ranjav, 1995: Social Structure and Alliance Formation: A Longitudinal Analysis, Administrative Science Quarterly 40: 619–652.

Gulati, Ranjay, und *Martin Gargiulo,* 1999: Where Do Interorganizational Networks Come From?, American Journal of Sociology 104: 1439–1493.

Hansen, Morten T., 1999: The Search-Transfer Problem: The Role of Weak Ties in Sharing Knowledge across Organization Subunits, Administrative Science Quarterly 44: 82–111.

Hedström, Peter, 1994: Contagiuous Collectivites: On the Spatial Diffusion of Swedish Trade Unions, 1890–1940, American Journal of Sociology 99: 1157–1179.

Hirschman, Albert O., 1970: Exit, Voice, and Loyalty. Cambridge: Harvard University Press.

Ingram, Paul, und *Peter W. Roberts,* 2000: Friendships Among Competitors in the Sydney Hotel Industry, American Journal of Sociology 106: 387–423.

Jansen, Dorothea, 1995: Forschungspolitik nach einem wissenschaftlichen Durchbruch. Die Entstehung des „National Programme" zur Supraleitungsforschung in Großbritannien. S. 132–159 in: *Dorothea Jansen* und *Klaus Schubert* (Hg.): Netzwerke und Politikproduktion. Konzepte – Methoden – Perspektiven. Marburg: Schüren.

Jansen, Dorothea, 1999: Einführung in die Netzwerkanalyse. Opladen: Leske + Budrich.

Jansen, Dorothea, 2000: Netzwerke und soziales Kapital. Methoden zur Analyse struktureller Einbettung. S. 35–62 in: *Johannes Weyer* (Hg.): Soziale Netzwerke. Konzepte und Methoden der sozialwissenschaftlichen Netzwerkforschung. München/Wien: Oldenbourg.

Jansen, Dorothea, 2001: Soziales Kapital von Unternehmensgründern. Theoretische Überlegungen und erste empirische Ergebnisse. Vortrag im Techniksoziologie-Kolloquium an der TU Berlin am 14. Juni, online: http://www.dhv-speyer.de/jansen.

Jansen, Dorothea, und *Klaus Schubert* (Hg.), 1995: Netzwerke und Politikproduktion. Konzepte – Methoden – Perspektiven. Marburg: Schüren.

Kämper, Eckard, und *Johannes F. K. Schmidt,* 2000: Netzwerke als strukturelle Kopplung. Systemtheoretische Überlegungen zum Netzwerkbegriff. S. 211–235 in: *Johannes Weyer* (Hg.): Soziale Netzwerke. Konzepte und Methoden der sozialwissenschaftlichen Netzwerkforschung. München/Wien: Oldenbourg.

Kappelhoff, Peter, 1993: Soziale Tauschsysteme. Strukturelle und dynamische Erweiterungen des Marktmodells. München: Oldenbourg.

Kappelhoff, Peter, 2000a: Der Netzwerkansatz als konzeptueller Rahmen für eine Theorie interorganisationaler Netzwerke. S. 25–57 in: *Jörg Sydow* und *Arnold Windeler* (Hg.): Steuerung von Netzwerken. Konzepte und Praktiken. Opladen: Westdeutscher Verlag.

Kappelhoff, Peter, 2000b: Komplexitätstheorie und Steuerung von Netzwerken. S. 347–389 in: *Jörg Sydow* und *Arnold Windeler* (Hg.): Steuerung von Netzwerken. Konzepte und Praktiken. Opladen: Westdeutscher Verlag.

Kern, Horst, 1998: Lack of Trust, Surveit of Trust. Some Causes of the Innovation Crisis in German Industry. S. 201–215 in: *Christel Lane* und *Reinhard Bachmann* (Hg.): Trust Within And Between Organizations. Oxford: Oxford University Press.

Krackhardt, David, 1987: Cognitive Social Structures, Social Networks 9: 109–134.

Krackhardt, David, 1992: The Strength of Strong Ties: The Importance of Philos in Organizations. S. 216–239 in: *Nitin Nohria* und *Robert G. Eccles* (Hg.): Networks and Organizations: Structure, Form, and Action. Boston, MA: Harvard Business School Press.

Krackhardt, David, 1997: Organizational Viscosity and the Diffusion of Controversial Innovations, Journal of Mathematical Sociology 23: 177–199.

Krackhardt, David, 1999: The Ties that Torture: Simmelian Tie Analysis in Organizations. S. 183–210 in: *Steven B. Andrews* und *David Knoke* (Hg.): Networks in and Around Organizations. Research in the Sociology of Organizations Vol. 16. Stamford, CO: JAI Press.

Kogut, Bruce, und *Gordon Walker,* 1997: The Small World of Germany and the Durability of National Networks, American Sociological Review 66: 317–335.

Laumann, Edward O., Peter Marsden und *David Prensky,* 1983: The Boundary Specification Problem in Network Analysis. S. 18–34 in: *Ronald S. Burt* und *Michael J. Minor* (Hg.): Applied Network Analysis. Beverly Hills: Sage.

Lazega, Emmanuel, 2000: Enforcing Rules Among Peers: A Lateral Control Regime, Organizations Studies 21: 193–214.

Lazega, Emmanuel, und *David Krackhardt,* 2000: Spreading and Shifting Costs of Lateral Control Among Peers: A Structural Analysis at the Individual Level, Quality & Quantity 34: 153–175.

Leenders, Roger Th. A. J., 1997: Longitudinal Behavior of Network Structure and Actor Attributes: Modeling Interdependence of Contagion and Selection. S. 165–184 in: *Patrick Doreian* und *Frans N. Stokman* (Hg.): Evolution of Social Networks. Amsterdam: Gordon and Breach.

Levinthal, Daniel A., und *Massimo Warglien,* 1999: Landscape Design: Designing for Local Action in Complex Worlds, Organization Science 10: 342–357.

Lin, Nan, Karen S. Cook und *Ronald S. Burt* (Hg.), 2001: Social Capital. Theory and Research. New York: de Gruyter.

Lindenberg, Siegfried, 1989: Choice and Culture: The Behavioral Basis of Cultural Impact on Transactions. S. 175–200 in: *Hans Haferkamp* (Hg.): Social Structure and Culture. Berlin: de Gruyer.

Marsden, Peter V., 1990: Network Data and Measurement, Annual Review of Sociology 16: 435–463.

Matiaske, Wenzel, 1999: Soziales Kapital in Organisationen. Eine tauschtheoretische Studie. München u.a.: Hampp.

Messner, Dirk, 1997: The Network Society: Economic Development and International Competitiveness as Problems of Social Governance. London: F. Cass.

Meyerson, Eva M., 1994: Human Capital, Social Capital annd Compensation: The Relative Contribution of Social Contacts to Managers' Income, Acta Sociologica 37: 383–399.

Nadel, Siegfried F., 1957: The Theory of Social Structure. London: Cohen & West.

Nahapiet, Janine, und *Sumantra Ghoshal,* 1998: Social Capital, Intellectual Capital, and the Organizational Advantage, Academy of Management Review 23: 242–266.

Pappi, Franz Urban, und *Thomas König,* 1995: Informationsaustausch in politischen Netzwerken. S. 111–131 in: *Dorothea Jansen* und *Klaus Schubert* (Hg.): Netzwerke und Politikproduktion. Konzepte – Methoden – Perspektiven. Marburg: Schüren.

Perrow, Charles, 2000: An Organizational Analysis of Organizational Theory, Contemporary Sociology 29: 469–476.

Podolny, Joel M., 2001: Networks as the Pipes and Prisms of the Market, American Journal of Sociology 107: 33–60.

Podolny, Joel M., Toby E. Stuart und *Michael T. Hannan,* 1996: Networks, Knowledge, and Niches: Competition in the Worldwide Semiconductor Industry, 1984–1991, American Journal of Sociology 102: 659–689.

Portes, Alejandro, 1998: Social Capital: Its Origins and Applications in Modern Sociology, Annual Review of Sociology 24: 1–24.

Portes, Alejandro, und *Julia Sensenbrenner,* 1993: Embeddedness and Immigration: Notes on the Social Determinants of Economic Action, American Journal of Sociology 98: 1320–1350.

Powell, Walter W., 1990: Neither Market nor Hierarchy. Network Forms of Organization, Research in Organizational Behavior 12: 295–336.

Powell, Walter W., und *Laurel Smith-Doerr*, 1994: Networks in Economic Life. S. 368–402 in: *Neil J. Smelser* und *Richard Swedberg* (Hg.): The Handbook of Economic Sociology. New York: Princeton University Press.
Powell, Walter W., *Kenneth W. Koput, Laurel Smith-Doerr* und *Jason Owen-Smith*, 1999: Network Position and Firm Performance: Organizational Returns to Collaboration in the Biotechnology Industry. S. 129–160 in: *Steven B. Andrews* und *David Knoke* (Hg.): Networks in and Around Organizations. Research in the Sociology of Organizations Vol. 16. Stamford, CO: JAI Press.
Putnam, Robert D., 1993: Making Democracy Work. Civic Traditions in Modern Italy. Princeton: Princeton University Press.
Renner, Ilona, 1997: Soziale Kohärenz und Innovativität. Struktureffekte zur Akzeptanz neuer Themen in sozialwissenschaftlichen Forschungsfeldern, Kölner Zeitschrift für Soziologie und Sozialpsychologie 49: 74–97.
Rooks, Gerrit, Werner Raub, Robert Selten und *Frits Tazehaar*, 2000: How Inter-firm Cooperation Depends on Social Embeddedness: A Vignette Study, Acta Sociologicy 43: 123–137.
Sabel, Charles F., 1994: Learning by Monitoring: The Institutions of Economic Development. S. 137–165 in: *Neil J. Smelser* und *Richard Swedberg* (Hg.): The Handbook of Economic Sociology. New York: Princeton University Press.
Salancyk, Gerald R., 1995: Wanted: A Good Network Theory of Organization, Administrative Science Quarterly 40: 345–349.
Sandefur, Rebecca L., und *Edward O. Laumann*, 1998: A Paradigm for Social Capital, Rationality and Society 10: 481–501.
Saxenian, Anna Lee, 1994: Regional Advantage: Culture and Competition in Silicon Valley and Route 128. Cambridge, MA: Harvard University Press.
Schweizer, Thomas, 1996: Muster sozialer Ordnung: Netzwerkanalyse als Fundament der Sozialethnologie. Berlin: Reimer.
Scott, John, 1991: Social Network Analysis. A Handbook. London: Sage.
Scott, Richard, 1995: Institutions and Organizations. Thousand Oaks: Sage.
Simmel, Georg, 1992: Soziologie. Untersuchungen über die Formen der Vergesellschaftung. Bd. 11 der Gesamtausgabe hrsg. von *Ottfried Rammstedt*. Frankfurt a.M.: Suhrkamp.
Stevenson, William B., und *Danna Greenberg*, 2000: Agency and Social Networks: Strategies of Action in a Social Structure of Position. Opposition, and Opportunity, Administrative Science Quarterly 45: 651–678.
Stokman, Frans N., und *Patrick Doreian*, 1997: Evolution of Social Networks: Processes and Principles. S. 233–250 in: *Patrick Doreian* und *Frans N. Stokman* (Hg.): Evolution of Social Networks. Amsterdam: Gordon and Breach.
Stokman Frans N., und *Patrick Doreian* (Hg.), 2001: Evolution of Social Networks Part II. Sonderband 25 (1) des Journal of Mathematical Sociology.
Strang, David, und *Sarah A. Soule*, 1998: Diffusion in Organizations and Social Movements: From Hybrid Corn to Poison Pills, Annual Review of Sociology 24: 265–290.
Stuart, Toby E., 1998: Networks Positions and Propensities to Collaborate: An Investigation of Strategic Alliance Formation in a High-technology Industry, Administrative Science Quarterly 43: 668–698.
Stuart, Toby E., 1999: Technological Prestige and the Accumulation of Alliance Capital. S. 376–389 in: *Roger Th. A. J. Leenders* und *Shaul M. Gabbay* (Hg.): Corporate Social Capital and Liability. Boston u.a.: Kluwer.
Stuart, Toby E., und *Joel M. Podolny*, 1999: Positional Consequences of Strategic Alliances in the Semiconductor Industry. S. 161–182 in: *Steven B. Andrews* und *David Knoke* (Hg.): Networks in and Around Organizations. Research in the Sociology of Organizations Vol. 16. Stamford, CO: JAI Press.
Stuart, Toby E., und *Ha Hoang* und *Ralph C. Hybels*, 1999: Interorganizational Endorsements and the Performance of Entrepreneurial Ventures, Administrative Science Quarterly 44: 315–349.
Sydow, Jörg, Arnold Windeler, Michael Krebs, Achim Loose und *Bennet van Well*, 1995: Organisation von Netzwerken. Strukturationstheoretische Analysen der Vermittlungspraxis in Versicherungsnetzwerken. Opladen: Westdeutscher Verlag.

Tacke, Veronika, 2000: Netzwerk und Adresse, Soziale Systeme 6: 291–320.
Talmud, Ian, und *Gustavo S. Mesch,* 1997: Market Embeddedness and Corporate Instability: The Ecology of Inter-industrial Networks, Social Science Research 26: 419–441.
Todeva, Emanuela, und *David Knoke,* 2002: Strategische Allianzen und das Sozialkapital von Unternehmen. In diesem Band.
Uzzi, Brian, 1996: The Sources and Consequences of Embeddedness for the Economic Performance of Organzations: The Network Effect, American Sociological Review 61: 674–698.
Uzzi, Brian, 1997: Social Structure and Competition in Interfirm Networks: The Paradox of Embeddedness, Adminstrative Science Quarterly 42: 35–67.
Uzzi, Brian, 1999: Embeddedness in the Making of Financial Capital: How Social Relations and Networks Benefit Firms Seeking Finance, American Sociological Review 64: 482–505.
Valente, Thomas W., 1995: Network Models of the Diffusion of Innovations. Cresskill, NJ: Hampton Press.
Walker, Gordon, Bruce Kogut und *Weijian Shan,* 1997: Social Capital, Structural Holes and the Formation of an Industry Network, Organization Science 8: 109–125.
Wasserman, Stanley, und *Katherine Faust,* 1994: Social Network Analysis: Methods and Applications. Cambridge: Cambridge University Press.
Watts, Duncan J., 1999: Networks, Dynamics, and the Small-World Phenomenon, American Journal of Sociology 105: 493–527.
Wellman, Barry, 1988: Structural Analysis: From Method and Metaphor to Theory and Substance. S. 19–61 in: *Barry Wellman* und *Samuel D. Berkowitz* (Hg.): Social Structures: A Network Approach. Cambridge: Cambridge University Press.
White, Harrison C., 1992: Identity and Control. A Structural Theory of Social Action. Princeton, NJ: Princeton University Press.
White, Harrison C., Scott A. Boorman und *Ronald L. Breiger,* 1976: Social Structures from Multiple Networks. I: Blockmodels and Roles and Positions, American Journal of Sociology 81: 730–780.
Williamson, Oliver E., 1991: Comparative Economic Organization: The Analysis of Discrete Structural Alternatives, Administrative Science Quarterly 36: 269–296.
Williamson, Oliver E., 1994: Transaction Cost Economics and Organization Theory. S. 77–107 in: *Neil J. Smelser* und *Richard Swedberg* (Hg.): The Handbook of Economic Sociology. New York: Princeton University Press.
Windeler, Arnold, 2001: Unternehmensnetzwerke: Konstitution und Strukturation. Opladen: Westdeutscher Verlag.
Windolf, Paul, 2002: Die Zukunft des Rheinischen Kapitalismus. In diesem Band.
Windolf, Paul, und *Michael Nollert,* 2001: Institutionen, Interessen, Netzwerke. Unternehmensverflechtung im internationalen Vergleich, Politische Vierteljahresschrift 42: 51–78.
Wolff, Birgitta, und *Rahild Neuburger,* 1995: Zur theoretischen Begründung von Netzwerken aus der Sicht der Neuen Institutionenökonomik. S. 74–94 in: *Dorothea Jansen* und *Klaus Schubert* (Hg.): Netzwerke und Politikproduktion. Konzepte – Methoden – Perspektiven. Marburg: Schüren.

DIE ENTWICKLUNG ORGANISATORISCHER REGELN IM ZEITVERLAUF

Martin Schulz und Nikolaus Beck

Zusammenfassung: Organisatorische Regeln und ihre Veränderungen im Zeitverlauf sind ein neuartiger Untersuchungsgegenstand, dem in letzter Zeit eine wachsende Aufmerksamkeit im Bereich der Forschung zum organisationalen Lernen entgegengebracht wurde. Die Erforschung der Entwicklung organisatorischer Regeln ermöglicht es, wesentliche Mechanismen des organisatorischen und sozialen Wandels aufzudecken. Dieser Aufsatz stellt das Konzept des organisatorischen Regelverlaufes dar und diskutiert die jüngeren Ergebnisse der Forschung zum Wandel von organisatorischen Regeln im Zeitverlauf. Eine wesentliche Erkenntnis dieser Forschungsrichtung liegt darin, dass Regeln überindividuelle und semiautonome Bestandteile der sozialen Ordnung sind, die in ihrer Entwicklung durch ihre eigene Geschichte und auch durch Umweltbedingungen beeinflusst werden.

Wie entstehen soziale Systeme? Auf welche Art und Weise finden die späteren Entwicklungsstufen eines Systems Anschluss an die früheren Stufen? Werden Systeme in ihrer Ausformung eher durch ihre eigene Geschichte oder eher durch ihre Umwelt determiniert? Obwohl diese Fragen den Kern einer Theorie sozialer Systeme betreffen, fehlen bisher umfassende Antworten. Möglicherweise können neue Einsichten und wesentliche Hintergründe zur Entwicklung von Systemen in spezifischen soziologischen Forschungsfeldern entdeckt werden. Wir denken, dass hier insbesondere neue Forschungen über die Dynamik organisatorischer Regeln wichtige Impulse für das Verständnis von der Veränderung sozialer Systeme geben können.

Organisatorische Regeln sind generell akzeptierte und zumeist formalisierte Handlungsketten in Organisationen. Sie beschreiben typischerweise, von wem welche Handlungen in welchen Situationen auf welche Art und Weise ausgeführt werden sollen. Beispielsweise bestimmt eine organisatorische Regel bezüglich „kurzfristiger Gütereinkäufe", welche Personen auf welchen Positionen autorisiert sind, solche Bestellungen aufzugeben. Darüber hinaus legt diese Regel auch fest, unter welchen Bedingungen – zum Beispiel zu welchen maximalen Preisen – ein solcher kurzfristiger Einkauf überhaupt stattfinden kann und welche einzelnen Schritte hierbei ausgeführt werden müssen.

Innerhalb des Forschungsfeldes, das sich mit der Entwicklung organisatorischer Regeln beschäftigt, wird das Konzept der „Regel" relativ weit gefasst, um möglichst viele Situationen zu berücksichtigen, in denen organisatorisches Handeln einen regelhaften Charakter aufweist, so etwa Strategien, Arbeitsabläufe, Stellenbeschreibungen, informelle Routinen, Technologien, sogar unterschiedliche Formen der Organisationskultur sowie mentale Modelle der Organisationsmitglieder (Miner 1987; Levitt und March 1988; Zhou 1993; Schulz 2001b).

Welche Bedeutung haben organisatorische Regeln? Sind Regeln nicht einfach nur Attrappen, die errichtet wurden, damit eine Organisation ihre Rationalität und Legitimität unter Beweis stellen kann, und die ansonsten nichts oder nur sehr wenig mit der Alltagsrealität in Organisationen zu tun haben? Ein beachtlicher Anteil von Regeln führt eine eher unauffällige Existenz als nicht hinterfragte Voraussetzungen organisatorischen Handelns. Regeln sind oftmals tief im Fundament der Organisationswirklichkeit verborgen und tragen von dort aus dazu bei, die Struktur der Organisation aufrechtzuerhalten und die Kontinuität der Handlungen in einer Organisation zu sichern. So sind Regeln inhärente Bestandteile von Stellenbeschreibungen, Beschaffungsverträgen, hierarchischen Beziehungen, Buchführungsaufgaben, Budgetrichtlinien und strategischen Plänen (Kieser und Kubicek 1992). Obwohl Regeln gelegentlich ignoriert oder umgangen werden (manchmal mit alarmierend negativen Konsequenzen), ist doch die wichtigere und vorherrschende Konsequenz ihrer Existenz die pflichtbewusste, gewissenhafte und fast schon automatische Umsetzung ihres Inhalts, selbst in Fällen, in denen die Regelbefolgung negative Auswirkungen für die Regelbefolger hat. Frühe Bürokratietheoretiker (vor allem Max Weber) sahen eine solch geflissentliche Regelfügsamkeit als den hauptsächlichen Grund für die Überlegenheit der legalen Form der Herrschaftsausübung an.

Auf Grund ihrer Allgegenwart und ihrer Nicht-Hinterfragtheit werden Regeln oft als unveränderliche Bestandteile bürokratischer Organisationen betrachtet. Im Alltagsverständnis werden Regeln überwiegend als unflexible, dauerhafte und rigide Ärgernisse begriffen. Auch die frühe Bürokratietheorie hat die Stabilität von Regeln in den Vordergrund gestellt. Gerade wegen ihrer Beständigkeit waren Regeln nach Ansicht von Weber (1976) überlegene Instrumente moderner Verwaltungen. Durch beständige Regeln konnten Bürokratien Rationalität und Berechenbarkeit ihrer Handlungen erwerben (ebd.). Die anschließende Bürokratieforschung war zwar sensibler gegenüber nichtrationalen und externen Kräften, die bürokratische Regeln produzierten, sie betonte aber weiterhin den dauerhaften Charakter organisatorischer Regeln: Forscher der *Natural Systems School* befassten sich mit den Pathologien, die aus starren Bürokratien und deren Teufelskreisen entstehen (Gouldner 1954; Merton 1957; Crozier 1964), während Neo-Institutionalisten später untersuchten, warum sich Regeln institutionalisierten (Meyer et al. 1985; Sutton et al. 1994; Sutton and Dobbin 1996; Dobbin and Dowd 2000).

Die jüngere Forschung auf diesem Gebiet weist allerdings darauf hin, dass die Vorstellung von Regeln als unveränderlichen Bestandteilen von Organisationen nicht der Realität entspricht, sondern ein Resultat von Querschnittsbeobachtungen ist, das eher die Struktur alltäglicher Auseinandersetzungen mit Regeln widerspiegelt als ihren wahren Charakter. Dieser erweist sich bei einer Längsschnittbetrachtung organisatorischer Regeln als dynamisch: Regeln werden ins Leben gerufen, geändert und manchmal sogar außer Kraft gesetzt (March et al. 2000). Regelsysteme können sich im Zeitverlauf erheblich ändern: Populationen organisatorischer Regeln werden mit der Dauer ihrer Existenz immer umfangreicher – allerdings nimmt das Wachstum im Zeitverlauf ab (Schulz 1998a; Beck 2001; Beck und Kieser 2003). Außerdem wurde festgestellt, dass in den bisher untersuchten Populationen organisatorischer Regeln jedes Jahr etwa 25 Prozent der Regeln geändert und 5 Prozent aller Regeln abgeschafft werden (Schulz und Beck 2000).

Wir wollen in diesem Aufsatz die jüngere Forschung zu organisatorischen Regeln darstellen. Unsere Kernfrage lautet: Wie entwickeln sich organisatorische Regeln im Zeitverlauf? Die Bestandsaufnahme der gegenwärtigen Forschung führt zu grundsätzlichen Erkenntnissen über die Art und Weise, wie sich Regeln entwickeln. Im folgenden Abschnitt wollen wir kurz verschiedene klassische theoretische Modelle, die sich mit Regeln beschäftigen, vorstellen. Es folgt eine Diskussion über neue dynamische Ansätze zu Regeln und deren theoretische Implikationen. Danach besprechen wir einige der wichtigsten Mechanismen, die der organisatorischen Regeldynamik zu Grunde liegen. Wir schließen unsere Betrachtung mit einer Diskussion über den Charakter von Regeln, der sich aus dieser Forschungsrichtung ergibt, und präsentieren einige Implikationen bezüglich der Theorie offener Systeme und des organisationalen Lernens.

I. Ein kurzer Überblick über die Forschung zu organisatorischen Regeln

Regeln rückten bereits zu Beginn des 20. Jahrhunderts ins Blickfeld der Organisationswissenschaft, als Praktiker und Wissenschaftler versuchten, die zunehmende Rationalisierung und Bürokratisierung der westlichen Welt zu verstehen. Max Weber, der Gründungsvater der Bürokratietheorie, betrachtete Regeln als wichtigste Bestandteile moderner Bürokratien (Weber 1976). Für ihn waren Regeln das rationalste und überlegenste Instrument von Organisationen, da sie seiner Ansicht nach dem administrativen Apparat einer Organisation Stabilität, Verlässlichkeit, Kompetenz, Disziplin und Berechenbarkeit verleihen. Er beobachtete, dass sich moderne Bürokratien immer stärker auf formale Regeln stützten. Diese Entwicklung beschrieb er mit dem Bild des „stahlharten Gehäuses", das in westlichen Gesellschaften zu einem kontinuierlichen Bestreben nach Rationalität und materiellen Gütern führt. Daher werden sich Bürokratien weiterhin ausdehnen, „bis der letzte Zentner fossilen Brennstoffs verglüht ist" (Weber 1984: 188).

Die meisten Post-Weberianer unter den Organisationsforschern weisen allerdings Webers Vorstellungen von der überlegenen Effizienz und Rationalität, die Bürokratien angeblich zu eigen ist, zurück und hoben stattdessen weniger rationale Gründe für die Verbreitung der bürokratischen Form hervor. In der Tradition der Erforschung natürlicher Systeme charakterisierten diese Autoren die zunehmende Verbreitung von Bürokratien als Folge von unintendierten Resultaten sozialer (und häufig dysfunktionaler) Prozesse in Organisationen, wie etwa Teufelskreise (Crozier 1964), Zielverschiebungen (Merton 1957) und Probleme mit der strengen Überwachung von Organisationsmitgliedern (Gouldner 1954).

Zum Beispiel erzeugt die enge Überwachung von Industriearbeitern entsprechend einem bekannten Modell von Gouldner (1954) Spannungen, die von bürokratischen Regeln zwar gelindert werden können, aber die Motivation und Leistung der Arbeiter reduzieren, wodurch das Management veranlasst wird, die Überwachung zu verstärken, was wiederum zu mehr Spannungen und infolgedessen zu mehr Regeln führt. In einem anderen Modell (Crozier 1964) entstehen Teufelskreise bürokratischer Regelproduktion: Starre Regeln können niemals alle Quellen der Ungewissheit beseitigen und hierdurch haben Bürokraten, die diese Ungewissheit kontrollieren, die Möglichkeit, sich (‚parallele') Macht anzueignen, was ihnen gewisse Privilegien garantiert. Um die Macht und die Privilegien von einigen wenigen einzuschränken, drängen andere Bürokraten darauf, dass zusätzlich unpersönliche Regeln, die die vorherigen Schlupflöcher schließen, aufgestellt werden. Die neuen Regeln erzeugen jedoch ihre eigenen Unsicherheiten und Mehrdeutigkeiten und produzieren dadurch neue Gelegenheiten, diese zu identifizieren und auszunutzen.

In den späten 1960er und 1970er Jahren wurde Forschung über organisatorische Regeln merklich quantitativer. Ein prominenter Ansatz wurde von Forschern der *Aston School* entwickelt. Sie unternahmen eine große Anzahl von Studien über die strukturellen Dimensionen von Organisationen und fanden dabei unter anderem positive Korrelationen zwischen dem Grad der bürokratischen Formalisierung, der Organisationsgröße und der Technologie (Pugh et al. 1969). Etwa zur selben Zeit kam die quantitative Forschung von Peter Blau und Kollegen zu dem Ergebnis, dass die Bürokratie mit steigender Organisationsgröße zunimmt, wobei es allerdings Sättigungseffekte gibt.

Der Befund wurde als Resultat zweier sich ausgleichender Mechanismen angesehen:
1. Es tritt eine wachsende strukturelle Differenzierung auf, weil Organisationen versuchen, ihren Erfolg durch Untergliederung von Aufgaben zu verbessern, was zu einer detaillierten Arbeitsteilung führt, einer Vermehrung von hierarchischen Positionen und einer Erweiterung der Anzahl von spezialisierten Untereinheiten.
2. Die Organisation versucht, administrative Größenvorteile anzustreben, indem sie die Verwaltungskosten reduziert. Dies führt oft zu Maßnahmen, die eine weitere Differenzierung und Bürokratisierung der Organisation eingrenzen (Blau 1970).

In diesem Zeitraum tauchte ein zweiter Trend in der Bürokratieforschung auf. Ab den 1960er Jahren wurde die organisatorische Regelforschung zunehmend umweltorientiert. Dieser Trend erwuchs aus der Idee, dass es Verbindungen zwischen den Organisationsstrukturen und den sozialen Bedingungen im Umfeld von Organisationen gibt (Stinchcombe 1965). Ein wichtiger Gedanke dabei war, dass sich die historischen Bedingungen, die zur Zeit der Gründung einer Organisation herrschten, in die Organisationsstrukturen einprägen und sich im weiteren Zeitverlauf in den Organisationsstrukturen widerspiegeln. Diese *Imprinting*-Hypothese wurde später anhand einer empirischen Studie über die Wirkung von US-Gesetzen zur Staatsdienstreform auf die Übernahme von Leistungsprinzipien für die Personalverfahren von Finanzbehörden (Meyer und Brown 1977) untersucht. Die Forscher fanden heraus, dass das Vorherrschen von leistungsbasierten Regeln in den Behörden stärker mit der Gründungsära dieser Behörden zusammenhing als mit späteren historischen Perioden – ein Resultat, das mit der *Imprinting*-These übereinstimmt.

Die Untersuchungen über den Zusammenhang von organisatorischen Regeln und der Umwelt einer Organisation gewannen mit dem Aufstieg der neo-institutionalistischen Theorie (Meyer und Rowan 1977; DiMaggio und Powell 1983) weiter an Impetus. In einer Reihe von Studien wurde erkundet, wie die Gestaltung organisatorischer Regeln durch die Anpassung der Organisation an Normen, die von extern legitimierten Institutionen wie politischen Bewegungen, dem Staat oder Gesetzen aufgestellt werden, beeinflusst werden. Pamela Tolbert und Lynne Zucker (1983) untersuchten beispielsweise, in welchem Ausmaß Städte formale Prozeduren für die öffentliche Verwaltung während der US-Staatsdienstreform zwischen 1890 und 1920 übernahmen. Ein zentrales Ergebnis dieser Studie war, dass eine frühzeitige Übernahme dieser Prozeduren von technischen Faktoren (wie dem Konfliktmanagement und der Rationalisierung von Tätigkeiten) bestimmt wurde, während eine Übernahme zu späteren Zeitpunkten nicht mit technischen Faktoren erklärt werden kann, was dem Muster institutioneller Isomorphie entspricht. Zu ähnlichen Ergebnissen kamen in einer zweiten Studie James Baron et al. (1986), in welcher Änderungen der Praktiken in der Personalführung von US-Unternehmen untersucht wurden. Einer der Hauptbefunde war, dass Personalpraktiken zuerst von großen Firmen in bestimmten Branchen übernommen wurden. Dies geschah teilweise, um für bevorstehende gewerkschaftliche Tätigkeiten gerüstet zu sein, unter anderem als ein Mittel, um die Mitarbeiterfluktuation unter Kontrolle zu halten, aber hauptsächlich als Reaktion auf Regierungsprogramme wie zum Beispiel die nationalen Pläne zur Stabilisierung der Beschäftigung, die während des Zweiten Weltkriegs eingeführt wurden. Als diese Personalpraktiken dann weitgehend institutionalisiert waren, wurden sie auch von kleineren Firmen und anderen Branchen übernommen. Ein Prozess, der in signifikanter Weise durch die Professionalisierung von Personalfachleuten nach dem Zweiten Weltkrieg verstärkt wurde.

In einer dritten Studie (Edelman 1990) wurde die Wirkung des Rechtssystems auf die Übernahme von Beschwerdeprozeduren von Organisationen untersucht. Die grundsätzliche Annahme dieser Studie war, dass Gesetze eine normative Atmosphäre schaffen, die die Arbeitgeber dazu veranlasst, Regeln zu schaffen, die sich an diesen Gesetzen orientieren. Mit Hilfe von Hazardratenmodellen konnte gezeigt werden, dass die Übernahme dieser Prozeduren tatsächlich zu einem großen Anteil durch das Phänomen der institutionellen Isomorphie begründet war. In jüngster Zeit sind eine Reihe von Untersuchungen erschienen, die ebenfalls die Rolle des Staates und des Rechtssystems bei der Übernahme von Regeln durch Organisationen betonen (z.B. Sutton und Dobbin 1996; Dobbin und Sutton 1998; Dobbin und Dowd 2000).

Während der 1980er Jahre und danach wurde dem Thema der organisatorischen Regeln innerhalb bestimmter theoretischer Felder der Ökonomie und der Betriebswirtschaftslehre zunehmende Aufmerksamkeit geschenkt. Eines dieser Felder war die Transaktionskostentheorie (Williamson 1981, 1985), die in dieser Zeit einen beachtlichen Aufstieg erlebte. Sie betrachtet regelgeleitete Bürokratien als eine effiziente Lösung, wenn Transaktionen am Markt unrentabel sind. Hierarchische Führungsstrukturen (d.h. Bürokratien) werden gegenüber Märkten insbesondere dann als überlegen betrachtet, wenn die Transaktionspartner über beschränkte Rationalität verfügen und Opportunismus vorherrscht. Auch wenn die Zielrichtung dieses theoretischen Ansatzes grundsätzlich funktional und relativ breit angelegt war, so betonte er dennoch die Bedeutung bürokratischer Regeln für Wirtschaftssysteme.

Eine weitere theoretische Entwicklung bestand im Aufkommen des evolutionären ökonomischen Ansatzes (Nelson und Winter 1982). In ihm wurden Regeln und Routinen als organisatorische „Gene" dargestellt, die das Verhalten von Organisationen leiten und ihm Stabilität verleihen. Dieser Ansatz geht davon aus, dass Regeln sowohl zufällig als auch durch problemindizierte Suche geändert werden. Die Verteilung und der Inhalt von Regeln in einer „Regelpopulation" hängt dann vom unterschiedlichen Wachstum und den unterschiedlichen Überlebenschancen derjenigen Unternehmen ab, die diese Regeln verwenden. Diese evolutionäre Perspektive betonte nicht nur, dass Regeln als ein wesentlicher Bestandteil von ökonomischen Modellen betrachtet werden sollen, sie hatte auch einen deutlich dynamischeren Charakter als andere Ansätze, die sich mit Regeln beschäftigten.

Eine dritte theoretische Entwicklung innerhalb der Ökonomie war das Aufkommen von ressourcen- und wissensbasierten Ansätzen (Wernerfelt 1984; Peteraf 1993; Barney 1986; Winter 1987; Teece und Pisano 1994; Grant 1996; Foss 1996). Der Kern dieser theoretischen Richtung bestand in der Annahme, dass Unternehmen einen strategischen Vorteil aus ihren eigenen Ressourcen gewinnen können, wenn diese Ressourcen wertvoll, selten und schwierig zu imitieren sind, wie zum Beispiel geistiges Eigentum, Führungstechniken, organisatorische Kompetenzen und die Unternehmenskultur. Zu solchen Ressourcen sind technische und soziale Regeln sowie Richtlinien des Managements zu zählen, die, wenn sie richtig angewendet werden, zu unternehmerischen Vorteilen führen können. Obgleich im Mittelpunkt dieser Ansätze stärker der strategische Vorteil von Unternehmen als die Untersuchung der Eigenschaften der zu Grunde liegenden Ressourcen und ihrer Veränderung stand, so eröffnet diese Perspektive doch die Möglichkeit eines neuartigen Zugangs zum Feld des strategischen Managements durch die Forschung zu organisatorischen Regeln – ein Argument, das wir weiter unten noch ausführen werden.

Der jüngste und wahrscheinlich umfassendste Ansatz, der sich mit organisatorischen Regeln beschäftigt, wurde in den 1990er Jahren entwickelt. Der theoretische Hintergrund, vor dem sich diese neue Forschungsrichtung entfaltet hat, sind Modelle des organisationalen Lernens – vor allem Modelle des Routinen-basierten Lernens (Schulz 2001b). In diesen geht man davon aus, dass Organisationen lernen, indem sie Schlussfolgerungen von ihren Erfahrungen ableiten und diese dann in handlungsbestimmende Regeln einprägen („encoding" in der Terminologie von Levitt und March 1988; siehe auch Cyert und March 1963). Von diesem Standpunkt aus gesehen passen sich Organisationen an ihre veränderbare Umwelt dadurch an, dass sie Regeln schaffen, die dauerhaft sinnvolle Problemlösungen bereithalten, des Weiteren dadurch, dass sie Regeln verändern, deren Inhalt problematisch geworden ist, und schließlich dadurch, dass sie Regeln abschaffen, die für die Organisation nicht mehr zweckdienlich sind. Dieser Ansatz hat somit einen unverkennbar dynamischen Charakter und die Forschung, die innerhalb dieses Ansatzes betrieben wurde, besteht aus der empirischen Untersuchung der „Geburten", Veränderungen („Revisionen") und Auflösungen von organisatorischen Regeln im Zeitverlauf.

So untersuchte beispielsweise Anne Miner (1991) die Sterberaten von Personalstellen an einer privaten Universität und fand heraus, dass das Risiko des Stellenabbaus in großen Departments geringer ist. In einer weiteren Studie untersuchte Xueguang Zhou (1993) die Entstehung und Änderung von akademischen Regeln an der Universität Stanford. Er kam zu dem Ergebnis, dass die Entstehung von Regeln eher durch Krisen und externe (schockartige) Ereignisse beeinflusst wurde (wodurch ihr Auftreten in unterschiedlichen Zeitperioden sehr stark schwankte), während im Gegensatz dazu Regeländerungen (Auflösungen und Revisionen) eher durch interne Lernprozesse determiniert wurden. In einer dritten Studie wurde untersucht, inwieweit die Entstehungsraten von Regeln von der Zahl der bereits existierenden Regeln innerhalb organisatorischer Regelpopulationen abhängt (Schulz 1998a). Ein Ergebnis dieser Studie besagte, dass die Zahl von Regeln innerhalb einer Regelpopulation degressiv ansteigt. Weiterhin untersuchte Schulz (1998b) das Phänomen der Überalterung von Regeln und fand heraus, dass die Regeländerungsrate mit der Zeitdauer, in denen Regeln in ungeändertem Zustand bleiben, ansteigt.

Frühere Untersuchungen integrierend und erweiternd, bildeten James March et al. (2000) einen umfangreichen konzeptionellen Rahmen, der die Regeldynamik als Resultat der folgenden drei Faktoren beschreibt: 1. *Die Generierung und Identifikation von Problemen*, wie zum Beispiel Erfahrungsprozesse, die zu Problemen führen oder Kontrollprozesse, die das Angebot und die Wahrnehmung von Problemen regeln; 2. *Regelökologien*, theoretisch erfasst als Abhängigkeiten zwischen Regeln. Hierzu gehören unter anderem der Wettbewerb um Probleme und funktionale Abhängigkeiten, die entstehen, wenn Regeln inhaltlich voneinander abhängen; 3. *die Akkumulation von Kompetenzen*, insbesondere die Entwicklung von Kompetenzen der Regeln im Umgang mit Problemen, die Entwicklung von Kompetenzen der Regelanwender im Umgang mit Regeln und die Entwicklung von Kompetenzen der Regelschöpfer im Umgang mit Regelschöpfungen und Regelveränderungen.

Insgesamt kann man drei verschiedene Entwicklungslinien erkennen, wenn man die Geschichte der Erforschung von Regeln untersucht: Erstens sind die Modelle zunehmend dynamischer geworden. Während die frühe Regelforschung die Effizienz der bürokratischen Organisation in den Vordergrund stellte und spätere Forschung das numerische Wachstum von formalen Regelsystemen untersuchte, verwendet die jüngste Forschung einzelne Regeln als Untersuchungseinheiten und analysiert ihre Veränderungen im Zeitverlauf mit elaborierten statistischen Methoden, die es erlauben, die Einflüsse von internen und externen Faktoren abzuschätzen sowie die Beziehungen zwischen einzelnen Regeln zu untersuchen. Zweitens hat sich die Zahl der berücksichtigten Determinanten der Regelproduktion und -änderung deutlich vergrößert. Während frühere Modelle sich in erster Linie auf die Untersuchung technischer Faktoren konzentrierten, berücksichtigen neuere Modelle zunehmend den Einfluss der externen Umwelt von Regeln und derjenigen Lernprozesse, die eine vermittelnde Rolle zwischen Organisationen und ihrer Umwelt spielen. Drittens hat sich die wissenschaftliche Beschäftigung mit Regeln aus der Nische der Bürokratieforschung in die angrenzenden Felder der neo-institutionalistischen Theorie, der Ökonomie und des organisationalen Lernens ausgebreitet, wodurch ein gestiegenes Bewusstsein für die Relevanz von Regeln in einer zunehmenden Anzahl von theoretischen Feldern belegt wird.

II. Die Dynamik von Regeln

Die Untersuchungen zur Dynamik von Regeln haben in den letzten Jahren erhebliche Fortschritte innerhalb derjenigen Ansätze gemacht, die Regeln als Ergebnisse des organisationalen Lernens betrachten (Cyert und March 1963; Levitt und March 1988). Das Schlüsselkonzept dieses dynamischen Ansatzes ist der „Regelverlauf". Der Regelverlauf ist die zeitliche Abfolge von Änderungen, die eine Regel während ihrer Existenz erfährt (March et al. 2000). Das Konzept ist vergleichbar mit dem Lebensverlauf von Individuen. Wie bei Individuen ereignen sich bei Regeln in ihrem Lebensverlauf verschiedene Ereignisse (siehe *Abbildung 1*): Eine Regel wird gegründet (geboren), wenn die erste Version dieser Regel erlassen wird. Die folgenden Revisionen der Regel ersetzen die gegenwärtige Version einer Regel mit einer neuen Version. Schließlich wird eine Regel aufgelöst (sie stirbt), wenn die gegenwärtige Version eliminiert und nicht durch eine nachfolgende Version ersetzt wird.

Abbildung 1: Ein Regelverlauf repräsentiert die Ereignisse, die eine Regel während ihres Lebenslaufes erfährt

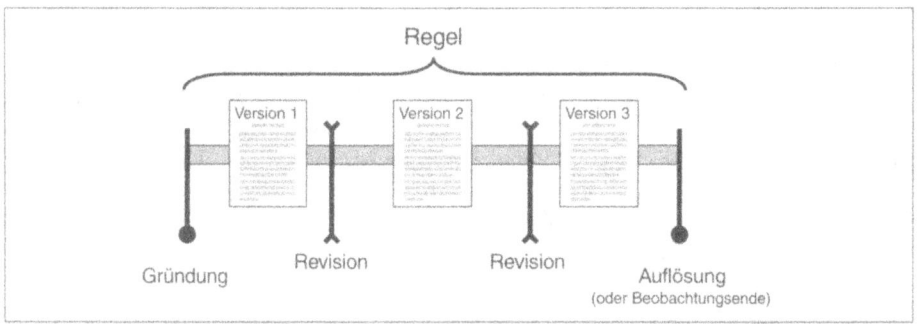

Regelverläufe erfassen die Änderungen wie auch die Kontinuität von Regeln. Schöpfungen und Auflösungen sind relativ radikale Veränderungen, weil sie einzelne Regeln in ihrer Gesamtheit betreffen. Im Gegensatz dazu sind Revisionen schrittweise Veränderungen, die nur einzelne Bestandteile des Regelinhaltes betreffen. Da Revisionen nur einen Teil einer gegebenen Regel verändern und den übrigen Inhalt intakt lassen, besitzen Regeln eine Identität, die sie über die einzelnen Revisionen hinweg beibehalten und die sie von anderen Regeln unterscheidet.

Das Konzept des Regelverlaufs beschreibt also die Entwicklung einer Regel im Zeitverlauf. Allerdings geht diese Konzeptualisierung über die reine Beschreibung des Wandels hinaus. Auf einer tieferen, fundamentaleren Ebene erfassen Regelverläufe die Art und Weise, wie spätere Regeländerungen mit früheren interagieren. Das Konzept des Regelverlaufs geht davon aus, dass Regeln – im übertragenen Sinne – wie Individuen Erfahrungen machen, die wiederum einen Einfluss darauf haben, welche weiteren Erfahrungen gemacht werden. Regeln „machen Erfahrungen", die zu Regeländerungen führen, die wiederum neue Änderungen nötig machen oder aber weitere Änderungen verhindern können. Das Konzept des Regelverlaufs erfasst somit Einflüsse der Umwelt auf die Regelgestaltung und die Art und Weise, wie frühere Regeländerungen zu neuen Änderungen führen können.

Lebensverläufe organisatorischer Regeln stellen aber nicht nur ein theoretisches Konzept dar, sie sind auch leistungsfähige Analyseinstrumente. Da Regelverläufe sich oftmals über lange Zeiträume erstrecken und manchmal sogar die ganze Geschichte einer Organisation umfassen, können sie auch die Vergangenheit einer Organisation abbilden. Die meisten Ereignisse im Verlauf des Wandels von Organisationen, vor allem diejenigen, die bedeutungsvolle oder legale Implikationen besitzen, prägen sich in eigentümlicher Weise in das Regelwerk einer Organisation ein. Solche Ereignisse hinterlassen Spuren in Regelverläufen, in denen sich die Geschichte der Organisation widerspiegelt. So wie Jahresringe und Eiskerne Auskunft geben über geologische, klimatische und historische Ereignisse, so liefern die Lebensverläufe von Regeln Erkenntnisse über wichtige Ereignisse in Organisationen. Wenn solche Ereignisse zu neuen Regeln, Revisionen oder Regelauflösungen führen, dann prägen sie spezifische Regelverläufe, die dann eine „Archäologie" der Organisation ermöglichen und tiefer liegende Prinzipien des Wandels von Organisationen, gegebenenfalls auch des sozialen Wandels, aufdecken können.

III. Theoretische Impulse, die durch die Analyse von Regelverläufen entstehen können

Studien über Regelverläufe besitzen das Potenzial, neuartige Impulse für existierende theoretische Ansätze zu liefern. Hierzu gehören zunächst einmal die Ansätze zum organisationalen Lernen. Aus der Perspektive des organisationalen Lernens heraus spiegeln die Verläufe von Regeln Ursachen wie Folgen des Lernens wider: Einerseits machen Organisationen Erfahrungen und ziehen daraus Schlussfolgerungen, die dann zu neuen Regeln oder zu Revisionen bzw. Auflösungen obsoleter Regeln führen. Andererseits verändern neue Regeln auch die Realität von Organisationen, was weiteres Lernen sowohl befördern als auch einschränken kann. Bisher haben nur sehr wenige empirische Untersuchungen die Kausalität dieser Prozesse genauer untersucht, obwohl einige Studien deutliche Zusammenhänge festgestellt haben: Organisationales Lernen kann zu Kompetenzfallen führen (Levitt und March 1988), zu sich selbstverstärkenden Änderungsprozessen (Amburgey et al. 1993), zu pfadabhängiger Regelevolution (March et al. 2000) und zur Einschränkung des bürokratischen Wachstums (Schulz 1998a). Allerdings sind die Mechanismen der Pfadabhängigkeit organisationalen Lernens nicht allzu genau analysiert worden. Weitere Forschung zu diesem Thema ist notwendig, um vollständig verstehen zu können, wie früheres Lernen späteres Lernen beeinflusst. Denn je mehr das Lernen in Organisationen von seiner eigenen Vergangenheit abhängt, desto stärker wird das Wissen der Organisation durch die Vergangenheit geprägt und desto geringer wird der Einfluss der Umwelt auf das Organisationswissen. Von diesem Standpunkt aus gesehen kann die Forschung über Regelverläufe darlegen, in welchem Ausmaß organisationale Lernprozesse durch externe Bedingungen hervorgerufen und inwieweit sie ein Produkt früheren Lernens sind. Die Antwort auf diese Fragen könnte zu der Einsicht führen, dass organisatorisches Lernen teilweise autopoetisch ist. Ein autopoietischer Prozess schreitet, wenn er erst einmal in Gang gebracht worden ist, auf seinem eigenen Entwicklungspfad voran – er ist somit sein eigener Kausalfaktor.

Ein weiterer potenzieller Impuls der Regelforschung betrifft Theorien, die sich mit organisatorischem Wissen beschäftigen. Organisatorische Regeln repräsentieren eine besondere Form des organisatorischen Wissens – nämlich explizites Wissen, das in den Regeltexten verankert wurde. Organisatorisches Wissen hat in der jüngsten Literatur zum strategischen Management eine gesteigerte Aufmerksamkeit erfahren und wird dort als entscheidende Ressource zur Erlangung strategischer Vorteile betrachtet (Barney 1986; Winter 1987; Cohen und Levinthal 1990; Kogut und Zander 1993; Teece und Pisano 1994; Foss 1996; Grant 1996; Hedlund 1994; Nonaka 1994; Stewart 1994; Buckley and Carter 1998; Nahapiet and Ghoshal 1998). Trotz dieser Begeisterung für die strategische Bedeutung von organisatorischem Wissen weiß man noch sehr wenig darüber, wie es sich entwickelt. Es ist denkbar, dass Regelverläufe helfen können, Ideen bezüglich der generellen Mechanismen, die der organisatorischen Wissensevolution zu Grunde liegen, zu entwickeln. Insbesondere kann man erwarten, dass Regelverlaufsstudien Erkenntnisse über die Formen bieten können, in denen organisatorisches Wissen wächst, veraltet oder vergessen wird, und auch über die Art und Weise, wie sich Wissen verbreitet und sich einzelne Bestandteile des Wissens mit anderen verbinden.

Schließlich können Studien über Regelverläufe wichtige Beiträge zur Theorie sozialer Systeme (Luhmann 1984) liefern, die in der deutschen Soziologie – allerdings weniger in der amerikanischen – eine anhaltende Rezeption gefunden hat. Dem Konzept des Regelverlaufs inhärent ist die Möglichkeit der pfadabhängigen Regelevolution. Spezifische Regelinhalte führen zu spezifischen Erfahrungen, die dann Regeländerungen induzieren oder verhindern können. Dieser Ansatz ermöglicht Untersuchungen über die „Anschlusslogik" der Regeländerungen und kann somit potenziell auf einer allgemeineren Ebene aufzeigen, wie die Vergangenheit eines sozialen Systems zukünftige Entwicklungen nahe legt, beschränkt, ermöglicht oder determiniert. In Überlegungen zur Systemkomplexität (Luhmann 1975) wird behauptet, dass die Koordinationsaufgaben anwachsen, je komplexer das System wird und dass sich Systeme in ihrer eigenen Geschichte „festwachsen" können. Auf die Ebene organisatorischer Regeln heruntergebrochen kann dies bedeuten, dass die Neigung zu Änderungstätigkeiten im Regelsystem mit steigender Zahl von Regeln und ihrem Seitenumfang nachlässt.

Die Analyse von Regelverläufen kann also wertvolle Beiträge zum Verständnis von Organisationen, Bürokratien, organisationalem Lernen, organisatorischem Wissen und sozialen Systemen leisten. Aus dieser Sicht ist es wichtig zu verstehen, wie sich Regelverläufe entfalten. Im Folgenden werden nun einige zentrale Ergebnisse der Forschung über Regelverläufe dargestellt.

IV. Die Erforschung von Regelverläufen

Aus der Perspektive der Theorie des organisationalen Lernens sind Regelverläufe das Ergebnis von Lernprozessen, die den Anstoß für die Schaffung neuer Regeln oder die Anpassung oder Abschaffung von existierenden Regeln liefern können. Man kann nun

vor allem zwei grundsätzliche Ebenen des Lernens im Zusammenhang mit Regelveränderungen identifizieren:
- Auf der ersten Ebene werden einzelne Regeln und ihre Änderungen als Untersuchungseinheiten herangezogen. Hier ist die Analogie zu Lebensverläufen von Individuen am stärksten. Individuelle Regeln machen Erfahrungen, die zu Anpassungen des Inhalts der Regeln führen. Das Passungsverhältnis der Regeln mit den sie umgebenden Bedingungen wird verbessert und bisweilen führt dies sogar zu Regeln, die gegenüber weiteren Änderungsbestrebungen immun sind. Aber Regelanpassungen können auch scheitern und zu einer erhöhten Anfälligkeit der Regeln gegenüber weiteren Änderungsbestrebungen führen, was dann in einen Teufelskreis von eskalierenden Fehlanpassungen mündet. Solche Regel-basierten Lernprozesse sind mit der Idee der Autopoiesis von sozialen Systemen ebenso vereinbar wie mit Neo-Weberianischen Ansätzen, in denen Regeln als Viren der bürokratischen Rationalität (March et al. 2000) oder als Exzess der Bürokratie angesehen werden.
- Auf der zweiten Ebene werden die Organisation oder einzelne Teilbereiche in der Organisation als lernfähig angesehen. Dies heißt, dass hier der Kontext der Regeln betrachtet wird und die Auswirkungen des Lernens auf die Regelgestaltung innerhalb dieses Kontextes. Regeln sind eingebettet in einen Kontext von lernfähigen Elementen, wie etwa anderen Regeln, Regelgestaltern, Regelanwendern, Organisationsstrukturen und externen Institutionen. Diese Kontextelemente können neue Erfahrungen hervorrufen und absorbieren, und zumeist können sie auch von Erfahrungen mit Problemen lernen. Somit können Kontextelemente den Impetus für die Gestaltung neuer Regeln oder für Änderungen oder die Auflösung von Regeln liefern. Auf dieser Ebene werden Regelverläufe also durch Strukturen initiiert, die Probleme generieren, absorbieren, weiterleiten, bearbeiten oder verstärken.

Es muss allerdings betont werden, dass sich beide Ebenen in ihrer Wirkung durchaus überschneiden können. Lernen auf der Organisationsebene und Lernen auf der Regelebene können sich gegenseitig verstärken, ergänzen oder aber widersprechen. Dies erschwert es, die Effekte der beiden Ebenen empirisch auseinander zu halten. Dennoch wollen wir versuchen, im Folgenden zwischen diesen beiden Ebenen zu unterscheiden, und beginnen mit Mechanismen auf der Regelebene, bevor wir zur Organisationsebene übergehen.

Der überwiegende Teil der Forschung über Regelverläufe hat sich auf die quantitative Analyse von Ereignissen innerhalb der Regelverläufe konzentriert. Die empirischen Studien innerhalb dieser Forschungsrichtung verwenden Regelarchive von Organisationen, um die Daten von Regelgründungen, Revisionen und Regelauflösungen zu erfassen, sowie weitere Informationen über die Eigenschaften der einzelnen Regeln zu beschaffen (Miner 1991; Zhou 1993; Schulz 1998a, 1998b; March et al. 2000; Beck 2001; Beck und Kieser 2003). Auf der Grundlage dieser Daten werden die Regelverläufe rekonstruiert und in Datenstrukturen umgewandelt, die mit statistischen Methoden analysiert werden können. Dies geschieht meist mit ereignisanalytischen Verfahren, die in der Lebensverlauf- und Demographieforschung ebenso angewendet werden wie in der populationsökologischen Organisationsforschung.

1. Kodiertes und noch nicht kodiertes Wissen

Aus der Perspektive der Theorien zum organisationalen Lernen sind Regeln der Speicher des Wissens von Organisationen. Organisationen sammeln Erfahrungen, ziehen Schlussfolgerungen und kodieren (*encode*) diese in ihren Regeln (Cyert und March 1963; Levitt und March 1988; March et al. 2000). Allerdings ist das Kodieren der gelernten Lektionen in Regeln keine unmittelbare, kontinuierliche Abbildung der Vergangenheit. Das Kodieren von Erfahrungen benötigt einige Anstrengung und erfordert die Aufmerksamkeit in Organisationen. Die jeweiligen organisatorischen Einheiten, die für die Gestaltung der Regeln verantwortlich sind, besitzen zumeist nur begrenzte Ressourcen und Kapazitäten (Schulz 1998a). Das Resultat ist, dass der Kodierungsprozess eine diskontinuierliche, verzögerte und unvollständige Übertragung der Erfahrungen in das Regelsystem ergibt.

Man kann zwei Arten von regelbezogenem Wissen unterscheiden. Kodiertes Wissen ist das Wissen, das sich bereits in den Regeln niedergeschlagen hat. Noch nicht kodiertes Wissen ist Wissen, das noch nicht in Regelinhalte umgesetzt wurde (March et al. 2000). Kodiertes Wissen beruht auf den Erfahrungen, die in der Vergangenheit im Umgang mit einer Regel gemacht wurden und die im gegenwärtigen Regeltext berücksichtigt sind. Noch nicht kodiertes Wissen besteht aus den Erfahrungen, die während der Existenz der gegenwärtigen Version gemacht werden, aber noch nicht in die Regel aufgenommen werden konnten. Diese beiden Formen des Wissens haben unterschiedliche Auswirkungen auf die Regelverläufe. In empirischen Studien hat sich gezeigt, dass kodiertes Wissen Regeln stabilisiert, während noch nicht kodiertes Wissen Regeln destabilisiert (Schulz 1998b; March et al. 2000; Schulz und Beck 2000; Beck 2001; Beck und Kieser 2003).

Kodiertes Wissen kann man mit einer Treppenfunktion beschreiben, die mit jeder Regelrevision ansteigt (*Abbildung 2*). Sein Verlauf hat Wirkungen, die man mit dem Ziehen statistischer Stichproben vergleichen kann. Wissen, das über einen langen Zeitraum hinweg gesammelt und in die jüngste Version einer Regel implementiert wurde, beinhaltet mehr Erfahrungen, präzisere Einschätzungen der vorherrschenden Umweltbedingungen und wahrscheinlich auch bessere Interpretationen als Wissen, das nur in einem kurzen Zeitraum angesammelt wurde. Mit zunehmendem Alter einer Regel verbessert sich die Stichprobengröße der gesammelten Erfahrungen und damit die Qualität des kodierten Wissens, und dies führt dann zu einer erhöhten Stabilität und zu verringerten Revisions- und Auflösungsraten der Regeln. Dies wurde in mehreren empirischen Studien bestätigt (Schulz 1998b; March et al. 2000; Schulz und Beck 2000; Beck 2001; Beck und Kieser 2003). Allerdings müssen einige dieser Ergebnisse noch mit Vorsicht behandelt werden, da eine negative Altersabhängigkeit von Hazardraten durch unbeobachtete Heterogenität verursacht werden kann (Silcock 1954; Blossfeld et al. 1989).

Obwohl die These der Wissenskodierung empirisch relativ gut abgesichert ist, scheint es doch so zu sein, dass in manchen Situationen die akkumulierte Wissenskodierung versagt und nur einen geringen Effekt auf die Notwendigkeit von weiteren Regelveränderungen hat. Einige Untersuchungen zum Effekt des Regelalters legen nahe, dass die Effektivität der Wissenskodierung von den Charakteristiken der Erfahrungsba-

Abbildung 2: Das kodierte Wissen einer Regel (untere, durchgehende Linie) folgt einer Treppenfunktion. Bei jeder Revision wird der Regeltext auf den gegenwärtigen Stand der Erfahrungen gebracht. Verbesserungen des kodierten Wissens reduzieren die Wahrscheinlichkeit von Regelveränderungen (obere, gestrichelte Linie)

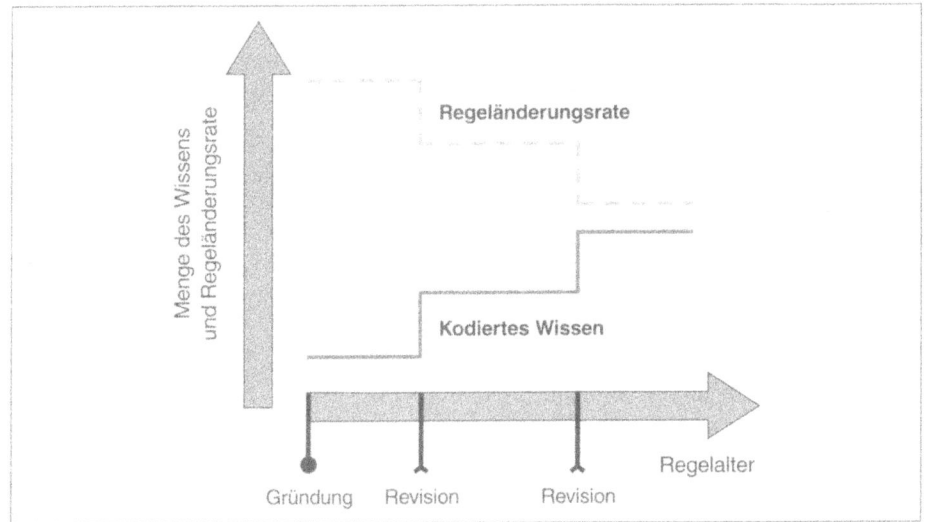

sis abhängt. Wenn die Erfahrungen aus einem breiten, heterogenen, mehrdeutigen und dynamischen Pool von Problemen stammen, dann kann die Erfahrungsakkumulation nur eine relativ vage Einschätzung zukünftiger Probleme liefern und kann Regeln nicht effektiv vor der Notwendigkeit weiterer Anpassungen schützen. Wenn, im Gegensatz dazu, Regeln Problemen ausgesetzt sind, die aus einem lokal begrenzten, engen, homogenen und relativ statischen Pool stammen, dann ist die Wissensakkumulation effektiver, und es können wirksame Schlussfolgerungen gezogen und in Regeln kodiert werden, was dann zu relativ starken negativen Effekten des Regelalters auf Regelveränderungen führt (Schulz und Beck 2000). Eine Implikation dieser Ergebnisse betrifft die Dezentralisierungsstrategien von Organisationen. Vorstellbar ist, dass die Zentralisierung von regelgeleiteten Entscheidungen die Qualität von Regelerfahrungen beeinflusst. Zentralisierte Regelanwendungen begegnen zu einem hohen Anteil Problemen, die aus globalen, weiten, heterogenen und dynamischen Pools stammen, während dezentralisierte Regelanwendungen überwiegend Problemen begegnen, die aus lokalen, engen, homogenen und statischen Pools stammen. Die unterschiedlichen Problempools von zentralisierten und dezentralisierten Regelanwendungen beeinflussen die Effektivität und Dauerhaftigkeit der gelernten Lektionen, die in Regeln kodiert werden, und führen zu einer stärkeren Stabilisierung von Regeln in dezentralisierten Organisationen, während Regeln in zentralisierten Organisationen häufiger geändert werden. Die weitere Forschung wird hoffentlich eine genauere Untersuchung dieser Hypothese liefern.

Noch nicht kodiertes Wissen wird akkumuliert, während eine Regel unverändert in Kraft ist. Es wächst mit dem Alter der Regelversion (*Abbildung 3*) und erzeugt Impetus für eine Regeländerung. Das zu Grunde liegende Modell ist das der Überalterung von Regeln (Schulz 1992, 1998b). Regeln sind umgeben von einer Vielzahl sozialer, organisatorischer, legaler und politischer Bedingungen. Jede Regelrevision fügt neues Wissen über die gegenwärtigen Bedingungen in die Regel ein. Mit zunehmendem Alter einer Regelversion ändern sich diese Bedingungen. Neue Erfahrungen werden gemacht und neues, noch nicht kodiertes Wissen sammelt sich an. Beispielsweise erfahren die Regelgestalter während dieser Zeit von neuen Gesetzesänderungen oder potenziellen Gefährdungen oder Fehlern bestehender Regeln. Mit der Zeit wächst der Umfang des noch nicht kodierten Wissens an, und erreicht ein Niveau, auf dem die Notwendigkeit, die Regel endlich zu aktualisieren, unausweichlich wird. Dieser Änderungsdruck führt entweder zu einer Revision der Regel, oder, wenn die Regel bereits hoffnungslos veraltet ist, zu ihrer Abschaffung. Die Raten der Revision oder Auflösung von Regeln steigen somit mit ihrem Versionsalter an – technisch gesprochen führt eine Überalterung zu einer positiven Verweildauerabhängigkeit von Regelveränderungsraten. Eine wichtige Implikation dieses Modells ist, dass mit jeder Revision der Regel diese *Obsolescence Clock* von Neuem zu laufen beginnt, was zu dem in *Abbildung 3* gezeigten Verlauf führt. In Studien zu Regeländerungen wurde dieser Verlauf empirisch bestätigt (Schulz 1998b; Schulz und Beck 2000; Beck 2001; Beck und Kieser 2003).

Abbildung 3: Noch nicht kodiertes Wissen (untere, durchgehende Linie) wächst mit dem Alter einer Regelversion. Während noch nicht kodiertes Wissen anwächst, steigt die Rate der Regelveränderung (obere, gestrichelte Linie)

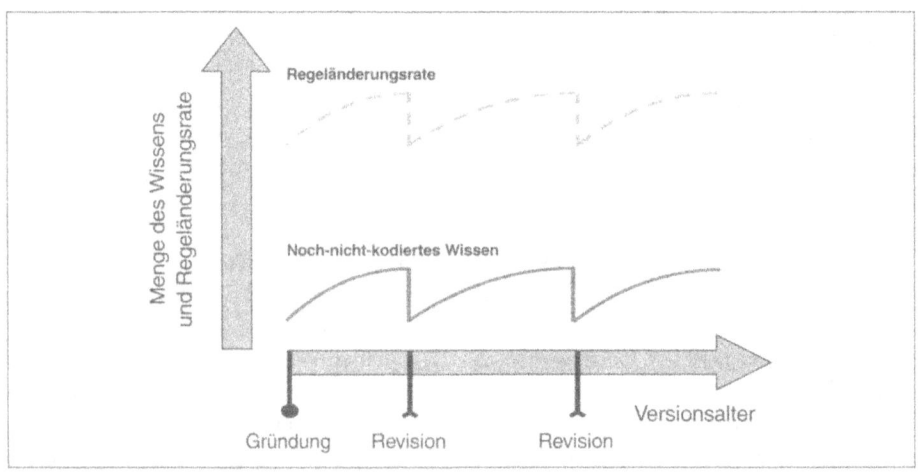

Ein weiterer wichtiger Aspekt dieser Alterungsmodelle ist die Voraussetzung eines gewissen Grades an Regelüberwachung. Wenn Organisationen die Alterungsprozesse ihrer Regeln nicht überwachen, dann werden notwendige Regelanpassungen vernachlässigt und obsolete Regeln bleiben in Kraft. Dies kann etwa dann geschehen, wenn Aufmerksamkeit in Organisationen ein knappes Gut darstellt oder wenn Bürokraten aus obsoleten Regeln Vorteile ableiten können, indem sie privates Wissen bezüglich der Probleme einer Regel und deren Lösungen entwickeln, welches sie dann, als Experten, nach ihrem Interesse ausbeuten können (*parallel power*, Crozier 1964). Bei unzureichender Beobachtung der Regeln werden zwar Erfahrungen gemacht und Schlussfolgerungen gezogen, aber das führt nicht unmittelbar zu Revisionen. Stattdessen werden notwendige Anpassungen der Regeln aufgeschoben und so veralten sie umso mehr. Schließlich wird der Zeitpunkt erreicht, wo es für eine Revision zu spät ist. Die Wahrscheinlichkeit einer Revision nimmt dann ab und stattdessen steigt die Wahrscheinlichkeit der Abschaffung der Regel an. Technisch gesprochen verlassen die Regeln die Risikomenge der Regeln, die auf eine Revision warten und veralten, bis sie nicht mehr „repariert" werden können – ein Zustand, dem nur durch die Abschaffung der Regel zu begegnen ist (Schulz und Beck 2000). Wenn Regeln nur unzureichend beobachtet werden, können demzufolge ihre Revisionsraten absinken, während ihre Auflösungsraten ansteigen.

Diese Komplikationen werfen die Frage auf, *unter welchen Bedingungen* Regeln in Organisationen kritisch überwacht werden. Es ist vorstellbar, dass das Überwachen von Regeln von der Organisationskultur abhängt – beispielsweise herrscht in autoritären Kulturen ein höheres Maß an Gehorsamkeit gegenüber formalen Regeln, was ein höheres Maß an Toleranz gegenüber veralteten Regeln zur Folge haben dürfte, und dadurch zu sinkenden Regelrevisionsraten (und – langfristig – zu steigenden Auflösungsraten) führt. Es ist ebenso nahe liegend, dass der Kontext einer Organisation eine Rolle spielt. Beispielsweise werden Organisationen mit ausgefeilten Prozeduren zur Regelbeobachtung oder einer zentralen Position, die für Regelüberwachung verantwortlich ist (z.B. der Herausgeber des Regelwerks), ihre Regeln genauer beobachten und sie demzufolge öfter ändern. Sicherlich sind dies interessante Fragen, die sich hoffentlich in der zukünftigen Forschung wieder finden werden.

2. Frühere Änderungen einer Regel

Welchen Effekt hat eine turbulente Vergangenheit auf den Regelverlauf? Führen wiederholte Anpassungen einer Regel zu einem verbesserten Passungsverhältnis mit den sie umgebenden Umweltbedingungen? Oder destabilisieren häufige Änderungen einer Regel diese und führen zu immer häufigeren Regeländerungen und dadurch zu einem unaufhaltsamen und (selbst) zerstörerischen Prozess von eskalierenden Änderungen? Es ist ungewöhnlich schwer, auf diese Fragen eindeutige Antworten zu finden. Der hauptsächliche Grund hierfür ist die Tatsache, dass verschiedene Mechanismen gleichzeitig wirken und miteinander konfundiert sein können, was eine Identifizierung der Mechanismen deutlich erschwert. Grundsätzlich kann man zwischen drei verschiedenen Gruppen von Mechanismen bezüglich der Wirkung vorheriger Änderungen unterscheiden:

1. Ein stabilisierender Effekt vorheriger Änderungen. Ein Hauptmechanismus ist hier die Verbesserung (*refinement*) von Regeln. Wiederholte Änderungen einer Regel verringern die Inkonsistenzen einer Regel mit ihren Umweltbedingungen und reduzieren somit die Notwendigkeit weiterer Änderungen. Je stärker eine Regel bereits bearbeitet wurde, desto besser ist ihre Umweltpassung, desto geringer ist ihre Änderungswahrscheinlichkeit und desto höher sind ihre Überlebenschancen.

2. Des Weiteren kann aber auch ein destabilisierender Effekt vorheriger Änderungen angenommen werden. Ein Mechanismus, der hier wirken kann, ist das „Herumdoktern" (*tinkering*). Änderungen, die vollzogen wurden, um Probleme zu beseitigen, können unvorhergesehene Schwierigkeiten mit sich bringen, die weitere Änderungen notwendig machen (March et al. 2000). In extremen Fällen, wenn die Leistungsfähigkeit der Organisation sehr deutlich nachlässt, kann dies zu Misserfolgsfallen (*failure traps*) führen, eine Eskalation von zunehmend aussichtslosen und verzweifelten Änderungsbemühungen (Levinthal und March 1993). Eine positive Wendung dieses Mechanismus ist der Prozess des sich wiederholenden Änderungsimpetus (*repetitive momentum*; Amburgey et al. 1993). Solch ein Impetus kann beispielsweise entstehen, wenn die organisatorischen Regelmacher Änderungskompetenzen ansammeln und dann weitere Änderungen leichter durchführen können, was zu einer erhöhten Änderungsrate führt (vgl. auch Zhou 1993 für eine ähnliche Argumentation). Die Mechanismen in dieser Gruppe implizieren also, dass die Zahl früherer Änderungen die Wahrscheinlichkeit weiterer Änderungen erhöht.
3. In der letzten Gruppe von Mechanismen wird unterstellt, dass es keine direkte Beziehung zwischen der Zahl vorheriger Änderungen einer Regel und der Änderungswahrscheinlichkeit gibt. Stattdessen wird angenommen, dass unbeobachtete Heterogenität empirische Scheineffekte erzeugen kann. Diese Sichtweise geht davon aus, dass Regeln ein konstantes inhärentes Änderungsrisiko besitzen, welches von der Akkumulation früherer Regeländerungen unabhängig ist. Allerdings unterscheiden sich Regeln in ihrer inhärenten Änderungsneigung. Einige Regeln behandeln problematische Themen, die immer wieder im Organisationsalltag auftauchen, umstrittenen Inhalts sind und deshalb Herausforderungen für die Anwender und Gestalter der Regel darstellen. Andere Regeln hingegen behandeln eher unproblematische Themen, die weniger Anlass zur Infragestellung der Regel geben. Eine Regel für Geschäftsspesen soll beispielsweise viele heterogene Spesenerstattungsanträge von Organisationsmitgliedern abdecken. Die Interessenlage der verschiedenen Organisationsmitglieder ändert sich oft bei knappen Ressourcen und unklaren Daten über die Auslagen. Im Gegensatz dazu begegnet eine Regel, die allgemeine Richtlinien für die Wartung und Benutzung von Archiven enthält, nur selten Situationen, in denen das Bedürfnis, diese Regel zu ändern, besonders hoch sein wird. Die unterschiedlichen inhärenten Änderungsneigungen von Regeln führen zu einem spezifischen Muster von Regeländerungen (vgl. *Abbildung 4*). Umstrittene Regeln werden häufig geändert und ihre Vergangenheit ist durch eine große Zahl vorheriger Änderungen gekennzeichnet. Unproblematische Regeln werden hingegen nur selten geändert, und sammeln in ihrem Lebenslauf deshalb nur wenige Änderungen ihres Inhalts an. Wenn nun Regeln mit hohem inhärenten Änderungsrisiko und niedrigem inhärenten Änderungsrisiko in einer Regelpopulation gemeinsam betrachtet werden, ist das Ergebnis ein „unechter" positiver Effekt auf die Revisionsrate. Obwohl es möglich ist, dass unbeobachtete Heterogenität auch zu Effekten auf die Auflösungsrate von Regeln führt, so ist doch zumindest a priori kein direkter Effekt der Umstrittenheit von Regeln auf die Auflösungsrate ableitbar.[1]

---

[1] Alternative Situationen sind jedoch vorstellbar. Es ist beispielsweise möglich, dass Regelgestal-

Abbildung 4: Umstrittene Regeln (obere Tafel) erleben viele Revisionen und haben eine hohe Wahrscheinlichkeit, weitere Revisionen zu erleben. Unproblematische Regeln (untere Tafel) erleben wenige Revisionen und haben eine niedrige Wahrscheinlichkeit, weitere Revisionen zu erleben

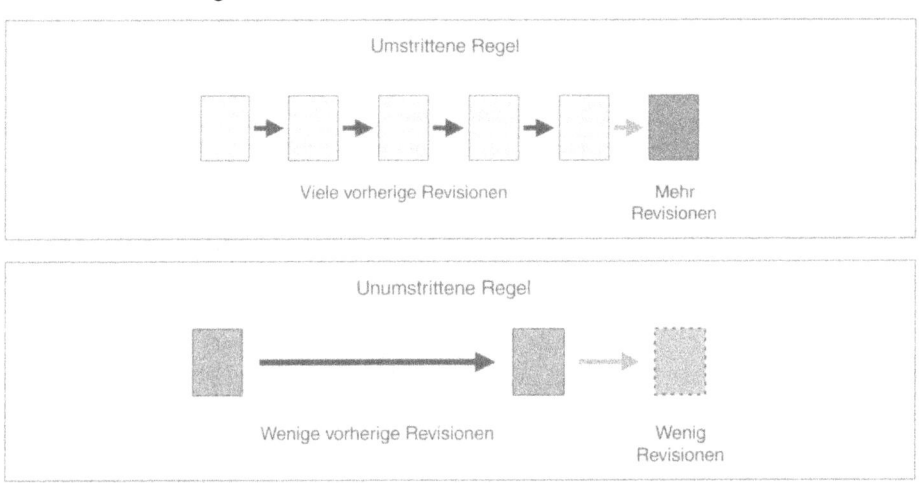

Empirische Studien über Regelrevisionen und Regelauflösungen haben in überraschend konsistenter Weise einen positiven Effekt vorheriger Revisionen auf die Revisionsrate und keinen bzw. nur einen schwachen Effekt auf die Auflösungsrate gefunden (March et al. 2000; Schulz und Beck 2000). Obwohl diese Resultate auf den ersten Blick die These der Verbesserung von Regeln (*refinement*) zu widerlegen scheinen, ist es dennoch möglich, dass eine solche Verbesserung vorkommt: Die angesprochene Heterogenität der Umstrittenheit von Regeln kann die Effekte der Regelverbesserung verschleiern. Es ist nicht einfach, diese unterschiedlichen Wirkungen auseinander zu halten. Ein Ansatz wäre, die Umstrittenheit von Regeln direkt zu messen und diese Maße als Kovariaten in die Schätzmodelle mit aufzunehmen. Dies ist jedoch schwierig, da die Umstrittenheit von Regeln durch eine große Zahl von Faktoren hervorgerufen wird, die mit dem Inhalt der Regeln und ihrem Kontext (und ihrer Kombination) zusammenhängen. Ebenso lassen es die empirischen Studien bis jetzt nicht zu, Herumdoktern, sich wiederholenden Änderungsimpetus und Misserfolgsfallen vom Effekt der unbeobachteten Heterogenität zu trennen. Obwohl einem möglichen Effekt auf Grund der Heterogenität der Umstrittenheit von Regeln eher zuzustimmen ist – wegen der relativ schwachen Effekte vorheriger Änderungen auf das Auflösungsrisiko – und dies auch ein theoretisch einfacheres Modell ist, können Modelle, die von einem anwachsenden Änderungsrisiko ausgehen, bis jetzt noch nicht zurückgewiesen werden. Es bleibt zu hoffen, dass die zukünftige Forschung hierzu in der Lage sein wird. Einige

---

ter umstrittene Regeln bisweilen abschaffen und Situationen, die vorher durch problematische Regeln geregelt wurden, durch direkte Einflussnahme von Mitarbeitern handhaben. Wir glauben allerdings, dass man hier genauere Beobachtungen der Praxis der Regelgestaltung in Unternehmen braucht, um die Mechanismen genauer beschreiben zu können.

Versuche, den Effekt vorheriger Änderungen korrekt zu identifizieren, wurden bereits unternommen (Beck 2001; Beck et al. 2002).

3. Regelregime

Organisatorische Regeln können als Bestandteil von „Regelregimen" angesehen werden. Regelregime sind organisatorische Systeme, Akteure und Prozesse, die für die Schaffung und Änderung von Regeln in einem bestimmten Bereich in Organisationen verantwortlich sind (March et al. 2000). Regelregime entstehen normalerweise dann, wenn eine Gruppe von Akteuren in Organisationen (Regelgestalter) mit spezifischen Kompetenzen damit beauftragt wird, für einen bestimmten Problembereich Regeln zu entwerfen und ihren Inhalt „auf dem Laufenden" zu halten. Regelregime erleben manchmal radikale Änderungen, die dann zu neuen Formen der Regelproduktion und Regeländerung führen. Dies kann etwa dann geschehen, wenn die Verantwortlichkeit für das Regelwerk neuen Akteuren anvertraut wird, aber auch, wenn die Rechte und Zuständigkeiten der Regelgestalter geändert werden oder wenn grundsätzlich neue Verfahren der Regelgestaltung in Kraft gesetzt werden. Für eine vollständige Theorie organisatorischer Regeln benötigt man ein Modell, welches die Entwicklung von Regeln innerhalb von Regelregimen beschreibt, und auch eine Konzeptualisierung der Entstehung und Veränderung von Regelregimen.

Regelregime „reifen" im Zeitverlauf durch einen gegenseitigen Anpassungsprozess von Regeln und Regelgestaltern. Mit steigendem Alter eines Regimes werden die Regeln immer mehr an die Interessen und Erfahrungen der Regelgestalter angepasst, während die Regelgestalter zufriedener und vertrauter mit den Funktionsweisen ihrer Regeln werden. Je reifer ein Regelregime, desto wahrscheinlicher ist es, dass Regelgestalter ihre Interessen in den Regeln vertreten sehen, die sie geschaffen oder geändert haben. Daher werden sie wahrscheinlich zögern, Regeländerungen vorzunehmen, die eventuell neue Probleme aufwerfen oder frühere Übereinkünfte in Frage stellen. In Übereinstimmung mit diesem Argument wurde in empirischen Studien herausgefunden, dass die Raten der Regelgründung, Regeländerung und Regelauflösung mit steigendem Regimealter absinken (March et al. 2000; Schulz und Beck 2000). Diese Stabilisierung von Regeln kann allerdings durch einen Regimewechsel aufgehoben werden: Die Studien zeigen, dass nach einem Regimewechsel die Raten der Regelgründung und der Regeländerung drastisch ansteigen und danach mit steigendem Alter des neuen Regimes wieder abfallen.

Für Regelverläufe bedeutet dies, dass in älteren Regelregimen weniger neue Regelverläufe ausgelöst werden und dass gleichzeitig vorhandene Regeln höhere Überlebenschancen haben und weniger angepasst werden. Somit verlängert die Alterung eines Regimes die Regelverläufe. Das Regelwerk beruht dann in zunehmendem Maße auf einem unveränderlichen Satz alter Regeln – eine Situation, in der sich die rational-legale Herrschaft in eine traditionale Herrschaft verwandelt. Je länger Regelverläufe existieren, umso mehr verleiht ihre Kontinuität den Regeln Legitimität (Zucker 1977) und umso mehr lassen sie die Organisation als zuverlässig, verantwortungsvoll und legitim erscheinen (Hannan und Freeman 1984). Gleichzeitig führen diese alten Regeln aber zu organisatorischen Handlungen und Strukturen, die zunehmend obsolet werden – das heißt, sie sind irgendwann nicht mehr mit den aktuellen Anforderungen und neuen Herausforderungen der Umwelt kompatibel und können damit zu Leistungsverlusten führen. Es ist weiterhin denkbar (auch wenn diese Idee noch nicht empirisch geprüft wurde), dass überlieferte Regeln aus alten Regimen eine hohe Legitimität haben und mehr Akzeptanz in den nachfolgenden Regimen finden, sodass sie trotz ihres Alters von Änderungsimpulsen abgeschirmt sind. Dies könnte die Beharrlichkeit von politischen und gesellschaftlichen Traditionen erklären, die von glorreichen vergangenen Regimen an heute noch existierende Herrschaftssysteme übergeben wurden. Beispiele hierfür sind Traditionen (z.B. Uniformen), die von den Kolonialmächten an die Kolonien (Indien, Kanada) übergeben wurden, oder gesetzliche Bestimmungen, die von der Zeit der Gründerväter bis heute in den USA erhalten geblieben sind (beispielsweise das anachronistische Recht, Waffen zu tragen) oder die überraschend schwache Trennung zwischen Kirche und Staat in Deutschland.

Eine bedeutende Komplikation der Reifung von Regelregimen tritt auf, wenn ein Regelregime in einer Organisation weit verstreut ist. Dies kann auftreten, wenn die Befugnis über einzelne Regeln dezentralisiert ist und die Verantwortlichkeit für die Regelgestaltung in den Händen von Experten in einzelnen lokalen Bereichen liegt. In diesem Fall gibt es kein einheitliches Regime, und die Reifung des Regimes verläuft dann nicht homogen. Empirische Studien zeigen, dass in solchen Organisationen das Alter des Regimes schwächere Effekte auf die Raten zur Regeländerung und Regelauflösung hat (Schulz und Beck 2000).

Regimereifung kann mit dem *Liability of Newness*-Mechanismus verglichen werden. Nach der Liability of Newness-These kommt es unmittelbar nach einer Organisationsgründung (Stinchcombe 1965) oder nach einer Reorganisation (z.B. Hannan und Freeman 1984; Singh et al. 1986; Amburgey et al. 1993) zu einem erhöhten Sterberisiko von Organisationen. Das Sterberisiko nimmt nach der Gründung oder einer Reorganisation langsam ab, weil die Organisationsmitglieder ihre neuen Rollen erlernen, Vertrauen untereinander entwickeln und Verbindungen zu relevanten externen Akteuren herstellen (Stinchcombe 1965).

Regimereifung führt in ähnlicher Weise zu abnehmenden Veränderungsraten von Regeln, und dies wirft die Frage auf, ob Regimereifung ein Spezialfall des Liability of Newness-Phänomens ist.[2] Wir gehen davon aus, dass dies nicht der Fall ist. Der Me-

---

2 Die Ähnlichkeit ist nicht nur auf die abnehmenden Raten beschränkt. Beide Mechanismen, *Liability of Newness* und *Regimereifung*, sind potenziell empirisch konfundiert mit unbeobachteter Heterogenität. Unbeobachtete Heterogenität kann einen negativen Bias für Alterseffekte erzeugen (vgl. Blossfeld und Rohwer 2002: 255ff.). Die Lage ist jedoch etwas klarer für *Regimereifung*. In den empirischen Studien, die einen negativen Effekt des Regimealters auf die Änderungs- und Auflösungsrate von Regeln feststellten, wurden die Modelle mit einem Gamma-mixture-Term geschätzt (die übliche Methode, um dieses Problem anzugehen). Die hierbei gewonnenen Ergebnisse lassen vermuten, dass die negativen Effekte des Regimealters keinem Bias unterliegen. Außerdem ist der negative Regimealtereffekt auf die Rate der Regelgründung einem solchen Bias nicht unterworfen. Diese Ergebnisse unterstützen die Interpretation, dass die Effekte des Regimealters keine Artefakte sind. Wir glauben jedoch, dass noch weitere Forschung und bessere statistische Modelle benötigt werden, um zu einer endgültigen Klärung zu gelangen.

chanismus, welcher der Regimereifung zu Grunde liegt, unterscheidet sich drastisch von den Liability of Newness-Mechanismen. Regimereifung resultiert aus der Rückkoppelung zwischen Regeln und regimespezifischen Prozessen – Regelregime produzieren Regeln und verändern sie; Regeln produzieren Ergebnisse, die mit den Ansprüchen des Regimes übereinstimmen; das Regime wird dadurch selbstzufriedener und träge; dies verlangsamt wiederum die Regelproduktion und Regeländerung. Regimereifung beruht somit auf einer dynamischen Interaktion zwischen Regeln und ihrer unmittelbaren Umgebung. Änderungen auf der einen Seite geben Anlass zu Änderungen auf der anderen Seite, was zu einer bürokratischen Konvergenz (eventuell sogar zu einer bürokratischen Sklerose) führt, die gelegentlich von extern induzierten Regimeänderungen unterbrochen wird.

Regimeänderungen sprechen dafür, dass interventionistische Ansätze der Bürokratietheorie nicht völlig ohne Berechtigung sind. Der normale Verlauf der Regimereifung führt zu bürokratischer Trägheit – die Wahrscheinlichkeiten für Regelschöpfung und Regeländerung nehmen mit zunehmenden Regimealter ab. Lektionen, die schon vor langer Zeit gelernt wurden, werden in einem alten Regelsystem bewahrt, das zur Quelle des Stolzes und der Selbstzufriedenheit für die Regelgestalter mutiert und somit immer starrer und obsoleter wird. Die Überalterung der Regeln wird toleriert, und Regeln werden nur noch dürftig an neue Umweltbedingungen angepasst. In solchen Situationen können Regimeänderungen bürokratische Organisationen revitalisieren. Neue Regelgestalter, die weniger an frühere Erfolge und Verpflichtungen gebunden sind, können umfangreiche Änderungen des Regelsystems vornehmen. Die umfassende Abschaffung alter Regeln und ihr Ersatz durch neue Regeln sind sicherlich radikale Maßnahmen, aber sie erlauben es Organisationen, obsolet gewordene Prägungen (*Imprints*) der Regelsysteme zu entfernen, und tragen somit dazu bei, dass das System neue Impulse erhält. Es ist dann keine Überraschung, dass solche radikalen Maßnahmen eine beträchtliche Aufmerksamkeit von Befürwortern organisatorischer und administrativer Änderungen erhalten haben – beispielsweise beim Re-Engineering (Hammer und Champy 1993) oder bei der Deregulierung von Telefon- und Fluggesellschaften sowie des Gesundheitswesens in den USA.

4. Regelökologien

Organisatorische Regeln sind in einen Kontext weiterer Regeln eingebettet, der einzelne Regelverläufe von der Entwicklung anderer Regeln und der Entwicklung des Regelsystems abhängig macht. Man kann zwischen ressourcenabhängigen und funktionsabhängigen Interdependenzen zwischen Regeln unterscheiden. Ressourcenabhängige Interdependenzen ergeben sich, wenn mehrere Regeln von einer kritischen Ressource abhängen, zum Beispiel der Gutwilligkeit, der Sachkenntnis und der Aufmerksamkeit von Regelgestaltern oder dem Vorhandensein von Problemen, die durch Regeln gelöst werden müssen. Funktionsabhängige Interdependenzen entstehen, wenn die Leistungen einer Regel das Funktionieren einer anderen Regel beeinflussen. Zum Beispiel kann eine Regel über die Planung von öffentlichen Veranstaltungen an einer Universität von einer anderen Regel abhängen, etwa einer Regel, welche definiert, was an politischer Aktivität auf dem Campus erlaubt ist.

Beide Arten von Interdependenzen können Änderungsimpulse im Regelsystem weiterleiten. Die Wirkungen sind positiv, wenn eine Regeländerung zu einem bestimmten Zeitpunkt oder an einer bestimmten Stelle des Regelsystems zu späteren Änderungen an anderen Stellen im Regelsystem führt. Sie sind negativ, wenn eine Änderung zu einer bestimmten Zeit an einer bestimmten Stelle des Regelsystems spätere Änderungen an anderen Stellen erschwert oder verhindert. Durch die Kombination der beiden Arten von Interdependenzen und ihrer Wirkungen lassen sich vier verschiedene Formen unterscheiden, in denen Regeln mit anderen Regeln interagieren können (vgl. *Tabelle 1*).

Tabelle 1: Vier Formen der Interaktion zwischen Regeln

	Positiver Effekt	Negativer Effekt
Ressourcenabhängig	Ansteckung	Wettbewerb
Funktionsabhängig	Implikation	Substitution

Wettbewerb zwischen Regeln findet statt, wenn Regeln kritische Ressourcen absorbieren und somit die Verfügbarkeit von Ressourcen für andere Regeln einschränken, wodurch die Raten der Regelgründung oder Regeländerung absinken. „Ansteckungseffekte" treten auf, wenn Ressourcen, die Änderungsaktivitäten in einem Teil des Regelsystems stimulieren, auf benachbarte Bereiche im Regelsystem übergreifen und dort ebenfalls Änderungen hervorrufen. Zur Substitution kommt es, wenn Änderungen einiger spezifischer Regeln Änderungen anderer Regeln unnötig machen (z.B. wenn die Verabschiedung von Gesetzen zur Bestechung die Notwendigkeit eliminieren, auf Organisationsebene Regeln zur Verhinderung von Bestechung aufzustellen). Implikationen treten auf, wenn Änderungen in einigen Regeln Probleme schaffen, welche wiederum die Änderung von anderen Regeln erfordern.

In der empirischen Forschung über Regeln wurden einige dieser Interaktionsmodi untersucht. Wettbewerb um Ressourcen spielt eine wichtige Rolle bei der Schaffung neuer Regeln. Es ist offensichtlich so, dass das Aufstellen neuer Regeln von der Verfügbarkeit von Problemen abhängt, die von diesen neuen Regeln gelöst werden können (Schulz 1998a). Beispielsweise wird eine Organisation dann eine neue Regel schaffen, wenn sie auf ein Problem gestoßen ist, das noch nicht von den vorhandenen Regeln abgedeckt wird. Sie wird darüber hinaus die Regelproduktion intensivieren, wenn sie auf viele neue Probleme stößt. Auf diese Weise steigt die Entstehungsrate von Regeln an, wenn sich die Zahl der Probleme erhöht, und nimmt ab, wenn die Zahl der Probleme, die es zu lösen gilt, wieder geringer wird.

Die Verfügbarkeit von Problemen hängt jedoch in signifikanten Maße von der Anzahl der Regeln ab, die im System gerade existieren (der Regeldichte). Vorhandene Regeln können Probleme absorbieren (Schulz 1998a), entweder durch eine Erstregelung (wenn einmal eine Nichtraucherregel in Kraft getreten ist, gibt es keinen Grund für eine zweite Nichtraucherregel), oder über Kodierungsfallen (Regelgestalter können den Inhalt bereits existierender Regeln ausweiten, um mit neuen Problemen zurechtzukommen und dadurch die Notwendigkeit verhindern, neue Lösungen entwickeln zu müssen). Je größer die Anzahl von Regeln im System ist, desto geringer ist die Verfügbarkeit von Problemen und desto intensiver ist der Wettbewerb zwischen den einzelnen Regeln. Dies führt dazu, dass die Rate der Regelentstehung sinkt. Gleichzeitig kann die Abschaffung von vorhandenen Regeln Probleme, die zuvor von diesen Regeln abgedeckt wurden, freigeben und sie für ein „recycling" (Delacroix et al. 1989) durch neue Regeln verfügbar machen, was dann zu steigenden Regelschöpfungsraten führt.

In Übereinstimmung mit diesen Überlegungen wurde in empirischen Studien herausgefunden, dass die Regelgründungsraten mit wachsender Regeldichte absinken und mit einer zunehmenden Rate der Regelauflösung ansteigen (Schulz 1998a). Diese Resultate haben Implikationen für die Bürokratietheorie. In der Tat weiten sich Bürokratien offenbar ständig aus, wie es Max Weber mit seinem Bild vom „stahlharten Gehäuse" andeutet. Allerdings entwickeln sich Bürokratien gleichzeitig nach einem zweiten Prinzip: Bürokratien weiten sich mit immer kleiner werdenden Schritten aus. Eine zweite Implikation betrifft die Modelle des organisationalen Lernens: Organisationales Lernen produziert seine eigenen Hemmnisse. Je mehr Erfahrungen als Regeln kodiert wurden, desto knapper werden neue Erfahrungen, die noch nicht von den Regeln berücksichtigt sind, und dies reduziert das Ausmaß des Lernens durch die weitere Kodierung von Erfahrungen. Deshalb beruht das zweite Prinzip der Bürokratisierung wahrscheinlich weniger auf einer freiwilligen Einschränkung bürokratischen Eifers (etwa um Verwaltungskosten zu begrenzen; vgl. Blau 1970) als auf den selbstbeschränkenden Eigenschaften organisatorischen Lernens.

Innerhalb der empirischen Regelforschung konnten tatsächlich „Ansteckungseffekte" und Implikationen identifiziert werden. Ein wesentliches Ergebnis war eine konsistente positive Wirkung von Regeländerungen (Revisionen und Auflösungen von Regeln) in einem Regelbereich auf die Wahrscheinlichkeit von anderen Regeländerungen in demselben Bereich (March et al. 2000). Dies kann hauptsächlich mit dem Phänomen der Ansteckung erklärt werden: Wenn Regelgestalter ihre Aufmerksamkeit auf die Änderung einer Regel richten, so steigert dies gleichzeitig ihre Aufmerksamkeit gegenüber benachbarten Regeln sowie deren Änderungsbedürftigkeit, was dann wiederum Anreize für deren Änderung schaffen kann. Eine andere Interpretation dieser Ergebnisse ist, dass Änderungen von Regeln auf Grund funktionaler Interdependenzen zwischen den Regeln Implikationen für andere Regeln erzeugen, die dann ebenfalls geändert werden müssen. Obwohl die beiden Mechanismen oft miteinander verknüpft sind, erscheint in diesem Fall die Interpretation der Ansteckung von Aufmerksamkeit angemessener. Dies ist zumindest das Ergebnis von ersten direkten Untersuchungen zu Aufmerksamkeitseffekten, in denen herausgefunden wurde, dass organisationale Aufmerksamkeit (gemessen an der Zahl der Tagesordnungspunkte in den Protokollen der Sitzungen von Regelgestaltern) die Wahrscheinlichkeit von Regeländerungen erhöht (Zhou 1993; March et al. 2000).

Die Forschung zu Regelökologien hat einige Implikationen für unser Verständnis von der Art und Weise, wie sich das Wissen von Organisationen generell entwickelt. Wenn man annimmt, dass organisatorische Regeln Beispiele für organisationsgebundenes Wissen sind, dann wird – zumindest aus ökologischer Perspektive – deutlich, dass solches Wissen nicht einfach nur aus einer Ansammlung von isolierten Elementen besteht. Die einzelnen Elemente des Organisationswissens sind vielmehr in ein Netzwerk von zusammenhängenden Wissenselementen eingebettet, das einen ökologischen Kontext für Wissensänderungen bildet. Innerhalb dieses Netzwerkes können Änderungen in einigen Teilen der Wissensstruktur Änderungen in anderen, benachbarten, ähnlichen oder verwandten Teilen entweder hervorrufen oder beeinträchtigen. Das Wachstum der Wissensbasis in Organisationen hängt nun in signifikanter Weise vom Ausmaß ab, zu dem Verbindungen zwischen früherem und neuem Wissen hergestellt werden können. Die Evolution von Organisationswissen hängt somit beträchtlich von den tatsächlichen und potenziell möglichen Verbindungen zwischen einzelnen Wissenselementen ab.

5. Wachstum von Organisationen

Die frühen Pioniere der organisatorischen Regelforschung konzentrierten sich überwiegend auf die Prozesse der Bürokratisierung und Formalisierung, die sie entweder als Folgen der Expansion legaler Herrschaft betrachteten (Weber 1976), als ein Resultat der Binnendifferenzierung in Organisationen (Blau 1970) oder als Ergebnis von Prozessen, die interne Organisationsstrukturen an Umweltbedingungen anpassen (Pugh et al. 1969; Pugh 1993). Diese Argumentationslinien deuten darauf hin, dass die Größe und Komplexität einer Organisation in signifikanter Weise die Entwicklung von organisatorischen Regeln beeinflussen kann. Es ist zum Beispiel vorstellbar, dass große oder komplexe Organisationen mehr Problemen begegnen als kleine oder einfache Organisationen, und es hierdurch zu neuen Regeln oder zu Änderungen bestehender Regeln kommt.

Obwohl die empirischen Untersuchungen dieses Gedankens mit einigen statistischen Schwierigkeiten[3] verbunden sind, so weisen die Resultate empirischer Studien doch darauf hin, dass die Größe und Komplexität entweder gar keinen oder nur schwache beziehungsweise uneinheitliche Effekte auf Revisionen von Regeln besitzen, während sie jedoch einen positiven Einfluss auf die Raten der Regelschöpfung und Regelauflösung besitzen (Schulz und Beck 2000; March et al. 2000). Die Abwesenheit eines signifikanten Effekts auf die Revisionsrate kann als eine Folge der Skalierbarkeit von Regeln betrachtet werden: Regeln bieten – innerhalb gewisser Grenzen – skalierbare Lösungen für organisationsbezogene Probleme an, weshalb diese Regeln auch nicht geändert werden müssen, wenn die Organisationen wachsen oder komplexer werden. Andererseits kommt es vor, dass diese Grenzen manchmal überschritten werden und neue Regeln erzeugt bzw. alte abgeschafft werden müssen, was u.a. daran liegen kann, dass einige Erweiterungen von Organisationen qualitative Änderungen der Struktur

---

3 Leider können die Effekte der Größe und Komplexität einer Organisation durch eine Reihe anderer Dimensionen, die mit ihnen kovariieren, konfundiert sein. Die Organisationsgröße und die Komplexität einer Organisation wachsen für gewöhnlich im Zeitverlauf an und korrelieren deshalb mit vielen verschiedenen Größen (wie z.B. dem Regimealter, dem Regelalter oder dem Versionsalter, aber auch der Anzahl der Änderungen einer Regel). Um diese Effekte auseinander zu halten, kann man beispielsweise die ersten Differenzen, also die Änderungen der Größe bzw. Komplexität als Kovariaten in die statistischen Modelle einfließen lassen.

nach sich ziehen (etwa die Expansion in neue Märkte oder die Dezentralisierung interner Dienstleistungen), für die man völlig neue Regeln benötigt und für welche die bisher bestehenden Regeln völlig ungeeignet sind. Denkbar ist auch, dass mit dem Wachstum der Organisation stärkere Anstrengungen unternommen werden, um existierende Regeln umzustrukturieren, beispielsweise durch das Ersetzen einer Gruppe von spezifischen Regeln durch eine einzige allgemeine Regel – eine Überlegung, die eine gewisse Verwandtschaft mit den Ideen über mögliche *economies of scale* in der Verwaltung besitzt (Blau 1970).

Eine ähnliche Folge des Wachstums von Organisationen wurde von Nikolaus Beck (2001) untersucht. Er fand heraus, dass mit steigender Organisationsgröße und steigender Komplexität der Organisation der Anteil spezifischer (statt allgemeiner) Regeln im Regelwerk zunahm, was unter anderem mit Überlegungen von Peter Blau (1970), Derek Pugh et al. (1968) und John Child (1972) übereinstimmt. Diese Regeln behandelten Themen, die in spezialisierten Untereinheiten eine Rolle spielten – beispielsweise die Kostenerstattung eines Fortbildungsseminars. Beck unternahm diese Untersuchung mit einem Datensatz, der die Personalregeln einer deutschen Bank enthielt und zog als Indikator für die Organisationsgröße die Zahl der Organisationsmitglieder und als Indikator für die Komplexität der Organisation die Zahl der Zweigstellen der Bank heran.

Interessanterweise weist die Spezialisierung des Regelinhalts einige Ähnlichkeiten zum Phänomen des *sorting by recurrence* (Schulz 1998a) auf. Dies ist ein organisationaler Lernprozess, bei dem die organisatorische Regelproduktion einen bestimmten Pfad beschreibt, der mit Regeln für häufige und auffällige Probleme mit breiter Relevanz für die Organisation beginnt, danach zu Regeln für seltenere und weniger auffällige Probleme führt und zuletzt potenzielle Probleme mit beschränkter Relevanz erreicht. Obwohl nun beide Prozesse zu ähnlichen Ergebnissen führen, unterscheiden sich die dahinter liegenden Prinzipien voneinander: Der Regelspezialisierungsmechanismus beschreibt eine rationale Reaktion auf Kontrollprobleme in großen Unternehmen, während *sorting by recurrence* aufzeigt, wie organisationale Lernprozesse durch die Aufmerksamkeit für und die Unmittelbarkeit von Erfahrungen gesteuert werden. Welche der beiden Mechanismen in welcher Situation vorherrscht, ist eine empirische Frage, die durch weiter gehende Forschung geklärt werden könnte.

6. Der institutionelle Kontext

Die Eingebundenheit von Organisationen in den externen institutionellen Kontext ist ein geläufiges Thema in der Organisationsforschung, natürlich vor allem im Neo-Institutionalismus (Meyer und Rowan 1977; DiMaggio und Powell 1983; Tolbert und Zucker 1983; Edelman 1990; Dobbin et al. 1994). Dieses Konzept geht davon aus, dass Organisationen durch kognitive, normative und regulative Strukturen, die aus der Umwelt der Organisation stammen, konstruiert und geformt werden (Scott 1995). Änderungen in diesen externen Strukturen können zu isomorphen Änderungen des Verhaltens von Organisationen und ihren Strukturen führen.

Eine besonders wichtige externe Institution stellt das Rechtssystem dar. Gesetze sind gleichbedeutend mit legalistischen Anforderungen an Organisationen und schaffen Fakten, die für Organisationen und ihre Akteure hoch relevant sind. Man kann zwischen zwei verschiedenen Formen der Wirkungen von Gesetzesänderungen auf die Regelaktivität in Organisationen unterscheiden (March et al. 2000). Negative Effekte entstehen, wenn Gesetze als Ersatz für organisatorische Regeln dienen. Organisationsbezogene Problemfelder, die von Gesetzen geregelt werden, müssen nicht von einzelnen Organisationen geregelt werden. Dies führt zu negativen Effekten von Gesetzesänderungen auf die organisatorische Regelproduktion und Regeländerung. Positive Effekte entstehen, wenn Organisationen ihre Regeln verändern, um entweder symbolisch eine Gesetzesbefolgung zu signalisieren oder um ihr Verhalten substanziell an neue legale Gegebenheiten anzupassen. Die symbolische Befolgung von Gesetzen zielt auf die Erhöhung der Legitimität der Organisation, zum Beispiel durch die Übernahme „politisch korrekter" Regeln, während sich die substanzielle Anpassung den neuen Problemen und Gelegenheiten widmet, die durch neue Gesetze geschaffen wurden. Ein Beispiel hierfür wäre die Änderung einer Buchführungsregel, um Nutzen aus neuen Anreizen der Steuergesetzgebung zu ziehen.

Interessanterweise wurden in der empirischen Forschung bisher hauptsächlich positive Effekte des Rechtssystems gefunden. Die empirischen Studien zeigen auf, dass es nach Gesetzesänderungen zu einem Anstieg von organisatorischen Regelentstehungsraten und gleichfalls – allerdings im geringeren Ausmaß – zu einem Anstieg der Regeländerungsraten kommt (March et al. 2000). Andere Studien, in denen Revisionen und Auflösungen von Regeln getrennt untersucht wurden, kamen zu dem Ergebnis, dass die Regelauflösungsraten, nicht aber die Regeländerungsraten im Monat Januar – dem Monat, in dem die meisten Gesetze wirksam werden – ansteigen (Schulz und Beck 2000). Zwei verschiedene Schlussfolgerungen können aus diesen Resultaten gezogen werden: Erstens reduzieren neue Gesetze für gewöhnlich nicht die Notwendigkeit für neue organisatorische Regeln, sondern geben Anlass für organisatorische Regelproduktion und Regeländerungen. Der Grund hierfür kann sein, dass externe Gesetze sehr breit angelegt sind, sodass organisatorische Regeln benötigt werden, um die Inhalte der abstrakten Gesetze den lokalen Gegebenheiten in den einzelnen Organisationen anzupassen. Ein anderer Grund wäre das Phänomen, dass Organisationen neue Gesetzesinhalte innerhalb ihres Regelwerks replizieren, um ihre Legitimität aufrechtzuerhalten bzw. sie zu erhöhen. Es ist auch möglich, dass Gesetzesänderungen neue Probleme schaffen, die zu Anreizen für die Regelproduktion führen. Zweitens scheint es so zu sein, dass Änderungen im Gesetzesumfeld der Organisation organisatorische Regeln zumeist als Ganzes betreffen – und somit vor allem Regelgründungen und Regelauflösungen hervorrufen und weniger Änderungen von existierenden Regeln. Man könnte dies als das Resultat von einem „Proportionalitätsprinzip" betrachten: Gravierende externe Kräfte bewirken gravierende Änderungen im Regelsystem, während schwächere interne Kräfte zu kleineren Änderungen (Regelrevisionen) führen. Ähnliche Argumente finden sich in der Literatur zum Wandel in Organisationen (z.B. Romanelli und Tushman 1994), in der zwischen radikalem und inkrementalem Wandel unterschieden wird und in der behauptet wird, dass diese beiden unterschiedlichen Formen des Wandels durch unterschiedliche Kräfte erzeugt werden.

V. Ausblick

Es ist verlockend, Regelverläufe mit Lebensverläufen von Individuen und umgekehrt die Entwicklung von Individuen mit der von Regeln zu vergleichen. In diesem Beitrag haben wir deutlich machen wollen, dass dies eine Analogie ist, die neue Impulse für das Verständnis von organisatorischen Regeln, von Wandel in Organisationen und vielleicht sogar der Entwicklung von Individuen hervorbringen kann.

Um bei diesem Vergleich zu bleiben: Wir glauben, dass es reichlich Evidenz für die These gibt, dass organisatorische Regeln – wie Individuen – einer Eigendynamik folgen. Regeln können als „Viren" bürokratischer Rationalität wirken; sie können andere Regeln mit Veränderungsimpulsen infizieren; sie treten mit anderen Regeln um die Regulierung von Problemen in Organisationen in Wettbewerb; sie speichern Erfahrungen aus der Vergangenheit; und häufig existieren sie weiter, auch wenn ihre Schöpfer die Organisation bereits verlassen haben. So gesehen besitzen Regeln also ein beträchtliches Maß an Autonomie. Dementsprechend ist ihre Evolution auch in signifikanter Weise durch Individualität und Pfadabhängigkeit gekennzeichnet. In mehrfacher Hinsicht entwickeln sich Regeln und Individuen in gleichartiger Weise. Regeln – wie Individuen – bilden Realitäten, die neue Erfahrungen machen, wodurch wiederum Impulse für weitere Änderungen entstehen. Regeln scheinen – wie Individuen – durch die Kodierung von Erfahrungen zu lernen, was ihre Anpassung an die sie umgebenden Umwelten verbessert. Und ähnlich wie Individuen entwickeln sich Regeln entlang bestimmter Pfade, die durch ihre individuelle Identität gekennzeichnet sind (d.h. durch ihre individuelle Volatilität oder Strittigkeit).

Andererseits sind dem Vergleich zwischen Regeln und Individuen natürlich klare Grenzen gesetzt. Organisatorische Regeln bestehen immerhin aus Text. Sie haben kein Bewusstsein, keinen Willen und sind nicht fähig zur Introspektion. Insofern sind sie unbeseelte Produkte des organisatorischen Lebens. Ihre Evolution ist deutlich von ihrer Umwelt beeinflusst: Dem menschlichen Kontext der Regelgestalter und Regelanwender, dem ökologischen Kontext der umgebenden Regeln, dem sozialen Kontext in Organisationen, dem legalen, politischen und kulturellen Kontext, und vor allem dem unerbittlichen Ansturm von Entropie, Zufall und unerwarteten Entdeckungen (*serendipity*), der einen kontinuierlichen Strom von Problemen und Opportunitäten produziert und der dadurch zu inkrementellen Reiänderungen und manchmal sogar – vor allem wenn er ignoriert wird – zu radikalen Änderungen führen kann.

Zum jetzigen Zeitpunkt wissen wir noch nicht, welche der beiden Formen der Regelentwicklung – Umweltdeterminismus oder Eigendynamik – vorherrscht. Die empirische Forschung über Regeln zeigt bisher, dass sowohl die Umwelt als auch die Vergangenheit von Regeln eine wichtige Rolle spielt. Wir finden starke Effekte von Elementen der Vergangenheit, wie kodiertes und noch nicht kodiertes Wissen oder vorherige Änderungen einer Regel, aber wir finden auch deutliche Effekte von Umweltvariablen, wie das Regimealter, die Änderungen anderer Regeln und Veränderungen des institutionellen Kontextes. Dies bedeutet, dass die Evolution von Regeln sowohl durch Selbst- als auch durch Fremdsteuerung vonstatten geht.

Allerdings scheint es so zu sein, dass die Umwelt und die Vergangenheit unterschiedliche Effekte auf die Entwicklung von Regeln haben. Die Vergangenheit einer

Regel hat zumeist einen stärkeren Einfluss auf Regelrevisionen als auf Regelauflösungen, was nahe legt, dass die Vergangenheit einer Regel die hauptsächliche Triebkraft von inkrementalen Änderungen ist. Im Gegensatz dazu haben Umweltfaktoren zumeist stärkere Effekte auf Regelentstehungen und Regelauflösungen, woraus der Schluss gezogen werden kann, dass die Umwelt der primäre Einflussfaktor für radikale Regeländerungen ist.

Wenn wir annehmen, dass Regeln in gewisser Hinsicht reflektieren, wie sich organisatorische und soziale Strukturen im Zeitverlauf entwickeln – zum Beispiel weil Regeln wichtige Aspekte von Handlungen in allen sozialen Systemen bestimmen – dann kann man einige Verallgemeinerungen vornehmen.

Erstens bestätigt die Forschung über Regeln frühere Charakterisierungen von offenen Systemen als selbst- und fremdgesteuert. Einerseits halten offene Systeme ihre Grenzen aufrecht, um ihre internen Vorgänge von externen Einflüssen zu schützen und so die interne Berechenbarkeit aufrechtzuerhalten (Thompson 1967). Hierdurch werden die internen Strukturen reproduziert und weiter ausgearbeitet, was den Aufbau von Systemkomplexität gleichzeitig steigert und autopoietischer macht (Luhmann 1984). Andererseits greifen externe Impulse sporadisch in diese interne Dynamik ein und verändern die zu Grunde liegenden Prozesse auf drastische Art und Weise. Solche externen Impulse können dazu führen, dass Systemprozesse angestoßen oder beendet werden, dass Subsysteme etabliert oder eliminiert werden, oder dass sogar das gesamte System zerfällt. Die generelle Perspektive, welche sich hieraus ergibt, ist, dass Systeme teilweise offen sind und halbdurchlässige Grenzen besitzen, die ein sporadisches Einwirken fundamentaler externer Kräfte erlauben und die manchmal von Ansammlungen kleinerer Impulse, die auf Grund ihrer kombinierten Wirkung radikale Änderungen im System hervorrufen können, gesprengt werden.

Eine zweite Generalisierung betrifft die Anschlusslogik (Luhmann 1984), die der Regelevolution und – auf einer übergeordneten Ebene – auch der strukturellen Evolution von Systemen inhärent ist. Während organisatorische Regeln unveränderliche Verhaltensmuster repräsentieren, so repräsentieren Regeländerungen die organisatorische Strukturbildung. Eine solche Strukturbildung, besonders wenn sie sich kumulativ vollzieht, hängt von der Anschlussfähigkeit der Systembausteine ab. Strukturen entwickeln sich weiter, wenn neuartige Ereignisse Bausteine produzieren, die mit den existierenden Strukturen verbunden werden können, etwa wenn neuartige Erfahrungen zu Schlussfolgerungen führen, die durch eine Erweiterung der existierenden Regeln im System berücksichtigt werden können. Die Forschung zu organisatorischen Regeln, die wir in diesem Aufsatz besprochen haben, legt nahe, dass eine solche strukturelle Evolution durch die Allokation von Aufmerksamkeit unterstützt wird. Regeln werden weiterentwickelt, wenn ihre Funktionsweise überwacht wird und neuen Regelerfahrungen und Problemen Aufmerksamkeit geschenkt wird. Aber Aufmerksamkeit ist vermutlich nicht die einzige Bedingung für zusammenhängende Strukturbildung. Immunisierung spielt auch eine Rolle: Die Verkopplung von neuen Ereignissen mit alten Regelstrukturen kann blockiert werden, wenn Regeln immun gegenüber widersprüchlichen Erfahrungen werden, etwa wenn sie unklare oder irrelevante Bestandteile besitzen, die keine Möglichkeit bieten, sich mit neuen Elementen zu verbinden.

Eine Reihe von Implikationen der Regelforschung betrifft die Theorien des organisationalen Lernens, besonders diejenigen, die Lernen auf Organisationsebene lokalisieren und durch Routinen vermittelt sehen.

1. Regeln sind ein zentrales Konzept für diese Ansätze, weil sie die supraindividuellen Qualitäten des organisationalen Lernens hervorheben: Organisatorische Regeln sind offensichtlich auf einer Ebene oberhalb von Individuen angesiedelt. Sie sind in beträchtlicher Weise unabhängig von spezifischen Akteuren in Organisationen und bleiben weiter bestehen, selbst wenn ihre Schöpfer die Organisationen verlassen haben.
2. Regeln spielen eine wichtige Rolle für organisationales Lernen, weil sie Wissen speichern können und dadurch Organisationen erlauben, wertvolle Lösungen für schwierige Probleme präzise und dauerhaft aufzuzeichnen, zu kommunizieren und wiederzuverwenden.
3. Regeln sind jedoch gleichzeitig dekontextualisierte Artefakte der Vergangenheit – sie machen die Lektionen, die gelernt wurden, nicht aber die Ereignisse, die zu ihnen geführt haben, für andere zugänglich (March et al. 2000). Weil die Ereignisse, die den Anlass zu den Regeln gegeben haben, normalerweise nicht direkt in den Regeln gespeichert werden, erscheinen Regeln bisweilen recht fragwürdig für die Regelanwender und es ist denkbar, dass dies ein Hauptgrund für die schlechte Reputation von Bürokratien ist. Gleichzeitig stellt die Dekontextualisierung von Regeln ein Hemmnis für Regeländerungsversuche dar, da mit solchen Versuchen das Risiko verbunden ist, lang vergessene, jedoch potenziell schwerwiegende Probleme zu reaktivieren.
4. Aufmerksamkeit ist in Organisationen zumeist ein knappes Gut und deswegen ist das regelbasierte Lernen typischerweise keine unmittelbare, kontinuierliche und komplette Abbildung des Wissens in Regeln. Aus diesem Grund ist das Passungsverhältnis zwischen aktuellen Regeln und aktuellen Umweltbedingungen oftmals vermindert (March et al. 2000), was naiven Konzeptionen des organisationalen Lernens als sicheres und effizientes Adaptionsinstrument widerspricht.
5. Die empirische Forschung über Regeln wirft ein neues Licht auf die Unterscheidung zwischen inkrementellem und radikalem Wandel (Lant und Mezias 1992) – externe Kräfte induzieren vornehmlich radikalen Wandel, während die Vergangenheit einer Regel eher zum inkrementellen Wandel beiträgt.
6. Längsschnittuntersuchungen von Regeln offenbaren neue Einsichten in die Art und Weise, wie sich Organisationswissen generell entwickelt. Die empirische Regelforschung legt nahe, dass die individuellen Elemente dieses Wissens in ein Netzwerk von anderen Elementen eingebettet sind, das einen wichtigen ökologischen Kontext für Änderungen der Wissensbasis in Organisationen darstellt. Wissenselemente sind verbunden mit anderen Wissenselementen durch funktionale Beziehungen (z.B. technische Implikationen) oder gemeinsame Abhängigkeit von Ressourcen (z.B. Aufmerksamkeit). Veränderungen von Teilen der Wissensstruktur können andere Teile mit Änderungsdruck infizieren oder deren Veränderung unnötig machen. Die Evolution des Organisationswissens hängt damit von Faktoren ab, die Verbindungen von neuen mit bestehenden Wissenselementen herstellen, wie zum Beispiel hinreichende Aufmerksamkeit, um Wissenslücken zu erkennen, oder organisatorische

Prozesse, die dafür sorgen, dass relevante Implikationen von neuem Wissen entdeckt werden (Schulz 2001a).

Es erscheint uns, dass die Forschung über Regeln und Regelverläufe ein fruchtbares Forschungsfeld darstellt, das viele weit reichende Implikationen für die Theorien von Organisationen und sozialen Systemen hat. Bis jetzt ist dieses Forschungsfeld noch recht jung und viele Fragen sind noch offen. Allerdings gibt es in diesem Feld reichhaltige und – wie wir glauben – äußerst vielversprechende Forschungsmöglichkeiten. Wir hoffen, dass der vorgelegte Überblick weitere Forschung über organisatorische Regeln und Regelverläufe anregen wird – vielleicht sogar oder gerade in der deutschen Soziologie, der Wiege der Bürokratietheorie.

Literatur

Amburgey, Terry L., Dawn Kelly und *William P. Barnett*, 1993: Resetting the Clock: The Dynamics of Organizational Change and Failure, Administrative Science Quarterly 38: 51–73.

Barney, Jay B., 1986: Organizational Culture: Can It Be a Source of Sustained Competitive Advantage?, Academy of Management Review 11: 656–665.

Baron, James N., Frank R. Dobbin und *P. Devereaux Jennings*, 1986: War and Peace: The Evolution of Modern Personnel Administration in U.S. Industry, American Journal of Sociology 91: 351–383.

Beck, Nikolaus, 2001: Kontinuität des Wandels: Inkrementale Änderungen einer Organisation. Wiesbaden: Westdeutscher Verlag.

Beck, Nikolaus, Josef Brüderl und *Michael Woywode*, 2002: The Causes and Consequences of Organizational Change: How to Deal with Unobserved Heterogeneity. Im Rahmen des *EGOS Colloquium* in Barcelona präsentiertes Manuskript.

Beck, Nikolaus, und *Alfred Kieser*, 2003: The Complexity of Rule Systems, Experience, and Organizational Learning, Organization Studies (im Erscheinen).

Blau, Peter M., 1970: A Formal Theory of Differentiation in Organizations, American Sociological Review 35: 201–218.

Blossfeld, Hans-Peter, und *Götz Rohwer, 2002:* Techniques of Event History Modeling. New Approaches to Causal Analysis. Mahwah, NJ: Lawrence Erlbaum.

Blossfeld, Hans-Peter, Alfred Hamerle und *Karl Ulrich Mayer*, 1989: Event History Analysis: Statistical Theory and Application in the Social Sciences. Hillsdale, NJ: Lawrence Erlbaum Associates.

Buckley, Peter J., und *Martin J. Carter*, 1998: Managing Cross Border Complementary Knowledge: The Business Process Approach to Knowledge Management in Multinational Firms. Working Paper 98-2, Carnegie Bosch Institute, online: http://cbi.gsia.cmu.edu/buckley/buckley.html.

Child, John, 1972: Organization Structure, Environment and Performance: The Role of Strategic Choice, Sociology 6: 1–22.

Cohen, Wesley M., und *Daniel A. Levinthal,* 1990: Absorptive Capacity: A New Perspective on Learning and Innovation, Administrative Science Quarterly 35: 128–152.

Crozier, Michel, 1964: The Bureaucratic Phenomenon. Chicago: University of Chicago Press.

Cyert, Richard, und *James G. March*, 1963: A Behavioral Theory of the Firm. Englewood Cliffs, NJ: Prentice-Hall.

Delacroix, Jaques, Anand Swaminathan und *Michael E. Solt*, 1989: Density Dependence versus Population Dynamics: An Ecological Study of Failings in the California Wine Industry, American Sociological Review 54: 245–262.

DiMaggio, Paul J., und *Walter W. Powell*, 1983: The Iron Cage Revisited: Institutional Isomorphism and Collective Rationality in Organizational Fields, American Sociological Review 48: 147–160.

Dobbin, Frank, und *Timothy J. Dowd,* 2000: The Market that Antitrust Built: Public Policy, Private Coercion, and Railroad Acquisition, 1825 to 1922, American Sociological Review 65: 631–657.

Dobbin, Frank, und *John R. Sutton*, 1998: The Strength of a Weak State: The Rights Revolution and the Rise of Human Resources Management Divisions, American Journal of Sociology 104: 441–476.

Dobbin, Frank, John R. Sutton, John W. Meyer und *W. Richard Scott*, 1994: Equal Opportunity Law and the Construction of Internal Labor Markets. S. 272–300 in: *W. Richard Scott* und *John W. Meyer* (Hg.): Institutional Environments and Organizations: Structural Complexity and Individualism. Thousand Oaks, CA: Sage.

Edelman, Lauren B., 1990: Legal Environments and Organizational Governance: The Expansion of Due Process in the American Workplace, American Journal of Sociology 95: 1401–1440.

Foss, Nicolai J., 1996: Knowledge-Based Approaches to the Theory of the Firm: Some Critical Comments, Organization Science 7: 470–476.

Gouldner, Alvin W., 1954: Patterns of Industrial Bureaucracy. New York: The Free Press.

Grant, Robert M., 1996: Toward a Knowledge-Based Theory of the Firm, Strategic Management Journal 17 (Winter Special Issue): 109–122.

Hammer, Michael, und *James Champy*, 1993: Reengineering the Corporation: A Manifesto for Business Revolution. New York: Harper Business.

Hannan, Michael T., und *John Freeman*, 1984: Structural Inertia and Organizational Change, American Sociological Review 49: 149–164.

Hedlund, Gunnar, 1994: A Model of Knowledge Management and the N-Form Corporation, Strategic Management Journal 15: 73–90.

Kieser, Alfred, und *Herbert Kubicek*, 1992: Organisation. New York: De Gruyter.

Kogut, Bruce, und *Udo Zander*, 1993: Knowledge of the Firm and the Evolutionary Theory of the Multinational Corporation, Journal of International Business Studies 24: 625–645.

Lant, Theresa, und *Stephen J. Mezias*, 1992: An Organizational Learning Model of Convergence and Reorientation, Organization Science 3: 47–71.

Levinthal, Daniel A., und *James G. March*, 1993: The Myopia of Learning, Strategic Management Journal 14: 95–112.

Levitt, Barbara, und *James G. March*, 1988: Organizational Learning, Annual Review of Sociology 14: 319–340.

Luhmann, Niklas, 1975: Komplexität. S. 204–220 in: *Ders.:* Soziologische Aufklärung 2. Opladen: Westdeutscher Verlag.

Luhmann, Niklas, 1984: Soziale Systeme. Grundriß einer allgemeinen Theorie. Frankfurt a.M.: Suhrkamp.

March, James G., Martin Schulz und *Xueguang Zhou*, 2000: The Dynamics of Rules: Change in Written Organizational Codes. Stanford, CA: Stanford University Press.

Merton, Robert K., 1957: Bureaucratic Structure and Personality. S. 195–206 in: *Ders.:* Social Theory and Social Structure. New York: The Free Press.

Meyer, Marshall W., und *Craig M. Brown*, 1977: The Process of Bureaucratization, American Journal of Sociology 83: 364–385.

Meyer, John W., und *Brian Rowan*, 1977: Institutionalized Organizations: Formal Structure as Myth and Ceremony, American Journal of Sociology 83: 340–363.

Meyer John W., W. Richard Scott, David Strang und *Andrew L. Creighton*, 1985: Bureaucratization without Centralization: Changes in the Organizational System of American Public Education, 1940–1980 S. 139–167 in: *Lynne G. Zucker* (Hg.): Institutional Patterns and Organizations. Boston: Pitman.

Miner, Anne S., 1987: Idiosyncratic Jobs in Formalized Organizations, Administrative Science Quarterly 32: 327–351.

Miner, Anne S., 1991: Organizational Evolution and the Social Ecology of Jobs, American Sociological Review 56: 772–785.

Nahapiet, Janine, und *Sumantra Ghoshal*, 1998: Social Capital, Intellectual Capital, and the Organizational Advantage, Academy of Management Review, 23: 242–266.

Nelson, Richard R., und *Sidney G. Winter*, 1982: An Evolutionary Theory of Economic Change. Cambridge: Belknap.

Nonaka, Ikujiro, 1994: A Dynamic Theory of Organizational Knowledge Creation, Organization Science 5: 14–37.
Peteraf, Margaret A., 1993: The Cornerstone of Competitive Advantage: A Resource-Based View, Strategic Management Journal 14: 179–191.
Pugh, Derek S., 1993: The Measurement of Organizational Structures. Does Context Determine Form?, Organizational Dynamics 14: 19–34.
Pugh, Derek S., David J. Hickson, C. Robert Hinings und *C. Turner*, 1968: Dimensions of Organization Structure, Administrative Science Quarterly 13: 65–106.
Pugh, Derek S., David J. Hickson, C. Robert Hinings und *C. Turner*, 1969: The Context of Organization Structures, Administrative Science Quarterly 14: 91–114.
Romanelli, Elaine, und *Michael L. Tushman*, 1994: Organizational Transformation as Punctuated Equilibrium: An Empirical Test, Academy of Management Journal 37: 1141–1166.
Schulz, Martin, 1992: A Depletion of Assets Model of Organizational Learning, Journal of Mathematical Sociology 17: 145–173.
Schulz, Martin, 1998a: Limits to Bureaucratic Growth: The Density Dependence of Organizational Rule Births, Administrative Science Quarterly 43: 845–876.
Schulz, Martin, 1998b: A Model of Organizational Rule Obsolescence, Journal of Computational and Mathematical Organization Theory 4: 241–266.
Schulz, Martin, 2001a: The Uncertain Relevance of Newness: Organizational Learning and Knowledge Flows, Academy of Management Journal 44: 661–681.
Schulz, Martin, 2001b: Organizational Learning. S. 415–441 in: *Joel A. C. Baum* (Hg.): Companion to Organizations. Oxford und Malden, MA: Blackwell.
Schulz, Martin, und *Nikolaus Beck*, 2000: Iron Laws of Bureaucracy – Comparing Incremental and Radical Change of Organizational Rules in the U.S. and in Germany. Universität Washington: Department of Management and Organization (unveröffentlichtes Manuskript).
Scott, W. Richard, 1995: Institutions and Organizations Thousand Oaks: Sage Publications.
Silcock, H., 1954: The Phenomenon of Labour Turnover, Journal of the Royal Statistical Society, Series A 117: 429–440.
Singh, Jitendra V., David J. Tucker und *Robert J. House*, 1986: Organizational Legitimacy and the Liability of Newness, Administrative Science Quarterly 31: 171–193.
Stewart, Thomas A., 1994: Your Company's Most Valuable Asset: Intellectual Capital, Fortune vom 3. Oktober: 68–74.
Stinchcombe, Arthur L., 1965: Social Structure and Organizations. S. 142–193 in: *James G. March* (Hg.): Handbook of Organizations. Chicago: Rand McNally.
Sutton, John R., und *Frank R. Dobbin*, 1996: The Two Faces of Governance: Responses to Legal Uncertainty in US Firms, 1955 to 1985, American Sociological Review 61: 794–811.
Sutton, John R., Frank R. Dobbin, John W. Meyer und *Richard W. Scott*, 1994: The Legalization of the Workplace, American Journal of Sociology 99: 944–971.
Teece, David J., und *Gary Pisano*, 1994: The Dynamic Capabilities of Firms: An Introduction, Industrial and Corporate Change 3: 537–556.
Thompson James D., 1967: Organizations in Action. New York: McGraw-Hill.
Tolbert, Pamela, und *Lynne G. Zucker*, 1983: Institutional Sources of Change in the Formal Structure of Organizations: The Diffusion of Civil Service Reform, 1880–1935, Administrative Science Quarterly 28: 22–39.
Weber, Max, 1976: Wirtschaft und Gesellschaft. 5. Aufl. Tübingen: Mohr.
Weber, Max, 1984: Die protestantische Ethik und der Geist des Kapitalismus. S. 27–277 in: *Ders.*: Die protestantische Ethik I. Eine Aufsatzsammlung, hrsg. von Johannes Winckelmann. 7. Aufl. Gütersloh: GTB.
Wernerfelt, Birger, 1984: A Resource-based View of the Firm, Strategic Management Journal 5: 171–180.
Williamson Oliver E., 1981: The Economics of Organization: The Transaction Cost Approach, American Journal of Sociology 87: 548–578.
Williamson, Oliver E., 1985: The Economic Institutions of Capitalism. New York: The Free Press.

Winter, Sidney G., 1987: Knowledge and Competence as Strategic Assets. S. 159–184 in: *David J. Teece* (Hg.): The Competitive Challenge: Strategies for Industrial Innovation and Renewal. Cambridge, MA: Ballinger.

Zhou, Xueguang, 1993: The Dynamics of Organizational Rules, American Journal of Sociology 98: 1134–1166.

Zucker, Lynne G., 1977: The Role of Institutionalization in Cultural Persistence, American Sociological Review 42: 726–743.

GERECHTIGKEIT IN ORGANISATIONEN

Theoretische Überlegungen und empirische Ergebnisse zu einer Theorie korporativer Gerechtigkeit*

Stefan Liebig

Zusammenfassung: Dieser Beitrag will anhand theoretischer Überlegungen und empirischer Ergebnisse zeigen, dass eine Lösung der für bestimmte Organisationen typischen Steuerungsprobleme davon abhängig ist, inwieweit die Verteilung von Rechten, Positionen oder Gütern den Gerechtigkeitserwartungen der Mitglieder entsprechen. Dazu wird auf der Grundlage eines organisationstheoretischen Modells dargelegt, dass Fragen der Gerechtigkeit unmittelbar mit den Konstitutionsbedingungen korporativer Akteure verknüpft sind und dabei zwischen vier Bedeutungsaspekten korporativer Gerechtigkeit unterschieden werden muss: Tausch-, Verfahrens-, Interaktions- und Verteilungsgerechtigkeit. Die Ergebnisse einer standardisierten Beschäftigtenbefragung in 21 Unternehmen der deutschen Metallindustrie machen deutlich, dass Einstellungen zur Gerechtigkeit in Organisationen tatsächlich entsprechend den vier Bedeutungsaspekten korporativer Gerechtigkeit rekonstruiert werden können. Gleichzeitig finden sich Hinweise darauf, dass das Ausmaß an individuell wahrgenommener Tausch-, Verfahrens-, Interaktions- und Verteilungs(un-)gerechtigkeit insbesondere für solche Einstellungen und Verhaltensweisen wichtig ist, die als Ursachen oder Folgen der Steuerungsprobleme in korporativen Akteure gelten: Individuelle Leistungsmotivation, Bindung an eine Organisation, Austrittsintention, Fehlzeiten und Arbeitsproduktivität.

Organisationen sind „soziale Werkzeuge", deren sich die Menschen bedienen, um bestimmte Ziele zu erreichen. Sie werden immer dann ins Leben gerufen, wenn Personen zur Einsicht gelangen, dass sie ihre Interessen und Ziele alleine nicht in der gewünschten Form realisieren können. Grundsätzlich kann man dabei zwei Typen von Organisationen unterscheiden: kollektive und korporative Akteure (Coleman 1990). Kollektive Akteure verdanken sich der Einsicht, dass andere Menschen ähnliche Interessen haben und es deshalb besser ist, sich zusammen zu tun und gemeinsam für deren Durchsetzung zu streiten. Ein kollektiver Akteur hat deshalb die Aufgabe, die Interessen sei-

---

* Dieser Aufsatz entstand im Rahmen der Nachwuchsgruppe „Interdisziplinäre Soziale Gerechtigkeitsforschung", die von der VolkswagenStiftung am Institut für Sozialwissenschaften der Humboldt-Universität zu Berlin finanziert wird. Die verwendeten Daten stammen aus dem Projekt „Veränderungsprozesse und Gerechtigkeit in Organisationen" (VGIO), das von 1996 bis 2000 mit Mitteln der Deutschen Forschungsgemeinschaft im Rahmen des Schwerpunktprogramms 197 „Regulierung und Restrukturierung der Arbeit in den Spannungsfeldern von Globalisierung und Dezentralisierung" gefördert wurde. Für Anregungen und Kritik danke ich Jutta Allmendinger, Thomas Hinz, Nicole Jäckle, Alexandra Krause, Holger Lengfeld und Steffen Mau.

ner Mitglieder „mit einer Stimme" zu vertreten. Beispiele dafür sind die für moderne Demokratien typischen Interessenverbände, Bürgerinitiativen oder auch politische Parteien. Da alle Personen ähnliche Interessen haben, sind kollektive Akteure durch eine weitgehende Interessenkonvergenz charakterisiert.

Dies gilt jedoch nicht für den zweiten Typus von Organisationen. Hier liegt der instrumentelle Charakter einer Mitgliedschaft darin, dass man sich mit ihr eine höhere Rendite der eigenen Fähigkeiten und Fertigkeiten verspricht. Ähnlich zu kollektiven Akteuren sind korporative Akteure zu einem bestimmten Zweck gegründet. In der Regel bezieht sich dies auf die Bereitstellung von Gütern oder Dienstleistungen, die beispielsweise in profitorientierten Organisationen gewinnbringend am Markt verkauft oder in nicht-profitorientierten Organisationen einer bestimmten Klientel zur Verfügung gestellt werden sollen. Die Mitglieder sind jedoch nicht die Auftraggeber dieser Leistungen, sondern sie sind vom korporativen Akteur mit deren Herstellung betraut. Weil ein korporativer Akteur als juristische Person nicht selbst handlungsfähig ist, ist er auf natürliche Personen angewiesen, die in seinem Namen und in seinem Interesse handeln. Deshalb ist es für diese Art von Mitgliedschaft nicht entscheidend, ob Personen ähnliche Interessen oder Ziele haben wie der korporative Akteur. Entscheidend ist allein, ob sie über solche Fähigkeiten und Fertigkeiten verfügen, die zur Realisierung der Ziele des korporativen Akteurs dienen. Mitglied kann deshalb nur derjenige werden, der auch die auf einer Position geforderten Aufgaben erfüllt. Als Inhaber einer Position sind Personen dann verpflichtet, nur solche Handlungen zu vollziehen, die der Realisierung der Ziele des korporativen Akteurs dienen. Dessen Interessen – und nicht ihre eigenen! – sollen Maßstab ihrer Handlungen und Entscheidungen sein. Damit sind korporative Akteure mit einem grundlegenden Problem konfrontiert: Sie sind in ihrer Existenz von Personen abhängig, die mit ihren Handlungen und Entscheidungen primär nicht die eigenen, sondern die Interessen der Organisation verwirklichen sollen.

Dieses Problem wird noch verstärkt, weil die Personen in der Zeit, in der sie der Organisation zu Diensten sind, in ihren Handlungsrechten eingeschränkt sind: Sie können nicht selbst darüber entscheiden, was sie wann mit wem tun. Stattdessen müssen sie sich Anweisungen von Vorgesetzten fügen und mit anderen Positionsinhabern zusammenarbeiten, mit denen sie unter anderen Umständen nie ein Wort wechseln würden. Sie tun dies, weil sie dafür materielle oder immaterielle Vergünstigungen erhalten – denn dies ist die Rendite, die sie aus ihren Fähigkeiten und Fertigkeiten erwirtschaften können. Es liegt auf der Hand, dass sie unter derartigen Bedingungen weniger Engagement für die Ziele des korporativen Akteurs zeigen und auch versuchen werden, den eigenen Ertrag auf Kosten der Organisation zu erhöhen. Beides wird in dem Maße stärker sein, wie die individuellen Rechte eingeschränkt und Handlungen erwartet werden, die den eigenen Interessen entgegenstehen. Um dies zu vermeiden, existieren in korporativen Akteuren Mechanismen, die das gewünschte Verhalten belohnen und das unerwünschte bestrafen.

Derartige Mechanismen können jedoch solange eine Leistungszurückhaltung oder ein Trittbrettfahren bei den Mitgliedern nicht verhindern, wie sie der Meinung sind, ungerecht behandelt zu werden. So lautet die – zugegebenermaßen nicht neue – These, die in diesem Beitrag näher beleuchtet werden soll. In der Organisationsforschung wurde wiederholt auf die Bedeutung einer gerechten Entlohnung hingewiesen (Baldamus 1960; Kossbiel 1994; Schrüfer 1988; Wächter 1991; Zündorf 1986), und es existiert seit mittlerweile 50 Jahren sogar ein eigenes Forschungsgebiet, dass sich explizit mit *justice in organizations* beschäftigt (vgl. Cohen-Charash und Spector 2001; Greenberg 1993; Liebig 1995, 1997, 1998, 1999). Doch in beiden Fällen wird Gerechtigkeit entweder als ein Platzhalter für alles das eingefügt, was nicht auf die rationalen Interessen der Personen zurückführbar ist, oder es wird versäumt, auf der Grundlage eines organisationstheoretischen Modells genau zu erklären, warum Gerechtigkeit als eine von mehreren möglichen normativen Kategorien gerade in Organisationen bedeutsam wird. Genau diese Lücke möchte der vorliegende Beitrag füllen, indem er unter Rückgriff auf ein organisationstheoretisches Modell und die Erkenntnisse der interdisziplinären sozialen Gerechtigkeitsforschung erklären möchte, warum gerade *korporativer Gerechtigkeit* eine derart entscheidende Rolle zukommen soll. Dazu werden nicht nur theoretische Überlegungen vorgestellt, sondern auch Ergebnisse aus einer Beschäftigtenbefragung in 21 Unternehmen der bundesdeutschen Metallindustrie.

Der Beitrag gliedert sich in fünf Abschnitte. Zunächst wird ein Überblick über die Ergebnisse der *justice in organizations*-Forschung gegeben. Da dieses Forschungsfeld bisher keine theoretische Erklärung dafür liefern kann, warum Personen ihre Mitgliedschaft und ihr Verhalten in Organisationen von Gerechtigkeitserwägungen abhängig machen, und an welchen Kriterien sich Gerechtigkeit in Organisationen bemisst, wird im zweiten Abschnitt zunächst der organisationstheoretische Ort von Fragen der Gerechtigkeit aufgezeigt. Im dritten Abschnitt wird dies auf der Grundlage der Ergebnisse der interdisziplinären Gerechtigkeitsforschung näher erläutert und eine organisations- und gerechtigkeitstheoretisch verankerte Unterscheidung von vier Dimensionen korporativer Gerechtigkeit vorgestellt. Das Anliegen des vierten Abschnitts besteht dann darin, mit Hilfe eines Strukturgleichungsmodells zu überprüfen, 1. ob diese vier theoretisch abgeleiteten Gerechtigkeitsdimensionen auch empirisch unterschieden werden und 2. in welchem Ausmaß die vier Dimensionen für solche Einstellungen und Verhaltensweisen relevant sind, die für die Leistungserbringung in korporativen Akteuren wichtig sind. Im letzten Abschnitt werden die theoretischen und empirischen Ergebnisse in ihrer organisations- und gerechtigkeitstheoretischen Bedeutung diskutiert.

I. Gerechtigkeit in Organisationen aus Sicht der empirischen Gerechtigkeitsforschung

Die *justice in organizations*-Forschung beschäftigt sich seit nunmehr 50 Jahren mit dem Problem der Relevanz von Gerechtigkeit in Organisationen.[1] Es geht darum, aufzuzeigen, was in Organisationen als gerecht bzw. ungerecht angesehen wird und welche Folgen diese Bewertungen haben. Damit ist dieser Forschungszweig Teil der empirischen Gerechtigkeitsforschung. Im Unterschied zu philosophischen Gerechtigkeitstheorien geht es hier nicht darum, diejenigen Normen zu explizieren und zu begründen, die un-

---

1 Für einen detaillierten Überblick über die bisherigen Ergebnisse dieses vorwiegend psychologischen Forschungsfelds vgl. die beiden Meta-Analysen von Cohen-Charash und Spector (2001) sowie von Colquit et al. (2001), zu den theoretischen Ansätzen vgl. Greenberg und Cropanzano (2001) sowie der Kritik aus soziologischer Perspektive vgl. Liebig (1997, 1999).

ser Handeln anleiten sollten. Stattdessen wird gefragt, was die Leute tatsächlich als gerecht ansehen und welche Ursachen und Folgen diese Urteile haben. Dementsprechend ist auch das Vorgehen der *justice in organizations*-Forschung relativ unkompliziert: Man fragt Organisationsmitglieder mit Hilfe standardisierter Erhebungsinstrumente nach ihren Vorstellungen zur Gerechtigkeit oder lässt sie die bestehende Güter- und Lastenverteilung bewerten. Man rekonstruiert dann anhand des Datenmaterials, ob und wie sich diese Urteile auf organisations- und arbeitsplatzbezogene Einstellungen und Verhaltensweisen auswirken. Das Ergebnis dieser Vorgehensweise ist eine Vielzahl von Einzelstudien, die anhand von Querschnittsbefragungen oder auch durch Feldexperimente den Nachweis erbringen, dass „justice in organizations matters" (Greenberg 1993).

Im Anschluss an die Ergebnisse der allgemeinen, empirischen Gerechtigkeitsforschung zeigt sich, dass Gerechtigkeit in Organisationen mindestens durch drei unterschiedliche Urteilsdimensionen empirisch näher beschrieben werden kann. Einmal handelt es sich um Urteile zur distributiven Gerechtigkeit, die sich unmittelbar auf den in der Organisation verteilten Anteil materieller oder immaterieller Güter beziehen – ob also Personen ihr eigenes Einkommen für gerecht halten (Homans 1953; Dornstein 1991), Beförderungen und Entlassungen als gerecht wahrgenommen werden (Brockner et al. 1992) oder die immateriellen Vergünstigungen, wie beispielsweise das Ausmaß an Arbeitsplatzsicherheit, in der Organisation gerecht verteilt sind (Randall und Mueller 1995). Die zweite Form von Urteilen bezieht sich auf die Verfahren, die in einer Organisation angewandt werden, um Güter und Lasten zu verteilen (Folger 1987; Greenberg und Tyler 1987; Thibaut und Walker 1975). Dazu liegen Studien zur Bewertung der Verfahren zur Personalauswahl, Entgeltfindung, Leistungsbeurteilung, Kündigung oder zu Beschwerdeverfahren vor (vgl. Müller 1998). Verfahrensgerechtigkeit beschreibt dabei das, was man auch als Problem der Allokation von Rechten in Entscheidungsprozessen bezeichnen kann: Welche Rechte den Beteiligten bei der Entscheidungsfindung jeweils eingeräumt werden – in welchem Grad sie also an der Entscheidung beteiligt werden, welche Mitsprachemöglichkeiten sie haben, welche Informationen sie über den Entscheidungsprozess erhalten und ob die Rechte jedes Einzelnen auch im Sinne der Unparteilichkeit gewährt werden. Die dritte Dimension, die sich insbesondere in Organisationen als entscheidend erwiesen hat, ist die der Interaktionsgerechtigkeit zwischen Vorgesetzten und Untergebenen (Bies 2001). Denn Verfahrensgerechtigkeit bezieht sich auf die formale Ausgestaltung von Entscheidungsprozessen, den institutionalisierten Regeln. Demgegenüber wird mit dem Aspekt der Interaktionsgerechtigkeit die konkrete Anwendung dieser Regeln durch die Verantwortlichen fokussiert. Ob die Vorgesetzten beispielsweise bei der Leistungsbeurteilung die vorgeschriebenen Verfahrensregeln einhalten oder im alltäglichen Umgang die Rechte der Organisationsmitglieder respektieren.

Das Hauptaugenmerk der *justice in organizations*-Forschung liegt jedoch im Nachweis der Einstellungs- und Verhaltensrelevanz dieser drei Urteilsdimensionen (Cropanzano und Randall 1993). Im Wesentlichen zeigt sich dabei, dass Leistungszurückhaltung, Identifikation mit dem Unternehmen, Fehlzeiten und Austrittsintentionen bei den Beschäftigten von den drei Gerechtigkeitsdimensionen jeweils in besonderer Weise beeinflusst werden. Bei einer als ungerecht wahrgenommenen Entlohnung kommt es zu einer Leistungszurückhaltung oder die Organisationsmitglieder versuchen den aus ihren Augen ungerechterweise vorenthaltenen Lohn darüber sich zu verschaffen, indem sie Ressourcen der Organisation für ihre eigenen Zwecke verwenden (z.B. Diebstahl). Verfahrens- und Interaktionsgerechtigkeit zeigt sich im Gegenzug als wesentlicher Prädiktor für die Bindung an das Unternehmen (Alexander und Ruderman 1987) und das, was Organ und Moorman als „organizational citizenship behavior" bezeichnet haben (Organ 1988; Organ und Moorman 1993; Moorman 1991; Smith 1983). Damit wird ein Verhalten beschrieben, das bezogen ist auf „those contributions to organizational effectiveness that are neither mandated by individual job requirements nor recognized by the formal reward system" (Organ und Moorman 1993: 6) – also Kooperations- und Hilfsbereitschaft, Verantwortungsbewusstsein und Einsatzbereitschaft für die Ziele der Organisation.

Insbesondere was die Einstellungs- und Verhaltensrelevanz von Gerechtigkeitsurteilen in Organisationen anbelangt, sind diese Ergebnisse instruktiv. Auch deshalb, weil die *justice in organizations*-Forschung auf Grund der Verwendung experimenteller Designs in der Lage ist, Kausalitätsaussagen zum Zusammenhang von Gerechtigkeitseinstellungen und organisationsbezogenen Einstellungen und Verhaltensweisen zu formulieren. Besonders deutlich wird dies in einer Studie von Greenberg (1990). Er untersuchte die Auswirkungen von Gehaltskürzungen, die in zwei Betrieben desselben Unternehmens für zehn Monate vorgenommen wurden, auf die Diebstahlquote. Wie frühere Studien zur Bedeutung der Verfahrensgerechtigkeit zeigten, ist das Ausmaß an empfundener Ungerechtigkeit bei den Verteilungsergebnissen dann geringer, wenn im Entscheidungsprozess Kriterien der Verfahrensgerechtigkeit eingehalten werden. Deshalb wurden in einem der beiden Betriebe die Gründe für die Gehaltskürzung offengelegt und um eine Zustimmung durch die Beschäftigten geworben. Im anderen Betrieb wurde die Gehaltskürzung nicht weiter erklärt und allein mit dem Hinweis bekannt gegeben, dass dies eine Entscheidung der Geschäftsleitung sei, die man schlichtweg zu akzeptieren hätte. Als Kontrollgruppe diente ein dritter Betrieb desselben Unternehmens, in dem keine Gehaltskürzungen vorgenommen wurden. In allen drei Unternehmen wurde die Diebstahlquote vor der Gehaltskürzung, während der zehnwöchigen Kürzung und nach der Rücknahme der Kürzungen erhoben. Das Ergebnis bestand darin, dass in den beiden Betrieben mit Gehaltskürzungen die Diebstahlquote in den zehn Wochen anstieg. Dies war in dem Betrieb stärker, in dem keine Erklärung der Maßnahme gegeben wurde. Nach Rücknahme der Kürzungen ging in beiden Betrieben die Diebstahlquote wieder auf das Ausgangsniveau zurück. Die Beschäftigten reagierten offensichtlich auf die Gehaltskürzungen so, dass sie sich die entgangene Vergütung anderweitig von der Organisation „holten". Gleichzeitig wird deutlich, dass Gerechtigkeit in Organisationen weder auf Entlohnungsgerechtigkeit noch auf Verfahrensgerechtigkeit reduziert werden kann, denn beide Dimensionen waren für die entsprechenden Reaktionen verantwortlich (vgl. Brockner und Siegel 1996).

Der Vorteil des empiristischen Vorgehens der bisherigen *justice in organizations*-Forschung ist sicherlich, dass wir damit über eine Fülle von empirisch abgesicherten Belegen für die Relevanz von Gerechtigkeit in Organisationen verfügen. Doch können wir damit nur feststellen, *dass* die Verteilung von Rechten – im Sinne der Verfahrens- und Interaktionsgerechtigkeit – und die Verteilung materieller oder immaterieller Gü-

Abbildung 1: Diebstahlquote und befristete Gehaltskürzung (aus: Greenberg 1990: 565)

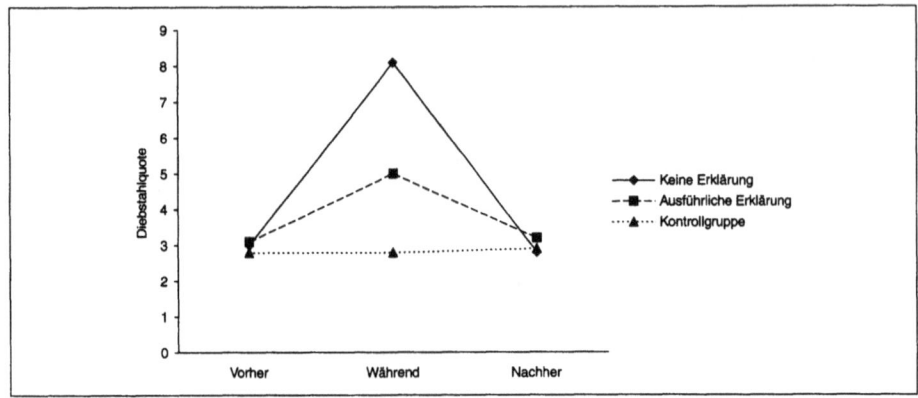

ter in Organisationen nach Kriterien der Gerechtigkeit bewertet werden und diese Bewertungen auch entsprechende Konsequenzen haben. Wir haben damit aber keine Erklärung an der Hand, *warum* dies so ist.

Darüber hinaus können wir auf der Grundlage der bisherigen Studien nicht sicher sein, ob wir alle relevanten Bewertungsdimensionen korporativer Gerechtigkeit bestimmt haben. Denn die *justice in organizations*-Forschung leitet ihre Untersuchungsdimensionen – Verteilungs-, Verfahrens- und Interaktionsgerechtigkeit – nicht aus einem Modell von Organisationen ab. Dies ist insofern wichtig, als wir erst durch einen derartigen Bezug feststellen können, welche Art von Gerechtigkeitsproblemen in Organisationen entstehen können. Gerade die neuere Gerechtigkeitsforschung macht darauf aufmerksam, dass Gerechtigkeitsurteile einen hohen Grad an Kontextbezug aufweisen (vgl. James 1993; Tyler 1997). Dies bezieht sich nicht nur darauf, welche Regeln wir unter welchen sozialen Bedingungen für gerecht halten, sondern auch darauf, welche Art von Gerechtigkeitsproblemen in bestimmten sozialen Kontexten entstehen. Dementsprechend können wir nur dann zu einer Erklärung der Bedeutung von Gerechtigkeit in Organisationen kommen, wenn wir uns des theoretischen Instrumentariums der Gerechtigkeits- und Organisationsforschung bedienen.

II. Korporative Akteure, Steuerungsprobleme und Gerechtigkeit

Ausgangspunkt für eine theoretische Fundierung der *justice in organizations*-Forschung muss eine adäquate Beschreibung von Organisationen sein. Denn erst auf einer derartigen Grundlage lässt sich bestimmen, warum Personen ihre Mitgliedschaft und ihr Verhalten in Organisationen von Gerechtigkeitsüberlegungen abhängig machen und welche verschiedenen Bewertungsdimensionen dabei von Relevanz sind. Ein Modell, das sich dafür besonders eignet, ist die Theorie korporativer Akteure (Coleman 1979, 1990; vgl. auch Büschges und Abraham 1997; Kappelhoff 1997). Sie führt die in der Organisationsforschung aus unterschiedlichen Blickwinkeln diskutierten Eigenschaften von Organisationen in anschaulicher Weise zusammen und bietet damit eine idealtypische Beschreibung korporativer Akteure. Demnach sind es genau vier Eigenschaften, durch die sich Organisationen von anderen sozialen Aggregationsformen unterscheiden: Sie werden a) durch ein Vertragsverhältnis begründet, b) konstituieren sich als Herrschaftsverband, c) verfügen über eine Positionsstruktur und zeichnen sich d) durch eine Zusammenlegung individueller Ressourcen aus.

a) Vertragliche Grundlegung. Korporative Akteure werden durch Verträge konstituiert (March und Simon 1958; Nord 1980). Gegenstand dieser Verträge ist ein Austausch von Verfügungsrechten. Darin räumen individuelle Akteure der Organisation das Recht ein, ihre Arbeitskraft zu nutzen und die Organisation verpflichtet sich, dafür eine Vergütung auszuzahlen. Da es sich bei der Arbeitskraft um eine nicht-veräußerliche Ressource handelt – also individuelle Attribute wie Fähigkeiten und Fertigkeiten –, erhält der korporative Akteur nur für eine bestimmte Zeit das Recht, seine Mitglieder mit bestimmten Aufgaben zu betrauen. In dieser Zeit verzichten die Mitglieder auf ihr Recht, selbst zu entscheiden, was sie tun und mit wem sie dies tun.[2] Sie sind dazu bereit, weil sie damit einen höheren Nutzen aus ihren Fähigkeiten und Fertigkeiten erwarten, als wenn sie selbst über deren effektiven Einsatz nachdenken und entscheiden müssten. Der Nutzen ist dabei das Ergebnis aus den Aufwendungen, die sich aus der Übertragung der Verfügungsrechte über die eigenen Handlungen ergeben, und der Vergütung, die der korporative Akteur gewährt. Die Art und die Höhe dieser Vergütung ist ebenfalls Gegenstand des Vertrags. Im Austausch für das Recht, über die Handlungen seiner Mitglieder entscheiden zu dürfen, überträgt der korporative Akteur seinen Mitgliedern bestimmte Rechte über seine eigenen Ressourcen. Dies bezieht sich einmal darauf, für bestimmte Dienstleistungen eine entsprechende Vergütung in Form von Geld oder anderen Gütern zu erhalten. Gleichzeitig können die Mitglieder zur Erfüllung ihrer Aufgaben unterschiedliche Ressourcen des korporativen Akteurs nutzen: Etwa die zur Erfüllung der Aufgaben benötigten Produktionsmittel oder auch das Recht, anderen Mitgliedern Anweisungen zu geben und somit über die Handlungen anderer Personen zu bestimmen.

Durch die Übertragung von Verfügungsrechten über die Handlungen natürlicher Personen wird ein korporativer Akteur erst zu einer handlungsfähigen Einheit. Denn als *juristische* Person ist er selbst nicht handlungsfähig. Dies ist erst möglich, wenn er natürliche Personen mit der Realisierung seiner Interessen betraut. Damit ist ein korporativer Akteur aber von der Bereitschaft der Personen abhängig, seine Interessen zu verwirklichen. Denn einmal ist er auf deren Arbeitsleistungen angewiesen, zum anderen kann er die Einzelleistungen nur mithilfe von Personen koordinieren. Weil nämlich der Umfang der Tätigkeiten, die eine Person zu erbringen hat, im Voraus nicht vollständig definierbar ist, kann auch im Vertrag nicht vollständig festgelegt werden,

---

2 „Wenn Menschen sich zusammentun, um einen korporativen Akteur zu schaffen ... sehen sie sich mit einem Dilemma konfrontiert: Um in den Genuß der Vorteile zu kommen, die die Organisation bietet, müssen sie die Nutzung gewisser Rechte, Ressourcen oder Macht an die Korporation abtreten. Nur so kann der korporative Akteur die erforderliche Macht erhalten, um die Zwecke zu verfolgen, deren wegen er geschaffen wird. Dadurch jedoch, daß sie diese Rechte überträgt, verliert jede Person weitgehend die Kontrolle über sie. Denn der korporative Akteur kann durchaus in einer Weise handeln, die sie nicht billigt" (Coleman 1979: 25).

welche Leistungen und welche Gegenleistungen die einzelnen Vertragspartner zu erbringen haben (Barnard 1938). Deshalb ist es notwendig, Personen damit zu betrauen, die Leistungserbringung so zu koordinieren und zu kontrollieren, damit die Interessen des korporativen Akteurs auch verwirklicht werden. Damit sind korporative Akteure in einer doppelten Weise von natürlichen Personen abhängig: Sie benötigen ihre Ressourcen und sie können diese Ressourcen nur durch natürliche Personen zu ihrem Vorteil einsetzen. Um diese doppelte Abhängigkeit zu reduzieren und sich von den individuellen Interessen und Zielen der Mitglieder unabhängiger zu machen, stehen dem korporativen Akteur zwei Mittel zur Verfügung: Einmal eine Verfahrensordnung, in der Rechte und Pflichten formal geregelt werden, und zum anderen die Trennung von Person und Position, d.h. der Aufbau einer Positionsstruktur.

b) Herrschaftsverband. Weil Personen mit ihrem Eintritt in eine Organisation für eine bestimmte Zeit auf die Verfügungsrechte über ihre eigenen Handlungen verzichten, nehmen sie eine Einschränkung ihrer individuellen Handlungsrechte in Kauf. Denn sie unterstellen sich erstens den Weisungen des korporativen Akteurs. Zweitens sind sie im Gegensatz zu einer Mitgliedschaft in einem kollektiven Akteur nicht dazu berechtigt, über die Ziele des korporativen Akteurs mitzuentscheiden – dieses Recht genießen zunächst nur die Eigentümer des korporativen Akteurs. Deshalb verpflichten sich Personen mit ihrer Mitgliedschaft auch, solche Handlungen auszuführen, die ihren eigenen Interessen entgegengesetzt sein können.[3] Drittens können die Mitglieder auch nicht selbst darüber entscheiden, mit welchen Personen sie kooperieren. Denn nicht sie entscheiden, wer ihr Kooperationspartner zur Realisierung der Ziele des korporativen Akteurs ist, sondern die vom korporativen Akteur damit betrauten Personen. Genau in diesen drei Einschränkungen der individuellen Entscheidungsfreiheit liegt auch der Grund, warum korporative Akteure im Gegensatz zu kollektiven Akteuren „grundsätzlich herrschaftliche Gebilde" (Kappelhoff 1997: 249) sind und die Beziehung zwischen den Mitgliedern und dem korporativen Akteur sowie den Mitgliedern untereinander eine Herrschaftsbeziehung ist.

Diese Herrschaftsbeziehung wird durch eine Verfahrensordnung (Vanberg 1983, 1986) – Coleman (1990) spricht in dem Fall auch von einer Verfassung – näher geregelt. Sie definiert, welche Handlungen die Personen zu vollziehen haben und über welche Rechte sie dabei verfügen können. Damit handelt es sich bei der Verfahrensordnung um ein Mittel zur Allokation von Rechten. Sie kann sich auf den Umfang der Mitsprache- und Entscheidungsrechte genauso beziehen wie auf das Ausmaß an Weisungsbefugnis, die ein Vorgesetzter gegenüber seinen Untergebenen hat. Die Ausübung der Herrschaft geschieht dann dadurch, dass die Personen, die vom korporativen Akteur damit betraut wurden, die Einhaltung der formalen und informalen Regeln sanktionieren. Damit wird es nicht nur möglich, die Einzelleistungen der Mitglieder im Interesse des korporativen Akteurs zu koordinieren, der korporative Akteur macht sich damit auch in seiner Herrschaftsausübung von den Personen unabhängiger, die zu einem bestimmten Zeitpunkt damit betraut sind (Coleman 1990: 171f.).

---

3 Kollektive Akteure haben es in dieser Hinsicht einfacher. Bei ihnen genügt es, dass sie ihrem Auftrag nachkommen und die Interessen ihrer Mitglieder realisieren. Die Kosten der Mitgliedschaft werden dann durch die Verwirklichung der Interessen „intrinsisch" entschädigt.

c) Positionsstruktur. Das zweite Mittel, um die Abhängigkeit von individuellen Personen zu reduzieren, liegt im Aufbau einer Positionsstruktur. In ihr wird eine Trennung zwischen Person und Position vorgenommen (Luhmann 1964). Dies ist notwendig, um sicherzustellen, dass auch wirklich die Interessen und Ziele des korporativen Akteurs realisiert werden. Bei der Gründung eines korporativen Akteurs kommt es deshalb zunächst zu einer Definition der Fähigkeiten und Fertigkeiten, die zur Erreichung der Ziele benötigt werden.[4] Diese Ressourcen werden als Positionen definiert, die wiederum einer vertikal und horizontal gegliederten Positionsstruktur zugeordnet werden. Erst im Anschluss daran werden die Positionen durch Personen *aufgefüllt* (Coleman 1990: 427).

Mit der Trennung von Person und Position wird ein Netz von Interaktionen zwischen den Positionsinhabern festgelegt. Sie gewährleistet eine stabile Kooperation der Positionsinhaber. Denn Personen werden nur dann miteinander interagieren, wenn sie ein gegenseitiges Interesse an den Ressourcen des anderen haben. Deshalb würden sie auch nur dann und nur solange zusammenarbeiten, wie sie wechselseitig an ihren Ressourcen interessiert sind. In dem Fall wäre die Organisation jedoch darauf angewiesen, dass sich ihre Mitglieder jeweils gegenseitig als attraktive Kooperationspartner wahrnehmen. Darauf hat die Organisation selbstverständlich keinen Einfluss. Die Kooperation muss deshalb unabhängig von individuellen Interessen, Vorlieben und interpersonaler Attraktion gesichert sein. Dazu dient die Positionsstruktur. Denn damit wird formal festgelegt, welche Positionsinhaber miteinander kooperieren müssen. Da die Personen sich selbst nicht Anreize zur Fortsetzung oder Aufnahme einer Interaktion geben – sie vielmehr Nachteile in Kauf nehmen müssen, wenn sie zur Interaktion mit anderen Positionsinhaber gezwungen werden – gehört es zur Aufgabe des korporativen Akteurs, diese Anreize zu geben – beispielsweise über die Entlohnung. Nimmt er diese Aufgabe wahr und sorgt für die Aufrechterhaltung der Interaktionen, so ist das Handlungssystem nicht mehr abhängig von den Anreizen, die die einzelnen Akteure sich gegenseitig bieten: Der korporative Akteur macht sich unabhängiger von Einzelpersonen.

d) Zusammenlegung individueller Ressourcen. Die Positionsstruktur sichert den koordinierten Einsatz aller in einer Organisation zur Verfügung stehenden individuellen Ressourcen im Hinblick auf die Realisierung der Ziele des korporativen Akteurs. Damit wird eine Zusammenlegung individueller Ressourcen erreicht, durch die wiederum ein Vorteilsbündel – bzw. eine Kooperationsrente – erzeugt wird. Das Vorteilsbündel ist das Ergebnis des Einsatzes aller individuellen Ressourcen (Alchian und Demsetz 1972). Der über die Produktion und Distribution von Gütern oder Dienstleistungen erwirtschaftete Gewinn ist dann Teil dieses Vorteilsbündels. Er ist das Gesamtergebnis aus einer Vielzahl von Ressourcenleistungen einzelner Mitglieder (March und Simon 1958; Simon et al. 1950). Das Vorteilsbündel bezieht sich aber nicht nur auf materielle Ge-

---

4 „Die Stellenbeschreibung zeigt die Eingliederung einer Position in die betriebliche Organisationstruktur in schriftlicher, verbindlicher und einheitlich festgelegter Form. In der Regel werden die Ziele, Aufgaben und Funktionen, die damit verbundenen Verantwortlichkeiten, Kompetenzen und die Über- und Unterordnungsbeziehungen einer Stelle festgehalten. In vielen Fällen enthalten Stellenbeschreibungen auch Angaben über die Anforderungen an den Stelleninhaber" (Wagner et al. 1993: 505f.).

winne. Es umfasst auch kollektive Güter wie z.B. den gemeinsamen Vorteil, von marktbedingten Unsicherheiten und Nachfrageschwankungen abgeschirmt zu sein (Coase 1988; Williamson 1975). Im Gegensatz zu bilateralen Austauschbeziehungen ist es aber in korporativen Akteuren nicht möglich, den exakten Anteil jedes Positionsinhabers am gemeinschaftlichen Vorteilsbündel zu bestimmen. Es ist das Ergebnis einer arbeitsteiligen und koordinierten Kooperation *aller* Mitglieder (Nilakant und Rao 1994).

Durch den Abschluss eines Vertrags zwischen korporativem Akteur und dem einzelnen Mitglied ist noch nicht sichergestellt, dass der korporative Akteur auch die Dienstleistungen erhält, die er haben möchte (March und Simon 1958; Tondorf 1994). Denn die Entscheidung zur Mitgliedschaft ist nicht gleichbedeutend mit der Entscheidung, die geforderten Leistungen auch im vollen Umfang zu erbringen (Luhmann 1964). Dies ist im Wesentlichen Folge der bestehenden Interessendivergenz zwischen korporativem Akteur und seinen Mitgliedern. Den Personen geht es nämlich zunächst um ihre eigenen Vorteile aus ihrer Mitgliedschaft (vgl. Coleman 1990: 79). Soweit es der Realisierung ihrer eigenen Interessen förderlich ist, geht es ihnen auch um die Ziele des korporativen Akteurs – beispielsweise einen möglichst gewinnbringenden Verkauf von Gütern oder die Bereitstellung von Dienstleistungen. Dieses nachgeordnete Interesse an den Zielen der Organisation führt dazu, dass die Mitglieder Verhaltensweisen zeigen, die zwar ihrem eigenen Nutzeninteresse, aber nicht dem der Organisation dienen; und sie werden die von ihnen geforderten Entscheidungen nicht notwendigerweise im Sinne der Organisation treffen (Arrow 1985; Shapiro und Stiglitz 1984): „Many kinds of behavior in bureaucracies derive from this fundamental defect: stealing from an employer, loafing on job, featherbedding (in which two persons do the work of one), padding of expense accounts, use of organizational resources for personal ends, and waste" (Coleman 1990: 79).

Das grundlegende Steuerungsproblem besteht deshalb darin, die Mitglieder dazu zu bewegen, im Interesse des korporativen Akteurs zu handeln. In der Organisationsforschung wurde deshalb in der Vergangenheit eine Reihe von Vorschlägen unterbreitet, unter welchen Bedingungen sichergestellt werden kann, dass Personen sich nicht nur zum Beitritt in eine Organisation entscheiden, sondern auch eine entsprechende Leistungsmotivation entwickeln (Luhmann 1964). Die klassische Antwort darauf lautet: Wenn Personen über dieses Verhalten den Nutzen aus ihrer Mitgliedschaft erhöhen können oder ein abweichendes Verhalten mit so hohen Kosten belegt wird, dass damit die Mitgliedschaft nicht mehr gewinnbringend ist. In der Organisationstheorie finden sich dazu einige Vorschläge, wie etwa über die Gestaltung von Anreizsystemen die Steuerungsprobleme korporativer Akteure reduziert werden können (Weinert 1992).[5] Gemeinsam ist diesen Vorschlägen, dass sie bei der Lösung der Steuerungsprobleme an der Austauschrelation zwischen korporativem Akteur und individuellem Mitglied ansetzen: Durch positive oder negative Sanktionierung soll das Kosten-Nutzen-Kalkül der Mitglieder beeinflusst werden, um so ein gewünschtes Verhalten hervorzurufen.

---

5 Dieser Vorschlag steht beispielsweise im Zentrum der Anreiz-Beitrags-Theorie (Barnard 1938; March und Simon 1958).

Ein anderer Vorschlag setzt dort an, wo möglicherweise die Hauptursache für die Steuerungsprobleme in korporativen Akteuren entstehen: In ihrer Eigenschaft als Herrschaftsverbände. Eine Folge davon ist nämlich, dass die Austauschbeziehung zwischen korporativem und individuellem Akteur nicht symmetrisch, sondern asymmetrisch zu Ungunsten der Mitglieder ist. Die Asymmetrie nimmt in dem Maße zu, wie die Personen ihre Mitgliedschaft in einer spezifischen Organisation nur unter sehr hohen Kosten aufkündigen können – etwa weil sie über Fähigkeiten und Fertigkeiten verfügen, die nur in dieser Organisation nachgefragt werden oder weil auf Grund der Situation am Arbeitsmarkt ein Wechsel entweder überhaupt nicht oder nur unter hohen Kosten zu realisieren ist. Die Asymmetrie wird aber auch in dem Maße zu Ungunsten der Mitglieder verschoben, wie ihre individuelle Freiheit, über die eigenen Handlungen zu entscheiden, eingeschränkt wird: entweder, weil sie Handlungen verrichten müssen, die ihren eigenen Interessen widersprechen, oder sie mit Personen zur Erreichung der Ziele des korporativen Akteurs kooperieren müssen, mit denen sie normalerweise nicht in eine Interaktionsbeziehung treten würden.

Deshalb wurde auch vorgeschlagen, die Steuerungsprobleme dadurch zu reduzieren, indem man korporative Akteure den kollektiven Akteuren ähnlicher macht (vgl. etwa Coleman 1979, 1990).[6] Ein zentrales Merkmal kollektiver Akteure ist nämlich, dass sie die Interessen ihrer Mitglieder verwirklichen und eine Mitgliedschaft mit niedrigen Kosten aufgekündigt werden kann – ein Austritt aus einer Partei, Gewerkschaft oder einem Sportverein ist in der Regel mit relativ geringen Aufwendungen verbunden. Damit besitzen die Mitglieder erstens ein gewisses Maß an Unabhängigkeit und zweitens sind ihre Handlungen nicht durch extrinsische Belohnungen gesteuert. Coleman (1990) sieht deshalb eine Lösung des Steuerungsproblems korporativer Akteure darin, den Mitgliedern mehr Mitspracheerglichkeiten bei der Festsetzung der Ziele einzuräumen und Vorkehrungen dafür zu treffen, dass sie ihre Mitgliedschaft unter geringen Kosten verlassen können.[7] Die damit verbundene Verhaltensannahme lautet: In dem Maße, wie Personen ihre eigenen Interessen durch den korporativen Akteur verwirklicht sehen und ihm gegenüber unabhängiger sind, werden sie auch die über die Stellenbeschreibung und die Anweisungen der Vorgesetzten vermittelten Handlungsrestriktionen weniger als Einschränkung ihrer individuellen Handlungsrechte interpretieren.

Beide Vorschläge setzen nicht nur an verschiedenen Eigenschaften korporativer Akteure an, sie unterstellen auch zwei unterschiedliche Kriterien, von denen Individuen ihre Leistungsmotivation abhängig machen. Einmal ist dies der individuelle Nutzen, der sich aus den individuellen Aufwendungen und den materiellen und immateriellen Vergütungen ergibt. In diesem Sinne folgt die Leistungsmotivation dem Kalkül ökonomischer Rationalität. Zum anderen wird aber auch angenommen, dass Personen be-

---

6 Ein weiteres Beispiel sind die Vorschläge und Debatten zur betrieblichen Mitbestimmung (vgl. Müller-Jentsch 1986).
7 Favell macht darauf aufmerksam, dass Coleman mit der Kategorie der individuellen Freiheitsrechte ein moralisches Kriterium zur Beurteilung korporativer Akteure einführt: „The rights of voice and exit an individual receives when he invests his resources in a particular authority system make the system moral in virtue of how much he can exercise his voice in affecting the choice of ‚principal' (those who hold authority to determine the actions of the corporate actor) and of the extent to which he can exit the structure with minimal sanction costs from the other members" (Favell 1993: 602).

stimmte normative Erwartungen formulieren und ihr Verhalten in korporativen Akteuren von deren Einlösung abhängig machen. Sie bestehen darin, dass sie als Individuen mit eigenen Interessen und Rechten hinreichend ernst genommen werden.

Für unseren Zusammenhang sind nun drei Punkte entscheidend: Erstens beziehen sich die normativen Erwartungen der Mitglieder korporativer Akteure auf die Art, wie in einer Organisation Rechte verteilt werden – nämlich welche Rechte den individuellen Akteuren und welche dem korporativem Akteur zugesprochen werden. Damit geht es genau genommen um Fragen der distributiven Gerechtigkeit, jedoch zunächst nicht im Hinblick auf die Güter, sondern auf die Rechte in einer Organisation. Zweitens können sich die normativen Erwartungen nicht nur auf die Rechte allein beziehen. Denn aus der Art der Beziehung zwischen korporativem Akteur und seinen Mitgliedern folgt, dass auch die verteilten Güter zur Kompensation der geleisteten Dienste anhand normativer Erwartungen bewertet werden *müssen*. Deshalb kann auch der Vorschlag, das Steuerungsproblem korporativer Akteure allein über die Beeinflussung des Kosten-Nutzen Kalküls in den Griff zu bekommen, nicht ausreichend sein. Es geht vielmehr darum, die Verteilung von Rechten *und* die Verteilung von Gütern – insbesondere die Kompensation für geleistete Dienste – so vorzunehmen, dass damit den normativen Erwartungen der Mitglieder entsprochen wird. In beiden Fällen stehen dann Fragen der distributiven Gerechtigkeit im Mittelpunkt, ob also Rechte und Güter in der Organisation *gerecht* verteilt sind. Dies verweist aber drittens darauf, dass Gerechtigkeit in Organisationen ein mehrdimensionales Phänomen ist. Wir müssen nämlich davon ausgehen, dass sie sich nicht allein daran entscheidet, ob das Verhältnis von geleisteten Diensten und erhaltener Kompensation oder auch die Verteilung der Rechte als gerecht angesehen werden. Wir können vielmehr vermuten, dass die vier Eigenschaften korporativer Akteure – vertragliche Grundlegung, Herrschaftsverband, Positionsstruktur, Zusammenlegung individueller Ressourcen – die Bereiche beschreiben, in denen sowohl über die Verteilung von Rechten als auch über die Verteilung von Gütern jeweils gesondert entschieden wird. Dementsprechend würden sich auch die individuellen Gerechtigkeitserwartungen auf diese vier Bereiche richten.

Korporative Gerechtigkeit wäre damit über vier Urteilsdimensionen näher zu beschreiben. Diese vier Dimension müssten dann auch für die Lösung der Steuerungsprobleme korporativer Akteure entscheidend sein. Damit ist die Agenda des nächsten Abschnitts festgelegt. Es wird darum gehen müssen, diese drei Annahmen auf der Grundlage der Ergebnisse der normativen und der empirischen Gerechtigkeitsforschung zu beantworten: 1. Warum Gerechtigkeit eine relevante Bewertungskategorie bei der Verteilung von Gütern und Rechten in korporativen Akteuren ist; 2. warum die Mitglieder auf Gerechtigkeitsregeln zurückgreifen *müssen*, wenn sie ihre Aufwendungen und Erträge in einem korporativen Akteur beurteilen und 3. warum wir gerade vier Dimensionen korporativer Gerechtigkeit unterscheiden sollten?

III. Eine Erklärung korporativer Gerechtigkeit

Den Ausgangspunkt für eine theoriegeleitete Erklärung korporativer Gerechtigkeit erhalten wir, wenn wir uns zunächst auf das Gebiet der philosophischen Gerechtigkeitsforschung begeben. Denn dieses Forschungsfeld beschäftigt sich nicht nur damit, die Regeln zu benennen und zu begründen, die eine Moral der Gerechtigkeit konstituieren sollten. Zu ihrem Aufgabenfeld gehört es auch, Begriffsanalysen vorzunehmen, die nicht nur für die normative, sondern auch für eine empirisch ausgerichtete Gerechtigkeitsforschung instruktiv sein können. Da sich die Philosophie seit ihren Anfängen mit dem Thema Gerechtigkeit beschäftigt, ist zu erwarten, dass es eine Vielzahl möglicher Definitionen geben kann. Das überraschende ist jedoch, dass es auch in der neueren politischen Philosophie über die einzelnen Richtungen hinweg so etwas wie einen Konsens darüber gibt, was man unter Gerechtigkeit verstehen sollte. Peter Koller drückt dies so aus: „Die Gerechtigkeit umfasst – ganz allgemein gesprochen – jene Forderungen der Moral, die sich auf die Interessenkonflikte zwischen den Menschen um die Güter und Lasten des sozialen Lebens beziehen und die einen allgemein annehmbaren Ausgleich dieser Konflikte verlangen. Ihre Grundform lautet, jedem zukommen zu lassen, was ihm gebührt, oder jede Person so zu behandeln, wie sie es verdient ... Die Grundforderung der Gerechtigkeit kann dann dahingehend formuliert werden, dass die Menschen einander auf eine Weise behandeln sollen, die unter den jeweils relevanten Umständen angemessen, d.h. bei unparteiischer Betrachtung für alle Betroffenen akzeptabel ist" (Koller 1995: 53).[8]

Demzufolge verbinden sich mit der Idee einer gerechten Verteilung von Gütern und Lasten offenbar zwei Zielvorstellungen: Erstens, dass bei bestehenden Interessenkonflikten eine Lösung anzustreben ist, die allen Beteiligten ein gleiches Maß an Interessensrealisierung ermöglicht – also die Vorstellung des Interessensausgleichs. Zweitens, dass bei einer Verteilung alle Beteiligten jeweils gleich – im Sinne der Unparteilichkeit – zu behandeln sind, um so die Rechte jeder Person im gleichen Maße zu berücksichtigen. Die *Attraktivität* der Gerechtigkeit als normativer Verteilungsmaßstab ergibt sich dann daraus, dass die Chancen, seine eigenen Interessen zu realisieren und in seinen individuellen Rechten beachtet zu werden, bei einer gerechten Verteilung höher eingeschätzt werden als bei einer ungerechten. Dies gilt jedoch nur für eine bestimmte Art von Situation: solcher nämlich, in der es auf Grund bestimmter Restriktionen nicht möglich ist, die eigenen Interessen in vollem Umfang zu realisieren. Dies ist dann der Fall, wenn die Maximierung der eigenen Nutzeninteressen daran scheitert, dass erstens eine gemäßigte Knappheit bei den Gütern besteht – also nicht so viele Güter vorhanden sind, damit jeder das bekommen kann, was er möchte (Hume 1992).[9] Zweitens muss um diese Güter ein Interessenkonflikt entbrannt sein, d.h. min-

---
8 Vgl. dazu vor allem Tugendhat (1994) sowie für einen Überblick Kymlicka (1990).
9 Dies hat die Studie von Stouffer et al. (1947) über die Zufriedenheit mit den Aufstiegschancen in Militäreinheiten auch empirisch bestätigt. In den Einheiten, wo sehr wenige Soldaten überhaupt eine Chance hatten, befördert zu werden, war die Zufriedenheit höher als in den Einheiten, wo deutlich mehr Beförderungen möglich waren. Das Gefühl der Ungerechtigkeit entstand gerade dort, wo Beförderungen prinzipiell möglich und zudem noch so häufig waren, dass jeder einzelne Soldat bestimmte realistische Erwartungen entwickeln konnte. Erst bei einer gemäßigten Knappheit stellten sich also Gefühle der Ungerechtigkeit ein.

destens zwei Personen sind an dem entsprechenden Gut interessiert (Rawls 1975). Und drittens muss die Vergabe der Güter an Entscheidungsprozesse gebunden sein, bei denen unterschiedliche Arten von Akteuren (Personen, Gremien, Organisationen) darüber befinden, wer was in welchem Umfang erhält.[10]

In diesem Sinne können wir aus der Perspektive des Rational Choice-Paradigmas die Forderung nach einer gerechten Verteilung von Gütern und Lasten als eine „second-best"-Option beschreiben. Sie wird immer dann erhoben werden, wenn Personen auf Grund der situativen Umstände nicht das bekommen können, was sie eigentlich möchten: „To include fairness concerns in self-interest models all that is needed is a recognition that individuals understand that they must curb their egoistic preferences in order to obtain outcomes that are available only through cooperation with others" (Lind und Tyler 1988: 223).

Situationen, in denen klassischerweise auf derartige „second-best"-Optionen zurückgegriffen werden muss, sind solche, die durch das Dependenzproblem gekennzeichnet sind.[11] Damit ist gemeint, dass mindestens zwei Personen bei der Realisierung ihrer Nutzenerwartungen aufeinander angewiesen sind – wie dies beispielsweise im spieltheoretischen Modell des Prisoner's Dilemma abgebildet wird (Luce und Raiffa 1967). Das Grundmuster besteht darin, dass beide Akteure nicht gleichzeitig den höchsten Gewinn aus ihrer Interaktion ziehen können, weil der Gewinn des einen immer zu Lasten des anderen geht. Vor eine ähnliche Situation sind wir gestellt, wenn wir das Austauschverhältnis zwischen korporativem Akteur und seinen Mitgliedern betrachten: Je mehr Vergütung die Mitglieder bei gleichbleibendem Umfang ihrer Dienste vom korporativen Akteur erwarten, umso weniger Gewinn kann er aus dem Dienstverhältnis ziehen; und umgekehrt: je mehr unvergütete Dienste ein korporativer Akteur von seinen Mitgliedern fordert, umso geringer wird der Nutzen des Dienstverhältnisses für die Mitglieder. In Organisationen ist die Situation jedoch noch etwas komplizierter: Denn im Allgemeinen haben korporative Akteure mehr als ein Mitglied. Das bedeutet, der Vorteil eines Mitglieds geht nicht nur zu Lasten des korporativen Akteurs, sondern es werden damit auch die Gewinnmöglichkeiten der anderen Mitglieder beeinflusst. In aller Regel handelt es sich nämlich bei den verteilbaren Gütern um feste Größen. Der Umfang an finanziellen Gütern, der auf die Mitglieder zur Kompensation ihrer Dienste verteilt werden kann, ist – zumindest zu einem bestimmten Zeitpunkt – nicht beliebig zu erweitern. Damit handelt es sich in Organisationen um ein Dependenzproblem, das zumindest auf zwei voneinander nicht unabhängigen Ebenen angesiedelt ist: Auf einer vertikalen, wenn es um das Verhältnis der Mitglieder zum korporativen Akteur geht, und auf einer horizontalen, wenn es um das Verhältnis der Mitglieder untereinander geht.

---

10 Judith Shklar (1990) hat darauf aufmerksam gemacht, dass wir es offenbar dann nicht als ein Gerechtigkeitsproblem ansehen, wenn Güter ohne Entscheidungen verteilt werden – so beurteilen wir es in der Regel nicht nach Maßstäben der Gerechtigkeit, ob manche Menschen von Natur aus attraktiver sind als andere, manche kleiner oder größer sind oder welche persönlichen Folgen Naturkatastrophen haben; dies ist im schlimmsten Falle ein Unglück.
11 Möglicherweise sind wir in sehr vielen Situationen darauf angewiesen, bei der Maximierung unserer Gewinnerwartung auf „second-best" Optionen zurückzugreifen, denn in der sozialen Realität existieren immer Restriktionen, die es verhindern, die eigenen Interessen „zügellos" durchzusetzen.

Eine der möglichen Lösungen, mit denen Dependenzprobleme – wenn nicht gelöst, so doch – reguliert werden können, besteht in der Einführung von Normen (Schelling 1963; Ullmann-Margalit 1977; Ziegler 1994). Sie definieren in unserem Fall, unter welchen Bedingungen die Beteiligten einen Anspruch auf die Gewährung eines bestimmten Umfangs an Leistung erheben können. Es gehört mittlerweile zu einem der bestdokumentiertesten Forschungsergebnisse, dass offenbar alle möglichen sozialen Aggregate derartige Normen ausbilden (vgl. insbesondere Kahneman et al. 1986a, 1986b; Walster et al. 1973; Walster und Walster 1975). Sie legen fest, was ein gerechtfertigtes Interesse bei der Verteilung von Gütern und Lasten unter verschiedenen situativen Bedingungen ist. Personen können sich auf diese Normen beziehen, wenn sie ihre eigenen Gewinnerwartungen formulieren und in diesem Sinne *legitime* Ansprüche geltend machen. Sie sind dann nicht mit den subjektiven Gewinnerwartungen begründet, sondern beziehen sich auf sozial anerkannte Standards. Überträgt man dies auf die Situation in Organisationen, so werden derartige soziale Standards die Gewinnerwartung eines Jeden nicht vollständig befriedigen. Die Mitglieder werden also nicht den maximalen Gewinn erhalten. Was sie jedoch gewährleisten können, ist, dass die Mitgliedschaft in einem korporativen Akteur und die Kooperation mit den anderen Mitgliedern für längere Zeit hinweg den für *jede* Person optimalen Gewinn sichert. Gleichzeitig kann der korporative Akteur darauf vertrauen, einen bestimmten Leistungsumfang zu erhalten. Freilich besteht eine Voraussetzung für die Wirksamkeit sozialer Standards darin, dass sie auch von allen Beteiligten anerkannt werden. Dies ist dann zu erwarten, wenn sie als gerecht angesehen werden (vgl. Falk et al. 2000; Fehr und Schmidt 1999; Rabin 1993) – und gerecht sind sie, wenn sie jedem Beteiligten in gleichem Maße eine möglichst maximale Realisierung seiner Nutzeninteressen in Aussicht stellen und die Interessen und Rechte jedes beteiligten Akteurs in gleicher Weise berücksichtigen.

Wir wissen natürlich aus der empirischen Gerechtigkeitsforschung, dass die Vorstellungen darüber, was unter den gegebenen Umständen gerecht ist, durchaus variieren. Dies bezieht sich sowohl auf die möglichen Ergebnisse einer Verteilung – also das Ausmaß gerechter Belohnungen oder Bestrafungen – als auch auf die in einer Situation anzuwendenden Verteilungsregeln. In beiden Fällen spielen kulturelle oder sozialpositionale Unterschiede zwischen den Menschen (vgl. Kluegel et al. 1995) genauso eine Rolle wie Unterschiede in den sozialen Kontexten, in denen die Verteilungen vorgenommen werden (Hochschild 1981) oder der Art der jeweils verteilten Güter (Törnblom und Foa 1983). Gleichwohl beobachten wir in dem Maß einen höheren Grad an Übereinstimmung, wie die sozialen Bedingungen, in denen Personen leben, ähnlicher sind. Deshalb werden auch die Vorstellungen darüber, welche Gerechtigkeitsregeln unter welchen Bedingungen Anwendung finden sollten und welche Standards der Belohnung oder Bestrafung gerecht sind, in dem Maße homogener, wie wir uns von der Ebene großer sozialer Einheiten – etwa ganzer Gesellschaften – hin zur Ebene kleiner, fest umrissener sozialer Gruppen bewegen. Dementsprechend können wir auch davon ausgehen, dass die Chancen für mehrheitlich geteilte Standards der Gerechtigkeit in Organisationen höher sind als dies beispielsweise für ganze Gesellschaften gelten mag (Lengfeld und Liebig 2000).

Wir können an dieser Stelle ein erstes Resümee ziehen. Gerechtigkeit wird gerade deshalb in Organisationen relevant, weil die Mitarbeiter nur so unter den gegebenen Umständen erwarten können, dass ihre Interessen und ihre Rechte adäquat berücksichtigt werden (Folger 1994). Eine gerechte Verteilungsordnung ist deshalb auch unter Bedingungen, in denen Entscheidungen nach dem Prinzip der ökonomischen Rationalität getroffen werden, im Sinne einer „second-best"-Option attraktiver als eine ungerechte Verteilungsordnung. Dies erklärt auch, warum Mitglieder korporativer Akteure darauf angewiesen sind, die Güterverteilung an Maßstäben der Gerechtigkeit zu messen: Denn auf Grund der Knappheit und der Interessenkonflikte ist es in korporativen Akteuren nur sehr eingeschränkt möglich, die Nutzeninteressen so zu realisieren, dass sie den subjektiven Wünschen entsprechen. In dem Fall ist es notwendig, die Minderausstattung so zu legitimieren, dass sie einmal einen Ausgleich der verschiedenen Interessen und zum anderen die Berücksichtigung der individuellen Rechte gewährleistet. Doch worauf können sich nun die Gerechtigkeitserwartungen richten? Welche Dimensionen der Gerechtigkeit sind dabei relevant? Zu einer Antwort gelangen wir, wenn wir die vier Eigenschaften korporativer Akteure zu Grunde legen und klären, welche Verteilungsentscheidungen damit verbunden sind und welche normativen Erwartungen sich daran knüpfen können.

Zur theoretischen Bestimmung der relevanten Gerechtigkeitsdimensionen fragen wir zunächst, welche Verteilungsentscheidungen im Zusammenhang mit den vier Eigenschaften korporativer Akteure getroffen werden. Die Antwort lautet: Es wird über die Allokation von Rechten und die Distribution von materiellen oder immateriellen Gütern entschieden. Entscheidungen über die Verteilung von Gütern werden dabei insbesondere beim Abschluss des Dienstvertrages zwischen korporativem und individuellem Akteur (vertragliche Grundlegung) sowie bei der Verteilung der gemeinsam erwirtschafteten Erträge (Zusammenlegung von Ressourcen) wichtig. Welche Rechte den einzelnen Positionsinhabern zugestanden werden, ist wesentlicher Bestandteil der Verfahrensordnung (Herrschaftsverband) und wird insbesondere dann relevant, wenn Personen als Positionsinhaber miteinander interagieren (Positionsstruktur).[12]

Im Rahmen der *vertraglichen Grundlegung* korporativer Akteure werden Entscheidungen über die Verteilung von Leistung und Gegenleistung zwischen den Austauschpartnern getroffen. Damit können hier Probleme der *Tauschgerechtigkeit* entstehen (De Gijsel 1984). Denn es geht darum, welche Aufwendungen der Mitglieder durch welche Vergütungen kompensiert werden. Da ein korporativer Akteur nicht im Voraus wissen kann, ob eine Person wirklich die vereinbarte Leistung erbringt, kann der vertraglich vereinbarte Kompensationsbetrag für deren Dienste nicht an der tatsächlich erbrachten Leistung orientiert sein. Vergütet wird stattdessen 1. das Potenzial an Fähigkeiten und

---

12 Aus Sicht einzelner institutionenökonomischer Theorien könnte man einwenden, dass es in Organisationen ausschließlich um die Verteilung von Rechten geht (vgl. dazu Ebers und Gotsch 1999). In diesem Sinne sind Entscheidungen über die Zuweisung bestimmter Güterbeträge immer Entscheidungen über Verfügungsrechte, die die Akteure über die jeweiligen Güter haben sollen. Die hier vertretene Unterscheidung teilt dieses allgemeine Verständnis von Rechten nicht, sondern beschränkt diese auf die Kategorien der Informations-, Mitsprache und Mitentscheidungsrechte.

Fertigkeiten über das eine Person verfügt und 2. die Kosten, die ihr aus der Einordnung in den Herrschaftsverband entstehen – also die Kompensation ihres Verzichts auf Handlungsrechte. Die normativen Erwartungen, die sich daran knüpfen, sind dann Erwartungen der Tauschgerechtigkeit. Tauschgerechtigkeit liegt dann vor, wenn der Wert der erbrachten Leistung dem der Gegenleistung entspricht, es also nach Meinung der Beteiligten zu einem Äquivalententausch kommt. Aus der Sicht der Organisationsmitglieder entscheidet sich dies entweder auf der Grundlage eines normativen Referenzrahmens, der festlegt, welchem Leistungsumfang welcher Kompensationsbetrag entspricht (Berger et al. 1972). Oder die Gleichwertigkeit der ausgetauschten Ressourcen wird auf der Grundlage sozialer Vergleiche bestimmt. In dem Fall müssen gleiche Leistungen gleich und ungleiche Leistungen entsprechend verschieden kompensiert werden (Walster et al. 1973).

Mit dem Verständnis von Organisationen als *Herrschaftsverband* ist die Vorstellung verknüpft, dass sich Personen bei ihrem Eintritt den existierenden Regeln unterwerfen. Sie akzeptieren damit Einschränkungen ihrer Handlungsrechte, die über eine Verfahrensordnung näher spezifiziert sind. Gegenstand dieses expliziten oder impliziten Regelsystems ist die Allokation von Rechten. Eine Organisation kann deshalb auch über die Verteilung von Rechten beschrieben werden – welche Rechte also in welchem Umfang den verschiedenen Mitgliedern zugewiesen werden. Damit ist festgelegt, welche Informations-, Mitsprache- und Mitentscheidungsrechte die Mitglieder besitzen. Die daran anknüpfenden normativen Erwartungen werden sich dann um die Frage gruppieren, ob die Verfahrensordnung eine gerechte Verteilung der Rechte der Mitglieder gewährleistet. In der Gerechtigkeitsforschung werden derartige Erwartungen unter der Bezeichnung *Verfahrensgerechtigkeit* behandelt (Miller 1999).

Die Verteilung von Rechten in einer Organisation bezieht sich zunächst allein auf die Positionsinhaber. Die Verfahrensordnung legt also allein fest, welche Positionsinhaber welche Rechte haben. Doch die Steuerungsprobleme in korporativen Akteuren entstehen gerade dadurch, dass in der *Positionsstruktur* die einzelnen Positionen durch reale Personen besetzt sind, die eigene Interessen haben und den Anspruch erheben, als Personen mit eigenen Rechten Ernst genommen zu werden. Deshalb wird sich die Gerechtigkeit der Allokation von Rechten letztlich auch daran entscheiden müssen, wie die Positionsinhaber als Personen behandelt werden: „it is respect for persons that underlies our concern for procedural fairness" (Miller 1999: 102). Entscheidend dafür ist die Beziehung zwischen Vorgesetzten und Untergebenen. Denn die Personen, die vom korporativen Akteur mit der Ausübung der Herrschaft betraut sind, sind diejenigen, die über die Umsetzung der Verfahrensordnung entscheiden. Weil die alleinige Existenz einer gerechten Verfahrensordnung nicht die Wahrung der Rechte der Positionsinhaber als Personen sicherstellt, folgt aus der Trennung von Position und Person, dass Aspekte der *Interaktionsgerechtigkeit* wichtig werden (Bies 2001). Liegt in diesem Sinne Gerechtigkeit vor, so ist sichergestellt, dass die Vorgesetzten die grundlegenden Rechte ihrer Untergebenen akzeptieren und sich dementsprechend auch verhalten. Im Unterschied zur prozeduralen Gerechtigkeit, die sich eher auf die Gestaltung der Verfahrensordnung bezieht, ist interpersonale Gerechtigkeit auf die miteinander interagierenden Personen bezogen.

Bis hierher haben wir durch den Rückgriff auf ein organisationssoziologisches Modell die drei in der bisherigen *justice in organizations*-Forschung betrachteten Gerechtigkeitsaspekte theoretisch verorten und im Fall der Tauschgerechtigkeit genauer spezifizieren können. Denn das, was in diesem Forschungsfeld bislang als „Verteilungsgerechtigkeit" bezeichnet wird, bezieht sich streng genommen allein auf das Verhältnis der erbrachten Arbeitsleistung und der dafür im Austausch gezahlten Kompensation. Damit wäre Tauschgerechtigkeit das Kriterium für einen anerkennungswürdigen Vertrag zwischen dem einzelnen Mitglied und dem korporativem Akteur, Verfahrensgerechtigkeit wäre Ausdruck für eine legitime Verfahrensordnung zur Ausübung der Herrschaft, und Interaktionsgerechtigkeit wäre schließlich der Maßstab dafür, ob in der organisationalen Praxis die Rechte der individuellen Akteure auch wirklich gewahrt sind.

Das zu Grunde gelegte Organisationsmodell macht nun aber deutlich, dass diese drei Urteilsdimensionen die in Organisationen ablaufenden Entscheidungen insbesondere im Hinblick auf die Verteilung von Gütern nicht vollständig abdecken. Denn gerade die Güterverteilung geschieht nicht allein im Sinne einer Kompensation der ausschließlich individuell erbrachten Arbeitsleistung. Zusätzlich werden den Mitgliedern auch Anteile aus dem gemeinschaftlich erwirtschafteten Vorteilsbündel zugeteilt. Sie sind das Ergebnis der für korporative Akteure typischen Zusammenlegung individueller Ressourcen (Lücke 1992). Die Beteiligung aus dem daraus erwachsenden Vorteilsbündel kann auf unterschiedliche Weise geschehen: Durch verbilligte Mahlzeiten, Firmenwohnungen, Unterstützung von Sportvereinen oder auch durch monetäre Leistungen (z.B. jährliche Gewinnbeteiligung) (Wagner et al. 1993). Korporative Akteure verfolgen in der Regel mit der Verteilung der „Kooperationsrente" ein bestimmtes Ziel: Sie wollen damit die Bindung der Mitglieder und deren Leistungsbereitschaft erhöhen (Kaiser 1995). Dies kann im Voraus über monetäre oder nicht-monetäre Zusatzleistungen geschehen oder im Nachhinein durch eine Prämienausschüttung. Die Grundlage für eine solche Ausschüttung bildet der Mehrwert, der dem Unternehmen durch die Kooperation der Unternehmensmitglieder entsteht.[13] Wird dieser Gewinn verteilt, dann sind Verteilungsentscheidungen notwendig, die ihrerseits Gegenstand normativer Erwartungen der Beschäftigten werden können. Es muss dabei festgelegt werden, welcher Anteil der Kooperationsrente an den korporativen Akteur selbst oder seinen Eigentümern und welcher an die Beschäftigten geht. Die Zuweisung dieser Kooperationsrente an die einzelnen Beschäftigten kann dabei – im Unterschied zur individuellen Vergütung, die Gegenstand des Vertrages ist – nicht ausschließlich auf der individuellen Leistung beruhen. Denn der individuelle Beitrag zum Gesamtergebnis lässt sich nicht eindeutig bestimmen. Deshalb sind Verteilungsentscheidungen notwendig, die sich solcher Kriterien bedienen, die nicht strikt an die individuelle Leistung einer Person gebunden sind: Eine Gleichverteilung auf alle Beschäftigte kann dabei genauso in Betracht gezogen werden wie eine Verteilung nach der Zugehörigkeit zu bestimmten Statusgruppen in der Organisation. Auch im Hinblick auf solche Verteilungsentscheidungen können Personen normative Erwartungen formulieren. Die Frage ist dann, ob eine Person einen angemessenen Anteil von dem in der Organisation gemeinsam er-

---

[13] „The contributions provided by the various groups are the source from which the organization manufactures the inducements offered to participants" (Simon et al. 1950: 382).

zeugten Vorteilsbündel erhält. Für Ottel (1961) ist diese Gerechtigkeitsdimension – neben der Tauschgerechtigkeit – ein notwendiger Bestandteil für einen gerechten Lohn. Neben der Tauschgerechtigkeit entscheidet sich somit die gerechte Verteilung von Gütern in Organisationen auch an der Verteilungsgerechtigkeit im engeren Sinne, ob also die Mitglieder einen gerechten Anteil aus der monetären und nicht-monetären Kooperationsrente erhalten.

Genau wie die vier Eigenschaften vertragliche Grundlegung, Herrschaftsverband, Positionsstruktur und gemeinsames Vorteilsbündel eine Organisation erst als korporativen Akteur beschreiben, so gilt analog, dass erst über die vier hier unterschiedenen Gerechtigkeitsdimensionen die in Organisationen auftretenden Probleme korporativer Gerechtigkeit hinreichend abgebildet werden können. Ob die Mitglieder die Allokation von Rechten und die Distribution von Gütern und Lasten in einer Organisation als gerecht ansehen, hängt deshalb nicht von den bisher in der *justice in organizations*-Forschung untersuchten drei, sondern von den, aus den Eigenschaften korporativer Akteure resultierenden vier Gerechtigkeitsdimensionen Tausch-, Verfahrens-, Interaktions- und Verteilungsgerechtigkeit ab. Wir verfügen damit über eine organisations- und gerechtigkeitstheoretisch fundierte Beschreibung der Gerechtigkeitsdimensionen, die in Organisationen vom Typ korporativer Akteure relevant werden. Freilich handelt es sich dabei zunächst um vier formale Dimensionen, die angeben, worauf sich die inhaltlichen Vorstellungen zur Gerechtigkeit beziehen können. Wie etwa aus der Sicht der Mitglieder Rechte gerechterweise verteilt werden sollten oder mit welchem Kompensationsbetrag welche Leistungen oder Merkmale von Positionsinhabern gerechterweise verbunden sein sollten. Derartige inhaltliche Aspekte korporativer Gerechtigkeit werden im Weiteren ausgespart. Stattdessen soll die empirische Relevanz der vier formalen Urteilsdimensionen genauer in den Blick genommen werden. Denn erst wenn wir zeigen können, dass 1. diese Dimensionen empirisch auch klar zu unterscheiden sind und 2. sie sich auch in solchen Einstellungen und Verhaltensweisen niederschlagen, die für die Steuerungsprobleme in korporativen Akteuren wichtig sind, kann korporative Gerechtigkeit als ein Mittel zur Lösung der Steuerungsprobleme in korporativen Akteuren bezeichnet werden. Darum wird es im folgenden Abschnitt gehen.

IV. Empirie korporativer Gerechtigkeit

Die Unterscheidbarkeit und die Relevanz der vier Gerechtigkeitsdimensionen soll anhand der Ergebnisse einer standardisierten Beschäftigtenbefragung in 21 bundesdeutschen Unternehmen empirisch geprüft werden. Was die Unterscheidbarkeit anbelangt, so ist das übliche Vorgehen, den Befragten über Einstellungsitems möglichst adäquate Indikatoren der jeweiligen Konstrukte zur Beantwortung vorzulegen. Das Ziel bei der Datenanalyse besteht dann darin, über entsprechende Analyseverfahren – beispielsweise einer Faktorenanalyse – aufzuzeigen, dass das Antwortverhalten den zu Grunde liegenden Konstrukten entspricht. Doch dies kann nur der erste Schritt sein, um von einer eindeutigen Unterscheidbarkeit der vier Dimensionen sprechen zu können.

Der zweite Schritt muss darin liegen, empirische Hinweise dafür zu finden, dass die Urteile auf den einzelnen Dimensionen auch von verschiedenen Faktoren beeinflusst sind. Dies ist dann der Fall, wenn wir beispielsweise über Regressionsanalysen zeigen können, dass die Variation der Urteile auf den vier Dimensionen jeweils von verschiedenen Faktoren beeinflusst werden. Auf Grund unseres theoretischen Modells müssen sich diese Erklärungsfaktoren aus der Art der Verteilung von Rechten und der Verteilung von Gütern in einem Unternehmen ableiten lassen. Da diese Verteilungen das Ergebnis von Entscheidungen im Zusammenhang mit den vier Eigenschaften von korporativen Akteuren sind, lassen sich die relevanten Erklärungsfaktoren theoretisch ableiten. Sie müssen sich auf 1. das tatsächliche Verhältnis der individuellen Aufwendungen und den dafür geleisteten Entschädigungen, 2. die tatsächliche Allokation von Rechten im Rahmen der Verfahrensordnung, 3. die unmittelbar mit der jeweiligen Position verbundenen Rechte und 4. der in einem Unternehmen tatsächlich vorgenommenen Verteilung der Kooperationsrente beziehen. Die dafür relevanten Informationen lassen sich drei Merkmalsgruppen zuordnen: Einmal geht es um die Güterausstattung jeder einzelnen Person, wie sie sich etwa in der Höhe der individuellen Entlohnung ausdrückt. Zum anderen sind Merkmale des unmittelbaren Arbeitsplatzes einer Person entscheidend, wenn es um die Frage geht, über welche Handlungsrechte eine Person im unmittelbaren Arbeitsvollzug verfügen kann und in welcher Form der Zwang zur Kooperation mit anderen Positionsinhabern Auswirkungen auf das subjektive Kosten-Nutzen-Kalkül hat. Schließlich sind Informationen über die Art der Güter- und Rechteverteilung im ganzen Unternehmen heranzuziehen. Denn daran lässt sich ablesen, wie die Verfahrensordnung und die Verteilung der gemeinschaftlich erwirtschafteten Gewinne gestaltet wird. Die Variation der Urteile auf den vier Gerechtigkeitsdimensionen wird also von individuellen Merkmalen der Urteilenden, der Situation am unmittelbaren Arbeitsplatz und bestimmten Merkmalen des Unternehmen bestimmt sein.

Wenn Gerechtigkeitsurteile für die Steuerungsprobleme in korporativen Akteuren relevant sind, so müssen sich aber auch Zusammenhänge mit den entsprechenden organisationsbezogenen Einstellungen und Verhaltensweisen beobachten lassen. Von besonderem Interesse sind dabei solche Einstellungen und Verhaltensweisen, die entweder die Leistungsmotivation der Beschäftigten unmittelbar widerspiegeln oder die Ausdruck einer Leistungsverweigerung sind. Im Anschluss an Studien aus der *justice in organizations*-Forschung nehmen wir an, dass sich dies sowohl auf der individuellen Ebene als auch auf einer aggregierten Ebene der Abteilungen zeigt (vgl. Colquitt et al. 2001; Greenberg 1990; Konrad und Pfeffer 1990). Wir überprüfen also zunächst, ob es Zusammenhänge zwischen den individuellen Gerechtigkeitsurteilen und der berichteten Leistungsmotivation, dem Ausmaß an commitment gegenüber dem Unternehmen und der Austrittsintention der Beschäftigten gibt. Da wir in diesem Fall Einstellungen mit Einstellungen erklären, können wir daraus lediglich ableiten, dass die Personen konsistent oder inkonsistent im Sinne unseres theoretischen Modells urteilen. Da dem jedoch bestimmte Kausalitätsannahmen zu Grunde liegen, ist es geboten, auch solche Informationen zu Rate zu ziehen, die möglichst unabhängig vom Urteilsverhalten der Befragten sind. Deshalb untersuchen wir weiterhin, ob sich Zusammenhänge zwischen den Gerechtigkeitsurteilen der Personen und solchen Indikatoren der Leistungsmotivation ergeben, die unabhängig von den Befragten erhoben wurden und die als Folgen individueller Verhaltensweisen interpretiert werden können – etwa die Fehlzeiten oder die Produktivitätsentwicklung in den Arbeitseinheiten, in denen die Befragten tätig sind.

Zusammenfassend lassen sich für die folgenden empirischen Analysen insgesamt drei Hypothesen formulieren:

H_1: Die Mitglieder korporativer Akteure unterscheiden zwischen Tauschgerechtigkeit, Verfahrensgerechtigkeit, Verteilungsgerechtigkeit und Interaktionsgerechtigkeit.

H_2: Urteile auf den vier Gerechtigkeitsdimensionen sind jeweils unterschiedlich abhängig von Merkmalen der Urteilenden, deren Situation am Arbeitsplatz und den Bedingungen im Unternehmen.

H_3: Urteile auf den vier Gerechtigkeitsdimensionen schlagen sich in Einstellungen und Verhaltensweisen nieder, die Ursache für die Steuerungsprobleme in korporativen Akteuren sind. Wir erwarten signifikante Effekte auf die Leistungsbereitschaft, das commitment zum Unternehmen, die Austrittsintentionen sowie auf die Fehlzeiten und die Produktivität im Betrieb.

1. Daten, Variablen, Methode

Die zu verwendenden Daten stammen aus einer standardisierten Beschäftigtenbefragung in 21 Betrieben der Metallindustrie. Die Betriebe befanden sich in Nordrhein-Westfalen und Baden-Württemberg und hatten zwei Jahre vor Erhebungszeitpunkt mindestens in einer Produktions- oder Montageeinheit Gruppenarbeit eingeführt. Ihre Auswahl geschah über ein Screening im Januar 1999, bei dem 4.010 Betriebe über telefonische Kurzinterviews zur Art der durchgeführten Dezentralisierung und einer Reihe von Betriebskennzahlen bundesweit befragt wurden. Aus diesen Betrieben wurden 250 Betriebe mit mehr als 100 Beschäftigten in beiden Regionen ausgewählt, von denen sich 21 für die Teilnahme an der Beschäftigtenbefragung bereit erklärten. In jedem dieser Betriebe wurde mit einem Vertreter der Geschäftsleitung ein leitfadengestütztes Interview geführt, das durch einen standardisierten „Betriebsfragebogen" ergänzt wurde und in dem eine Reihe betriebsstatistischer Merkmale sowie Angaben zur Personalstatistik und der Produktivitäts- und Krankenstandsentwicklung in den untersuchten Einheiten erhoben wurden. Insgesamt 685 Mitarbeiter, deren Führungskräfte sowie Betriebsräte und Angehörige des oberen Managements wurden mit einem schriftlichen, standardisierten Fragebogen befragt. Die verwendeten Instrumente waren in ihrem Hauptteil für alle Befragtengruppen identisch und variierten lediglich in einzelnen Modulen. Die folgenden Analysen beziehen sich allein auf die Mitarbeiter der 21 Unternehmen.[14]

---

14 Die Organisation der Befragung vor Ort sowie die Dateneingabe erfolgte über ein kommerzielles Befragungsinstitut. In jedem der 21 Unternehmen wurden die Mitarbeiter aus jeweils nur einer Abteilung befragt – wir können deshalb nicht zwischen Abteilungs- und Unternehmensebene unterscheiden. Alle von den arbeitsorganisatorischen Veränderungen betroffenen Arbeiter erhielten den Fragebogen am Arbeitsplatz. Die in der Regel zu Hause ausgefüllten Fragebögen wurden nach spätestens vier Tagen durch einen Beauftragten des Umfrageinstituts am Arbeitsplatz anonym eingesammelt. Die Rücklaufquote betrug 70,3 Prozent. Zusätzlich wurden die unmittelbaren Führungskräfte der Mitarbeiter sowie die Betriebsräte und Mitglieder des oberen Managements befragt (vgl. auch Lengfeld und Liebig 2001a).

2. Vier Gerechtigkeitsdimensionen

Die Gerechtigkeitsurteile auf den vier Dimensionen werden über insgesamt neun Einzelitems operationalisiert. Zur Messung der Verfahrensgerechtigkeit waren die Befragten aufgefordert zu beurteilen, inwieweit bei den vorgenommenen arbeitsorganisatorischen Veränderungen die Betroffenen formal beteiligt und ihre Rechte respektiert wurden. Die Urteile zur Tauschgerechtigkeit werden über die Gerechtigkeitsbewertung des eigenen Einkommens auf einer elfstufigen Skala und dem Vergleich des eigenen Einkommens zu Personen mit ähnlichen Aufgaben und rangniedrigeren Beschäftigten erfasst. Um die wahrgenommene Interaktionsgerechtigkeit abzubilden, sollten die Befragten auf einer vierstufigen Skala angeben, ob sie in der Vergangenheit Ungerechtigkeiten durch den Vorgesetzten im Hinblick auf die Bewertung der eigenen Leistung und der Missachtung der eigenen Rechte erfahren haben. Die Verteilungsgerechtigkeit wird schließlich über zwei Items erfasst, bei denen die Befragten ebenfalls auf einer vierstufigen Skala beurteilen sollten, ob sich der Unternehmenserfolg und die Leistungen in ihrer Abteilung auch in ihrem eigenen Einkommen niederschlagen – ob sie also an der Kooperationsrente der Arbeitsgruppe oder des gesamten Unternehmen beteiligt werden.

a) Individualmerkmale. Bei der Erklärung der Variation dieser vier Dimensionen wird neben den klassischerweise zu verwendenden Kontrollvariablen des Alters, des Geschlechts und der formalen Schulbildung der Befragten die Höhe der eigenen Entlohnung – insbesondere bei der Tausch- und Verteilungsgerechtigkeit – eine Schlüsselrolle einnehmen. Dies ergibt sich aus der Eigenschaft des gerechten Lohns als „second-best"-Option. Je höher die Entlohnung ist und je mehr damit dem individuellen Bedürfnis nach Maximierung der Gewinne aus der Mitgliedschaft in einem korporativen Akteur entsprochen wird, umso eher wird auch Tausch- und Verteilungsgerechtigkeit bestehen. Weiterhin ist zu vermuten, dass die relative Betriebszugehörigkeit der Beschäftigten für ihre Gerechtigkeitsurteile relevant ist. Denn im Verlauf der Betriebszugehörigkeit kann es zu gewissen Eingewöhnungseffekten kommen, durch die die Erwartungsstrukturen der Beschäftigten an die faktischen Zustände angepasst werden. Dementsprechend würde mit einer längeren Betriebszugehörigkeit auch ein geringeres Ausmaß an wahrgenommener Ungerechtigkeit auf den vier Dimensionen korrespondieren.

b) Arbeitsplatzmerkmale. Entsprechend unseres theoretischen Modells werden neben der Höhe der eigenen Entlohnung die Bedingungen, unter denen die Beschäftigten ihre Arbeitsleistungen erbringen müssen, eine weitere Ursache für die Variation der Gerechtigkeitsurteile sein. Denn die Arbeitsplatzbedingungen können einmal Auskunft darüber geben, welche Rechte die Personen im Arbeitsvollzug für sich in Anspruch nehmen können und es lassen sich daraus auch Rückschlüsse ableiten, welche Kosten sie durch die Einordnung in die Positionsstruktur und in das personale und strukturelle Herrschaftsverhältnis in Kauf nehmen müssen. Dabei sind zwei Dimensionen besonders relevant: Einmal das Ausmaß in dem die Beschäftigten durch hierarchische Anweisungen oder formale Regeln in ihrer Autonomie eingeschränkt werden. Dies wird über zwei Items zur Einschränkung durch Weisungen des Vorgesetzten und formale

Arbeitsplatzbeschreibungen erfasst. Wir erwarten bei Personen mit einer größeren Autonomie eine positivere Einschätzung der Verfahrens- und Interaktionsgerechtigkeit. Denn sie müssen geringere Einschränkungen der eigenen Handlungsrechte in Kauf nehmen.

Die zweite Dimension bezieht sich auf die Art der sozialen Beziehungen am Arbeitsplatz. Denn daraus lässt sich ableiten, welche individuellen Kosten aus dem Zwang entstehen, mit anderen Positionsinhabern zu kooperieren. Sie werden dann geringer sein, wenn sich die Personen selbst Anreize für eine Interaktion bieten. Dies ist üblicherweise dann der Fall, wenn Personen sozial integriert sind und durch andere auch Unterstützung erfahren. Unter derartigen Bedingungen werden – bei gleichbleibendem Einkommen – die eigenen Aufwendungen geringer sein, weil im alltäglichen Arbeitsvollzug eine Entlastung durch die Kollegen zu erwarten ist und die Kooperation mit den Kollegen zumindest subjektiv weniger als Zwang bzw. als Aufwendung wahrgenommen wird – die Tauschgerechtigkeit wird in dem Fall positiver bewertet werden.

c) Unternehmensmerkmale. Neben den individuellen und arbeitsplatzbezogenen Merkmalen werden auch solche Merkmale für die Variation der individuellen Gerechtigkeitsurteile wichtig sein, die Auskunft über die Verteilung von Gütern und Rechten im gesamten Unternehmen geben. Dies gilt zunächst für das Lohnniveau. Mit höherem durchschnittlichem Lohnniveau erwarten wir auch eine geringere Ungerechtigkeitswahrnehmung hinsichtlich der Tauschgerechtigkeit. Gleichzeitig wird die Lohnstruktur entscheidend sein – also die Verteilung der Vergütungen auf den unterschiedlichen hierarchischen Ebenen. Wir wissen aus der Gerechtigkeitsforschung, dass unter bestimmten arbeitsstrukturellen Bedingungen egalitäre Einkommensverteilungen präferiert werden (Kabanoff 1991; Konrad und Pfeffer 1990). Dementsprechend wird insbesondere die Verteilungsgerechtigkeit dort positiver eingeschätzt werden, wo auch die Unterschiede im Einkommen zwischen den Hierarchieebenen möglichst gering sind. Was die Verfahrensgerechtigkeit anbelangt, so erwarten wir in Unternehmen mit einem hohen gewerkschaftlichen Organisationsgrad auch positivere Bewertungen. Denn wir können vermuten, dass unter derartigen Bedingungen eine stärkere Arbeitnehmervertretung besteht und deshalb die individuellen Rechte der Beschäftigten eher gewahrt werden. Doch nicht nur die interne Situation in einem Unternehmen wird für die Variation der Gerechtigkeitsurteile bedeutsam sein. Insbesondere dann, wenn Unternehmen einem größeren Druck auf ihren Absatzmärkten ausgesetzt sind, wird sich dies auch in den Leistungsanforderungen an die Beschäftigten und unter Umständen auch in einem eher angespannten Betriebsklima ausdrücken. Eine mögliche Folge kann darin bestehen, dass die Rechte der Beschäftigten eher eingeschränkt werden. Dies wird sich vor allem in der Art der Beziehung zwischen Vorgesetzten und Beschäftigten ausdrücken. Wir erwarten in dem Fall also eine negativere Bewertung der Interaktionsgerechtigkeit.

3. Einstellungs- und verhaltensbezogene Konsequenzen

Der Einfluss der vier Gerechtigkeitsdimensionen auf die organisationsbezogenen Einstellungen soll am Beispiel der individuellen Leistungsmotivation, der Bindung an das Unternehmen und der individuellen Austrittsintention überprüft werden. Alle drei Einstellungen wurden mit Hilfe einer vierstufigen Antwortskala jeweils über Einzelitems erfasst. Daneben stehen Angaben zur Entwicklung der Produktivität und des Krankenstands in den untersuchten Einheiten zur Verfügung. Es handelt sich dabei um Einschätzungen, die von der Geschäftsleitung im Rahmen des oben erwähnten Betriebsfragebogens erfasst wurden und die sich allein auf die Abteilung beziehen, in denen die befragten Mitarbeiter tätig sind. Beide Informationen dienen als Indikatoren für die verhaltensbezogenen Konsequenzen der vier Gerechtigkeitsdimensionen. Wie wir aus der *justice in organizations*-Forschung wissen, haben Urteile zur Güterverteilung in Organisationen vor allem Konsequenzen für die individuelle Leistungserbringung (Tyler 1988), demgegenüber ist die Verfahrens- und Interaktionsgerechtigkeit im Wesentlichen für die Bindung an das Unternehmen (Folger und Konovsky 1989), die Austrittsintention und die individuellen Fehlzeiten (Cropanzano und Randall 1993) bedeutsam (vgl. Cohen-Charash und Spector 2001; Colquitt et al. 2001).

Freilich müssen wir davon ausgehen, dass die organisationsbezogenen Einstellungen und Verhaltensweisen auch von anderen Variablen beeinflusst werden. Deshalb enthalten die Erklärungsmodelle auch die genannten individuellen, arbeitsplatz- und organisationsbezogenen Merkmale. Insbesondere die perzipierten Arbeitsmarktchancen, die Höhe des eigenen Einkommens oder das Lohnniveau in einem Unternehmen werden dabei relevant sein. So wird die Austrittsintention eines Beschäftigten von den individuell bestehenden *exit*-Optionen – also den wahrgenommenen Arbeitsmarktchancen – unmittelbar bestimmt sein. Dort, wo eine Person ihre Arbeitsmarktchancen geringer einschätzt, erwarten wir auch eine deutlich geringere Austrittsneigung und eine höhere Bindung an das Unternehmen. Dies wird insbesondere dort zu beobachten sein, wo Personen nur zu einem geringen Grad am Arbeitsplatz sozial integriert sind.

4. Strukturgleichungsmodell

Zur Überprüfung unserer Hypothesen sind drei Analyseschritte notwendig. Zunächst muss die Struktur der Gerechtigkeitseinstellungen überprüft werden, was üblicherweise über eine Faktorenanalyse geschieht. Im zweiten Schritt geht es dann um eine regressionsanalytische Erklärung der Gerechtigkeitseinstellungen über die Merkmale der Befragten, deren Situation am Arbeitsplatz und durch Merkmale des jeweiligen Unternehmens. Der dritte Schritt besteht dann darin, die Wirkung der Gerechtigkeitseinstellungen auf die organisationsbezogenen Einstellungen und Verhaltensweisen zu überprüfen. Damit legen wir ein kausales Modell zu Grunde, das von den individuellen, arbeitsplatz- und organisationsbezogenen Merkmalen über die Gerechtigkeitsurteile hin zu deren einstellungs- und verhaltensbezogenen Folgen verläuft. Zur Überprüfung eines derartigen Modells bietet sich die Verwendung von Strukturgleichungsmodellen an (Bollen 1989; Jöreskog und Sörbom 1985). Im Rahmen des Messmodells werden die vier Gerechtigkeitsdimensionen und die beiden Konstrukte der Autonomie und des Umfangs der sozialen Integration am Arbeitsplatz unter Berücksichtigung der entsprechenden Messfehler geschätzt. Das Strukturmodell umfasst dann zwei Teile: Im ersten Teil werden die vier Gerechtigkeitsdimensionen als abhängige Variablen über die genannten individuellen, arbeitsplatz- und unternehmensbezogenen Variablen erklärt. Der zweite Teil enthält die fünf einstellungs- und verhaltensbezogenen Konsequenzen. Sie werden ihrerseits durch die vier Gerechtigkeitsdimensionen und die individuellen, arbeitsplatz- und unternehmensbezogenen Variablen vorhergesagt. Es ist gerade der Vorteil von Strukturgleichungsmodellen, dass wir die statistische Bedeutsamkeit des gesamten Erklärungsmodells anhand der entsprechenden Kennwerte beurteilen können.

5. Ergebnisse

Auf eine Einschränkung sei an dieser Stelle vorab hingewiesen: Da wir es hier mit 21 Unternehmen aus zwei Regionen Deutschlands und einer einzigen Branche zu tun haben, deren Auswahl sich darüber hinaus keiner Zufallsauswahl verdankt, können die Ergebnisse nur eine sehr eingeschränkte Gültigkeit beanspruchen. Um wirklich zu allgemein gültigen Aussagen zu gelangen, wäre nicht nur eine regionale Ausweitung der Stichprobe, sondern vor allem auch eine zufällige Auswahl von Unternehmen und ihren Beschäftigten in allen Branchen der bundesdeutschen Wirtschaft notwendig.

Was die Unterscheidbarkeit der vier Dimensionen anbelangt, so zeigen die in *Tabelle 1* berichteten Ergebnisse einer explorativen Faktorenanalyse, dass die Befragten in ihrem Antwortverhalten eindeutig zwischen den vier postulierten Dimensionen trennen. Die insgesamt neun Items werden in ihrer Varianz durch die vier Dimensionen zu 68 Prozent erklärt. Wir nehmen dies zunächst als einen ersten Hinweis. Denn entscheidend ist, ob wir im Rahmen eines regressionsanalytischen Vorgehens verschiedene Effekte der drei Variablengruppen auf die vier Dimensionen finden. In *Abbildung 2* ist das gesamte Erklärungsmodell zusammenfassend aufgelistet. Die signifikanten Effekte der beiden Strukturmodelle sind durch Pfeile eingezeichnet. Wie wir aus den aufgeführten Goodness of Fit Indizes ablesen können, ist die Modellanpassung als sehr gut zu bezeichnen. Bentlers CFI liegt mit .990 nahe am Wert 1, der eine perfekte Modellanpassung beschreiben würde. Genauso ist das Root Mean Square Residual mit .045 vergleichsweise gering.

Betrachten wir die Ergebnisse des ersten Teils des Strukturmodells in *Tabelle 2* genauer, so bestätigt sich unsere These über die Unterschiedlichkeit der vier Dimensionen. Denn wir finden jeweils spezifische Effekte der erklärenden Variablen. Für die beiden Gerechtigkeitsdimensionen, die sich primär auf die Verteilung des Einkommens beziehen – Tausch- und Verteilungsgerechtigkeit – ergeben sich in den drei Variablengruppen jeweils eigenständige Effekte. So beobachten wir bei denjenigen Befragten, die ein Einkommen beziehen, das weit unterhalb des Einkommensdurchschnitts ihrer Kollegen liegt, deutlich negativere Einschätzungen der Tausch- und Verteilungsgerechtigkeit. Ähnliche Effekte finden wir bei den entsprechenden Variablen über die Höhe und die Struktur der Entlohnung auf der Unternehmensebene. Nicht nur die individu-

Tabelle 1: Faktorenanalyse zu den vier Gerechtigkeitsaspekten*

	Tauschge-rechtigkeit	Verfahrens-gerechtigkeit	Interaktions-gerechtigkeit	Verteilungs-gerechtigkeit	h^2
Vergleich: Ähnliche Aufgabe	*.754*	.253	.186	.043	.670
Vergleich: Niedrigere Position	*.750*	.198	−.071	.094	.616
Einkommens-gerechtigkeit	*.602*	.333	−.174	.020	.505
Veränderungsprozess: Entscheidung	.088	*.786*	.123	.116	.655
Veränderungsprozess: Respekt	.174	*.779*	.170	.061	.670
Vorgesetzter erkennt Leistung nicht an	−.106	−.063	*.852*	−.029	.743
Vorgesetzter miss-achtet Rechte	−.026	−.160	*.854*	−.044	.760
Beteiligung am Unternehmenserfolg	−.008	.070	.086	*.858*	.750
Beteiligung am Gruppenerfolg	.092	.068	−.015	*.856*	.746
Eigenwerte	*1.224*	*2.423*	*1.065*	*1.403*	*6.115*

Quelle: VGIO-Projekt (Veränderungsprozesse und Gerechtigkeit in Organisationen); nur Mitarbeiter, N = 344.

* Hauptkomponentenanalyse mit Varimax-Rotation.

Faktorladungen > .60 sind kursiv gedruckt.

Die Reihenfolge der dargestellten Faktoren orientiert sich nicht an der sonst üblichen Anordnung nach Eigenwerten, sondern folgt der im theoretischen Teil gewählten Abfolge der Gerechtigkeitsdimensionen.

elle Vergütung, sondern auch die Art, wie im Unternehmen Gratifikationen verteilt werden, sind also für die Variation der Gerechtigkeitsurteile entscheidend.

Im Einklang mit unseren Annahmen sind die beiden Arbeitsplatzbeschreibungen die zentralen Erklärungsvariablen. Dies wird an der Höhe der t-Werte deutlich. Diejenigen, die einen geringen Grad an Autonomie am Arbeitsplatz wahrnehmen und sich nur schwach am Arbeitsplatz integriert fühlen, schätzen auch die Tauschgerechtigkeit negativer ein. Folgt man der eingangs vorgestellten Organisationstheorie, so ist eine geringe Arbeitsplatzautonomie subjektiv kostenintensiver. Denn die Organisationsmitglieder müssen unter diesen Bedingungen auf einen größeren Anteil ihrer Handlungsrechte verzichten – sie müssen sich viel stärker den Anweisungen der Positionsstruktur und den Vorgesetzten unterordnen. Eine geringere Autonomie muss deshalb als zusätzliche Aufwendung interpretiert werden. Wird sie durch die Organisation nicht zusätzlich kompensiert, so erwächst daraus offenbar ein Gefühl der ungerechten Entlohnung – die Tauschgerechtigkeit wird skeptischer bewertet. Eine ähnliche Argumentation kann

Abbildung 2: Strukturgleichungsmodell zur Bedeutung von vier Gerechtigkeitsdimensionen für Einstellungen am Arbeitsplatz und abteilungsbezogener Produktivität- und Krankenstandsentwicklung

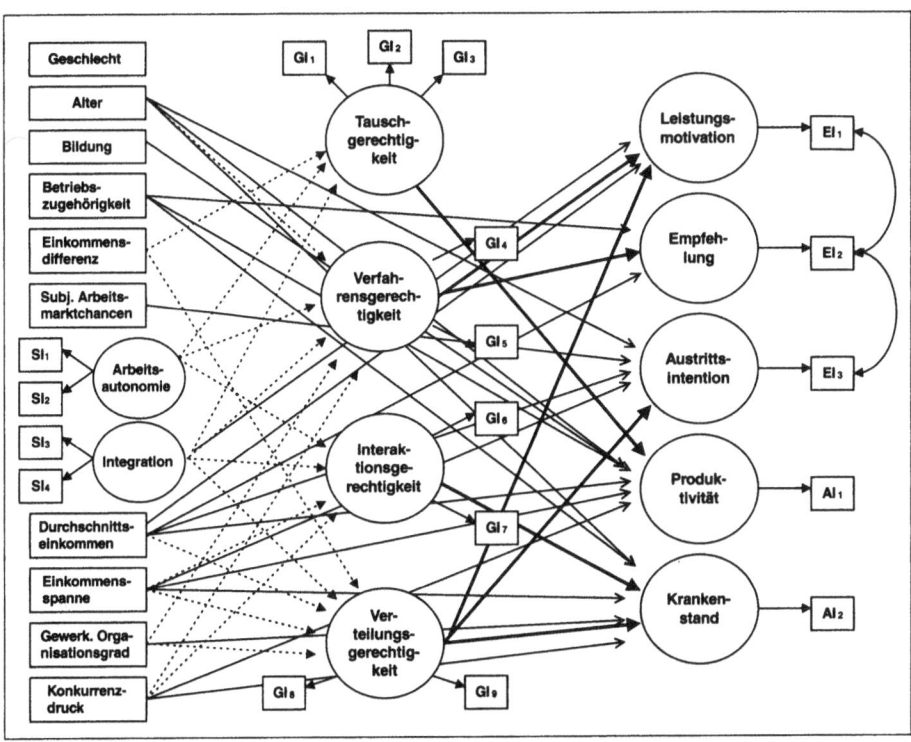

Anmerkungen: SI$_{1-4}$, GI$_{1-9}$, EI$_{1-3}$: Einstellungsitems (R); AI$_1$, AI$_2$ basieren auf Angaben der Geschäftsleitung der 21 Unternehmen. Nur Effekte mit p$_t$ < .05. Ohne Fehlerterme.
ML-Schätzungen mit Levenberg-Marquardt-Optimierung.

die Effekte für den subjektiven Grad der sozialen Integration plausibel machen: Unter den Bedingungen einer hohen sozialen Integration ist zu erwarten, dass sich die Positionsinhaber selbst Anreize für die Fortsetzung der Kooperation bieten und sie reduzieren durch gegenseitige Hilfestellung die Aufwendungen jedes Einzelnen – unter sonst gleichen Bedingungen ergibt sich daraus ein positiveres Verhältnis von Aufwendungen und Erträgen aus dem Dienstverhältnis in einer Organisation. Im Fall der Verteilungsgerechtigkeit beobachten wir jedoch einen umgekehrten Effekt für die soziale Integration. Denn diejenigen, die über eine hohe Integration am Arbeitsplatz berichten, bewerten die Verteilungsgerechtigkeit negativer. Dies bedeutet nichts anderes, als dass mit engeren Beziehungen am Arbeitsplatz offenbar auch die Ansprüche wachsen, an der Kooperationsrente der Abteilung und des Unternehmens beteiligt zu werden. Dies entspricht durchaus den Beobachtungen der bisherigen Forschungen auf diesem Gebiet: In Arbeitskontexten, die durch flache Hierarchien und hohe Solidarität der Be-

Tabelle 2: Individuelle und organisationsbezogene Determinanten der vier Gerechtigkeitsaspekte*

	Tausch-gerechtigkeit	Verfahrens-gerechtigkeit	Interaktions-gerechtigkeit	Verteilungs-gerechtigkeit
Individualmerkmale				
Geschlecht	.096	–.018	.048	.033
(1 = Frauen)	(1.285)	(–.330)	(1.018)	(.593)
Alter (in Jahren)	.132	*–.106*	.046	–.021
	(1.812)	*(–1.975)*	(.990)	(–.395)
Bildung (1 = Mittlere Reife,	.016	–.026	.054	.046
Fach-/Abitur)	(.243)	(–.522)	(1.240)	(.900)
Relative	.115	.008	–.019	.065
Betriebszugehörigkeit	(1.601)	(.159)	(–.419)	(1.185)
Einkommensdifferenz	*–.139*	.068	–.048	*–.146*
	(–2.097)	(1.381)	(–1.128)	*(–2.005)*
Perzipierte	.126	–.078	–.043	–.054
Arbeitsmarktchancen	(1.781)	(–1.484)	(–.956)	(–1.002)
Arbeitsplatzbedingungen				
Autonomie	*.330*	*.373*	*.169*	–.107
im Arbeitsvollzug	*(3.989)*	*(5.522)*	*(2.997)*	(–1.695)
Hohe Integration	*.510*	*.452*	*.336*	*–.200*
	(5.669)	*(6.279)*	*(4.953)*	*(–2.961)*
Unternehmensmerkmale				
Einkommensdurchschnitt	.080	.069	–.070	*.203*
	(.915)	(1.069)	(–1.245)	*(2.885)*
Einkommensspanne	.058	.030	*–.104*	*–.172*
(1. und 2. Ebene)	(.798)	(.561)	*(–2.186)*	*(–2.949)*
Gewerkschaftlicher	.117	*.146*	–.053	*.125*
Organisationsgrad	(1.668)	*(2.763)*	(–1.172)	*(2.275)*
Hohe Preiskonkurrenz	.056	*–.181*	*–.154*	–.105
am Markt	(.731)	*(–3.121)*	*(–2.955)*	(–1.776)
R^2	.320	.265	.332	.201

Quelle: VGIO, nur Mitarbeiter, N = 344, Strukturgleichungsmodell.
* Unstandardisierte Koeffizienten des Strukturmodells, ML-Schätzung und Levenberg-Marquardt-Optimierung, Goodness-of-Fit des Gesamtmodells siehe *Tabelle 3*.
t-Werte in Klammern. Koeffizienten mit $p_t < .05$ sind kursiv gedruckt.

schäftigten gekennzeichnet sind, finden wir eher Präferenzen für eine möglichst egalitäre Güterverteilung (Kabanoff 1991; Lengfeld und Liebig 2001b).

Betrachten wir die beiden Gerechtigkeitsdimensionen, die sich auf die Verteilung der Rechte der Beschäftigten beziehen (Verfahrens- und Interaktionsgerechtigkeit). Hier sind ebenfalls die beiden Variablen Autonomie und soziale Integration entscheidend. Bei hoher Autonomie und einer starken sozialen Integration wird auch eine höhere Verfahrens- und Interaktionsgerechtigkeit wahrgenommen. In beiden Fällen sind also die Befragten eher der Meinung, ihre individuellen Handlungsrechte würden angemessen berücksichtigt. Dies ist nahezu selbstevident in Hinsicht auf die Autonomie am Arbeitsplatz. Dort, wo die Beschäftigten weitgehende Autonomie besitzen, müssen sie sich zu einem geringeren Maß den formalen oder personalen Handlungsanweisungen unterordnen und können weitgehend eigenständige Entscheidungen treffen. Darüber hinaus ist zu vermuten, dass die Durchsetzung individueller Rechte – insbesondere gegenüber den Vorgesetzten – dort am erfolgreichsten ist, wo jeder Beschäftigte auf die Unterstützung seiner Kollegen zurückgreifen kann. In eine ähnliche Richtung weist der Effekt des gewerkschaftlichen Organisationsgrads. In Unternehmen mit einem hohen Anteil an Gewerkschaftsmitgliedern wird auch die Verfahrensgerechtigkeit positiver bewertet. Dagegen werden offenbar die Rechte der Beschäftigten dann eher geringer geachtet, wenn von der Geschäftsleitung ein hoher Druck auf den Absatzmärkten konstatiert wird: Die Verfahrens- und Interaktionsgerechtigkeit wird hier eher kritischer eingeschätzt.

Wir können festhalten: Urteile auf den vier Gerechtigkeitsdimensionen variieren offenbar in Abhängigkeit von der Art, wie in einem Unternehmen Rechte und Güter tatsächlich verteilt sind bzw. wie die Beschäftigten diese Verteilung subjektiv wahrnehmen. Entsprechend unseres theoretischen Modells finden wir bei solchen Variablen, die stärker die Verteilung von Gütern wiederspiegeln (individuelle Einkommenshöhe, Einkommensdurchschnitt im Unternehmen, Einkommensspanne) entsprechende Zusammenhänge mit der Tausch- und Verteilungsgerechtigkeit. Die Variablen, die einen Rückschluss auf die Verteilung von Rechten ermöglichen (Autonomie im Arbeitsvollzug, gewerkschaftlicher Organisationsgrad), zeigen deutliche Effekte bei der Verfahrens- und Interaktionsgerechtigkeit.

Doch kommt den vier Gerechtigkeitsdimensionen auch eine jeweils eigenständige Bedeutung für die Vorhersage organisationsbezogener Einstellungen und Verhaltensweisen zu? In *Tabelle 3* sind die Ergebnisse aus dem zweiten Teil des Strukturmodells aufgelistet. Wir sehen, dass die bereits im ersten Teil verwendeten erklärenden Variablen jeweils eigenständige Effekte auf die Leistungsmotivation, die Bindung an das Unternehmen, die Austrittsintention sowie die Entwicklung der Abteilungsproduktivität und des Abteilungskrankenstands haben. Dies ist nicht verwunderlich, denn Gerechtigkeitserwägungen sind nicht die einzigen Triebfedern für arbeitsplatzbezogene Einstellungen oder Verhaltensweisen. Ein zentraler Prädiktor ist in allen Fällen die Höhe des im jeweiligen Unternehmen gezahlten Durchschnittseinkommens. Generell gilt, dass bei höherem Einkommensniveau auch die Leistungsmotivation, die Bindung und die Produktivität zunimmt sowie die Austrittswilligkeit abnimmt. Genauso finden wir einzelne Effekte der individuellen Merkmale: Personen mit einer längeren Betriebszugehörigkeit berichten über eine höhere Bindung an das Unternehmen, sie arbeiten in Abteilungen mit höherer Produktivität und geringerem Krankenstand. Diejenigen, die sich gute Chancen auf dem Arbeitsmarkt ausrechnen, denken auch eher daran, das Unternehmen zu verlassen. Dies sind durchgehend plausible Effekte, die für sich genommen nicht einzeln zu kommentieren sind. Im Unterschied zur Vorhersage der vier Gerechtigkeitsdimensionen spielt die Autonomie und die soziale Integration jedoch eine untergeordnete Rolle. Allenfalls die Leistungsmotivation ist vom Grad der Integration abhängig. Erwähnenswert ist auch, dass sich bei höherem Druck auf den Absatzmärkten

Tabelle 3: Gerechtigkeitsurteile und organisationsbezogene Einstellungen und abteilungsbezogene Produktivitäts- und Krankenstandseinschätzungen*

	Leistungs-motivation	Bindung an das Unter-nehmen	Austritts-intention	Abteilungs-produk-tivität	Abteilungs-kranken-stand
Individualmerkmale					
Geschlecht	.083	.003	-.032	.064	.037
(1 = Frauen)	(1.506)	(.060)	(-.620)	(1.186)	(.688)
Alter (in Jahren)	-.078	.038	*-.092*	*-.133*	*.165*
	(-1.329)	(.664)	*(-1.998)*	*(-2.330)*	*(2.869)*
Bildung (1 = Mittlere	-.007	.007	-.024	*-.182*	.076
Reife, Fach-/Abitur)	(-.149)	(.143)	(-.527)	*(-3.696)*	(1.532)
Relative	.066	*.156*	-.003	*.143*	*-.114*
Betriebszugehörigkeit	(1.248)	*(2.997)*	(-.068)	*(2.769)*	*(-2.197)*
Einkommensdifferenz	.031	.022	-.023	-.039	-.009
	(.607)	(.440)	(-.504)	(-.804)	(-.190)
Perzipierte	-.012	-.047	*.144*	.018	.005
Arbeitsmarktchancen	(-.220)	(-.884)	*(2.805)*	(.338)	(.110)
Arbeitsplatzbedingungen					
Autonomie	.153	.105	-.137	.024	.124
im Arbeitsvollzug	(1.415)	(.990)	(-1.358)	(.235)	(1.171)
Hohe Integration	*.282*	.074	-.069	.078	.012
	(2.612)	(.477)	(-.470)	(.506)	(.081)
Unternehmensmerkmale					
Einkommensdurchschnitt	*.223*	*.150*	*-.200*	*.441*	-.075
	(3.230)	*(2.216)*	*(-3.119)*	*(6.563)*	(-1.122)
Einkommensspanne	.005	.016	*.106*	*.197*	*-.175*
(1. und 2. Ebene)	(.097)	(.303)	*(2.024)*	*(3.592)*	*(-3.169)*
Gewerkschaftlicher	-.091	.070	.013	.040	*-.347*
Organisationsgrad	(-1.533)	(1.198)	(.251)	(.699)	*(-5.975)*
Preiskonkurrenz	.078	.015	.020	*.164*	*.140*
am Markt	(1.290)	(.253)	(.371)	*(2.799)*	*(2.379)*
Gerechtigkeitsurteile					
Tausch	.099	-.023	.074	*.121*	.020
	(1.571)	(-.378)	(1.266)	*(2.266)*	(.337)
Verfahren	*.352*	*.373*	-.192	.036	.217
	(2.051)	*(2.138)*	(-1.158)	(.212)	(1.253)
Interaktion	-.130	.066	-.144	.077	*-.191*
	(-1.214)	(.635)	(-1.454)	(.746)	*(-2.231)*
Verteilung	*.357*	.138	*-.305*	.007	*-.202*
	(4.046)	(1.596)	*(-3.723)*	(.082)	*(-2.348)*
R²	.282	.290	.362	.269	.281
Erklärungsgewinn durch Gerechtigkeitsurteile (ΔR²)	.095	.054	.079	.015	.043

Goodness of Fit (Gesamtmodell)		
Chi²	295.314	AGFI .916
df	279	Bentler's CFI .990
Prob (Chi²)	.240	RMR .045

Quelle: VGIO, nur Mitarbeiter, N = 344, Strukturgleichungsmodell.
* Unstandardisierte Koeffizienten des Strukturmodells, ML-Schätzung und Levenberg-Marquardt-Optimierung.
t-Werte in Klammern. Koeffizienten mit $p_t < .05$ sind kursiv gedruckt.

die Produktivität in den Einheiten erhöht, dies aber gleichzeitig zu einem Anstieg des Krankenstands führt – beides Anzeichen dafür, dass offenbar unter diesen Bedingungen die Leistungserwartungen an die Beschäftigten steigen.

Was unsere vier Gerechtigkeitsdimensionen anbelangt, finden wir jeweils spezifische Effekte, die zudem durchaus unterschiedliches Gewicht bei der Vorhersage der fünf zu erklärenden Variablen haben. Dies wird durch eine Vergleich mit einem – in *Tabelle 3* nicht berichteten – Strukturmodell ohne die vier Gerechtigkeitsdimensionen deutlich. Demnach erhöht sich die Varianzaufklärung durch Berücksichtigung der Gerechtigkeitsurteile bei der Leistungsmotivation um zehn Prozentpunkte, bei der Austrittsintention um acht und bei der Bindung an das Unternehmen um rund fünf Prozentpunkte. Bei den abteilungsbezogenen Kennzahlen ist die Modellverbesserung deutlich geringer: Die Varianzaufklärung steigt hier lediglich um rund zwei bzw. vier Prozentpunkte. Betrachten wir die Effekte im Einzelnen, so sind Personen, die positive Urteile zur Tauschgerechtigkeit formulieren, tendenziell auch in Abteilungen beschäftigt, in denen die Produktivität nach Auskunft der Geschäftsführung zugenommen hat. Werden die formalen Entscheidungsverfahren als gerecht angesehen, so berichten unsere Befragten auch von einer höheren Leistungsmotivation und von einer höheren Bindung an das Unternehmen. Wird das Verhalten der Vorgesetzten als gerecht eingeschätzt, so hat dies auch positive Konsequenzen für den Krankenstand. Oder: Fühlen sich die Beschäftigten durch ihre Vorgesetzten ungerecht behandelt, so korrespondiert dies auch mit einem höheren Krankenstand in der Abteilung. Die wahrgenommene Verteilungsgerechtigkeit ist schließlich für die Leistungsmotivation, die Austrittsintention und den Abteilungskrankenstand bedeutsam. Sind die Befragten der Meinung, sie würden am Unternehmenserfolg und am Gruppenergebnis beteiligt, so sind sie eher zur Leistung motiviert, haben geringere Austrittsneigung und sind auch in Abteilungen tätig, in denen ein geringerer Krankenstand festgestellt wurde.

Wie lassen sich die Effekte nun auf der Grundlage unseres theoretischen Modells erklären? Was den Effekt der Tauschgerechtigkeit auf die Produktivität in einer Abteilung anbelangt, so werden damit die Ergebnisse der früheren Gerechtigkeitsforschung bestätigt, beobachtete doch bereits George C. Homans (1953) in den frühen fünfziger Jahren, dass die Beschäftigten bei einem ungerechten Stücklohn ihre Akkordleistungen reduzierten. Die Gerechtigkeit des *outcomes* gilt also als ein wesentlicher Prädiktor für leistungsbezogenes Verhalten am Arbeitsplatz. Dass dabei die Teilhabe am gemeinsam erwirtschafteten Gewinn im Unternehmen offenbar besonders motivierend wirken kann, ist nahezu selbstevident: Wer seinen gerechten Anteil am Erfolg erhält, ist auch bereit, seinen Anteil dafür zu leisten. Freilich zeigen unsere Ergebnisse, dass sich die Teilhabe am erwirtschafteten Gewinn allein in einem Anstieg der subjektiven Leistungsmotivation widerspiegelt, ohne dass sich dies auch in einer erhöhten Abteilungsproduktivität niederschlägt. Daran wird erstens deutlich, dass sich die subjektive Leistungsmotivation nicht notwendigerweise auch in einer erhöhten Abteilungsproduktivität niederschlagen muss. Um die verhaltensbezogenen Konsequenzen von Gerechtigkeitsurteilen zu überprüfen, können wir uns also nicht alleine auf die Angaben der Befragten verlassen – der Rückgriff auf befragtenunabhängige und die aggregierten Folgen ihres Handelns berücksichtigende Daten erscheint unverzichtbar. Zweitens können wir vermuten, dass die Teilhabe am Gewinn offenbar weitaus stärker von subjektiven

Wahrnehmungsprozessen abhängig ist. Im Unterschied zur Bewertung der Tauschgerechtigkeit – die über relativ einfache soziale Vergleiche mit der Güterausstattung derjenigen Personen im Unternehmen vorgenommen werden kann, die ähnliche oder geringer bewertete Tätigkeiten leisten – existieren möglicherweise keine im selben Maße zugängliche und eindeutige sozialen Standards, mit deren Hilfe eine gerechte oder ungerechte Teilhabe am Gewinn beurteilt werden kann.[15] Die Folge davon ist, dass die Urteile zur Verteilungsgerechtigkeit weitaus mehr über die einzelnen Befragten variieren und auf Grund dieser Heterogenität der Bewertungen innerhalb einer Abteilung keine eindeutigen Effekte für die Abteilungsproduktivität resultieren.

Dass das Verhalten der Vorgesetzten unmittelbare Konsequenzen für den Krankenstand zeigt, ist ebenso plausibel: Verweist doch Adams (1965) darauf, dass eine fortgesetzte ungerechte Behandlung dazu führt, dass Personen sich zunächst darum bemühen, der ungerechten Situation aus dem Weg zu gehen („leaving the field"). Darüber hinaus besteht durch eine wahrgenommene Interaktionsungerechtigkeit eine für die Betroffenen unmittelbar erfahrbare Missachtung ihrer Handlungsrechte (Bies 2001). Wenn dies auch noch durch die Verfahrensordnung unterstützt wird (Verfahrensungerechtigkeit), so wird die Asymmetrie zwischen korporativem Akteur und den einzelnen Personen zu Ungunsten der Beschäftigten verstärkt. Damit liegt genau die Situation vor, die wir oben für die Steuerungsprobleme in Organisationen verantwortlich gemacht haben: Eine Herrschaftsausübung durch den korporativen Akteur zum Nachteil seiner Mitglieder, die sich in einer Missachtung der Rechte und Interessen der Personen manifestiert. Unter derartigen Bedingungen sehen die Beschäftigten offenbar wenig Veranlassung, ein Mehr an Leistung zu erbringen und sie fühlen sich in einem geringerem Maß dem Unternehmen verbunden.

V. Fazit

Mit diesem Beitrag sollte unter Rückgriff auf organisations- und gerechtigkeitstheoretische Erkenntnisse gezeigt werden, dass Gerechtigkeit in Organisationen eine für die Mitglieder korporativer Akteure notwendige Kategorie zur Bewertung ihrer Ausstattung an Gütern und Rechten ist. Die Ursache dafür liegt wesentlich in der Struktur der Beziehung zwischen den einzelnen Personen und dem korporativen Akteur. Weil diese Beziehung durch das Dependenzproblem gekennzeichnet ist, können die Austauschpartner ihre Nutzenerwartungen nicht in vollem Ausmaß realisieren. Ein Rückgriff auf Regeln oder Standards der Gerechtigkeit ist demnach bei der Bewertung des eigenen Erträge notwendig. Es wurde theoretisch und auch anhand empirischer Befragungsergebnisse gezeigt, dass Personen sich erst dann freiwillig den Handlungsanforderungen in korporativen Akteuren unterordnen, wenn sie davon ausgehen können, dass sie gerecht entlohnt werden und genauso ihre Rechte in einer aus ihrer Sicht gerechten Wei-

---

15 Eine Ursache dafür ist, dass die Beteiligung am Gruppenergebnis oder am Unternehmensgewinn kein in der Metallindustrie üblicher Standard bei der Bemessung des Einkommens ist. Derartige „variable Einkommensbausteine" werden in der betrieblichen Praxis relativ zögernd eingeführt – nicht zuletzt auch gegen den Widerstand der Gewerkschaften (vgl. Lengfeld und Liebig 2001b).

se berücksichtigt werden. Dabei ist jedoch wichtig, dass Gerechtigkeit in Organisationen offenbar ein mehrdimensionales Konstrukt ist. Genau genommen können wir auf Grund organisationstheoretischer Überlegungen davon ausgehen, dass wir es mit vier unterschiedliche Dimensionen zu tun haben: Tausch-, Verfahrens-, Interaktions- und Verteilungsgerechtigkeit. Die Unterscheidbarkeit dieser vier Dimensionen konnte anhand der vorgestellten Befragungsergebnisse sowohl im Hinblick auf die Merkmale gezeigt werden, die für die Variation der Urteile wichtig sind, als auch für die Effekte, die diese vier Dimensionen für organisationsbezogene Einstellungen und Verhaltensweisen haben.

Gerade Letzteres stellt einen in der Organisationsforschung wiederholt beggenenden Reduktionismus im Hinblick auf Probleme der Gerechtigkeit in Frage. Denn entweder wird Gerechtigkeit in Organisationen auf Entlohnungsgerechtigkeit – also die Gerechtigkeit der *outcomes* – oder auf Verfahrensgerechtigkeit – die Gerechtigkeit der Entscheidungsverfahren – reduziert. Im ersten Fall wird die Frage nach einer gerechten Allokation der Rechte ausgeblendet, im zweiten Fall davon ausgegangen, dass mit der Allokation von Rechten bereits den möglichen normativen Erwartungen entsprochen wird. Wie auch anhand unserer Befragungsergebnisse zu den Folgen von Gerechtigkeitsurteilen gezeigt werden konnte, geht eine derartige Engführung an der Realität in Organisationen vorbei. Freilich können die hier berichteten empirischen Ergebnisse nicht in dem Maße verallgemeinert werden, stützen sie sich doch auf eine Befragungsstudie in einigen wenigen, branchenhomogenen Unternehmen. Um deshalb mehr Aufschluss über die Bedingungen und Folgen von Gerechtigkeit in Organisationen zu erhalten, wäre eine Überprüfung des vorgestellten theoretischen Modells an einer breiteren und dann beispielsweise auch für die Bundesrepublik repräsentativen Stichprobe geboten.

Davon unabhängig beschreibt auch das vorgestellte Modell korporativer Gerechtigkeit nur die eine Seite der Medaille. Denn es bezieht sich alleine auf die formale Bestimmung der Urteilsdimensionen. Welche inhaltlichen Vorstellungen sich mit den vier Dimensionen jeweils verbinden, ist an dieser Stelle offengeblieben. Deshalb bestünde der nächste Schritt darin, mögliche inhaltliche Vorstellungsmuster auf der Grundlage der Ergebnisse der Organisations- und Gerechtigkeitsforschung abzuleiten und deren Determinanten zu benennen. Gerade hier scheint denn auch eine der weiteren Forschungslücken der *justice in organizations*-Forschung zu liegen: Es ist nämlich nicht hinreichend klar, woher sich die inhaltlichen Vorstellungen zur Gerechtigkeit in Organisationen speisen. Sind sie Ausdruck interner Organisationskulturen, sind sie bloße Anpassungsleistungen an die bestehenden Strukturen oder handelt es sich um Erwartungen, die wesentlich von außen in eine Organisation hineingetragen werden? Auf diese Fragen kann das vorgestellte Modell keine Antworten geben; sie werden jedoch dann wichtig, wenn man die inhaltlichen Kriterien korporativer Gerechtigkeit aus einer sozialwissenschaftlichen Perspektive rekonstruieren möchte.

Literatur

Alexander, Sheldon, und Marian Ruderman, 1987: The Role of Procedural and Distributive Justice in Organizational Behavior, Social Justice Research 1: 177–198.

Arrow, Kenneth J., 1985: The Economics of Agency. S. 37–51 in: John W. Pratt und Richard J. Zeckhauser (Hg.): Principals and Agents: The Structure of Business. Boston, MA: Allyn and Bacon.

Baldamus, Wilhelm, 1960: Der gerechte Lohn. Eine industriesoziologische Analyse. Berlin: Duncker & Humblot.

Barnard, Chester, 1938: The Functions of the Executive. Cambridge, MA: Harvard University Press.

Berger, Joseph, Morris Zelditch, Bo Anderson und Bernard P. Cohen, 1972: Structural Aspects of Distributive Justice. A Status Value Formulation. S. 119–146 in: Joseph Berger, Morris Zelditch und Bo Anderson (Hg.): Sociological Theories in Progress Vol. 2. New York: Houghton Mifflin.

Bies, Robert J., 2001: Interactional (In)Justice: The Sacred and the Profane. S. 89–118 in: Jerald Greenberg und Russell Cropanzano (Hg.): Advances in Organizational Justice. Stanford: Stanford University Press.

Bollen, Kenneth A., 1989: Structural Equations with Latent Variables. New York: Wiley.

Brockner, Joel, und Phyllis A. Siegel, 1996: Understanding the Interaction Between Procedural and Distributive Justice. S. 390–413 in: Roderick M. Kramer und Tom R. Tyler (Hg.): Trust in Organizations. Frontiers of Theory and Research. Thousand Oaks: Sage.

Brockner, Joel, Tom R. Tyler und R. Cooper-Schneider, 1992: The Influence of Prior Commitment to an Institution in Reactions to Perceived Unfairness: The Higher They Are, the Harder They Fall, Administrative Science Quarterly 37: 241–261.

Büschges, Günther, und Martin Abraham, 1997: Einführung in die Organisationssoziologie. Stuttgart: Teubner.

Coase, Ronald H., 1988: The Firm, the Market, and the Law. Chicago, IL: University of Chicago Press.

Cohen-Charash, Yochi, und Paul E. Spector, 2001: The Role of Justice in Organizations: A Meta Analysis, Organizational Behavior and Human Decision Processes 86: 278–321.

Coleman, James S., 1979: Macht und Gesellschaftsstruktur. Tübingen: Mohr.

Coleman, James S., 1990: Foundations of Social Theory. Cambridge: Belknap Harvard.

Colquitt, Jason A., Donald E. Conlon, Michael J. Wesson, Christopher O. L. H. Porter und K. Yee Ng, 2001: Justice at the Millennium: A Meta-analytic Review of 25 Years of Organizational Justice Research, Journal of Applied Psychology 86: 425–445.

Cropanzano, Russell, und Marjorie L. Randall, 1993: Injustice and Work Behavior: A Historical Review. S. 3–20 in: Russell Cropanzano (Hg.): Justice in the Workplace. Approaching Fairness in Human Resource Management. Hillsdale, NJ: Erlbaum.

De Gijsel, Peter, 1984: Individuum und Gerechtigkeit in ökonomischen Verteilungstheorien, Ökonomie und Gesellschaft 2: 14–66.

Dornstein, Miriam, 1991: Conceptions of Fair Pay. Theoretical Perspectives and Empirical Research. New York: Praeger.

Ebers, Mark, und Wilfried Gotsch, 1999: Institutionenökonomische Theorien der Organisation. S. 199–252 in: Alfred Kieser (Hg.): Organisationstheorien. Stuttgart: Kohlhammer.

Falk, Armin, Ernst Fehr und Urs Fischbacher, 2000: Testing Theories of Fairness – Intentions Matter. Working Paper No 63, Institute for Empirical Research in Economics, University of Zurich.

Fehr, Ernst, und Karl Schmidt, 1999: A Theory of Fairness, Competition, and Cooperation, Quarterly Journal of Economics 114: 817–868.

Folger, Robert, 1987: Distributive and Procedural Justice in the Workplace, Social Justice Research 1: 143–159.

Folger, Robert, 1994: Workplace Justice and Employee Worth, Social Justice Research 7: 225–240.

Folger, Robert, und Mary A. Konovsky, 1989: Effects of Procedural and Distributive Justice on Reactions to Pay Raise Decisions, Academy of Management Journal 32: 115–130.

Greenberg, Jerald, 1990: Employee Theft as a Reaction to Underpayment Inequity: The Hidden Cost of Pay Cuts, Journal of Applied Psychology 75: 561–568.
Greenberg, Jerald, 1993: The Intellectual Adolescence of Organizational Justice: You've Come a Long Way, Maybe, Social Justice Research 6: 135–138.
Greenberg, Jerald, und *Tom R. Tyler*, 1987: Why Procedural Justice in Organizations? Social Justice Research 1: 127–142.
Greenberg, Jerald, und *Russell Cropanzano* (Hg.), 2001: Advances in Organizational Justice. Stanford: Stanford University Press.
Hochschild, Jeniffer L., 1981: What's Fair? American Beliefs about Distributive Justice. Cambridge: Harvard University Press.
Homans, George C., 1953: Status Among Clerical Workers, Human Organization 12: 5–10.
Hume, David, 1992 (1886): A Treatise of Human Nature Vol. II. Aalen: Scientia.
James, Keith, 1993: The Social Context of Organizational Justice: Cultural, Intergroup, and Structural Effects on Justice Behaviors and Perceptions. S. 21–50 in: *Russell Cropanzano* (Hg.): Justice in the Workplace. Approaching Fairness in Human Resource Management. Hillsdale, NJ: Erlbaum.
Jöreskog, Karl G., und *Dag Sörbom*, 1985: Lisrel VI: Analysis of Linear Structural Relationship by Maximum Likelihood, Instrumental Variables, and Least Squares. Uppsala: University of Uppsala.
Kabanoff, Boris, 1991: Equity, Equality, Power, and Conflict, Academy of Management Review 16: 416–441.
Kahneman, Daniel, Jack L. Knetsch und *Richard H. Thaler*, 1986a: Fairness and the Assumptions of Economics, Journal of Business 59: 285–300.
Kahneman, Daniel, Jack L. Knetsch und *Richard H. Thaler*, 1986b: Fairness as a Constraint on Profit Seeking: Entitlements in the Market, American Economic Review 76: 728–741.
Kaiser, Martin, 1995: Erfolgsbeteiligung der Mitarbeiter, Zeitschrift für Organisation 1: 28–34.
Kappelhoff, Peter, 1997: Rational Choice, Macht und die korporative Organisation der Gesellschaft. S. 218–258 in: *Günther Ortmann, Jörg Sydow* und *Klaus Türk* (Hg.): Theorien der Organisation. Die Rückkehr der Gesellschaft. Opladen: Westdeutscher Verlag.
Kluegel, James R., David S. Mason und *Bernd Wegener* (Hg.), 1995: Social Justice and Political Change. Public Opinion in Capitalist and Post-Communist States. New York: de Gruyter.
Koller, Peter, 1995: Soziale Gleichheit und Gerechtigkeit. S. 53–79 in: *Hans-Peter Müller* und *Bernd Wegener* (Hg.): Soziale Ungleichheit und soziale Gerechtigkeit. Opladen: Leske + Budrich.
Konrad, Alison M., und *Jeffrey Pfeffer*, 1990: Do you Get What You Deserve? Factors Affecting the Relationship Between Productivity and Pay, Administration Science Quarterly 35: 258–285.
Kossbiel, Hugo, 1994: Überlegungen zur Effizienz betrieblicher Anreizsysteme, Der Betriebswirt 54: 75–93.
Kymlicka, Will, 1990: Contemporary Political Philosophy. Oxford: Oxford University Press.
Lengfeld, Holger, und *Stefan Liebig*, 2000: Industrielle Beziehungen und soziale Gerechtigkeitseinstellungen. Eine gerechtigkeitstheoretische Erklärung der betrieblichen Mitbestimmung, Industrielle Beziehungen 7: 10–42.
Lengfeld, Holger, und *Stefan Liebig*, 2001a: Dokumentation der Hauptuntersuchung (II): Erhebungsinstrumente und Befragungsdesign. Arbeitsbericht Nr. 4 der Projektgruppe „Veränderungsprozesse und Gerechtigkeit in Organisationen" (VGIO). 2. Aufl. Berlin: Humboldt-Universität zu Berlin.
Lengfeld, Holger, und *Stefan Liebig*, 2001b: Gruppenarbeit, Entlohnung und Gerechtigkeit: Zu einem vergessenen Feld der arbeitssoziologischen Reorganisationsforschung. ISGF-Arbeitsbericht Nr. 28. Berlin: Humboldt-Universität zu Berlin.
Liebig, Stefan, 1995: Gerechtigkeitsvorstellungen und Unternehmenskultur. Befunde zu den Bedingungen von Gerechtigkeitsbeurteilungen in Unternehmen, Industrielle Beziehungen 2: 345–366.
Liebig, Stefan, 1997: Soziale Gerechtigkeitsforschung und Gerechtigkeit in Unternehmen. München/Mering: Hampp.

Liebig, Stefan, 1998: Gerechtigkeit in Unternehmen aus sozialwissenschaftlicher Sicht. S. 39–55 in: *Gerhard Blickle* (Hg.): Ethik in Organisationen. Göttingen: Verlag für Angewandte Psychologie.
Liebig, Stefan, 1999: Der Nutzen moralischer Gefühle: Gerechtigkeitsforschung in Organisationen, Industrielle Beziehungen 6: 214–227.
Liebig, Stefan, 2000: Eine organisationstheoretische Verankerung der justice in organizations Forschung. ISGF-Arbeitsbericht Nr. 15. Berlin: Humboldt-Universität zu Berlin.
Lind, Edgar A., und Tom R. Tyler, 1988: The Social Psychology of Procedural Justice. New York: Plenum Press.
Luce, Robert D., und Howard Raiffa, 1967: Games and Decisions. New York: Wiley.
Lücke, Wolfgang, 1992: Arbeitsleistung und Arbeitsentlohnung. Wiesbaden: Gabler.
Luhmann, Niklas, 1964: Funktionen und Folgen formaler Organisationen. Berlin: Duncker und Humblot.
March, James G., und Herbert A. Simon, 1958: Organizations. New York: Wiley.
Miller, David, 1999: Principles of Social Justice, Cambridge, MA: Harvard University Press.
Moorman, Robert H., 1991: Relationship Between Organizational Justice and Organizational Citizenship Behavior, Journal for Applied Psychology 76: 845–855.
Müller, Gerd F., 1998: Prozedurale Gerechtigkeit in Organisationen. S. 57–70 in: *Gerhard Blickle* (Hg.), Ethik in Organisationen. Göttingen: Verlag für Angewandte Psychologie.
Müller-Jentsch, Walter, 1986: Soziologie der industriellen Beziehungen. Frankfurt a.M.: Campus.
Nilakant, Venkataraman, und Hayagreeva Rao, 1994: Agency Theory and Uncertainty in Organizations, Organizational Studies 15: 649–672.
Nord, Walter R., 1980: The Study of Organizations Through a Resource-Exchange Paradigm. S. 43–89 in: *Kenneth J. Gergen, Martin S. Greenberg* und *Richard H. Willis* (Hg.): Social Exchange. Advances in Theory and Research. New York: Plenum Press.
Organ, Dennis W., 1988: Organizational Citizenship Behavior: The Good Soldier Syndrome. Lexington: Lexington Books.
Organ, Dennis W., und Robert H. Moorman, 1993: Fairness and Organizational Citizenship Behavior: What are the Connections? Social Justice Research 6: 5–18.
Ottel, Fritz, 1961: Die Idee des gerechten Lohnes in betriebswirtschaftlicher Sicht, Zeitschrift für Betriebswirtschaft 31: 705–720.
Rabin, Matthew, 1993: Incorporating Fairness into Game Theory and Economics, American Economic Review 83: 1281–1302.
Randall, Christine S., und Charles W. Mueller, 1995: Extensions of Justice Theory: Justice Evaluations and Employees' Reactions in a Natural Setting, Social Psychology Quarterly 58: 178–194.
Rawls, John, 1975: Eine Theorie der Gerechtigkeit. Frankfurt a.M.: Suhrkamp.
Schelling, Thomas C., 1963: The Strategy of Conflict. Cambridge, MA: Harvard University Press.
Schrüfer, Klaus, 1988: Ökonomische Analyse individueller Arbeitsverhältnisse. Frankfurt a.M.: Campus.
Shapiro, Carl, und Joseph E. Stiglitz, 1984: Equilibrium Unemployment as a Worker Discipline Device, American Economic Review 74: 433–444.
Sheppard, Blair H., Roy J. Lewicki und John W. Minton, 1992: Organizational Justice. The Search for Fairness in the Workplace. New York: Lexington Books.
Shklar, Judith, 1990: Faces of Injustice. New Haven: Yale University Press.
Smith, C. Ann, Dennis W. Organ und Janet P. Near, 1983: Organizational Citizenship Behavior: Its Nature and Antecedents, Journal of Applied Psychology 68: 653–663.
Stouffer, Samuel A., Edward A. Suchman, Leland C. DeVinney, Shirley A. Star und Robin M. Williams, 1949: The American Soldier: Adjustment During Army Life. Princeton: Princeton University Press.
Thibaut, John, und Laurens Walker, 1975: Procedural Justice: A Psychological Analysis. Hillsdale, NJ: Erlbaum.
Törnblom, Kjell, 1992: The Social Psychology of Distributive Justice. S. 177–236 in: *Klaus R. Scherer* (Hg.): Justice. Interdisciplinary Perspectives. Cambridge: Cambridge University Press.
Törnblom, Kjell, und Uriel G. Foa, 1983: Choice of a Distribution Principle: Cross-cultural Evidence on the Effects of Resources, Acta Sociologica 26: 161–173.

Tugendhat, Ernst, 1994: Vorlesungen über Ethik. Frankfurt a.M.: Suhrkamp.
Tyler, Tom R., 1988: What Is Procedural Justice? Criteria Used by Citizens to Assess the Fairness of Legal Procedures, Law and Society Review 22: 103-135.
Tyler, Tom R., 1997: Social Justice in a Diverse Society. Boulder: Westview.
Ullmann-Margalit, Edna, 1977: The Emergence of Norms. New York: Oxford University Press.
Vanberg, Viktor, 1983: Organisationsziele und individuelle Interessen, Soziale Welt 34: 171-185.
Vanberg, Viktor, 1986: Eine vertragstheoretische Interpretation sozialer Organisationen. S. 99-110 in: *Lucian Kern* und *Hans-Peter Müller* (Hg.): Gerechtigkeit, Diskurs oder Markt? Die neuen Ansätze in der Vertragstheorie. Opladen: Westdeutscher Verlag.
Wächter, Hartmut, 1991: Tendenzen der betrieblichen Lohnpolitik in motivationstheoretischer Perspektive. S. 195-214 in: *Günther Schanz* (Hg.): Handbuch Anreizsysteme. Stuttgart: Poeschel.
Wagner, Dieter, Achim Grawert und *Heiner Langemeyer,* 1993: Cafeteria-Modelle. Möglichkeiten der Individualisierung und Flexibilisierung von Entgeltsystemen für Führungskräfte. Stuttgart: Schäffer-Poeschel.
Walster, Elain, Ellen Berscheid und *G. William Walster,* 1973: New Directions in Equity Research, Journal of Personality and Social Psychology 25: 151-176.
Walster, Elain, und *G. William Walster,* 1975: Equity and Social Justice, Journal of Social Issues 31: 21-43.
Weinert, Ansfried B., 1992: Anreizsysteme, verhaltenswissenschaftliche Diskussion. S. 122-133 in: *Erich Frese* (Hg.): Handwörterbuch der Organisation. 3. Aufl. Stuttgart: Poeschel.
Williamson, Oliver E., 1975: Markets and Hierarchies. New York: Free Press.
Ziegler, Rolf, 1994: Normen, Rational Choice und Netzwerkanalyse. S. 151-163 in: *Hans-Ulrich Derlien* (Hg.): Systemrationalität und Partialinteresse. Baden-Baden: Nomos.
Zündorf, Lutz, 1986: Macht, Einfluß, Vertrauen und Verständigung. Zum Problem der Handlungskoordinierung in Arbeitsorganisationen. S. 33-56 in: *Rüdiger Seltz* (Hg.): Organisation als soziales System: Kontrolle und Kommunikationstechnologie in Arbeitsorganisationen. Berlin: Edition Sigma.

GESCHLECHTERFORSCHUNG UND ORGANISATIONSSOZIOLOGIE

Amy S. Wharton

Zusammenfassung: Individuen werden zunehmend in ihren lebensweltlichen Zusammenhängen gesehen; das atomisierte Individuum ist aus der Geschlechter- und der Organisationsforschung verschwunden. In der Geschlechterforschung werden mittlerweile die sozialen Kontexte, in denen die Prozesse des gendering ablaufen, thematisiert, und in der Organisationssoziologie beachtete man zunehmend soziale Netzwerke, relationale Beziehungen und institutionelle Prozesse. Durch diese Entwicklungen näherte sich die theoretische und empirische Organisationsforschung Fragen des gendering von Organisationen und die Geschlechtersoziologie nahm ihrerseits Organisationen in den Blick. Diese Entwicklungen sind vielversprechend, dennoch ist festzuhalten, dass Theorie und Empirie beider Bereiche noch immer relativ unverbunden nebeneinander stehen. Die Geschlechterforschung außerhalb des engen Bereichs, der sich mit Organisationen beschäftigt, verhielt sich indifferent zu der sich entwickelnden Organisationsforschung über gender. Die Organisationsforschung zeigte sich gegenüber dem Organisationsverständnis der gender studies zurückhaltend. Der Beitrag versucht zu erklären, warum dies der Fall ist, und die Möglichkeiten einer stärkeren Integration beider Forschungsfelder abzuschätzen.

Die Bedeutung dessen, was wir unter *gender* verstehen, hat sich über die Zeit verändert und dieser Bedeutungswandel hat seinerseits die Auseinandersetzung über die Bedeutung von Geschlecht in der Organisationstheorie und der Organisationsforschung geprägt. In frühen Ansätzen wurde *gender* ausschließlich als Merkmal von Individuen gesehen, welches während der primären und sekundären Sozialisation erworben wurde und sich tief in die Persönlichkeit und die Identität eines Menschen eingegraben hat.

Diese Sichtweise unterschied in der Regel klar zwischen *sex*, definiert als biologische bzw. genetische Aspekte von Männlichkeit und Weiblichkeit, und *gender*, ein Ausdruck, welcher für die sozial definierten Bedeutungen der beiden Geschlechtskategorien steht (Acker 1992). Während diese Sichtweise noch immer vertreten wird, findet man zunehmend die Auffassung, wonach *gender* wesentlich vielschichtiger und komplexer zu denken ist (Acker 1992; Hawkesworth 1997; Ridgeway und Smith-Lovin 1999; Risman 1998).

Diese neue Sichtweise unterscheidet weniger eindeutig zwischen *sex* und *gender*, indem sie erkennt, dass die „sexuelle Differenz selbst eine fundamentale – und wissenschaftlich umstrittene – Konstruktion" ist (Lorber 2000: 111). Noch wichtiger ist jedoch die wachsende Überzeugung, dass *gender* sich nicht nur im Verhalten von Individuen ausdrückt, sondern auch als ein Merkmal sozialer Interaktionen, gesellschaftlicher Strukturen und Organisationen angesehen werden sollte. Fasst man den Begriff von *gender* in dieser Weise, so ist *gender* mehr die kulturelle Spiegelung des biologischen Geschlechts.

Parallel zu dieser Bedeutungsverschiebung von *gender* wird in der Organisationssoziologie der Einfluss atomistischer Vorstellungen vom menschlichen Verhalten immer schwächer (Baron und Pfeffer 1994; Pfeffer 1997). Während sich in der Geschlechterforschung das Augenmerk weg von den individuellen Veranlagungen hin auf die gesellschaftlichen Kontexte richtet, legt die Organisationssoziologie immer größeres Gewicht auf soziale Netzwerke, soziale Beziehungen und institutionelle Prozesse. Somit findet sich in der Organisationssoziologie eine höhere Aufmerksamkeit für Geschlechterfragen, in der Geschlechterforschung dagegen eine größere Aufmerksamkeit für soziale Prozesse in Organisationen.

Trotz dieser Annäherungen bleiben sich die Geschlechterforschung und die Organisationsforschung in einigen Gebieten weiterhin fern. So verhält sich die Geschlechtersoziologie oft ignorant gegenüber dem wachsenden Wissen über die Bedeutung von Geschlecht in Organisationen, auf der anderen Seite haben Organisationssoziologen die Sichtweise der *gender studies* oft von sich gewiesen. In diesem Beitrag geht es um die Frage, wie diese gegenseitige Abschottung zu erklären ist und wie man einen intensiveren Kontakt zwischen Geschlechter- und Organisationssoziologie herstellen könnte.

Der Beitrag gibt zunächst einen kurzen Aufriss des Wandels von individuellen zu relationalen und institutionellen Definitionen von *gender*. Ich untersuche dann, wie sich diese Bedeutungsänderung zu jüngsten Entwicklungen in der Organisationssoziologie verhält. Im dritten Abschnitt geht es mir um die Frage, wie eine kreative Zusammenarbeit zwischen der Soziologie der Geschlechter und der Organisationssoziologie erreicht und unterstützt werden kann.

I. Individuen, Interaktionen und Institutionen: Der Bedeutungswandel von gender

Was ist *gender* und wie wirkt es im täglichen Leben? Ausarbeitungen zu dieser Frage haben in den letzten Jahren exponentiell zugenommen (Hawkesworth 1997). Dabei zeigt sich eine hohe Vielfalt der Antworten, welche sich grob in drei Zugangsweisen sortieren lassen. Diese unterscheiden sich danach, warum dem Geschlecht in der Soziologie überhaupt eine Bedeutung zukommt. Bei einigen Herangehensweisen wird die soziologische Relevanz hauptsächlich über Individuen und deren Persönlichkeiten, Emotionen und Identitäten gesehen. Entsprechend werden hier insbesondere Unterschiede in den individuellen Eigenschaften von Männern und Frauen in den Blick genommen.

Die zweite Gruppe von Ansätzen betrachtet weniger Individuen als Interaktionen und soziale Beziehungen. Hier wird nicht angenommen, dass Personen relativ stabile Einstellungen und Fähigkeiten besitzen. Im Gegenteil wird betont, dass Personen ihre Reaktionen und Verhaltensweisen aktiv in Abhängigkeit von Merkmalen ihrer sozialen Umwelt konstruieren. Dabei kommt es insbesondere auf die jeweiligen anderen Anwesenden an, des Weiteren werden die Merkmale des Kontextes, in welchem die Interaktionen stattfinden, in die Analyse einbezogen. In dieser Perspektive entsteht die Konstruktion von Geschlecht in sozialen Kontexten und wird durch soziale Beziehungen aufrecht erhalten. Entsprechend kommt diesen sozialen Kontexten eine wesentlich größere Bedeutung zu als in Ansätzen, in welchen Geschlecht als eher individuelle Eigenschaft betrachtet wird.

Der Versuch, den Stellenwert von Geschlecht im sozialen Leben zu verstehen, ohne diesen zu einer individuellen Handlung zu reduzieren, ist auch das Ziel einer geschlechtsspezifischen Institutionenanalyse, dem *gendered institutions*-Ansatz. Dieser Ansatz beruht auf der Annahme, dass viele Institutionen, welche die Spielregeln der amerikanischen Gesellschaft, und nicht nur dieser, setzen, geschlechtsspezifisch operieren (Acker 1990, 1992). In den Worten von Joan Acker heißt dies (1992: 567): „that gender is present in the processes, practices, images, and ideologies, and distributions of power in the various sectors of social life. Taken as more or less functioning wholes, the institutional structures of the United States and other societies are organized along the lines of gender. ... [These institutions] have been historically developed by men, are currently dominated by men, and are symbolically interpreted from the standpoint of men in leading positions, both in the present and historically."

Zwei weitere Merkmale von Institutionen müssen hier festgehalten werden. Zunächst: Institutionen stellen sich selbst auf Dauer und entwickeln eine Art Eigenleben. Dies bedeutet allerdings nicht immer, dass man von einer bewussten Absicht sprechen kann, Geschlechtsunterschiede zu kreieren und zu reproduzieren. Zudem werden Institutionen häufig als selbstverständlich angesehen und produzieren folglich in der Regel ein gesellschaftlich akzeptiertes Skript ihrer Existenz und ihrer Daseinsberechtigung: „Auch wenn Personen eine Institution vielleicht nicht gut verstehen, haben sie leicht Zugang zu einem amtlichen oder historischen Skript darüber, warum diese Praktiken existieren. ... Institutionen werden in dem Sinn als selbstverständlich angesehen, dass man sie sowohl als Fixpunkte des gesellschaftlichen Umfelds behandelt als auch als funktionale Elemente dieser Umwelt erklärt" (Jepperson 1991: 147). Die leichte Verfügbarkeit dieser Skripte ist eine Erklärung dafür, warum Institutionen so selten angefochten oder einer genauen Prüfung unterzogen werden: Man glaubt, dass ihr Sinn und Zweck und ihre Funktionsweise selbstverständlich sind.

Zusammenfassend lässt sich sagen, dass der *gendered institutions*-Ansatz weder die individuellen Eigenschaften und Identitäten noch die sozialen Beziehungen in den Mittelpunkt stellt. Stattdessen will diese Perspektive zum besseren Verständnis des Wirkens von *gender* im gesellschaftlichen Leben beitragen, indem sie unser Augenmerk auf die Organisation, auf die Struktur und auf Praktiken gesellschaftlicher Institutionen lenkt. Aus der *gendered institutions*-Perspektive spielen diese tief verwurzelten, einflussreichen und für selbstverständlich angesehenen Aspekte der gesellschaftlichen Umwelt Schlüsselrollen bei der Produktion und der Reproduktion von *gender*.

Obgleich Arbeiten zu individualistischen *gender*-Ansätzen (also Ansätzen, die *gender* in den Eigenschaften und Verhaltensweisen von Individuen ansiedeln) weiterhin zunehmen, haben in den letzten Jahren gesellschaftlich-relationale und institutionelle Perspektiven innerhalb der *gender studies* als Ganzes und in der Forschung zu *gender* in Organisationen an Bedeutung gewonnen. Anstatt Organisationen als Orte aufzufassen, an denen sich die geschlechtsspezifischen Eigenschaften und Verhaltensweisen von Männern und Frauen ausdrücken, richtet die Forschung ihre Aufmerksamkeit jetzt stärker auf die Eigenschaften der Organisationen, welche diese Resultate hervorrufen

(Cooper und Bosco 1999). Gesellschaftlich-relationale *gender*-Ansätze fragen in der Regel, wie die Strukturen sozialer Interaktionen innerhalb von Organisationen Geschlechterdifferenz und geschlechtstypische Verhaltensweisen auf Dauer stellen. *Gendered institutions*-Ansätze hingegen legen größeres Gewicht auf die Praktiken, Politiken und Strukturen der Organisationen selbst.

II. Gender in Organisationen: Gesellschaftlicher Kontext, gesellschaftliche Beziehungen und strukturelle Verhaltensursachen

Die erste Abkehr von einem individuellen Ansatz erfolgte durch Rosabeth Moss Kanter. In ihrem mittlerweile zum Klassiker gewordenen Buch „Men and Women of the Corporation" (1977) stellt sie die These auf, dass die Einstellungen und Verhaltensweisen von Personen wesentlich besser durch die Merkmale der Positionen, die sie begleiten, erklärt werden können, als durch die Merkmale der betreffenden Personen selbst. Ihrer Ansicht nach sind viele Unterschiede in den Verhaltensweisen und Einstellungen von Männern und Frauen am Arbeitsplatz Folge der unterschiedlichen strukturellen Positionen von Männern und Frauen in Organisationen und nicht Folge einer geschlechtsspezifischen Sozialisation. Insofern sich Männer und Frauen am Arbeitsplatz also unterschiedlich verhalten, werden diese Unterschiede von Zwängen *innerhalb* der Organisationen geschaffen, nicht von den Veranlagungen, die Frauen und Männer außerhalb der Organisation erworben bzw. gebildet haben. Kanter (zitiert in Kulka 1982: 49) erklärte das folgendermaßen: „Ich hielt jede rein psychologisch ausgerichtete Forschung, die die Menschen außerhalb jeglichen Kontextes betrachtete und Verallgemeinerungen anstellte, ohne das Umfeld in Betracht zu ziehen, welches dieses Verhalten in ihnen hervorrief, gelinde gesagt für sehr irreführend."

Kanters Überzeugung, dass ein Großteil des geschlechtstypischen Verhaltens im Berufsleben von der Organisation der Arbeit herrührt und nicht von den Eigenschaften der Arbeitnehmer, ist mittlerweile breit akzeptiert. (Ihre umfassenderen Aussagen sind umstrittener, worauf ich später zurückkommen werde.) Für viele Vertreterinnen und Vertreter der Organisationssoziologie stimmten Kanters Beobachtungen (1977) über die gesellschaftlich-strukturellen Wurzeln des Verhaltens in Organisationen mit ihrem eigenen gestiegenen Interesse an sozialen Beziehungen und gesellschaftlichen Netzwerken als Aspekte von Organisationen überein (so etwa Pfeffer 1983). Ebenso teilte man im Bereich der Geschlechterforschung Kanters (1977) Anliegen, die strukturellen Wurzeln geschlechtsspezifischen Verhaltens in Organisationen zu verstehen, und interessierte sich für die Rolle von Interaktionsmustern und sozialen Beziehungen (Ridgeway 1993; Smith-Lovin und McPherson 1993).

Ein Schlüsselelement dieser Ansätze ist, dass sie die fundamentale Interdependenz zwischen Individuen, Gruppen und größeren sozialen Einheiten anerkennen. Barry Wellman und Stephen Berkowitz (1988: 3) bemerken dazu: „In Umkehrung zur herkömmlichen soziologischen Forschungslogik argumentieren Strukturanalysten, dass man gesellschaftliche Kategorien (wie beispielsweise Klassen und Ethnien) und andere geschlossenen Gruppen am besten entdeckt und analysiert, indem man die Beziehungen der gesellschaftlichen Akteure untereinander untersucht." Zwei Forschungsstränge sind in der gegenwärtigen Flut an gesellschaftlich-relationalen Perspektiven auf das Verhalten in Organisationen besonders einflussreich gewesen, und beide sind verwendet worden, um den Bereich *gender* und Organisationen näher zu erforschen: Organisationsdemographie und Netzwerkansätze.

1. Organisationsdemographie

Die Organisationsdemographie gründet auf der Überzeugung, dass Menschen nicht nur durch ihre Eigenschaften (etwa Geschlecht und ethnische Zugehörigkeit), sondern auch durch die Eigenschaften der Gruppe, der sie angehören (so der Zusammensetzung nach Geschlecht und ethnischer Zugehörigkeit) sowie durch die Beziehungen zwischen den individuellen und Gruppeneigenschaften geprägt werden (ein umfassender Überblick über organisationale Demographieforschung findet sich etwa in Williams und O'Reilly 1998). Die relevanten gesellschaftlichen Beziehungen sind Beziehungen der Ähnlichkeit und der Differenz; welcher Art diese Verschiedenheit bzw. Ähnlichkeit ist, ist in gewissem Maße weniger wichtig. Die Forschung hat sich vor allem auf leicht zugängliche, augenfällige und sozial relevante Unterscheidungen konzentriert – vor allem auf Geschlecht, Ethnie und Alter – aber auch auf schwerer zugängliche Differenzen wie etwa die Prägung durch die Hochschule, die akademische Position oder die persönlichen Werte (Williams und O'Reilly 1998).

Aus der Perspektive der Organisationsdemographie ist Anderssein eine strukturelle Position, die aber relational definiert ist. Es ist damit keine Eigenschaft einer Person, sondern hängt vielmehr von den sozialen Beziehungen ab, in die die Person eingebettet ist. So gesehen ist diese Differenz einer Netzwerkperspektive verwandt, in der die Beziehungen der Menschen untereinander wichtig sind (und nicht allein ihre individuellen Charakteristika).

Im Unterschied zu Netzwerkansätzen, die dazu neigen, die kognitiven beziehungsweise sozialpsychologischen Grundlagen der Homophilie zu bagatellisieren, ist der theoretische Unterbau der Organisationsdemographie explizit sozialpsychologisch. Die meisten Studien berufen sich auf die soziale Kategorisierungs- bzw. auf die soziale Identitätstheorie, die betont, wie Menschen unter Verwendung von gesellschaftlichen Kategorien sich und andere klassifizieren und miteinander interagieren (Hogg und Abrams 1988; Tajfel 1982; Turner 1987). Diese Theorien gehen davon aus, dass sich Menschen über eine oder mehrere gesellschaftliche Identitäten sowie als Mitglieder einer Gruppe im Vergleich zu anderen Gruppen definieren. Diese Kategorisierungen wiederum erzeugen bestimmte Gefühle und Verhaltensweisen. „Anderssein" (oder Differenz) wird dabei im Allgemeinen mit tendenziell negativen Folgen für Individuen und Gruppen assoziiert.

Dieser Forschungsansatz hat eine umfangreiche Literatur über die Konsequenzen von Gleichheit und Differenz hervorgebracht (Allmendinger und Hackman 1995; Chemers et al. 1995; Williams und O'Reilly 1998). Obwohl die Ergebnisse nicht immer übereinstimmen, legen sie nahe, dass die Demographie einer Gruppe sowohl für einzelne Mitglieder als auch für die Gruppe als Ganzes Folgen hat, und dass „sich eine steigende Vielfalt auf der Mikroebene negativ auf die Fähigkeit einer Gruppe auswirkt, die

Bedürfnisse ihrer Mitglieder zu befriedigen und über einen längeren Zeitraum hinweg effektiv zu funktionieren" (Williams und O'Reilly 1998: 116). Neuere Studien haben letztere Behauptungen modifiziert, indem sie die Bedingungen benennen, unter denen die negativen Konsequenzen der Differenz auf individueller bzw. Gruppenebene ausgeräumt oder verringert werden können (Chatman et al. 1998; Flynn et al. 2001; Jehn et al. 1999). Insgesamt lässt dieser Forschungsansatz jedoch darauf schließen, dass die sozialen Beziehungen von Differenz und Ähnlichkeit an sich eine wichtige Rolle spielen, ungeachtet der Auswirkungen bestimmter Arten der Differenz (so etwa Geschlecht, ethnische Zugehörigkeit und Alter).

2. Netzwerkansätze

Die Netzwerkforschung teilt das Interesse der Organisationsdemographie an dem Homophilie-Prinzip. Mittlerweile liegen viele Netzwerkanalysen zu Organisationen und beruflichen Werdegängen vor (Granovetter 1974; Podolny und Baron 1997). Diese sind verstärkt herangezogen worden, um die Dynamik und Resultate beruflicher Werdegänge hinsichtlich Differenzen von Geschlecht (und Rasse) zu untersuchen (Ibarra 1992, 1993; Ibarra und Smith-Lovin 1997; Smith-Lovin und McPherson 1993). Allgemein gesprochen besagt dieser Forschungsansatz, dass Frauen und Männer tendenziell verschiedene Arten von berufsbezogenen Netzwerken bilden und dass diese Unterschiede Frauen in ihrem beruflichen Werdegang benachteiligen.

Neben den vielen nützlichen empirischen Ergebnissen der Netzwerkliteratur zu Geschlecht und Rasse (Überblicksdarstellungen finden sich in Ibarra und Smith-Lovin 1997 sowie Smith-Lovin und McPherson 1993), ist auch der theoretische und konzeptionelle Beitrag der Netzwerkforschung zum Verständnis von Ungleichheiten, die auf Zuschreibungen basieren, wichtig. Erstens sind mit Hilfe von Netzwerkanalysen Formen der Ungleichheit näher beleuchtet worden, die von anderen Ansätzen oft übersehen werden. Indem Netzwerke als soziale Ressourcen (bzw. Sozialkapital) behandelt werden (Coleman 1988; Portes 1998), lenkt die Netzwerkforschung das Augenmerk auf die Bedeutung von sozialen Verbindungen, einschließlich der Art und Weise, wie diese Strukturen Ressourcen zur Verfügung stellen, die zur Erreichung anderer wichtiger Ziele investiert oder mobilisiert werden können. Beispielsweise wurde untersucht, wie soziale Kontakte, repräsentiert durch persönliche Netzwerke, bei der Arbeitssuche nützlich sein und auch andere berufliche Aspekte, wie beispielsweise beruflichen Status, positiv beeinflussen können (Hanson und Pratt 1991). Sowohl die Bandbreite (Vielfalt) als auch die Zusammensetzung (die Platzierung der Mitglieder in den gesellschaftlichen Hierarchien) persönlicher Netzwerke kann sich auf berufliche Werdegänge auswirken; breit gefächerte Netzwerke verschaffen besseren Zugang zu Informationen, und Netzwerke mit einflussreicheren oder renommierteren Akteuren erleichtern den Zugang zu Macht und Einfluss (Campbell 1988; Campbell et al. 1986).

Indem Netzwerke als soziale Ressourcen (oder Sozialkapital) betrachtet werden, lenkt diese Literatur die Aufmerksamkeit auf die Rolle sozialer Beziehungen bei der Beschränkung bzw. Erleichterung des Zugangs zu Macht, Chancen und anderen wertvollen sozialen Gütern. Aus dieser Perspektive können *gender* und andere Formen der

Ungleichheit als Funktion der Differenzen zwischen den sozialen Beziehungen, in die Individuen eingebettet sind, verstanden werden.

Der zweite Beitrag des Netzwerkansatzes besteht darin, die Zusammensetzung von Netzwerken und die Gestaltungsfaktoren gesellschaftlicher Netzwerke verstehen zu wollen. Wie diese Forschung zeigt, ordnen sich soziale Kontakte gemäß des Homophilie-Prinzips; soziale Beziehungen entstehen in der Regel zwischen Personen, die sich hinsichtlich wichtiger soziodemographischer Dimensionen ähnlich sind (Popielarz 1999). Laut McPherson et al. (1992) verstärken – und entwickeln sich – die homophilen sozialen Kontakte durch die Gruppenmitgliedschaften der Menschen: „Wir behaupten, dass Homophilie zu großen Teilen deswegen entsteht, weil sich Kontakte über diejenigen Gelegenheiten ergeben, die sich Menschen in Gruppen bieten. Leute, die uns sehr unähnlich sind, treffen wir nicht oft genug, um daraus Netzwerkkontakte zu entwickeln" (1992: 168). Das deckt sich mit anderen Studien, die zeigen, dass Netzwerkkontakte oft in homogenen Gruppen etabliert werden (McPherson und Smith-Lovin 1982; Smith-Lovin und McPherson 1993). Das heißt, Personen finden Zugang zueinander mittels der Gruppen, denen sie angehören; Gruppen ermöglichen bestimmte Arten von Kontakten (nämlich Kontakte zu ähnlichen Personen) und reduzieren die Wahrscheinlichkeit von Kontakten zu Personen, die uns unähnlich sind.

3. Zur Präsenz von Gender

Alle oben besprochenen Perspektiven begegnen den Ansätzen der Geschlechtersozialisation oder der individuellen Veranlagung als Erklärungsmuster für geschlechtsspezifisches Verhalten in Organisationen mit Skepsis. Geschlechtsspezifische Differenzen ergeben sich stattdessen aus den Positionen, die von Männern und Frauen in Organisationen besetzt werden sowie aus der Art und Weise, wie diese Positionen die Interaktionsmuster und sozialen Beziehungen der Personen strukturieren. Folglich ist *gender* in diesen Perspektiven nicht Ursache, sondern Folge von etwas anderem.

Ironischerweise hat diese Argumentation den Stellenwert von *gender* in der Organisationsforschung gleichzeitig gestärkt *und* abgeschwächt. Auf der einen Seite bedeutet die Forschungsflut im Rahmen der Organisationsdemographie und der sozialen Netzwerkforschung, dass geschlechtsspezifische Differenzen mehr Aufmerksamkeit erhalten als zuvor. Gleichzeitig aber behandelt die Organisationssoziologie diese Differenzen als Ausdruck umfassenderer gesellschaftlicher Prozesse, und es sind diese Prozesse – nicht ihre geschlechterpolitischen Konsequenzen –, auf die sich die Organisationsforschung am meisten konzentriert (hilfreiche Kritiken der Organisationsdemographie finden sich in Tsui und Gutek 1999 sowie in Williams und O'Reilly 1998). Hiermit lässt sich auch erklären, warum viele, die in der Tradition der *gender studies* arbeiten, diesem wachsenden Forschungsgebiet nach wie vor relativ gleichgültig gegenüber stehen.

Diese Gleichgültigkeit lässt sich auf verschiedene Faktoren zurückführen, aber sie spiegelt vor allem die anhaltende Abneigung gegen strukturelle Ansätze wider. Obwohl viele Vertreterinnen und Vertreter der *gender studies* zustimmen, dass Geschlechtersozialisation eine ungenügende Erklärung für das Verhalten von Frauen und Männern innerhalb von Organisationen darstellt, lehnen sie die geschlechtsneutrale Konzeption der sozialen Struktur in relationalen Ansätzen ab. Kritische Stimmen zu Kanters (1977) Arbeiten verdeutlichen diese Position: Kanter habe ignoriert, dass Frauen und Männer in ähnlichen strukturellen Positionen oft unterschiedliche Erfahrungen in einer Organisation machen (Williams 1989, 1998). Im Gegensatz zu Kanter (1977) zeigen Williams (1989) und andere, dass Frauen, die in vorwiegend von Männern besetzte Berufe und Arbeitsumfelder eindringen, in der Regel auf größeren Widerstand und Feindseligkeit von Seiten ihrer männlichen Kollegen stoßen als Männer, die in vorwiegend von Frauen besetzte Berufe und Arbeitsumfelder eindringen.

Aus dieser Sicht ist *gender* nicht auf Grund seiner Auswirkungen auf die Eigenschaften einzelner Frauen und Männer von Bedeutung, sondern weil es den Charakter der Organisationen prägt. Das bedeutet, dass nicht Individuen, sondern Organisationen und die Grundsätze und Praktiken, aus denen sie bestehen, *gendered* sind. Folglich sind Ansätze, die von „generischen" Auswirkungen auf die Struktur ausgehen, fehlgeleitet, da sie die maskuline Voreingenommenheit der meisten Organisationen nicht anerkennen. Acker (1990: 142) formuliert es folgendermaßen: „Sowohl traditionelle als auch kritische Ansätze auf Organisationen haben ihren Ursprung im männlichen, abstrakt-intellektuellen Gebiet (Smith 1988) und sehen die Wirklichkeit und die Welt von diesem Standpunkt aus." Aus Ackers Sicht (1990: 143) bedeutet dies, dass *gender* nicht „außerhalb von Strukturen" existiert, sondern in ihnen verankert ist.

4. Gendered organizations

Joan Ackers (1990) Theorie der *gendered organizations* stellt die wichtigste Alternative zu Kanter und anderen relationalen Ansätzen dar. Aus der Sicht von Acker ist *gender* nicht nur ein Effekt der sozialen Struktur; stattdessen sind Aspekte des gesellschaftlichen Lebens, die üblicherweise als „geschlechtslos" oder geschlechtneutral betrachtet werden, in Wirklichkeit Ausprägungen von *gender*. Acker (1990: 146) erklärt: „To say that an organization, or any other analytic unit is gendered means that advantage and disadvantage, exploitation and control, action and emotion, meaning and identity, are patterned through and in terms of a distinction between male and female, masculine and feminine. Gender is not an addition to ongoing processes, conceived as gender neutral. Rather, it is an integral part of those processes, which cannot properly be understood without an analysis of gender."

Diese Sichtweise lenkt unser Augenmerk auf Organisationen, auf die Struktur und auf die Praktiken gesellschaftlicher Institutionen und betont die Art und Weise, wie diese tief verwurzelten, einflussreichen und größtenteils für selbstverständlich angesehenen Aspekte der gesellschaftlichen Ordnung geschlechterpolitische Unterscheidungen und Ungleichheiten produzieren und reproduzieren.

Darauf Bezug nehmend behauptet die Geschlechterforschung, dass die Strukturen und Praktiken von Arbeitsorganisationen auf allen Ebenen durch Prozesse des *gendering* geprägt sind und dass sich diese Aspekte von *gender* analytisch von den Auswirkungen der Gruppenzusammensetzung unterscheiden (Britton 2000). Ronnie Steinberg (1992: 576) bemerkt dazu: „Maskuline Werte sind das Fundament informeller und formeller Strukturen von Organisationen. ... Vorstellungen von Männlichkeit und einer durch *gendering* geprägten Arbeitsteilung gestalten institutionelle Praktiken und Erwartungen bezüglich der Leistungen am Arbeitsplatz." Als Beispiel für diese Argumentation hat sich die Forschung darauf konzentriert, wie kulturelle Ansichten bezüglich *gender* das Verhältnis von Menschen zu Berufen, Tätigkeiten und bestimmten Aktivitäten beeinflussen (Pierce 1996). Indem sie bestimmte Arbeitsrollen, Tätigkeiten und Berufe als für das eine Geschlecht angemessen, für das andere zur Sperrzone erklären, begründen diese kulturellen Überzeugungen den Status quo beziehungsweise eine Palette von weithin akzeptierten Vereinbarungen, wer welche Art von Arbeit tun sollte.

Dass Berufe, die von einem bestimmten Geschlecht dominiert werden, für dieses Geschlecht als am besten geeignet angesehen werden, mag unproblematisch und unvermeidbar erscheinen, aber diese Assoziation wird durch einen komplexen Prozess sozialer Konstruktion produziert. So merken Barbara Reskin und Patricia Roos (1990: 51) an, dass praktisch jeder Beruf für das eine oder andere Geschlecht als geeigneter angesehen werden kann, „weil die meisten Tätigkeiten sowohl stereotyp männliche als auch stereotyp weibliche Elemente enthalten". Pflegeberufe beispielsweise erfordern, dass die in diesem Bereich Beschäftigten mit komplexer medizinischer Technologie umgehen können. Betont man hingegen die fürsorglichen Aspekte des Berufs, lässt sich der Beruf als primär für Frauen geeignet klassifizieren. Die meisten Tätigkeiten und Berufe verfügen über genügend unterschiedliche Charakteristika, so dass man sie als für Frauen *oder* Männer gleichermaßen geeignet konstruieren kann.

Das *gendering* der Arbeit kann auch in Positionen oder Tätigkeiten beobachtet werden, in denen sowohl Männer als auch Frauen tätig sind sowie in Jobs, in denen überwiegend ein Geschlecht tätig ist (Hall 1993; Williams 1989, 1995). Dies trifft genauso zu auf Tätigkeiten, die von Männern, wie auf Tätigkeiten, die von Frauen ausgeübt werden (Cheng 1996; Maier 1999; Pierce 1996). Beispielsweise hat die wachsende Literatur zu Arbeit und Maskulinität gezeigt, dass viele hauptsächlich von Männern besetzte Tätigkeiten implizit und explizit von den Beschäftigten erfordern, dass sie traditionell männliches Verhalten, wie beispielsweise Aggressivität, an den Tag legen (Pierce 1996). Mark Maier (1999: 71) argumentiert, dass Managementpraktiken und Organisationskulturen – nicht nur spezifische Tätigkeiten – eine „Unternehmensmaskulinität" verkörpern, die Individualismus, Wettbewerbsfähigkeit und technische Rationalität privilegiert.

In manchen Situationen kann es vorkommen, dass die Tätigkeiten als feminin typisiert werden, auch wenn der sie Ausführende männlich ist. Elaine Halls Studie (1993) über Kellnerinnen und Kellner veranschaulicht diesen Sachverhalt sehr gut. Als familialer Dienstleistungsstil ist das „Bedienen" historisch gesehen mit weiblichen Bedienungen in Cafés und Familienrestaurants assoziiert worden. Im Gegensatz dazu ist das „Servieren" ein förmlicherer Stil und wird normalerweise mit männlichen Kellnern in renommierten Restaurants in Verbindung gebracht. Hall (1993: 343) schließt daraus, dass sogar in Restaurants, die Männer *und* Frauen beschäftigen, „Arbeitsrollen, Aufgaben und Servierstile" *gendered* sind, so dass das „Servieren" – egal ob von Frauen oder Männern ausgeübt – von Arbeitgebern und Kunden höher eingeschätzt wird als das „Bedienen".

5. Bringing Organizations back in

Der *gendered organizations*-Ansatz ist intuitiv attraktiv und vor allem bei Analysen von *Berufen und beruflichen Tätigkeiten* und in der *gender studies*-Forschung als Ganzes äußerst beliebt gewesen (vgl. Britton 2000). Ironischerweise hat dieser Ansatz aber wenig Einfluss auf die Organisationsforschung gehabt. Teilweise mag das an dem Konzept der *gendered organizations* selbst liegen. Laut Dana Britton (2000: 418) ist zwar die „Vorstellung, dass *gender* ein konstitutives Element der gesellschaftlichen Struktur ist, enorm einflussreich gewesen", „lässt aber eine entscheidende Frage unbeantwortet: Was bedeutet es wirklich, wenn man sagt, dass eine Organisation beziehungsweise die Grundsätze, Praktiken oder Hierarchieplätze einer Organisation ‚gendered' sind?" Ähnlich konstatiert Paula England (1998: 1), dass „sich [mit Hilfe dieser Perspektive] leicht ein Konsens herstellen lässt, dass praktisch alles ‚gendered' ist, aber es beinhaltet keine Aussagen darüber, welche gesellschaftlichen Kräfte bzw. Zwänge das *gendering* produzieren. Sogar Soziobiologen glauben, dass alles nach *gender* differenziert ist!" Diese Unklarheit bezüglich der Bedeutung des Begriffes *gendered* hat dazu geführt, dass dieses Konzept mehr deskriptive denn analytische Funktion gehabt hat.

Ein weiteres, verwandtes Problem mit dem *gendered organizations*-Ansatz ist dessen implizite Annahme, dass *gender* in *allen* Aspekten der sozialen Ordnung verankert ist. Alle organisationalen Strukturen und Praktiken als *gendered* zu betrachten, eignet sich aber nicht als Basis zur Untersuchung etwaiger Unterschiede. Der *gendered organizations*-Ansatz ist also weniger eine Theorie über Organisationen oder das Verhalten in Organisationen als vielmehr eine Feststellung zur Durchdringung aller gesellschaftlichen Ebenen mit *gender*. Was wir brauchen, sind Konzepte und Theorien, mit Hilfe derer wir untersuchen können, wie Unterschiede in dem Ausmaß, in dem Organisationen oder Institutionen *gendered* sind, zu Stande kommen und unter welchen Bedingungen sich das *gendering* unterscheiden kann (vgl. Britton 2000; Nelson und Bridges 1999).

III. Eine neue Konzeption von gender

In vielerlei Hinsicht decken sich die theoretischen und praktischen Anliegen der *gender studies* und der Organisationsforschung. *Gender* nimmt einen prominenten Platz in der Forschung zur Organisationsdemographie und zu sozialen Netzwerken ein, und im Rahmen der *gender studies* achtet man immer mehr auf *gender* als einen Aspekt von Organisationen. Trotz dieser Entwicklungen hat man im Rahmen der *gender studies* außerhalb der Organisationsforschung die wachsende Forschung zu *gender* und Organisationen kaum beachtet, während sich die Organisationsforschung großteils dem *gender studies*-Ansatz bezüglich Organisationen verweigert hat. Für Vertreterinnen und Vertreter der *gender studies* gehen strukturelle Beschreibungen der Interaktion in Organisationen nicht genug auf *gender* ein; aus der Sicht der Organisationsforschung fehlt der *gendered organizations*-Perspektive das Bewusstsein für eine organisationale Dynamik.

Auch wenn sich die Differenzen zwischen Geschlechter- und Organisationsforschung eventuell nie ganz aus der Welt schaffen lassen, wächst das Potenzial für einen intensiveren Dialog zwischen den beiden Gruppen. Dieser Dialog findet in mindestens zwei Bereichen statt. Obwohl sich diese Bereiche auf verschiedene Analyseebenen konzentrieren, verbinden sie ihre gemeinsamen Annahmen bezüglich *gender*. Dazu gehört die Überzeugung, dass *gender* ein facettenreiches System von Praktiken und Beziehungen ist, das auf allen Ebenen des gesellschaftlichen Lebens agiert (Hawkesworth 1997; Ridgeway und Smith-Lovin 1999). Eine zweite gemeinsame Annahme ist, dass es sich bei dem durch *gendering* geprägten Charakter des gesellschaftlichen Lebens nicht um einen fixen Zustand, sondern um einen Prozess handelt und dass dieser Prozess eher eine Variable denn eine Konstante ist. Gesellschaftliche Kontexte, Umfelder und Institutionen sind damit *gendered*, aber es ist immer eine Frage des Grades und der Art und Weise. Sogar auf der Ebene des Individuums sind Identitäten nicht festgeschrieben oder unveränderlich.

Das erste Beispiel für den sich herausbildenden Dialog zwischen Geschlechter- und Organisationsforschung ist der Vorschlag von Herminia Ibarra und Lynn Smith-Lovin (1997), sich in Theorie und Forschung zu sozialen Netzwerken und der Organisationsdemographie angemessener um *gender*-Themen zu bemühen. Sie argumentieren, dass die soziale Interaktion das Medium ist, durch das Netzwerkpositionen und Demographie ihre Wirkung ausüben. Folglich wollen sie unser Augenmerk stärker auf Interaktionsprozesse lenken. Da Interaktion teilweise durch Kräfte auf der individuellen Ebene geprägt wird, empfehlen Ibarra und Smith-Lovin, dass strukturelle Perspektiven wie Netzwerkansätze und Organisationsdemographie stärker sozialpsychologische Prozesse berücksichtigen sollten, insbesondere solche, die die Ausbildung und Inszenierung sozialer Identitäten wie beispielsweise *gender* beeinflussen. Obwohl Ibarra und Smith-Lovin (1997) anerkennen, dass strukturelle Kräfte die Interaktion innerhalb von Organisationen prägen, argumentieren sie, dass diese Kräfte durch Prozesse auf der individuellen Ebene vermittelt und abgeschwächt werden.

Cecilia Ridgeway (1997: 219) schlägt einen ähnlichen Weg vor, um zu verstehen, wie soziale Interaktion dazu beiträgt, geschlechtsspezifisches Verhalten und Unterscheidungen zu produzieren: „Ich behaupte, dass *gender* ein wichtiges Element des Interaktionsprozesses ist, weil die Organisation einer Interaktion kulturelle Schemata evoziert, die eine fortwährende Geschlechtskategorisierung noch verstärken." Da jede Interaktion erfordert, dass sich Interaktionspartner aneinander orientieren, ist eine gewisse Grundlage notwendig, auf der man sich gegenüber anderen einordnen kann. Laut Ridgeway eignet sich zu diesem Zweck eine Geschlechtskategorisierung besser als alle anderen Kategorisierungssysteme.

Wie Ibarra und Smith-Lovin (1997) erkennt Ridgeway an, dass die relativen Auswirkungen von *gender* auf die soziale Interaktion von Situation zu Situation verschieden sein können. In manchen Situationen ist die Wahrscheinlichkeit höher, dass Statusmerkmale wie beispielsweise *gender* „aktiviert" werden als in anderen Situationen. Ridgeway geht davon aus, dass *gender* am einflussreichsten ist, wenn zwei Bedingungen vorherrschen: Die Akteure gehören unterschiedlichen Geschlechtskategorien an, und *gender* ist für die Aufgabe oder den Zweck der Interaktion relevant. Indem sich die Forschung stärker auf die Interaktion konzentriert als auf den Mechanismus, durch den Demographie- und Netzwerkcharakteristiken ihre Wirkung ausüben, sollte es ihr möglich sein, die Bedeutung von *gender* in Relation zu anderen gesellschaftlichen Kategorien zu untersuchen. In der Tat sind diese Ansätze weitgehend kompatibel mit dem Ziel jüngster Arbeiten im Bereich der Organisationsdemographie (so etwa Chatman et al. 1998; Flynn et al. 2001; Jehn et al. 1999). Francis Flynn et al. (2001) fanden beispielsweise, dass der Interaktionsstil von demographisch unterschiedlichen Gruppen zu einem gewissen Grad ihre Erfahrungen und Leistungen in Organisationen beeinflusst. Ihre Betonung auf „demographische Differenz" als generische Kategorie mag für die *gender studies*-Forschung problematisch sein. Allerdings eröffnen Flynn et al. (2001) mit ihrer Arbeit Möglichkeiten für eine stärker auf *gender* eingehende Analyse, indem sie auf die Bedingungen achten, unter denen die Differenz eine Rolle spielt und indem sie sich speziell auf die Interaktion konzentrieren.

Ein weiterer Dialog zwischen der Geschlechter- und Organisationsforschung findet unter Wissenschaftlerinnen und Wissenschaftern statt, die die Variationen in der Funktions- und Ausdrucksweise von *gender* verstehen wollen. So schlägt etwa Paula England (1998) unter Bezugnahme auf juristische Grundsätze zwei Möglichkeiten vor, wie sich aufzeigen lässt, ob und wie Organisationen (oder die Praktiken und Grundsätze innerhalb einer Organisation) *gendered* sind. Aus ihrer Sicht stellen Praktiken, Grundsätze oder Prozeduren, die Frauen und Männer unterschiedlich behandeln, eine Form von „ungleicher Behandlung" dar, Praktiken, Grundsätze oder Prozeduren, die keine unterschiedliche Behandlung spezifizieren, aber „ungleiche Auswirkungen" auf Frauen und Männer haben, eine andere Form des *gendering*. Für England ist das Vorhandensein einer der beiden Praktiken ausreichend, um eine Organisation als *gendered* zu identifizieren.

Englands Definition des *gendering* ist implizit von Teilen der Organisationsforschung übernommen worden, welche die Implikationen einer *gendered organization*-Perspektive erkunden wollte. Robert Nelson und William Bridges (1999) beispielsweise befürworten einen Ansatz, der die Einblicke einer *gendered organization*-Perspektive mit der konventionelleren Organisationstheorie kombiniert. Mit Hilfe letzterer bestimmen Nelson und Bridges (1999) die Bedingungen, unter denen umfassendere gesellschaftliche Muster an Geschlechterungleichheit – einschließlich der von Marktkräften hervorgerufenen – durch bestimmte Organisationsstrukturen, Grundsätze und Praktiken reduziert oder verstärkt werden. So argumentieren sie, dass sich Organisationen dahingehend unterscheiden, in welcher Art und Weise *gender* institutionalisiert wird; sie unterscheiden sich in dem Maße, in dem sie marktbasierte Geschlechterungleichheit verstärken sowie in den Mitteln, mit Hilfe derer sie das erreichen.

Ähnlich zeigen aktuelle Studien von James Baron et al. (Baron et al. 2002), wie die Aufgeschlossenheit neuer Hightechfirmen für Frauen teilweise von der „kulturellen Blaupause" abhängt, die von den Gründern der Organisationen akzeptiert wird; andererseits prägt die Art und Weise, wie Frauen in die neuen Organisationen integriert werden, die Struktur und Entwicklung der Firmen. Während sich Baron et al. nicht ausdrücklich auf einen *gendered organizations*-Ansatz stützen, sind ihre Studien aber weitgehend damit vereinbar. Ungeachtet der Absicht der Gründer oder Beteiligten war *gender* in der Entwicklung und Struktur junger Hightechfirmen verankert, aber Grad und Form variierten je nach Vision und Ansatz des Gründers.

Diese Untersuchungen zu Hightech-Firmen sind kein Einzelfall, sondern stützen sich auf frühere Studien von Baron et al. (Baron und Newman 1990; Baron et al.

1991; Strang und Baron 1990) über Zuschreibungen in Organisationen. Ebenso wie die Hightech-Studie zeigten diese, wie gesellschaftliche, kulturelle und politische Prozesse die Beschäftigungsstruktur und -politik von Organisationen beeinflussen. Manche dieser Prozesse werden intern generiert, etwa wenn die kollektive politische Macht von Arbeitern dazu verwendet wird, die Arbeitsplatzbildung und -gestaltung zu beeinflussen, oder wenn die Vorstellungen der Gründer bestimmte Typen von Arbeitskräften bevorzugt. Externe Faktoren, wie beispielsweise rechtliche oder staatliche Regulierungen, können sich ebenfalls auf die Art und Weise, wie *gender* in Organisationsstrukturen und Praktiken integriert ist, auswirken. Indem diese Forschungen Ansätze ablehnen, die ausschließlich technische oder wirtschaftliche Faktoren als Triebkräfte organisationaler Arrangements betrachten, gehen sie eindeutig in Richtung einer *gendered organizations*-Perspektive, aber auf eine Art und Weise, die der Variation von Organisationen in von *gendering* geprägten Prozessen und Resultaten Rechnung trägt.

Zusammenfassend lässt sich sagen, dass nach wie vor eine der wichtigsten Beiträge der *gender studies*-Forschung ihre intensive Untersuchung des Konzepts *gender* ist. Dadurch hat sie im Laufe der Zeit zum besseren Verständnis von *gender* beigetragen, die Reichweite der Geschlechterforschung vergrößert, immer mehr Einfluss auf Organisationstheorie und -forschung gewonnen und das Interesse der feministischen Geschlechterforschung für Organisationen gesteigert. Obwohl es noch viel zu tun gibt, haben diese Entwicklungen eine über *gender* informierte Organisationsforschung gefördert und bei feministischen Wissenschaftlerinnen und Wissenschaftlern das Verständnis für die Bedeutung von Organisationen erhöht.

Literatur

Acker, Joan, 1990: Hierarchies, Jobs, and Bodies: A Theory of Gendered Organizations, Gender & Society 4: 139–158.
Acker, Joan, 1992: Gendered Institutions, Contemporary Sociology 21: 565–569.
Allmendinger, Jutta, und J. Richard Hackman, 1995: The More, the Better? A Four-Nation Study of the Inclusion of Women in Symphony Orchestras, Social Forces 74: 423–460.
Baron, James N., Michael T. Hannan, Greta Hsu und Ozgecan Kocak, 2002: Gender and the Organization-Building Process in Young, High-Tech Firms. S. 245–273 in: *Mauro F. Guillén, Randall Collins, Paula England* und *Marshall Meyer* (Hg.): Economic Sociology at the Millenium. New York: Russell Sage Foundation Press.
Baron, James N., Brian S. Mittman und Andrew Newman, 1991: Targets of Opportunity: Organizational and Environmental Determinants of Gender Integration within the California Civil Service, 1979–1985, American Journal of Sociology 96: 1362–1401.
Baron, James N., und Andrew Newman, 1990: For What It's Worth: Organizations, Occupations, and the Value of Work Done by Women and Minorities, American Sociological Review 55: 155–175.
Baron, James N., und Jeffrey Pfeffer, 1994: The Social Psychology of Organizations and Inequality, Social Psychological Quarterly 57: 190–209.
Britton, Dana M., 2000: The Epistemology of the Gendered Organization, Gender & Society 14: 418–434.
Campbell, Karen E., 1988: Gender Differences in Job-Related Networks, Work and Occupations 15: 179–200.
Campbell, Karen E., Peter V. Marsden und Jeanne S. Hulbert, 1986: Social Resources and Socioeconomic Status, Social Networks 8: 97–117.

Chatman, Jennifer A., Jeffrey T. Polzer und *Sigal G. Barsade,* 1998: Being Different Yet Feeling Similar: The Influence of Demographic Composition and Organizational Culture on Work Processes and Outcomes, Administrative Science Quarterly 43: 749–780.
Chemers, Martin M., Stuart Oskamp und *Mark A. Costanzo,* 1995: Diversity in Organizations. Thousand Oaks, CA: Sage Publications.
Cheng, Cliff (Hg.), 1996: Masculinities in Organizations. Thousand Oaks, CA: Sage.
Coleman, James S., 1988: Social Capital in the Creation of Human Capital, American Journal of Sociology 94 (Beilage): 95–121.
Cooper, Elizabeth A., und *Susan M. Bosco,* 1999: Methodological Issues in Conducting Research on Gender in Organizations. S. 477–494 in: *Gary N. Powell* (Hg.): Handbook of Gender and Work. Thousand Oaks, CA: Sage.
England, Paula, 1998: What Do We Mean When We Say Something Is Gendered? Organizations, Occupations, and Work Newsletter, Herbst: 1.
Flynn, Francis J., Jennifer A. Chatman und *Sandra E. Spataro,* 2001: Getting to Know You: The Influence of Personality Impressions and Performance of Demographically Different People in Organizations, Administrative Science Quarterly 46: 414–442.
Granovetter, Mark S., 1974: Getting a Job. Cambridge, MA: Harvard University Press.
Hall, Elaine J., 1993: Waitering/Waitressing: Engendering the Work of Table Servers, Gender & Society 7: 329–346.
Hanson, Susan, und *Geraldine Pratt,* 1991: Job Search and the Occupational Segregation of Women, Annals of the Association of American Geographers 81: 229–253.
Hawkesworth, Mary, 1997: Counfounding Gender, Signs 22: 649–685.
Hogg, Micheal A., und *Dominic Abrams,* 1988: Social Identifications: A Group Psychology of Intergroup Relations and Group Processes. New York: Routledge.
Ibarra, Herminia, 1992: Homophily and Differential Returns: Sex Differences in Network Structure and Access in an Advertising Firm, Administrative Science Quarterly 37: 363–399.
Ibarra, Herminia, 1993: Personal Networks of Women and Minorities in Management: A Conceptual Overview, Academy of Management Review 18: 56–87.
Ibarra, Herminia, und *Lynn Smith-Lovin,* 1997: New Directions in Social Network Research in Gender and Organizational Careers. S. 359–384 in: *Susan Jackson* und *Cary L. Cooper* (Hg.): Handbook of Organizational Behavior. New York: Wiley.
Jehn, Karen A., Gregory B. Northcraft und *Margaret A. Neale,* 1999: Why Differences Make a Difference: A Field Study of Diversity, Conflict, and Performance in Workgroups, Administrative Science Quarterly 44: 741–763.
Jepperson. Ronald L., 1991: Institutions, Institutional Effects, and Institutionalism. S. 143–163 in: *Walter W. Powell* und *Paul J. DiMaggio* (Hg.): The New Institutionalism in Organizational Analysis. Chicago, IL: University of Chicago Press.
Kanter, Rosabeth Moss, 1977: Men and Women of the Corporation. New York: Basic Books.
Kulka, Richard A., 1982: Idiosyncrasy and Circumstance: Choices and Constraints in the Research Process. S. 41–68 in: *Joseph E. McGrath, Joanne Martin* und *Richard A. Kulka* (Hg.): Judgment Calls in Research. Beverly Hills: Sage.
Lorber, Judith, 2000: The Social Construction of Gender. S. 106–112 in: *Tracy Ore* (Hg.): The Social Construction of Difference and Inequality: Race, Class, Gender, and Sexuality. Mountain View, CA: Mayfield Publishing.
Maier, Mark, 1999: On the Gendered Substructure of Organization: Dimensions and Dilemmas of Corporate Masculinity. S. 69–93 in: *Gary N. Powell* (Hg.): Handbook of Gender and Work. Thousand Oaks: Sage.
McPherson, J. Miller, Pamela A. Popielarz und *Sonja Drobnic,* 1992: Social Networks and Organizational Dynamics. American Sociological Review 57: 153–170.
McPherson, J. Miller, und *Lynn Smith-Lovin,* 1982: Women and Weak Ties: Differences by Sex in the Size of Voluntary Organizations, American Journal of Sociology 87: 883–904.
Nelson, Robert L., und *William P. Bridges,* 1999: Legalizing Gender Inequality. New York: Cambridge University Press.

Pfeffer, Jeffrey, 1983: Organizational Demography, Research in Organizational Behavior 5: 299–357.
Pfeffer, Jeffrey, 1997: New Directions for Organization Theory. New York: Oxford University Press.
Pierce, Jennifer, 1996: Gender Trials: Emotional Lives in Contemporary Law Firms. Berkeley, CA: University of California Press.
Podolny, Joel M., und *James N. Baron*, 1997: Social Networks and Mobility in the Workplace, American Sociological Review 62: 673–693.
Popielarz, Pamela, 1999: Organizational Constraints on Personal Network Formation, Research in the Sociology of Organizations 16: 263–281.
Portes, Alejandro, 1998: Social Capital: Its Origins and Applications in Modern Sociology, Annual Review of Sociology 24: 1–14.
Reskin, Barbara F., und *Patricia A. Roos*, 1990: Job Queues, Gender Queues: Explaining Women's Inroads into Male Occupations. Philadelphia: Temple University Press.
Ridgeway, Cecilia L., 1993: Gender, Status, and the Social Psychology of Expectations. S. 175–198 in: *Paula England* (Hg.): Theory on Gender/Feminism on Theory. New York: de Gruyter.
Ridgeway, Cecilia L., 1997: Interaction and the Conservation of Gender Inequality, American Sociological Review 51: 603–617.
Ridgeway, Cecilia L., und *Lynn Smith-Lovin*, 1999: The Gender System and Interaction, Annual Review of Sociology 25: 191–216.
Risman, Barbara, 1998: Gender Vertigo. New Haven: Yale University Press.
Smith, Dorothy, 1988: The Everyday World as Problematic: A Feminist Sociology. University of Toronto Press: Toronto.
Smith-Lovin, Lynn, und *J. Miller McPherson*, 1993: You Are Who You Know: A Network Approach. S. 223–251 in: *Paula England* (Hg.): Theory on Gender/Feminism on Theory. New York: de Gruyter.
Steinberg, Ronnie J., 1992: Gender on the Agenda: Male Advantage in Organizations, Contemporary Sociology 21: 576–581.
Strang, David G., und *James N. Baron*, 1990: Categorical Imperatives: The Proliferation of Job Titles in California State Agencies, American Sociological Review 55: 479–95.
Tajfel, Henri, 1982: Human Groups and Social Categories: Studies in Social Psychology. New York: Cambridge University Press.
Tsui, Anne S., und *Barbara A. Gutek*, 1999: Demographic Differences in Organizations. Lanham, MD: Lexington Books.
Turner, John C., 1987: Rediscovering the Social Group: A Self-Categorization Theory. New York: Basil Blackwell.
Wellman, Barry, und *Stephen D. Berkowitz*, 1988: Introduction: Studying Social Structures. S. 1–18 in: *Barry Wellman* und *Stephen D. Berkowitz* (Hg.): Social Structures: A Network Approach. New York: Cambridge University Press.
Williams, Christine L., 1989: Gender Differences at Work. Berkeley, CA: University of California.
Williams, Christine L., 1995: Still a Man's World. Berkeley, CA: University of California.
Williams, Christine L., 1998: What's Gender Got to Do with It? S. 141–147 in: *Dan Clawson* (Hg.): Required Reading: Sociology's Most Influential Books. Amherst, MA: University of Massachusetts.
Williams, Katherine Y., und *Charles A. O'Reilly*, 1998: Demography and Diversity in Organizations, Research in Organizational Behavior 20: 77–140.

Übersetzung: *Manuela Thurner* und *Jutta Allmendinger*

III. Organisationen als Handlungsfelder

FÜHRUNG IN ORGANISATIONEN

Lutz von Rosenstiel

Zusammenfassung: Führung in Organisationen wird als bewusste und zielbezogene Verhaltensbeeinflussung der Organisationsmitglieder definiert. Sie erfolgt auf zweierlei Weise: Einerseits durch Strukturen, so genannte Führungssubstitute, wie Technikgestaltung, Organigramme, Stellenbeschreibung oder die Kultur der Organisation, andererseits durch das – insbesondere kommunikative – Handeln der Führungskräfte. Die Funktion der Führung besteht letztlich darin, die Vorgaben der Eigner – Unternehmer, Aktionäre, Staat etc. – durchzusetzen. An dem Grad der Zielerreichung lässt sich der Führungserfolg bestimmen, der sich bei personaler Führung als abhängig von Persönlichkeitsmerkmalen der Führungspersonen, von den Führungsverhaltensweisen („Führungsstil") und den unterschiedlichen Facetten der Führungssituation erweist. Diese Einflussgrößen stehen in Interaktion miteinander. Sozialwissenschaftliche Theorien der Führung – die exemplarisch dargestellt werden – sind meist Theorien des Führungserfolgs, d.h. sie suchen diesen zu erklären. Dabei betonen einige in besonderem Maße die Bedeutung der „Führungspersönlichkeit", andere jene des Führungsverhaltens und dritte die der Situation. Praxisorientierte Interventionskonzepte, die besprochen werden, setzen entsprechend an einer anforderungsgerechten Personalauswahl, an einer situationsentsprechenden Modifikation des Führungsverhaltens sowie – seltener – an der Gestaltung der Führungssituation an.

Aus organisationstheoretischer Sicht stellt sich beim Phänomen Führung die Frage nach der Funktion. Führende sollen im Interesse der Organisation handeln und dafür sorgen, dass auch die Geführten das tun. Dagegen lässt sich vielfach zeigen, dass die Interessen der Organisation und jene der Individuen divergieren. Spezielle, beispielsweise am Unternehmenswert orientierte Anreizsysteme sollen sichern, dass die Führenden nicht eigene Interessen, sondern jene der Organisation verfolgen. Dies ist in jüngster Zeit häufig theoretisch analysiert, vergleichsweise seltener empirisch untersucht worden. Die Führenden sollen aber auch ihrerseits durch Gestaltung von Anreizsystemen für Mitarbeiter und durch geeignetes Führungsverhalten dazu beitragen, dass die Geführten im Interesse der Organisation handeln, also zu deren Erfolg beitragen. Dazu gibt es eine breite Forschung. Entsprechend zählt Führung zu den tradierten und etablierten Feldern der Sozial- und Verhaltenswissenschaften (Yukl 1998; Neuberger 2002). Eine kaum überschaubare Zahl von empirischen Studien, theoretischen Abhandlungen, zusammenfassenden Darstellungen und Lehrbüchern zum Thema wurde erarbeitet (Kieser et al. 1995). Entsprechend kann in diesem Beitrag auch nicht ansatzweise all das angesprochen werden, was als Ertrag von etwa neun Jahrzehnten einschlägigen wissenschaftlichen Bemühens vorliegt. Es muss bei einer Beschränkung auf zentrale Befunde und wesentliche Forschungsstränge bleiben, die durch das Ansprechen aktueller Entwicklungstendenzen ergänzt werden. In diesem Sinne soll zunächst das Phänomen Führung begrifflich skizziert werden, wobei zu zeigen sein wird, dass es die Aufmerksamkeit vieler wissenschaftlichen Disziplinen findet. Dabei soll ausdrücklich der auf die Führungsperson gerichtete Blickwinkel und dessen Nützlichkeit für die Praxis herausgearbeitet werden. Sodann soll ein Rahmenmodell personaler Führung vorgestellt werden. Es wird dargestellt, welche zeitlich überdauernden Persönlichkeitsmerkmale zu dem Führungserfolg beitragen, welche Erkenntnisse über Führungsverhalten vorliegen und inwieweit dabei die Führungssituationen als Moderatorvariable wirken. Das jeweils implizit oder explizit bedeutsame Kriterium des Erfolgs von Führung wird dabei herausgearbeitet.

I. Funktionen von Führung in Organisationen

In Organisationen wird zweckrational arbeitsteilig gehandelt, wobei die Koordination des arbeitsteiligen Tuns in der Regel durch eine Hierarchie von Verantwortung – durch Führung eben – erfolgt (Gebert 1978; Kieser und Kubicek 1983). Diese Zweckrationalität ist nicht interessenneutral; es sollen Ziele erreicht werden, die im Interesse der Organisation liegen. Für die Führung stellt dies dann kein Problem dar, wenn man von einer Interessenidentität zwischen der Organisation und den führenden Personen ausgehen kann, wie dies etwa im Familienbetrieb gelten dürfte. Dort aber, wo „Fremdmanager" die Geschicke der Organisation bestimmen, besteht vielfach eine Interessendivergenz. Es wird unterstellt und kann häufig sogar nachgewiesen werden, dass Führungskräfte andere Ziele verfolgen, als dies im impliziten oder expliziten Interesse der Eigner, etwa der Aktionäre liegt, oder dass führende Beamte im öffentlichen Dienst anderes anstreben, als es vom Parlament oder einer Landesregierung vorgegeben wurde.

Es ist dies die viel zitierte Prinzipal-Agent-Problematik, die in jüngerer Zeit in der Organisationsforschung, insbesondere aber in der Organisationstheorie, erhebliche Beachtung gefunden hat. Der Prinzipal, der Herr oder Auftraggeber, hat spezifische Interessen und beauftragt einen Agenten, der Details weitaus besser kennt, mit der Wahrnehmung seiner Interessen. Der Agent hat aber auch seine eigenen Interessen, die z.T. denen des Prinzipals entgegen stehen. Im Extremfall kann dies dazu führen, dass der Agent den Prinzipalen hintergeht bzw. betrügt und sich so auf dessen Kosten bereichert. Die Forschung hat sich nun in jüngster Zeit meist theoretisch und gelegentlich empirisch darum bemüht, Systeme zu finden, die es für den Agenten lohnend erscheinen lassen, die Interessen des Prinzipals zu verfolgen (Simons 2000; Pirchegger 2001; Plaschke 2002).

In Organisationen der Wirtschaft, den Unternehmen also, sind derartige Interessenkonflikte zwischen Management und Anteilseigner vielfach beschrieben worden und sollen hier nur exemplarisch angesprochen werden. Besonders anschaulich ist die in jüngster Zeit viel diskutierte Problematik, dass die Vorstände eines Unternehmens erhebliche Steigerungen ihrer Bezüge erhalten, aufwändige Dienstreisen unternehmen, ihre Räume im Verwaltungsgebäude luxuriös ausstatten und überteuerte Dienstwagen nutzen, obwohl die Gewinne des Unternehmens sinken und Führende durch ihr Verhalten den Gewinn der Eigner weiterhin mindern. Als weitere Beispiele seien das Arbeitseinsatz-, das Risikoanreiz- und das Planungshorizontproblem genannt. Das Arbeitseinsatzproblem lässt sich dadurch veranschaulichen, dass beispielsweise die Forschungsleitung eines Labors nach der Lösung innovativer technischer Probleme sucht, die sie besonders interessieren, obwohl im Interesse der Eigner das Finden kostengünstiger Konstruktionsalternativen läge. Ein Beispiel für das Risikoanreizproblem liegt etwa dann vor, wenn das Management die Übernahme eines anderen Unternehmens tätigt, obwohl dies unter Renditegesichtspunkten unvorteilhaft erscheint. Durch die damit gegebene Diversifizierung aber mindert sich das Risiko für die Führung. Das Problem unterschiedlicher Planungshorizonte wird darin deutlich, dass Führungskräfte noch vor ihrem Eintritt in den Ruhestand erhebliche Gewinne – etwa auf Kosten der Forschungs- und Entwicklungsaktivität – erzielen wollen, obwohl damit langfristig den Interessen des Unternehmens geschadet wird.

Es gibt vielfältige Versuche, eine Harmonisierung der Interessen des Unternehmens und jener der Führungskräfte zu sichern, wobei in der Praxis neben einer „Identifikationspolitik" (Wunderer und Mittmann 1995) durch den Aufbau einer *Cooperate Identity*, einer verbindenden Vision oder alle einbeziehenden Kultur des Unternehmens vor allem an finanzielle Anreizsysteme gedacht wird. Diese binden die Entlohnung der Führungskräfte an Indikatoren des Unternehmenserfolgs, wie den Gewinn oder – in sehr viel komplexerer Weise – an die „balance score card" oder – in jüngster Zeit intensiv diskutiert und heftig umstritten – an Aktienoptionspläne und damit an den Unternehmenswert. Dies entspricht der besonderen Hochschätzung des „shareholder value" als Indikator. Empirische Analysen zur Wirkung derartiger Systeme stützen teilweise direkt oder indirekt entsprechende Hypothesen (Brickley et al.1985; DeFusco et al. 1990; Mehran 1995; Yermack 1997). Andere Studien dagegen nähren eher die Zweifel (Larcker 1983; Gaver et al. 1992; Kumar und Sopariwala 1992; Aboody 1996; Lewellen Loderer und Martin 1987; Leonard 1990). Es lässt sich also keineswegs der Schluss rechtfertigen, dass die genannten Anreizsysteme nun tatsächlich den Gewinn oder den Wert des Unternehmens in aller Regel steigern. Dies mag – neben der problematischen Anlage derartiger empirischer Studien – daran liegen, dass das zu Grunde gelegte Menschenbild der Führungskräfte inadäquat ist. Letztlich wird vom „homo oeconomicus" ausgegangen, der nur des Geldes wegen arbeitet, Arbeit als aversiv erlebt und letztlich weder eine intrinsische Arbeitsmotivation noch eine Identifikation mit dem Unternehmen, für das er tätig ist, kennt.

Die Prinzipal-Agent-Beziehung, die zwischen Eignern und Führungskräften gilt, lässt sich entsprechend auch auf die Beziehung zwischen Führenden und Geführten übertragen. Auch hier gilt es, die „Mitarbeiter für Unternehmensziele (zu) gewinnen" (Comelli und von Rosenstiel 2001). Dabei werden ebenfalls strukturale Maßnahmen wie finanzielle Anreizsysteme eingesetzt, aber auch spezifische Stile oder Formen personaler Führung. Zu diesem Feld allerdings gibt es nun eine breite empirische Forschung, die nachfolgend beschrieben, zumindest aber skizziert werden soll.

II. Begriffsbestimmung und Forschungslinien

Die meisten Laien haben ein Vorverständnis dessen, was Führung ist und wissen im Gespräch darüber Beispiele aus der Politik, der Wirtschaft oder Verwaltung zu nennen. Dennoch ist es in der wissenschaftlichen Diskussion schwer, damit Führung zu bestimmen. Viele Definitionsversuche (Bass 1990; Neuberger 2002) stehen scheinbar unvereinbar nebeneinander. Sie weisen einerseits auf gänzlich unterschiedliche Perspektiven der Betrachtung als auch auf unterschiedliche Phänomene hin, die mit dem gleichen Wort – Führung – bezeichnet werden. Weitgehende Einigkeit scheint nur darin zu bestehen, dass es sich bei Führung um Einflussprozesse handelt (House et al 1999). Wer aber wen mit welcher Legitimation wie beeinflusst, wird in Umschreibungen von Führung teilweise nicht oder in unvereinbarer Weise angesprochen. Andererseits ist Einflussnahme keineswegs nur Kernbestandteil der Definitionen von Führung, sondern auch zentrales Thema, wenn es um Macht, Erziehung, Kommunikation oder allgemein um sozialen Wandel geht (Irle 1975).

1. Führung als Gegenstand unterschiedlicher Wissenschaften

Einflussprozesse sind Gegenstand unterschiedlicher Wissenschaften und so überrascht es auch kaum, wenn wir Abhandlungen zu Führungsphänomenen auch dort finden. Von Führung und Führungsgrößen wird z.B. in der Systemtheorie und spezifisch in der Kybernetik – wohl eher im Sinne einer Analogie – gesprochen (Haken 1984; Bischof 1995) im Sinne sozialer Einflussprozesse in der Verhaltensbiologie und Ethologie (Goodall 1986; Bischof 1989; Kummer 1992; Eibl-Eibesfeldt 1995), in der Soziologie (Weber 1921), der Betriebswirtschaftslehre (Kieser et al. 1995), aber auch in der Kommunikationswissenschaft, der Rechtswissenschaft, der Volkswirtschaftslehre, der Geschichtswissenschaft und sogar in der Theologie. In allen Perspektiven geht es um die Beeinflussung von tierischen und/oder menschlichen Individuen in sozialen Kontexten, wobei gelegentlich dieser Einfluss in Strukturen gesucht, meist aber von anderen Individuen ausgehend angenommen wird. Führung erscheint als von Instinkten gesteuertes Verhalten bei sozial lebenden Säugetieren, als Ausdruck oder Abbild gesellschaftlicher Strukturen, als eine Bedingung historischer Wandlungsprozesse oder Widerspiegelung göttlicher Ordnung. Andere Fächer analysieren Führung auf ihre juristische oder ethische Legitimation hin. Man stößt auf Beispiele, in denen die Führung als Phänomen um ihrer selbst willen betrachtet wird, Untersuchungen, in denen nach den Bedingungen von Führung gefragt wird, aber auch auf solche, die Auswirkungen bestimmter Formen von Führung analysieren.

Aus der verhaltenswissenschaftlichen Sicht lässt sich mit Weinert (1989: 555) Führung wie folgt umschreiben:
1. „Führung ist ein Gruppenphänomen (das die Interaktion zwischen zwei oder mehreren Personen einschließt);
2. Führung ist intentionale soziale Einflußnahme (wobei es wiederum Differenzen darüber gibt, wer in einer Gruppe auf wen Einfluß ausübt und wie dieser ausgeübt wird, u.a.m.);
3. Führung zielt darauf ab, durch Kommunikationsprozesse Ziele zu erreichen."

2. Führung in Organisationen

Organisation kann unter ganz verschiedenen Aspekten betrachtet und somit auch unterschiedlich definiert werden (Kieser und Kubicek 1983). Sieht man sie als Institution, so lässt sie sich als ein der Umwelt gegenüber offenes System umschreiben, das zeitlich überdauernd existiert, spezifische Ziele verfolgt, sich aus Individuen bzw. Gruppen zusammensetzt, also als soziales Gebilde zu verstehen ist, das eine bestimmte Struktur aufweist, die meist durch Arbeitsteilung und eine Hierarchie von Verantwortung gekennzeichnet ist (Gebert 1978). Die Zielbezogenheit, häufig auch als Zweckrationalität bezeichnet, und die Notwendigkeit, arbeitsteiliges Tun zu koordinieren, haben das Verständnis von Führung in Organisationen nachhaltig geprägt. Die Ausrichtung arbeitsteiliger Aktivitäten auf die übergeordneten Ziele und ihre Koordination machen Führung erforderlich. Dabei werden meist zwei Formen unterschieden, die Unternehmensführung und die Personalführung (Kirsch und zu Knyphausen 1992; Steinle 1995), wobei die Personalführung wiederum danach differenziert wird, ob sie durch Führungssubstitute oder durch Personen (in der Regel auf Grund von Ernennung bestimmter Vorgesetzter) erfolgt.

a) Unternehmensführung. Organisationen – insbesondere Unternehmen der Wirtschaft, die hier als Beispiel dienen sollen – entscheiden sich für eine bestimmte Rechtsform und geben sich eine spezifische Verfassung (Chmielewicz 1995); sie verfolgen eine mehr oder weniger bewusst gewählte Strategie, konzentrieren ihre Aktivitäten auf ganz bestimmte nationale oder internationale Märkte, gehen strategische Allianzen ein, suchen sich an einem Leitbild zu orientieren (Kirsch 1997) und sind dabei durch bestimmte geschriebene oder ungeschriebene Grundsätze gekennzeichnet, die neben anderem aufzeigen, wie kollektive Interessenvertretung gelebt wird und wie man mit der jeweiligen Betriebsverfassung umgeht (Bartölke und Jorzik 1995). Eine Vielzahl dieser und ähnlicher Instrumente, Strukturen oder Systeme macht Unternehmensführung aus. Dies ist zentraler Bestandteil der betrieblichen Organisations- und Führungslehre (Kieser et al. 1995).

b) Führungssubstitute. Bereits Weber (1921) hat bei der Beschreibung der bürokratischen Organisation darauf verwiesen, dass innerhalb dieses Konzepts alles durch Vorschriften soweit geregelt ist, dass sich der Führungswille schließlich von Einzelpersonen abgelöst hat und Teil des Systems wird. Tatsächlich kann man ja in Organisationen vielfach feststellen, dass durch die Technik – z.B. die Geschwindigkeit des Fließbandes –, durch Stellenbeschreibungen, Anreizsysteme, aber auch durch informelle Normen bis hin zur Unternehmenskultur, das Verhalten der Organisationsmitglieder weitgehend gesteuert wird, ohne dass ein Eingreifen von Personen in ihren Rollen als Vorgesetzte erforderlich wird (Luhmann 1975). Dies hat dazu geführt, von indirekter Führung, von sozialen Steuerungsmechanismen, von entpersonalisierter Führung oder von Führungssubstituten zu sprechen (Kerr und Jermier 1978; Türk 1981, 1995).

Kerr und Jermier (1978) verweisen in ihrer Substitutionslehre der Führung darauf, dass sich Substitute und Neutralisierer von Führung unterscheiden lassen. Substitute können in den eben genannten Medien bestehen, aber auch in intrinsisch zufriedenstellenden Aufgaben, in einer Formalisierung der Arbeitsverrichtung und Ähnlichem, während Neutralisierer dann anzutreffen sind, wenn die Führungsperson keinen Einfluss auf die Entlohnung der ihm unterstellten Mitarbeiter hat oder durch räumliche oder strukturelle Bedingungen eine unmittelbare Kommunikation zwischen Führungspersonen und Geführten kaum möglich ist. In Organisationen mit einem hohen Grad an Formalisierung und Fixierung dürften Führungssubstitute für das Verhalten der Organisationsmitglieder eine zentrale Rolle spielen.

Die Vorstellung von Führungssubstituten ist teilweise sicher treffend. Tatsächlich lässt sich Führungsverhalten in manchen Bereichen durch Systeme ersetzen, wobei es eine Frage der empirischen Forschung ist zu entscheiden, unter welchen Bedingungen welches Vorgehen zielführender ist. Beispielsweise ist es sehr wohl denkbar, intensive Zielvereinbarungsgespräche zwischen Vorgesetzten und Mitarbeitern – verbunden mit verbaler Anerkennung bei Erreichen der Ziele – mit generalisierten schriftlichen Zielvorgaben und einem an den Grad der Zielerreichung gebundenen finanziellen Belohnungssystem zu vergleichen. Ein verstärktes Arbeiten mit Führungssubstituten dürfte eher dort angezeigt sein, wo Arbeitsabläufe in starkem Maße standardisiert sind und sich im Zeitablauf nur relativ selten ändern. Dagegen dürfte dort, wo auf Grund unvorhersehbar wechselnder Anforderungen ein flexibles Reagieren und innovatives, proaktives Handeln erforderlich ist, ein System von Führungssubstituten rasch an seine Grenzen stoßen. Entsprechend wird ja vielfach das ausschließliche Beachten vorgegebener Regeln als „Dienst nach Vorschrift" bezeichnet, was keineswegs als Lob, sondern als Umschreibung eines verkappten Streiks zu verstehen ist. Je komplexer die Aufgaben und je dynamischer das Umfeld, desto mehr wird eigenverantwortliches Handeln (Koch 2001), „Extrarollenverhalten" (Katz 1964) und „Organizational citizenship behavior" (Organ 1990) erforderlich, da Aufgabenbewältigung kaum durch ein System von Vorschriften, sondern u.a. durch ein flexibles Gewähren von Handlungsspielraum zu realisieren ist. Überall dort, wo Innovationsvorschläge „von unten" für den Erfolg entscheidend sind und Aufwärtskommunikation notwendige Innovation sichert (Gebert 2002), erscheint ein zeitstabiles und „von oben" konzipiertes System von Führungssubstituten kontraproduktiv. In ähnliche Richtung weisen etwas spekulative Schätzungen, die davon ausgehen, dass ein Unternehmen in einer dynamischen Umwelt nach wenigen Tagen „am Ende" wäre, wenn alle nur das täten, was ihnen im Rahmen seiner Stellenbeschreibung und der allgemeinen Vorschriften vorgegeben ist. Entsprechend kommt es eben auch auf das eigenverantwortliche Handeln eines jeden Einzelnen und insbesondere auf eine die gegenwärtige und künftige Situation flexibel berücksichtigende personale Führung an.

c) Personale Einflussnahme. Innerhalb einer übergeordneten Unternehmensführung und im Rahmen bestehender oder sich entwickelnder Führungssubstitute beeinflussen in Organisationen bestimme Personen bewusst und gezielt andere mit Hilfe von Kommunikationsmitteln. Von Führung spricht man dabei in der Regel nur dann, wenn ein hierarchischer Vorgesetzter einen ihm Unterstellten bewusst und gezielt beeinflusst. Zwar wird gelegentlich auch von „Führung von unten", also der Führung des Vorgesetzten durch die Mitarbeiter (Wunderer 1995a) oder von lateraler Führung, also der Beeinflussung durch hierarchisch Gleichgestellte (Wunderer 1995b), gesprochen, doch hat sich bei Führung der Sprachgebrauch sowohl im Alltag als auch in der Wissenschaft weitgehend auf die hierarchische Perspektive des „von oben nach unten" beschränkt. Dabei wird insbesondere in der Betriebswirtschaftslehre, der Soziologie und der Psychologie untersucht, wer zur Erfüllung von Führungsaufgaben besonders geeignet ist, welche Verhaltensweisen er den Mitarbeitern gegenüber zeigt und wie diese sich auf Erfolgsindikatoren auswirken, wobei verschiedene Parameter der Situation als Moderatoren betrachtet werden.

Kennzeichnend für eine organisationswissenschaftliche Sicht personaler Einflussnahme ist die Ableitung von Führungsprinzipien aus dem Organisationskonzept. Hier wird nicht Führungsverhalten beschrieben, sondern es werden in einem normativen Sinne Managementfunktionen aus den Systemanforderungen abgeleitet. Ein frühes Beispiel dafür ist das so genannte Funktionsmeistersystem von Taylor (1911). Er übertrug das von ihm ins Extrem gesteigerte Prinzip der Arbeitsteilung auch auf die Führung und schlug eine Entmischung der Funktionen vor. Dieses „Funktionsmeisterprinzip" fand in der Praxis kaum Anwendung, obwohl es durchaus Organisationsformen gibt, innerhalb derer ein Mitarbeiter mehreren Vorgesetzten unterstellt ist. Dies findet sich z.B. häufig im Handel, wo vor Ort in der Niederlassung ein Disziplinarvorgesetzter spezifische Führungsaufgaben übernimmt und der in der Sache kompetente Fachvorgesetzte in der Zentrale – also räumlich weit entfernt vom Ausführenden – tätig ist.

Im Gegensatz zu Taylor forderte Fayol (1929) die Einheit der Auftragserteilung; innerhalb einer hierarchischen Pyramide ist jeweils ein Vorgesetzter mit allen Führungsaufgaben für eine begrenzte Zahl von Unterstellten zuständig. Damit er dabei nicht überlastet wird, legt man eine bestimmte Kontrollspanne fest, die ausdrückt, wie viele unmittelbar Unterstellte ein Vorgesetzter auf einer spezifischen Ebene anzuleiten und zu überwachen hat. Da es dennoch häufig zur Überlastung der Vorgesetzten kommt, die meist über das nötige Detailwissen zur Anleitung und Kontrolle nicht verfügen, wird ihnen innerhalb des Stab-Liniensystems fachliche Kompetenz beratend zur Seite gestellt (Emerson 1913), der aber selbst keine Weisungsbefugnisse zugestanden wird. In ähnlicher Weise lässt sich für moderne Organisationsformen zeigen, wie die Matrix-Projekte oder die Netzwerkorganisation, welche Kompetenzen und Verhaltensweisen von den Vorgesetzten gefordert werden (Friedel-Howe 1994; Staehle 1999). Aus den vorgeschlagenen Organisationskonzepten lassen sich nun so genannte umfassende Führungsmodelle (Steinle 1978) ableiten, innerhalb derer zwischen Management oder zentralen Führungsfunktionen, wie Planung, Realisierung und Kontrolle unterschieden wird.

Derartige Managementfunktionen sind also – dies sei noch einmal betont – nicht Kategorisierungen von Befunden empirischer Forschung, sondern präskriptiv aus Managementkonzepten abgeleitet. Eine Überbetonung einzelner dieser Funktionen führte häufig zu Propagierung bestimmter modischer Managementprinzipien wie beispielsweise „Management by motivation, by results, by objectives".

3. Die Perspektive der anwendungsorientierten empirischen Führungsforschung

Die empirische Führungsforschung wandte sich vor allem den Führungspersonen zu. Sie erhob Indikatoren des Erlebens und Verhaltens mit Befragungs- und Beobachtungsmethoden und wählte die Forschungsfragen konkret so aus, dass die Antworten im Interesse der Organisationen nützlich erscheinen. Diese Nützlichkeit zeigte sich dann in erster Linie in der Personalauswahl und der Personalentwicklung im Führungsbereich.

Die explizite Nützlichkeit der Führungsforschung besteht insbesondere darin, dass sie sich darum bemüht, den Führungserfolg zu erklären, zu prognostizieren und somit Möglichkeiten eröffnet, ihn wahrscheinlicher zu machen. Es wird also nicht oder doch nur ausnahmsweise danach gefragt, wie eine Person in eine Führungsposition gelangt, wie sie von dieser geprägt und sozialisiert wird oder unter welchen Bedingungen sich welche Führungsverhaltensweisen herausbilden, sondern es werden Merkmale der Führungspersonen, ihre Verhaltensweisen oder Interaktionen dieser Merkmale bzw. Verhaltensweisen mit der jeweiligen Situation als unabhängige Variable betrachtet, mit deren Hilfe Führungserfolg – wie auch immer dieser definiert und operationalisiert sein mag – erklärt werden soll (House und Podsakoff 1994). So betrachtet sind auch die meisten der vorliegenden Führungstheorien letztlich Theorien des Führungserfolgs. Viele der frühen Untersuchungen zur Führung gingen von der impliziten Annahme aus, dass Persönlichkeitseigenschaften der Führungspersonen oder deren Verhalten unmittelbar den Führungserfolg determinierten. In der Zwischenzeit ist das Wissen darum gewachsen, dass eine Vielzahl von Bedingungen des Kontextes als Moderatorvariable wirken kann, sodass ein kontingenztheoretisches Denken in der Führungsforschung heute selbstverständlich ist (Lawrence und Lorsch 1967). Die Grundgedanken dieses Ansatzes lassen sich in einem Rahmenmodell der Führung so visualisieren, wie es *Abbildung 1* (in Anlehnung an von Rosenstiel 2001; Gebert und von Rosenstiel 2002) zeigt.

Die überdauernden Merkmale der Person (*traits*) bedingen das Führungsverhalten. Sie tun dies jedoch nicht kontextunabhängig, sondern in Interaktion mit den jeweiligen situativen Gegebenheiten. Das Führungsverhalten ist wiederum wesentlich für den Führungserfolg, doch wird diese Beziehung ebenfalls von den situativen Bedingungen moderiert. Es kann also eine Person mit bestimmten Merkmalen in der einen Situation z.B. autoritär, in der anderen dagegen kooperativ führen und andererseits kann ein gleiches Führungsverhalten – etwa das kooperative – in der einen Situation zum Erfolg, in der anderen zum Misserfolg führen. Außerdem gilt es dabei jeweils präzise zu bestimmen, was als Kriterium des Erfolgs von Führung zu gelten hat. Dieser Führungserfolg lässt sich an Indikatoren des Verhaltens der Geführten (unnachgiebiges Argumentieren bei Preisverhandlungen) oder an objektiven Folgen dieses Verhaltens (höherer Gewinn) festmachen.

a) Führungseigenschaften: Die Basis von Personalentscheidungen. Empirische Führungsforschung beschäftigt sich seit ca. 90 Jahren – als man begann, mit Hilfe eignungsdiagnostischer Verfahren Führungspositionen beim Militär zu besetzen (Yerkes, zitiert nach Greif 1995) – mit dem Auffinden solcher Persönlichkeitsmerkmale, die führende von nichtführenden Personen unterscheiden bzw. erfolgreich führende von weniger erfolgreich führenden. Das hohe Interesse an derartigen Forschungsansätzen ist offensichtlich; der Grundgedanke entspricht zum einen laienhaften Theorien des Führungserfolgs, die meist davon ausgehen, dass bestimmte Merkmale wie Intelligenz, Mut oder Entscheidungsstärke für den Erfolg ausschlaggebend sind, zum anderen lässt sich die Nützlichkeit potenzieller Erkenntnisse auf diesem Gebiet leicht begründen:

Abbildung 1: Rahmenmodell der Führung

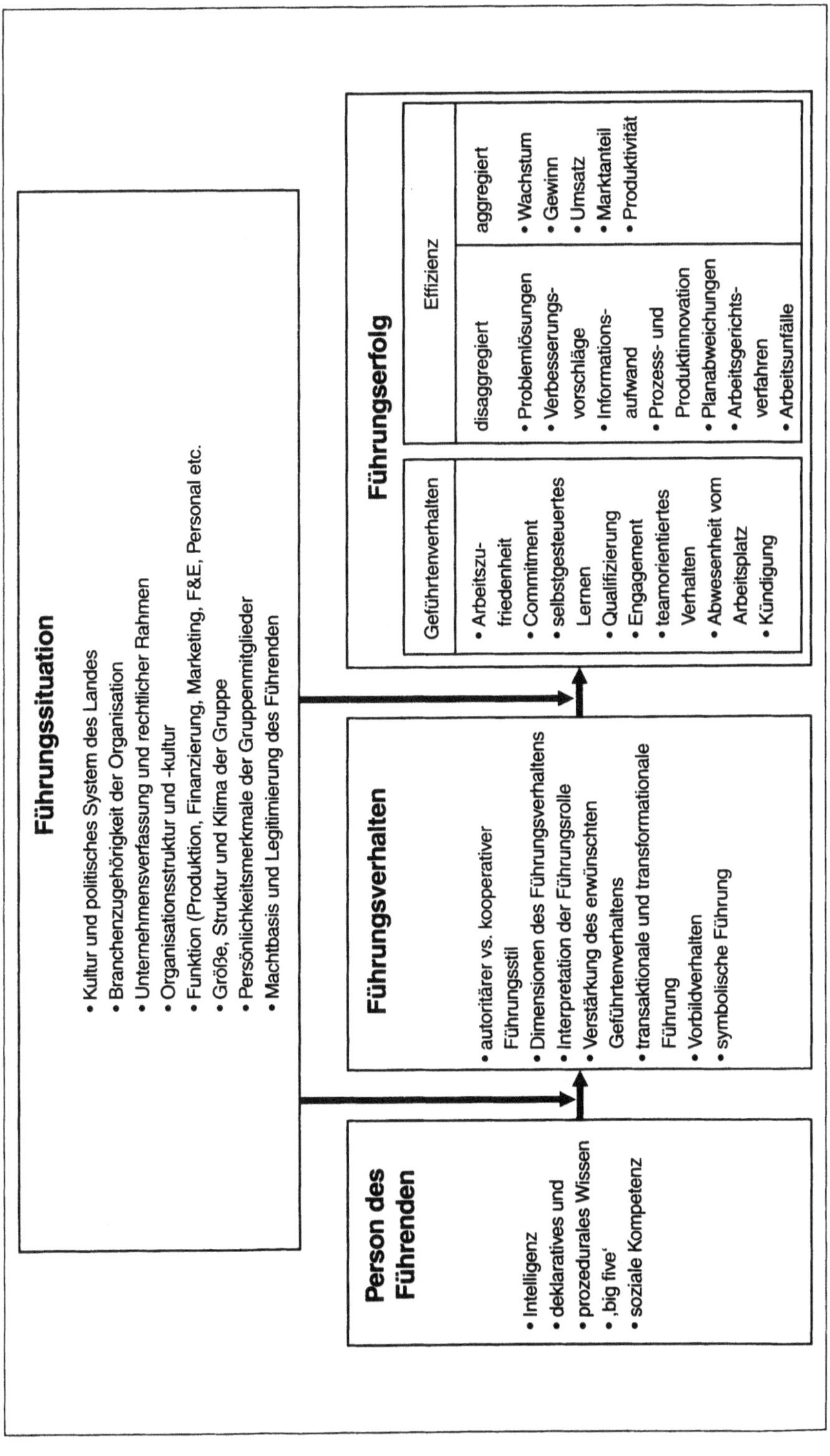

a) Man vermute überdauernde Persönlichkeitsmerkmale, die gehäuft oder in besonders intensiver Ausprägung bei erfolgreich Führenden anzutreffen sind;
b) man entwickle Verfahren zur Messung eben dieser Persönlichkeitsmerkmale;
c) man suche unter Bewerbern mit den neu entwickelten Messverfahren jene aus, die über die genannten Persönlichkeitsmerkmale verfügen und sichere so den angestrebten Führungserfolg!

Die Ergebnisse einschlägiger Forschungsbemühungen stellen also eine wissenschaftliche Basis personeller Entscheidungen im Führungsbereich dar und haben somit eine hohe Relevanz. Hat man vor Augen, wie teuer personelle Fehlentscheidungen auf diesem Feld (Boudreau 1989; Funke und Barthel 1995) kommen können, so lässt sich in Geldeinheiten angeben, wie groß der Nutzen, verglichen mit den Kosten, einer auch nur geringfügigen Verbesserung der personellen Entscheidungen auf diesem Gebiet ist. Theorien und Befunde zu dieser Thematik werden unter *Abschnitt III* dargestellt.

b) Führungsverhalten: Die Basis von Personalentwicklungsmaßnahmen. Vorwissenschaftliche Annahmen gehen häufig davon aus, dass überdauernde Persönlichkeitsmerkmale die wichtigsten Ursachen des Verhaltens sind und dass Führungseigenschaften also entsprechend das beobachtbare Führungsverhalten determinieren. Darüber hinaus vertreten Laien vielfach die Auffassung, dass die Persönlichkeitsmerkmale zwar kaum zu verändern sind, das Verhalten jedoch in bestimmtem Umfang trainierbar erscheint. Vor diesem Hintergrund hat die Beschreibung und Klassifikation unterschiedlicher Führungsstile bzw. Führungsverhaltensweisen eine etwa sechs Jahrzehnte währende Tradition, d.h. seit Fragen des Verhaltens von Führungskräften im Rahmen der Hawthorne-Studien (Roethlisberger und Dickson 1939) thematisiert wurden und seit Lewin, Lippitt und White (1939) ihre viel beachteten Laborexperimente zu den Auswirkungen unterschiedlicher Führungsstile durchführten.

Die Forschung bemühte und bemüht sich darum, solche Führungsverhaltensweisen aufzufinden, die mit höherer Wahrscheinlichkeit zum Führungserfolg beitragen, um sodann spezielle Schulungsprogramme im Sinne wissenschaftlich begründeter Sozialtechnologien zu entwickeln, die geeignet erscheinen, (künftigen) Führungskräften ein erfolgsträchtiges Führungsverhalten beizubringen. Theorien und Befunde zu dieser Thematik werden in *Abschnitt IV* vorgestellt.

c) Der Kontext: Situative Relativierung als Basis von Situationsgestaltungen. Die Untersuchungen zu Führungseigenschaften bzw. zu den Führungsverhaltensweisen hatten durchaus Erfolg. Es gelang, Messverfahren zur relativ reliablen und validen Diagnostik von Persönlichkeitsmerkmalen zu konzipieren (Schuler 2001) und Verfahrensweisen zur Beschreibung von Führungsverhaltensweisen – meist mit Hilfe der Befragung von Geführten – zu entwickeln (Arnold und Kelsey 1995); zugleich gelang es, Korrelationen zwischen den mit diesen Verfahren erhobenen Indikatoren und dem Führungserfolg zu finden, was noch gezeigt werden soll. Allerdings lassen sich diese Befunde nur bedingt generalisieren. Die Korrelationskoeffizienten zwischen Persönlichkeitsmerkmalen bzw. Führungsverhaltensweisen und dem Führungserfolg erwiesen sich von Situation zu Situation als unterschiedlich. Entsprechend suchte die Forschung im Rahmen theoretischer Modelle und empirischer Untersuchungen nach Moderatorvariablen, die eine Prognose erlauben sollten, unter welchen Bedingungen welche überdauernden

Persönlichkeitsmerkmale den Erfolg wahrscheinlicher machen (Fiedler 1967) bzw. welche Führungsverhaltensweisen unter welchen spezifischen Umständen den Erfolg sichern (Vroom und Yetton 1973). Im fünften Abschnitt werden entsprechende Theorien und Befunde besprochen.

In der Suche nach Eigenschaften der Führenden, nach Führungsverhaltensweisen und nach Interaktionen dieser Merkmale mit Bestandteilen der Situation liegen drei zentrale Entwicklungslinien der empirischen Führungsforschung. Ein besonders gewichtiger Perspektivenwechsel bestand darin, dass man die Führungseigenschaften und Führungsverhaltensweisen nicht länger im Sinne eines naiven Realismus als Attribute der führenden Person interpretierte oder die Merkmale der Situation als objektiv ihr zugehörig bezeichnete, sondern dass man sie – zumindest auch – als Wahrnehmungen (insbesondere der Geführten) oder als Deutungen und Attribuierungen verstand, wodurch sich die Aufmerksamkeit der Forschung nicht mehr ausschließlich auf den Führenden konzentrierte, sondern auch vermehrt den Geführten zuwandte.

Orientiert an dem zuvor eingeführten Rahmenmodell personaler Führung sollen nun zentrale Führungstheorien und wichtige Befunde der empirischen Führungsforschung referiert werden. Dabei wird zunächst auf Führungseigenschaften, sodann auf Führungsverhalten, dann auf Situationen, in denen die Führungspersonen stehen, und schließlich auf den Führungserfolg eingegangen.

III. Eigenschaftenorientierte Ansätze

Nun also zu den Eigenschaften: Sie lassen sich als relativ breit konzipierte und zeitlich stabile Verhaltensdispositionen definieren, die konsistent in unterschiedlichen Situationen auftreten (Amelang und Bartussek 1990).

Innerhalb der Führungsforschung spielt der Denkansatz eine große Rolle, in den Eigenschaften zumindest indirekte – vermittelt über das Verhalten – Ursachen des Führungserfolgs zu sehen. Dabei lassen sich grundsätzlich zwei Forschungsstränge voneinander unterscheiden. Der eine sucht mit möglichst reliablen und validen Messverfahren an der führenden Person bestimmte Merkmale zu ermitteln und diese Werte mit Indikatoren des Führungserfolgs zu korrelieren und zwar meist ohne Rücksicht darauf, ob diese Merkmale von anderen Personen, etwa den Geführten, an den Führungspersonen auch bemerkt werden. Der zweite Forschungsstrang ist dadurch gekennzeichnet, dass er subjektive Indikatoren verwendet und u.a. Führende, Geführte oder Experten danach fragt, welche Eigenschaften für den Führungserfolg notwendig sind bzw. welche wahrgenommenen Merkmale der aktuell führenden Person als erfolgskritisch eingestuft werden. Sehr viel seltener sind dem gegenüber solche Untersuchungen, die in ihrer Anlage die Ursache/Wirkungsverkettung umdrehen und danach fragen, wie sich im Sinne der Sozialisation Persönlichkeitseigenschaften beim Einnehmen einer Führungsposition oder durch das Erleben von Führungserfolg bilden oder verändern (Heinz 1980; Kohn 1981; von Rosenstiel, Nerdinger et al. 1989).

1. Akteursorientierte Sichtweise:
Persönlichkeitsmerkmale als Ursache des Führungserfolgs

Es gibt eine kaum zu überblickende Zahl empirischer Arbeiten, innerhalb derer – meist relativ theorielos – Merkmale der Person und Indikatoren des Führungserfolgs miteinander korrelieren und signifikante Koeffizienten so interpretiert wurden, dass die Eigenschaften die Ursache des Erfolgs seien. Die Untersuchungsmodelle, die sich dreifach differenzieren lassen, erscheinen dabei relativ einfach (Neuberger 1995a: 62; vgl. auch Neuberger 2002: 225):

a) „Man untersucht Inhaber von Führungspositionen und stellt fest, was sie von anderen Menschen (vor allem den Geführten) unterscheidet;

b) man prüft, ob und wie sich Inhaber von Führungspositionen untereinander unterscheiden: ob es also systematische Persönlichkeitsunterschiede zwischen „guten" (erfolgreichen) und „schlechten" (erfolglosen) Führern gibt;

c) man analysiert die Personen, die es „aus eigenen Kräften schaffen" in Führungspositionen aufzusteigen oder als Führer (an-)erkannt zu werden".

a) Frühe Studien. Über die Ergebnisse früherer Studien ist vielfach in Sammelreferaten berichtet worden (Stogdill 1948; Mann 1959; Ghiselli 1973; Neuberger 1976). Dabei wurden meist zwar signifikante, aber im Durchschnitt niedrige Korrelationen zwischen ganz unterschiedlichen Merkmalen der Führungsperson und höchst unterschiedlichen Indikatoren des Führungserfolges ermittelt. Untersuchte Persönlichkeitsmerkmale waren u.a. Alter, Größe, Gewicht, körperliche Verfassung, Aussehen, Wortgewandtheit, Intelligenz, Schulerfolg, Wissen, Urteils- und Entscheidungsfähigkeit, Einsicht, Originalität, Anpassungsfähigkeit, Extraversion, Dominanz, Initiative und Ehrgeiz, Verantwortungsgefühl und Verlässlichkeit, Integrität und Überzeugungsstärke, Selbstvertrauen, Selbstbeherrschung, Gefühlskontrolle und -stabilität, soziales Geschick, Beliebtheit und Kooperationsbereitschaft. Als prominentes Beispiel derartiger Sammelreferate sei auf Stogdill (1948) verwiesen. Der Autor stellt beispielsweise zwischen Intelligenz und dem jeweiligen Erfolgskriterium eine im Durchschnitt recht niedrige Korrelation von 0.26 fest (der exakt gleiche Wert wurde für die „Führungseigenschaft" Körpergewicht ermittelt), wobei allerdings die Streuung der Koeffizienten bei insgesamt 15 berücksichtigten Studien weit reichte, nämlich von -0.14 bis $+0.90$.

Derartige Befunde wurden in der Folgezeit als ein „Waterloo" dieses Ansatzes interpretiert. Man verwies auf den im Durchschnitt geringen Varianzanteil der Aufklärung von Führungserfolg durch Persönlichkeitsmerkmale, versuchte in Umkehrung der Kausalität das Entstehen der untersuchten Eigenschaften aus dem Führungserfolg zu erklären („wem Gott ein Amt gibt, dem gibt er auch Verstand") und sprach vom Scheitern der Eigenschaftentheorie der Führung (Nachreiner und Müller 1995).

b) Neuere Befunde. Eine Umkehr der Argumentation begann erst mit einer Reanalyse der klassischen Daten durch Lord et al. (1986). Die Autoren fanden in ihrer Metaanalyse des vorliegenden Materials, die den Regeln dieser Methode entsprechend auch die Qualität der vorliegenden Daten angemessen gewichtet, deutlich höhere Beziehungen zwischen Persönlichkeitsmerkmalen und dem Führungserfolg als sie zuvor berichtet wurden. Diese erreichten im Hinblick auf intellektuelle Befähigung Höhen von über

0.50. Neuere Einzeluntersuchungen, zusammenfassende Darstellungen und Metaanalysen (Schuler und Funke 1989; Sarges 2000; Gebert und von Rosenstiel 2002) bestätigen dies.

Allerdings beschränkt sich die „Wiederauferstehung" der Führungseigenschaften nicht auf den kognitiven Bereich. Dies soll exemplarisch gezeigt werden. Judge et al. (1999) haben in einer Längsschnittstudie von über 30 Jahren fünf zentrale nicht kognitive Persönlichkeitsmerkmale, die so genannten „big five", zu einem Erfolgsindikator in Beziehung gesetzt, der sich aus der Höhe des Jahreseinkommens und dem beruflichen Status zusammensetzt. Die „big five" gelten als die beste Kategorisierung nicht kognitiver Persönlichkeitsmerkmale (Goldberg 1993; Schuler 2001). Es handelt sich dabei um

– Extraversion (gesellig, gesprächig, dominant, aktiv)
– Emotionale Stabilität (*nicht* ängstlich, deprimiert, verlegen, unsicher)
– Verträglichkeit, Freundlichkeit (freundlich, vertrauensvoll, kooperativ, versöhnlich)
– Gewissenhaftigkeit (verlässlich, verantwortungsbewusst, leistungsorientiert, ausdauernd)
– Offenheit für Erfahrungen (einfallsreich, originell, vielseitig, aufgeschlossen)

Judge et al. (1999) fanden nun in ihrer Studie, dass Gewissenhaftigkeit mit 0.41, emotionale Stabilität mit 0.34 und Offenheit für Erfahrungen mit 0.26 mit den Kriterien des Erfolgs korrelieren, während entsprechende Werte für Extraversion und Verträglichkeit unsignifikant blieben. In einer Metaanalyse zur prognostischen Kraft der „big five" fanden Tett et al. (1991) auf der Basis von 97 voneinander unabhängigen Stichproben Werte zwischen 0.15 (für Extraversion) und 0.32 (für Freundlichkeit/Verträglichkeit).

Insbesondere dieses zuletzt genannte Merkmal – Freundlichkeit/Verträglichkeit – lenkt den Blick auf eine theoretisch bedeutsame Perspektive. In der Metaanalyse von Tett et al. (1991) zeigt sich für die Korrelation dieses Merkmals mit dem Erfolg (operationalisiert als Leistung in der Führungsposition) eine Streuung der Koeffizienten zwischen –0.16 und +0.60, in der zuvor erwähnten Einzeluntersuchung von Judge et al. (1999) ein Koeffizient von +0.01. Dies macht auf die Kriterienspezifität der Ergebnisse aufmerksam. Man darf vermuten, dass dort, wo sich der Führungserfolg aus einer engen Kooperation mit den Geführten ergibt, Freundlichkeit und Verträglichkeit hochbedeutend sind; dort dagegen, wo, wie bei Judge et al. (1999), der Indikator sich aus dem Jahreseinkommen und dem beruflichen Status ergibt, dieses Persönlichkeitsmerkmal eine untergeordnete Rolle spielt. Brandstätter (1999) hat entsprechend gefordert, die zu überprüfenden Persönlichkeitsmerkmale immer auf das konkrete Erfolgskriterium zu beziehen.

Die Bedeutsamkeit der Kriterienspezifität, auf die bei der Besprechung des Führungserfolgs (*Abschnitt VI*) noch näher eingegangen werden soll, findet auch in anderen Studien, innerhalb derer Persönlichkeitsmerkmale mit dem Führungserfolg in Beziehung gesetzt wurden, weitere Bestätigung. Dies gilt etwa für eine von McClelland (1965b, 1985) begründete Forschungstradition, motivationale Persönlichkeitsmerkmale als Prädikatoren des Führungserfolges zu verwenden.

Je nach Führungssituation werden jeweils andere Motive für das Führungshandeln bedeutsam sein. Bietet die Führungssituation in spezifischem Maße individuelle Leistungsrückmeldungen, so sind Erfolge solcher Führungskräfte anzunehmen, die eine hohe Ausprägung des Leistungsmotivs zeigen. Dies wurde auch empirisch nachgewiesen (Meyer et al. 1961; Cummin, 1967; Singh und Cupta 1977; Ray und Singh 1980; Chusmir und Azevedo 1992). Das aber sieht bei reinen Führungslaufbahnen (McClelland und Boyatzis 1982) anders aus. Hier werden Anreize aufgesucht, die das Machtmotiv befriedigen können. Entsprechend konnte ein hohes Machtmotiv, verbunden mit einer geringen Ausprägung des Anschlussmotivs und zugleich mit hoher Aktivitätskontrolle („leadership motive pattern" = lmp), auch als erfolgskritisch nachgewiesen werden (McClelland und Boyatzis 1982; Winter 1991; Jacobs und McClelland 1994). Kommt es dagegen in starkem Maße auf intensive Kontakte mit den Kunden an, wie dies für Geschäftsführer von Genossenschaftsbanken gilt, so ist – wie Hoffmann (1980) zeigte – nicht das Macht-, sondern das Anschlussmotiv für den Erfolg relevant.

Untersucht wurden vielfach auch Persönlichkeitsmerkmale von Unternehmern bzw. Unternehmensgründern (Bird 1989; von Rosenstiel und Lang-von Wins 1999; Lang-von Wins 2001). In einer frühen einschlägigen Analyse von McClelland (1965a) konnte gezeigt werden, dass von jenen Studierenden, die er 1947 bzw. 1950/1951 auf ihre Ausprägung im Leistungsmotiv hin untersucht hatte (McClelland, Atkinson, Clark und Lowell 1953), signifikant mehr Personen mit einem überdurchschnittlich ausgeprägten Leistungsmotiv Unternehmer geworden waren. Jene, bei denen dieses Motiv unterdurchschnittlich ausgebildet war, wurden gehäuft Führungskräfte ohne unternehmerische Funktion. Furnham (1992) fand, dass Unternehmer hoch ausgeprägte Bedürfnisse nach Unabhängigkeit, Macht und Kontrolle zeigen und auch besser als andere Unsicherheit ertragen können, was vermuten lässt, dass sie auch höhere Risiken einzugehen bereit sind. Schmidt-Rodermund und Silbereisen (1999) stellten bei Kleinunternehmern eine negative Korrelation (–0.31) zwischen dem Erfolgskriterium Umsatz pro Kopf der Belegschaft und dem Persönlichkeitsmerkmal Freundlichkeit/Verträglichkeit fest. Bedenkt man nun, dass dieses Persönlichkeitsmerkmal in der Metaanalyse von Tett et al. (1991) das am höchsten positiv mit dem Führungserfolg korrelierende war, so könnte man in dem Befund von Schmidt-Rodermund et al. einen Beleg für die These von McClelland (1985) sehen, dass Unternehmer darauf versessen sind, ihre innovativen Ziele durchzusetzen, ohne sich dabei all zu viele Gedanken über die Mittel zu machen, die sie dabei anwenden. Entsprechend ist auch Rücksichtslosigkeit – d.h. mangelnde Freundlichkeit und Verträglichkeit – zu erwarten.

2. Geschlechtszugehörigkeit

Sieht man im Erreichen einer Führungsposition einen relevanten Indikator des Erfolgs, der mit einer Vielzahl anderer Indikatoren wie z.B. der Gehaltsentwicklung hoch korreliert ist, so lässt sich dieser Erfolg wohl durch kein anderes Persönlichkeitsmerkmal so gut prognostizieren wie durch die Geschlechtszugehörigkeit. Es gibt in den westlichen Industrienationen und insbesondere in Deutschland eine drastische „Unterrepräsentation von Frauen im Management" (Friedel-Howe 1986). Dies ist vielfach belegt worden (Domsch und Lieberum 1996; Wunderer 1997; Wunderer und Dick 1997; Statistisches Bundesamt 1998). Danach liegt der Frauenanteil im mittleren Management bei etwa 8 Prozent, im Topmanagement bei ca. 2 Prozent. Erklärt werden diese gravierenden Befunde im Rahmen zweier ganz unterschiedlicher Forschungsparadigmen. Riger und Galligan (1980) differenzieren zwischen einem personen- und einem situationszentrierten Ansatz. Im personenzentrierten Ansatz wird die Erklärung in geschlechtsspezifischen Persönlichkeitseigenschaften, in der generell geschlechtsspezifischen Sozialisation und den damit verbundenen Rollenerwartungen sowie im Selbstbild von Frauen gesucht, während sich die situationszentrierten Ansätze mit der Belastung durch familiale Aufgaben, der vorherrschenden Männerkultur, der unterprivilegierten Position der Frau und ihren erschwerten Zugängen zu informellen Netzwerken auseinandersetzen.

Riger und Galligan (1980) sowie Friedel-Howe (1986) unterscheiden in ihren umfangreichen Analysen der vorliegenden Forschung zwischen sechs zentralen Gründen für die genannte Unterrepräsentation:

a) *Personale Dispositionen:* Es wird häufig angenommen, dass Frauen durch ihre geschlechtsspezifische Sozialisation (Eagly 1987; Hare et al. 1992; Karakowsky und Siegel 1999) oder ihre unterschiedliche genetische Ausstattung (Bischof-Köhler 1990, 2002) für die Übernahme einer Führungsrolle faktisch weniger geeignet als Männer seien.

b) *Rollenkonflikt:* Auf Grund einer tradierten Geschlechtsrollenzuweisung in der Partnerschaft tragen Frauen die Verantwortung für die Familie, übernehmen die wesentlichsten Arbeiten im Haushalt und sind gegebenenfalls auch für die Erziehung der Kinder zuständig. Dies ist schwer vereinbar mit ganztägiger Berufstätigkeit oder gar mit der Übernahme einer Führungsrolle, die selbst im mittleren Management in der Regel 55 Arbeitsstunden in der Woche beinhaltet (Streich 1994) und durch ein unplanbares Arbeitsende am Feierabend sowie vielfältige Dienstreisen gekennzeichnet ist.

c) *Stereotypisierung:* Das Stereotyp bzw. Schema (Lord und Maher 1991) „Manager, Führungskraft bzw. erfolgreicher Manager" entspricht stärker dem Stereotyp Mann als dem Stereotyp Frau; entsprechend wird, wenn Personalentscheider an „Führungskraft" denken und personelle Entscheidungen anstehen, das „Gender-Schema" (Valian 1998) aktiviert.

d) *Ökonomischer Vorbehalt:* die Qualifikation zur Führungskraft ist für ein Unternehmen kostenintensiv (Pawlowsky und Bäumer 1996). Da nun Personalverantwortliche – durchaus auf der Grundlage einschlägiger Daten – annehmen, dass qualifizierte Frauen weitaus häufiger als qualifizierte Männer der Familiengründung wegen auf die weitere Berufstätigkeit, zumindest aber auf die Karriere, verzichten und zwar in Phasen, in denen vom Lebensalter her typischerweise erste Führungsaufgaben anstehen, werden Qualifikationskosten eher in Männer als in Frauen investiert. Der Wirkmechanismus wird auch als statistische Diskriminierung bezeichnet.

e) *Minderheitenstatus:* Frauen befinden sich auf ihrer jeweiligen Führungsebene in der Regel in der Minderheit, woraus sich ein „Token-Status" ergibt. Sie geraten dadurch unter einen spezifischen Druck (Klenke 1996). Zahlreiche Studien belegen den Einfluss dieses Status auf das Verhalten (Kiesler 1975). Er erhöht einerseits den Anpassungsdruck auf die Frauen, zum anderen isoliert er sie. Die Frauen stehen – folgen wir Metz-Göckel und Müller (1986) – ständig auf dem „Prüfstand", was Befangenheit und absinkende Leistungen zur Folge haben kann (Sidanius und Pratto 1999). Ein weiterer Effekt besteht darin, Beobachtungen an Mitgliedern einer Minderheit zu generalisieren. Macht eine Frau einen Führungsfehler, der auf Grund ihres Minderheitenstatus ohnehin intensiver wahrgenommen wird, wird leicht auf die Frauen insgesamt generalisiert, während die Wahrnehmung des gleichen Fehlers bei einem Mitglied der Mehrheit – einem Mann – individualisiert wird.

f) *Diskriminierung:* Gelegentlich werden ohne weitere Argumentation Frauen nur deshalb von der Karriere ausgeschlossen oder in anderer Weise beim Aufstieg behindert, weil sie Frauen sind.

3. Beobachterorientierte Ansätze

Bei den bislang berichteten Befunden zu Persönlichkeitsmerkmalen als Determinanten des Führungserfolgs dominiert eine akteursorientierte Sichtweise. Es wird angenommen, dass Akteursmerkmale wie Intelligenz, Freundlichkeit, Leistungsmotivation etc. relativ unabhängig vom Beobachter Attribute der beobachteten Person sind. Problematisch allerdings wird diese Sicht bereits beim Merkmal Geschlecht, da ja hier weniger das biologische Merkmal der Geschlechtszugehörigkeit (Sex) entscheidend sein dürfte, sondern „Gender", d.h. die gesellschaftlich bestimmte Kategorisierung dessen, was Mann und Frau hinsichtlich ihrer psychologischen und sozialen Konzeption sind.

In diesem Sinne gibt es – von Kultur zu Kultur unterschiedlich – ganz bestimmte Merkmale, die Führungskräften bzw. erfolgreichen Führungskräften zugeschrieben werden. Die populärwissenschaftliche Managementliteratur ist voll davon, wobei danach zu unterscheiden ist, ob hier Ist-Angaben (welche Merkmale haben erfolgreiche Manager?) oder Soll-Angaben (welche Merkmale sollten erfolgreiche Manager haben?) erfragt wurden. Sieht man derartige Listen durch (u.a. Witte, Kallmann und Sachs 1981; Regnet 1999; Sarges 2000), so stößt man – zumindest unter der Sollkategorie – auf Merkmale wie soziale Kompetenz, interkulturelle Offenheit, Teamfähigkeit, unternehmerisches bzw. vernetztes Denken, Initiative, Flexibilität und Mobilität, Marktgespür, Kundenorientierung, kreative Phantasie, Belastbarkeit etc.

Diese Merkmalssammlungen könnten für den Führungserfolg von erheblicher Bedeutung sein. Geht man von der Theorie einer konzeptgesteuerten Informationsverarbeitung aus, die beinhaltet, dass ein Mensch bei der Wahrnehmung anderer Personen Schemata entwickelt und anwendet, so ist die genannte Schematheorie der Führung nach Lord und Maher (1991) eine Anwendung dieses Ansatzes auf die Führung. Einschlägige Schemata darüber, verstanden als implizite Annahmen, was eine Führungskraft bzw. eine erfolgreiche Führungskraft auszeichnet, wirken erfolgskritisch. Entsprechend darf man annehmen, dass Führungsnachwuchskräfte eher gefördert werden, wenn sie dem Führungsschema des Personalentscheiders entsprechen.

Der umfangreichste beobachterorientierte Ansatz ist das „Global Leadership and Organizational Effectiveness (GLOBE) Research Programm" von House et al. (1999). Ziel dieses Forschungsprojektes ist es, eine empirisch begründete Theorie zu entwickeln, die den Einfluss der Kultur auf Führungs- und Organisationsprozesse zu beschreiben, zu erklären und zu prognostizieren in der Lage ist. 170 Wissenschaftlerinnen und Wissenschaftler, die innerhalb eines Netzwerkes organisiert sind, untersuchen dabei, welche Merkmale in 62 unterschiedlichen Kulturen erfolgreichen Führungskräften zugeschrieben werden. Die Forschungsarbeiten gingen dabei u.a. von der Schematheorie nach Lord und Maher (1991) aus.

Für Deutschland zeigten Brodbeck et al. (2002) auf der Grundlage der Standarderhebungsinstrumente des GLOBE-Projekts und bei Führungskräften auf der mittleren Managementebene, dass die deutsche Ist-Kultur verglichen mit anderen Ländern durch eine hohe Neigung zur Unsicherheitsvermeidung, niedrige Werte für die Gleichheit der Geschlechter und die Vermeidung eines maskulin entschieden-selbstsicheren Auftretens ausgezeichnet ist. Erwartet (Sollwerte) wird ein höherer Grad an Unsicherheitstoleranz, mehr Gleichheit zwischen den Geschlechtern und ein geringeres Ausmaß an entschieden-selbstsicherem Auftreten. Sowohl unter der Ist- als auch unter der Sollperspektive erscheint die deutsche Kultur individualistisch und im Hinblick auf die humane Orientierung unterentwickelt. Recht hohe Werte wurden für die Leistungs- und Zukunftsorientierung angegeben.

Was kennzeichnet nun in Deutschland nach Auffassung der befragten Führungskräfte einen besonders erfolgreichen Vorgesetzten? Er ist – wie das für nahezu alle Länder gilt, die im GLOBE-Projekt untersucht wurden – charismatisch und teamorientiert sowie durch geringe narzisstische Neigungen gekennzeichnet. Auffallend für Deutschland und abweichend von anderen Kulturen ist die Auffassung, dass eine humane Orientierung kaum zum Erfolg beiträgt, während Autonomie den Erfolg bei Vorgesetzten eher begünstigt. Ungeprüft sind bislang allerdings die meisten der Hypothesen des GLOBE-Projektes (House et al.1999), wobei insbesondere die Frage unbeantwortet ist, ob nun tatsächlich jene Führungskräfte erfolgreicher sind, die so wahrgenommen werden, wie es innerhalb der Kultur das Schema des besonders erfolgreichen Vorgesetzten vorschreibt.

Die Grundlagen des GLOBE-Projekts, aber auch die dieses Projekt anregende Schematheorie von Lord und Maher (1991), lassen sich den Attributionstheorien zurechnen. Es werden ganz bestimmte Eigenschaften – wie etwa dynamisch, kraftvoll, erfahren – einem Vorgesetzten zugeschrieben, der dann als Führungskraft akzeptiert wird.

Die Attributionstheorie und die einschlägige Empirie sind geeignet, die Auswahl bestimmter Führungskräfte oder das Entstehen bestimmten Führungsverhaltens zu erklären; sie leisten allerdings – zumindest derzeit – keinen Beitrag zur Erklärung des Führungserfolgs.

IV. Verhaltensorientierte Ansätze

Eigenschaften sind hypothetische Konstrukte, die innerhalb bestimmter theoretischer Grundannahmen das beobachtbare Verhalten mit determinieren. Bei Führenden sind entsprechend die Führungseigenschaften für das Führungsverhalten mit entscheidend und beeinflussen dabei – in der Regel vermittelnd über das Geführtenverhalten – den Führungserfolg, wobei jeweils spezifische Bestandteile der Führungssituation als Moderatoren wirken. Bei der Auseinandersetzung mit dem Führungsverhalten lassen sich zwei grundsätzlich unterschiedliche Richtungen unterscheiden; die eine ist normativ oder theorieorientiert und leitet das Führungsverhalten aus spezifischen Grundannahmen ab. Der zweite Ansatz – implizit oder explizit hypothesengeleitet – geht empirisch vor und sucht, gelegentlich durch Beobachtungs-, häufiger durch Befragungsverfahren, das Verhalten von Führenden oder aber – ein Ausschnitt davon – das Führungsverhalten zu ermitteln. Dabei lassen sich wiederum zwei voneinander abhebbare Richtungen zumindest akzentuierend unterscheiden. Die eine ist akteursorientiert; sie geht – auch wenn meist das Führungsverhalten über die Aussagen von Beobachtern operationalisiert wird – davon aus, dass mehr oder weniger reliabel und valide ein Verhalten gemessen wird, das den Führenden kennzeichnet. Die zweite Richtung ist dagegen beobachterorientiert und interessiert sich für das perzipierte Führungsverhalten, d.h. die Wahrnehmung oder Vorstellung dieses Führungsverhaltens bei spezifischen Beobachtern.

1. Akteursorientierte Theorien und Befunde

Es ist kaum ohne Willkür möglich, das Führungsverhalten eines Vorgesetzten von seinen sonstigen Verhaltensweisen abzugrenzen. Bei enger Fassung wird man sich auf jene kommunikativen Handlungsweisen beschränken, die ein Vorgesetzter mit der bewussten Intention zeigt, das Arbeitsverhalten von Mitarbeitern zu beeinflussen (z.B.: „er/sie vereinbart mit seinen Mitarbeitern/Mitarbeiterinnen präzise Arbeitsziele"). Geht man davon aus, dass die Mitarbeiterinnen und Mitarbeiter auch andere kommunikative Handlungsweisen, die die Führungsperson ihnen gegenüber zeigt, möglicherweise als Beeinflussungsversuche deuten, so könnte man auch diese als Führungsverhalten bezeichnen („er/sie erkundigt sich gelegentlich bei den Mitarbeitern/Mitarbeiterinnen nach dem Wohlergehen ihrer Angehörigen"). Geht man darüber hinaus davon aus, dass Vorgesetzte mit all ihren Verhaltensweisen als Vorbild für ihre Mitarbeiterinnen und Mitarbeiter wirken, so ließe sich alles Verhalten der Vorgesetzten als Führungsverhalten interpretieren (z.B.: „der/die Vorgesetzte kommt häufig zu spät zur Arbeit"). Entsprechend sei zunächst jene Forschungsrichtung skizziert, die sich ganz allgemein mit dem Arbeitsverhalten von Vorgesetzten auseinandersetzt, um danach jene Versuche in den Blick zu nehmen, deren Ziel es ist, das Verhalten dieser Vorgesetzten ihren Mitarbeiterinnen und Mitarbeitern gegenüber zu fassen und es in Beziehung zum Führungserfolg zu setzen.

a) Aktivitäten von Führungskräften. Es gibt seit fünf Jahrzehnten eine im angloamerikanischen Raum beheimatete Forschungstradition, die mit unterschiedlichen Methoden eine Antwort auf die Frage sucht „what do managers do?". Diese Forschung wurde durch Carlson (1951) initiiert und fand ihren prominentesten Vertreter in Mintzberg (1973). Es gibt eine Vielzahl von Sammelreferaten, die über den Stand dieser Forschung berichten (siehe bspw. Martiko und Gardner 1985; Carroll und Gillen 1987; Schirmer 1991; Ganter und Walgenbach 1995; Neuberger 2002). Methodisch dominiert bei der Erfassung der Aktivitäten der Führenden die so genannte Tagebuchmethode; die Führenden werden gebeten, innerhalb eines standardisierten Erhebungsbogens minutiös alle Aktivitäten einzutragen, durch die ihr Arbeitstag gekennzeichnet ist (z.B. Carlson 1951; Stewart 1967). Teils stützt man sich auf Beobachtungen des Verhaltens von Führenden über eine längere Zeit (vgl. u.a. Mintzberg 1973; Luthans et al. 1988), teils führt man intensive Gespräche mit ihnen (etwa Kotter 1982a, 1982b).

Die wichtigsten Befunde:
- Vorgesetzte widmen einen Großteil ihrer Arbeitszeit – zwischen 40 und 80 Prozent – dem kommunikativen Handeln, wobei allerdings die Kommunikation mit den Unterstellten den kleineren Teil dieser Zeit ausmacht; die Kommunikation auf der gleichen Ebene ist häufiger; dazu kommt die Kommunikation mit der vorgesetzten Person, mit Vertretern der Öffentlichkeit, mit Kunden etc.
- Die Tätigkeiten sind stark fragmentiert und zwar umso extremer, je niedriger die Führungsebene ist. Für höhere Führungsebenen wird von 50 Episoden pro Arbeitstag gesprochen, für die unteren Ebenen von mehr als 200.
- Die Arbeitsepisoden werden meist nicht selbstbestimmt zu Ende geführt, sondern durch Störungen von außen unterbrochen.
- Ziele der ausgeübten Tätigkeiten sind nicht, zumindest nicht langfristig, geplant, sondern sie werden durch unerwartete Ereignisse von außen angestoßen.
- Es wird wenig Zeit für Reflexion aufgewendet.
- Ideen werden primär im Gespräch mit anderen Personen entwickelt.
- Viele der Kommunikationen sind der Netzwerkbildung und der so genannten Mikropolitik gewidmet.
- Es wird häufiger auf informelle, spekulative und gerüchteartige Information zurückgegriffen als auf offizielle oder gar schriftlich vorliegende.

b) Führungsstil und Führungsverhalten. Die soeben dargestellten empirisch ermittelten Aktivitäten von Führungskräften betreffen nur teilweise die unmittelbare Beeinflussung von Geführten (z.B. „Anleiten und Motivieren von Unterstellten sowie sie mit Feedback versorgen"). Sie haben teilweise nichts oder nur indirekt damit zu tun (z.B. „die Organisation in der Öffentlichkeit repräsentieren"). Ein Großteil der Forschung, die sich mit dem Führungsverhalten auseinandersetzt, hat sich jedoch darauf beschränkt zu analysieren, wie Vorgesetzte unmittelbar ihre Mitarbeiterinnen und Mitarbeiter zu beeinflussen suchen und wie erfolgreich diese unterschiedlichen Vorgehensweisen sind. Besondere Beachtung fanden dabei zunächst – meist experimentelle – Untersuchungen des so genannten Führungsstils sowie die Entwicklung von Taxonomien des Führungsverhaltens.

Führungsstil

Die empirische Führungsstilforschung wurde durch Lewin angeregt und war fraglos durch die Krise der politischen Führung in Europa in den 1920er und 30er Jahren angestoßen worden (Lewin et al. 1939). Es wurden zunächst experimentelle Untersuchungen an Kindern durchgeführt, innerhalb derer der Führungsstil als unabhängige Variable als „autoritär" versus „demokratisch" über den Grad der Partizipationsmöglichkeit manipuliert wurde. Als abhängige Variable galten zum einen die Leistungen und zum anderen die emotionalen Reaktionen der Geführten, die man als Klima, Zufriedenheit oder Einstellungen umschreiben könnte. Die Studien führten zu einer größeren Zahl von Folgeuntersuchungen. Die Zusammenfassung der Befunde dieser Experimente (Neuberger 1972) lässt sich so auf den Punkt bringen, dass sich keine Leistungsüberlegenheit des autoritären oder des demokratischen Führungsstils feststellen ließ, dass aber die Einstellungen der Geführten unter der letztgenannten Bedingung meist positiver als unter der erstgenannten waren.

Die Führungsstilexperimente regten in der Folge zu einer größeren Zahl von Felduntersuchungen an, innerhalb derer der Führungsstil nun nicht durch Bedingungsmanipulation hergestellt, sondern im Feld durch Beobachtungs- oder Befragungsmethoden erfasst wurde (zusammenfassend Seidel 1978; Neuberger 2002). Allerdings wurde hier der Begriff der demokratischen Führung aufgegeben, da er ja den Gedanken an die Wahl des Führenden nahe legt, und stattdessen ein kooperativer Führungsstil (Wunderer und Grunwald 1980) einem autoritären bzw. autokratischen gegenübergestellt. Die Ergebnisse dieser Untersuchungen weisen grundsätzlich in die gleiche Richtung wie jene der experimentellen Studien. Allerdings zeigen auch diese Studien – vergleicht man sie miteinander – mit Blick auf die Ergebnisse, insbesondere bezogen auf die Leistung, eine erhebliche Varianz, sodass zum einen danach gefragt werden muss, wie Leistung jeweils operationalisiert wurde und zum anderen, ob eine Suche nach relevanten Moderatorvariablen sich nicht als dringlich erweist.

Dimensionen des Führungsverhaltens

Es gibt eine kaum zu überblickende Zahl von Versuchen, das beeinflussende Verhalten der Vorgesetzten ihren Mitarbeitern gegenüber empirisch zu erfassen, wobei die Operationalisierungen in aller Regel über Befragungen der Geführten erfolgen.

Die Fragebögen waren häufig schon von ihrer Anlage her so aufgebaut, dass letztlich nur eine bipolar konzipierte Führungsdimension abgebildet werden konnte, oder aber es wurde – in der Regel mit Hilfe einer Faktorenanalyse – der Versuch gemacht, verschiedene Dimensionen des Führungsverhaltens zu finden.

Ein prominentes Beispiel für die Abbildung des Führungsverhaltens auf einer bipolar konzipierten Dimension stammt aus der Michigan-Schule um Likert, Katz und Kahn (Likert 1967). Das Verhalten des Vorgesetzten wird gekennzeichnet durch einen Skalenwert zwischen den Extrempunkten „Mitarbeiterorientierung" und „Leistungsorientierung", wodurch die beiden Orientierungen des Verhaltens sich gegenseitig ausschließen.

Nachhaltige Verbreiterung fanden letztlich nur die von der Ohio-State-University entwickelten Verfahren (Hemphill 1950; Fleishman 1957; Stogdill 1963) sowie deren Weiterentwicklungen und sodann – vier Jahrzehnte später – der von Bass und Avolio (1990) konzipierte „Multifactor Leadership Questionaire" (MLQ). Diese beiden Ansätze sollen im Folgenden knapp dargestellt werden; der erste wegen seiner hohen Verbreitung, der zweite wegen seiner theoretischen Relevanz.

Um Führungsverhalten von Vorgesetzten in der amerikanischen Armee durch die Geführten beschreiben zu lassen, entwickelte Hemphill (1950) ca. 1.800 Items, deren Zahl auf 150 und schließlich auf 40 reduziert wurde, was zum „Leader-Behaviour-Discription-Questionaire" (LBDQ) führte. In Anlehnung an die Kurzform des Verfahrens wurde der deutschsprachige „Fragebogen zur Vorgesetztenverhaltensbeschreibung" (FVVB) von Fittkau-Garthe und Fittkau (1971) erarbeitet. Eine Revision des LBDQ erschien unter dem Namen „LBDQ-XII" (Stogdill 1963). Der LBDQ wurde in seinen verschiedenen Fassungen der meistverwendete Fragebogen zur Messung des Führungsverhaltens (Bryman 1984; Eagly und Johnson 1990a, 1990b).

Verschiedene Faktorenanalysen der Antworten auf die von Hemphill entwickelten Items führten zu einer Vielzahl von Faktoren, meist als Verhaltensdimensionen der Führung bezeichnet (Nachreiner und Müller 1995). In nahezu allen Studien wurden dabei zwei zentrale – einen wesentlichen Teil der gemeinsamen Varianz aufklärende – Faktoren immer wieder gefunden (zusammenfassend Neuberger 1976, 2002; Arnold und Kelsey 1995; Nachreiner und Müller 1995), die als „Consideration" (meist übersetzt als „Mitarbeiterorientierung") und „Initiating Structure" (häufig als Aufgaben-, Leistungs- oder Zielorientierung übersetzt) bezeichnet wurden. Diese beiden Verhaltensdimensionen sind – im Gegensatz zum Postulat der Michigan-Schule – weitgehend unabhängig voneinander. Die wichtigsten der mit diesen Skalen gewonnenen Befunde lassen sich wie folgt zusammenfassen:
- Obwohl die psychometrischen Qualitäten der Skalen zur Messung der Mitarbeiter- und der Aufgabenorientierung kritisiert wurden (Schriesheim und Kerr 1974; Nachreiner 1978), erscheinen die interne Konsistenz der beiden Skalen und deren Test-Retest-Reliabilität noch befriedigend. Gering ist jedoch die Objektivität der Skalen, d.h. verschiedene Unterstellte beschreiben das Verhalten ihrer Vorgesetzten keineswegs übereinstimmend (Allerbeck 1977; Nachreiner 1978), was allerdings nicht gegen die Validität der Skalen sprechen muss, sondern ein Hinweis dafür sein kann, dass sich Vorgesetzte jeder Mitarbeiterin und jedem Mitarbeiter gegenüber anders verhalten (Graen und Uhl-Bien 1995; vgl. auch Abschnitt VI.3).
- Entgegen den ursprünglichen Annahmen sind die Skalen recht deutlich positiv miteinander korreliert (Bass 1990).
- Die Korrelation mit anderen Fragebogenverfahren – interpretierbar als Konstruktvalidität – ist gering (Bass 1990).
- Einander widersprechende Ergebnisse liegen für die Übereinstimmung von Selbst- und Fremdbild vor. Mitchell (1970) und Solomon (1976) fanden hier geringe Korrelationen, während Bles (1999) für beide Skalen positive Korrelationen von jeweils knapp +0.40 fand.
- Untersucht man im Sinne einer kriteriumsorientierten Validität die Beziehung der genannten Führungsdimensionen zu Kriterien des Führungserfolgs, so zeigt sich relativ konsistent, dass Mitarbeiterorientierung deutlich mit der Arbeitszufriedenheit der Geführten und in schwächerem Ausmaß mit Indikatoren der Leistung korreliert. Die hohe Korrelation zwischen Mitarbeiterorientierung und Arbeitszufriedenheit könnte ein Artefakt, zumindest eine Überschätzung sein, da die Einstufungen auf beiden Skalen von den Geführten stammen und zufriedene Mitarbeiter möglicherweise dazu neigen, den Vorgesetzten als mitarbeiterorientiert zu kennzeichnen (Allerbeck 1977).

Bei all diesen Studien muss bedacht werden, dass es sich um Ein-Punkt-Messungen handelt, die keine gezielten Schlüsse auf die Kausalität zulassen. Die Problematik sei am Beispiel der relativ häufig gefundenen, wenn auch schwachen Korrelation zwischen Mitarbeiterorientierung des Vorgesetzten und der Leistung der Geführten aufgezeigt: Es ist zwar durchaus denkbar, dass eine mitarbeiterorientierte Führung motivierend wirkt, was sich positiv auf die Leistung auswirken kann; es ist aber ebenfalls denkbar, dass sich eine Führungskraft mitarbeiterorientierter verhält, wenn sie gute Leistungen bei ihren Unterstellten beobachtet.

Transaktionale und transformationale Führung

Erhebliche Beachtung hat in jüngerer Zeit ein anderes Verfahren zur Messung des Führungsverhaltens gefunden, der „Multifactor Leadership Questionaire" (MLQ) nach Bass und Avolio (1990). Er erscheint theoretisch deshalb besonders beachtlich, weil er von zwei grundsätzlich voneinander abgehobenen Führungskonzepten ausgeht, der „transaktionalen" und der „transformationalen" Führung. Die transaktionale Führung wirkt im Sinne eines rationalen Tauschkonzepts zwischen Führenden und Geführten. Führung wird dabei also als Tausch, als Transaktion (Burns 1978), interpretiert. Man kann den Grundgedanken so darstellen, dass sich der Geführte dann für die Ziele des Führenden gewinnen lässt, wenn dieser dafür sorgt, dass auch die Geführten ihre persönlichen Ziele erreichen.

Im Sinne der Transaktion lässt sich aber auch die lerntheoretische Führungstheorie der Verhaltensmodifikation der Geführten (Luthans und Kreitner 1975) interpretieren. Hier wird davon ausgegangen, dass der Führende das Verhalten des Geführten dadurch modelliert, dass er – da er die Konsequenzen kontrolliert – dem erwünschten Verhalten Belohnungen folgen lässt.

Gänzlich anders ist die transformationale Führung zu interpretieren. Bei diesem Ansatz wird angenommen, dass der Geführte durch den Führenden in seinem Verhalten „verwandelt" wird, sich höhere Ziele setzt, sich mit den Zielen des Vorgesetzten identifiziert und nicht aus reinem Eigeninteresse – wie es die transaktionale Führung nahe legt – handelt. Transformationale Führung ist wohl nur dann angemessen zu interpretieren, wenn man sie nicht allein am Führungsverhalten festmacht, sondern sie als Interaktionsphänomen zwischen Führendem und Geführtem versteht. Diesem Konzept lassen sich ebenfalls einige moderne Führungstheorien zuordnen, die sich mit charismatischer bzw. symbolischer Führung (Neuberger 2002) beschäftigen.

Die verbreiteten Ansätze der Führung, die letztlich den Geführten als einen auf seinen Vorteil bedachten homo oeconomicus sehen, wie dies für die transaktionale Führung gilt, können Altruismus im Verhalten der Geführten kaum erklären. Dagegen gelingt es durch charismatische Führung, motivationale Prozesse anzuregen, die Verzichts- und Opferbereitschaft aktivieren können (House und Shamir 1993). Die modernen Ansätze der charismatischen Führung rücken zwar die Führungsperson ins Zentrum des Interesses, ohne jedoch im Charisma ein stabiles Persönlichkeitsmerkmal zu sehen (Conger und Kanungo 1988b), was im Gegensatz zur Genese des Ansatzes steht. Charisma kann u.a. dadurch gekennzeichnet werden, dass der charismatisch Führende (House und Shamir 1993, 1995) Werte anspricht, die für den Führenden und für die Geführten bedeutsam sind, da sie jene Motive der Geführten aktivieren, die dem Führenden besonders wichtig für die Verwirklichung seiner Vision erscheinen. Er kann dadurch bei den Geführten erreichen, dass sie Vertrauen in die eigene Leistungsfähigkeit gewinnen und so ihren Selbstwert erhöhen. Demnach kann eine Führungskraft in der einen Situation charismatische Führung zeigen, in der anderen dagegen nicht.

Auch das Konzept der symbolischen Führung lässt sich der transformationalen Führung zurechnen. Während sich die transaktionale Führung dem Paradigma „Ursachen erzeugen Wirkungen" zurechnen lässt, entspricht die symbolische einem Denkansatz, der sich wie folgt interpretieren lässt: „wahrgenommene/gedeutete Situationen sind (als soziale und somit veränderbare Tatsachen) Chancen, individuelle oder gemeinsame Pläne zu verwirklichen" (Neuberger 1985: 3). Frühere Arbeiten zur symbolischen Führung (Weick 1979; Dandridge et al. 1980; Pfeffer 1981a, 1981b) gehen davon aus, dass symbolisches Führungshandeln vor allem dann wirksam ist, wenn bei Individuen oder Gruppen Unsicherheit hinsichtlich der zu erreichenden Ziele besteht und klare Kriterien für die Bewertungen von Handlungen nicht gegeben sind.

Der von Bass und Avolio (1990) entwickelte „Multifactor Leadership Questionaire" (MLQ) sucht sowohl transaktionale als auch transformationale Führung dadurch zu messen, dass die Geführten ihre Vorgesetzten mit Hilfe eines standardisierten Erhebungsinstruments einstufen. Es wird also damit implizit vorausgesetzt, dass die Führungsverhaltensweisen des Vorgesetzten – auch die transformationalen – den Geführten bewusst werden.

Der MLQ stellt Fragen zur transaktionalen Führung mit Hilfe zweier hoch miteinander korrelierender Subskalen, die mit „Management by Exception" (Itembeispiel: „er/sie vermeidet Eingriffe, wenn ich gestellte Ziele erreiche") und „bedingte Belohnung" (Itembeispiel: „er/sie weist mich darauf hin, was ich erhalten werde, wenn ich die Anforderungen erfülle") überschrieben sind. Transformationale Führung wird durch vier ebenfalls hoch miteinander korrelierende Skalen operationalisiert. Dies sind „Charisma" (Itembeispiele: „er/sie wird als Symbol für Erfolg und Leistung angesehen", „ich bin stolz darauf, mit ihm/ihr zusammenzuarbeiten"), „Inspiration" (Itembeispiele: „er/sie hat eine Zukunftsvision, die mich anspornt", „er/sie verwendet Symbole und Bilder, um unsere Zielvorstellungen zu verdeutlichen"), „geistige Anregung" (Itembeispiele: „er/sie ermöglicht es mir, alte Probleme in einem neuen Licht zu sehen", „er/sie hat Ideen, die mich dazu gebracht haben, eigene Vorstellungen zu überdenken, die ich nie zuvor in Frage gestellt hatte") sowie „individuelle Wertschätzung" (Itembeispiele: „er/sie berät, fördert, unterstützt mich, falls es notwendig ist", „er/sie ist neuen Mitarbeitern eine große Hilfe"). Schließlich ist noch eine siebte „laisser faire" genannte Skala (Itembeispiel: „er/sie kümmert sich nicht um unsere Arbeit") zu erwähnen, die weder der transaktionalen (obwohl ursprünglich dort verortet), noch der transformationalen Führung zuzurechnen ist, und die misst, inwieweit sich der Vorgesetzte um die Resultate und Arbeiten seiner Mitarbeiter kümmert. Erfragt wird außerdem auch der Führungserfolg, wobei „Effektivität" (Itembeispiel: „Wie effektiv gelingt es der Führungskraft, die Anforderungen der Organisation zu erfüllen?"), „Zufriedenheit" (Itembeispiel: „Alles in allem, wie zufrieden sind Sie mit den Führungsqualitäten ihrer Führungskraft?") und „Extraleistung" (Itembeispiel: „Er bringt mich dazu, mehr zu leisten, als ich von mir selbst erwarten konnte") als Indikatoren dieses Erfolgs gelten.

Bass (1985) sowie Bass und Avolio (1990) gehen nun davon aus, dass sich transaktionale und transformationale Führung additiv ergänzen. Aus der transaktionalen Führung – insbesondere aus der bedingten Belohnung und aus „Management by Exception" – ergibt sich gewissermaßen kalkulatorisch eine erwartete Anstrengung, aus der transformationalen Führung im Zusammenspiel zwischen Charisma, Inspiration, Stimulierung und individueller Wertschätzung eine erhöhte Motivation, Erfolg über die Rollenerwartung hinaus (Tracey und Hinkin 1998) zu erreichen. In der Zwischenzeit liegt eine Vielzahl empirischer Studien zur kriteriumsorientierten Validität des MLQ vor, die den Ansatz stützen.

Führungsverhalten, wie es mit den exemplarisch hier genannten, aber auch mit anderen ähnlich strukturierten Erhebungsinstrumenten gemessen wird, erscheint selbst bei Differenzierung in verschiedene Dimensionen des Führungsverhaltens relativ breit, unspezifisch und situationsunabhängig. Auch die meist als Indikatoren des Erfolgs herangezogenen Kriterien – wie etwa „Leistung der geführten Gruppe" oder „Zufriedenheit der Geführten" – sind unspezifisch und können höchst unterschiedlich operationalisiert werden (Neuberger und Allerbeck 1978; Smith 1976). Angesichts derart unspezifischer Konstrukte sind beachtliche gemeinsame Varianzaufklärungen kaum zu erwarten. Dies dürfte nur dann der Fall sein, wenn, wie dies bei den deutlichen Beziehungen zwischen sehr spezifischen Erfolgsindikatoren und den auf sie bezogenen Persönlichkeitsmerkmalen gelang (*Abschnitt III.1*), auch die spezifisch operationalisierten Führungsverhaltenswiesen in einem theoretisch schlüssigen Zusammenhang mit den Indikatoren des Erfolgs stehen.

Dies kann durch eine empirische Studie von Gebert und Ulrich (1991) belegt werden, die die Autoren an 25 Sparkassen durchführten. Als Indikatoren des Führungserfolgs galten zum einen die „Entwicklung der Summe Aktiva über vier Jahre" (Kreditvolumen) sowie die „Entwicklung der Rendite über vier Jahre" (Durchschnittsverzinsung). Es lässt sich nun leicht zeigen, dass ein Kundenberater das Geschäft ausweitet, wenn er aktiv auch auf Neukunden zugeht, sie zu Hause besucht, nachhaltig den Kontakt mit ihnen pflegt, während das Renditeziel dann erreicht wird, wenn der Kundenberater hart verhandelt, die vorgegebene Marge verteidigt und auch den Stammkunden der Bank keine Sonderkonditionen gewährt. Für die Führung wiederum bedeutet dies, dass sich mit einer fordernden Zielklarheit und Zielverbindlichkeit des Führenden die Entwicklung der „Summe Aktiva" fördern lässt, während es – geht es um die Entwicklung der Rendite – darauf ankommt, dass die Führungskraft den unterstellten Personen im Innen- und Außenverhältnis den Rücken stärkt und nicht privilegierten Kunden, die sich an ihn wenden, großzügig Sonderkonditionen einräumt und damit dem Mitarbeiter in den Rücken fällt (vgl. auch Gebert et al. 1987). Hypothesengemäß fanden Gebert und Ulrich (1991) zwischen Zielklarheit und -verbindlichkeit der Führungskraft und der Entwicklung der Summe der Aktiva eine beachtliche Varianzaufklärung von R = 0.58 sowie zwischen Rückendeckung für den Mitarbeiter nach innen und außen und der Entwicklung der Rendite eine solche von R = 0.57, während zwischen Zielklarheit und -verbindlichkeit und der Entwicklung der Rendite bzw. zwischen der Rückendeckung nach innen und außen und der Entwicklung der Summe Aktiva keine signifikanten Korrelationen gefunden wurden. Es darf also vermutet werden, dass bei einer präzisen Bestimmung des Erfolgskriteriums und einer nachfolgenden theoretisch begründeten spezifischen Ableitung dessen, was als relevantes Führungsverhalten gilt, substanzielle Varianzaufklärungen des Führungserfolgs geleistet werden können. Damit allerdings wäre jeweils die spezifische Führungssituation (*Abschnitt V*) bereits thematisiert.

2. Beobachterorientierte Ansätze

Die soeben besprochenen Operationalisierungen des Führungsverhaltens erheben den Anspruch – zumindest gilt dies für die unterschiedlichen Skalen der Ohio-Forschung und für die verschiedenen Skalen der transaktionalen Führung innerhalb des MLQ – Verhaltensweisen, die für bestimmte Vorgesetzte typisch sind, reliabel und valide zu messen.

Ähnlich wie es für Persönlichkeitsmerkmale von Führungspersonen bereits ausgeführt wurde (*Abschnitt III.3*), gibt es nun einige theoretische Ansätze, die das Bild des Vorgesetztenverhaltens, die Deutung der dabei beobachteten Handlungen zum erfolgskritischen Datum machen, ohne danach zu fragen, ob diese Beobachtungen und Deutungen des Vorgesetztenverhaltens und der Ziele, die damit verfolgt werden, angemessen abbilden, was durch unabhängige Beobachter ermittelt werden könnte. Dies gilt teilweise für die Weg-Ziel-Theorie der Führung, die ja nicht nur die kognitiven Kalküle der Führungspersonen und deren Bild von den Mitarbeitern, sondern implizit auch die kognitiven Kalküle der Mitarbeiter und deren Bild von den Führungspersonen thematisiert (Evans 1970; House 1971). Nimmt bspw. der Mitarbeiter an, durch gesteigerte Termintreue erreichen zu können, dass der Vorgesetzte ihn für eine Gehaltserhöhung vorschlägt und diese Gehaltserhöhung ihm auch bedeutsam ist, so wird er sich um Termintreue bemühen, unabhängig davon, ob seine Annahmen über den Vorgesetzten valide sind.

Noch ausgeprägter gilt dies innerhalb der Attributionstheorie der Führung nach Calder (1977). Calder geht davon aus, dass Führung letztlich nur als Anregungsphänomen existiert. Wenn sich etwa zeigt, dass die Handlungen der Führungspersonen für die unterstellten Mitarbeiter relevant sind und mit deren eigenen Zielen übereinstimmen, so werden sie die wahrgenommene Beeinflussungsakte als Führung akzeptieren, sonst aber als Mobbing, Schikane oder Ungerechtigkeit interpretieren.

Aber auch das bereits angesprochene Konzept der symbolischen Führung ist beobachterorientiert. Das Führungsverhalten und die benutzten Symbole wirken ja nicht faktisch, sondern über die Deutungen, die die Geführten all dem verleihen; dies wird umso bedeutsamer, je fragwürdiger die faktische Wirkung von Führung ist. Pfeffer (1977) geht davon aus, dass insbesondere dann, wenn diese Wirkungen von Führungssubstituten ausgehen, besondere Anstrengungen unternommen werden, die Wirkung der personalen Führung zu attribuieren.

Schließlich sei in diesem Zusammenhang noch einmal auf die Schematheorie der Führung (Lord und Foti 1986; Lord und Maher 1991) verwiesen (*Abschnitt III.3*). Die Führungsperson wird akzeptiert, wenn sie der impliziten Theorie des Beobachters von Führung entspricht. Dies sichert seine Akzeptanz bei den Geführten.

V. Die Situation

Überdauernde Persönlichkeitsmerkmale bestimmen nicht allein das Führungsverhalten, dieses steuert nicht allein über das Geführtenverhalten den Führungserfolg, sondern es kommt jeweils auch auf die Umstände an, die insgesamt das ausmachen, was man als

Führungssituation kennzeichnet. Vor diesem Hintergrund sind die Bemühungen so genannter Situationstheorien der Führung begrüßenswert, eine Antwort auf die Frage zu geben, auf was es denn in der Führungssituation spezifisch ankommt.

Die gemeinsame Schwäche all dieser Theorien, von denen nachfolgend einige knapp skizziert werden sollen, liegt auch darin, dass relativ willkürlich einige wenige Bestandteile der Situation herausgegriffen werden, obwohl diese eine potenziell unbegrenzte Zahl denkbarer Parameter enthält, angefangen von der Kultur der Gesellschaft über jene der Organisation, deren Struktur, die Größe und Dynamik der Gruppe, die zu bewältigenden Aufgaben bis hin zu den Merkmalen der geführten Personen (vgl. *Abbildung 1*). Eine Theorie, die all dies und vieles mehr integrieren kann, ist kaum vorstellbar. Vorliegende theoretische Ansätze wählen also eklektizistisch ein oder bestenfalls einige Variablen der Situation aus.

Die zur Modellüberprüfung durchgeführte empirische Forschung hat jedoch z.T. die Wirkung von Situationsvariablen in dem Sinne nachweisen können, dass sie die Beziehung zwischen Merkmalen der Führungskräfte und dem Führungserfolg bzw. zwischen Ausprägungen des Führungsverhaltens und dem Führungserfolg moderieren, z.T. aber auch das Zustandekommen eines bestimmten Führungsverhaltens erklären. Darüber hinaus lassen sich die Theorien danach differenzieren, ob sie eine primär erklärende oder eine primär interventionsorientierte Absicht haben. Die ersteren verfolgen vor allem das Ziel, das Entstehen bestimmten Führungsverhaltens oder das Auftreten von Führungserfolg in bestimmten Situationen angemessen zu erklären, woraus dann gegebenenfalls in einem zweiten Schritt Interventionsmaßnahmen abgeleitet werden (z.B. Fiedler 1967; House 1971), während die anderen primär auf die Intervention ausgerichtet sind und vorschreiben, was in einer spezifischen Situation zu tun ist, damit sich Führungserfolg einstellt (z.B. Hersey und Blanchard 1969; Vroom und Yetton 1973).

1. Kontingenztheorie der Führung

Die erste systematisch ausformulierte Situationstheorie der Führung geht auf Fiedler (1964) zurück. Sie wird als Kontingenztheorie bezeichnet und wurde vielfach weiterentwickelt (Fiedler 1967; Fiedler et al. 1979; Fiedler und Mai-Dalton 1995). Bei dieser Kontingenztheorie handelt es sich um einen eigenschaftstheoretischen Ansatz, bei dem ein als stabil angenommenes Persönlichkeitsmerkmal in seiner Auswirkung auf den Führungserfolg durch drei Situationsparameter, die unabhängig voneinander angenommen werden, moderiert wird. Das von Fiedler ins Zentrum gerückte Persönlichkeitsmerkmal ist eine spezifische motivationale Orientierung, die bipolar konzipiert zwischen den Extremen „orientiert am Mitarbeiter" versus „orientiert an der Aufgabe" eingestuft wird. Die Messung der Ausprägung dieses Merkmals erfolgt in der Weise, dass die Führungskraft ihren am wenigsten geschätzten Mitarbeiter („least preferred coworker" = LPC) auf einem Polaritätenprofil einstuft, das aus wertenden gegensätzlichen Adjektiven besteht (z.B. „freundlich ... unfreundlich", „offen ... verschlossen"). Je positiver dieser am wenigsten geschätzte Mitarbeiter vom Vorgesetzten gesehen wird, desto höher ist sein LPC-Wert, was bedeutet, dass der Vorgesetzte verhältnismäßig mitarbeitermotiviert ist.

Zur Operationalisierung der Situation werden drei bipolare Variablen, die unterschiedlich gewichtet werden und als unabhängig voneinander gelten, herausgegriffen und zwar – in der Reihenfolge der Gewichtung – die Führer-Mitarbeiterbeziehung zwischen den Polen gut und schlecht, die Aufgabenstruktur zwischen den Polen strukturiert und unstrukturiert sowie schließlich die Positionsmacht der Führungsperson zwischen den Polen stark und schwach. Als Führungserfolg gilt die Leistung der geführten Gruppe.

In einer größeren Zahl empirischer Untersuchungen an kleinen Stichproben ermittelte Fiedler in unterschiedlichen Situationen die Rangkorrelation zwischen dem LPC-Wert der Vorgesetzten und der Leistung der geführten Gruppe und fand in sehr günstigen (alle Situationsparameter positiv ausgeprägt) und in sehr ungünstigen (alle Situationsparameter negativ ausgeprägt) negative Korrelationen, während in so genannten mittleren Situationen diese Korrelationen positiv ausfielen. Für günstige und ungünstige Situationen sind also aufgabenmotivierte, für mittlere Situationen dagegen mitarbeitermotivierte Vorgesetzte zu empfehlen, wenn gute Leistungen der geführten Gruppe das Ziel sind. Da Fiedler die motivationale Orientierung für ein durch Training kaum modifizierbares Persönlichkeitsmerkmal hält, empfiehlt er der Praxis, solche Führungskräfte auszuwählen, die im genannten Sinne der Situation entsprechen, oder die Situation so zu gestalten, dass sie angemessen mit der motivationalen Orientierung der Führungskräfte korrespondiert.

Die Kontingenztheorie Fiedlers hat erhebliche Kritik erfahren (so etwa Schreyögg 1972; Neuberger 1980, 2002; Scholz 2000; Gebert und von Rosenstiel 2002), u.a. mit den Argumenten, dass die Messung der motivationalen Orientierung in einer unreliablen Weise erfolgte, dass die Bestimmung der Situation über die von Fiedler ausgewählten drei Merkmale willkürlich sei und diese zudem statistisch voneinander nicht unabhängig seien, dass die empirischen Belege methodisch unzureichend erscheinen und die Befunde sich in Folgeuntersuchungen anderer Autorinnen und Autoren teilweise nicht bestätigt hätten und dass schließlich das von Fiedler vorgeschlagene Situationsmanagement einerseits in der Praxis kaum umsetzbar und akzeptabel, andererseits unethisch sei, wenn beispielsweise – um den Erfolg zu sichern – die Führer-Geführtenbeziehungen verschlechtert (Schreyögg 1977) werden müssten.

Die Kontingenztheorie von Fiedler kann – obwohl vom Autor noch immer vehement verteidigt (Fiedler 1996) – als weitgehend gescheitert bezeichnet werden. Fiedler aber darf das Verdienst zugesprochen werden, als Erster eine prüfbare Situationstheorie der Führung vorgelegt zu haben.

2. Situative Relativierung zentraler Dimensionen des Führungsverhaltens

Zwei Situationstheorien, die vor allem im Rahmen der Personalentwicklung in vielen Unternehmen beachtliche Akzeptanz finden, gehen letztlich auf die beiden zentralen Führungsverhaltensdimensionen Mitarbeiter- und Aufgabenorientierung der Ohio-Schule zurück. Bildet man aus den beiden unabhängigen Hauptdimensionen dieses

Ansatzes eine 4-Feldertafel (Aufgabenorientierung niedrig/hoch; Beziehungsorientierung niedrig/hoch), so garantiert in den Ansätzen von Hersey und Blanchard (1969) sowie Reddin (1970) keineswegs eine hohe Ausprägung auf beiden Dimensionen den Erfolg. Hersey und Blanchard sehen als zentrale Situationsvariable den Reifegrad der Geführten, der mit einem standardisierten Instrument eingeschätzt wird. Bei geringer Mitarbeiterreife wird ein autoritärer Führungsstil (Aufgabenorientierung hoch, Beziehungsorientierung niedrig) empfohlen, bei steigender Reife ein integrierender Führungsstil (Aufgaben- und Beziehungsorientierung hoch), bei übermittlerer Reife ein partizipativer Führungsstil (Aufgabenorientierung niedrig, Beziehungsorientierung hoch) und schließlich bei hoher Reife des Mitarbeiters ein delegativer Führungsstil, der durch niedrige Ausprägungen auf beiden Führungsdimensionen gekennzeichnet ist.

Reddin (1970) operationalisiert die Situation durch den Einfluss von Arbeitsweisen und Aufgabenanforderungen, Mitarbeitern, Kollegen, Vorgesetzten sowie der Organisationsstruktur und dem Organisationsklima. Die Grundstile des Führungsverhaltens finden sich als Aufgabenstil (Aufgabenorientierung hoch, Beziehungsorientierung niedrig), Beziehungsstil (Beziehungsorientierung hoch, Aufgabenorientierung niedrig), Verfahrensstil (Ausprägungen in beiden Dimensionen niedrig) und Integrationsstil (Ausprägungen in beiden Dimensionen hoch) in den vier genannten Quadranten. Ist das Führungsverhalten situationsadäquat, so wird der nach dem Aufgabenstil Führende zum „Macher", bei mangelnder Situationsadäquatheit dagegen zum „Autokraten". Entsprechend werden positive und negative Ausprägungen für die übrigen Quadranten beschrieben. Reddin hat nun Regeln dafür entwickelt, unter welchen situativen Umständen der Aufgaben-, der Beziehungs-, der Verfahrens-, und der Integrationsstil adäquat sind. Müssen die Mitarbeiterinnen und Mitarbeiter beispielsweise physische Anstrengungen unternehmen, so erfordert dies den Aufgabenstil. Ebenso, wenn sie schlechter über die Aufgabe informiert sind als die bzw. der Vorgesetzte oder wenn die bzw. der Vorgesetzte häufiger wegen unvorhersehbarer Ereignisse in die Tätigkeit eingreifen muss. Schließlich ist der Aufgabenstil auch dann angebracht, wenn die Leistung der Mitarbeiterin und des Mitarbeiters gut messbar ist.

Die Modelle von Hersey und Blanchard sowie Reddin haben im Rahmen von Führungstrainings ungewöhnlich hohe Resonanz gefunden. Die wissenschaftliche Wertung dagegen ist nahezu durchgehend negativ (Neuberger 1980; Scholz 2000), was z.T. an den vagen und damit kaum prüfbaren Aussagen innerhalb der Modelle liegt, in Teilen aber auch daran, dass ernsthafte Untersuchungen zur empirischen Stützung der Ansätze nicht vorgenommen wurden.

3. Rollentheorie der Führung

Mehrere Theorien, die vom Konzept der Rolle ausgehen, sind ebenfalls den Situationstheorien zuzurechnen (Neuberger 1995b). Dies sei an den Beispielen des Rollenepisodenmodells von Kahn et al. (1964) sowie der Theorie der Führungsdyaden von Graen (Graen et al. 1982; Graen und Scandura 1987; Graen und Uhl-Bien 1995a) gezeigt.

Wenn ein Mensch in einer bestimmten Situation vor widersprüchlichen Erwartungen – als Rollen interpretierbar – steht oder verschiedene Sender ganz Unterschiedliches von ihm erwarten und er auf Grund seiner Einstellungen und Kompetenzen derartigen Rollenerwartungen entsprechen will, so kann es zu unterschiedlichen Konflikten (Neuberger 1995b) kommen. Grundsätzlich zeigt das Rollenkonzept, dass das Verhalten des Einzelnen nicht stabil durch Persönlichkeitsmerkmale determiniert wird, sondern durch Rollenerwartungen anderer wesentlich mitbestimmt erscheint. Dies wird im Rollenepisodenmodell von Kahn et al. (1964) explizit: Innerhalb eines organisationalen Rahmens führen die Rollenerwartungen unterschiedlicher Rollensender zu einem Rollendruck auf die Person, die diese – moderiert durch Persönlichkeitsfaktoren und bestehende interpersonelle Beziehungen – in spezifischer Weise versteht, interpretiert und in Rollenverhalten umsetzt. Da sie ganz unterschiedlichen Rollensendern begegnet – verschiedenen Unterstellten, Kollegen, Vorgesetzten, Kunden –, wird so das Führungsverhalten zu einer Aneinanderreihung teils konflikthafter Rollenepisoden.

Noch ausgeprägter erscheint diese Überlegung – obwohl sie vom Autor nicht explizit rollentheoretisch konzipiert, aber sehr wohl in diesem Sinne interpretierbar ist – in der Theorie der Führungsdyaden (Graen 1969; Graen und Scandura 1987; Graen und Uhl-Bien 1995b). Der Ansatz beinhaltet im Kern die Überlegung, dass es kein einheitliches, über alle Unterstellten generalisierbares Führungsverhalten gibt, sondern dass innerhalb der geführten Gruppe jeweils spezifische Zweierbeziehungen – so genannte Dyaden – existieren. Mit Blick auf die vorgesetzte Person heißt dies, dass sie zu jedem ihrem Mitarbeiter eine qualitativ spezifische Beziehung aufbaut (Schriesheim et al. 1999) und entsprechend auch jeweils ein anderes Verhalten zeigt. Demnach macht es auch wenig Sinn, bei Befragungen der Geführten über das Führungsverhalten eines Vorgesetzten Mittelwerte zu errechnen, in der Hoffnung, dass sich so nach dem Prinzip des statistischen Fehlerausgleichs „wahre Werte" finden lassen; im Gegenteil, die Differenzen sind für den Ansatz von Graen gerade das Interessante und Beachtenswerte.

Die Qualität der dyadischen Beziehungen ist nicht stabil, sondern entwickelt sich, was – über die Gesamtheit der Dyaden – innerhalb der Gruppe zum so genannten „reifen Team" (Graen und Uhl-Bien 1995b) führen kann. Mit der Qualität der Austauschbeziehung (Deluga 1998) steigt auch die Unterstützung der Mitarbeiter für ihre Führungskräfte; sie werden dann vermehrt auch in die Führungsentscheidungen eingebunden. Dies führt schließlich zu einem offenen Kommunikationsstil. Auch Bindung an die Organisation, Zufriedenheit und Leistung der Mitarbeiter steigen unter diesen Bedingungen.

Insgesamt gilt für die Rollentheorien, dass die Situation über jeweils unterschiedliche Rollenbeziehungen der Führungspersonen zu ihren Mitarbeitern bestimmt wird und durch diese das Führungsverhalten nachhaltig modifiziert werden kann.

4. Weg-Ziel-Theorie der Führung

Auch innerhalb der bereits besprochenen Weg-Ziel-Theorien der Führung (Evans 1970; House 1971) wird der Geführte zum verhaltensändernden Bestandteil der Situation des Führenden. Hier wird also, wie im Rahmenmodell der Führung (*Abschnitt II*) bereits angesprochen, das Führungsverhalten dadurch modifiziert, dass sich die Situation verändert. Der Vorgesetzte macht sich bei jedem Mitarbeiter Gedanken darüber, welche Ziele für ihn eine besonders hohe Valenz haben (etwa Einfluss nach oben) und wird ihm zu vermitteln suchen, dass die Verhaltensweisen, die er als Vorgesetzter von ihm erwartet, ein im Sinne der Instrumentalität zu verstehender Weg sind, der zu diesen Zielen führt. Dies fordert wiederum – wegen der Unterschiedlichkeit der wahrgenommenen Zielvorstellungen eines jeden Mitarbeiters – unterschiedliches Verhalten des Vorgesetzten einem jeden Mitarbeiter in unterschiedlichen Situationen gegenüber.

Allerdings zeigen Metaanalysen zu einschlägigen empirischen Studien (Woffort und Liska 1993; Podsakoff et al. 1996), dass die Empirie diesen theoretischen Ansatz kaum stützt.

5. Normatives Entscheidungsmodell der Führung

In der Wissenschaft recht positiv bewertet und in der Praxis als Grundlage von Führungstrainings verbreitet ist eine gänzlich anders konzipierte Situationstheorie der Führung, die von Vroom und Yetton (1973) entwickelt wurde. Der Ansatz erhebt nicht den Anspruch, Führungsverhalten insgesamt zu thematisieren, sondern er beschränkt sich in normativer Absicht auf einen relevanten Bestandteil der Führung, das Treffen von Führungsentscheidungen. Das Modell will der Führungsperson einen Rat geben, inwieweit sie – je nach Situation – die von ihr geführten Mitarbeiter in die Entscheidungsfindung einbeziehen soll, unter der Bedingung, diese Entscheidungen so zu fällen, dass sie durch zwei Optimierungskriterien ausgezeichnet sind: die Qualität des Entscheidungsinhalts und dessen Akzeptanz bei denen, die die Entscheidung umsetzen sollen. In zwei Weiterentwicklungen des Modells werden als ergänzende Optimierungskriterien die Ökonomie des Entscheidungsprozesses bzw. die Qualifikation der Geführten eingeführt. In der Logik des Modells beurteilt nun die vorgesetzte Person anhand standardisierter geschlossener Fragen (z.B.: „Habe ich genügend Information, um eine qualitativ hochwertige Entscheidung selbst treffen zu können?") die eigene Situation und wird dabei so durch einen so genannten Entscheidungsbaum geführt, dass sie jede Frage mit ja oder nein beantwortet und sodann in den „Astspitzen des Entscheidungsbaums" den Rat erhält, ob beispielsweise eine Gruppenentscheidung, eine Beratung durch die Gruppe oder einzelne Gruppenmitglieder, eine weitere Informationsbeschaffung oder eine sofortige alleinige Entscheidung des Vorgesetzten angemessen erscheint.

Grundsätzlich geht das Modell davon aus, dass es den autoritären oder partizipativen Führungsstil als stabiles Verhaltensmerkmal einer Führungsperson nicht gibt, sondern dass diese ihren Entscheidungsstil flexibel an die jeweiligen Situationen anpassen kann, wobei das Modell eine Hilfe sein soll. Entsprechend hat es auch beim interkulturellen Vergleich von Führungsverhalten und beim Training des Führungsverhaltens relativ breite Akzeptanz (Böhnisch et al. 1987; Böhnisch 1991) und erhebliche Verbreitung gefunden.

VI. Führungserfolg

Ein Großteil der Führungsforschung – dies wurde bereits zu Beginn betont – ist im Sinne einer anwendungsorientierten Wissenschaft bestrebt, auf theoretischer und empirischer Grundlage Nutzen im Anwendungsfeld zu stiften. Für die Führungsforschung heißt dies in erster Linie, dass sie Führungserfolg dadurch zu sichern sucht, dass sie wissenschaftliche Grundlagen zur Auswahl geeigneter Bewerber für Führungspositionen erarbeitet (Sarges 1995; von Rosenstiel und Lang-von Wins 2000; Sarges und Wottawa 2001), wissenschaftlich begründete Konzepte zur Personalentwicklung von Führungskräften bereitstellt (Neuberger 1994; Sonntag 1999) und darüber hinaus Anregungen entwickelt, wie die Führungssituation gestaltet werden sollte (u.a. Fiedler 1967).

Was aber ist der Führungserfolg, der mit all dem erreicht werden soll? Er wird – den klassischen Annahmen von Münsterberg (1912) entsprechend – nicht aus wissenschaftlichen Annahmen abgeleitet, sondern darüber wird in der Praxis politisch entschieden. Die Kriterien dieses Erfolgs sind vielfach wenig präzise oder gar gänzlich unreflektiert. Was jeweils als Führungserfolg gelten kann, fällt höchst unterschiedlich aus. Lent et al. (1971) fanden bei einer Analyse von zwölf Jahrgängen der Zeitschrift „Personnel Psychology" ca. 1.500 Kriterien. Smith (1976), Neuberger (1976, 2002), Witte (1995) und viele andere haben den Stand des Wissens auf diesem Gebiet zusammengestellt, der hier nur knapp skizziert werden soll.

Als Kriterien des Erfolgs werden meist Indikatoren verwendet, die sich an der Person des Führenden, am Verhalten oder den Einstellungen der Geführten oder aber an Ergebnissen der organisatorischen Prozesse bestimmen lassen. Das sei nachfolgend ausgeführt.

Häufig verwendet man Indikatoren des individuellen Erfolgs von Führenden, der etwa festgemacht wird an der absoluten Gehaltshöhe, der Gehaltshöhe in Relation zum Lebens- bzw. Dienstalter, der Gehaltshöhe gemessen an jener von Personen in vergleichbaren Positionen oder aber man nutzt unterschiedliche Indikatoren der Gehaltsentwicklung. In ganz ähnlicher Weise kann man mit der Gehaltshöhe oder der Gehaltsentwicklung hoch positiv korrelierenden Indikatoren des Ranges oder der Funktion wählen. In diesem Sinne lässt sich untersuchen, auf welche hierarchische Ebene die Person befördert wurde bzw. wie rasch dieser Aufstieg – verglichen mit jenem von Bezugspersonen – erfolgte und welche Funktionen mit der Position verbunden sind, für wie viele unmittelbar unterstellte Mitarbeiter der Führende verantwortlich ist, für welches Budget er zuständig ist, welche Entscheidungen er autonom treffen darf etc. All diese Indikatoren sind aber nicht allein davon abhängig, wie die Leistungen einer Führungskraft von den Entscheidern in der Organisation wahrgenommen und bewertet werden, sondern auch von externen Faktoren. Befindet sich beispielsweise ein konkurrierendes Unternehmen der gleichen Branche in unmittelbarer Nähe, so steigt in der Regel das Lohnniveau; wächst das Unternehmen oder ein Unternehmensbereich stark, so beschleunigt sich die Aufstiegsgeschwindigkeit etc.

Gehalt und Rang finden besonders häufig (u.a. auch für die Validierung von Assessment-Centern; Schuler 1989a) Verwendung, doch sollte man sehen, dass diese Indikatoren letztlich auf die Beurteilungs- und Entscheidungsprozesse des Managements in der Organisation hinweisen, die für die jeweiligen Gehaltseinstufungen und Beförderungen zuständig sind. Entsprechend kann man als Erfolgskriterien auch Vorgesetztenratings, Ergebnisse systematischer Personal- und Leistungsbeurteilungen oder auch 360°-Beurteilungen (Neuberger 2000) verwenden. Die Probleme, die mit derartigen Vorgehensweisen verbunden sind – man denke an die unterschiedlichen Fehlertendenzen der Beurteiler oder die Reduzierung auf nur einen Urteilsaspekt, an die kaum mögliche Vergleichbarkeit der Urteile, die von verschiedenen Beurteilern stammen etc. (Schuler 1989b) – lassen sich leicht ableiten. Wesentlich aber erscheint, dass die von den Entscheidern wahrgenommene Leistungsqualität der vorgesetzten Person sich keineswegs unmittelbar in Gehalts- und Beförderungsentscheidungen umsetzt, sondern dass diese Entscheidungen auch Ergebnisse organisationsinterner (Mikro-)Politik sind (Neuberger 1995c). Interpersonale Beziehungen, Zugehörigkeit zu bestimmten Netzwerken oder Minderheitsgruppen, Berücksichtigung von „Proporz"-Gesichtspunkten und anderes mehr sind vielfach für die Entscheider wichtiger als die wahrgenommene Leistung oder das eingeschätzte Potenzial der Person.

Ohnehin sind alle an der Person des Führenden festgemachten Indikatoren, seien es subjektive oder objektive, bestenfalls indirekte Hinweise auf den eigentlichen Führungserfolg. Bedenkt man die innerorganisatorische Funktion von Führung, so muss sich Führungserfolg in Indikatoren der geführten Einheit auf Personen- oder Gruppenniveau niederschlagen, die instrumentell für das Zielsystem der Organisation (Heinen 1971) sind.

Smith (1976) hat daher Indikatoren auf den Ebenen des Verhaltens, der Ergebnisse im Sinne von Objektivationen und der Effektivität der Organisation vorgeschlagen, die jeweils sehr spezifisch oder generell konzipiert bzw. unmittelbar oder vermittelt sein können. Witte (1995) differenziert in Personeneffizienz (Zufriedenheit, Verantwortungsübernahme, Kündigungen, Beschwerden u.ä.), Leistungsprozesseffizienz (wie Ausschuss, Arbeitsunfälle bzw. – als immaterielle Indikatoren – Anzahl und Qualität von Vorschlägen oder Informationsaufwand) sowie generelle ökonomische Effizienz (z.B. Gewinn, Kosten, Marktanteil, Wachstum).

Es verdient dabei Beachtung, dass derartige Indikatoren in der Regel schwach mit jenen korrelieren, die im zuvor genannten Sinne an der Führungsperson festgemacht wurden. Dies sei exemplarisch an einer viel beachteten Studie von Luthans et al. (1988) gezeigt. Die Autoren nutzten bei ihrer Analyse an Führungskräften das „Leader Observation System" (LOS). In ihrer Studie unterscheiden sie zwischen „erfolgreichen" und „effektiven" Führungskräften. Erfolg wurde dabei an der „Karrieregeschwindigkeit" festgemacht, die Effektivität an einem kombinierten Maß aus quantitativen und qualitativen Erfolgskriterien der geführten Einheit, der Zufriedenheit der Untergebenen und ihrem erfragten Commitment. Es zeigte sich nun, dass die erfolgreichen Manager nur teilweise mit den effektiven identisch waren und sich in ihrem Kommunikationsverhalten drastisch von diesen unterschieden. Die erfolgreichen Manager widmeten einen wesentlichen Teil ihrer Kommunikationszeit der Beziehungspflege, dagegen nur einen sehr geringen Teil der Entwicklung und Förderung ihrer Mitarbeiter, während die effektiven einen wesentlichen Teil ihrer Arbeitszeit in die aufgabenbezogene Routinekommunikation sowie in die Förderung und Entwicklung ihrer Mitarbeiter, dagegen kaum in die Beziehungspflege investierten. Allerdings sind wegen der nicht voll miteinander vergleichbaren Positionen der erfolgreichen und der effektiven Führungskräfte auch ergänzende oder alternative Interpretationen der Befunde denkbar.

Die Auswahl der Kriterien, an denen der Führungserfolg gemessen wird, steht der Wissenschaft allein nicht zu, sondern ergibt sich auch aus der Politik und Strategie des Unternehmens (Kirsch 1997) und dessen Zielsystem (Heinen 1971). Die Herausforderung für die Forschung kann vor allem darin bestehen, Messmethoden zu entwickeln und angemessen einzusetzen (Lehner 1995), die geeignet sind, auf den Ebenen des Erlebens und Verhaltens der Geführten (wie etwa Arbeitszufriedenheit, Motivation, Leistungsverhalten, Unterstützung der Kollegen), der Objektivationen dieses Verhaltens (Zahl der Verbesserungsvorschläge, Fehlzeitenrate, Fluktuation u.ä.) oder der unternehmerischen Effizienz (wie Marktanteil, Gewinn) als Hinweise auf den vom Unternehmen inhaltlich bestimmten Führungserfolg zu dienen. Diese Indikatoren sollten den zu fordernden Gütekriterien entsprechen, also – und das betrifft den Inhalt – relevant sein, sich als objektiv und reliabel erweisen, differenzieren und repräsentativ für das sein, was die Führungsperson zu leisten hat. Sie sollten in der Regel zu zusammengesetzten multidimensionalen Kriterien führen, unkontaminiert und verzerrungsfrei sein und schließlich auch sozial valide, was sich in ihrer Bekanntheit, Offenheit und Transparenz zeigen muss.

VII. Abschluss

Die Führungsforschung insgesamt ist ein überaus dynamisches Gebiet. Dies hat zum einen seinen Grund darin, dass wegen der hohen gesellschaftlichen und ökonomischen Relevanz dieses Themas weltweit sehr viel Forschungsarbeit auf diesem Gebiete geleistet wird und es entsprechend zu einer kaum noch überschaubaren Differenzierung der Thematik kommt, was exemplarisch überaus umfangreiche Handbücher dokumentieren (Bass 1990; Kieser et al. 1995; Yukl 1998; Neuberger 2002). Ein zweiter, möglicherweise noch wesentlicherer Grund aber liegt darin, dass das zu untersuchende Phänomen – Führung in Organisationen – sich auf Grund veränderter Organisationsstrukturen (Friedel-Howe 1994; Picot et al. 1996), der Globalisierung der Wirtschaft (Beck 1997; Steger 1998) und der sprunghaften Entwicklung neuer Technologien (Schlaffke und Vogel 1981; Reichwald und Goecke 1995) dramatisch ändert. Für die Forschung ist das Anregung und Herausforderung zugleich; man hat die Möglichkeit, sich immer wieder mit gänzlich neuen Fragen auseinander zu setzen; es kann aber auch Frustration bedeuten, denn die Ergebnisse der Forschungsarbeit sind möglicherweise rasch veraltet und damit auch für das Anwendungsfeld bedeutungslos geworden.

Grundsätzlich lässt sich kritisieren, dass die Führungsforschung weitgehend nur pragmatisch orientiert ist und dabei einen normativen Charakter hat. Was führt zum Führungserfolg, was soll man tun, um diesen zu sichern? – darauf konzentriert sich ein Großteil des wissenschaftlichen Diskurses. Es wäre überaus wünschenswert, wenn sich die Perspektive weiten würde. Theorien, die nicht nur Führungserfolg thematisieren, sondern auch die Legitimation und Akzeptanz von Führung, die Sozialisation von Führendem und Geführten, die Genese bestimmter Formen von Führungsverhalten oder den interkulturellen Vergleich dieses Handelns zum Gegenstand haben, sind rar.

Auch Themen wie Kooperation, Fairness, Gerechtigkeit – auch als Chancengleichheit zwischen den Geschlechtern – Tausch oder Androgynität der Organisation etc. sind im Kontext der Führung kaum bearbeitet. Man sieht – nicht nur eine Vielzahl von Fragen blieb unbeantwortet; wesentliche Fragen wurden bisher noch gar nicht ernsthaft gestellt.

Literatur

Aboody, David, 1996: Market Valuation of Employee Stock Options, Journal of Accounting and Economics 22: 357–391.
Allerbeck, Mechthild, 1977: Ausgewählte Probleme der Führungsforschung: eine empirische Studie. München: Ludwig-Maximilians-Universität (Dissertation).
Amelang, Manfred, und *Dieter Bartussek*, 1990: Differentielle Psychologie und Persönlichkeitsforschung. Stuttgart: Kohlhammer.
Arnold, Hugo, und *Barbara Kelsey*, 1995: Methoden der empirischen Führungsforschung. S. 276–296 in: *Alfred Kieser, Gerhard Reber* und *Rolf Wunderer* (Hg.): Handwörterbuch der Führung. 2. Aufl. Stuttgart: Schäffer-Poeschel.
Bartölke, Klaus, und *Herbert Jorzik*, 1995: Führung bei Mitbestimmung. S. 1555–1578 in: *Alfred Kieser, Gerhard Reber* und *Rolf Wunderer* (Hg.): Handwörterbuch der Führung. 2. Aufl. Stuttgart: Schäffer-Poeschel.
Bass, Bernard M., und *Bruce J. Avolio*, 1990: Transformational Leadership Development: Manual for the Multifactor Leadership Questionaire. Palo Alto: Consultig Psychologist Press.
Bass, Bernard M., 1985: Leadership and Performance Beyond Expectations. New York: Academic Press.
Bass, Bernard M., 1990: Bass and Stogdill's Handbook of Leadership: Theory, Research, and Managerial Applications. New York: Free Press.
Beck, Ulrich, 1997: Was ist Pluralisierung? Frankfurt a.M.: Suhrkamp.
Bird, Barbara J., 1989: Entrepreneurial Behavior. Glenview, IL: Scott, Forseman.
Bischof, Norbert, 1989: Das Rätsel Ödipus. Die biologischen Wurzeln des Urkonflikts von Intimität und Autonomie. München: Piper.
Bischof, Norbert, 1995: Struktur und Bedeutung. Bern: Huber.
Bischof-Köhler, Doris, 1990: Frau und Karriere in psychologischer Sicht, Zeitschrift für Arbeits- und Organisationspsychologie 1: 17–28.
Bischof-Köhler, Doris, 2002: Von Natur aus anders. Stuttgart: Kohlhammer.
Bles, Petra, 1999: Der Einfluß der Volition auf das Verhalten von Führungskräften. München: Ludwig-Maximilians-Universität München (Dissertation).
Böhnisch, Wolf, 1991: Führung und Führungskräftetraining nach dem Vroom/Yetton-Modell. Stuttgart: Schäffer-Poeschel.
Böhnisch, Wolf, Arthur Jago und *Gerhard Reber*, 1987: Zur interkulturellen Validität des Vroom/Yetton Modells, Die Betriebswirtschaft 47: 85–93.
Boudreau, John W., 1989: Selection Utility Anaylsis. S. 227–257 in: *Mike Smith* und *Ivan T. Robertson* (Hg.): Advances in Selection and Assessment. New York: Wiley.
Brandstätter, Hermann, 1999: Unternehmensgründung und Unternehmerserfolg aus persönlichkeitspsychologischer Sicht. S. 155–172 in: *Klaus Moser, Bernad Batinic* und *Jeanette Zempel* (Hg.): Unternehmerisch erfolgreich handeln. Göttingen: Hogrefe.
Brickley, James A., Sanjai Bhagat und *Ronald C. Lease*, 1985: The Impact of Long-Range Managerial Compensation Plans on Shareholder Wealth, Journal of Accounting and Economics 7: 115–129.
Bryman, Alan, 1984: Organization Studies and the Concept Rationality, Journal of Management Studies 21: 120–130.
Burns, James M., 1978: Leadership. New York: Harper & Row.

Calder, Bobby J., 1977: An Attribution Theory of Leadership. S. 179–204 in: *Barry M. Staw* und *Gerald R. Salancik* (Hg.): New Directions in Organizational Behavior. Chicago, IL: St. Clair Press.
Carlson, Sune, 1951: Executive Behavior. A Study in the Work Load and the Working Methods of Managing Directors. Stockholm: Strömbergs.
Carroll, Stephen J., und *Dennis J. Gillen*, 1987: Are the Classical Management Functions Useful in Describing Managerial Work?, Academy of Management Review 12: 38–51.
Chmielewicz, Klaus, 1995: Unternehmensverfassung und Führung. S. 2074–2081 in: *Alfred Kieser, Gerhard Reber* und *Rolf Wunderer* (Hg.): Handwörterbuch der Führung. 2. Aufl. Stuttgart: Schäffer-Poeschel.
Chusmir, Leonard H., und *Ana Azevedo*, 1992: Motivation Needs of Sampled Fortune. 500 CEOs: Relations to Organization Outcomes, Perpetual and Motor Skills 75: 595–612.
Comelli, Gerhard, und *Lutz von Rosenstiel*, 2001: Führung durch Motivation. Mitarbeiter für Organisationsziele gewinnen. 2. Aufl. München: Vahlen.
Conger, Jay A., und *Rabindra Kanungo*, 1988: The Enpowerment Process: Integrating Theory and Practice, Academy of Management Review 13: 471–482.
Conger, Jay A., und *Rabindra N. Kanungo*, 1988b: Charismatic Leadership. San Francisco: Jossy-Bass.
Cummin, Pearson C., 1967: TAT Correlates of Executive Performance, Journal of Applied Psychology 51: 78–81.
Dandridge, Thomas C., Ian Mitroff und *William F. Joyce*, 1980: Organizational Symbolism. A Topic to Expand Organizational Analysis, Academy of Management Review 5: 77–82.
DeFusco, Richard A., Robert R. Johnson und *Thomas S. Zorn*, 1990: The Effect of Executive Stock Opiton Plans on Stockholders and Bondholders, Journal of Finance 45: 617–627.
Deluga, Ronald J., 1998: Leader-member Exchange Quality and Effectiveness Ratings, Group and Organization Management 23: 189–216.
Domsch, Michel, und *Uta B. Lieberum*, 1996: Fach- und Führungspositionen für Frauen, Zeitschrift für Führung und Organisation 65: 77–79.
Eagly, Alice H., 1987: Sex Differences in Social Behavior. Hillsdale, N.J.: Hillsdale.
Eagly, Alice H., und *Blair T. Johnson*, 1990a: Gender and Leadership Style: A Meta-analysis, Psychological Bulletin: 108: 233–256.
Eagly, Alice H., und *Blair T. Johnson*, 1990b: Sex Differences in Social Behavior. Hillsdale, N.J.: L. Erlbaum Associates.
Eibl-Eibesfeldt, Irenäus, 1995: Die Biologie des menschlichen Verhaltens. Grundriß der Humanethologie. München: Piper.
Emerson, Harrington, 1913: The Twelve Principles of Efficiency. New York: Hive.
Evans, Martin G., 1970: The Effects of Supervisory Behavior on the Path-goal Relationship, Organizational Behavior and Human Decision Processes 5: 277–298.
Fayol, Henri, 1929: Allgemeine industrielle Verwaltung. München: Oldenbourg.
Fiedler, Fred E., 1964: A Contingency Model of Leadership Effectiveness. New York: Academic Press.
Fiedler, Fred E., 1967: A Theory of Leadership Effectiveness. New York: McGraw Hill.
Fiedler, Fred E., 1996: Research on Leadership Selection and Training, Administrative Science Quarterly 41: 241–250
Fiedler, Fred E., und *Renate Mai-Dalton*, 1995: Führungstheorien – Kontingenztheorie. S. 940–953 in: *Alfred Kieser, Gerhard Reber* und *Rolf Wunderer* (Hg.): Handwörterbuch der Führung. 2. Aufl. Stuttgart: Schäffer-Poeschel.
Fiedler, Fred E., Martin M. Chemers und *Linda Mahar*, 1979: Der Weg zum Führungserfolg. Stuttgart: Schäffer-Poeschel.
Fittkau-Garthe, Heide, und *Bernd Fittkau*, 1971: Fragebogen zur Vorgesetzten-Verhaltens-Beschreibung (FVVB). Göttingen: Hogrefe.
Fleishman, Edwin A., 1957: Leader Behavior Description for Industry. S. 103–119 in: *Ralph M. Stogdill* und *Alvin E. Coons* (Hg.): Leader Behavior: Its Description and Measurement. Columbus: Ohio State University.

Friedel-Howe, Heidrun, 1986: Die Unterrepräsentation von Frauen im Management. München: Ludwig-Maximilians-Universität (Habilitationsschrift).
Friedel-Howe, Heidrun, 1994: Neue Organisationskonzepte. S. VI-4.1 1–20 in: *Lutz von Rosenstiel, Curd Michael Hockel* und *Walter Molt* (Hg.): Handbuch der Angewandten Psychologie. Grundlagen – Methoden – Praxis. Landsberg: ecomed.
Funke, Uwe, und *Erich Barthel,* 1995: Nutzenanalysen von Personalauswahlprogrammen. S. 820–833 in: *Werner Sarges* (Hg.): Management-Diagnostik. Göttingen: Hogrefe.
Furnham, Adrian, 1992: Personality at Work: The Role of Individual Differences in the Workplace. London: Routledge.
Ganter, Hans-Dieter, und *Peter Walgenbach,* 1995: Arbeitsverhalten von Managern. S. 61–71 in: *Alfred Kieser, Gerhard Reber* und *Rolf Wunderer* (Hg.): Handwörterbuch der Führung. 2. Aufl. Stuttgart: Schäffer-Poeschel.
Gaver, Jennnifer J., Kenneth M. Gaver und *George P. Battistel,* 1992: The Stock Market Reaction to Performance Plan Adoptions, The Accounting Review 67: 172–182.
Gebert, Diether, 1978: Organisation und Umwelt. Stuttgart: Kohlhammer.
Gebert, Diether, 2002: Führung und Innovation. Stuttgart. Kohlhammer.
Gebert, Diether, und *Lutz von Rosenstiel,* 2002: Organisationspsychologie. 5. Aufl. Stuttgart: Kohlhammer.
Gebert, Diether, Thomas Steinkamp und *Erwin Wendler,* 1987: Führungsstil und Absatzerfolg in Kreditinstituten. Wiesbaden: Gabler.
Gebert, Diether, und *Joachim Ulrich,* 1991: Benötigen Theorie und Praxis ein verändertes Verständnis von Führung?, Die Betriebswirtschaft 51: 749–761.
Ghiselli, Edwin E., 1973: The Validity of Aptitude Tests in Personnel Selection, Personnel Psychology 26: 461–477.
Goldberg, Lewis R., 1993: The Structure of Phenotypic Personality Trait, American Psychologist 48: 26–34.
Goodall, Jane, 1986: The Chimpanzees of Gombe. Cambridge: Harvard University Press.
Graen, George B., 1969: Instrumentality Theory of Work Motivation: Some Experimental Results and Suggested Modifications, Journal of Applied Psychology 53: 1–21.
Graen, George B., und *Mary Uhl-Bien,* 1995a: Führungstheorien – von Dyaden zu Teams. S. 1045–1085 in: *Alfred Kieser, Gerhard Reber* und *Rolf Wunderer* (Hg.): Handwörterbuch der Führung. 2. Aufl. Stuttgart: Poeschel.
Graen, George B., und *Mary Uhl-Bien,* 1995b: Relationship-based Approach to Leadership: Development of Leader-member Exchange (LMX) Theory of Leadership over 25 Years. Applying a Multilevel Multi-domain Approach, Leadership Quarterly o. Vol.: 219–247.
Graen, George B., Michael A. Novak und *Patricia Sommerkamp,* 1982: The Effects of Leader-member Exchange and Job Design on Productivity and Satisfaction: Testing Dual Attachment Models, Organizational Behavior and Human Decision Processes 30: 109–131.
Graen, George B., und *Terri A. Scandura,* 1987: Theorie der Führungsdyaden. S. 377–389 in: *Alfred Kieser, Gerhard Reber* und *Rolf Wunderer* (Hg.): Handwörterbuch der Führung. Stuttgart: Poeschel.
Greif, Siegfried, 1995: Geschichte der Organisationspsychologie. S. 15–48 in: *Heinz Schuler* (Hg.): Organisationspsychologie. Bern: Huber.
Haken, Hermann, 1984: Can Synergetics Be of Use to Management Theory? S. 33–41 in: *Hans Ulrich* und *Gilbert J. B. Probst* (Hg.): Selforganization and Management of Social Systems. Berlin: Springer.
Hare, A. Paul, et al., 1992: Small Group Research: Construction of Gender. A Handbook. Norwood, N.J.: Ablex Publishing Corporation.
Heinen, Edmund, 1971: Grundlagen betriebswirtschaftlicher Entscheidungen. Das Zielsystem der Unternehmung. Wiesbaden: Gabler.
Heinz, Walter R., 1980: Berufliche Sozialisation. S. 399–419. Weinhein/Basel: Beltz.
Hemphill, John K., 1950: Relations Between the Group and the Behavior of „Superior" Leaders, Journal of Social Psychology 32: 11–22.

Hersey, Paul, und *Kenneth H. Blanchard,* 1969 (dt. 1979): Management of Organizational Behavior: Utilizing Human Resources. Englewood Cliffs, N.J.: Prentice-Hall.

Hoffmann, Volker, 1980: Motivation, Managerverhalten und Geschäftserfolg – eine empirische Untersuchung bei Württembergischen Genossenschaftsbanken. Berlin: Duncker & Humblot.

House, Robert J., 1971: A Path Goal Theory of Leader Effectiveness, Administrative Science Quarterly 16: 321–338.

House, Robert J., Paul J. Hanges, S. Antonio Ruiz-Quintanilla, Peter W. Dorfman, Mansour Javidan, Marcus Dickson und *Vipin Gupta,* 1999: Cultural Influences on Leadership and Organizations. Projekt Globe. S. 171–233 in: *William H. Mobley* (Hg.): Advances in Global Leadership. Vol. 1. Stanford, CA: JAI Press.

House, Robert J., und *Philip M. Podsakoff,* 1994: Leadership Effectiveness: Past Perspectives and Future Directions for Research. S. 45–82 in: *Jerald Greenberg* (Hg.): Organizational Behavior. Hillsdale: Lawrence Erlbaum.

House, Robert J., und *Boas Shamir,* 1993: Toward the Integration of Transformational Charismatic and Visionary Theorys of Leadership. S. 81–107 in: *Martin M. Chemers* und *Roya Aymann* (Hg.): Leadership Theory and Research: Perspectives and Research Directions. New York: Academic Press.

House, Robert J., und *Boas Shamir,* 1995: Führungstheorien – Charismatische Führung. S. 878–897 in: *Alfred Kieser, G. Reber* und *R. Wunderer* (Hg.): Handwörterbuch der Führung. Stuttgart: Schäffer-Poeschel.

Irle, Martin, 1975: Lehrbuch der Sozialpsychologie. Göttingen: Hogrefe.

Jacobs, Ruth L., und *David C. McClelland,* 1994: Moving up the Corporate Ladder: A Longitudinal Study of the Leadership Motive Pattern and Managerial Success in Women and Men, Consulting Psychology Journal 46: 32–41.

Judge, Timothy A., Chad A. Higgins, Carl J. Thoresen und *Murray R. Barrick,* 1999: The Big Five Personality Traits, General Mental Ability, and Career Success Across the Life Span, Personnel Psychology 52: 621–652.

Kahn, Robert L., Donald M. Wolfe, Robert P. Quinn, J. Diedrick Smoek und *Robert A. Rosenthal,* 1964: Organizational Stress. Studies in Role Conflict and Ambiguitiy. New York: Wiley.

Karakowsky, Leonard, und *Joseph P. Siegel,* 1999: The Effects of Proportional Representation and Gender Orientation of the Task on Emergent Leadership Behavior in Mixed-gender Work Groups, Journal of Applied Psychology 84: 620–631.

Katz, Daniel, 1964: The Motivational Basis of Organizational Behavior, Behavior Science 9: 131–146.

Kerr, Steven, und *John M. Jermier,* 1978: Substitutes for Leadership: The Meaning and Measurement, Organizational Behavior and Human Decision Processes 22: 375–403.

Kieser, Alfred, und *Herbert Kubicek,* 1983: Organisation. 2. Aufl. Berlin: de Gruyter.

Kieser, Alfred, Gerhard Reber und *Rolf Wunderer* (Hg.), 1995: Handwörterbuch der Führung (Enzyklopädie der Betriebswirtschaftslehre). Bd. 10. Stuttgart: Schäffer-Poeschel.

Kiesler, Sara B., 1975: Actuarial Prejudice Toward Women and its Implications, Journal of Applied Social Psychology 5: 201–216.

Kirsch, Werner, 1997: Strategisches Management: Die geplante Evolution von Unternehmen. München: Kirsch.

Kirsch, Werner, und *Dodo zu Knyphausen,* 1992: Führung und Management, Zeitschrift für Personalforschung 6: 217–237.

Klenke, Karin, 1996: Women and Leadership: A Contextual Perspective. New York: Springer.

Koch, Stefan, 2001: Eigenverantwortliches Handeln von Führungskräften. München/Mering: Hampp.

Kohn, Melvin L., 1981: Persönlichkeit, Beruf und soziale Schichtung. Stuttgart: Klett-Cotta.

Kotter, John P., 1982a: The General Managers. New York: Free Press.

Kotter, John P., 1982b: What Effective General Managers Really Do, HBR 60: 156–167.

Kumar, Raman, und *Parvez R. Sopariwala,* 1992: The Effect of Adoption of Long-term-performance Plans on Stock Prices and Accounting Numbers, Journal of Financial and Quantitative Analysis 27: 561–573.

Kummer, Hans, 1992: Weiße Affen am roten Meer. München: Piper.
Lang-von Wins, Thomas, 2001: Die Psychologie Selbständiger und unternehmerischer Erwerbstätigkeit. München: Ludwig-Maximilians-Universität München (Habilitationsschrift).
Lawrence, Paul R., und Jay W. Lorsch, 1967: Organization and Environment. Cambridge, MA: Harvard University Press.
Lehner, Johannes, 1995: Führungserfolg – Messung. S. 550–562 in: *Alfred Kieser, Gerhard Reber* und *Rolf Wunderer* (Hg.): Handwörterbuch der Führung. 2. Aufl. Stuttgart: Schäffer-Poeschel.
Lent, Richard H., Herbert A. Aurbach und Lowell S. Levin, 1971: Predictors, Criteria, and Significant Results, Personnel Psychology 24: 519–533.
Leonard, Jonathan S., 1990: Executive Pay und Firm Performance, Industrial and Labor Relations Review, special issue 43: 13–29.
Lewellen, Wilbur, Claudio Loderer und Kenneth Martin, 1987: Executive Compensation and Executive Incentive Problem. An Empirical Analysis, Journal of Accounting and Economics 9: 287–310.
Lewin, Kurt, Ronald Lippitt und Ralph K. White, 1939: Patterns of Aggressive Behavior in Experimentally Created Social Climates, Journal of Social Psychology 10: 271–299.
Likert, Rensis, 1967: The Human Organizations. New York: McGraw Hill.
Lord, Robert G., Christy L. DeVader und George M. Alliger, 1986: A Meta Analysis of the Relation Between Personality Traits and Leadership Perceptions: An Application of Validity Generalization Procedures, Journal of Applied Psychology 71: 402–410.
Lord, Robert G., und Roseanne J. Foti, 1986: Schema Theories, Information Precessing, and Organizational Behavior. S. 20–48 in: *Henry P. Sims* und *Dennis A. Gioia* (Hg.): The Thinking Organization. New York: Jossey-Bass.
Lord, Robert G., und Karen J. Maher, 1991: Leadership and Information Processing: Linking Perceptions and Performance. London: Routledge.
Luhmann, Niklas, 1975: Allgemeine Theorie organisierter Sozialsysteme. S. 51–71 in: *Ders.* (Hg.): Soziologische Aufklärung. Opladen: Westdeutscher Verlag.
Luthans, Fred, Richard M. Hodgetts und Stuart A. Rosenkrantz, 1988: Real Managers. Cambridge: Ballinger.
Luthans, Fred, und Robert Kreitner, 1975: Organizational Behavior Modification. Glenview: Scott.
Mann, Richard D., 1959: A Review of the Relationship between Personality and Performance in Small Groups, Psychological Bulletin 56: 214–270.
Martiko, Mark J., und William L. Gardner, 1985: Beyond Structured Observation – Methodological Issues and New Directions, Academy of Management Review 10: 676–695.
McClelland, David C., 1965: Achievement and Enterpreneurship: A Longitudinal Study, Journal of Personality and Social Psychology 1: 389–392.
McClelland, David C., 1985: Human Motivaton. Glenview, IL: Scott.
McClelland, David. C., et al., 1953: The Achievement Motive. New York: Appleton-Century-Crofts.
McClelland, David C., und Richard E. Boyatzis, 1982: Leadership Motive Pattern and Long-term Success in Management, Journal of Applied Psycholgy 67: 737–743.
Mehran, Hamid, 1995: Executive Compensation Structure, Ownership, and Firm Performance, Journal of Financial Economics 37: 163–184.
Metz-Göckel, Sigrid, und Ursula Müller, 1986: Der Mann. Weinheim: Beltz.
Meyer, Herbert H., William B. Walker und Geprg H. Litwin, 1961: Motive Patterns and Risk Preferences Associated with Enterpreneurship, Journal of Abnormal Social Psychology 63: 570–574.
Mintzberg, Henry, 1973: The Nature of Managerial Work. New York: Wiley and Sons.
Mitchell, Terence R., 1970: The Construct Validity of Three Dimensions of Leadership Research, Journal of Social Psychology 80: 89–94.
Münsterberg, Hugo, 1912: Psychologie und Wirtschaftsleben. Ein Beitrag zur Angewandten Experimentalpsychologie. Leipzig: Barth.
Nachreiner, Friedhelm, 1978: Die Messung des Führungsverhaltens. Bern: Huber.

Nachreiner, Friedhelm, und *Günter F. Müller,* 1995: Verhaltensdimensionen der Führung. S. 2114–2126 in: *Alfred Kieser, Gerhard Reber* und *Rolf Wunderer* (Hg.): Handwörterbuch der Führung. Stuttgart: Schäffer-Poeschel.

Neuberger, Oswald, 1972: Experimentelle Untersuchungen von Führungsstilen, Gruppendynamik 3: 191–219.

Neuberger, Oswald, 1976: Führungsverhalten und Führungserfolg. Berlin: Duncker & Humblot.

Neuberger, Oswald, 1980: Führungsforschung: Haben wir die Jäger- und Sammlerzeit schon hinter uns?, Die Betriebswirtschaft 40: 603–630.

Neuberger, Oswald, 1985: Unternehmenskultur und Führung. Augsburg: Universität Augsburg.

Neuberger, Oswald, 1994: Personalentwicklung. Stuttgart: Enke.

Neuberger, Oswald, 1995a: Führen und geführt werden. 4. Aufl. Stuttgart: Enke.

Neuberger, Oswald, 1995b: Führungstheorien – Rollentheorie. S. 979–993 in: *Alfred Kieser, Gerhard Reber* und *Rolf Wunderer* (Hg.): Handwörterbuch der Führung. 2. Aufl. Stuttgart: Schäffer-Poeschel.

Neuberger, Oswald, 1995c: Mikropolitik. Stuttgart: Enke.

Neuberger, Oswald, 2000: Das 360-Feedback. München/Mehring: Rainer Hampp.

Neuberger, Oswald, 2002: Führen und führen lassen. Stuttgart: Lucius.

Neuberger, Oswald, und *Mechthild Allerbeck,* 1978: Messung und Analyse der Arbeitszufriedenheit. Bern: Huber.

Organ, Dennis W., 1990: The Motivational Basis of Organizational Citizenship Behavior. S. 43–72 in: *Larry L. Cumminngs* und *Barry M Staw* (Hg.): Research in Organizational Behavior. Vol. 12. Greenwich, CO: JAI Press.

Pawlowsky, Peter, und *Jens Bäumer,* 1996: Betriebliche Weiterbildung. München: Beck.

Pfeffer, Jeffrey, 1977: The Ambiguity of Leadership, Academy of Management Review 2: 104–112.

Pfeffer, Jeffrey, 1981a: Management as Symbolic Action; the Creation and Maintenance of Organizational Paradigms. S. 1–52 in: *Larry L. Cumminngs* und *Barry M Staw* (Hg.): Research in Organizational Behavior. Greenwich, CO: JAI Press.

Pfeffer, Jeffrey, 1981b: Power in Organizations. Marshfield, MA: Pitman.

Picot, Arnold, Ralf Reichwald und *Rolf T. Weigand,* 1996: Die grenzenlose Unternehmung. Wiesbaden: Gabler.

Pirchegger, Barbara, 2001: Aktienkursabhängige Entlohnungssysteme und ihre Anreizwirkungen. Wiesbaden: Deutscher Universitäts-Verlag.

Plaschke, Frank J., 2002: Die Gestaltung wertorientierter Management-Incentivesysteme auf Basis interner Wertkennzahlen. Unveröffentlichtes Manuskript zur Vorlage im Rahmen der Ausschreibung des 6. Schmalenbach-Preises zum Thema „Unternehmenssteuerung und Anreizsysteme". Köln: Schmalenbach-Gesellschaft für Betriebswirtschaft e. V.

Podsakoff, Philip M., Scott B. MacKenzie und *William H. Bommer,* 1996: Meta-analysis of the Relationship between Kerr and Jermier's Substitutes for Leadership and Employee Job Attitudes, Role Perceptions and Performance, Journal of Applied Psychology 81: 380–399.

Ray, John J., und *Satvir Singh,* 1980: Effects of Individual Differences on Productivity Among Farmers in India, The Journal of Social Psychology 112: 11–17.

Reddin, William J., 1970: Managerial Effectiveness. New York: McGraw Hill.

Regnet, Erika, 1999: Der Weg in die Zukunft – neue Anforderungen an die Führungskraft. S. 47–59 in: *Lutz von Rosenstiel, Erika Regnet* und *Michel E. Domsch* (Hg.): Führung von Mitarbeitern. Stuttgart: Schäffer-Poeschel.

Reichwald, Ralf, und *Robert Goecke,* 1995: Bürokommunikationstechnik und Führung. S. 164–182 in: *Alfred Kieser, Gerhard Reber* und *Rolf Wunderer* (Hg.): Handwörterbuch der Führung. 2. Aufl. Stuttgart: Schäffer-Poeschel.

Riger, Stephanie, und *Pat Galligan,* 1980: Women in Management. An Exploration of Competing Paradigms, American Psychologist 35: 902–910.

Roethlisberger, Fritz J., und *William J. Dickson,* 1939: Management and the Worker. Cambrigde, MA: Harvard University Press.

Rosenstiel, Lutz von, 2001: Führung. S. 317–347 in: *Heinz Schuler* (Hg.): Lehrbuch der Personalpsychologie. Göttingen: Hogrefe.

Rosenstiel, Lutz von, und *Thomas Lang-von Wins* (Hg.), 1999: Existenzgründung und Unternehmertum. Stuttgart: Schäffer-Poeschel.
Rosenstiel, Lutz von, Friedemann Nerdinger, Erika Spieß und *Martin Stengel*, 1989: Führungsnachwuchs im Unternehmen. Wertkonflikte zwischen Individuum und Organisation. München: Beck.
Sarges, Werner, 1995: Management-Diagnostik. 2. Aufl. Göttingen: Hogrefe.
Sarges, Werner, 2000: Diagnose von Managementpotential für eine sich immer schneller und unvorhersehbarer ändernde Wirtschaftswelt. S. 107–128 in: *Lutz von Rosenstiel* und *Thomas Lang-von Wins* (Hg.): Perspektiven der Potentialbeurteilung. Göttingen: Verlag für Angewandte Psychologie.
Sarges, Werner, und *Heinrich Wottawa*, 2001: Handbuch der wirtschaftspsychologischen Testverfahren. Lengerich: Pabst.
Schirmer, Frank, 1991: Aktivitäten von Managern: Ein kritischer Review über 40 Jahre „Work Activity"-Forschung. S. 205–253 in: *Wolfgang H. Staehle* und *Jörg Sydow* (Hg.): Managementforschung 1. Berlin: DeGruyter.
Schlaffke, Winfried, und *Otto Vogel* (Hg.), 1981: Industriegesellschaft und technologische Herausforderung. Köln: Deutscher Instituts-Verlag.
Schmidt-Rodermund, Eva, und *Rainer K. Silbereisen*, 1999: Erfolg im Unternehmen. Die Rolle von Persönlichkeit und familialer Sozialisation. S. 115–143 in: *Klaus Moser, Bernad Batinic* und *Jeanette Zempel* (Hg.): Unternehmerisch erfolgreich handeln. Göttingen: Hogrefe.
Scholz, Christian, 2000: Personalmanagement. Informationsorientierte und verhaltenstheoretische Grundlagen. 5. Aufl. München: Vahlen.
Schreyögg, Georg, 1972: Kontext der Führungssituation und das Kontingenzmodell. S. 32–34 in: *Ders.*: Führungsstil und Effektivität. Eine kritische Analyse des Fiedlerschen Kontingenzmodells. Arbeitspapiere. Bd. 1. Nürnberg: Betriebswirtschaftliches Institut der Friedrich-Alexander-Universität Erlangen-Nürnberg.
Schreyögg, Georg, 1977: Kritik situativer Führungstheorien am Beispiel des Fiedlerschen Kontingenzmodells. S. 109–144 in: *Klaus Macharzina* und *Walter A. Oechsler* (Hg.): Personalmanagement. Bd. 1: Mitarbeiterführung und Führungsorganisation. Wiesbaden: Gabler.
Schriesheim, Chester A., Stephanie L. Castro und *Claudia C. Cogliser*, 1999: Leader-member Exchange (LMX) Research, The Leadership Quarterly 10: 63–113.
Schriesheim, Chester A., und *Steven Kerr*, 1974: Psychometric Properties of the Ohio State Leadership Scales, Psychological Bulletin 81: 756–765.
Schuler, Heinz, 1989a: Die Validität des Assessment Centers. S. 223–250 in: *Charles Lattmann* (Hg.): Das Assessment-Center-Verfahren der Eignungsbeurteilung. Heidelberg: Physica.
Schuler, Heinz, 1989b: Leistungsbeurteilung. S. 399–430 in: *Erwin Roth* (Hg.): Organisationspsychologie. Enzyklopädie der Psychologie. Bd. 3. Göttingen: Hogrefe.
Schuler, Heinz, 2001: Psychologische Personalauswahl. Göttingen: Verlag für Angewandte Psychologie.
Schuler, Heinz, und *Uwe Funke*, 1989: Berufseignungsdiagnostik. S. 281–320 in: *Erwin Roth* (Hg.): Organisationspsychologie. Enzyklopädie der Psychologie. Bd. 3. Göttingen: Hogrefe.
Seidel, Eberhard, 1978: Betriebliche Führungsformen. Stuttgart: Poeschel.
Sidanius, Jim, und *Felicia Pratto*, 1999: Social Dominance: An Intergroup Theory of Social Hierarchy and Oppression. Cambridge: Cambridge University Press.
Simons, Dirk, 2000: Die Überlassung von Aktienoptionen als Instrument der Zielharmonisierung zwischen Management und Anteilseignern. Bielefeld: Universität, Fakultät für Wirtschaftswissenschaften.
Singh, Satvir, und *Bhabani S. Gupta*, 1977: Motives and Agricultural Growth, British Journal of Social and Clinical Psychology 16: 189–190.
Smith, Pat, 1976: Behavior, Results, and Organizational Effectiveness: The Problem of Criteria. S. 745–775 in: *Marvin D. Dunnette* (Hg.): Handbook of Industrial and Organizational Psychology. Chicago, IL: Rand McNally.
Solomon, Richard H., 1976: Personality Changes in Leaders and Members of Personality Laboratories, Dissertations Abstracts International 36: 5285–5286.

Sonntag, Karlheinz (Hg.), 1999: Personalentwicklung in Organisationen. 2. Aufl. Göttingen: Hogrefe.
Staehle, Wolfgang H., 1999: Management. Eine verhaltenswissenschaftliche Perspektive. 8. Aufl. München: Vahlen.
Statistisches Bundesamt, 1998: Mitteilungen für die Presse.
Steger, Ulrich (Hg.), 1998: Wirkmuster der Globalisierung: Nichts geht mehr, aber alles geht. Bericht des Ladenburger Kollegs „Globalisierung verstehen und gestalten". Ladenburg: Gottlieb Daimler- und Karl Benz-Stiftung.
Steinle, Claus, 1978: Führung. Grundlagen, Prozesse und Modelle der Führung in der Unternehmung. Stuttgart: Poeschel.
Steinle, Claus, 1995: Führungsdefinitionen. S. 523–533 in: *Alfred Kieser, Gerhard Reber* und *Rolf Wunderer* (Hg.): Handwörterbuch der Führung. 2. Aufl. Stuttgart: Schäffer-Poeschel.
Stewart, Rosemary, 1967: Managers and their Jobs. London: McMillan.
Stogdill, Ralph M., 1948: Personal Factors Associated with Leadership, Journal of Psychology 25: 35–71.
Stogdill, Ralph M., 1963: Manual for the LBDQ Form XII. Columbus: Columbus State University.
Streich, Richard K., 1994: Managerleben: im Spannungsfeld von Arbeit, Freizeit und Familie. München: Beck.
Taylor, Frederick W., 1911: The Principles of Scientific Management. London: Harper and Brothers.
Tett, Robert P., Douglas N. Jackson und *Mitchell Rothenstein*, 1991: Personality Measures as Predictors of Job Performance: A Meta-analytic Review, Personnel Psychology 44: 703–742.
Tracey, J. Bruce, und *Timothy R. Hinkin*, 1998: Transformational Leadership or Effective Managerial Practices?, Group and Organization Management 23: 220–236.
Türk, Klaus, 1981: Personalführung und soziale Kontrolle. Stuttgart: Enke.
Türk, Klaus, 1995: Entpersonalisierte Führung. S. 328–340 in: *Alfred Kieser, Gerhard Reber* und *Rolf Wunderer* (Hg.): Handwörterbuch der Führung. 2. Aufl. Stuttgart: Schäffer-Poeschel.
Valian, Virginia, 1998: Why so Slow? The Advancement of Women. Massachusetts: The MIT Press.
Vroom, Victor H., und *Philip W. Yetton*, 1973: Leadership and Decision-making. Pittsburgh: University of Pittsburgh Press.
Weber, Max, 1921: Wirtschaft und Gesellschaft. Grundriß der verstehenden Soziologie. Köln: Kiepenheuer und Witsch.
Weick, Karl E., 1979: Cognitive Processes in Organizations. S. 41–74 in: *Bernard M. Staw* (Hg.): Research in Organizational Behavior. Vol. 1. Greenwich, CO: JAI Press.
Weinert, Ansfried B., 1989: Führung und soziale Steuerung. S. 552–577 in: *Erika Roth* (Hg.): Organisationspsychologie. Enzyklopädie der Psychologie. Bd. 3. Göttingen: Hogrefe.
Winter, David G., 1991: A Motivational Model of Leadership: Predicting Long-term Managment Success from TAT Measures of Power Motivation and Responsibility, The Leadership Quaterly 2: 67–80.
Witte, Eberhard, 1995: Effizienz der Führung. S. 264–276 in: *Alfred Kieser, Gerhard Reber* und *Rolf Wunderer* (Hg.): Handwörterbuch der Führung. Bd. 2. 2. Aufl. Stuttgart: Schäffer-Poeschel.
Witte, Eberhard, Andreas Kallmann und *Gerd Sachs*, 1981: Führungskräfte der Wirtschaft: eine empirische Analyse ihrer Situation und Erwartungen. Stuttgart: Poeschel.
Wofford, Jerry C., und *Laurie Z. Liska*, 1993: Path-goal Theories of Leadership: A Metaanalysis, Journal of Management 19: 857–876.
Wunderer, Rolf, 1995a: Führung von unten. S. 501–512. in: *Alfred Kieser, Gerhard Reber* und *Rolf Wunderer* (Hg.): Handwörterbuch der Führung. 2. Aufl. Stuttgart: Schäffer-Poeschel.
Wunderer, Rolf, 1995b: Laterale Kooperation als Führungsaufgabe (Schnittstellenmanagement). S. 1407–1423 in: *Alfred Kieser, Gerhard Reber* und *Rolf Wunderer* (Hg.): Handwörterbuch der Führung. Stuttgart: Schäffer-Poeschel.

Wunderer, Rolf, 1997: Ein Ansatz für mehrstufige Segmentierungsstrategien – Förderung weiblicher Führungskräfte. S. 251–271 in: *Manfred Bruhn* und *Dieter Ahlert* (Hg.): Marktorientierte Unternehmensführung: Reflexion – Denkanstöße – Perspektiven. Festschrift für Heribert Meffert zum 60. Geburtstag. Wiesbaden: Gabler.

Wunderer, Rolf, und *Petra Dick* (Hg.), 1997: Frauen im Management. Neuwied: Luchterhand.

Wunderer, Rolf, und *Wolfgang Grunwald,* 1980: Führungslehre. Berlin: de Gruyter.

Wunderer, Rolf, und *Josef Mittmann,* 1995: Identifikationspolitik. Einbindung des Mitarbeiters in den unternehmerischen Wertschöpfungsprozess. Stuttgart: Schäffer-Poeschel.

Yermack, David, 1997: Good Timing: CEO Stock Option Awards and Company. New Announcements, Journal of Finance 52: 449–476.

Yukl, Gary A., 1998: Leadership in Organizations. Upper Saddle River, NJ: Prentice Hall.

EIN ALTERNATIVER BLICK AUF GRUPPEN IN ORGANISATIONEN*

J. Richard Hackman

Zusammenfassung: In diesem Beitrag wird untersucht, inwieweit und in welchem Ausmaß Arbeitsgruppen durch die Rahmenbedingungen, welche ihnen durch ihre Arbeitsorganisationen vorgegeben werden, geprägt und beeinflusst werden. In welcher Weise gestalten organisatorische Strukturen und Kontexte die Leistung und die Effizienz von Arbeitsgruppen, in welcher Weise beeinflussen sie deren Möglichkeit, sich auf Veränderungen einzulassen? Zunächst wird gezeigt, dass die Anzahl und die Art von Arbeitsgruppen in einer Organisation stark davon abhängt, und zwar insbesondere davon, in welcher Weise der Entwicklung und Förderung der Mitarbeiterinnen und Mitarbeitern der Organisation Bedeutung beigemessen wird. Zweitens wird der weit verbreiteten Ansicht widersprochen, die Leistung von Arbeitsgruppen hinge weitgehend von der Interaktion zwischen den Gruppenmitgliedern ab. Statt dessen wird hier argumentiert, dass strukturelle und kontextuelle Faktoren die Gruppenleistung maßgeblich bestimmen. Drittens wird nachgewiesen, dass jene Faktoren, die den größten Einfluss auf das Verhalten und die Leistung von Gruppen haben, in der Tiefenstruktur von Organisationen verankert sind und somit nur in Zeiten von Instabilität und Wandel dieser Organisationen geändert werden können. Abschließend werden die Implikationen dieser Erkenntnisse für die Organisationsforschung, für die Theoriebildung und für die Organisationsberatung dargestellt.

In der Sozialpsychologie hat man im Allgemeinen kleine Gruppen als von ihrer Umgebung unabhängige Einheiten betrachtet. Ein Ziel dieser Forschung lag in dem Auffinden von Interaktionsmustern unter den Gruppenmitgliedern, ein weiteres darin, die Auswirkungen von diesen Interaktionsmustern auf die Leistungseffektivität, die Gruppensolidarität und das Lernen der Gruppenmitglieder zu untersuchen. Man wollte etwas über die Dynamiken von Gruppen durch den Blick auf die Gruppen selbst lernen. Der Einfluss bestimmter Randbedingungen, wie die Art der Aufgabe und andere Kontextfaktoren, waren dabei eher nebensächlich. Implizit wurde bei diesen Untersuchungen davon ausgegangen, dass sich die in einem spezifischen Kontext erzielten Ergebnisse auch auf andere Kontexte übertragen lassen. Führten die empirischen Untersuchungen dennoch zu Abweichungen, so erhielten diese nur geringe Aufmerksamkeit, bestenfalls wurden sie im Diskussionsteil von Veröffentlichungen erwähnt und hier als Problem der externen Validität betrachtet (so etwa Hackman und Vidmar 1970).

Viele Untersuchungen über Gruppen wurden in Labors durchgeführt. Sicherlich ist es verlockend, solche Labors als *settings* anzusehen, die keinen Einfluss auf Gruppendynamiken nehmen können, da sie kontextfrei sind. Eine solche Annahme wäre aller-

---

* Eine englische Version ist vom Autor erhältlich (Department of Psychology, Harvard University, Cambridge, MA 02138).

dings verfehlt, da Laborsituationen einzigartige und einflussreiche Randbedingungen für das Verhalten von Gruppen darstellen. Denken wir zunächst an die Versuchsleiter als primäre Autoritätspersonen. Sie wählen den Ort aus, an dem die Studie durchgeführt wird, werben Teilnehmerinnen und Teilnehmer an, setzen die Gruppen zusammen, bestimmen die Art der Aufgaben, vermitteln die Aufgaben der jeweiligen Gruppe, entscheiden über Anreize und Belohnungen sowie über deren Verteilung, versorgen die Gruppen mit Informationen und Ressourcen und sorgen für die Einhaltung grundlegender Verhaltensnormen während der gesamten Versuchsdauer.

In Laborstudien über das Verhalten von und in Gruppen sind es somit hauptsächlich die Versuchsleiter, welche durch die Anlage der Untersuchung die Rahmenbedingungen für die untersuchten Gruppen herstellen. Erfahrene Versuchsleiter stellen dabei sicher, dass die kontextuellen Faktoren für alle Gruppen dieselben sind, sodass die subtilen inner- oder zwischenmenschlichen Phänomene nicht überlagert werden. Sollte man nun aber zeigen können, dass kontextuelle Faktoren zu den wichtigsten Einflüssen auf das Verhalten und auf die Leistungen der Gruppe überhaupt gehören, würden gerade jene Variablen von der Versuchsleitung konstant gehalten, die uns am meisten interessieren. Damit würde man sich jede Möglichkeit nehmen, etwas über die Wirkung kontextueller Einflüsse auf Gruppenprozesse zu erfahren.

In jüngster Zeit erkennt man in der Sozial- und Organisationspsychologie glücklicherweise immer mehr, dass nur dann aussagefähiges Wissen über Gruppen in Arbeitsorganisationen erreicht werden kann, wenn Kontexteinflüsse explizit berücksichtigt werden (Wageman 1999). Diese Entwicklung wird gestützt durch neueste Befunde, welche unsere herkömmlichen Annahmen über die maßgeblich das Verhalten und die Leistungen einer Gruppe prägenden Faktoren in Frage stellen. In diesem Artikel möchte ich diese Studien vorstellen und deren Implikationen für drei Bereiche untersuchen, die in der Organisationsforschung und der Organisationspraxis für die Arbeit über und mit Gruppen in Organisationen von Bedeutung sind: 1. die Frage nach Anzahl und Typen von Gruppen in Organisationen, 2. die Rolle der Interaktionsprozesse in Gruppen für kollektive Ergebnisse und 3. die Umstände, unter denen in Organisationen konstruktive Veränderungen für Gruppen möglich bzw. nicht möglich sind.

I. Anzahl und Typen von Gruppen in Organisationen[1]

In der Organisationsforschung hat man jahrelang zwischen der formellen und der informellen Organisation unterschieden. Erstere bezieht sich auf das, was auf Organigrammen abgebildet ist und bestimmt im Einzelnen, wie die Dinge laufen sollen, etwa wer wem Rechenschaft schuldet oder unter Verwendung welcher Prozesse die Organisation ihre Aufgaben erledigt. Letztere bezieht sich darauf, wie die Dinge tatsächlich ablaufen und die Art und Weise, wie sich Menschen während der Erfüllung ihrer Rollen und Aufgaben mit der formellen Organisation auseinander setzen (und sie manchmal umgehen oder sogar unterminieren).

---

1 Teile dieses Abschnitts basieren auf Walton und Hackman (1986).

Eine parallele Unterscheidung existiert auf der Ebene von Arbeitsgruppen. Arbeitsteams (*task-performing-teams*) sind formell spezifizierte Einheiten in Organisationen, die von Managern zur Ausführung bestimmter Aufgaben zusammengestellt werden. Obwohl sich solche Teams hinsichtlich Größe, Einfluss und Aufgabenumfang stark unterscheiden können, arbeiten ihre Mitglieder immer gegenseitig aufeinander bezogen, um Resultate zu erzielen, für die sie gemeinsam verantwortlich sind. Sich selbst bildende und sich selbst regulierende Gruppen (*self-enacted groups*) werden im Gegensatz dazu nicht von Managern ins Leben gerufen, sondern von den Mitgliedern selbst. Diese Gruppen drücken Bestrebungen ihrer Gründer und Mitglieder aus, etwa das Verhalten des Managements und die Erfordernisse der Organisation interpretieren und darauf reagieren zu wollen (Walton und Hackman 1986).

Wie sich herausstellt, hängt die Anzahl von Gruppen in einer Organisation und die relative Bedeutung von Arbeitsteams und von selbstregulierenden Gruppen stark davon ab, welchen Wert eine Organisation der Entwicklung und dem Einsatz ihrer personellen Ressourcen zukommen lässt. Organisationen, die, wie es Richard Walton genannt hat, hinsichtlich ihrer personellen Ressourcen eine „Kontrollstrategie" verfolgen, sind viel weniger teamfreundlich als Organisationen mit einer „Engagementstrategie" (eine detaillierte Erörterung dieser beiden Strategien findet sich in Walton 1985).

Organisationen mit einer Kontrollstrategie legen Wert auf Top-Down-Kontrolle, eng definierte Jobs, eine strenge Überwachung des Verhaltens der Arbeitnehmer und auf die Vorrechte und Autorität der Geschäftsführung. Sie verfügen in der Regel über mehrere hierarchische Ebenen und teilen Statussymbole derart zu, dass sie diese Hierarchien legitimieren und bekräftigen. Von den Angestellten wird erwartet, dass sie die Anweisungen befolgen, nicht aber eigene Vorschläge unterbreiten. Im typischen Fall existiert eine Vielzahl von Regeln, die genau festlegen, wie sich die Personen verhalten sollen, und formelle Sanktionen, die sicherstellen sollen, dass sie es auch dementsprechend tun. Die Arbeit selbst ist in kleine, klar definierte Aufgaben unterteilt, die den Grad der dafür erforderlichen Fertigkeiten minimieren. Die Arbeitsleistung wird unter Bezugnahme auf fachliche Standards beurteilt. Das Gehalt basiert entweder auf der Leistung des Einzelnen oder auf der Eingruppierung der ausgeübten Tätigkeit; häufig gibt es auch Prämienvergütungen, um die Arbeitnehmer zu überdurchschnittlichen Leistungen zu animieren. In Kontrollorganisationen soll auch der am wenigsten qualifizierte oder motivierte Angestellte noch eine zufrieden stellende Leistung erbringen.

Organisationen, die eine Engagementstrategie verfolgen, erfordern einen flexiblen Einsatz hoher Qualifikationen und fördern ein größtmögliches Selbstmanagement der Arbeitnehmerinnen und Arbeitnehmer. In solchen Organisationen basiert Autorität nicht auf der Position, sondern auf Kompetenz und Erfahrung. Darüber hinaus sind diese Organisationen in der Regel in Bezug auf Vergünstigungen und Statussymbole relativ flach strukturiert. Ideen der Angestellten werden von den Führungskräften aktiv eingeholt und ernst genommen; Koordination kommt mittels Diskussion und einer Ausrichtung auf gemeinsame Ziele zu Stande. Die Tätigkeitsanforderungen sind in der Regel breit angelegt und beinhalten nicht nur die Durchführung der Aufgabe, sondern auch Planung und Selbstkontrolle. Solche Organisationen setzen in der Regel Erwartungen, die über das Übliche weit hinaus gehen, die Gruppen fordern und dazu motivieren sollen, bestmögliche Leistungen zu erbringen (*„stretch" aspirations*). Vergütungspraktiken belohnen Arbeitnehmerinnen und Arbeitnehmer, die sich weiterbilden, und umfassen typischerweise eine Gewinn- bzw. Profitbeteiligung.

Arbeitsteams. Organisationen, die eine Engagementstrategie befolgen, weisen zahlreiche Arbeitsteams auf, wohingegen diese in Kontrollorganisationen kaum anzutreffen sind. Letzteres überrascht nicht angesichts des Nachdrucks, den Kontrollorganisationen darauf legen, die Arbeit *Einzelner* zu steuern und zu unterstützen. Arbeitsteams wären mit der Strategie, einfache und klar definierte Aufgaben zu entwickeln, die Arbeit an diesen Aufgaben streng zu kontrollieren und diejenigen Angestellten zu belohnen, die vorab gesetzte Leistungsstandards erfüllen oder überbieten, absolut unvereinbar.

Im Gegensatz dazu verlassen sich Organisationen mit einer Engagementstrategie stark auf Teamarbeit (Hackman 1984; Walton 1980). Im typischen Fall wird Teams in der Größenordnung von fünf bis 15 Mitgliedern ein Kontingent von zusammenhängenden Aufgaben übertragen, die einen bedeutenden Anteil der zu erledigenden Gesamtarbeit ausmachen. Das Team wird angehalten, sich innerhalb gewisser Grenzen, die von der Entwicklung und der Kompetenz des Teams als Leistungseinheit abhängen, selbst zu managen. Teamkompetenz wird mittels Training, Coaching oder Modeling durch einen Supervisor (oft auch „Teamberater" genannt) aufgebaut. Darüber hinaus werden Arbeitsteams häufig von der Geschäftsleitung ersucht, Probleme der Organisation genauer zu betrachten und Lösungen vorzuschlagen. Falls die Aufgabenstellung die Kompetenzen einer Gruppe überschreitet, wird erwartet, dass eine Arbeitsgruppe aus Mitgliedern mehrerer Teams gebildet wird, die sich mit diesen übergreifenden Problemen auseinander setzt.

Selbstregulierende Gruppen. Kontrollorganisationen sind fruchtbare Brutstätten für selbstregulierende Gruppen. Solche Gruppen können aus drei, aber auch aus einem Dutzend oder mehr Leuten bestehen. Obwohl sie sich normalerweise aus Personen zusammensetzen, die demselben Vorgesetzten Rechenschaft schuldig sind, können sie sich auch auf Grund von Nähe, einer Interdependenz in den Arbeitsprozessen, ähnlicher Aufgabenstellung oder ähnlicher demographischer Charakteristika wie Geschlecht, Alter, ethnische Zugehörigkeit oder soziale Schicht bilden. Selbstregulierende Gruppen bilden sich informell, indem die Mitglieder regelmäßige freundschaftliche Interaktionsmuster entwickeln – häufig während der Arbeitszeit, aber auch während der Arbeitspausen oder nach Feierabend. Solche Gruppen gehen allerdings weit über das Gesellige hinaus. Vielleicht die am häufigsten beobachtete Funktion von selbstregulierenden Gruppen in Kontrollorganisationen ist die Regulierung der Arbeitsleistung der Mitglieder. In der bekannten Hawthorne-Studie (im „bank wiring observation room") setzten die Gruppenmitglieder als Gruppennorm durch, dass jeder von ihnen zwei Ausrüstungsteile pro Tag verdrahten würde. Falls die tatsächliche Arbeitsleistung davon abwich, wurde je nachdem mehr oder weniger gemeldet, um den vereinbarten Produktionsbericht aufrechtzuerhalten (Roethlisberger und Dickson 1939). Selbstregulierende Gruppen räumen oft Differenzen zwischen ihren Mitgliedern aus oder verbergen sie zumindest, um den Versuch der Geschäftsführung zu vereiteln, mittels individueller Anreize den Wettbewerb unter den Arbeitnehmerinnen und Arbeitnehmern zu fördern. Gruppenmitglieder wehren auch Versuche der Geschäftsführung ab, Einzelne für die erbrachten Leistungen verantwortlich zu machen, indem sie sich informell untereinander aushelfen und unautorisiert Aufgaben tauschen. In der Regel werden gemeinsame Erklärungen entwickelt, um diese Vorgehensweise zu rechtfertigen, beispielsweise: „Unsere Arbeit wird ohnehin nicht geschätzt", oder: „Die Geschäftsführung ist nicht fair und will uns immer ausnutzen".

Selbstregulierende Gruppen können sehr stark beeinflussen, was am Arbeitsplatz akzeptables beziehungsweise inakzeptables Verhalten darstellt, wobei Gruppennormen sich oft gegen formelle Organisationsvorschriften oder Arbeitsvertragsbestimmungen durchsetzen, wenn es darum geht, wie Überstunden festgesetzt werden, wann Pausen gemacht werden sollen und welche Aktivitäten am Arbeitsplatz angebracht sind. Manchmal entwickeln diese Gruppen auch alternative soziale Realitäten, die Statuszeichen von Organisationen wie beispielsweise Kleiderordnung und Titel unterminieren und Symbole wie etwa Auszeichnungen und *Publicity*, mit denen die Geschäftsführung herausragende Leistungen hervorheben möchte, lächerlich machen. In Kontrollorganisationen übernehmen selbstregulierende Gruppen manchmal sogar die Verantwortung, mit der Geschäftsführung über Leistungsanforderungen zu verhandeln und Grenzen der Kontrolle durch Aufsichtspersonen festzulegen. Weiterhin werden die unterschiedlichsten Organisationspraktiken und -prozeduren von diesen Gruppen auf subtile Art und Weise beeinflusst.

Die soeben aufgezählten Aktivitäten gefährden die Kontrolle durch die Geschäftsführung, welche über selbstregulierende Gruppen – die ihre eigene Politik ja gewissermaßen hervorgebracht hat – alles andere als erfreut ist. Kontrollorganisationen versuchen daher häufig, die Entstehung von selbstregulierenden Gruppen zu verhindern oder deren Arbeit zu sabotieren. In einem mittlerweile klassischen Beispiel versuchte ein Abteilungsleiter, eine selbstregulierende Gruppe zu Fall zu bringen, indem er die Arbeitspausen der Gruppenmitglieder kontrollierte, Gespräche während der Arbeit untersagte und sogar die Raumaufteilung veränderte, um so die Mitglieder leichter beobachten zu können (Richards und Dobyns 1957). Andere Strategien der Geschäftsführung, mit selbstregulierenden Gruppen umzugehen, können als Beschränkung und Eindämmung bezeichnet werden. Eine Beschränkung liegt etwa darin, die Gruppenmitglieder zu ermutigen, sich außerhalb der Arbeitszeit zu geselligen Gruppenaktivitäten zusammenzufinden. Oft hat die Geschäftsführung hierbei den Hintergedanken, dass solche Aktivitäten das Kommunikationsbedürfnis der Mitglieder hinreichend befriedigt und sie sich in der Folge nicht während der Arbeitszeit an Gruppenaktivitäten beteiligen. Als Eindämmung bezeichnet man dagegen informelle und inoffizielle Vereinbarungen mit Gruppen über die Art und das Ausmaß der tolerierten Abweichungen von der offiziellen Firmenpolitik. Diese Vereinbarungen schließen möglicherweise sogar genaue Angaben über die Mindestleistungen der Gruppenmitglieder ein, die notwendig sind, um die Vereinbarung aufrechtzuerhalten. Beide Strategien der Geschäftsführung sind nur selten erfolgreich. Unter den Angestellten von Kontrollorganisationen besteht ein starker Anreiz zur Gruppenbildung, um ihre Interessen durchzusetzen. Maßnahmen, die darauf abzielen, die Gruppen zu zerstören oder ihnen ihren Einfluss streitig zu machen, stärken oft nur die Loyalität der Gruppenmitglieder und ziehen letztendlich Energie von der Hauptaufgabe ab.

Wie verhält es sich nun mit diesen selbstregulierenden Gruppen, wenn Organisationen eine Engagementstrategie verfolgen? Hierzu weiß man leider wenig. Wir können aber davon ausgehen, dass diese Gruppen zahlreich und wichtig sind – auch wenn sie dort eine gänzlich andere Rolle spielen als in Kontrollorganisationen. Mag die Geschäftsführung von Kontrollorganisationen informelle Gruppenprozesse und Gruppenzwang als bedauerliche Begleiterscheinungen betrachten, in Organisationen, die auf Engagement setzen, sind diese selbstregulierenden Gruppen unabdingbar. Hier legen die Planer die Strukturen und die Firmenpolitik oft absichtlich nicht bis ins kleinste Detail fest und verlassen sich darauf, dass diese von selbstregulierenden Gruppen ausgearbeitet werden.

Selbstregulierende Gruppen in Organisationen, die auf Engagement setzen, schließen in der Regel fast alle Mitglieder einer bestimmten Arbeitseinheit ein und sind relativ stabil. Die Geschäftsführung mischt sich nicht in solche Gruppen ein (denn diese tragen dazu bei, dass die Ziele der Organisation erreicht werden). Im Laufe der Zeit wird es oft schwierig oder unmöglich, Unterschiede zwischen den von der Organisation ins Leben gerufenen Arbeitsgruppen und selbstregulierenden Gruppen zu erkennen.

Zusammengefasst hängen die Anzahl und die Typen von Gruppen in einer Organisation davon ab, ob sich die Aufgaben der Organisation zur Teamarbeit eignen. Sie hängen aber auch von den Werten der Geschäftsleitung ab und hier insbesondere von Vorstellungen darüber, wie die personellen Ressourcen der Organisation eingesetzt werden sollten. Geschäftsführer, die eine Kontrollstrategie verfolgen, bilden keine Arbeitsteams, während Manager, die sich für eine Engagementstrategie entscheiden, häufig und zielgerichtet von aufgabenspezifischen Teams und von zeitlich begrenzten Projektgruppen Gebrauch machen.

In beiden Organisationsformen sind es Individuen, welche die Gruppen konstituieren, allerdings mit deutlichen Unterschieden. In Kontrollorganisationen schützen selbstregulierende Gruppen den Einzelnen, indem sie die Kontrollpraktiken der Geschäftsführung vereiteln; häufig verhindern sie dabei die Erledigung von Aufgaben und unterwandern die Werte der Geschäftsführung. In Engagementorganisationen, in denen versucht wird, individuelle und kollektive Interessen in Übereinstimmung zu bringen, sind selbstregulierende Gruppen in der Regel Erweiterungen oder Weiterentwicklungen formeller Arbeitsteams. Diese Gruppen begünstigen in der Regel eine effektive Erledigung der Aufgaben und vermitteln die wesentlichen Werte der Organisation.

Im Lichte der Kontrollstrategie müssen Gruppen im Allgemeinen als Feinde der Organisation angesehen werden, in der Logik der Engagementstrategie sind Gruppen Verbündete. Es überrascht daher nicht, wenn bei Ersterer die Geschäftsführung versucht, Gruppenbildung zu verhindern oder einzudämmen, während bei Letzterer die Gruppenbildung nachgerade erwünscht ist.

II. Die Rolle von Interaktionsprozessen in Gruppen

Traditionell haben Wissenschaft und Praxis die Qualität der Interaktionen in Gruppen und insbesondere das Ausmaß, in dem Gruppenprozesse reibungslos und harmonisch verlaufen, als wichtigste Stellgröße für die Gruppeneffizienz angesehen. Diese Bedeutung der zwischenmenschlichen Prozesse ist in diesem Zusammenhang zu bezweifeln, sie unterstellt einen theoretisch wie empirisch fraglichen Einfluss von Gruppenprozessen auf Gruppenergebnisse. Betrachten wir zur Illustration Gruppen mit Leistungsproblemen. Solche Gruppen weisen oft zahlreiche Schwierigkeiten zwischen ihren Mitgliedern auf, so etwa Kommunikationsstörungen, Konflikte der Mitglieder untereinander und Führungskämpfe. Es ist verlockend, in solchen Fällen zu folgern, dass die beobachteten zwischenmenschlichen Schwierigkeiten die Leistungsprobleme *verursachen* und dass folglich am Gruppenprozess anzusetzen und dieser zu reparieren wäre. Diese Schlussfolgerung mag sich vernünftig anhören und sich mit Erfahrungswerten decken, sie ist aber weder logisch noch richtig.

Zunächst gibt es überraschend wenige empirische Untersuchungen darüber, wie Interaktionsprozesse in Gruppen zwischen Input- und Outputzuständen vermitteln (Hackman 1987). Obwohl Forschungsberichte üblicherweise die Mittlerrolle von Gruppeninteraktionsprozessen erörtern, tun sie das normalerweise, indem sie Rückschlüsse ziehen und aufführen, was Mitglieder vielleicht getan haben oder logischerweise getan haben müssen, damit sich die Gruppenergebnisse erklären lassen. Empirisch ist die Vermittlerrolle von Gruppenprozessen nur selten geprüft worden, und die wenigen vorhandenen Forschungsergebnisse unterstützen im Allgemeinen nicht die Behauptung, dass harmonische Interaktionen günstigere Gruppenergebnisse erzeugen. So fanden in einer Untersuchung professioneller Symphonieorchester meine Kolleginnen und ich fast keinerlei Verbindungen zwischen der (von einer Expertengruppe beurteilten) Leistung des Orchesters und der gemessenen Qualität der zwischenmenschlichen Beziehungen der Mitglieder bzw. der durchschnittlichen Zufriedenheit der Musikerinnen und Musiker mit ihren Beziehungen am Arbeitsplatz (die Korrelationen waren 0,12 beziehungsweise –0,09; siehe Allmendinger et al. 1996). In der Tat *verbessert* ein aufgabenbezogener Konflikt oft die Entscheidungsqualität und erhöht unter Umständen sogar die Chancen, dass eine Gruppe kreative Lösungen findet (Jehn et al. 1999; Simons und Peterson 2000; Smith et al. 1981).

Auch die Aktionsforschung, der es darum geht, die Leistungen eines Teams zu verbessern, indem die Qualität der Interaktionen unter den Mitgliedern erhöht wird, wirft Fragen über die Rolle von Gruppeninteraktionen beim Zustandekommen von Gruppenresultaten auf. In der Tat können Interventionen für die Beziehungen und Interaktionen der Mitglieder untereinander gewinnbringend sein, sie können sich auch auf die Einstellungen der Gruppenmitglieder auswirken. Allerdings verbessern sie nicht zwangsläufig die Leistungen des Teams (siehe dazu Kaplan 1979; Salas et al.1999 sowie Tannenbaum et al. 1992). Interventionen, die tatsächlich mit Leistungssteigerungen verknüpft waren, so etwa die *Nominale Gruppentechnik* und die *Delphi-Technik* (Delbecq et al. 1975) haben des Weiteren die Interaktionen der Gruppenmitglieder fast immer so strukturiert, dass mögliche Auswirkungen zwischenmenschlicher Dynamiken auf die Gruppenergebnisse von vornherein eingeschränkt wurden. So schließt etwa die Delphi-Technik die persönliche Interaktion der Gruppenmitglieder untereinander völlig aus.

Warum sind die empirischen Befunde über die Vermittlerrolle von Gruppeninteraktionsprozessen so dürftig? Wäre es etwa auch möglich, dass die Gruppeninteraktion *keinen* Einfluss auf die Gruppenergebnisse, also auf die kollektiven Resultate hat? Oder könnte die Kausalität ganz anders verlaufen, also die Gruppenleistung die zwischenmenschlichen Prozesse (oder zumindest die Wahrnehmung dieser Prozesse) bestimmen und nicht umgekehrt? Für letztere Vermutung liegen einige unterstützende empirische

Ergebnisse vor. In einer Studie von Staw (1975) erhielten die Mitglieder von Arbeitsteams falsches Feedback über ihre Leistung und wurden dann gebeten, „objektive" Beschreibungen über die Interaktionen der Mitglieder untereinander abzuliefern. Teams, denen willkürlich hohe Leistungen zugesprochen wurden, berichteten unter anderem, dass ihre Interaktion harmonischer gewesen wäre und dass sie besser miteinander kommuniziert hätten als Gruppen, die angeblich schlechtere Leistungen erbracht hatten.

Am wahrscheinlichsten ist jedoch, dass die Gruppenprozesse wie auch die Leistungseffektivität Folgen dessen sind, wie eine Gruppe strukturiert ist und welche Unterstützung sie erfährt. So gesehen haben Gruppen, die richtig zusammengesetzt und in Organisationen tätig sind, von denen sie unterstützt werden, eine bessere Chance, exzellente Ergebnisse hinsichtlich Prozess und Leistung zu erzielen als Gruppen, die schlecht gestaltet oder in Kontexten tätig sind, in denen sie keine Unterstützung erfahren. Aus dieser Perspektive würde die Qualität der Gruppeninteraktion tatsächlich in den meisten Fällen mit der Gruppenleistung korrelieren – aber sie würde die Leistung nicht *bestimmen*.

Empirische Belege für die Sichtweise, dass strukturelle und kontextuelle Faktoren für das Verhalten und die Leistung einer Gruppe ausschlaggebend sind, liefert Ruth Wagemans Feldstudie über Dienstleistungsteams (2001). Für jedes der untersuchten Teams erhielt Wageman unabhängige Einschätzungen der Zusammensetzung und Struktur des Teams, des Coachingverhaltens des Teamleiters, des Grads des Selbstmanagements des Teams und seiner objektiven Leistung. Wageman ging davon aus, dass die Art der Zielvorgaben, die Struktur und der Kontext eines Teams – also seine grundlegende Gestaltung – in Bezug auf das Selbstmanagement und auf die Leistungsergebnisse eine größere Rolle spielen würde als das Coachingverhalten der Gruppenleiterin bzw. des Gruppenleiters, und sie hatte Recht. Bezogen auf das Ausmaß an Selbstmanagement im Team war die Gruppengestaltung vier Mal wichtiger als das Coaching, bezogen auf die Gruppenleistungen war die Gruppengestaltung fast 40 Mal wichtiger als das Coaching.[2] Struktur und Kontext haben, was Gruppenprozesse und -resultate angeht, eindeutig eine kausale Priorität gegenüber dem prozessorientiertem Coaching durch den Gruppenleiter.

Das vielleicht wichtigste Ergebnis der Wageman-Studie ergibt sich aus einem Vergleich der Auswirkungen von „gutem" Coaching (etwa dem Team bei der Entwicklung einer den Aufgaben angemessenen Leistungsstrategie zu helfen) und „schlechtem" Coaching (etwa die Probleme eines Teams zu identifizieren und den Mitgliedern genau vorzuschreiben, was sie zur Lösung dieser Probleme tun sollten) auf das Selbstmanagement des Teams. *Abbildung 1* zeigt diese Auswirkungen für gutes Coaching (linkes Feld) und schlechtes Coaching (rechtes Feld). Gutes Coaching half gut gestalteten Teams deutlich, von günstigen Umständen zu profitieren, machte aber fast keinen Unterschied für schlecht gestaltete Teams. Schlechtes Coaching andererseits wirkte sich deutlich negativ auf die Selbstmanagementfähigkeit schlecht gestalteter Teams aus und erschwerte folglich eine ohnehin schon schwierige Situation, hatte aber keine Auswir-

---

2 Gestaltungsmerkmale kontrollieren 40 Prozent der Variation im Selbstmanagement des Teams verglichen mit 10 Prozent für Coaching durch die Leiterin bzw. den Leiter. Bezogen auf die Leistungsresultate kontrollierten Gestaltungsmerkmale 37 Prozent der Variation, verglichen mit weniger als einem Prozent für Coaching durch die Leiterin bzw. den Leiter.

Abbildung 1: Der Einfluss von Teamgestaltung und Coaching auf das Selbstmanagement von Teams

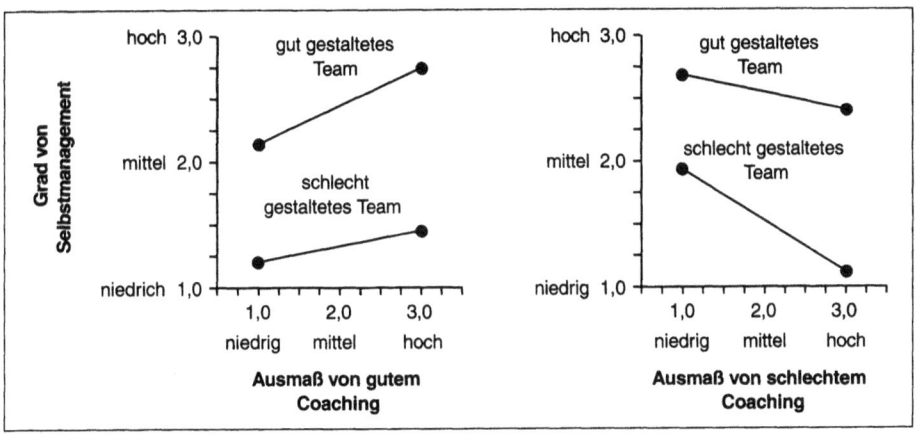

Quelle: Wagemann (2001: 571).

kungen auf das Selbstmanagement von Teams mit einer guten Teamstruktur in einem sie unterstützenden Organisationskontext.

Wir scheinen hier ein weiteres Beispiel für das Diktum zu haben, dass die Reichen reicher (gut gestalteten Teams wird von gutem Coaching am meisten geholfen), und die Armen ärmer werden (fehlerhaft gestalteten Teams schadet schlechtes Coaching am meisten). Prozessbegleitendes Coaching kann für ein Team enorm wertvoll sein, um das Potenzial einer im Grunde guten Leistung auszunutzen, kann aber den Einfluss von schlechter Gestaltung nicht wettmachen.

Eine günstige Leistungssituation ergibt einen zweifachen Vorteil: Teams haben weniger Bedarf an Coaching-Intervention (weil sie weniger häufig vor Probleme gestellt sind, die ihre Fähigkeiten übersteigen), und sie profitieren wahrscheinlich stärker von dem Coaching, das sie erhalten (weil sie nicht mit grundlegenderen, in ihrer Struktur oder ihrem Kontext verwurzelten Problemen beschäftigt sind). Im Laufe der Zeit gewinnen solche Teams die Fähigkeit, sich selbst zu coachen, und entwickeln unter Umständen sogar eine Eigendynamik von wachsender Teamfähigkeit und Leistungseffektivität – genau wie es all die Ratgeber beschreiben, welche die Vorteile von Arbeitsteams anpreisen. Allerdings sind solche Arbeitsteams in der Praxis wesentlich seltener als diese Bücher vermuten lassen.

III. Die Gestaltbarkeit kontextueller Faktoren

Falls, wie bisher behauptet, strukturelle und kontextuelle Faktoren bei der Gestaltung von Gruppenprozessen und -leistungen ausschlaggebend sind, sind die Implikationen für die Praxis klar: Arbeitsgruppen in Organisationen sind richtig aufzubauen, mit befähigenden, guten Strukturen und unterstützenden Kontexten, sie sind dann am Rande mit prozessorientiertem Coaching zu versorgen, damit sie von ihren günstigen Leistungssituationen voll profitieren können. Bei bereits existierenden Gruppen, bei denen

Probleme aufgetreten sind, sollte man zuerst nach möglichen Fehlern in ihrer Struktur oder ihrem Kontext suchen und diese beseitigen.

Meine gesamten Forschungserkenntnisse legen nahe, dass dies ein guter Rat ist. In meiner letzten Monographie werden die Implikationen dieser Sichtweise für Personen, die in Organisationen Arbeitsteams schaffen, leiten oder beraten, ausführlich beschrieben (Hackman 2002). Darin identifiziere ich einige wenige einfache Bedingungen, die, falls sie vorliegen, die Chancen erhöhen, dass eine Arbeitsgruppe effiziente Leistungen erbringt. Die Gruppe sollte ein in sich geschlossenes, stabiles Team sein, ihre Aufgaben sollten sich zur Teamarbeit eignen (im Vergleich zu Aufgaben, die man besser einem/einer Einzelnen überlässt, wie beispielsweise kreatives Schreiben). Die Gruppe sollte mit ihrer Arbeit eine klare, anspruchsvolle und logische Zielsetzung verfolgen. Die Gruppenstruktur – die Gestaltung der Aufgabe, die Zusammensetzung der Gruppe sowie die grundlegenden Verhaltensnormen – sollte einer kompetenten Teamarbeit förderlich sein. Es sollte ein unterstützender Organisationskontext vorhanden sein, der herausragende Leistungen belohnt und der je nach Bedarf Zugang zu Informationen, fachlicher Beratung sowie ausreichenden materiellen Ressourcen ermöglicht. Außerdem sollte hervorragendes Coaching zur Verfügung stehen, um den Gruppenmitgliedern dabei zu helfen, voll und ganz von ihren günstigen Leistungsumständen zu profitieren.

Leider stellt sich heraus, dass die Schaffung dieser einfachen Bedingungen viel leichter zu empfehlen als in die Tat umzusetzen ist. Das hat mehrere Gründe. Zum einen entstehen Strukturen und Systeme praktisch nie im luftleeren Raum. Stattdessen schaffen institutionelle Kräfte eine Palette an „richtigen Antworten" bezüglich der Gestaltung von und Prozessen in Arbeitsgruppen, an der die Geschäftsführung nur ungern rüttelt (DiMaggio und Powell 1983; Zucker 1977). Es ist wohl bekannt, dass institutionellen Faktoren nur schlecht entgegenzuwirken ist, dies gilt sogar im Falle entschlossenen Handelns von Seiten der Geschäftsführung oder bedeutender Umweltschocks (Allmendinger und Hackman 1996).

Außerdem ist die Herstellung der oben genannten Bedingungen gleichbedeutend damit, allzu geläufig wirkende Antworten auf vier grundlegende Fragen, wie ein Unternehmen funktioniert, in Frage zu stellen.

1. *Wer entscheidet?* Wer hat das Recht, Entscheidungen darüber zu treffen, wie die Arbeit ausgeführt wird und zu bestimmen, wie Probleme gelöst werden?
2. *Wer ist verantwortlich?* Wer trägt die letztendliche Verantwortung für die Leistungsresultate?
3. *Wer profitiert?* Wie werden die finanziellen Belohnungen unter den Individuen und Gruppen verteilt, die bei deren Schaffung mithelfen?
4. *Wer lernt?* Wie sind die Fortbildungs-, Wachstums- und Karrieremöglichkeiten unter den Mitgliedern der Organisation aufgeteilt?

Diese Fragen sind für die Identität jeder Organisation zentral und drängen sich folglich immer wieder auf – nicht zuletzt deshalb, weil sich ändernde Antworten darauf fast immer eine Bedrohung für das abgesteckte Revier, die Vorrechte oder die Präferenzen der jeweils privilegierten Akteure einer Organisation darstellen. Diese Individuen und Gruppen reagieren auf mögliche neue Antworten mit dem Verweis auf eine Vielzahl guter Gründe, warum es nicht ratsam oder äußerst riskant wäre, die herkömmliche Arbeitsweise zu ändern, nur um für Teamarbeit Platz zu machen. Die sich daran anschließenden Treffen zur Erörterung entsprechender Anliegen können sich so lange hinziehen, dass niemals etwas von Bedeutung passiert.

Die Antworten auf die vier Fragen werden in etablierten Unternehmen von den Tiefenstrukturen der Organisation unterstützt: der Autoritätsstruktur („Wer entscheidet?"), der Arbeitsstruktur („Wer ist verantwortlich?"), der Belohnungsstruktur („Wer profitiert?") und der Chancenstruktur („Wer lernt?"). Der Einfluss dieser Strukturen ist für flüchtige Betrachter im Allgemeinen nicht offensichtlich. Diese Strukturen operieren im Hintergrund als Teil eines unsichtbaren Gefüges, das beeinflusst, wie die Dinge in einer Organisation getan werden; darüber hinaus begünstigen sie Berechenbarkeit und Kontinuität. Berechenbarkeit und Kontinuität sind in Zeiten von *business as usual* hoch einzuschätzen. Aber wenn sich die Umstände ändern und Innovationen wie eben der Einsatz von Arbeitsteams gefragt sind, können die Tiefenstrukturen einer Organisation zu den stärksten Hindernissen für die Gestaltung von Gruppen und für die Arbeit in Gruppen zählen.

Die Wurzeln kontextueller Kräfte reichen weit über die Grenzen einer Organisation und deren Umfeld hinaus. Betrachten wir beispielsweise die drei Merkmale einer befähigenden, guten Teamstruktur: eine klar gestaltete Aufgabe, ein gut zusammengesetztes Team und Verhaltensnormen, die kompetentes Teamverhalten unterstützen. Die Aufgabengestaltung wird nicht nur durch die eigenen systembedingten und fachlichen Routinen der Organisation beeinflusst, sondern auch durch die Eigenschaften der Technologien, die der Organisation zur Ausführung der Aufgaben zur Verfügung stehen. Man kann beispielsweise Arbeitsteams nicht einfach den Auftrag erteilen, Speicherchips herzustellen, weil die Technologien, die zur Herstellung von Halbleitern zur Verfügung stehen, dieser Art der Arbeitsgestaltung abträglich sind. Die Zusammensetzung einer Arbeitsgruppe wird nicht nur durch die Personalpolitik und -praktiken der Organisation festgelegt, sondern auch vom Arbeitsmarkt, von dem sich die Organisation ihre Arbeitskräfte holen muss, und von Gesetzen, die regeln, wie ein Arbeitgeber Personal anwerben, aussuchen und beschäftigen kann. Und schließlich werden die Gruppennormen nicht nur durch die Kultur der Organisation, ihre Ausbildungsmethoden und Sozialisationsprozesse bestimmt, sondern auch durch die Normen und Werte der Umwelt, in welcher die Organisation tätig ist.

Günstige Bedingungen für die Effektivität einer Arbeitsgruppe zu schaffen, ähnelt dem Einführen einer fremden Substanz in ein biologisches System; das gilt vor allem für Organisationen, die darauf abgestimmt sind, individuelles Arbeitsverhalten zu unterstützen und zu kontrollieren. Antikörper werden gebildet und kümmern sich um den Eindringling. Unter Umständen treten als Begleiterscheinungen Fieber und Unwohlsein auf, aber schließlich kehrt wieder alles in den Normalzustand zurück. Dasselbe gilt für soziale Systeme. Mit kleinen Schwierigkeiten wird routinemäßig umgegangen, ohne sich einzugestehen, dass sie eventuell eine ernstere Krankheit der Organisation signalisieren. Erst wenn das Überleben des Systems bedroht ist, unternehmen Führungskräfte (manchmal) etwas, um die Arbeitsweise des Systems grundlegend zu verändern.[3]

---

3 Eine Diskussion der Eigendynamik in Organisationen findet sich in Miller und Friesen (1980). Beispiele dafür, wie weit Unternehmen manchmal gehen, um keine grundlegenden

Es ist durchaus möglich, dass sich eine etablierte Organisation nur dann grundlegend verändern kann, wenn sie aus einem anderen Grund destabilisiert ist – beispielsweise wegen des Weggangs eines leitenden Managers, auf Grund rapiden Wachstums oder der Auflösung einer Organisationseinheit, wegen einer finanziellen Katastrophe oder der Einführung einer neuen Technologie, die zur Aufgabe der herkömmlichen Arbeitsweise zwingt. Grundlegender Wandel kann weder als „Dreingabe" (wie es sich die Geschäftsführer in manchen Firmen wünschen würden) noch als ein sofortiger Übergang nach Utopia (wie es sich die Mitglieder mancher kooperativer Unternehmen wünschen würden) vollzogen werden.

Die gute Nachricht für diejenigen, deren Wunsch nach Veränderung von tief verwurzelten kontextuellen Charakteristika vereitelt wird, lautet, dass man selten lange warten muss, bis *irgendetwas* passiert, was das System destabilisiert und folglich eine Handlungsmöglichkeit eröffnet. Alle Systeme alternieren zwischen Phasen relativer Stabilität und Phasen der Turbulenz, in denen Veränderungen passieren. Lernprozesse und Veränderungen ereignen sich fast nie allmählich und kontinuierlich. Stattdessen folgt auf einen längeren, scheinbar ereignislosen Zeitraum eine Phase rapiden, multidimensionalen Wandels und dann wieder eine Periode, die keine sichtbaren Veränderungen aufweist. Dieses Muster nennt man unterbrochenes Gleichgewicht („*punctuated equilibrium*"); es kennzeichnet die Evolution der Spezies, die Entwicklung eines Menschen, Lernprozesse bei Erwachsenen – und eben auch den Wandel von Organisationen (Gersick 1991; Romanelli und Tushman 1994). Erfahrene und weise Führungskräfte, die erkennen, dass Veränderungsinitiativen in Zeiten des Gleichgewichts wenig Aussicht auf Erfolg haben, beobachten und warten auf Zeiten von Störungen. Sie wissen, dass umfangreichere Interventionen in turbulenten Zeiten größere Erfolgschancen haben und dass dann sogar kleinere Veränderungen unverhältnismäßig weit reichende Auswirkungen haben können.[4]

IV. Eine neue Art, über Arbeitsgruppen zu denken

Weil die Schaffung und Unterstützung von Arbeitsteams in Organisationen oft die Umleitung von tief verwurzelten kontextuellen Kräften erforderlich macht, ist es angebracht, diese Aktivitäten nicht als *management as usual* zu betrachten, sondern als revolutionär. Ich möchte mit der Anregung schließen, dass sowohl Teamforscher als auch kompetente Teamleiter in Bezug auf Arbeitsgruppen in Organisationen und die Faktoren, die sich auf ihre Leistungen auswirken, unkonventionell denken sollten.[5]

Wissenschaft und Praxis haben völlig unterschiedliche Ansätze, wenn es um Einflussfaktoren auf die Leistung von Arbeitsteams geht. Wir Forscherinnen und Forscher wollen wissen, was genau für die gemessenen Leistungen verantwortlich ist. Um das

---

Änderungen vornehmen zu müssen, auch wenn die Geschäftsführung weiß, dass diese angebracht wären, finden sich in Jensen (1993).
4 Unter Bedingungen *extremer* Turbulenz gewinnen Veränderungsprozesse allerdings eine andere Qualität und überfordern unter Umständen sogar gut vorbereitete Führungskräfte. Eine Analyse, wie Organisationen auf Bedingungen extremer Turbulenz reagieren, findet sich in Meyer et al. (1993).
5 Teile dieses Abschnitts basieren auf Hackman (1998).

herauszufinden, dekonstruieren wir die Leistungssituation zuerst konzeptionell und dann empirisch – vielleicht in einem Laborexperiment, das die vermuteten kausalen Faktoren isoliert, oder mit Strukturgleichungsmodellen auf der Grundlage von Umfragedaten. So versuchen wir, möglichst viele alternative Erklärungen für das von uns untersuchte Phänomen auszuschließen. Wir wollen das „wahre" Kausalverhältnis ermitteln.

Praktiker in Organisationen hingegen sind nicht sonderlich daran interessiert, den relativen Einfluss verschiedener möglicher Ursachen zu bestimmen. Stattdessen sind sie willens, von allen ihnen zur Verfügung stehenden Ressourcen Gebrauch zu machen, um die Resultate in die von ihnen gewünschten Richtung zu lenken. Sie begrüßen eine Vermischung von Variablen (der Fluch der Forschung, die eindeutige Kausalitätszuschreibungen machen will), ebenso wie redundante Ursachen (in der wissenschaftlichen Arbeit ein Anzeichen dafür, dass Konzepte nicht klar genug spezifiziert worden sind).

Obwohl sich die Ziele von Wissenschaftlern und Praktikern unterscheiden, schließen sie sich nicht gegenseitig aus. Es gibt a priori keinen Grund, warum man nicht konzeptionell treffliche Modelle sozialer Systeme entwerfen könnte, die konstruktives Handeln anleiten und gleichzeitig auf empirischer Grundlage beurteilt und korrigiert werden können. Mein eigenes Modell von Gruppenleistung wurde in diesem Sinne entwickelt (Hackman 2002). Anstatt die Hauptursachen für die Produktivität von Gruppen genau zu benennen (oder eine lange Liste aller möglichen Ursachen vorzulegen), schlage ich einige wenige Bedingungen vor, die, falls sie vorliegen, die Chancen erhöhen – wenn auch keinesfalls garantieren – dass sich eine Gruppe zu einer effektiven Leistungseinheit entwickelt.

Über die Bedingungen nachzudenken, unter denen Gruppen dann ihren eigenen Kurs einschlagen, unterscheidet sich von herkömmlichen wissenschaftlichen Modellen (in denen versucht wird, Ursachen und Folgen eng miteinander zu korrelieren) und von Handlungsstrategien, die sich aus solchen Modellen ergeben (in denen Praktiker versuchen, Teamprozesse mehr oder weniger kontinuierlich in Echtzeit zu steuern). Als Metapher kann man sich zwei Möglichkeiten vorstellen, wie ein Pilot ein Flugzeug landen kann. Eine Strategie ist, „das Flugzeug hinunterzufliegen", indem man kontinuierlich die Richtung, die Sinkrate und die Geschwindigkeit anpasst, mit dem Ziel, gerade etwas über der Geschwindigkeit, bei der es zu einem Strömungsabriss käme, die Landebahn zu erreichen, und mit einem Abfangen des Flugzeugs sanft zu landen. Eine zweite Strategie ist, das Flugzeug im Anflug, also noch weit vor der Landebahn, zu stabilisieren und im Bedarfsfall kleinere Korrekturen hinsichtlich Richtung, Geschwindigkeit oder Flugzeugkonfiguration vorzunehmen, um das Flugzeug „in the groove", also in einem stabilen Anflug, zu halten. Unter Piloten ist allgemein bekannt, dass letztere Strategie die sicherere ist; tatsächlich weiß jeder Pilot, dass er oder sie im ersteren Fall am Besten noch einmal umdreht und den Landeanflug erneut ansetzt.

Während des Landeanflugs stabilisiert zu werden heißt, die grundlegenden Bedingungen so eingerichtet zu haben, dass der natürliche Verlauf der Dinge zu dem gewünschten Resultat führt – in diesem Fall zu einer guten Landung. Die gleichen Überlegungen lassen sich auf Gestaltung und Management sozialer Systeme, einschließlich Arbeitsgruppen in Organisationen, anwenden. Statt den Versuch zu unternehmen, alle spezifischen Ursachen für eine bestimmte Gruppenleistung genau auszumachen und diese Ursachen entsprechend zu manipulieren (die Parallele zum Flugzeug hinunter fliegen), würden sich Wissenschaft und Praxis darum bemühen, die kleine Zahl von Randbedingungen zu identifizieren und herzustellen, die dann dazu führen können, dass sich Gruppen ganz natürlich entwickeln und zu immer kompetenteren Arbeitsgruppen werden (die Parallele zum groove in, der zweiten Landetechnik).

Es ist unkonventionell und daher eine Herausforderung, Einflüsse auf das Gruppenverhalten und die Gruppenleistung herauszuarbeiten, welche unterstützende Bedingungen bereitstellen, und eben nicht auf die Suche nach ganz spezifischen Ursachen mit ihren jeweiligen ganz spezifischen Auswirkungen zu gehen.[6] Aber solange Wissenschaft wie Praxis herkömmliche Vorstellungen von der Funktionsweise und der Leitung sozialer Systeme beibehalten, werden wir mehr als nötig darin behindert werden, Arbeitsgruppen in Organisationen zu gestalten, sie in ihrer Arbeit zu unterstützen und etwas über sie zu lernen.

Literatur

Allmendinger, Jutta, und *J. Richard Hackman*, 1996: Organizations in Changing Environments: The Case of East German Symphony Orchestras, Administrative Science Quarterly 41: 337–369.

Allmendinger, Jutta, *J. Richard Hackman* und *Erin V. Lehman*, 1996: Life and Work in Symphony Orchestras, The Musical Quarterly 80: 194–219.

Delbecq, Andre L., *Andrew H. Van de Ven* und *David H. Gustafson*, 1975: Group Techniques for Program Planning: A Guide to Nominal Group and Delphi Processes. Glenview, IL: Scott, Foresman.

DiMaggio, Paul J., und *Walter W. Powell*, 1983: The Iron Cage Revisited: Institutional Isomorphism and Collective Rationality in Organizational Fields, American Sociological Review 48: 147–160.

Gersick, Connie J. G., 1991: Revolutionary Change Theories: A Multilevel Exploration of the Punctuated Equilibrium Paradigm, Academy of Management Review 16: 10–36.

Hackman, J. Richard, 1984: The Transition that Hasn't Happened. S. 29–59 in: *John R. Kimberly* und *Robert E. Quinn* (Hg.): New Futures: The Challenge of Managing Corporate Cultures. Homewood, IL: Dow Jones-Irwin.

Hackman, J. Richard, 1987: The Design of Work Teams. S. 315–342 in: *Jay W. Lorsch* (Hg.): Handbook of Organizational Behavior. Englewood Cliffs, NJ: Prentice-Hall.

Hackman, J. Richard, 1998: Why Teams Don't Work. S. 245–267 in: *R. Scott Tindale* et al. (Hg.): Theory and Research on Small Groups. New York: Plenum.

Hackman, J. Richard, 2002: Leading Teams: Setting the Stage for Great Performances. Boston: Harvard Business School Press.

Hackman, J. Richard, und *Neil J. Vidmar*, 1970: Effects of Size and Task Type on Group Performance and Member Reactions, Sociometry 33: 37–54.

---

6 Zu den möglichen Anhaltspunkten, diese Möglichkeit zu verfolgen, gehören das Prinzip der Equifinalität („equifinality"), die von Systemtheoretikern wie beispielsweise Katz und Kahn (1978: 30) vertreten wird sowie die Theorie multipler Möglichkeiten von Tyler (1983). Macht uns Equifinalität auf die Tatsache aufmerksam, dass dasselbe Resultat als Antwort auf eine Vielzahl von Ursachen eintreten kann, besagt die Theorie der multiplen Möglichkeiten, dass dieselbe Ursache eine Vielzahl an Resultaten hervorrufen kann. Zusammengenommen bieten uns die zwei Modelle eine faszinierende Alternative zu den herkömmlichen Stimulus-Response-Modellen, in denen situative Ursachen immer eng mit Verhaltensresultaten in Verbindung gebracht werden.

Jehn, Karen A., Gregory B. Northcraft und *Margaret A. Neale*, 1999: Why Differences Make a Difference: A Field Study of Diversity, Conflict, and Performance in Workgroups, Administrative Science Quarterly 44: 741–763.
Jensen, Michael C., 1993: The Modern Industrial Revolution. Exit, and the Failure of Internal Control Systems, Journal of Finance 48: 831–880.
Kaplan, Robert E., 1979: The Conspicuous Absence of Evidence that Process Consultation Enhances Task Performance, Journal of Applied Behavioral Science 15: 346–360.
Katz, Daniel, und *Kahn, Robert L.*, 1978: The Social Psychology of Organizations. 2. Aufl. New York: Wiley.
Meyer, Alan D., James B. Goes, und *Geoffrey R. Brooks*, 1993: Organizations Reacting to Hyperturbulence. S. 66–111 in: *George P. Huber* und *William H. Glick* (Hg.): Organizational Change and Redesign. New York: Oxford University Press.
Miller, Danny, und *Peter H. Friesen*, 1980: Momentum and Revolution in Organizational Adaptation, Academy of Management Journal 23: 591–614.
Richards, C. B., und *H. F. Dobyns*, 1957: Topography and Culture: The Case of the Changing Cage, Human Organization 16: 16–20.
Roethlisberger, Fritz J., und *William J. Dickson*, 1939: Management and the Worker. Cambridge: Harvard University Press.
Romanelli, Elaine, und *Michael L. Tushman*, 1994: Organizational Transformation as Punctuated Equilibrium: An Empirical Test, Academy of Management Journal 37: 1141–1166.
Salas, Eduardo, Drew Rozell, Brian Mullen und *James E. Driskell,* 1999: The Effect of Team Building on Performance: An Integration, Small Group Research 30: 309–329.
Simons, Tony L., und *Randall S. Peterson*, 2000: Task Conflict and Relationship Conflict in Top Management Teams: The Pivotal Role of Intragroup Trust, Journal of Applied Psychology 85: 102–111.
Smith, Karl A., David W. Johnson und *Roger T. Johnson*, 1981: Can Conflict be Constructive? Controversy Versus Concurrence Seeking in Learning Groups, Journal of Educational Psychology 73: 651–663.
Staw, Barry M., 1975: Attribution of the „Causes" of Performance: A General Alternative Interpretation of Cross-sectional Research on Organizations, Organizational Behavior and Human Performance 13: 414–432.
Tannenbaum, Scott I., Rebecca L. Beard und *Eduardo A. Salas*, 1992: Team Building and its Influence on Team Effectiveness: An Examination of Conceptual and Empirical Developments. S. 117–153 in: *Kelley Kelly* (Hg.): Issues, Theory, and Research in Industrial/organizational Psychology. Amsterdam: Elsevier.
Tyler, Leona E., 1983: Thinking Creatively: A New Approach to Psychology and Individual Lives. San Francisco: Jossey-Bass.
Wageman, Ruth (Hg.), 1999: Groups in Context. Stamford, CT: JAI Press.
Wageman, Ruth, 2001: How Leaders Foster Self-managing Team Effectiveness: Design Choices Versus Hands-on Coaching, Organization Science 12: 559–577.
Walton, Richard E., 1980: Establishing and Maintaining High Commitment Work Systems. S. 208–290 in: *John R. Kimberly* und *Robert H. Miles* (Hg.): The Organizational Life Cycle: Issues in the Creation, Transformation, and Decline of Organizations. San Francisco: Jossey-Bass.
Walton, Richard E., 1985: From Control to Commitment: Transformation of Workforce Management Strategies in the United States. S. 237–265 in: *Kim B. Clark, Robert H. Hayes* und *Christopher Lorenz* (Hg.): The Uneasy Alliance: Managing the Productivity-technology Dilemma. Boston: Harvard Business School Press.
Walton, Richard E., und *J. Richard Hackman*, 1986: Groups Under Contrasting Management Strategies. S. 72–119 in: *Paul S. Goodman* (Hg.): Designing Effective Work Groups. San Francisco: Jossey-Bass.
Zucker, Lynn G., 1977: The Role of Institutionalization in Cultural Persistence, American Sociological Review 42: 726–743.

Übersetzung: *Manuela Thurner* und *Jutta Allmendinger*

DIVERSITÄT IN ORGANISATIONEN UND ARBEITSGRUPPEN

Astrid Podsiadlowski

Zusammenfassung: Angesichts der wirtschaftlichen Internationalisierung werden Organisationen, die nach Nationalität, Ethnizität, Alter und Geschlecht unterschiedlich zusammengesetzt sind, immer wichtiger. Dieser Beitrag beschäftigt sich mit solchen heterogenen oder diversen Organisationen und Arbeitsgruppen aus theoretischer und empirischer Sicht. Zum theoretischen Verständnis sind die Ansätze sozialer Kategorisierung, Wahrnehmungs- und Vergleichsprozesse zentral. Der empirische Forschungsstand wird unter Berücksichtigung einer eigenen Studie, die in multikulturellen, in der Asien-Pazifik-Region tätigen Arbeitsgruppen eines internationalen Unternehmens durchgeführt wurde, dargestellt. Die Effektivität der Arbeitsgruppen, welche Zufriedenheit, Effizienz, Kreativität und die Einschätzung zur eigenen Zukunft umfasst, wird in Abhängigkeit von der Gruppenzusammensetzung diskutiert. Im Ergebnis zeigt sich, dass die Anzahl der vertretenen Nationalitäten positiv mit der Kreativität und der Zufriedenheit der Gruppen zusammenhängt. Eine (nach Selbsteinschätzung) hohe Diversität geht mit hoher Effizienz der Arbeitsgruppen einher. Abschließend werden Möglichkeiten von Integration und Zusammenarbeit sowie Maßnahmen des ‚Managing Diversity' vorgestellt.

Im Rahmen der Internationalisierung von Organisationen gewinnt der unterschiedliche Hintergrund von Mitarbeitern und Mitarbeiterinnen in Organisationen an Bedeutung, sei es auf Basis von Nationalität, ethnischer Zugehörigkeit, Alter und Geschlecht. Die Internationalisierung drückt sich unter anderem in einer vielfältigeren demographischen Zusammensetzung von Organisationen und der in ihnen tätigen Arbeitsgruppen aus. Die daraus folgende Diversität stellt für viele Organisationen eine große Herausforderung dar und geht häufig mit Reibungsverlusten und sozialer Ungleichheit einher. Es stellt sich die Frage, ob diese Reibungsverluste aufgefangen werden und sogar Vorteile daraus gezogen werden können, so dass der vielfältige Hintergrund von Mitarbeitern und Mitarbeiterinnen zu einem wichtigen Synergiepotenzial werden kann.

Dieser Beitrag hat zum Ziel, das Konzept der Diversität näher zu bestimmen, um dann deren Konsequenzen zu analysieren. Bevor der Begriff der Diversität in *Abschnitt II* erläutert wird, ist die Entwicklung neuer Organisationsstrukturen Thema von *Abschnitt I*. Veränderungen innerhalb und außerhalb von Organisationen machen es theoretisch, empirisch und praktisch notwendig, sich mit Fragen der Integration verschiedener sozialer Gruppen und Ungleichheiten zwischen ihnen auseinander zu setzen. Arbeitsgruppen sind in Organisationen weit verbreitet und haben zentrale Bedeutung für die Analyse und das Verständnis von Strukturen und Prozessen. In *Abschnitt III* wird daher der Forschungsstand zur Wirkung von Diversität in Arbeitsgruppen unter Bezugnahme auf verschiedene Formen von Diversität besonders betrachtet. Am Beispiel einer Studie zu kulturell diversen Arbeitsgruppen sollen dann in *Abschnitt IV* die Bedeutung von Diversität für Organisationen dargestellt und Bedingungen erfolgreicher Zusammenarbeit abgeleitet werden. Im abschließenden *Abschnitt V* wird darauf eingegangen, welche Maßnahmen zur Integration potenziell benachteiligter Gruppen innerhalb von Organisationen denkbar sind, und es werden offene Fragen für die zukünftige Forschung gestellt.

I. Demographischer Wandel in Organisationen

Einhergehend mit rasanten Entwicklungen von Informations- und Kommunikationstechnologien, der Internationalisierung der Wirtschaft und Migrationsbewegungen stehen Organisationen als offene soziale Systeme vor großen Herausforderungen. Um zeitlich überdauernd existieren und ihre spezifischen Ziele verfolgen zu können, müssen sie sich einer komplexeren und veränderlichen Umwelt anpassen: Diese ist durch eine starke Heterogenität der Bevölkerungsstruktur und durch differenzierte Einstellungen und Werthaltungen geprägt. Wesentliches Merkmal des sozialen Wandels ist eine zunehmende Diversität in Organisationen und Arbeitsgruppen (Reese-Schäfer 1999). Die United Nations Population Commission (A Refugee 2001) nennt Feminisierung der Arbeit, Migration des asiatischen Arbeitsmarktes und „global graying" als zentrale Merkmale dieses sozialen Wandels. Besonders für international tätige Wirtschaftsunternehmen resultieren daraus sozial und kulturell immer vielfältigere Belegschaften, Kundenstämme, Zulieferer und Geschäftspartner.

Als Beispiel für die sich weltweit verändernden demographischen Entwicklungen soll der US-amerikanische Arbeitsmarkt betrachtet werden. Nach dem U.S. Census Bureau (2000) hat sich seit 1990 die Beteiligung am Arbeitsmarkt bei der schwarzen Bevölkerung um 21 Prozent (bei einem Bevölkerungsanteil von 12 Prozent), bei der hispano-amerikanischen Bevölkerung um 54 Prozent (bei einem Bevölkerungsanteil von 11 Prozent) und bei den asiatisch-stämmigen Bevölkerungsgruppen (bei einem Bevölkerungsanteil von 5 Prozent) um 71 Prozent erhöht. Bemerkenswert ist die stark gestiegene Teilnahme von Frauen asiatischer oder hispanischer Abstammung am Erwerbsleben, zwischen 1996 und 2006 wird eine Zunahme von 37 Prozent bzw. 40 Prozent angenommen (U.S. Department of Labor 1998). Nach dem U.S. Department of Labor (2001) sind 23 Prozent der Erwerbstätigen älter als 50 Jahre. Für 2006 wird prognostiziert, dass 69 Prozent der Neueinsteiger nicht mehr in das lange Zeit vorherrschende Bild einer weißen, männlichen Belegschaft passen (U.S. Department of Labor 1998).

Auch wenn die US-amerikanische Bevölkerungsentwicklung einen völlig anderen historischen Hintergrund hat, muss auch Deutschland längst als Einwanderungsland bezeichnet werden, in dem 7,3 Millionen Ausländer leben. Dies entspricht einem Anteil von 9 Prozent der Gesamtbevölkerung, wobei nahezu 40 Prozent der Ausländer schon seit mehr als 15 Jahren in Deutschland leben. Ende 1999 waren 2,8 Millionen Ausländer erwerbstätig. Von Januar 2000 bis April 2001 sind im Rahmen der Green-Card-Regelung 7.000 der auf fünf Jahre befristeten Arbeitserlaubnisse erteilt worden (Unabhängige Kommission „Zuwanderung" 2001). Bei der BMW AG kommen zum

Beispiel 10 Prozent der in Deutschland beschäftigten Mitarbeiter aus dem Ausland. Bei insgesamt 98 in dem Unternehmen vertretenen Nationen stammen 39 Prozent der ausländischen Mitarbeiter aus der Türkei, gefolgt von Restjugoslawien und Österreich (BMW AG 2001). Die Kommunalverwaltung Münchens beschäftigt 11 Prozent Ausländer aus insgesamt 70 Ländern, die vorwiegend als Arbeiter und Arbeiterinnen tätig sind. Dabei bewegen sich die ausländischen Frauen fast ausschließlich in den untersten Lohngruppen (Landeshauptstadt München 2000).

Demographische Veränderungen der Bevölkerung und des Arbeitsmarktes kommen in einer vermehrt multikulturellen Zusammensetzung von Unternehmen und der in ihnen tätigen Arbeitsgruppen zum Ausdruck und erfordern einen bewussten Umgang mit der zunehmenden Heterogenität am Arbeitsplatz. In der Organisationsforschung findet aber erst seit neuerem eine aufmerksame Auseinandersetzung mit Minderheiten und Subkulturen im Unternehmen statt (Sackmann et al. 1997). Organisationen werden hierbei als heterogene und pluralistische Systeme verstanden, deren Mitarbeiter in einer komplexen Gesellschaft leben. Durch Sozialisation innerhalb der Organisation teilen sie bestimmte Normen und Werte, die Einzelnen bringen diese aber auch durch vorgängige Sozialisation und Enkulturation von außen mit. Interkulturelle Zusammenarbeit und die Integration von Minoritäten gewinnen an Bedeutung. In engem Zusammenhang mit demographischem Wandel steht das Konzept der Diversität in Organisationen, das im Folgenden näher bestimmt werden soll.

II. Begriffsbestimmung: Diversität

Diversität meint zunächst einen Zustand von Heterogenität in Organisationen, in dem sich Menschen hinsichtlich verschiedener demographischer Eigenschaften und ihrer kulturellen Herkunft unterscheiden (Bhawuk et al. 2001). Dabei geht der Ansatz der Diversität über die bloße Beschreibung von Verschiedenheit hinaus, indem Unterschiede hinsichtlich der in Interaktionen sozial relevanten Merkmale behandelt werden. So werden Nationalität, Ethnizität, regionale Herkunft, Religionszugehörigkeit, Alter und Geschlecht untersucht, wenn sie auf Grund unterschiedlicher Prägungen und Erfahrungen in Interaktionen sozial relevant sind und zu In- und Out-Group-Differenzierungen führen. Außerdem wird die Dauer der Organisationszugehörigkeit als ein weiteres Unterscheidungskriterium angesehen. Weiterhin gelten Personen als divers, wenn sie hinsichtlich ihrer Werte, Einstellungen und Fähigkeiten differieren (zur Definition von Diversität siehe Adler 1991; Katzell 1994; Larkey 1996; Milliken und Martins 1996; Podsiadlowski 1998, 2002; Tung 1997).

Bei der wissenschaftlichen und praktischen Auseinandersetzung mit dem Konzept der Diversität ist die Beschreibung heterogener Zusammensetzungen in Organisationen und Gruppen nur der erste Schritt. Wichtiger sind Fragen, inwieweit sich die Wahrscheinlichkeit von Konflikten zwischen Angehörigen verschiedener sozialer Kategorien erhöht und wie der Umgang mit Vielfalt auf Grund von Wahrnehmungs- und Zuschreibungsprozessen aussieht. Ganz allgemein geht es bei dem Konzept der Diversität darum, dass eine Person ihr Gegenüber als anders wahrnimmt („*That person is different from me*", Triandis, Kurowski und Gelfand 1994: 772) bzw. diese einer Gruppe zuordnet, die nicht mit der eigenen, wahrgenommenen Gruppenzugehörigkeit übereinstimmt. Tajfel und Turner (1986) betonen die Bedeutung der Gruppenzugehörigkeit für die eigene Identität. Diese wird über den Prozess der sozialen Kategorisierung, des sozialen Vergleichs zwischen Gruppen und der sozialen Unterscheidung, also der Abgrenzung zwischen In- und Out-Group und der Bildung von Subgruppen, entwickelt (Mummendey 1993). Sie stellen somit in Ergänzung zur Analyse interpersonellen Verhaltens die Bedeutung von Intergruppen-Verhalten heraus. Für das Konzept der Diversität ist diese Differenzierung insofern relevant, als Unterschiede in der Weltanschauung, den Werten, Normen und Einstellungen von Individuen, die bedingt sind durch die Zugehörigkeit zu sozialen Kategorien (wie z.B. Geschlecht oder Nationalität), zu potenziellen Verhaltensunterschieden zwischen Personen (Adler 1991; Ting-Toomey 1988; Triandis 1972) und zu Verhaltensunterschieden zwischen Gruppen (Tajfel 1978; Tajfel und Turner 1986; Turner 1978) führen können.

Theoretische und empirische Arbeiten zu Kontakten zwischen Gruppen zeigen, dass Unterschiede zwischen Gruppen, die sich auf der Grundlage sozialer Kategorien wie Nationalität oder Geschlecht bilden könnten, von den Gruppenmitgliedern tendenziell übertrieben, individuelle Unterschiede innerhalb einer Gruppe dagegen minimalisiert werden (Sherif et al. 1961; Sherif und Sherif 1969; Stephan 1987). Im Ergebnis entstehen Loyalität und Bevorzugung der eigenen Gruppe, dagegen Rivalitäten, negative Stereotypisierung und Misstrauen zwischen verschiedenen Gruppen (Brewer 1979; Schopler und Insko 1992). Dies gilt als besonders wahrscheinlich, wenn wenige Kontakte zwischen den Gruppen bzw. deren Gruppenmitgliedern (Allport 1954; Amir und Garti 1977; Pettigrew 1998; Stephan 1987), ein Mangel an Ressourcen und Positionen (Blalock 1969) als auch negative Abhängigkeiten (Sherif und Sherif 1969) bestehen. Konflikte zwischen Gruppen, die sich zum Beispiel auch innerhalb einer Arbeitsgruppe auf Grund sozialer Kategorisierung bilden können, sind die Folge. Baron und Pfeffer (1994) betonen, dass diese Wahrnehmungs- und Vergleichsprozesse über soziale Kategorien für den Arbeitsplatz eine zentrale Bedeutung haben, da soziale Beziehungen am Arbeitsplatz wichtige Quellen der Zufriedenheit sind und Belohnungscharakter haben.

Diversität wird zumeist theoretisch und empirisch nach Analyseebenen getrennt untersucht, auch wenn Zusammenhänge zwischen den Ebenen nahe liegen:[1] 1. Auf Ebene der Organisation: Der Begriff der „Workforce" oder „Workplace Diversity" beschreibt die zunehmende Diversität der demographischen Zusammensetzung von Arbeitsorganisationen. Hier wird gefragt, inwieweit Diversität auf den Output und die Überlebensfähigkeit von Organisationen wirkt und wie mit demographischen Veränderungen in Form von Unternehmensstrategien und -politiken sowie Rekrutierungs- und

---

[1] Baron und Bielby (1980) empfehlen eine Unterscheidung zwischen Gruppe, Organisation, Arbeitsmarkt und Gesellschaft für eine empirische Organisationsforschung. Gesellschaften sind in unterschiedlichem Maße divers, es wird zum Beispiel von multikulturellen oder multiethnischen Staaten gesprochen. Durch Migrationsbewegungen und weltweit vernetzte Kommunikation gibt es kaum noch Gesellschaften, die sich nicht mit Fragen der Integration verschiedener ethnischer und nationaler Gruppen beschäftigen müssten. Die politische, rechtliche und gesellschaftliche Auseinandersetzung damit ist eng mit Fragen von Assimilation oder Pluralismus verknüpft (Marger 2000).

Personalentwicklungsmaßnahmen umgegangen wird (Bhawuk et al. 2001; Sessa, Jackson und Rapini 1995) 2. Auf Ebene der Gruppe: Gruppen als zentrales Strukturmerkmal von Organisationen sind ebenfalls zunehmend heterogen zusammengesetzt. Zahlreiche Untersuchungen haben zum Verständnis der potenziell positiven Konsequenzen von Diversität wie Innovation, Produktivität und Kreativität, aber auch der potenziell negativen Folgen einer heterogenen Zusammensetzung wie erschwerte Kommunikation, erhöhte Fluktuation, Abwesenheit und stärkeres Stresserleben beigetragen (Podsiadlowski 1998). In dieser Arbeit soll aufgezeigt werden, dass eine tiefer gehende analytische Unterscheidung verschiedener Formen von Diversität in Arbeitsgruppen nötig ist, um Erklärungen für die Wirkung von Diversität in Gruppen auf Gruppenprozesse und -ergebnisse zu finden.

III. Diversität in Arbeitsgruppen

Der größte Erkenntnisgewinn zu Diversität stammt aus Studien zu Arbeitsgruppen. Eine weltweite Entwicklung ist die Neustrukturierung der Firmenorganisation mit dem Ziel, Organisationen flexibler zu gestalten (Tung 1997). Arbeitsprozesse werden auf allen Unternehmensebenen zunehmend über Gruppen und Teams koordiniert und gestaltet (Milliken und Martins 1996), so dass sich Organisationen in verstärktem Maße auf die Effektivität von Teams verlassen (DeMatteo und Sundstrom 1998; Tannenbaum et al. 1996; Yukl 1998).

Arbeitsgruppen können als kleinste analysierbare Einheit in Organisationen beschrieben werden, an der Auswirkungen von Diversität beobachtet und gemessen werden. Gruppen sind soziale Systeme in Organisationen, die zeitlich zumindest über eine gewisse Dauer existieren, spezifische Ziele verfolgen und charakteristische Strukturen aufweisen. Diversität ist ein wesentliches Bestimmungsmerkmal von Gruppen. Mit dem Blick auf Gruppen sollen Interaktionen und Wirkmechanismen gemischter Zusammensetzungen verstanden und Schlussfolgerungen für einen Umgang mit Vielfalt und Heterogenität abgeleitet werden.

Mit Unterscheidungsmerkmalen wie ethnische Zugehörigkeit, Geschlecht, Nationalität, Kulturraum, Beruf, Profession und auch geographischer Ursprung werden viele Arten von Unterschieden in der Gruppen- und Diversitätsforschung angesprochen. Die in der Literatur am häufigsten zu findende Kategorisierung von Diversität unterscheidet zwischen *demographic, cultural* und *organizational diversity*, die sich zum Teil stark überschneiden und von der Untersuchungsform abhängen. Meist werden unter *demographischer Diversität* die beobachtbaren Unterscheidungsmerkmale Geschlecht, Alter und Ethnizität verstanden, die mitunter auch in Studien zur kulturellen und organisationalen Diversität erhoben werden. Studien zu *kultureller Diversität* legen das Forschungsinteresse auf die Wirkung der Ethnizität[2] und eventuell auch der Nationalität. *Organisationale Diversität* bezieht sich schwerpunktmäßig auf Ausbildung, Funktion, Beruf und Unternehmenszugehörigkeit. In *Abbildung 1* werden die verschiedenen For-

---

2 Das Thema der ethnischen Diversität ist stark mit dem Thema von Minoritäten verknüpft (z.B. Kirchmeyer und Cohen 1992, in Gruppen; Bhawuk et al. 2001, in Unternehmen), und deren Unterstützung ist insbesondere in den USA von politischem Interesse.

Abbildung 1: Unterscheidungsmerkmale und Formen der Diversität

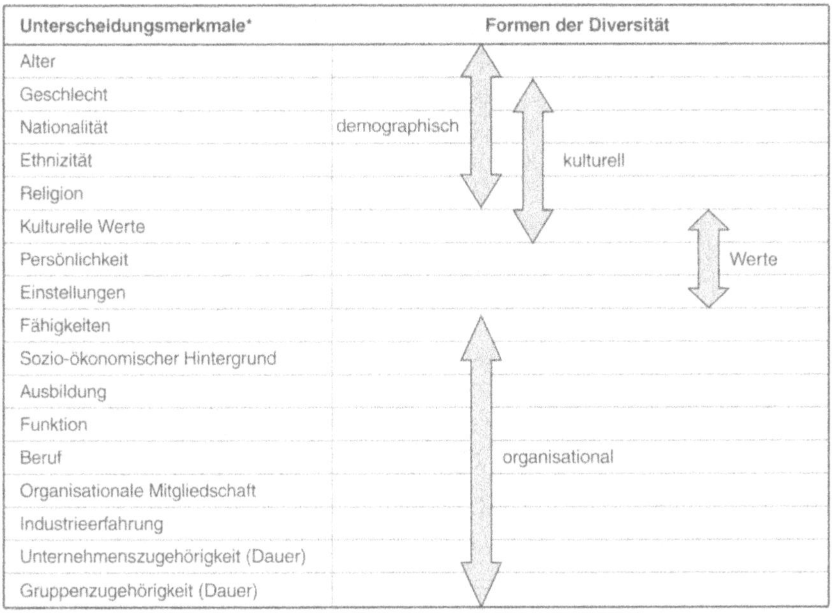

Unterscheidungsmerkmale*	Formen der Diversität
Alter	
Geschlecht	
Nationalität	demographisch
Ethnizität	kulturell
Religion	
Kulturelle Werte	
Persönlichkeit	Werte
Einstellungen	
Fähigkeiten	
Sozio-ökonomischer Hintergrund	
Ausbildung	
Funktion	
Beruf	organisational
Organisationale Mitgliedschaft	
Industrieerfahrung	
Unternehmenszugehörigkeit (Dauer)	
Gruppenzugehörigkeit (Dauer)	

* In Anlehnung an Miliken und Martins (1996).

men der untersuchten Unterscheidungsmerkmale kategorisiert sowie deren Überschneidungen veranschaulicht.

Die frühen Studien der 1960er Jahre zu Diversität, die sich vor allem auf *Laborstudien* mit Ad-hoc-Experimentalgruppen stützen, weisen auf einen möglichen kognitiven Gewinn von Diversität hin – hier bezogen auf Einstellungen, Fähigkeiten, Persönlichkeitseigenschaften und Geschlecht. Heterogene Gruppen können schneller und innovativer Probleme lösen, vorausgesetzt, die Gruppenmitglieder bringen komplementäre Fähigkeiten, die für die zu lösende Aufgabe relevant sind, ein (Hoffman und Maier 1961) bzw. die Gruppenmitglieder sind tolerant gegenüber den Standpunkten anderer (Hoffman, Harburg und Maier 1962). Die Ergebnisse sind uneinheitlich. In Laborstudien zu *gender diversity* stieg (Hoffman und Maier 1961) oder sank die Leistung (Clement und Shiereck 1973) bei gemischtgeschlechtlichen Gruppen. Die Untersuchungen im Labor zu Beginn der 1990er Jahre von Cox, Lobel und McLeod (1991), McLeod und Lobel (1992) und Watson, Kumar und Michaelsen (1993), die durch ihre Aufgabenstellung Praxisrelevanz anzielten, weisen auf einen potenziellen kognitiven Gewinn von *kultureller Diversität* (hauptsächlich im Sinne ethnischer Diversität) in Richtung Produktivität und Effektivität hin. Doch werden auch die möglichen negativen affektiven Konsequenzen kultureller Diversität wie geringere Bindung an die Gruppe und Gefühle von Diskriminierung deutlich (Kirchmeyer und Cohen 1992; Kirchmeyer 1993).

Forschungen im Feld von Organisationen sind sich weitgehend einig, dass die Diversität bezüglich Ausbildung und Funktion (*organisationale Diversität*) eine Bandbreite an

Wissen, Fertigkeiten und Kontakten fördert und somit erfolgreiche Problemlösungen unterstützt (Ancona und Caldwell 1992; Bantel und Jackson 1989; Smith et al. 1994). Auf der anderen Seite stehen häufige Personalwechsel und Absentismus (Jackson et al. 1991). Ergebnisse zu gemischtgeschlechtlichen Gruppen, also *gender diversity*, sind ebenso ambivalent. In Feldstudien führte eine gemischte Zusammensetzung zu mehr Absentismus, Turnover, verringertem prosozialen Verhalten (Kizilos, Pelled und Cummings 1996) und zu emotionalen Konflikten, die sich wiederum negativ auf die Produktivität auswirkten (Pelled 1997). In Symphonie-Orchestern können Allmendinger und Hackman (1995) bei steigendem Frauenanteil eine Verschlechterung der Einschätzung der Aufführungsqualität und der Beziehungen von Orchestermitgliedern untereinander belegen. Bei Fields und Blum (1997) hingegen waren Männer und Frauen in gemischten Arbeitsgruppen zufriedener als in homogenen Gruppen. Das Bild der *kulturellen Diversität* hat zwei Seiten. Im Feld ist zu erkennen, dass bei ethnischer Diversität die Minderheitenproblematik eine besondere Rolle spielt und die Bindung an die Gruppe schwieriger ist (Goto 1997; Riordan und Shore 1997; Tsui, Egan und O'Reilly 1992). Insgesamt mag Diversität bestimmte Prozesse wie Arbeitszufriedenheit (Earley und Mosakowski 2000; Harrison, Price und Bell 1998), *commitment* (Harrison et al. 1998) oder die Wertschätzung kultureller Vielfalt (Bochner und Hesketh 1994) fördern, welche aber nicht notwendigerweise positive Auswirkungen auf die Gruppeneffektivität haben.

In den referierten Studien fällt auf, dass unterschiedliche Formen von Diversität und unterschiedliche Wirkungen gemessen wurden (Podsiadlowski 2002). Es fehlt aber an Studien, die innerhalb einer Untersuchungsgruppe systematisch zwischen den verschiedenen möglichen Ergebnissen diverser Gruppen differenzieren und dabei mehrere Formen von Diversität berücksichtigen. Weiterhin lassen sich kaum Aussagen zu Bedingungen erfolgreicher Zusammenarbeit finden. Dies gilt insbesondere für Felduntersuchungen, welche aber letztendlich die reale Welt multikultureller Arbeitsgruppen besser abbilden. Im Vergleich zu ad hoc zusammengesetzten Laborgruppen vorwiegend aus Studierenden sind Arbeitsgruppen im Feld heterogener bezüglich Ausbildung, Status, Alter, Firmenzugehörigkeit und Erfahrungen. Sie arbeiten bereits über einen längeren Zeitraum zusammen und ihre Arbeitsprozesse und -ergebnisse haben reale persönliche und berufliche Konsequenzen für die einzelnen Gruppenmitglieder. Aus diesem Grunde werde ich im Folgenden näher auf eine Felduntersuchung eingehen und fragen, welche Auswirkungen Diversität hat, womit diese zu erklären sind und welche Bedingungen zu erfolgreicher Zusammenarbeit trotz – oder sogar gerade wegen – der Diversität führen können.

IV. Empirisches Fallbeispiel: Bedingungen erfolgreicher Zusammenarbeit

Um Barrieren und Chancen in unterschiedlich zusammengesetzten Arbeitsgruppen zu erfassen, wurde eine Feldstudie in einem deutschen multinationalen Unternehmen durchgeführt. Diese analysierte mit Hilfe multipler Methoden (Fragebogen, Interviews, Gruppendiskussion, Dokumentenanalyse) Arbeitsprozesse in Gruppen, deren Mitglieder aus verschiedenen nationalen Kulturen stammten und die sich hinsichtlich Geschlecht, Ethnizität, Funktion, Ausbildung und Beruf unterschieden.

1. Aufbau und Methoden der Untersuchung

Das eigentliche Untersuchungsinstrument stellte ein Fragebogen mit quantitativen und qualitativen Elementen dar, den die Mitglieder in Arbeitsgruppen zu beantworten hatten. Das Erhebungsinstrument wurde auf Basis der Ergebnisse von Gruppendiskussionen mit Experten zur Beurteilung der Effektivität von Arbeitsgruppen und auf Grundlage anderer empirischer Arbeiten zu heterogenen Arbeitsgruppen und interkultureller Kommunikation entwickelt. Der Fragebogen enthielt sechs Abschnitte: Fragen zur Arbeitsgruppe an sich (Zusammensetzung, Struktur, Geschichte, Stabilität, Aufgabenstellung), Fragen zur Art und Weise der Kommunikation (genutzte Medien, Häufigkeit der Nutzung, Kontaktpersonen, Sprache), Fragen zur Beurteilung der effektiven Zusammenarbeit, Fragen zu interkulturellen Erfahrungen, Fragen zu persönlichen Einstellungen bezüglich vielfältiger Arbeits- und Lebensbereiche und Fragen zum Unternehmen. Zusätzlich zu den Mitgliedern der Arbeitsgruppen wurden deren Vorgesetzte interviewt und Dokumente (z.B. Geschäftsberichte) der Unternehmen analysiert.

Die Untersuchung wurde in einem deutschen, international tätigen Dienstleistungsunternehmen am Standort Singapur durchgeführt. Das Unternehmen ermöglichte es der Autorin, jeden Mitarbeiter innerhalb der Asien-Pazifik-Region um Teilnahme an der Studie zu bitten. Die Rücklaufquote betrug 75 Prozent. Insgesamt konnten 84 Mitarbeiter und Mitarbeiterinnen befragt werden, die verschiedenen Arbeitsgruppen angehörten.

2. Untersuchungsmodell

Das forschungsleitende Modell nimmt Bezug auf ein Modell zur Gruppeneffektivität von Hackman und Morris (1975), das auf den Beziehungen zwischen Input, Prozessen und Output basiert. Unter Input werden Gruppenzusammensetzung (als auch zentrales Thema dieser Studie), Gruppennormen und Aufgabenstellung verstanden. Zu den wichtigen intermediären Gruppenprozessen zählen die Autoren Fähigkeiten der Gruppenmitglieder, geeignete Lösungsstrategien und Einsatzbereitschaft. Als Output gilt die Gruppeneffektivität. Zentral für diese Studie war eine möglichst breite Suche nach 1. den Einflussfaktoren (= *Input*) auf die Gruppeneffektivität, 2. den vermittelnden Einflussgrößen (= *Prozesse*) und 3. eine genaue Bestimmung der Gruppeneffektivität (= *Output*).

In Anlehnung an eine in der organisationspsychologischen Forschung übliche Unterscheidung (DeMatteo und Sundstorm 1998; Milliken und Matins 1996; von Rosenstiel 2000) werden beim *Input* Einflussfaktoren auf der Ebene des Individuums, der Gruppe und der Organisation getrennt betrachtet. Als wichtige individuelle Leistungsdeterminanten auf Ebene des Individuums lassen sich fachliche und soziale Fähigkeiten sowie Motivation und Einstellungen – etwa zu Kooperation der Gruppenmitglieder – finden. Auf Gruppenebene gelten die Gruppengröße, die zeitlichen Rahmenbedingungen, das Belohnungssystem, die Zielvorgaben und die Aufgaben als relevant. Auf Ebene der Organisation sind deren Führungssystem, Struktur und Kultur von Bedeutung (Zusammenstellung von Bedingungen erfolgreicher Gruppenarbeit findet sich bei Podsiadlowski 2002: Tabelle 1 mit Bezugnahme auf Arbeiten wie DeMatteo und Sundstrom 1998; Hackman 1990; Yukl 1998).

Auf Ebene des Individuums wurden Skalen zur Messung der Einstellungen zu Kooperation und Kollektivismus verwendet. Da Kooperation als wesentlich für die Zusammenarbeit in Gruppen betont wird (Brewer 1995; Spieß 1996), wurde die Einstellung zu Kooperation mit vier Items nach Neber (1994) gemessen. Das Konzept des Individualismus-Kollektivismus aus der kulturvergleichenden Forschung (Hofstede 1997; Triandis 1995) unterscheidet zwischen Kulturen, in denen das Selbst im Sinne von „Wir" als ein Teil der Gruppe (wie Familie, Stamm, Dorf, Land) wahrgenommen wird und die Unterscheidung zwischen In- und Out-Groups stärker ist, und Kulturen, in denen Individuen nur locker miteinander verbunden sind, sich als unabhängig von Gruppen verstehen und persönliche Ziele vor Gruppenziele gestellt werden.

Auf Gruppenebene war die Bildung der Heterogenitätsmaße zu organisationaler und kultureller Diversität zentral. Mit vier Items sollte das Ausmaß an Heterogenität bezüglich Ausbildung, Beruf, Status und Arbeitsstil beurteilt werden. Der Einfluss der unterschiedlichen nationalen Kulturen innerhalb der Arbeitsgruppen wurde zum einen über die Anzahl der Nationalitäten in den Arbeitsgruppen erfasst, zum anderen über die durchschnittliche kulturelle Distanz aller Gruppenmitglieder voneinander bezüglich der Wertorientierungen von Geert Hofstede (1997), zu denen für alle an der Studie beteiligten Nationalitäten Rangwerte existieren (Messung der kulturellen Distanz bei Podsiadlowski 2002: Kap. 7). Letztere diente dazu, unterschiedliche Wertorientierungen der Gruppenmitglieder zu berücksichtigen, die diese durch ihren nationalen kulturellen Hintergrund mitbringen. Da die Relevanz der Dimension des Individualismus und Kollektivismus in zahlreichen Studien belegt werden konnte (Bochner und Hesketh 1994 in Gruppen; Bhawuk 1998; Brüch 2001 in Austauschbeziehungen) und die Bedeutung der Gruppenzugehörigkeit besonders für Arbeitsgruppen interessant ist, verdienten die Wertorientierungen bezüglich Individualismus und Kollektivismus in den unterschiedlichen Herkunftsländern der Gruppenmitglieder besondere Beachtung (Hofstede 1997, Individualismusindex-Werte der jeweiligen Länder auf S. 69f.).

In empirischen Arbeiten zu multinationalen Arbeitsgruppen (Earley und Mosakowski 2000; Hofner Saphiere 1996), zur Gruppeneffektivität (Gladstein 1984; McGrath 1991) und interkulturellen Interaktionen (Brislin und Yoshida 1984; Gudykunst 1997) wird die Bedeutung vermittelnder *Prozessvariablen* hervorgehoben. Vertrauen, Kohäsion, gemeinsame Normen, klare Verantwortlichkeiten und Möglichkeiten zur Kommunikation gelten für positiv ablaufende Gruppenprozesse als essenziell (DeMatteo et al. 1998; Hackman 1990; Tannenbaum, Salas und Cannon-Bowers 1996; Yukl 1998), *social loafing* (Latané, Williams und Harkins 1979; Earley 1989) und Gruppendenken (Janis 1982; McLeod und Lobel 1992) als hinderlich für die Zusammenarbeit. Auf zwei Skalen sollten die Befragten die Kommunikation[3] und die Gruppenprozesse[4] beurteilen.

Zentral für die Befunde der Studie ist der Bezug auf die Effektivität der Arbeitsgruppen. Hackman (1990) unterteilt die Gruppeneffektivität (= *Output*) in Wohlbefinden der Gruppenmitglieder (*well-being*), Gruppenleistung (*group performance*) und Überlebensfähigkeit der Gruppe (*viability*). Zahlreiche Studien aus der Gruppenforschung nehmen Bezug auf diese Dreiteilung, indem klassische abhängige Variablen zur Erfassung der Effektivität von Gruppen, wie Zufriedenheit (*well-being*), Abwesenheit und Personalwechsel (*viability*) sowie Produktivität (*group performance*) gemessen werden (McGrath 1991; West 1996). Auch in dieser Studie wird die Dreiteilung übernommen, um die Effektivität der Arbeitsgruppen zu beurteilen und differenzierte Aussagen über Wirkungszusammenhänge machen zu können, indem Fragen zu Zufriedenheit und Leistung sowie zur Zukunft der Arbeitsgruppe gestellt wurden.

Zufriedenheit wurde mit Neuberger und Allerbecks (1978) Arbeitsbeschreibungsbogen erfasst, der um eine Frage zur Zufriedenheit mit der Arbeit in der Gruppe ergänzt wurde. Insgesamt bildeten acht Items zur Zufriedenheit mit Kollegen, Vorgesetztem, Arbeit, Arbeitsplatzbedingungen, Organisation und Management, Weiterbildungsmöglichkeiten, Arbeit als Ganzes und Gruppe die Variable *Zufriedenheit* (α = 0,92). Nach Umkodierung und z-Transformation wurde ein Summenwert für die Variable *Zukunft* der Arbeitsgruppen gebildet, die sich aus Fragen zum Ende der Arbeitsgruppen, zukünftigen Projekte und wie gerne die Gruppenmitglieder in Zukunft miteinander arbeiten wollen zusammensetzte (α = 0,71; vier Items). Die auf Basis der Modelle der Gruppeneffektivität und Ergebnissen der Gruppendiskussion konstruierte Leistungsskala (α = 0,77; acht Items) bildete nach einer explorativen Hauptkomponentenanalyse drei Faktoren ab: die Faktoren *Kreativität*, *Produktivität* und *Effizienz*. Der Faktor Produktivität wird nicht berücksichtigt, da er in den weiteren Berechnungen nur eine geringe Rolle spielte. Somit wird zur Beurteilung der Effektivität der Arbeitsgruppen und deren Einflussfaktoren auf die Variablen *Zufriedenheit*, *Kreativität*, *Effizienz* und *Zukunft* zurückgegriffen.

3. Beschreibung der Arbeitsgruppen

Die Gruppenmitglieder stammten aus acht Ländern: Australien, China, Deutschland, Großbritannien, Indien, Malaysia, den Philippinen, Singapur und den USA. Das Alter der Befragten reichte von 21 bis 54 Jahre, wobei sie mit durchschnittlich sechs Jahren und acht Monaten relativ viel Erfahrung in der interkulturellen Zusammenarbeit vorweisen konnten. Dass die Auslandserfahrung mit durchschnittlich drei Jahren und vier Monaten geringer ausfiel, weist darauf hin, dass Mitarbeiter nicht mehr nur durch Auslandsaufenthalte interkulturell tätig sind, sondern auch ihre heimischen Arbeitsplätze durch eine höhere kulturelle Vielfalt gekennzeichnet sind. Von den 84 Untersu-

---

3 Unter anderem sollten die Befragten die Möglichkeit von Missverständnissen, Sicherheit in der Geschäftssprache, Mediennutzung und Kommunikationsstile einschätzen.
4 Die Befragten sollten die Möglichkeiten freier Meinungsäußerung, gegenseitiger Unterstützung und Anregungen, Lernerfahrungen, Hilfestellungen u.a. beurteilen.

Tabelle 1: Gruppenzusammensetzung und Gruppengeschichte

Variable	Median	Einheit	Minimum		Maximum	k.A.
Gruppengröße	6	Gruppenmitglieder	3	–	29	1
Anzahl an Nationalitäten	3	Nationalitäten	1	–	9	1
Anzahl der Frauen	4	Frauen	0	–	16	1
Gruppenalter	2,2	Jahre	2 Monate	–	13 Jahre	6
Dauer der Gruppenzugehörigkeit	1,2	Jahre	2 Monate	–	6 Jahre	3

N = 84.

chungsteilnehmern waren 57 Prozent Frauen, 40 Prozent hatten einen akademischen Abschluss und ebenfalls 40 Prozent befanden sich in Führungspositionen.

In *Tabelle 1* sind Angaben zur Gruppenzusammensetzung und Gruppengeschichte enthalten. Die Arbeitsgruppen hatten durchschnittlich sechs Gruppenmitglieder und reichten von 3 bis 29 Mitgliedern. Mit durchschnittlich drei Nationalitäten, die in den Arbeitsgruppen vertreten waren, wurden Erfahrungen mit insgesamt 15 Nationalitäten beschrieben: Australien, China, Deutschland, Frankreich, Großbritannien, Griechenland, Indien, Indonesien, Kanada, Malaysia, Neuseeland, den Philippinen, Russland, Singapur und den USA. Im Durchschnitt waren vier Frauen in den Arbeitsgruppen, wobei die Bandbreite von Null bis 16 sehr groß war. Die auf der Basis von Selbsteinschätzungen erhobene Zusammensetzung der Arbeitsgruppen bezüglich Status, Ausbildung, Beruf und Arbeitsstil wurde im Durchschnitt weder als besonders heterogen oder homogen beurteilt. Allerdings streuen die Angaben verhältnismäßig stark.

Bei kulturell diversen Gruppen stellt sich die Frage, ob sich die Gruppenmitglieder ihrer Arbeitsgruppe zugehörig fühlen oder Subgruppen bilden, in denen sie Kollegen der gleichen Nationalität als In-Group ansehen. Letzteres scheint bei den Untersuchungsteilnehmern nicht der Fall zu sein, da sie auf die Frage, wem sie sich am loyalsten gegenüber fühlen, an erster Stelle ihre eigene Arbeitsgruppe mit 62 Prozent angaben. Kollegen gleicher Nationalität rangieren mit 7 Prozent an letzter Stelle. Ein besonders auffälliges Ergebnis ist, dass 63 Prozent der Befragten eine vernetzte Kommunikationsstruktur als zutreffend für ihre Gruppe angeben (*Abbildung 2*). Diese wird besonders bei komplexen Aufgaben mit der Leistungsfähigkeit einer Gruppe in Verbindung gebracht (von Rosenstiel 2000). Die zu leistende Arbeit wird von keinem der Befragten als Routinetätigkeit beschrieben. Die Befragten führen also Aufgaben aus, bei denen der Effizienzvorteil von Gruppenarbeit laut McGrath (1991) und Steiner (1976) gilt. Keine der Arbeitsgruppen ist eine Produktionsgruppe, deren Leistung nach der Metaanalyse von Galarza und Dipboye (1996) negativ mit der Gruppenheterogenität korreliert. Innerhalb der Gruppen sind face-to-face-Kontakte die mit Abstand häufigste Art der Kommunikation. Dabei geben 43,8 Prozent der Befragten an, dass sie mit allen Gruppenmitgliedern täglich persönlichen Kontakt haben. Meetings finden zum größten Teil in monatlichen Abständen statt.

Weiterhin auffällig ist, dass die Arbeitsgruppen entweder nicht befristet sind und/oder schon zukünftige Projekte geplant haben. Die Fragen, wie gerne die Mitglieder in ihrer Gruppe arbeiten und wie gerne sie an zukünftigen Projekten weiter arbeiten würden, werden recht hoch beantwortet und verweisen neben der Stabilität durch

Abbildung 2: Kommunikationsstrukturen

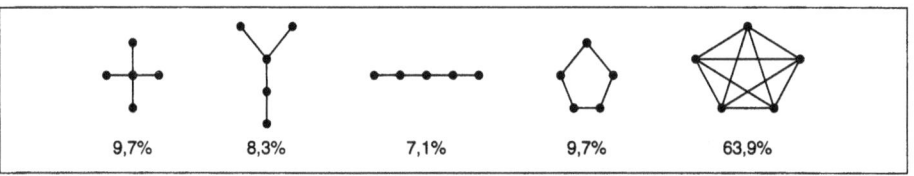

N = 84. Werte sind prozentuale Häufigkeiten, bei 1,3 Prozent gab es keine Angaben.

nicht befristete bzw. weiter geplante Projekte auf eine hohe Gruppenkohäsion und -stabilität. Ebenfalls ist die durchschnittliche Zufriedenheit hoch. Die Leistung der Arbeitsgruppen, die Kommunikation und die Gruppenprozesse sollten ebenfalls eingeschätzt werden, wobei die Gruppenprozesse am besten und am einheitlichsten beurteilt wurden. Dahinter folgen Kommunikation und Leistung.

4. Effektivität kulturell diverser Arbeitsgruppen

Zentral für die Befunde der Studie ist der Bezug auf die Effektivität der Arbeitsgruppen. Effektivität gilt als Oberbegriff für die abhängigen Variablen, die sich auf die Zufriedenheit, die Leistung (Kreativität und Effizienz) und die Zukunft der Arbeitsgruppen beziehen.

Auf Ebene des *Individuums* werden in *Abbildung 3* die Wirkung der unabhängigen Variablen auf die Effektivität der Arbeitsgruppen veranschaulicht. Es konnten weder für Alter, Nationalität, Beruf, Position (mit oder ohne Führungsverantwortung) oder Aufgabenstellung (komplexe vs. wiederholende Tätigkeiten) Zusammenhänge mit den abhängigen Variablen festgestellt werden. Frauen waren durchschnittlich weniger zufrieden und schätzten die Effizienz niedriger ein als Männer; dieses Ergebnis war aber unabhängig von der Gruppenzusammensetzung. Es lassen sich keine Zusammenhänge zu den interkulturellen und Auslandserfahrungen oder den Sprachkenntnissen nachweisen. Dies mag darauf zurückzuführen sein, dass die Befragten sich durch sehr gute und vielfältige Sprachkenntnisse und längere interkulturelle Erfahrung auszeichnen und somit schon nötige Voraussetzungen für die Zusammenarbeit mitbringen. Im Gegensatz zu den soziodemographischen Merkmalen der Befragten zeigen die Einstellungen der Befragten Wirkungen auf die Effektivität der Arbeitsgruppen. Es erwies sich, dass eine positive kooperative Einstellung die *Zufriedenheit* der Gruppenmitglieder erhöhte. Ebenfalls wurde die *Zufriedenheit* durch eine kollektivistische Einstellung verbessert; Kollektivismus wirkte zusätzlich auf die *Kreativität* der Arbeitsgruppe positiv.

In *Abbildung 4* sind die Zusammenhänge zwischen den Einflussfaktoren auf Ebene der *Gruppe* und der Effektivität veranschaulicht. Frühere Studien haben gezeigt, dass mit der Dauer der Zusammenarbeit Zufriedenheit und *commitment* ansteigen (Harrison, Price und Bell 1998) sowie die Bandbreite an Perspektiven und die Menge der Alternativlösungen (Watson, Kumar und Michaelsen 1993) erhöht werden. In dieser Studie konnten diese Zusammenhänge nicht bestätigt werden, was auf Unterschiede zwischen Labor- und Feldstudien zurückzuführen ist. Alle beteiligten Arbeitsgruppen

Abbildung 3: Individuelle Einflussgrößen auf die Effektivität der Arbeitsgruppen

Individuum		Effektivität
Soziodemographische Merkmale		Zukunft
Kooperation	0.48*** →	Zufriedenheit
	0.45*** →	Effizienz
Kollektivismus	0.35* →	Kreativität

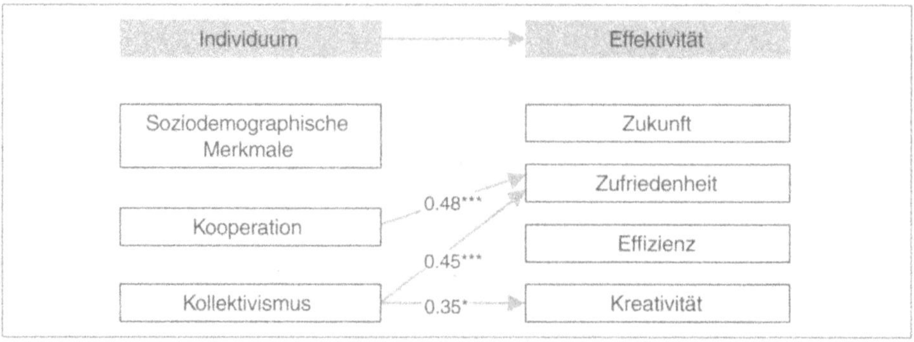

Zahlen sind standardisierte Regressionskoeffizienten (β);
* für p < 0,05; ** für p < 0,01; *** für p < 0,001.

hatten – im Gegensatz zu ad hoc zusammengesetzten Gruppen im Labor – schon die Gelegenheit, über einen längeren Zeitraum zusammenzuarbeiten, sich aufeinander einzustellen und sich bereits gegenseitig kennenzulernen; sie sind also schon über die erste Phase der Gruppenentwicklung nach Tuckman (1965) hinaus. Dieser Umstand könnte ebenfalls erklären, dass negative affektive Konsequenzen in diversen Gruppen vor allem in Laborstudien (wie Triandis, Hall und Ewen 1965; Kirchmeyer und Cohen 1992) gefunden wurden, die sich in dieser Feldstudie ebenfalls nicht bestätigen. Die Gruppengröße hat jedoch wie in zahlreichen anderen Studien einen negativen Effekt (DeMatteo und Sundstrom 1998; Sundstrom, DeMuese und Futrell 1990). Hier verringert eine steigende Gruppengröße die *Zufriedenheit* der Gruppenmitglieder und die Beurteilung der *Zukunft* der Arbeitsgruppe.[5]

Zentral für unser Thema ist die Frage, inwieweit verschiedene Formen der Gruppenzusammensetzung auf die Effektivität der Arbeitsgruppen wirken. Heterogenität bezüglich Fähigkeiten, Ausbildung und Funktion im Sinne organisationaler Diversität führt sowohl im Labor (Triandis, Hall und Ewen 1965) als auch im Feld (Ancona und Caldwell 1992; Bantel und Jackson 1989) zu einer größeren Bandbreite an Wissen, Fähigkeiten und Austausch und somit auch zu erfolgreicheren Lösungen und mehr Innovationen. Konform mit diesen Ergebnissen verbessert die Variable *Heterogenität* mit Bezug auf Status, Ausbildung, Beruf und Arbeitsstil die *Effizienz* der Arbeitsgruppe. Die prozentual unterschiedlichen Anteile an Frauen in den Arbeitsgruppen hatten dagegen keine Auswirkungen. Die *Kreativität* der Arbeitsgruppen wurde umso höher eingeschätzt, je mehr Nationalitäten in einer Gruppe vertreten waren. Dies galt auch für die *Zufriedenheit* der Mitglieder mit der Arbeit dieser Gruppe. Eine größere kulturelle Distanz in den Arbeitsgruppen wirkte ebenfalls positiv auf die Zufriedenheit. Während ein positiver Zusammenhang zwischen kultureller Distanz und *Kreativität* zu erkennen ist, ist dieser für *Effizienz* negativ.

---

5 Zwischen Gruppengröße und Dauer der Zusammenarbeit besteht auch kein kurvilinearer Zusammenhang zu den abhängigen Variablen im Sinne einer optimalen mittleren Maßzahl. Es konnten weder für Gruppendauer noch Gruppengröße signifikante Mittelwertsunterschiede mittels ANOVA zwischen drei gleich großen Clustern gefunden werden.

Somit wirken verschiedene Aspekte von Diversität unterschiedlich. Während eine größere Heterogenität, die sich auf Unterschiede bezüglich Beruf, Ausbildung und Position bezieht, einen positiven Einfluss auf die *Effizienz* hat, wirkt eine größere Anzahl an Nationalitäten positiv auf die *Kreativität*. Kulturelle Distanz hingegen beeinflusst die *Effizienz* tendenziell negativ. Viele Nationalitäten in einer Arbeitsgruppe scheinen die Ideenfindung anzuregen und zu bereichern. Zu große kulturelle Wertunterschiede sind jedoch kritisch für die *Effizienz* der Arbeitsgruppen.

Abbildung 4: Strukturelle Einflussgrößen auf die Effektivität der Arbeitsgruppen

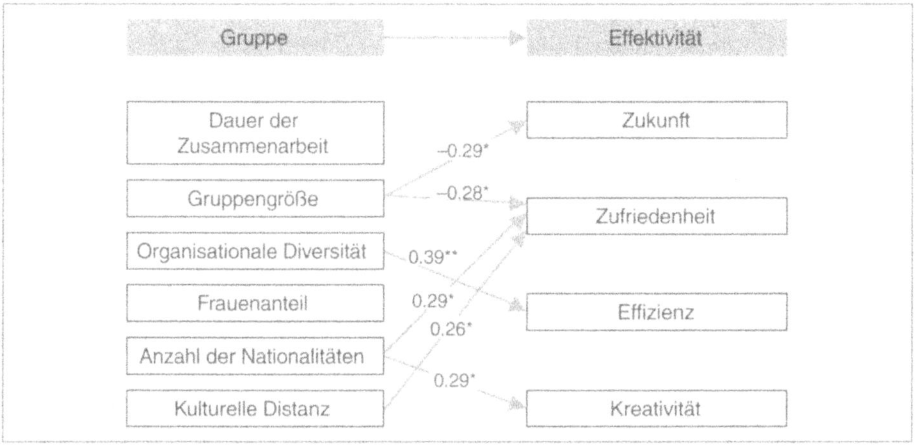

```
        Gruppe                              Effektivität

  Dauer der                                   Zukunft
  Zusammenarbeit     -0.29*

  Gruppengröße       -0.28*
                                              Zufriedenheit
  Organisationale Diversität  0.39**

  Frauenanteil        0.29*                   Effizienz
                      0.26*
  Anzahl der Nationalitäten
                      0.29*
  Kulturelle Distanz                          Kreativität
```

Zahlen sind standardisierte Regressionskoeffizienten (β);
* für $p < 0{,}05$; ** für $p < 0{,}01$; *** für $p < 0{,}001$.

Neben den strukturellen Einflussfaktoren hat die Beurteilung der Kommunikation und der Gruppenprozesse eine entscheidende Bedeutung für die verschiedenen Dimensionen der Effektivität und zwar in vermittelnder Funktion (*Abbildung 5*). Eine positive Beurteilung der Kommunikation und der Gruppenprozesse führt zu effektiverer Zusammenarbeit im Hinblick auf drei Messkriterien: Kommunikation wirkt auf *Zufriedenheit, Zukunft* und *Effizienz*; Gruppenprozesse wirken auf *Zufriedenheit, Zukunft* und *Kreativität*. Die Ergebnisse unterstützen die Bedeutung von Kontakten, da eine häufigere Anzahl an Meetings und mehr face-to-face-Kontakte zwischen Gruppenmitgliedern zu einer positiveren Beurteilung der Kommunikation führten. Kontakthäufigkeit und die häufige Nutzung unterschiedlicher Kommunikationsmittel bringen eine bessere Beurteilung der Gruppenprozesse. Ebenfalls verbesserte eine positive kooperative Einstellung die Gruppenprozesse.

In *Tabelle 2* ist zu erkennen, dass die Schätzung eines gemeinsamen Modells für die abhängigen Variablen ein ähnliches Bild ergibt. Die Zufriedenheit wird hauptsächlich durch die Kommunikation, eine kooperative Einstellung und die kulturelle Distanz in den Arbeitsgruppen erklärt, für die Kreativität sind die Gruppenprozesse entscheidend, gefolgt von Kommunikation, kultureller Distanz und Heterogenität. Die Effizienz wird an erster Stelle durch die Kommunikation positiv bestimmt, gefolgt von

Abbildung 5: Kommunikation, Gruppenprozesse und Effektivität der Arbeitsgruppen

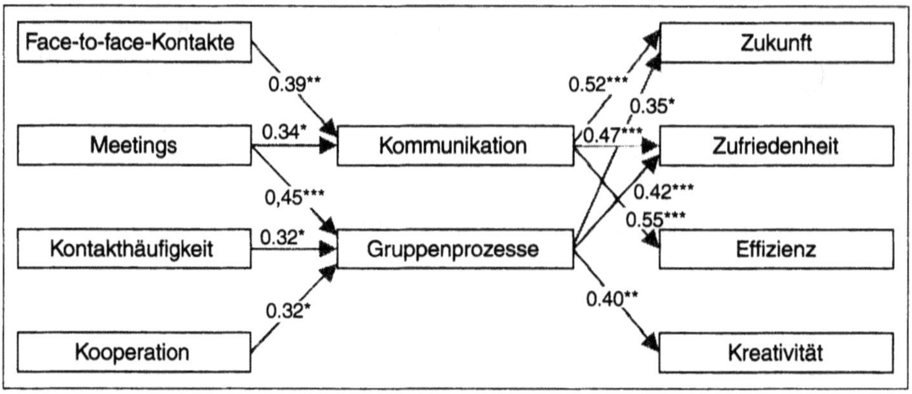

Zahlen sind standardisierte Regressionskoeffizienten (β);
* für p < 0,05; ** für p < 0,01; *** für p < 0,001.

Tabelle 2: Ergebnisse der multiplen Regressionsanalyse für drei Dimensionen der Gruppeneffektivität

Variablen	Zufriedenheit	Kreativität	Effizienz
Kooperation	0,33**	−0,13	0,18
Kollektivismus	−0,11	0,13	0,05
Gruppengröße	−0,11	−0,01	0,13
Heterogenität	0,07	0,15	0,21
Kulturelle Distanz	0,28	0,15	−0,22
Kommunikation	0,35*	0,20	0,30*
Gruppenprozesse	0,11	0,41**	0,06
r^2_K	0,40	0,22	0,18
F (2,7)	6,03***	3,11**	2,62*

Zahlen im oberen Teil der Tabelle sind standardisierte Regressionskoeffizienten (β);
* für p < 0,05; ** für p < 0,01; *** für p < 0,001.

Heterogenität und Kooperation, während eine zu große kulturelle Distanz negativ wirkt. Die Modelle klären bis zu 40 Prozent der Varianz auf.

Mit Bezugnahme auf die Theorien zur sozialen Identität (Brewer 1995) und des Intergruppen-Kontaktes (Stephan 1987) zeigt es sich, wie wichtig es für funktionierende Arbeitsabläufe ist, dass multikulturelle Arbeitsgruppen die Gelegenheit zu persönlichem Kontakt haben, regelmäßig auf persönlicher Ebene interagieren und verschiedene Kommunikationsmittel häufig und flexibel einsetzen. Zusammenfassend lässt sich sagen, dass für alle Kriterien der Effektivität die Art, wie die Kommunikation (flexibler Einsatz von Medien, offener Austausch, geringe Missverständnisse, gute Sprachkenntnisse) und die Gruppenprozesse (gegenseitige Anregungen, voneinander lernen, jeder kann etwas beitragen, jeder wird angehört, keiner nimmt sich zurück) ablaufen, entscheidend sind. Besonders die Variablen auf Ebene der Gruppe sind wesentlich für deren Leistung. Angehörige aller Nationalitäten scheinen kreativer und zufriedener zu sein, wenn sie in multinationalen Arbeitsgruppen arbeiten.

Für die Einordnung der erzielten Ergebnisse ist zu berücksichtigen, dass die Stichprobe relativ klein war und die Untersuchung in einem sehr speziellen Umfeld durchgeführt wurde. Weiterhin wird in dieser Studie hinsichtlich der Bedeutung der gemessenen Aspekte von Effektivität vermutet, dass sich die positiven Einschätzungen der Arbeitsgruppen auch in objektiven betriebswirtschaftlichen Daten des Unternehmens widerspiegeln. Dies muss nicht so sein. Die vorgestellte Studie erzielt inhaltlich ähnliche Ergebnisse wie vier weitere Feldstudien zu nationaler kultureller Diversität (Bochner und Hesketh 1994; Earley und Mosakowski 2000; Elron 1997; Hofner Saphiere 1996), die in anderen Branchen und Regionen durchgeführt wurden. Sie weist jedoch in verschiedener Hinsicht über den bisherigen Forschungsstand hinaus: Es ist wichtig, bei der Frage nach der Effektivität von Arbeitsgruppen danach zu unterscheiden, ob es sich um die Zufriedenheit (des Einzelnen und der Gruppe), die Leistung (des Einzelnen und der Gruppe), hier gemessen an Kreativität und Effizienz, oder die Zukunft der Arbeitsgruppe handelt, da diese durch unterschiedliche Inputfaktoren erklärt werden. So wirkt Heterogenität in Ausbildung, Beruf und Status auf die Effizienz, eine höhere Anzahl an Nationalitäten auf die Kreativität und eine größere kulturelle Distanz bezüglich kollektivistischer Wertorientierungen auf die Zufriedenheit. Besonders bezüglich der Gruppenzusammensetzung ist es wichtig, zwischen den verschiedenen Formen von Diversität zu trennen.

V. Konsequenzen für die Arbeit in Organisationen

Nach der empirischen Lage finden sich zwei potenzielle Wirkrichtungen von Diversität, die sich folgendermaßen ausdrücken lassen: Diverse Gruppen arbeiten entweder besonders effektiv oder besonders ineffektiv zusammen, je nachdem, ob sie ihre potenziellen Stärken in Richtung Synergieeffekte nutzen können oder ihre Arbeit durch Missverständnisse und Koordinations- und Integrationsprobleme behindert wird (Adler 1991; Podsiadlowski 2002). Die möglichen positiven Konsequenzen von Diversität werden mit Hilfe kognitiver Modelle zur Informationsverteilung und Entscheidungsfindung erklärt (Ilgen, LePine und Hollenbeck 1997; Williams und O'Reilly 1998): Unterschiede in Erfahrungen und Arbeitsstilen der Mitglieder in diversen Arbeitsgruppen machen es möglich, mehr und bessere Lösungsalternativen und Ideen bei der Aufgabenbewältigung zu generieren und besser zu bewerten, sodass konformes Gruppendenken (Janis 1982) minimiert und Kreativität und Innovation gefördert werden (Podsiadlowski 1998) nach dem gestaltpsychologischen Grundsatz: „Das Ganze ist mehr als die Summe seiner Teile". Gemäß den Theorien zum Intergruppenkontakt (Brewer 1995; Pettigrew 1998; Triandis et al. 1994) sind derartig positive Ergebnisse nur möglich, wenn der Gruppenzusammenhalt auf Basis von Interdependenzen und gemeinsamen Aufgaben und Zielen gegeben ist (die auch als gemeinsam wahrgenommen werden müssen), Gelegenheiten für positiven Kontakt existieren (der auch durch höhere Instanzen gebilligt wird), Wissen über die anderen Kulturen besteht und keine Geschichte gemeinsamer Konflikte und zu hohe Statusdifferenzen die Zusammenarbeit behindern.

Den in dieser Studie untersuchten Arbeitsgruppen scheint die Zusammenarbeit besonders gut in Richtung Zufriedenheit und Kreativität zu gelingen, je kulturell diverser sie sind. Die grundlegende Erklärung für erfolgreiche Prozesse in multikulturellen Arbeitsgruppen wird auf Basis der Theorie der sozialen Identität (Tajfel und Turner 1986) und dem Modell der Diversität am Arbeitsplatz (Triandis et al. 1994) für diese Arbeitsgruppen darin gesehen, dass sich die Mitglieder als eine Gruppe fühlen, gemeinsame Ziele haben, häufig interagieren und persönlichen Kontakt pflegen.

Das vorliegende Fallbeispiel zeigt Bedingungen für den Einzelnen und die Gruppe auf, damit Zusammenarbeit gelingen kann. Gelegenheit zu positivem Kontakt, Interaktionen, die fehlende Geschichte des Konflikts und die kulturelle Distanz erklären die psychologischen und organisationalen Erfolgskriterien (Zufriedenheit, Leistung und Zukunft der Arbeitsgruppe), während das Wissen über andere Kulturen keine Wirkung zeigte. Neben der häufigen und regelmäßigen Nutzung der Kontakt- und Kommunikationsmöglichkeiten kann der Einzelne durch eine kooperative und kollektive Einstellung einiges zum Erfolg der Gruppe beitragen. Wichtig ist aber auch zu beachten, dass, auch wenn eine kollektivistische Einstellung positiv ist, gerade die Vielfalt zählt. Besonders eine diverse Zusammensetzung von Gruppenmitgliedern aus Ländern, die sich bezüglich Individualismus und Kollektivismus unterscheiden, zeigt die stärksten Erfolge. Man könnte vermuten, dass auf der persönlichen Ebene generell eine positive Einstellung und Loyalität zur Arbeitsgruppe sehr wichtig ist. Durch die unterschiedliche Sozialisation in den verschiedenen Ländern bringen die einzelnen Gruppenmitglieder unterschiedliche Erfahrungen mit ein, wie mit Statusunterschieden, Wettbewerb zwischen Gruppen und Einzelnen umgegangen werden kann, wie Kontakte gepflegt und aufgebaut werden können, wie man Vorschläge durchsetzt oder jemanden positiv stimmt. Wenn sie diese unterschiedlichen Zugangsweisen in Situationen wie Verhandlungen, Projekttreffen, Projektbetreuung, Vertretung nach außen sowie Forschung und Entwicklung nutzen, wird dies von Vorteil sein.

Für Unternehmen können zahlreiche Gründe angeführt werden, sich den Herausforderungen aktiv zu stellen, die eine Zunahme der Erwerbstätigkeit von Menschen aus verschiedensten sozialen Gruppen und eine größere kulturelle Vielfalt der Mitarbeiter und Mitarbeiterinnen mit sich bringen. Im Rahmen einer Befragung von 450 Personalverantwortlichen in den USA (The Conference Board 1992) beschrieb ein großer Teil (ca. 40 Prozent) der befragten Firmen Diversitätsmanagement als strategisch einsetzbaren Erfolgsfaktor, um Produktivität und Wettbewerbsfähigkeit zu erhöhen. Weiterhin wird von etwa 10 Prozent der Befragten die Auseinandersetzung mit Diversität als selbstverständlicher Bestandteil des Führungsverhaltens gesehen. Unternehmen müssen sich mit Diversität auseinandersetzen, um möglichen negativen Folgen einer heterogenen Belegschaft wie Fluktuation, Dienst nach Vorschrift, Absentismus und Spannungen am Arbeitsplatz entgegenzuwirken. Arbeitsorganisationen betrachten Diversität auch unter dem Blickwinkel rechtmäßigen Agierens. Auf Basis interner Berichte und qualitativer Interviews in einer Studie von Bhawuk und Triandis (1996, in: Bhawuk et al. 2001) sehen es die Personalverantwortlichen für die Wettbewerbsfähigkeit der befragten US-amerikanischen, multinational tätigen Unternehmen als besonders wichtig an, Vielfalt zu thematisieren, um qualifizierte Mitarbeiter und Mitarbeiterinnen zu rekrutieren, einzustellen und zu halten.

Die Studie zeigt, dass Zusammenarbeit, die von kultureller Vielfalt geprägt ist, funktionieren kann, vorausgesetzt, bestimmte Rahmenbedingungen, die Organisationen gestalten können, sind gegeben. So können die Vorteile diverser Zusammensetzungen herausgestellt und die spezifischen Stärken der jeweiligen Personengruppen betont werden. Über andere Kulturen zu lernen und Sprachkenntnisse zu erhöhen erscheint für den Einzelnen sinnvoll, um gegenseitiges Verständnis entwickeln zu können. Falls jedoch ausreichend Wissen über die andere Kultur vorhanden ist und Sprachbarrieren gefallen sind, zeigen diese Variablen keinen Einfluss mehr. Innerhalb der Gruppe hilft es, Gemeinsamkeiten zwischen Personen herauszustellen und zu lernen, den Standpunkt der anderen Seite zu verstehen. Kontakt- und Kommunikationsmöglichkeiten zu schaffen, ist für eine erfolgreiche Zusammenarbeit zentral; dabei sollten zu große Statusunterschiede vermieden werden. Zur gemeinsamen Aufgabenerfüllung sind übergeordnete Ziele zu identifizieren und die Gruppenergebnisse und Interaktionen belohnend zu gestalten. Wichtig ist auch, dass höhere Instanzen den Wunsch nach erfolgreichem Kontakt betonen und dies zum Beispiel durch gemeinsame Aktivitäten (Partys, Feiern, Picknicks, Sportveranstaltungen) umsetzen. Auf Unternehmensebene heißt dies, dass die gesamte Unternehmenspolitik, das Management und die gemeinsame Unternehmenskultur unter Berücksichtigung der kulturellen Bedingungen der Unternehmensmitarbeiter, Partner und Kunden nicht allein auf die Koexistenz all dieser Kulturen beschränkt bleibt, sondern das Ziel die Entwicklung einer neuen Organisationskultur und eines neuen Managementstils ist, bei denen Unterschiede weder ignoriert noch minimalisiert werden, sondern als Ressourcen für die Entwicklung der Organisation betrachtet und genutzt werden (Podsiadlowski 1998; Triandis et al. 1994).

Nach Bhawuk et al. (2001) unterscheiden sich die Unternehmen deutlich hinsichtlich ihrer Diversitätsstrategien. Während ein Großteil der Maßnahmen nicht über *fair employment* (Auswahl- und Einstellungsverfahren, die hinsichtlich der Diskriminierung bestimmter Gruppen überprüft und validiert wurden) und *affirmative action* Programme (unterstützende Maßnahmen, um über das Vermeiden von Diskriminierung hinaus den erfolgreichen Eintritt von Angehörigen benachteiligter sozialer Gruppen zu erleichtern) hinausgehen, sind im Sinne des *appreciating diversity* vor allem *awareness* Trainings auf interpersoneller Ebene zu finden (siehe dazu z.B. Bhawuk 1998; Podsiadlowski und Spieß 1996). Seit den 1990er Jahren geht es nach Katzell (1994) in den USA nicht nur auf interpersoneller Ebene, sondern für die gesamte Organisation um *managing diversity*, indem bewusst geplante, an Organisationszielen ausgerichtete, langfristige Strategien entwickelt werden, um es allen Mitarbeitern im gesamten Unternehmen zu ermöglichen, ihr Potenzial einzubringen und sich zu qualifizieren. Ziel wäre im Sinne von Cox (1991) das multikulturelle Unternehmen, in dem auf allen Ebenen Minderheiten integriert sind. Wichtig ist dann die Entwicklung von unternehmensweiten Strategien, die beispielsweise über Diversitätsforen und Advokatengruppen die Integration und Förderung von Minderheiten begünstigen und die Bedürfnisse aller berücksichtigen. Inwieweit derartige Strategien zur Integration und Zusammenarbeit tatsächlich umgesetzt werden und die multikulturelle Organisation angestrebt wird, ist bislang offen. Ebenfalls stellt sich die Frage, inwieweit diese Modelle und Ziele nur für

US-amerikanische Unternehmen gelten. Auch wenn – oder gerade da – unterschiedliche historische, gesetzliche und gesellschaftliche Hintergründe bezüglich Einwanderung und Internationalisierung in den USA und Deutschland bestehen, ist es interessant, Erfahrungen in US-amerikanischen Unternehmen und deren wissenschaftliche Begleitung zu analysieren und deren Relevanz und Anwendbarkeit auf deutsche Unternehmen zu überprüfen (Podsiadlowski 2002). Eine systematische Evaluation von Interventionen fehlt bislang (Sessa, Jackson und Rapini 1995: 279).

Auf Ebene des Individuums können durch Trainingsmaßnahmen Interaktionen erhöht, Sensibilität und Wahrnehmung verbessert und Unterschiede schätzen gelernt werden. Auf Gruppenebene können diverse Teams und Projektgruppen gebildet werden, die sich speziell mit der Umsetzung eines Diversitätsmanagements beschäftigen. Organisationen können ihre Strukturen modifizieren und Netzwerke zum Beispiel in Form von Komitees und Mitarbeitervertretungen aufbauen.

VI. Ausblick

Organisationen als aktive Mitglieder einer Gesellschaft müssen zum einen Bezug nehmen auf externe Einflussfaktoren wie veränderte demographische Strukturen, Einstellungswandel oder soziale Konflikte, zum anderen sind sie die treibenden Kräfte der Internationalisierung durch die Erschließung des globalen Marktes, vermehrte internationale Unternehmenstätigkeit, globale Wettbewerbsorientierung und verstärkte Abhängigkeit von Informationstechnologie, internationalen Zulieferern und Kunden.

Im deutschsprachigen Raum wird die Problematik der Integration von Minderheiten in Unternehmen wenig thematisiert und findet nur eine recht allgemein gehaltene Grundlage zur formalen Gleichberechtigung im Grundgesetz, in Frauenfördergesetzen und freiwilligen Maßnahmen der *affirmative action* vor allem im öffentlichen Dienst (Köhler-Braun 1999). Themen wie Segregation und Diskriminierung am Arbeitsplatz sowie die Integration ethnischer Minderheiten und Ausländer sollten jedoch als ebenso relevant für Unternehmen angesehen werden, da auch in Deutschland in Folge der Globalisierung qualifizierte, global orientierte Mitarbeiter gebraucht werden und die Belegschaft bezüglich Nationalität, Geschlecht, regionaler Herkunft u.a. vielfältiger wird.

Dadurch, dass wir in einem immer vielfältigeren Umfeld leben und arbeiten und durch die Zugehörigkeit zu verschiedenen sozialen Kategorien geprägt sind („Since people are represented by a demographic profile rather than by one or two demographic variables", Tsui und O'Reilly 1989: 419), werden zukünftige Forschungsfragen zu Diversität immer komplexer: Welche Merkmale sind für die Zusammenarbeit besonders relevant? Welche Erfahrungen sind spezifisch für Frauen, für Ausländer, für ältere Menschen und wo bestehen Gemeinsamkeiten im Umgang mit und Erleben von „Unähnlichkeit"? Gibt es andere übergeordnete Kategorien, die Arbeitsgruppen zusammenhalten und treten Unterschiede zurück? Wie können wir dann voneinander durch unseren spezifischen Erfahrungs- und Wissenshintergrund profitieren? Zentral bei diesen Fragen und beim Umgang mit Diversität ist, wie es auch Pfeffer (1997) oder Roosevelt (1995) betonen, klar zu spezifizieren, um welche Dimension es sich bei der

Diskussion handelt: Ist es Ethnizität, Nationalität, Geschlecht, Alter, Funktion oder sind es auch Kombinationen dieser Dimensionen? Erst nach einer Auseinandersetzung mit spezifischen Organisationen und Arbeitsgruppen können Antworten auf die Fragen gesucht werden, welche Formen von Ungleichheitserfahrungen und Konflikten einander ähnlich sind und wo gemeinsame Ansatzpunkte für Veränderungen bestehen.

Literatur

A Refugee, 2001: When is a Refugee not a Refugee?, The Economist vom 3. März 2001.
Adler, Nancy, 1991: International Dimensions of Organizational Behavior. 2. Aufl. Boston: Kent Publishers.
Allmendinger, Jutta, und *J. Richard Hackman*, 1995: The More, the Better? On the Inclusion of Women in Professional Organizations, Social Forces 74: 423–460.
Allport, Gordon W., 1954: The Nature of Prejudice. Cambridge, MA: Addison-Wesley.
Amir, Yehuda, und *Chana Garti*, 1977: Situational and Personal Influence on Attitude Change Following Ethnic Contact, International Journal of Intercultural Relations 1: 58–75.
Ancona, Deborah G., und *David F. Caldwell*, 1992: Bridging the Boundary: External Activity and Performance for Organisational Teams, Administrative Science Quarterly 37: 634–665.
Bantel, Karen A., und *Susan E. Jackson*, 1989: Top Management and Innovations in Banking: Does the Composition of the Top Team Make a Difference? Strategic Management Journal 10: 107–124.
Baron, James N., und *William T. Bielby*, 1980: Bringing the Firm Back in: Stratification, Segmentation and the Organization of Work, American Sociological Review 45: 707–765.
Baron, James N., und *Jeremy Pfeffer*, 1994: The Social Psychology of Organizations and Inequality, Social Psychology Quarterly 57: 190–209.
BMW, Bayerische Motoren Werke AG, 2001: Geschäftsbericht 2000. München.
Bhawuk, Dharm P. S., 1998: The Role of Culture Theory in Cross-Cultural Training. A Multimethod Study of Culture-Specific, Culture-General, and Culture Theroy-Based Assimilators, Journal of Cross-Cultural Psychology 29: 630–655.
Bhawuk, Dharm P. S., Astrid Podsiadlowski, Jennifer Graf und *Harry C. Triandis*, 2001: Diversity in the Workplace: Emerging Corporate Strategies. S. 84–96 in: *Gerald R. Ferris* und *Mike R. Buckley* (Hg.): Human Resource Management. Perspectives, Context, Functions and Outcomes. 4. Aufl. New York: Prentice Hall.
Blalock, Hubert, 1969: Toward a Theory of Minority-Group Relations. New York: Wiley.
Bochner, Stephen, und *Beryl Hesketh*, 1994: Power Distance, Individualism/Collectivism, and Job-Related Attitudes in a Culturally Diverse Work Group, Journal of Cross-Cultural Psychology 25: 233–257.
Brewer, Marilynn B., 1979: In-Group Bias in the Minimal Intergroup Situation: A Cognitive-Motivational Analysis, Psychological Bulletin 86: 307–324.
Brewer, Marilynn B., 1995: Managing Diversity. The Role of Social Identities. S. 47–68 in: *Susan E. Jackson* und *Marian N. Ruderman* (Hg.): Diversity in Work Teams. London: American Psychology Association.
Brislin, Richard W., und *Tomoko Yoshida*, 1984: Intercultural Communication Training. An Introduction. Beverly Hills: Sage.
Brüch, Andreas, 2001: Kulturelle Anpassung deutscher Unternehmensmitarbeiter bei Aulsandsentsendungen. Frankfurt a. M.: Peter Lang.
Clement, David, und *Joseph J. Schiereck*, 1973: Sex Composition and Group Performance in a Signal Detection Task, Memory and Cognition 1: 251–255.
The Conference Board, 1992: Work Force Diversity: Corporate Challenges, Corporate Responses, Report Number 1013. The Conference Board: New York.
Cox, Taylor Jr., 1991: The Mulitcultural Organization, Academy of Management Executive 5: 34–47.

Cox, *Taylor Jr.*, *Sharon Lobel* und *Poppy L. McLeod*, 1991: Effects of Ethnic Group Cultural Differences on Co-operative and Competitive Behavior on a Group Task, Academy of Management Journal 34: 827–847.
DeMatteo, Jacqueline S., und *Eby Sundstrom*, 1998: Team-Based Rewards: Current Empirical Evidence and Directions for Future Research, Research in Organizational Behavior 20: 141–183.
Earley, P. Christopher, 1989: Social Loafing and Collectivism: A Comparison of the United States and the People's Republic of China, Administrative Science Quarterly 34: 565–581.
Earley, P. Christopher, und *Elaine Mosakowski*, 2000: Creating Hybrid Team Cultures: An Empirical Test of Transnational Team Functioning, The Academy of Management Journal 43: 26–49.
Elron, Efrat, 1997: Top Management Teams within Multinational Corporations: Effects of Cultural Heterogeneity, Leadership Quarterly 8: 393–412.
Fields, Dail L., und *Terry C. Blum*, 1997: Employee Satisfaction in Work Groups with Different Gender Composition, Journal of Organizational Behavior 18: 181–196.
Galarza, Laura, und *Robert L. Dipboye*, 1996: The Effects of Group Heterogeneity on Group Performance: A Meta-analysis. Unveröffentliches Manuskript. Jährliche Konferenz der Society for Industrial and Organizational Psychology in San Diego, CA.
Gladstein, Deborah L., 1984: Groups in Context: A Model of Task Group Effectiveness, Administrative Science Quarterly 29: 499–517.
Goto, Sharon G., 1997: Majority and Minority Perspectives on Cross-Cultural Interactions. S. 90–111 in: *Cherlyn S. Granrose* und *Stuart Oskamp* (Hg.): Cross-Cultural Work Groups. Thousand Oaks: Sage Publications.
Gudykunst, William B., 1997: Communicating with strangers. New York: McGraw-Hill.
Hackman, J. Richard (Hg.), 1990: Groups that Work (and those that don't). Creating Conditions for Effective Teamwork. San Francisco: Jossey-Bass.
Hackman, J. Richard, und *Chris G. Morris*, 1975: Group Tasks, Group Interaction Process, and Group Performance Effectiveness: A Review and Proposed Integration. S. 45–99 in: *Leonard Berkowitz* (Hg.): Advances in Experimental Social Psychology. New York: Academic Press.
Harrison, David A., *Kenneth H. Price* und *Myrtle P. Bell*, 1998: Beyond Relational Demography. Time and the Effects of Surface- and Deep-level Diversity in Work Group Cohesion, Academy of Management Journal 41: 96–107.
Hoffman, Richard L., und *Norman R. F. Maier*, 1961: Quality and Acceptance of Problem Solutions by Members of Homogeneous and Heterogeneous Groups, Journal of Abnormal and Social Psychology 62: 401–407.
Hoffman, Richard L., *E. Harburg*, und *Norman R. F. Maier*, 1962: Differences and Disagreements in Creative Group Problem-Solving, Journal of Abnormal and Social Psychology 64: 206–214.
Hofner Saphiere, Dianne M., 1996: Productive Behaviors of Global Business Teams, International Journal of Intercultural Relations 20: 227–259.
Hofstede, Geert, 1997: Lokales Denken, globales Handeln: Kulturen, Zusammenarbeit und Management. München: Beck.
Ilgen, Daniel R., *Jeffrey A. LePine* und *John R. Hollenbeck*, 1997: Effective Decision Making in Multinational Teams. S. 377–409 in: *P. Christopher Earley* und *Miriam Erez* (Hg.): New Perspectives on International Industrial/Organizational Psychology. San Francisco: New Lexington Press.
Jackson, Susan E., *Joan F. Brett*, *Valerie I. Sessa*, *Dawn M. Cooper*, *Johan A. Julin* und *Karen Peyronnin*, 1991: Some Differences Make a Difference: Individual Dissimilarity and Group Heterogeneity as Correlates of Recruitment, Promotions and Turnover, Journal of Applied Psychology 76: 675–689.
Janis, Irving Lester, 1982: Group Think: Psychological Studies of Policy Decisions and Fiascos. 2. Aufl. Boston: Houghton Mifflin.
Katzell, Raymond A., 1994: Contemporary Meta-trends in Industrial and Organizational Psychology. S. 1–89 in: *Harry C. Triandis*, *Marvin D. Dunnette* und *Leaetta M. Hough* (Hg.): Handbook of Industrial and Organizational Psychology Vol. 4. 2. Aufl. Palo Alto: Consulting Psychologists Press.
Kieserling, Manfred (Hg.), 2000: Singapur: Metropole im Wandel. Frankfurt a. M.: Suhrkamp.

Kirchmeyer, Catherine, 1993: Multicultural Task Groups: An Account of the Low Contribution Level of Minorities, Small Group Research 24: 127–148.
Kirchmeyer, Catherine, und *Aaron Cohen*, 1992: Multicultural Groups. Their Performance and Reactions with Constructive Conflict, Group and Organization Management 17: 153–170.
Kizilos, Mark A., Lisa H. Pelled und *Thomas G. Cummings*, 1996: Organizational Demography and Prosocial Organizational Behavior. Unveröffentlichtes Manuskript (zitiert in: *Katherine Y. Williams* und *Charles A. O'Reilly* 1998).
Köhler-Braun, Katharina, 1999: Durch Diversity zu neuen Anforderungen, Zeitschrift Führung + Organisation 68: 188–193.
Landeshauptstadt München, 2000: Gleichstellungskonzept. Bericht zur Situation der Frauen bei der Stadt. München: Personal- und Organisationsreferat.
Larkey, Linda K., 1996: Toward a Theory of Communicative Interactions in Culturally Diverse Workgroups, Academy of Management Review 2: 463–491.
Latané, Bibb, Kipling Williams und *Stephen Harkins*, 1979: Many Hands Make Light to Work: Causes and Consequences of Social Loafing, Journal of Personality and Social Psychology 37: 822–832.
Marger, Martin N., 2000: Race and Ethnic Relations. American and Global Perspectives. Belmont: Wadswort.
McGrath, Joseph E., 1991: Time, Interaction, and Performance (TIP): A Theory of Groups, Small Group Research 22: 147–174.
McLeod, Poppy L., und *Sharon A. Lobel*, 1992: The Effects of Ethnic Diversity on Idea Generation in Small Groups, Academy of Management, Best Paper Proceedings: 227–231.
Milliken, Francis J., und *Luis L. Martins*, 1996: Searching for Common Threads. Understanding the Multiple Effects of Diversity in Organizational Groups, The Academy of Management Review 2: 402–433.
Mummendey, Amelie, 1993: Verhalten zwischen sozialen Gruppen: Die Theorie der sozialen Identität. S. 185–216 in: *Dieter Frey* und *Martin Irle* (Hg.): Theorien der Sozialpsychologie. Bd. 2. Gruppen- und Lerntheorien. Bern: Verlag Hans Huber.
Neber, Heinz, 1994: Entwicklung und Erprobung einer Skala für Präferenzen zu kooperativem und kompetitivem Lernen, Psychologie in Erziehung und Unterricht 41: 282–290.
Neuberger, Oswald, und *Mechthild Allerbeck*, 1978: Messung und Analyse der Arbeitszufriedenheit. Bern: Huber.
Pelled, Lisa H., 1997: Relational Demography and Perceptions of Group Conflict and Performance: A Field Investigation, International Journal of Conflict Resolution 7: 230–246.
Pettigrew, Thomas F., 1998: Intergroup Contact Theory, Annual Review of Psychology 49: 65–85.
Pfeffer, Jeffrey, 1997: The Effects of Organizational Composition. S. 81–99 in: *Jeffrey Pfeffer*: New Directions for Organization Theory. Problems and Prospects. Oxford: Oxford University Press.
Podsiadlowski, Astrid, 1998: Zusammenarbeit in interkulturellen Teams. S. 193–209 in: *Erika Spieß* (Hg.): Formen der Kooperation. Göttingen: Hogrefe.
Podsiadlowski, Astrid, 2002: Multikulturelle Arbeitsgruppen in Unternehmen. Bedingungen für erfolgreiche Zusammenarbeit am Beispiel deutscher Unternehmen in Südostasien. Münster: Waxmann-Verlag.
Podsiadlowski, Astrid, und *Erika Spieß*, 1996: Zur Evaluation eines interkulturellen Trainings in einem deutschen Großunternehmen, Zeitschrift für Personalforschung 1: 30–48.
Reese-Schäfer, Walter, 1999: Die seltsame Konvergenz der Zeitdiagnosen: Versuch einer Zwischenbilanz, Soziale Welt 50: 433–448.
Riordan, Christine M., und *Lynn M. Shore*, 1997: Demographic Diversity and Employee Attitudes: An Empirical Examination of Relational Demography within Work Units, Journal of Applied Psychology 82: 342–358.
Roosevelt, Thomas R. .Jr., 1995: A Diversity Framework. S. 245–263 in: *Martin M. Chemers, Stuart Oskamp* und *Mark A. Costanzo* (Hg.): Diversity in Organizations. New Perspectives for a Changing Workplace. Thousand Oaks: Sage.
Rosenstiel, Lutz von, 2000: Organisationspsychologie. 4. Aufl. Stuttgart: Poeschel.

Sackmann, Sonja, Margaret E. Philips, Jill Kleinberg und Nakiye A. Boayacigiller, 1997: Single and Multiple Cultures in International Cross-Cultural Management Research. S. 14–48 in: *Sonja Sackmann* (Hg.): Cultural Complexity in Organizations. Thousand Oaks: Sage Publications.

Schopler, John, und *Chester Insko*, 1992: The Discontinuity Effect in Interpersonal and Intergroup Relations: Generality and Mediation. S. 121–151 in: *Wolfgang Stroebe* und *Miles Hewstone* (Hg.): European Review of Social Psychology Vol. 3. Chichester: Wiley.

Sessa, Valerie I., *Susan E. Jackson* und *Darryl T. Rapini*, 1995: Work Force Diversity: The Good, The Bad and the Reality. S. 263–281 in: *Gerald R. Ferris, Sherman D. Rosen* und *Darold T. Barnum* (Hg.): Handbook of Human Resource Management. Cambridge, MA: Blackwell Publishers.

Sherif, Muzafer, und *Carolyn W. Sherif*, 1969: Social Psychology. New York: Harper & Row.

Sherif, Muzafer, O. J. Harvey, B. J. White, W. R. Hood und *Carolyn W. Sherif*, 1961: Ingroup Conflict and Cooperation: The Robbers Cave Experiment. Norman: University of Oklahoma.

Smith, Ken G., *Ken A. Smith, Judy Olian, Henry P. Sims Jr.* et al., 1994: Top Management Team Demography and Process: The Role of Social Integration and Communication, Administrative Science Quarterly 39: 412–438.

Spieß, Erika, 1996: Kooperatives Handeln in Organisationen. München: Rainer Hampp Verlag.

Steiner, Ivan D., 1976: Task-Performing Groups. S. 393–421 in: *John W, Thibaut, Janet T. Spence, Robert C. Carson* und *Jack W. Brehm* (Hg.): Contemporary Topics in Social Psychology. Morristown, N.J.: General Learning.

Stephan, Walter G., 1987: The Contact Hypothesis in Intergroup Relations. S. 13–40 in: *Clyde Hendrick* (Hg.): Review of Personality and Social Psychology. Group Processes and Intergroup Relations Vol. 9. Newbury Park: Sage.

Sundstrom, Eby, *Kenneth P. DeMeuse* und *David Futrell*, 1990: Work Teams: Applications and Effectiveness, American Psychologists 45: 120–133.

Tajfel, Henri (Hg.): 1978: Differentiation Between Social Groups: Studies in Intergroup Behaviour. London: Academic Press.

Tajfel, Henri, und *John C. Turner*, 1986: The Social Identity of Intergroup Behavior. S. 7–24 in: *Stephen Worchel* und *William G. Austin* (Hg.): Psychology and Intergroup Relations. Chicago: Nelson Hall.

Tannenbaum, Scott I., *Eduardo Salas* und *Janis A. Cannon-Bowers*, 1996: Promoting Team Effectiveness. S. 503–527 in: *Michael A. West* (Hg.): The Handbook of Work Group Psychology. Chichester: John Wiley.

Ting-Toomey, Stella, 1988: Intercultural Conflict Styles. S. 213–235 in: *Young Y. Kim* und *William B. Gudykunst* (Hg.): Theories in Intercultural Communication: International and Intercultural Communication Annual Vol. 12. Newbury Park: Sage Publications.

Triandis, Harry C., 1972: The Analysis of Subjective Culture. New York: Wiley.

Triandis, Harry C., 1995: Individualism-Collectivism. Boulder, CO: Westview.

Triandis, Harry, *Eleanor R. Hall* und *Robert B. Ewen*, 1965: Member Heterogeneity and Dyadic Creativity, Human Relations 18: 33–55.

Triandis, Harry C., *Lois L. Kurowski* und *Michele Gelfand*, 1994: Workplace Diversity. S. 769–827 in: *Harry C. Triandis, Marvin D. Dunnette* und *Leaetta M. Hough* (Hg.): Handbook of Industrial and Organizational Psychology Vol. 4. 2. Aufl. Palo Alto: Consulting Psychologists Press.

Tsui, Anne, *Terry Egan* und *Charles O'Reilly*, 1989: Being Different. Relational Demography and Organizational Attachment, Administrative Science Quarterly 37: 549–579.

Tuckman, Bruce W., 1965: Development Sequence Small Companies, Group and Organizational Studies 2: 419–427.

Tung, Rosalie L., 1997: International and Intranational Diversity. S. 163–185 in: *Cherlyn S. Granrose* und *Stuart Oskamp* (Hg.): Cross-Cultural Work Groups. Thousand Oaks: Sage.

Turner, John C., 1978: Social Categorisation and Social Discrimination in the Minimal Group Paradigm. S. 101–140 in: *Henri Tajfel* (Hg.): Differentiation Between Social Groups. London: Academic Press.

Unabhängige Kommission „Zuwanderung", 2001: Zuwanderung gestalten, Integration fördern. Bericht der Unabhängigen Kommission „Zuwanderung". Berlin: Bundesministerium des Inneren.

U.S. Census Bureau, 2000: Census 2000. Washington D.C.
U.S. Department of Labor, 1998: Employment Outlook 1996–2006: A Summary of BLS Projections, Bureau of Labor Statistics, Bulletin 2502, Februar 1998.Washington DC.
U.S. Department of Labor, 2001: Employment and Earnings, Bureau of Labor Statistics. Vol. 48 (1), Januar 2001. Washington D.C.
Watson, Warren E., *Kamalesh Kumar* und *Larry K. Michaelsen*, 1993: Cultural Diversity's Impact on Interaction Process and Performance: Comparing Homogeneous and Diverse Task Groups, Academy of Management Journal 36: 590–602.
West, Michael A., 1996: Reflexivity and Work Group Effectiveness. A Conceptual Integration. S. 555–575 in: *Ders.* (Hg.): The Handbook of Work Group Psychology. Chichester: John Wiley.
Williams, Katherine Y., und *Charles A. O'Reilly*, 1998: Demography and Diversity in Organizations. A Review of 40 Years of Research. S. 77–140 in: *Larry L. Cummings* und *Barry M. Staw* (Hg.): Research in Organizational Behavior Vol. 20. Greenwich, CT: JAI Press.
Yukl, Gary A., 1998: Leadership in Teams and Self-Managed Groups. New York: Prentice Hall.

GESCHLECHTERUNGLEICHHEIT IN ORGANISATIONEN

Zur Beschäftigungslage hochqualifizierter Frauen*

Juliane Achatz, Stefan Fuchs, Janina von Stebut und Christine Wimbauer

Zusammenfassung: Ausgangspunkt des Artikels ist die Beobachtung, dass Organisationen wesentlich an der Produktion und Reproduktion sozialer Ungleichheit beteiligt sind. Der Beitrag beschäftigt sich mit der Herstellung und Fortschreibung sozialer Ungleichheit in Organisationen anhand einer maßgeblichen Ungleichheitsdimension, dem Geschlecht. Nach einem Überblick über struktur- und handlungsorientierte theoretische Konzepte und über empirische Studien, die Organisation, Geschlecht und Ungleichheit thematisieren, werden Ergebnisse aus eigenen empirischen Forschungsarbeiten skizziert. Es wird am Beispiel von Arbeitsmarktdaten und anhand zweier Wissenschaftsorganisationen gezeigt, wie die geschlechtsspezifisch ungleiche Allokation von Männern und Frauen auf statushohe Positionen durch das komplexe Zusammenspiel von mikrosozialen und strukturellen Faktoren im Kontext von Organisationen hergestellt, vermittelt und festgeschrieben wird. Der Beitrag schließt mit einem Plädoyer für eine stärkere Verbindung von Ungleichheits- und Organisationsforschung, die ‚organisierte Ungleichheit' in ihrem Zusammenspiel von individuellen und organisationsstrukturellen Faktoren sowie im Zeitverlauf in den Blick nehmen sollte.

I. Einleitung

Organisationen haben einen erheblichen Anteil an der Verteilung von Berufschancen: Hier werden Arbeitsverträge geschlossen, Tätigkeiten zugewiesen, Einkommens- und Aufstiegsmöglichkeiten eröffnet und Arbeitsverhältnisse wieder beendet. Organisationen eröffnen und begrenzen Chancen der beruflichen Platzierung, sind also an der Herstellung und Fortschreibung sozialer Ungleichheit wesentlich beteiligt. Diese Funktion wurde erstmals in der amerikanischen Mobilitätsforschung thematisiert. Ausgangspunkt war die Kritik an Ansätzen, die den beruflichen Status von Individuen vorwiegend auf ihre soziale Herkunft, Bildung und persönliche Fähigkeiten zurückführten. In der Folge untersuchten die ‚neuen Strukturalisten' den Einfluss organisationsbezogener Merkmale auf berufliche Allokationsprozesse. Neben diesem Forschungsstrang beschäftigten sich in den letzten Jahren verstärkt mikrosoziologische Ansätze mit organisationalen Prozessen und deren Relevanz für die Platzierung von Arbeitnehmern. Die Bedeutung askriptiver Merkmale wie ‚sex' und ‚race' erfuhr hier besondere Aufmerksamkeit.

---

* Wir bedanken uns bei Jutta Allmendinger, Thomas Hinz, Silke Aisenbrey und Marion Hornung für die hilfreichen Anmerkungen und Kommentare.

Ziel dieses Beitrags ist es, unter Bezugnahme auf diese und neuere konzeptionelle wie empirische Arbeiten, eigene Studien in einer Synopse zusammenzutragen und Möglichkeiten und Grenzen einer an Organisationen ansetzenden Ungleichheitsforschung zu diskutieren. Wir beschränken uns dabei ausschließlich auf Aspekte der Geschlechterungleichheit in Organisationen. Insbesondere fragen wir danach, warum hochqualifizierte Frauen sich seltener als ihre männlichen Berufskollegen in statushohen Positionen platzieren können. Es soll gezeigt werden, dass die geschlechtsspezifische Allokation als Ergebnis eines komplexen Wechselspiels von mikrosozialen und strukturellen Faktoren im Kontext von Organisationen zu verstehen ist (Wharton 1994; Baron und Pfeffer 1994). Wir beginnen mit einer Darstellung von theoretisch-konzeptionellen Anknüpfungsmöglichkeiten zum Zusammenhang von Organisation, Geschlecht und Ungleichheit und skizzieren einige wichtige Ergebnisse empirischer Studien. Im Anschluss daran diskutieren wir Resultate aus eigenen Forschungsarbeiten. Ein Fazit zum Erkenntnisstand und sich daraus ergebende Forschungslücken schließen den Beitrag ab.

II. Arbeitsmärkte, Organisationen, Frauen und Männer

Das Verhältnis der Geschlechter in der Berufs- und Arbeitswelt kann heute als Nebeneinander von wachsender Gleichheit und anhaltender Ungleichheit beschrieben werden (Heintz 2001). Wachsende Gleichheit, weil mehr Frauen als je zuvor am Arbeitsmarkt beteiligt und auf das Erwerbsleben hin orientiert sind und Frauen in Bildung und Ausbildung mit Männern gleichgezogen oder diese überholt haben. Anhaltende Ungleichheit, weil der Zugang von Frauen zu hohen Berufspositionen ausgesprochen schleppend verläuft, weil das Ausmaß der geschlechtsspezifischen Segregation von Berufs- und Arbeitsmärkten und innerhalb von Organisationen unverändert hoch ist, und Frauen auch dann immer noch weniger verdienen als Männer, wenn sie ähnlichen oder den gleichen Berufen und Tätigkeiten nachgehen.

Über Ausmaß und Ursachen der Geschlechterungleichheit im Erwerbssystem und mögliche Ansatzpunkte zu ihrer Erklärung wissen wir heute mehr denn je.[1] Das Verhältnis von Berufs- und Familienarbeit und die Abwertung der Arbeit von Frauen, die geschlechtsspezifische Segregation von Berufen, die Prozesse der sozialen Konstruktion von Geschlecht in Institutionen und Organisationen: Das gesamte Erwerbssystem basiert auf geschlechtsspezifischen Zuschreibungsprozessen.[2] Obwohl die zahlreichen vorliegenden Arbeiten ihr Interesse auf jeweils spezifische Fragestellungen richten und theoretisch wie empirisch auf unterschiedlichen Analyseebenen ansetzen, führt das gewachsene Wissen um die vielfältigen Ursachen ungleicher Arbeitsmarkterträge von Männern und Frauen in der Zusammenschau kaum über die gemeinsame Beobach-

---

1 So listet beispielsweise das „Handbook of Gender and Work" auf insgesamt 111 Seiten über 2.000 Literaturverweise zum Thema auf (Powell 1999: 485–596).
2 Das bedeutet nicht, die Klassenposition oder die ethnische Zugehörigkeit spiele im Erwerbssystem keine Rolle. Wie die Arbeiten von Nakano Glenn (1999) und Acker (1999) thematisieren, liegt die Bedeutung von ‚sex' und ‚gender' nicht außerhalb ethnischer und Klassenkategorien, sondern ist mit diesen auf unterschiedlichen Ebenen unauflösbar verknüpft.

tung hinaus, *dass* Frauen im Arbeits- und Berufsleben auf allen Ebenen schlechter wegkommen als Männer. Eine Theorie, die eine Verbindung der unterschiedlichen Ansätze und Untersuchungsebenen mit Blick auf den Zusammenhang von Geschlecht, Ungleichheit und Arbeitsmarkt leisten könnte, ist nicht in Sicht. Die empirische Grundlage, auf der eine solche Theorie aufbauen könnte, ist defizitär (vgl. Abbott 1993). Stimmt man der These zu, dass Organisationen wesentlich an der Herstellung, Fortschreibung und Legitimation ungleicher Arbeitsmarkterträge von Männern und Frauen beteiligt sind (vgl. Nelson und Bridges 1999), dann könnte eine Verbindung von Ungleichheits-, Geschlechter- und Organisationssoziologie den Erkenntnisstand entscheidend voranbringen. Organisationen sind vor allem deshalb die angemessene Analyseeinheit zur Untersuchung von Ursachen und Ausmaß sozialer Ungleichheit, weil das Wechselspiel zwischen Strukturen und Individuen in ihrem Kontext sehr viel besser und direkter als in makro- oder mikrosoziologischen Erklärungsansätzen in den Blick genommen werden kann (vgl. Bielby 1992).[3]

In Deutschland wird die Debatte über diese Zusammenhänge bislang weniger intensiv geführt als z.B. in den USA.[4] Für die Ungleichheitsforschung konstatieren wir eine nach wie vor starke Orientierung an der strukturellen Verortung von sozialen Großgruppen und/oder Individuen und den mit diesen unterschiedlichen Positionen verbundenen ungleichen Berufs- und Arbeitsmarkterträgen. Organisationen wird hier kaum, dem Geschlecht mittlerweile deutlich mehr Aufmerksamkeit geschenkt – allerdings als immer schon quer liegend zu den traditionellen Kategorien der Ungleichheits- und Sozialstrukturanalyse. Die Geschlechtersoziologie und -forschung hat in der Vergangenheit auf dieses Defizit eindringlich aufmerksam gemacht, freilich ohne Organisationsstrukturen und Prozessen in Organisationen große Aufmerksamkeit zu schenken.[5] In der deutschen Organisationstheorie und -forschung liegen insgesamt wenige Arbeiten zur organisationsbezogenen Basis sozialer Ungleichheit vor. Die feministisch inspirierte Revision der Grundlagen und Paradigmen dieser Perspektiven auf Ungleichheit und Organisation, wie sie in der amerikanischen Soziologie bereits seit Ende der 1980er Jahre im Gange ist,[6] hat hier noch keinen Widerhall gefunden. Vielmehr dominiert in Deutschland ein von der Rolle und Bedeutung von Geschlecht unverstellter Blick auf organisationssoziologische Fragestellungen.[7]

---

3 Ein Ende der Diskussion über theoretische Angemessenheit und empirische Implikationen dieser Forderung ist bislang noch nicht abzusehen (für einen Überblick siehe etwa Carroll et al. 1990; Preisendörfer 1987).
4 Eine Ausnahme bilden beispielsweise die Arbeiten von Brüderl (1991) und Brüderl et al. (1991) oder Carroll und Mayer (1986).
5 Wobei Müller (1999b) auf das mittlerweile wachsende Interesse an ‚Organisation und Geschlecht' in der deutschen Geschlechtersoziologie hinweist, dem seitens der Deutschen Forschungsgemeinschaft mit der Etablierung des Schwerpunktprogramms zu ‚Professionalisierung, Organisation, Geschlecht' Rechnung getragen wurde.
6 Vergleiche dazu vor allem Acker (1990, 1992), Steinberg (1992) und Wilson (1996) sowie Martin und Collinson (1999) für einen neueren Überblick. Calás und Smircich (1996) bieten eine umfassende Darstellung der Möglichkeiten und Grenzen feministischer Organisationsanalyse.
7 Allerdings darf dabei nicht übersehen werden, dass in der feministischen Forschung keineswegs von einer einheitlichen Theorie oder Konstruktion von biologischem Geschlecht und Gender und dem Zusammenhang zwischen ihnen ausgegangen wird (vgl. dazu etwa die Beiträge in

Dieser Beitrag greift das wachsende Interesse an der organisationsbezogenen Basis sozialer Ungleichheit auf, welches vor allem die strukturorientierte Ungleichheits- und Mobilitätsforschung seit Ende der 1970er Jahre wesentlich geprägt hat.[8] Wir knüpfen zuerst an *strukturorientierte* Ansätze mit ihrer Betonung von formalen und positionalen Organisationsmerkmalen an und weisen im Anschluss auf Arbeiten hin, die von dem hier bislang vorherrschenden dualistischen Geschlechterverständnis im Sinne einer ‚gender' Perspektive abrücken. Wir wenden uns damit neueren Ansätzen zu, die Organisationen als System sozialer Beziehungen und ‚gender' als Praxis, Diskurs und Identität innerhalb von Organisationen verstehen. Diese Ansätze bezeichnen wir als *handlungsorientiert*[9] und verbinden dabei zwei Spielarten: eine *sozial relationale* Perspektive auf die Herstellung von Ungleichheit in Organisationen (Baron und Pfeffer 1994; Wharton 1994) und das Konzept der *vergeschlechtlichten Organisation*, das vor allem auf den Arbeiten von Acker (1990, 1992, 1994) aufbaut.[10]

Heintz 2001 und Ferree et al. 1999) und dass die Organisationstheorie keinen einheitlichen Begriff von ‚Organisation' verwendet und verhandelt (vgl. dazu etwa die Beiträge in Kieser 1999 und Ortmann et al. 1997).

8 Die bis Ende der 1970er Jahre dominierende „status-attainment" Forschung sieht in der Berufsstruktur das Fundament der Stratifikation in funktional differenzierten Gesellschaften. Dort wurde untersucht, inwiefern soziale Herkunft und Bildung den beruflichen Status und die berufliche Mobilität von Individuen über deren Lebenslauf hinweg beeinflussen und beschränken (vgl. dazu Blau und Duncan 1978). Gleichwohl standen für die empirische Analyse zumeist nur Daten über männliche Berufstätige zur Verfügung und ‚Struktur' wurde entsprechend ausschließlich in den Eigenschaften von Individuen und deren Verortung entlang einer abgestuften und eindimensionalen (beruflichen) Statusdimension begriffen (Bielby 1992; England 1992; Blau 1992).

9 Handlungs- wie strukturorientierte Ansätze begreifen Organisationen als angemessene Untersuchungseinheit, verfügen aber über einen deutlich unterschiedlichen Strukturbegriff. Freilich können wir die Diskussion über das Verhältnis von Struktur und Handlung hier nicht in der dafür notwendigen Breite führen. Gleichwohl verbirgt sich hinter der hier vorgenommenen Einteilung in struktur- und handlungsorientierte Ansätze mehr als ein semantischer Kunstgriff zum Zwecke einer besseren Systematisierung des Forschungsstandes. In strukturorientierten Ansätzen werden die formalen Organisationsstrukturen als gesetzt, als direkt das Handeln ihrer Mitglieder begrenzend und ermöglichend verstanden – mithin als *Praktiken von Organisationen*, deren Wirkungen sich auf ungleiche *Ergebnisse* zwischen Männern und Frauen unmittelbar entfalten. Handlungsorientierte Ansätze begreifen Organisationsstrukturen dagegen sehr viel stärker als kognitive Bezugsrahmen für die Mitglieder von Organisationen, als Kategorien und Schemata für deren Wahrnehmen und Handeln. Ihr Schwerpunkt liegt damit auf den *Praktiken der Mitglieder* innerhalb von Organisationen und Interaktionen zwischen ihnen. Es geht also um jene Situationen und Kontexte, in welchen formale Organisationsstrukturen für die Praktiken und Interaktionen der Akteure allgemein relevant werden und welche ihrerseits, darin dem Konzept der Rekursivität und Dualität von Strukturen (Giddens 1995) nicht unähnlich, strukturierende Wirkung haben können. Mit Blick auf die Geschlechterungleichheit in Organisationen betonen die hier als handlungsorientiert bezeichneten Ansätze demnach insbesondere die Relevanz des Geschlechts als Unterscheidungsdimension in Prozessen der Bedeutungszuweisung durch und Handlungsorientierung für ihre Mitglieder.

10 Wenngleich auch hier mit unterschiedlicher Gewichtung und Reichweite des jeweils zu Grunde liegenden Strukturbegriffes. Eine sozial-relationale Perspektive, aus der die Geschlechtszugehörigkeit für die Praktiken der Akteure als eine „Differenzierungsdimension unter mehreren" (Heintz 2001: 23) zu sehen ist und deren Dominanz auf der strukturellen oder individuellen Ebene jeweils zu klären ist. Sowie am Beispiel der Arbeiten von Acker eine Perspektive, aus der

Im Folgenden nehmen wir aber zunächst die Fäden jener Diskussion auf, die Baron und Bielbys Forderung „bringing the firms back in" (1980) auslöste. Organisationen, so ihre These, sollten in ihrer Rolle als Schaltstelle für Stratifikationsprozesse auf dem Arbeitsmarkt ernst genommen werden.

1. Strukturorientierte Ansätze

In der Untersuchung von Stratifikations- und Mobilitätsprozessen sind, Baron und Bielby (1980) zufolge, Arbeitsverhältnisse und -beziehungen innerhalb von Organisationen und Firmen zu berücksichtigen. Die im Folgenden als *strukturorientiert* bezeichneten Ansätze knüpfen hier an und diskutieren Platzierungs- und Aufstiegschancen von Personengruppen in Zusammenhang mit Merkmalen der formalen Struktur, der demographischen Zusammensetzung, der Politiken und des institutionellen Umfelds von Organisationen. Insbesondere Arbeiten über die *organisationsgebundene Geschlechtersegregation* und über *innerbetriebliche Mobilitätsprozesse* informieren über die Bedeutung struktureller Rahmenbedingungen für den Zugang von Frauen zu statushohen Positionen. Die beiden Themenbereiche haben sich aus unterschiedlichen Forschungszusammenhängen entwickelt.

Die auf der Organisationsebene ansetzenden Arbeiten über die berufliche Trennung der Geschlechter stehen in der weberianischen Tradition der Bürokratietheorie (Mayntz 1971), da sie Organisationen als arbeitsteilige Hierarchien betrachten, in denen die Kontrolle und Koordination von komplexen Abläufen über die Spezialisierung von Arbeitsrollen und Tätigkeitsbereichen sowie die formale Fixierung von Verfahrensweisen und die Etablierung von Weisungsbefugnissen sichergestellt wird. Da Arbeitsteilung immer auch die Zuweisung von Personen zu Tätigkeiten voraussetzt, sehen sie in bürokratischen Strukturen eine Basis der beruflichen Segregation (vgl. z.B. Tomaskovic-Devey und Skaggs 2001). Studien über innerbetriebliche Mobilitätsprozesse hingegen entstanden im Kontext des ‚neuen Strukturalismus'. Organisationen interessieren hier vor allem in ihrer Funktion als ‚interne Arbeitsmärkte', in denen bestimmte Positionen von Konkurrenzverhältnissen des Marktes abgeschottet sind, um die Mitarbeiter und ihr Humankapital zu binden (Sørensen 1983). Der Schwerpunkt liegt hier auf der Untersuchung von Opportunitätsstrukturen, die sich aus dem betrieblichen Stellengefüge, Aufstiegswegen und dem Personalumschlag ergeben (z.B. Baron et al. 1986; Rosenbaum 1979; Stewman 1988; Yamagata et al. 1997).

Untersuchungen zur Geschlechtersegregation betrachten inter- und intraorganisationale Unterschiede der Geschlechterzusammensetzung von Tätigkeiten und Berufen. Einschlägige Arbeiten über Mobilitätsprozesse in Organisationen hingegen interessieren sich für innerbetriebliche Unterschiede zwischen Frauen und Männern im Hinblick auf Tätigkeitswechsel und Aufstiegsmöglichkeiten. Beiden Forschungssträngen ist gemeinsam, dass sie ‚sex', nicht ‚gender' als zentrale Analysekategorie verwenden. Um aber erklären zu können, wie innerhalb scheinbar neutraler, für alle in gleicher Weise geltender Strukturen geschlechtsspezifische Ungleichheiten entstehen können, müssen

das Geschlecht als schon immer in die Strukturen von Organisationen und die Praktiken ihrer Mitglieder dominante Unterscheidungsdimension eingelassen aufgefasst wird.

diese auf der intermediären Ebene operierenden Ansätze auch makrosoziale Aspekte berücksichtigen (vgl. z.B. Reskin et al. 1999). Es wird zum einen Bezug genommen auf Prozesse der geschlechtsspezifischen Differenzierung und Hierarchisierung: Ergebnisse werden vor dem Hintergrund gesellschaftlich geteilter, unhinterfragter Geschlechtertypisierungen und daraus resultierenden Normen und Regelungen bei der Zuweisung von Tätigkeiten und Positionen interpretiert. Zum anderen sind Einflüsse des institutionellen Umfelds wie Märkte und rechtliche Regulierungen zu beachten (Mittman 1992). Diese Zusammenhänge sollen im Folgenden anhand ausgewählter empirischer Ergebnisse verdeutlicht werden.

Studien zur *organisationsgebundenen Geschlechtersegregation* wurden in den USA entscheidend von Baron und Bielby (1984) angeregt. Sie konnten erstmals zeigen, dass sich die berufliche Trennung von Frauen und Männern über nahezu alle Arten von Arbeitsplätzen erstreckt und mit Organisationscharakteristika wie Gewerkschaftsbindung, Grad der Formalisierung, Spezialisierung, Qualifikationsniveau und Tätigkeitsmerkmale wie manuelle Arbeit assoziiert ist. Diese Ergebnisse wurden in einer Folgestudie über Segregation von geschlechtsintegrierten Berufen in Organisationen weiter spezifiziert: Selbst wenn Frauen und Männer im gleichen Beruf beschäftigt sind, arbeiten sie häufig in verschiedenen Organisationseinheiten und unter verschiedenen Stellenbezeichnungen, wobei Männer eher in großen oder gewerkschaftlich organisierten Firmen mit formalen Verhandlungsprozeduren vertreten sind (Bielby und Baron 1986). Die horizontale Trennlinie zwischen Frauen und Männern wird dabei von einer vertikalen überlagert. Forschungsarbeiten zu diesem Thema weisen übereinstimmend nach, dass Frauen nur selten in die oberen Hierarchieebenen von Organisationen gelangen und die frauendominierten Beschäftigungsbereiche oft weniger lohnenswerte Rahmenbedingungen bieten. In amerikanischen Universitäten arbeiten z.B. Soziologen im Vergleich zu ihren Berufskolleginnen eher in gut dotierten, mit besseren Karriereoptionen verbundenen Positionen und in prestigereicheren Forschungseinrichtungen (Kulis und Miller-Loessi 1992a, 1992b).

Studien über organisationsgebundene Geschlechtersegregation beschäftigen sich meist auch mit der Frage, welche Faktoren zum Abbau der Geschlechterungleichheit in Organisationen beitragen können. Baron et al. (1991) untersuchten die Auswirkungen der Organisationsdynamik auf die Geschlechterintegration in einer Reihe staatlicher Verwaltungseinrichtungen. Diese Studie zeigt den Effekt der ‚Trägheit' von Organisationen: Jüngere und kleinere Verwaltungseinheiten integrieren Frauen schneller als größere und ältere. Auch ein hoher Anteil von Frauen[11] in den Belegschaften begünstigt deren weitere Zugangschancen. Haben Frauen in Arbeitsbereichen erst einmal ‚Fuß gefasst', dann rücken weitere nach. Am wirksamsten jedoch ist der durch rechtliche Regulierungen auferlegte Zwang zu einer zahlreicheren Integration von Frauen. Interne und externe Interessengruppen hingegen verfolgen oft Strategien, die eine stärkere Einbindung von Frauen blockieren. Neuere Arbeiten diskutieren insbesondere die Bedeutung von betrieblichen Personalpraktiken, vor allem die Formalisierung von Regelungen der Beziehung zwischen Arbeitgeber und Arbeitnehmer. Je formalisierter die Regelungen, Verfahren und Kriterien der Stellenbesetzung und Beförderung sind, so die

---

11 Dies gilt in gleicher Weise für Angehörige bestimmter ethnischer Gruppen.

Annahme, desto weniger Raum bleibt für „das Ausagieren der Geschlechterdifferenz" (Heintz et al. 1997: 234), desto weniger Einfluss haben geschlechtstypische Zuschreibungen und männliche Seilschaften auf Personalentscheidungen (vgl. auch Collinson et al. 1990; Reskin und McBrier 2000). Empirischen Untersuchungen zufolge scheint Formalisierung in bestimmten Berufen tatsächlich zum Abbau geschlechtstypischer Beschäftigung beizutragen (vgl. z.B. Tomaskovic-Devey et al. 1996). Dies gilt jedoch nicht generell, wie Reskin und McBrier (2000) in einer Analyse über die Beschäftigung von Frauen und Männern in Managementberufen zeigen. Der erwartete Effekt stellt sich nur in großen Firmen ein. Wenn Arbeitgeber ihr Personal über öffentliche Ausschreibungen oder über Personalvermittlungen rekrutieren, dann sind Managementpositionen zu einem höheren Anteil mit Frauen besetzt. Erfolgt dagegen die Personalsuche über informelle Netzwerke, so verringert sich deren Präsenz in Managementfunktionen. Tomaskovic-Devey und Skaggs (2001) kommen zu dem Ergebnis, dass Formalisierung zwar das Monopol der Männer in bestimmten Berufen schwächt, „aber ... nichts an der geschlechtlichen Natur von Organisationen" ändert (ebd.: 329).[12]

Die Forschung über Geschlechterunterschiede bei der *innerbetrieblichen Mobilität* befasst sich mit geschlechtsspezifischen Implikationen von Karriereleitern und Beförderungsregelungen (u.a. DiPrete und Soule 1988; Stovel et al. 1996). Unterschiede in den beruflichen Entwicklungsmöglichkeiten, die Firmen Frauen und Männern anbieten, stehen hier im Mittelpunkt. Spilerman und Petersen (1999) untersuchen z.B. ‚Beförderungsregimes' in einem amerikanischen Versicherungsunternehmen. Danach werden weibliche Angestellte bevorzugt auf bestimmten Eintrittspositionen (v.a. Bürotätigkeiten mit niedrigem Rang) eingestellt, in denen sie von vornherein nur Aufstiege in einem Stufensystem mit vergleichsweise kurzen Karriereleitern vollziehen können. Barnett et al. (2000) betrachten den Zusammenhang zwischen innerbetrieblicher Segregation und Mobilitätschancen in kalifornischen Behörden. Sie analysieren Aufstiegsraten von Berufsgruppen mit unterschiedlicher Geschlechterkomposition und weisen für diese unterschiedliche Mobilitätsmuster nach: In männerdominierten Berufen gibt es wenige Tätigkeitswechsel, die jedoch mit einer Einkommensverbesserung einhergehen. In frauendominierten Berufen sind Tätigkeitswechsel zwar zahlreicher, haben jedoch nur geringen Einfluss auf die Entlohnung. Männer in Frauenberufen erfahren allerdings weniger Karrierenachteile als ihre Berufskolleginnen.

Wie wir im Folgenden zeigen werden, lassen sich strukturorientierte Ansätze und ihre Ergebnisse mit Gewinn durch eine handlungsorientierte Perspektive ergänzen. Die so bezeichneten Arbeiten behandeln die mikrosoziale Fundierung der Geschlechterungleichheit in Organisationen.

---

12 Ähnlich argumentiert Huffman (1999), der in der Formalisierung von Personalpraktiken zwar eine notwendige, aber keine hinreichende Bedingung zur Erhöhung der Präsenz von Frauen und Minderheiten in Leitungsfunktionen sieht. Seinen Ergebnissen zufolge variiert der Einfluss von Formalisierung mit der Branchenzugehörigkeit von Firmen.

2. Handlungsorientierte Ansätze

Von strukturorientierten Ansätzen unterscheiden sich die handlungsorientierten sowohl hinsichtlich des Organisations- als auch des Geschlechterverständnisses. Organisationen werden hier als Systeme sozialer Beziehungen begriffen; somit rücken Akteure, Gruppen und Interaktionszusammenhänge in den Mittelpunkt. Innerhalb dieser mikrosoziologischen Ausrichtung lassen sich zwei Varianten unterscheiden: eine *sozial relationale* Betrachtung organisationaler Prozesse und das Konzept der *vergeschlechtlichten Organisation*.

Ausgangspunkt sozial relationaler Ansätze ist, dass Personen oder auch Personengruppen sich selbst und das von ihnen Erreichte im Verhältnis zu anderen – also *relational* – im jeweiligen Organisationskontext wahrnehmen, bewerten und vergleichen (Baron und Pfeffer 1994; Baron 1991). Um zu erklären, warum und wie kognitive und sozialpsychologische Prozesse zur Produktion geschlechtsspezifischer Ungleichheit in Arbeitsorganisationen beitragen, rekurrieren diese Ansätze dabei vor allem auf Theorien und Ergebnisse der Identitäts- und Gruppenforschung.[13] Im Mittelpunkt steht die Annahme, dass Individuen sich selbst und andere nach sozialen Kategorien wie dem Geschlecht, dem Alter, aber auch nach dem beruflichen Status oder der beruflichen Position, einordnen und vergleichen. Da Menschen nach einer positiven Selbstidentität streben und diese bestätigen wollen, werden soziale Beziehungen am Arbeitsplatz und Arbeitsrollen zu einer wichtigen Belohnungsdimension. Organisationen sind an diesen Prozessen wesentlich beteiligt, denn sie sind „very much in the business of creating categories such as departments, ranks, and job titles. In work environments, it is likely that these organizationally defined and institutionalized categories order the social world, affect the contours of social comparison and interaction, and thereby shape the observed distribution of rewards" (Baron und Pfeffer 1994: 193).

Der Geschlechtszugehörigkeit kommt in diesen Kategorisierungs- und Vergleichsprozessen ein besonderer Stellenwert zu. Sie evoziert ebenso bedeutsame wie hartnäckige Etikettierungen und Stereotypisierungen im Hinblick auf den überlegenen Status des männlichen Geschlechts auf Arbeitsmärkten und in Arbeitsorganisationen. Als „implizite Hintergrundidentität" (Ridgeway 2001: 270) wirkt das Geschlecht direkt und indirekt in Interaktionsprozessen. Es ist und wird in Berufs- und Organisationsstrukturen eingeschrieben und trägt in einem komplexen Rückkopplungsprozess zur Fortschreibung ungleicher Arbeitsmarkterträge von Frauen und Männern auch dann bei, wenn die Geschlechtszugehörigkeit weniger im Vordergrund steht oder bewusst ist als andere in der Organisation bedeutsame Identitäten. Organisationsstrukturen erscheinen damit aus einer sozial relationalen Perspektive nicht als gegeben, sondern als für Organisationen und deren Mitglieder wirksame kognitive Kategorien und Schemata, durch welche relevante Unterscheidungen zwischen Personen und Gruppen erst geschaffen werden (Wharton 1992, 1994). Vergleichs- und Kategorisierungsprozesse finden auch dann statt, wenn, wie in Arbeitsorganisationen, direkte Interaktionen mit (allen) ande-

---

13 Vergleiche für einen Überblick Tolbert et al. (1999) und für den Zusammenhang zwischen Segregation und der Diversität von Arbeitsgruppen Allmendinger und Podsiadlowski (2001), sowie Wharton und Baron (1987, 1991); Tsui und O'Reilly (1989); Tsui et al. (1992); Allmendinger und Hackman (1995).

ren begrenzt und Informationen über diese unsicher sind. ‚Gender status beliefs' leisten vor diesem Hintergrund einen ebenso tückischen wie hartnäckigen Beitrag zu sozialer Ungleichheit, da sie in Arbeitsorganisationen auch dann wirksam werden und von Bedeutung bleiben, wenn sich deren Grundlage durch die stark gewachsene Beteiligung von Frauen auf dem Arbeitsmarkt – und damit auch die demographische Zusammensetzung von Arbeitsorganisationen – wesentlich verändert hat (Ridgeway 1997, 2001; Ridgeway und Smith Lovin 1999; vgl. dazu auch den Beitrag von Wharton in diesem Band).[14]

Einige Beispiele können diesen Zusammenhang illustrieren (vgl. dazu Baron und Pfeffer 1994). Die Differenzierung von Tätigkeiten und Arbeitsrollen beeinflusst nicht nur die Allokation von Belohnungen in Organisationen, sondern Tätigkeitsbeschreibungen erhalten auch Statusunterschiede und Grenzen entlang sozialer Kategorien aufrecht und erfüllen dadurch das Interesse der Organisationsmitglieder, sich als ähnlich oder verschieden wahrnehmen und mit anderen vergleichen zu können.[15] Männer, als (historisch) dominante soziale Gruppe in Organisationen, haben den Startvorteil, auf die ursprüngliche Kategorisierung von Tätigkeiten und deren Definitionen Einfluss nehmen zu können. Die soziale Ähnlichkeit zwischen jenen, die Positionen definieren, und jenen, die diese ausfüllen, kann sich in der Organisationsstruktur festsetzen und dann ihrerseits, als Tradition oder Gewohnheit, die Zuweisung von Männern zu statushohen Tätigkeiten beeinflussen. So weisen die Stellenbezeichnungen und Arbeitsrollen von Männern[16] innerhalb von Organisationen einen größeren Grad der Differenzierung und Spezialisierung auf als die anderer sozialer Gruppen. Männer finden sich deutlich häufiger in prestigereichen Positionen, die nur mit einer Person besetzt sind. Selbst wenn Männer und Frauen ähnlichen oder den gleichen Tätigkeiten nachgehen, fällt die Proliferation von Stellenbezeichnungen bei Männern deutlich höher aus (Bielby und Baron 1986; Strang und Baron 1990).

Die Organisation und Differenzierung von Arbeitsrollen nach sozialen Kategorien hat auch einen direkten Einfluss darauf, welcher Wert einer Tätigkeit zugeschrieben wird. Die Arbeit von Männern wird allgemein besser entlohnt als die von Frauen oder ethnischen Minderheiten, und zwar auch dann, wenn diese ähnliche oder dieselben

---

14 Einschränkend gilt allerdings anzumerken, dass die vorliegenden empirischen Befunde zur Aktivierung und Bedeutung von ‚gender status beliefs' in Interaktionsprozessen bislang zum größten Teil aus experimentellen Studien gewonnen wurden. Vor allem aus methodologischen Gründen erscheint ein Transfer auf konkrete organisationale Kontexte schwierig, denn relevante Situationen in Arbeitsorganisationen – beispielsweise Status- oder Bewerbungsgespräche – müssten erst identifiziert und dann Interaktionsprozesse in diesem Zusammenhang beobachtet und analysiert werden. Gleichwohl lassen sich aus dieser Sichtweise die aus anderen empirischen Studien gewonnenen Ergebnisse durchaus plausibel interpretieren.
15 Für gewöhnlich wird davon ausgegangen, dass Organisationen auf Grund ihrer Größe, technischer Imperative oder aus Effizienzerwägungen heraus über eine horizontal wie vertikal ausdifferenzierte Positions- und Tätigkeitsstruktur verfügen. Ungleiche Arbeitsmarkterträge lassen sich dann als Funktion der positionalen Differenzierung der Arbeitsteilung in Organisationen bestimmen.
16 Die angeführten Untersuchungen kommen aus dem US-amerikanischen Raum. Mitgeführt wird hier nicht nur die Bedeutung von Geschlecht, sondern auch von ethnischer Zugehörigkeit und sozialer Ungleichheit. Entsprechend werden im Originaltext „weiße" Männer als Referenzgruppe gesetzt.

Tätigkeiten ausüben.¹⁷ Inwiefern diese faktischen Diskriminierungen nun von Organisationsmitgliedern wahrgenommen oder als legitim erachtet werden, steht in engem Zusammenhang zum Kontakt mit und zu Informationen über andere Angehörige der gleichen sozialen Kategorie. Stellen Frauen beispielsweise nur eine Minderheit der Professoren in einem Institut oder einer Abteilung, können sie ungleiche geschlechtsspezifische Erträge und deren Rechtfertigung durch die Organisation mangels Vergleichsmöglichkeiten häufig nur schwer hinterfragen oder entdecken, da diese hinter der Binnendifferenzierung von Arbeitsrollen und Tätigkeiten verschwinden.¹⁸

Ein Beispiel für die Anwendung von expliziten und impliziten Kategorisierungs- und Vergleichsprozessen sind Stellenbesetzungsverfahren. Frauen werden gar nicht oder kontinuierlich nur auf bestimmte Positionen rekrutiert, weil in Personalentscheidungen nicht nur die Evaluation von individuellen Fähigkeiten und Kenntnissen eingeht, sondern weil Frauen auch als Trägerinnen von Gruppenmerkmalen und -eigenschaften wahrgenommen und beurteilt werden.¹⁹ Zu den gängigen Stereotypisierungen zählen, dass Frauen auf Grund physischer Eigenschaften für bestimmte Tätigkeiten weniger geeignet seien als Männer, sie ihre Erwerbstätigkeit häufiger als Männer unterbrechen würden und auch bei gleicher Qualifikation weniger leistungs- und arbeitsorientiert seien. Geschlechterstereotype spielen für spezifische Berufe und Tätigkeiten eine zentrale Rolle, etwa wenn die Merkmale und Eigenschaften ihrer männlichen Inhaber gleichsam in diese Positionen eingeschrieben werden und auf sie übergehen. Wer innerhalb von Arbeitsorganisationen eine Tätigkeit ausübt, bestimmt demnach wesentlich mit, *wie* Positionen und Rollen kategorisiert, wahrgenommen und entlohnt, vor allem aber *wem* diese zukünftig zugewiesen werden.

Den Arbeiten des sozial relationalen Ansatzes kommt damit das Verdienst zu, auf die ungleichheitserzeugende und -stabilisierende Dynamik von Interaktionsprozessen und sozialen Beziehungen in Organisationen hingewiesen und diese der empirischen Analyse zugänglich gemacht zu haben. Darüber hinaus erlaubt diese Perspektive eine in neueren Arbeiten aus der feministischen Organisationsforschung geforderte flexible Sicht auf das Verhältnis von Geschlecht und Organisation (Alvesson und Due Billing 1997; Halford et al. 1997, Heintz et al. 1997; Heintz und Nadai 1998; Wilz 2002), das hier als vielgestaltig, kontextabhängig und wenig vorhersehbar konzipiert ist. Die Geschlechtszugehörigkeit steht nicht mehr als *der* zentrale Faktor von organisationalen Prozessen und Strategien im Mittelpunkt, sondern ihre Relevanz variiert nach situati-

---

17 Eine umfassende Diskussion unterschiedlicher Erklärungsansätze zur Lohnungleichheit zwischen Männern und Frauen bietet Bergmann (1989).
18 Ein gutes Beispiel bietet die Untersuchung zur Situation von Frauen am Massachusetts Institute of Technology (MIT 1999). Erst als die wenigen Wissenschaftlerinnen am MIT sich untereinander zu einem Erfahrungsaustausch trafen, wurde offensichtlich, dass am MIT geschlechtsspezifische Ungleichheit im Hinblick auf die Ausstattung mit Ressourcen, Löhnen, Auszeichnungen und anderen Formen der wissenschaftlichen Anerkennung existierte. In vielen Departments gab es eine ‚glass ceiling'; die wenigen Professorinnen nahmen sich erst im Kollektiv als unsichtbar und von Schaltstellen und Schlüsselpositionen in ihren Departments ausgeschlossen wahr.
19 In Arbeitsorganisationen erfüllt das Prinzip der homosozialen Reproduktion allgemein die Funktion, Unsicherheit im Hinblick auf die zukünftige Leistung und Aufgabenerfüllung zu reduzieren (Kirsch-Auwärter 1992; Marx und Leicht 1996; Salancik und Pfeffer 1978).

ven Rahmenbedingungen und ist in Verbindung mit weiteren organisationsspezifischen Kategorien, wie etwa Rang, Abteilung, Arbeitszeitumfang, ethnischer Zugehörigkeit, als auch in ihrer internen Differenzierung, etwa nach Klasse und Schicht (Wright 1997; Frerichs 1997), zu berücksichtigen.

Sozial relationale Ansätze stehen demnach mit ihren Annahmen und Forschungsergebnissen auch in einer großen Nähe zu dem in der feministischen Organisationssoziologie diskutierten Konzept der ‚vergeschlechtlichten Organisation' (Acker 1990, 1992). Dessen zentrale These besagt, dass Zweigeschlechtlichkeit ein konstitutives Element jeder Organisation bilde und in alle Organisationsstrukturen und -prozesse eingebettet sei: „To say that an organization, or any other analytic unit, is gendered means that advantage and disadvantage, exploitation and control, action and emotion, meaning and identity, are patterned through and in terms of a distinction between male and female, masculine and feminine. Gender is not an addition to ongoing processes, conceived as gender neutral. Rather, it is an integral part of those processes, which cannot be understood without an analysis of gender" (Acker 1990: 146).

Kern von Ackers Konzept sind organisationale Prozesse der Konstruktion geschlechtlicher Trennlinien, deren Legitimation und Festschreibung, die unter der ‚Oberfläche' von formalen und als geschlechtsneutral betrachteten Strukturen eine ‚*gendered substructure*' formen. Anders als beim sozial relationalen Ansatz wird hier die Kritik laut, dass das Konzept „einer detaillierten Analyse noch harrt" (Müller 1999a: 56). Ackers Konzept weist jedoch in einem Punkt über den Gegenstandsbereich der sozial relationalen Ansätze hinaus, in dem sie die gesellschaftliche Trennung von Produktions- und Reproduktionssphäre und die damit implizierten geschlechtsspezifischen Zuordnungen thematisiert. Demnach etablieren Organisationen Normen und Regeln, welche die Doppelung von Verpflichtungen aus der Berufs- und Privatsphäre ausblenden und dadurch einseitig an der Lebensrealität von Männern ausgerichtet sind.

Empirisch wurde das gendering von und in Organisationen bisher insbesondere in qualitativen Studien erforscht. Acker (1994) selbst weist in einer Untersuchung von schwedischen Banken auf die Unterschiede in der Förderung und Unterstützung von Männern und Frauen durch Vorgesetzte hin. Männer werden von männlichen Vorgesetzten aktiv als potenzielle Führungskräfte identifiziert und in Weiterbildungsmaßnahmen auf höhere Positionen vorbereitet und gefördert. Frauen hingegen sind darauf angewiesen, selbst auf sich aufmerksam zu machen. Gleichzeitig wird Frauen der Zugang zu Weiterbildungsmaßnahmen eher verwehrt, weshalb die berufliche Entwicklung von Männern und Frauen langfristig unterschiedlich verläuft. Ein ähnliches Resultat berichten Benschop und Dooreward (1998) aus ihrer Studie über zwei niederländische Großbanken. Die Banken erwarten ebenfalls von ihren Mitarbeitern und Mitarbeiterinnen, sich auf attraktive Stellen aktiv zu bewerben. Es existiert jedoch eine unausgesprochene Regel, wonach statushohe Personen zu den Bewerbungen gezielt auffordern. Auch hier geraten Männer eher als potenzielle Kandidaten in den Blick, da Frauen unterstellt wird, sich kaum für diese Positionen zu interessieren. Die Praxis der „importance of being asked" (ebd.: 796) hat wesentlichen Anteil an der Fortschreibung des Status quo. Ein weiterer wichtiger Befund dieser Studie greift die Segmentierung von Voll- und Teilzeitarbeitsplätzen auf. Teilzeitarbeit wird vorwiegend in inhaltlich wie finanziell relativ unattraktiven Bereichen angeboten, die häufig in beruflichen Sackgassen enden. Dem entspricht, dass anspruchsvolle Tätigkeiten Mitarbeitern und Mitarbeiterinnen sowie Vorgesetzten in Teilzeit kaum durchführbar erscheinen. Eine Teilzeitbeschäftigung erleichtert es zwar, Beruf und Familienverpflichtungen zu verbinden, platziert Frauen letztlich aber in so genannten ‚mommy tracks', die kaum berufliche Perspektiven eröffnen. Auch Halford et al. (1997) setzen mit ihrer Untersuchung im Bankensektor an. Sie identifizieren Organisationsvorgaben, die an bestimmte Positionen geknüpft sind, als gendered. Demnach ist das Bild des idealen Managers ein paternalistisches: Manager sind männlich, verheiratet und haben Kinder.

Wir haben eingangs darauf hingewiesen, dass die Analyse sozialer Ungleichheit auf der Organisationsebene eine vielversprechende Möglichkeit zur Verknüpfung makro- und mikrosoziologischer Erklärungsansätze bietet. Gleichwohl haben die bislang diskutierten Erklärungsansätze dieses Versprechen theoretisch und empirisch nur teilweise eingelöst. Strukturorientierte Ansätze haben zwar wesentlich dazu beigetragen, den Anteil von Organisationen an ungleichen Arbeitsmarkterträgen herauszuarbeiten. Sie haben sich aber dabei vor allem auf den Einfluss formaler Strukturen und demographischer Merkmale innerhalb und zwischen Organisationen konzentriert und dem Geschlecht dabei den Status einer zusätzlichen unabhängigen Erklärungsvariable zugewiesen. Handlungsorientierte Ansätze ergänzen strukturorientierte Arbeiten, indem sie Organisationsmitglieder und die sozialen Beziehungen und Interaktionen zwischen ihnen in den Mittelpunkt rücken. Wie wir dargelegt haben, begreifen sie das Geschlecht als eine zentrale Prozessvariable neben anderen, die zur (Re-)Produktion sozialer Ungleichheit in Organisationen beiträgt. Sozial relationale Ansätze nehmen auf der Organisationsebene Akteure und Prozesse zwar stärker als Positionen und Strukturen in den Blick. Gleichzeitig minimieren sie dadurch aber die Rolle makrosozialer Einflüsse auf die ungleichen Arbeitsmarkterträge von Männern und Frauen, wie sie beispielsweise in der Trennung von Produktions- und Reproduktionssphäre vermutet werden können. Das Konzept der ‚gendered organizations' formuliert diesen Zusammenhang am pointiertesten. Organisationen und deren Strukturen werden hier per se als Arenen männlicher Hegemonie, Handlungskontexte in Organisationen als immer schon in ungleiche gesellschaftliche Geschlechterverhältnisse eingebettet und von diesen durchdrungen verstanden.

Die bislang dargestellten Forschungsarbeiten stammen überwiegend aus dem amerikanischen Kontext. Im Folgenden sollen die vorhandenen Konzepte zur (Re-)Produktion von Geschlechterungleichheit in Organisationen am Beispiel eigener empirischer Arbeiten diskutiert werden. In *Abschnitt III* geben wir einen Überblick über die Geschlechterkonzentration in hochqualifizierten Berufen und in der Hierarchie von Wissenschaftsorganisationen und diskutieren einige Organisationsmerkmale, die diese Verteilungsmuster beeinflussen. *Abschnitt IV* berichtet Resultate zum ‚gendering' von Wissenschaftsorganisationen.

III. Die Allokation von hochqualifizierten Frauen in Organisationen der Erwerbsarbeit

Wir berichten Ergebnisse aus vier Forschungsprojekten, welche die Platzierung von hochqualifizierten Frauen in Organisationen mit jeweils unterschiedlichen thematischen Schwerpunkten und methodologischen Ansätzen untersucht haben.[20]

In einer Studie zur Geschlechtersegregation in Organisationen werden Daten der Beschäftigtenstatistik und des Betriebspanels des Instituts für Arbeitsmarkt- und Berufsforschung in Nürnberg einer Sekundäranalyse unterzogen (vgl. Achatz 2002; Achatz et al. 2002).[21] Es handelt sich um eine repräsentative Stichprobe von deutschen Betrieben, deren Arbeitnehmer der Sozialversicherungspflicht unterliegen. Analyseeinheit sind Betriebe, Behörden und Verbände, im Mittelpunkt steht die Geschlechterzusammensetzung in verschiedenen Berufen.

Weiterhin stellen wir Ergebnisse aus drei Projekten vor, die sich mit der Integration von Frauen in Organisationen im zeitlichen Verlauf und den beruflichen Werdegängen von Frauen und Männern in deutschen Wissenschaftsorganisationen, der Max-Planck-Gesellschaft (MPG) und der Fraunhofer-Gesellschaft (FhG), befasst haben (vgl. Achatz und Hinz 2001; Allmendinger et al. 2001, 1999; Fuchs et al. 2001; Wimbauer 1999; von Stebut 2003; Fuchs 2003). MPG wie FhG gehören zu den wichtigsten und größten außeruniversitären Forschungseinrichtungen in Deutschland. Während die MPG insbesondere Grundlagenforschung betreibt, widmet sich die FhG der angewandten Forschung. Analysiert werden zum einen die in den Dachorganisationen zusammengeschlossenen Forschungsinstitute und zum anderen die Karrierewege der darin beschäftigten Wissenschaftler und Wissenschaftlerinnen.

1. Ausmaß und organisationale Begleitumstände geschlechtsspezifischer Beschäftigung

Um das Ausmaß der Beschäftigung von Frauen in prestigereichen, statushohen Positionen in deutschen Arbeitsorganisationen zeigen zu können, beginnen wir mit einem Überblick über die Frauenanteile in ausgewählten, hochqualifizierten Berufsbereichen. Es handelt sich dabei um technische und naturwissenschaftliche Fach- und Führungspositionen, Professionen und um Managementberufe.[22]

Abbildung 1 gibt den durchschnittlichen Frauenanteil in diesen Berufsbereichen wieder. Die Anteilswerte sind nach der Anzahl jener Organisationen, in denen diese

---

20 Ein Überblick über die Studien bietet die Tabelle im Anhang dieses Beitrags.
21 Diese Datenquellen sind nicht frei zugänglich, alle Analysen wurden im Rahmen eines Informationsaufenthalts am Institut für Arbeitsmarkt- und Berufsforschung durchgeführt. Wir bedanken uns bei Lutz Bellmann, Stefan Bender und Arnd Kölling für die bereitwillige Unterstützung unseres Forschungsvorhabens.
22 Hier wurden folgende Einzelberufe zusammengefasst: Manager (Unternehmer, Geschäftsführer, Unternehmensberater, leitende und administrativ entscheidende Verwaltungsfachleute, Funktionäre, Wahlbeamte); naturwissenschaftlich-technische Fach- und Führungspositionen (Ingenieure, Architekten, Chemiker, Physiker, Naturwissenschaftler, Luftverkehrsberufe) und Professionen (Rechtsfinder, -vertreter, Ärzte, Apotheker, Hochschullehrer, Gymnasiallehrer, Wirtschafts- und Sozial- und Geisteswissenschaftler, Seelsorger).

Abbildung 1: Durchschnittliche Frauenanteile in Organisationen nach Berufsbereichen

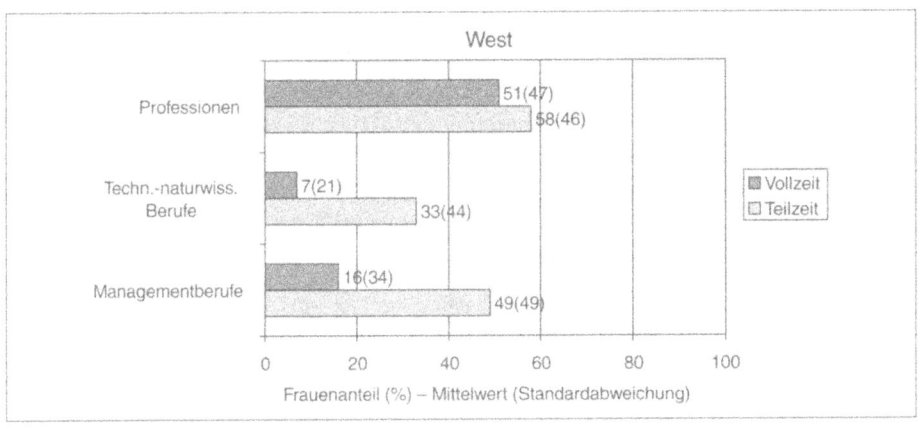

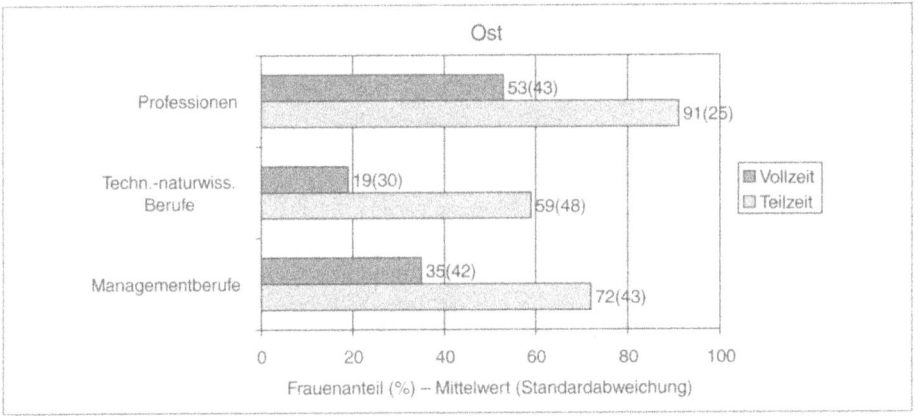

Quelle: DFG-Projekt ‚Geschlechtersegregation in Organisationen', gewichtete Mittelwerte 1997, Standardabweichung in Klammern.

Berufsfelder vertreten sind, berechnet. Voll- und Teilzeitbeschäftigung und die Werte für west- und ostdeutsche Betriebe sind getrennt ausgewiesen.

Die organisationsbezogenen Durchschnittswerte bilden sowohl die vertikale als auch die horizontale Dimension der beruflichen Geschlechtertrennung in deutschen Firmen, Behörden und Verbänden ab.[23] Technisch-naturwissenschaftliche Fach- und Führungspositionen und Tätigkeiten im Management sind Männerdomänen, in den

---

23 Selbstverständlich stellt sich hier die Frage nach der geschlechtsspezifischen Entlohnung, die in zahlreichen Studien auf der Individualebene nachgewiesen wurde; eine Analyse organisationaler Einflussgrößen fehlt für Deutschland bislang (vgl. Allmendinger und Hinz 2001). Auch die Unterscheidung männlicher und weiblicher Berufe und Erwerbsbereiche verweist auf die hierarchische Anlage dieser Geschlechterordnung. Allgemein zeigt sich immer wieder, dass eine Feminisierung von Arbeit mit einer generellen Abwertung bestimmter Arbeitsfelder und ihrer Qualifikationsanforderungen einhergeht (Heintz et al. 1997; Reskin und Roos 1990; Stryker 1996).

Professionen hingegen beschäftigen Arbeitgeber im Mittel Frauen und Männer im gleichen Ausmaß. Neben der berufsspezifischen ist eine zeitliche und eine (deutschlandspezifische) regionale Trennlinie festzustellen: Die mittleren Frauenanteile bei den Teilzeitbeschäftigten liegen teils um ein Vielfaches über denen der Vollzeitbeschäftigten und in den neuen Bundesländern sind Frauen in den Männerdomänen deutlich stärker vertreten als in den alten.[24] Die organisationsbezogenen Mittelwerte weisen dabei insbesondere bei den Anteilswerten von vollzeitbeschäftigten Frauen in Managementberufen und technisch-naturwissenschaftlichen Berufen eine breite Streuung auf. Nicht die berufliche Segregation und Konzentration von Frauen und Männern in Beschäftigungsbereichen, sondern die organisationsgebundene rückt deshalb in den Mittelpunkt des Interesses.

Die berufliche Trennung von Frauen und Männern ist in der Regel mit einer Ungleichstellung verbunden. Dies lässt sich mit der Geschlechterzusammensetzung in hierarchisch gestuften Positionen in zwei Wissenschaftsorganisationen verdeutlichen. *Tabelle 1* zeigt die Frauenanteile beim wissenschaftlichen Personal der Fraunhofer-Gesellschaft und der Max-Planck-Gesellschaft im Jahr 1997 in fünf Tarifstufen, vom Einstiegsgehalt (Stufe 5) bis hin zu den obersten Leitungsfunktionen (Stufe 1).

Tabelle 1: Frauenanteile in den Tarifstufen 1997 der Fraunhofer- und Max-Planck-Gesellschaft

Tarifstufe	Fraunhofer-Gesellschaft		Max-Planck-Gesellschaft	
	Prozent	Anzahl	Prozent	Anzahl
1	0,0	0	4,6	19
2	1,8	1	0,0	0
3	3,9	6	5,9	23
4	8,6	23	14,2	152
5	13,4	39	22,2	285
Gesamt	8,8	69	14,9	479
	(11 Institute)		(77 Institute)	

Quellen: Personaldaten der Fraunhofer-Gesellschaft und der Max-Planck-Gesellschaft, eigene Berechnungen. Tarifstufe 1 entspricht der Eingruppierung C4, C3 und Sondertarifen; Stufe 2 entspricht BAT I; Stufe 3 entspricht BAT Ia; Stufe 4 entspricht BAT Ib; Stufe 5 entspricht BAT IIa.

Die Frauenanteile sind in Fach- und Einstiegspositionen jeweils am höchsten und gehen in den besser dotierten Stellen zurück, in Leitungsfunktionen (Stufe 1 und 2) sind Frauen nur noch marginal vertreten. Insgesamt hat sich dieser Status quo, wenn wir die Integration von Wissenschaftlerinnen seit Ende der 1980er Jahre nicht im Quer-

---

24 Die Unterschiede der durchschnittlichen Frauenbeschäftigung in den alten und neuen Bundesländern (vgl. *Abbildung 1* und für einzelne Berufe Biersack et al. 2000) sind zum Teil auf Unterschiede in der ‚Angebotsstruktur' zurückzuführen, die sich bislang auch im Zuge des Transformationsprozesses erhalten hat. Die berufliche Geschlechtertrennung war zwar in der ehemaligen DDR teilweise stärker ausgeprägt als in Westdeutschland, gleichzeitig waren Frauen in männerdominierten Tätigkeiten stärker vertreten. Dies galt und gilt nach wie vor für administrative, leitende und professionelle Tätigkeiten einschließlich naturwissenschaftlich-technischer Berufe (vgl. Rosenfeld und Trappe 2001).

schnitt, sondern im zeitlichen Verlauf betrachten, in beiden Wissenschaftsorganisationen kaum verändert.

Beide Befunde zeigen, dass die Beschäftigung von hochqualifizierten Frauen sowohl zwischen als auch innerhalb von Organisationen variiert. Somit stellt sich die Frage, welche Faktoren die beschriebenen Verteilungsmuster auf der intermediären Ebene hervorbringen bzw. aufrecht erhalten. Wir verfolgen zunächst eine strukturorientierte Perspektive und diskutieren einige organisationale Begleitumstände der Platzierung von Frauen: Die Bedeutung des verfügbaren Arbeitskräfteangebots, Aspekte der demographischen Zusammensetzung des Personals, den möglichen Einfluss der Formalisierung von Personalpraktiken und die Folgen von Beschäftigungsstrategien.

a) Verfügbares Arbeitskräfteangebot. Arbeiten, die sich mit der beharrlichen Segregation des Erwerbslebens beschäftigen, sehen häufig in der Geschlechterzusammensetzung des Arbeitsangebots den ausschlaggebenden Faktor für die geschlechtsspezifische Beschäftigung. In den Anteilen von Absolventinnen verschiedener Fachrichtungen spiegeln sich unterschiedliche berufliche Präferenzen von Frauen und Männern. Ingenieurwissenschaftliche und die meisten naturwissenschaftlichen Fächer sind Männerdomänen; geistes- und kulturwissenschaftliche Fächer und die Pädagogik sind Frauendomänen; eher ‚ausgewogene' Verhältnisse finden sich in den Sozial- und Wirtschaftswissenschaften, der Medizin und in einigen naturwissenschaftlichen Fächern wie Biologie (für Details vgl. von Stebut 2003). Die Positionierung im Erwerbssystem ist in Deutschland in hohem Ausmaß von der Art und Spezifität eines formalen Abschlusses abhängig, es besteht eine enge Verzahnung des (Aus-)Bildungs- und Beschäftigungssystems (Solga und Konietzka 2000; Allmendinger 1989). Die geschlechtsspezifische Studienwahl fungiert deshalb als nur schwer zu korrigierende Weichenstellung für die spätere berufliche Platzierung von Frauen und Männern (Krüger 2001).

Wie aber die demographische Zusammensetzung der für Stellenbesetzungen zur Verfügung stehenden Arbeitskräfte mit der Beschäftigung von Frauen in Organisationen in Zusammenhang steht, ist bisher noch kaum empirisch untersucht worden. Es ist zwar anzunehmen, dass sich die Geschlechterzusammensetzung des Arbeitskräftepotenzials in der Demographie von Arbeitsorganisationen niederschlägt. Dennoch variieren Personalstrukturen zwischen Arbeitsorganisationen (vgl. Nienhüser 1998). In der Studie über die Fraunhofer-Gesellschaft wurde der institutseigene Frauenanteil mit der Frauenquote an Hochschulabsolventen, aus denen die Institute ihre Nachwuchskräfte überwiegend rekrutieren, in Beziehung gesetzt. Nach diesen Ergebnissen korreliert der am Arbeitsmarkt verfügbare ‚Pool' an weiblichen Nachwuchskräften mit dem Frauenanteil in den elf untersuchten Instituten (Achatz und Hinz 2001). Allerdings schöpfen nur Institute mit einem Berufsspektrum, in dem die Quote der Hochschulabsolventinnen sehr niedrig liegt, das verfügbare weibliche Arbeitskräfteangebot in vollem Umfang aus. Bei allen anderen Einrichtungen ist der Anteil der beschäftigten Wissenschaftlerinnen niedriger als der Absolventinnenanteil.

Für 65 Institute und Forschungseinrichtungen der Max-Planck-Gesellschaft in den alten Bundesländern konnte für den Zeitraum von 1990 bis 1994 ebenfalls ein stark positiver Zusammenhang zwischen dem Frauenanteil an Studienabschlüssen und dem Anteil von Frauen an den Neuzugängen dieser Institute über alle wissenschaftlichen

Sektionen hinweg belegt werden. Auch hier haben rund 80 Prozent der Institute das Arbeitsangebot bei Neueinstellungen nicht ausgeschöpft. Der Frauenanteil bei Neueinstellungen wirkt sich kaum auf eine Veränderung des Frauenanteils an den untersuchten Instituten aus. Trotz des hohen Personalumschlags vollzieht sich an den Instituten der MPG eher ein Austausch, der dem Bild einer ‚Echternacher Springprozession' ähnelt: Es gibt zwar viel Bewegung, aber wenig Fortschritt (Brückner et al. 1997). Das Angebot weiblicher Arbeitskräfte bleibt also in beiden Organisationen teilweise ‚ungenutzt'.

b) Organisationsdemographie und ihre Implikationen. Die soziodemographische Zusammensetzung von Belegschaften nimmt als Merkmal des sozialen Kontexts in Betrieben einen zentralen Stellenwert für die Untersuchung von organisationsbezogenen ‚outcomes' ein.[25] Zwei Beispiele können dies verdeutlichen:

Organisationen, in denen Managementfunktionen vorwiegend mit Frauen besetzt sind, haben häufiger Gleichstellungsmaßnahmen implementiert als solche, in denen der Frauenanteil im Management unter 85 Prozent liegt (Achatz et al. 2002). Da dieses Ergebnis auf der Analyse von Querschnittsdaten beruht, ist die Wirkrichtung (oder möglicherweise die Wechselwirkung) der beiden Faktoren nicht eindeutig zu bestimmen. Zwei unterschiedliche Deutungen bieten sich aber an: Erfüllen gleichstellungspolitische Maßnahmen ihr Ziel, dann sollten sie dazu beitragen, die Chancen für Frauen, in Leitungsfunktionen zu gelangen, zu verbessern. Überlegungen zu mikropolitischen Prozessen in Organisationen legen eher eine Interpretation nahe, wonach Frauen in Managementfunktionen mit einer derart hohen Präsenz die ‚dominante Koalition' (Cyert und March 1963) bilden und somit betriebliche Gleichstellungspolitiken erst etablieren.

Weiterhin wurde in der bereits zitierten Studie über die Fraunhofer-Gesellschaft der mögliche Einfluss der Alterszusammensetzung des vorhandenen Personals auf die Einbindung von Frauen geprüft. In Instituten mit einem hohen Durchschnittsalter der beschäftigten männlichen Wissenschaftler stiegen die Frauenanteile im beobachteten Zeitraum an. Auch hier kann angenommen werden, dass mehrere Prozesse ineinander greifen. Der Anstieg wird durch einen demographischen Wandel der Organisation begünstigt: Auf Grund des Erreichens der Altersgrenze der älteren Beschäftigten kommt es verstärkt zu Neueinstellungen. Zieht man Überlegungen zum sozialen Beziehungsgefüge der Personengruppen zur Interpretation heran, so kann vermutet werden, dass ältere Mitarbeiter weniger als jüngere mit neueingestellten jungen Frauen konkurrieren, „da sie bereits höhere und abgesicherte Statuspositionen einnehmen und es sich ‚leisten' können, auf statusniedrigen Positionen Frauen zu integrieren" (Achatz und Hinz 2001).

c) Formalisierung. Eine Reihe von Forschungsarbeiten hat sich wiederholt mit der Frage beschäftigt, welche Faktoren die Chancen für Frauen verbessern, in statushohe Posi-

---

25 Organisationsdemographische Arbeiten belegen eine Vielzahl von Ursache-Wirkungszusammenhängen, ohne dass jedoch das komplexe Zusammenwirken der erfassten Größen und das Verhältnis von (Organisations-)Struktur und individuellen Handlungen geklärt ist (eine umfassende Darstellung und Kritik des Ansatzes findet sich bei Nienhüser 1998).

tionen zu gelangen. Von einer stärkeren Regulierung betrieblicher Personalroutinen (z.B. durch Formalisierung von Verfahren zur Stellenbesetzung, Stellenbeschreibungen u.ä.) erhofft man sich einen Gleichstellungseffekt und viele frauenfördernde personalpolitische Maßnahmen setzen hier an (vgl. Krell 1997). Eine bürokratische Regulierung von Personalpraktiken reicht im Bereich von Managementtätigkeiten jedenfalls nicht aus, um Frauen zahlreicher einzubinden (Achatz et al. 2002). Insoweit decken sich unsere Resultate mit den amerikanischen Forschungsergebnissen (vgl. *Abschnitt II*). Entscheidenden Einfluss auf die Feminisierung von Berufsbereichen haben die im Folgenden diskutierten Beschäftigungsstrategien wie Teilzeitarbeit und Befristung von Beschäftigungsverhältnissen.

2. Beschäftigungsstrategien: Teilzeitarbeit und Befristungen

Teilzeitarbeit ist Frauenarbeit. Diese einfache Feststellung ist das Konzentrat aller Studien über Erwerbsarbeitszeit (vgl. auch *Abbildung 1*). In der MPG sind beispielsweise 21 Prozent der Wissenschaftlerinnen, aber nur 7 Prozent der Wissenschaftler teilzeitbeschäftigt. Gerade in hochqualifizierten Tätigkeiten wird die Vereinbarung von Berufs- und Familienpflichten zu einem Spagat, der durch die Reduzierung der Arbeitszeit leichter zu bewältigen ist. Die ‚Nebenfolgen' der Möglichkeiten zur Teilzeitarbeit für die Beschäftigung von Frauen werden dabei durchaus kontrovers diskutiert und bewertet (vgl. Blossfeld und Hakim 1997). In den frauendominierten Berufsbereichen trägt sie zur Ghettoisierung in wenig attraktive Tätigkeiten bei, in männerdominierten Bereichen wie Managementberufen eröffnet die Teilzeitoption Frauen den Zugang zu qualifizierten Tätigkeiten.[26] So belegen Resultate aus der Studie über Geschlechtersegregation in Organisationen, dass Betriebe, die ihre Beschäftigungsstrategien nicht ausschließlich nach dem Vorbild des männlichen, vollzeiterwerbstätigen Normalarbeitnehmers ausrichten, eine ausgewogene oder sogar frauendominierte Geschlechterzusammensetzung der Leitungsfunktionen haben (Achatz et al. 2002). Dies bedeutet nicht zwangsläufig, dass Frauen in die oberste Führungsetage gelangen. So zeigt Quack (1997) in ihrer Studie über weibliche Führungskräfte in europäischen Banken, dass Managerinnen in deutschen Banken vorwiegend in der unteren Hierarchieebene und oft in spezialisierten Funktionen mit begrenzten Aufstiegsmöglichkeiten zu finden sind. Selbst die Option, in hochqualifizierten Berufen Teilzeit zu arbeiten, führt also in der Konsequenz zu einer Segregation von Frauen in eher ‚karriereferne' Einsatzbereiche.

Während Teilzeitarbeit eindeutig zu einer Feminisierung von Beschäftigungsbereichen beiträgt, sind die möglichen geschlechtsspezifischen Auswirkungen von Befristungsregelungen weniger klar abzusehen. Die Befristung von Arbeitsverhältnissen unterliegt in Deutschland einer strengen rechtlichen Regulierung und ist nur unter spezifischen Bedingungen zulässig. Der Bereich der Wissenschaft bildete hier jedoch schon immer eine Ausnahme, befristete Arbeitsverträge sind während der Qualifikationsphase die Regel. Der darüber sichergestellte hohe Personalumschlag soll die Innovationsfähigkeit des Wissenschaftssystems erhalten. Der Rückgang öffentlicher Mittel, niedrige

---

26 Dieses Muster zeigt sich nicht nur in hochqualifizierten Berufen, sondern in allen männerdominierten Berufen (vgl. Hinz und Schübel 2001).

Fluktuationsraten älterer, mit Lebenszeitstellen ausgestatteter Mitarbeiter sowie steigende Flexibilitätserfordernisse führten auch in außeruniversitären Forschungseinrichtungen dazu, Arbeitsverträge überwiegend zu befristen. Ob wie in der Fraunhofer-Gesellschaft als Prinzip des „Transfers durch Köpfe" bezeichnet oder als konsequente Anwendung des Harnack-Prinzips[27] in der Max-Planck-Gesellschaft, die Konsequenzen für die beruflichen Werdegänge der Wissenschaftler und Wissenschaftlerinnen sind dieselben: Eine längerfristige Bindung an die Organisation ist nicht vorgesehen und interne Aufstiege bilden die Ausnahme.

Diese geschlechtsneutral gedachten und allein auf den Organisationszweck ausgerichteten Beschäftigungsstrategien entfalten dennoch geschlechtsspezifische Wirkungen: In den untersuchten Instituten der Fraunhofer-Gesellschaft unterstützte die Befristungspolitik den Zugang von Frauen. Im Zeitraum von 1984 bis 1997 ging die Zunahme des Anteils befristet Beschäftigter mit einem Anstieg des Frauenanteils einher (Achatz und Hinz 2001). Während sich aber beim Eintritt in die FhG noch keine Unterschiede zwischen Frauen und Männern hinsichtlich der Befristung ihrer Verträge abzeichnen, zeigen sich bereits nach drei Jahren geschlechtsspezifisch unterschiedliche Austrittsraten mit einer höheren Verweilwahrscheinlichkeit von Männern (vgl. detailliert Hinz 2000). Eine ähnliche Entwicklung ist auch in der MPG festzustellen. Seit Ende der 1980er Jahre hat sich der Anteil befristeter Stellen zwar insgesamt deutlich erhöht, allerdings sind jedes Jahr immer noch deutlich mehr Wissenschaftlerinnen als Wissenschaftler befristet beschäftigt. Von den im selben Zeitraum neu eingestellten Wissenschaftlerinnen und Wissenschaftlern werden jeweils über 90 Prozent beim Eintritt befristet beschäftigt; lediglich ein Bruchteil der Neuzugänge wird auf unbefristete Stellen in der MPG rekrutiert. Hier zeigt sich ein Positions- und Geschlechtseffekt, da Männer anteilsmäßig doppelt so häufig auf diese wenigen hohen und Leitungspositionen rekrutiert werden wie Wissenschaftlerinnen (8 Prozent gegenüber 4 Prozent). Dagegen spielt die Geschlechtszugehörigkeit für die Einstellung auf zeitlich befristete Eingangspositionen und die sich daran anschließende Verbleibdauer in der MPG eine vergleichsweise geringe Rolle. Wissenschaftlerinnen verlassen die Institute zwar früher wieder als ihre männlichen Kollegen. Mit etwas mehr als zwei Monaten handelt es sich aber bei einem Untersuchungszeitraum von insgesamt zehn Jahren und in Anbetracht des hohen Personalumschlags in der MPG um einen insgesamt ausgesprochen schmalen ‚Gewinn' der Männer (Fuchs 2003). Aus diesen Ergebnissen lässt sich schließen, dass gerade in Anbetracht des Fehlens interner Karrierewege und der externen Rekrutierungspraxis auf hohe wissenschaftliche Positionen den beruflichen Platzierungschancen nach dem Austritt aus den beiden Wissenschaftsorganisationen eine zentrale Bedeutung zukommt. Ob aber im Anschluss an eine befristete Beschäftigung ein ‚Karrieresprung' oder möglicherweise eine berufliche Umorientierung erfolgt, hängt wesentlich von der beruflichen und fachlichen Entwicklung während dieser Zeit ab. Inwiefern diese beruflichen Werdegänge von ‚gendered processes' in Wissenschaftsorganisationen beeinflusst sind, ist Thema des folgenden Abschnitts.

---

27 Der Aufbau der MPG und ihrer Institute orientiert sich am ‚Harnack-Prinzip', d.h. die Institute sind auf einzelne herausragende Forscher und Forscherinnen – die Direktoren bzw. Direktorinnen – ausgerichtet. Im Gegensatz zur FhG stellt die MPG interne Karrierepfade auf Leitungs- und Lebenszeitstellen nicht mehr zur Verfügung.

IV. ‚Gendering' von Wissenschaftsorganisationen

Wissenschaft definiert sich in hohem Maße über universalistische Prinzipien. Herausragende Leistung soll das ausschlaggebende Kriterium für den Zugang zur ‚Scientific Community' sein, askriptive Merkmale wie Alter, Geschlecht oder ethnische Zugehörigkeit sollten hingegen keine Rolle spielen. Die Max-Planck-Gesellschaft wie auch die Fraunhofer-Gesellschaft orientieren sich an dieser Norm. Für Personalentscheidungen in den untersuchten Forschungseinrichtungen gilt eine geschlechtsneutrale ‚Politik der Gleichheit'. Die geschlechtsneutral und universalistisch formulierten Normen und Anforderungen entfalten jedoch partikularistische – hier: geschlechtsspezifische – Wirkungen, die mit den Worten Ackers (1990) als ‚gendered substructure' zu interpretieren sind. Im Folgenden sollen anhand der Aspekte *Betreuung und Einbindung* der Wissenschaftler und Wissenschaftlerinnen und *Verfügbarkeitsansprüche* seitens der Organisation sowie *offene Diskriminierung* einige Prozesse des ‚genderings' in Wissenschaftsorganisationen veranschaulicht werden.

1. Betreuung und Einbindung

Studien über innerbetriebliche Aufstiegschancen von Frauen verweisen immer wieder auf die zentrale Bedeutung der Unterstützung durch Vorgesetzte und der Einbindung in personale Netzwerke (z.B. Ibarra 1993; Scott 1996). Gerade im Bereich der Wissenschaft nimmt Nachwuchsförderung einen besonderen Stellenwert ein: So können Vorgesetzte wichtige Ressourcen verteilen bzw. den Zugang zu ihnen herstellen, Teilnahmen an Konferenzen organisieren, ihre Mitarbeiter und Mitarbeiterinnen ins Gespräch bringen und darüber in der Scientific Community bekannt machen, ihre Arbeit unterstützen und ihre Qualifizierungsschritte betreuen. Das Projekt ‚Berufliche Werdegänge in der Max-Planck-Gesellschaft' beschäftigte sich u.a. mit der Frage, welche Bedeutung die Unterstützung durch Vorgesetzte für den Verbleib von Frauen und Männern in der Wissenschaft hat. Zu unterscheiden sind zunächst zwei Formen der Einbindung. Die *interne Einbindung* lässt sich über das konkrete Verhalten der Vorgesetzten in der Organisation bestimmen: Werden die Befragten unterstützt und motiviert oder müssen sie sich selbst um ihre Betreuung bemühen? *Externe Einbindung* hingegen verweist auf die weitere Wissenschaftsgemeinschaft, auf Erfahrungen und Kontakte sowie auf das Vorhandensein von Mentoren außerhalb des eigenen Instituts. Um dem Zusammenhang von Einbindung und der Wahrscheinlichkeit, in der Wissenschaft zu bleiben, nachzugehen, wurde die Wahrscheinlichkeit des Verbleibs[28] in der Wissenschaft in Ab-

---

28 Für die Operationalisierung wurden die 252 Befragten in zwei Gruppen eingeteilt: Persister und Switcher. Personen, die bereits einige Schritte in der Wissenschaft gemacht und zum Befragungszeitpunkt mindestens die Promotion beendet hatten, wurden als Persister eingestuft sowie alle Befragten vor der Promotion, die angaben, in der Wissenschaft bleiben zu wollen und für sich auch die Möglichkeiten dafür sehen (insgesamt 64 Prozent aller Befragten). In die Gruppe der Switcher hingegen fallen alle Befragten, die zum Untersuchungszeitpunkt bereits in Bereichen außerhalb der Wissenschaft tätig sind bzw. angeben, nicht in der Wissenschaft bleiben zu wollen bzw. zu können (36 Prozent).

Tabelle 2: Wahrscheinlichkeit des Verbleibs in der Wissenschaft
(Logistische Regression)

Variable	Modell 1:	Modell 2:	Modell 3:
	– Marginaleffekt –		
Geschlecht	–0.21***		–0.16**
Alter bei Beendigung der Promotion	–0.03*		–0.03*
Interne Einbindung[1]		0.04	0.02
Externe Einbindung		0.23**	0.43***
Volle Einbindung		0.16*	0.17**
Interaktion: Geschlecht und externe Einbindung			–0.33**
N	252	252	252
Pseudo R²	4.0	2.6	9.8
Chi²	13.27	8.61	29.4
Freiheitsgrade	2	3	6
Phi	0.23	0.19	0.34

Quelle: Untersuchung von Wissenschaftlern und Wissenschaftlerinnen der MPG, eigene Berechnungen.

* Signifikant auf dem Zehn-Prozent-Niveau; ** Signifikant auf dem Fünf-Prozent-Niveau; *** Signifikant auf dem Ein-Prozent-Niveau.

1 Referenzkategorie: Keine Einbindung.

hängigkeit von Alter, Geschlecht und Form der Einbindung mit drei verschiedenen Modellen geschätzt.[29]

Die Ergebnisse aller Schätzmodelle belegen, dass Geschlecht, Alter und Einbindungsform in direktem Zusammenhang mit der Wahrscheinlichkeit stehen, in der Wissenschaft zu bleiben. Wird ausschließlich das Alter zum Promotionszeitpunkt und das Geschlecht der Befragten berücksichtigt (Modell 1), so zeigt sich, dass die Verbleibewahrscheinlichkeit für Männer 21 Prozentpunkte höher liegt als für Frauen. Das Promotionsalter hat einen geringen, jedoch negativen Einfluss: Je älter die Befragten bei der Promotion, desto geringer die Wahrscheinlichkeit, in der Wissenschaft zu bleiben. Modell 2 prüft die Wirkung der beiden Einbindungsformen. Motivation und Unterstützung durch Vorgesetzte (interne Verankerung) alleine beeinflusst die Verbleibewahrscheinlichkeit nicht; es ist die Sichtbarkeit in der Wissenschaftsgemeinschaft (externe Verankerung) und die Kombination aus Unterstützung und Sichtbarkeit, die den Verbleib in der Wissenschaft sicherstellt. In der Kombination der untersuchten Einflüsse (Modell 3) zeigt sich eine interessante Wechselwirkung zwischen Geschlechtszugehörigkeit und externer Einbindung: der negative Interaktionseffekt belegt, dass Frauen von dieser Form der Einbindung nicht in gleichem Maße profitieren wie ihre männlichen Kollegen.

Bei der Interpretation dieser Resultate ist zu berücksichtigen, dass die Studie keine Belege für geschlechtsspezifische Unterschiede zentraler Persönlichkeitsmerkmale wie etwa Zielstrebigkeit oder Selbstbewusstsein, der Arbeitseinstellung oder der Karriereorientierung erbrachte. Die Ergebnisse zum geschlechtsspezifisch unterschiedlichen In-

---

29 Empirische Grundlage ist die schriftliche Befragung von MPG Wissenschaftlern und Wissenschaftlerinnen, vgl. dazu die Überblickstabelle im Anhang.

vestitionsverhalten der Vorgesetzen lassen aus einer sozial relationalen Theorieperspektive zwei Interpretationslinien zu, die auf Organisationseinflüsse verweisen: Zum einen kann auf eine homosoziale Förderkultur in den untersuchten Instituten geschlossen werden, d.h. Männer fördern bevorzugt Personen, die ihnen hinsichtlich des zentralen Merkmals Geschlecht ‚ähnlich' sind. Zum anderen kann auch ein rationales Investitionskalkül im Sinne einer statistischen Diskriminierung von Frauen eine Rolle spielen. Investitionen in Frauen erscheinen dann weniger lohnenswert, wenn die Wahrscheinlichkeit einer späteren ‚Verzinsung', etwa durch deren erfolgreiche Platzierung in der Wissenschaft und die darüber zu erreichende Erweiterung des eigenen Netzwerkes, bei Frauen generell geringer eingeschätzt wird. Unsere Ergebnisse zeigen aber auch, dass der Zusammenhang zwischen Integration und Verbleib in der Wissenschaft nicht für *alle* Frauen und im gleichen Ausmaß gilt oder wirksam wird. Vielmehr unterstreichen sie zunächst die herausragende Bedeutung der Vorgesetzten, die nicht nur im Hinblick auf die Forschungsausrichtung ihrer Institute oder Abteilungen in besonderer Weise Unabhängigkeit genießen (Harnack-Prinzip), sondern auch im Hinblick darauf, wie sie die Förderung des wissenschaftlichen Nachwuchses gestalten. Die für die externe und interne Integration des wissenschaftlichen Nachwuchses wichtigen Organisationskontexte werden dabei wesentlich vom Handeln der jeweiligen Vorgesetzten geprägt.

Mit Ergebnissen aus einer qualitativen Studie über ein Institut der Fraunhofer-Gesellschaft kann die Relevanz der informellen Einbindung weiter illustriert werden (Wimbauer 1999). Die Befragten äußern, dass Männer in ihren homosozial zusammengesetzten, informellen Beziehungsnetzwerken tendenziell schneller Kenntnis erlangen über „Dinge, die gut sind, zu tun", wie etwa über informelle Leistungs- und Aufstiegskriterien. Es existieren unausgesprochene, aber karriererelevante Normen und Regeln, von denen Mitarbeiterinnen auf Grund ihrer geringeren Einbindung gar nicht oder nur zeitlich verzögert erfahren. Beispiele sind Einladungen zu Kongressen, Möglichkeiten, eigene Vorträge und Publikationen gut zu platzieren sowie Vorgehensweisen bei der Akquisition neuer Projekte. Dies hat zur Folge, dass Wissenschaftlerinnen in den zentralen Foren weniger präsent und sichtbar sind als ihre männlichen Kollegen.

2. Geschlechtsspezifische Implikationen von Arbeitszeit- und Verfügbarkeitsnormen

Die feministische Organisationsforschung hat in ihren Studien herausgearbeitet, dass die Regelungen für „Männer ohne Familienengagement" (Müller 1999a: 62) in Organisationen konstruiert sind. Für Beschäftigte in Leitungsfunktionen und in der Wissenschaft generell sind Arbeitszeit- und Verfügbarkeitsnormen vorherrschend, die für Frauen als strukturelle Barrieren wirken. Wie sich dies konkret in den von uns untersuchten Wissenschaftsorganisationen darstellt, soll im Folgenden illustriert werden.

Als Wissenschaftler oder Wissenschaftlerin in einem anwendungsorientierten Forschungsinstitut beschäftigt zu sein bedeutet, oft gleichzeitig in mehreren Projekten mit unterschiedlicher Teamzusammensetzung zu arbeiten und auch, ständig neue Projekte akquirieren zu müssen (Wimbauer 1999). Die Arbeitsbelastung und die daran geknüpften Leistungs- und Effizienzerwartungen sind hoch, das Zeitbudget knapp und die Kooperationserfordernisse zwischen Projektmitarbeitern und -mitarbeiterinnen umfangreich. Zudem ist die Projektarbeit häufig mit Reisen verbunden. Von den Mitarbeitern und Mitarbeiterinnen ist eine hohes Ausmaß an Eigeninitiative gefordert und sie tragen somit auch eine große Verantwortung. Diese Tätigkeitscharakteristika verdichten sich für die Beschäftigten zu einer informellen Norm der ‚*absoluten Verfügbarkeit*' für die Organisation, die Vorrang erlangt vor individuellen Zielen. Zeitdruck wird darüber hinaus durch die bereits beschriebene Befristungspraxis erzeugt. Die befristet beschäftigten Nachwuchskräfte in dem untersuchten Fraunhofer-Institut verglichen ihre Situation mit der eines „Durchlauferhitzers", da ihnen während einer relativ kurzen und für den weiteren Karriereverlauf wichtigen Beschäftigungsphase ein maximaler Input an Arbeitsleistung und Engagement abverlangt wird, ohne eine längerfristige Beschäftigungsperspektive zu eröffnen.

Forschungseinrichtungen sind sich hinsichtlich der geschilderten Rahmenbedingungen weitgehend ähnlich. Frauen wie Männer sind unter diesen Umständen in gleicher Weise gefordert, Beruf bzw. Karriere mit privaten Lebensentwürfen zu vereinbaren, sie lösen dies jedoch auf unterschiedliche Weise. Im Gegensatz zu ihren Kollegen berichten Wissenschaftlerinnen in dem untersuchten Institut der Fraunhofer-Gesellschaft, dass sie teilweise auf eine Familiengründung verzichten oder diese auf eine spätere Lebensphase verschieben, um die unvermeidbare Kollision zwischen Berufs- und Privatleben zu vermeiden.[30] Paradoxerweise unterstützen die jungen Frauen damit eine Facette der Legitimation und Reproduktion einer ‚male substructure'. Bei der Vergabe unbefristeter Verträge nämlich wird von den Personalverantwortlichen ein so genanntes „Sozialkriterium" berücksichtigt. Dieses Sozialkriterium meint die familiären Versorgungspflichten, welche selbstredend bei Frauen, die auf Familie verzichtet haben, nicht gegeben sind. Das Zusammenwirken von impliziten und expliziten Regelungen trägt dazu bei, dass Frauen seltener als Männer in statushohe Positionen und unbefristete Vertragsverhältnisse gelangen.

Übereinstimmend äußern die MPG- wie auch die FhG-Wissenschaftlerinnen, dass es für Doktoranden und Doktorandinnen und für befristet beschäftigte Personen nahezu unmöglich ist, Familie zu haben. Es existieren zwar Beschäftigungsstrategien, die auf eine bessere Vereinbarkeit von Familie und Beruf zielen, diese werden jedoch durch informelle Anforderungen und Bewertungen unterlaufen. So werden gerade die Personen auf den Qualifikationsstellen in den Max-Planck-Instituten teilzeitbeschäftigt, von ihnen wird dennoch ein ‚Vollzeitengagement' erwartet. Weiter engen auch projektbedingte und oft extern festgelegte Termine und Dienstreisen sowie der hohe zeitliche Druck, die eigene Qualifikation in kurzer Zeit zu beenden, die Möglichkeiten zur Teilzeittätigkeit faktisch stark ein. Auf der anderen Seite berichten die Befragten der Fraunhofer-Studie, dass Teilzeitbeschäftigte häufig nicht als vollwertige Mitarbeiter bzw. Mitarbeiterinnen gelten. Gleiches lässt sich für Personen in Elternzeit festhalten: Formal ist diese Option gegeben, eine Inanspruchnahme wird aber durch Karriereeinschnitte sanktioniert.

---

30 Studien über weibliche Führungskräfte in der Privatwirtschaft belegen, dass Frauen wesentlich häufiger als Männer kinderlos und nicht verheiratet sind (z.B. Wunderer und Dick 1997). Dies trifft auch auf die befragten Wissenschaftlerinnen in der Max-Planck-Gesellschaft zu (Stebut 2003).

Wollen sich Frauen in der Wissenschaft etablieren, so können sie sich unter den beschriebenen Umständen nur den Erfordernissen der Organisation zumindest vorübergehend anpassen, entweder, in dem sie in den Worten Ackers (1990) zum „sozialen Mann" werden, oder in dem sie private Lösungen zur Balance von Beruf und Familie suchen. Nach den Ergebnissen der Max-Planck-Studie verlassen Wissenschaftlerinnen mit Kindern die Wissenschaft nicht häufiger als ihre Kolleginnen ohne Kinder. Ebenso sind die Unterbrechungszeiten aus familiären Gründen vergleichsweise kurz. Allerdings lässt sich festhalten, dass Frauen hinsichtlich der Karriere- und Lebensplanung wenig Freiheitsgrade haben. Vielmehr sind ihre Strategien in gewisser Weise ‚double binded', da es für sie vor dem Hintergrund einer nach männlichen Lebensentwürfen funktionierenden Wissenschaftswelt letztlich kein ‚richtiges' Verhalten gibt. Eine Annäherung an männliche Verhaltensstandards rückt die Wissenschaftlerinnen in die Nähe unangenehmer Zeitgenossinnen oder „alter Drachen", wie eine MPG-Wissenschaftlerin es ausdrückt. Weiterhin ist zu bedenken, dass individuelle Lösungen zur Vereinbarkeit von Wissenschaft und Familie durchaus mit Kosten verbunden sind.

3. Offene Diskriminierung

Hegemoniale Maskulinität in Organisationen zeigt sich nicht nur in verdeckten Substrukturen, sondern auch in der Form offener und direkter Diskriminierung. Nach den Ergebnissen der Max-Planck-Studie sind diese auch heute noch Bestandteil des wissenschaftlichen Alltags der Befragten (von Stebut 2003). Die Wissenschaftlerinnen berichten z.B., dass ihre Diskussionsbeiträge und Kommentare übergangen oder nicht ernst genommen und ihre Kompetenzen auf Grund ihres Geschlechtes in Frage gestellt werden – und dass Vorgesetzte dazu sagen: „Sie müssen das verstehen, ein Doktorand kann sich eben nichts von Frauen sagen lassen".

Solche Äußerungen bringen „gender status beliefs" zum Ausdruck, wonach in Interaktionen stereotype Erwartungsstrukturen vorherrschen, die Männern einen höheren Status zuschreiben. Diese werden auch dann aufrecht erhalten, „wenn sich die ursprüngliche strukturelle Basis verändert hat" (Ridgeway 2001: 257).

Wissenschaftler wie Wissenschaftlerinnen geben weiter an, dass Männer eher auf Kongresse geschickt und bei Höhergruppierungen oder Stellenbesetzungen bevorzugt werden. Sie sehen, dass Leistungen von Wissenschaftlerinnen weniger anerkannt sind. Die Wissenschaftlerinnen müssen immer wieder frauenfeindliche Bemerkungen – auch von statushohen Personen – hinnehmen und sind gelegentlich sogar sexueller Belästigung ausgesetzt.

Es sind jedoch nicht nur Frauen, die Benachteiligungserfahrungen berichten. Kommen Frauen bei Stellenbesetzungen zum Zuge oder werden Berufungslisten zu Gunsten von Frauen verändert, so werden Vergleichsprozesse in Gang gesetzt, die Männer im Sinne einer ‚reverse discrimination' erleben bzw. deuten. In der Max-Planck-Studie berichten 12 Prozent der befragten Männer, diese Form der Diskriminierung bereits erlebt zu haben. In diesem Ergebnis spiegelt sich möglicherweise ein von Heilmann (1995) beschriebener ‚priming effect', wonach Geschlechterstereotypisierungen zunehmen, wenn geschlechtsbezogene Kategorien betont bzw. zugänglich gemacht werden.

Dies ist der Fall, wenn Gleichstellungsüberlegungen bei Personalentscheidungen ins Rampenlicht rücken. Allerdings geben deutlich mehr Wissenschaftler (20 Prozent) an, unmittelbare Diskriminierung von Frauen miterlebt zu haben. Von den befragten Frauen haben sogar über ein Drittel selbst diskriminierende Erfahrungen in ihrer bisherigen Laufbahn gemacht.

V. Fazit

Wir sind in diesem Beitrag davon ausgegangen, dass Geschlechterungleichheit in der Erwerbsarbeit zu einem großen Teil in Organisationen hergestellt, vermittelt und fortgeschrieben wird. Die Ergebnisse zeigen eine erhebliche Variation der Beschäftigung von hochqualifizierten Frauen sowohl innerhalb als auch zwischen Organisationen. Der Zusammenhang zwischen Ungleichheit und Geschlecht weist unterschiedliche Muster auch dann auf, wenn die untersuchten Einheiten, wie hier am Beispiel von Wissenschaftsorganisationen gezeigt, demselben organisationalen Feld zuzurechnen sind.

Die Ergebnisse einer repräsentativen Stichprobe von Arbeitsorganisationen zeigen, dass die Geschlechtstypik von Berufsbereichen nach Strategien des betrieblichen Personaleinsatzes und der Personalroutinen sowie den darüber vorgegebenen zeitlichen und institutionellen Rahmenbedingungen variiert. Im Durchschnitt aller Betriebe sind Frauen in männerdominierten Berufsbereichen auf Vollzeitstellen nur marginal, auf Teilzeitstellen aber in einem beachtlichen Ausmaß vertreten. In ‚Mischberufen' verstärkt dies die Konzentration von Frauen auf spezifische Tätigkeitsbereiche. Auch die Fallstudien aus den Wissenschaftsorganisationen weisen in diese Richtung. Der zunehmende Einsatz befristeter Arbeitsverhältnisse befördert den Zugang von Frauen zu Wissenschaftsorganisationen, längerfristige vertragliche Bindungen gehen die Arbeitgeber eher mit Wissenschaftlern ein. In Betrieben in den neuen Bundesländern scheint für die Beschäftigung von Frauen in naturwissenschaftlich-technischen Berufen und in Managementfunktionen eine größere Selbstverständlichkeit zu bestehen. Weniger klar sind die Ergebnisse zum Einfluss von formalisierten Personalroutinen und gleichstellungspolitischen Maßnahmen auf die Beschäftigung von Frauen. Formalisierung zeigt für die Beschäftigung in Managementfunktionen keine Wirkung und die Wirkrichtung der Gleichstellungspolitik lässt sich mit Querschnittsdaten nicht eindeutig bestimmen.

Die empirischen Analysen zweier Wissenschaftsorganisationen belegen sehr viel deutlicher, wie deren Funktionsweisen zum Nachteil von Frauen wirken. Obwohl die MPG mehr Frauen in ihren Instituten beschäftigen will, führt die Rekrutierung von Wissenschaftlerinnen nicht zu einer Erhöhung des Frauenanteils, sondern folgt lediglich einem Muster des Austausches. Die Gründe hierfür sind vielfältig und in den Beziehungen zu Vorgesetzten und Kollegen und in organisationalen Normen und Regelungen zu suchen. So zeigt sich, dass Wissenschaftlerinnen von ihren Vorgesetzten weniger stark auf den Verbleib in der Wissenschaft hin betreut werden, und sie verlassen deshalb die Wissenschaft auch eher als Wissenschaftler. Im Arbeitsalltag haben Wissenschaftlerinnen nach wie vor mit Diskriminierung zu kämpfen. Generell sind implizite und explizite Verhaltensanforderungen und Verfügbarkeitsansprüche der Wissenschaftsorganisationen eher an der Lebenssituation von Männern ausgerichtet und erschweren damit die Vereinbarkeit von Privatleben und Beruf.

Im Anschluss lassen sich nun eine Reihe weiterführender Fragestellungen und Schlussfolgerungen formulieren. Diese betreffen zum einen die Frage nach der Einbindung von Frauen in Wissenschaftsorganisationen und allgemein in Betriebe und Behörden sowie die Relevanz der bislang untersuchten Faktoren und Dimensionen. Eine Reihe von Fragen weist dabei über die hier diskutierten hinaus und betrifft Möglichkeiten und Grenzen der Verbindung von Organisations- und Ungleichheitsforschung, die Erweiterung des Themenspektrums und der Datenlage.

a) Reichweite der Ergebnisse. Organisationsfallstudien werfen immer die Frage auf, inwieweit die gewonnenen Ergebnisse auf andere Bereiche – auf die Privatwirtschaft, den öffentlichen Dienst oder auf gemeinnützige Einrichtungen – übertragbar sind. Viele Firmen und Behörden verfügen über interne Arbeitsmärkte, lange Phasen der Zugehörigkeit ihrer Mitglieder, formalisierte Einstellungs- und Beförderungspraktiken und weisen die spezifische Mischung von Qualifikation und Arbeit, wie sie wissenschaftliche Organisationen kennzeichnet, nicht auf. Die in diesem Beitrag diskutierten strukturellen Barrieren und Konsequenzen für die Karrieren lassen sich aber auch in anderen institutionellen Feldern und Organisationen nachweisen. Dies gilt für die nach dem Geschlecht unterschiedliche Rekrutierung auf hohe Berufspositionen ebenso wie für die schleichende Erosion der vergleichsweise ähnlichen Startbedingungen von hochqualifizierten Männern und Frauen, die wir hier am Beispiel des langfristigen Verbleibs in der Wissenschaft als Beruf diskutiert haben. Schließlich kann auch davon ausgegangen werden, dass Ansprüche und Erwartungen, wie sie in den untersuchten Organisationen etwa als Norm der absoluten Verfügbarkeit an die wissenschaftlich Beschäftigten herangetragen werden, mit ihren negativen Konsequenzen für hochqualifizierte Frauen auch andere Organisationen durchziehen. Bleibt man beim Thema der Allokation von Frauen in statushohe Positionen, so könnte der Fokus auch auf andere Organisationstypen gerichtet werden. Es bestehen vielfältige Parallelen zu den diskutierten Mechanismen der Einbindung von Frauen in politische Organisationen und Institutionen (vgl. Hoecker 1998; Meyer 1997). In diesem Sinne informieren unsere Ergebnisse darüber, dass viele der Prozesse und Mechanismen, die wir hier am Beispiel zweier spezifischer Organisationen auf verschiedenen Ebenen in ihrem Beitrag zu geschlechtsspezifischen Ungleichheiten identifiziert haben, von allgemeinerer Natur sind.

b) Relevanz der untersuchten Faktoren und Dimensionen. Im Hinblick auf die Inklusion hochqualifizierter Frauen ist weiterhin danach zu fragen, welche Merkmale jene Organisationen auszeichnen, in welchen die Einbindung von Frauen besser gelingt als in anderen. Neben den aus der organisationsdemographischen und -ökologischen Forschung bekannten Strukturgrößen wie etwa Größe, Alter und Marktposition von Organisationen, der demographischen Komposition ihres Personals und dessen Umschlag haben sich folgende Faktoren als besonders wichtig herausgestellt: die Frauenanteile sowie ihre Veränderung im zeitlichen Verlauf, die konkrete personalpolitische Praxis der Organisationen, Arbeitszeitstrukturen, Beschäftigungsformen und interne Aufstiegswege.

Implizit verweisen diese Aspekte auf die Relevanz der zeitlichen Dimension. Wir gehen davon aus, dass wichtige Erkenntnisse sich insbesondere über Analysen des Wandels betrieblicher Strukturen ableiten lassen. Damit ist der Bedarf gekennzeichnet, die Erhebung des Status quo auf eine längsschnittliche Perspektive auszudehnen. Dies gilt auch und vielleicht sogar in besonderem Maße für die Beschäftigung mit Faktoren und Prozessen, die sich auf der Mikroebene verorten lassen. Auch hier sollten nicht nur einzelne Etappen blitzlichtartig beleuchtet werden, sondern berufliche Entwicklungen als Ganzes untersucht werden.

Letztlich greift die einseitige Betrachtung von Prozessen auf individueller Ebene ebenso zu kurz wie der ausschließliche Blick auf Organisationsstrukturen. Gewinnbringend wäre eine Verbindung beider Forschungsperspektiven, da für die Erklärung von Ergebnissen, die auf der Ebene der Organisationsstrukturen gewonnen werden können, auch Prozesse auf der Mikroebene bei der der Analyse berücksichtigt werden müssten.

Zudem zeigen unsere Ergebnisse, dass eine stärkere Differenzierung von Berufs- und Tätigkeitsbeschreibungen lohnend ist. An die Differenzierung von Tätigkeitsbeschreibungen und Arbeitsrollen sind nicht nur unterschiedliche Chancen und Belohnungen in Organisationen gebunden. Sie drücken auch aus, welche soziale Gruppe „das Sagen hat" und erfüllen die Funktion, hartnäckige Stereotypisierungen herzustellen, fortzuschreiben und zu legitimieren. Hoch aggregierte Systeme der beruflichen Klassifikation sind zu undifferenziert und für die Entstehung neuer Berufsbilder nicht ausgelegt. Das tatsächliche Ausmaß der Segregation in Organisationen wird unter Verwendung dieser groben Einteilungen häufig verdeckt.

c) Datengrundlagen. Die in der Frage nach der Wechselwirkung zwischen Individuum und Struktur angelegte ‚Mehrebenenbetrachtung' setzt voraus, dass Informationen über die Organisationen und ihre Beschäftigten vorliegen. Eine entsprechende Datengrundlage, die soziologische wie ökonomische Dimensionen berücksichtigt, muss in Deutschland erst noch geschaffen werden. So existiert bislang zwar eine repräsentative Firmenbefragung, diese erfasst jedoch – anders als etwa die amerikanische ‚National Organizations Study' (Kalleberg et al. 1996) – in erster Linie ökonomische Faktoren zur Analyse von Arbeitsmarktstrukturen und -entwicklungen.

d) Organisation und Ungleichheit. Unser Beitrag über die organisationalen Bestimmungsgründe sozialer Ungleichheit fokussiert ausschließlich die Beschäftigung von hochqualifizierten Frauen. Offen und bislang kaum untersucht bleibt allerdings die Frage danach, ob und inwiefern die hier diskutierten Prozesse auch auf andere soziale Gruppen übertragbar sind. Zu denken wäre etwa an Unterschiede nach ethnischer Zugehörigkeit oder an Trennungslinien, die sich über Alter oder über Arbeitszeitregimes ableiten lassen. Hier lässt sich vor allem im Hinblick auf die kognitive Basis von Zuschreibungsprozessen bisher ein großes Forschungsdefizit konstatieren, für dessen zukünftige Bearbeitung aus unseren Untersuchungen allenfalls grobe Richtlinien abgeleitet werden können.

Aus ungleichheitssoziologischer Perspektive wäre es zudem genauso aufschlussreich, an Stelle von statushohen Positionen das entgegengesetzte Ende der Ungleichheitsskala – Personen auf statusniedrigen Positionen, in prekären Beschäftigungsverhältnissen und deren Arbeitsbedingungen sowie Arbeitsmarkterträge – in den Blick zu nehmen. Neben dem Erkenntnispotenzial, das in einer Verbindung von Organisations- und Ungleichheitsforschung steckt, können ebenso klar deren Grenzen benannt werden. Die oft kritisierte ‚Erwerbszentriertheit' der Ungleichheitssoziologie bleibt mit dem Fokus auf Arbeitsorganisationen weiter bestehen.

e) Schlussbemerkung. Von Prozessen der statistischen Diskriminierung in Organisationen gehen ebenso hartnäckige wie machtvolle Einflüsse auf die Positionierung, Chancen und Erträge von hochqualifizierten Frauen aus. Eine mögliche Schlussfolgerung wäre deshalb, den beteiligten Organisationen und ihren Akteuren ein fundamentales Desinteresse für den eigenen Beitrag zu diesem Status quo aus wenigstens drei möglichen Gründen zu unterstellen. Erstens, weil die hier genannten Prozesse zwar auf unterschiedlichen Ebenen wirken, diese aber aus der Perspektive der Organisation ursächlich als ihrem Einflussbereich entzogen, als diesem aus- oder vorgelagert betrachtet werden können. Der häufige Verweis auf das unterschiedliche Arbeitsangebot- und Arbeitsmarktmarktverhalten von Männern und Frauen mag hier als Beispiel genügen. Zweitens, weil sich Organisationen als rationale, funktional-differenzierte Systeme der Arbeitsteilung konstituieren und verstehen und unter diesem Imperativ deshalb auch nicht sein kann und darf, was offensichtlich ist. Drittens, weil Organisationen in Deutschland in einer Umwelt agieren, in der die Ausschöpfung des Potenzials an hochqualifizierten Frauen bislang weder politisch noch ökonomisch als Markt- oder Wettbewerbsgröße eine zentrale Rolle spielt. Auf politischer Ebene wird der Familie und damit der Reproduktionsleistung von Frauen immer noch der größere Stellenwert beigemessen. Ökonomisch ist das Arbeitsangebot von hochqualifizierten Männern zwar rückläufig, aber noch ausreichend, um die Nachfrage der Arbeitgeber zu sättigen.

Wenn einige Unternehmen heute verstärkt auf Frauen zurückgreifen, dann freilich vor allem wegen der hohen Konkurrenz um das knappe hochqualifizierte Personal. Aus der Perspektive dieser Unternehmen lohnen sich Investitionen in Frauen, weil diese genauso auf Karriere hin orientiert sind wie Männer, sie als ‚newcomer' in professionellen und Managementberufen aber diesen Tätigkeiten billiger nachgehen und darüber hinaus sicherere Erträge bieten, weil sie langfristiger an die Unternehmen gebunden werden können als vergleichbar qualifizierte Männer.

Ein letzter Punkt. Am Beispiel unserer eigenen Untersuchungen wird deutlich, dass wir auf die Offenheit von Organisationen und ihren Akteuren angewiesen sind, um geschlechtsspezifische Ungleichheit erzeugende oder fortschreibende Prozesse innerhalb von Organisationen untersuchen und unterschiedliche Organisationen miteinander vergleichen zu können. Personaldaten, Dokumente, teilnehmende Beobachtungen, Interviews und standardisierte Befragungen: Um unsere Theorien testen zu können, sind wir auf die Bereitschaft von Organisationen angewiesen, den Zusammenhang von Ungleichheit und Geschlecht auch dann zum Gegenstand ihres eigenen Interesses zu machen, wenn damit für ihr Selbstverständnis, wie unsere Ergebnisse zeigen, unangenehme Fragen und Erkenntnisse verbunden sind und Fragen der Gleichstellung oder Frauenförderung nicht im Mittelpunkt der Organisationspolitik stehen. Schließlich könnte sich in Anbetracht der derzeitigen demographischen und bildungspolitischen Prognosen die niedrigere Beteiligung von Frauen am Vollzeiterwerbsleben in Deutschland allgemein, vor allem aber in hochqualifizierten Berufspositionen, langfristig zu einem Standort- und Wettbewerbsnachteil auswachsen. Dies zu verhindern, erfordert eine sehr viel größere Aufmerksamkeit von Organisationen für die in ihnen produzierte und reproduzierte Ungleichheit und damit auch weitere empirische Forschung.

Anhang

Forschungsprojekte und Datenquellen

Studie	Datengrundlage	Besonderheiten
1) Berufliche Werdegänge von Wissenschaftlerinnen und Wissenschaftlern in der Max-Planck-Gesellschaft	• Personalstatistik	Personalinformationen über 6.689 wissenschaftliche Mitarbeiter, darunter 1.175 Frauen aus 64 westdeutschen Instituten Zeitraum: 1989–1995
	• Schriftliche Befragung	Wissenschaftler/-innen an neun ausgewählten Instituten (n = 252)
	• Experteninterviews	Mitarbeiter/-innen in Leitungsfunktionen
	• Dokumentenanalyse	Jahresberichte, Berichte aus den Instituten
2) Integration von Frauen im zeitlichen Verlauf in der Fraunhofer-Gesellschaft	• Personalstatistik	Jährliche Stichtagsstatistiken zum Personalbestand in elf ausgewählten Instituten der Fraunhofer-Gesellschaft, Informationen über 1.661 wissenschaftliche Mitarbeiter Zeitraum: 1984–997
	• Experteninterviews	Mitarbeiter/-innen mit Personalverantwortung und Ansprechpartner für Frauenförderung, Personalvertretung
	• Dokumentenanalyse	Jahresberichte, Frauenförderkonzept
3) Einzelfallstudie über ein Institut der Fraunhofer-Gesellschaft zur organisationalen Prägung individueller Karrierewege	• Leitfadengestützte Einzelinterviews, Gruppendiskussionen, Experteninterviews	Wissenschaftler/-innen und Mitarbeiter in Leitungsfunktionen
	• Dokumentenanalyse	Jahresberichte, Frauenförderkonzept
4) Geschlechtersegregation in Organisationen	• Betriebsbefragung des Instituts für Arbeitsmarkt- und Berufsforschung in Nürnberg, ergänzt um Informationen aus der Beschäftigtenstatistik	Repräsentative Stichprobe von Betrieben mit mindestens einem sozialversicherungspflichtig Beschäftigten Jahresquerschnitt 1997 (n = 8.380)

Literatur

Abbott, Andrew, 1993: The Sociology of Work and Occupations, Annual Review of Sociology 19: 187–209.
Achatz, Juliane, 2002: Geschlechtersegregation und betrieblicher Wandel. München: Institut für Soziologie der LMU (unveröffentlichtes Manuskript).
Achatz, Juliane, Jutta Allmendinger und *Thomas Hinz*, 2002: Sex Segregation in Organizations: A Comparison of Germany and the U.S. München: Institut für Soziologie der LMU (unveröffentlichtes Manuskript).
Achatz, Juliane, und *Thomas Hinz*, 2001: Wandel einer Wissenschaftsorganisation und die Integration von Frauen, Zeitschrift für Soziologie 30: 323–340.
Acker, Joan, 1990: Hierarchies, Jobs, Bodies: A Theory of Gendered Organizations, Gender & Society 4: 139–158.
Acker, Joan, 1992: Gendering Organizational Theory. S. 248–260 in: *Albert J. Mills* und *Peta Tancred* (Hg.): Gendering Organizational Analysis. London: Sage.
Acker, Joan, 1994: The Gender Regime of Swedish Banks, Scandinavian Journal of Management 10: 117–130.
Acker, Joan, 1999: Rewriting Class, Race, and Gender: Problems in Feminist Thinking. S. 44–69 in: *Myra Marx Ferree, Judith Lorber* und *Beth B. Hess* (Hg.): Revisioning Gender. Thousand Oaks: Sage.
Allmendinger, Jutta, 1989: Educational Systems and Labor Market Outcomes, European Sociological Review 5: 231–250.
Allmendinger, Jutta, und *J. Richard Hackman*, 1995: The more, the Better? On the Inclusion of Women in Professional Organizations, Social Forces 74: 423–460.
Allmendinger, Jutta, und *Thomas Hinz*, 2001: Organisationen und geschlechtsspezifische Entlohnung. Antrag an die Deutsche Forschungsgemeinschaft. München: Institut für Soziologie der LMU (unveröffentlichtes Manuskript).
Allmendinger, Jutta, und *Astrid Podsiadlowski*, 2001: Segregation in Organisationen und Arbeitsgruppen. S. 276–307 in: *Bettina Heintz* (Hg.): Geschlechtersoziologie. Sonderheft 41 der Kölner Zeitschrift für Soziologie und Sozialpsychologie. Wiesbaden: Westdeutscher Verlag.
Allmendinger, Jutta, Stefan Fuchs, Janina von Stebut und *Christine Wimbauer*, 2001: Contested Terrain: Women in German Research Organizations. S. 107–122 in: *Walter R. Heinz, Victor Marshall, Helga Krüger* und *Anil Vherma* (Hg.): Restructuring Work and the Life Course. Toronto: University of Toronto Press.
Allmendinger, Jutta, Janina von Stebut, Stefan Fuchs und *Hannah Brückner*, 1999: Eine Liga für sich? Berufliche Werdegänge von Wissenschaftlerinnen der Max-Planck-Gesellschaft. S. 193–220 in: *Aylâ Neusel* und *Angelika Wetterer* (Hg.): Vielfältige Verschiedenheiten. Geschlechterverhältnisse in Studium, Hochschule und Beruf. Frankfurt a.M./New York: Campus.
Alvesson, Mats, und *Yvonne Due Billing*, 1997: Understanding Gender and Organizations. London/Thousand Oaks/New Delhi: Sage.
Barnett, William P., James N. Baron und *Toby E. Stuart*, 2000: Avenues of Attainment: Occupational Demography and Organizational Careers in the California Civil Service, American Journal of Sociology 106: 88–144.
Baron, James N., 1991: Organzational Evidence of Ascription in Labor Markets. S. 113–143 in: *Richard R. Cornwall* und *Phanimdra V. Wunnava* (Hg.): New Approaches to Economic and Social Analyses of Discrimination. New York: Praeger.
Baron, James N., und *William T. Bielby*, 1980: Bringing the Firms Back in: Stratification, Segmentation, and the Organization of Work, American Sociological Review 45: 737–765.
Baron, James N., und *William T. Bielby*, 1984: A Women's Place is With Other Women: Sex Segregation Within Organizations. S. 27–55 in: *Barbara Reskin* (Hg.): Sex Segregation in the Workplace. Washington: National Academy.
Baron, James N., Alison Davis-Blake und *William T. Bielby*, 1986: The Structure of Opportunity: How Promotion Ladders Vary Within and Among Organizations, Administrative Science Quarterly 31: 248–273.

Baron, James N., Brian Mittman und Andrew Newman, 1991: Targets of Opportunity: Organizational and Environmental Determinants of Gender Integration Within the California Civil Service 1979–1985, American Journal of Sociology 96: 1362–1401.
Baron, James N., und Jeffrey Pfeffer, 1994: The Social Psychology of Organizations and Inequality, Social Psychology Quarterly 57: 190–209.
Benschop, Yvonne, und Hans Doorewaard, 1998: Covered by Equality: The Gender Subtext of Organizations, Organization Studies 19: 787–805.
Bergmann, Barbara R., 1989: Does the Market for Women's Labor Need Fixing?, The Journal of Economic Perspectives 3: 43–60.
Bielby, William T., 1992: Organizations, Stratification and the American Occupational Structure (Symposium: The American Occupational Structure: Reflections after Twenty-Five Years), Contemporary Sociology 21: 647–649.
Bielby, William T., und James N. Baron, 1986: Men and Women at Work: Sex Segregation and Statistical Discrimination, American Sociological Review 55: 155–175.
Biersack, Wolfgang, Klaus Parmentier und Franziska Schreyer, 2000: Berufe im Spiegel der Statistik, BeitrAB 60. Nürnberg: Institut für Arbeitsmarkt- und Berufsforschung der Bundesanstalt für Arbeit.
Blau, Peter M., und Otis D. Duncan, 1978 (1967): The American Occupational Structure. New York: Free Press.
Blau, Peter M., 1992: Mobility and Status Attainment (Symposium: The American Occupational Structure: Reflections after Twenty-Five Years), Contemporary Sociology 21: 596–598.
Blossfeld, Hans-Peter, und Catherine Hakim (Hg.), 1997: Between Equalization and Marginalization. Women Working Part-Time in Europe and the United States of America. Oxford: Oxford University Press.
Brückner, Hannah, Jutta Allmendinger, Janina von Stebut und Stefan Fuchs, 1997: Die Integration von Frauen in die Wissenschaft – eine Echternacher Springprozession. S. 537–544 in: Karl-Siegbert Rehberg (Hg.): Differenz und Integration. Die Zukunft moderner Gesellschaften. Verhandlungen des 28. Kongresses der Deutschen Gesellschaft für Soziologie, Band II. Dresden/Opladen: Westdeutscher Verlag.
Brüderl, Josef, 1991: Mobilitätsprozesse in Betrieben. Dynamische Modelle und empirische Befunde. Frankfurt a.M./New York: Campus.
Brüderl, Josef, Peter Preisendörfer und Rolf Ziegler, 1991: Innerbetriebliche Mobilitätsprozesse. Individuelle und strukturelle Determinanten der Karrieredynamik von Beschäftigten eines bundesdeutschen Großbetriebes, Zeitschrift für Soziologie 20: 369–384.
Calás, Maria, und Linda Smircich, 1996: From the Woman's Point of View: Feminist Approaches to Organization Studies. S. 218–257 in: Stewart R. Clegg, Cynthia Hardy und Walter R. Nord (Hg.): Handbook of Organization Studies. London: Sage.
Carroll, Glenn R., Heather Haveman und Anand Swaminathan, 1990: Karrieren in Organisationen. Eine ökologische Perspektive. S. 146–178 in: Karl Ulrich Mayer (Hg.): Lebensverläufe und Sozialer Wandel. Sonderheft 31 der Kölner Zeitschrift für Soziologie und Sozialpsychologie. Opladen: Westdeutscher Verlag.
Carroll, Glenn R., und Karl Ulrich Mayer, 1986: Organizational Effects in the Wage Attainment Process, Social Science Journal 21: 5–22.
Collinson, David L., David Knights und Margaret Collinson, 1990: Managing to Discriminate. London/New York: Routledge.
Cyert, Richard M., und James G. March, 1963: A Behavioral Theory of the Firm. New Jersey: Englewood Cliffs.
DiPrete, Thomas, und Whitman T. Soule, 1988: Gender and Promotion in Segmented Job Ladder Systems, American Sociological Review 53: 26–40.
England, Paula, 1992: From Status Attainment to Segregation and Devaluation (Symposium: The American Occupational Structure: Reflections after Twenty-Five Years), Contemporary Sociology 21: 643–647.
Ferree, Myra Marx, Judith Lorber und Beth B. Hess (Hg.), 1999: Revisioning Gender. Thousand Oaks: Sage.

Frerichs, Petra, 1997: Klasse und Geschlecht 1. Arbeit. Macht. Anerkennung. Interessen. Opladen: Leske + Budrich.
Fuchs, Stefan, 2003: Die Demographie wissenschaftlicher Organisationen und die Organisation wissenschaftlicher Karrieren. München: Institut für Soziologie der LMU (unveröffentlichtes Manuskript).
Fuchs, Stefan, Janina von Stebut und *Jutta Allmendinger,* 2001: Gender, Science, and Scientific Organisations in Germany, Minerva 39: 175–201.
Halford, Susan, Mike Savage und *Anne Witz,* 1997: Gender, Careers and Organisations. Current Developments in Banking, Nursing and Local Government. London: Macmillan.
Heilmann, Madeline E., 1995: Sex Stereotypes and Their Effects in the Workplace, Gender in the Workplace, Special Issue of Journal of Social Behavior and Personality 10: 3–26.
Heintz, Bettina (Hg.), 2001: Geschlechtersoziologie. Sonderheft 41 der Kölner Zeitschrift für Soziologie und Sozialpsychologie. Wiesbaden: Westdeutscher Verlag.
Heintz, Bettina, 2001: Geschlecht als (Un-)Ordnungsprinzip. Entwicklungen und Perspektiven der Geschlechtersoziologie. S. 9–29 in: *Dies.* (Hg.): Geschlechtersoziologie. Sonderheft 41 der Kölner Zeitschrift für Soziologie und Sozialpsychologie. Wiesbaden: Westdeutscher Verlag.
Heintz, Bettina, Eva Nadai, Regula Fischer und *Hannes Ummel,* 1997: Ungleich unter Gleichen. Studien zur geschlechtsspezifischen Segregation des Arbeitsmarktes. Frankfurt a.M./New York: Campus.
Heintz, Bettina, und *Eva Nadai,* 1998: Geschlecht und Kontext. De-Institutionalisierungsprozesse und geschlechtliche Differenzierung, Zeitschrift für Soziologie 27: 75–93.
Hinz, Thomas, 2000: Die Altersstruktur von Forschungsorganisationen und die Beschäftigung von Frauen. S. 191–208 in: *Rainer George* und *Olaf Struck* (Hg.): Generationentausch im Betrieb. München: Rainer Hampp.
Hinz, Thomas, und *Thomas Schübel,* 2001: Geschlechtersegregation in deutschen Betrieben, Mitteilungen aus der Arbeitsmarkt- und Berufsforschung 34: 286–301.
Hoecker, Beate, 1998: Frauen, Männer und die Politik. Bonn: Dietz.
Huffman, Matt, 1999: Who's in Charge? Organizational Influences on Women's Representation in Managerial Positions, Social Science Quarterly 80: 738–756.
Ibarra, Herminia, 1993: Personal Networks of Women and Minorities in Management: A Conceptual Framework, Academy of Management Review 8: 56–87.
Kalleberg, Arne L., David Knoke, Peter V. Marsden und *Joe L. Spaeth,* 1996: Organizations in America. Analyzing their Structures and Human Resource Practices. Thousand Oaks: Sage.
Kieser, Alfred (Hg.), 1999: Organisationstheorien. 3. Aufl. Stuttgart: Kohlhammer
Kirsch-Auwärter, Edith, 1995: Kulturmuster organisationalen Handelns am Beispiel wissenschaftlicher Institutionen. S. 73–83 in: *Angelika Wetterer* (Hg.): Die soziale Konstruktion von Geschlecht in Professionalisierungsprozessen. Frankfurt a.M./New York: Campus.
Krell, Gertraude (Hg.), 1997: Chancengleichheit durch Personalpolitik. Gleichstellung von Frauen und Männern in Unternehmen und Verwaltungen. Wiesbaden: Gabler.
Krüger, Helga, 2001: Ungleichheit und Lebenslauf. Wege aus den Sackgassen empirischer Traditionen. S. 512–537 in: *Bettina Heintz* (Hg.): Geschlechtersoziologie. Sonderheft 41 der Kölner Zeitschrift für Soziologie und Sozialpsychologie. Wiesbaden: Westdeutscher Verlag.
Kulis, Stephen, und *Karen Miller-Loessi,* 1992a: Organizations, Labor Markets, and Gender Integration in Academic Sociology, Sociological Perspectives 35: 93–117.
Kulis, Stephen, und *Karen Miller-Loessi,* 1992b: Organizational Dynamics and Gender Equity, Work and Occupations 19: 157–183.
Martin, Patricia Yancey, und *David L. Collinson,* 1999: Gender and Sexuality in Organizations. S. 285–310 in: *Myra Marx Ferree, Judith Lorber* und *Beth B. Hess* (Hg.): Revisioning Gender. Thousand Oaks: Sage.
Marx, Jonathan, und *Kevin T. Leicht,* 1996: Successful Job Search and Informal Networks. S. 312–314 in: *Paula J. Dubeck* und *Kathryn Borman* (Hg.): Women and Work. A Handbook. New York/London: Garland.
Massachusetts Institute of Technology (MIT), 1999: A Study on the Status of Women Faculty in Science at MIT. Massachusetts: Committe on Women Faculty in the School of Science.

Mayntz, Renate, 1971: Bürokratische Organisation. 2. Aufl. Köln: Kiepenheuer + Witsch.
Mittman, Brian S., 1992: Theoretical and Methodological Issues in the Study of Organizational Demography and Demographic Change. S. 3–53 in: *Pamela Tolbert* und *Samuel B. Bacharach* (Hg.): Research in the Sociology of Organizations. Greenwich/London: JAI Press.
Müller, Ursula, 1999a: Geschlecht und Organisation. Traditionsreiche Debatten – aktuelle Tendenzen. S. 53–75 in: *Hildegard Maria Nickel, Susanne Völker* und *Hasko Hüning* (Hg.): Transformation – Unternehmensreorganisation – Geschlechterforschung. Opladen: Leske + Budrich.
Müller, Ursula, 1999b: Asymmetrische Geschlechterkonstruktionen in der Hochschule. S. 135–159 in: *Aylâ Neusel* und *Angelika Wetterer* (Hg.): Vielfältige Verschiedenheiten. Geschlechterverhältnisse in Studium, Hochschule und Beruf. Frankfurt a.M./New York: Campus.
Meyer, Birgit, 1997: Frauen im Männerbund. Politikerinnen in Führungspositionen von der Nachkriegszeit bis heute. Frankfurt a.M./New York: Campus.
Nakano Glenn, Evelyn, 1999: The Social Construction and Institutionalization of Gender and Race: An Integrative Framework. S. 3–43 in: *Myra Marx Ferree, Judith Lorber* und *Beth B. Hess* (Hg.): Revisioning Gender. Thousand Oaks: Sage.
Nelson, Robert L., und *William P. Bridges,* 1999: Legalizing Gender Inequality. Courts, Markets, and Unequal Pay for Women in America. Cambridge: Cambridge University Press.
Nienhüser, Werner, 1998: Ursachen und Wirkungen betrieblicher Personalstrukturen. Stuttgart: Schäffer Poeschel.
Ortmann, Günther, Jörg Sydow und *Klaus Türk* (Hg.), 1997: Theorien der Organisation. Die Rückkehr der Gesellschaft. Opladen: Westdeutscher Verlag.
Powell, Gary N. (Hg.), 1999: Handbook of Gender and Work. Thousand Oaks/London/New Delhi: Sage.
Preisendörfer, Peter, 1987: Organisationale Determinanten beruflicher Karrieremuster, Soziale Welt 38: 211–226.
Quack, Sigrid, 1997: Karrieren im Glaspalast. Weibliche Führungskräfte in europäischen Banken. Berlin: Wissenschaftszentrum Berlin für Sozialforschung (Discussion Paper: ISSN 1011–9523).
Reskin, Barbara F., und *Debra B. McBrier,* 2000: Why not Ascription? Organizations' Employment of Male and Female Managers, American Sociological Review 65: 210–233.
Reskin, Barbara F., Debra B. McBrier und *Julie A. Kmec,* 1999: The Determinants and Consequences of Workplace Sex and Race Composition, Annual Review of Sociology 25: 335–361.
Reskin, Barbara F., und *Patricia A. Roos,* 1990: Job Queues, Gender Queues: Explaining Women's Inroads into Male Dominated Occupations. Philadelphia: Temple University Press.
Ridgeway, Cecilia L., 1997: Interaction and the Conservation of Gender Inequality: Considering Employment?, American Sociological Review 62: 218–235.
Ridgeway, Cecilia L., 2001: Interaktion und die Hartnäckigkeit der Geschlechter-Ungleichheit in der Arbeitswelt. S. 250–275 in: *Bettina Heintz* (Hg.): Geschlechtersoziologie. Sonderheft 41 der Kölner Zeitschrift für Soziologie und Sozialpsychologie. Opladen: Westdeutscher Verlag.
Ridgeway, Cecilia L., und *Lynn Smith-Lovin,* 1999: The Gender System and Interaction, Annual Review of Sociology 25: 191–216.
Rosenbaum, James E., 1979: Tournament Mobility: Career Patterns in a Corporation, Administrative Science Quarterly 24: 220–241.
Rosenfeld, Rachel, und *Heike Trappe,* 2001: Geschlechtsspezifische Segregation in der DDR und der BRD. Im Verlauf der Zeit und im Lebensverlauf. S. 152–181 in: *Bettina Heintz* (Hg.): Geschlechtersoziologie. Sonderheft 41 der Kölner Zeitschrift für Soziologie und Sozialpsychologie. Wiesbaden: Westdeutscher Verlag.
Salancik, Gerald R., und *Jeffrey Pfeffer,* 1978: Uncertainty, Secrecy, and the Choice of Similar Others, Social Psychology 41: 246–255.
Scott, Denise B., 1996: Shattering the Instrumental-Expressive Myth: The Power of Women's Networks in Corporate-Government Affairs, Gender and Society 10: 232–247.
Sørensen, Aage B., 1983: Processes of Allocation to Open and Closed Positions in Social Structure, Zeitschrift für Soziologie 12: 203–224.

Solga, Heike, und *Dirk Konietzka,* 2000: Das Berufsprinzip des deutschen Arbeitsmarktes: Ein geschlechtsneutraler Allokationsmechanismus?, Schweizerische Zeitschrift für Soziologie 26: 111–147.
Spilerman, Seymour, und *Trond Petersen,* 1999: Organizational Structure, Determinants of Promotion, and Gender Differences in Attainment, Social Science Research 28: 203–227.
Steinberg, Ronnie J., 1992: Gender on the Agenda: Male Advantage in Organizations, Contemporary Sociology 21: 576–581.
Stebut, Janina von, 2003: Eine Frage der Zeit? Zur Integration von Frauen in die Wissenschaft. Eine empirische Untersuchung der Max-Planck-Gesellschaft. Studien zur Wissenschafts- und Organisationssoziologie. Bd. 3. Opladen: Leske + Budrich.
Stewman, Shelby, 1988: Organizational Demography, Annual Review of Sociology 14: 173–202.
Stovel, Kate, Michael Savage und *Peter Bearman,* 1996: Ascription into Achievement: Models of Career Systems at Lloyds Bank, 1890–1970, American Journal of Sociology 102: 358–399.
Strang, David, und *James N. Baron,* 1990: Categorical Imperatives: The Structure of Job Titles in California State Agencies, American Sociological Review 55: 479–495.
Stryker, Robin, 1996: Comparable Worth and the Labor Market. S. 74–77 in: *Paula J. Dubeck* und *Kathryn Borman* (Hg.): Women and Work. A Handbook. New York und London: Garland.
Tolbert, Pamela S., Mary E. Graham und *Alice O. Andrews,* 1999: Group Gender Composition and Work Group Relations: Theories, Evidences, and Issues. S. 179–202 in: *Gary N. Powell* (Hg.): Handbook of Gender & Work. Thousand Oaks: Sage.
Tomaskovic-Devey, Donald, Arne L. Kalleberg und *Peter V. Marsden,* 1996: Organizational Patterns of Gender Segregation. S. 276–301 in: *Arne L. Kalleberg, David, Knoke, Peter V. Marsden* und *Joe L. Spaeth:* Organizations in America. Analyzing their Structures and Human Resource Practices. Thousand Oaks/London/New Delhi: Sage.
Tomaskovic-Devey, Donald, und *Sheryl Skaggs,* 2001: Führt Bürokratisierung zu geschlechtsspezifischer Segregation? S. 308–331 in: *Bettina Heintz* (Hg.): Geschlechtersoziologie. Sonderheft 41 der Kölner Zeitschrift für Soziologie und Sozialpsychologie. Wiesbaden: Westdeutscher Verlag.
Tsui, Anne S., und *Charles A. O'Reilly III,* 1989: Beyond Simple Demographic Effect: The Importance of Relational Demography in Superior-subordinate Dyads, Acadamy of Management Journal 32: 402–423.
Tsui, Anne S., Terri D. Egan und *Charles A. O'Reilly III,* 1992: Being Different: Relational Demography and Organizational Attachment, Administrative Science Quarterly 37: 549–579.
Wharton, Amy S., 1992: The Social Construction of Gender and Race in Organizations: A Social Identity and Group Mobilization Perspective. S. 55–84 in: *Samuel B. Bacharach* und *Pamela S. Tolbert* (Hg.): Research in the Sociology of Organizations. Vol. 10. London/Greenwich: JAI Press.
Wharton, Amy S., 1994: Structure and Process: Theory and Research on Organizational Stratification. S. 199–213 in: *J. David Knotterus* und *Christopher Prendergast* (Hg.): Current Perspectives in Social Theory. Recent Developments in the Theory of Social Structure. Supplement 1. Greenwich/London: JAI Press.
Wharton, Amy S., 2002: Geschlechterforschung und Organisationssoziologie. S. 188–202 in: *Jutta Allmendinger* und *Thomas Hinz* (Hg.): Organisationssoziologie. Sonderheft 42 der Kölner Zeitschrift für Soziologie und Sozialpsychologie. Wiesbaden: Westdeutscher Verlag.
Wharton, Amy S., und *James N. Baron,* 1987: So Happy Together? The Impact of Gender Segregation on Men at Work, American Sociological Review 52: 574–587.
Wharton, Amy S., und *James N. Baron,* 1991: Satisfaction? The Psychological Impact of Gender Segregation on Women at Work, Sociological Quarterly 32: 365–387.
Wilson, Fiona, 1996: Research Note: Organizational Theory: Blind and Deaf to Gender?, Organization Studies 17: S. 825–842.
Wimbauer, Christine, 1999: Organisation, Geschlecht, Karriere. Fallstudien aus einem Forschungsinstitut. Opladen: Leske + Budrich.
Wilz, Sylvia Marlene, 2002: Organisation und Geschlecht. Strukturelle Bindungen und kontingente Kopplungen. Opladen: Leske + Budrich.

Wright, Erik Olin, 1997: Class Counts. Comparative Studies in Class Analysis. Cambridge: Cambridge University Press.
Wunderer, Rolf, und Petra Dick, 1997: Frauen im Management. Besonderheiten und personalpolitische Forderungen. S. 5–205 in: Rolf Wunderer und Petra Dick (Hg.): Frauen im Management. Kompetenzen, Führungsstile, Fördermodelle. Neuwied: Luchterhand.
Yamagata, Hisashi, Kuang S. Yeh, Shelby Stewman und Hiroko Dodge, 1997: Sex Segregation and Glass Ceilings: A Comparative Static Model of Women's Career Opportunities in the Federal Government over a Quarter Century, American Journal of Sociology 103: 566–632.

IV. Organisationen und ihr Umfeld

GRÜNDUNG VON ORGANISATIONEN UND DIE ENTSTEHUNG NEUER ORGANISATORISCHER FORMEN*

Hayagreeva Rao

Zusammenfassung: Die Entstehung neuer Organisationen wird aus zwei Perspektiven thematisiert: Zunächst geht es darum, welche Teilprozesse bei der Entstehung neuer Organisationen unterschieden werden können: Gründungsabsicht, Ressourcenmobilisierung, die Einstellung von Mitarbeitern, Aufnahme der Geschäftstätigkeit und die rechtliche Gründung. Diese Teilprozesse bauen teilweise aufeinander auf, teilweise laufen sie auch parallel ab. Nur ein Bruchteil der Personen mit Gründungsabsicht verwirklicht die Pläne erfolgreich, weil in dieser Phase der Organisationsgründung der Selektionsdruck besonders groß ist. Im zweiten Teil des Beitrags wird gezeigt, wie eng die Entstehung neuer organisatorischer Formen mit sozialen Bewegungen – und damit einem kulturellen und institutionellen Umfeld – verbunden ist. In diesem Umfeld kann die Entstehung neuer Organisationsformen als politischer Prozess beschrieben werden: Neue Normen, Werte und Ideologien werden über soziale Bewegungen in die Gesellschaft hineingetragen. Die Aktivisten sozialer Bewegungen spielen eine Schlüsselrolle bei der Formulierung neuer Praktiken, bei der Mobilisierung von Ressourcen und dem Erwerb von Legitimität für neue organisatorische Formen.

Die Entstehung neuer Organisationen und deren Ursachen sind für die Organisationssoziologie wie für die Analyse moderner Gesellschaften von zentraler Bedeutung. Gleiches gilt für die Frage, welche Auswirkung die Differenzierung von Organisationsformen hat. Die Vielfalt von Organisationen in einer Gesellschaft beeinflusst deren Fähigkeit, auf Unsicherheiten zu reagieren und bestimmt die Verteilung von Beschäftigungs- und Karrieremöglichkeiten (Hannan und Freeman 1989). Die Entstehung neuer Organisationen und organisatorischer Formen kann diese Vielfalt erhöhen (Katz und Gartner 1988). Innerhalb von Organisationspopulationen vollziehen sich Prozesse des Wandels, indem bereits existierende Organisationen durch neu gegründete Organisationen herausgefordert und ersetzt werden. Auf der Makroebene vollzieht sich der Wandel dadurch, dass bereits existierende durch neue organisatorische Formen ersetzt werden (Schumpeter 1942).

---

* Diskussionen und die frühere Zusammenarbeit mit Mayer Zald, Cal Morill, Jitendra Singh und Joel Baum waren sehr hilfreich für die Arbeit an diesem Aufsatz; Maureen Blyler machte sehr nützliche redaktionelle Anregungen.

Neue Organisationen spielen weiterhin eine wichtige Rolle in modernen Wirtschaftssystemen. Obwohl die überwiegende Mehrheit aller neuen Organisationen mit weniger als zehn Beschäftigten die Geschäftstätigkeit beginnt (Aldrich 1999: 102), findet sich in den neuen kleinen Firmen ein insgesamt beträchtlicher Anteil an Arbeitsplätzen. So stellen in der Europäischen Union kleine Firmen mit weniger als 100 Beschäftigten 45 Prozent aller Beschäftigungsverhältnisse, allerdings mit beträchtlichen Unterschieden zwischen den Ländern.[1] Die Entstehung neuer Organisationen bringt außerdem neue Produkte und Vertriebswege mit sich, während etablierte Organisationen oft innovationsträge sind.[2]

Neue Organisationsformen transportieren technologische Innovationen. So hat die Biotech-Industrie die Entwicklung der DNA-Technologie enorm angekurbelt, die Barrieren zwischen Universitäten und Geschäftswelt abgebaut und nicht selten Wissenschaftlerinnen und Wissenschaftler zu Unternehmerinnen und Unternehmern gemacht. Da neue Organisationsformen außerdem Ausdruck von Überzeugungen, Werten und Normen sind, treten sie zusammen mit neuen Institutionen in Erscheinung und begünstigen kulturellen Wandel (Stinchcombe 1965; Scott 1995a). So stellen Menschenrechtsorganisationen wie Amnesty International oder Human Rights Watch eine neue Organisationsform dar, die es sich zur Aufgabe gemacht hat, Nationalstaaten hinsichtlich Verstößen gegen freiheitliche und demokratische Grundwerte zu überwachen. Neue Organisationsformen wie etwa Privatisierungsfonds haben während des Systemwechsels in Ost- und Mitteleuropa eine wichtige Rolle bei der Zirkulation von Eliten gespielt.

Die Entstehung neuer Organisationen wurde bereits in vielen Forschungsbereichen – wie etwa den Studien zu ethnisch geprägtem *Entrepreneurship* oder zu technologischen Innovationen – thematisiert. Da ein umfassender Überblick zu allen Forschungszweigen den Rahmen dieses Beitrags sprengen würde, möchte ich mich im Folgenden auf die Bildung neuer Organisationen und auf die Rolle sozialer Bewegungen für die Schaffung neuer organisatorischer Formen konzentrieren. Der Aufsatz gliedert sich in zwei Teile. Der erste Teil beschäftigt sich mit der Entstehung *neuer Organisationen* und beschreibt die einzelnen Teilprozesse der Organisationsgründung. Der zweite Teil analysiert die Entstehung neuer organisatorischer Formen und skizziert drei Modelle: das Zufallsvariationsmodell, das Modell der eingeschränkten Variation und das Modell des kulturellen Institutionalismus. Letzteres ist dann Ausgangspunkt für Überlegungen, wie neue Organisationsformen durch soziale Bewegungen und kollektives Handeln zu Stande kommen. Ich schließe mit einem Aufriss künftig zu leistender Forschung.

---

1 In Deutschland finden sich in den Unternehmen mit weniger als 100 Beschäftigten 45 Prozent der Beschäftigungsverhältnisse, in Griechenland dagegen 70 Prozent (ENSR 1993: Tabellen 2.1, 2.2, 2.3, 2.6).

2 So hat beispielsweise eine neue Organisation wie Amazon den elektronischen Handel im Internet aufgenommen, worauf alte Organisationen wie die Buchhandelskette Barnes and Noble erst nachzogen.

I. Das Entstehen neuer Organisationen

Bis auf wenige Ausnahmen (so etwa Kimberly 1979) beschäftigt sich die Forschung zu *Entrepreneurship* mit neuen Organisationen, *nachdem* sie vollständig entwickelt sind, d.h. *nachdem* die Gründungspersonen Ressourcen mobilisiert, eine juristische Identität etabliert und die Produktion aufgenommen haben (Aldrich 1999). Auch die Organisationsökologie neigt dazu, die Ereignisse vor oder während der eigentlichen Gründungsphase neuer Organisationen zu ignorieren (Carroll und Hannan 2000). Dabei weisen Selektionsprozesse vor der Etablierung auf wichtige Forschungsfragen hin. In den USA planen jährlich etwa sieben Millionen Menschen eine Firmengründung. Davon erreichen dreieinhalb Millionen solcher Vorhaben die Gründungsvorbereitungsphase, weniger als ein Drittel kommt jedoch über diese Phase hinaus (Reynolds 1994: 10).

Die Ereignisse, die der Ausprägung vollständig entwickelter Organisationen vorangehen, können aus zwei Perspektiven betrachtet werden. Eine Perspektive sieht den Gründungsprozess als eine Sequenz von Phasen, beginnend mit einer vororganisationalen Phase und endend mit der Institutionalisierung (Kimberly 1979; van de Ven 1980). Alternativ lässt sich der Gründungsprozess als ein Nebeneinander von Teilprozessen darstellen: ein glaubwürdiges Signalisieren der Gründungsabsicht, Ressourcenmobilisierung, soziale Organisation, rechtliche Etablierung und Betriebsaufnahme (Hannan und Freeman 1989: 148). Glaubwürdige Signale der Gründungsabsicht reichen von der Einreichung von Kreditanträgen bis zur Platzierung von Stellenanzeigen in Zeitungen. Unter Ressourcenmobilisierung versteht man etwa die Nutzung informeller und formeller Netzwerke zur Beschaffung finanziellen Kapitals. Soziale Organisation bezieht sich auf die Auswahl des Personals und die Besetzung der Rollen innerhalb einer Organisation. Rechtliche Etablierung meint die amtliche Eintragung eines Unternehmens. Betriebsaufnahme bezeichnet den Beginn der Produktion und der Produktlieferung an die Kunden.

Im Gegensatz zu den Phasenmodellen, die von einer festgelegten, allgemein gültigen Abfolge von Phasen ausgehen, betont das Teilprozessmodell die Heterogenität im Gründungsprozess. Die durchlaufenden Teilprozesse können sich zunächst zwischen auf Gewinn ausgerichteten und gemeinnützigen Unternehmen unterscheiden. So nehmen zum Beispiel Gewerkschaften und andere Verbände unmittelbar mit Erhalt ihrer juristischen Geschäftsfähigkeit die Arbeit auf, wohingegen im Falle eines Geschäftsunternehmens die rechtliche Etablierung keine Garantie dafür ist, dass das Unternehmen tatsächlich Waren herstellen und Kunden beliefern wird. Darüber hinaus können manche Teilprozesse öfter als einmal während des Gründungsprozesses durchlaufen werden: Die Ressourcenmobilisierung kann der Etablierung einer juristischen Identität vorangehen und folgen, da Unternehmer zunächst auf informelle Kapital- und Personalnetzwerke zurückgreifen und nach der rechtlichen Etablierung auch aus fremden Quellen Ressourcen mobilisieren können. Weiterhin lassen sich auch verschiedene Sequenzierungen der Teilprozesse innerhalb derselben Organisationsform ausmachen. Die rechtliche Etablierung kann der Produktion vorausgehen oder aber ihr folgen.

Versuche, eine Organisation zu gründen, sind mit dem Engagement, der Expertise, den Zielen und Motiven der Gründungspersonen verbunden.[3] Nur einem Teil derjeni-

---
3 Van den Ven (1980) spricht hier von *organizations-in-creation*.

gen Personen, die ihre Gründungsabsicht erklären, gelingt es wie beschrieben, den Status als juristische Person zu erlangen; viele Gründungsversuche scheitern vorher. Im Gegensatz zu vollständig entwickelten Organisationen, die über wohl definierte Ziele, materielle Ressourcen und klar umrissene Grenzen verfügen, sind entstehende Organisationen durch eher unklare Ziele, nicht eindeutig klassifizierbare Technologien und schwach definierte Grenzen charakterisiert (Aldrich 1979). Für entstehende Organisationen ist der Selektionsdruck größer als für vollständig entwickelte Organisationen. Katz und Gartner (1988) haben darauf hingewiesen, dass Studien zur Gründung vollständig entwickelter Organisationen die Vielfalt von Organisationen unterschätzen, da sie nur die ohnehin *erfolgreichen* Gründungsversuche umfassen. Im Folgenden möchte ich zentrale Forschungsergebnisse zu jedem der Teilprozesse der Organisationsentstehung kurz zusammenfassen.

1. Signale der Gründungsabsicht

Will man untersuchen, welchen Organisationsgründungen Erfolg beschieden ist, muss zunächst der *Pool* der potenziellen Gründer eingegrenzt werden. Eine sinnvolle Eingrenzung besteht darin, sich auf Individuen zu konzentrieren, die ihre Gründungsabsicht deutlich signalisiert haben. Da die Gründungsabsicht nicht direkt beobachtbar ist, kann man als Signal Zahlungen werten, die im Zusammenhang mit der Gründungsabsicht erfolgt sind. Folglich ist vorgeschlagen worden, Kredit- und Risikokapitalanträge oder Zeitungsannoncen als glaubwürdige Signale der Gründungsabsicht zu behandeln (Aldrich et al. 1988). Entwickler von Prototypen oder Produktmodellen können ebenfalls als potenzielle Gründer betrachtet werden, da sie Zeit und Ressourcen in die Entwicklung ihrer Idee investiert haben. In den USA signalisieren vier bis sechs Prozent der erwerbstätigen Bevölkerung ihre Gründungsabsicht, nur ein Bruchteil von ihnen erreicht ihr Ziel (Reynolds und White 1997).

2. Ressourcenmobilisierung

In seinem häufig zitierten Essay über die *liability of newness* schrieb Arthur Stinchcombe (1965: 148), dass im Allgemeinen eher neue als alte Organisationen scheitern, da neue Organisationen nicht über „stabile Verbindungen zu Konsumenten und Kunden der von den Organisationen angebotenen Dienste" verfügen. Ein Hauptmanko, mit dem viele Gründungsversuche zu kämpfen haben, ist jedoch das Fehlen bzw. die Knappheit finanzieller Ressourcen. Ob sich Gründungspersonen auf informelle oder formelle Kapitalquellen verlassen, variiert dabei von Land zu Land, aber auch innerhalb von Ländern. Zimmer und Aldrich (1987) zufolge verließen sich in einer Untersuchung im englischen Bradford 49 Prozent der Unternehmer asiatischer Herkunft, aber nur drei Prozent der britischen Unternehmer bei der Mobilisierung von Ressourcen auf ihren Freundeskreis. Biggart und Castanias (1992) beobachteten, dass sich taiwanesische Unternehmensgründer auf informelle Kapitalquellen stützten, da persönliche Netzwerke glaubwürdige Informationen über Kreditrisiken lieferten und Sanktionen beinhalteten, die das Ausfallrisiko begrenzten. Im Gegensatz dazu spielen in Gesellschaften wie den USA, in denen Fremde als Kreditgeber fungieren, externe Unterstützungen eine wichtige Rolle bei der Beschaffung von Ressourcen.

Externe Unterstützungen und Referenzen sind von Bedeutung, weil sie gleichzeitig Qualitätssignale für die Gründung darstellen und es entstehenden Organisationen ermöglichen, weitere Ressourcen zu beschaffen. Entstehende Organisationen erhalten durch externe Parteien Unterstützung, wenn beide Seiten glauben, sich nicht mit qualitativ schlechten Partnern einzulassen (Podolny 1993). Externe Unterstützungen beeinflussen die Fähigkeit entstehender Organisationen, sich finanzielle Ressourcen durch *initial public offerings* (IPOs), d.h. durch ihren Börsengang, zu sichern. In den USA markiert der Börsengang ein Schlüsselereignis im Leben sich etablierender Organisationen. Er zieht einen Wechsel von privater zu öffentlicher Eigentümerschaft nach sich sowie die Rechenschaftspflicht gegenüber der Börsenaufsichtsbehörde (Securities and Exchange Commission, SEC) und Tausenden von potenziellen Investoren. Den Ergebnissen von Stuart et al. (1999) zufolge beschleunigte es den Börsengang und die Marktkapitalisierung, wenn die entstehende Organisation Verbindungen zu einer renommierten Investmentbank und zu prominenten Risikokapitalgebern und Partnern hatte.

Renommierte Dritte wie Investmentbanken erleichtern entstehenden Organisationen also den Zugang zu finanziellen Ressourcen. Aber wie gelingt es den entstehenden Organisationen überhaupt, die Unterstützung einflussreicher Dritter zu gewinnen? Die soziologische Forschung geht davon aus, dass sich soziale Ressourcen aus direkten und indirekten Kontakten zu prominenten Dritten ergeben, etwa aus solchen zu statushohen Akteuren in anderen Firmen. Soziale Ressourcen werden in der Regel als Kontakte zu diesen Personen und genauer als Ressourcen, die sich aus ihnen ergeben, konzeptualisiert (Lin 1999). Neuere Forschungen deuten darauf hin, dass der vorherige berufliche Werdegang von Managern und Gründern neuer Organisationen eine entscheidende Rolle spielt. Die Lebensläufe dieser Personen verorten die entstehende Organisation in einem sozialen Netzwerk; Gründer oder Manager, die vormals für prominente Arbeitgeber tätig waren, profitieren nicht nur von den Informationen, zu denen sie auf Grund ihrer Kontakte Zugang haben, sondern auch vom Renommee der früheren Arbeitgeber. Burton et al. (1999) zufolge sind Manager, die zuvor für prominente Arbeitgeber tätig waren, eher in der Lage, externe finanzielle Unterstützung von Risikokapitalgebern zu bekommen. Auch Higgins und Gulati (1999) zeigen, dass vormalige Verbindungen des Managements zu prominenten Liefer- und Vertriebsfirmen sowie Kundenkreisen eine entscheidende Rolle spielen, wenn es darum geht, die Unterstützung renommierter Investmentbanken zu gewinnen oder den Börsengang zu beschleunigen.

3. Soziale Organisation

Studien zur sozialen Organisation gehen der Frage nach, wie es neuen Firmen gelingen kann, talentierte Mitarbeiter anzuwerben und die Organisation personell auszustatten. Neue Organisationen sind notwendigerweise darauf angewiesen, sich auf Fähigkeiten und Fertigkeiten zu verlassen, die außerhalb der Organisation entwickelt worden sind

(Stinchcombe 1965: 148). Stinchcombe argumentierte weiter, dass „sich die Möglichkeiten, mit der neue Organisationen talentierte Mitarbeiter rekrutieren können, auf die relative Positionierung im Markt auswirken". Neue Organisationen sind also gezwungen, talentierte Mitarbeiter von der Konkurrenz, also anderen bereits bestehenden Organisationen in der Branche, abzuwerben, da „in bereits existierenden Organisationen erforderliches Wissen und Sachkenntnis entstanden sind" (Hannan und Freeman 1989: 132). Wissen über die Strategien und die Arbeitsweisen einer Organisation steht oft nur Insidern zur Verfügung, die in einer Organisation angestellt sind, vor allem, wenn die Grundeigenschaften der Organisation noch nicht kodifiziert sind (Nelson und Winter 1982; Penrose 1980). Wirbt man talentierte Mitarbeiter von der Konkurrenz ab, steigt die Wahrscheinlichkeit, dass die neuen Mitarbeiter erforderliche Routinen kennen und sie anderen vermitteln können und dass sie das Vertrauen anderer Organisationen, welche Ressourcen beitragen sollen, gewinnen können (Brittain und Freeman 1982).

Im Entstehen begriffene Organisationen können auf Grund ihres Mangels an externen Verbindungen unter Kontaktlosigkeit leiden (Baum und Oliver 1992; Powell et al. 1996); solche schlecht verbundenen Organisationen haben einen noch höheren Bedarf, von außerhalb Personal einzuwerben. Neue Organisationen ohne oder mit nur wenigen Verbindungen nach außen sind auf Grund ihres Mangels an erfahrenem Personal weniger in der Lage, Produktinnovationen hervorzubringen und dadurch zu wachsen.

Neuere Forschungen zeigen, dass junge Firmen häufiger Mitarbeiter von der Konkurrenz abwerben als alteingesessene Firmen (Haveman und Cohen 1994) und kontaktlose Firmen häufiger als Firmen mit guten Kontakten (Rao und Drazin 2000). Jüngere Firmen rekrutieren darüber hinaus erfahrene Mitarbeiter mit langjähriger Berufserfahrung, während alteingesessene Unternehmen sich gern in kleinen Firmen umsehen, um an neue Ideen zu kommen (Rao und Drazin 2000). Die Rekrutierung von Mitarbeitern von der Konkurrenz begünstigt überdies die Chancen auf Produktinnovationen in Organisationen, die eher wenig Verbindungen zu bereits bestehenden Organisationen aufweisen. Im Vergleich zu Organisationen mit guter Netzwerkeinbindung entwickeln solche schlecht verbundenen Organisationen, die jedoch ihre Mitarbeiter von erfolgreichen, großen und etablierten Konkurrenten abgeworben haben, häufiger neue Produkte (Rao und Drazin 2000).

Ein anderer Forschungsansatz beschäftigt sich damit, wie die Einstellung von externen Mitarbeitern die Konstruktion der organisatorischen Identität beeinflusst. Organisatorische Identität ist besonders wichtig für neue Organisationen, denen es an externen Unterstützungen mangelt und die Organisationsmitglieder zum Eintritt bewegen müssen (Aldrich 1999). Oft hängt die Identität einer Organisation von deren Handlungen zum Zeitpunkt der Gründung ab; folglich prägen die Eigenschaften der Gründungspersonen die Organisation (Albert und Whetten 1985; Romanelli 1989; Stinchcombe 1965). Auch wenn Unternehmensgründer oft als Helden verklärt werden, die den Wettbewerb mit bereits existierenden Organisationen aufnehmen, sind sie selbst Produkte dieser Organisationen (Freeman 1986), und ihre persönliche Identität beeinflusst wiederum die organisatorische Identität der neuen Organisation (Albert 1999). Baron et al. (1999) fanden heraus, dass Unternehmensgründer bestimmte Beschäftigungsmodelle wählen (*engineering, star, commitment, bureaucracy, autocracy*), die wiederum Auswirkungen auf die führungspolitische und administrative Tätigkeit sowie die Formalisierung der Personalpolitik haben.

4. Betriebsaufnahme

Betriebsaufnahme bedeutet, dass die neue Organisation mit der Herstellung der Waren und der Lieferung ihrer Waren oder Dienstleistungen an die Kunden begonnen hat. Die Aufnahme des Betriebs setzt den Kauf oder das Pachten von Räumlichkeiten und Technologien, die Akquirierung von Rohstoffen und Personal und den Vertrieb von Produkten voraus (Hannan und Freeman 1989). Betriebsaufnahme heißt oft, dass die Gründungspersonen ihre Absichten erfolgreich in die Tat umsetzen konnten (Aldrich 1979).

Einige Studien zu Entrepreneurship behaupten, dass die Zeit bis zur Betriebsaufnahme von den Persönlichkeitsmerkmalen der Gründungspersonen abhängt. Aldrich und Wiedenmayer (1993) haben allerdings gezeigt, dass solche Behauptungen auf problematischen Forschungsdesigns basieren. Andere Forscher haben die Berufserfahrungen der Gründer untersucht (van de Ven et al. 1984; Miller 1983). Schoonhoven et al. (1990) zufolge haben frühere Branchenerfahrung, frühere Erfahrung mit einer Unternehmensgründung und der kollektive Erfahrungsschatz der Gründer keine wesentlichen Auswirkungen auf die Zeitdauer bis zur ersten Produktauslieferung. Folglich wurde vorgeschlagen, dass es sinnvoller sei, organisationale Attribute und Umweltbedingungen und deren Konsequenzen für den Erfolg von Gründungsversuchen zu thematisieren (Romanelli 1989; Aldrich und Wiedenmayer 1993). Damit würde sich das Augenmerk weg von den Gründungspersonen und hin zu den Organisationen als entscheidende Akteure im Gründungsprozess richten (Brittain und Freeman 1980).

Ein Schlüsselfaktor für die Aufnahme der Geschäftstätigkeit ist die Dauer der Gründungsvorbereitungsphase (Hannan und Freeman 1989). Einfach ausgedrückt erhöhen lange Vorbereitungsphasen die Opportunitätskosten potenzieller Gründer, intensivieren den Selektionsdruck und verursachen Prognosefehler. Je länger folglich die Dauer der Vorbereitungsphase, desto geringer die Wahrscheinlichkeit, dass es tatsächlich zur Betriebsaufnahme kommt. In ihrer Studie über Halbleiterfirmen zeigen Schoonhoven et al. (1990), dass zwischen der Dauer der Gründungsvorbereitungsphase und der Wahrscheinlichkeit der Produkteinführung eine umgekehrt u-förmige Beziehung besteht; ihre Befunde deuten damit auf ein alternatives Modell des Betriebsaufnahmeprozesses hin. Zu Beginn des Gründungsvorbereitungsprozesses mangelt es potenziellen Gründungspersonen an Wissen und an sozialen Kontakten, die für die tatsächliche Gründung eines Unternehmens notwendig sind. Folglich ist die Wahrscheinlichkeit einer Betriebsaufnahme zu Beginn des Prozesses gering. Aber mit anhaltender Dauer der Gründungsvorbereitungsphase steigt die Wahrscheinlichkeit, dass sich potenzielle Gründer mehr Wissen aneignen, weit reichendere soziale Kontakte knüpfen und Ressourcen mobilisieren. Gründungsteams lernen im Laufe der Zusammenarbeit neue Rollen und fassen mehr Vertrauen zueinander. Folglich steigt mit der Dauer der Gründungsvorbereitungsphase auch die Wahrscheinlichkeit der Betriebsaufnahme. Ab einem bestimmten Zeitpunkt wirkt sich eine längere Gründungsvorbereitungsdauer dann auf Grund der Opportunitätskosten, des Selektionsdrucks und der Prognosefehler kontraproduktiv aus.

Weiterhin kann von einem Zusammenhang zwischen der sozialen Organisation und der Geschwindigkeit der Betriebsaufnahme ausgegangen werden. Laut Schoonhoven et al. (1990) liefern Organisationen, die auf niedrigerem Niveau technologische Innovationen durchführen, geringere monatliche Ausgaben haben und Herstellungs- und Marketingrollen trennen, ihre Produkte schneller aus. Dies unterstreicht die Bedeutung einfacher Strategien und differenzierter Strukturen.

Organisationsökologen vermuten auch, dass die Dichte vollständig entwickelter Produzenten und die Dichte der im Entstehen begriffenen Organisationen bedeutenden Einfluss auf die Geschwindigkeit von Betriebsaufnahmen hat. Laut Hannan und Freeman (1989: 131–136) sind neue organisatorische Formen, die durch eine innovative Technologie gekennzeichnet sind, eo ipso anderen Organisationen und dem institutionellen Umfeld ungewohnt. Ihre Seltenheit, Neuheit und die Tatsache, dass sich über den Erfolg des Produkts noch nichts sagen lässt, behindern ihren Zugang zu Ressourcen. Ein Anwachsen der Organisationspopulation mit der neuen Form etabliert *blueprints*, also eine Art von „Rezeptwissen" und ermöglicht besseren Zugang zu kompetentem Personal, zu Kapital und zu Größenvorteilen beim kollektiven Handeln. Mit steigender Dichte vollständig entwickelter Organisationen wächst die Legitimität einer organisatorischen Form, was zur Folge hat, dass die Gründungspersonen tendenziell früher mit der Betriebsaufnahme beginnen. Allerdings erhöht ein ungehinderter Anstieg in der Anzahl vollständig entwickelter Organisationen den direkten und indirekten Wettbewerb auf Grund der Anzahl der Wettbewerber. Folglich verzögert ein Anwachsen der Dichte über einen bestimmten Punkt hinaus die Betriebsaufnahme. Carroll et al. (1996) fanden heraus, dass die Dichte von *vollständig entwickelten* Organisationen einen kurvilinearen, umgekehrt u-förmigen Effekt auf Betriebsaufnahmen hat. Die Dichte von *entstehenden* Organisationen hat hingegen nur unbedeutende Auswirkungen. Und kürzlich entdeckten Sørensen und Audia (2000), dass eine hohe Dichte in einer geographischen Region die Gründungs- und die Sterberate erhöht. Die Autoren folgern daraus, dass die räumliche Häufung bei Gründungen auf dichteabhängige Lernprozesse zurückgeht.

Eine wichtige, aber wenig beachtete Legitimationsquelle für neue organisatorische Formen sind von Dritten durchgeführte vergleichende Waren- und Dienstleistungstests. Trotz ihrer Popularität sind diese Tests als Quelle gesellschaftlicher Akzeptanz in der Literatur über organisatorische Legitimität bisher übersehen worden. In vielen Industriezweigen führen Spezialorganisationen Produkt- oder Firmentests durch, in denen die Teilnehmer gemäß ihres Abschneidens nach vorher festgelegten Kriterien eingestuft werden; manchmal werden in vergleichenden Wettbewerben ‚Preise' an Gewinner verliehen. So werden in den USA etwa Versicherungsgesellschaften von A. M. Best oder Moody's bewertet und auf der Grundlage ihrer Rentabilität klassifiziert. Michelin-Reiseführer und AAA-Tourbooks bewerten Restaurants und bestimmen so deren Ansehen bei den Verbrauchern.

Solche Zertifizierungen sind sozial definierte Testverfahren für Produkte und Organisationen (Thompson 1967), die fachlichen Kriterien zur Leistungsbewertung sind dabei selbst Resultate institutioneller Prozesse. In neuen Industriezweigen strukturieren solche vergleichende Waren- und Dienstleistungstests die Orientierung in Märkten mit einer diffusen Vielzahl von Anbietern und umgehen das Problem, die Qualität von Produkten, Dienstleistungen und die Vertrauenswürdigkeit selbst einschätzen zu müssen. Gutes Abschneiden in solchen Vergleichstests ist zunächst ein unbedeutendes und mitunter zufälliges Ereignis, es erzeugt jedoch Reputation, die durch positives Feedback vergrößert wird. Solche Tests haben jedoch auch nivellierende Wirkung. Indem sie externe Kriterien für die Fitness von Organisationen definieren, verringern sie die Unklarheiten über die Leistungsfähigkeit und die Varianz unter den neuen Organisationen (Thompson 1967: 86–91), sie tragen dazu bei, dass neuartige Organisationsformen, die völlig neue Produkte einführen, eher als legitim angesehen werden. Tests ‚erklären‘ den Verbrauchern, Geldgebern und Konkurrenten die neue Form, verbreiten Wissen über sie und legitimieren sie. Allein die Unterscheidung von Mitgliedern einer sozialen Ordnung verleiht der gesellschaftlichen Ordnung kognitive Glaubwürdigkeit und Angemessenheit. Diese Legitimierung einer neuen organisatorischen Form auf der Makroebene bestärkt wiederum die potenziellen Gründungspersonen in ihrem Glauben an die Chancen ihres Unterfangens und ermutigt sie, den Gründungsprozess voran zu bringen und den Betrieb aufzunehmen.

5. Juristische Identität

Eine juristische Identität, also die Schaffung einer Rechtsform, wird durch einen formalen Gründungsakt etabliert. Ein solcher Gründungsakt klärt das Recht auf Rechtsnachfolge, erhöht die Fähigkeit der Unternehmer, trotz wechselnder Mitgliedschaften geschlossen aufzutreten, ermöglicht Unternehmern, sich durch Entnahme von Geldern aus einem Geschäft zurückzuziehen, und macht das gegründete Unternehmen zu einem Gegenstand der normierten Rechtsprechung. Darüber hinaus hilft ein juristischer Gründungsakt, die spezifische Bindung von Vertrauenswürdigkeit an beteiligte Personen ein Stück weit zu lösen, er erleichtert es damit den gegründeten Unternehmen, Ressourcen bei Fremden zu mobilisieren (Stinchcombe 1965; Zucker 1986).

In einer Studie über die Auswirkungen von Populationsdichte und Vergleichstests auf die Gründungsrate von Automobilherstellern zeigte Rao (1999), dass Vergleichstests unbedeutende Auswirkungen hatten, dichteabhängige Effekte aber dem kurvilinearen Muster entsprachen, das von Hannan und Freeman (1989) prognostiziert worden war. Wenn man diesem Ergebnis die Analysen von Betriebsaufnahmen gegenüberstellt, liegt der Schluss nahe, dass sich Dichte auf die Etablierung einer juristischen Identität und auf die Betriebsaufnahme auswirkt, Vergleichstests hingegen nur die Betriebsaufnahmerate erhöhen.

Zusammenfassend lässt sich sagen, dass die Entstehung neuer Organisationen die folgenden Teilprozesse umfasst: Gründungsabsicht, Ressourcenmobilisierung, soziale Organisation, rechtliche Etablierung und Betriebsaufnahme. Gründungspersonen müssen alle diese Teilprozesse durchlaufen, um ihre Gründungsabsichten zu realisieren und eine vollständig entwickelte Organisation zu schaffen, wobei Gründungsversuche in jedem der Teilprozesse dem Selektionsdruck zum Opfer fallen können. So mag es Gründungspersonen gelingen, eine juristische Identität zu etablieren, aber nicht, Ressourcen zu mobilisieren oder den Betrieb aufzunehmen. Oder Unternehmer bringen die soziale Organisation zu Wege, können aber den Betrieb nicht aufnehmen oder sie nehmen den Betrieb in kleinem Maßstab auf, schaffen es aber nicht, von Fremden Ressourcen zu mobilisieren. Alle diese Möglichkeiten legen nahe, dass unternehmerische Anstrengungen oft weder in eindeutigen Erfolgen noch in eindeutigen Misserfolgen enden.

II. Wie entstehen neue organisatorische Formen?

Die Vielfalt von Organisationen steigt, wenn neue Organisationsformen entstehen. Im Folgenden möchte ich die Prozesse erörtern, mittels derer neue organisatorische Formen auftauchen. Nach einer Definition von Organisationsformen skizziere ich drei Erklärungsmodelle, eines davon – das des kulturellen Institutionalismus – im Detail.

1. Definition organisatorischer Formen

McKelvey (1982) zufolge ist die Klassifizierung eine wesentliche Vorbedingung für ein exaktes Verständnis organisatorischer Formen und für das Verständnis von Variation in Organisationspopulationen. Allerdings herrscht beträchtliche Uneinigkeit darüber, wie man organisatorische Formen definieren soll. McKelvey (1982) untersuchte zahlreiche Klassifizierungsansätze in der Biologie und definierte im Anschluss an einen ausführlichen Überblick der Vor- und Nachteile des jeweiligen Ansatzes eine organisationale ‚Spezies' als eine Gruppe, die innerhalb einer Population eine hinreichende Anzahl gleicher dominanter Kompetenzen teilt und von anderen isoliert ist, weil ihre Kompetenzen schwer erlernt oder weitergegeben werden können. Allerdings reicht das Konstrukt dominanter Kompetenzen für eine konkrete Definition neuer Formen nicht aus. Man muss danach fragen, worin die dominanten Kompetenzen bestehen und wie man sie identifizieren kann. McKelvey (1982) definierte sie als Produktionsanlagen, Interdependenz von Arbeitsaufgaben, Kontrollsysteme, interne Differenzierungen sowie vertikalen und horizontalen Organisationsaufbau. Einfach ausgedrückt umfassen dominante Kompetenzen alle technisch-administrativen Fähigkeiten. Zwar richten sie das Augenmerk auf die eher genetischen Aspekte der Organisationsform, aber es bedarf dennoch einer präzisen und konkreten Vorstellung davon, wie sich Formen voneinander unterscheiden.

Hannan und Freeman (1977, 1989) stellten die wichtige Frage, warum es so viele verschiedene Organisationsarten gibt und zogen mehrere Ansätze zur Definition organisatorischer Formen in Betracht. Sie wiesen die Metapher ‚Formen gleich Gene' zu Gunsten einer einfacheren, pragmatischeren Definition zurück. Ihr Ansatz basierte auf einem Isomorphismus von Formen und Populationen (oder der Dualität von Nischen und Formen). Demzufolge existieren Organisationsformen in Populationen, welche als Organisationsmengen definiert werden, die sich in bestimmter Hinsicht ähneln, also einen einheitlichen Charakter haben (etwa Restaurants, Gewerkschaften). Die Organisationsökologie räumt auch Unterschiede innerhalb Populationen ein; so besteht eine Restaurantpopulation aus Spezialisten und aus Generalisten (Freeman und Hannan

1983) oder eine Gewerkschaftspopulation umfasst sowohl Handwerks- als auch Industriearbeitergewerkschaften (Hannan und Freeman 1989).

In Anbetracht der Tatsache, dass das Kernproblem zum Verständnis organisatorischer Formen die Definition von Grenzen ist, schlugen Hannan und Freeman (1989: 45–65) vor, dass Organisationen durch Segregationsmechanismen in verschiedene Formen unterteilt werden. Sie identifizierten vier treibende Kräfte bei der Ausprägung distinkter organisatorischer Formen. Erstens sorgen technologische Faktoren für Unterschiede zwischen Organisationsformen, wenn nur ganz bestimmte Kombinationen von Zielen, Kontrollstrukturen, Marketingstrategien und Herstellungsmodi technologisch möglich sind. Zweitens prägt die Schließung sozialer Netzwerke die Herausbildung von Organisationsformen: Organisationen mit der gleichen Form rekrutieren ihre Beschäftigten aus denselben Ausbildungs- und Schulungseinrichtungen oder werben sie voneinander ab. Dies hat die Entwicklung und Verbreitung einer eigenen Sprache und Kultur, eines eigenen Wissens und eigener Praktiken innerhalb einer begrenzten Organisationspopulation zur Folge und sondert diese von anderen Populationen ab. Drittens erzeugt erfolgreiches kollektives Handeln zu Gunsten einer Gruppe von Organisationen, wie in manchen Branchen die Schaffung von Interessengruppen, die Ausprägung eigener organisatorischer Formen. Viertens errichten verschiedene institutionelle Prozesse Grenzen zwischen Organisationsformen. In einem Konflikt zwischen zwei organisatorischen Formen kann eine der beiden von mächtigen institutionellen Akteuren unterstützt werden. Außerdem können Organisationsformen als legitime Strategien gedeutet werden, kollektive Ziele zu verfolgen. In jedem Fall werden arbiträre Unterschiede zwischen den Organisationen in Unterschiede mit realen gesellschaftlichen Konsequenzen umgewandelt, sodass die nominale Klassifizierung von Organisationsformen gerechtfertigt wird (Hannan und Freeman 1989: 57).

Kürzlich haben Polos et al. (1999) die Kopplung zwischen organisatorischer Form und Identität formalisiert und argumentiert, dass eine Organisationsform eine soziale Identität darstellt, die von Mitgliedern und externen Bezugsgruppen etabliert wird und folglich einen genetischen Code und einen Sanktionscode zur Voraussetzung hat. Denjenigen, die den Code verletzen, wird die Anerkennung entzogen. So erregte in der Finanzgeschichte der USA der Versuch, die *Savings and Loan Associations* (Geschäftsbanken und Sparkassen), ‚bankähnlicher' zu gestalten, Missfallen. Der Begriff der Form als Identität impliziert, dass eine Population eine Gruppe von Organisationen ist, die durch eine mittels Sanktionen durchgesetzte soziale Identität definiert ist. Folglich können Bierhersteller in multiple Populationen wie Industriebrauer, Braupubs, Hausbrauereien, und *craft brewers* unterteilt werden, da jede Gruppierung eine sozial durchsetzbare Identität mit sich bringt.

Das Beispiel der *Savings and Loan Associations* und der verschiedenen Typen von Bierproduzenten sollte verdeutlichen, dass nicht alle neuen organisatorischen Formen äquivalent sind. Polos et al. (1999) unterscheiden zwischen *superforms* (z.B. Bierproduzenten im Unterschied zu Whiskeyproduzenten) und *subforms* (z.B. verschiedene Kategorien von Bierproduzenten). Ein sinnvoller Ausgangspunkt zum Verständnis solcher Differenzierungen von Organisationsformen ist Scotts (1995b) Unterscheidung zwischen Kerneigenschaften und peripheren Eigenschaften. Kerneigenschaften beinhalten Ziele, Autoritätsbeziehungen, Technologien und die bedienten Märkte (s.a. Hannan und Freeman 1984) und unterscheiden sich darin, wie leicht sie verändert werden können. Ziele sind die wichtigsten Kerneigenschaften organisatorischer Formen und am schwersten zu ändern, die bedienten Märkte hingegen sind vergleichsweise einfach änderbar. Periphere Eigenschaften beziehen sich auf alle anderen Attribute. Organisationsformen stellen polythetische Gruppierungen dar, insofern den Angehörigen der Form gemeinsame Kerncharakteristika zu Eigen sind, sie sich aber hinsichtlich peripherer Eigenschaften unterscheiden können.

Eine neue Form hebt sich deutlich von bereits existierenden Formen ab, wenn sie von der Vorgängerform in allen vier Kernpunkten – Ziele, Autoritätsbeziehungen, Technologien und bediente Märkte – abweicht. Für Rao und Singh (1999) sind solche neuen Formen Beispiele für eine starke Spezialisierung. Die Unterschiede zwischen neuen und alten Formen werden schwächer, wenn sich die Formen nur hinsichtlich der Märkte oder Technologien voneinander unterscheiden. Die frühe amerikanische Automobilindustrie stellte beispielsweise eine deutliche Abweichung von ihrem Vorgänger, den Herstellern von Pferdekutschen, dar. Ziel der Automobilindustrie war es, pferdelose Beförderungsfahrzeuge zu entwickeln. Die Automobilhersteller stützten sich mit Dampf, Benzin und Elektrizität auf eine völlig andere Technologie. Außerdem unterschieden sich die frühen Automobilfirmen auch in ihrer Autoritätsstruktur von den Herstellern von Kutschen, die im Wesentlichen Einmannbetriebe waren. Nicht zuletzt zielten frühe Automobilhersteller auch auf einen anderen Kundenkreis; bei den ersten Käufern handelte es sich nämlich um Ärzte und Automobilliebhaber. Folglich handelte es sich bei der Automobilindustrie um eine starke Ausbildung einer neuen Organisationsform.

Im Gegensatz dazu tritt eine schwache Ausbildung von neuen Formen auf, wenn sie sich nur in ein oder zwei der weniger wichtigen Kerndimensionen von der alten Form unterscheidet. Dies kann durch strategische Gruppen in einer Branche veranschaulicht werden, in der die bedienten Märkte oder Technologien typischerweise als Abgrenzungen dienen und der Homogenität innerhalb einer Form entgegenstehen. So unterscheiden sich in der Hotelbranche etwa Luxushotels von billigen Hotels im Hinblick auf die Kundenbasis (der bedienten Märkte) und die Dienstleistungstechnologien. Die Unterscheidung zwischen starker und schwacher Formenbildung ist hilfreich, um neue Formen, die radikalere Organisationsansprüche stellen, von anderen, weniger anspruchsvollen Forminnovationen zu trennen.

2. Drei Perspektiven auf neue organisatorische Formen

Organisationstheoretiker haben die Entstehung neuer Organisationsformen vom Standpunkt der *zufälligen Variation*, der *eingeschränkten Variation* und der *kulturbasierten institutionellen* Perspektive analysiert. Die Zufallsvariationsperspektive stützt sich auf biologische Evolutionsmodelle und behauptet, dass realisierte Variationen von Organisationsformen willkürlich sind. Anhänger dieser Sichtweise behaupten, dass neue Formen dann entstehen, wenn Suchroutinen zu Modifikationen der Arbeitsroutinen führen (Nelson und Winter 1982) oder wenn eine kleine Gruppe von Organisationen mit den gleichen Kompetenzen isoliert wird und ein günstiges Ressourcenumfeld findet

(McKelvey 1982). Trotz ihrer Attraktivität ist die Perspektive der zufälligen Variation von begrenztem Nutzen, da es empirisch schwierig ist, Kompetenzen und Routinen zu identifizieren. Ein weiterer großer Nachteil ist, dass diese Perspektive weder über die spezifischen Prozesse, welche die Variationen generieren, noch über den Inhalt der Variationen Aussagen trifft. Ein dritter Nachteil ist, dass die Variationen Resultate systematischer anstelle willkürlicher Prozesse sein können – ein Kritikpunkt, der von Theoretikern des Neo-Institutionalismus vorgebracht wurde (Meyer und Rowan 1977; DiMaggio und Powell 1983).

Das Modell der eingeschränkten Variation behauptet, dass Umweltbedingungen auf vorhersehbare Art und Weise Variationen in organisatorischen Formen begünstigen oder verringern können. In seinen verschiedenen Spielarten betont das Modell die kreative Zerstörung durch technologische Innovationen (Schumpeter 1942; Tushman und Anderson 1986) sowie Prägung durch die Umwelt, wobei die sozialen Bedingungen zum Zeitpunkt der Gründung starken Einfluss haben (Stinchcombe 1965; Kimberly 1975). Der eingeschränkte Variationsansatz betrachtet auch bereits existierende Organisationen als Produzenten neuer Organisationsformen (Brittain und Freeman 1982). Eine Schlüsselprämisse aller dieser Ansätze ist, dass die Existenz freier ökologischer Nischen (d.h. von anderen Organisationsformen unbesetzter Ressourcenraum) eine wichtige Vorbedingung für die Entstehung neuer organisatorischer Formen ist. Allerdings sind Anhänger der eingeschränkten Variationsperspektive verschiedener Meinung über das Entstehen freier Ressourcenräume. Modellen der kreativen Zerstörung zufolge macht der Untergang existierender Organisationen Ressourcen für neue Organisationen frei. Modelle der Umweltprägung hingegen betonen die Bedeutung politischer Umwälzungen (Carroll et al. 1990) und des möglichen Zugangs von Gründungspersonen zu Vermögen und Macht, die Bedeutung von Arbeitsmärkten sowie die Rolle des Staates (Aldrich 1979). Im Gegensatz dazu behaupten diejenigen, die bereits bestehende Organisationen als Produzenten neuer Organisationen sehen, dass die wechselseitigen Beziehungen zwischen den existierenden Organisationen die Ausdifferenzierung neuen Ressourcenraums (Carroll 1985) und die Fähigkeit bereits existierender Organisationen zur Ausnutzung neuer Ressourcenräume (Romanelli 1989) beeinflussen. Ruefs Ergebnisse (2000) legten vor kurzem nahe, dass die Entwicklung neuer Formen von der Positionierung ihrer Identitäten in Bezug auf bereits existierende Identitäten beeinflusst wird. Weiterhin wirken sich die Gesamtdichte, die Größenverteilung der existierenden Organisationen und die Aufmerksamkeit, die den Identitätseigenschaften im jeweiligen Sektor zu Teil wird, aus. Die Gesamtdichte und Größe der Organisationen mit ähnlichen Identitäten erhöht die Wahrscheinlichkeit der Formentstehung bis zu einem gewissen Punkt, wohingegen stark gesättigte Regionen des Ressourcenraumes dazu neigen, neuen Formen weniger Entwicklungsmöglichkeiten zu gewähren. Obwohl die Perspektive eingeschränkter Variation den Vorrang der Ressourcenräume betont, lässt sie außer Acht, dass Ressourcen nicht einfach so existieren, sondern durch auf Eigeninteresse gerichtete und kollektive Anstrengungen mobilisiert werden müssen (Van de Ven et al. 1989). Ein weiterer Nachteil dieser Perspektive liegt darin, dass sie keine Aussage darüber trifft, wie formale Strukturen während des Prozesses der Ressourcenmobilisierung mit Normen, Werten und Anschauungen ausgestattet werden.

Kurzum, sie sagt wenig darüber aus, wie organisatiorische Formen auch soziale Identitäten darstellen.

Die kulturbasierte institutionelle Perspektive ergänzt die Perspektive eingeschränkter Variation: Neue Organisationsformen entstehen dann, wenn Akteure mit ausreichenden Ressourcen in ihnen eine Möglichkeit sehen, wichtige Interessen zu realisieren. Eine Kernprämisse ist dabei, dass es für die Schaffung neuer Organisationsformen einer institutionellen Agenda bedarf, worin die den Formen zu Grunde liegenden Theorien und Werte durch *institutional entrepreneurs* legitimiert werden (DiMaggio 1988: 18; Scott 1995a). So gesehen können Gründungsprojekte entweder aus politischen Organisationen oder aus sozialen Bewegungen heraus entstehen. Politische Organisationen ähneln dabei sozialen Bewegungen, insofern Ressourcen und Interessen nicht festgeschrieben und die die Interaktion bestimmenden Regeln umstritten sind (Fligstein 1996a: 5; Haveman und Rao 1997; Rao 1998).

Obwohl das kulturbezogene institutionelle Modell nützlich ist, um neue Organisationsformen und Grenzen zwischen Organisationsformen als Resultate kollektiven Handelns darzustellen, sagt es wenig über die konkreten Prozesse aus, mittels derer neue Formen konstruiert werden und Fuß fassen. Laut Oliver (1992: 564) beispielsweise hat der kulturelle Institutionalismus „die bedeutende Rolle der Ent-Institutionalisierung bei der Erklärung organisatorischen Verhaltens und organisatorischen Wandels übersehen". Andere beklagen, dass der kulturelle Institutionalismus außer Acht lasse, dass Unternehmer multiple institutionelle Logiken verwenden (DiMaggio und Powell 1991: 30). Sie argumentieren, dass man „der Rolle der Professionalisierung bei der Institutionalisierung neuer Formen und, allgemeiner gesprochen, der Etablierung von umfassenden (,feldweiten') Umwelten um die Formen herum" mehr Aufmerksamkeit schenken sollte (DiMaggio 1991: 289). Jüngst forderte Fligstein (1996a: 27) kulturelle Institutionalisten auf, „bereits existierende institutionelle Bedingungen, die jeweiligen alternativen institutionellen Projekte und den politischen Prozess, durch den Projekte erfolgreich sind" zu erforschen.

Im Folgenden beziehe ich mich auf eine Studie von Rao et al. (2000), um die Schaffung neuer Organisationsformen als ein politisches Projekt darzustellen, in dem soziale Bewegungen eine zweifache Rolle spielen: Sie entinstitutionalisieren bereits bestehende Anschauungen, Normen und Werte, die in noch vorhandenen Formen verkörpert sind und etablieren neue Formen, die neue Anschauungen, Normen und Werte und folglich neue Identitäten verkörpern.

3. Kollektives Handeln, soziale Bewegungen und neue organisatorische Formen

Laut Stinchcombe (1968: 194) ist die Schaffung neuer Organisationsformen „in erster Linie ein politisches Phänomen", insofern sich die neue Form von bereits existierenden Organisationen unterscheidet. Handelt es sich also um eine starke Ausbildung einer neuen Form, müssen die in ihr verkörperten Autoritätsstrukturen, Technologien, Ziele und Kunden durch die Umwelt bestätigt werden, damit die neue Form Ressourcen erwerben kann. Auch wenn freier Ressourcenraum existiert, bedeutet das nicht, dass diese ,freischwebenden' Ressourcen den potenziellen Unternehmern leicht zugänglich sind. In Fällen, in denen keine Ressourcenräume existieren, müssen die Unternehmer diese Räume erst konstruieren, indem sie die Gelegenheit definieren, besondere Ressourcen identifizieren und sie bestehenden Verwendungen entziehen.

In jedem Fall bedarf es politischer und konstitutiver Legitimität, damit sich die neue Form Ressourcen beschaffen und überlebensfähig werden kann (Meyer und Rowan 1977; DiMaggio 1988; Fligstein 1996b; Powell 1991). Politische Legitimität entsteht, wenn sich eine neue Organisationsform an die rechtlichen Vorschriften hält und die Unterstützung mächtiger Akteure gewinnt. Konstitutive Legitimität ist erreicht, wenn die neue Form als selbstverständliches *social fact* betrachtet wird (Hannan und Carroll 1992; Baum und Powell 1995). Jüngste Versionen des kulturellen Institutionalismus legen nahe, dass die Schaffung neuer Organisationsformen einen Institutionalisierungsprozess beinhaltet, worin institutionelle Unternehmer aktiv die der neuen Form zu Grunde liegenden Theorien und Werte definieren, rechtfertigen und durchzusetzen versuchen (DiMaggio 1988: 18; Clemens 1993). Demzufolge konstruieren institutionelle Unternehmer Grenzen und kollektive Identitäten und bestätigen diese Grenzen, sodass eine neue Kategorie von Organisationen entsteht. Da solche Aktivitäten oft konkrete Ziele und strukturierte Rollen aufweisen, vergleichen einige Forscher solche institutionellen Projekte mit sozialen Bewegungen (Fligstein 1996a; Haveman und Rao 1997; Rao 1998; Davis und McAdam 2000; Swaminathan und Wade 2001; Lounsbury et al. 1999).

Man kann soziale Bewegungen als organisierte kollektive Bemühungen zur Lösung gesellschaftlicher Probleme definieren. Der sich in der Literatur zu sozialen Bewegungen herausbildende Konsens lautet, dass die Fähigkeit von institutionellen Unternehmern und Aktivisten, Änderungen zu erwirken, von den Mobilisierungsstrukturen und den politischen Gelegenheiten abhängt und davon, wie entscheidungsrelevante Informationen und Probleme dargestellt und verarbeitet werden (McAdam et al. 1996). Institutionelle Unternehmer können nur dann Legitimität, Finanzen und Personal mobilisieren, wenn sie in der Lage sind, die Beschwerden und Interessen unzufriedener Wählerschaften bzw. Kundenkreise zu formulieren, die Ursachen zu diagnostizieren, Schuld zuzuweisen, Lösungen anzubieten und kollektive Zuschreibungsprozesse zu aktivieren (Snow und Benford 1992: 150). Kollektive Mobilisierungs- und Handlungsträger sind ebenfalls wesentlich für soziale Bewegungen; dazu gehören formelle Organisationen sozialer Bewegungen (McCarthy und Zald 1977), Berufs- und Nachbarschaftsorganisationen und informelle Freundschaftsnetzwerke (Tilly 1978). Zu guter Letzt legen einige Studien nahe, dass es politischer Gelegenheiten bedarf, damit organisierte Versuche zur Etablierung neuer Strukturen gedeihen können. Praktisch gesprochen bedeutet das, dass Unternehmer staatliche Repression minimieren oder umgehen, Zugang zum politischen System und Kontakte zur Elite haben können (Tarrow 1989). Politische Gelegenheiten, Mobilisierungsstrukturen und Informations- und Problemdarstellung sind so miteinander verwoben, dass die geschickte Präsentation eines Problems eine Gelegenheit schaffen und Mobilisierungskosten reduzieren kann, genauso wie starke Mobilisierungsstrukturen die Gelegenheiten ausweiten und den Problemformulierungsbedarf einengen können.

4. Wann entstehen aus gesellschaftlichen Bewegungen neue Formen?

Erstens entstehen aus sozialen Bewegungen neue organisatorische Formen, wenn normale Anreize nicht zur Verfügung stehen. Laut Olson (1965) ist kollektives Handeln nur dann möglich, wenn „Free Rider" von den Vorteilen der Mitgliedschaft in der Gruppe ausgeschlossen werden und nur Mitglieder in den Genuss selektiver Anreize kommen. Aktivisten aus sozialen Bewegungen umgehen dieses Problem, indem sie die Kosten ihres Nichtstuns überbetonen und in der Lage sind, andere von dem psychologischen Nutzen, der sich aus dem Engagement für eine Sache ziehen lässt, auszuschließen. Ein Beispiel: Obwohl Produzenten wie Konsumenten von technischen Normen profitieren, ging in den Vereinigten Staaten die Initiative zur Schaffung von Organisationen zur Normenfestsetzung weder von ersteren noch von letzteren aus. Aktivisten wie James Chase und Frederick Schlink (beide Angestellte des *National Bureau of Standards*) verfassten Broschüren, in denen sie die verschwenderische Vielfalt anprangerten und die Vorteile von Normen priesen; sie rekrutierten ihre Anhänger aus den Reihen privater Firmen und gründeten normenfestsetzende Einrichtungen. Ihre Bemühungen erreichten ihren Höhepunkt während des Ersten Weltkriegs, als Aktivisten in der War Industries Board (US-amerikanische Behörde zur staatlichen Lenkung der Kriegswirtschaft) Produzenten dazu brachten, ihre Produkte zu normieren und sparsam mit Ressourcen umzugehen, und gipfelten in der Gründung der American Standards Association im Jahr 1919.

Zweitens entstehen neue Organisationsformen aus sozialen Bewegungen heraus, wenn Marktmechanismen zur Reduzierung der sozialen Kosten nicht ausreichen. Soziale Kosten entstehen, wenn einige Gruppen alle Vorteile einstreichen, während andere gezwungen sind, die Kosten allein (oder überwiegend) zu tragen. Im Prinzip ließe sich argumentieren, dass soziale Kosten rein durch marktwirtschaftliche Mechanismen reduziert werden können; so könnten Farmer Rechte an Chemikalienhersteller verkaufen, Abwässer auf ihre Grundstücke abzulassen, oder Verbreiter von irreführender Werbung können auf Grund ihres schlechten Rufes eliminiert werden. Aber marktwirtschaftliche Mechanismen funktionieren oft nicht, wenn Transaktionen über große Entfernungen hinweg stattfinden oder wenn die Betroffenen uninformiert und rechtlos sind. Konsumenten sind eventuell nicht in der Lage, ehrlicher von unehrlicher Werbung zu unterscheiden und haben mitunter nicht einmal Anspruch auf Rechtshilfe. So mag zur Wende des 20. Jahrhunderts in den USA irreführende Werbung einigen Firmen genutzt haben, den Konsumenten und dem Image der Werbung hat es aber geschadet. Konsumenten waren uninformiert, und Free-Rider-Probleme verhinderten ein kollektives Handeln der Werbeagenturen; erst einer sozialen Bewegung, die sich in den Dienst wahrheitsgetreuer Werbung stellte, war die Entstehung von *Better Business Bureaus* zu danken, die als Überwachungsausschüsse fungierten und die Redlichkeit der jeweiligen Firmen zertifizierten. Von 1896 bis 1903 kam es zum Zwecke der Förderung wahrheitsgetreuer Werbung zur Gründung von Werbeclubs, die sich im Jahr 1904 zu den *Associated Advertising Clubs of America* (AACA) zusammenschlossen. Einer der Hauptaktivisten, John Romer, der Herausgeber des *Printers Ink*, drängte die Werbeclubs, Ausschüsse zur Überwachung der Wahrheitstreue der von Mitgliedern verbreiteten Werbung einzurichten, abtrünnige Mitglieder zu bestrafen oder sie sogar vor Gericht zu bringen. 1912 wurde ein Nationaler Überwachungsausschuss (National Vigilance Committee) gebildet, und bereits zwei Jahre später existierten Überwachungsausschüsse in 24 Städten, die versuchten, das Engagement der Werbebranche für Redlichkeit und Professionalität zu signalisieren. 1916 wurden diese Überwachungsausschüsse in *Better Business Bureaus* umbenannt, 1930 unterstützten mehr als 10.000 Geschäfte in zahlreichen Städten des Landes diese *Bureaus* (Samson 1980: 343).

Drittens entstehen neue Organisationsformen aus sozialen Bewegungen heraus, wenn Akteuren herkömmliche Zugangswege und Beteiligungsmöglichkeiten verwehrt sind. So besitzen in vielen Nationalstaaten politische Gefangene keine Rechte; folglich haben Menschenrechtsaktivisten durch kollektives Handeln die Aufmerksamkeit und die Missbilligung der Weltöffentlichkeit mobilisiert und Menschenrechtsorganisationen wie *Human Rights Watch* oder *Amnesty International* gegründet.

Im Folgenden möchte ich die Kontexte erörtern, in denen solche Versäumnisse auftreten können, und die verschiedenen kulturellen und strukturellen Mechanismen darstellen, mit deren Hilfe soziale Bewegungen neue Organisationsformen konstruieren.

5. Organisationale Felder, soziale Bewegungen und neue Formen

Organisationale Felder operieren auf einer analytischen Zwischenebene, die zwischen Organisationen und Institutionen vermittelt und aus Regulierungsbehörden, Berufsverbänden, Konsumenten, Lieferanten und Produzenten ähnlicher Produkte und Dienstleistungen besteht (DiMaggio und Powell 1983). Felder ergeben sich aber nicht nur aus der Summe organisationaler Spieler, sondern zeichnen sich durch bestimmte „Spielregeln", Beziehungsnetzwerke, und Ressourcenverteilungen aus, welche multiple Ebenen an Akteuren und Handlungsmodellen unterscheiden. In Anlehnung an Rao et al. (2000) identifiziere ich drei Bedingungen organisationaler Felder – die „Zwischenräume" zwischen den Feldern, „hierarchische" Felder, und „fragmentierte" Felder – welche die Aktivitäten und Muster sozialer Bewegungen und neuer Formen wesentlich beeinflussen.

Neue Organisationsformen entstehen an den Schnittstellen multipler organisationaler Felder durch soziale Bewegungen. Ein Zwischenraum ist eine Position auf der Zwischenebene, die sich aus überlappenden Ressourcennetzwerken quer über multiple organisationale Felder formiert, ohne dass ein Ressourcennetzwerk dominant wäre. Zwischenräume entstehen für gewöhnlich, wenn sich Probleme andauernd von einem organisationalen Feld auf ein anderes ausbreiten. Wenn sich Probleme über multiple Felder ausbreiten, sind herkömmliche Verfahren oft nicht in der Lage, das Problem zu lösen, was zur Folge hat, dass es neuer organisationaler Konfigurationen und kollektiven Handelns bedarf, um neue Organisationsstrukturen aufzubauen.

Als treffendes Beispiel lässt sich die Hospizbewegung in England nach Ende des Zweiten Weltkriegs anführen. Heime für Sterbende datieren aus dem 19. Jahrhundert; sie hatten ihre Ursprünge in Philanthropie und Religion und basierten auf Traditionen aus dem Mittelalter, als Hospize Raststätten für Reisende und Pilger gewesen waren. Jeanne Garnier gründete in Lyons einen Witwenverein, *Les Dames du Calvaire*, der im

Jahr 1842 ein Hospiz eröffnete. Mary Aikenheads Orden, die Irischen Schwestern der Barmherzigkeit, gründete 1879 in Dublin, Irland, *Our Lady's Hospice for the Dying*. In England entstanden die ersten Hospize in London. Den Anfang machte 1885 das Friedensheim *Home of Peace*, gefolgt vom *Hostel of God* und dem *St. Luke's House*, die beide 1893 gegründet wurden. 1905 wurde das *St. Joseph's Hospice* in Hackney eröffnet. Allerdings war der Einfluss dieser Hospize begrenzt. In den Anfangsjahren des Nationalen Gesundheitsdienstes (*National Health Service*) nach 1948 zeigte die britische Gesundheitspolitik wenig Interesse an der Fürsorge Sterbender. Aber das Problem der Versorgung Sterbender war für viele Berufszweige wie Krankenschwestern und -pfleger, Ärztinnen und Ärzte und Sozialarbeiterinnen und Sozialarbeiter sowie Organisationsformen wie den Nationalen Gesundheitsdienst, Krankenhäuser und Sozialarbeitergruppen relevant. Daraufhin taten sich Aktivisten aus all diesen Bereichen zusammen und stellten die moderne Hospizbewegung auf die Beine, deren Ziel es war, den Sterbenden qualitativ hochwertige klinische Fürsorge zuteil werden zu lassen sowie diese Fürsorge mit Lehre und Forschung zu verbinden. Die vorrangige Aktivistin unter ihnen war Cicely Saunders, die nach einer Ausbildung zur Krankenschwester in Oxford Philosophie und Wirtschaftswissenschaften studierte und als Sozialbetreuerin im Krankenhaus arbeitete, bevor sie sich zur Ärztin ausbilden ließ. Mit *St. Christopher's* in Sydenham, London, schuf sie das erste moderne Hospiz. Bald entstand ein Netzwerk von Aktivisten und Hospize eröffneten in Manchester, Sheffield und Worthin. Seit Mitte der 1970er Jahre unterstützten auch große Krebsorganisationen und der Nationale Gesundheitsdienst die Hospizbewegung, die immer mehr Freiwillige und Fachkräfte anzog und sich bis in die USA ausdehnte.

In fragmentierten organisationalen Feldern entstehen neue organisatorische Formen am ehesten aus konsensualen Bewegungen heraus. Organisationale Felder können fragmentiert sein, wenn staatliche Behörden und Agenturen auf unterschiedlichen Ebenen sich widersprechende Ziele oder überlappende Zuständigkeitsbereiche haben (Meyer und Scott 1983). Die Fragmentierung wird noch verstärkt, wenn professionalisierte Berufe schwache Zuständigkeiten haben, wenn Produzenten nicht in der Lage sind, sich zu Berufsverbänden zusammenzuschließen, und wenn Verbraucher und Lieferanten wenig Einfluss haben und schlecht organisiert sind. In fragmentierten organisationalen Feldern mit weit verstreuten Machtzentren sind die Eliten desorganisiert und besitzen weder den Einfluss, das System zu verändern, noch den Anreiz, einem kollektiven Unterfangen „an der Basis" beizutreten. Sogar dort, wo ein Konsens über den Bedarf an struktureller Innovation besteht, existiert eventuell keine Infrastruktur, um die betreffende Innovation zu propagieren und zu verbreiten. Folglich bedarf es einer Massenmobilisierung, wenn existierende Strukturen durch neue ersetzt werden sollen.

Eine treffliche Veranschaulichung hierfür ist eine US-amerikanische soziale Bewegung, die auf der Grundlage des „neuen Qualitätsparadigmas" (Cole 1999) neue Arrangements von Organisationen hervorgebracht hat. In den 1980er Jahren hielt man japanische Firmen amerikanischen für überlegen; amerikanische Manager machten dafür den japanischen Zugang zu billigem Kapital, die Unterstützung durch die Regierung und die Manipulation des Wechselkurses verantwortlich. Sie waren der Ansicht, dass immerwährende Qualitätssteigerungen nicht machbar und hohe Qualität und niedrige Kosten unvereinbare Ziele seien. Die USA verfügten über eine fragmentierte nationale Infrastruktur, die nicht dafür geeignet war, Managern einheitliches Handeln nahe zu legen. Die Amerikanische Gesellschaft für Qualitätskontrolle (American Society for Quality Control), später umbenannt in die Amerikanische Gesellschaft für Qualität (American Society for Quality), wurde als eine Vereinigung prestigearmer „techies" abgetan und mit gescheiterten alten Methoden der Qualitätskontrolle assoziiert; folglich setzte sich ein neues Qualitätsparadigma erst durch, nachdem eine soziale Bewegung entstanden war, die sich dem *total quality management* verschrieb. Personen, die das Aufgreifen von Ideen und Problemen zu ihrem unternehmerischen Programm machten, wie W. Edwards Deming, Joseph Juran und Philip Crosby kritisierten das traditionelle Kontrollparadigma und ermahnten Firmen in Seminaren, Buchveröffentlichungen und Broschüren, das neue Qualitätsparadigma zu übernehmen.

Aber erst nachdem ein Netzwerk von Aktivistenorganisationen entstand, begann sich das Modell des *total quality management* zu verbreiten. Die Qualitätsbewegung wurde vor allem von sieben Gruppen von Aktivisten getragen: von GOAL/QPC, den Qualitätskomitees des unabhängigen Wirtschaftsforschungsinstituts Conference Board, dem American Supplier Institute (ASI), der American Society for Quality (ASQ), dem Malcolm Baldridge National Quality Award, der ISO 9000 Series, und dem im Aufkommen begriffenen Zweig von Unternehmensberatern. Diese Aktivisten erstellten Normen, identifizierten Engpässe, führten neue Methodologien ein, machten Erfolgsgeschichten öffentlich, bündelten die Bemühungen, entwickelten Foren zum Bau von Netzwerken und stellten den Nutzern allgemeine infrastrukturelle Unterstützung zur Verfügung (Cole 1999). Die Einrichtung des Malcolm Baldridge National Quality Award war mit Abstand das wichtigste Ereignis in der Geschichte der Qualitätsbewegung, das dieser Auftrieb gab und zu mehr Popularität verhalf. Bis der *Baldridge-Preis* Orientierungshilfen zur Erreichung anhaltender Qualitätssteigerung formulierte, waren die 1980er Jahre eine Ära rivalisierender ‚Gurus' gewesen (Juran versus Crosby, versus Deming, versus Armand Feigenbaum, versus Kaoru Ishikawa). Im Gegensatz zum Deming-Preis lag die Betonung des *Baldridge-Preises* auf Belohnungen und Resultaten und war transparent. Das *Baldridge-Protokoll* – ein Wirtschaftsprüfungssystem, das Firmen beriet, in welchen Bereichen und auf welche Art und Weise sie Leistungen erbringen mussten, um qualitativ herausragende Performanz zu erzielen – kodifizierte die besten Praktiken für Qualitätssteigerung in vielen kritischen Bereichen.

In hierarchisch strukturierten organisationalen Feldern entstehen neue Organisationsformen am ehesten aus konfliktorientierten sozialen Bewegungen heraus. In manchen organisationalen Feldern herrscht eine ausgesprochene Hierarchie, in der einige Gruppen von Akteuren ganz oben an der Spitze agieren, während andere ganz unten ihr Dasein fristen. In solchen Fällen haben die Akteure mit Macht und Einfluss maßgebliches Interesse an der Bewahrung der gesellschaftlichen Ordnung. Folglich entstehen strukturelle Innovationen selten im Zentrum, sondern an der Peripherie eines hierarchisch organisierten Feldes und sie stehen möglicherweise mit den Interessen der Spieler im Zentrum in Konflikt. Da es Akteuren an der Peripherie eines Feldes – ähnlich wie in den Zwischenräumen zwischen den Feldern – an Einfluss und Ressourcen mangelt, sind soziale Bewegungen die Vehikel kollektiven Handelns, mit deren Hilfe neue Formen etabliert werden. Solche gesellschaftlichen Bewegungen sind dabei üblicherweise „konfliktorientiert", insofern als Konflikte entstehen, wenn organisierte Versuche zur Veränderung der vorherrschenden institutionellen Ordnung auf den Widerstand der sich gegen die Veränderungen sperrenden Interessengruppen trifft. Folglich kann eine „große Bandbreite an Definitionen der Situation" (Zald und McCarthy 1980: 6) existieren und rivalisierende Koalitionen von Ideen-Unternehmern können inkompatible Sichtweisen vertreten.

Ein hervorragendes Beispiel für konfliktorientierte Bewegungen in hierarchisch strukturierten Feldern, aus denen neue Organisationsformen hervorgingen, ist der Fall der US-amerikanischen Hausbrauereien (Carroll und Swaminathan 2000; Carroll et al. in diesem Band). Hausbrauereien und Braupubs entstanden aus einer Bewegung heraus, die sich als Reaktion auf das von den beherrschenden Firmen in der Bierindustrie – allen voran *Anheuser Busch, Miller* und *Coors* – hergestellte „Industriebier" formierte. Diese großen Bierproduzenten kontrollierten auf Grund ihrer Größenvorteile in der Produktion, Distribution und im Marketing praktisch den gesamten Biermarkt. Bierliebhaber beklagten den Mangel an Alternativen und an frischem, würzigem Bier in Bars, Restaurants und anderen Lokalitäten. „Pro-choice"-Vertreter wie Fritz Maytag, der Besitzer von Anchor Brewing (Hersteller des „Anchor Steam"-Biers), schlugen aus dieser Unzufriedenheit Kapital und begannen, mittels traditioneller Handwerkskunst kleine Mengen an würzigem Bier herzustellen und Konsumenten anzusprechen, die nach solchen Alternativen suchten. Bald zogen andere Hausbrauer und Braupubs nach. Das Great American Beer Festival, das erstmals 1982 stattfand und ungefähr 40 Brauer und 700 Bierliebhaber anzog, brachte eine Revolte gegen das „Bier-Establishment" in Gang, die immer weitere Kreise zog. 1994 gab es annähernd 500 Einrichtungen, die Teil der 400 Millionen Dollar schweren „craft beer"-Bewegung in den Vereinigten Staaten waren. Gleichzeitig war „craft beer" nach wie vor nur ein Tropfen auf den heißen Stein: 1994 lagen die Einnahmen von den mehr als zwei Millionen Barrels Bier, die Hausbrauer herstellten, weit unter den Verkaufszahlen von *Michelob Light*. Eine Hauptstütze des „craft brewing" ist das Institut für Braustudien (Institute for Brewing Studies, IBS). Diese 1983 gegründete Vereinigung publiziert technische Daten, Statistiken und Berichte neuer kommunaler und nationaler Regulierungen und vertreibt ein Mitgliedermagazin mit dem Titel *New Brewing*. Anhänger des „craft brewing" versuchten auch, die Verbraucher zu „schulen". Festivals wie das Great American Beer Festival oder das Texas Brewing Festival informierten die Verbraucher über die auf dem Markt erhältlichen Alternativen und vermittelten Bierliebhabern eine Vorstellung, wie ihr Bier im Vergleich zu anderen Spezialbieren abschnitt. Das Great American Beer Festival initiierte 1983 eine Verbraucherumfrage zur Ermittlung der fünf besten Biere. Diese Umfrage wurde 1989 durch den Professional Blind Taste Test ersetzt, der seither zum prestigeträchtigsten Wettbewerb in den Vereinigten Staaten wurde. Als „craft"-Bewegung ging es den Hausbrauereien per definitionem weniger um Größe und Masse als darum, einer neuen Identität Ausdruck zu verleihen: geringe Größe, authentische und traditionelle Produktionsmethoden und frisches Bier in einer Vielzahl von Geschmacksrichtungen. Hausbrauer widersetzten sich den Versuchen der Brauereiriesen, ebenfalls „craft beers" zu verkaufen, und hielten wachsam nach Verstößen und Grenzüberschreitungen Ausschau.

Zusammenfassend lässt sich sagen, dass die Konstruktion neuer Organisationsformen ein politischer Prozess ist, in dem soziale Bewegungen eine wichtige Rolle spielen. Im

Gegensatz zu Analysen, die Technologien und Transaktionskosten als die treibenden Kräfte in den Vordergrund stellen, zeichnet dieser Beitrag ein komplexeres Bild der Konstruktion neuer Organisationsformen. Verwurzelte, sich über ein ganzes Feld erstreckende Autorität kann kollektiv herausgefordert werden, neue Normen, Werte und Ideologien werden mittels politischer Auseinandersetzungen in die gesellschaftlichen Strukturen hineingetragen und institutionelle Aktivisten spielen eine Schlüsselrolle bei der Formulierung neuer Praktiken, der Mobilisierung von Ressourcen (einschließlich Kundenkreisen) und dem Erwerb von Legitimität für neue Formen.

III. Diskussion und Forschungsanregungen

In der Literatur zur Entstehung neuer Organisationen und neuer organisatorischer Formen hinkt die Theorie der Praxis hinterher. Ein Thema, welches größerer Aufmerksamkeit bedarf, ist die Rolle von Inkubatoren und deren Implikationen für die gesellschaftliche Organisation von Berufsfeldern. So haben etwa Universitäten Hightech-Inkubatoren und „e-Brutplätze" kreiert, um unter Studierenden und Professoren unternehmerisches Denken zu fördern, was wiederum dramatische Auswirkungen auf das Berufsbild der Professoren hatte. Ähnlich richten Risikokapitalgeber, Anwaltskanzleien und Consultingfirmen „Beschleuniger"-Organisationen ein, die Geschäftspläne in die Realität umsetzen. Eine Forschungslücke besteht darin zu untersuchen, wie die Herkunft aus Inkubatorfirmen und der Erfolg organisationsbildender Mechanismen zusammenhängen.

Eine weitere Forschungslücke betrifft das „Leben nach dem Tod" einzelner Organisationen. Angesichts der Tatsache, dass in manchen Ländern Konkursordnungen existieren, die gescheiterten Unternehmern entgegenkommen, können Organisationen nach einem Konkurs wieder zum Leben erweckt werden. In den USA nehmen Organisationen, die unter Chapter 11 (des US-amerikanischen Insolvenzverfahrens) Konkurs erklärt haben, oft mit einer neuen juristischen Identität den Betrieb wieder auf. Ebenso kann es vorkommen, dass Organisationen, die auf Grund immensen gesellschaftlichen Drucks aus sozialen Bewegungen den Betrieb einstellen mussten, den Betrieb mit einer neuen Identität wieder aufnehmen. Untersuchungen darüber, wie Organisationen das Stigma eines Konkurses bzw. einer Betriebsschließung überwinden, sind dringend nötig, um Licht auf Prozesse einer ‚Wiedergeburt' von Unternehmen zu werfen.

Weiterhin sollte untersucht werden, wie neue organisatorische Formen Schauplätze zwischenberuflichen Wettbewerbs werden. Neue organisatorische Formen stellen neue Zuständigkeitsbereiche für professionalisierte Berufe dar, die in der Folge um exklusive Zuständigkeiten miteinander konkurrieren (Abbott 1988). So haben sich private Pflegeheime als preisgünstige Alternativen für die Pflege und Versorgung alter Menschen etabliert; Sozialarbeiter und in der Pflege Beschäftigte setzten sich darüber auseinander, wer die neue Organisationsform kontrolliert.

Außerdem bedarf es größerer Aufmerksamkeit, wie die Konstruktion neuer Organisationsformen soziale Bewegungen mit eigenen Identitäten nach sich zieht. So entstanden Braupubs und Hausbrauereien in den USA als Teil einer „craft-brewing"-Bewegung, deren Anliegen es war, Industriebrauer wie *Anheuser-Busch* und *Miller* zu diskreditieren und Authentizität und Tradition wieder aufleben zu lassen. Industriebrauer, die „craft beer" herstellen wollten, wurden als Schwindler gebrandmarkt, ebenso wie Hausbrauer, die nicht selbst brauen. Folglich können die Grenzen zwischen organisatorischen Formen das Resultat sozialer Prozesse anstatt von Transaktionskostenerwägungen sein.

Zu guter Letzt: Falls neue Formen durch gesellschaftliche Bewegungen geschaffen werden, kann die Opposition zu diesen neuen Formen die Gestalt einer Gegenbewegung annehmen. Die *chain store movement* verschaffte Ladenketten in den USA zunächst juristische Anerkennung von Seiten der bundesstaatlichen Regierung, aber eine von kleinen Geschäften angeführte Gegenbewegung führte zur Zurücknahme dieser Anerkennung. Untersuchungen der Dynamik zwischen Bewegung und Gegenbewegung können uns eventuell dabei helfen zu verstehen, wie neue organisatorische Formen rechtliche Unterstützung vonseiten des Staates erlangen und verlieren. Letztendlich sind die Gesetze selbst womöglich das Resultat von Bemühungen in den Organisationen und nicht von externen Zwängen. Es gilt zu untersuchen, wie die Opposition zu sozialen Bewegungen diese an der Etablierung neuer Formen hindert.

Literatur

Abbot, Andrew, 1988: The Systems of the Professions: An Essay on the Division of Expert Labor. Chicago, IL: University of Chicago Press.
Albert, Stuart, 1999: Definitions and Metadefinitions of Identity. S. 1–13 in: *David Whetten* und *Paul Godfrey* (Hg.): Identity in Organizations. San Francisco, CA: Sage.
Albert, Stuart, und Dave Whetten, 1985: Organizational Identity. S. 263–295 in: *Larry Cummings* und *Barry Staw* (Hg.): Research in Organizational Behavior Vol. 7. Greenwich, CT: JAI Press.
Aldrich, Howard E., 1979: Organizations and Environments. Englewood Cliffs, NJ: Prentice-Hall.
Aldrich, Howard E., 1999: Organizations Evolving. San Francisco, CA: Sage.
Aldrich, Howard E., Ben Rosen und *William Woodward*, 1988: The Impact of Social Networks on Business Founding and Profit: A Longtitudinal Study. Unveröffentlichtes Manuskript, Babson Conference on Entrepreneurship Research, Malibu, CA.
Aldrich, Howard E., und Gabriele Wiedenmayer, 1993: From Traits to Rates: An Ecological Perspective on Organizational Foundings. S. 145–195 in: *Jerome Katz* und *Robert Brockhaus* (Hg.): Advances in Entrepreneurship, Firm Emergence and Growth Vol. 1. Greenwich, CT: JAI Press.
Baron, James N., Diane Burton und *Michael Hannan*, 1999: Determinants of Managerial Intensity in Organizations, American Sociological Review 64: 527–547.
Baum, Joel A. C., und Christine Oliver, 1992: Institutional Embeddedness and the Dynamics of Organizational Populations, American Sociological Review 57: 540–549.
Baum, Joel A. C., und Walter W. Powell, 1995: Cultivating an Institutional Ecology: Comment on Hannan, Carroll, Dundas and Torres, American Sociological Review 50: 529–538.
Biggart, Nicole, und Richard Castanias, 1992: Taiwan Capital Markets: An Economic and Sociological Perspective. Davis, CA: University of California (unveröfentlichtes Arbeitspapier).
Brittain, Jack W., und John Freeman, 1980: Density Dependent Selection and the Proliferation of Organizations. S. 291–338 in: *Robert H. Miles* und *John R. Kimberly* (Hg.): The Organizational Life Cycle. San Francisco, CA: Josey Bass.
Burton, Diane, Jesper Sorensen und *Christine Beckman*, 1999: Coming From Good Stock: Career Histories and New Venture Formation. Harvard: Harvard Business School (unveröffentlichtes Manuskript).
Carroll, Glenn R., 1985: Concentration and Specialization: Dynamics of Niche Width in Populations of Organizations, American Journal of Sociology 90: 1262–1283.

Carroll, Glenn R., Jacques Delacroix und *Jerry Goodstein,* 1990: The Political Environment of Organizations. An Ecological View. S. 67–100 in: *Barry Staw* und *Larry L. Cummings* (Hg.): Evolution and Adaptation of Organizations. Greenwich, CT: JAI Press.
Carroll, Glenn R., Lyda Bigelow, Marc-David Seidel und *Lucia Tsai,* 1996: The Fates of de Novo and de Alio Producers in the American Automobile Industry 1885–1981, Strategic Management Journal 17: 117–137.
Carroll, Glenn R., Stanislav Dobrev und *Anand Swaminathan,* 2002: Theorie der Recourcenteilung in der Organisationsökologie. S. 381–413 in: *Jutta Allmendinger* und *Thomas Hinz* (Hg.): Organisationssoziologie. Sonderheft 42 der Kölner Zeitschrift für Soziologie und Sozialpsychologie. Wiesbaden: Westdeutscher Verlag.
Carroll, Glenn R., und *Michael T. Hannan,* 2000: The Demography of Corporations and Industries. Princeton, NJ: Princeton University Press.
Carroll, Glenn R., und *Anand Swaminthan,* 2000: Why the Microbrewery Movement? Organizational Dynamics of Resource Partitioning in the American Brewing Industry after Prohibition, American Journal of Sociology 106: 715–762.
Clemens, Elisabeth, 1993: Organizational Repertoires and Institutional Change: Women's Groups and the Transformation of American Politics, 1890–1920, American Journal of Sociology 98: 755–798.
Cole, Robert, 1999: Managing Quality Fads: How American Business Learned to Play the Quality Game. Oxford: Oxford University Press.
Davis, Gerald F., und *Doug McAdam,* 2000: Corporations, Classes, and Social Movements after Managerialism. S. 193–236 in: *Barry Staw* und *Robert Sutton* (Hg.): Research in Organizational Behavior Vol. 22. Greenwich, CT: JAI Press.
DiMaggio, Paul J., 1988: Interest and Agency in Institutional Theory. S. 3–21 in: *Lynn G. Zucker* (Hg.): Institutional Patterns and Organizations: Culture and Environment. Cambridge, MA: Ballinger.
DiMaggio, Paul J., 1991: Constructing an Organizational Field as Professional Project. S. 267–292 in: *Walter W. Powell* und *Paul J. DiMaggio* (Hg.): The New Institutionalism in Organizational Analysis. Chicago, IL: University of Chicago Press.
DiMaggio, Paul J., und *Walter W. Powell,* 1983: The Iron Cage Revisited: Institutional Isomorphism and Collective Rationality in Organizational Fields, American Sociological Review 48: 147–160.
DiMaggio, Paul J., und *Walter W. Powell,* 1991: Introduction. S. 1–38 in: *Walter W. Powell* und *Paul J. DiMaggio* (Hg.): The New Institutionalism in Organizational Analysis. Chicago, IL: University of Chicago Press.
ENSR, 1993: The European Observatory for SMEs: First Annual Report. Zoetermeer, The Netherlands.
Fligstein, Neil, 1996a: How to Make a Market: Reflections on the Attempt to Create a Single Market in the European Union, American Journal of Sociology 102: 1–33.
Fligstein, Neil, 1996b: Markets as Politics: A Political Cultural Approach to Market Institutions, American Sociological Review 61: 656–673.
Freeman, John, 1986: Entrepreneurs as Organizational Products: Semi-conductor Firms and Venture Capital Firms. S. 33–58 in: *Gary Libecap* (Hg.): Advances in the Study of Entrpreneurship, Innovation, and Economic Growth. Greenwich, CT: JAI Press.
Freeman, John, und *Michael T. Hannan,* 1983: The Liability of Newness: Age Dependence in Organizational Death Rates, American Sociological Review 48: 215–228.
Hannan, Michael T., und *Glenn R. Carroll,* 1992: Dynamics of Organizational Populations. New York: Oxford University Press.
Hannan, Michael T., und *John Freeman,* 1977: The Population Ecology of Organizations, American Journal of Sociology 83: 929–984.
Hannan, Michael T., und *John Freeman,* 1984: Structural Inertia and Organizational Change, American Sociological Review 49: 149–164.
Hannan, Michael T., und *John Freeman,* 1989: Organizational Ecology. Cambridge, MA: Belknap Press.

Haveman, Heather A., und *Lisa E. Cohen*, 1994: The Ecological Dynamics of Careers: The Impact of Organizational Founding, Dissolution, and Merger on Job Mobility, American Journal of Sociology 100: 104–152.

Haveman, Heather, und *Hayagreeva Rao*, 1997: Structuring a Theory of Moral Sentiments: Institutional-Organization Co-Evolution in the Early Thrift Industry, American Journal of Sociology 6: 1606–1651.

Higgins, Monica, und *Ranjay Gulati*, 1999: Getting off to a Good Start: The Effects of Upper Echelon Affiliations on Prestige of Investment Bank and IPO Success. Harvard: Harvard Business School (unveröffentlichtes Manuskript).

Katz, Jerome, und *William B. Gartner*, 1988: Properties of Emerging Organizations, Academy of Management Review 3: 429–441.

Kimberly, John R., 1980: Initiation, Innovation and Institutionalization in the Creation Process. S. 18–43 in: *Robert H. Miles* und *John R. Kimberly* (Hg.): The Organizational Life Cycle. San Francisco: Josey Bass.

Kimberly, John R., 1979: Issues in the Creation of Organizations: Initiation, Innovation and Institutionalization, Academy of Management Journal 22: 437–457.

Lin, Nan, 1999: Social Networks and Status Attainment, Annual Review of Sociology 25: 467–487.

Lounsbury, Michael, Paul M. Hirsch, und *Marc Ventresca*, 1999: Social Movement Formalization and the Political Structuring of Discourse and Practice: The Co-Evolution of Recycling and the Solid Waste Management Field. Ithaca, NY: Cornell University (unveröffentlichtes Manuskript).

McAdam, Doug, John D. McCarthy und *Mayer N. Zald*, 1996: Introduction: Opportunities, Mobilizing Structures, and Framing Processes – Toward a Synthetic, Comparative Perspective on Social Movements. S. 1–20 in: *Dies.* (Hg.): Comparative Perspectives on Social Movements: Political Opportunities, Mobilizing Structures, and Cultural Framings. Cambridge: Cambridge University Press.

McCarthy, John D., und *Mayer N. Zald*, 1977: Resource Mobilization and Social Movements: A Partial Theory, American Journal of Sociology 82: 1212–1241.

McKelvey, Bill, 1982: Organizational Systematics. Los Angeles, CA: University of California Press.

Meyer, John W., und *Brian Rowan*, 1977: Institutionalized Organizations: Formal Structure as Myth and Ceremony, American Journal of Sociology 83: 340–363.

Meyer, John, und *W. Richard Scott*, 1983: Centralization and the Legitimacy Problems of Local Governments. S. 199–215 in: *Dies.* (Hg.): Organizational Environments: Ritual and Rationality. San Francisco, CA: Sage.

Miller, Danny, 1983: The Correlates of Entrepreneurship in Three Types of Firms, Management Science 29: 770–791.

Nelson, Richard R., und *Sidney G. Winter*, 1982: An Evolutionary Theory of Economic Change. Cambridge, MA: Belknap Press.

Oliver, Christine, 1992: The Antecedents of Deinstitutionalization, Organization Studies 13: 563–588.

Olson, Mancur, 1965: The Logic of Collective Action. Cambridge, MA: Harvard University Press.

Penrose, Edith T., 1980: The Theory of the Growth of the Firm. Oxford: Blackwell.

Pólos, László, Michael T. Hannan und *Glenn R. Carroll*, 1999: Forms and Identities: On the Structure of Organizational Forms. Nagymoros Group (unveröffentlichtes Arbeitspapier).

Podolny, Joel M., 1993: A Status-based Model of Market Competition, American Journal of Sociology 98: 829–872.

Powell, Walter W., 1991: Expanding the Scope of Institutional Analysis. S. 183–203 in: *Walter W. Powell* und *Paul J. DiMaggio* (Hg.): The New Institutionalism in Organizational Analysis. Chicago, IL: University of Chicago Press.

Powell, Walter W., Kenneth W. Koput und *Laurel Smith-Doerr*, 1996: Inter-organizational Collaboration and the Locus of Innovation: Networks of Learning in Biotechnology, Administrative Science Quarterly 41: 116–145.

Rao, Hayagreeva, 1998: Caveat Emptor: The Construction of Nonprofit Consumer Watchdog Organizations, American Journal of Sociology 103: 912–961.

Rao, Hayagreeva, 1999: Certification Contests and Organizational Foundings in New Industries: A Study of the Early American Automobile Industry. S. 262–285 in: *Claudia B. Schoonhoven* und *Elaine Romanelli* (Hg.): The Entrepreneurship Dynamic in Industrial Evolution. Stanford, CA: Stanford University Press.

Rao, Hayagreeva, und *Jitendra Singh*, 1999: Types of Variation in Organizational Populations: The Speciation of New Organizational Forms. S. 63–78 in: *Joel A. C. Baum* und *Bill McKelvey* (Hg.): Variations in Organization Science: In Honor Donald T. Campbell. San Francisco, CA: Sage.

Rao, Hayagreeva, und *Robert Drazin*, 2000: Revisiting Stinchcombe: Recruitment and Product Innovation in the Mutual Fund Industry; 1986–1994. Atlanta, GA: Emory University (Arbeitspapier).

Rao, Hayagreeva, *Cal Morrill* und *Mayer Zald*, 2000: Power Plays: How Social Movements and Collective Action Create New Organizational Forms. S. 237–283 in: *Barry Staw* und *Robert Sutton* (Hg.): Research in Organizational Behavior Vol. 22. Greenwich, VT: JAI Press.

Reynolds, Paul, 1994: Reducing Barriers to Understanding New Firm Gestation: Prevalance and Success of Nascent Entrepreneurs. Dallas, TX: Academy of Management Meetings.

Reynolds, Paul, und *Sammis White*, 1997: The Entrepreneurial Proces: Economic Growth, Men, Women and Minorities. Westport, CN: Quorum Books.

Romanelli, Elaine, 1989: Organizational Birth and Population Variety: A Community Perspective On Origins. S. 211–246 in: *Barry Staw* und *Larry Cummings* (Hg.): Research In Organizational Behavior Vol. 11. Greenwich, CT: JAI Press.

Ruef, Martin, 2000: The Emergence of New Organizational Forms: A Community Ecology Approach, American Journal of Sociology 106: 658–714.

Samson, Peter, 1980: The Emergence of a Consumer Interest in America. Chicago, IL: University of Chicago (unveröffentlichte Doktorarbeit).

Schumpeter, Joseph A., 1942: Capitalism, Socialism and Democracy. New York: Harper and Row.

Scott, William R., 1995a: Institutions and Organizations. Newbury Park, CA: Sage.

Scott, William R., 1995b: Organizations: Rational, Natural and Open Systems. Upper Saddle River, NJ: Prentice-Hall.

Schoonhaven, Claudia, Kathleen M. Eisenhardt und *Katherine Lyman*, 1990: Speeding Products to Market: Waiting Time to First Product Introduction in New Firms, Administrative Science Quarterly 35: 177–207.

Snow, David A., und *Robert D. Benford*, 1992: Master Frames and Cycles of Protest. S. 133–155 in: *Aldon D. Morris* und *Carol McClung Mueller* (Hg.): Frontiers in Social Movement Theory. New Haven, CT: Yale University Press.

Sørenson, Olav, und *Pino Audia*, 2000: The Social Structure of Entrepreneurial Activity: Geographic Concentration of Footwear Production in the United States, 1940–1989, American Journal of Sociology 106: 424–462.

Stinchcombe, Arthur L., 1965: Social Structure and Organizations. S. 142–193 in: *James G. March*: Handbook of Organizations. New York: Rand McNally.

Stinchcombe, Arthur L., 1968: Constructing Social Theories. Chicago, IL: The University of Chicago Press.

Stinchcombe, Arthur L., 1997: On the Virtues of the Old Institutionalism, Annual Review of Sociology 23: 1–18.

Stuart, Toby E., Ha Hoang und *Ralph C. Hybels*, 1999: Interorganizational Endorsements and the Performance of Entrepreneurial Ventures, Administrative Science Quarterly 44: 315–349.

Swaminathan, Anand, und *James B. Wade*, 2001: Social Movement Theory and the Evolution of New Organizational Forms. S. 286–313 in: *Claudia B. Schoonhoven* und *Elaine Romanelli* (Hg.): The Entrepreneurship Dynamic in Industrial Evolution. Stanford, CA: Stanford University Press.

Tarrow, Sidney, 1989: Democracy and Disorder: Protest and Politics in Italy, 1965–1975. Oxford: Oxford University Press.

Thomas, Robert P., 1977: An Analysis of the Patterns of Growth of the Automobile Industry, 1895–1929. New York: Arno Press.

Thompson, James D., 1967: Organizations in Action. New York: McGraw-Hill.
Tilly, Charles, 1978: From Mobilization to Revolution. Reading, MA: Addison-Wesley.
Tushman Michael L., und *Philip Anderson*, 1986: Technological Discontinuities and Organizational Environments, Administrative Science Quarterly 31: 439–465.
Van de Ven, Andrew H., 1980: Early Planning, Implementation and Performance of New Organizations. S. 83–134 in: *John R. Kimberly* und *Robert H. Miles* (Hg.): The Organizational Life Cycle. San Francisco, CA: Josey Bass.
Van de Ven, Andrew H., *Roger Hudson* und *Dean M. Schroeder*, 1984: Designing New Business Startups: Entrepreneurial, Organizational and Ecological Considerations, Journal of Management 10: 87–107.
Van de Ven, Andrew H., *Sankaran Venkataraman*, *Douglas E. Polley* und *Raghu Garud*, 1989: Processes of New Business Creation in Different Organizational Settings. S. 221–298 in: *Andrew H. Van de Ven*, *Harold Angle* und *Marshall Scott Poole* (Hg.): Research on the Management of Innovation: The Minnesota Studies. New York: Ballinger.
Zald, Mayer N., und *John D. McCarthy*, 1980: Social Movement Industries: Competition and Conflict Among Movement Organizations. S. 1–20 in: *Louis Kriesberg* (Hg.): Research in Social Movements: Conflicts and Change, Volume 3. Greenwich, CT: JAI Press.
Zimmer, Catherine, und *Howard E. Aldrich*, 1987: Resource Mobilization through Ethnic Networks: Kinship and Friendship Ties of Shopkeepers in England, Sociological Perspectives 30: 422–455.
Zucker, Lynne G., 1986: Production of Trust: Institutional Sources of Economic Structure, 1840–1920. S. 53–112 in: *Barry M. Staw* und *Larry Cummings* (Hg.): Research on Organizational Behavior Vol. 8. Greenwich, CT: JAI Press.

Übersetzung: *Manuela Thurner* in Zusammenarbeit mit *Thomas Hinz* und *Jutta Allmendinger*

STRATEGISCHE ALLIANZEN UND DAS SOZIALKAPITAL VON UNTERNEHMEN

Emanuela Todeva und David Knoke

Zusammenfassung: Strategische Allianzen haben sich als formalisierte interorganisatorische Beziehungen immer stärker entwickelt und verbreitet, insbesondere auf internationaler Ebene. Zweck dieses kollektiven Arrangements ist es, organisatorische Ziele nicht durch Konkurrenz, sondern durch Kooperation zu erreichen. Gleichzeitig werfen strategische Allianzen auf verschiedenen Analyseebenen Probleme auf. Dementsprechend zahlreich sind in den letzten Jahren die Versuche in Theorie und Forschung, verschiedene Aspekte bei Bildung und Auswirkungen von Allianzen zu erklären. Nach der Vorstellung einer Typologie von Governance-Strukturen untersuchen wir verschiedene Formen der Allianzbildung und -umsetzung, ihre Leistungsfähigkeit und die gesellschaftlichen Konsequenzen solcher Kooperationsformen. Wir betonen, dass Netzwerke strategischer Allianzen Sozialkapital von Unternehmen darstellen, welches den individuellen und den kollektiven Zielen der beteiligten Partner dient. Zum Abschluss stellen wir Vermutungen darüber an, in welche Richtungen Theorie und Forschung zu strategischen Allianzen in Zukunft gehen werden.

I. Strategische Allianzen und das Sozialkapital von Unternehmen

Ziel dieses Aufsatzes ist es, die Entstehung, Umsetzung und Konsequenzen von strategischen Allianzen zwischen autonomen Akteuren eines organisationalen Feldes zu erklären, wobei unser besonderes Augenmerk den Netzwerkstrukturen, und damit dem Sozialkapital von Unternehmen sowie den strategischen Kooperationen im Kontext internationaler Wirtschaftssysteme gilt. Wir geben einen Überblick über die neuere Forschungsliteratur zu strategischen Allianzen und zur Globalisierung von Wettbewerb und Zusammenarbeit. Nach einer Definition der Kernkonzepte (strategische Allianzen, organisationales Feld, Vertrauen, Sozialkapital von Unternehmen und immaterielle Güter) untersuchen wir die Frage, warum und wozu Organisationen strategische Allianzen eingehen.

Im Anschluss daran analysieren wir die Prozesse und Probleme, die bei der Einrichtung und beim Bestandserhalt von Allianzen auftreten; dabei geht es insbesondere darum, wie man das Vertrauen des Partners gewinnt und sich gegen seinen potenziellen Opportunismus absichert. Wir betrachten die Kontexte verschiedener Wirtschaftssysteme und fragen, welche Auswirkungen sie auf die Umsetzung und den Erfolg strategischer Allianzen haben. Dann wenden wir uns den Konsequenzen strategischer Allianzen zu; dazu zählen die Umwandlung verschiedener Arten organisatorischen Kapitals (personeller, finanzieller, kultureller, sozialer Art), die Resultate für die Allianz als Ganzes sowie für die daran beteiligten Organisationen im Einzelnen, ihre Auswirkungen auf die Arbeitsteilung innerhalb organisationaler Felder und schließlich ihre Folgen auf gesamtgesellschaftlicher Ebene. Wir schließen mit einigen Spekulationen darüber, in welche Richtungen sich Theorie und Forschung in Zukunft entwickeln werden. Unsere Perspektive wurzelt letzten Endes in den Debatten darüber, welchen Einfluss die wirtschaftliche Globalisierung auf die strategischen Entscheidungen von Unternehmen hat zu konkurrieren oder zu kooperieren, und wie sich lokale und globale Faktoren und Entwicklungen auf die Gestalt internationaler Partnerschaften auswirken.

II. Kernkonzepte

Wir beginnen mit Kurzdefinitionen der fünf Kernkonzepte dieses Artikels: strategische Allianzen, organisationales Feld, interorganisatorisches Vertrauen, Sozialkapital von Unternehmen und immaterielle Güter.

Strategische Allianzen. Verschiedene Formen interorganisatorischer Beziehungen entstehen, wenn Organisationen ihre Leistungsfähigkeit verbessern, Wettbewerbsvorteile erreichen und dabei gleichzeitig Marktunsicherheiten und festgefahrene Hierarchien vermeiden wollen. *Tabelle 1* zeigt 13, in der Fachliteratur häufig vorkommende Typen interorganisatorischer Beziehungen. Dieser Klassifizierung liegt eine Dimension zu Grunde, wonach Integration und Formalisierung der Governance-Strukturen der interorganisatorischen Beziehungen von unten nach oben zunehmen. Unter *governance* versteht man Kombinationen aus rechtlichen und sozialen Kontrollmechanismen, die die Beiträge an Ressourcen und die administrativen Verantwortungsbereiche der Allianzpartner sowie die Gewinnaufteilung aus ihren gemeinsamen Aktivitäten koordinieren und gewährleisten. Am unteren Ende von *Tabelle 1* befinden sich reine Markttransaktionen zwischen anonymen Tauschpartnern, die keinerlei Verpflichtungen zu wiederkehrender Kooperation oder Koordination eingehen. An der Spitze stehen hierarchische Machtbeziehungen, bei denen ein Unternehmen die absolute Kontrolle über ein anderes Unternehmen übernimmt und sich deren Aktiva und Personal einverleibt. Zwischen diesen Extremen von Markt und Macht lassen sich elf strategische Allianzformen oder ‚Hybride' ausmachen, die in unterschiedlichem Maß marktmäßige Interaktionen und bürokratische Integration kombinieren (Williamson 1975).

Eine strategische Allianz umfasst mindestens zwei Partnerunternehmen, die 1. nach der Bildung der Allianz juristisch unabhängig bleiben; 2. sich die Gewinne und die Kontrolle über die jeweiligen Aufgabenbereiche teilen; und 3. in ein oder zwei strategischen Bereichen, beispielsweise Technologie oder Fertigung, dauerhaft zusammenarbeiten (Yoshino und Rangan 1995: 5). Diese drei Kriterien implizieren, dass strategische Allianzen Interdependenzen zwischen autonomen Wirtschaftseinheiten herstellen, indem sie den beteiligten Partnern Vorteile in Form immaterieller Güter bringen und sie dazu verpflichten, fortwährende Beiträge zu ihrer Partnerschaft zu leisten. Child und Faulkner (1998: 5) erläuterten das Adjektiv ‚strategisch' wie folgt: Allianzen „sind häufig ‚strategisch', insofern sie als direkte Reaktion auf wichtige strategische Herausforderungen oder Chancen der Partnerfirmen gebildet werden". Die unterschiedlichen Allianzformen verkörpern die verschiedenen Herangehensweisen der Partnerunternehmen, ihre eigene Abhängigkeit sowie die Abhängigkeit der Partner zu kontrollieren. Die in

Tabelle 1: Typologie interorganisatorischer Beziehungen

Hierarchische Beziehungen	Ein Unternehmen übernimmt durch eine Akquisition oder Fusion die volle Kontrolle über die *assets* eines anderen Unternehmens und koordiniert seine Aktivitäten durch die Ausübung der Eigentumsrechte
Joint Ventures	Zwei oder mehr Unternehmen schaffen ein Gemeinschaftsunternehmen zum Zweck der gemeinsamen Durchführung von Projekten beispielsweise im Bereich der Forschung und Entwicklung im Marketing
Kapitalbeteiligungen	Ein Unternehmen beteiligt sich majoritär oder minoritär an einem anderen Unternehmen, indem es seine Aktien oder Unternehmensanteile erwirbt
Kooperativen	Zusammenschluss meist kleiner Unternehmen, die ihre kollektiven Ressourcen bündeln, koordinieren und verwalten
Forschungs- und Entwicklungskonsortien	Kooperationsvereinbarungen im Bereich Forschung und Entwicklung, in der Regel in schnelllebigen Technologiebereichen
Strategische Kooperationsvereinbarungen	Vertragliche Geschäftsnetzwerke, die auf gemeinsamer strategischer Kontrolle basieren, in denen die Partner bei strategischen Schlüsselentscheidungen kooperieren und sich die Verantwortung für die Leistungserbringung teilen
Kartelle	Große Unternehmen machen gemeinsame Sache, um den Wettbewerb weitgehend auszuschalten, indem sie die Herstellung und/oder Preise innerhalb eines bestimmten Wirtschaftszweigs kontrollieren
Franchising	Ein Unternehmen gewährt einem Einzelhändler die Verwendung eines Markennamens in einer geographischen Region, behält aber die Kontrolle über Preisfestsetzung, Marketing und standardisierte Servicenormen
Lizenzverträge	Eine Firma gewährt einer anderen im Ausgleich für Tantiemen und Honorare das Nutzungsrecht an patentierten Technologien oder Herstellungsprozessen oder Urheberrechten
Subunternehmer-Netzwerke	Firmenverbund, in dem ein Subunternehmer die Preise, Produktionsmengen und Liefertermine seiner Lieferanten verhandelt
Normenverbände	Ausschüsse, die die Zustimmung ihrer Mitgliedsorganisationen zur Annahme technischer Normen für Herstellung und Handel ersuchen
Koalitionen	Kurzlebige Zusammenschlüsse von Organisationen, deren Mitglieder durch koordinierte Lobbyarbeit politische Entscheidungen beeinflussen wollen
Marktbeziehungen	Rein durch den Preismechanismus koordinierte „Arm's Length"-Transaktionen zwischen Organisationen

Tabelle 1 aufgelisteten Formen strategischer Allianzen sind häufig auch mit verschiedenen Rechtsformen verbunden, mittels derer Firmen die Ressourcen- und Gewinnaufteilung regeln können (eine ausführlichere Diskussion mit Beispielen und Quellenangaben findet sich in Knoke 2001: 121-128).

Organisationales Feldnetzwerk. Ein organisationales Feld besteht aus „denjenigen Organisationen, die in ihrer Gesamtheit in einem gemeinhin anerkannten Bereich institutioneller Regeln aktiv sind, d.h. es besteht aus den wichtigsten Lieferanten, Ressourcen- und Produktkonsumenten, Aufsichtsbehörden und anderen Organisationen, die ähnliche Dienstleistungen oder Produkte herstellen" (DiMaggio und Powell 1983: 148). Ein organisationales Feld kann zu jedem Zeitpunkt zahlreiche Allianznetzwerke beinhalten, die mit anderen Allianzen sowie mit herkömmlichen Einzelunternehmen konkurrieren. Die übergreifende Struktur der Allianznetzwerke des Feldes hängt vom Überlappungs- oder Separationsgrad unter den Partnerunternehmen der strategischen Allianz ab. Betrachtet man alle strategischen Allianzen zwischen allen Organisationen eines Feldes, einschließlich ihrer an- und abwesenden Verbindungen, entsteht ein Phänomen auf der Makroebene: das organisationale Feldnetzwerk oder kurz das ‚Feldnetz' (Kenis und Knoke 1999). Ein geläufiges Beispiel für ein organisationales Feld ist der Popmusiksektor, bestehend aus Bands, Talentagenturen, Aufnahmestudios, Radiostationen, Musikverlegern und -verleihern, Konzertsälen, Tourpromotern und Fanklubs. Ein Feldnetz ist definiert als Konfiguration interorganisatorischer Beziehungen zwischen allen Organisationen, die Mitglieder eines organisationalen Feldes sind.

Interorganisatorisches Vertrauen. Auf der Analyseebene der Unternehmen wird Vertrauen mit positiven Erfahrungen und Erwartungen der Transaktionspartner assoziiert, es verringert gewöhnlich die wahrgenommenen Risiken zukünftiger Transaktionen. Auf der interorganisatorischen Ebene stellt Vertrauen eine Möglichkeit für Unternehmen dar, im Falle sehr unsicherer Bedingungen ein Maß an sozialer Kontrolle über das Verhalten der anderen Unternehmen zu erlangen. In dem Maße, in dem Vertrauen formale Kontrollmechanismen wie beispielsweise schriftliche Verträge ersetzt, sinken oder entfallen etliche Transaktionskosten wie beispielsweise Informationsbeschaffungs- oder Überwachungskosten (Gulati 1995a: 88–91). Es ist weit weniger kostspielig, Kooperationen auf ein Fundament interorganisatorischen Vertrauens zu stellen, als sie in allen Eventualitäten vertraglich zu regeln und die Leistungserbringung mit hohem Aufwand zu kontrollieren.

Was interorganisatorisches Vertrauen angeht, lassen sich zwei Perspektiven anführen, die sich hinsichtlich ihrer Betonung auf die Dominanz objektiver und subjektiver Elemente unterscheiden. Die Risikoperspektive betont, dass sich Vertrauen auf die Kooperation der Partner in der Vorhersagbarkeit ihrer Erwartungen gründet, welche durch formale vertragliche Mittel, wie beispielsweise Versicherungen im Falle von Vertragsverletzungen, abgesichert sind (Luhmann 1979). Die psychologische Perspektive sieht Vertrauen als Glauben an die guten Absichten und die moralische Integrität des Partners (Ring und Van de Ven 1994). Die sozialpsychologische Erklärung wurzelt in Grundprinzipien des sozialen Austausches wie beispielsweise Reziprozität, Verbindlichkeit, Nachsicht, Kooperation, und der Verpflichtung, Schulden zu begleichen.

Sozialkapital von Unternehmen. In den letzten zehn Jahren hat das theoretische Interesse an Sozialkapital in Form interpersoneller Beziehungen und als Ressource für instrumentellen Handlungen von Individuen und von Organisationen zur Durchsetzung ihrer Interessen deutlich zugenommen. Coleman (1990) definierte soziales Kapital als sozialstrukturelle Beziehungen, die als Aktiva oder Ressourcen die Handlungen von Individuen in einem spezifischen sozialen System erleichtern. Das Sozialkapital einer Person ist nicht immer und überall aus- oder eintauschbar: „Im Unterschied zu anderen Kapitalformen ist soziales Kapital der Beziehungsstruktur inhärent. Es steckt weder in Individuen noch in physischen Produktionsgeräten" (Coleman 1990: 302). Sozialkapital gehört den an einer Beziehung beteiligten Parteien gemeinsam; kein Einzelner verfügt allein über seinen Besitz. Die Bildung von Netzwerkbeziehungen hängt eng mit der Schaffung von Sozialkapital zusammen. Dennoch sind Netzwerkbeziehungen und Sozialkapital keine identischen Konzepte. Wenn sich eine Netzwerkbeziehung für das Erreichen der Ziele eines Akteurs als nicht förderlich erweist und sich stattdessen zu einer Behinderung entwickelt, stellt sie eine soziale Belastung dar (Leenders und Gabbay 1999: 3).

Sozialkapital von Unternehmen hat seinen Ursprung auch in Prozessen auf der Makroebene, die mehr als die Gesamtheit interpersoneller Verbindungen ist. Interorganisationale Netzwerke können Sozialkapital von Unternehmen in Form von organisatorischem Prestige, Reputation, Status und in Verbreitung eines Markennamens erzeugen. Beispielsweise gewinnen in den USA Unternehmen, die für medizinische, wohltätige und künstlerische Nonprofit-Organisationen spenden, in ihrer Gemeinde an Ansehen und Legitimität als „good corporate citizens" (Galaskiewicz und Bielefeld 1998). Ein Netzwerk von Spendenbeziehungen verschafft Unternehmen einen strategischen Vorteil, der ihnen in schwierigen Zeiten nützlich sein kann. In mancher Hinsicht stellt die Glaubwürdigkeit eines Unternehmens einen Haupttypus seines Sozialkapitals dar – mit Granovetter (1972) gesprochen: eine starke Beziehung zwischen dem Unternehmen und den Mitgliedern eines organisationalen Feldes. Indem ein Unternehmen sein Versprechen bezüglich Qualität, Sicherheit und Service einhält, gewinnt und untermauert es seine Reputation, fair und zuverlässig zu sein. Diese Reputation signalisiert potenziellen Partnern, dass die Organisation mit größter Wahrscheinlichkeit nicht opportunistisch handeln wird, da „ein solches Verhalten ihren Ruf zerstören und der Organisation folglich mehr schaden als nützen würde" (Jarillo 1988: 37).

Immaterielle Güter. Bei der Analyse von Prozessen auf der Makroebene wird das Konzept der immateriellen Güter betont, welche Unternehmen durch den Einsatz ihrer Arbeitskräfte und sonstiger personeller Ressourcen akkumulieren. Webster (1999) nannte drei Arten von Investitionen in immaterielle Güter: Wissenskapital (immaterielle Aktiva, die zum besseren Verständnis des Marktes und der Gewinnchancen beitragen); Kapazitätskapital (immaterielle Aktiva, die die Herstellungskapazität durch den Gebrauch neuer organisationaler und arbeitstechnischer Technologien erhöhen); und Kontrollkapital (immaterielle Aktiva, die es Unternehmen ermöglichen, ihre Inputmärkte, die Qualität und Quantität ihrer Arbeit und die Outputmärkte zu kontrollieren). Letzteres lässt sich auch in *rent-seeking*-Kapital (den Lieferanten werden die Preise diktiert), Organisationskapital (der Arbeitsablauf wird kontrolliert) und Marktzugangskapital (Outputpreise und das Niveau der Nachfrage werden kontrolliert) unterteilen (Webster 1999: 14). Man spricht davon, dass Investitionen in solche immaterielle Güter Unternehmen in die Lage versetzen, den Wettbewerb zu reduzieren, um höheren Profit aus ihren Aktivitäten zu schlagen und das Potenzial zur Aneignung von finanziellem Kapital durch Transaktionen in Märkten oder auch Nicht-Märkten zu erhöhen. Zu den Grundlagen immateriellen Kapitals gehören individuelle und kollektive Fähigkeiten, Kenntnisse und Talente, mittels derer ein Unternehmen seine Beziehungen zu anderen Unternehmen und Geschäftspartnern sowie zu Verbrauchern und Aufsichtsbehörden steuert und kontrolliert.

III. Die Entstehung strategischer Allianzen

Obwohl viele Fachleute strategische Allianzen als ein relativ neues Phänomen betrachten, gibt es interorganisatorische Verbindungen schon solange, wie es Unternehmen als Produktionseinheiten gibt. Beispiele dafür sind die Verbindungen von Firmen und Unternehmern zu Kreditinstitutionen wie beispielsweise Banken, zu Wirtschaftsverbänden wie beispielsweise den frühen holländischen Gilden, und zu Rohstofflieferanten wie beispielsweise Bauern und Handwerkern. Heutzutage umfassen Unternehmensnetzwerke in der Regel eine Vielzahl von Organisationen – Lieferanten, Käufer, Konkurrenten, Aufsichtsbehörden, Finanz- und Kreditinstitutionen – welche zusammen die „ökonomische Organisation der Produktion" bilden (Ghoshal und Bartlett 1990). Lorange und Roos (1993) haben multinationale Konzerne als „Netzwerke von Allianzen" bezeichnet, die über nationale Grenzen und Industriesektoren hinweg agieren. Dicken (1994) beschrieb diese Produktionsnetzwerke als eine Mischung aus inner- und zwischenbetrieblichen Beziehungsstrukturen, die durch verschiedene Grade und Formen an Macht und Einfluss über *inputs, throughputs* und *outputs* gebildet werden.

Strategische Allianzen sind nicht nur Handelspartnerschaften, die die Wettbewerbsfähigkeit der beteiligten Firmen durch den gegenseitigen Austausch von Ressourcen (Technologien, Fertigkeiten oder Produkten) erhöhen. Sie sind auch neue Geschäftsformen, die es den Partnern ermöglichen, ihre Geschäftsbeziehungen auf verschiedene Art und Weise zu verbessern und zu kontrollieren. Erfolgreiche Allianzen erfordern einen Einsatz an physischen und immateriellen Ressourcen: Führungseigenschaften, Produktionstechnologien, Mitarbeitermotivation, Anpassungsfähigkeit, Innovationsfreudigkeit, sowie die Fähigkeit der Partner, ihre unmittelbaren, individuellen Geschäftsinteressen hintanzustellen und sowohl Vorteile als auch Risiken der Kooperation gemeinsam zu tragen.

Strategische Allianzen als hybride Formen. Wie bereits erwähnt, ist allgemein anerkannt, dass Allianzen hybride organisatorische Formen oder hybride, Macht- und Marktelemente miteinander verbindende interorganisatorische Arrangements sind (Auster 1994; Olk 1999). Sie umfassen sowohl kurzfristige, projektbezogene als auch langfristige, auf Kapitalbeteiligung basierende Kooperationen zwischen Unternehmen mit unterschiedlichem Ausmaß an vertikaler Integration und Interdependenz. Wenn rechtliche oder wirtschaftliche Zwänge ein Unternehmen daran hindern, von hierarchischen Lösungen Gebrauch zu machen, entscheidet es sich unter Umständen zur Bildung einer Allianz, um bestimmten Marktkräften entgegenzuwirken, die sein Wohlergehen bedrohen (Anderson und Gatignon 1986; Hennart 1991). Bis zu einem bestimmten Grad kombinieren Allianzen die Aktiva und Stärken mit den Passiva und Schwächen aller Partner. Gemäß der Transaktionskostenlogik wäre zu erwarten, dass eine strategische Allianz dies auf kollektive und kooperative Art und Weise anstellen wird, schließlich strebt eine hybride Form im Wesentlichen dazu, Probleme der einzelnen Unternehmen kollektiv zu lösen, ohne dass die einzelnen Unternehmen die Kontrolle über ihre jeweiligen organisatorischen Ressourcen abgeben müssen.

Diese kollektive und kooperative Konzeptualisierung strategischer Allianzen untergräbt dabei nicht den Macht- und Kontrollanspruch der einzelnen Organisationen. Es besteht häufig eine Asymmetrie hinsichtlich organisatorischer Fähigkeiten, über eine andere Organisation und ihre Ressourcen Macht und Kontrolle auszuüben (Oliver 1990). Diese Asymmetrie ergibt sich daraus, dass die Allianzpartner einzigartige Marktpositionen besetzen, über ungleiche technologische und innovative Kapazitäten verfügen, unterschiedliche materielle und immaterielle Güter besitzen und firmenspezifische Ressourcen kontrollieren. Eine effektive Kooperation erfordert die gegenseitige Anerkennung dieser Unterschiede und die ernstgemeinte Verpflichtung der Partner, den anderen nicht auszunutzen. Es ist sehr schwierig, kooperative Übereinkünfte zu institutionalisieren, da dazu neue Strukturen, Routinen und Organisationspraktiken erforderlich werden, die sich aus den routinemäßigen Inter- und Transaktionen zwischen den Firmen und ihren Mitarbeitern ergeben sollten. Als organisatorische Form sind strategische Allianzen eine Zwischenform zwischen Einzelunternehmen und komplexeren sozialen Gebilden wie beispielsweise organisationalen Feldern und gemeinsamen Wirtschaftsräumen.

In der Strukturationstheorie werden die strukturellen Eigenschaften einer Allianz sowohl als Mittel als auch als Resultat der ein hybrides System umfassenden organisatorischen Praktiken betrachtet (Buchko 1994). Diese Dualität ergibt sich erstens aus den institutionellen Regeln und Ressourcen der beteiligten Unternehmen, und zweitens aus dem strategischen und reaktiven Verhalten der Partner zueinander. Die anfänglichen Beziehungen zwischen den Partnern werden mit der Zeit als eigenständige Praktiken innerhalb ihrer Allianzstruktur organisiert. Die Strukturationsdualität zeigt sich in der Dynamik: 1. der den Praktiken folgenden interorganisatorischen Beziehungen; 2. der den Beziehungen folgenden Routinen und Praktiken; und 3. der gleichzeitigen Resultate der Interaktionen der Partnerorganisationen (Giddens 1979). Die aus dieser Dualität resultierenden Ambiguitäten sind eine Hauptquelle für die Unsicherheiten und das Misstrauen von Personen, die eine Allianz begründen und entwickeln, ohne sich auf etablierte Regeln einlassen zu können, gleichzeitig aber versuchen müssen, im Laufe der Zeit, wenn sich die Ziele der Partnerschaft immer deutlicher herauskristallisieren, Regeln zu institutionalisieren. Das Dualitätsdilemma ist ein Grund, warum viele Allianzen anfangs von einer vertraglichen Beziehung mit Kapitalbeteiligung Gebrauch machen.

Strategische Motive, Absichten und Entscheidungen. Firmen gehen aus verschiedenen Gründen strategische Allianzen ein: um ihre Produktionskapazitäten zu erhöhen, um interne und externe Unsicherheiten zu verringern, um Wettbewerbsvorteile und damit höhere Gewinne zu erzielen, oder um sich zukünftige Optionen zu erschließen, aufgrund derer sie sich höhere Marktwerte für ihren Output versprechen (Webster 1999). Die Allianzpartner wählen eine bestimmte Allianzform nicht nur, um größere Kontrolle zu erhalten, sondern auch wegen einer größeren operationalen Flexibilität und wegen der Realisierung eines Marktpotenzials. Die Erwartung ist dabei, dass sich aus der Erschließung neuen Wissens und neuer Märkte mittels geteilter Investitionsrisiken eine größere Flexibilität ergeben wird.

Die strategischen Motive, aus denen heraus Organisationen Allianzen eingehen, variieren je nach firmenspezifischen Charakteristika und Umweltfaktoren. Wie *Tabelle 2* zeigt, hat diese Vielfalt die Entwicklung verschiedener Klassifizierungsschemata zur Folge gehabt. Laut Doz und Hamel (1999) zählt die Kooperation zwischen potenziellen Konkurrenten und zwischen Firmen mit komplementären Waren und Dienstleistungen zu den wichtigsten Faktoren bei der Partnerwahl. Ko-Spezialisierung ist ein anderer wichtiger Faktor, der es den Partnern erlaubt, sich auf ihre Kernkompetenzen zu konzentrieren und gleichzeitig Unternehmensressourcen zusammen zu legen. Durch strategische Allianzen verschaffen sich die beteiligten Partner Möglichkeiten, nicht explizierte und kollektive Fähigkeiten zu erlernen und zu internalisieren (Doz und Hamel 1999: 5). Wir werden weiter unten noch näher darauf eingehen.

Tabelle 2: Gründe für strategische Allianzen

Marktsuche
Erwerb von Vertriebsmitteln
Zugang zu neuen Technologien und die Zusammenführung von Technologien
Erlernen und Internalisieren von nicht explizierten, kollektiven und eingebetteten Fähigkeiten und Kenntnissen
Erlangung von Größenvorteilen
Erreichen vertikaler Integration, Schaffung neuer Lieferantenkontakte, Anpassung an Umweltveränderungen
Entwicklung neuer Geschäftsbereiche
Restrukturierung und Verbesserung der Unternehmensleistung
Kostenteilung, Poolen von Ressourcen
Entwicklung von Produkten, Technologien, Ressourcen
Minimierung und Streuung von Risiken
Entwicklung technischer Normen
Erlangung von Wettbewerbsvorteilen
Bestreben, einer Kooperation potenzieller Rivalen oder Konkurrenten zuvorzukommen
Komplementarität von Waren und Dienstleistungen bezüglich der Märkte
Ko-Spezialisierung
Überwindung rechtlicher/aufsichtsrechtlicher Barrieren
Legitimation, Wunsch, sich einer erfolgreichen Sache bzw. den Trends des Wirtschaftszweigs anzuschließen

Quellen: Agarwal und Ramaswami (1992), Auster (1994), Doz und Hamel (1999), Doz, Olk und Ring (2000), Harrigan (1988a), Hennart (1991), Lorange und Roos (1993), Zajac (1990).

Diverse Motivationen, die laut Zajac (1990) bei US-amerikanischen Joint Ventures eine Rolle spielen, gelten auch für internationale strategische Allianzen. Dazu zählen: Vertriebsmittel zu erwerben, der Konkurrenz zuvorzukommen, sich Zugang zu neuen Technologien zu verschaffen, zu diversifizieren, Größenvorteile zu erlangen, vertikale Integration zu erreichen und gesetzliche oder aufsichtsrechtliche Hindernisse zu überwinden. Bleeke und Ernst (1993) fassen die Bedürfnisse von allianzsuchenden Unternehmen kurz als Cash, Größe, Fertigkeiten und Zugang bzw. als Kombinationen dieser Faktoren zusammen. Eine entsprechende Motivvielfalt charakterisiert die Allianzbildung in vielen Industriezweigen; folglich sind verschiedene Erklärungsmodelle aufgestellt worden, um die ganze Bandbreite an Allianzen zu klassifizieren und zu analysieren. Der Kooperationsgrad der Unternehmen scheint weniger von direkten Kosten und Vorteilen bestimmt zu sein als vielmehr von der Beziehungsvorgeschichte der beteiligten Unternehmen, der momentanen Marktposition der Firmen, ihren gemeinsamen Ressourcen und den Informationsasymmetrien, die im Vergleich zu denjenigen Unternehmen bestehen, die Markttransaktionen auf Distanz abwickeln (Dietrich 1994). Mit anderen Worten, hinter der Bildung von Geschäftsnetzwerken und vertraglichen oder relationalen Allianzen stehen weniger rückblickende wirtschaftliche Vernunftüberlegungen als vielmehr strategische Absichten. Zwei oder mehr autonome Organisationen beschließen, eine Allianz zu einem gemeinsamen, sich erst noch herausbildenden Zweck zu bilden. Folglich kann ihre Entscheidung zur Zusammenarbeit weder durch den Zweck allein bestimmt werden noch durch momentane Umweltzwänge, die sie zur Kooperation nötigen. Im Gegenteil: Diese Faktoren helfen den Firmen lediglich, ihre Entscheidung *post facto* zu begründen und zu legitimieren. Eine Kooperationsentscheidung ist keine Reaktion, sondern im Wesentlichen ein strategischer Vorsatz, die Lage der jeweiligen Firmen und ihrer Partnerschaft als Ganzes in der Zukunft zu verbessern.

Ein grundlegender Unterschied zwischen strategischen und operationalen Entscheidungen ist, dass letztere auf Transaktionskostenkalkulationen beruhen, während strategische Entscheidungen von den perzipierten Gewinnen aus zukünftigen Aktivitäten bestimmt werden. Den strategischen Entscheidungen einer Firma liegen nicht nur Einschätzungen ihrer momentanen Lage zu Grunde, sondern auch Erwartungen hinsichtlich ihrer zukünftigen Entwicklung. Strategische Entscheidungen beinhalten die zu ihrer Umsetzung erforderlichen firmenpolitischen Entscheidungen und Ressourceninvestitionen, von denen sich die Firmen zukünftige Gewinne erwarten. Strategische Allianzen stellen somit die klassische ökonomische Auffassung vom Unternehmenswettbewerb in Frage, weil sie nicht auf der Erwartung unmittelbarer Gewinne oder anderer materieller Vorteile basieren, sondern mittelbarer positiver Resultate, die sich aus der Akkumulation immaterieller Aktiva wie Wissens- und Sozialkapital ergeben. Strategische Allianzen machen aus Konkurrenten Kooperationspartner, die sich sowohl die Risiken als auch die Gewinne ihrer kollektiven Aktivitäten teilen. Das Konzept der Transaktionskosten stellt keine ausreichende Erklärung mehr für organisatorisches Verhalten dar, weil Unternehmen gewillt sind, zur Überbrückung von Unsicherheiten in der Partnerschaft Kosten aus ihren gemeinsamen Anstrengungen zu tragen. Solche relationalen Kosten bestehen nicht nur aus den notwendigen Ausgaben, um Beziehungen zu Geschäftspartnern aufrechtzuerhalten, sondern beinhalten darüber hinaus die Verpflichtungen und die Investitionen der Partner, die sie für ihr riskantes und unsicheres Unterfangen übernehmen. Relationale Kosten ergeben sich auch aus den potenziell negativen Auswirkungen auf die Gewinne eines Unternehmens, wenn die Partner aufgrund der neuen Allianz ihre sonstigen Geschäftsbeziehungen und -bereiche strategisch anpassen müssen. Beteiligt sich ein Unternehmen an einer Allianz, kann das zur Folge haben, dass es aus Rücksicht auf die Interessen des neuen Partners andere Geschäftsbeziehungen reorganisieren, reduzieren oder beenden muss. Dies führt dazu, dass andere mögliche Geschäftschancen und die damit verbundenen Vorteile und Gewinne wegfallen.

Der Entschluss für eine strategische Allianz und eine bestimmte Governance-Struktur hat auch Implikationen zur Macht in und zwischen Organisationen. Die Entscheidungen ergeben sich aus der Verteilung wirtschaftlicher Macht entlang der Produktionskette innerhalb und außerhalb der beteiligten Unternehmen. Der Druck zur Bildung von Allianzen leitet sich aus Prozessen innerhalb und außerhalb der Organisationen ab. In einer Studie wurde gezeigt, dass die konkreten Allianzformen von der Marktposition der Unternehmen (Marktführer oder *market follower*) und der strategischen Bedeutung der Kooperationen in den Portfolios der Mutterfirma (Kern- vs. Randgeschäft) abhängen (Lorange und Roos 1993). Unternehmen neigen dazu, ihre Kerngeschäfte zu schützen und sind deshalb eher gewillt, Allianzen einzugehen, die ihre Randaktivitäten betreffen. Dort können sie lernen, ohne sich durch die Preisgabe vertraulicher Informationen verwundbar zu machen. Lorange und Roos nannten darüber hinaus Beispiele, in denen große Unternehmen von Miteigentümerschaften Gebrauch machten, um ihre defizitären Geschäftssegmente zu restrukturieren. In solchen Fällen entsteht durch die Partnerschaft ein unmittelbarer instrumenteller Wert, indem sie der dominanten Firma ermöglicht, radikale Veränderungen in ihren Randgeschäften vorzunehmen.

Im Folgenden betrachten wir drei Faktoren, die die Bildung strategischer Allianzen beeinflussen: das nationale und internationale wirtschaftliche Umfeld, die Prozesse innerhalb des Sektors, in dem das Unternehmen tätig ist, und spezifische organisatorische Umstände. Alle drei Faktoren werden stark von Globalisierungsprozessen beeinflusst, sie müssen aber auch auf nationale Wirtschaftssysteme bezogen werden.

Wirtschaftliches Umfeld. Die Bildung von Allianzen ist im weitesten Sinne von den allgemeinen wirtschaftlichen Bedingungen und den institutionellen Rahmenbedingungen in den jeweiligen Ländern abhängig. Dazu gehören gesetzliche Voraussetzungen, makro-ökonomische politische Entscheidungen, Preiskontrollen, Finanzkapitalmärkte, Vertriebswege und Methoden der Vertragsdurchsetzung. Laut Doz, Olk und Ring (2000) spielen dabei das Entstehen neuer Unternehmen, die wachsende Konkurrenz an Produkten und Technologien sowie institutionelle Veränderungen im Zuge staatlicher Regulierungen eine große Rolle. Diese Faktoren wirken je nach Kontext eines spezifischen Wirtschaftssystems. Henderson und Appelbaum (1992) entwickelten eine Typologie von Wirtschaftssystemen, die auf zwei Dichotomien basierte: Marktwirtschaft vs. zentrale Planwirtschaft und ideologische vs. rationale staatliche Koordination von wirtschaftlichen Aktivitäten. Ihre Analyse der Makroebene betonte den Einfluss staatlicher Interventionen auf das institutionelle Geschäftsumfeld, die politischen und rechtlichen Rahmenbedingungen und die Verteilung wirtschaftlicher Ressourcen. Die Regulierungsaktivitäten des Staates bestimmen den Spielraum von Unternehmen, Koalitionen, Allianzen und joint ventures zu bilden. Das heißt, staatliche Interventionen beeinflussen nachdrücklich die Chancen für die Herausbildung strategischer Allianzen. Diese erfordern oft die formale Zustimmung von Seiten der nationalen Regierung, insbesondere in Bezug auf Monopol- oder Kartellgesetze. Ebenso sind manche Entwicklungs- und Forschungsallianzen ursprünglich staatlich finanzierte und kontrollierte Projekte. Die staatliche Regulierungspolitik kann vorgeben, welche Governance-Strukturen rechtlich zulässig sind. Steueranreize und internationale, von ausländischen Regierungen etablierte Handelsordnungen können sich ebenfalls unmittelbar auf die Entscheidungen nationaler Unternehmen bezüglich langfristiger internationaler Geschäftsbeziehungen auswirken.

Es existiert nur wenig vergleichende empirische Forschung zu den Auswirkungen staatlicher Interventionen auf die Bildung von Allianzen. Die meisten Untersuchungen staatlicher Privatisierungs- und Liberalisierungspolitik betonen lediglich die Schaffung allgemeiner wirtschaftlicher Investitionsmöglichkeiten, ohne danach zu fragen, wer von solchen Gelegenheiten stärker Gebrauch macht – individuelle Unternehmen oder strategische Allianzen. Politikwissenschaftliche Regulierungstheorie befasst sich leider nach wie vor ausschließlich mit Dynamiken auf der Makroebene, während die Betriebswirtschaft die strategischen Managementpraktiken einzelner Unternehmen untersucht. Das heißt, es besteht großer Analysebedarf auf der Meso-Ebene. Auch was Partnerschaften zwischen privatem und staatlichem Sektor angeht, existiert ein Forschungsdefizit. In der Wirtschaftspresse sorgen solche strategischen Kooperationen von Unternehmen mit Regierungen, vor allem in Zusammenhang mit großen, globalen Infrastrukturprojekten wie beispielsweise Energie- und Wasserversorgung oder Telekommunikation, für Schlagzeilen. Vor allem in Entwicklungsländern, aber auch im Rüstungs- und Verteidigungssektor in anderen Ländern sind staatliche Beschaffung und Finanzierung sowie andere staatliche Initiativen ein wichtiger Faktor für die immer zahlreicher werdenden Verbindungen zwischen multinationalen und einheimischen Firmen. Die staatliche Politik hat zweifellos erheblichen direkten und indirekten Einfluss auf die Investitionsentscheidungen der Unternehmen sowie auf Kapitalbeteiligungen ausländischer und einheimischer Firmen an internationalen joint ventures.

Ein weiteres länderspezifisches Merkmal ist das komplexe Beziehungsgeflecht zwischen Unternehmen, Wirtschaftsverbänden, kommunalen und nationalen Regierungen und Hochschulen. Die norditalienischen Regionen sind nur ein bekanntes Beispiel für historisch gewachsene, lokale Wirtschaftszentren, in denen die Firmen sowohl untereinander enge, gleichzeitig auf Kooperation und Konkurrenz basierende Beziehungen eingehen als auch Allianzen mit Unternehmen außerhalb der Region bilden. Zur Erklärung dieses Phänomens verweisen Mizruchi und Schwartz (1987) auf den theoretischen Zusammenhang von nationalen Wirtschaftsstrukturen und der ökonomischen Entwicklung. Ihr Kerngedanke ist, dass Unternehmen in bestimmten Phasen der wirtschaftlichen Entwicklung bestimmte institutionelle Formen annehmen. Obwohl Kooperationen in allen Entwicklungsstufen vorkommen, handele es sich bei strategischen Allianzen um ein Globalisierungsphänomen, das erst nach dem Zweiten Weltkrieg in Erscheinung getreten ist.

Der einschlägigen Theorie nach unterscheiden sich die Reaktionen von Unternehmen auf die staatliche Regulierungspolitik je nach nationaler Kultur. Zwei gute Beispiele sind die koreanischen *chaebol* und die japanischen *keiretsu*, charakteristische Allianzformen, die aus traditionellen gesellschaftlichen Institutionen wie der Großfamilie und dem *industrial cluster* entstanden sind (Amin 1992; Gerlach 1992). Weiterhin besteht Konsens darüber, dass multinationale Konzerne und internationale strategische Allianzen in der Regel versuchen, die staatlichen Regulierungsmechanismen zu überwinden, zu umgehen oder zu unterwandern (Dicken 1994). Die besten Beispiele dafür sind Transaktionen zwischen Tochterfirmen multinationaler Konzerne, die der Aufmerksamkeit der staatlichen Behörden entgehen und informelle vertragliche Vereinbarungen zwischen strategischen Partnern, welche den staatlichen Aufsichtsbehörden nicht gemeldet werden.

Sektorspezifische Faktoren. Im vorangegangenen Abschnitt haben wir argumentiert, dass das allgemeine wirtschaftliche Umfeld, einschließlich des Wirtschaftssystems und staatlicher Interventionen, einen indirekten, wenngleich beachtlichen Einfluss auf die Bildung von strategischen Allianzen hat. Stärkere Auswirkungen auf die Beziehungen zwischen Unternehmen hat allerdings der Kontext im jeweiligen Wirtschaftssektor. Die Intensität der Konkurrenz innerhalb eines Wirtschaftszweigs und die soziale Organisation spezifischer Produktmärkte beeinflussen in erheblichem Ausmaß, ob ein Unternehmen sich entscheidet, bestimmte Aktivitäten zu internalisieren, in Wettbewerb um größere Marktanteile zu treten, mit anderen Firmen zu kooperieren oder das Geschäft durch die Erschließung ausländischer Märkte zu internationalisieren. Die Bedeutung des sektorspezifischen Kontexts zeigt sich in der Struktur wichtiger Zulieferketten, die sich über verschiedene Subsektoren hinweg ausdehnen, und in der Art von Transaktionen, die unter den miteinander verbundenen Firmen stattfinden. Dabei unterscheiden sich Wirtschaftszweige mit lang etablierten Oligopolen oder Duopolen deutlich von solchen Sektoren mit niedrigen Eintrittsbarrieren und hohen Gründungsraten neuer Firmen.

Wirtschaftszweige lassen sich entlang zahlreicher Dimensionen klassifizieren, beispielsweise in Bezug auf Ressourcenverbrauch, Kapitalinvestitionen, Arbeitskräftemangel, Wissensintensität und technologische Innovationsfreudigkeit. Diese Multidimensionalität bedeutet, dass potenziell viele Faktoren strategische Allianzen beeinflussen. Die Organisationsvielfalt innerhalb eines Wirtschaftszweigs geht natürlich auch auf die strategischen Entscheidungen der einzelnen Unternehmen zurück. Die Entscheidung, welche Aktivitäten internalisiert oder an einen Subunternehmer vergeben werden sollen, hängt somit sowohl von dem Sektorkontext als auch von den Eigenschaften des jeweiligen Unternehmens ab.

Aus technischen oder wirtschaftlichen Gründen gelten Unternehmen als verwundbar, wenn sie eng mit einem dominanten Partner verbunden sind (z.B. Pennings 1994). Technologie spielt eine wichtige Rolle bei der Abgrenzung organisationaler Felder und der Gestaltung interner Strukturen. Unter den in einem Sektor miteinander konkurrierenden Technologien gibt es einige führende Kerntechnologien, während andere eine eher untergeordnete Rolle spielen. Rapider technologischer Wandel oder das plötzliche Auftauchen einer die bisherigen Kompetenzen in Frage stellenden Technologie kann zur Folge haben, dass sich die Konkurrenz- und Kooperationsausrichtungen eines ganzen organisationalen Feldes radikal umstrukturieren. Die privaten und öffentlichen Geldquellen für Forschungs- und Entwicklungsausgaben im Allgemeinen und Technologieforschung im Besonderen sind je nach Industriezweig sehr verschieden. Internationale Technologieallianzen profitieren unmittelbar von diesen Unterschieden. In den meisten nationalen Wirtschaftssystemen findet aufgrund der staatlichen Förderung von Forschung und Entwicklung eine indirekte Subventionierung statt. Viele Forschungs- und Entwicklungskonsortien beteiligen Regierungsbehörden aktiv an ihren Aktivitäten und verlassen sich auf Regierungsgelder mittels Vergabeverträge. Trotz relativer Unterschiede im Lebensstandard der Bevölkerung weisen die Strukturen mehrerer globalisierter Industriezweige verblüffend ähnliche Muster der Marktentwicklung auf. Als Beispiele dafür lassen sich das rapide Wachstum der globalen mobilen Telekommunikation, der Pharmaindustrie und der Computer- und Unterhaltungselektronik nennen.

Organisatorische Faktoren. Die Organisationsvielfalt in einem organisationalen Feld ergibt sich aus firmenspezifischen Eigenschaften wie beispielsweise der Firmengröße, aus sichtbaren und unsichtbaren Aktiva, aus früheren Kooperationen, der Form der Eigentümerschaft, aus Netzwerken, den Produktpaletten, Marktanteilen und Vertriebskanälen. Angesichts solcher Vielfalt sollte die Neigung, an strategischen Allianzen teilzunehmen, je nach Firma variieren. Eine wichtige Konzeptualisierung von Geschäftsnetzwerken umfasst zwei organisationale Formationen: die eine basiert auf den in organisationale Felder eingebetteten interorganisatorischen Fähigkeiten und Kenntnissen, die andere dreht sich um eine einzelne dominante Unternehmensgruppe (Reve 1988). Im ersten Fall bestimmen die Ähnlichkeiten und Komplementaritäten der Kenntnisse, Leistungsprofile, Zwänge und strategischen Ziele, wer mit wem kooperiert (Doz, Olk und Ring 2000). Sozialkapital von Unternehmen beeinflusst die Bildung von Allianzen, da neue Bindungen auf bereits existierenden Beziehungen aufbauen (Walker, Kogut und Shan 1997; Gulati 1998: 300). Eine Analyse von 97 weltweit aktiven Firmen der chemischen Industrie ergab, dass joint ventures und Forschungsabkommen ansteigen, je größer das fachliche Kapital (Patente), das kommerzielle Kapital (Vermögenswerte) und das Sozialkapital (frühere zentrale Position im Netzwerk) sind. Unternehmen, die über alle genannten Vorteile verfügen, „haben größere Chancen, Allianzen zu bilden und zentrale Positionen im Netzwerk des Sektors zu besetzen; Neulinge werden eher an die Peripherie des Sektors gedrängt" (Ahuja 2000a: 322). Allerdings können auch kapitalschwache Unternehmen Allianzen eingehen, wenn sie radikale technologische Durchbrüche erzielen konnten.

Im zweiten Fall werden die Allianzbildungsprozesse hauptsächlich von einem dominanten (nationalen oder multinationalen) Konzern bestimmt. Laut Dicken (1994) haben multinationale Konzerne, mit ihren komplexen Beziehungen zwischen Mutterfirma und Tochtergesellschaften, neue Grundlagen für Geschäftsnetzwerke und Firmenallianzen geschaffen. Die Koordination der einzelnen Einheiten innerhalb eines multinationalen Konzerns stellt folglich eine brauchbare Blaupause zur Koordination komplexer Allianznetzwerke dar. Internationale strategische Allianzen involvieren in der Regel mindestens ein großes Unternehmen, das seine Aktivitäten über nationale Grenzen auszudehnen vermag. Die Fachliteratur nennt Beispiele, wie durch die Bildung von joint ventures und Lieferantennetzwerken zwischen ausländischen Investoren und einheimischen Unternehmen ein Verstärkungseffekt der Globalisierung entsteht, worunter man ein einheimisches *spill-over* von ausländischen Investitionen versteht. Außerdem erleichtern ausländische Investoren die Integration einheimischer Unternehmen in globale Produktions- und Distributionsketten und eröffnen lokalen Firmen somit neue Geschäftsmöglichkeiten. Darüber hinaus sind multinationale Konzerne bei der Entwicklung einheimischer Märkte behilflich, schaffen Nachfrage und Wettbewerb und restrukturieren somit die Beziehungen innerhalb des Marktes, in den sie eindringen. Allerdings zeigen Studien über joint ventures auch, dass zwischen den Zielsetzungen ausländischer und einheimischer Firmen oft enorme Diskrepanzen bestehen. Einheimische Firmen wollen in der Regel ihre Exportchancen verbessern, während sich ausländische Firmen einen besseren Zugang zu den Märkten des Gastgeberlandes erhoffen

(Buckley und Casson 1988; Pan und Li 1998). Diese Differenzen über inkompatible Ziele, Leistungsfähigkeiten und Zwänge sind ein wichtiger Grund, warum die Partnerfirmen in internationalen joint ventures oft nach Kapitalbeteiligungen zur Risikoabsicherung trachten.

Ein wesentlicher Unterschied zwischen einem multinationalen Konzern und einer strategischen Allianz liegt im Konzept der geteilten Kontrolle. Vorstandsvorsitzende beschreiben das Führungsproblem einer Allianz gern unter Zuhilfenahme des Bildes der Krake – die alte Logik – und des Netzwerkes – die neue Logik –, in der eine andere Form der Interdependenz entsteht (Lorange und Roos 1993). Der Krake symbolisiert das klassische, zentral gesteuerte Management eines multinationalen Konzerns, während die Netzwerkmetapher dezentrale Strukturen und Managementprozesse zur Erleichterung der gemeinsamen Kontrolle impliziert. Interdependenz ist ein hervorstechendes Merkmal erfolgreicher strategischer Allianzen in dynamischen Märkten (Sanchez 1994).

Faktoren der Globalisierung, Waren- und Handelsketten. Nach Ansicht einiger Organisationsforscher war der Hauptauslöser der jüngsten Globalisierungsprozesse die beträchtliche Akkumulation und Internationalisierung des Finanzkapitals in den 1970er Jahren, die es den Konzernen und Wirtschaftsführern in fortgeschrittenen kapitalistischen Systemen ermöglichte, international agierende und sich gegenseitig kontrollierende Aufsichtsräte und komplexe formale Netzwerke für multinationale Finanzkredite zu bilden (Mizruchi und Schwartz 1987). Allerdings lässt sich diese Sicht dadurch widerlegen, dass einige multinationale Konzerne schon seit mehr als einem Jahrhundert tätig sind, wie beispielsweise die im Vereinigten Königreich registrierten Firmen Tate and Lyle (Zuckerindustrie) und P&O (Transportwesen). Die technologische Entwicklung der letzten Jahrzehnte, welche die Bedingungen für standardisierte Produktion und internationale Marktexpansion verbesserte, begünstigte hingegen den starken Anstieg nationaler und internationaler strategischer Allianzen.

Die Globalisierung des Marktes bewirkt einen Wandel in der Arbeitsweise von Unternehmen. Wettbewerbs- und strategische Vorteile ergeben sich für ein Unternehmen zunehmend aus ihrer Fähigkeit, mit anderen Firmen zu kooperieren, Geschäftsnetzwerke mit Lieferanten und Abnehmern zu bilden, Größenvorteile auszuschöpfen und Kosten und Gewinne mit Partnern aus anderen Ländern und Kulturen zu teilen. Tendenzen zur Globalisierung zählen zu den wichtigsten Faktoren, die Firmen zur Sondierung von Alternativen zwingen, um Wettbewerbsvorteile zu erhalten und auszudehnen. In diesem Zusammenhang sind von Bedeutung: im globalen Maßstab gestiegener Wettbewerbsdruck, kürzere Produktlebenszyklen und rapider technologischer Wandel, Auftauchen neuer Konkurrenten, Personalpolitiken, die Sozialkapital von Unternehmen über nationale Grenzen hinaustragen, und die wachsende Nachfrage globaler Firmen nach übergreifenden systemischen Lösungen. Langfristige, auf Win-Win-Szenarien basierende Strategien ermöglichen ihnen, ihren Output mittels breiter und kommerzieller Anwendungen in verschiedenen Orten und Märkten zu erhöhen (Lorange und Roos 1993). Laut einer Umfrage unter Vorstandsvorsitzenden multinationaler Konzerne betrachtete die Mehrheit der Befragungsteilnehmer strategische Allianzen als oft tragfähige Alternative zu Fusionen und Übernahmestrategien (Zajac 1990).

Erst die strategischen Motive, die genannten Faktoren und die Tendenzen der Globalisierung zusammen erklären die rapide Zunahme internationaler strategischer Allianzen in vielen globalen Wirtschaftssektoren (z.B. in der Automobil-, Flugzeug-, Tourismus-, Telekommunikations-, Computer- und Bekleidungsindustrie, bei der Herstellung von Schuhen und Gebrauchsgütern). Traditionelle globale Warenketten sind produzentengesteuert und umfassen vier Segmente: Rohstofflieferantennetzwerk, Produktionsnetzwerk, Exportnetzwerk und Marketingnetzwerk (Gereffi 1990). Jedes einzelne Segment sowie die gesamte Warenkette besteht aus miteinander verbundenen Unternehmen, die eine Input-Output-Struktur mit räumlicher Streuung und Konzentration von Einheiten sowie einer Governance-Struktur zur Koordinierung des gesamten Produktionssystems umfassen (Gereffi 1994). Gereffi identifizierte zwei unterschiedliche Governance-Strukturen: die eben erwähnte, traditionelle produzentengesteuerte Warenkette, und die käufergesteuerte Warenkette. Erstere ist stärker durch lineare Beziehungen charakterisiert und basiert auf sich wiederholenden Transaktionen und langfristigen Verträgen; die Produzenten drängen darauf, ihre Produkte bis in den Einzelhandel zu platzieren. Im Gegensatz dazu hat die käufergesteuerte Kette multiple Vor- und Rückbindungen und ähnelt von der Struktur her einer strategischen Allianz mit einer komplexen Logistik; hierbei geht der Impuls vom Einzelhandel und von Endverbrauchern aus. Die Auswahl der Unternehmen in solchen Ketten hängt stark davon ab, ob die Koordinationsrolle von Produzenten oder Käufern dominiert wird und welchen anderen Umweltzwängen und -chancen die einzelnen Unternehmen ausgesetzt sind, und sie variiert je nach sektoralem Kontext. Alles in allem hat die Globalisierung der Warenketten komplexe, auf Größen- und Reichweitenvorteilen basierende Wirtschaftssysteme hervorgerufen, die immer stärker die Bildung strategischer Allianzen begünstigen.

IV. Die praktische Umsetzung strategischer Allianzen

Faktoren bei der Umsetzung von Allianzen sind die richtige Wahl der Governance-Struktur, die Herausbildung von Vertrauen und Reziprozität zwischen den Partnern, die Integration der an dem Projekt beteiligten Mitarbeiter aus verschiedenen Organisationskulturen und die Lösung der Konflikte, die zwischen Partnern mit unterschiedlichen Erwartungen und Beiträgen auftreten.

Relationale Verträge. Unternehmen, die wiederholt langfristige Transaktionen eingehen, können hierarchische Governance-Strukturen implementieren, um die spezifischen *assets*, die sich im Laufe dieser Geschäfte herausbilden, zu schützen (Haugland 1999). Zu den hierarchischen Governance-Strukturen zählen: die Ermächtigung der Entscheidungen eines Unternehmen über die eines anderen, die Schaffung einer neutralen Instanz mit der Befugnis, spezifische Bereiche zu kontrollieren, und die Einrichtung von einheitlichen Arbeitsprozeduren innerhalb der Allianz. Als Alternative zu hierarchischer Governance und zu den Unwägbarkeiten von „Arm's Length"-Verträgen käme laut Haugland (1999) ‚relational contracting' in Frage. Relationale Governance-Strukturen stützen sich auf so unterschiedliche Koodinationsmechanismen wie Reziprozitätsnormen, interorganisatorisches Vertrauen und Sozialkapital, das in multiplen geschäftlichen und sozialen Interaktionen verankert ist. Als theoretische Perspektive steht die dem ‚relational contracting' implizit zu Grunde liegende Übereinkunft im Kontrast zur Verhaltensannahme des Opportunismus, von dem explizit sowohl in der Handlungs- als auch in der Transaktionskostentheorie ausgegangen wird (Borsch 1994). ‚Relational contracting' löst nicht nur das Problem nicht zu spezifizierender Bedingungen in komplexen und unbefristeten Verträgen, sondern umfasst auch kollektive interorganisatorische Strategien zur Vermeidung von Rivalität der Partner mittels einer stillschweigenden Koordination. Die Verfolgung einer kollektiven Strategie hängt in der Regel von unvorhersehbaren zukünftigen Bedingungen ab, die sich nicht explizit in formalen Vertragsvereinbarungen festschreiben lassen. Folglich sind Vertrauen, gegenseitiges Verständnis, die Möglichkeit für ungehindertes Lernen und interorganisatorische Wissensteilung notwendig, um ein hohes Ausmaß gemeinsamer Beschlüsse sowohl auf strategischer als auch auf betrieblicher Ebene zu erreichen. Doz, Olk und Ring (2000) operationalisierten diese Prozesse als „open solicitation" und „seeking domain consensus", in denen die Partner ständig ihre gemeinsamen Ziele, Leistungsprofile, Ressourcen und Aufgaben genau darlegen. Das Erreichen eines gut dokumentierten Konsenses würde dann als Grundstock für die Verkündung und Umsetzung einer formalen strategischen Allianz dienen. Ein zentrales Problem dabei bleibt, wie sich das Gleichgewicht zwischen Interdependenz und Kontrolle am besten halten lässt, wobei die oben erwähnten alternativen Governance-Strukturen besonders wichtige Mechanismen zur Konfliktlösung und zur Aufrechterhaltung der Partnerschaft darstellen (Harrigan 1988a; Haugland 1999). Sozialkapital, in Form von zwischenmenschlichem und interorganisatorischem Vertrauen, ist zur Reduzierung der Transaktionskosten zwischen den Partnern unerlässlich. Darüber hinaus betrachten viele Studien Vertrauen sowohl als Ergebnis der Allianzbildung als auch als Faktor, der den Erfolg einer Allianzbildung voraussagen hilft (Olk und Earley 2000).

Das Management der Allianzbildung. Sobald Organisationen beschließen, eine strategische Allianz einzugehen, stehen die Partner vor der Herausforderung, ihre guten Absichten auf allen Ebenen, angefangen von Routineaktivitäten bis hin zu strategischen Überlegungen, in ein realisierbares Unterfangen zu verwandeln. Diese Umsetzungsphase erfordert in der Regel, dass zwei autonome Unternehmen Teile ihrer personellen und materiellen Ressourcen zusammenlegen, eine in die Praxis umsetzbare Governance-Struktur mit ausreichenden Macht- und Kontrollbefugnissen entwickeln, und lernen, zum gegenseitigen Nutzen zu kooperieren. Die unvermeidlichen Missverständnisse und Konflikte, die dabei zu Tage treten, machen es erforderlich, dass sich die Partnerunternehmen und ihre Mitarbeiter neue Managementfähigkeiten aneignen, vor allem in Bezug auf komplexe Querverbindungen zwischen juristisch eigenständigen Gebilden. Wenn zwei Unternehmen einfach versuchen, gemäß einer Vereinbarung zusammenzuarbeiten, werden die klaren Autoritätsstrukturen einer Firmenhierarchie typischerweise durch ungeordnete parallele Befehls- und Berichtssysteme ersetzt. Die von den Partnerunternehmen für die Umsetzung des gemeinsamen Projektes abgestellten Manager sind anfangs eventuell unsicher, wer tatsächlich das Sagen und die letztendliche Entscheidungsbefugnis hat. Bei der Auswahl der Mitarbeiter und Führungskräfte, die „für die ständigen Kontakte zwischen den Partnern und zwischen den Partnern und der Allianz" (Mockler 1999: 144) verantwortlich sind, bedarf es größter Sorgfalt. Die formale Schaffung einer separaten Tochtergesellschaft mit eigenem Aufsichtsrat und interner Autoritätshierarchie und mit Kapitalanteilen, die die Eigentümerschaft und die Kontrolle zwischen den Partnern rechtlich aufteilen, kann dazu beitragen, die jeweiligen Rechte und Erwartungen der Partner zu definieren. Aber selbst die penibelsten vertraglichen Absicherungen stellen keine Garantie gegen die alltäglichen Unwägbarkeiten, Ambiguitäten und Streitigkeiten dar. Einige Aspekte sozialer Kontrolle, wie beispielsweise interorganisatorisches Vertrauen und Reziprozität (Das und Teng 1998), spielen während der prekären Umsetzungsphase eine große Rolle.

Die Vertrauensbildung zwischen Allianzpartnern ist zur Überbrückung des anfänglichen Misstrauens gegenüber dem Partner, welches eine gelungene Umsetzung der Kooperationsvereinbarung verhindern kann, absolut entscheidend. Machtungleichheiten zwischen den Unternehmen können der Vertrauensbildung hinderlich sein, wenn beispielsweise die Partnerorganisationen aufgrund unterschiedlicher Ressourcen nicht über die gleichen Kapazitäten verfügen, ihre Verpflichtungen zu erfüllen (Goel 1994; Chaudhuri 1995; Brousseau und Quelin 1996; Lin und Germain 1998). Organisationspaare, die ähnliche oder komplementäre Charakteristika haben, entwickeln wahrscheinlich eher starke Vertrauensbeziehungen. Wenn die Allianzpartner wenig gemeinsam haben, kann es zum Bruch stillschweigender Vereinbarungen und für selbstverständlich gehaltener Annahmen kommen. Beispielsweise haben viele internationale Allianzen, die zwecks Zugang zu den lokalen Märkten eingegangen werden, mit der Inkompatibilität der jeweiligen nationalen Kulturen zu kämpfen (Lewis 1990: 253–278; Lorange und Roos 1993: 177–204; Bleeke und Ernst 1993). Allianzen zwischen bis dato unerfahrenen Partnern beginnen oft mit formalen vertraglichen Vereinbarungen, durch die die Partner nur geringen Risiken ausgesetzt sind. Da beide Organisationen wenige Anhaltspunkte haben, der anderen zu vertrauen, überwiegen auf Kapitalbeteiligung basierende Verträge als Schutz gegen potenziellen Opportunismus (die so genannte „Geiselnahme" beschränkt die Möglichkeiten der Firmen, ohne Rücksicht auf die Interessen des Partners zu handeln). Sobald sich beide Partner durch ständiges gegenseitiges Überprüfen immer mehr vertrauen können, „kompensieren oder ersetzen informelle psychologische Verträge mehr und mehr die formalen vertraglichen Absicherungen" (Ring und Van de Ven 1994: 105). Wiederholte strategische Allianzen unter allianzerfahrenen Partnern stützen sich eher auf interorganisatorisches Vertrauen als auf formelle Absicherungen gegen den potenziellen Opportunismus des Partners.

Frühere Allianzen. Dieser Substitutionsprozess formeller Absicherungen durch Vertrauen ist von Gulati (1995a) mit seiner zustimmenden Antwort auf die Frage „Bringt Vertrautheit Vertrauen hervor?" gut zusammengefasst worden. Da starke, auf Vertrauen basierende Beziehungen den Ängsten bezüglich eines Vertrauensbruchs des Partners entgegenwirken können, werden diese Allianzen immer weniger durch juristische Dokumente, sondern durch interorganisatorisches Vertrauen bestimmt. Geringere Transaktions- und Überwachungskosten sorgen dafür, dass diese informelle soziale Kontrolle eine rentable Alternative zu Markt und Hierarchie darstellt. Unter Verwendung eines über den Zeitraum von 1980 bis 1989 durchgeführten Panels von 166 in drei weltweiten Sektoren tätigen Konzernen (US-amerikanische, japanische und europäische Werkstofftechnologie-, Industrieautomatisierungs- und Automobilproduktunternehmen) führte Gulati (1995b) Ereignisanalysen mehrerer dyadischer Allianzen durch, die von Lizenzverträgen bis zu eng miteinander verflochtenen equity joint ventures reichten. Er fand empirische Unterstützung der These, dass formale Kapitalbeteiligungsvereinbarungen mit der Existenz und Häufigkeit früherer Partnerschaften abnahmen. Einheimische Allianzen beinhalteten weniger oft Kapitalbeteiligungsmechanismen als internationale Vereinbarungen, was darauf hindeutet, dass Beziehungen auf Vertrauensbasis zwischen Unternehmen aus unterschiedlichen Kulturen tatsächlich schwerer aufrecht zu erhalten sind. Strategisch interdependente Unternehmen (d.h. Unternehmen, die in komplementären Marktnischen tätig sind) bildeten häufiger Allianzen als Unternehmen mit ähnlichen Ressourcen und Leistungsprofilen. Unternehmen, die bereits eine Allianz miteinander eingegangen waren, bildeten auch in der Folge eher wieder eine Partnerschaft, was nahe legt, dass die Informationen über und das Vertrauen in den Partner im Laufe der Zusammenarbeit wuchsen. Allerdings sank über einen bestimmten Punkt hinaus die Wahrscheinlichkeit zukünftiger Allianzen, was eventuell Ängste auf Seiten der Unternehmen widerspiegelt, ihre Autonomie durch eine übermäßige Abhängigkeit auf einen Partner einzubüßen (s. auch Walker, Kogut und Shan 1997; Gulati und Gargiulo 1999). Auch indirekte Beziehungen innerhalb des sozialen Netzwerks früherer Allianzen beeinflussten den Allianzbildungsprozess: Die Wahrscheinlichkeit, dass bis dato nicht miteinander verbundene Firmen eine Allianz eingingen, war höher, wenn beide Beziehungen zu einem gemeinsamen Dritten hatten, und sie war niedriger, je größer die Entfernungen zwischen ihnen waren. Gulati (1995b: 644) folgerte daraus, dass „das soziale Netzwerk indirekter Verbindungen ein effektiver Referenzmechanismus ist, der Unternehmen zusammenbringt, und dass eine gegenseitige räumliche Nähe in einem Allianznetzwerk das gegenseitige Vertrauen erhöht, da sich die Unternehmen des möglichen Schadens für ihre Reputation bewusst werden, der aus ihrem eigenen opportunistischen Verhalten oder dem ihres Partners resultieren würde". Laut Gulati lässt sich also eher von einer Logik cliquenhaften Zusammenhalts als von Statusrivalität unter strukturell gleichwertigen Organisationen sprechen.

Vertrauen und Reziprozität. Andrea Larsons ethnographische Untersuchung von dyadischen Allianzen (1992) beleuchtete die Rolle von Vertrauen und Reziprozitätsnormen während der Umsetzungsphase. Sie führte Mitte der 1980er Jahre Tiefeninterviews mit Gewährspersonen von sieben Partnerschaften, die von vier kleinen Firmen (einer Vertriebsfirma für Telekommunikation, einer Einzelhandelsbekleidungsfirma, einer Computerfirma, und einem Hersteller von Umweltsupportsystemen) eingegangen worden waren. Obwohl wirtschaftliche Gewinne für beide Seiten ein notwendiger Anreiz für die Allianz waren, bedurfte es zur Aufrechterhaltung der Partnerschaft einer zwischen sechs und achtzehn Monate dauernden Testphase, in der die Partner schrittweise stabile und verlässliche Governance-Strukturen errichteten. Schlüsselelemente dieser kritischen Testphase waren die Institutionalisierung impliziter und expliziter Regeln und Verfahren und die Entwicklung klarer, von den Managern beider Firmen allmählich für selbstverständlich angesehener Erwartungen. Mit der Festigung der Beziehung im Laufe der Zeit ließen sich die organisatorischen Handlungen immer mehr integrieren und mit Hilfe ineinander verflochtener operationaler, strategischer und sozialer Mechanismen gegenseitig kontrollieren. In Ermangelung formaler Verträge schützten Vertrauen und moralische Verpflichtungen die Firmen vor dem Opportunismus ihrer Partner. Der für die Beziehungen zu den Lieferanten zuständige Abteilungsleiter der Computerfirma beschrieb die Bedeutung sozialer Beziehungen für das wirtschaftliche Verhalten wie folgt: „Es ist, als ob man mit seiner eigenen Fabrik arbeiten würde. Es herrscht vollkommenes Vertrauen. Wenn wir anrufen und sagen, ‚Machen Sie sich um die Kosten keine Sorgen', wissen sie, was wir meinen. Sie vertrauen uns, dass wir zahlen, und wir vertrauen ihnen, dass sie uns einen vernünftigen Preis machen" (Larson 1992: 95).

Starke Vertrauens- und Reziprozitätsnormen entpuppten sich als wesentlich für eine erfolgreiche Umsetzung, was Allianzen von typischeren ‚Arm's Length'-Beziehungen unterschied. In der Reifephase strategischer Allianzen wurden der Ruf und die Identität beider Unternehmen durch ihre wirtschaftlichen Transaktionen eng miteinander verwoben. Diese komplexe Fusion von sich gegenseitig verstärkenden sozialen und wirtschaftlichen Prozessen schuf einen charakteristischen Netzwerkmodus interorganisatorischer Kontrolle. Weder Markt noch Hierarchie involvierend, „ist soziale Kontrolle eine Kombination aus Selbstkontrolle mit einer moralischen Dimension und einer, von mehreren Partnern gemeinsam beschlossenen und geteilten Kontrolle" (Larson 1992: 91). Diese Governance-Formen waren offensichtlich riskant, da vier der sieben Partnerschaften in der Folge entweder schwächer oder ganz beendet wurden. Eine wesentliche Herausforderung der Organisationssoziologie besteht darin, die Bedingungen für den Fortbestand bzw. die Auflösung von Allianzen zu erklären.

V. Ergebnisse strategischer Allianzen

Obwohl Organisationen aus verschiedenen Gründen strategische Allianzen eingehen und die Partner im Allgemeinen von ihrer Zusammenarbeit zu profitieren hoffen, stößt man auf Schwierigkeiten, wenn die Auswirkungen von Umwelt-, Wirtschafts-, organisatorischen und interorganisatorischen Faktoren auf die Ergebnisse und Folgen von Allianzen entwirrt werden sollen. Verfasser von praktischen Anleitungen zum Management strategischer Allianzen verkünden in der Regel lautstark die positiven Konsequenzen von joint ventures und Kapitalbeteiligungsarrangements (z.B. Triantis 1999; Wolf 2000). Die Ergebnisse empirischer Forschungen fallen im Allgemeinen pessimistischer aus, was die Fähigkeiten der Partner angeht, die inhärente Spannung zwischen Konkurrenz und Kooperation auf lange Sicht zu überwinden. So warnten beispielsweise Das und Teng (1998: 493) davor, „den im Grunde unberechenbaren und provisorischen Charakter einer Kooperation nicht zu übersehen", aufgrund dessen viele strategische Allianzen „selbstdestruktiv, instabil oder Übergangslösungen" sind (siehe auch Inkpen und Beamish 1997). Leistungs- und Produktivitätsbewertungen leiden unter konzeptionellen und messtechnischen Problemen, egal ob objektive Indikatoren (also z.B. finanzielle Gewinne und Innovationen) oder subjektive Indikatoren (wie die Zufriedenheit der Partner mit der Kooperation) verwandt werden. Die Bewertung internationaler Allianzen ist besonders kompliziert, da Unternehmen aus verschiedenen Ländern und Kulturen im Allgemeinen unterschiedliche Erfolgskriterien anwenden (Si und Bruton 1999; Yan und Zeng 1999). Trotz solcher Schwierigkeiten wurden eine Vielzahl von Faktoren untersucht, die sich auf verschiedene Dimensionen der Ergebnisse strategischer Allianzen auswirken. Die folgende Diskussion unterteilt sich in vier Abschnitte: 1. Überleben und Beendigung von strategischen Allianzen; 2. das Erreichen der Lernziele der Allianz; 3. Auswirkungen der Allianz auf die Partner; und 4. gesellschaftliche Konsequenzen.

Überleben und Beendigung. Eine Schwierigkeit bei der Leistungsbewertung liegt darin, dass viele interorganisatorischen Kooperationen von vornherein kurzlebige, zur Erreichung begrenzter Ziele konzipierte Verbindungen darstellen. Eine fundamentale Frage lautet dennoch: Wie lange bleiben strategische Allianzen über ihre formelle Verkündung hinaus bestehen, bis sie schließlich beendet werden? Eine Kooperation kann dadurch zu Ende gehen, a) dass das Projekt komplett aufgelöst wird vor oder nach der Erreichung seiner formalen Ziele; b) durch die Akquisition eines joint venture durch einen der Partner; oder c) durch eine Fusion der beteiligten Unternehmen. Welche Faktoren beeinflussen die Überlebensrate im Allgemeinen und den Übergang in die verschiedenen Endzustände?

Die meisten Untersuchungen fanden einen hohen Grad an Instabilität und Auflösung; nahezu 50 Prozent aller Allianzen wurden wieder gelöst (Harrigan 1988b; Kogut 1988; Dacin, Hitt und Levitas 1997). Allianzen in der technologisch unbeständigen Telekommunikationsbranche wiesen eine „alarmierende Tendenz auf, auf Grund der Unbeständigkeit der Partner auseinander zu fallen" (Curwen 1999: 141). Bleeke und Ernst (1993) kamen bei ihrer Analyse von unveröffentlichten Berichten und Interviews mit Insidern führender Unternehmen in den Vereinigten Staaten, Europa und Japan zu dem Ergebnis, dass von 49 internationalen Allianzen 51 Prozent für beide Partner erfolgreich waren, während 33 Prozent für beide einen Misserfolg darstellten. Erfolg bedeutete hierbei, dass beide Partnerunternehmen ihre eigenen strategischen Ziele erreicht hatten und ihre Kapitalkosten wieder hereinholen konnten. Eine Ereignisanalyse von 186 joint ventures zwischen US-amerikanischen und japanischen Elektronikfirmen im Zeitraum von 1979 bis 1988 ergab eine Auflösungsrate von 43 Prozent und eine durchschnittliche Lebensdauer von weniger als fünf Jahren (Park und Ungson 1997). Angeblich sind internationale joint ventures leichter anfällig für Missverständnisse auf Grund inkompatibler nationaler Unternehmenskulturen, was wiederum in heftigeren Managementkonflikten und frühen Beendigungen resultiert (siehe auch Lin und Germain 1998; Simonin 1999; Steensma und Lyles 2000). Allerdings fanden Park und Ungson entgegen dieser Erwartungen, dass US-japanische joint ventures im Elektroniksektor länger dauerten und die Wahrscheinlichkeit ihrer Auflösung geringer war als bei inneramerikanischen Allianzen. Sie vermuteten, dass Reziprozitätsnormen und antizipierte wirtschaftliche Gewinne, die die Unternehmen „in Erwartung besserer Beziehungen für eine potenzielle Kooperation empfänglich machen, destabilisierende Einflüsse wie beispielsweise kulturelle Unterschiede wettmachen könnten" (Park und Ungson 1997: 294). Japanische Firmen, die in einer stark auf Vertrauen basierenden Kultur verwurzelt sind, sparten im Gegensatz zu westlichen Firmen an den Transaktionskosten (geringere Kosten für Kontrollen und Absicherungen gegen den Opportunismus des Partners), was sich in dauerhafteren joint ventures bezahlt machte.

Uneinigkeit besteht über die Frage, ob die Übernahme eines Projekts oder die Einverleibung eines joint venture durch einen der Partner als Scheitern der Allianz oder als erfolgreiche Realisierung der Personal- und Kapitalinvestitionen der akquirierenden Organisation angesehen werden soll. Die verbreitete Annahme, dass Instabilität gleichbedeutend mit einem Scheitern der Kooperation sei, ist möglicherweise zu vage. Daten zu 272 beendeten internationalen joint ventures ergaben häufige Eigentumsübertragungen, was von vornherein die strategische Absicht des letztendlichen Besitzers gewesen war (Reuer 1997). Für Unternehmen können Allianzen relativ kostengünstige und risikoarme Mechanismen zur Sondierung möglicher zukünftiger Zukäufe von Unternehmen sein. Indem eine Firma im Vergleich zu ihrem Partner in der Allianz deutlich mehr an Geschäftserfahrung gewinnt, entwickeln sich Allianzen allmählich zu Übernahmen. Ebenso kann es der Fall sein, dass Unternehmen sich von bestimmten Geschäftszweigen trennen wollen und folglich in einer Allianz ein Mittel sehen, einem möglichen Buy-out-Bewerber Kaufanreize zu bieten. Mehr als 80 Prozent der von Bleeke und Ernst untersuchten internationalen Allianzen endeten mit Übernahmen, in der Regel durch den stärkeren Partner (1995: 97). Dabei spielten vor allem die Firmengröße, die Häufigkeit der interorganisatorischen Kommunikation, die Macht des Aufsichtsrats, der Umfang der jeweiligen Beiträge der Partner und die ungleiche Verteilung der durch die Partnerschaft erzielten Gewinne eine Rolle.

Eine komplette Fusion zweier Organisationen stellt ein extremes Resultat einer strategischen Allianz dar. Partnerschaften dienen eventuell als Übergangsphase („Werbephase"), in denen die potenziellen Weggefährten sondieren, ob sich ihre Identitäten zu einem neuen Unternehmen verschmelzen lassen. Indem Allianzen beiden Organisationen intime Einblicke in die Geschäftsaktivitäten der jeweils anderen ermöglichen, machen sie Topmanager mit beiden Unternehmenskulturen vertraut und lassen das Potenzial für Leistungsverbesserungen durch die Zusammenlegung ihrer Tätigkeiten erkennen (Nanda und Williamson 1995). Wie die jüngste Geschichte des globalen Informationssektors zeigt, partizipieren Unternehmen, die in einem dichten Allianznetzwerk der größten Konzerne der Welt miteinander verbunden sind, regelmäßig an der formalen Integration zwischen den *key players* (Knoke 2001). So gingen beispielsweise den Fusionen von AOL mit Netscape und mit Time Warner im Jahr 1999 zahlreiche Forschungs- und Marketingkooperationen der Protagonisten und ihrer engen Sektorverbündeten voraus. Allerdings sind laut Hagedoorn und Sadowski (1999) Übergänge von strategischen Technologieallianzen zu Übernahmen und Fusionen selten: Nur 2,6 Prozent von 6.425 Allianzen im Zeitraum von 1970 bis 1993 konnten mit solchen Transformationen in Verbindung gebracht werden. Die Autoren schlossen daraus, dass strategische Partnerschaften auf dem Technologiesektor ein eigenständiger Governance-Modus sind, der in keinem Zusammenhang zu darauf folgenden Fusionen steht (andere Sichtweisen der Dynamik dieses Sektors vertreten Hennart und Reddy 1997; Jamison 1998).

Lernziele erreichen. Viele Organisationen gehen Allianzen mit der Erwartung ein, von ihren Partnern zu lernen – entweder als Primärziel oder als Derivat anderer Ziele wie der Schaffung neuer Produkte und Technologien oder der Durchdringung neuer Märkte. Organisationales Lernen findet statt, wenn eine Firma neue Informationen, Kenntnisse und Fähigkeiten erhält, assimiliert und anwendet, die langfristig ihre wirtschaftliche Leistung und ihren Wettbewerbsvorteil verbessern. Strategische Allianzen können als institutionalisierte Kanäle für den Transfer und die Schaffung neuer organisatorischer Kapazitäten dienen. Lernen kann entweder einseitig stattfinden, indem sich eine Organisation das Know-how einer anderen aneignet, oder synergetisch durch gemeinsame Erfahrungen (Tsang 1999). Ersteres suggeriert Wettbewerb, wohingegen letzterer Prozess größere Gegenseitigkeit und Interdependenz impliziert. Routinemäßige Interaktionen zwischen den Mitarbeitern und Managern der an der Allianz beteiligten Organisationen resultieren unvermeidlich in einem Technologietransfer und einem Austausch von Managementpraktiken. Organisationales Lernen entwickelt sich konstant in aufeinander folgenden Umsetzungsphasen der strategischen Allianz, in denen jeweils unterschiedliche Managementfähigkeiten und -verhaltensweisen gefragt sind. Zu den Faktoren, die die Lernkapazität einer Organisation beeinflussen, gehören „der Charakter der gemeinsamen Geschäftsaktivitäten, der Typ des gemeinsam entwickelten Wissens, und das Belohnungssystem der Firma" (Lei, Slocum und Pitts 1997: 210).

Obwohl organisationales Lernen auch indirekt und durch Imitation eines erfahreneren Partners stattfinden kann, ist bei Forschungs- und Entwicklungskooperationen in der Regel gegenseitiges ergebnisoffenes Lernen erforderlich, um neues Wissen zusammenzuführen, welches dann gemeinsamer intellektueller Besitz der *venture*-Eigner wird. Egal ob organisationales Lernen die Aneignung routinemäßigen oder außergewöhnlichen Wissens beinhaltet, warnt die Transaktionskostentheorie davor, dass Allianzteilnehmer im Falle eines uneingeschränkten Zugangs des Partners zu urheberrechtlich geschützten Geheimnissen und patentierten Prozessen potenziellen Opportunismus riskieren. Die Lernallianzen inhärenten Spannungen zwischen Wettbewerb und Kooperation können zu einem ‚Lernwettrennen' eskalieren, in dem eine Organisation versucht, von dem Partner möglichst viel zu lernen, sich selbst aber gegen den Diebstahl ihrer Leistungsfähigkeiten zu schützen (Khanna, Gulati und Nohria 1998; Gulati, Nohria und Zaheer 2000). Solche Wettrennen finden statt, wenn die firmeneigenen Gewinne, die eine Organisation durch die Zusammenarbeit mit dem Partner hat, die zukünftigen Gewinne von der Aufrechterhaltung ihrer Kooperation übersteigen. Deshalb auch die häufige Errichtung rechtlicher und administrativer Schutzvorrichtungen, um die Partner in der Anfangsphase, wenn das Vertrauen und die Vertrautheit noch gering sind, zu schützen. Wiederholte Kooperationen, im Laufe derer interorganisatorisches Vertrauen formale Schutzvorrichtungen ersetzt, sollten dem beiderseitigen Lernen förderlich sein. Eine Studie von 212 Allianzen in sechs Produktions- und Dienstleistungsbranchen fand heraus, dass bei einer Zunahme des relationalen Kapitals (d.h. sozialem, auf Vertrauen, Respekt und Freundschaft basierendem Kapital) und integrativer Konfliktlösungsmechanismen (die Fairness und Verfahrensgerechtigkeit garantieren) sowohl das organisationale Lernen als auch die Wirksamkeit des Schutzes der Eigentumsrechte zunehmen (Kale, Singh und Perlmutter 2000).

Ob eine Organisation innerhalb einer Allianz erfolgreich von der anderen lernt, hängt außerdem von verschiedenen Dimensionen der Wissens- und Organisationsstruktur ab. Besonders die Absorptionskapazitäten beider Organisationen – ihr miteinander verflochtenes personelles, finanzielles und soziales Kapital und ihre Organisationskulturen – behindern eine effektive Informationsverarbeitung, den Erwerb der Expertise des Partners und die Übernahme von Innovationen. Eine Untersuchung von 151 internationalen Allianzen mittlerer und großer Hochtechnologiefirmen untersuchte die Wissensambiguität, die der Klarheit und leichten Übertragbarkeit von Marketingfähigkeiten und Know-how zurück an die Mutterorganisationen nicht förderlich ist (Simonin 1999). Der wichtigste Faktor bei der Übertragbarkeit des Wissens war *tacitness*, definiert als Wissen, „welches nicht einfach kommuniziert und geteilt werden kann, welches äußerst persönlich ist und tief in Handlungen und in dem sozialen Kontext des Handelnden verwurzelt ist" (Simonin 1999: 469). Darüber hinaus hatten Allianzdauer, Firmengröße und frühere Kooperationserfahrungen der Partner mäßigenden Einfluss auf die kulturellen Unterschiede, die Spezifizität der *assets* und die früheren Erfahrungen mit Wissensambiguität. Eine explorative Studie zur Netzwerkbildung in 53 Forschungs- und Entwicklungskonsortien (Doz, Olk und Ring 2000) ergab, dass *tacit learning* stärker an ähnliche Interessen der Partner gebunden war und nichts mit den die Allianz anbahnenden Werbungs- und Konsensfindungsprozessen während der Allianzbildungsphase zu tun hatte. Die Einstellungen und Bedürfnisse der Partner hatten einen stärkeren Einfluss auf ihre Lernfähigkeit als ihre Interaktionen vor der Bildung der Allianz. Eine Studie von 947 Auslandsinvestitionen von 386 italienischen Montanbau- und Fertigungsbetrieben belegte, dass „joint ventures häufiger dort vorkommen, wo technologische Möglichkeiten innerhalb des Sektors sowie nicht explizierte Fähigkeiten und Kompetenzen wichtige Quellen des Wettbewerbsvorteils der Firma sind" (Mutinelli und Piscitello 1998: 503). Im Hochtechnologiesektor, in dem Innovationen eine immer größere Rolle spielen, machen Firmen häufig von joint ventures Gebrauch, um ihr Wissen auszutauschen und ihre internen Forschungs- und Entwicklungsressourcen gegenseitig zu ergänzen.

Fallstudien über organisationales Lernen in bestimmten Wirtschaftszweigen haben einige Faktoren identifiziert, die der Innovationsfreudigkeit und dem Wissenstransfer unter Allianzpartnern förderlich bzw. abträglich sind. So haben beispielsweise Toyota und General Motors eine ineffiziente GM-Automontagefabrik im kalifornischen Fremont in die New United Motor Manufacturing Inc. (NUMMI) umgewandelt, wodurch GM japanische Managementtechniken studieren und Toyota festeren Fuß auf dem US-amerikanischen Automobilmarkt fassen konnte (Adler 1993). Der ausführlich dokumentierte NUMMI-Fall zeigte, dass mit einer US-amerikanischen Belegschaft große Produktivitätssteigerungen erzielt werden konnten. Krankmeldungen und Beschwerden der Angestellten sanken enorm, als die Arbeiter lernten, qualitativ hochwertigere Fahrzeuge in weniger Arbeitsstunden zu montieren als andere GM-Werke. Durch einen ähnlichen Transfer an Qualitätskontrollpraktiken von einem japanischen Partner gelang es British Steel Strip Products (BSSP), seine Unternehmensleistung durch die Reduzierung von Stahlabfällen zu steigern (Collinson 1999). Indem der BSSP-Fall die Unterschiede zwischen den beiden Firmen in der Entwicklung und Anwendung von Expertenwissen zur Verbesserung der Qualitätskontrolle in den Stahlwerken aufzeigte, machte er deutlich, wie schwierig es ist, fest verankertes Know-how zu transferieren, dessen „effektive Anwendung enorm von breiteren kontextuellen Faktoren (Wissensressourcen, organisatorischer Struktur, Kultur, etc.) abhängt." Das internationale joint venture zwischen dem britischen Autohersteller Rover und dem japanischen Autohersteller Honda von 1980 bis 1994 ging schief, weil Rover wenig aus der Beziehung lernte und immer mehr von der Produktionskapazität seines dominanten Partners abhängig wurde (Pilkington 1996). Interne, den Wissensaustausch und organisationales Lernen behindernde Barrieren, die aus den inkompatiblen organisatorischen Strukturen und Unternehmenskulturen der beiden Firmen resultierten, verurteilten diese Kooperation unter Ungleichen letztendlich zum Scheitern.

Die Auswirkungen einer Allianz auf die Partner. Abgesehen von den unmittelbaren Ergebnissen formaler kooperativer Aktivitäten können strategische Allianzen auch Auswirkungen auf die wirtschaftlichen Leistungen und Überlebenschancen der Partnerorganisationen haben. Manche Analysen versuchen, Allianzcharakteristika mit einer Reihe unternehmensbezogener Wirtschaftsindikatoren wie beispielsweise Aktienpreisen, Gewinnen, Produktivität und Marktanteilen in Verbindung zu bringen. Schwieriger ist es zu zeigen, dass Allianzen beträchtliche nichtfinanzielle Resultate wie beispielsweise gestiegene organisationale Glaubwürdigkeit produzieren (Human und Provan 1997). Gewinnen Firmen, die an bestimmten Kooperationstypen teilnehmen, an Legitimation, Vertrauenswürdigkeit und Ansehen innerhalb ihres organisationalen Feldes? Es stellt ein beträchtliches empirisches Problem dar, die Resultate relativ kleiner Allianzen für ihre viel größeren Mutterorganisationen zu ermitteln.

Eine in letzter Zeit viel beachtete Hypothese lautet, dass strategische Allianzen die Produktionsleistungen der Mutterfirmen erhöhen. Eine Studie zur chemischen Industrie ergab, dass der Einfluss indirekter Allianzverbindungen auf Patentierungen durch die Anzahl der direkten Verbindungen einer Firma abgeschwächt wurde, dass aber zunehmende strukturelle Löcher die Innovationsfreudigkeit negativ beeinflussten (Ahuja 2000b). Eine Studie von 142 kanadischen Biotechnologie-Startup-Unternehmen im Zeitraum von 1991 bis 1996 fand eine anfängliche Leistungsverbesserung durch die Etablierung von Allianznetzwerken, die ihnen Zugang zu „unterschiedlichen Informationen und Leistungsfähigkeiten bei einem Minimum an Entlassungen, Konflikten und Komplexität" verschafften und ihnen ermöglichten, von bereits etablierten Konkurrenten zu lernen anstatt sich auf riskante Rivalitäten mit ihnen einzulassen (Baum, Calabrese und Silverman 2000: 287). Insbesondere wirkten sich die Allianznetzwerke der start-ups positiv auf ihre Innovationsfreudigkeit auf, gemessen an der Anzahl der Patentierungen und des Wachstums von Forschung- und Entwicklung. Eine vergleichende Studie von Allianznetzwerken unter 138 Stahl- und 130 Halbleiterfirmen von 1990 bis 1994 ergab, dass der Einfluss von Netzwerkcharakteristika auf die Unternehmensleistung je nach sektoralem Kontext variierte (Rowley, Behrens und Krackhardt 2000). Genauer gesagt, enge Verbindungen (equity joint ventures und Forschungs- und Entwicklungsallianzen) führten zu Gewinnsteigerungen in der Stahlindustrie, in der bereits existierende Technologien zum Einsatz kommen. Aber in der Halbleiterindustrie, wo die Unternehmensstrategien hauptsächlich von der Sondierung technologischer Innovationen bestimmt waren, führten schwache Verbindungen (Marketing-, Lizenz- und Patentvereinbarungen) zu Gewinnsteigerungen. Wie sich die soziale Einbettung auf die Leistung auswirkt, hängt folglich von Ziel und Zweck des Netzwerks ab: „Verbindungen unter den Partnern eines Unternehmens schränken die Fähigkeit des Unternehmens ein, Zugang zu multiplen, nicht redundanten Informationsquellen zu bekommen. Ein dicht miteinander verwobenes Egonetzwerk hingegen verschafft der Firma Zugang zu redundanten Informationsquellen, mittels derer sich die aus jeder Quelle gewonnenen Informationen überprüfen und verbessern lassen" (Rowley et al. 2000: 384).

Eine andere Untersuchung von Halbleiterfirmen im Zeitraum von 1985 bis 1991 (Stuart 2000) beschäftigte sich mit den Auswirkungen von Allianzen auf Innovationsraten (gemessen an der Anzahl der erteilten Patente) und Wirtschaftswachstum (gemessen an jährlichen Halbleiterverkäufen). Die entscheidenden Faktoren waren nicht die Größe des Allianzportfolios der jeweiligen Firmen (d.h. die Anzahl der Allianzen, die sie in den vorangegangenen fünf Jahren eingegangen waren), sondern die Ressourcenprofile ihrer Partner. Genauer gesagt, sowohl die Innovations- als auch Verkaufsraten stiegen beträchtlich an, wenn eine Firma Verbindungen zu ertragsreicheren und technologisch innovativeren Allianzpartnern hatte. Dies galt besonders für jüngere und kleinere Firmen, was nahe legt, dass diese am meisten vom Zugang zu größeren, finanzkräftigen Partnern profitierten. Die Interaktionen von Größe und Alter mit dem Einfluss großer und innovativer Partner deckte sich mit soziologischen Argumenten, dass Affiliationen zum Ansehen des Unternehmens beitrugen: „Sie erhöhen das Vertrauen der Öffentlichkeit in den Wert der Produkte und Dienstleistungen einer Organisation und erleichtern es der Firma, wenig risikofreudige Kunden zu gewinnen. In diesem Sinn signalisiert der Allianzpartner die Qualität der eigenen Firma" (Stuart 2000: 808). Eine wichtige Implikation von Stuarts Analyse ist, dass Firmen von dem Sozialkapital ihrer Partnerunternehmen profitieren, sogar wenn ihre strategische Allianz ihre bekundeten formalen Ziele nicht erreicht. Hier wird erneut deutlich, dass sich Erfolg und Misserfolg einer Allianz nicht eindeutig definieren lassen.

Eine weitere Haupthypothese ist, dass eine strategische Allianz den Unternehmenswert einer Firma erhöht, wenn die Kooperation die Wettbewerbsvorteile der Mutterorganisationen verstärkt. Firmen, die urheberrechtlich geschütztes Wissen übertragen und spezialisierte Ressourcen und Mitarbeiterkenntnisse in einem gemeinsamen Forschungs- und Entwicklungsprojekt poolen, gelingt manchmal mittels verbreiterter Produktanwendungen ein technologischer Durchbruch, der für alle Beteiligten große Gewinne zur Folge hat. So entwickelten beispielsweise Forschungskooperationen von Computer- und Telefonfirmen in den 1990er Jahren die DSL-Technologie, welche die Hochgeschwindigkeitsübertragung von Internetdaten auf regulären Leitungen ermöglicht (Schiesel 1998). Diese innovativen Modems verschafften Telefonfirmen beim Wettbewerb um Firmen- und Privatkunden einen Vorteil gegenüber Kabelsystemfirmen. Mehrere Untersuchungen entdeckten positive Auswirkungen von Allianzen auf den Aktienwert der Firma. Bei 345 von 460 strategischen Allianzen (ohne gegenseitige Eigentumsübertragung) im Hochtechnologiesektor in den Jahren 1983 bis 1992 war die Reaktion des Aktienmarktes am Tag der Allianzverkündung positiv (Chan, Kensinger, Keown und Martin 1997). Bei Allianzen zwischen Firmen aus dem gleichen Wirtschaftszweig war der Aktienkurssprung für Technologieabkommen größer als für Marketingvereinbarungen, was nahe legt, „dass Partnerfirmen aus demselben Industriezweig besser von technologischen Komplementaritäten Gebrauch machen können" (S. 213). Ähnliche Aktiengewinne begleiteten die Allianzverkündungen von 240 internationalen joint ventures (Prather und Min 1998; s.a. Balakrishan und Koza 1993; Koh und Venkatraman 1994). Eine Analyse von mehr als 2.000 joint ventures und Lizenzvereinbarungen zwischen Fertigungsbetrieben ergab, dass frühere Erfahrungen mit Forschungs- und Entwicklungs- sowie Produktions-*joint-ventures* erhebliche Auswirkungen auf den Gesamtaktienwert einer Firma im Gefolge der Allianzverkündung hatten, Lizenzverträge hingegen nicht (Anand und Khanna 2000). Eine andere Studie zu kurzfristigen Kursgewinnen im Zuge von 532 Verkündigungen von internationalen joint ventures Verkündigungen ergab eine nur schwache Preisreaktion für das gesamte Sample (Gupta und Misra 2000: 91). Allerdings galt das nicht für eine Untergruppe von Firmen mit wiederholter internationaler joint venture Erfahrung, was nahe legt, dass „das bessere Verständnis für das Agieren in einem multinationalen Kontext, welches man mit sukzessiven Ventures erwirbt – auch organisatorisches Lernen genannt – vom Markt als wichtige Quelle des Unternehmenswertes honoriert wird" (S. 100). Auch Verkündungen von Beendigungen von 215 internationalen Joint Ventures führten zu im Durchschnitt positiven anormalen Kursgewinnen; für eine Minderheit von Stammfirmen schwand allerdings der Aktienwert wieder, der bei der Bildung des joint venture entstanden war, mit der Beendigung der Zusammenarbeit (Reuer 2000). Bekannte Beispiele wie Volvos verheerende Allianz mit Renault im Jahr 1993, die vorübergehend mehr als 1 Milliarde US-Dollar an Aktienwert von Volvo zerstörte, warnen vor der voreiligen Schlussfolgerung, dass Mutterorganisationen immer von strategischen Allianzen profitieren (Bruner 1999). Es gibt noch vieles in Erfahrung zu bringen, was die spezifischen organisatorischen, relationalen und Umweltbedingungen angeht, die den Partnern positive wirtschaftliche Ergebnisse bescheren.

Im Gegensatz zu Untersuchungen der finanziellen Konsequenzen von Allianzen für die Partnerorganisationen existieren nur wenige Studien zu nichtwirtschaftlichen Resultaten. Zu den subjektiven Maßstäben zählen in der Regel Leistungsbewertungen von Gewährspersonen und die subjektive Zufriedenheit mit dem Allianzpartner. Sim und Ali (1998) maßen beispielsweise die Zufriedenheit der Mutterorganisationen von 59 internationalen joint ventures in Bangladesch anhand der Erreichung von neun, nach ihrer Bedeutung gewichteten Zielen. Sie fanden höhere Erfolgsraten bei früheren joint venture Erfahrungen und stärkerer Kooperation (d.h. weniger Meinungsverschiedenheiten bezüglich der Betriebspolitik). Laut einer Untersuchung von Saxton (1997) zu 98 dyadischen Allianzen im Bereich der chemischen Industrie im Jahr 1993 war die anfängliche und allgemeine Zufriedenheit mit der Beziehung höher, je besser der Ruf des Partners in Sachen Managementqualität war, je stärker die strategische Entscheidungsmacht geteilt wurde, und je mehr sich die Strategien der Partner deckten bzw. ähnelten. „Die Resultate bestätigen, dass die Partner- und Beziehungscharakteristika in der Tat eine große Rolle spielen und dass Allianzen in eine soziale Struktur eingebettete wirtschaftliche Handlungen sind" (S. 454). Allerdings wirkte sich eine frühere Partnerschaft mit einer anderen Firma zwar auf die anfängliche Zufriedenheit aus, nicht aber auf langfristige Allianzgewinne. Eine Implikation dieses Befundes liegt darin, dass lang andauernde Allianzen unter Umständen Trägheit oder Institutionalisierung, „nicht gegenseitiges Vertrauen und Engagement" widerspiegeln (S. 455). Die bisherigen Analysen neigen dazu, die positiven Resultate von Allianznetzwerken zu betonen und ihre potenziellen Nachteile auszublenden. Insbesondere wird häufig ignoriert, wie sich die soziale Einbettung unter Umständen negativ auf die Wirtschaftlichkeit auswirkt, indem sie die Partner in unproduktiven Beziehungen bindet bzw. ihre Zusammenarbeit mit anderen Firmen verhindert (Gulati, Nohria und Zaheer 2000). Sakko (1992: 239) beispielsweise spekulierte, dass ein Hauptnachteil verbindlicher vertraglicher Bindungen in „dem starren Festhalten an Auftragsniveaus und Handelspartnern und dem potenziellen Mangel an Marktstimuli" besteht.

Gesellschaftliche Konsequenzen. Die Forschung hat bisher wenig Aufmerksamkeit darauf verwandt, welche Auswirkungen strategische Allianzen im weiteren Sinne auf die sozialen Systeme haben, in die sie eingebettet sind. Wirtschaftswissenschaftler haben vor den wachsenden wettbewerbswidrigen Konsequenzen kooperativer Unterfangen gewarnt, insbesondere davor, dass sich Partnerschaften negativ auf die Produktionseffizienz, den Marktzugang und den wirtschaftlichen Wettbewerb auswirken können (Charlton und Salopp 1995). Multiple, sich wiederholende Forschungs- und Entwicklungsprojekte zwischen Mitgliedern eines Allianznetzwerks begünstigen unter Umständen geheime Absprachen unter Firmen, die gleichzeitig über multiple Produktmärkte hinweg miteinander konkurrieren (Vonortas 2000). Wohingegen die Allianzteilnahme von ausländischen Firmen gegen wettbewerbswidriges Verhalten schützen mag, bilden einheimische Firmen manchmal gerade zur Abschottung des einheimischen Marktes joint ventures (Zhao 1999). So teilen sich beispielsweise Fluglinien in zunehmendem Maße Kapazitäten wie zum Beispiel bereits existierende physische Einrichtungen (Terminals, Schalter und Bodenmannschaften) und nutzen *code sharing* Vereinbarungen (den gemeinsamen Verkauf von Plätzen auf denselben Strecken), was die Öffnung neuer Routen zur Folge haben kann, aber auch die gemeinsame Nutzung von Flugzeugen auf Strecken, die bereits von den jeweiligen Partnerfirmen bedient werden (Oum und Park 1997). Eine Allianz zwischen einer etablierten Fluggesellschaft mit überschüssigen Kapazitäten und einem Neuling mit dem Ziel, teure Anlagen kostengünstig gemeinsam zu nutzen, kann effizient und wettbewerbsfördernd wirken, „kann aber auch den Neuling davon abhalten, seine eigenen Anlagen zu bauen und auf einem höheren, wettbewerbsfähigeren Niveau einzusteigen" (Chen und Ross 2000: 328). Indem die ansonsten mögliche Gesamtkapazität reduziert wird (und die Verbraucherpreise durch eine Angebotsbegrenzung höher gehalten werden), reduzieren kooperative Arrangements unter Umständen den Nutzen für die Allgemeinheit, sogar wenn die Allianzpartner nicht direkt miteinander konkurrieren. Besonders stark können die negativen Auswirkungen dort sein, wo multinationale Konzerne joint ventures mit einheimischen Firmen als strategisches Mittel zur Eroberung neuer Märkte in Entwicklungsländern ansehen.

Ähnliche Bedenken lassen sich in manchen Wirtschaftszweigen hinsichtlich der Konzentrationsprozesse formulieren, welche sich aus den Wettbewerbsvorteilen von Forschungs- und Entwicklungsallianzen vis-à-vis unabhängiger Firmen ergeben. Powells Forschungen zur Biotechnologieindustrie (1996) identifizierte die institutionellen Arrangements, die in diesem äußerst unbeständigen organisationalen Feld technologische Durchbrüche begünstigen: „Zusammenfassend lässt sich sagen, dass ein Allianznetzwerk als Innovationsort dient, da es ansonsten unzugängliche Kenntnisse und Ressourcen zugänglich macht und die internen Fachkenntnisse und Lernfähigkeiten testet" (S. 208). Allerdings sollte man der Versuchung widerstehen, die positiven Aussagen zu übertreiben. Die überragende Wirtschaftlichkeit, die den Mitgliedern einer Forschungs- und Entwicklungsallianz zufließt, kann paradoxerweise zu weniger wettbewerbsfähigen Resultaten auf der sektoralen Ebene führen, was für die Verbraucher höhere Preise bedeutet. Falls Allianznetzwerke zu einer Konzentration von Forschungs- und Entwicklungsgeldern innerhalb eines Sektors führen, kann es aus Mangel an Wettbewerb zu niedrigeren Innovationsraten kommen. Theoretisch sollten miteinander konkurrierende Forschungs- und Entwicklungsallianzen höhere Innovationsraten und niedrigere Produktpreise zur Folge haben als ein einziges Forschungs- und Entwicklungskartell (Kamien und Zang 1993). Eine Lösung wäre, dass Regierungen ihre Kartellgesetze auf Situationen ausweiten, in denen eine einzelne strategische Allianz die Innovationen in einem bestimmten Feld zu monopolisieren droht.

VI. Schlussfolgerungen und Forschungsanregungen

Strategische Allianzen sind mehr als nur instrumentelle Mittel zur Erreichung kollektiver Ziele, die den Kooperationspartnern unmittelbar zugute kommen. Sie stellen auch Sozialkapital der einzelnen Partnerfirmen dar, indem sie potenziell Zugang zu den verschiedenen *assets* der anderen Mitglieder des strategischen Allianznetzwerks verschaffen. Allianzen ermöglichen es den Teilnehmern, auf die Ressourcen, Kenntnisse und Fähigkeiten ihrer unmittelbaren Partner zurückzugreifen. Falls außerdem latente Erreichbarkeit über starke Beziehungen und die Möglichkeit, über Vermittlungsanstrengungen die Partner der eigenen Partner zu erreichen, gegeben sind, dann beinhalten diese komplexen Formen von Sozialkapital, eingebettet in das Netzwerk eines organisationalen Feldes, für die dazugehörigen Unternehmen ein enormes Potenzial, die Leistungskraft ihrer eigenen Ressourcen deutlich zu steigern. Theorie und empirische Forschung der letzten zwei Jahrzehnte konstatieren eine beschleunigte Zunahme dieser interorganisatorischen Phänomene. ,Arm's Length'-Transaktionen sind unter Umständen weniger effizient als andere interorganisatorische Arrangements, wenn es um die Durchführung einer Vielzahl komplexer Prozesse der Zusammenarbeit wie beispielsweise Forschung und Entwicklung in äußerst unbeständigen Technologiebereichen oder die Überwindung rechtlicher, politischer und kultureller Hindernisse im Rahmen internationaler Transaktionen geht. Die momentane Debatte über die Globalisierung von Wirtschaftssystemen betont, wie sowohl das lokale als auch das internationale Umfeld die Bildung von internationalen joint ventures begünstigen; gleichzeitig können diese Umfelder die volle Realisierung des Nutzens, der aus solchen Beziehungen gezogen werden kann, behindern. Die gemischten positiven und negativen Beurteilungen zu Kooperationen spiegeln den momentan uneindeutigen Wissensstand hinsichtlich strategischer Allianznetzwerke und ihrer multidimensionalen Konsequenzen wider. Zum Abschluss wollen wir noch einmal einige grundlegende Analysethemen zusammenfassen und Vermutungen darüber anstellen, in welchen Bereichen Theorie und Forschung in Zukunft wichtige Erkenntnisse liefern können. Wir verwenden dabei die gleiche dreiteilige Sequenz wie im Haupttext: Allianzbildung, ihre Umsetzung und Konsequenzen der Allianzbildung.

Allianzbildung. Die Partnerwahl bildet den größten und ergiebigsten Bereich in der empirischen Forschung. Es wird versucht zu erklären, wer mit wem zusammenarbeitet, zu welchen Preisen, für wie lange und mit welcher Governance-Struktur (insbesondere mit oder ohne gegenseitiger Kapitalbeteiligung). Eine wichtige Untergruppe stellen dabei die internationalen joint ventures dar, bei denen die Sache auf Grund kultureller Differenz und unterschiedlicher Regierungs- und Rechtssysteme noch zusätzlich an Komplexität gewinnt. Analysen der Allianzbildungsprozesse sollten explizitere Perspektiven auf Kontingenzen beinhalten, sie sollten genauer identifizieren, wie Wirtschaftssystem, Wirtschaftszweig, strategische Allianznetzwerke, Märkte und organisatorische Eigenschaften die Teilnahmechancen sowie die Einschätzungen in den Organisationen bezüglich der Kooperationseffektivität bedingen. Es bedarf außerdem weiterer Studien zur innovativen Dynamik auf der Ebene strategischer Allianznetzwerke, nicht indem man die Schaffung neuer Produkte und Technologien untersucht, sondern erklärt, wie Allianzbildungsprozesse auf die globale Netzwerkstruktur zurückwirken. Andere grundlegende Fragen, deren Erforschung unseres Erachtens lohnend wäre, sind:

- *Ähnlichkeit vs. Komplementarität in der Partnerwahl:* Neigen eher Gleichgesinnte zur Zusammenarbeit oder ziehen sich Gegensätze an? Falls es in strategischen Allianzen vorrangig darum geht, Zugang zu Ressourcen zu gewinnen, die die Organisation selbst nicht besitzt, dann ist vermutlich eine Zusammenarbeit mit komplementären Stärken und Schwächen erfolgreicher als eine Allianz mit sehr ähnlichen Partnern. Aber welche Eigenschaften von Organisationen sind ausschlaggebend für eine gute Zusammenarbeit und unter welchen Bedingungen? Produkte, Marktpositionen, Technologien, personelle Ressourcen, Führungsstile oder immaterielle Güter wie die Reputation des Unternehmens und die institutionellen Deutungsmuster? Vielleicht sind kurvilineare Beziehungen plausibler: Es stellt sich die Frage, ob möglicherweise sowohl extrem ähnliche als auch extrem unähnliche Organisationen nichts voneinander lernen bzw. ob die Kluft zu groß ist, als dass sie sich erfolgreich überbrücken ließe.
- *Die kulturelle Kluft:* Diese Frage folgt logisch aus der Ähnlichkeits-/Komplementaritätsfrage und stellt sich im Kontext internationaler joint ventures. Falls die kulturelle Differenz zwischen potenziellen Partnern zu groß ist, ist die Wahrscheinlichkeit erfolgreicher Allianzverhandlungen geringer als in Fällen, in denen engere kulturelle Bindungen bestehen. Aufgrund welcher Faktoren – beispielsweise der wirtschaftlichen Position und der politischen Macht eines Unternehmens im Inland – lohnt es sich für multinationale Konzerne, die kulturelle Distanz zu überwinden? Haben bestimmte Nationen spezifische kulturelle Codes, ähnlich den auf Vertrauen basierenden kooperativen Normen in der japanischen Gesellschaft, die internationale Kooperationen begünstigen und zu ihrer Aufrechterhaltung beitragen?
- *Wiederholte Verbindungen:* Die Forschung erkennt eine starke Tendenz unter Partnern, ihre Allianzen im Laufe der Zeit zu wiederholen. Welche Bedingungen erneuten Verbindungen förderlich oder abträglich sind, darüber ist allerdings noch wenig bekannt. Maklerprozesse, die Empfehlungen und Sicherheitsüberprüfungen von Seiten Dritter involvieren, sind entscheidende soziale Mechanismen zur Bildung neuer Verbindungen zwischen sich bis dato unbekannten Organisationen. Allerdings brauchen wir noch mehr Informationen über die Charakteristika und Bedingungen erfolgreicher bzw. erfolgloser „Verkupplungen". Das Komplementaritätsprinzip legt nahe, dass Makler bessere Arbeit leisten, wenn sie unterschiedliche anstatt sehr ähnliche Partner zusammenführen. Beispielsweise können sich gegenseitig kontrollierende Aufsichtsräte einheimische strategische Allianzen effektiver makeln. Aber wie kann diese integrative Funktion in internationalen Kontexten wirksam werden, wo solche Formen des Sozialkapitals von Unternehmen gewöhnlich schwächer ausgeprägt sind oder ganz fehlen?
- *Netzwerkmuster und -prozesse:* Organisationale Feldnetze weisen normalerweise intern differenzierte, aber formbare Strukturen auf, wobei einige Akteure zentrale Positionen einnehmen und den Zugang zu Informationen und Ressourcen kontrollieren.

Die zukünftige Forschung kann mit Hilfe von Netzwerkprinzipien Allianzbildungsprozesse auf verschiedenen Analyseebenen untersuchen. Auf der Mikroebene der Firma wäre zu fragen: In welcher Hinsicht erleichtern oder behindern die verschiedenen Positionen innerhalb des strategischen Allianznetzwerks eine breitere Portfoliofächerung der einzelnen Firmen? Mit Hilfe welcher Maßstäbe lassen sich Allianzneubildungen und -wiederholungen voraussagen? Auf der Makroebene eines Feldnetzes stellen sich folgende Fragen: Wie wirken sich Veränderungen in verschiedenen strukturellen Dimensionen im Laufe der Zeit auf Allianzbildungsraten aus? Welche Ebenen übergreifenden Auswirkungen auf die Dynamik der Kooperation verzeichnen wir, wenn wir auf die Interaktionseffekte von organisatorischen Eigenschaften mit der Netzwerkposition der Organisationen und der gesamten Netzwerkstruktur achten?

– *Fusion oder Trennung:* Nicht alle Allianzen sind daraufhin angelegt, positive Resultate für alle Parteien zu erzielen. Manche Organisationen betrachten strategische Allianzen als einen vorsichtigen, risikoarmen Weg, die Möglichkeiten für eine zukünftige Fusion, Übernahme oder den Auf- bzw. Verkauf eines Geschäftszweiges zu sondieren. Wir benötigen ein besseres Verständnis dafür, welche Bedingungen ein derartig manipulatives Verhalten – mit oder ohne Zustimmung des Partners – begünstigen und wie sich solche Arrangements von Kooperationen unterscheiden, die die Autonomie der Partner erhalten wollen. Wann sind Firmen eher dazu geneigt, temporäre Allianzen als Form kontrollierter Risikoeinschätzung einzugehen, bevor sie fusionieren oder sich ganz trennen?

Entwicklungsdynamiken. Der Zeitraum nach der Verkündung einer Allianz, von der Umsetzung bis zur Beendigung, ist weniger gründlich untersucht. Die meisten Untersuchungen betonen in schöner Regelmäßigkeit die Bedeutung von Vertrauen als einer wesentlichen Form des Sozialkapitals von Unternehmen, welches es den Partnern ermöglicht, bei der praktischen Umsetzung ihrer Pläne Unsicherheiten und potenzielle Konflikte zu überwinden. Auch Machtdynamiken kommen ins Spiel, wenn Projektmanager über die praktische Aufteilung von Befugnissen, Besitzrechten, Managementverantwortlichkeiten, Gewinnen und Verlusten verhandeln. Uns stehen kaum Informationen über immanente Fehler zu Beginn der Umsetzung eines formalen Arrangements zur Verfügung. Welche Bedingungen führen dazu, dass Verhandlungen abrupt abgebrochen und auch Anstrengungen, zukünftige Partnerschaften zu suchen, unterbunden werden? Es existieren bislang zu wenige ethnographische Studien von Organisationsforschern, um die ganze Palette an Mustern und Problemen, denen sich Allianzpartner gegenübersehen, zu verstehen. Welche institutionellen, relationalen und organisatorischen Eigenschaften eines strategischen Allianznetzwerks beeinflussen den Verlauf eines Projekts, also ob sich das Projekt immer kooperativer oder in gegenseitiger Feindseligkeit entwickelt? Sind in denjenigen Fällen, wo hierarchische Kontrollen fehlen, die persönlichen Eigenschaften der Handlungsträger oder die strukturellen Eigenschaften der Organisationen wichtiger, wenn es um die Aufrechterhaltung des gegenseitigen Vertrauens und um die Umsetzung guter gegenseitiger Arbeitsbeziehungen geht? Mit Hilfe welcher Maßstäbe könnte die Organisationsforschung eine Vielzahl interessanter Hypothesen bezüglich des zwischen den Partnern stattfindenden Wissenstransfers und der Lernprozesse überprüfen? Wir brauchen außerdem detailliertere Studien zur Dynamik der Beendigung einer Allianz, insbesondere auch darüber, ob und wie sich eine gütliche oder unerfreuliche Beendigung auf zukünftige Kooperationsversuche mit denselben oder anderen Partnern auswirkt.

Auswirkungen auf die Unternehmensleistung. Über die Leistungsbilanz von Allianzen und den Mutterorganisationen existiert eine beeindruckende Literaturfülle. Einige empirische Studien legen nahe, dass die meisten Kooperationen eher von kurzer Dauer sind und viele ihrer formalen Ziele – Forschungs- und Entwicklungsinnovationen, organisationales Lernen oder das Eindringen in einen ausländischen Markt – nicht erreichen. Aber es gibt auch Belege dafür, dass die Mutterorganisationen oft signifikante Gewinne verbuchen, wie beispielsweise einen Anstieg ihrer Aktienkurse und ihrer Umsätze im Gefolge einer Allianzverkündung. Diese gemischte empirische Evidenz hat aber offenbar das wachsende Vertrauen in strategische Allianzen, vor allem unter globalen Konzernen, nicht erschüttert. Eine Implikation ist, dass sich Unternehmen mögliche andere Vorteile davon versprechen, die wichtiger sind als das Erreichen vorgeblicher Allianzziele; dazu gehören beispielsweise Prestigegewinn oder die demonstrative Befolgung institutioneller Normen. Indem wir uns stärker auf die Identifizierung und Messung von ‚weichen' Leistungsindikatoren konzentrieren, könnten wir besser verstehen, ob und warum die Allianzteilnehmer ihre Erfahrungen subjektiv positiver einschätzen als durch konventionelle Erfolgs- oder Misserfolgsindikatoren nahe gelegt wird. Die einschlägige Forschung sollte zudem die relativen Auswirkungen von organisatorischen, relationalen und Umweltkontexten auf verschiedene Leistungsindikatoren präziser benennen. Die Theorieentwicklung sollte die genauen sozialen Mechanismen (re-)konstruieren, die das Ergebnis strategischer Allianzen beeinflussen. Welche Kombinationen formaler Governance-Strukturen und organisatorischer Komponenten wirken sich beispielsweise positiv auf organisationales Lernen und den Transfer von Wissen aus? Wie beeinflusst das in interorganisatorischen Vertrauensbeziehungen eingebettete Sozialkapital von Unternehmen in Verbindung mit den sich aus der Zusammenarbeit ergebenden sozialen Normen die Gewinnaufteilung unter den Partnern? Gerade weil die Forschung den unbeabsichtigten nationalen und internationalen Konsequenzen einer stetigen Zunahme von strategischen Allianzen bislang so wenig Aufmerksamkeit geschenkt hat, gibt es noch vieles zu tun. Abschließend lässt sich sagen, dass die Organisationssoziologie in den letzten zwei Jahrzehnten große Fortschritte gemacht hat, was die Erforschung und das Verständnis der sozialen Organisation und der Dynamik von strategischem Allianzverhalten angeht. Aber wie diese Schlussbemerkungen gezeigt haben, sind viele Fragen offen geblieben.

Literatur

Adler, Paul S., 1993: The 'Learning Bureaucracy': New United Motor Manufacturing, Inc., Research in Organizational Behavior 15: 111–194.

Agarwal, Sanjeev, und *Sridhar N. Ramaswami*, 1992: Choice of Foreign Market Entry Mode: Impact of Ownership, Location and Internationalization Factors, Journal of International Business Studies 1: 1–27.

Ahuja, Gautam, 2000a: The Duality of Collaboration: Inducements and Opportunities in the Formation of Interfirm Linkages, Strategic Management Journal 21: 317–343.

Ahuja, Gautam, 2000b: Collaborative Networks, Structural Holes, and Innovation: A Longitudinal Study, Administrative Science Quarterly 45: 425–455.
Amin, Amershi, 1992: Big Firms Versus the Regions in the Single Market. S. 129–147 in: *Mick Dunford* und *Grigoris Kafkalas* (Hg.): Cities and Regions in the New Europe: The Global-Local Interplay and Spatial Development Strategies. London: Belhaven Press.
Anand, Bharat N., und *Tarun Khanna*, 2000: Do Firms Learn to Create Value? The Case of Alliances, Strategic Management Journal 21: 295–315.
Anderson, Erin, und *Hubert Gatignon*, 1986: Models of Foreign Market Entry: A Transaction Cost Analysis and Propositions, Journal of International Business Studies 3: 1–26.
Auster, Ellen R., 1994: Macro and Strategic Perspectives on Interorganizational Linkages: A Comparative Analysis and Review with Suggestions for Reorientation, Advances in Strategic Management 10B: 3–40.
Balakrishan, Srinivasan, und *Mitchell P. Koza*, 1993: Information Asymmetry, Adverse Selection and Joint-Ventures: Theory and Evidence, Journal of Economic Behavior and Organization 20: 99–117.
Baum, Joel A. C., *Tony Calabrese* und *Brian S. Silverman*, 2000: Don't Go It Alone: Alliance Network Composition and Startups' Performance in Canadian Biotechnology, Strategic Management Journal 21: 267–294.
Bleeke, Joel, und *David Ernst*, 1993: The Way to Win in Cross-Border Alliances. S. 17–34 in: *Joel Bleek* und *David Ernst* (Hg.): Collaborating to Compete: Using Strategic Alliances and Acquisitions in the Global Marketplace. New York: Wiley.
Bleeke, Joel, und *David Ernst*, 1995: Is Your Strategic Alliance Really a Sale?, Harvard Business Review 73: 97–105.
Borsch, O., 1994: The Process of Relational Contracting: Developing Trust-Based Strategic Alliances Among Small Business Enterprises, Advances in Strategic Management 10: 113–136.
Brousseau, Eric, und *Bertrand Quelin*, 1996: Asset Specificity and Organizational Arrangements: The Case of the New Telecommunications Services Market, Industrial and Corporate Change 5: 1205–1230.
Bruner, Robert F., 1999: An Analysis of Value Destruction and Recovery in the Alliance and Proposed Merger of Volvo and Renault, Journal of Financial Economics 51: 125–166.
Buchko, Aaron, 1994: Barriers to Strategic Transformation: Interorganizational Networks and Institutional Forces, Advances in Strategic Management 10: 81–106.
Buckley, Peter J., und *Mark Casson*, 1988: A Theory of Cooperation in International Business, Management International Review special issue: 19–38.
Carlton, Dennis W., und *Steven C. Salop*, 1995: You Keep On Knocking But You Can't Come In: Evaluating Restrictions on Access to Input Joint Ventures. Chicago, IL: University of Chicago (Arbeitspapier 111).
Chan, Su Han, *John W. Kensinger*, *Arthur J. Keown* und *John D. Martin*, 1997: Do Strategic Alliances Create Value?, Journal of Financial Economics 46: 199–221.
Chaudhuri, Prabal Ray, 1995: Technological Asymmetry and Joint Product Development, International Journal of Industrial Organization 13: 23–39.
Chen, Zhiqi, und *Thomas W. Ross*, 2000: Strategic Alliances, Shared Facilities, and Entry Deterrence, RAND Journal of Economics 31: 326–344.
Child, John, und *David Faulkner*, 1998: Strategies of Cooperation: Managing Alliances, Networks and Joint Ventures. New York: Oxford University Press.
Coleman, James S., 1990: Foundations of Social Theory. Cambridge, MA: Harvard University Press.
Collinson, Simon, 1999: Knowledge Management Capabilities for Steel Markers: A British-Japanese Corporate Alliance for Organizational Learning, Technology Analysis and Strategic Management 11: 337–358.
Curwen, Peter, 1999: Survival of the Fittest: Formation and Development of International Alliances in Telecommunications, Info 1: 141–158.
Dacin, M. Tina, *Michael A. Hitt* und *Edward Levitas*, 1997: Selecting Partners for Successful International Alliances: Examination of U.S. and Korean Firms, Journal of World Business 32: 3–16.

Das, Tushar K., und *Bing-Sheng Teng,* 1998: Between Trust and Control: Developing Confidence in Partner Cooperation in Alliances, Academy of Management Review 3: 491–512.
Dicken, Peter, 1994: Global-Local Tensions: Firms and States in the Global Space-Economy, Advances in Strategic Management 10: 217–247.
Dietrich, Michael, 1994: Transaction Cost Economics and Beyond: Towards a New Economics of the Firm. London: Routledge.
DiMaggio, Paul, und *Walter Powell,* 1983: The Iron Cage Revisited: Institutional Isomorphism and Collective Rationality in Organizational Fields, American Sociological Review 48: 147–160.
Doz, Yves L., und *Gary Hamel,* 1999: Alliance Advantage: The Art of Creating Value Through Partnering. Boston, MA: Harvard Business School Press.
Doz, Yves L., Paul M. Olk und *Peter Smith Ring,* 2000: Formation Processes of R&D Consortia: Which Path to Take? Where Does it Lead?, Strategic Management Journal 21: 239–266.
Galaskiewicz, Joseph, und *Wolfgang Bielefeld,* 1998: Nonprofit Organizations in an Age of Uncertainty. New York: de Gruyter.
Gereffi, Gary, 1990: Commodity Chains and Footwear Exports in the Semiperiphery. S. 45–68 in: *William Martin* (Hg.): Semiperipheral States in the World Economy. Westport, CT: Praeger.
Gereffi, Gary, 1994: The Organization of Buyer-Driven Global Commodity Chains: How US Retailers Shape Overseas Production Networks. S. 95–122 in: *Gary Gereffi* und *Miguel Korzeniewicz* (Hg.): Commodity Chains and Global Capitalism. Westport, CT: Praeger.
Gerlach, Michael L., 1992: Alliance Capitalism: The Social Organization of Japanese Business. Berkeley, CA: University of California Press.
Ghoshal, Sumantra, und *Christopher A. Bartlett,* 1990: The Multinational Corporation as an Interorganizational Network, Academy of Management Review 15: 603–625.
Giddens, Anthony, 1979: Central Problems in Social Theory: Action, Structure, and Contradiction in Social Analysis. Berkeley, CA: University of California Press.
Goel, Rajeev K., 1994: Research Joint Ventures and Uncertain Innovation, Economic Notes 23: 266–274.
Gulati, Ranjay, 1995a: Does Familiarity Breed Trust? The Implications of Repeated Ties for Contractual Choices in Alliances, Academy of Management Journal 38: 85–112.
Gulati, Ranjay, 1995b: Social Structure and Alliance Formation Patterns: A Longitudinal Analysis, Administrative Science Quarterly 40: 619–652.
Gulati, Ranjay, 1998: Alliances and Networks, Strategic Management Journal 19: 293–317.
Gulati, Ranjay, und *Martin Gargiulo,* 1999: Where Do Networks Come From?, American Journal of Sociology 104: 1439–1493.
Gulati, Ranjay, Nitin Nohria und *Akbar Zaheer,* 2000: Strategic Networks, Strategic Management Journal 21: 203–215.
Gupta, Atul, und *Lalatendu Misra,* 2000: The Value of Experiential Learning by Organizations: Evidence from International Joint Ventures, Journal of Financial Research 23: 77–102.
Hagedoorn, John, und *Bert Sadowski,* 1999: The Transition from Strategic Technology Alliances to Mergers and Acquisitions: An Exploratory Study, Journal of Management Studies 36: 87–107.
Harrigan, Katherine R., 1988a: Joint Ventures and Competitive Strategy, Strategic Management Journal 9: 141–158.
Harrigan, Katherine R., 1988b: Strategic Alliances and Partner Asymmetries. S. 205–226 in: *Farok J. Contractor* und *Peter Lorange* (Hg.): Cooperative Strategies in International Business. Lexington, MA: Lexington Books.
Haugland, Sven, 1999: Factors Influencing the Duration of International Buyer-Seller Relationships, Journal of Business Research 46: 273–280.
Henderson, Jeffrey, und *Richard P. Appelbaum,* 1992: Situating the State in the East Asian Development Process. S. 1–26 in: *Dies.* (Hg.): States and Development in the Asian Pacific Rim. Newbury Park, CA: Sage.
Hennart, Jean-François, 1991: A Transaction Cost Theory of Joint Ventures: An Empirical Study of Japanese Subsidiaries in the United States, Management Science 37: 483–497.

Hennart, Jean-François, und *Sabine Reddy,* 1997: The Choice Between Mergers/Acquisitions and Joint Ventures: The Case of Japanese Investors in the United States, Strategic Management Journal 18: 1–12.

Human, Sherrie E., und *Keith G. Provan,* 1997: An Emergent Theory of Structure and Outcomes in Small-Firm Strategic Manufacturing Networks, Academy of Management Journal 40: 368–403.

Inkpen, Andrew C., und *Paul W. Beamish,* 1997: Knowledge, Bargaining Power, and the Instability of International Joint Ventures, Academy of Management Review 22: 177–202.

Jamison, Mark A., 1998: Emerging Patterns in Global Telecommunications Alliances and Mergers, Industrial and Corporate Change 7: 695–713.

Jarillo, José Carlos, 1988: On Strategic Networks, Strategic Management Journal 9: 31–41.

Kale, Prashant, Harbir Singh und *Howard Perlmutter,* 2000: Learning and Protection of Proprietary Assets in Strategic Alliances: Building Relational Capital, Strategic Management Journal 21: 217–237.

Kamien, Morton I., und *Israel Zang,* 1993: Competing Research Joint Ventures, Journal of Economics and Management Strategy 2: 23–40.

Kenis, Patrick, und *David Knoke,* 1999: A Network Theory of Organizations: How Field-Nets Shape Tie-Formation Rates. Paper Presented at the Meeting of the *American Sociological Association,* Chicago, IL: mimeo.

Khanna, Tarun, Ranjay Gulati und *Nitin Nohria,* 1998: The Dynamics of Learning Alliances: Competition, Cooperation, and Relative Scope, Strategic Management Journal 19: 193–210.

Knoke, David, 2001: Changing Organizations: Business Networks in the New Political Economy. Boulder, CO: Westview Press.

Kogut, Bruce, 1988: A Study of the Life Cycle of Joint Ventures. S. 169–185 in: *Farok J. Contractor* und *Peter Lorange* (Hg.): Cooperative Strategies in International Business. Lexington, MA: Lexington Books.

Koh, Jeongsuk, und *N. Venkatraman,* 1994: Joint Venture Formations and Stock Market Reactions: An Assessment in the Information Technology Sector. In: *Thomas J. Allen* und *Michael S. Scott Morton* (Hg.): Information Technology and the Corporation of the 1990s. New York: Oxford University Press.

Larson, Andrea, 1992: Network Dyads in Entrepreneurial Settings: A Study of the Governance of Exchange Relationships, Administrative Science Quarterly 37: 76–104.

Leenders, Roger Th. A. J., und *Shaul M. Gabbay* (Hg.), 1999: Corporate Social Capital and Liability. Boston, MA: Kluwer.

Lei, David, John W. Slocum, Jr. und *Robert A. Pitts,* 1997: Building Cooperative Advantage: Managing Strategic Alliances to Promote Organizational Learning, Journal of World Business 32: 203–223.

Lewis, Jordan D., 1990: Partnerships for Profit: Structuring and Managing Strategic Alliances. New York: Free Press.

Lin, Xiaohua, und *Richard Germain,* 1998: Sustaining Satisfactory Joint Venture Relationships: The Role of Conflict Resolution Strategy, Journal of International Business Studies 29: 179–196.

Lorange, Peter, und *Johan Roos,* 1993: Strategic Alliances: Formation, Implementation, and Evolution. Cambridge, MA: Blackwell Business.

Luhmann, Niklas, 1979: Trust and Power. Chichester: Wiley.

Mizruchi, Mark S., und *Michael Schwartz,* 1987: The Structural Analysis of Business: An Emerging Field. S. 3–21 in: *Dies.* (Hg.): Intercorporate Relations. New York: Cambridge University Press.

Mockler, Robert J., 1999: Multinational Strategic Alliances. New York: Wiley.

Mutinelli, Marco, und *Lucia Piscitello,* 1998: The Entry Mode Choice of MNEs: An Evolutionary Approach, Research Policy 27: 491–506.

Nanda, Ashish, und *Peter Williamson,* 1995: Corporate Restructuring: How Joint Ventures Can Help Ease the Pain. Paris: INSEAD, Arbeitspapier 95/82/EAC.

Oliver, Christine, 1990: Determinants of Interorganizational Relationships: Integration and Future Directions, Academy of Management Review 15: 241–265.

Olk, Paul M., 1999: Explaining a Member Organization's Influence in an R&D Consortium: A Joint Test of the Dimensions of Task Characteristics and Organizing Routines and of the Level of Analysis, Journal of High Technology Management Research 10: 123–146.
Olk, Paul M., und *P. Christopher Earley*, 2000: Interpersonal Relationships in International Strategic Alliances: Cross-Cultural Exchanges and Contextual Factors. S. 307–323, in: *David Faulkner* und *Mark de Rond* (Hg.): Perspectives of Cooperation: Confronting Complexity in Interorganizational Collaborations. New York: Oxford University Press.
Oum, Tae Hoon, und *Jong-Hun Park*, 1997: Airline Alliances: Current Status, Policy Issues, and Future Directions, Journal of Air Transport Management 3: 133–144.
Pan, Yigang, und *Xiaolian Li*, 1998: Alliance of Foreign Firms in Equity Joint Ventures in China, International Business Review 7: 329–350.
Park, Seung Ho, und *Gerardo R. Ungson*, 1997: The Effect of National Culture, Organizational Complementarity, and Economic Motivation on Joint Venture Dissolution, Academy of Management Journal 40: 279–307.
Pennings, Johannes, 1994: Commentary: Recreating and Extending Buyer-Supplier Links Following International Expansion, Advances in Strategic Management 10: 73–79.
Pilkington, Alan, 1996, Learning from Joint Venture: The Rover-Honda Relationship, Business History 38: 90–114.
Powell, Walter W., 1996: Inter-organizational Collaboration in the Biotechnology Industry, Journal of Institutional and Theoretical Economics 152: 197–216.
Prather, Larry J., und *Jae Hoon Min*, 1998: Testing of the Positive-Multinational Network Hypothesis: Wealth Effects of International Joint Ventures in Emerging Markets, Multinational Finance Journal 2: 151–165.
Reuer, Jeffrey J., 1997: The Dynamics and Effectiveness of International Joint Ventures. Paris: INSEAD Arbeitspapier 97/108/SM.
Reuer, Jeffrey J., 2000: Parent Firm Performance Across International Joint Venture Life-Cycle Stages, Journal of International Business Studies 31: 1–20.
Reve, Torger, 1988: Toward a Theory of Strategic Management. Bergen: Norwegian Research Centre in Organization and Management.
Ring, Peter Smith, und *Andrew H. Van de Ven*, 1994: Developmental Processes of Cooperative Interorganizational Relationships, Academy of Management Journal 19: 90–118.
Sako, Mari, 1992: Prices, Quality and Trust: Inter-firm Relations in Britain and Japan. Cambridge: Cambridge University Press.
Sanchez, Ron, 1994: Higher-order Organization and Commitment in Strategic Options Theory, Advances in Strategic Management 10: 299–307.
Saxton, Todd, 1997: The Effects of Partner and Relationship Characteristics on Alliance Outcomes, Academy of Management Journal 40: 443–462.
Schiesel, Seth, 1998: Venture Promises Far Faster Speeds for Internet Data. New York Times vom 20. Januar: A1.
Si, Steven X., und *Garry D. Bruton*, 1999: Knowledge Transfer in International Joint Ventures in Transitional Economies: The China Experience, Academy of Management Executive 13: 83–90.
Sim, A. B., und *Yunus Ali*, 1998: Performance of International Joint Ventures from Developing and Developed Countries: An Empirical Study in a Developing Country Context, Journal of World Business 33: 357–377.
Simonin, Bernard L., 1999: Transfer of Marketing Know-How in International Strategic Alliances: An Empirical Investigation of the Role and Antecedents of Knowledge Ambiguity, Journal of International Business Studies 30: 463–490.
Steensma, H. Kevin, und *Marjorie A. Lyles*, 2000: Explaining IJV Survival in a Transitional Economy Through Social Exchange and Knowledge-Based Perspectives, Strategic Management Journal 21: 831–851.
Stuart, Toby E., 2000: Interorganizational Alliances and the Performance of Firms: A Study of Growth and Innovation Rates in a High-Technology Industry, Strategic Management Journal 21: 791–811.

Triantis, John E., 1999: Creating Successful Acquisition and Joint Venture Projects: A Process and Team Approach. Westport, CT: Quorum.
Tsang, Eric W. K., 1999: A Preliminary Typology of Learning in International Strategic Alliances, Journal of World Business 34: 211–229.
Vonortas, Nicholas S., 2000: Multimarket Contact and Inter-firm Cooperation in R&D, Journal of Evolutionary Economics 10: 243–271.
Walker, Gordon, Bruce Kogut und *Weijian Shan*, 1997: Social Capital, Structural Holes and the Formation of an Industry Network, Organization Science 8: 109–125.
Webster, Elizabeth, 1999: The Economics of Intangible Investment. Cheltenham: Edward Elgar.
Williamson, Oliver E., 1975: Markets and Hierarchies: Analysis and Antitrust Implications. New York: Free Press.
Wolf, Ronald Charles, 2000: Effective International Joint Venture Management: Practical Legal Insights for Successful Organization and Implementation. Armonk, NY: M. E. Sharpe.
Yan, Aimin, und *Ming Zeng*, 1999: International Joint Venture Instability: A Critique of Previous Research, a Reconceptualization, and Directions for Future Research, Journal of International Business Studies 30: 397–414.
Yoshino, Michael Y., und *U. Srinivasa Rangan*, 1995: Strategic Alliances: An Entrepreneurial Approach to Globalization. Cambridge, MA: Harvard University Press.
Zajac, Edward J., 1990: CEO's Views on Strategic Alliances. Unveröffentlichtes Manuskript, Konferenz des Marketing Science Institute on Managing Long-Run Relationships, Boston, MA.
Zhao, Shaoping, 1999: Joint Ventures for Entry Deterrence, Managerial and Decision Economics 20: 25–35.

Übersetzt von *Manuela Thurner* und *Thomas Hinz*

THEORIE DER RESSOURCENTEILUNG
IN DER ORGANISATIONSÖKOLOGIE*

Glenn R. Carroll, Stanislav Dobrev und Anand Swaminathan

Zusammenfassung: Folgt man der Logik vieler Organisationstheorien, dann sollte die Vorherrschaft von großen Unternehmen in einem Wirtschaftszweig das Aufkommen und die Existenz kleiner spezialisierter Firmen behindern. Aber in einer Vielzahl von Branchen geht der Trend in modernen Wirtschaftssystemen hin zu einer zunehmenden Konzentration bei gleichzeitiger Vermehrung von spezialisierten Firmen. In der Organisationsökologie betrachtet die Theorie der Ressourcenteilung diese zwei Trends als voneinander abhängig. Diese Theorie besagt, dass unter bestimmten Umwelt- und Organisationsbedingungen die Dominanz großer Unternehmen die Überlebenschancen von Spezialistenorganisationen erhöht. Der vorliegende Beitrag stellt die Theorie der Ressourcenteilung und einschlägige empirische Ergebnisse dar. Wir diskutieren die theoretischen Mechanismen, die Ressourcenteilung in einem Markt erzeugen: die Positionen der Organisationen im Ressourcenraum, die Berücksichtigung spezifischer Kundeninteressen, kulturelle Vorbehalte gegen Massenproduktion und demonstrativer Statuskonsum. Darüber hinaus gehen wir auch auf einige empirische Probleme ein, die bei der Untersuchung dieser Mechanismen eine Rolle spielen. Zum Abschluss verweisen wir noch auf einige wichtige, aber bisher wenig erforschte Probleme der Theorie der Ressourcenteilung.

I. Einleitung

Am Ende des zwanzigsten Jahrhunderts kam es in einer Vielzahl von Märkten und Industriesegmenten zu einer Renaissance kleiner spezialisierter Herstellerorganisationen. Ein paar Beispiele können dies veranschaulichen:
- Die Anzahl US-amerikanischer Bierbrauereien stieg von 43 im Jahr 1983 auf über 1.400 Mitte des Jahres 2000.[1] Fast jede der in diesem Zeitraum neu gegründeten

---

* Wir danken Jutta Allmendinger und Thomas Hinz für ihre hilfreichen Kommentare zu früheren Versionen dieses Artikels. Eine Anzahl von Kolleginnen und Kollegen und Mitarbeiterinnen und Mitarbeitern haben mit uns über die hier besprochenen Themen diskutiert, darunter vor allem Christophe Boone, Michael Hannan, J. Richard Harrison, Jonathan Jaffee, Gábor Péli, Joel Podolny, László Pólos, Arjen von Witteloostuijn und Ezra Zuckerman. Zu guter Letzt danken wir den Mitgliedern der Nagymoros Group für ihre Kritik einer früheren Version dieses Artikels.
1 Für US-amerikanische Biertrinker markierte das Jahr 1997 einen Meilenstein in der Organisationsgeschichte. Zum ersten Mal übertraf die Anzahl US-amerikanischer Brauereien die deutscher Brauereien: Laut Zählungen des Institute of Brewing Studies (Institut für Brauereistudien) existierten im Juni 1997 in den USA 1.273 Brauereien, in Deutschland 1.234 Brauereien (1997, 1999). Nichtsdestotrotz bleibt Deutschland, was den Pro-Kopf-Verbrauch von Bier angeht, weltweit an zweiter oder dritter Stelle (hinter der Tschechischen Republik und Irland), eine Position, die seine starke Brauereitradition widerspiegelt.

Brauereien schloss sich mehr oder weniger eng der selbst so bezeichneten *microbrewery*-Bewegung an, einer Gruppe von Bierbrauern und Bierkonsumenten, denen Geschmack und Qualität der Herstellung am Herzen liegen. Die *microbreweries* sind in der Regel klein und, was ihre Produktpalette und ihre Abnehmermärkte angeht, sehr spezialisiert (Carroll und Swaminathan 1992, 2000).

– Die Anzahl holländischer Wirtschaftsprüfungsunternehmen stieg von deutlich unter 300 Firmen Mitte der 1970er Jahre auf 473 Firmen im Jahr 1990. Die große Mehrheit der Neugründungen waren kleine Firmen – ein Trend, der auch in Australien, Kanada, Großbritannien und in den USA zu beobachten ist (Boone und von Witteloostuijn 1995; Boone et al. 2000).

– In der US-amerikanischen Weinindustrie erhöhte sich die Anzahl der Weinkellereien von 330 im Jahr 1967 auf 1.327 in 1990. Dieses Wachstum ist vor allem auf die Neugründungen und den Erfolg von *farm wineries* zurückzuführen. Dabei handelt es sich um Firmen, die in der Regel erstklassige Sortenweine herstellen, oft aus einem bestimmten, relativ kleinen Anbaugebiet (und die mitunter als „Boutique-", „Château-" oder „kleine" Kellereien bezeichnet werden; Swaminathan 1995, 2001)

Gleichzeitig zu diesen Entwicklungen wird der Markt in vielen Industriezweigen jedoch in zunehmendem Maße von immer größeren Organisationen bestimmt und beherrscht. In der US-amerikanischen Bierindustrie stieg zum Beispiel der Gesamtmarktanteil der vier größten Firmen von unter 10 Prozent im Jahr 1910 auf über 80 Prozent in den 1990er Jahren. Ähnliche Entwicklungen, d.h. zunehmende Konzentration und Dominanz großer Firmen, fanden in der holländischen Wirtschaftsprüferbranche und in der amerikanischen Weinindustrie statt.

Der Ökonom Boyan Jovanovic (2001) bezeichnet das Auftauchen von Spezialistenprodukten in diesen Märkten als Vermehrung der Varietät (variety proliferation). Er mutmaßt hierin ein neues Muster, eine vierte Stufe des bekannten und idealtypischen Lebenszyklus-Modells für Branchen von Gort und Klepper (1982), welches eine dreistufige Sequenz von Entdeckung, Masseneintritt und Gesundschrumpfung behauptet.[2] Jovanovic hält Erklärungen, die sich auf den wachsenden Reichtum oder Wohlstand der Konsumenten stützen, nicht für ausreichend, da diese nicht erklären können, warum es den großen und etablierten Erzeugern nicht gelingt, die mit der zunehmenden Varietät entstehenden neuen Marktsegmente zu besetzen. Diese Tatsache steht auch im Widerspruch zu den meisten sozialwissenschaftlichen Organisationstheorien, die davon ausgehen, dass Organisationen bei Umweltveränderungen anpassungsfähig sind.

Viele Organisationsforscher deuten die beiden geschilderten Trends in der Tat als widersprüchlich. Ihnen erscheint die Vermehrung von kleinen Spezialistenorganisationen bei gleichzeitig zunehmender Konzentration innerhalb desselben Marktes paradox. Wahrscheinlich hat dieses scheinbare Paradox seinen Ursprung in Theorien von Wirtschaftsstrategien und Organisationsstrukturen, welche in der Regel von der Anpassungsfähigkeit von Organisationen ausgehen und eine eindeutige Entwicklung der Or-

---

2 Falls das Muster weit verbreitet ist, bedarf es laut Jovanovic (2001: 10) einer „Modifikation der Gort/Klepper-Liste (1982) von Branchenlebenszyklusfakten hin zu den folgenden vier Etappen: (1) Vorreiter führen ein Produkt ein; (2) es folgt ein Masseneintritt; (3) danach kommt es zu Rationalisierung und Konsolidierung; und (4) als neue Tatsache: Man findet einen zweiten Eintritt neuer Firmen".

ganisationsgröße implizieren (Piore und Sabel 1984; Galbraith 1985). Im Gegensatz dazu erklärt die Theorie der Ressourcenteilung innerhalb der Organisationsökologie, warum diese beiden Trends manchmal gleichzeitig innerhalb desselben Industriezwiegs auftreten (Carroll 1985). Wie wir im Folgenden zeigen werden, tut sie das, indem sie davon ausgeht, dass Organisationen nicht sehr anpassungsfähig sind, und indem sie auf Prozesse einer optimalen Positionierung innerhalb eines definierten Ressourcenraums hinweist. Diese Theorie betrachtet die beiden Trends als zueinander in Wechselbeziehung stehend; sie prognostiziert, dass sich der Ressourcenraum unter bestimmten Bedingungen in Generalisten- und Spezialistensegmente partitioniert.

Wie kommt es zu der Vermehrung kleiner Spezialistenorganisationen in Industriezweigen, die von Branchenriesen dominiert werden? Steigende Skalenerträge für große Unternehmen implizieren, dass auf lange Sicht sehr kleine Organisationen im direkten Konkurrenzkampf gegen die größeren Organisationen nicht bestehen können. In eng definierten Märkten oder Industriezweigen, wie beispielsweise dem kommerziellen Flugzeugbau, mag damit in der Tat schon alles gesagt sein, da alle beteiligten Unternehmen primär auf der Basis der Größe miteinander konkurrieren. In einem breiter definierten Markt legen jedoch Theorie und Forschung zur Ressourcenteilung nahe, dass kleinere Organisationen manchmal Wege finden, um sich dem massiven Druck eines rein auf Größe basierenden Wettbewerbs zu entziehen. Ein Weg, den die Theorie der Ressourcenteilung betont, ist, Marktsegmente oder Positionen im Produktraum zu identifizieren und auszubeuten, die zu unbedeutend und klein sind, als dass sie für die sehr großen Organisationen profitabel wären (Carroll 1985; Dobrev 2000). Eine andere Möglichkeit, die in jüngsten Erweiterungen dieser Theorie betont wird, besteht darin, sich auf ein bestimmtes Kundensegment mit sich ändernden Bedürfnissen zu konzentrieren und die Produkte auf dieses Segment zuzuschneiden, beispielsweise mittels kundengerechter Herstellung (Porter 1980; Boone et al. 2000). Eine dritte Möglichkeit der Spezialisierung, die auch erst kürzlich theoretisch formuliert wurde, besteht darin, Waren und Dienstleistungen anzubieten, deren Anziehungskraft auf gesellschaftlich konstruierten Imagefaktoren wie vermeintlichem Produzentenstatus oder Authentizität basiert (Carroll und Swaminathan 2000). Die Realisierbarkeit der jeweiligen Strategie hängt, wie wir im Folgenden ausführen werden, von der Struktur des Marktes ab.

In diesem Artikel wollen wir verschiedene Aspekte der Theorie der Ressourcenteilung und einschlägige empirische Studien erörtern. Wir beginnen mit einer Zusammenfassung der beiden, in der Organisationsökologie verwendeten Konzeptualisierungen der Nischenbreite und zeigen auf, wie sich der Gebrauch dieses Begriffs in der Theorie der Ressourcenteilung von seinem Gebrauch in der ursprünglichen Theorie der Nischenbreite unterscheidet. Als Nächstes untersuchen wir die Kernideen der Theorie anhand von Hypothesen bezüglich der beiden, oben genannten Trends, d.h. zunehmende Konzentration und Vermehrung von Spezialisten. Die Kerntheorie interessiert sich vor allem für Mechanismen der Positionierung im Ressourcenraum und verwendet räumliche Metaphern. Im Anschluss daran diskutieren wir einige Erweiterungen der Theorie. Dabei konzentrieren wir uns auf drei alternative Mechanismen, die Partition erzeugen können: Kundenorientierung, kulturelle Ablehnung von Massenproduktion und der soziale Status der Hersteller. Danach wenden wir uns der Operationalisierbarkeit des Konzepts der Nischenbreite zu und zeigen auf, wie verschiedene

Mechanismen verschiedene Messungsschemata implizieren. Zum Abschluss verweisen wir auf einige Bereiche, in denen unserer Ansicht nach noch wichtige Beiträge zu leisten sind.

Unser Ziel ist es, Interesse an den von der Theorie aufgeworfenen Fragestellungen zu wecken, die Theorie und die mit ihr verbundenen Forschungsprogramme zu erklären und Sozialwissenschaftlern genügend Hintergrundinformationen zu liefern, damit sie selbst diesbezügliche Untersuchungen durchführen können. Es gäbe zusätzlich zu den oben genannten Beispielen viele Branchen, in denen sich die dargelegten Trends beobachten oder dokumentieren lassen: Verlagswesen (Zeitungs- und Buchverlage), Banken, Musikindustrie, Effektenhandel, Bankwesen, Passagierflugverkehr, Film- und Softwareproduktion.[3]

Die Theorie der Ressourcenteilung wirft ein Schlaglicht auf die Rolle von kleinen Spezialistenorganisationen in Wirtschaft und Gesellschaft. Obwohl einzelne kleine Organisationen oft nicht die gleiche gesellschaftliche, wirtschaftliche oder politische Rolle spielen wie große Organisationen, gibt es wichtige wissenschaftliche und politische Gründe, sie als Gruppe zu untersuchen.

Betrachten wir noch einmal die US-amerikanische Bierbrauindustrie, deren Markt vor der *microbrewery*-Bewegung praktisch stagnierte. Spezialbierbrauer belebten das Geschäft wieder und gewannen Neukunden in einer Größenordnung, die beinahe der Hälfte der vorherigen Märkte entsprach (Backus 1999). Der Aufstieg von kleinen Spezialbrauereien fiel zusammen mit einem dramatischen Anstieg der Auswahlmöglichkeiten für Verbraucher, wichtigen Produktinnovationen und neuen Arbeitsplätzen in der Branche. Einigen Daten zu Folge erreichten Spezialbrauereien höhere Profitraten als der Branchendurchschnitt (s. Institute for Brewing Studies 1996; Beer Institute 1997). Die anhaltende Überlebensfähigkeit dieser und ähnlicher Brauereien haben die Wettbewerbsumwelt für die Massenproduktionsbrauereien wesentlich verändert. Sahen sich diese großen Firmen in der Vergangenheit nur einigen ähnlich großen Konkurrenten gegenüber, haben sie es jetzt darüber hinaus mit Hunderten von Spezialisten zu tun, von denen viele bei den kaufkräftigeren Konsumenten des Marktes hohes Ansehen und großen Zuspruch genießen. Die Massenproduktionsbrauereien haben auf Grund der Konkurrenz der *microbreweries* bereits einen Großteil des Marktes für ihre Spitzenprodukte, die so genannte *superpremium*-Bierkategorie, verloren (van Munching 1997). Angesichts eines sich schnell verändernden Biergeschmacks ist zu erwarten (aus der Sicht mancher zu befürchten), dass sich der Markt noch stärker in Richtung der Produkte der *microbreweries* entwickeln wird.

Geringe Organisationsgröße bedeutet nicht zwangsläufig geringe Wirkung, besonders nicht aus der Perspektive der Verbraucher. Das lässt sich sehr gut anhand eines Vergleichs der deutschen und US-amerikanischen Brauindustrien veranschaulichen. Während sich die beiden Industriezweige, was die Anzahl der Brauereien angeht, sehr ähneln (die USA liegen knapp vorne), bestehen nach wie vor große Unterschiede hinsichtlich ihrer Größenverteilung. Während der US-amerikanische Markt von vielen kleinen und winzigen Firmen bevölkert wird, gibt es in Deutschland eine größere Anzahl an mittelgroßen Unternehmen. Obwohl die Biermärkte beider Länder durch eine

---

[3] Nicht alle diese Beobachtungen und Studien wurden durch systematische empirische Belege unterstützt.

hinlängliche Produktvielfalt gekennzeichnet sind, würden wir die Behauptung wagen, dass der US-amerikanische Markt in dieser Hinsicht dem deutschen um Längen voraus ist. US-amerikanische Brauereien produzieren heutzutage neben fast allen deutschen Biersorten noch eine Vielzahl von Sorten weiterer Malzgetränke, einschließlich britischer, belgischer und einheimischer Provenienz, sowie eine Vielzahl von Hybriden, die in Deutschland schwer zu finden sind. Diese Produkte stammen in den USA (zumindest anfänglich) hauptsächlich aus *microbreweries*.

II. Nischenbreite in der Organisationsökologie

Die Nischenbreite einer Organisation bezieht sich auf ihre Varianz im Ressourcengebrauch (Hannan und Freeman 1977). In Anlehnung an dieses Konzept besetzen Organisationen, die ihre Leistungserstellung strategisch auf eine große Bandbreite von Umweltressourcen ausrichten, eine breite Nische und werden als *Generalisten* klassifiziert. Organisationen, deren Strategien auf Leistungserstellung auf der Basis eines schmalen Ressourcenbandes abzielen, nennt man *Spezialisten* – ihre Nischen sind eng.

Die Organisationsökologie umfasst zwei Haupttheorien, welche sich auf die Nischenbreite stützen: die ursprüngliche Theorie von Hannan und Freeman (1977) und die Theorie der Ressourcenteilung (Carroll 1985). Unglücklicherweise verwenden diese beiden Theorien die Begriffe „Generalist" und „Spezialist" auf unterschiedliche, wenn auch verwandte Art und Weise. Beide Theorien haben eine intuitiv einleuchtende Vorstellung von der Ressourcennutzung, sie verwenden jedoch unterschiedliche (manchmal implizite) Annahmen darüber, wie die Ressourcen verteilt werden und zusammenhängen. Um die Theorie der Ressourcenteilung zu erklären, wollen wir als erstes diese Unterscheidung deutlich machen.

1. Umwelten und Überlebensfähigkeit

Die ursprüngliche Theorie der organisatorischen Nischenbreite richtet sich an das – wie Freeman und Hannan (1983) es formulieren – „Hansdampf-in-allen-Gassen"-Problem: Wie geht eine Organisation mit den Erfordernissen vieler verschiedener (oder sich wandelnder) Umweltbedingungen um, wenn sie zu einem gegebenen Zeitpunkt jeweils nur mit einer konfrontiert ist? Laut Freeman und Hannan (1983: 1119) spiegelt die Nischenbreite „einen *trade off* (wider) zwischen der Toleranz äußerst unterschiedlicher Bedingungen und der Fähigkeit, in jeder Situation hohe Leistung zu bringen. ... Spezialistenpopulationen verfolgen die Strategie, all ihre *fitness chips* auf eine Karte zu setzen, nämlich auf ihre spezifischen Ergebnisse; Generalisten streuen ihren Wetteinsatz."

Die ursprüngliche Theorie (Freeman und Hannan 1983; Péli 1997) baut auf der Beobachtung auf, dass ein gut auf eine bestimmte Umwelt eingestellter Spezialist in dieser Umwelt immer dem Generalisten überlegen sein wird. Der Grund dafür ist, dass Generalistenorganisationen an sich überschüssige und brachliegende Kapazitäten bereithalten müssen, die es ihnen erlauben, auch unter anderen Umweltbedingungen angemessene Ergebnisse zu erzielen. Nach dieser Theorie „maximiert der Spezialist die Ausbeutung seiner Umwelt und akzeptiert dabei das Risiko, dass sich diese Umwelt ändert", während der Generalist „im Ausgleich für mehr Sicherheit ein geringeres Ausbeutungsniveau in Kauf nimmt" (Hannan und Freeman 1977: 948).

Diese Theorie der Nischenbreite prognostiziert, dass Spezialisten in stabilen oder sicheren Umwelten und in „feinkörnigen" Umwelten (häufige Wechsel der Umweltzustände) besser abschneiden. Wenn allerdings die Umweltvariation hoch und grobkörnig ist (langes Andauern der Umweltzustände), tun sich die Spezialisten schwer, die langen ungünstigen Zeitabschnitte zu überdauern; in diesen Fällen sind die Generalisten mit ihrer Strategie im Vorteil (Péli 1997).

2. Ein anderer Umwelttyp, ein anderer Generalist

Die ursprüngliche Theorie der Nischenbreite geht davon aus, dass Umweltressourcen und Umweltbedingungen zusammenhanglos oder äußerst unterschiedlich sind (Péli 1997). Auf Grund dieser angenommenen Unterschiedlichkeit bezahlen Generalistenorganisationen, die auf zwei verschiedene Ressourcenlagen oder Umweltbedingungen reagieren können, dafür einen Preis in Form von höheren Gemeinkosten oder überschüssigen Kapazitäten.

Die Theorie der Ressourcenteilung verwendet eine andere Annahme bezüglich der Umweltressourcen. Sie behauptet, dass die verschiedenen *pockets* oder Bedingungen gar nicht so unterschiedlich sind, eine Situation, der sich moderne Organisationen oft gegenübersehen.[4] Diese Veränderung in der Theorie ist wichtig, denn im Falle zweier nicht so verschiedener Umwelten kann es sein, dass Generalisten ihre Flexibilität nicht belastet (wie in der ursprünglichen Theorie der Nischenbreite). Es kann in der Tat sogar sein, dass sie von ihr profitieren, da der Bezug auf mehr als einen Umweltzustand unter Umständen Kostenersparnisse mit sich bringt; Aktivitäten, die beiden Zuständen gemein sind, können in größerem Maßstab durchgeführt werden. Es können auch Skalenvorteile auftreten, weil manche Umweltzustände durch höhere Ressourcenniveaus gekennzeichnet sind (die ursprüngliche Theorie der Nischenbreite ging implizit von einer ausgewogenen Verteilung über alle Zustände aus), was wiederum den größeren Unternehmen wirtschaftliche Vorteile verschafft. Diese Größen- und Reichweitenvorteile können ein Ausmaß erreichen, dass sie die höheren Gemeinkosten oder Ähnliches aufwiegen und folglich den Generalistenorganisationen einen Gesamtvorteil verschaffen. Das ist vor allem dann wahrscheinlich, wenn die verschiedenen Umweltzustände nicht, wie in der ursprünglichen Theorie der Nischenbreite, im Laufe der Zeit alternieren, sondern stattdessen gleichzeitig erfahren werden können. Die Theorie der Ressourcenteilung macht von den Erkenntnissen der Größenvorteile Gebrauch, um basie-

---

4 Betrachten wir zum Beispiel die Umwelten, in denen DaimlerChrysler aktiv ist: Die Produktpalette des Konzerns reicht von Benzin-, Diesel- und Elektrofahrzeugen über kommerzielle Fahrzeuge (Lastwagen und Busse) bis hin zu Panzerfahrzeugen und Benzin- und Dieselmotoren und -turbinen. Allerdings liegen, was die technologische Seite (Motorentechnologien und Fahrzeugfertigung) und die kommerziellen Märkte angeht, die Ähnlichkeiten all dieser Betriebsbereiche untereinander auf der Hand.

rend auf dem erläuterten, zweiten Typus von Generalisten, andere Prognosen über die Nischenbreite zu entwickeln.[5]

III. Die Kernideen der Ressourcenteilungstheorie

Allgemein gesprochen stützt sich die theoretische Kernidee von Ressourcenteilung auf die Vorstellung, dass in einem Markt, der durch einen begrenzten Set an heterogenen Ressourcen gekennzeichnet ist, ein Verdrängungswettbewerb von Organisationen herrscht. Anfänglich versuchen Organisationen, eine überlebensfähige Position in diesem Markt zu finden, indem sie mit ihren Produkten auf verschiedene Ressourcensegmente abzielen. Spezialistenorganisationen wählen enge, homogene Ziele, während Generalistenorganisationen Ziele wählen, die sich aus heterogenen Segmenten zusammensetzen. Es ist wesentlich für die Theorie, dass die Umweltressourcen auf eine bestimmte Art und Weise verteilt sind. Es ist ebenso wesentlich, dass zumindest *ein* Aspekt der Produktplatzierung im Markt mit *economies of scale* verbunden ist; diese stellt man sich typischerweise in Produktion, Marketing oder Vertrieb vor.

Die theoretische Kernidee umfasst – vereinfacht gesprochen – drei Hauptkomponenten. Die erste Komponente zielt auf Annahmen und Aussagen über die Umwelt, insbesondere die Ressourcenverteilung. Die zweite betrifft die Art und Weise, wie sich Generalistenorganisationen in Anbetracht dieser Ressourcenverteilung verhalten und im Laufe der Zeit entwickeln. Die dritte Komponente betrifft Spezialistenorganisationen und ihre Evolution; sie setzt sowohl die Ressourcenverteilung als auch das Generalistensegment als gegeben voraus. Obwohl sich die Forschung hauptsächlich mit Spezialistenorganisationen beschäftigt hat, wollen wir im Folgenden die Komponenten der Reihe nach besprechen, um die Theorie in Vollständigkeit vorzustellen.[6]

1. Ressourcenverteilungen

Die Theorie der Ressourcenteilung geht davon aus, dass Umweltressourcen über multiple Dimensionen verteilt sind. Jede Dimension besteht aus Zuständen oder fließenden Übergängen von Zuständen, deren Kombination von den Organisationen gleichzeitig erfahren wird. Das heißt, jede Organisation ist innerhalb einer speziellen Region des mehrdimensionalen Raums der Organisationsumwelt positioniert.

Typischerweise repräsentieren die potenziellen Konsumenten in einem Markt die Ressourcen, und die sozioökonomischen und demographischen Eigenschaften der Konsumenten die Dimensionen. So würde beispielsweise auf dem Zeitschriftenmarkt die Wohnbevölkerung – als potenzielle Leser und Abonnenten – eine Hauptressourcenba-

---

[5] Es ist natürlich verwirrend, die gleiche Bezeichnung, „Generalismus", für zwei verschiedene, aber miteinander verwandte Konzepte zu verwenden. In Zukunft würden theoretische Arbeiten gut daran tun, diese Unterscheidung weiter zu entwickeln und den beiden Konzepten eindeutige, unverwechselbare Namen zu geben.
[6] Obwohl sich die bisherige Forschung auf die Spezialistenkomponente konzentriert hat, enthält sie bereits viele Gedanken zu den beiden anderen Komponenten, wenn auch oft nur implizit.

sis darstellen.⁷ Potenzielle Zeitungsleser können nach Dimensionen wie Alter, Bildungsgrad, politischer Einstellung, Wohnort unterschieden werden, von denen jede die Grundlage für eine Differenzierung der Zeitungslandschaft darstellen kann. Entlang jeder Dimension sind an den einzelnen Punkten die Leser mehr oder weniger zahlreich vorhanden; für jeden beobachteten Zeitungsmarkt kann die relative Verteilung der potenziellen Leser (und damit der Ressourcen) entlang jeder Dimension berechnet werden. So würde eine solche Verteilung hinsichtlich des Alters der Leser in einem Zeitungsmarkt einfach die Altersverteilung der Bevölkerung widerspiegeln.⁸ Die Position jeder Organisation auf dem Markt kann innerhalb jeder Dimension identifiziert werden, entweder anhand ihrer Ausdehnung (Nischenbreite) oder dem Mittelwert der Verteilung. So wäre eine Zeitung wie die *New York Times* auf der Bildungsdimension des Marktes höher anzusiedeln als ihre örtliche Konkurrenz, die *Daily News*.

Die Theorie der Ressourcenteilung geht davon aus, dass innerhalb jeder Dimension die Umweltressourcen mit einer unimodalen Spitze ungleich verteilt sind. Der Modellvorstellung nach sind die Ressourcen entlang jeder Dimension grob symmetrisch um diese Spitze herum verteilt. Zusätzlich nimmt man an, dass es in der gemeinsamen Verteilung aller relevanter Dimensionen ebenfalls einen unimodalen Gipfel gibt; dieser repräsentiert das so genannte „Marktzentrum" (Carroll 1985; Boone et al. 2000).⁹ Diese gemeinsame Verteilung der Ressourcendimensionen bedeutet, dass einige Regionen im Ressourcenraum reicher gesegnet bzw. lukrativer sind als andere und somit denen, die dort angesiedelt sind, potenzielle Skalenvorteile verschaffen. So wäre in einem Zeitungsmarkt dieses Marktzentrum die größte Gruppe potenzieller Leser – in einem „normalen" US-amerikanischen lokalen Markt wären das wahrscheinlich Leser mittleren Alters mit einem High School-, eventuell noch College-Abschluss, die gemäßigte politische Ansichten vertreten und in der größten Stadt des lokalen Marktes wohnen.

> *Ressourcenverteilungsannahme:* Umweltressourcen sind innerhalb und quer über die relevanten Dimensionen ungleich verteilt. Die gemeinsame Distribution von Umweltressourcen hat eine unimodale Spitze.

Abbildung 1 zeigt eine hypothetische Ressourcenumwelt dieser Art. Die Spitze des in der Abbildung gezeigten Kegels repräsentiert den Ort, an dem sich die Spitzen relevanter Umweltdimensionen kreuzen. Mit Hilfe hinreichend detaillierter Daten zu den

---

7 Eine weitere Hauptressourcenbasis für Zeitungen wären Inserenten.
8 In vielen Kontexten der Ressourcenteilung, etwa in der Zeitungsindustrie, ist der Preiswettbewerb zwischen den Firmen minimal oder unwichtig. In diesen Fällen ist es sinnvoll, die Ressourcenverteilung wie hier beschrieben zu kalkulieren. In anderen Kontexten, wie etwa in der Wirtschaftsprüfungs- oder in der Automobilbranche, kann sich der Durchschnittspreis der Produkte je nach Segment oder Position entlang einer Ressourcendimension verändern. In diesen Fällen macht es wahrscheinlich mehr Sinn, die Ressourcenverteilung als die potenziell verfügbare Kaufkraft zu kalkulieren – der Durchschnittspreis der Produkte, die in diesem Segment gekauft worden sind mal die relative Größe der dort angesiedelten Konsumentenbasis.
9 Die Idee eines ‚Marktzentrums' ist in Untersuchungen über die Präferenzbildung bei Verbrauchern auch als der ‚ideale Punkt' bezeichnet worden (Carpenter 1989). Die Nähe einer Marke zu diesem idealen Punkt in einem gegebenen Markt wird mit größerer Profitabilität assoziiert. Carpenter und Nakamoto (1989) zeigen auch, dass neue Marken einen Wettbewerbsvorteil haben, weil sie endogen die Formation des idealen Punktes in einem Markt beeinflussen.

Abbildung 1: Unimodale Verteilung von Umweltressourcen

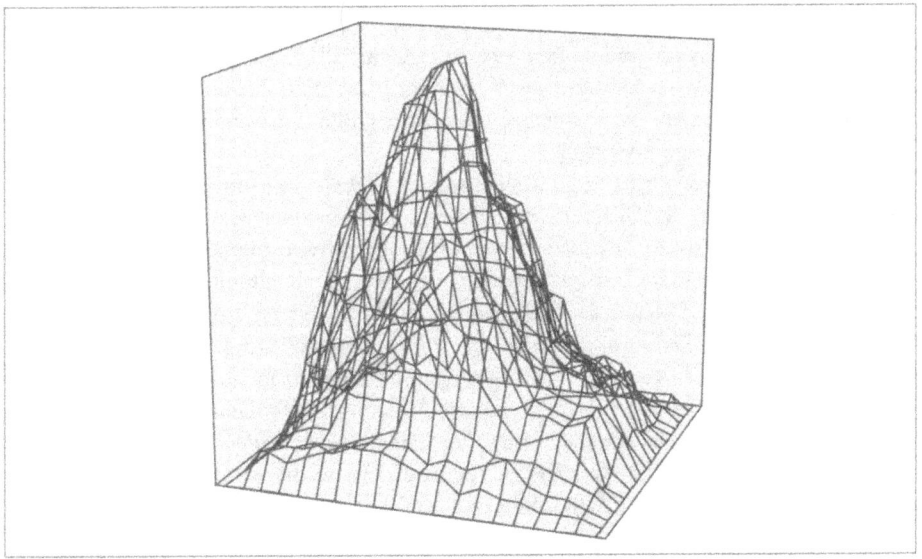

Quelle: Boone et al. (2000).

Umweltressourcen kann dieses Muster untersucht und direkt gemessen werden. So verwenden zum Beispiel Boone et al. (2000) in ihrer Studie des Zeitungsmarktes in der holländischen Provinz über einen längeren Zeitraum gesammelte aggregierte Daten, um die Verteilungen der potenziellen Leser entlang der Dimensionen von Alter, Einkommen, politischer Parteipräferenz und Religionspräferenz direkt zu untersuchen. Jede Dimension weist die erwartete unimodale Gestalt auf. Eine direkte Untersuchung der gemeinsamen Verteilung, ein noch exakterer Test der Annahme würde noch detailliertere Daten erfordern, entweder über zu einzelnen Konsumenten oder über zu gemeinsamen (aggregierten) Häufigkeitsverteilungen.

2. Die Evolution von Generalisten

Zu Beginn unserer Diskussion über Generalistenorganisationen wollen wir das Marktzentrum betrachten, die Gegend um die Spitze in der Ressourcenverteilung (s. *Abbildung 1*). Angenommen, es gibt zwei Organisationen mit gleichen Nischenbreiten, die sich exakt überlappen. Aber trotz des identischen Betätigungsfeldes und der identischen Marktposition sind die beiden Firmen verschieden groß. Die größere der beiden wird deutlich im Vorteil sein, wenn Skalenerträge möglich sind. Stellen wir uns jetzt zwei Firmen vor, die sich an der gleichen Position befinden und ähnliche Nischenbreiten haben, wobei aber die der einen etwas breiter ist. Wenn der zusätzlich besetzte Ressourcenplatz sich nicht zu sehr von den anderen Teilen unterscheidet, dann wird die Firma mit der größeren Nischenbreite wegen ihrer größeren Ressourcenbasis auch über einen Skalenvorteil verfügen. Wenn wir dieser Logik folgen, dann sehen wir, dass, wenn Skalenerträge stark ins Gewicht fallen und sich die Plätze im Ressourcenraum nicht zu stark voneinander unterscheiden, die relative Größe gegenüber den Konkurrenten eine wichtigere Rolle spielt als die Position oder die Nischenbreite – der Wettbewerb wird vorwiegend größenorientiert. In diesem Fall würde ein sehr großes Unternehmen, das neben dem Marktzentrum angesiedelt ist, eine kleinere Firma, die direkt im Zentrum positioniert ist, ausstechen. Aber um größer zu werden, würde diese Firma eine breitere Nische benötigen.

Nach dieser Logik wird, wenn die economies of scale groß und die Ressourcenverteilung unimodal ist, das Zentrum des Marktes hauptsächlich von Generalisten bevölkert sein. Im Wettbewerb zwischen diesen Generalisten wird die relative Größe immer wichtiger und – vorausgesetzt, es existiert eine gewisse Bandbreite an Dimensionen, entlang der sich die Organisationen positionieren – zu einem bestimmten Zeitpunkt wahrscheinlich die Nischenbreite oder die Position an Wichtigkeit übertreffen. Das heißt, der Wettbewerb unter Generalistenorganisationen ist ein sich verstärkender, auf Größe basierender Wettstreit um Ressourcen, in dem größere Generalisten letztendlich kleinere aus dem Rennen werfen. Durch das Scheitern der kleineren Generalisten werden deren Zielmärkte freie Ressourcen. Generalisten in angrenzenden Regionen sind dann in der besten Ausgangslage, diese neu verfügbaren Ressourcenräume für sich zu gewinnen, was sie in der Regel auch tun. Der überlebende Generalist wird folglich noch größer und noch generalisierter und besetzt das Marktzentrum.

Für Generalisten scheint eine unimodale Verteilung von Umweltressourcen dreierlei Konsequenzen zu haben. Erstens hängt die Überlebensfähigkeit von Generalisten nicht nur von der Nischenbreite ab, sondern auch von ihrer Position oder Verortung im Umweltraum, vor allem um das Marktzentrum herum. Zweitens, unter Generalisten mit relativ ähnlichen Marktpositionen bestimmen Größenunterschiede den Wettbewerb. Drittens, da die Ressourcenverteilung unimodal ist, folgt daraus, dass das Ausmaß der Marktkonzentration sich aus dem Ausmaß der Ressourcenkonzentration ergeben sollte. Das heißt, je steiler die Ressourcenspitze, desto höher der Grad der Konzentration. Wir wollen im Folgenden näher auf diese Punkte eingehen.

a) Marktzentrumswettbewerb. Spezialisten haben große Freiheiten, was die Wahl ihrer Position angeht; sie können sich im Zentrum des Marktes oder an der Peripherie niederlassen. Generalisten sind, was die Wahl der Position angeht, eingeschränkter, weil eine breite Nische einen Großteil des Marktes abdeckt; dennoch können sie wählen, ob sie das Zentrum ihres eigenen Betätigungsfeldes in der Nähe des Marktzentrums oder an einer der Peripherien ansiedeln wollen. Auf Grund ihrer breiteren Produktpalette besetzen Generalisten in der Regel Nischen, die sich über das Marktzentrum hinweg ausbreiten. Eine Position in diesem lukrativen Sektor des Marktes (wo Ressourcen reichlich vorhanden sind) gestattet Generalisten, ihre Größenvorteile voll auszuschöpfen und weiter zu wachsen und zu expandieren, was wiederum die Wahrscheinlichkeit erhöht, dass sie im Zentrum positioniert sind. Folglich scheinen Wahl der Marktposition und Größe untrennbar miteinander verbunden und sich gegenseitig zu verstärken: Die Vorteile für Generalisten gehen Hand in Hand mit Größenvorteilen, die sich aus der Positionierung in dem Teil des Marktes ergeben, wo sich die Spitzen der Dimensionen an Umweltressourcen überschneiden. Das führt zu folgender Hypothese:

Marktzentrums-Hypothese: Die Gefahr, dass eine Organisation stirbt, steigt, je weiter sich ihre Position vom Marktzentrum entfernt befindet.

Empirische Belege für diese Hypothese sind von Dobrev et al. in der europäischen (2001a) sowie der amerikanischen (2001b) Automobilherstellung gefunden worden. Diese Studien untersuchen die technologische Nische der Hersteller, welche definiert ist als Spanne der Motorleistung bei den angebotenen Modellen einer Firma, und konzipieren das Marktzentrum als den Bereich (im technologischen Raum), der von den Nischen der vier größten Firmen in dem jeweiligen nationalen Markt besetzt ist. Die Befunde sind deutlich: Die Überlebenschancen von Automobilherstellern sinken proportional zur Entfernung der Firma vom Marktzentrum.

b) Größenwettbewerb. Wie oben erwähnt, sollte in vielen organisationalen Kontexten im Wettbewerb unter denjenigen (großen) Firmen, von denen angenommen wird, dass sie breite Nischen besetzen und auf das Marktzentrum abzielen, die Größe ausschlaggebend sein. Relative Größe im Vergleich zu anderen Herstellerfirmen verschafft politische und wirtschaftliche Wettbewerbsvorteile innerhalb der Population. Politische Vorteile, weil Staaten um größere Arbeitgeber konkurrieren und ihnen günstige Konditionen (steuerliche Begünstigungen, Standortvorteile, Strom-, Gas-, Wasserversorgung etc.) anbieten, die kleineren Firmen nicht zugänglich sind. Auch wird großen Firmen, die in Schwierigkeiten stecken, oft unter die Arme gegriffen oder aus der Klemme geholfen. Wirtschaftliche Vorteile ergeben sich aus Größenvorteilen in der Herstellung und im Marketing, was größeren Firmen geringere Durchschnittskosten ermöglicht, oder aus dem unverhältnismäßig großen Einfluss auf Zulieferer und Vertrieb.

Um den Wettbewerbsdruck in diesem auf Größe basierenden Wettbewerb einzuschätzen, ist es sinnvoll, die Größenstruktur der Wettbewerbsumwelt einer jeden Firma zu jedem gegebenen Zeitpunkt zu untersuchen. Ein viel versprechendes Modell dieser Art besagt, dass der Selektionsdruck, dem sich eine Firma dieser Art ausgesetzt sieht, von zwei Faktoren abhängt: 1. von der Anzahl größerer Konkurrenten, mit der es die Firma zu tun hat (und die alle gegenüber der kleineren fokalen Firma einen Größenvorteil haben), sowie 2. von der Summe der Entfernungen in der Größendimension zwischen der fokalen Firma und jedem ihrer größeren Konkurrenten (wobei die Entfernung das Ausmaß des Vorteils widerspiegelt). Wenn man diese Erwägungen zu einem einzigen, organisationsspezifischen Umweltmaß zusammenfasst, ergibt sich folgende Hypothese:

Größenwettbewerbs-Hypothese: Bei Konkurrenz durch Größenvorteile steigt innerhalb einer Organisationspopulation die Gefahr, dass eine Firma nicht überlebt, je größer die Summe der Entfernungen einer Firma zu jedem ihrer größeren Konkurrenten ist.

In dieser Hypothese können die Entfernungsmaße nach einer Vielzahl von Prinzipien berechnet werden. Da Größenvorteile hauptausschlaggebend für den Wettbewerb unter Generalisten sind, verwendet man in der Forschung oft ein Distanzmaß, das auf der ungefähren Gestalt einer typischen Langzeitdurchschnittskostenkurve basiert. Schätzungen eines so operationalisierten Modells zeigen, dass Wettbewerb durch Größenvorteile starke Auswirkungen haben kann. Carroll und Swaminathan (2000) stellen fest, dass der Wettbewerb durch Größenvorteile einen bedeutenden Beitrag zur Erklärung der Sterblichkeit von US-amerikanischen Massenproduktionsbrauereien leistet. Das Gleiche konstatieren Dobrev und Carroll (2000) für ein voll spezifiziertes evolutionäres Modell organisatorischer Sterblichkeit in vier großen Populationen von Automobilherstellern. Die Analysen der evolutionären Wettbewerbsdynamik in der Brau- und Automobilindustrie zeigen, dass das Sterberisiko eines Unternehmens, das sich im Wettbewerb durch Größenvorteile befindet, ansteigt, je weiter es insgesamt von seinen größeren Rivalen, mit denen es zu einem gegebenen Zeitpunkt auf dem Markt zu tun hat, entfernt ist.

c) Besetzter Ressourcenraum. Achten wir nun darauf, was mit den einzelnen Generalistenorganisationen passiert, wenn eine Marktkonzentration stattfindet. Gemäß des Prozesses des oben beschriebenen Wettbewerbs durch Größenvorteile ist klar, dass einzelne Generalisten oft davon profitieren, ihre Reichweite(n) innerhalb eines Ressourcenraumes auszudehnen. Aber auf lange Sicht werden nur die größten dieser Organisationen überleben, unabhängig von ihren Reichweiten. Bei unimodaler und ungefähr symmetrischer Umweltressourcenverteilung (s. *Abbildung 1*) gehen Nischenbreite und Unternehmensgröße Hand in Hand und verstärken sich gegenseitig. Unter diesen Bedingungen erwarten wir:

> *Hypothese der überlebenden Generalisten:* Bei zunehmender Marktkonzentration expandiert der durchschnittliche Ressourcenraum, der von den überlebenden einzelnen Generalisten abgedeckt wird.

Auch wenn ein Generalist ein breites Zielgebiet abdeckt, ist es doch schwierig, den gesamten freien Platz im Ressourcenraum zu sichern – das könnte sich im Endeffekt als zu kostspielig herausstellen oder der Firma den Verlust bereits existierender Aktivitätsfelder bescheren (Péli und Noteboom 1999). Vor allem ist dies Fall in entwickelten Märkten, in denen wenige Generalisten sehr groß sind und extrem breite Zielgebiete haben. Die Schwierigkeit, sich alle freien Ressourcen zu sichern, resultiert daher, dass die kleinen Vorteile, die man potenziell dadurch gewinnt, indem man auf weiteren Dimensionen des Ressourcenraums nach außen rutscht (in die „dünnen" Teile des Ressourcenraums), deutlich wettgemacht werden durch die hohen Kosten, die die Abdeckung dieser äußerst differenten Regionen im Ressourcenraum verursacht.[10]

Im Gegensatz dazu zielen in Märkten mit vielen Generalisten die Hauptkonkurrenten auf das Marktzentrum ab, während sie aber gleichzeitig versuchen, sich voneinander abzugrenzen und dünn besiedelte bzw. noch unbesiedelte Regionen zu besetzen. Wie sich also der Konkurrenzkampf unter den Generalisten auf ein mögliches Monopolgleichgewicht zubewegt, wachsen bei den Überlebenden die Unternehmensgröße und die Breite des angezielten Ressourcenraums. Gleichzeitig sinken aber die von allen Generalistenorganisationen gehaltenen Gesamtressourcen, vorausgesetzt, dass sich der Gesamtraum nicht verringert (Carroll 1985; Carroll und Hannan 1995).

> *Generalisten-Raum-Hypothese:* Bei zunehmender Marktkonzentration sinkt der von allen Generalistenorganisationen gemeinsam abgedeckte Ressourcenraum.

---

10 Es ist klar, dass der Prozess im Falle von *economies of scope* zwischen dem Marktzentrum und den peripheren Regionen des Ressourcenraums anders ablaufen wird.

Vereinzelte Studien zur Reichweite und Organisationsgröße von Generalisten im Gefolge von Konsolidierungsereignissen wie Fusionen oder Bankrotten unterstützen diese Hypothese (z.B. Carroll 1985). Diejenige Firma, die bei einer Fusion den Ankauf tätigt, vergrößert oft ihre Reichweite, um den Raum zu erschließen, der vorher ausschließlich von der aufgekauften Firma besetzt wurde; es gelingt ihr aber nicht immer, alle Kunden dieses Raumes zu halten, vor allem nicht diejenigen, die sich am weitesten von ihrer ursprünglichen Zielreichweite entfernt befinden. Noch steht eine systematische Analyse dieser Hypothese aus, obwohl diese auf Grund der vorhandenen Daten relativ einfach zu untersuchen wäre.

d) Marktkonzentration. Betrachten wir jetzt die gesamte Organisationspopulation in einem Markt zu einem gegebenen Zeitpunkt. Um die Konzentration zu ermitteln, brauchen wir nur die größeren Organisationen zu berücksichtigen, bei denen es sich in Anbetracht der unimodalen Ressourcenverteilung um Generalisten handeln wird. Aus den oben skizzierten Wettbewerbsszenarien geht hervor, dass Marktkonzentration und Ressourcenkonzentration Hand in Hand gehen sollten. Das heißt, je steiler der Ressourcengipfel, desto höher der Grad der Konzentration. Der Grund dafür ist, dass konzentrierte Ressourcenverteilungen Generalisten wenig Spielraum für Differenzierung geben – sie zwingen Generalisten in einem früheren Stadium in einen direkten Wettbewerb.

Marktkonzentrations-Hypothese: Je höher die Umweltressourcen eines Marktes konzentriert sind, desto größer die Konzentration der Organisationen, die durch Größenvorteile konkurrieren.

Boones et al. (2000) vergleichende Langzeitstudie des Zeitungsmarktes in der holländischen Provinz belegt diese Hypothese. Das Forschungsteam sammelte und analysierte über einen längeren Zeitraum hinweg Daten über potenzielle Leser in allen niederländischen Provinzen. Sie zogen Informationen heran bezüglich des Alters, des Bildungsgrads sowie der politischen und religiösen Präferenzen der potenziellen Leser. Je größer die Konzentration in einer Provinz in jeder dieser Ressourcendimensionen, desto größer ist die Konzentration des Zeitungsmarkts in dieser Provinz. Weitere Studien dieser Art, in denen die Ressourcenverteilung direkt gemessen wird, können das Studium von Organisationspopulationen nur bereichern.

3. Die Evolution von Spezialisten

Wenden wir uns jetzt der Evolution von Spezialistenorganisationen zu. Die Theorie der Ressourcenteilung erklärt den Aufstieg von Spezialistenfirmen vor allem mit Hilfe des Ressourcenraums außerhalb der Zielbereiche der Generalisten. Dort, abseits des intensiven Wettbewerbsdrucks der dominierenden großen Generalisten, können Spezialistenorganisationen überlebensfähige Positionen finden (Carroll 1985). Und da die Ressourcen in diesen Regionen eher spärlich sind, sind auch die dort befindlichen Spezialisten eher klein. Kleine hochspezialisierte Positionen laufen auch weniger Gefahr, von den sich immer weiter ausbreitenden Generalisten eingenommen zu werden als breitere Positionen; sie sind auch leichter zu verteidigen, falls eine Übernahme droht. Wenn diese Ressourcen ausreichen, um ein Spezialistensegment zu erhalten, ist der

Markt partitioniert, insofern als Generalisten- und Spezialistenorganisationen scheinbar nicht miteinander in direkten Wettbewerb treten; sie sind von verschiedenen Teilen der Ressourcenbasis abhängig.

Die neue Erkenntnis der Theorie der Ressourcenteilung ergibt sich aus einem Vergleich des für Spezialisten verfügbaren Ressourcenraums bei zunehmender allgemeiner Marktkonzentration. Da die Marktkonzentration von der Konsolidierung von Generalisten herrührt, kann dieser Vergleich dadurch angestellt werden, dass man den gesamten Bereich außerhalb der Ziele der Generalisten in verschiedenen Wettbewerbsstadien unter den Generalisten misst. Wie oben erklärt, ist im Falle, dass sich der Gesamtraum nicht verringert, dieser Bereich (der Raum außerhalb der Generalistenziele) größer, je höher die Konzentration (d.h. je weniger, dafür größere Generalisten). Wenn wir also davon ausgehen, dass einige Spezialisten in dem Freiraum tätig werden können, bringt uns das zu folgender Hypothese:

> *Spezialisten-Raum-Hypothese:* Bei zunehmender Marktkonzentration wächst das Gesamtvolumen des Ressourcenraums, das für Spezialistenorganisationen verfügbar ist.

Péli und Nooteboom (1999) übertragen mathematische Resultate aus der Analyse des als *sphere-packing* bekannten Problems auf die Untersuchung zentraler Fragestellungen der Ressourcenteilung. Ihre Analyse verwendet einige andere Annahmen als die hier beschriebenen. Insbesondere gehen sie von einer gleichmäßigen (uniformen) Verteilung der Umweltressourcen aus sowie einer Gruppe von Generalisten mit fester Gestalt und Größe (repräsentiert durch *hyperspheres*). Darüber hinaus gehen sie davon aus, dass der Ressourcenraum begrenzt ist. Sie fragen, wie viel Ressourcenraum außerhalb des Bereichs, der von den Generalistenorganisationen abgedeckt ist, zur Verfügung steht, wenn die Generalisten so eng wie möglich, ohne Überlappung, in den Ressourcenraum gepackt sind.[11] Ihre Ergebnisse zeigen, dass bei wachsender Anzahl der Dimensionen im Ressourcenraum der Prozentsatz des Gesamtressourcenraums außerhalb der am dichtest gedrängten Generalistenarrangements nichtlinear wächst. Die Autoren vermuten, dass sich Geschmacksdimensionen der Verbraucher exogen verändern, was den Ressourcenraum neu ordnet und eine Ressourcenteilung zur Folge hat. Aber das Hauptergebnis bleibt auch dann stabil, selbst wenn die Geschmäcker von den Spezialistenorganisationen selbst (d.h. endogen) geschaffen werden, was in partitionierten Märkten häufig vorkommt.

> *Ressourcendimensionalitäts-Hypothese:* Mit wachsender Anzahl der Dimensionen im Ressourcenraum wächst das Gesamtvolumen des für Spezialistenorganisationen verfügbaren Raums.

Die Organisationsökologie besagt, dass mit Zunahme von freiem Ressourcenraum auch die potenzielle Überlebensfähigkeit von Spezialistenorganisationen, die für diese Posi-

---

11 Wie Péli und Nooteboom (1999) vorschlagen, würde die Einführung von ungleichen Ressourcen und Wettbewerb durch Größenvorteile unter Generalisten vermutlich diese Schlussfolgerungen untermauern, obwohl es unwahrscheinlich erscheint, dass mit diesen komplexeren Annahmen ein analytisch lösbares Resultat erzielt werden könnte. Ist hier eine präzisere Antwort gesucht, erhält man diese am besten mit Hilfe von Computersimulationen.

tionen geeignet sind, zunimmt. Es kann sein, dass sich die organisatorische Population nicht sofort auf diese Bedingungen einstellt: Unternehmer und Ressourcenlieferanten brauchen Zeit und Informationen, um die neuen Chancen zu erkennen, vor allem da diese Märkte lange Zeit ziemlich heftig umkämpft wurden. Aber durch den freien Raum entsteht ein Druck, der das Aufkommen und die Ausbreitung von Spezialisten begünstigt. Je stärker dieser Druck, desto größer ist die Wahrscheinlichkeit, dass eine Reaktion stattfinden wird.

Erhöhte Überlebensfähigkeit impliziert, dass das Spezialistensegment expandieren sollte. Das kann entweder durch ein Ansteigen von Neugründungen, ein Absinken der Sterberate oder durch beides passieren. In der Tat ist die Prognose erhöhter Überlebensfähigkeit sowohl in Bezug auf die Gründungs- als auch die Sterberaten interpretiert worden.[12]

Spezialistengründungs-Hypothese: Wächst der den Spezialisten zur Verfügung stehende Ressourcenraum, steigt die Gründungsrate von Spezialistenorganisationen.

Spezialistensterblichkeits-Hypothese: Wächst der den Spezialisten zur Verfügung stehende Ressourcenraum, sinkt die Sterberate von Spezialistenorganisationen.

Die empirische Forschung zur Ressourcenteilung hat sich primär von den logischen Implikationen der Verknüpfung der Spezialisten-Raum-Hypothese mit der Spezialistengründungs- oder der Spezialistensterblichkeits-Hypothese lenken lassen. In beiden Fällen ist die empirische Implikation ein Interaktionseffekt auf die jeweilige Rate zwischen der organisatorischen Form (Spezialisten-/Generalisten-Status) und der Konzentration. Systematische Untersuchungen hierzu sind für gesamte Organisationspopulationen durchgeführt worden, noch mehr jedoch wegen des kontraintuitiven Charakters der Hypothese für Spezialistenorganisationen. Diese Tests decken ein breites Spektrum an Organisations- und Branchenschauplätzen ab, inklusive

- Zeitungsverlage (Carroll 1985; Dobrev 1997, 2000),
- Telefonfirmen (Barnett und Carroll 1987),
- Bierbrauereien (Carroll und Swaminathan 1992, 1993, 2000),
- Genossenschaftsbanken (Freeman und Lomi 1994; Lomi 1995),
- kommerzielle Banken (Li 2001),
- Hersteller von medizinischen Diagnoseapparaten (Mitchell 1995),
- Weinkellereien (Swaminathan 1995, 2001),
- Autohersteller (Torres 1995; Dobrev et al. 2001b),
- Produzenten von Mikroprozessoren (Wade 1996),
- Fluglinien (Seidel 1997),
- Investmentbanken (Park und Podolny 2000),
- Anwaltskanzleien (Jaffee 2000),
- Filmproduktionsgesellschaften (Mezias und Mezias 2000),
- Filmverleiher (Mezias und Mezias 2000),
- Wirtschaftsprüfungsunternehmen (Boone et al. 2000).

---

12 Organisationswachstumsraten sind in diesem Kontext eine komplexere Angelegenheit, weil, wie wir weiter unten kurz ansprechen werden, die Spezialistenorganisationsform oft auf Grund ihrer Identität Größenbeschränkungen erfährt.

Darüber hinaus gibt es Anzeichen, dass die Entwicklung der deutschen Automobilindustrie nach dem Zweiten Weltkrieg diesem in der Theorie beschriebenen Prozess folgt. Bis 1960 hatte sich die Branche vollständig vom Abschwung der späten 1940er Jahre erholt. In jenem Jahr erreichte die Gesamtproduktion fast 1,7 Millionen Autos, von denen ca. 80 Prozent auf das Konto der vier großen, seit Kriegsende die Branche beherrschenden Firmen gingen: Volkswagenwerke AG, Adam Opel AG, Ford MC AG, und Daimler Benz AG. Doch gleichzeitig mit dieser hohen Marktkonzentration kam es zu einer wahren Eintrittswelle von neuen Firmen, fast ausschließlich kleine und spezialisierte Autohersteller. Dazu gehörten die Kleinwagenhersteller Lepoix System GmbH und Automobilwerke Shopper GmbH,[13] der Sportwagenhersteller Bitter & Co KG (eine Firma, die von dem früheren Rennfahrer Erich Bitter organisiert worden war) und Deutsche Industrie-Werke, Hersteller des Amphicar – eines Autos, das, wie der Name andeutete, den Amphibienfahrzeugen ähnelte, die Designer Hans Trippel zuvor in der Bugatti-Fabrik in Molsheim gebaut hatte. In den 1960er und 1970er Jahren traten zwölf neue Fabrikanten auf den deutschen Automobilmarkt. Diese Zahl mag bescheiden klingen, aber sie ist identisch mit der Gesamtzahl aller Firmen in 1960. Eine Interpretation dieser Ereignisse im Sinne einer Ressourcenteilung würde die Überlebensfähigkeit dieser neu gegründeten Spezialisten der Verfügbarkeit des Ressourcenraums zuschreiben, der von den Generalisten frei gemacht wurde, die durch Größenvorteile konkurrieren, die während der Branchenkonsolidierung scheitern und aus dem Markt austreten.

IV. Erweiterungen der Theorie

Im Kern betont die Theorie der Ressourcenteilung vor allem die Position einer Organisation im Ressourcenraum, insbesondere in Relation zu anderen Organisationstypen. Diese Logik liegt den oben erklärten Hypothesen zu Grunde, die zusammen die Hauptprognosen für das Spezialistenphänomen darstellen. Wir sind zudem der Meinung, dass sie auch fast gänzlich die Partition in bestimmten Industriezweigen erklärt, in denen Geografie eine zentrale Rolle spielt, wie etwa dem Flugverkehr.

In einigen anderen Branchen sind allerdings oft andere Faktoren wichtiger als die reine Positionierung der Produkte im Ressourcenraum.[14] Unter Bezugnahme auf jüngere Studien und Theorien zu diesem Thema diskutieren wir im Folgenden drei Mechanismen als Alternative zur Position: 1. Kundenorientierung, 2. kulturelle Ablehnung der Massenproduktion und 3. demonstrativer Statuskonsum. Bei ersterer spielen dynamische organisatorische Fähigkeiten eine Rolle, während die letzteren zwei Punkte die Frage der „Identität" betonen. Da das Verständnis für diese Mechanismen und ihre Implikationen noch gering ist, sind sie auch theoretisch noch nicht sehr ausgereift.

---

13 Wir haben erfahren, dass ein seltenes 1974er Modell der AWS im *Roller und Kleinwagen Museum* in Bad Iburg zu sehen ist.
14 Natürlich kann man den Produktraum immer so umdefinieren, dass er Identität und die dynamischen Fähigkeiten der Firmen miteinschließt. Aber aus unserer Sicht würden solche Ad-hoc-Definitionsänderungen die intuitive Bedeutung des Raums unterminieren und die Erkenntnisse dieser anderen Mechanismen trivialisieren.

Folglich werden wir keine formalen Hypothesen formulieren, so wie wir es für die Kerntheorie getan haben.

1. Kundenorientierung

Als Erste haben Boone et al. (2000) in ihrer Studie holländischer Wirtschaftsprüfungsunternehmen die Rolle der Kundenorientierung in Prozessen der Ressourcenteilung betont.[15] Ihre Untersuchung der Populationsgeschichte ergab, dass die Anzahl kleiner Spezialisten gegen Ende des zwanzigsten Jahrhunderts zunahm, just zu einem Zeitpunkt, als mit dem Eintritt und dem Wachstum der großen internationalen Wirtschaftsprüfungsunternehmen eine Marktkonzentration stattfand. Die beiden Trends veranlassten sie, die Theorie der Ressourcenteilung im Kontext professioneller Dienstleistungsorganisationen unter die Lupe zu nehmen. Sie fragten, wie es möglich war, dass kleine spezialisierte Wirtschaftsprüfungsunternehmen – häufig Ein- oder Zweipersonenbetriebe – mit den mächtigen Generalisten konkurrieren konnten. Boone et al. nennen schließlich drei mögliche Vorteile, die Spezialisten in bestimmten Bereichen dieses Marktes im Vergleich zu den größeren Generalisten haben und sich alle darauf beziehen, wie die Dienstleistungen kleiner Wirtschaftsprüferspezialisten für kleine Kundenfirmen attraktiver sein können.[16]

Der erste mögliche Vorteil kleiner Wirtschaftsprüfungsunternehmen betrifft die Honorarstrukturen. Die Honorare großer Wirtschaftsprüfungsunternehmen sind höher als die kleiner Wirtschaftsprüfer, und in Konkurrenzsituationen sind die großen Firmen entweder nicht willens oder nicht in der Lage, die Honorarangebote der kleineren Firmen zu unterbieten (Palmrose 1986). Kleine Kunden werden im Normalfall nicht den Aufpreis bezahlen, der bei einem großen generalisierten Wirtschaftsprüfer anfällt. Der Grund dafür ist, dass 1. die relativen Kosten dieser Honorare (d.h. im Verhältnis zu den Firmengesamteinnahmen) für kleinere Kunden höher sind, 2. dass die großen Wirtschaftsprüfungsunternehmen eher ihre weniger erfahrenen, dienstjüngeren Wirtschaftsprüfer zu den kleinen Klienten schicken, und 3. dass der Bedarf an (vermeintlicher) Prüfungsqualität bei kleinen Klienten niedriger ist als bei großen. Kleine Firmen sind weniger von externen Gesellschaftern wie Aktionären oder externen Geldgebern abhängig, folglich spielt der Ruf des Wirtschaftsprüfers oft keine so große Rolle. Die

---

15 Teile dieses Abschnitts sind nach Boone et al. (2000) bearbeitet.
16 Boone et al. (2000) merken an, dass auch bei einer Gleichsetzung von Generalismus und Organisationsgröße nicht notwendigerweise eine Eins-zu-Eins-Beziehung zwischen diesen Konzepten besteht. Der Grund dafür ist der, dass sich Organisationen entlang verschiedener Dimensionen, wie etwa die Typen der angebotenen Produkte, Dienstleistungen oder Klientenstamm, „generalisieren" können. Große Wirtschaftsprüfungsunternehmen können eindeutig als Generalisten bezeichnet werden, was ihr Dienstleistungsangebot und die Größenverteilung ihrer Klienten betrifft. Das heißt große Wirtschaftsprüfungsfirmen zielen mit ihren Produkten auf verschiedene Ressourcensegmente ab, indem sie 1. eine Palette an diversifizierten Diensten, einschließlich der Wirtschaftsprüfung, anbieten, und indem sie 2. sowohl auf dem Groß- als auch auf dem Kleinkundensektor um Klienten werben. Kleine Wirtschaftsprüfer konzentrieren sich auf kleine Kunden, die ein relativ kleines Segment darstellen.

niedrigeren Honorare kleinerer Wirtschaftsprüfer kommen somit den spezifischen Bedürfnissen kleiner Klienten stärker entgegen.

Ein zweiter möglicher Vorteil ergibt sich aus der Tatsache, dass die Dienste kleiner Wirtschaftsprüfungsfirmen personalisierter sind als die großer Firmen. In der Tat wird der Wirtschaftsprüfer bzw. die Wirtschaftsprüferin einer kleinen Firma oft zum bzw. zur Vertrauten des Geschäftsführers des kleinen Unternehmens und versorgt diesen mit persönlichen Ratschlägen und Informationen über Steuern, Buchhaltung und Branchenregelungen. Das heißt, der Kunde kann zu relativ niedrigen Kosten ein und dieselbe Person bei einer Vielzahl von Problemen zu Rate ziehen. Solch personalisierten Dienstleistungen können von großen Wirtschaftsprüfern, bei denen die Arbeit in separate Funktionen wie etwa Prüfung und Beratung aufgeteilt ist, weniger leicht erbracht werden. Darüber hinaus wechselt bei großen Wirtschaftsprüfungsunternehmen oft die Belegschaft in den unteren Rängen auf Grund eines Partnerselektionssystems nach dem Prinzip ‚Aufstieg oder Ausstieg' (Maijoor und Meuwissen 1993).[17] Die starke Fluktuation erschwert den Aufbau einer persönlichen Beziehung zwischen den (dienstjüngeren) Wirtschaftsprüfern und kleinen Kundenfirmen.

Ein dritter etwaiger Vorteil ergibt sich daraus, dass die „strukturierte" Vorgehensweise großer Wirtschaftsprüfer auf dem Kleinkundenmarkt oft einen Nachteil darstellt (Yardley et al. 1992). Der Grund dafür ist, dass Standardverfahren nicht auf die spezifischen und unter Umständen eigenwilligen Bedürfnisse kleiner Kundenfirmen Rücksicht nehmen. Darüber hinaus mindert Standardisierung oft die Flexibilität, wohingegen kleinere Wirtschaftsprüfer speziell auf den Kunden zugeschnittene Dienste anbieten können.

Obwohl also große Wirtschaftsprüfungsunternehmen wegen ihrer Größe über eine Vielzahl von Vorteilen verfügen sowie expandieren und diversifizieren können, scheinen kleine Wirtschaftsprüfungsunternehmen in der Nische der Kleinkunden im Vorteil zu sein. Allen drei genannten möglichen Vorteilen liegt zu Grunde, dass kleine Spezialistenfirmen gegenüber Kunden mit ungewöhnlichen oder changierenden Bedürfnissen flexibler und anpassungsfähiger sein können als große Generalisten. Kleine Spezialisten können eine engere Verbindung zum Kunden herstellen und direkt an seine Bedürfnisse appellieren – und ihre Honorare und Dienstleistungen je nach Bedarf variieren. Auf Grund ihrer höheren Gemeinkosten und komplexeren Organisationsstruktur sind große Generalisten weniger an kleinen, isolierten Märkten interessiert und auch weniger flexibel, sich an ihnen auszurichten oder sich mit ihnen zu verändern.

Der Mechanismus der Kundenorientierung erscheint vor allem im Kontext von Aktienhändlern, Banken und anderen Dienstleistern Erkenntnisse zu versprechen. Seine theoretischen und empirischen Implikationen müssen allerdings noch stärker ausgeleuchtet werden. Die Nachfrage nach kundenorientierten Dienstleistungen in Branchen wie dem Bankwesen oder der Wirtschaftsprüfung spiegelt eventuell eine Wirkung „zweiter Ordnung" der Ressourcenteilung in Branchen mit Kundenkontakten wider. Zum Beispiel wurde der Anstieg von „Boutique"-Weinkellereien in den USA begleitet vom Eintritt von Firmen, die darauf abzielten, diese Weinkellereien mit speziell auf sie

---

17 Das heißt, dass jüngere und unerfahrenere Wirtschaftsprüfer häufig danach beurteilt werden, welches Potenzial sie haben, um Partner zu werden. Haben sie das Potenzial nicht, müssen sie die Firma verlassen.

zugeschnittenen Marketing-, Buchhaltungs-, juristischen, personalpolitischen und anderen Dienstleistungen zu versorgen. Wir sind uns zum jetzigen Zeitpunkt noch nicht im Klaren, inwieweit das Auftauchen von Firmen, die kundenorientierte Dienstleistungen anbieten, durch Veränderungen in der Struktur der Kundenbranche beeinflusst ist.

2. Kulturelle Ablehnung von Massenproduktion

Die Rolle der kulturellen Ablehnung von Massenproduktion in der Ressourcenteilung wurde zuerst in Carroll und Swaminathans (2000) Studie der amerikanischen Bierbrauindustrie aufgegriffen.[18] Diese Studie ergab, dass kleine spezialisierte Brauereien und ihre Produkte sogar dann noch überlebensfähig bleiben, wenn die Massenproduktionsbrauereien (große Generalisten) gelernt hatten, vergleichbare qualitativ hochwertige Produkte herzustellen. Mit anderen Worten, der auf realen Produkteigenschaften basierende Ressourcenraum der spezialisierten *microbreweries* war durchaus zu erschließen, aber als Gruppe blieben sie erfolgreich. Warum?

Carroll und Swaminathan (2000) behaupten, dass sich für die großen Brauereien deren Identität als große Massenfabrikanten als problematisch erwiesen hat.[19] Ihrer Ansicht nach rühren die Identitätsprobleme der Brauereiriesen von ihrer Organisationsform und drehen sich um Fragen der Tradition und der Authentizität.[20] Konsumenten von Spezialbier wollen ein Malzgetränk, das in einer kleinen, handwerksähnlichen Firma nach traditionellen Methoden und unter Verwendung natürlicher Zutaten gebraut worden ist.[21] Deshalb sträuben sich viele von ihnen gegen Getränke, die von großen Firmen unter Verwendung moderner Massenproduktionsmethoden gebraut werden,

---

18 Teile dieses Abschnitts sind nach Carroll und Swaminathan (2000) bearbeitet.
19 Sie merken auch an, dass in der Branche Firmen mit einer anderen Organisationsform, nämlich die so genannten Vertragsbrauereien, die oft mit der Hausbrauerei-Bewegung assoziiert werden, weil sie Spezialbier verkaufen, ebenso Identitätsprobleme plagen. Vertragsbrauer besitzen allerdings keine Braueinrichtungen und stellen ihr Bier nicht selbst her. Frühe Vertragsbrauereien sind so bekannte und erfolgreiche Konzerne wie die Boston Beer Company (Verkäufer des beliebten Samuel Adams Lager) und Pete's Brewing Company (Verkäufer von u.a. Pete's Wicked Ale). Nach ihrer Zählung waren im Jahr 1997 114 Vertragsbrauereien in Betrieb. Vertragsbrauereien verheimlichen fast immer die wahren Ursprünge ihres Biers, welches oft in den Fabriken von Massenproduktionsbrauereien hergestellt wird, die noch Kapazitäten frei haben (Ono 1996). In der Fachliteratur werden sie nicht selten als „falsche", „heimliche", „virtuelle" oder „vorgetäuschte" Brauereien bezeichnet (z.B. Cottone 1995).
20 Die Unterscheidung nach organisatorischer Form ist in der Branche gang und gäbe: Das Institute of Brewing Studies (Institut für Brauereistudien) und die Association of Brewers (Brauereiverband) – die Hauptorganisationen für Haus- und Heimbrauer – entwickelten Organisationsklassifikationen auf Grund von Braufirmen, nicht Produkten. Eine gründliche Analyse der Identitätsbasis von organisatorischen Formen findet sich bei Pólos et al. (1998, 2001). Peterson (1997) liefert eine kenntnisreiche Analyse von Authentizität in einem anderen kommerziellen Kontext. Empirische Belege für die Kosten der Verletzung von normativen Formcodes finden sich in Zuckerman (1999, 2000).
21 Beim Vertrieb von Bier mit diesem Image spielen auch subtilere Aspekte eine Rolle, u.a. es niemals in Dosen oder grünen Flaschen zu verkaufen, traditionelle Kronen an Stelle von Drehverschlüssen zu verwenden, es in den „richtigen" Kneipen, Restaurants etc. zu platzieren und keine herkömmlichen Marketingmethoden zu verwenden.

und lehnen prinzipiell alle Getränke ab, die von einem Großkonzern unter falscher Flagge verkauft werden.²² Das erklärt, warum sowohl Massenproduzenten als auch Vertragsbrauereien (Marketingfirmen, die ihre Bierproduktion „outsourcen") ihre wahre Organisationsidentität verheimlichen. Das erklärt auch, warum Biertrinker, die gerade noch mit dem von ihnen konsumierten Spezialbier absolut zufrieden waren, plötzlich das Gesicht verziehen, wenn man ihnen sagt, dass das Bier von einer Großbrauerei kommt oder von einer Firma, die selbst gar keine Brauerei hat.²³ Um sich als Erzeuger von Spezialbier zu legitimieren, muss man eine Brauerei betreiben, die sich traditioneller, handwerklicher Techniken bedient.

Was bringt Konsumenten dazu, auf der Grundlage der Identität der Organisationsform anstatt von Produkteigenschaften zu kaufen? Zur Beantwortung dieser Frage bedarf es weiterer empirischer Studien, aber Carroll und Swaminathan (2000) bieten vier theoretische Spekulationen an. 1. Konsumenten haben großes Vertrauen in kleine Organisationen, qualitativ hochwertige Spezialprodukte herstellen und vertreiben zu können. Dieser Glaube mag durch Tatsachen gestützt werden oder auch nicht; er rührt möglicherweise von negativen Erfahrungen her, die man als Einzelner mit großen bürokratischen Organisationen gemacht hat, nicht unbedingt von positiven Erfahrungen mit kleinen Erzeugerorganisationen. 2. Indem Verbraucher Produkte wählen, die mit traditionellen Methoden hergestellt werden, protestieren sie möglicherweise gegen die Massengesellschaft, ihre Herstellungsverfahren und ihre Großunternehmen (Peterson 1997). Solch Verhalten würde sich mit Inglehardts (1997) gut dokumentierten Behauptungen bezüglich des „Postmaterialismus" und der damit verbundenen Lebensstile decken, von denen behauptet wird, dass sie Lebensqualität und den Ausdruck der eigenen Individualität betonen. Unter anderem würde dies die anhaltende Beliebtheit dieser Produkte selbst angesichts offenkundiger Defekte und Qualitätsmängel erklären. 3. Möglich ist, dass Konsumenten, indem sie Produkte von kleinen, manchmal sogar obskuren Herstellern kaufen, darin eine Form der Selbstbestätigung sehen. Auch hierbei kann es sich um eine Reaktion gegen die Massengesellschaft handeln, aber wir hätten Bedenken, sie allgemein eine postmaterialistische Haltung zu nennen, wenn auch aus keinem anderen Grund, als dass es sich bei den Konsumenten überwiegend um wohlhabende, junge *professionals* handelt, die ansonsten materialistischen Werten und massenproduzierten Objekten wie deutschen Sportwagen gegenüber keineswegs abgeneigt sind. Die Ablehnung von Massenproduktion scheint sich bei diesen Personen auf

---

22 Papazian (1998: 9) sagt beispielsweise über massenproduzierte Biere: „Ehrlich gesagt, würde ich bei vielem von dem massenproduzierten Zeugs zögern, es ‚Bier' zu nennen. Wenn ich die Wahl habe, gebe ich mein Geld lieber für Wein oder Wasser aus". Was Täuschungen angeht, zitiert van Munching (1997: 258) August Busch IV: „Fünfzig Prozent der Konsumenten flippen aus, wenn sie herausfinden, (dass Plank Road) keine richtige Brauerei ist".
23 Hier eine typische Frage in einer Hausbrauerei-Zeitung: „Wenn ich heutzutage in den Supermarkt gehe, habe ich die Wahl: Kaufe ich ein massenproduziertes Ale, welches möglicherweise ein geschmackvolles, qualitativ hochwertiges, stilechtes Bier ist oder gebe ich mein Geld (manchmal deutlich mehr) für die *craft brewers* aus, die diesen Markt von der Pike an aufgebaut haben, die hart gearbeitet haben, um sich mein Geld und meinen Respekt zu verdienen und die enorm zur Verbesserung des Bierumfelds in diesem Land beigetragen haben?" (Jones 1997: 6). Mit massenproduziertem Ale ist ein von einer großen Brauerei hergestelltes Ale gemeint.

bestimmte, klar isolierte Bereiche ihres Lebens zu reduzieren, die normalerweise unter die Rubrik des privaten Konsums fallen. 4. Es kann sein, dass der Konsum von Spezialbier ein Forum (unter vielen anderen) zur Statusgewinnung darstellt. Wie viele andere Spezialprodukte sind Biere an sich wegen ihrer subtilen und vieldeutigen Eigenschaften schwer zu kategorisieren und zu bewerten. Expertenwissen ist gefragt; allerdings ist Expertenstatus subjektiv und relativ – sachkundig erscheint der- oder diejenige, der oder die mehr über bestimmte Produkttypen und ihre Charakteristika weiß als andere. Eine öffentliche Zurschaustellung dieses Wissens bringt normalerweise gesellschaftliche Anerkennung und Status mit sich. Mit Produkten, die mit individuellem Geschmack und Lebensstil assoziiert sind, geht jedoch mehr als nur Expertenstatus einher: Es wird ein allgemeines Image an Kultiviertheit und Distinguiertheit evoziert. Es kann sein, dass Konsumenten Spezialprodukte unter Umständen vor allem deshalb wählen, weil man diesen Produkten ungewöhnliche, aber attraktive Eigenschaften nachsagt; die Tatsache, dass sie potenziell statusbildend wirken, macht unter Umständen einen großen Teil ihrer Popularität aus.

Carroll und Swaminathan (2000) berichten von den Versuchen der *microbreweries* und *brewpubs*, das Spezialbiersegment kognitiv zu definieren, indem sie große Brauereien und Vertragsbrauereien ausschließen, und somit Strategien auf der Grundlage von Identität zu inszenieren.[24] Solche oppositionellen Identitätsstrategien funktionieren in diesem Kontext, weil die *microbrewery*-Bewegung in vielerlei Hinsicht tatsächlich einer sozialen Bewegung ähnelt (Carroll 1997; Swaminathan und Wade 2001; Rao in diesem Band). Unter anderem bedeutet das, dass die Braumeister aus den *microbreweries* und deren Konsumenten eine ihrer selbst bewusste Gemeinschaft bilden, welche durch ein dichtes und redundantes soziales Netzwerk von selbst ernannten ‚Experten' (einschließlich vieler Hobbybrauer), charakterisiert ist (Bradford 2000). In diesem Netzwerk, das sich um die vielen *brewpubs*, Bierhallen und Bierklubs (viele davon mit selektiven Anreizen), organisierten Ausflüge, Brauereigilden, Festivals, Magazine und Newsletters im *microbrewery*-Segment dreht, verbreiten sich Informationen schnell und großflächig.[25] Fehlinformationen – wie irreführende Angaben zur Identität und Authentizität – werden mit Spott, Boykott und anderen normativ auferlegten Sanktionen

---

24 Es ist paradox, wenn die großen Hausbrauereien und Brauereipubketten die negativen Auswirkungen der eigenen Rhetorik über Bierkonzerne abbekommen. Vielleicht hat sich George Hancock, CEO von Pyramid Breweries (einer der größeren *microbreweries*), aus diesem Grund beschwert, dass das auf der jährlichen Produktionsmenge basierende Klassifikationssystem „Unsinn" wäre und dass „die Industrie besser dran wäre, wenn es eine Definition von *craft beers* – nach Zutaten und Brauprozess – gäbe an Stelle einer Definition von *craft brewers*" (New Brewer 1997). Dieses alternative Klassifikationsschema würde es natürlich Massenproduzenten erlauben, *craft beers* anzubieten, die von der *microbrewery*-Bewegung legitimiert sind, eine Entwicklung, die wahrscheinlich erbitterten Widerstand hervorrufen würde.
25 Die Anzahl dieser Aktivitäten und Gruppen, besonders auf der lokalen und weniger formellen Ebene, lässt sich schwer schätzen. Mit Bezug auf die etablierteren Aktivitäten und Gruppen listet das Institute for Brewing Studies (1998) 33 bundesstaatliche Brauereigilden (drei weitere sind im Entstehen), 37 Bierjournale, 13 regionale Bierjournale, und sechs Internetbierpublikationen auf. Es gibt regelmäßige Ankündigungen über Bierfestivals; jedes Jahr finden davon Dutzende statt, wobei die größten unter ihnen Zehntausende von Leuten anziehen. Bierklubs sind allgegenwärtig. Einige Hausbrauereien bieten eine Teilhabe an der Firma an und ermutigen ihre Kunden zum Kauf kleiner Aktienpakete, um sie stärker zu binden und einzubinden.

belegt. Folglich sind die robusten Identitätsstrategien der großen Brauereien (Padgett und Ansell 1993; Stark 1996) und die illusorische Authentizität der Vertragsbrauereien, wenn überhaupt, nur kurzzeitig wirksam. Die Ineffizienz dieser Strategien erklärt, warum viele große Brauer und einige Vertragsbrauer mittlerweile Maßnahmen zur Minimierung (wenn nicht Vermeidung) dieser Probleme ergriffen haben. Für Großbrauereien scheint der erfolgreichste Weg darin zu bestehen, mit *microbreweries* strategische Allianzen zu bilden, die auf hohen Eigenkapitalinvestitionen basieren.[26] Für Vertragsbrauer besteht die Lösung des Identitätsproblems im Kauf und Betrieb einer Brauerei.[27]

Identitätsmechanismen wie jene, auf die man im Biermarkt trifft, erklären die Kernhypothesen aus der Theorie der Ressourcenteilung für nicht unbedingt ungültig (obwohl sie einige Wirkungen abschwächen, da z.B. die Position an Bedeutung verliert), sondern lassen vielmehr auf zusätzliche Argumente schließen. Identitätsprobleme von der Art, wie sie Massenproduzenten und Vertragsbrauereien haben, rühren an Fragen der Legitimation: Aspekte dieser Organisationsformen konfligieren mit den Ansprüchen der Spezialbrauer bezüglich Tradition und Authentizität, die sich wiederum decken mit den normativen Vorstellungen der Konsumenten darüber, wie Spezialbier in der US-amerikanischen Gesellschaft hergestellt und vermarktet werden sollte. In diesem Sinne verwenden Carroll und Swaminathan (2000) das organisationsökologische Modell der dichteabhängigen Legitimation und Konkurrenz (Hannan und Carroll 1992), um Vorhersagen darüber zu treffen, wie sich die Effekte der Dichte bei Spezialisten je nach organisatorischer Form unterscheiden.

Ihrer Ansicht nach werden die Normen bezüglich der Organisationsformen in der Braubranche durch eine sachkundige, engmaschige Gemeinde von Konsumenten und Produzenten aufrecht erhalten und sanktioniert. Die normativen Probleme von Vertragsbrauereien treten auf, weil diese Organisationsform bei näherem Hinsehen diesem Anspruch nicht gerecht werden kann – Ungereimtheiten treten über kurz oder lang zu Tage. Carroll und Swaminathan (2000) gehen also nicht nur davon aus, dass diese Organisationsform während ihrer Ausbreitung nicht legitimiert ist, sondern auch, dass ihre Ausbreitung die Identitätsprobleme noch verstärkt, da noch mehr Konsumenten mit ihr in Kontakt kommen und von den Ungereimtheiten erfahren. Gleichzeitig aber erwarten Carroll und Swaminathan, dass diejenigen Organisationsformen, deren Cha-

---

26 Diese Lösung ist vielleicht die beste, aber immer noch nicht perfekt. *Microbreweries*, die sich auf diese Allianzen einlassen, werden oft als „Verräter" stigmatisiert, und ihre Produkte werden für hart gesottene Konsumenten von Bier aus *microbreweries* weniger attraktiv. So war vor kurzem in einem *craft beer*-Magazin die Frage in einer Überschrift zu lesen, „Wem gehört Redhook?" (*All About Beer* 1999). Im Laufe der Zeit, und je stärker die *microbrewery* in die größere Firma integriert wird, werden sich die Produkte dieser Firmen und ihre Vermarktungsmethoden wahrscheinlich tatsächlich verändern.

27 So versuchte Jim Koch, CEO der Boston Beer Company, der allgemein als brillanter Marketingexperte angesehen ist, viele verschiedene Verkaufsargumentationen zur Lösung dieses Identitätsproblems, wobei die berühmteste war, Bierbrauen mit Gourmetkochen zu vergleichen, indem er die Frage stellte, ob für die Qualität von Julia Childs Rezepten der Koch oder die Küche verantwortlich sei (s. van Munching 1997). Darüber hinaus betrieb Jim Koch für kurze Zeit eine kleine Schaufenster-Brauerei, um Behauptungen zu widerlegen, dass er keine Brauerei besäß; das Gros des Biers der Firma wurde allerdings nach wie vor von Vertragsbrauereien hergestellt.

rakteristika sich scheinbar mit den Identitätsbehauptungen decken, von dem dichteabhängigen Legitimationsprozess profitieren. Nach ihrer Prognose erfahren diejenigen Organisationsformen, deren Behauptungen eher unter die Lupe genommen werden (d.h. größere gesellschaftliche Sichtbarkeit), eine stärkere Legimation (d.h. größere und legitimationssteigernde Effekte der Dichte). Angesichts der oppositionellen Natur der Formidentitäten vermuten sie also, dass die Ausprägungen der Dichte bei den verschiedenen Formen auf vorhersehbare Art und Weise interagieren: Eine „identitätskonsistente" Form sollte die Legitimation der jeweiligen Formen unterstützen, wohingegen eine „inkonsistente" Form, wenn sie deutlich genug unterschieden werden kann, die Legitimation herabsetzen sollte. Statistische Analysen der US-amerikanischen Bierbraupopulation in den Jahren nach der Prohibition untermauern im Großen und Ganzen diese Hypothesen – im Hinblick auf die Gründungs- und die Sterberaten (Carroll und Swaminathan 2000).

3. Demonstrativer Statuskonsum

Der Status der Organisation als Mechanismus der Ressourcenteilung spielte zuerst in Park und Podolnys Studie von Investmentbanken (2000) eine zentrale Rolle. Sie zeigte auf, dass in der US-amerikanischen Investmentbankbranche die Partition sowohl entlang der Dimension der Nischenbreite als auch des Organisationsstatus oder -prestiges stattfand. Sie zitierten Tests, wonach Prognosen der Theorien von Nischenbreite und Status den Marktaustritt erklärten. In der Tat schlussfolgern Park und Podolny, dass in diesem Kontext der Status-Partitionsmechanismus vorherrschend ist.[28]

Organisationsstatus ist möglicherweise ein wichtiger Mechanismus der Ressourcenteilung, der offensichtlich auf so verschiedene Produktmärkte wie die Wein- und Automobilindustrie Anwendung findet. Noch wissen wir relativ wenig über Status-Partitionsprozesse und es bedarf weiterer theoretischer und empirischer Untersuchungen. Park und Podolnys Studie (2000) ist ein exzellenter Anfang, aber sie wirft auch zwei potenzielle Probleme auf, die unserer Meinung nach in Erwägung gezogen werden müssen.

Erstens folgen Park und Podolny (2000) Podolnys (1993) theoretischer Strategie, was die Konzeptualisierung des Organisationsstatus als offene Respektbekundung sozialer Akteure untereinander angeht. Das heißt, Status bemisst sich aus der Respektrangordnung unter den Produzenten in einer bestimmten Branche. Obwohl diese Konzeptualisierung einen wesentlichen Teil vieler Statusphänomene erfasst, spiegelt es unter Umständen nicht den wichtigsten Aspekt von Status im Kontext der Ressourcenteilung wider. Unserer Ansicht nach ist der demonstrative Konsum von Statusgütern auf Seiten der Konsumenten für die Marktpartitionierung wichtiger als die Statusrangordnung der Produzenten untereinander. Mit anderen Worten, die Zugkraft bestimmter

---

28 Obwohl wir zugeben, dass ihre Beweise interessant und aufschlussreich sind, betrachten wir sie in dieser Angelegenheit nicht als der Weisheit letzten Schluss. Damit die Befunde schlüssig sind, müssen unserer Ansicht nach eine größere Anzahl an Alternativen miteinander verglichen werden, einschließlich eines Modells mit allen relevanten Interaktionen – ein Vergleich, den ihre Daten scheinbar aus statistischen Gründen ausschließen.

Produkte rührt unter Umständen mehr von öffentlich zur Schau gestelltem Konsum und der dabei erfolgenden Statuszuschreibung durch andere her als von den Respektbekundungen der Produzenten untereinander. So gesehen wird der Organisationsstatus nicht durch die Produzenten, sondern direkt durch das Konsumverhalten der Verbraucher gesellschaftlich konstruiert.

Natürlich kann es vorkommen, dass sich die Statuszuschreibungen der Öffentlichkeit exakt mit denen der Produzenten decken; dies muss allerdings nicht der Fall sein. Zum Beispiel existiert in der Weinbranche eine grobe Übereinstimmung zwischen dem öffentlichen Prestige und der Produzentenrangordnung (Benjamin und Podolny 1999), sie ist aber bei weitem nicht deckungsgleich. Weine wie zum Beispiel *Gallo's Hearty Burgundy* werden wahrscheinlich keinen hohen öffentlichen Status erlangen, was sich mit ihrer Brancheneinstufung deckt. Andere von der Öffentlichkeit sehr geschätzte Weine rangieren nicht unbedingt hoch im Kurs bei brancheninternen Bewertungen (wir wollen hier besser keine Namen nennen). Im Allgemeinen ist es in jedem Kontext eine offene Frage, wie groß die Übereinstimmung zwischen den beiden Statuskonzeptionen sein wird. Dieser Punkt wird zusätzlich durch etwaige lokale Variationen bezüglich der öffentlichen Statusrangordnung verkompliziert. So werden, um beim Beispiel der Weinbranche zu bleiben, das Wissen und die Produkte, denen Statusanerkennung zuteil wird, in Kentucky deutlich andere sein als in Kalifornien.

Das zweite potenziell problematische Thema, auf das Park und Podolny (2000) nicht näher eingehen, ist die Frage, wie Nischenbreite und Organisationsstatus kovariieren. In der Branche der Investmentbanken ist ihrer Ansicht nach Generalismus gleichbedeutend mit höherem Status, wohingegen sie feststellen, dass in vielen anderen Kontexten, in denen man Ressourcenteilung beobachtet, das Gegenteil der Fall zu sein scheint – so in der hier viel diskutierten Bier- und Weinbranche.[29] Industriezweige wie der Flugverkehr, Wirtschaftsprüfungsunternehmen, Banken und der Aktienhandel scheinen dem Muster, wie es für Investmentbanken festgestellt wurde, zu folgen.

Park und Podolny (2000) beschäftigen sich nicht näher mit dem Thema der Kovariation von Nischenbreite und Generalismus, da sie in jedem Kontext als gegeben vorausgesetzt wird. Aber die Frage verdient Aufmerksamkeit, wenn wir ein besseres Verständnis dafür bekommen wollen, welche Rolle Statusmechanismen bei der Ressourcenteilung spielen. Was ist verantwortlich für die Kovariation dieser beiden Variablen? Unsere Vermutung ist, dass die Richtung der Kovariation wahrscheinlich von zwei Faktoren abhängt, nämlich 1. von der Produktionsunsicherheit und 2. von den Kosten einer Organisationsschließung. Wenn die Unsicherheit groß und die Kosten der Schließung hoch sind (wie bei Investmentbanken oder Fluglinien), dann wird den Generalisten Status zugeschrieben. Umgekehrt, wenn die Unsicherheit und die Kosten eines Scheiterns niedrig sind (wie im Falle der Bierbranche), dann erhalten die Spezialisten höhere Statuszuschreibungen.[30] Wie Podolny (1993) erklärt, basieren diese Zu-

---

29 Fürs Erste akzeptieren wir diese Unterscheidung, wollen aber anmerken, dass der Vergleich eventuell die zwei Statuskonzeptualisierungen vermischt. Ein konsistenter Vergleich ergäbe unter Umständen ein anderes Resultat. Obwohl der Konsum von *craft beer* öffentlichen Status einbringt, bezweifeln wir, dass größere Generalisten wie Anheuser Busch sich gegenüber *microbreweries* in Respektbekundungen ergehen.

30 In einem Schreiben an die Verfasser fügt Joel Podolny hinzu, dass hohe Statuszuschreibung für

schreibungen auf der Produktqualität, sie sind jedoch keineswegs exakt, sondern stehen nur in losem Zusammenhang mit den wahren Qualitäten. Wenn die Kosten einer Schließung hoch sind, deckt sich diese Sichtweise mit der These von Hannan und Freeman (1984), wonach größere und ältere Organisationen oft als verlässlicher und verantwortlicher angesehen werden.

V. Operationalisierung und Messung der Nischenbreite

Die Verwendung von Theorien der Nischenbreite, einschließlich der Ressourcenteilung, um die Überlebensfähigkeit einer Organisation in einer Organisationspopulation zu erklären, basiert auf relevantem Kontextwissen in zweierlei Hinsicht – es bedarf erstens einer Einschätzung der Umweltbedingungen, die dann, zweitens, zu den Organisationseigenschaften, die die Nischenbreite definieren, in Bezug gesetzt werden müssen. Eine Möglichkeit besteht darin, sowohl die relevanten Umwelt- als auch Organisationscharakteristika zu messen und dann im Hinblick auf die Interaktion zwischen den beiden Faktorenbündeln Tests zu formulieren.[31] Als Alternative können an Stelle direkter Messungen der Umweltbedingungen Mutmaßungen über die (Natur der) Umweltzustände angestellt werden. Darüber hinaus können auch Messungen der organisatorischen Nische unterschiedlich sein, je nachdem welcher Partitionsmechanismus die Ressourcen auf dem Markt teilt.

1. Beurteilung der Umweltmerkmale

Sporadisch haben Studien detaillierte empirische Daten zur Messung der Umweltzustände verwendet. So benutzten Freeman und Hannan (1983) diese Herangehensweise für ihre Untersuchung zu Sterberaten von 985 Restaurants in 18 kalifornischen Städten. Um die Umweltvariation zu messen, verwendeten sie aggregierte Verkaufsdaten der städtischen Restaurants und konstruierten Variabilitätsmessungen bezüglich der Verkäufe und der Saisonalität der Verkäufe. Zur Messung der organisatorischen Nischenbreite verwendeten sie Überblicksdaten bezüglich Speisekarte, Betriebszeiten, Belegschaft sowie Anzahl der Plätze, und entwarfen eine dreistufige Klassifikation der Organisationsform – Generalist, Spezialist und Fastfood-Orientierung. In Übereinstimmung mit der ursprünglichen Theorie fanden sie heraus, dass feinkörnige Umweltva-

---

die Spezialisten unter Umständen von der Entwicklung eines angemessenen institutionellen Umfelds, mit zuverlässigen Zulieferern und einer gut entwickelten rechtlichen Infrastruktur, abhängt. Diese zusätzliche Bedingung erklärt vielleicht, warum Bierbrauer-Generalisten hohen Status in weniger entwickelten Ländern genießen.

31 Die Organisationsökologie entkoppelt das Konstrukt der fundamentalen Nische – dem multidimensionalen sozialen Raum, in dem eine Organisation (oder Organisationsform) wachsen oder sich zumindest erhalten kann – und das einer realisierten Nische, einer Untergruppe der fundamentalen Nische, in der sich eine Organisation trotz der Anwesenheit von Konkurrenten erhalten kann (Hannan und Freeman 1989). Wir arbeiten hier mit den realisierten Nischen, wie es für Studien in dieser Tradition üblich ist.

riationen Spezialistenorganisationen begünstigten, wohingegen grobkörnige Fluktuation Generalisten begünstigte.

Ein praktisches Problem dieser Herangehensweise besteht darin, dass der Forscher bzw. die Forscherin gezwungen ist, eine große Datenmenge zu sammeln, da sowohl von den Umwelt- als auch den organisatorischen Variablen direkte Messungen über einen längeren Zeitraum hinweg notwendig sind. Nur wenige Organisationsforscher können diesen Aufwand betreiben; zudem wird diese Aufgabe im Falle vieler historischer Populationen im Normalfall nicht zu bewältigen sein, da die erforderlichen Informationen nicht mehr existieren.

Ein anderer Weg für die Anwendung der Theorie der Nischenbreite besteht darin, mit Hilfe von historischem und institutionellem Wissen Vermutungen anzustellen über einzelne Aspekte der Umweltveränderungen anstatt zu versuchen, sie direkt zu messen. Vorausgesetzt, dass die Organisationen in einer Population alle ein ähnliches Umfeld vorfinden (oder dass die Hauptunterschiede bezüglich der Umwelten auf Grund anderer beobachtbarer Charakteristika identifiziert werden und folglich separat behandelt werden können), kann man auf der Grundlage der beobachtbaren Dimensionen der Nischenbreite theoretische Vorhersagen über die Überlebensfähigkeit der jeweiligen Organisationen entwickeln und testen.

Dobrev et al. (2001a) verwenden diese zweite Herangehensweise bei ihrer Untersuchung mehrerer großer europäischer Automobilindustrien. Bezüglich des Umfelds gehen sie davon aus, dass seit Bestehen der Branche Veränderungen in der Technologie und im Geschmack der Kunden die meiste Zeit höchst unsicher waren; zudem vermuten sie, dass diese Veränderungen unregelmäßig stattfinden. Theoretisch formuliert: Dobrev et al. (2001a) behaupten, dass Umweltvariationen entlang dieser Schlüsseltechnologiedimension höchst unsicher und grobkörnig waren. Auch Dowell und Swaminathan (2000: 406) argumentieren, dass die Anfangsphase in der Evolution einer Branche größere technologische Unsicherheit beinhaltet und Generalisten einen Überlebensvorteil verschafft.

2. Messung von Organisationsnischen

Empirische Studien der Ressourcenteilung orientieren sich oft an Freeman und Hannans (1983) sehr simplen Klassifikationen von Organisationen (in der Regel als Generalisten oder Spezialisten) anstatt an den als kontinuierlich konzipierten Messungen der organisatorischen Nischenbreite von Dobrev et al. (2001a), die sich an der Position einer Organisation im technologischen Raum orientieren.[32] In ihrem Fall definieren sie die Nischenbreite eines Autoherstellers – wie schon erwähnt – mittels der Spanne der Motorkapazität bei allen Modellen, die er zu einem gegebenen Zeitpunkt produziert (eine realisierte Nische). So gesehen legen Hersteller durch die Wahl ihrer Produktpalette selbst ihren Platz fest. Spezialisten bieten Produkte mit einer kleinen Variationsspanne auf dieser Dimension an (beispielsweise bot die Bartholomew Co. in Peoria, Illinois, im Jahr 1919 ein einziges Modell an – the Glide – mit einer Motorleistung von

---

[32] Eine frühere Anwendung dieser Art findet sich bei Podolny et al. (1996).

45 PS); Generalisten weisen ein breiteres Spektrum auf (so stellte beispielsweise die in South Bend, Indiana, ansässige Studebaker Corp. im Jahr 1953 Autos mit Motorleistungen von 147 PS bis 270 PS her).

Es wäre falsch, den Unterschied in der Messungsstrategie als rein methodologische Angelegenheit anzusehen. Zwar verlassen sich einige Studien auf Grund von Datenbeschränkungen auf die ungenauere Typisierung, die präzisere Herangehensweise jedoch verschafft potenziell größere analytische Flexibilität. Aber für sich allein vernachlässigt eine als kontinuierlich konzipierte Messung der Nischenbreite wichtige (nicht direkt gemessene) qualitative Unterschiede zwischen Gruppen oder Klassen von Organisationen, zum Beispiel bei *microbreweries* oder „Boutique"-Weinkellereien. Diese Auslassung kann ausschlaggebend sein, da, wie wir bei der kulturellen Ablehnung der Massenproduktion in der Bierbranche und der Frage nach sozialem Status bei Investmentbanken gesehen haben, einige Partitionsmechanismen mit mehr als der Entfernung der Organisationen im Produkt- oder Marktraum zu tun haben, etwa mit sozialen Schließungen auf der Grundlage von Solidarität oder Identität von Gruppen oder Organisationen, die als ähnlich wahrgenommen werden.

In Kontexten, in denen Solidarität oder Identität für die Segmentierung zwischen Organisationen verantwortlich ist, sind feinkörnige Unterschiede in der organisatorischen Nischenbreite unter Umständen nicht so bedeutend. Stattdessen kommt es in diesen Fällen darauf an, die maßgeblich wirksamen Unterschiede hinter den sozial konstruierten organisatorischen Gruppierungen oder Klassifikationen zu begreifen. Diese Unterscheidungen definieren, falls sie normativ sanktioniert werden, organisatorische Formen (Pólos et al. 2001).

Die Grenzen von organisatorischen Formen können sozial auf Wegen durchgesetzt werden, die nicht genau mit der Nischenbreite oder der Position im Produktraum von individuellen Organisationen übereinstimmen. Also sollte die gewählte Messungsstrategie den theoretischen Behauptungen über die Mechanismen, die für die Partitionierung verantwortlich gemacht werden, gerecht werden. Wenn Spezialistenorganisationen aus solidaritäts- oder identitätsbasierenden Mechanismen hervorgehen, repräsentieren sie unterschiedliche organisatorische Formen; eine kategoriale Codierung ist angebracht. Wenn Spezialisten primär aus Chancen, die sich im unbesetzten Ressourcenraum auftun, hervorgehen, dann scheint die kontinuierliche Messung der Position sehr nützlich.

VI. Diskussion

Wir begannen mit der Feststellung, dass nach der Logik vieler Organisationstheorien die Vorherrschaft großer Firmen in einer Branche das Aufkommen und Überleben kleiner Spezialistenfirmen behindern sollte. Aber in modernen Ökonomien sehen wir in vielen Branchen eine Tendenz sowohl zu zunehmender Konzentration als auch zur Vermehrung von Spezialisten. Die Theorie der Ressourcenteilung betrachtet diese beiden Trends als interdependent. Die Theorie besagt, dass unter bestimmten Umwelt- und Organisationsbedingungen die Überlebenschancen von Spezialistenorganisationen steigen, je stärker die Dominanz großer Firmen ausgeprägt ist.

In diesem Artikel gaben wir einen Überblick über die Theorie der Ressourcenteilung sowie über die empirischen Belege, die zu ihrer Unterstützung vorgebracht wurden. Wir haben die verschiedenen theoretischen Mechanismen diskutiert, von denen man annimmt, dass sie Ressourcenteilung erzeugen: Position im Ressourcenraum, Kundenorientierung, kulturelle Ablehnung von Massenproduktion und demonstrativer Statuskonsum. Darüber hinaus haben wir einige empirische Fragen erörtert, die bei der Untersuchung dieser Mechanismen eine Rolle spielen.

Abschließend möchten wir einige wichtige, aber noch wenig untersuchte Forschungsprobleme der Theorie ansprechen. Das erste betrifft die Wachstumsraten der Organisationen. In vielen ökologischen Theorien lässt sich die Überlebensfähigkeit einer Organisationsform ohne weiteres in den Kategorien Gründung, Sterblichkeit oder Wachstum untersuchen – dabei handelt es sich beinahe um alternative Maße. Aus der Perspektive der Ressourcenteilung scheint das Organisationswachstum jedoch komplexer. Im Falle von Generalisten impliziert Wettbewerb durch Größenvorteile, dass nicht nur die Form einer Organisation, sondern auch ihre relative Größe eine Rolle spielt. Im Falle von Spezialisten kann es sein, dass starke Grenzen zwischen den einzelnen Positionen im Ressourceraum, an denen sie tätig sind, das Wachstum blockieren, sogar wenn nach Erschließung neuer Ressourcenräume die Gründungsraten hoch (und die Sterberaten niedrig) sind. In der Tat zeigt Jaffees (2001) Studie von Anwaltskanzleien im Silicon Valley deutlich, dass die Wachstumsdynamik in diesen Märkten für die theoretische Entwicklung komplex und von Interesse ist. Sein Befund lautet, dass Spezialisten unter den gleichen Bedingungen, die hohe Gründungs- und niedrige Sterberaten erzeugen, niedrigeres Wachstum aufweisen als Generalisten.

Ein weiteres viel versprechendes Thema für die zukünftige Theorie und Forschung ist Trägheit und Nischenveränderung. Wie wir gesehen haben, besagt die konventionelle Theorie der Ressourcenteilung, dass eine Branchenkonsolidierung scheiternde Generalisten vom Markt verdrängt und den Eintritt von neuen Spezialistenorganisationen fördert. Aber Generalisten können verschärftem Wettbewerb im Zentrum dadurch begegnen, indem sie die Breite und/oder Positionen ihrer Nischen verändern, das heißt sie können sich manchmal in Spezialisten verwandeln, um sich dem auf Größe basierenden Selektionsdruck im Marktzentrum zu entziehen (Dobrev et al. 2001a). Allerdings kann die Veränderung der Produktpalette und der Position einer Firma weit reichende Konsequenzen haben. Wie Dobrev et al. (2001a) in ihrer schon zitierten Analyse europäischer Automobilhersteller zeigen, hat ein Verdrängungswettbewerb indirekte Auswirkungen auf die Sterblichkeit, indem er die Überlebenschancen von Organisationen, die in weniger umgekämpfte Marktsegmente ausweichen, senkt (s. auch Dobrev et al. 2001b). Die Überlebensvorteile, die mit der Positionierung an der Peripherie verbunden sind, treffen unter Umständen nur für neu gegründete Eintritte in den Markt zu, die Negativfolgen der Veränderungen in der Nischenweite und der Position könnten die Vorteile für die sich umorientierenden Firmen aufwiegen.

Obwohl wir mit Dobrevs et al. (2001a) Fazit übereinstimmen, meinen wir, dass auf der Grundlage ihrer Befunde noch mehr Untersuchungen vonnöten sind. Es liegt auf der Hand, dass für die tatsächliche Flexibilität von kleinen Spezialisten und großen Generalisten in diesen Märkten zusätzliche empirische Belege gesammelt und untersucht werden müssen. Vielleicht spielen (abgesehen von Trägheit und Verdrängungswettbewerb) noch andere Faktoren eine Rolle, wenn es darum geht, ob Generalisten erfolgreich den Wechsel vom Zentrum zur Peripherie schaffen, so etwa der Legitimationsgrad einer neuen Marktnische. Um diese Vermutung zu prüfen, müsste man die Bewegungen aller Firmen in einer Population untersuchen und ihre Übergänge zwischen dem Marktzentrum und klar abgegrenzten peripheren Nischen verfolgen.

Ein dritter Punkt, der noch mehr Aufmerksamkeit verdient, ist die potenzielle Reversibilität der Ressourcenteilung. Die Theorie der Ressourcenteilung behandelt das Problem abnehmender Konzentration nicht direkt. Das Fehlen einer Bedingung für Reversibilität impliziert, dass Konzentration einen symmetrischen Effekt hat. Falls der Prozess in der Tat reversibel ist, dann sollte eine Abnahme der Konzentration sowohl die Überlebenschancen als auch die Eintrittsrate von Spezialistenorganisationen verringern. Wenigstens zwei Entwicklungen können zu diesem Resultat führen: Deregulierung der Branche und Ressourcenknappheit wirken sich wahrscheinlich negativ auf den positions- und kostenbezogenen Größenvorteil von großen Generalisten aus. In beiden Fällen könnten Generalisten dadurch gezwungen werden, gegen Spezialisten zu konkurrieren, was wahrscheinlich zum Schaden letzterer sein wird. In seiner Studie bulgarischer Zeitungen nach dem Zusammenbruch des Staatssozialismus zeigte Dobrev (2000), dass die Reversibilität in der Tat entlang der erwarteten Richtungen stattfinden kann, wenn die Überlebensraten von Spezialisten infolge abnehmender Branchenkonzentration nach der Deregulierung und nach beachtlichem Ressourcenschwund sinken. Aber unter anderen Bedingungen, wo größerer Ressourcenreichtum (d.h. die Population hat eine höhere *carrying capacity*) und das Abflachen der Ressourcenteilung (d.h. mehr Ressourcen werden in der Peripherie verfügbar, ohne dass sich die Ressourcenbasis im Zentrum verringert) zu niedrigerer Konzentration führen kann, kann es zu einer Replikation anstatt einer Reversibilität der Ressourcenteilung kommen. Unter anderem können solche Bedingungen in Zeiten rapider technologischer Innovationen auftreten. Unter welchen Bedingungen sich die oben genannten Mechanismen umkehren und unter welchen Bedingungen sie weiter wirken, ist in weiteren Studien zu klären.

Eine letzte, noch offene Frage ist, ob es sich bei der Ressourcenteilung um einen zyklischen Prozess handelt. Es ist möglich, dass im Zuge der Reifung des ursprünglichen Spezialistensegments einige große Spezialistenfirmen im Zentrum des Spezialistenressourcenraums dieses Zentrum dominieren. Eine solche Entwicklung mag wiederum eine neue Generation von Spezialisten hervorbringen, die versuchen, sich von der ursprünglichen Spezialistensubpopulation zu unterscheiden. So ist etwa ein relativ neuer Trend in der Weinindustrie die Verbreitung von *microwineries*, einer neuen Spezialistenorganisationsform, die deutlich kleiner ist als die *farm winery* (Fisher 1993). *Microwineries* produzieren weniger als 2.000 Kisten im Jahr, während im Vergleich dazu *farm wineries* bis zu 40.000 Kisten im Jahr abfüllen. Branchendaten deuten darauf hin, dass von den 1.099 *farm wineries*, die es Ende 1990 gab, 330 *microwineries* waren (Swaminathan 1995). Bis auf vier sind alle diese *microwineries* nach 1970 gegründet worden. Ähnlich steigt in der Brauindustrie die Anzahl neuer Spezialistenorganisationsformen wie zum Beispiel Restaurants mit angeschlossener Brauerei und *draft only* Brauereien.

Zum Abschluss möchten wir noch eine für die deutsche Wirtschaft und Organisationslandschaft relevante Frage aufwerfen. Trotz unserer begrenzten Kenntnisse der deutschen Industrielandschaft haben wir viel über ihren lebendigen Mittelstand gehört und gelesen, von dynamischen Firmen, die laut einschlägiger Forschungsergebnisse großen Anteil am Wirtschaftswachstum und an Innovationen haben. Es heißt, dass es sich beim Mittelstand in der Regel um „mittelgroße" Firmen mit mittleren Diversifikationsniveaus handelt. Folglich scheint der Mittelstand ein Gegenbeispiel zu den Vorhersagen der Ressourcenteilungstheorie darzustellen, die von einer bimodalen Aufteilung in große Generalisten und kleine Spezialisten sowie von einem Mangel an mittelgroßen Konkurrenten mittlerer Reichweite ausgeht.

Vielleicht ist das in der Tat der Fall. Jedoch erscheint uns der springende Punkt der zu sein, mit welchem Maßstab man die verschiedenen Mittelstandsfirmen als mittelgroße Diversifizierer mit mittlerer Reichweite klassifiziert. Es ist klar, dass mittelständische Betriebe im landesweiten Vergleich aller Organisationen oder Firmen wie mittelgroße Firmen erscheinen – sie sind größer als die kleinen Läden, Restaurants und Bars, die die Landschaft bevölkern, aber wesentlich kleiner als die Branchenriesen wie Siemens oder DaimlerChrysler. Aber aus der Perspektive der Organisationstheorie ist dieser Vergleich nicht der beste, da er Firmen aus verschiedenen Branchen, Märkten, Populationen und Organisationsformen in einen Topf wirft (Carroll und Hannan 2000). Aufschlussreicher wäre es, Firmen *innerhalb* derselben Branchen und Märkte miteinander zu vergleichen. Tut man das, kann es unter Umständen sein, dass mittelständische Betriebe in den jeweiligen Branchen und Märkten kleine Spezialisten darstellen. Wenn dem so wäre, dann würden mittelständische Betriebe die Theorie der Ressourcenteilung nicht widerlegen, sondern wären im Gegenteil klassische Beispiele für die Prognosen der Theorie. Doch werden wir das erst wissen, wenn jemand die entsprechenden Organisationsdaten sammelt und analysiert.

Literatur

All About Beer, 1999: Who Owns Redhook?, All About Beer 20: 5.
Backus, Richard, 1999: ‚Business as usual is over': An Interview with Brewing Industry Analyst Robert S. Weinberg, New Brewer 15: 27–43.
Barnett, William P., und *Glenn R. Carroll*, 1987: Competition and Mutualism Among Early Telephone Companies, Administrative Science Quarterly 30: 400–421.
Beer Institute, 1997: Brewers Almanac. Washington, D.C.: Beer Institute.
Benjamin, Beth A., und *Joel M. Podolny*, 1999: Status, Quality, and Social Order in the California Wine Industry, Administrative Science Quarterly 44: 563–589.
Boone, Christophe, und *Arhen van Witteloostuijn*, 1995: Industrial Organization and Organizational Ecology: The Potentials for Cross-fertilization, Organization Studies 16: 265–298.
Boone, Christophe, Vera Broecheler und *Glenn R. Carroll*, 2000: Custom Service: Application and Tests of Resource Partitioning Among Dutch Auditing Firms from 1880 to 1982, Organization Studies 21: 355–381.
Boone, Christophe, Glenn R. Carroll und *Arhen van Witteloostuijn*, 2000: Environmental Resource Distributions and the Market Partitioning of Dutch Daily Newspaper Organizations. Arbeitspapier.
Bradford, Daniel, 2000: Adios, sayanara, ciao, hasta la vista, see you, All About Beer 20: 6.
Carpenter, Gregory S., 1989: Perceptual Position and Competitive Brand Strategy in a Two-dimensional, Two-brand Market, Management Science 35: 1029–1044.
Carpenter, Gregory S., und *Kent Nakamoto*, 1989: Consumer Preference Formation and Pioneering Advantage, Journal of Marketing Research 26: 285–298.

Carroll, Glenn R., 1985: Concentration and Specialization: Dynamics of Niche Width in Populations of Organizations, American Journal of Sociology 90: 1262–1283.
Carroll, Glenn R., und *Michael T. Hannan*, 1995: Resource Partitioning. S. 215–221 in: *Dies.* (Hg.).: Organizations in Industry: Strategy, Structure and Selection. New York: Oxford University Press.
Carroll, Glenn R., und *Michael T. Hannan*, 2000: The Demography of Corporations and Industries. Princeton, N.J.: Princeton University Press.
Carroll, Glenn R., und *Anand Swaminathan*, 1992: The Organizational Ecology of Strategic Groups in the American Beer Brewing Industry from 1975 to 1990, Industrial and Corporate Change 1: 65–97.
Carroll, Glenn R., und *Anand Swaminathan*, 1993: On Theory, Breweries and Strategic Groups, Industrial and Corporate Change 2: 99–106.
Carroll, Glenn R., und *Anand Swaminathan*, 2000: Why the Microbrewery Movement? Organizational Dynamics of Resource Partitioning in the American Brewing Industry after Prohibition, American Journal of Sociology 106: 715–762.
Cottone, Vince, 1995: Virtually All You Need to Know About Contract Brewing, The Pint Post: 11.
Dobrev, Stanislav D., 1997: The Dynamics of the Bulgarian Newspaper Industry in a Period of Transition. Stanford: Stanford University (unveröffentlichte Dissertation).
Dobrev, Stanlisav D., 2000: Decreasing Concentration and Reversibility of the Resource Partitioning Model: Supply Shortages and Deregulation in the Bulgarian Newspaper Industry, 1987–1992, Organization Studies 21: 383–404.
Dobrev, Stanislav D., und *Glenn R. Carroll*, 2000: Size (and Competition) Among Organizations: Modeling Scale-based Selection Among Automobile Producers in Four Major Countries, 1885–1981. Unveröffentlichtes Manuskript, Konferenz der Academy of Management, Toronto.
Dobrev, Stanislav D., Tai-Young Kim und *Michael T. Hannan*, 2001a: Dynamics of Niche Width and Resource Partitioning, American Journal of Sociology 106: 1299–1337.
Dobrev, Stanislav D., Tai-Young Kim und *Glenn R. Carroll*, 2001b: The Evolution of Organizational Niches: U.S. Automobile Manufacturers 1885–1981. Unveröffentlichtes Manuskript, Kongress der American Sociological Association, Anaheim.
Dowell, Glen, und *Anand Swaminathan*, 2000: Racing and Back-pedalling Into the Future: New Product Introduction and Organizational Mortality in the U.S. Bicycle Industry, 1880–1918, Organization Studies 21: 405–431.
Fisher, Lawrence M., 1993: Tiny Wineries With a Big Impact. Spätausgabe der New York Times vom 7. November: 12.
Freeman, John, und *Michael T. Hannan*, 1983: Niche Width and the Dynamics of Organizational Populations, American Journal of Sociology 88: 1116–1145.
Freeman, John, und *Alessandro Lomi*, 1994: Resource Partitioning and Foundings of Banking Cooperatives in Italy. S. 269–293 in: *Joel A. C. Baum* und *Jitendra Singh* (Hg.): The Evolutionary Dynamics of Organizations. New York: Oxford University Press.
Galbraith, John Kenneth, 1985: The New Industrial State. Boston, MA: Houghton Mifflin.
Gort, Michael, und *Stephen Klepper*, 1982: Time Paths in the Diffusion of Product Innovations, Economic Journal 92: 630–653.
Hannan, Michael T., und *Glenn R. Carroll*, 1992: Dynamics of Organizational Populations. New York: Oxford University Press.
Hannan, Michael T., und *John Freeman*, 1977: The Population Ecology of Organizations, American Journal of Sociology 82: 929–964.
Hannan, Michael T., und *John Freeman*, 1989: Organizational Ecology. Cambridge, MA: Harvard University Press.
Inglehart, Ronald, 1997: Modernization and Postmodernization: Cultural, Economic and Political Change in 43 Societies. Princeton, N.J.: Princeton University Press.
Institute for Brewing Studies, 1996: Industry Revealed 1995–1996. Boulder, CO: Institute for Brewing Studies.
Institute for Brewing Studies, 1997: United States Exceeds German Brewery Count. Pressemitteilung vom 26. September. Boulder, CO: Institute for Brewing Studies.

Institute for Brewing Studies, 1998: Craft Brewing Industry. Fact Sheet. Boulder, CO: Institute for Brewing Studies.
Institute for Brewing Studies, 1999: North American Brewery List. Boulder, CO: Institute for Brewing Studies.
Jaffee, Jonathan, 2000: The Resource Partitioning of a Corporate Legal Market: The Proliferation of Specialist Law Firms in Silicon Valley, 1966–1997. Unveröffentlichtes Manuskript, Kongress der American Sociological Association, Toronto.
Jaffee, Jonathan, 2001: Resource Partitioning Dynamics and Generalist and Specialist Firm Growth: Evidence from the Silicon Valley Corporate Legal Market, 1967–1997. Unveröffentlichtes Manuskript, Konferenz der Academy of Management, Washington, D.C.
Jones, Kelly, 1997: Why I can't buy megabrewed ales, Celebrator Beer News August/September: 6.
Jovanovic, Boyan, 2001: Fitness and Age: A Review of Carroll and Hannan's „Demography of Corporations and Industries", Journal of Economic Literature 39: 105–119.
Li, Jiatao, 2001: Resource Partitioning and Niche Formation: Organizational Entry in the Banking Industry. Unveröffentlichtes Manuskript, Konferenz der Academy of Management, Washington, D.C.
Lomi, Alessandro, 1995: The Population and Community Ecology of Organizational Founding: Italian Cooperative Banks, 1936–1989, European Sociological Review 11: 75–98.
Maijoor, Steven, und *Roger Meuwissen*, 1993: Mobility of Auditors and the Nature of Audit Services: Exploratory Evidence from the Dutch Audit Market. MARC Research Memorandum: Maastricht University.
Mezias, John M., und *Stephen J. Mezias*, 2000: Resource Partitioning, the Founding of Specialist Firms, and Innovation: The American Feature Film Industry, 1912–1929, Organization Science 11: 306–322.
Mitchell, Will, 1995: Medical Diagnostic Imaging Manufacturers. S. 244–272 in: *Glenn R. Carroll* und *Michael T. Hannan* (Hg.): Organizations in Industry: Strategy, Structure and Selection. New York: Oxford University Press.
Ono, Yumiko, 1996: Who Really Makes that Cute Little Beer? You'd Be Surprised. Wall Street Journal vom 15. April: 1 (A6).
Padgett, John F., und *Christopher K. Ansell*, 1993: Robust Action and the Rise of the Medici, 1400–1434, American Journal of Sociology 98: 1259–1319.
Palmrose, Zoe-Vonna, 1986: Audit Fees and Auditor Size: Further Evidence, Journal of Accounting Research 24: 97–110.
Papazian, Charlies, 1998: Cheap beer is ... cheap beer. Or is it?, New Brewer Juli/August: 9.
Park, Douglas Y., und *Joel M. Podolny*, 2000: The Competitive Dynamics of Status and Niche Width: U.S. Investment Banking, 1920–1949, Industrial and Corporate Change 3: 377–414.
Péli, Gábor, 1997: The Niche Hiker's Guide to Population Ecology: A Logical Reconstruction of Organizational Ecology's Niche Theory. S. 1–46 in: *Adrian E. Raftery* (Hg.): Sociological Methodology 1997. Cambridge, MA: Blackwell.
Péli, Gábor, und *Bart Nooteboom*, 1999: Market Partitioning and the Geometry of the Resource Space, American Journal of Sociology 104: 1132–1153.
Peterson, Richard A., 1997: Creating Country Music: Fabricating Authenticity. Chicago, IL: University of Chicago Press.
Peterson, Richard A., und *David G. Berger*, 1975: Cycles in Symbol Production: The Case of Popular Music, American Sociological Review 40: 158–173.
Piore, Michael J., und *Charles F. Sabel*, 1984: The Second Industrial Divide. New York: Basic Books.
Podolny, Joel M., 1993: A Status-based Model of Market Competition, American Journal of Sociology 98: 829–872.
Podolny, Joel M., *Toby E. Stuart* und *Michael T. Hannan*, 1996: Networks, Knowledge, and Niches: A Sociological Examination of Worldwide Competition in the Semiconductor Industry, American Journal of Sociology 102: 659–689.

Pólos, László, Michael T. Hannan, Gábor Péli und *Glenn R. Carroll*, 1998: Forms and Identities: On the Structure of Organizational Forms. Unveröffentlichtes Manuskript, 14. Konferenz der European Group of Organization Studies, Maastricht.

Pólos, László, Michael T. Hannan und *Glenn R. Carroll*, 2001: Foundations of a Theory of Social Forms (revised). Arbeitspapiere. URL://faculty-gsb.stanford.edu/carroll/working.htm.

Porter, Michael E., 1980: Competitive, onlin Strategy. New York: Free Press.

Rao, Hayagreeva, 2002: Gründung von Organisationen und die Entstehung neuer organisatorischer Formen. S. 319–344 in: *Jutta Allmendinger* und *Thomas Hinz* (Hg.): Organisationssoziologie. Sonderheft 42 der Kölner Zeitschrift für Soziologie und Sozialpsychologie. Wiesbaden: Westdeutscher Verlag.

Seidel, Marc-David, 1997: Competitive Realignment in the Airline Industry: A Dynamic Analysis of Generalist and Specialist Organizations under Different Network Structures. Berkeley, CA (unveröffentlichte Doktorarbeit).

Stark, David, 1996: Recombinant Property in East European Capitalism, American Journal of Sociology 101: 993–1027.

Swaminathan, Anand, 1995: The Proliferation of Specialist Organizations in the American Wine Industry, 1941–1990, Administrative Science Quarterly 40: 653–680.

Swaminathan, Anand, 2001: Resource Partitioning and the Evolution of Specialist Organizations: The Role of Location and Identity in the U.S. Wine Industry, Academy of Management Journal 44: 1169–1186.

Swaminathan, Anand, und *James B. Wade*, 2001: Social Movement Theory and the Evolution of New Organizational Forms. S. 286–313 in: *Claudia B. Schoonhoven* und *Elaine Romanelli* (Hg.): The Entrepreneurship Dynamic in Industry Evolution. Stanford, CA: Stanford University Press.

Torres, John Charles, 1995: The Dynamics of the UK Motor Industry: An Ecological Analysis. Stanford, CA: Stanford University (unveröffentlichte Dissertation).

Van Munching, Philip, 1997: Beer Blast: The Inside Stories of the Brewing Industry's Bizarre Battles for Your Money. New York: Random House.

Wade, James B., 1996: A Community-level Analysis of Sources and Rates of Technological Variation in the Microprocessor Market, Academy of Management Journal 5: 1218–1244.

Yardley, James A., N. Leroy Kauffman, Timothy D. Cairney und *W. David Albrecht*, 1992: Supplier Behavior in the U.S. Audit Market, Journal of Accounting Literature 11: 151–184.

Zuckerman, Ezra W., 1999: The Categorical Imperative: Securities Analysts and the Illegitimacy Discount, American Journal of Sociology 104: 1398–1438.

Zuckerman, Ezra W., und *Tai-Young Kim*, 2000: The Critical Trade-off: Identity Assignment and Box-office Success in the Feature Film Industry. Stanford, CA: Stanford University (unveröffentlichtes Manuskript).

Übersetzung: *Manuela Thurner*

V. Organisationen und Gesellschaftstheorie

DIE ZUKUNFT DES RHEINISCHEN KAPITALISMUS

Paul Windolf

Zusammenfassung: Der ‚Rheinische Kapitalismus' ist eine Metapher für ein System ökonomischer Institutionen, die die spezifische Struktur des Kapitalismus in Deutschland (und in einigen anderen europäischen Ländern) geprägt haben. Seit mehr als einem Jahrzehnt wird die Frage diskutiert, ob diese spezifische Form des Kapitalismus angesichts der Globalisierung und eines verschärften Wettbewerbs noch eine Überlebenschance hat. Im ersten Teil des Aufsatzes wird argumentiert, dass die Selektion ökonomischer Institutionen nicht nur durch ökonomische Effizienz bestimmt wird, sondern auch durch kulturelle Selektion. Die Rolle der Banken (Kreditfinanzierung) und die spezifische Form der Markregulierung (Kartelle) sind Beispiele für diese kulturelle Prägung. Im zweiten Teil des Aufsatzes wird an sieben Beispielen gezeigt, in welcher Weise sich der ‚Rheinische Kapitalismus' während des vergangenen Jahrzehnts verändert hat: die abnehmende Dichte der Netzwerke; die zunehmende Regulierung der Finanzmärkte; die Flexibilisierung der Konzernstruktur; die Veränderung der Eigentümerstruktur; ‚free float' und Steuergesetze; der Einfluss der Investmentfonds; ‚securitization of debt'.

I. Konvergenz

„Die Handmühle ergibt eine Gesellschaft mit Feudalherren, die Dampfmühle eine Gesellschaft mit industriellen Kapitalisten", schrieb Marx im „Elend der Philosophie". Er hat auch eine griffige Formel für das Verhältnis zwischen Feudalismus und Dampfmühle geprägt: „Auf einer gewissen Stufe ihrer Entwicklung geraten die materiellen Produktivkräfte der Gesellschaft in Widerspruch mit den vorhandenen Produktionsverhältnissen ... Aus Entwicklungsformen der Produktivkräfte schlagen diese Verhältnisse in Fesseln derselben um".[1] Die Entwicklung der Produktivkräfte – Schumpeter hätte gesagt: die Innovationen – erzwingen also immer wieder aufs Neue den institutionellen Wandel in einer Gesellschaft.

In einer aktualisierten Version könnte das Zitat lauten: Die ökonomischen Institutionen der „Old Economy" sind zu einer „Fessel" für die Entwicklung der „New Economy" geworden. Marx (1970a: 12) gibt auch einen Hinweis, wie die Institutionen der „neuen" Ökonomie aussehen werden: „Das industriell entwickeltere Land zeigt dem minder entwickelten nur das Bild der eignen Zukunft". Damit ist die Konver-

---

1 Marx (1964: 498; 1974: 9; 1970b: 891).

genzhypothese *in nuce* formuliert: Technischer Fortschritt, Konkurrenz und Globalisierung werden langfristig eine *universalistische* Organisationsform des Kapitalismus erzwingen. Das technologisch und ökonomisch am meisten entwickelte Land wird zum Modell für alle anderen.[2]

Schumpeter (1972: 29) ist skeptisch, ob sich das Verhältnis zwischen Technologie und sozialem Wandel auf diese einfache Formel bringen lässt: „Soziale Strukturen, Typen und Verhaltensweisen sind Münzen, die nicht leicht schmelzen. Sind sie einmal geprägt, so überdauern sie möglicherweise Jahrhunderte." In vielen Ländern haben sich Institutionen entwickelt, die man nicht direkt aus der Technologie oder den Formen der materiellen Produktion ableiten kann. Die Sozialstruktur und die kulturellen Praktiken einer Gesellschaft folgen – zumindest innerhalb gewisser Grenzen – ihrer eigenen Entwicklungslogik. Das Bild von der Münze suggeriert nicht nur, dass diese Jahrhunderte überdauern können, sondern auch, dass jedes Land seine eigenen Münzen prägt. Es gibt „cultural lags" (Ogburn 1964) und ökonomische Sonderwege. Es gibt nicht nur einen, es gibt *viele Kapitalismen* (Hall und Soskice 2001).

Die Sozialwissenschaften haben in den vergangenen Jahrzehnten eine Reihe von Theorien entwickelt, um die Beziehung zwischen technischem und institutionellem Wandel zu erklären. Dazu gehören z.B. die Transaktionskostentheorie („lock-in"-Effekte) und Theorien der kulturellen Evolution (vgl. dazu Fog 1999; Boyd und Richerson 1985). Diese Konzepte werden in den nächsten Abschnitten zunächst vorgestellt. Sie bilden den theoretischen Rahmen für eine Debatte, die seit mehr als einem Jahrzehnt geführt wird und in der es um die Frage geht, ob die institutionellen Strukturen des Marktes, die sich in Deutschland bereits im ausgehenden 19. Jahrhundert entwickelt haben und die von verschiedenen Autoren als „Deutschland AG" (Adams 1994), als „Rheinischer Kapitalismus" (Albert 1992) bzw. als „German Capitalism" (Streeck 1997) bezeichnet werden, in Zukunft noch eine Überlebenschance haben.

Einerseits wird behauptet, dass sich der „Rheinische Kapitalismus" unter dem Druck der neuen Technologien und der Globalisierung auflösen und an das amerikanische Vorbild anpassen wird.[3] Andererseits wird die Position vertreten, dass die spezifischen Institutionen des deutschen Modells zu jenen „Münzen" gehören, die gegen Wandel relativ resistent sind (z.B. Mitbestimmung).

II. Transaktionskosten und „lock-in"-Effekte

Eine zentrale These des ökonomischen Institutionalismus lautet, dass Märkte nur im Rahmen von Institutionen optimal funktionieren (North 1990). Der Markt lässt sich nicht auf Angebot, Nachfrage und Preise reduzieren, sondern ist – auch im elektronischen Zeitalter – ein System sozialer Interaktionen, das durch soziale Normen und Re-

---

[2] Zur Konvergenz-These in Bezug auf „corporate governance" vgl. Bratton und McCahery (1999), Rajan und Zingales (1998).

[3] „Infolge der zunehmend größeren Rolle der Finanzmärkte werden die wichtigsten Konvergenzen der europäischen Kapitalismen m.E. durch den Übergang von der Ära der Manager zum ‚Regime der Aktionäre' bestimmt" (Albert 2000: 5).

geln gesteuert wird.[4] Der Markt ist in das Sozialsystem der jeweiligen Gesellschaft „eingebettet" und seine Strukturen werden durch Kultur und Traditionen beeinflusst.[5]

Wenn wir fragen, welche Institutionen eine Gesellschaft auswählt, um die Funktionsfähigkeit der Märkte zu erhöhen, gibt die Transaktionskostentheorie darauf eine einfache Antwort: Die Gesellschaft wählt jene Institutionen aus, die die Transaktionskosten verringern.[6] Das Problem der „richtigen" Marktordnung wird also mit Hinweis auf einen Meta-Markt gelöst, auf dem Institutionen gegeneinander konkurrieren. Diejenigen Institutionen werden sich durchsetzen, die langfristig in einem Land die Transaktionskosten reduzieren und dadurch die Konkurrenzfähigkeit erhöhen. Die Konkurrenz auf dem Meta-Markt für Institutionen bewirkt, dass Institutionen, die zu einem Innovationshindernis geworden sind, durch neue ersetzt werden. Langfristig wird sich in jedem Land, wenn nicht eine identische, so doch eine sehr ähnliche institutionelle Struktur entwickeln (Konvergenz).

Verschiedene Untersuchungen zeigen jedoch, dass es in vielen Ländern Institutionen gibt, die – unter einer rein ökonomischen Perspektive betrachtet – wenig effizient sind. Wenn der Meta-Markt des Institutionenwettbewerbs optimal funktionieren würde, dann müssten ineffiziente Institutionen mit der Zeit untergehen. North (1990) beantwortet die Frage, warum ineffiziente Institutionen trotzdem überleben, wiederum mit dem Hinweis auf Transaktionskosten: Der *Wandel* von Institutionen verursacht selbst Transaktionskosten, und diese Kosten können sehr hoch sein. Je höher diese Kosten, umso unwahrscheinlicher ist sozialer Wandel.

Dies erklärt jene Phänomene, die North als „lock-in" und „path dependency" beschreibt. Eine Gesellschaft ist in den Rahmen ihrer Institutionen „eingeschlossen" (lock-in), und diese Institutionen beeinflussen zukünftige Entwicklungspfade (path dependency). Ineffiziente Institutionen überleben, weil die Kosten des sozialen Wandels zu hoch sind oder den Gesellschaftsmitgliedern als zu hoch erscheinen.

Roe (1997: 167) illustriert das Problem an einem Beispiel: „We are on a road and wonder why it winds and goes here instead of there, despite that a straight road would be a much easier drive. Today's road depends on what path was taken before. Decades ago, a fur trader cut a path through the woods. ... Industry came and located in the road's bends; housing developments went up that fit the road and industry".

Die Frage, warum eine kurvenreiche Straße nicht begradigt wird, beantworten Ökonomen mit dem Hinweis auf „sunk costs" und „increasing rates of return". „Sunk costs" sind Investitionen, die eine Gesellschaft in der Vergangenheit für eine Technologie (z.B. Atomkraft) verausgabt hat und die nicht rückgängig gemacht werden können. „Increasing rates of return" erhält man vor allem für jene Technologien und Institutionen, deren Effizienz durch *Lernen* gesteigert wird.[7] Je länger z.B. die Institution „Mit-

---

4 Vgl. dazu Vanberg (1986: 75), Hayek (1973: 43). Rawls (1971: 274) bezeichnet das System von Regeln als „background institutions for distributive justice".
5 Granovetter (1985), North (1990: 33–35), Geertz (1979: 123). Eine Analyse der sozialen Struktur eines elektronischen Marktes findet sich in Brinkmann und Seifert (2001).
6 „... the economic institutions of capitalism have the main purpose and effect of economizing on transaction costs" (Williamson 1985: 17).
7 „... complex technologies often display increasing returns to adoption in that the more they are adopted, the more experience is gained with them, and the more they are improved ... (learning by using)" (Arthur 1989: 116).

bestimmung" existiert, je mehr Erfahrung die beteiligten Akteure gesammelt haben und je erfolgreicher sie gelernt haben, soziale Konflikte mit Hilfe der Mitbestimmung zu schlichten, umso effizienter ist diese Institution.

Schließlich sind dezentrale und nicht koordinierte Entscheidungen eine weitere Ursache für „lock-in"-Effekte. Hausbesitzer entscheiden dezentral und im Zeitablauf sequenziell, ob sie Häuser entlang einer „winding road" bauen oder renovieren. Durch diese Investitionen entstehen an vielen Punkten im Zeitablauf immer wieder „sunk costs", die es als unökonomisch erscheinen lassen, die Straße zu begradigen.

Können „lock-in"-Effekte nun erklären, warum es in Deutschland Mitbestimmung gibt, warum bis 1945 die Kartelle dominant waren und später die Konzernstruktur und warum deutsche Unternehmen überwiegend durch Bankkredite und nicht über die Börse finanziert wurden? Oder kann man mit Hilfe dieser Effekte erklären, warum es in Japan lebenslange Beschäftigung gibt, Unternehmen in „keiretsu"-Netzwerken zusammengeschlossen sind und feindliche Übernahmen „tabu" sind?

Kehren wir zum Beispiel der „winding road" zurück: Es gibt zwei Beispiele für Gesellschaften, deren Häuser während des Krieges zerstört und deren Institutionen nach dem Zweiten Weltkrieg durch Besatzungsmächte *gewaltsam „begradigt"* wurden, nämlich Japan und Deutschland. In Deutschland wurden Kartelle verboten und die großen Unternehmen wurden entflochten (z.B. Krupp, Deutsche Bank); in Japan hat die amerikanische Besatzungsmacht die Unternehmensgruppen (zaibatsu) ebenfalls verboten und ihre Entflechtung angeordnet. Bis Mitte der 1950er Jahre wurde diese Entwicklung jedoch rückgängig gemacht. In Japan haben sich die Unternehmensgruppen restrukturiert und unter neuem Namen wieder zusammengeschlossen (keiretsu). In Deutschland wurden die Kartelle durch Konzerne ersetzt (Noll 1992: 218).

Die Rückkehr zu den traditionellen Formen ökonomischer Organisation kann man nicht mit „sunk costs" (die Häuser waren zerstört) und auch nicht mit dezentraler Entscheidungsfindung erklären (die Besatzungsmacht war eine zentrale „deus ex machina"). Im Folgenden soll eine alternative Erklärung vorgestellt werden. Diese lautet, dass die (ökonomischen) Institutionen in jedem Land einer doppelten Selektion unterliegen, nämlich einer ökonomischen Selektion (Reduktion von Transaktionskosten) und einer kulturellen Selektion (Kompatibilität mit Werten und Traditionen).

III. Kulturelle Selektion

Die zentralen Konzepte der Evolutionstheorie sind Variation, Selektion und Stabilisierung (Campbell 1965). Durch geplante Innovation (Forschung), durch kreative Zerstörung, durch nicht intendierte Handlungsfolgen oder einfach durch Zufall werden in jeder Gesellschaft kontinuierlich institutionelle Variationen erzeugt. Die Imitation von Institutionen, die sich in anderen Ländern bewährt haben, kann als eine spezifische Form von Variation interpretiert werden: Der Pool von Institutionen, der zur Verfügung steht, wird dadurch erweitert (z.B. lean production).

Aber nicht alle Variationen überleben. Neue Institutionen müssen sich in einem *doppelten* Selektionsprozess bewähren: Sie werden einer ökonomischen Selektion auf dem Meta-Markt der Institutionen ausgesetzt, und hier ist das entscheidende Selektionskriterium die ökonomische Effizienz (Reduktion der Transaktionskosten). Sie werden auch einer kulturellen Selektion ausgesetzt, und hier ist die Kompatibilität einer Innovation mit den kulturellen Werten einer Gesellschaft das entscheidende Selektionskriterium. Variationen (Innovationen), die mit dem kulturellen oder religiösen Code einer Gesellschaft nicht kompatibel sind, haben wenig Chancen zu überleben. Werden sie trotzdem implementiert, erzeugen sie häufig soziale Konflikte, die ihre ökonomischen Vorteile wieder zunichte machen.[8]

Variationen (Innovationen), die sowohl ökonomisch effizient als auch kulturell kompatibel sind, d.h. die den doppelten Selektionstest bestanden haben, werden stabilisiert und in den Rahmen der bestehenden Institutionen integriert.[9]

In den folgenden Abschnitten wird argumentiert, dass die institutionelle Struktur des Kapitalismus, die sich in Deutschland in der zweiten Hälfte des 19. Jahrhunderts entwickelt hat, als Ergebnis eines doppelten Selektionsprozesses interpretiert werden kann. Die Institutionen waren einerseits effektiv (Deutschland wurde innerhalb weniger Jahrzehnte zu einer führenden Industrienation), sie waren andererseits mit den noch halb feudalen Strukturen der bürgerlich-kapitalistischen Gesellschaft kompatibel (Kartell). Die Darstellung *beschränkt* sich auf zwei spezifische Aspekte des „deutschen" Models: die Beziehung zwischen Großbanken und Industrieunternehmen (Kreditfinanzierung, Unternehmensverflechtung) und auf die Organisation der Märkte (Kartell).

IV. Finanzmärkte und Risikoverteilung

La Porta et al. (1997: 1131) stellen die Frage: „Why do the United States and the United Kingdom have enormous equity markets, while Germany and France have much smaller ones?" Die Autoren vermuten, dass die Ursache in den unterschiedlichen Rechtstraditionen liegt. Länder, die in der Tradition des „common law" stehen, schützen Aktionäre wirkungsvoller als dies in Ländern der Fall ist, die durch romanische oder deutsche Rechtstraditionen beeinflusst sind. Die empirischen Befunde, die die Autoren für ihre These vorlegen, überzeugen jedoch nicht, und ich werde daher versuchen, eine andere Antwort auf die Frage zu geben.[10]

---

8 Ein Beispiel ist der Versuch der britischen Labour Regierung, die Mitbestimmung einzuführen, obwohl sie von den Gewerkschaften abgelehnt wurde (Clegg 1979: 43). In Dänemark scheiterte der Versuch, den Euro als Währung einzuführen in einem Referendum (obwohl eine Einheitswährung Transaktionskosten reduziert).

9 Das Problem der kulturellen Prägung ökonomischer Institutionen kann im Rahmen dieser Arbeit nicht weiter ausgeführt werden. Vgl. dazu die Kontroverse zwischen „Kulturalisten" (Iribarne 1989) und „Institutionalisten" (Maurice et al. 1992).

10 Es ist relativ schwierig, für ein Sample von 38 Ländern einen brauchbaren Indikator zu finden, der den Grad des Rechtsschutzes der Investoren in jedem Land zuverlässig misst (Kritik: Validität der unabhängigen Variable). Weiterhin ist die Varianz der abhängigen Variable (= stock market capitalization/GNP) innerhalb der Gruppen teilweise sehr hoch. Die Werte schwanken z.B. innerhalb der Gruppe der „English origin countries" zwischen 1.48 (Malaysia) und 0.11 (Sri Lanka), während die Differenz zwischen den „English origin countries" (0.60) und den „German origin countries" (0.46) relativ gering ist (Kritik: Intra-Gruppen Heterogenität); vgl. La Porta et al. (1997: 1138, Table II). Signifikante Unterschiede gibt es nur zwischen den „En-

Multinationale Versicherungsunternehmen machen gegenwärtig die Erfahrung, dass Lebensversicherungen mit hohem Risiko[11] vom britischen Publikum akzeptiert werden, in Deutschland aber nur schwer zu verkaufen sind und umgekehrt: Lebensversicherungen mit geringem Risiko werden vom deutschen Publikum bevorzugt, sind in Großbritannien aber praktisch unverkäuflich (Meißner 1999). Wie kann man diesen Unterschied erklären?

Zunächst kann man davon ausgehen, dass der Erwartungswert[12] der beiden Versicherungspolicen ungefähr gleich hoch ist: Es gibt einen „trade-off" zwischen Risiko und Ertrag. Je höher die Ertragschancen, umso höher ist das Risiko und umgekehrt. Ein risiko-neutraler Investor wird sich am Erwartungswert, und nicht an unwahrscheinlichen Spielchancen orientieren. Man kann das Verhalten des britischen Publikums also als „risiko-suchend" bezeichnen, während das deutsche Publikum „risikoavers" ist.

Es ist bekannt, dass die britische Regierung ihre koloniale Expansion bereits im 18. Jahrhundert durch Aktiengesellschaften finanzierte und das Publikum ermunterte, Aktien zu kaufen, während Frankreich und später auch Deutschland ihre koloniale Expansion durch Staatsanleihen finanzierten.[13] Staatsanleihen waren (zumindest in Friedenszeiten) eine fast risikolose Anlage, was man von kolonialen Aktiengesellschaften nicht unbedingt behaupten konnte. Swaan (1990: 250) argumentiert, dass die Einführung der Sozialversicherungen in Deutschland im späten 19. Jahrhundert dazu führte, dass die Arbeiter risiko-averses Verhalten „lernen" mussten.[14]

Vor dem Hintergrund dieser Beispiele sollen drei Hypothesen formuliert werden: 1. Risikoaversion und Spielermentalität sind kulturelle Muster, die zwischen den Ländern variieren und im Zeitablauf relativ stabil bleiben. 2. Die Verteilung der Mentalitäten in einer Gesellschaft, d.h. das relative Verhältnis von risiko-aversen Individuen und „Spielern" hat einen Einfluss darauf, wie das unternehmerische Risiko in kapitalistischen Gesellschaften insgesamt verteilt wird. 3. In Großbritannien und in den USA ist das unternehmerische Risiko zu einem hohen Anteil vom Publikum (z.B. Kleinaktionäre) getragen worden, in Deutschland jedoch von den Universalbanken, die im späten 19. Jahrhundert zu Mitunternehmern wurden.[15]

1852 wurde in Frankreich der „Crédit Mobilier" von den Brüdern Émile und Isaac Pereire gegründet, die mit Hilfe dieser Bank die Industrialisierung Frankreichs beschleunigen wollten. Die Brüder waren Schüler von Saint-Simon, stark von seinen

---

glish origin countries" und den „French origin countries" (Varianz Analyse, Bonferroni Test, $\alpha \leq 0.009$; eigene Berechnungen).

11 „Risiko" wird definiert durch die Volatilität der Erträge eines Wertpapiers. Die Volatilität wird gemessen durch die Standardabweichung der Erträge (z.B. Standardabweichung der Erträge in einem Zeitraum von fünf Jahren); vgl. Sharpe et al. (1995: 178).

12 Der Erwartungswert wird definiert durch die Wahrscheinlichkeitsverteilung der Erträge der einzelnen Komponenten eines Portfolios (hohe Erträge werden mit geringerer Wahrscheinlichkeit realisiert).

13 Zentral für diese Operationen waren die verschiedenen Zweige des Bankhauses Rothschild in Frankfurt, London und Paris (Bouvier 1967: 58–90); dazu auch Barth (1999: 96–97).

14 Analysen des Risikoverhaltens finden sich in: Adams (1995), Douglas (1986).

15 Diese Hypothese, die vor allem von Gerschenkorn (1968) vertreten wurde, wird in der neueren Literatur bestritten (vgl. Edwards und Ogilvie 1996).

Ideen beeinflusst und verkündeten ein für die damalige Zeit „revolutionäres" Programm: Der „Crédit Mobilier" sollte Anleihen an das französische Publikum verkaufen und für diese Anleihen eine feste Verzinsung und die Rückzahlung *garantieren*. Das Kapital, das auf diese Weise beim Publikum eingesammelt wurde, sollte vom „Crédit Mobilier" in bereits bestehende oder neu zu gründende Industrieunternehmen investiert werden, vor allem in die großen Eisenbahngesellschaften. Um diese Unternehmen kontrollieren zu können, sollten die Brüder Pereire und ihre Partner Stimmrechte in deren „conseils d'administration" erhalten.[16] Die „revolutionäre" Idee bestand also darin, einem risiko-aversen Publikum (scheinbar) risikofreie Anlagen zu verkaufen und dieses Kapital dann in hoch riskantes, in seinen Erträgen ständig schwankendes Industriekapital zu *transformieren*. Die Bank fungierte als „Transformator" und trug einen Teil des Risikos, das die wohlhabenden Bürger Frankreichs nicht übernehmen wollten (Cameron 1971: 134–136).

Die Brüder Pereire scheiterten nicht nur deshalb, weil sie auf den erbitterten Widerstand des Bankhauses Rothschild trafen, sondern auch, weil sie zwar gute Journalisten, aber keine erfahrenen Banker waren. 1867 musste der „Crédit Mobilier" Konkurs anmelden.

Die Strategien der deutschen Universalbanken beruhten vor dem Ersten Weltkrieg auf ähnlichen Prinzipien, allerdings waren sie weniger „revolutionär", sondern stärker an professionellen Grundsätzen des Bankgeschäftes ausgerichtet. Es ist hier nicht möglich, die Geschichte der Disconto Bank oder der Deutschen Bank im Detail nachzuzeichnen (Gall et al. 1995). Die folgenden Überlegungen beschränken sich auf eine Zusammenfassung der wichtigsten Prinzipien.

1. Eine Bank kann die „Transformation" von risikolosen Spareinlagen in hoch riskantes Industriekapital nur dann mit Aussicht auf Erfolg durchführen, wenn sie über eine ausreichende Größe verfügt. Nur dann kann sie einen Teil des Risikos (unique risk) durch die Vergabe von *vielen* Krediten ausreichend diversifizieren.[17] Vor dem Ersten Weltkrieg hatte die Deutsche Bank bereits 493 Zweigstellen, die Dresdner Bank verfügte über 410 Zweigstellen. Für die meisten Berliner Großbanken galt, dass sie vor dem Ersten Weltkrieg in allen industriellen Ballungszentren des Deutschen Reiches präsent waren.[18] Die deutschen Banken garantierten einem relativ risiko-aversen Publikum also nicht nur die Rückzahlung ihrer Spareinlagen, sondern sie erfüllten auch die Funktion eines effizienten Finanzintermediärs, der die Transaktionskosten (Vertragskosten) und das nicht-systematische Risiko der Kredite reduzierte (Hellwig 1998). Die Universalbanken haben eine institutionelle Struktur

---

16 „Les frères Pereire totalisaient 37 postes d'administrateurs dans diverses sociétés ..." (Bouvier 1967: 195).
17 „The unique risk (non-market risk) is the portion of a security's total risk that is related to the particular circumstances of a firm (‚idiosyncratic' risk) and can be diversified away (law of large numbers). Systematic risk (market risk) is the portion of a security's total risk that is related to moves in the market portfolio and cannot be diversified away"; vgl. Sharpe et al. (1995: 277, 1027).
18 Quelle: Untersuchungsausschuß für das Bankwesen: Untersuchung des Bankwesens 1933, 3 Bde. Berlin 1934: Carl Heymanns Verlag (Die Filialnetzdichte der Großbanken); dazu auch Riesser (1971: 723–732).

geschaffen, die sie befähigte, einen Teil des Risikos des „Gesamt"kapitalisten zu übernehmen.[19]

2. Die Vergabe großer Kredite war an die Bedingung geknüpft, dass die Bank eine oder mehrere Aufsichtsratspositionen in der kreditnehmenden Firma erhielt.[20] Um 1900 besetzte die Deutsche Bank 115 Aufsichtsratspositionen, in 29 Unternehmen stellte sie den Vorsitzenden des Aufsichtsrats. Der Schaafhausensche Bankverein besetzte 142 Aufsichtsratspositionen, in 26 Unternehmen stellte die Bank den Vorsitzenden. Die Präsenz im Aufsichtsrat sollte der Bank einen Einfluss auf die strategischen Entscheidungen des Unternehmens, insbesondere auf die Besetzung des Top-Management sichern.[21]

3. „[German banks] were also a substitute for entrepreneurial deficiencies. From their central vantage points of control, the banks participated actively in shaping the major – and sometimes even not so major – decisions of the individual enterprises" (Gerschenkron 1968: 137). In der Praxis sah das so aus: Georg von Stauss, Vorstandsvorsitzender der Deutschen Bank und gleichzeitig Vorsitzender des Aufsichtsrates von Daimler-Benz, übte im Juni 1930 erheblichen Druck auf den Vorstand der Daimler-Benz AG aus, um das Unternehmen angesichts der drohenden Wirtschaftskrise zu einer Reduzierung der Produktion zu bewegen. 1931 informierte Georg von Stauss den Vorstand der Daimler-Benz AG „über Mitteilungen aus der Firma Mannesmann, denen zufolge dort ‚eine große Wut' über die Daimler-Wagen herrschte, die ‚in der kurzen Zeit des Besitzes zwei bis vier Pfennig pro Kilometer an Reparaturkosten verursacht hätten'" (Feldman 1999: 11–12). – Das waren die „major and sometimes even not so major decisions", auf die die Bank als Mitunternehmer Einfluss ausübte.

4. Die Frage, ob die Bankenvertreter in den Aufsichtsräten die Industrieunternehmen *kontrollieren* können, ist strittig.[22] Hilferding zitierte dazu bereits 1910 den Direktor eines großen Elektrizitätswerkes: „Die Idee, daß ... das Mitglied eines Aufsichtsrates das tun könne, was das Gesetz ihm vorschreibe, sei irrig. Man stelle sich vor, daß ein Mitglied des Aufsichtsrates bei einer unserer großen Gesellschaften die

---

19 Die These, dass die deutschen Banken höhere und längerfristige Kredite für Investitionen an Industrieunternehmen vergeben hätten als dies die „commercial banks" in Großbritannien getan haben, ist umstritten. Eine Übersicht findet sich in Capie und Collins (1999).

20 Die Firma Krupp geriet kurz nach der Reichsgründung in eine schwere Krise (1874). Krupp wurde durch ein Bankenkonsortium gerettet, das der Firma einen relativ hohen Kredit gewährte. Da Krupp noch keine Aktiengesellschaft war (also auch noch keinen Aufsichtsrat hatte), entsandte das Bankenkonsortium einen „Treuhänder" (Carl Meyer) in das Unternehmen, der über mehrere Jahre die Finanzpolitik der Firma Krupp überwachte. Quelle: Gall (2000: 184–198).

21 Quelle: Riesser (1971: 304, 501, 651–672). Die Präsenz im Aufsichtsrat diente zwar auch der Informationsbeschaffung; wichtiger war jedoch der Einfluss, den die Bank dort auf die Besetzung des Vorstandes ausüben konnte. Vgl. dazu auch Eulenburg (1906), Fohlin (1999), Ziegler (1998).

22 Die Kontroverse hat eine lange Tradition: Sie geht aus von der These, dass die Industrieunternehmen unter der Kontrolle des „Finanzkapitals" stehen (Hilferding 1968). In den USA wurde diese These von Kotz (1979) wieder aufgegriffen; Mintz und Schwartz (1985) haben sie schließlich zur „Banken-Hegemonie-These" abgeschwächt. Für Deutschland vgl. Esser (1990), Rathenau (1917: 14).

sämtlichen Zweige des Unternehmens auch nur an einem Tag verfolgen solle. Während der Mann an einer Stelle kontrolliere, könnten an zehn anderen die größten Fehler begangen werden" (135).

DaimlerChrysler oder Siemens sind Industrieimperien, die man nicht durch Aufsichtsräte „überwachen" kann. Die Aufsichtsräte verfügen nur über unvollständige Informationen, und der Vorstand weiß (fast) immer mehr als der Aufsichtsrat (Informationsasymmetrie).

Im Netzwerk der Unternehmen haben nicht nur die Bankdirektoren, sondern auch die Industriemanager zahlreiche Positionen.[23] Die Aufgabe dieses Netzwerkes ist es nicht, die *Unternehmen* lückenlos zu überwachen, sondern die *Personen*, die diese Unternehmen leiten, in ein System wechselseitiger Verpflichtungen und normativer Kontrolle einzubinden (esprit de corps). Dieses Netzwerk rekrutiert seine Mitglieder durch Kooptation und ist nach außen geschlossen (soziale Schließung). Im Netzwerk wird jedes Mitglied durch jedes andere „überwacht". Mitglieder, die das Vertrauen missbrauchen, werden durch den Verlust der Mitgliedsrolle sanktioniert.

Diese Interpretation schließt nicht aus, dass alle Mitglieder durch das Netzwerk wertvolle Insider-Informationen erhalten. Die These lautet jedoch, dass nicht nur Informationen, sondern auch Vertrauen und Konsens über die *normativen* Standards der Unternehmensführung für die Kontrolle wichtig sind. Die „Deutschland AG" ist weder eine Verschwörung noch ein Club von „Nieten in Nadelstreifen" (Ogger 1992), sondern ein geschlossener „sozialer Kreis", dessen Mitglieder wechselseitig und füreinander „Kontrolleure" sind. Darin hat die „Deutschland AG" eine gewisse Ähnlichkeit mit den Netzwerken in Japan (keiretsu). Wenn die normative Kontrolle versagt, wird das Netz *korrupt*, weil es keine wirksamen *externen* Kontrollmechanismen gibt. Die Frage an Aufsichtsräte sollte also nicht lauten, ob sie ausreichend informiert sind (das können sie in der Regel nicht sein), sondern ob die Mitglieder des Netzwerkes den „Ehrenkodex" und den „esprit de corps" noch als verpflichtend betrachten.[24]

Zusammenfassend lässt sich sagen, dass die deutschen Universalbanken als professionelle Investoren dem Publikum fast risikolose Anlagen garantieren und dieses Kapital in riskante Kredite für Industrieunternehmen transformieren. Sie können dies tun, weil sie einen Teil des Kreditrisikos durch Diversifikation eliminieren können. Der Vorteil für die kreditnehmenden Firmen ist darin zu sehen, dass sie nur mit einem Partner (der Bank) einen Vertrag schließen müssen, und nicht mit tausenden von Aktionären konfrontiert sind (Reduktion der Vertragskosten). Die Banken reduzieren auch die Informationskosten, weil nicht jeder Investor sich über das Unternehmen, in das seine Spargelder investiert werden, informieren muss (economies of scale). Schließlich haben die deutschen Universalbanken bereits im ausgehenden 19. Jahrhundert Unternehmensnetzwerke aufgebaut, die eine kollektive Gruppenkontrolle der wichtigsten Entscheidungsträger der Großunternehmen ermöglichen.

---

23 Hugo Stinnes hatte 1910 z.B. 17 Aufsichtsratsmandate und fünf Vorstandsposten in verschiedenen deutschen und ausländischen Unternehmen (Feldman 1998: 143).
24 Klaus Esser, ehemaliger Vorstandsvorsitzender der Mannesmann AG, hat von Vodafone 60 Mill. DM als Abfindung erhalten. Kritiker werfen ihm vor, dass Vodafone damit die Zustimmung von Esser zur feindlichen Übernahme erkauft habe und dass Esser „sein" Unternehmen „verraten" habe.

In einem Gedankenexperiment können wir das unternehmerische Risiko in jedem Land zu einer *Gesamtsumme* addieren. Dieses Risiko muss auf die verschiedenen Akteure verteilt werden, zu denen u.a. die Unternehmer, die Banken, die Kleinaktionäre und der Staat gehören. Die große Aktiengesellschaft mit tausenden von Kleinaktionären, die Investmentfonds und die Universalbanken sind Verteilungsinstitutionen für Risiko; ihre Finanzoperationen bewirken eine jeweils unterschiedliche Verteilungsstruktur. Die Frage, welche Struktur effizienter ist (d.h. geringere Transaktionskosten verursacht), ist *empirisch* nur schwer zu beantworten.

V. Das korporatistische Marktmodell

Ein weiteres Merkmal, das den „deutschen" Kapitalismus vom angelsächsischen Modell unterscheidet, liegt in der normativen Bewertung der Konkurrenz. Für die Vertreter der historischen Schule war die uneingeschränkte Konkurrenz gleichbedeutend mit *Anarchie*.[25] Wettbewerb wurde nicht als Ordnungsprinzip gesehen, das individuelle Freiheit garantiert, sondern als ein anarchischer Prozess, der Monopole fördert. Als negative Beispiele dienten dabei die Trusts und die Konzentrationsprozesse in den USA.[26]

Das „Leitmotiv" der historischen Schule im ausgehenden 19. Jahrhundert war der Begriff der *regulierten Konkurrenz*: „Ich habe seit langem betont, daß die wirtschaftliche Freiheit nur an bestimmten Stellen Segen bringe, daß nur die maßvolle, da und dort mannigfach regulierte Konkurrenz anregend wirke, neue Kräfte entbinde und die vorhandenen steigere, daß eine überspannte Konkurrenz vielfach lähme, zerstöre und wirtschaftliche Vergeudung bedeute" (Schmoller 1906: 249).

Das war das Credo der historischen Schule und zugleich eine *ökonomische* Rechtfertigung für Kartelle. Übertragen in die Sprache der Institutionenökonomie lautete die Botschaft Schmollers: Die unregulierte Konkurrenz und die nicht in Institutionen eingebundene wirtschaftliche Freiheit verursacht enorme Transaktionskosten.

Die historische Schule unterscheidet sich jedoch vom Ordo-Liberalismus, weil die Regulierung nicht durch den Staat, sondern durch die Marktakteure selbst erfolgen soll. Die zentrale Institution der Selbstregulierung ist das Kartell, von dem Schmoller (1906: 254) sagt: „Nicht durch ... Börse und Spekulation, sondern durch Unterordnung, ... durch den Sieg gewisser gemeinsamer Interessen über Eigensinn und kurzsichtigen Egoismus kamen sie [die Kartelle, P.W.] zustande". In die Sprache des Gefangenen-Dilemmas übersetzt lautet die Botschaft Schmollers: Der kollektive Nutzen der Kooperation ist höher als der individuelle Nutzen, der durch Konkurrenz erreicht

---

25 Im damaligen Kontext bedeutete „Anarchie" nicht unbedingt Chaos oder das Fehlen jeder Ordnung. Vielmehr bezeichnete Anarchismus ein System des „extremen politischen und wirtschaftlichen Individualismus" (Diehl 1923: 277). Der individualistische Anarchismus vertrat die Lehre, dass jedes Individuum das volle und uneingeschränkte Verfügungsrecht über sein Eigentum haben sollte. Er stand damit im Gegensatz zur Idee der Gemeinwirtschaft.

26 In einem Vortrag, den Schmoller im September 1905 vor dem „Verein für Socialpolitik" in Mannheim gehalten hat, zählte er fast alle Vorurteile auf, die man zum damaligen Zeitpunkt gegen den amerikanischen Kapitalismus und gegen die „robber barons" haben konnte (Schmoller 1906: 238f.). Vergleichbare Argumente gegen amerikanische Trusts finden sich in Brandeis (1995).

werden kann. Die Kartelle waren eine Institution, die die Kooperation konkurrierender Unternehmen garantieren sollte.

Dabei ist zu berücksichtigen, dass ein Kartell kein Monopol ist, sondern ein kollektiver Akteur mit relativ hoher interner Interessen*heterogenität*. Ein Kartell setzt sich aus konkurrierenden Unternehmen zusammen, die in jedem Augenblick die Kooperation aufkündigen und zur Konkurrenz zurückkehren können. Darin ist die Instabilität von Kartellen begründet.

Eine genauere Analyse der Kartelle würde im Übrigen zu einem paradoxen Ergebnis führen: Vor dem Ersten Weltkrieg waren viele Kartelle in Deutschland eine wirkungsvolle Antitrust-Behörde. Sie haben die Entstehung von Monopolen nicht gefördert, sondern verhindert. Der Zweck des Kartells war nicht nur die Regulierung der Konkurrenz; das Kartell hat auch dafür gesorgt, dass kein Unternehmen eine dominante (monopolistische) Position erringen konnte.[27]

Das korporatistische Marktmodell, insbesondere die Kartelle und das Modell der „regulierten Konkurrenz", können nicht nur als Ergebnis eines technisch-ökonomischen Evolutionsprozesses verstanden werden, sondern sie sind auch das Produkt einer kulturellen Selektion. Am Kartell zeigt sich dieser Zusammenhang besonders deutlich. Das Kartell war erstens eine dominante *ökonomische Organisationsform* des deutschen Kapitalismus bis nach dem Zweiten Weltkrieg. In den Augen der meisten Unternehmer war es dem amerikanischen Marktmodell überlegen, weil es die Transaktionskosten einer anarchischen Konkurrenz reduzierte. Das Kartell entsprach zweitens der *diffusen Ideologie* eines noch feudal geprägten Bürgertums im ausgehenden 19. Jahrhundert. Die Leitmotive dieser Ideologie waren „Gemeinschaft", kollektive „Verantwortung" und „Ordnung".[28] Das Kartell war drittens eine wichtige *Interessenorganisation* der ökonomischen Elite. Unternehmer, die sich am Markt als Konkurrenten bekämpften, standen im Kartell unter Einigungszwang. Ein Konsens, der im Kartell ausgehandelt wurde, konnte an das politische System als „Forderung der Wirtschaft" kommuniziert werden.

Nach diesem historischen Exkurs soll im nächsten Abschnitt die Frage diskutiert werden, ob der institutionelle Strukturwandel und die zahlreichen gesetzlichen Änderungen, die während des letzten Jahrzehnts in Deutschland beobachtet werden konnten, nur als Anpassungsreaktion eines korporatistischen Regimes an veränderte Umweltbedingungen zu verstehen sind, oder ob wir es mit einer zwar langsamen, trotzdem aber unaufhaltsamen Auflösung des ökonomischen Institutionensystems zu tun haben, das schrittweise durch andere Formen der Regulierung ersetzt wird (Regimewechsel, vgl. Hall 1993).

---

27 Vgl. dazu die Beschreibung der aggressiven Verhandlungen, die 1906 um die Quoten im Stahlkartell geführt wurden (Feldman 1998: 169, 194–197). Vertreter des Rheinisch-Westfälischen Kohlensyndikats haben immer wieder betont, dass sie keine „Monopolpreise" festsetzen, sondern – vor allem in Zeiten der Hochkonjunktur – „mäßigend" auf die Preise einwirken. (Vgl. dazu: Reichsamt des Innern: Kontradiktorische Verhandlungen über Deutsche Kartelle. Berlin 1903. Bd. I: S. 93, 100.)

28 „Extrem anti-gouvernementale Laissez-faire-Politik wurde von deutschen Unternehmern nur selten gefordert. ... Kollektive Orientierungen lagen ihnen näher (Kocka 1988: 71). Vgl. dazu auch Pohl (1979: 209).

Um diese Frage zu verdeutlichen, sollen im Folgenden sieben Fallbeispiele diskutiert werden: 1. die abnehmende Dichte der Netzwerke; 2. die zunehmende Regulierung der Finanzmärkte; 3. die Flexibilisierung der Konzernstruktur; 4. die Veränderung der Eigentümerstruktur (Investmentfonds); 5. free float und Steuergesetze; 6. der Einfluss der Investmentfonds; 7. securitization of debt.

VI. Institutioneller Wandel

1. Abnehmende Dichte der Netzwerke

Ein Merkmal korporatistischer Marktregulierung ist ein relativ dichtes Netzwerk, in dem die großen deutschen Unternehmen sowohl durch Kapitalbeteiligungen als auch durch Personalverflechtung verbunden sind. Das Netz ist hierarchisch strukturiert und auf ein Zentrum mit sehr hoher Verflechtungsdichte ausgerichtet, in dem die größten deutschen Industrie- und Finanzunternehmen zusammengeschlossen sind („Deutschland AG"). Es wurde gezeigt, dass dieses Netzwerk bereits Ende des 19. Jahrhunderts entstanden ist und für die Universalbanken ein wichtiges Kontrollinstrument war.

Tabelle 1 zeigt einen Ausschnitt aus der Personalverflechtung der 650 größten deutschen Unternehmen und zwar den Teil mit der höchsten Verflechtungsdichte. Diesem Zentrum gehören sowohl Industrieunternehmen (RWE, Daimler-Benz) als auch Finanzinstitute an (Allianz, Commerzbank). Zum Zeitpunkt der ersten Erhebung (1992/93) hatte dieses Verflechtungszentrum fast die Struktur einer Clique, d.h. jedes Unternehmen war mit jedem anderen verbunden (Verflechtungsdichte: 0,79).

Wir haben die Verflechtung dieser Unternehmen für das Jahr 2000 erneut erhoben, wobei inzwischen eingetretene Firmenzusammenschlüsse berücksichtigt wurden (z.B. DaimlerChrysler).[29] Die rechte Seite von *Tabelle 1* zeigt, dass in einem Zeitraum von sieben bis acht Jahren die Verflechtungsdichte deutlich abgenommen hat (von 0,79 auf 0,58).

Besonders ausgeprägt ist die „Entflechtung" im Fall von Daimler-Benz/DaimlerChrysler: 1992/93 war Daimler-Benz mit 13 anderen Firmen innerhalb des Verflechtungszentrums verbunden; acht Jahre später ist DaimlerChrysler nur noch mit fünf anderen Firmen verbunden.[30] DaimlerChrysler hat also nur noch eine marginale Position im Zentrum der „Deutschland AG". Veränderungen in der Zusammensetzung des Aufsichtsrates liefern eine Erklärung für diese Entflechtung: Der Aufsichtsrat von DaimlerChrysler ist inzwischen zur Hälfte mit US-amerikanischen Managern besetzt, die nicht in das westdeutsche Netzwerk integriert sind.[31]

Tabelle 2 zeigt ein ähnliches Bild für das französische Verflechtungszentrum: Innerhalb eines kurzen Zeitraums (zwischen 1996 und 2000) hat die Verflechtungsdichte von 0,87 auf 0,42 abgenommen. Wegen zahlreicher Fusionen existiert zwar die ur-

---

29 Ich danke Dipl.-Soz. Thomas Heinze für die Datenerhebung und Berechnung der Matrizen.
30 Vgl. *Tabelle 1*, linke bzw. rechte Seite der Tabelle, jeweils Spalte 5.
31 Der Anteil von 50 Prozent bezieht sich auf die Mitglieder des Aufsichtsrates, die die Anteilseigner repräsentieren, also nicht auf die Gesamtzahl der Mitglieder des Aufsichtsrates.

Tabelle 1: Verflechtungszentrum (Personalverflechtung)

Deutschland 1992/93	1	2	3	4	5	6	7	8	9	10	11	12	13	14	15
1	–	1	2	3	2	1	2	1	2	1	2	1	4	1	1
2	1	–	2	2	1	1	1	1	2	2	2	2	2	1	
3	1	2	–	1	1	2	4	1	2	2	1	1	2		2
4	3	2	1	–	1	1	2	1	1	2	2	2	1	1	5
5	2	1	2	2	–	2	1	3	1	1	1	1	1		
6	1	1	4	2	1	–	2	3	1	3	1		2	2	2
7	1	1	1	1	2	2	–	2	1	1	1	1	2	3	2
8	1	1	2	1	1	2	2	–	2	3	1	1	2	1	
9	2	3	2	1	1	2	2	3	–	2	1	3			
10	1	2	2	2	2	1	3	1	2	–		1	1	1	
11	2	2	1	2	1	1	1	1	1	1	–	1	1		
12	2	2	1	1	1	1	2	1	2	1	2	–			
13	1	1	2		1	1	2	1			1		–	2	5
14	1	2	1		1	1	2	1		1			2	–	
15	1	3	2	5	1	1	3		1	1					–

1 RWE
2 Veba
3 Karstadt
4 Allianz Holding
5 Daimler-Benz
6 Linde
7 Thyssen
8 MAN
9 Münchner Rück
10 Volkswagen
11 Degussa
12 Dresdner Bank
13 Hochtief
14 Commerzbank
15 Deutsche Bank

Dichte: 0.79 (dichotomisiert)

Deutschland 2000	1	2	3	4	5	6	7	8	9	10	11	12	13	14	15
1	–		2	3			2	1	1			2	2		1
2		–	2	2	1	2	2		3	4	3	1	1	1	2
3	2	2	–	1		2	2	2	1	1			1		
4	3	3	1	–	1	2	1		3	1	1	2	1	1	3
5	1				–									1	1
6	2	2	2	2		–	2	2	1	1		2	1	2	1
7	2	3		1		1	–	2	1	1		1	1	2	
8	1		2			2	1	–		1		1			
9		2		2		1	1		–	1	1	3	2		1
10		3				1	1	1	2	–	1		1	1	
11	1	2	1	1		1	2		2	1	–	1	1	1	
12		1		1		2	1	2	2			–		2	
13	1	3		3	1	2	2		1				–		
14	1	3											3	–	
15	1												1		–

1 RWE
2 E.on (Veba)
3 Karstadt
4 Allianz Holding
5 DaimlerChrysler
6 Linde
7 ThyssenKrupp
8 MAN
9 Münchner Rück
10 Volkswagen
11 Degussa
12 Dresdner Bank
13 Hochtief
14 Commerzbank
15 Deutsche Bank

Dichte: 0.58 (dichotomisiert)

Tabelle 2: Verflechtungszentrum (Personalverflechtung)

Frankreich 1996	1	2	3	4	5	6	7	8	9	10	11	12	13	14	15
1	–	1	1	2	2	2		1	2	2	1	1	2		1
2	1	–	3	1	2	2	3	1	2	1	1	1	4	3	2
3	1	3	–	1	6	1	1	1	2	1	2	1	2	2	1
4	2	1	1	–	2	1		1	1	1	2	1	1	2	1
5	2	2	6	2	–	1	2	1	1	1	1	1	1	3	1
6	1	2	1	1	1	–	–	2	1	1	1	1	1	2	2
7	1	3	2	1	2	1	–	2	2	1	1	2	1	1	2
8	1	1	1	1	1	2	1	–	2	1	3	2	1		2
9	2	2	1	1	1	1	2	3	–	1	1	1	1	1	1
10	2	1	1	1	1	1	1	1	1	–	1	1	1		
11	1	1	2	1	1	1	2	3	1	1	–	1	1	1	1
12	1	1	1	1	1	1	1	1	1	1	–		1		
13		3	1	1	1	3	1	3	2	2	1	1	–	2	1
14	1	3	2	3	2	1		2	1			2	2	–	2
15	2	1	1	1	1	2	1	1	1	1	1	1	1	–	

1 Groupe Paribas
2 Générale des Eaux
3 UAP
4 Rhône Poulenc
5 Saint Gobain
6 CEP Communication
7 BNP
8 Crédit Commercial de France
9 Elf-Aquitaine
10 Renault
11 Galeries Lafayette
12 Lafarge Copée
13 Alcatel Alsthom
14 Société Générale
15 Pinault-Printemps-R.

Dichte: 0.87 (dichotomisiert)

Frankreich 2000	1	2	3	4	5	6	7	8	9	10	11	12	13	14	15
1	–	*	*	*	*	*		*	*	*	#	*	*		*
2	*	–	1	1	2				2		#	*	4	2	
3	*	1	–		1	*					#	*			1
4	*	1	–	–	1	*					#	*			
5	*	2	3		–	*	1	*	1	1	#	1	2	1	1
6	*	*	*	*	–	–			*	*	#	*	*	*	*
7	*		2		1	*	–		2	1	#	1	1		
8	*	2	2	1	1	*	2	–	–	2	#	1	2	4	
9	*	1	1	1	1	*	1	–	2	–	#	1	2	#	
10	*	2	#	#	#	#	1	#	#	1	–	#	–	2	2
11	#	#	#	#	#	#		#	#	#	#	–	#		1
12	*	*	1	*	*	*	1	*	*	1	#	–	*	*	2
13											#		–	2	2
14	*	4		1	2	*			2		#		2	–	2
15	*	2	1	1	1	*			4						–

1 * (Paribas, Fusion mit BNP)
2 Vivendi (Générale des Eaux)
3 AXA-UAP
4 Aventis (Rhône Poulence)
5 Saint Gobain
6 * (CEP, Fusion mit Vivendi)
7 BNP-Paribas
8 Crédit Commercial de France
9 TotalfinaElf (Elf-Aquitaine)
10 Renault
11 # (Lafayette)
12 Lafarge Copée
13 Alcatel Alsthom
14 Société Générale
15 Pinault-Printemps-R.

Dichte: 0.42 (dichotomisiert)

sprüngliche Konstellation von Firmen nicht mehr (nur zwölf von 15 Firmen haben überlebt), dennoch ist der Befund einer abnehmenden Verflechtungsdichte gesichert.

Die geringere Verflechtungsdichte kann auf unterschiedliche Ursachen zurückgeführt werden: Im Fall DaimlerChrysler stehen die Wirkungen der Globalisierung im Vordergrund. In einem globalen Markt verlieren national zentrierte Netzwerke an Bedeutung; sie können als Kontroll- und Informationsinstrument nur weiter bestehen, wenn sie transnational rekonstruiert werden. Im Fall von Frankreich spielen die Privatisierung und die veränderte Eigentümerstruktur (US-amerikanische Investmentfonds) eine wichtige Rolle (vgl. *Tabelle 3*, weiter unten).

2. Finanzmarktgesetze

Noch bis zu Beginn der 1980er Jahre wurden die Finanzmärkte durch ein korporatistisches Regime kontrolliert, das von den deutschen Universalbanken dominiert wurde. Insiderhandel galt als Kavaliersdelikt, und die deutschen Börsen bildeten ein vor Konkurrenz geschütztes Kartell (Lütz 1997).

Während der vergangenen zehn Jahre wurde dieses korporatistische Regime schrittweise durch ein engmaschiges System *staatlicher* Kontrolle ersetzt. Es ist hier nicht möglich, die neuen gesetzlichen Regulierung im Einzelnen zu diskutieren.[32] Die folgende Liste zeigt jedoch, welchen Umfang die staatliche Regulierung inzwischen angenommen hat:
- Erstes Finanzmarktförderungsgesetz (1990),
- Zweites Finanzmarktförderungsgesetz (1994),
- Drittes Finanzmarktförderungsgesetz (1998),
- Gesetz zur Deregulierung des Aktienrechts (1994),
- Gesetz zur Kontrolle und Transparenz im Unternehmensbereich (1998),
- Gesetz zur Zulassung der Stückaktien (1998),
- Kapitalaufnahme-Erleichterungsgesetz (1998),
- Namensaktien- und Stimmrechtsausübungsgesetz (2001),
- Übernahme-Gesetz (2002).[33]

Ob diese lange Liste von Gesetzen insgesamt als „Deregulierung" bezeichnet werden kann, ist eher zweifelhaft. Der Referentenentwurf zum Dritten Finanzmarktförderungsgesetz hatte z.B. fast 400 Seiten. Vielmehr scheint der erhöhte Output von Gesetzen eine Hypothese zu bestätigen, die bereits im Kontext des Arbeitsrechts formuliert wurde: Wenn die institutionellen Voraussetzungen für eine korporatistische Marktregulierung erodieren, wird das entstehende Vakuum in der Regel durch staatliche Regulie-

---

32 Vgl. dazu Hommelhoff und Mattheus (1998), Pötzsch (1997), Kirchner und Ehricke (1998), Peltzer und Werder (2001).
33 Anfang Juli 2001 ist die EU-Übernahmerichtlinie im Europäischen Parlament gescheitert. Der Bundestag hat daraufhin ein Übernahme-Gesetz verabschiedet, das zum 1. Januar 2002 in Kraft getreten ist. Danach können sich Manager börsennotierter Unternehmen in Zukunft mit Hilfe so genannter „Vorratsbeschlüsse", die von der Hauptversammlung verabschiedet werden, gegen feindliche Übernahmen wehren. Vgl. FAZ, 16. Januar 2002: 23. Das Übernahme-Gesetz löst die bisher freiwillige Regelung der Börsensachverständigen-Kommission ab.

rung gefüllt. Bis Mitte der 1970er Jahre existierte z.B. in den USA ein System der Arbeitsbeziehungen, das Stone (1981: 1510) als „self-government by management and labor" bezeichnet hat. Mit dem Niedergang der Gewerkschaften wurde dieses System aufgelöst und ersetzt durch „an increased government intervention in the employment relationship".

In der Bundesrepublik scheint sich eine Entwicklung zu wiederholen, die man zu Beginn der 1930er Jahren in den USA beobachten konnte: Während die Finanzmärkte vor dem Börsencrash von 1929 durch das private Regime einer Finanzoligarchie regiert wurden (Money Trust), wurde dieses Regime später durch ein dichtes Netz staatlicher Gesetze und Kontrollen abgelöst.[34]

Trotz der zunehmenden Dichte der gesetzlichen Kontrolle ist in Zukunft eher mit einer steigenden Zahl von Betrugsfällen zu rechnen. Merton (1968: 190–193) hat in seiner Studie über „Social Structure and Anomie" eine „klassische" Erklärung für die Entstehung von Kriminalität geliefert: Je höher bestimmte Ziele in einer Gesellschaft bewertet werden (z.B. Reichtum), und je geringer die Chancen, mit legalen Mitteln dieses Ziel zu erreichen, umso höher wird die Kriminalität sein. Durch Bilanzfälschung können Manager (zumindest kurzfristig) die Ziele des „Shareholder-Value" besser realisieren. *Em.tv* in Deutschland und *Enron* in den USA sind zwei prominente Fälle, die zeigen, in welcher Weise dem fehlenden „Value" durch Betrug nachgeholfen wird.[35]

Wenn die korporatistische *Selbst*kontrolle in den Netzwerken nicht mehr funktioniert, muss sie durch externe Kontrollen ersetzt werden. Es wird hier argumentiert, dass die interne *Selbst*kontrolle effizienter ist als die externe Kontrolle durch eine staatliche Bürokratie (ceteris paribus). Im Übrigen zeigt sich hier ein Phänomen, das in der Organisationssoziologie als „bürokratischer Teufelskreis" bekannt ist: Auf die Ineffizienz gesetzlicher/bürokratischer Kontrolle wird mit dem Erlass von noch mehr Regeln reagiert.

3. Flexibilisierung der Konzernstruktur

Ein drittes Beispiel, an dem sich Veränderungen illustrieren lassen, sind Restrukturierungsprozesse innerhalb der deutschen Konzerne. Der Konzern ist ein hierarchisch strukturiertes Netzwerk von Produzenten, die zum Zwecke einer *langfristigen* Kooperation durch ein zentrales Unternehmen koordiniert werden. Es sieht so aus, als ob die

---

34 Diese Regulierung begann bereits mit der Ergänzung der Anti-Trust-Gesetze durch den Clayton Act von 1914 (vgl. Brandeis 1995); es folgten später weitere Gesetze, z.B. der Glass-Steagall Act (1933) und der Securities Exchange Act (1934). Vgl. Roe (1994: 54ff., 119ff.), Mahoney (2001), McCraw (1984).

35 Em.tv wurde von Thomas und Florian Haffa gegründet und am Neuen Markt gelistet. Ende 2001 wurden beide Brüder wegen Bilanzfälschung und anderer Delikte angeklagt. Enron, ein amerikanisches Energie-Unternehmen, ging Ende 2001 in Konkurs; die leitenden Top-Manager wurden wegen Bilanzfälschung angeklagt. Noch im November 2001 bescheinigten die Rating-Agenturen dem Unternehmen eine „gute" Bonität (BBB). Die Rechtfertigung für diese Strategie findet sich auf einer Internet-Seite von Standard & Poor's. (http://www.standardandpoors.com/Forum/MarketAnalysis/Enron/index.html). Historische Beispiele aus der Zeit der Weltwirtschaftskrise finden sich in Fiedler (1999).

langfristigen Beziehungen innerhalb der Konzerne „flexibilisiert" und durch weniger stabile Holdingstrukturen und Finanzbeteiligungen ersetzt werden.

Der Markt für Unternehmenskontrolle, auf dem Firmen *in toto* gekauft und verkauft werden, hat auch in Europa eine enorme Expansion erlebt. Das zentrale Unternehmen kann auf dem Markt für Unternehmenskontrolle abhängige Unternehmen verkaufen und andere Firmen erwerben. Auf diese Weise kann sich z.B. ein Stahlkonzern in einen Konzern der Telekommunikation verwandeln (Beispiel Mannesmann).

BASF, einer der größten deutschen Chemiekonzerne, hat zwischen 1988 und 1998 auf dem Markt für Unternehmenskontrolle 121 Firmen, die zum Konzern gehörten, verkauft und 183 Unternehmen neu erworben. Von diesen 183 Firmen wurden 135 im Ausland erworben und 48 in Deutschland. Diese Transaktionen ermöglichen es einem Unternehmen der Industriechemie, sich in ein Unternehmen der Gentechnologie zu verwandeln (Metamorphose).[36]

Der Markt für Unternehmenskontrolle bietet die Möglichkeit, in andere Firmen investiertes Kapital kurzfristig wieder zu liquidieren. Firmen, die eine zu geringe Rendite erwirtschaften, werden verkauft; Firmen, die eine hohe Rendite erwarten lassen, werden gekauft.

Die Konkurrenz auf dem Markt für Unternehmenskontrolle sorgt dafür, dass sich in allen Industriezweigen tendenziell eine gleich hohe Profitrate durchsetzt. Marx (1970b: 182ff.) ging noch davon aus, dass sich Unterschiede in den Profitraten zwischen verschiedenen Industriezweigen nur langfristig ausgleichen können. Das fixe Kapital, das in Maschinen und Immobilien investiert wurde, muss sich erst amortisieren, bevor es in Industriezweigen neu investiert werden kann, die höhere Profite erwarten lassen.

Der Markt für Unternehmenskontrolle hat den Prozess der „Ausgleichung der allgemeinen Profitrate" beschleunigt und globalisiert. Auf dem globalen Markt für Unternehmenskontrolle konkurrieren Firmen mit unterschiedlichen Profitraten um Investoren. Sehr profitable Firmen können ihren Kaufpreis in die Höhe treiben (damit sinkt die individuelle Profitrate); der Kaufpreis von Firmen, die nur wenig Gewinn abwerfen, sinkt (damit steigt die individuelle Profitrate).

In Deutschland wurde die Flexibilisierung der Konzernstrukturen durch eine Änderung der Steuergesetzgebung begünstigt. Ab dem Jahre 2002 müssen Gewinne, die aus Firmenverkäufen stammen, nicht mehr versteuert werden, wenn der Verkauf nach Ablauf der Spekulationsfrist (ein Jahr) erfolgt. Die Steuergesetzgebung betrachtet den Kauf und Verkauf von Unternehmen also wie den Kauf und Verkauf von Aktien (Höpner 2000).

4. Veränderung der Eigentümerstruktur

Wenn man die Eigentümer der deutschen Großunternehmen mit denen in den USA vergleicht, fallen vor allem zwei Unterschiede auf: Erstens, der Aktienbesitz ist höher *konzentriert* als in den USA; die Hälfte der deutschen Großunternehmen hat einen

---

36 Quelle: „Die BASF ist ohne Quantensprünge auf dem Weg zur Globalisierung", FAZ, 22. September 1998: 25.

Tabelle 3: Aktienbesitz ausländischer Investmentfonds (1998)

Deutsche Unternehmer	Ausländ. Fonds* %	Französische Unternehmen	Wechselseitige Beteiligungen %	Eigentümer Ausland
Mannesmann	40,0	Alcatel	15,9	40
DaimlerChrysler	31,3	AGF	12,4	42
Deutsche Telekom	27,5	AXA UAP	41,1	37
Bayer	20,0	BNP	12,6	35
Deutsche Bank	19,7	Elf-Aquitaine	15,7	51
Allianz	18,0	Générale des Eaux	20,1	42
BASF	15,9	Paribas	32,1	38
Siemens	15,0	Société Générale	19,4	45
Münchner Rück	15,0	Suez Lyonnais	30,7	39

* Die folgenden Fonds halten die höchsten Beteiligungen an deutschen Unternehmen: Capital Research & Management, Templeton Investment Counsel, College Retirement Equities Fund, CGU Asset Management.

Quelle: Baudru und Kechidi (1998) und Morin (1998) für Frankreich; Handelsblatt, 8. November 1999, für Deutschland. Die Daten für Deutschland und Frankreich sind nicht im strikten Sinn vergleichbar (Frankreich: ausländische Eigentümer; Deutschland: ausländische Investment-/Pensionsfonds). Vgl. dazu auch Le Monde, 15. Juni 2001: 22.

Mehrheitsaktionär, der das Unternehmen kontrolliert. Zweitens, häufig werden die deutschen Unternehmen von anderen Unternehmen kontrolliert (Konzernstruktur), während sich in den USA das fragmentierte Eigentum zu über 50 Prozent in den Händen von Investment-/Pensionsfonds befindet (Windolf und Nollert 2001).

Es lässt sich nun beobachten, dass auch in Deutschland ein zunehmender Anteil der Aktien der Großunternehmen von Investmentfonds gehalten wird. Die feindliche Übernahme von Mannesmann durch Vodafone war nur deshalb möglich, weil Mannesmann keinen Großaktionär hatte und ca. 40 Prozent der Aktien von (ausländischen) Investmentfonds gehalten wurden. *Tabelle 3* zeigt diese Veränderungen im Vergleich zu Frankreich, wo die Investmentfonds bereits einen höheren Anteil der Aktien besitzen.

In Frankreich kontrollierten sich die Großunternehmen noch bis zu Beginn der 1990er Jahre weitgehend selbst, d.h. ein hoher Anteil der Aktien wurde von anderen französischen Großunternehmen gehalten (Windolf 1999). Inzwischen wurde dieser Anteil deutlich reduziert, und die Spalte „wechselseitige Beteiligungen"[37] in *Tabelle 3* zeigt, was 1998 davon übrig geblieben ist. Die ausländischen Investmentfonds haben

---

37 Diese Beteiligungen (noyau dur) wurden bei der Privatisierung der (ehemaligen) Staatsbetriebe gebildet, um die französischen Unternehmen (insbesondere die Banken) vor feindlichen Übernahmen zu schützen. Am Beispiel von Crédit Lyonnais lässt sich dies verdeutlichen: Der „noyau dur" wird hier als „Groupe d'actionnaires partenaires" (GAP) bezeichnet und setzte sich (Anfang 2002) wie folgt zusammen: Crédit Agricole (10,55 Prozent), Allianz (9,71 Prozent), Axa (5,41 Prozent), französischer Staat (9,49 Prozent). Diese „Partner-Aktionäre" halten also zusammen noch 35,16 Prozent am Aktienkapital von Credit Lyonnais und schützen die Bank damit vor (unerwünschten) externen Einflüssen. Quelle: Le Monde, 27. Dezember 2001: 11.

einen hohen Anteil der privatisierten Staatsbetriebe erworben; an Elf-Aquitaine halten sie inzwischen die Mehrheit.

Der Anteil der Aktien, der sich im Besitz (ausländischer) Investmentfonds befindet, wird in Zukunft vermutlich weiter ansteigen und damit zu einem Wandel in den Eigentums- und Kontrollstrukturen der „Deutschland AG" führen.

5. Free float

Die Börsen in Frankfurt und in London haben beschlossen, in Zukunft das Gewicht einer Aktiengesellschaft in einem Börsenindex (z.B. DAX, FTSE) nur auf Grund der frei handelbaren Aktien zu bestimmen (free float).[38] Bisher wurde das relative Gewicht einer Aktiengesellschaft im Index durch die Börsenkapitalisierung *aller* Aktien bestimmt, einschließlich jener Anteile, die bei anderen Unternehmen in „festen Händen" lagen. In Deutschland werden häufig weniger als die Hälfte der ausgegebenen Aktien eines Unternehmens an der Börse frei gehandelt. Auf Grund der neuen Regelung verlieren Unternehmen an Gewicht, deren Aktien zu einem erheblichen Teil von anderen Unternehmen oder von Familien gehalten werden, also nicht „liquide" sind.[39]

Wenn das Gewicht eines Unternehmens in einem Index bedeutend höher ist als der Anteil der Aktien, die frei handelbar sind, verringert dies die Liquidität der Aktien und führt insgesamt zu einer höheren Volatilität. Die Investmentfonds haben also ein Interesse daran, dass der „free float" mit dem Indexgewicht übereinstimmt.

Im Mai 2001 wurde der All-Country-World-Index (ACWI) restrukturiert und das Indexgewicht der Unternehmen wurde am „free float" ausgerichtet. Im neuen Index steigt der Anteil der US-amerikanischen Firmen auf 55,3 Prozent (+ 6,3 Prozentpunkte), deutsche Firmen haben nur noch ein Gewicht von 2,8 Prozent (– 1 Prozentpunkte).[40] Wenn ein Unternehmen ein reduziertes Gewicht in einem Aktienindex hat, werden auch weniger Aktien dieses Unternehmens von Investmentfonds gekauft – mit der Folge, dass der Kurs dieser Aktie tendenziell sinkt.

Die Börse übt damit Druck aus, die Kapitalverflechtungen zwischen den Unternehmen aufzulösen und zu „liquidieren". Die Flexibilisierung bzw. Auflösung der Konzernstruktur, die im letzten Abschnitt erläutert wurde, wird durch die Politik der europäischen Börsen vermutlich beschleunigt.

6. Einfluss der Investmentfonds

Die Finanzmärkte beeinflussen nicht nur die externe Organisationsstruktur der Unternehmen (z.B. Auflösung der Konzerne), sondern auch deren Produkt- und Absatzstra-

---

38 Vgl. FAZ, 10. August 2000: 29 (Streubesitz entscheidet künftig über Indexgewicht).
39 Die Deutsche Bank hält z.B. 11,4 Prozent an der DaimlerChrysler AG; die Siemens AG hält 71 Prozent an Infineon Technologies AG und 12,5 Prozent an der Epcos AG; die Deutsche Telekom AG hält 80 Prozent an der T-Online AG. Nur Beteiligungen von weniger als 5 Prozent werden dem „free float" zugerechnet.
40 Quelle: FAZ, 21. Mai 2001: 33.

tegien. Bei feindlichen Übernahmen spielen die Investmentfonds häufig den *Schiedsrichter*, der über konkurrierende Managementstrategien entscheidet. Dies soll am Beispiel der gescheiterten Fusion zwischen drei französischen Banken illustriert werden. Das französische Beispiel wurde gewählt, da die konkurrierenden Strategien hier besonders gut dokumentiert sind. Die Schlussfolgerungen können auf den „Fall" Mannesmann übertragen werden.

Die Manager der beiden französischen Banken *Société générale* (SG) und *Paribas* hatten nach längeren Verhandlungen eine Fusion vereinbart, von der sie sich erhebliche Synergieeffekte versprachen. Am 1. Februar 1999 machte die SG den Aktionären von Paribas ein öffentliches Angebot (offre public d'achat): Sie bot fünf eigene Aktien für acht Aktien von Paribas. Wenige Tage später schlugen die Manager der *Banque nationale de Paris* (BNP) eine Fusion von drei französischen Banken unter Führung der BNP vor, nämlich BNP, SG und Paribas. Die Manager von SG und Paribas lehnten dieses Angebot ab und erklärten, dass sie die Fusion ihrer beiden Banken weiter vorantreiben würden. Am 9. März 1999 machte die BNP den Aktionären der beiden anderen Banken, nämlich SG und Paribas, ebenfalls ein öffentliches Angebot: Sie bot elf eigene Aktien für acht Aktien von Paribas und 15 eigene Aktien für sieben Aktien der SG.

In den folgenden Wochen warben die Manager der BNP und der SG jeweils um die Aktionäre der Banken, die sie übernehmen wollten. Es gab zwei konkurrierende Unternehmensstrategien, nämlich eine Fusion zwischen *zwei* Banken und eine Fusion zwischen *drei* Banken. Durch die Fusion der drei Banken wäre die größte europäische Bank entstanden. Die Aktionäre von Paribas konnten zwischen drei Optionen wählen: Selbstständigkeit der Bank (Ablehnung beider Angebote), Akzeptanz des Angebotes der BNP (Fusion der drei Banken) oder Akzeptanz des Angebotes der SG (Fusion der zwei Banken).

In diesen Übernahmeschlachten werden die Unternehmensstrategien nicht mehr diskret in den Netzwerken zwischen den beteiligten Managern ausgehandelt, sondern als Konkurrenzkampf auf dem Markt für Unternehmenskontrolle inszeniert. Das Verfahren lässt sich mit politischen Wahlkämpfen vergleichen: Es gibt zwei oder mehr Managementteams, die den „Wählern" (= Aktionären, Investmentfonds) konkurrierende Strategien zur Entscheidung vorlegen. Die Manager halten „Wahlkampfreden" in den bedeutenden Finanzzentren New York, London und Frankfurt und präsentieren dort den Fondsmanagern und Analysten ihre Unternehmensstrategien (road shows).

Im Ergebnis haben 65 Prozent der Aktionäre von Paribas ihre Aktien gegen Aktien der BNP eingetauscht, womit die BNP die Kontrolle über Paribas erhielt. Aber nur 37 Prozent der Aktionäre der SG haben das Angebot der BNP akzeptiert. Die französische Aufsichtsbehörde[41] entschied am 28. August 1999, dass die SG unabhängig bleiben sollte. Die BNP wurde aufgefordert, ihren Anteil an der SG wieder zu verkaufen. Die BNP hatte zwar einen Teilerfolg errungen, im Grunde waren aber *beide Unternehmensstrategien gescheitert*: Weder konnte die SG ihr Konzept einer Fusion mit Paribas ver-

---

41 Diese Behörde (= Comité des établissements de crédit et des entreprises d'investissement, Cecei) wird vom Gouverneur der Banque de France, Jean-Claude Trichet, geleitet. Man kann also vermuten, dass der Einfluss der französischen Regierung auf diese Behörde relativ groß ist. Le Monde, 29./30. August 1999, „La BNP ne prendra pas le contrôle de la Société générale".

wirklichen, noch konnte die BNP ihr Konzept einer Fusion von drei Banken realisieren.

Das *Ergebnis* einer „Wahl", die auf den Aktienmärkten inszeniert wird, kann ebenso problematisch sein wie das Ergebnis einer politischen Wahl. Es gibt zumindest keine Garantie dafür, dass die unkoordinierten Entscheidungen autonomer Aktionäre (die „wählen", indem sie ihre Aktien verkaufen oder behalten) ökonomisch effiziente Lösungen produzieren.

Zu berücksichtigen ist auch, dass die „Wahlen" auf den Finanzmärkten weniger reguliert sind als dies für politische Wahlen gilt. Zwar gibt es in einigen Ländern einen Übernahmecode. Aber dieser Code ist häufig freiwillig und lässt den beteiligten Parteien einen weiten Spielraum hinsichtlich der Mittel und der Strategien.[42]

Während der Übernahmeschlacht zwischen Mannesmann und Vodafone haben die Manager dieser beiden Unternehmen innerhalb weniger Wochen fast 400 Mill. Euro für PR-Maßnahmen im Fernsehen und in Zeitungen ausgegeben; den Investmentbanken wurden an Beraterhonoraren ca. 420 Mill. Euro überwiesen. Man kann diese Wahlkampfkosten als die Transaktionskosten feindlicher Übernahmen bezeichnen.[43]

7. Securitization of debt

Die historisch gewachsenen Beziehungen zwischen deutschen Banken und Unternehmen wurden bereits in Abschnitt IV beschrieben: Viele Unternehmen haben ihren externen Kapitalbedarf durch Bankkredite gedeckt; die Bank konnte über ihre Mitgliedschaft im Aufsichtsrat Einfluss auf das Management ausüben und wurde damit zu einem „Mitunternehmer". Durch die „securitization of debt" wird diese Beziehung tendenziell aufgelöst. Die Veränderungen sollen im Folgenden in drei Schritten analysiert werden: a) die Bewertung der Unternehmen (rating); b) die direkte Kreditaufnahme auf den Finanzmärkten; c) die Externalisierung des Kreditrisikos durch „collateralized loan obligations".

a) Eine wichtige Voraussetzung für die direkte Kreditaufnahme der Unternehmen am Finanzmarkt ist die Bewertung (rating) durch eine renommierte Agentur, die die Kreditwürdigkeit eines Unternehmens einschätzt. Die Bewertung eines Unternehmens mit 50–100 Mill. Euro Umsatz kostet zwischen 15.000 bis 25.000 Euro, bei einem Umsatz von 500 Mill. Euro steigen die Kosten auf bis zu 50.000 Euro.[44] Die Beurteilung, die ein Unternehmen erhalten kann, reicht von Aaa (beste Bewertung) bis C (schlech-

---

42 In Deutschland gibt es seit 1995 einen freiwilligen Übernahmekodex, dessen Einhaltung von der Übernahmekommission überwacht wird. (Dieser Kodex wurde im Januar 2002 durch das Übernahme-Gesetz abgelöst.) Zum freiwilligen „takeover-code" in Großbritannien vgl. Woolcock (1996: 193).

43 Quellen: Die Zeit, 27. Januar 2000: 5; Financial Times, 4. Februar 2000: 16 und 7. Februar 2000: 20.

44 Quelle: FAZ, 2. Mai 2000: „Banken und Unternehmen sind auf das Kreditwürdigkeitsrating nicht vorbereitet".

teste Bewertung).⁴⁵ Je höher die Bewertung, umso geringer wird an den Finanzmärkten das Kreditrisiko eingeschätzt und umso niedriger werden die Kreditkosten sein.

Der Baseler Ausschuss für Bankenaufsicht hat in Reaktion auf die asiatische Finanzkrise beschlossen, dass die Banken in Zukunft jeden Kunden (Kreditnehmer) bewerten müssen. Kredite, die an Kunden mit der Bonität Aaa vergeben werden, müssen mit einer geringeren Eigenkapitalquote der Bank gesichert werden im Vergleich zu Krediten, die an Unternehmen vergeben werden, die nur mit B bewertet werden.

Es ist zu erwarten, dass sich in den nächsten Jahren viele Unternehmen einem standardisierten externen Bewertungsverfahren unterziehen werden.⁴⁶ Mit der Bewertung werden für alle Akteure am Finanzmarkt Informationen zugänglich, die früher nur den Banken als „Insidern" zur Verfügung standen. Das Informationsmonopol der Banken über ihre Kreditnehmer wird damit aufgehoben.

b) Große Unternehmen, die sich dem Bewertungsverfahren unterzogen haben, können ihren Kreditbedarf direkt am Finanzmarkt decken. Sie können diese Kredite umso günstiger aufnehmen, je besser ihre Bewertung durch eine Ratingagentur ausgefallen ist. Die Banken übernehmen dabei nur noch die Rolle eines Intermediärs, d.h. sie verkaufen die Anleihen an den Finanzmärkten.

Zwischen Januar 1998 und Juli 2000 sind die Unternehmensanleihen auf dem Euro-Markt von etwas weniger als 10 Mrd. Euro auf über 80 Mrd. Euro angestiegen, haben sich im Volumen also fast verzehnfacht. Die Unternehmen müssen diese Anleihen im Durchschnitt 1,2 Prozent höher verzinsen im Vergleich zu Staatsanleihen. Wahrscheinlich sind diese Zinssätze aber niedriger als die Zinsen für einen Bankkredit.⁴⁷

c) Wenn die Kunden der Bank einem allgemeinen Bewertungsverfahren unterzogen wurden und damit ein Gütesiegel haben, das auf den Finanzmärkten anerkannt wird, besteht für die Bank die Möglichkeit, die Kredite ihrer Kunden zu bündeln und als „collateralized loan obligations" auf den Finanzmärkten zu verkaufen.

Dazu ein Beispiel: Die Deutsche Bank hat 2.200 mittelgroße deutsche Unternehmen, denen sie Kredite gewährt hatte, bewerten lassen. Sie hat dann diese Kredite in einem Portfolio zusammengefasst und als „collateralized loan obligations" mit einer Laufzeit von sieben Jahren an Investmentfonds verkauft. Die Verluste, die auf Grund der Zahlungsunfähigkeit der Kreditnehmer erwartet werden, wurden wie folgt verteilt: Die ersten 2,25 Prozent Verlust, die während der siebenjährigen Laufzeit auftreten, werden von der Deutschen Bank übernommen (first loss tranche). Die darauf folgenden 2,25 Prozent werden einer Tranche zugewiesen, die eine geringere Bewertung erhält. Käufer dieser Tranche übernehmen ein höheres Risiko, erhalten aber auch höhere Zinsen. Insgesamt wurden auf diese Weise 15 Tranchen gebildet, denen ein jeweils ab-

---

45 „Bonds which are rated Aaa are judged to be of the best quality. They carry the smallest degree of investment risk and are generally referred to as ‚gilt edged'. Bonds which are rated C are the lowest rated class of bonds, and issues so rated can be regarded as having extremely poor prospects of ever attaining any real investment standing" (Moody's Bond Ratings).
46 „Während in den Vereinigten Staaten bereits mehr als 8.000 Unternehmen über ein externes Rating verfügen, sind es in Deutschland nur wenige hundert". Vgl. dazu die Untersuchung, die an der Universität Witten/Herdecke durchgeführt wurde: C. Kolbeck und R. Wimmer: Gläserne Unternehmen, in: FAZ, Sonderbeilage Mittelstand, 21. Mai 2001: 1–2.
47 Quelle: FAZ, 11. September 2000: 40.

nehmender Anteil des Kreditrisikos zugewiesen wurde. Da die Wahrscheinlichkeit, dass die letzten Tranchen noch Verluste erleiden, sehr gering ist, sind diese Wertpapiere praktisch „risk free assets".[48]

Die Deutsche Bank ist zwar noch direkter Kreditgeber ihrer Kunden, aber sie verkauft diese Kredite auf dem Finanzmarkt an Investmentfonds oder andere Investoren und erhält auf diese Weise das ausgeliehene Kapital zurück. Diese veränderten Finanztechniken lassen die folgenden Tendenzen erkennen:

- Die Finanzinstitute versuchen, das mit ihren Finanzierungsgeschäften verbundene Risiko zu externalisieren und an den Finanzmärkten zu „verkaufen". Es findet tendenziell eine Verlagerung des Risikos von den Finanzinstitutionen hin zu den Investoren statt.
- Die Investmentfonds sind (als Kollektiv) die *Eigentümer* vieler Unternehmen; durch den Kauf von „collateralized loan obligations" werden sie auch zu deren *Gläubigern*.
- Durch das Bewertungsverfahren werden die Informationen über ein Unternehmen tendenziell zu einem „öffentlichen Gut". Die Informationsasymmetrien zwischen einer Hausbank und anderen konkurrierenden Banken/Investoren werden abgebaut und die Hausbank verliert ihr Informationsmonopol in Bezug auf einen bestimmten Kunden. Eine Beziehung, die durch „relational contracting" gekennzeichnet war, wird in eine reine Marktbeziehung transformiert.
- In diesem System wird die Beziehung zwischen Kreditnehmer und dem eigentlichen Investor durch drei intermediäre Institutionen vermittelt: Durch die Bank, die den Kredit zwar direkt vergibt, dann aber weiterverkauft; durch die Ratingagentur, die das Unternehmen klassifiziert; und schließlich durch den Investmentfonds, der mit den Einlagen seiner Kunden die „collateralized loan obligations" kauft. Diese neuen intermediären Beziehungen können relativ hohe Transaktionskosten verursachen.
- Die Ratingagenturen haften weder gegenüber dem Investor (wenn das Unternehmen z.B. zu hoch eingestuft wurde und später zahlungsunfähig wird) noch gegenüber dem Unternehmen, das klassifiziert wurde (wenn dieses Unternehmen z.B. zu niedrig eingestuft wurde und deshalb höhere Zinsen zahlen muss). Daraus folgt, dass sich neue Chancen für „moral hazards" eröffnen.[49]

VII. Schlussfolgerung

Wenn wir annehmen, dass der „deutsche" Kapitalismus überhaupt ein klar abgrenzbarer und von anderen Kapitalismen unterscheidbarer Typus ist, dann lässt sich zeigen, dass seine formative Phase im Wesentlichen mit dem Ersten Weltkrieg abgeschlossen war. Zu diesem Zeitpunkt hatte der deutsche Kapitalismus alle später als „typisch" bezeichneten Merkmale ausdifferenziert (z.B. Kartell, Tarifvertrag, Universalbanken).

---

48 Quelle: FAZ, 10. Juli 2000: 24; vgl. dazu auch FAZ, 14. Mai 2001: 40 („Wir werden für Sparkassen Kreditrisiken handelbar machen").

49 Vgl. dazu den Bericht eines „Insiders" über illegale Praktiken bei Analysten in: Handelsblatt, 7. Oktober 1998: 12; illegale Praktiken der Investmentbanken werden beschrieben in FAZ, 26. Mai 2001: 23f. („Amerikas Investmentbanken sind ins Zwielicht geraten"). Vgl. dazu auch Fußnote 35.

Die ökonomischen Institutionen des „deutschen" Kapitalismus wurden seither zweimal restrukturiert:[50] Die erste Systemtransformation fand nach dem Zweiten Weltkrieg unter dem Druck der Besatzungsmächte statt. Das Modell, an dem sich diese Transformation orientierte, war der „Ordo-Liberalismus", d.h. eine an *deutsche Verhältnisse angepasste* Version des angelsächsischen Liberalismus. Die zweite Systemtransformation, die durch die Globalisierung erzwungen wird, können wir gegenwärtig beobachten.

Ein herausragendes Ergebnis der ersten Transformation ist das Gesetz gegen Wettbewerbsbeschränkungen, das 1957 gegen den Widerstand der Wirtschaftsverbände verabschiedet wurde.[51] Mit diesem Gesetz wurden Kartelle verboten, und die bisher vorherrschende Form einer „privaten" Regulierung der Märkte wurde durch staatliche Regulierung ersetzt (Kartellbehörde). Es lässt sich auch ein Wertewandel konstatieren: Marktkonkurrenz wurde nicht mehr mit Anarchie gleichgesetzt, sondern als ein Ordnungsprinzip anerkannt, das zugleich wirtschaftliche Effizienz und (politische) Freiheit garantiert.[52]

Rittner (1988: 114f.) hat diesen Wertewandel wie folgt kommentiert: „Mehr als alle wirtschaftlichen Erfolge wiegt, wie ich meine, daß es der neoliberalen Lehre gelungen ist, die in unserem Volk tief verwurzelten gemeinwirtschaftlichen Vorstellungen, wenn nicht abzulösen, so doch von ihrem Monopol zu verdrängen. Hierin sehe ich das eigentliche Wunder, das sich nach 1949 in Deutschland ereignet hat".

Rückblickend sind vor allem zwei Ergebnisse dieser ersten Transformation von Interesse: Die von den Besatzungsmächten erzwungenen Reformen haben das Institutionensystem modernisiert, aber seine korporatistische Struktur weitgehend intakt gelassen. In den 1960er Jahren wurde dieses *partiell* modernisierte System zur Erfolgsstory und unter dem Markennamen „Modell Deutschland" in anderen Ländern imitiert.

Auf die zweite Transformation können wir noch nicht zurückblicken, und es soll hier auch nicht versucht werden, die zukünftige „Gestalt" des deutschen Kapitalismus zu prognostizieren. Stattdessen werde ich auf allgemeine Tendenzen hinweisen, die sich im intendierten bzw. nicht-intendierten Strukturwandel bisher erkennen lassen.

a) Wandel der Kontrollform. Im Netzwerk sind die Manager der Großunternehmen in ein System wechselseitiger Kontrolle eingebunden, in dem sie zugleich Kontrolleure und Kontrollierte sind (Windolf 1997). Der Modus der Kontrolle beruht auf *persönlichen* Beziehungen und lässt sich als *normative* Kontrolle innerhalb einer relativ geschlossenen sozialen Gruppe beschreiben. Informationen, die innerhalb des Netzwerkes zirkulieren, haben überwiegend den Charakter von „tacit knowledge" und Insiderwissen und sind eher ein privates Gut.

Unter dem Regime des „Shareholder-value"-Kapitalismus verschiebt sich das Zentrum der Kontrolle hin zu den Finanzmärkten. Der neue Kontrolltypus beruht auf abstrakten finanztechnischen Regeln, die universelle Gültigkeit beanspruchen und global verfügbar gemacht werden können. Die Informationen über eine Firma sind tenden-

---

50 Die Deformation des Systems während der Nazi-Herrschaft (z.B. Staatsinterventionismus) wird hier außer Acht gelassen, da sie nach dem Zweiten Weltkrieg rückgängig gemacht wurde.
51 Vgl. Nörr (1993), Mestmäcker (1984: 3).
52 Die Vertreter des Ordo-Liberalismus haben dies als die „Interdependenz der Ordnungen" bezeichnet (Eucken 1990: 14f., 332f.).

ziell ein öffentliches Gut, bzw. können auf einem Informationsmarkt an jeden verkauft werden. Während Kontrolle innerhalb eines Netzwerks in soziale Beziehungen „eingebettet" ist, wird sie hier aus sozialen Beziehungen herausgelöst.

b) Zunahme intermediärer Akteure auf den Finanzmärkten. Sassen (1991: 70) behauptet, dass durch die „securitization of debts into marketable instruments" die Rolle der Banken und Finanzinstitute als intermediäre Akteure zurückgedrängt wird (disintermediation). Dieser These wird hier widersprochen. Im „klassischen" Kreditgeschäft wird die Beziehung zwischen einem Sparer und der investierenden Firma (Kreditnehmer) durch *eine* intermediäre Institution vermittelt, nämlich durch die Hausbank. Bei einer „securitization of debt" gibt es nicht eine, sondern wenigstens *drei* intermediäre Institutionen: das Finanzinstitut, von dem sich das Unternehmen bewerten lässt (ranking); die Bank, die die Anleihe direkt am Finanzmarkt platziert; der Investmentfonds, der die Firmenanleihe bzw. die „collateralized loan obligations" kauft. Erst dann erscheint der „eigentliche" Investor, nämlich der Kunde des Investmentfonds, der seine Spargelder in einen spezialisierten Fonds einzahlt.

Aus diesen Überlegungen lassen sich zwei Thesen ableiten: Erstens, je mehr intermediäre Institutionen eine (Finanz)transaktion vermitteln, umso höher sind die Transaktionskosten. Zweitens, je mehr intermediäre Institutionen eine (Finanz)transaktion vermitteln, umso größer sind die Chancen für „moral hazards" und Opportunismus. Diese These lässt sich durch das Prinzip begründen, dass jede Organisation zunächst ein Interesse „an sich selbst" hat.

c) Externalisierung des Risikos. Wir beobachten sowohl auf den Finanzmärkten als auch auf den Arbeitsmärkten eine generelle Tendenz zur Externalisierung von Risiko. Risiken, die vorher von den Banken und Firmen getragen wurden, werden jetzt an die Investoren (bzw. Arbeitskräfte) weitergegeben. Auf dem Arbeitsmarkt wird die Externalisierung von Risiko in der generellen Tendenz zur „Flexibilisierung" erkennbar (flexible Arbeitszeiten, Zeitverträge, Scheinselbstständigkeit). Auf den Finanzmärkten beobachten wir diese Tendenz im Prozess der „securitization of debt" und – als ein besonders markantes Beispiel – bei den „collateralized loan obligations". Risiko wird nicht mehr von der Bank getragen, sondern durch finanztechnische Transaktionen (siehe Abschnitt VI.7) an die Sparer weitergegeben. Wenn eine kreditnehmende Firma Konkurs anmeldet, trägt weder die Bank, noch das Institut, das das Unternehmen bewertet hat, noch der Investmentfonds, der das Wertpapier gekauft hat, das Risiko – sondern der Sparer.

d) Investmentfonds als Eigentümer. Die Trennung von Eigentum und Kontrolle, die für die großen Aktiengesellschaften typisch ist, wird in der Regel mit der überlegenen technischen Kompetenz eines professionellen Management begründet. Die Kleinaktionäre sind zwar noch „Eigentümer", aber im Vergleich zum Management sind es „Dilettanten", die von der Leitung des Unternehmens ausgeschlossen sind.

In den USA befinden sich inzwischen über 50 Prozent der Aktien der Großunternehmen im Besitz von Investment-/Pensionsfonds und es wurde gezeigt, dass sich diese Tendenz auch in Deutschland und Frankreich abzeichnet. Damit wird die Eigentümerfunktion selbst professionalisiert. Fondsmanager sind Spezialisten für die Interpretation jener Finanzindikatoren, die zu zentralen Instrumenten der Finanzmarktkontrolle geworden sind. Im „Shareholder-value"-Kapitalismus stehen sich daher zwei Gruppen von intermediären Akteuren gegenüber, die beide nicht die „ultimate owners" sind, jeweils aber für sich die Kontrolle über das Unternehmen beanspruchen.

Fondsmanager unterscheiden sich von traditionellen Kleinaktionären nicht nur hinsichtlich ihres professionellen Wissens, sondern auch darin, dass sie als Eigentümer in Konkurrenz *zueinander* stehen. Diese Konkurrenz hat wenigstens zwei Nebenfolgen: Einmal wird der Druck auf die Manager der Aktiengesellschaften erhöht, immer höhere Profitraten zu erwirtschaften (shareholder value). Andererseits verhindert der Konkurrenzkampf die Koordination der verschiedenen Investmentfonds untereinander. Da sie nur geringe Anteile halten, könnten sie ein Unternehmen nur dann kontrollieren, wenn sie ihre Strategien koordinieren. Diese widersprüchlichen Wirkungen der Konkurrenz erklären einige Merkmale des „Shareholder-value"-Kapitalismus: Die Fonds verfolgen z.B. häufig nur kurzfristige Strategien, beanspruchen aber gleichzeitig einen maßgeblichen Einfluss auf die Strategien des Unternehmens.

Zum gegenwärtigen Zeitpunkt lässt sich kaum prognostizieren, wie die Struktur eines „neuen" deutschen Kapitalismus aussehen wird. Allerdings ist es wahrscheinlich, dass er durch die hier aufgezählten Tendenzen geprägt wird: die Auflösung korporatistischer Netzwerke; eine zunehmende staatliche Regulierung der Märkte; eine verstärkte Finanzmarktkontrolle der Großunternehmen; Vermehrung der Finanzintermediäre (Anwachsen der Transaktionskosten); Externalisierung von Risiko; Professionalisierung der Eigentümerfunktion.

Literatur

Adams, John, 1995: Risk. London: University College London.
Adams, Michael, 1994: Die Usurpation von Aktionärsbefugnissen mittels Ringverflechtung in der Deutschland AG, Die Aktiengesellschaft 39: 148–158.
Albert, Michel, 1992: Kapitalismus contra Kapitalismus. Frankfurt a.M.: Campus.
Albert, Michel, 2000: Der europäische Kapitalismus im Rahmen der Globalisierung: Konvergenzen und Differenzen, Sozialismus (Supplement) 5: 5–19.
Arthur, Brian 1989: Competing Technologies, Increasing Returns, and Lock-in by Historical Events, The Economic Journal 99: 116–131.
Barth, Boris, 1999: Weder Bürgertum noch Adel: Zur Gesellschaftsgeschichte der deutsch-jüdischen Hochfinanz vor dem Ersten Weltkrieg, Geschichte und Gesellschaft 25: 94–122.
Baudru, Daniel, und *Med Kechidi*, 1998: Les investisseurs institutionnels étrangers: vers la fin du capitalisme à la française? Revue d'Economie Financière 48: 28–43.
Bouvier, Jean, 1967: Les Rothschild. Paris: Fayard.
Boyd, Robert, und *Peter Richerson*, 1985: Culture and the Evolutionary Process. Chicago, IL: University of Chicago Press.
Brandeis, Louis D., 1995 (1914): Other People's Money and How the Bankers Use It. New York: St. Martin's Press.
Bratton, William, und *Joseph McCahery*, 1999: Comparative Corporate Governance and the Theory of the Firm: The Case Against Global Cross Reference, Columbia Journal of Transnational Law 38: 213–297.
Brinkmann, Ulrich, und *Matthias Seifer*, 2001: Face to Interface: Zum Problem der Vertrauenskonstitution im Internet am Beispiel von elektronischen Auktionen, Zeitschrift für Soziologie 30: 23–47.
Cameron, Rondo, 1971: La France et le développment économique de l'Europe. Paris: Seuil.

Campbell, Donald T., 1965: Variation and Selective Retention in Socio-Cultural Evolution, General Systems Yearbook 14: 69–85.
Capie, Forrest, und *Michael Collins*, 1999: Bank, Industry and Finance, 1880–1914, Business History 41: 37–62.
Clegg, Hugh, 1979: The Changing System of Industrial Relations in Great Britain. Oxford: Basil Blackwell.
Diehl, Karl, 1923: Anarchismus. Handwörterbuch der Staatswissenschaften. Bd. I. Jena: Fischer.
Douglas, Mary, 1986: Risk Acceptability According to the Social Sciences. London: Routledge & Kegan.
Esser, Josef, 1990: Bank Power in West Germany Revised, West European Politics 13: 17–32.
Eucken, Walter, 1990 (1952): Grundsätze der Wirtschaftspolitik. Tübingen: Mohr.
Eulenburg, Franz, 1906: Die Aufsichtsräte der deutschen Aktiengesellschaften, Jahrbücher für Nationalökonomie und Statistik 32, III. Folge: 92–109.
Feldman, Gerald, 1998: Hugo Stinnes: Biographie eines Industriellen 1870–1924. München: Beck.
Feldman, Gerald, 1999: Die Deutsche Bank und die Automobilindustrie, Zeitschrift für Unternehmensgeschichte 44: 3–14.
Fiedler, Martin, 1999: Business Scandals in the Weimar Republic, European Yearbook of Business History 2: 150–165.
Fog, Agner, 1999: Cultural Selection. Dordrecht: Kluwer.
Fohlin, Caroline, 1999: The Rise of Interlocking Directorates in Imperial Germany, Economic History Review 52: 307–333.
Gall, Lothar, 2000: Krupp: Der Aufstieg eines Industrieimperiums. Berlin: Siedler.
Gall, Lothar et al., 1995: Die Deutsche Bank 1870–1995. München: Beck.
Geertz, Clifford, 1979: Suq: the Bazaar Economy in Sefrou. S. 123–313 in: *Ders.* et al. (Hg.): Meaning and Order in Moroccan Society. Cambridge, MA: Cambridge University Press.
Gerschenkron, Alexander, 1968: Continuity in History and Other Essays. Cambridge, MA: The Belknap Press.
Granovetter, Mark, 1985: Economic Action and Social Structure: The Problem of Embeddedness, American Journal of Sociology 91: 481–510.
Hall, Peter, 1993: Policy Paradigms, Social Learning, and the State: The Case of Economic Policymaking in Britain, Comparative Politics 25: 275–296.
Hall, Peter, und *David Soskice*, 2001: Varieties of Capitalism. Oxford: Oxford University Press.
Hayek, Friedrich, 1973: Law, Legislation and Liberty. Vol. I. Rules and Order. Chicago, IL: University of Chicago Press.
Hellwig, Martin, 1998: Banks, Markets, and the Allocation of Risks in an Economy, Journal of Institutional and Theoretical Economics 154: 328–345.
Hilferding, Rudolf, 1968 (1910): Das Finanzkapital. Frankfurt a.M.: EVA.
Hommelhoff, Peter, und *Daniela Mattheus*, 1998: Corporate Governance nach dem KonTraG, Die Aktiengesellschaft 43: 249–259.
Höpner, Martin, 2000: Unternehmensverflechtung im Zwielicht, WSI-Mitteilungen 53: 655–663.
Iribarne, Philippe de, 1989: La logique de l'honneur: Gestion des entreprises et traditions nationales. Paris: Seuil.
Kirchner, Christian, und *Ulrich Ehricke*, 1998: Funktionsdefizite des Übernahmekodex der Börsensachverständigenkommission, Die Aktiengesellschaft 43: 105–116.
Kocka, Jürgen, 1988: Bürgertum und bürgerliche Gesellschaft im 19. Jahrhundert. S. 7–76 in: *Ders.* (Hg.): Bürgertum im 19. Jahrhundert. Bd. 1. München: dtv.
Kotz, David, 1979: The Significance of Bank Control Over Large Corporations, Journal of Economic Issues 12: 407–426.
La Porta, Rafael et al., 1997: Legal Determinants of External Finance, Journal of Finance 52: 1131–1150.
Lütz, Susanne, 1997: Die Rückkehr des Nationalstaates? Kapitalmarktregulierung im Zeichen der Internationalisierung von Finanzmärkten, Politische Vierteljahresschrift 38: 475–497.
Mahoney, Paul, 2001: The Political Economy of the Securities Act of 1933, Journal of Legal Studies 30: 1–31.

Marx, Karl, 1964 (1847): Das Elend der Philosophie. S. 486–524 in: *Ders.*: Die Frühschriften. Stuttgart: Alfred Kröner.
Marx, Karl, 1970a (1867): Das Kapital. Bd.I. Marx-Engels Werke. Bd. 23. Berlin: Dietz.
Marx, Karl, 1970b (1894): Das Kapital. Bd. III. Marx-Engels Werke. Bd. 25. Berlin: Dietz.
Marx, Karl, 1974 (1859): Zur Kritik der Politischen Ökonomie. Marx-Engels Werke. Bd. 13. Berlin: Dietz.
Maurice, M. et al., 1992: Analyse sociétale et cultures nationales. Réponse à Philippe d'Iribarne. Revue française de sociologie 33: 75–86.
McCraw, Thomas, 1984: Prophets of Regulation. Cambridge, MA: The Belknap Press.
Meißner, Bernd, 1999: Zwei Welten des Anlagestils in Europa, Börsen-Zeitung, 6. Februar: B2.
Merton, Robert, 1968: Social Theory and Social Structure. New York: Free Press.
Mestmäcker, Ernst-J., 1984: Der verwaltete Wettbewerb. Tübingen: Mohr.
Mintz, Beth, und *Michael Schwartz,* 1985: The Power Structure of American Business. Chicago, IL: The University of Chicago Press.
Morin, François, 1998: La rupture du modèle français de détention et de gestion des capitaux, Revue d'économie financière 50: 111–132.
Nörr, Knut Wolfgang, 1993: Die Leiden des Privatrechts: Kartelle in Deutschland von der Holzstoffkartellentscheidung zum Gesetz gegen Wettbewerbsbeschränkungen. Tübingen: Mohr.
Noll, Bernd, 1992: Haftungsbeschränkungen im Konzern: Eine ökonomische Analyse, Ordo 43: 205–235.
North, Douglas, 1990: Institutions, Institutional Change and Economic Performance. Cambridge, MA: Cambridge University Press.
Ogburn, William, 1964: On Culture and Social Change. Chicago, IL: The University of Chicago Press.
Ogger, Günter, 1992: Nieten in Nadelstreifen. München: Droemer-Knaur.
Peltzer, Martin, und *Axel Werder,* 2001: Der „German Code of Corporate Governance (GCCG)" des Berliner Initiativkreises, Die Aktiengesellschaft 46: 1–15.
Pötzsch, Thorsten, 1997: Der Diskussionsentwurf des Dritten Finanzmarktförderungsgesetzes, Die Aktiengesellschaft 42: 193–206.
Pohl, Hans, 1979: Die Entwicklung der Kartelle in Deutschland und die Diskussionen im Verein für Socialpolitik. S. 206–235 in: *Helmut Coing* und *Walter Wilhelm* (Hg.): Wissenschaft und Kodifikation des Privatrechts im 19. Jahrhundert. Bd. IV. Frankfurt a.M.: Klostermann.
Rajan, Raghuram, und *Luigi Zingales,* 1998: Which Capitalism? Lessons from the East Asian Crisis, Journal of Applied Corporate Finance 11: 40–48.
Rathenau, Walther, 1917: Vom Aktienwesen. Berlin: Fischer.
Rawls, John, 1971: A Theory of Justice. Cambridge, MA: Harvard University Press/The Belknap Press.
Riesser, Jacob, 1971 (1905): Die deutschen Großbanken und ihre Konzentration im Zusammenhang mit der Entwicklung der Gesamtwirtschaft in Deutschland. Glashütten: Detlev Auvermann.
Rittner, Fritz, 1988: Über das Verhältnis von Vertrag und Wettbewerb. Archiv für die civilistische Praxis 188: 101–139.
Roe, Mark, 1994: Strong Managers, Weak Owners. Princeton: Princeton University Press.
Roe, Mark 1997: Path Dependence, Political Options and Governance Systems. S. 165–184 in: *Klaus Hopt* und *Eddy Wymeersch* (Hg.): Comparative Corporate Governance. Berlin: de Gruyter.
Sassen, Saskia, 1991: The Global City: New York, London, Tokyo. Princeton: Princeton University Press.
Schmoller, Gustav, 1906: Das Verhältnis der Kartelle zum Staate. Verhandlungen des Vereins für Socialpolitik 116: 237–271.
Schumpeter, Joseph, 1972 (1943): Kapitalismus, Sozialismus und Demokratie. München: Francke.
Sharpe, William et al., 1995: Investments. Englewood Cliffs, NJ: Prentice Hall.
Stone, Katherine van Wezel, 1981: The Post-War Paradigm in American Labor Law, The Yale Law Journal 90: 1509–1580.

Streeck, Wolfgang, 1997: German Capitalism: Does it Exist? Can it Survive? S. 33–54 in: *Colin Crouch* und *Wolfgang Streeck* (Hg.): Political Economy of Modern Capitalism. London: Sage.
Swaan, Abram de, 1990: In Care of the State. Cambridge, MA: Polity Press.
Vanberg, Viktor, 1986: Spontaneous Market Order and Social Rules. Economics and Philosophy 2: 75–100.
Williamson, Oliver E., 1985: The Economic Institutions of Capitalism. New York: Free Press.
Windolf, Paul, 1997: Eigentum und Herrschaft, Leviathan 25: 76–106.
Windolf, Paul, 1999: L'évolution du capitalisme moderne: La France dans une perspective comparative, Revue française de sociologie 40: 501–529.
Windolf, Paul, und *Michael Nollert,* 2001: Institutionen, Interessen, Netzwerke, Politische Vierteljahresschrift 42: 51–78.
Woolcock, Stephen, 1996: Competition among Forms of Corporate Governance in the European Community: The Case of Britain. S. 179–196 in: *Suzanne Berger* und *Ronald Dore* (Hg.): National Diversity and Global Capitalism. Ithaca: Cornell University Press.
Ziegler, Dieter, 1998: Die Aufsichtsräte der deutschen Aktiengesellschaften in den zwanziger Jahren. Eine empirische Untersuchung zum Problem der „Bankenmacht", Zeitschrift für Unternehmensgeschichte 43: 194–215.

DIE ORGANISATIONEN DER GESELLSCHAFT

Skizze einer Organisationssoziologie in gesellschaftstheoretischer Absicht*

Armin Nassehi

Zusammenfassung: Es gehört zu den soziologischen Selbstverständlichkeiten, formale Organisationen als Grundkonstituenten der gesellschaftlichen Moderne anzusehen. Die unterschiedlichsten gesellschaftstheoretischen Perspektiven sind sich darin einig, den Beitrag formaler Organisationen für die moderne Gesellschaftsstruktur nicht hoch genug ansetzen zu können – das reicht von Karl Marx über Max Weber, Theodor W. Adorno und Talcott Parsons bis zu Robert Presthus' „organizational society", James Colemans „asymmetric society" und zu den Gesellschaftstheorien von Jürgen Habermas und Niklas Luhmann. Stets wird in formaler Organisation ein wesentlicher, keineswegs aber der einzige Generator von Modernität ausgemacht. So behauptet niemand ernsthaft, Gesellschaftstheorie in Organisationssoziologie aufgehen lassen zu können. Dennoch scheint eine Integration von Organisations- und Gesellschaftstheorie bisher nicht gelungen zu sein. Ziel des Beitrages ist es, vor dem Hintergrund der Theorie funktionaler gesellschaftlicher Differenzierung die Funktion von Organisationen für die Operationsweise der Funktionssysteme herauszuarbeiten. Die Leitfrage lautet: Was ist das gesellschaftliche Bezugsproblem, das durch Organisationsbildung gelöst wird? Die Antwort erfolgt unter den Stichworten „Rekursivität und Reflexivität", „Reflexivität und Rationalität" und „Inklusion und Exklusion".

Es gehört zu den soziologischen Selbstverständlichkeiten, formale Organisationen als Grundkonstituenten der gesellschaftlichen Moderne anzusehen. Die unterschiedlichsten gesellschaftstheoretischen Perspektiven sind sich darin einig, den Beitrag formaler Organisationen für die moderne Gesellschaftsstruktur nicht hoch genug ansetzen zu können – das reicht von Karl Marx' Analyse des Fabrikkapitalismus (Marx 1988: 441ff.) über Max Webers Hochschätzung für die bürokratische als die effizienteste und rationalste Herrschaftsform (Weber 1990), über Theodor W. Adornos Polemik gegen die „verwaltete Welt" (Adorno 1997), über Talcott Parsons Verständnis formaler Organisation als evolutionärer Universalie (Parsons 1969), über Robert Presthus' These von der „organizational society" (Presthus 1979) und James S. Colemans Diagnose einer „asymmetric society" (Coleman 1986) bis zu Jürgen Habermas' zweistufigem Gesellschaftskonzept (Habermas 1981) und Niklas Luhmanns „Funktionen und Folgen formaler Organisation" (Luhmann 1964). Stets wird in formaler Organisation ein wesentlicher, keineswegs aber der einzige Generator von Modernität ausgemacht. So behaup-

---

* Für hilfreiche Hinweise zu früheren Versionen des Textes danke ich den Teilnehmerinnen und Teilnehmern des *colloquium sociologicum* am Institut für Soziologie der Universität München sowie Jutta Allmendinger und Thomas Hinz.

tet niemand ernsthaft, Gesellschaftstheorie in Organisationssoziologie aufgehen lassen zu können. Dennoch scheint eine Integration von Organisations- und Gesellschaftstheorie bis dato nicht gelungen zu sein. Dafür scheint es mehrere Gründe zu geben. Einen Grund sehe ich darin, dass zumeist ungeklärt bleibt, wie sich Organisationen zur Struktur der modernen Gesellschaft verhalten. Ein anderer Grund könnte darin liegen, dass die Funktion von Organisationen für die moderne Gesellschaft weniger in der Struktur von Organisationen selbst gesucht wird, sondern in einem irgendwie *gesellschaftlich* erzeugten Zweck der Organisation – etwa als Bedarf rationaler Herrschaft. Es ist insofern kein Zufall, dass der Soziologie zunächst die Bürokratie als Herrschaftsform aufgefallen war, und zwar als eine Herrschaftsform, deren „Rationalität" offenbar der Rationalität der modernen Gesellschaft entspricht. Bei Max Weber bekam diese Diagnose der bürokratischen Herrschaft dann jene eigentümliche Doppelbedeutung zwischen Effizienzsteigerung und Sinnverlust, die er dem okzidentalen Prozess der Rationalisierung in toto zuschrieb.

Freilich sind in letzter Zeit durchaus Versuche gemacht worden, der Organisationssoziologie eine „Rückkehr der Gesellschaft" zu bereiten – so der Untertitel des deutschsprachig wohl prominentesten Versuchs in diese Richtung von Günther Ortmann, Jörg Sydow und Klaus Türk (1997). Die Metapher der „Rückkehr" ist freilich gut gewählt, denn allenfalls Reanimiertes wird da bisweilen vorgetragen. So ähnelt etwa Klaus Türks Versuch, „Organisation als Institution der kapitalistischen Gesellschaftsformation" (Türk 1997, auch schon 1995) den Marxschen und Weberschen Versuchen, von den Erfahrungen mit (bestimmten!) Organisationsformen auf die Gesamtgesellschaft zu schließen und damit eine (sehr begrenzte) Perspektive auf Organisationen (Herrschaft!) zu einer Gesellschaftstheorie aufzurunden. Ähnlich operiert der Versuch von Michael Bruch (1997). Man kann dann kaum systematisch sehen, dass es noch andere Organisationsformen als betriebsförmige geben kann, etwa Gewerkschaften, Universitäten, Kirchen, Vereine, Parteien etc. – es sei denn man leitet all dies nur vom prominenten Hauptwiderspruch des Kapitalismus ab. Solche Ansätze operieren noch auf dem theoretischen Niveau einer Gesellschaftstheorie, die die gesellschaftliche „Regulation" allein aus der ökonomischen (und das heißt im marxistischen Sinne letztlich immer: betrieblichen) Logik der Arbeit zu verstehen in der Lage sind. Dem *state of the art* gegenwärtiger gesellschaftstheoretischer Möglichkeiten entspricht das sicher nicht.

Ertragreicher ist die Luhmann-Kritik von Wil Martens (1997) in demselben Band. Abgesehen von einigen systemtheoretischen Spitzfindigkeiten, denen ich hier nicht weiter nachgehe,[1] macht Martens darauf aufmerksam, dass auch in Luhmanns Theorie der systematische Zusammenhang von Organisation und Gesellschaft nicht wirklich geklärt ist. Mir scheint, dass auch das posthum erschienene Buch „Organisation und Entscheidung" von Luhmann (2000: 380–416) allzu kursorisch mit der Frage nach dem Verhältnis von Organisation und Gesellschaft umgeht. Luhmann fragt nach der Funktion von Organisationen für die Gesellschaft bzw. ihre Funktionssysteme und erwähnt zum einen die Funktion der Bindung von Personen, zum anderen die Funktion von Organisationen als Interdependenzunterbrecher innerhalb von Funktionssystemen

---

1 Sie ähneln in vielem den „akteurstheoretischen" Ergänzungen der Systemtheorie, wie Schimank sie in diesem Band vorträgt und auf die ich weiter unten kursorisch eingehen werde.

und schließlich die Funktion der strukturellen Kopplung zwischen Funktionssystemen. Ich werde in meinem Beitrag diesen und ähnlichen Fragen nachgehen, sie allerdings nicht primär aus der Perspektive von Organisationen stellen, sondern aus gesellschaftstheoretischer Perspektive. Auf die sich daran systematisch anschließende Frage, wie sich das Verhältnis von Gesellschaft und Organisation aus der Perspektive von Organisationen stellt, kann ich im Rahmen dieses Beitrages nicht eingehen. Meine Darstellungsform wird stets Sichtkontakt zu alternativen und konkurrierenden Theorieformen aufnehmen.

Wenn die Diagnose stimmt, dass in der modernen, funktional differenzierten Gesellschaft vermehrt Organisationen auftauchen, und wenn es stimmt, dass die Funktionssysteme einem soziologisch unbedarften Beobachter zumeist in Organisationsform erscheinen – in Form von Wirtschaftsbetrieben, staatlichen Organisationen, Universitäten, Schulen, Gerichten und Kirchen –, stellt sich die Frage nach dem spezifischen funktionalen Beitrag von Organisationsbildung für die funktional differenzierte Gesellschaft. Meine Leitfrage lautet also: Für welches funktionale Bezugsproblem sind Organisationen die Lösung?

Ich beginne meine Argumentation mit zwei ausholenden Bewegungen. Zunächst mache ich auf das *Problem gesellschaftlicher Ordnung* in klassischen Selbstbeschreibungen der Moderne aufmerksam (Abschnitt I), um unter den Stichworten *Effizienz und Störung* wiederum klassisch gewordene organisationssoziologische Anschlüsse daran zu erörtern (Abschnitt II). Unvermeidlich für eine gesellschaftstheoretische Perspektive ist dann eine kurze Darstellung des Paradigmas *gesellschaftlicher Differenzierung* (Abschnitt III), an die sich unter den Stichworten *Rekursivität und Reflexivität* (Abschnitt IV), *Reflexivität und Rationalität* (Abschnitt V) und *Inklusion/Exklusion* (Abschnitt VI) eine theoretische Verhältnisbestimmung von Gesellschaft und Organisation anschließt.

I. Entry: Das Problem gesellschaftlicher Ordnung in den Selbstbeschreibungen der Moderne. Oder: Die Gesellschaft als Lebenswelt

Die meisten prominenten Selbstbeschreibungen der modernen Gesellschaft setzen an der freien, d.h. auch organisationsfreien Assoziation der Menschen an. Denkt man etwa an Jean-Jacques Rousseaus kontraktualistisches Modell, so wird den Mitgliedern einer Gesellschaft eine natürliche Freiheit zuerkannt, auf die sie aber in freier Entscheidung so weit verzichten, um soziale Verhältnisse mit stabiler Erwartungssicherheit hervorzubringen. Aus der Assoziation von Menschen mit je freiem Willen wird ein *moi commun*, dem ein *volonté generale* entspricht. Bemerkenswert an diesem Modell ist sein Bezugsproblem. Es setzt die Freiheit der Menschen nicht als Lösung an, sondern als Problem, als Koordinationsproblem, das sich nicht der Freiheit der Einzelnen entnehmen lässt, sondern nur aus der Frage sozialer Ordnung selbst. Dieses Modell opponiert gegen die alte Vorstellung der *societas civilis*, deren Bezugsproblem eher die Frage der politischen Verortung der Einzelnen in einer bereits bestehenden Ordnung war. Während das ältere Modell aus der *societas civilis* ohnehin die meisten Mitglieder einer Gesellschaft (Frauen, Sklaven, Leibeigene, Bauern, Unfreie, Unreine etc.) exkludierte, war das Ordnungsproblem durch stabile Stratifikation bereits gelöst. Es war eine gesellschaftlich prädiktierte Ungleichheit, die die Binnen- wie die Außenverhältnisse der *societas civilis* regelte, während der Kontraktualismus durch die neue Inklusionsformel Mensch mit *Gleichheit* infiziert wurde und damit Freiheit als Problem ansehen musste.

Das Problem sozialer Ordnung verlagerte sich sodann von der Umschreibung stabiler Schichtungsformeln auf die Motivlage von Einzelnen. Fortan wurde die Frage der Einschränkung prinzipiell möglicher Freiheit des Verhaltens durch die Frage der je individuellen Einsicht in die notwendige Einschränkung dieser Freiheit diskutiert. Das Bezugsproblem prominenter gesellschaftlicher Selbstbeschreibungen wechselte also in eine Richtung, die im Kantischen Sinne eine individuell motivierte Unterwerfung unter das Sittengesetz verlangt: die Maximen je konkreten Handelns unter die Maxime ihrer Verallgemeinerbarkeit zu stellen. Paradigmatisch wurden freilich eher die paradox anmutenden Formulierungen der nächsten Generation. Während der Fichte der „Sittenlehre" 1798 noch im subjektiven Prinzip der „Selbsttätigkeit" das transzendentale Prinzip der „absoluten Selbsttätigkeit" in Richtung des kategorischen Imperativs walten sieht, lässt der Fichte der „Reden an die Deutsche Nation" 1807/08 angesichts der französischen Besatzung Berlins die Sittlichkeit im Staat aufgehen. Und der preußische Meisterdenker Hegel wollte dem Treiben einer sich modernisierenden bürgerlichen Gesellschaft mit ökonomischer Entfesselung mit dem Staat als der „Wirklichkeit der sittlichen Idee" Einhalt gebieten, der sich unterzuordnen er semantisch wie die Subordination unter einen „wirklichen Gott" stilisierte. Bezugsproblem solcher, hier sträflich aufs Kürzeste verstümmelten Beschreibungen der Moderne ist die Idee der freien Assoziation, deren „Freiheit" der „Notwendigkeit" sozialer Ordnungsbildung sich fügen musste. Es ist unter anderem diese Tradition, die die *politische* Selbstbeschreibung der Moderne zur prominentesten ihrer Codifizierungen hat werden lassen. Wie auch immer man an Hegel angeschlossen hat, ob im Sinne der semantischen Dominanz des im Staat materialisierten Volksgeistes der Nation oder später im Sinne der *politischen Ökonomie* und ihrer Kritik vom Kopf auf die Füße gestellt, fortan folgten die prominenten Beschreibungen des Problems sozialer Ordnung einer *politischen Programmformel:* der Freiheit des Einzelnen durch Einsicht in die Notwendigkeit der Subordination unter ein Allgemeines zum Sieg zu verhelfen.

Das gesellschaftliche Milieu, in dem solche Beschreibungen prominent wurden, ist eine Gesellschaftsstruktur, die in wohlbekannten und oft beschriebenen „Freisetzungsprozessen" die alternativen Zugehörigkeitsformeln der alten Welt durch neue ersetzen musste. Grundlegendes Bezugsproblem war die daraus entstandene Idee der grundlegenden *Gleichheit der Menschen* bei offenkundig beobachtbarer *Ungleichheit der Verhältnisse* in einer Klassengesellschaft. Es ging also um die Versöhnung *politisch wirksam werdender Gleichheitszumutungen*, die langsam zur Vollinklusion von Menschen (inklusive Frauen, Arbeitern, Bauern etc.) geführt hat, mit der insbesondere ökonomisch diktierten *faktischen Ungleichheit* als Ordnungsfaktor.[2] Es scheint dies nach wie vor die Form zu sein, mit der sich die öffentliche Selbstvergewisserung der modernen Gesellschaft programmiert. Es ist dies letztlich das Erbe jener *politischen* Antinomie der Moderne, die die politische Vollinklusion *gleicher Menschen* und die Bearbeitung *sozialer Ungleichheit* in einem ansprechbaren Kollektiv (den Staat) verbinden muss. Der histo-

---

2 Vgl. dazu die klassische Studie von Marshall (1992).

rische Hintergrund dieser Form der gesellschaftlichen Selbstbeschreibung ist das, was man die Arbeits- oder Industriegesellschaft nennen kann, jene gesellschaftliche Formation also, die sich in der Tat als politische Kontrollformation dessen stilisiert, was zu Zeiten Hegels noch die „bürgerliche Gesellschaft" als das „System der Bedürfnisse" war. Gesellschaftliche Ordnung ist in diesem Verständnis immer noch die Frage der freien Assoziation von Gleichen unter Bedingungen einer Ungleichheit erzeugenden Gesellschaft.

II. Zwei organisationssoziologische Anschlüsse: Effizienz und Störung

Was hat all das mit der Frage einer organisationssoziologischen Perspektive auf die moderne Gesellschaft zu tun? Die Antwort lautet: *nichts*, denn eine systematische Perspektive auf Organisationen als Ordnungsfaktoren der modernen Gesellschaft fehlt in einer solcher Art an den politischen Differenzen von Gleichheit und Ungleichheit bzw. Freiheit und Gemeinwohlinteresse orientierten Beschreibungsform. Denn Organisationsmitgliedschaft suspendiert letztlich die Freiheit und Gleichheit der Menschen und würde völlig neue Fragen des Verhältnisses von Individuum und Gesellschaft aufwerfen. Man laborierte noch lange genug an dem Problem der Versöhnung der Inklusionsformel „Mensch" mit der Exklusionsformel „Staatsbürger" im nachrevolutionären Zeitalter (vgl. Kristeva 1990: 163ff.), deren organisationsgestützter Charakter lange unbegriffen blieb. Und auch die frühe Soziologie kam zunächst ohne einen systematischen Rekurs auf Organisationen als Ordnungsgeneratoren aus. Letztlich hat sich die frühe Soziologie zunächst dafür interessiert, wie jene neue Form der Assoziation zustande kommt, die als gesellschaftliche Modernität gelten kann. Es war dies zunächst explizit keine staatszentrierte Perspektive, sondern der Versuch, das, was die „bürgerliche Gesellschaft" hieß, auf den Begriff zu bringen. „Gesellschaft", so weit ein anspruchsvoller Gesellschaftsbegriff überhaupt zur Verfügung stand, war dann eine Chiffre für soziale Ordnung, deren Beschreibung *jenseits* des staatlich-politischen Selbstverständnisses angesiedelt war und sich eher für die Kompensation traditioneller Integrationsmechanismen interessiert hat. Wie die „Weltherrschaft der Unbrüderlichkeit" (Weber 1972: 571) zu überwinden sei, wie man in einer gemeinschaftsfernen Gesellschaft leben könne, in der „jedermann ein Kaufmann" (Tönnies 1991: 51) sei, wie es nach dem Verlust früherer Kollektivformeln gelingen könne, „uns eine neue Moral zu bilden" (Durkheim 1988: 479) oder wie sich jene „Tragödie der Kultur" auswirke, von einer „Unzahl von Kulturelementen umgeben" zu sein, die für uns „nicht bedeutungslos sind, aber im tiefsten Grunde auch nicht bedeutungsvoll" (Simmel 1923: 264). Das theoretische Grundmotiv der Suche nach sozialer Ordnung führte nicht wie in der vertragstheoretischen oder links- und rechtshegelschen Tradition zur Hypostasierung des Staates als Ordnungsfaktor, sondern eher zu der Frage der Substitution vormoderner Integrationschiffren und zur Beobachtung sozialer Praxis selbst, also zur Frage der Konstitution des Handelnden im sozialen Raum.

Die akademische Soziologie begann also letztlich damit, die soziale Welt *als Lebenswelt* zu beobachten, um den Mechanismen jener Selbstverständlichkeiten auf die Spur zu kommen, die dem Alltagshandeln anhaften (vgl. dazu Rammstedt 1988). Zumindest diese Perspektive vereint so unterschiedliche soziologische Perspektiven wie die verstehende Soziologie, die Sozialphänomenologie, den pragmatistischen Interaktionismus, die *Chicago School* und sogar die frühe Kritische Theorie. Ohne dieses Argument hier weiter auszubauen, scheint die frühe Soziologie tatsächlich Gesellschaft *als Lebenswelt* gebildet zu haben, ja sogar die Gesellschaft *jenseits* des Staates und *jenseits* der bloß subjektiv gebildeten Handlungsmaximen als *empirisches Phänomen* überhaupt entdeckt zu haben, mit welch unterschiedlichen theoretischen Mitteln auch immer.

Diese verkürzenden Andeutungen mögen nur dazu dienen, den Hintergrund jener ambivalenten Perspektive auf Organisationen zu verstehen, der den soziologischen Diskurs lange begleitet hat. *Einerseits* wurde die Bürokratie als effizienteste und rationalste Form der Herrschaft gefeiert, *andererseits* galt Bürokratie als Symbol für die Dehumanisierung und Entpersönlichung der Moderne, als zentrale Agentin der „Weltherrschaft der Unbrüderlichkeit". Letztlich nehmen beide Argumentationsstränge in Max Webers Herrschaftssoziologie (Weber 1990) ihren Ausgang.

So fungiert die Entstehung legal-bürokratischer Herrschaft mit ihrem sachbezogenen, entpersönlichten und formalisierten Zuschnitt, mit hierarchischer Arbeitsteilung und mit der Berechenbarkeit von Abläufen als Bedingung für Effizienzsteigerung. Despotische Willkür ebenso wie das Verharren in traditionalen Herrschaftsformen kann diese Form legaler und rationaler Herrschaft unterbinden und ist insofern eines der Grundmerkmale des gesellschaftlichen Modernisierungs- und Rationalisierungsprozesses. Diesen Grundgedanken hat Talcott Parsons aufgenommen, der die Bürokratie als „evolutionäre Universalie" ansetzt und sie ebenfalls mit ihrer Effizienz steigernden Modernisierungsfunktion begründet. Dabei hebt auch Parsons die „Differenzierung der Rolle des Amtsinhabers von seinen anderen Rollenbezügen, insbesondere von seinen Verwandtschaftsrollen" (Parsons 1969: 63) hervor. Parsons' Diagnose ist keine Krisendiagnose mehr. Sie versöhnt vielmehr die Effizienz steigernde Macht der unpersönlichen Organisation mit der Solidarität steigernden Macht normativer und kultureller Integration in der *gesellschaftlichen Gemeinschaft*, die Max Webers Gedanken der *Legitimität* bürokratischer Macht gewissermaßen einen legitimationstheoretischen Unterbau (oder: Überbau?) verleiht.

Was für die *politische* Verwaltung gilt, hat sich parallel in der Reflexion *ökonomischer* Organisationsformen ähnlich abgespielt. Die von Frederick Taylor 1911 begründeten *principles of scientific management* (Taylor 1995) setzten auf die Effizienz steigernde *Organisation* von Arbeitsteilung, und zwar mit dem Ziel einer zweckrational begründeten, mit rationalen Zweck-Mittel-Relationen arbeitenden und die Versachlichung und Entpersönlichung operationalisierenden Betriebsführung. Hinter diesem Modell der Zweckrationalität stand noch der Glaube an die rationale Transparenz der Entscheidungssituation. In der Organisationsforschung ist dieses rationalistische Modell eingehender Kritiken unterzogen worden, die eine Fülle an klassischer Literatur hervorgebracht haben. Bereits Ende der 30er Jahre wurde in den klassischen Arbeiten von Fritz J. Roethlisberger und William J. Dickson von der bloßen Konzentration auf die rationale Verkettung von Zweck-Mittel-Beziehungen unterschiedlicher Handlungen in Organisationen auf innerorganisatorische soziale Beziehungen, Konflikte und Kommunikationsformen umgestellt (Roethlisberger und Dickson 1939). Dabei wurde der Beitrag *informeller Strukturen* für die Effizienz der Organisation ebenso aufgedeckt, wie auf die nur *begrenzte Rationalität* des Entscheiders in Organisationen hingewiesen wurde, begrenzt durch die Situationsvariablen selbst, die die Organisation und ihre Umwelt hervorbringen (vgl. klassisch dazu Simon 1997; March und Simon 1958).[3] Die daran anschließende soziologische Forschung hat sich dann auch für die Binnenstrukturen von Organisationen interessiert, für den Wandel von Organisationsformen, für Mikropolitik in Organisationen, für die handlungstheoretische Formierung korporativer Akteure (vgl. Coleman 1986), für die entscheidungstheoretische Beschreibung von Organisationsprozessen (vgl. March 1988, 1994) und für die systemtheoretische Beschreibung von Organisationen als Handlungs- bzw. Entscheidungssysteme (vgl. Luhmann 1964, 2000).

Dieser organisationssoziologische Strang hat sich intern zu einer eigenen, internationalen Subdisziplin ausdifferenziert und eine große Zahl an Forschungsliteratur produziert, freilich ohne Sichtkontakt zur gesellschaftstheoretischen Beobachtung von Organisationen – und selbst dort, wo eine „Rückkehr der Gesellschaft" in die Organisationstheorie programmatisch angemahnt wird, bleibt sie pragmatisch eher unscharf (vgl. Ortmann, Sydow und Türk 1997; auch Perrow 1989; Presthus 1979; Coleman 1986). Mit stärkerem Bezug auf „Gesellschaft" läuft eine Reflexion über Organisation und Bürokratie, die an jene Grundidee der „freien Assoziation" anschließt, also an die Formierung der „Gesellschaft als Lebenswelt". Aus dieser Perspektive erscheinen Organisationen letztlich als *Störungen* der freien Assoziation. Im Anschluss an Max Webers Warnung vor dem „Gehäuse der Hörigkeit" (Weber 1990: 835), das sowohl die Mitglieder der Bürokratie und die Arbeiter in „modern organisierten Wirtschaftsbetrieben" (Weber 1988: 413) umfasst als auch das Publikum in organisationsabhängigen Lebenslagen, hat sich eine lange soziologische Tradition etabliert. Sie variiert auf vielfältige Weise den Gedanken einer „verwalteten Welt" (Adorno 1997: 446) und einer „Verdinglichung", die „per definitionem eine enthumanisierte Welt" (Berger und Luckmann 1970: 95) hervorbringt, mit dem „Gefühl, anderen entfremdet zu sein" (Berger, Berger und Kellner 1975: 158).[4] Diese Kritik der Bürokratie basiert letztlich auf dem Verständnis der Gesellschaft *als Lebenswelt* bzw. als *demokratischer Assoziation*, deren historische Herkunft als zentrale Selbstbeschreibung der Moderne ich oben angedeutet habe.[5] Aus dieser Perspektive muss die bürokratische Verwaltung und die Organisa-

---

3 Dies wird übrigens keineswegs nur als Mangeldiagnose formuliert, sondern als funktionaler Beitrag zur Strukturerhaltung. So heißt es bei March und Simon: „Organization will have structure ... insofar as there are boundaries of rationality – insofar as there are elements of the situation that must be or are in fact taken as givens, and that do not enter into rational calculations as potential strategic factors. If there were not boundaries to rationality, or if the boundaries varied in a rapid and unpredictable manner, there could be no stable organization structure" (March und Simon 1958: 170f.).

4 Ähnliche Diagnosen (mit sehr unterschiedlichen Zugängen und Konsequenzen) finden sich bei Goffman (1961), Argyris (1957), Foucault (1976), Whyte (1958), Perrow (1989).

5 Übrigens findet sich in Marx' früher Kritik des Hegelschen Staatsrechts eine ähnliche Figur, die in der Bürokratie als Schnittstelle zwischen Staat und bürgerlicher Gesellschaft deren Entfremdungstendenz ausmacht, wiewohl Marx dem Siegeszug der Verbetrieblichung der kapitalistischen Ökonomie mit unverhohlenem Respekt begegnet: „Bürgerliche Gesellschaft und Staat sind getrennt. Also ist auch der Staatsbürger und der Bürger, das Mitglied der bürgerlichen Gesellschaft, getrennt. Er muss also eine *wesentliche Diremption* mit sich selbst vornehmen. Als *wirklichen Bürger* findet er sich in einer doppelten Organisation, der *bürokratischen* –

tionsförmigkeit weiter Teile gesellschaftlicher Prozesse – Türk (1995: 201) spricht von „Destillierkolben zwischen lebendiger Ko-Operation und realabstrakten Systemen" – tatsächlich als Störung angesehen werden.[6] In diesen Zusammenhang gehören denn auch theoretische Versuche, die auch heute noch – wie einst Marx und Weber – die spezifische historische Erfahrung mit einem bestimmten Typ von Organisationen (bei Marx der kapitalistische Betrieb und bei Weber die rationale Verwaltung) zu einer Theorie nicht nur der Organisation, sondern auch der Gesellschaft aufrunden (vgl. Türk 1997; Bruch 1997).

Als Ergebnis lässt sich festhalten, dass der organisationssoziologische Diskurs in den beiden angedeuteten Strängen letztlich keine befriedigende gesellschaftstheoretische Perspektive einnimmt, was im ersten Fall darauf zurückzuführen ist, dass hier Organisationen und ihre Binnenverhältnisse primärer Gegenstand sind. Im zweiten Fall treten die Diagnosen durchaus teilweise mit gesellschaftstheoretischem oder wenigstens diagnostischem Anspruch auf, jedoch mit ungenügenden gesellschaftstheoretischen Mitteln, da lediglich bestimmte Erfahrungen (und Vorurteile) mit und über Organisationen zu gesamtgesellschaftlichen Diagnosen generalisiert werden.

III. Gesellschaftliche Differenzierung

Eine gesellschaftstheoretische Perspektive muss die Frage beantworten, welche *gesellschaftlichen* Bedingungen zur Entstehung von Organisationen geführt haben, wie sich also das Auftreten von Organisationen in allen Bereichen der modernen Gesellschaft anhand einer Theorie der gesellschaftlichen Moderne erklären lässt. Dabei muss weder unterschlagen werden, dass Organisationsbildung auch in vormoderner Zeit möglich war, noch dass sich die Modernität der modernen Gesellschaft nicht aus ihrer Durchsetzung mit Organisationen ergibt. Vormoderne Organisationsformen – etwa Klöster oder Zünfte – unterschieden sich von modernen vor allem dadurch, dass sie für „gesellschaftliche" Vollinklusion ihrer Mitglieder gesorgt haben; mit anderen Worten: Inklusion in die Gesellschaft erfolgte in diesen Fällen als Inklusion in eine Organisation. Aber auch dieses Merkmal beschreibt nicht die Gesellschaft als solche, sondern nur einen – marginalen – Aspekt, zumal die meisten Inklusionsformen gerade *nicht* per Organisationsmitgliedschaft erfolgten. Dieses Beispiel soll nur zeigen, dass sich die *Funktion* von Organisationen nicht im Sinne einer *gesellschaftlichen* Funktion im Sinne eines Funktionssystems wird bestimmen lassen.

---

die ist eine äußere formelle Bestimmung des jenseitigen Staates, der Regierungsgewalt, die ihn und seine selbständige Wirklichkeit nicht tangiert –, der *sozialen*, der Organisation der bürgerlichen Gesellschaft" (Marx 1969: 281). Ähnlich warnt bereits Max Weber davor, dass der Demos der Demokratie keineswegs selbst herrsche, sondern von größeren Verbänden beherrscht werde (vgl. Weber 1988; für die frühe Bundesrepublik Eschenburg 1955; für Frankreich Crozier 1967).

6 Max Weber hat bekanntlich als einzigen Ausweg aus dem „stahlharten Gehäuse" die Rückbindung der *Lebenswelt* in die Bürokratie in Form des „charismatischen Führers" vorgesehen – vielleicht sind die heutigen Versuche, per poetischer Konstruktion einer *corporate identity*, mit Hilfe von *Leitbildern* oder gar *Unternehmensphilosophien* den Organisationen selbst charismatische Qualitäten zu verleihen, funktionale Äquivalente einer solchen Rückbindung.

Es muss also gezeigt werden, unter welchen *gesellschaftlichen* Bedingungen es im Zuge des gesellschaftlichen Modernisierungsprozesses zur Ausdifferenzierung von Organisationen gekommen ist. *Gesellschaftstheoretisch* wird es sinnvoll sein, mit einem Blick auf funktionale Differenzierung zu beginnen. Zumeist wird die Diagnose der funktionalen gesellschaftlichen Differenzierung mit der Diagnose der Organisationsabhängigkeit der Funktionssysteme verbunden (vgl. etwa Schimank 2001a). Die Entstehung von Organisationen mit spezifischen Aufgaben (Zwecken!) ökonomischer, politischer, rechtlicher, wissenschaftlicher oder erzieherischer Natur gelten dann gewissermaßen als Merkmale einer funktional differenzierten Gesellschaft, und ihr gleichzeitiges Auftreten wird in Form einer Kausalbeziehung beschrieben (so etwa Mayntz 1988; Münch 1991). Damit sind freilich die *gesellschaftlichen Bedingungen* für die Entstehung von Organisationen modernen Typs noch nicht geklärt. Ich werde deshalb im Folgenden versuchen, die Frage nicht mit einem Kausalschema zu beantworten, sondern *funktional*. Meine Leitfragen lauten also: Welches *Bezugsproblem* wird durch die Entstehung von Organisationen gelöst? Anders formuliert: Wie heißt das Problem, für das Organisationen die Lösung sind? Welche Rolle spielen Organisationen für funktionale Teilsysteme der modernen Gesellschaft? Wie verhalten sich Organisationssystem und Funktionssystem zueinander? Welchen Beitrag leisten Organisationen für die Herstellung von *Inklusionslagen* in der funktional differenzierten Gesellschaft? Diese Fragen enthalten – wie alle Fragen – bereits einen Teil der Antwort. Sie gehen davon aus, dass die Struktur der modernen Gesellschaft als *funktionale Differenzierung* beschrieben werden kann; sie gehen weiterhin davon aus, dass es sich bei den Funktionssystemen um *Systeme* handelt, und zwar um ereignisbasierte, codierte Kommunikationssysteme, die operativ geschlossen operieren; schließlich gehen sie davon aus, dass auch Organisationen als Kommunikationssysteme zu begreifen sind.

Funktionale Differenzierung wird in diesem Verständnis nicht von der Einheit her gedacht. Der alte Strukturfunktionalismus hatte stets mit Einheit begonnen, also mit einem Begriff des Ganzen, dessen Teile sich aus der Struktur jener Ganzheit deduzieren lassen. Es blieb dann nichts anderes übrig, als das Ganze immer schon zu kennen und ein Funktionen-Schema immer schon vorempirisch (d.h. transzendental) vorauszusetzen. Das Dilemma der Differenzierungstheorie scheint darin zu liegen, jene Makrostruktur immer schon zu kennen, die sie in ihrem Gegenstand auffindet. Zumindest gilt dies für das integrationstheoretische Erbe Durkheims, vor allem aber, wie Jeffrey Alexander deutlich gezeigt hat (Alexander 1988: 49ff.; 1990), für Parsons, dessen Vier-Felder-Schema ja schon fast sprichwörtlich für die Reifikation einer stabilen, auf homöostatischen Bestand getrimmten Ordnung steht.[7] Die Luhmannsche Weiterentwicklung der Differenzierungstheorie bricht schon früh mit diesem Modell. Dabei verfolgt sie nicht einfach eine Umkehrung der Begrifflichkeiten, also etwa „*Integration durch Konflikt*" oder „*Ordnung* durch *Wandel* zu ersetzen" (Luhmann 1970: 114). Die Ordnung der Gesellschaft ist vielmehr selbst kontingent darzustellen, das heißt Ordnung oder Struktur selbst als Ergebnis gesellschaftlichen Wandels und Integration womöglich als Folge von Konflikten zu beschreiben. Eine Differenzierungstheorie der Ge-

---

7 Diese Koinzidenz von Starrheit des Gegenstandes und Starrheit der theoretischen Ästhetik lässt sich auch heute etwa noch bei Richard Münch nacherleben. Vgl. die Vier-Felder-Akrobatik bei Münch (1991, 1993) und meine Kritik (Nassehi 2001).

sellschaft hat also nicht schlicht nach der funktionalen Notwendigkeit bestimmter Systemerfordernisse zu fragen, sondern den Blick darauf zu richten, wie sich jene differenzierten Einheiten funktional herausbilden, die die Struktur einer Gesellschaft ausmachen. Und das gilt im selben Maße nicht nur für die Differenzierung in Funktionssystemen, sondern ebenso etwa für die Frage, wie sich Organisationen evolutionär herausbilden und in welchen funktionalen Kontexten sie entstehen. Das erfordert es, die Struktur von Organisationen, etwa eine inhärente „Rationalität" oder „Formalität", nicht schlicht vorauszusetzen. Der Fokus der Beobachtung muss vielmehr darauf liegen, die interne Struktur von Organisationen aus jenem Kontext heraus zu verstehen, aus dem sie sich ausdifferenziert haben. Es ist dies bis heute ein Desiderat der Differenzierungstheorie.

Die Theorie funktionaler Differenzierung interessiert sich nicht für die Erfüllung eines bereits bekannten Funktionensets, dem so etwas wie *Notwendigkeit* zugeschrieben werden könnte. Es geht – zumindest in dieser Version von Differenzierungstheorie – vielmehr um die *empirische* Rekonstruktion der Herausbildung *symbolisch generalisierter Kommunikationsmedien*, die die Annahme- und Ablehnungswahrscheinlichkeit bestimmter Formen von Kommunikation strukturieren und so per Systembildung die Struktur der modernen Gesellschaft hervorbringen (vgl. Luhmann 1997: 316ff. und 743ff.).

Die Theorie funktionaler Differenzierung behauptet nicht einfach eine Ausdifferenzierung von Wertsphären und dazugehöriger Semantiken. Ihr *systemtheoretisches* Fundament legt es vielmehr nahe, die Entstehung, Verdichtung und Kondensierung solcher Semantiken als Grundlage für *Systembildung* zu behandeln. Sie bedient sich dazu der Unterscheidung von *Form* und *Medium*. Medien werden dabei verstanden als Formen stabiler loser Kopplung, die eher instabile feste Kopplung ermöglicht. So ist etwa die Sprache ein lose gekoppeltes *Medium*, das als solches recht robust gebaut ist, das heißt auf Dauer gestellt zur Verfügung steht. Erst auf diesem medialen Hintergrund lassen sich dann relativ instabile sprachliche *Formen* generieren, deren mögliche Vielfalt (und Instabilität) von der Stabilität des Mediums selbst zehrt.[8] Ähnlich ist die Theorie *symbolisch generalisierter Kommunikationsmedien* gebaut. Sie haben die Funktion, „die Annahme einer Kommunikation erwartbar zu machen in Fällen, in denen die Ablehnung wahrscheinlich ist" (Luhmann 1997: 316). Die soziologische Erklärung der Herausbildung einer modernen Gesellschaftsstruktur ist dann gebunden an die historische Rekonstruktion solcher stabiler medialer Substrate, um die herum und im Anschluss an die sich dann stabile binäre Codierungen und schließlich operativ geschlossene Funktionssysteme ausdifferenzieren, was auf die evolutions- und differenzierungstheoretische Grundlegung der Gesellschaftstheorie verweist, die ich hier nicht weiter behandle.[9] Hier ist folgendes von Interesse: Am Beispiel der sich langsam herausbildenden symbolisch generalisierten Kommunikationsmedien wie (wissenschaftliche) Wahrheit, (romantische) Liebe, Geld/Eigentum, Macht/Recht und Kunst, Glaube lässt sich sehen,

---

[8] Zur auf Fritz Heider zurückgehenden Unterscheidung von Medium und Form vgl. Luhmann (1997: 198); zur distinktionslogischen Formentheorie vgl. Baecker (1993a, 1993b) und Nassehi (1995).
[9] Vgl. dazu ausführlicher Nassehi (1999, 2001, 2003b).

wie Kommunikationsofferten, die im jeweiligen Medium erfolgen, im Allgemeinen auf Annahme stoßen.[10]

Symbolisch generalisierte Kommunikationsmedien versorgen gesellschaftliche Kommunikation mit niedrigschwelligen Formvorschriften, mit einfachen und stabilen Codierungen, auf deren Boden sich erst höherschwellige ökonomische, politische, religiöse, rechtliche, wissenschaftliche, erzieherische oder künstlerische Formen entwickeln lassen. Diese Codierungen stellen sicher, dass kommunikative Umgebungen entstehen, in denen Annahmewahrscheinlichkeiten oftmals stabiler sind als konkretes Erleben. Im Rahmen einer wissenschaftlichen Tagung etwa dürfte die Trägheit des symbolisch generalisierten Kommunikationsmediums *Wahrheit* auch noch dem größten Blödsinn so etwas wie einen Annahmevorschuss gewähren, bis er als überhaupt nicht wahrheitsfähig im Sinne des Mediums kommuniziert wird. Psychisch dürfte das oft bereits viel früher deutlich sein. (Deswegen fügt es sich auf solchen Tagungen auch trefflich, dass zumeist einer redet und viele schweigen.) Und wofür wird nicht alles *Geld* ausgegeben, auch für Dinge, die man wirklich nicht *haben* kann. Die Unterstellung des Mediums *Macht* reicht oftmals weit über die tatsächlichen Reichweiten für machtbewehrte Entscheidungen hinaus. Und gerade das Medium *Liebe* erweist sich manchmal als unglaublich hartnäckig, indem es auf Intimität verweist, die längst passé ist. Und ein auf Dauer gestelltes Medium des religiösen *Glaubens* vermag es, sich auch in einer a-religiösen Welt zu behaupten, und wenn auch nur als kommunikative Form, an die man dann im selben Medium anschließen kann.

Das theoretische Problem scheint mir freilich nicht in der Beschreibung der Stabilität jener Räume zu liegen, sondern in der Frage, an welchen systematischen *Orten* jene Formvorschriften und medialen Substrate aufbewahrt und kontinuiert werden, wenn die Theorie weder Normen noch sonstige *präoperativen* Mechanismen anbietet, die kommunikative Operationen einschränken.[11] Lösen lässt sich das Problem mit Einschränkungen nur so: Auch symbolisch generalisierte Kommunikationsmedien sichern ihren Erfolg nur rekursiv, also durch Anschlussereignisse, die für Annahme sorgen – oder eben nicht. Es ist dann ein empirisches Problem, unter welchen Bedingungen Macht, Eigentum/Geld, Liebe, Wahrheit oder Recht als lose gekoppelte Medien zu strikt gekoppelten Formen und Eigenwerten führen und in diesem Sinne Kommunikationsketten kontinuieren – oder eben nicht. Der systematische Ort dieser Medien ist ihre empirische Formierung, ist ihre prozesshafte Kontinuierung gesellschaftlicher

---

10 Annahme heißt hier nicht, *ja* zu sagen, sondern im Bestimmungsbereich des Mediums anzuschließen. Wer also auf ein Kaufangebot *nicht* eingeht, kommuniziert bereits auf der Basis des Mediums; wer die erklärte Liebe verschmäht, lässt sich bereits auf Liebe ein – nur eben nicht auf diese –; wer einen Rechtsbruch begeht oder die Macht umgeht, rechnet bereits mit ihr; wer Badewannen, gefüllt mit Schmalz, nicht für Kunst hält und das kommuniziert, nimmt das mediale Substrat in Anspruch, wer die Existenz Gottes bestreitet, rechnet mit dem Allmächtigen, und wer die erwiesene Unwahrheit einer wissenschaftlichen Erkenntnis behauptet, lässt sich auf Wissenschaft ein.
11 Dieses Problem wird in Luhmanns *Gesellschaft der Gesellschaft* in eigentümlicher Weise im Dunkeln gehalten – ja Luhmann bemüht gar mirakulöse Formulierungen, wenn er meint, symbolisch generalisierte Kommunikationsmedien transformierten Nein- in Ja-Wahrscheinlichkeiten „auf wunderbare Weise" (Luhmann 1997: 320).

Strukturen, ist Strukturbildung aus sich selbst heraus, die allein *internen* Notwendigkeiten für Bewährungs- und Anschlussfähigkeit folgt.[12]

Entscheidend ist die selbst stabilisierende Verkettung. Erst sie verweist auf Systembildung, also auf einen selbstreferenziellen, rekursiven, ereignisbasierten und mediengesteuerten Zusammenhang, der ein politisches System, ein Rechtssystem, ein Wissenschaftssystem, ein Kunstsystem, ein Bildungssystem oder ein Religionssystem hervorbringt. Diese Rekursivität führt zu einer Interdependenzunterbrechung zwischen den verschiedenen Funktionssystemen, macht damit aber den Weg frei für weitergehende Interdependenzen *innerhalb* des Funktionssystems. So kann in einer voll ausgebildeten Weltgesellschaft *prinzipiell* jede Zahlung an jede beliebige Zahlung anschließen, aber das würde ökonomische Strukturbildung fast unmöglich machen. Es kommt also stets auch zu *internen* Interdependenzunterbrechungen innerhalb der Funktionssysteme, also etwa Differenzierungen in Zentrum und Peripherie, in nationale, kulturelle oder regionale Verdichtungen von Anschlüssen oder auch zur Anschlussfähigkeit nur bestimmter Personen bzw. Personengruppen. All das soll jedenfalls deutlich machen, dass Funktionssysteme letztlich keine „Adressaten" sind, keine „Akteure" oder „Akteursfiktionen". Die reifizierende Sprechweise, „die" Wirtschaft, „die" Politik oder „die" Wissenschaft tue dies oder jenes, verkennt gerade das systemtheoretische Design, dem es ausschließlich darum geht, die *Rekursivität*, die ungeplante, zunächst chaotische, in Echtzeit kumulierende *Rekursivität* der Funktionssysteme herauszuarbeiten.

IV. Gesellschaft und Organisation – Rekursivität und Reflexivität

Meine kursorische Charakterisierung des systemtheoretischen Designs der Theorie funktionaler Differenzierung ist alles andere als erschöpfend. Sie soll aber auch nur dazu dienen, meine Hauptfrage beantworten zu können, welches Bezugsproblem durch Organisationen vor dem Hintergrund funktionaler gesellschaftlicher Differenzierung gelöst wird, für welches Problem Organisationen die Lösung sind. Zunächst ist unstrittig, dass alle Funktionssysteme der modernen Gesellschaft ohne Organisationen nicht denkbar wären. Wirtschaften wäre ohne Betriebe, Geschäfte, Börsen und Banken ebenso wenig möglich[13] wie rechtliche Regulierung ohne den Justizapparat (vgl. Teubner 1989), Politik ohne Organisationen des Staates ebenso wenig wie Erziehung ohne Schulen, Glaube ist ohne Kirchen nur schwer auf Dauer zu stellen, und Wissenschaft wäre ohne Universitäten und Forschungsorganisationen (vgl. Stichweh 1991; Göbel 2001) nicht denkbar, und selbst gepflegter Terrorismus scheint auf Organisation zurückgreifen zu müssen. Dabei ist zu beobachten, dass der Modernisierungsprozess, also die Ausdifferenzierung von Funktionssystemen, flächendeckend mit der Herausbildung von Organisationen einhergeht, die jeweiligen Funktionssystemen zugeordnet sind, ohne dass Organisationssysteme selbst Teilsysteme von Funktionssystemen wären.[14]

---

12 Vgl. dazu und zur Frage der hier nicht zur Diskussion stehenden sinntheoretischen Implikationen der Medientheorie Nassehi (2003a).
13 Zur Frage, warum es nicht nur Märkte, sondern auch Firmen gibt, vgl. Williamson (1975) und Baecker (1993c).
14 Uneindeutige Formulierungen Luhmanns, Organisationen könnten „Teilsysteme" von Funk-

Organisationen scheinen vielmehr dazu zu dienen, *einerseits* für verdichtete Operationen von Funktionssystemen und damit für Interdependenzunterbrechungen innerhalb der Funktionssysteme zu sorgen. *Andererseits* scheint es Organisationen zu gelingen, die Funktionssysteme strukturell zu koppeln. So wird an Universitäten nicht nur geforscht, sondern auch gezahlt, in Kirchen nicht nur geglaubt, sondern auch erzogen, und in öffentlichen Verwaltungen nicht nur politisch, sondern auch rechtlich operiert. Alfons Bora spricht treffend von der „Multireferentialität von Organisationen" (Bora 2001). Organisationssysteme scheinen also unter anderem die Funktion zu haben, Ereignisse zum gleichzeitigen Gebrauch in unterschiedlichen Funktionssystemen zu ermöglichen, ferner haben sie insofern eine gesellschaftsstrukturelle Funktion, als in ihnen dafür gesorgt werden kann, für spezielle strukturelle Kopplungsbedingungen der Funktionssysteme zu sorgen. So wird in allen Organisationen Geld verwendet, etwa Personal bezahlt; fast alle Organisationen verfügen über rechtsförmige Selbstbindungen oder sogar Konfliktregelungsmechanismen; in Organisationen wird sowohl intern als auch nach außen politisch agiert; und in nahezu jeder Organisation fällt *nolens volens* Liebe an.[15]

Es sollte deutlich geworden sein, dass Organisationen also *einerseits* die Autopoiesis der Funktionssysteme mitvollziehen, *andererseits* ökonomische, rechtliche, religiöse, wissenschaftliche oder politische Ereignisse und Ereignisketten aufeinander beziehen können, ohne dass es damit zu einer Verschmelzung der Funktionssysteme kommt. Organisationen liegen also *quer* zur primären Differenzierungsform der modernen Gesellschaft – und verschaffen gerade dadurch den Funktionssystemen einen internen Ordnungsgewinn. Wiederum auf das ökonomische System bezogen, wäre es kaum denkbar, dass sich ohne Banken, Betriebe und Börsen Binnenstrukturen des Funktionssystems ausbilden würden. Wiewohl Zahlungen fast überall vorkommen (können), bilden die Organisationen des genannten Typs und ihre Netzwerke so etwas wie Zonen dichter gekoppelter Anschlussfähigkeit von Ereignissen. Insofern entfalten auch Funktionssysteme innerhalb ihrer selbst Räume kommunikativer Erreichbarkeit (vgl. Luhmann 1997: 152), man könnte sagen: *Zonen dichter Kommunikation und stärkerer Kopplung der Elemente*, die dann als kommunikative Räume[16] erscheinen – in der Politik als Staaten mit ihrem exekutiven Apparat, in der Ökonomie als Märkte, in denen vor allem Organisationen als Akteure beobachtet werden, in der Wissenschaft als Disziplinen oder Sprachgemeinschaften, die wiederum an Organisationen und ihre Netz-

---

tionssystemen sein (vgl. Luhmann 2000: 436) oder Organisationen befänden sich „in" den Funktionssystemen (vgl. Luhmann 1997: 843), wurden verschiedentlich zum Anlass begriffshygienischer Kommentare genommen, die diese Formulierungen systemtheoretisch richtig stellen (vgl. Kneer 2001; Lieckweg und Wehrsig 2001). Ich werde diese eher begriffstechnischen Fragen hier vernachlässigen. Aber in der Tat liegen Organisationssysteme *quer* zur Codierung von Funktionssystemen. Ich komme sogleich darauf zu sprechen.

15 Karin Knorr-Cetina (1992) hat diese *Multireferenzialität* von Organisationen am Beispiel wissenschaftlicher Organisationen zum Anlass genommen, der Differenzierungstheorie „Unterkomplexität" zu bescheinigen – ohne freilich zu sehen, dass schon ihre dichte Beschreibung dieser Multireferenzialität eben auf Unterschiedliches referiert, das *in* der und *durch* die Organisation subtil aufeinander bezogen wird, ohne zu verschmelzen (ausführlich zu Knorr-Cetinas Argument vgl. Nassehi 1999: 20ff.).

16 Die Raummetapher bietet sich dort an, wo es um die „Gleichzeitigkeit des Unterschiedlichen" geht. Vgl. dazu meinen Begriffsvorschlag, basierend auf Kants transzendentaler Ästhetik, umgesprochen für eine Soziologie städtischer Räume (Nassehi 2002b).

werke gekoppelt sind, in der Religion als Denominationen oder Konfessionen, denen Kirchen ihre Namen geben, im Recht als Geltungsräume, die von Organisationen der Rechtspflege bedient werden, im Bildungssystem als Schulen und Universitäten und selbst in der Kunst als Rezeptionsräume, die nicht ohne Leistungen von Organisationen (Galerien, Museen, Akademien) auskommen.

Wie die historische Organisationsforschung zeigt, ist die Selbststabilisierung der Funktionssysteme über die Etablierung von Organisationsarrangements von Industrie, Handel, Schulen, staatlichen Verwaltungen, Gefängnissen, Sozialfürsorge und Sozialversicherung erfolgt (vgl. nur Bendix 1956; Böckenförde und Dohrn-van Rossum 1978; Wehler 1987; McCrone 1998: 85ff.; Dreßen 1982; Foucault 1976; Ewald 1993). Diese Organisationsarrangements ermöglichen es, die Operationen der Funktionssysteme parallel zu *nationalstaatlichen* Grenzziehungen zu verdichten, also die Anschlussfähigkeit ökonomischer, rechtlicher, pädagogischer, sogar wissenschaftlicher, ästhetischer und religiöser, vor allem aber politischer Kommunikationen jeweils so zu verdichten, dass daraus das Simulakrum *nationalstaatlicher Gesellschaften* entstehen konnte. Bis heute scheint der *organisationsgestützte* Ursprung der Vernationalstaatlichung des Politischen, der bis in die soziologische Nomenklatur das *Normalbild* westlicher Vergesellschaftungsformen prägt, kaum begriffen zu sein – von der Selbstverunsicherung dieses Normal- und Nominalmodells durch das, was wir heute *Globalisierung* nennen, ganz zu schweigen. Wie dem *transnationalen* Operationsgebiet etwa ökonomischer, massenmedialer, wissenschaftlicher oder politischer Organisationen aber inzwischen zu entnehmen ist, scheinen sich hier neue Organisationsarrangements anzudeuten, die im Bestimmungsbereich der Funktionssysteme neue Formen des Ordnungsaufbaus ermöglichen und wiederum *Organisationen* in Anspruch nehmen.[17]

Wie Gesellschaft auf symbolisch generalisierte Kommunikationsmedien zugreift, um Interdependenzunterbrechungen in ihre eigene Struktur einzubauen und gesellschaftliche Kommunikation damit Formvorschriften ermöglicht, die als *funktionale Differenzierung* erscheinen, scheinen Funktionssysteme ihrerseits Organisationen als *Medien* für internen Ordnungsaufbau zu nutzen (vgl. dazu Luhmann 2000: 389). Organisationen bieten damit also ein relativ stabiles Medium elementarer Operationen an, auf deren Boden dann hoch aggregierte Formen möglich werden. Dieses Medium heißt im Falle von Organisationen *Entscheidung*.

In der Organisationssoziologie kann das Problem des Entscheidens auf eine lange Tradition zurückblicken. Begonnen hatte die Diskussion mit der Diagnose der begrenzten Rationalität individueller Akteure, die unter Bedingungen von Intransparenz und unvollständiger Information innerhalb von Organisationen zu Entscheidungen kommen müssen. Die klassische Lösung von Herbert A. Simon (1997) bestand darin,

---

[17] Aus dieser Perspektive wird auch deutlich, dass das, was in der differenzierungstheoretischen Nomenklatur gesellschaftliche „Integration" heißt und als Möglichkeitsbedingung gesellschaftlicher Ordnung geführt wird (vgl. Parsons 1972; Münch 1991; Schimank 2001b), als spezifisches Organisationsarrangement im Rahmen „nationalgesellschaftlicher" Verdichtungsprozesse zu verstehen ist. Was als „nationale" Bildungs-, Rechts- und Wohlfahrtsregime und als „Volkswirtschaft" erschien, lässt sich gesellschaftstheoretisch nur im Sinne des Beitrags von Organisationsarrangements für Schließungsprozesse unterhalb der Schwelle der Funktionssysteme begreifen. Insofern sind es Organisationsarrangements, die die transnational operierenden Funktionssysteme als segmentär differenziert erscheinen lassen.

dass die Dysfunktionen der *bounded rationality* der einzelnen Organisationsmitglieder letztlich *durch Organisation* aufgehoben werden können. Es komme also auf die entsprechende *Organisation der Organisation*[18] an, damit aus der „irrational organization" (so Brunsson 1985) rationale Entscheidungsfähigkeit erwachse. Zumeist wurde das Problem des Entscheidens exakt auf dieser Ebene identifiziert, auf der Ebene also der Entscheidungsrationalität der Organisation bei gleichzeitiger *bounded rationality* ihrer Mitglieder (vgl. March 1988, 1994; Connolly 1977; Cyert und March 1963; systematisierend Kirsch 1977; Berger und Bernhard-Mehlich 1993). Ohne dass diese Diskussionen einen systematischen Bezug zu gesellschaftstheoretischen Überlegungen hätten, ist ihnen doch gemeinsam, dass sie Organisationen letztlich als gesellschaftliche *Rationalitätsinseln* konzipieren. Das Bezugsproblem scheint also hier zu sein: Arbeitsteilung und Effektivitätssteigerung durch kollektives Handeln. Als grundlegendes Bezugsproblem fungiert hier die Binnenperspektive der Organisation, die ihre Ziele und Zwecke mit ihrer Praxis versöhnen muss und Störungen als Problem der Organisation der Organisation und der Ökologie ihrer Mitglieder behandelt.

Mit mehr Sichtkontakt zum *gesellschaftlichen* Bezugsproblem ist James S. Colemans Konzept der *asymmetric society* gebaut. Organisationen werden hier als „korporative Akteure" (Coleman 1986) konzipiert, die dem individuellen Akteur einerseits durch Bündelung von Ressourcen einen höheren Wirkungsgrad im gesellschaftlichen Geschehen ermöglichen, ihn aber andererseits seiner unmittelbaren Wirkmächtigkeit auf seine gesellschaftliche Umwelt berauben. Colemans Argument variiert noch einmal das von den Klassikern formulierte Argument der Ambivalenz der Organisation zwischen *Effizienzsteigerung* und *Störung* und formuliert zugleich das gesellschaftstheoretische Bezugsproblem mit: Es geht um die Frage, wie eine Gesellschaft individueller Akteure möglich ist. Korporative Akteure lösen dieses Problem, indem sie die prinzipiell freien individuellen Akteure korporativen Akteuren gegenüberstellen, die ihre Bedeutung freilich durch Ressourcenabgabe durch individuelle Akteure an die korporativen Akteure erlangen. Die Folge ist eine merkwürdige Antinomie: „Die Person ist zwar frei, aber auch in einem ganz fundamentalen Sinne unerheblich" (Coleman 1986: 40) – und zwar deshalb, weil sie auf individuelle zu Gunsten *kollektiver Handlungsfähigkeit* verzichtet. Es scheint dies die Problemformel zu sein, mit der das Problem der Organisation zumeist auf den Begriff gebracht wird: die Kollektivitätsfähigkeit individueller Akteure und Aktionen.[19]

Das hier rekonstruierte Bezugsproblem für die Beschreibung *kollektiver* und *korporativer* Akteure hält letztlich am Modell der Beschreibung der Gesellschaft *als Lebenswelt* fest. Vorsorglich sei angemerkt, dass diese meine Diagnose die Selbsteinschätzung etwa Colemans nicht im geringsten treffen würde, aber im Hinblick auf die Frage, für welches Problem Organisationsbildung die Lösung darstellt, scheint im Hintergrund schon ein Gesellschaftsmodell zu stehen, das den prominenten Selbstbeschreibungen der Moderne als sozialer Raum der Handlungskoordinierung freier Akteure recht nahe kommt. Die Ambivalenz der Moderne wird dann darin gesehen, dass die „Ressourcenzusammenlegung" zugleich zu Autonomieverlust führt.[20] In einer solchen Perspektive

---

18 Eine Formulierung von Baecker (1999: 14ff.).
19 So auch Mayntz und Scharpf (1995: 51) und Schimank (2001a und in diesem Band).
20 Im Übrigen verweisen gerade Colemans Lösungsvorschläge auf ein gewisses Vertrauen auf le-

treten Vertrauen in und Misstrauen gegenüber Organisationen in ein eigentümliches Steigerungsverhältnis. Das Misstrauen richtet sich an die Adresse über- und unpersönlicher Verkehrsformen, das Vertrauen dagegen an die Adresse kollektiver Handlungs- und Entscheidungsfähigkeit.

Das Bezugsproblem einer system- und kommunikationstheoretischen Organisationssoziologie des hier präferierten Typs ist völlig anders gelagert. Konzipiert man Gesellschaft als die Gesamtheit aller möglichen Kommunikationen und diagnostiziert man für den Fall der modernen Gesellschaft eine funktionale Differenzierung sozialer Kommunikation entlang symbolisch generalisierter Kommunikationsmedien und stabiler Codierungen, sind auch *Organisationen als Kommunikationssysteme* zu konzipieren. Die kommunikative Elementareinheit von Organisationssystemen sind *Entscheidungen*. Von Organisationen ist also dann zu sprechen, „wenn es zur *Kommunikation von Entscheidungen* kommt und das System auf dieser Operationsbasis *operativ geschlossen wird*" (Luhmann 2000: 63). Um Missverständnissen vorzubeugen: Selbstverständlich kommt in Organisationen auch anderes vor, andere Kommunikationsformen, etwa Mobbing, Ausbeutung oder die Förderung bestimmter Personen oder Interessen hinter den Kulissen von Entscheidungen, nicht zuletzt nicht entscheidungsfähige Strukturbildung, aber auch das Verschieben von Akten, die Produktion von Gütern und die Architektur von Gebäuden, die womöglich Ausdruck hierarchischer Strukturen, Abteilungsdifferenzierungen oder schlicht Zufall sind usw. Aber all dies steht unter der Prämisse, dass sich die Organisation auf ein Nacheinander von Entscheidungen zurückführen lässt und dass auch alle Entscheidungen auf Entscheidungen zurückgerechnet werden können. So wird in einer Firma über eine Produktlinie ebenso entschieden wie darüber, wie viel das Mittagessen in der Kantine pro Mitarbeiter kosten darf, ob man auch in Österreich investieren soll, ob man Firmenwagen kauft oder leiht, ob man die Reinigungsfirma kontrollieren soll, wer als Mitglied zu behandeln ist und wer nicht usw. Alles, was in Organisationen geschieht, ereignet sich in Form von Entscheidungen und kann nur durch neue Entscheidungen rückgängig gemacht werden.

Entscheidungen sind Zeitstellen. Sie scheiden Vergangenheit und Zukunft, weil sie sich je in einer Gegenwart ereignen, und zwar im Horizont einer Zukunft, für die entschieden wird, ohne dass diese konditioniert werden könnte. So entscheidet Wissenschaftspolitik heute mit bestimmten Erwartungen, nur noch Juniorprofessoren einzustellen, damit diese unabhängiger werden als die derzeit beklagenswerten Assistenten. Und womöglich muss man in ein paar Jahren neue, subtile Abhängigkeiten der dann nicht mehr ganz so jungen *iuniores* beklagen – oder auch nicht. Und man wird das dann wiederum nur per Entscheidung los, und beobachtet auch dann eine Zukunft, die unbekannt bleiben wird und neue Entscheidungen erfordert. Der Clou des Arguments besteht jedenfalls darin, dass sich die Struktur einer Organisation in der Zeit dadurch ergibt, dass sie eine Art *Entscheidungsgeschichte* ausbildet, die man in den Akten, im Geschäftsbericht oder in der eigenen Erinnerung nachlesen kann und die anders als ein schlichtes Nacheinander von Ereignissen ein *Gedächtnis* ausbildet, das nicht nur die

---

bensweltliches *commitment*, das der asymmetrischen Gesellschaft korporativer Akteure entgegengesetzt werden soll: Verantwortung, Nachbarschaft, Gemeinschaft, Familie, intergenerationelle Verständigung etc. mit durchaus sozialromantischer Attitüde (vgl. Coleman 1986: v.a. 229ff.).

Geschichte selbst kennt, sondern auch die Geschichte als *Selektionsgeschichte*.[21] Indem Organisationen entscheiden, entscheiden sie stets zwischen Alternativen und liefern in ihrem Gedächtnis (oder auch für einen externen Beobachter) zugleich mit, was *nicht* entschieden wurde. Und ein subtiler Beobachter – etwa ein organisationssoziologischer Beobachter – kann dann noch mitsehen, dass auch die nicht gewählten Optionen Konstruktionen der Organisationen selbst sind – ich komme darauf zurück.

Entscheidungstheoretisch ist zunächst nicht von Belang, *wie* Entscheidungen zustande kommen, rational, irrational, intentional, von langer Hand geplant oder spontan, gewollt oder gezwungenermaßen, ob mit oder ohne Zweifel oder wie auch immer. Entscheidend (sic!) ist vielmehr, *dass* entschieden wird bzw. dass alles, was geschieht, als Entscheidung sichtbar wird. *Entscheidung* ist ein Zeitschema, das von einem Moment zum anderen die Situation ändert (oder gleich bleiben lässt). Wer sich länger in Organisationen aufgehalten hat, kennt diese entscheidungsgenerierte Zeitspannung. Erst wird mit allen Mitteln für diese oder jene Lösung gestritten, gekämpft, intrigiert, argumentiert und verhandelt, aber sobald entschieden ist, verschwindet zunächst die Spannung – zunächst, denn Entscheidungen erzwingen neue Entscheidungssituationen, und dieses Nacheinander macht die *Autopoiesis* der Organisation aus.[22] Es ist exakt diese Zeithandhabung, die Funktionssysteme und Organisationssysteme unterscheidet – und dieser unterschiedlichen Zeithandhabung lässt sich auch der spezifische Beitrag von Organisationsbildung für die Autopoiesis der Funktionssysteme entnehmen. Dies scheint mir der entscheidende, bisher nicht ausgearbeitete *link* zu sein, an dem sich das Verhältnis von Organisationen und Funktionssystemen festmachen lässt.

Ich habe oben gezeigt, dass der Ordnungsbedarf für Funktionssysteme letztlich durch *Rekursivität* gestillt wird. Von funktionaler Ausdifferenzierung wäre also dann zu sprechen, wenn die Operationen von Funktionssystemen *rekursiv* aneinander anschließen und damit eine Selbststabilisierung der weltweit operierenden Funktionssysteme ermöglichen.[23] Insofern sind Funktionssysteme letztlich keine „Adressen", keine Akteure oder irgendwie zentralisierte Einheiten, die mit einer Stimme sprechen, sondern nur die in Echtzeit wieder verschwindende Ereignishaftigkeit von Operationen, deren Ord-

---

21 Dass eine Organisation ihre Geschichte *kennt*, heißt nicht, dass es sie ohne ihre Registrierung so gäbe. Auch das Gedächtnis muss operativ in einer Gegenwart hergestellt werden und erfordert entsprechende gegenwärtige Vergangenheitsperspektiven und nicht zuletzt Zukunftsbedarf. Wie eine biographische Selbstbeobachtung in erster Linie eine Funktion der Gegenwart ist (vgl. Nassehi 1994), ist auch ein Organisationsgedächtnis eine je gegenwärtige Konstruktion, die sich freilich auf eine Ereignisgeschichte, zumeist: eine dokumentierte Entscheidungsgeschichte stützen kann (vgl. dazu allgemein Walsh und Ungson 1991).
22 Wem die Theoriefigur der *Autopoiesis* suspekt geblieben ist, im Falle von Organisationen müsste sie am plausibelsten werden, weil hier der Aspekt der *Selbstreproduktion des Systems* geradezu mit Händen zu greifen ist. Manche zartfühlende Befürchtung, hier werde ein *akteurloses* Geschehen behauptet (so Schimank in diesem Band), werde ich weiter unten zu zerstreuen versuchen.
23 Eine strittige Frage wäre dann, ob es Regionen der Weltgesellschaft gibt, in denen sich funktionale Differenzierung nicht (oder: noch nicht?) durchgesetzt hat. Neben dieser theoretischen Lösung wäre auch denkbar, von unterschiedlichen Kopplungsformen der Funktionssysteme in unterschiedlichen Regionen der Weltgesellschaft auszugehen. Hinweise dafür finden sich bei Stichweh (2000).

nungsaufbau in der Zeit erfolgt.²⁴ Funktionssysteme muss man sich insofern als relativ *blind* vorstellen, blind deshalb, weil ihre Ordnungszumutung letztlich nur bis zum nächsten Ereignis reicht – flankiert freilich von semantischen Schemata, die bestimmte Anschluss-, Programm- und Motivationsformen wahrscheinlicher machen als andere.

Organisationen dagegen sorgen zwar auch für eine *Rekursivität* von Entscheidungen, bieten aber als spezifisches *Entscheidungsmedium* Funktionssystemen die Möglichkeit der *Reflexivität*.²⁵ Organisationen fügen Zahlungen in Form von Betrieben oder Banken zu einer reflexiven Handlungskette zusammen, die der Wirtschaft ein Ordnungsniveau ermöglicht, das es beobachtbar macht. Anhand ihrer Organisationen ist „die Wirtschaft" beobachtbar, und zwar in Form einer reflexiven, das heißt erinnernden und zeitsensiblen Beobachtungsform, die die beobachtete Vergangenheit und antizipierte Zukunft ökonomischer Entscheidungen in den Blick nehmen kann. Man kann an der Entscheidungsgeschichte von Organisationen sehen, wie sich „die Wirtschaft" entwickelt – und nur weil es sich hier um Entscheidungsgeschichten handelt, lässt sich ein reflexives Bild zeichnen, auf das das ökonomische Funktionssystem wiederum *rekursiv* – also: mit Zahlungen – reagiert und Organisationen *reflexiv* – also: mit Entscheidungen – anschließen. Und weil es sich um *Entscheidungen* handelt, können die nicht gewählten Möglichkeiten, also die verworfenen Alternativen, ohne die eine Entscheidung nicht als Entscheidung erschiene, gleich mitgesehen werden. Ähnliches ließe sich auch für die anderen Funktionssysteme formulieren: Organisationen des politischen Systems erzeugen erst jene Reflexivität, die kollektiv bindendes Entscheiden in den Horizont früheren und zukünftigen Entscheidens stellen und nicht gewählte Alternativen mit in den Blick nehmen. Entscheidungen von Schulen und Hochschulen erzeugen erst jene dokumentierbare Reflexivität, die Bildungskarrieren ermöglicht (und: verhindert) und die gesellschaftliche Bereitstellung von Kompetenzen und Fähigkeiten beobachtbar macht. Entscheidungen von Gerichten schließen stets an Entscheidungen von Gerichten bzw. an Rechtsnormen an, die ihrerseits auf Entscheidungen rechtsprechender oder gesetzgebender Organisationen rückrechenbar sind. Diese Beispiele mögen genügen. Sie zeigen jedenfalls, dass sich die interne Struktur von Funktionssystemen nicht ohne Organisationen denken lässt und dass Organisationen auf Grund ihrer Entscheidungsförmigkeit Funktionssysteme mit einer Reflexivität ausstatten, die in die

---

24 Zur Bedeutung von *Zeit* für den Ordnungsaufbau sozialer Systeme vgl. ausführlich Nassehi (1993).
25 Bei Luhmann heißt es: „Formale Organisation ist jene evolutionäre Errungenschaft, die es den Entscheidungsprozessen ermöglicht, reflexiv zu werden" (Luhmann 1973: 340). Freilich fragt dieser Text von 1968 noch nach der *Funktion von Zwecken* in Organisationen, also der Funktion der Selbststilisierung einer Organisation als Zweckverband, die ihr eine gewisse *Reflexivität* verleiht, die nicht unbedingt funktional sein muss. Hier jedoch steht eher *Reflexivität* im Sinne der späteren Theorie operativ geschlossener Sozialsysteme im Vordergrund, wo der Begriff auf „prozessuale Selbstreferenz" (Luhmann 1984: 610ff.) abstellt. Gemeint ist das „Wiedereintreten in den Prozeß mit den Mitteln des Prozesses" (ebd.), was gerade für die Formvorschrift der Entscheidung in Organisationen typisch ist. Luhmann führt den Begriff 1984 ohne Hinweis auf Organisationen ein. Auf die Reflexivität von Organisationen im Hinblick auf „ihre" Funktionssysteme weisen auch Schimank (2001b) und Lieckweg und Wehrsig (2001) hin, Schimank freilich mit einem unscharfen Begriff von „Systemintegration", der theoretisch eher durch sein Pendant „Sozialintegration" motiviert ist und ein „handlungstheoretisches" Defizit systemtheoretischer Perspektiven andeuten soll.

Rekursivität ihrer schlichten Codierung auf der Ebene der „Gesellschaft" nicht eingebaut ist.²⁶

Der zentrale Aspekt meines Argumentes besteht darin, dass Organisationen die *niedrigschwelligen* Anschlussbedingungen von Kommunikation innerhalb von Funktionssystemen mit *höherschwelligen* Anforderungen versorgen, um damit Strukturbildung zu ermöglichen. Die bloße *Rekursivität* der Funktionssysteme versorgt sich durch die *Reflexivität* von Organisationssystemen mit Strukturvorgaben. Es impliziert diese Lösung zugleich mehr und weniger als Luhmanns Funktionsbestimmung von Organisationen als *Interdependenzunterbrecher* (vgl. Luhmann 2000: 394ff.): *mehr* in dem Sinne, dass Organisationen nicht nur prinzipiell mögliche Interdependenzen limitieren, sondern zugleich Interdependenzmöglichkeiten auf Grund von Programmierung und Adressierung (etwa von Firmen, Universitäten, Staaten oder Kirchen) ermöglichen,²⁷ *weniger* in dem Sinne, als bereits die Ausdifferenzierung von Funktionssystemen nichts anderes ist als die Unterbrechung von Interdependenzen und Anschlussmöglichkeiten.

Exakt deshalb gibt es nicht nur Märkte, sondern auch Betriebe, nicht nur Staatsvölker, sondern auch Regierungen und Parlamente, nicht nur Rechtssubjekte, sondern auch Staatsanwaltschaften und Gerichte, nicht nur wissenschaftliche Kommunikation, sondern auch Universitäten und Forschungsinstitutionen, nicht nur die Kommunikationsfähigkeit der Bildsamkeit des Menschen, sondern auch Kindergärten, Schulen und Hochschulen, nicht nur Zumutungen des Glaubens, sondern auch Kirchen mit Entscheidungsgewalt über Katechismen.²⁸

V. Gesellschaft und Organisation – Reflexivität und Rationalität

Sind Organisationen damit Inseln höherer Rationalität? Ja und nein, je nachdem, was unter Rationalität verstanden werden soll. Auf den ersten Blick könnte meine theoretische Erörterung so gelesen werden, dass es erst Organisationen sind, die eine wirklich rationale, also Zweck-Mittel-Kalküle einsetzende Operationsform der Funktionssysteme ermöglichen. Das Argument bewegte sich dann auf der Ebene der klassischen Erwartungen an Organisationen, für effizienten Mitteleinsatz zur Abarbeitung bekannter Zwecke zu sorgen – ganz im Sinne etwa von Max Webers Modell der *Zweckrationali-*

---

26 Ich unterschlage hier die empirischen Unterschiede der Durchorganisiertheit von Funktionssystemen. Hilfreiche Bemerkungen dazu bei Schimank (2001b).
27 An dieser Stelle könnte man, worauf ich aus Raumgründen verzichte, den *Raum erzeugenden* Funktionen von Organisationen und Organisationsarrangements nachgehen. Es ließe sich daran deutlich machen, dass Organisationen auf Grund ihrer zeitstabilen Adressierbarkeit empfänglicher sind für Kommunikation über räumliche Distanzen hinweg. Ferner ließe sich gerade an der wirtschaftlichen Globalisierung (und nicht zuletzt an der *Katholizität* der (sic!) Kirche) die räumliche Extensierbarkeit von Organisationen studieren, deren Ort sich bisweilen nicht mehr eindeutig festlegen lässt.
28 Einen weiteren internen Strukturbeitrag für die Funktionssysteme leisten Organisationen im Sinne einer Stabilisierung interner segmentärer Differenzierung. Ohne Kirchen gäbe es keine Konfessionen, ohne staatliche Organisation keine unterscheidbaren Staaten, ohne Universitäten keine wissenschaftlichen Disziplinen, ohne Betriebe keine Branchen oder Teilmärkte. Ich werde dieser Funktion von Organisationen für die Funktionssysteme hier nicht weiter nachgehen, weil sie sich letztlich dem Beitrag zur *Reflexivität* subordinieren lassen.

tät, für das die Bürokratie als Inkarnation *rationaler* Herrschaft paradigmatischen Charakter hatte. Und die meisten Problemformeln, unter denen über Organisationen räsoniert wird und unter denen diese sich (für bisweilen zweckrational kaum begründbaren Geldmitteleinsatz) beraten lassen, arbeiten exakt mit der Unterstellung der Rationalitätsoptimierung durch rationalen Mitteleinsatz – die Palette reicht vom *scientific management* früherer Tage (Taylor 1995) über die *human-relations*-Bewegung zum rationalen Umgang mit persönlichen Beziehungen und Ressourcen (klassisch Roethlisberger und Dickson 1939) bis zu institutionenökonomischen Ansätzen, etwa der „Prinzipal-Agent-Theorie" (überblicksartig vgl. Picot, Dietl und Franck 1997). Bei aller hier zu unterschlagenden Unterschiedlichkeit der theoretischen Zugänge eint diese doch die Orientierung an einem *rationalen Kalkül*. *Rationalität* ist hier gewissermaßen die Chiffre dafür, die Berechenbarkeit der Organisation zu betonen, Transparenz und Eindeutigkeit zu simulieren und gegen Kontingenzverdacht zu schützen (vgl. dazu Japp 1994).

Nun kann die Organisationssoziologie bereits auf eine längere rationalitätsskeptische Tradition zurückblicken. Sprichwörtlich ist das (bereits erwähnte) Konzept der *bounded rationality* (Simon 1997), das auf die Intransparenz und Informationsknappheit von Entscheidungssituationen abstellt. Entscheidungen bleiben demnach in der Regel suboptimal. So heißt es bei March und Simon (1958: 140f.): „Most human decision-making, whether individual or organizational, is concerned with the discovery and selection of satisfactory alternatives; only in exceptional cases is it concerned with discovery and selection of optimal alternatives". March und Simon behandeln die inneren Restriktionen organisatorischer Handlungsabläufe geradezu klassisch und nicht nur mit dem Gestus der Kritik und der Versagensdiagnose. Ihnen ist gar die wichtige Einsicht in die „absorption of uncertainty" (ebd.: 164) zu verdanken, also die für Organisationen nicht nur typische, sondern auch funktionale Selbststabilisierung. Allerdings atmet auch dieser rationalitätsskeptische Ansatz den Geist stabiler Zweck-Mittel-Schemata. Das Problem der Rationalität der Organisation ist dann auf der Ebene der Struktur zu lösen, um *anarchische* Mehrdeutigkeit und Unklarheit zu bearbeiten (vgl. March und Olsen 1976), die zu wechselseitig intransparenten lokalen Rationalitäten (vgl. Cyert und March 1963) und zu einem „Kampf der Rationalitäten" (Crozier und Friedberg 1979: 226) führt. Wo sich solche Uneindeutigkeiten und Koordinationen intentional wenigstens im Einzelfall ziel-, zweck- und mittelsensibel geformter Rationalitäten nicht durch die Organisationsstruktur selbst versöhnen lassen, bleibt nur die Diagnose des *garbage can model of choice* (vgl. Cohen, March und Olsen 1972).[29]

Dieser gesamte organisationssoziologische Diskussionsstrang verdankt seine (für die Organisationsforschung unverzichtbaren!) Diagnosen exakt jener einfachen Unterscheidung rationaler Entscheidungsgründe und nicht-rationaler Folgen.[30] Gesellschaftstheo-

---

29 Typischerweise werden als illustrierende Beispiele vor allem Universitäten genannt. Der empirischen Evidenz ist kaum zu widersprechen, aber womöglich ist die Diagnose doch etwas zu einseitig, denn Autoren solcher Texte über Organisationen halten sich zumeist in Universitäten auf und sind deshalb vor allem universitärem Leidensdruck ausgesetzt. Staatliche Bürokratien, ökonomische Betriebe oder auch Kirchen scheinen hier aber kaum weniger interessen- und rationalitätsdifferenziert zu sein.
30 Nur am Rande: Die *rational-choice*-Theorie in der Fassung Colemans kann letztlich selbst so

retisch bedeutsam ist in diesem Zusammenhang vor allem die Frage nach der *Erwartung* an Organisationen. Man scheint Organisationen tatsächlich als Rationalitätsinseln zu konzipieren, denen vor allem Effizienz und rationale Entscheidungsfähigkeit anhaften, um so *kollektive* Handlungspotenziale auszuschöpfen. Die Quelle der Zwecke und Ziele kann dann außerhalb der Organisation verortet werden: als staatliche oder ökonomische Aufgaben, als kulturelle oder religiöse Bedürfnisse, als Vertretung von Interessen in Gewerkschaften oder Interessenverbänden – und letztlich sind es dann Probleme der *Kollektivierung* von Handlungszielen und Interessen, die Organisationen ein Moment von *Irrationalität* einpflanzen und doch die Erwartung nähren, gesellschaftliche Prozesse letztlich *organisieren* zu können.

Sowohl die rationalitätsskeptische als auch die auf Rationalität setzende Organisationssoziologie orientiert sich an dem Leitmodell eines *rationalen* Kalküls als Bedingung der Entscheidungshandlung. Es ist dies gewissermaßen die Lokalisierung *rationaler Gründe* vor die Entscheidung – und zwar sowohl zeitlich als auch systematisch. Freilich verdanken wir bereits March und Simon (1958) die Einsicht, dass in Organisationen die Entscheidungsalternativen selbst bereits durch die Organisationsstruktur *vorentschieden* sind, mithin also die Idee von *choice* nicht die Lösung ist, sondern den-

---

gelesen werden, dass sie die Situation der Wahl der intentionalen Handlung des Wählenden kategorial vorordnet, und zwar nicht nur in dem Sinne, dass Handlungen unbeabsichtigte Folgen zeitigen (vgl. Coleman 1991: 6). Auch hier wird also zwischen den Motiven/Interessen der einzelnen Akteure und ihren sozialen Wirkungen unterschieden. Der „soziale Sinn" einer Handlung ergibt sich nicht allein aus dem Handlungsmotiv oder aus der Präferenz des Handelnden, nicht einmal aus einer Handlung selbst, sondern aus den Folgen, die Handlungen in ihren Kontexten haben. Da diese Folgen aber über die Motive und Präferenzen des individuellen Akteurs hinausweisen, ist es letztlich der jeweilige Anschlusszusammenhang von Handlungen, der sowohl die jeweilige Situationslogik als *framing* vor einer Handlung bestimmt als auch die sozialen Folgen der Handlung als sozialer Wirkung, die aus nachträglichen Beobachtungsprozessen resultiert (vgl. Esser 1999: 252ff.). In diesem Sinne ist die *rational-choice*-Theorie genau genommen nur ein *methodologischer*, keineswegs aber ein streng genommen *theoretischer* Individualismus, denn auch bei Coleman ist die Handlungslogik letztlich eine *Systemlogik*, die mehr umfasst als die Summe ihrer Teile, hier: Handlungen. So gesehen fungiert der Begriff der Rationalität in der *rational-choice*-Theorie eigentlich an einer ganz anderen Stelle, als man es vermuten möchte. Zwar geht man etwa vom anthropologischen Modell des *homo oeconomicus* und neuerdings im Anschluss an Siegwart Lindenberg (1985; auch Esser 1993: 237) vom Modell des *ressourceful, restricted, evaluating, expecting and maximizing man* aus, dem man bei der Präferenzbildung fürs Handeln Rationalität unterstellt. Denn Rationalität wird hier, wie Rudolf Stichweh (1995) herausgearbeitet hat, als differenzloser Begriff benutzt: Rationalität gerinnt dann zu einer universellen Eigenschaft des menschlichen Erlebens und Handelns, die auch in noch so *irrationalen* settings aufgefunden werden kann. Damit wird aber deutlich, dass Rationalität gewissermaßen als soziale, besser: *soziologische* Zuschreibung fungiert, gewissermaßen als *soziologische* Erwartung an das individuelle Verhalten innerhalb einer sozial gegebenen, aber jenseits aller Einzelintentionen entstandenen Situationslogik. Die Rationalität einer Handlung ergibt sich dann aus der „Logik" der Situation bzw. aus der Logik von sozialen Prozessen, in denen Handlungsgegenwarten im Sinne Karl Poppers (1982) eine je eigene Situationslogik ausbilden. Insofern ist der Akteur, wie er hier unterstellt wird, durchaus ein Effekt, ein Resultat, zumindest ein Zurechnungsfokus des Handlungsgeschehens, wenn man so will: des Handlungssystems, und keineswegs der Handlung kategorial vorgeordnet. Mein etwas überspitztes Ergebnis: Auch die *rational-choice*-Theorie müsste genau genommen den Handlungsprozess vom Beobachter her, also vom Handlungsanschluss her konstruieren, und das heißt dann letztlich: *nicht handlungstheoretisch!*

jenigen theoretischen Punkt markiert, an dem sich die soziologische Frage nach der sozialen Strukturiertheit der Situation erst stellt. Anders operiert die prozesstheoretische Sozialpsychologie. „Handeln geht dem Denken voraus", heißt es bei Karl E. Weick (1998: 276). „Das Modell des Organisierens gründet auf der Auffassung, daß Ordnung eher auferlegt als entdeckt wird, weil Handlung Erkenntnis definiert" (ebd.: 237f.).[31] Rationalität, so lässt sich aus diesem prozesstheoretischen Modell lernen, ist ein retrospektives Beobachtungsschema, das letztlich mit der Überraschung von Ordnungsaufbau umgehen muss. Nimmt man die operative Theorieanlage der Systemtheorie wirklich ernst, dann muss man davon ausgehen, dass Entscheidungen sich nicht entscheiden, sondern geschehen (vgl. Luhmann 2000: 135f.), andernfalls müsste es bereits einen Entscheidungsakt vor der Entscheidung geben, über den dann wiederum zu entscheiden wäre. Damit soll nicht wegdiskutiert werden, dass im Vorfeld von Entscheidungen Intentionen oder ein ganzes Geflecht „vorbereitender" Kommunikationen eine Rolle spielen oder dass sich Organisationen so etwas wie Entscheidungsprogramme geben oder gar eine *Identität* behaupten können – aber wiederum nur als Operation, als Entscheidung. Ich behaupte, dass auch diese, da sie in Echtzeit erfolgen, die Organisation letztlich überraschen. Organisationen können also keine *Identität haben, sondern werden von ihnen überrascht*. Ich spreche von *überraschten Identitäten* deshalb, weil die Struktur eines Systems, sein – wenn man so will – So-Sein letztlich nur in der Dynamik einer sich je neu ereignenden Anschlussfähigkeit der eigenen Elemente herstellt. Und es dürfte einige empirische Evidenz dafür sprechen, das Operieren von autopoietischen Systemen in solchen *Überraschungsmomenten* zu beschreiben. Kommunikation findet sich stets *überrascht* vor, das heißt, sie muss darauf reagieren, was geschieht, sie ist *zustandsdeterminiert*. Es bleibt ihr gar nichts anderes übrig, als je dort anzuschließen, wo sie gerade steht, und es ist fast ausgeschlossen, Kommunikationsprozesse eindeutig zu konditionieren und die Überraschung auszuschalten[32] – mit der Ausnahme

---

31 Weick bezieht sich mit seiner These *retrospektiver Sinngebung* ausdrücklich auf Alfred Schütz und George Herbert Mead, also auf soziologische Modelle, die den Akteur nicht schlicht voraussetzen, sondern seine Konstitution durch den Handlungsprozess selbst betonen (vgl. Weick 1998: 277ff.).

32 Und vielleicht vermag gerade eine in dieser Weise explizit *nicht* handlungstheoretisch gebaute Organisationstheorie die Bedeutung individueller Überraschungsmomente für die Strukturbildung von Organisationen nicht nur als Rationalitätsdefizit zu würdigen. Und darüber hinaus: Dem, was man gerne den *individuellen Akteur* nennt, wird man „handlungstheoretisch" womöglich gar nicht wirklich gerecht, weil in die intentionalistische oder präferenzorientierte „Handlung" stets die soziale Restriktion eingebaut werden muss. Der reale Akteur ist dann stets ein defizienter Modus, gespeist aus der meist unbegriffenen Unterstellung quasi vorsozialer Autonomieunterstellungen. Vielleicht reicht ja schon ein kurzer Hinweis auf die historische Herkunft dieser Art Unterstellung: Sie opponierte im Zeitalter bürgerlicher Revolutionen gegen die Heteronomiezumutungen der Tradition und begegnete dem mit der Unterstellung einer nun zu *Rationalität* geschrumpften *Vernünftigkeit*, von deren gesellschaftlicher Realisierungsmöglichkeit freilich nur die Figur einer transzendentalen, d.h. denknotwendigen Möglichkeitsbedingung geblieben ist. Aus dem Heldensubjekt wird dann ein restringiertes Individuum – das als „Akteur" zu feiern letztlich Ironie erforderte. In der allzu einfachen Gegenüberstellung von *Systemtheorie* und *Handlungstheorie*, begründet damit, auch dem individuellen Akteur zu seinem Recht zu verhelfen (so Schimank 2000 und in diesem Band), sehe ich die ironiefreie *bounded rationality* der soziologischen Theoriediskussion, die sich aus der Kontextur der starren Gegenüberstellung von Akteur und Struktur nicht befreien kann und den Lehr-

vielleicht von Kommunikationsformen, die exakt zur Vermeidung von Überraschungen strukturiert sind, religiöse Riten etwa.[33] Zentrum des Arguments ist nicht die Behauptung von Beliebigkeit und Strukturlosigkeit, sondern die Beobachtung, dass sich Ordnung in sozialen Systemen dynamisch *selbst* aufbaut und dass soziale Systeme die Möglichkeit haben, diesen Ordnungsaufbau zu beobachten und diese Beobachtung *reflexiv* für weiteren Ordnungsaufbau zu verwenden. Die Formel *Rationalität* wäre dann nichts anderes als die Unterstellung von Kausalität, also die Beobachtung von Prozessen mit Hilfe der Unterscheidung von *Ursache* und *Wirkung*.

Die Rationalitätserwartung an Organisationen scheint also exakt mit der Beobachtung ihrer selbst als *reflexivem* Geschehen zu tun zu haben – exakt das war mein Argument, den Beitrag von Organisationen für den Ordnungsaufbau von Funktionssystemen herauszuarbeiten. Organisationen vermögen es, Kausalitäten und Trägheit in die Prozesse von Funktionssystemen einzubauen – und wer nach *gesellschaftlichen* Kausalitäten sucht, wird sich bei der Beobachtung an Organisationen halten (und große Teile der Dynamik der modernen Gesellschaft nur als unstrukturiertes Hintergrundrauschen wahrnehmen). Organisationen ermöglichen damit zweierlei: Sie bauen *einerseits* ein Moment von Reflexivität unbeobachtbarer Zeitlichkeit in die Funktionssysteme ein, und *andererseits* eröffnen sie gesellschaftlichen Beobachtern eine Kontrollillusion (vgl. Luhmann 2000: 457), die so tun kann, als lasse sich „die Gesellschaft" in Form ihrer Organisationen mit eindeutigen Zielen konditionieren – und wo dies nicht funktioniert, argumentiert man dann gerne mit der Theodizee-Formel des „Irrtums" oder des falschen (politischen, ökonomischen, pädagogischen, wissenschaftlichen) (Zweck-)Programms.

Anders als Konzepte *kollektiven Handelns* oder der Durchsetzung von *Zweck-* und *Zielrationalitäten* durch Organisationen eröffnet diese Zurechnungstheorie von Rationalität die Möglichkeit, die spezifische Systemrationalität von Organisationen auf den Begriff zu bringen. Man stößt dann unweigerlich auf die Paradoxie des Entscheidens. Entscheidungen sind stets Situationen, in denen Unsicherheit in der Weise bearbeitet werden muss, zwischen Alternativen für eine noch unbekannte Zukunft zu wählen – eine Unsicherheit, die nur aufgehoben werden könnte, wenn man nicht entscheiden müsste. Insofern geraten Organisationen stets in einen Zustand der Unsicherheit, die sie durchs Entscheiden zugleich loswerden und verstärken. Die Paradoxie allen Entscheidens besteht freilich darin, dass die Alternativen, zwischen denen da entschieden werden muss, selbst Konstruktionen der Entscheidung sind. Der blinde Fleck des Entscheidens besteht darin, dass immer nur das entschieden wird, was im Horizont möglicher Alternativen liegt. Im logischen Sinne paradox ist das Entscheiden also deshalb stets, weil es nur im Hinblick auf Unbeobachtbares, Ausgeschlossenes möglich ist. Bestimmte Entscheidungsalternativen werden per se ausgeschlossen – und das ist es, was der Organisation ihre stabile Struktur verleiht. Die *boundaries* der *bounded rationality*

---

buchkonventionalismus ihrer eigenen Systematik für bare Münze nimmt. Es gibt nicht den geringsten Grund, die *Handlungsfähigkeit* korporativer Akteure für eine „akteur"theoretische und die *Handlungsprägung* von Sozialsystemen für eine „system"theoretische Einsicht zu halten. Die Kombination zeugt eher von einer theoretischen Unterkomplexität sowohl der in Anspruch genommenen handlungstheoretischen wie der systemtheoretischen Elemente, ohne die sie nicht zusammenpassen können. Andeutungen dazu vgl. in Nassehi (2003a, 2003b).

33 Vgl. dazu ausführlich mein Modell *überraschter Identitäten* (Nassehi 2002c).

sind also nicht nur Grenzen der Transparenz auf Grund strukturell begrenzter Perspektiven und Informationsverarbeitungskapazitäten der Handelnden, sondern zugleich die Bedingung dafür, dass Entscheidungsroutinen *rational* (sic!) auf Dauer gestellt werden können. Auch hier fungieren Organisationen also nicht als bloße Interdependenzunterbrecher, wie Luhmann formuliert. Organisationen stellen vielmehr selbst spezifische Formen von Interdependenzsicherungen her, etwa durch Bereitstellung von Konditionalprogrammen oder durch die strukturelle Verknappung von Handlungs- und Beobachtungsmöglichkeiten. Am schärfsten „sehen" Organisationen also auf Grund ihrer strukturellen und strukturierten Blindheit.

Zugleich schmälert das die Erwartungen an Rationalität. Denn es geht dann nicht mehr um die Frage der *rationalen Erfüllung gesellschaftlicher Zwecke durch Organisation*. Man kann nun vielmehr sehen, wie selbsttragend und relativ unabhängig von internen Zweckbestimmungen Organisationen ihre eigene Reproduktion besorgen.[34] Gesellschaftstheoretisch bedeutsam ist dann eher der Zusammenhang, wie Organisationssysteme sich geradezu *zweckfrei* reproduzieren, schon weil interne Zweckbestimmungen nichts als kontingente oder konkurrierende Selbstbeschreibungen sind.[35] *Rationalität* und *Zweckbestimmungen* sind dann eher *retrospektive Sinngebungen* (vgl. Weick 1998: 276f.) – und wieder stoßen wir auf die Funktionsbestimmung von Organisationen, in die Funktionssysteme *Reflexivität* einzubauen, also eine Zumutung, die beobachtbaren Prozessen sowohl eine Ordnung als auch eine Adresse verleiht.[36]

Hält man an der Vorgabe fest, auf *Rationalität* zu pochen, bleibt dann nur die Frage, inwiefern es Organisationssystemen gelingen kann, ihre eingebaute Paradoxie in den Blick zu nehmen. Theorietechnisch lässt sich systemtheoretisch Rationalität als die *Handhabung der Unterscheidung von Selbstreferenz und Fremdreferenz* rekonstruieren, und zwar in dem Sinne, dass die Einheit dieser Differenz „als Wiedereintritt der Diffe-

---

34 Das war bereits die – bis heute nicht übertroffene – Grundthese von Luhmanns organisationssoziologischen Arbeiten der 60er Jahre (vgl. Luhmann 1973).
35 Vgl. dazu die sozialpsychologische Rekonstruktion von Systemprozessen bei Weick, der zeigt, „dass Organisieren *nicht* notwendigerweise ein Versuch zur Erreichung eines bestimmten Ziels ist" (Weick 1998: 33). Dasselbe gilt dann auch für *Interessen*. Wer also das Bezugsproblem von Organisationen in der Interessenbündelung von Individuen verortet (so etwa Coleman 1986), reproduziert nur die Selbstbeschreibung von Organisationen und sieht nicht, dass die *gebündelten* Interessen oftmals erst durch jene Organisationsform erzeugt werden, die sie zu repräsentieren vorgeben – als Selbstbeschreibung der Organisation und Legitimation des Organisationszwecks.
36 Eine prominente Adresse sind Leitungen, Führungspositionen, Management, die die inkarnierte Illusion der Steuerung bzw. der Steuerbarkeit darstellen und bisweilen eine merkwürdige Position innerhalb der Organisation haben, die sie wie außerhalb erscheinen lässt. Womöglich ist die Hauptfunktion von Organisationsspitzen tatsächlich die der retrospektiven Sinngebung, die antizipierend immer schon vorbereitet wird. Und vielleicht dient die auch in Deutschland inzwischen zu beobachtende radikale Schere zwischen den Einkommen der höchsten Managementpositionen in Konzernen und nachgeordneten Ebenen auch dazu, die Entscheidungsferne jener Retro-Perspektive als Trennungslinie sichtbar zu machen, indem man dann zwischen strategischen Gesamtperspektiven und operativen Entscheidungen unterscheidet. Ähnliche Ebenen sind bei der Erziehung von Kindern zu beobachten. Fritz B. Simon beobachtet denn auch bei Managern ähnliche Attitüden wie bei Eltern, denen Verantwortung und Steuerungskapazität für etwas zugerechnet wird, was sie letztlich nicht direktiv beherrschen können. Umso direktiver fallen dann oft die Interventionen aus (vgl. Simon 1997: 140).

renz in das Differente" (Luhmann 1984: 641) erscheint. Es geht also um eine Form der Selbstbeobachtung, die nicht den eigenen Selbstbeschreibungen zum Zwecke etwa der Präsentationspolitik (Werbung, Broschüren) oder der Motivierung von Personal (Leitbilder, *corporate identities*) auf den Leim geht. *Rational* in diesem Sinne wäre eine Selbstbeobachtung und Selbstbeschreibung, wenn sie der selbsttragenden und kontingenten Begrenztheit der eigenen Perspektive gewahr würde – ohne die Illusion freilich, exakt dies *zweckrational* aufheben zu können.[37] Es geht also darum, die Kontingenz, Fragilität und Unplanbarkeit allen Ordnungsaufbaus für Ordnungsaufbau zu nutzen. Unübertroffen (jedoch allzu sehr an die Adresse der „Leute" gerichtet) formuliert Weick: „Die Unfähigkeit von Leuten in Organisationen, mehrdeutige Verarbeitungsweisen zu ertragen, scheint einer der wichtigsten Gründe dafür zu sein, dass sie Schwierigkeiten haben. Es ist das Fehlen der Bereitschaft, Mehrdeutigkeit in mehrdeutiger Weise anzupacken, was Scheitern, Nichtanpassung, Autismus, Isolierung von der Realität, psychologische Kosten usw. verursacht. Es ist ironischerweise das Fehlen der Bereitschaft, Ordnung zu zerbrechen, was der Organisation die Schaffung von Ordnung unmöglich macht" (Weick 1998: 270).

Die *Ironie* der Organisation ist es, dass ihre Stärke mit ihrer Schwäche zusammenfällt: *einerseits* sich nicht weiter verunsichern zu lassen und *andererseits* dann doch immer wieder mit Unsicherheit umgehen zu müssen und Ordnungsaufbau zu gewährleisten. Die „gesellschaftliche" *Rationalität* von Organisationen besteht also darin, Operationen von Funktionssystemen als reflexive Handlungsketten zu ermöglichen und so Stabilität und Instabilität, Varietät und Routine sowie Redundanz und Innovation so zu verbinden, dass *beide* Seiten der Unterscheidung sichtbar werden. Insofern stellt sich ironischerweise tatsächlich eine höhere Rationalitätsfähigkeit von Organisationen im Vergleich zu Funktionssystemen ein.

VI. Gesellschaft und Organisation – Inklusion und Exklusion

Meine bisherigen Ausführungen haben das Verhältnis von Funktionssystemen und Organisationen behandelt. Bezugsproblem war die Frage der Strukturierung der operativen Rekursivität der Funktionssysteme. Eine der entscheidenden Funktionen von Organisationen für die moderne Gesellschaft ist die *Herstellung von Lebenslagen*. Ähnlich spricht Luhmann (2000: 390f.) Organisationen die Funktion zu, Personen in einer Weise binden zu können, die die prinzipiell freie und gleiche Teilhabe an den Funktionssystemen konterkariert: durch Mitgliedschaftsregeln und die Suspendierung von Freiheits- und Gleichheitszumutungen. Die – sehr kursorischen – Bemerkungen Luhmanns zu diesem Topos spiegeln eine erhebliche Leerstelle der systemtheoretischen Gesellschaftstheorie wieder: ihre relative Blindheit dafür, individuelle Lebenslagen, die quer zur gesellschaftlichen Differenzierungsstruktur liegen, als Effekte sozialer Strukturen zu beschreiben. Ich möchte im Folgenden den spezifischen Beitrag einer organisationssoziologischen Perspektive für eine systemtheoretische Theorie von „Lebenslagen"

---

[37] Begriffstechnisch wäre hier die Unterscheidung von Reflexivität und Reflexion einzuführen, worauf ich jedoch aus Platzgründen verzichte (vgl. dazu aber Kneer 1992).

andeuten. Dabei verlasse ich keineswegs den gesellschaftstheoretischen Fokus, denn eine solche Theorie von „Lebenslagen" muss zunächst an der Stelle beginnen, an der *Multiinklusion* in Funktionssysteme auffällt.[38]

Auf der Ebene der Gesellschaft kann für die Moderne *Vollinklusion* behauptet werden – jedenfalls gilt *Exklusion* als skandalöser Grenzfall und Provokation für die Moderne.[39] Nun ist der Tatbestand der *Inklusion* noch relativ nichtssagend, wenn man daran denkt, dass jeder irgendwie an Zahlungen, an Recht, an Politik oder an Erziehung beteiligt wird oder sich beteiligen kann. Die moderne Gesellschaft ermöglicht also eine zunächst völlig unproblematische Inklusion von Gesamtbevölkerungen, ohne dass damit bereits höherrangige Formvorschriften erfüllt wären. *Inklusion* ist – entgegen mancher Formulierung Luhmanns – keine Lösung von Problemen individueller Lebenslagen, sondern zunächst eine Zustandsformel – und vielleicht eine Problemformel, wenn man mitsieht, dass Inklusion selbst noch kein Problem löst (vgl. dazu Nassehi 1999: 105ff.). Es scheint für die Reproduktion der Funktionssysteme zunächst eine Art evolutionärer Vorteil zu sein, Inklusion nicht weiter vorstrukturieren zu müssen und somit auf *Individuen* zugreifen zu können; auf *Individuen* heißt: auf unspezifische Personen, die nicht schon per se als Mitglieder von Schichten, Klassen, Gruppen, Geschlechtern erscheinen. Individuen sind aus dieser Perspektive zunächst *digitale* Adressen – und letztlich werden sie erst durch ein Arrangement von Organisationsmitgliedschaften *analoge* Adressen.

Besteht eine Funktion von Organisationen in der funktional differenzierten Gesellschaft darin, für *reflexive Entscheidungslagen* in funktionssystemspezifischen Prozessen zu sorgen, ist eine andere Funktion die Herstellung von *Mitgliedschaftsverhältnissen*.[40] Dabei ist ein *Umkehrungsverhältnis zwischen Gesellschaft und Organisation* zu konstatieren (vgl. Luhmann 2000: 390ff.). Während für erstere *Inklusion* den Normalfall darstellt, lautet dieser Normalfall für Organisationen *Exklusion*. Im Falle von Organisationen ist *Inklusion* der Fall, der höhere Reflexionslasten auf sich zieht. Jemand muss explizit *eingestellt*, als *Mitglied* behandelt werden, *Empfänger* von Leistungen sein, *Kunde* oder *Insasse*. Diese Formen der Inklusion lassen sich auf unmittelbare *Entscheidungen* der Organisation zurückführen, und es sind in der modernen Gesellschaft vor allem organisationsvermittelte und -gestützte Strukturen, die *Lebenslagen* hervorbringen. Sowohl Bildung als auch Versorgung, sowohl Gelderwerb als auch Krankenbehandlung, rechtliche Regulierung von Konflikten, ebenso Partizipation an Politik, nicht zuletzt die Inanspruchnahme öffentlicher und private Fürsorge und sogar Freizeitgestaltung und soziales Engagement ereignen sich im Rahmen organisierter Sozialsysteme. Letztlich ist das, was wir als *evolutionäre Errungenschaft* der Inklusion von Gesamtbevölkerungen in die Gesellschaft kennen, davon geprägt, *Normal*lebenslagen, *Normal*lebens-

---

38 Nur am Rande: Luhmanns eigene Formulierungen zur Multiinklusion malen bisweilen ein allzu unproblematisches Bild davon, dass Inklusion, das heißt die Berücksichtigung durch Kommunikation, bereits so etwas wie Lebenslagen erzeugt (vgl. dazu Nassehi 1999, 2000, 2001, 2002a).
39 Zu dieser Frage existiert inzwischen eine breite Debatte über den Status von *Inklusion* und *Exklusion* in der modernen Gesellschaft, auf die ich hier nicht weiter eingehe. Ich verweise lediglich auf Stichweh (1988, 2000: 85ff.), Nassehi (1999), Kronauer (1997).
40 Zum Folgenden vgl. Nassehi und Nollmann (1997).

läufe und die Beobachtungsmuster von *Normal*biographien durch Mitgliedschaft in einem Arrangement von Organisationen hervorzubringen, das im national- und industriegesellschaftlichen *Normal*modell der klassischen Moderne in erster Linie als *Arbeits-* und *Versorgungsregime* sichtbar wurde – mit entsprechenden national unterschiedlichen Organisationskonstellationen (vgl. Albert 1992; Esping-Andersen 1990; Bornschier 1998; Flora und Heidenheimer 1981).[41] Die Vollinklusion von Bevölkerungen war im nationalstaatlichen Rahmen gewissermaßen weitgehend vollständig organisierbar. Ich wiederhole noch einmal: Die *Funktion von Organisationen* besteht nicht nur abstrakt darin, durch Suspendierung von Freiheit und Gleichheit so etwas wie Handlungskoordination zu besorgen (so Luhmann 2000: 390f.), sondern auch darin, eine *Passung* zwischen der Kontinuität individueller Lebensverläufe und der Diskontinuität und Geschwindigkeit von Funktionssystemen zu besorgen. Es ist dies eine noch weitgehend offene Theoriestelle der Theorie funktionaler Differenzierung.

Sind die Funktionssysteme der modernen Gesellschaft letztlich *Inklusionsmaschinen*, könnte man Organisationen als *Exklusionsmaschinen* bezeichnen, deren Grundstruktur in entscheidungsgestütztem selektivem Zugriff auf Menschen besteht und damit zugleich als Generator von *Inklusion* fungiert. Organisationen sind in diesem Sinne auch Maschinen zur Erzeugung von Positionen und Zurechenbarkeiten an Personen, die jene inkludierende und exkludierende Struktur erzeugen, die uns als das Organisationsarrangement der klassischen Moderne ein Normalmodell vorgaukelt, dem noch die soziologische Nomenklatur ihre grundlegenden Unterscheidungen verdankt. Zugleich generiert diese Zuweisung von Positionen nicht nur soziale Ungleichheiten, sondern macht sie zugleich noch sichtbar, benennbar und in Teilen sogar legitimierbar. Das gilt sowohl innerhalb von Organisationen als auch zwischen ihnen. So wird etwa die durch Arbeit erzeugte soziale Ungleichheit im Hinblick auf Verfügung über Geld sowie die „kulturell" und habituell erzeugte Ungleichheit im Hinblick auf kommunikative Ressourcen von Bildung, Geschmack und sozialen Netzwerken nicht nur durch Organisationsmitgliedschaft erzeugt, sondern auch sozial bedeutsam und sichtbar. Eine organisationssoziologische Perspektive macht deutlich, dass das klassische Inklusionsmodell der modernen Gesellschaft Schichtung durch Organisationen sowohl erzeugt als auch funktional einbettet.

Erst eine organisationssoziologische Perspektive kann zeigen, dass soziale Ungleichheit keine *Abweichung* vom Selbstverständnis der Moderne ist, sondern ihre *Folge*. Zunächst stattet sich die Moderne mit Semantiken des *Menschen* und der prinzipiellen *Gleichheit* seiner Exemplare trotz ihrer beobachtbaren *Ungleichheit* mit einem Instrumentarium aus, das es erlaubt, Inklusion in die Gesellschaft jenseits der vormodernen Inklusion in stabile soziale Verbände, Familien, Schichten, Häuser oder sonstiger multifunktionaler Einheiten *multiinkludierend* zu gestalten. Die funktionale gesellschaftliche Differenzierung bringt damit sowohl Gleichheit als auch Ungleichheit hervor – und zwar als die beiden Seiten einer Unterscheidung, die zur grundlegenden Form der Beobachtung von Gesellschaft werden sollte. Wie die *Idee* der Gleichheit immer schon auf die *Erfahrung* von Ungleichheit verweist, ist Ungleichheit immer schon ein Korrelat der Beobachtung, die auf Gleichheit gerichtet ist – insofern ist die radikalere soziale

---

41 In einem lesenswerten Aufsatz bestimmt Detlef Pollack (1990) die Struktur der DDR und ihren Zusammenbruch als Folge eines bestimmten Organisationsarrangements.

Ungleichheit früherer Zeiten mehr als Ordnungsfaktor denn als Problem ins Auge gefallen, da der Fokus auf *Gleichheit* gar nicht denkbar war.

Wo die Semantik gesellschaftlicher Selbstbeschreibungen in Politik, Recht, Ökonomie, Kunst usw. Differenzen immer schon wenigstens im Horizont einer *prinzipiellen*, also nicht: *vorfindbaren* Gleichheit der Menschen zu sehen beginnt und im Vollinklusionsgebot auch scheinbar durchsetzt, wird dies letztlich durch jenen Mechanismus konterkariert, der für die Erzeugung von Lebenslagen sorgt: *durch Organisationen*. „Mit Hilfe ihrer Organisationen lässt die Gesellschaft die Grundsätze der Freiheit und der Gleichheit, die sie nicht negieren kann, scheitern" (Luhmann 2000: 394). Organisationen suspendieren jene Form der Gleichheit auf verschiedenen Ebenen: Sie differenzieren zum einen explizit zwischen innen und außen bzw. Mitgliedern und Nicht-Mitgliedern und könnten nur um den Preis des eigenen Zerfalls auf diese Exklusionsform verzichten. Zum anderen schränken Organisationen Kommunikationen innerhalb ihrer selbst in der Weise ein, dass eben keine Gleichheit und Freiheit in der Chance besteht, an allem und überall mitzukommunizieren. In Organisationen ist folgende Frage legitim zu stellen: „Kann ich Mitglied bleiben, wenn ich diese oder jene Zumutung offen ablehne?" (Luhmann 1964: 40) – bezogen auf Mitgliedschaft in der Gesellschaft wird diese Frage kategorial ausgeschlossen.[42] Stelleninhaber und Funktionäre, gewählte Vorstände und Zuständige für dies und jenes sind stets eingebunden in jene eigentümliche Autopoiesis von Organisationen, die für eine merkwürdige Trägheit und Einförmigkeit (d.h. Entscheidungsförmigkeit) des Geschehens sorgt. Organisationen sind in diesem Sinne nicht nur *Exklusionsmaschinen* nach außen, sondern auch *Ungleichheitsmaschinen* nach innen.

Dass Organisationen Mitgliedschaft durch *Entscheidungen* erzeugen, reflektiert freilich nur den formalen Aspekt. Wie wir wissen, enthalten Organisationen auch Strukturen, die nicht auf Entscheidungen zurückgehen, sondern gewissermaßen beim Entscheiden mitentstehen und subkutan mitwirken. Man spricht dann von *informellen Strukturen* oder entdeckt die *Organisationskultur*, letztlich eine für die Organisation eher undurchsichtige, latente Struktur, deren Manifestationen sich eben nicht an Entscheidungen ablesen lassen (vgl. dazu Theis 1994: 102).[43] Besonders sichtbar wird dies an den Auswirkungen auf das Personal von Organisationen. So kann der Rekurs auf die *Kultur* der Organisation einerseits dazu dienen, nicht formell entschiedene Strukturbildung in Organisationen aufzudecken – etwa die Selektionspraxis von Personal im höheren Management durch Konzentration auf „adäquate" soziale Herkünfte (vgl. Hartmann 1996), die ungleiche Praxis bei der Förderung von Frauen und Männern in Organisationen der Wissenschaft (vgl. Wimbauer 1999; Fuchs, von Stebut und Allmendinger 2001) oder die Rückwirkung ethnischer oder nationaler „diversity" auf die Organisationspraxis (vgl. Bissels, Sackmann und Bissels 2001). Andererseits kann die Organisationskultur paradoxerweise selbst zum Gegenstand von Entscheidungen werden, etwa indem durch die Konstruktion von Leitbildern, einer *corporate identity* oder

---

42 Ich erinnere noch einmal an meine unter (I.) angedeuteten Selbstbeschreibungen der modernen *Gesellschaft*.
43 Treffend formuliert Baecker (1999: 102): „Mit der Organisationskultur ergeht es einem wie mit aller Kultur: Sobald man darüber spricht, verwandelt sich das Merkwürdige in das nicht mehr Selbstverständliche".

einer Firmenphilosophie Motive beim Personal erzeugt werden sollen. Entscheidend ist jedenfalls, dass Inklusion in und Exklusion aus Organisationen stets auf formelle Entscheidungen rückgerechnet werden können, dass aber die Interaktion innerhalb von Organisationen keineswegs dem früheren Bild der *Maschine* folgt. Anders gesagt: Die „Technisierung von Interaktionen" (Kieserling 1994: 172) hat Grenzen – und es kann nicht im geringsten davon die Rede sein, Organisationen eine Art „Fiktion akteurloser Sozialität" (Schimank in diesem Band) zu unterstellen. Von soziologischem Interesse ist dabei viel eher die Frage, welchen Beitrag Organisationen bzw. die Inklusion in Organisationen dabei leistet, jene Motive, Intentionen und Persönlichkeitstypen zu erzeugen, als die Mitglieder und Insassen von Organisationen in der Kommunikation erscheinen. Der historischen Organisationsforschung lässt sich etwa entnehmen, dass der Organisationswandel selbst jenen Mentalitätswandel erzeugt, den man einen *Zivilisationsprozess* oder *Informalisierungsprozess* nennen könnte und der die Multiinklusion in die moderne Gesellschaft erst ermöglicht. Vergleicht man etwa das Fabrik-, das Schul- oder das Strafregime des 18. Jahrhunderts mit dem heutigen, so wird man an der Form der Organisationsinklusion ablesen können, dass Personen hier sehr unterschiedlich kommunikativ formiert werden (vgl. etwa die Studie von Dreßen 1982).

Das in der Kommunikation auftretende Individuum, die Person, kann damit als ein Effekt von Kommunikation rekonstruiert werden, aber nicht in dem Sinne, das Individuum als so etwas wie die Entäußerung eines objektiven Geistes oder einer anonymen, akteurlosen Struktur zu verstehen, sondern in dem Sinne, dass Personen dadurch entstehen, dass sie im sozialen Raum positionierbar werden. Das hat übrigens nichts mit Konformität zu tun. Auch Abweichung oder Kritik werden erst durch Anschlussfähigkeit sichtbar – und das so weit, dass Abweichung oder Kritik so erwartbar werden können, dass sie mit Konformität zusammenfallen. Es lässt sich vielmehr zeigen, dass Organisationen ihr Personal einerseits *ent*individualisieren, also auf bestimmte Handlungsformen einschränken oder Zwangsmitgliedschaften vorsehen (z.B. Staatsbürgerschaft, Sozialversicherung, Schulpflicht, Wehrpflicht etc.), andererseits aber auch jene Selbstbeschreibungsformeln erzeugen, die der modernen Individualitätsform entsprechen – man denke etwa an organisationsgestützte Karriereplanung und -praxis oder an die kaum mehr vorgeordneten Eintritts- und Austrittsbedingungen für Interessenverbände, Kirchen, Weltanschauungsvereine oder Freizeitorganisationen. Man kann geradezu von einer „individualisierenden Inklusion" (Nassehi 2000: 58ff.; 2002a) sprechen: So erzeugen Schulen und Universitäten, aber auch Arbeitgeber individualisierte Perspektiven auf Lebensläufe; Organisationen sozialer Hilfe individualisieren soziale Probleme zu je konkreten Anspruchsberechtigungen; Organisationen der Rechtspflege behandeln Individuen als die relevantesten Zurechnungsadressen; Anbieter des Produktions- und Dienstleistungssektors stellen sich auf individualisierte Nachfrager und Zahler ein; und Kirchen sind darauf angewiesen, privatisiertes, d.h. individualisiertes religiöses Erleben in (heute) kontingente Mitgliedschaften zu überführen.[44] Diese strukturelle Individualisierung – die übrigens nicht mit *kulturell individualisierten Selbstbeschreibungen* der Machart bildungsbürgerlicher Selbstfinder zusammenfallen muss – ist

---

44 Erstaunlicherweise wird die Debatte um *Individualisierung* fast überhaupt nicht in Sichtweite organisationssoziologischer Fragestellungen geführt, vgl. dazu die Beiträge in Krohn (2000) sowie Schroer (2001).

mit ein Erzeugnis der Ersetzung strikter Mitgliedschaft in „der" Gesellschaft durch ein Inklusionsarrangement durch lose gekoppelte, aber durchaus strukturierende und strukturierte Ungleichheit und Schichtung erzeugende Organisationsmitgliedschaften. All die organisationsgestützten Mitgliedschaftssimulakren entdramatisieren gewissermaßen die letztlich aus dem Gesamtzugriff der Gesellschaft entlassene Individualität der Individuen. Vielleicht ist damit tatsächlich jene Utopie Durkheims fast erreicht, Individuen nicht mehr unter die Knute eines engen Kollektivbewusstseins zu zwängen und doch vor blasiertem Individualismus zu bewahren. Zugleich wird aber deutlich, dass *gesellschaftliche* Krisen wie Arbeitslosigkeit, Bildungsarmut (Allmendinger 1999), Finanzierungskrisen des Rentensystems usw., also all das, was man im politischen Sinne als *soziale Probleme* bezeichnet, ein Problem des Inklusionsarrangements von Organisationen ist. Erst die *gesellschaftstheoretische* Reflexion solcher Organisationsarrangements lässt verständlich werden, warum die Funktionssysteme selbst durch solche Fragen kaum irritierbar sind – und welche Funktionsstelle Organisationen gerade deshalb haben.

VII. Exit: Die Organisationen der Gesellschaft: Rekursivität-Reflexivität-Rationalität-Inklusion

Es sollte deutlich geworden sein, dass sich die Funktion von Organisationen im Rahmen der Theorie funktionaler Differenzierung nicht mit den schlichten Modellen der Effizienzsteigerung, der Interessenbündelung, der Ressourcenzusammenlegung und des kollektiven Handelns bestimmen lässt. Mein Vorschlag des Einbaus von Reflexivität in die Rekursivität der Funktionssysteme durch Organisationen operiert sparsamer mit solchen Modellen; er hält zu den „Sprichwörtern der Organisationen" selbst (vgl. Baecker 1999: 102) respektvolle Distanz, zu jener Poesie nämlich, mit der in Organisationen selbst auf die Frage ihrer eigenen Effizienz und Rationalität reagiert wird. Es wäre eine lohnende Forschungsperspektive, an diesen Selbstbeschreibungen von Organisationen ihre *Rationalität* abzulesen, das heißt danach zu fragen, wie sie ihre eigenen Reproduktionsbedingungen im Hinblick auf die Handhabung von Selbst- und Fremdreferenz bearbeiten. Man könnte auch mit den Mitteln der Logik sagen: wie sie die Paradoxie ihrer eigenen Entscheidungspraxis entfalten.

Aber diese Perspektive der Organisationen selbst war nicht mein Thema. Der Ertrag meiner Ausführungen besteht – so hoffe ich wenigstens – darin, gezeigt zu haben, dass sich das Verhältnis von Gesellschaft und Organisation aus der Perspektive der Theorie funktionaler Differenzierung in einer dreifachen Funktion bestimmen lässt: *Erstens* bauen Organisationen durch ihre reflexive Zeitstruktur ein Moment von Reflexivität in die prinzipiell offene Rekursivität der Funktionssysteme ein. Zu wenig ist bis jetzt systemtheoretisch gezeigt worden, welchen Beitrag Organisationssysteme für die Autopoiesis der Funktionssysteme leisten – und wie Organisationen keineswegs Teile der Funktionssysteme sind, sondern in einer spezifischen Weise an diese gekoppelt werden.[45] *Zweitens* besteht die Funktion von Organisationen für die moderne Gesell-

---

45 Weitgehend außer Acht konnte ich lassen, dass Organisationen zur strukturellen Kopplung von Funktionssystemen beitragen, da dies mit Einschränkungen bereits ausreichend geklärt scheint (vgl. dazu Luhmann 2000: 397ff.).

schaft darin, Momente rationaler Zurechnung zu ermöglichen. Keineswegs werden Organisationen hier als Rationalitätsinseln konzipiert, aber ohne Organisationssysteme könnte es nicht gelingen, Entscheidungsstellen in die Funktionssysteme einzubauen, deren Entscheidungen als solche sichtbar zu machen wären. Dass damit keineswegs die Funktionssysteme steuerbar oder gar rational durchschaubar werden, verweist ironischer Weise auf eine Art *bounded rationality* der Organisationen im Hinblick auf die Funktionssysteme, denen selbst Rationalität zuzusprechen nur durch die Resurrektion eines Hegelschen „objektiven Geistes" möglich wäre. Das kann aber niemand ernsthaft wollen. *Drittens* schließlich ermöglicht gerade die Zurechnungsfähigkeit von Organisationen die evolutionäre (sic!) „Gestaltung" von interaktionsnahen Lebenslagen, die über Mitgliedschaftsarrangements für eine Passung von Individuen und gesellschaftlichen Dynamiken sorgt.

Bei all dem ist mitzubedenken, dass Organisationen keineswegs jene transparenten Maschinen sind, als die sie bereits seit der Kritik des *scientific management* theoretisch nicht mehr herhalten können, als die sie aber in der gesellschaftlichen Wahrnehmung gerne erscheinen (wollen). Die Entdeckung der *Organisationskultur* scheint darauf hinzuweisen, dass Organisationen zunehmend darauf aufmerksam werden, dass ihre Robustheit, ihre Stabilität, ihr „Lob der Routine" zur Quelle von Instabilität und zur Notwendigkeit des Einbaus von Varietät geworden ist. Anders ist etwa der Beratungsbedarf von Organisationen nicht zu erklären – und die Folgenlosigkeit von Beratung. Man hält sich dann gerne an Motivationsgeneratoren und verschiebt das Problem der Organisation auf die Ebene der beteiligten Personen, die dann ihre adaptiven Mechanismen umstellen und dort Motivation simulieren, wo man vorher den Glauben an den Organisationszweck oder das Vertrauen in die Rationalität des „Das-haben-wir-immer-schon-so-entschieden" besichtigen konnte. Womöglich findet gerade der Versuch statt, die klassischen Selbstbeschreibungen der Moderne als *Lebenswelt*, mit denen ich im *Entry* begonnen habe, in die Organisation einzubauen – womöglich mit denselben fatalen Folgen, mit denen man schon das Problem der *gesellschaftlichen* Ordnungsbildung verfehlt hatte. *Sub specie* einer gesellschaftstheoretischen Perspektive jedenfalls wäre von Interesse, ob sich mit der offenkundigen Selbstverunsicherung von Organisationen und ihrem Beratungsbedarf ein Funktionswandel von Organisationen ankündigt.

Literatur

Adorno, Theodor W., 1997: Individuum und Organisation. Einleitungsvortrag zum Darmstädter Gespräch 1953. S. 440–456 in: *Ders.:* Soziologische Schriften I. Band 8 der Gesammelten Schriften. Frankfurt a.M.: Suhrkamp.
Albert, Michel, 1992: Kapitalismus contra Kapitalismus. Frankfurt a.M./New York: Campus.
Alexander, Jeffrey C., 1988: Action and its Environments. New York: Columbia University Press.
Alexander, Jeffrey C., 1990: Differentiation Theory: Problems and Prospects. S. 1–15 in: *Ders.* und *Paul Colomy* (Hg.): Differentiation Theory and Social Change. Comparative and Historical Perspectives: New York: Columbia University Press.
Allmendinger, Jutta, 1999: Bildungsarmut. Zur Verschränkung von Bildungs- und Sozialpolitik, Soziale Welt 50: 35–50.

Argyris, Chris, 1957: Personality and Organization. The Conflict Between System and the Individual. New York u.a.: Harper und Row.
Baecker, Dirk (Hg.), 1993a: Kalkül der Form. Frankfurt a.M.: Suhrkamp.
Baecker, Dirk (Hg.), 1993b: Probleme der Form. Frankfurt a.M.: Suhrkamp.
Baecker, Dirk, 1993c: Die Form des Unternehmens. Frankfurt a.M.: Suhrkamp.
Baecker, Dirk, 1999: Organisation als System. Aufsätze. Frankfurt a.M.: Suhrkamp.
Bendix, Reinhard, 1956: Work and Authority in Industry. Ideologies of Management in the Course of Industrialization. New York: Wiley.
Berger, Peter L., und *Thomas Luckmann,* 1970: Die gesellschaftliche Konstruktion der Wirklichkeit. Eine Theorie der Wissenssoziologie. Frankfurt a.M.: S. Fischer.
Berger, Peter, Brigitte Berger und *Hansfried Kellner,* 1975: Das Unbehagen in der Modernität. Frankfurt a.M./New York: Campus.
Berger, Ulrike, und *Isolde Bernhard-Mehlich,* 1993: Die Verhaltenswissenschaftliche Entscheidungstheorie. S. 127–160 in: *Alfred Kieser* (Hg.): Organisationstheorien. Stuttgart/Berlin/Köln: Kohlhammer.
Bissels, Sandra, Sonja Sackmann und *Thomas Bissels,* 2001: Kulturelle Vielfalt in Organisationen. Ein blinder Fleck muß sehen lernen, Soziale Welt 52: 403–426.
Böckenförde, Ernst-Wolfgang, und *Gerhard Dohrn-van Rossum,* 1978: Art. Organ, Organismus, Organisation, politischer Körper. S. 519–622 in: *Otto Brunner* et al. (Hg.): Geschichtliche Grundbegriffe. Bd. 4. Stuttgart: Klett-Cotta.
Bora, Alfons, 2001: Öffentliche Verwaltung zwischen Recht und Politik. Die Multireferentialität organisatorischer Kommunikation. S. 170–191 in: *Veronika Tacke* (Hg.): Organisation und gesellschaftliche Differenzierung. Opladen: Westdeutscher Verlag.
Bornschier, Volker, 1998: Westliche Gesellschaft – Aufbau und Wandel. Zürich: Seismo.
Bruch, Micael, 1997: Betriebliche Organisationsform und gesellschaftliche Regulation. Zum Problem des Verhältnisses von Organisation und Gesellschaft in polit-ökonomisch orientierten Ansätzen. S. 181–210 in: *Günther Ortmann, Jörg Sydow* und *Klaus Türk* (Hg.): Theorien der Organisation. Die Rückkehr der Gesellschaft. Opladen: Westdeutscher Verlag.
Brunsson, Nils, 1985: The Irrational Organization. Irrationality as a Basis for Organizational Action and Change. Chicester: Wiley.
Cohen, Michael D., James G. March und *Johan P. Olsen,* 1972: A Garbage Can Model of Organizational Choice, Administrative Science Quarterly 17: 1–25.
Coleman, James S., 1986: Die asymmetrische Gesellschaft. Vom Aufwachsen mit unpersönlichen Systemen. Weinheim/Basel: Beltz.
Coleman, James S., 1991: Grundlagen der Sozialtheorie. Bd 1: Handlungen und Handlungssysteme. München: Oldenbourg.
Connolly, Terry, 1977: Information Processing and Decision Making in Organizations. S. 205–233 in: *Barry M. Staw* und *Gerald R. Salancik* (Hg.): New Directions in Organizational Behavior. Chicago: St. Clair Press.
Crozier, Michel, 1967: The Bureaucratic Phenomenon. Chicago: University of Chicago Press.
Crozier, Michel, und *Erhard Friedberg,* 1979: Macht und Organisation. Die Zwänge kollektiven Handelns. Königstein/Ts.: Athenäum.
Cyert, Richard M., und *James G.March,* 1963: A Behavioral Theory of the Firm. Englewood Cliffs, NJ: Prentice-Hall.
Dreßen, Wolfgang, 1982: Die pädagogische Maschine. Zur Geschichte des industrialisierten Bewusstseins in Preußen/Deutschland. Frankfurt a.M.: Ullstein.
Durkheim, Emile, 1988: Über soziale Arbeitsteilung. Frankfurt a.M.: Suhrkamp.
Eschenburg, Theodor, 1955: Herrschaft der Verbände? Stuttgart: Deutsche Verlags-Anstalt.
Esping-Andersen, Gøsta, 1990: The Three Worlds of Welfare Capitalism. Cambridge: Polity Press.
Esser, Hartmut, 1993: Soziologie. Frankfurt a.M./New York: Campus.
Esser, Hartmut, 1999: Die Situationslogik ethnischer Konflikte. Auch eine Anmerkung zum Beitrag „Ethnische Mobilisierung und die Logik von Identitätskämpfen" von Klaus Eder und Oliver Schmidtke, Zeitschrift für Soziologie 28: 245–262.
Ewald, François, 1993: Der Vorsorgestaat. Frankfurt a.M.: Suhrkamp.

Flora, Peter, und *Arnold J. Heidenheimer* (Hg.), 1981: The Development of Welfare States in Europe and America. New Brunswick, NJ: Transaction.
Foucault, Michel, 1976: Überwachen und Strafen. Die Geburt des Gefängnisses. Frankfurt a.M.: Suhrkamp.
Fuchs, Stefan, Janina von Stebut und *Jutta Allmendinger,* 2001: Gender, Science, and Scientific Organizations in Germany, Minerva 39: 1–25.
Göbel, Markus, 2001: Die Rolle der Universitäten in der Ausdifferenzierung von Wissenschaft. Soziologie in Deutschland und den USA. S. 84–111 in: *Veronika Tacke* (Hg.): Organisation und gesellschaftliche Differenzierung. Opladen: Westdeutscher Verlag.
Goffman, Erving, 1961: Asylums. Essays on the Social Situation of Patients and Other Inmates. Garden City, NY: Doubleday.
Habermas, Jürgen, 1981: Theorie des kommunikativen Handelns. 2 Bde.. Frankfurt a.M.: Suhrkamp.
Hartmann, Michael, 1996: Topmanager. Die Rekrutierung einer Elite. Frankfurt a.M.: Campus.
Japp, Klaus P., 1994: Verwaltung und Rationalität. S. 126–141 in: *Klaus Dammann, Dieter Grunow* und *Klaus P. Japp* (Hg.): Die Verwaltung des politischen Systems. Neuere systemtheoretische Zugriffe auf ein altes Thema. Opladen: Westdeutscher Verlag.
Kieserling, André, 1994: Interaktion in Organisationen. S. 168–182 in: *Klaus Dammann, Dieter Grunow* und *Klaus P. Japp* (Hg.): Die Verwaltung des politischen Systems. Neuere systemtheoretische Zugriffe auf ein altes Thema. Opladen: Westdeutscher Verlag.
Kirsch, Werner, 1977: Einführung in die Theorie der Entscheidungsprozesse. 2. Aufl. Wiesbaden: Gabler.
Kneer, Georg, 1992: Bestandserhaltung und Reflexion. Zur kritischen Reformulierung gesellschaftlicher Rationalität. S. 86–112 in: *Werner Krawietz* und *Michael Welker* (Hg.): Kritik der Theorie sozialer Systeme. Auseinandersetzungen mit Luhmanns Hauptwerk. Frankfurt a.M.: Suhrkamp.
Kneer, Georg, 2001: Organisation und Gesellschaft. Zum ungeklärten Verhältnis von Organisations- und Funktionssystemen in Luhmanns Theorie sozialer Systeme, Zeitschrift für Soziologie 30: 407–428.
Knorr-Cetina, Karin, 1992: Zur Unterkomplexität der Differenzierungstheorie. Empirische Anfragen an die Systemtheorie, Zeitschrift für Soziologie 21: 406–419.
Kristeva, Julia, 1990: Fremde sind wir uns selbst. Frankfurt a.M.: Suhrkamp.
Kron, Thomas (Hg.), 2000: Individualisierung und soziologische Theorie. Opladen: Leske + Budrich.
Kronauer, Martin, 1997: „Soziale Ausgrenzung" und „Underclass": Über neue Formen der gesellschaftlichen Spaltung, Leviathan 25: 29–49.
Lieckweg, Tania, und *Christof Wehrsig,* 2001: Zur komplementären Ausdifferenzierung von Organisationen und Funktionssystemen. Perspektiven einer Gesellschaftstheorie der Organisation. S. 39–60 in: *Veronika Tacke* (Hg.): Organisation und gesellschaftliche Differenzierung. Opladen: Westdeutscher Verlag.
Lindenberg, Siegwart, 1985: An Assessment of the New Political Economy. Its Potential for the Social Sciences and for Sociology in Particular, Sociological Theory 3: 99–114.
Luhmann, Niklas, 1964: Funktionen und Folgen formaler Organisation. Berlin: Duncker & Humblot.
Luhmann, Niklas, 1970: Soziologie als Theorie sozialer Systeme. S. 113–136 in: *Ders.:* Soziologische Aufklärung. Bd. 1. Opladen: Westdeutscher Verlag.
Luhmann, Niklas, 1973 (1968): Zweckbegriff und Systemrationalität. Über die Funktion von Zwecken in sozialen Systemen. Frankfurt a.M.: Suhrkamp.
Luhmann, Niklas, 1984: Soziale Systeme. Grundriß einer allgemeinen Theorie. Frankfurt a.M.: Suhrkamp.
Luhmann, Niklas, 1997: Die Gesellschaft der Gesellschaft. Frankfurt a.M.: Suhrkamp.
Luhmann, Niklas, 2000: Organisation und Entscheidung. Opladen: Westdeutscher Verlag.
March, James G., 1988: Decisions and Organizations. Oxford: Blackwell.
March, James G., 1994: A Primer on Decision Making. How Decisions Happen. New York: The Free Press.

March, James G., und *Johan P. Olsen*, 1976: Ambiguity and Choice in Organizations. Bergen: Universitetsforlaget.
March, James G., und *Herbert A. Simon*, 1958: Organizations. New York u.a.: Wiley.
Marshall, Thomas H., 1992 (1949): Staatsbürgerrechte und soziale Klassen. S. 33–94 in: *Ders.:* Bürgerrechte und soziale Klassen. Zur Soziologie des Wohlfahrtsstaates. Frankfurt a.M./New York: Campus.
Martens, Wil, 1997: Organisation und gesellschaftliche Teilsysteme. S. 263–311 in: *Günther Ortmann, Jörg Sydow* und *Klaus Türk* (Hg.): Theorien der Organisation. Opladen: Westdeutscher Verlag.
Marx, Karl, 1969 (1843): Kritik des Hegelschen Staatsrechts. S. 201–333 in: Marx-Engels-Werke (MEW). Bd. 1. Berlin (DDR): Dietz.
Marx, Karl, 1988: Das Kapital. Kritik der politischen Ökonomie. Erster Band. Buch I: Der Produktionsprozeß des Kapitals. In: Marx-Engels-Werke (MEW). Bd. 23, 17. Aufl. Berlin (DDR): Dietz.
Mayntz, Renate, 1988: Funktionelle Teilsysteme in der Theorie sozialer Differenzierung, S. 11–44 in: *Dies.* et al.: Differenzierung und Verselbständigung. Zur Entwicklung gesellschaftlicher Teilsysteme. Frankfurt a.M./New York: Campus.
Mayntz, Renate, und *Fritz W. Scharpf*, 1995: Der Ansatz des akteurzentrierten Institutionalismus. S. 39–72 in: *Dies.* (Hg.): Gesellschaftliche Selbstregulierung und politische Steuerung. Frankfurt a.M./New York: Campus.
McCrone, David, 1998: The Sociology of Nationalism. London/New York: Routledge.
Münch, Richard, 1991: Dialektik der Kommunikationsgesellschaft. Frankfurt a.M.: Suhrkamp.
Münch, Richard, 1993: Die Kultur der Moderne. 2 Bde. Frankfurt a.M.: Suhrkamp.
Nassehi, Armin, 1993: Die Zeit der Gesellschaft. Auf dem Weg zu einer soziologischen Theorie der Zeit. Opladen: Westdeutscher Verlag.
Nassehi, Armin, 1994: Die Form der Biographie. Theoretische Überlegungen zur Biographieforschung in methodologischer Absicht, BIOS 7: 46–63.
Nassehi, Armin, 1995: Différend, Différance und Distinction. Zur Differenz der Differenzen bei Lyotard, Derrida und in der Formenlogik. S. 37–60 in: *Henk de Berg* und *Matthias Prangel* (Hg.): Differenzen. Systemtheorie zwischen Dekonstruktion und Konstruktivismus. Tübingen/Basel: Francke.
Nassehi, Armin, 1999: Differenzierungsfolgen. Beiträge zur Soziologie der Moderne. Opladen: Westdeutscher Verlag.
Nassehi, Armin, 2000: Die Geburt der Soziologie aus dem Geist der Individualität. Einige systemtheoretische Bemerkungen. S. 45–68 in: *Thomas Kron* (Hg.): Individualisierung und soziologische Theorie. Opladen: Leske + Budrich.
Nassehi, Armin, 2001: Funktionale Differenzierung – revisited. S. 155–178 in: *Eva Barlösius, Hans-Peter Müller* und *Steffen Sigmund* (Hg.): Gesellschaftsbilder im Umbruch. Soziologische Perspektiven in Deutschland. Opladen: Leske + Budrich.
Nassehi, Armin, 2002a: Exclusion Individuality or Individualization by Inclusion?, Soziale Systeme 7: 124–135.
Nassehi, Armin, 2002b: Dichte Räume. Städte als Synchronisations- und Inklusionsmaschinen. S. 211–232 in: *Martina Löw* (Hg.): Städtische Differenzierungen. Opladen: Leske + Budrich.
Nassehi, Armin, 2002c: Überraschte Identitäten. Über die kommunikative Formierung von Identitäten und Differenzen nebst einigen Bemerkungen zu theoretischen Kontexturen. S. 211–237 in: *Joachim Renn* und *Jürgen Straub* (Hg.): Transitive Identität. Der Prozesscharakter des modernen Selbst. Frankfurt a.M./New York: Campus.
Nassehi, Armin, 2003a: Die Differenz der Kommunikation und die Kommunikation der Differenz. Über die kommunikationstheoretischen Grundlagen von Luhmanns Gesellschaftstheorie. S. 21–42 in: *Hans-Joachim Giegel* und *Uwe Schimank* (Hg.): Beobachter der Moderne – Beiträge zu Niklas Luhmanns „Die Gesellschaft der Gesellschaft". Frankfurt a.M.: Suhrkamp.
Nassehi, Armin, 2003b: Geschlossenheit und Offenheit. Studien zur Theorie der modernen Gesellschaft. Frankfurt a.M.: Suhrkamp.

Nassehi, Armin, und *Gerd Nollmann,* 1997: Inklusionen. Organisationssoziologische Ergänzungen der Inklusions-/Exklusionstheorie, Soziale Systeme 3: 393–411.
Ortmann, Günther, Jörg Sydow und *Klaus Türk* (Hg.), 1997: Theorien der Organisation. Die Rückkehr der Gesellschaft. Opladen: Westdeutscher Verlag.
Parsons, Talcott, 1969: Evolutionäre Universalien der Gesellschaft. S. 55–74 in: *Wolfgang Zapf* (Hg.): Theorien des sozialen Wandels. Köln/Berlin: Kiepenheuer & Witsch.
Parsons, Talcott, 1972: Das System moderner Gesellschaften. München: Juventa.
Perrow, Charles, 1989: Eine Gesellschaft von Organisationen, Journal für Sozialforschung 28: 3–19.
Picot, Arnold, Helmut Dietl und *Egon Franck,* 1997: Organisation. Eine ökonomische Perspektive. Stuttgart: Schäffer-Poeschel.
Pollack, Detlef, 1990: Das Ende einer Organisationsgesellschaft. Systemtheoretische Überlegungen zum gesellschaftlichen Umbruch in der DDR, Zeitschrift für Soziologie 19: 293–307.
Popper, Karl R., 1982: Die Logik der Sozialwissenschaften. S. 103–123 in: *Theodor W. Adorno* et al.: Der Positivismusstreit in der deutschen Soziologie. 10. Aufl. Darmstadt/Neuwied: Luchterhand.
Presthus, Robert, 1979: The Organizational Society. An Analysis and a Theory. 2. Aufl. London: Macmillan.
Rammstedt, Otthein, 1988: Die Attitüden der Klassiker als unsere soziologischen Selbstverständlichkeiten. Durkheim, Simmel, Weber und die Konstitution der modernen Soziologie. S. 275–307 in: *Ders.* (Hg.): Simmel und die frühen Soziologen. Nähe und Distanz zu Durkheim, Tönnies und Max Weber. Frankfurt a.M.: Suhrkamp.
Roethlisberger, Fritz J., und *William J. Dickson,* 1939: Management and the Worker. An Account of a Research Program Conducted by the Western Electric Company, Hawthorne Works, Chicago. Cambridge, MA: Harvard University Press.
Schimank, Uwe, 2000: Handeln und Strukturen. Weinheim: Juventa.
Schimank, Uwe, 2001a: Organisationsgesellschaft. S. 278–307 in: *Georg Kneer, Armin Nassehi* und *Markus Schroer* (Hg.): Klassische Gesellschaftsbegriffe der Soziologie. München: Fink.
Schimank, Uwe, 2001b: Funktionale Differenzierung, Durchorganisierung und Integration der modernen Gesellschaft. S. 19–60 in: *Veronika Tacke* (Hg.): Organisation und gesellschaftliche Differenzierung. Opladen: Westdeutscher Verlag.
Schimank, Uwe, 2002: Organisationen. Akteurkonstellationen – korporative Akteure – Sozialsysteme. S. 29–54 in: *Jutta Allmendinger* und *Thomas Hinz* (Hg.): Soziologie der Organisationen. Sonderheft 42 der Kölner Zeitschrift für Soziologie und Sozialpsychologie. Opladen: Westdeutscher Verlag.
Schroer, Markus, 2001: Das Individuum der Gesellschaft. Synchrone und diachrone Theorieperspektiven. Frankfurt a.M.: Suhrkamp.
Simmel, Georg, 1923: Philosophische Kultur. Gesammelte Essais. 3. Aufl. Potsdam: Kiepenheuer.
Simon, Fritz B., 1997: Die Kunst, nicht zu lernen. Und andere Paradoxien in Psychotherapie, Management, Politik. Heidelberg: Carl-Auer-Systeme.
Simon, Herbert A., 1997 (1949): Administrative Behavior. A Study of Decision-Making Processes in Administrative Organization. 4. Aufl. New York: Free Press.
Stichweh, Rudolf, 1988: Inklusion in Funktionssysteme der modernen Gesellschaft. S. 261–293 in: *Renate Mayntz* et al.: Differenzierung als Verselbständigung. Zur Entwicklung gesellschaftlicher Teilsysteme. Frankfurt a.M./New York: Campus.
Stichweh, Rudolf, 1991: Der frühmoderne Staat und die europäische Universität. Frankfurt a.M.: Suhrkamp.
Stichweh, Rudolf, 1995: Systemtheorie und Rational Choice Theorie, Zeitschrift für Soziologie 24: 395–406.
Stichweh, Rudolf, 2000: Die Weltgesellschaft. Soziologische Analysen. Frankfurt a.M.: Suhrkamp.
Taylor, Frederick W., 1995: Die Grundsätze wissenschaftlicher Betriebsführung, Weinheim: Beltz (Reprint der dt. Ausg. von 1913).
Teubner, Gunther, 1989: Recht als autopoietisches System. Frankfurt a.M.: Suhrkamp.
Theis, Anna Maria, 1994: Organisationskommunikation. Theoretische Grundlagen und empirische Forschungen. Opladen: Westdeutscher Verlag.

Tönnies, Ferdinand, 1991: Gemeinschaft und Gesellschaft. Grundbegriffe der reinen Soziologie. Darmstadt: Wissenschaftliche Gesellschaft.
Türk, Klaus, 1995: „Die Organisation der Welt". Herrschaft durch Organisation in der modernen Gesellschaft. Opladen: Westdeutscher Verlag.
Türk, Klaus, 1997: Organisationen als Institutionen der kapitalistischen Gesellschaftsformation. S. 124–176 in: *Günther Ortmann, Jörg Sydow* und *Klaus Türk* (Hg.): Theorien der Organisation. Opladen: Westdeutscher Verlag.
Walsh, James P., und *Gerardo R. Ungson,* 1991: Organizational Memory, Academy of Management Review 16: 57–91.
Weber, Max, 1972: Gesammelte Aufsätze zur Religionssoziologie. Bd. 1. Tübingen: Mohr.
Weber, Max, 1988: Gesammelte Aufsätze zur Soziologie und Sozialpolitik. Tübingen: Mohr.
Weber, Max, 1990: Wirtschaft und Gesellschaft. Grundriß der verstehenden Soziologie. 5. Aufl. Tübingen: Mohr.
Wehler, Hans-Ulrich, 1987: Deutsche Gesellschaftsgeschichte. Bd. 2: Von der Reformära bis zur industriellen und politischen „Deutschen Doppelrevolution": 1815–1845/49. München: Beck.
Weick, Karl E., 1998 (1969): Der Prozeß des Organisierens. 2. Aufl. Frankfurt a.M.: Suhrkamp.
Whyte, William H., 1956: The Organization Man. Garden City, NY: Doubleday.
Williamson, Oliver E., 1975: Markets and Hierarchies. New York: Free Press.
Wimbauer, Christine, 1999: Organisation, Geschlecht, Karriere. Fallstudien aus einem Forschungsinstitut. Opladen: Leske + Budrich.

Die Autorinnen und Autoren

Achatz, Juliane, Dipl. Soz., wissenschaftliche Mitarbeiterin am Institut für Soziologie der Ludwig-Maximilians-Universität München. Forschungsgebiete: Geschlechtersegregation in Organisationen und Arbeitsmärkten, geschlechtsspezifische Entlohnung, Organisationen und soziale Ungleichheit. Veröffentlichung: Wandel einer Wissenschaftsorganisation und die Integration von Frauen, in: Zeitschrift für Soziologie 30, 2001 (mit T. Hinz).

Allmendinger, Jutta, Ph.D., Professorin für Soziologie an der Ludwig-Maximilians-Universität München; seit Februar 2003 Direktorin des IAB in Nürnberg; 1996–1997 Fellow des Centers for Advanced Study in the Behavioral Sciences, Palo Alto; 1999–2002 Vorsitzende der Deutschen Gesellschaft für Soziologie. Forschungsgebiete: Organisationssoziologie, Bildungssoziologie, Soziologie sozialer Ungleichheit. Veröffentlichungen: Bildungsarmut, in: Soziale Welt 50, 1999; Soziologie des Sozialstaates, Weinheim/München 2000 (Hg. mit W. Ludwig-Mayerhofer); Education and the Welfare State, erscheint in: European Journal of Social Policy 2003 (mit S. Leibfried).

Beck, Nikolaus, Dr. rer. pol., Hochschulassistent am Lehrstuhl für Organisation an der Universität Erfurt. Forschungsgebiete: Quantitative Organisationsforschung, Neo-Institutionalismus, Populationsökologie, Familiensoziologie. Veröffentlichungen: The Complexity of Rule Systems, Experience, and Organizational Learning, in: Organization Studies 24, 2003 (mit A. Kieser); Kontinuität des Wandels: Inkrementale Änderungen einer Organisation, Wiesbaden 2001; Die Wechselwirkung zwischen Erwerbstätigkeit der Ehefrau und Ehestabilität unter der Berücksichtigung des sozialen Wandels, in: KZfSS 51, 1999 (mit J. Hartmann).

Carroll, Glenn R., Ph.D., Laurence W. Lane Professor für Organisation an der Graduate School of Business der Stanford University. Forschungsgebiete: Organisations- und Industrieentwicklung im Zeitverlauf, vergleichende Organisations- und Industrieforschung. Veröffentlichungen: The Demography of Corporations and Industries, Princeton 2000 (mit M. T. Hannan); Firms, Markets, and Hierarchies: The Transaction Cost Economics Perspective, New York 1999 (Hg. mit D. J. Teece); Organizations in Industry: Strategy, Structure and Selection New York 1995 (Hg. mit M. T. Hannan).

Dobrev, Stanislav D., Ph.D., Assistant Professor für Organisation und Strategie an der Graduate School of Business der University of Chicago. Forschungsgebiete: Auswirkungen von crowding und Imitiation auf die strategische Positionierung in Märkten, Einfluss von organisationsbezogenen Faktoren auf die Karrieredynamik von Managern. Veröffentlichungen: Resource Partitioning Among Organizations in a Market, erscheint in: Research in Organizational Behavior (mit G. R. Carroll und A. Swaminathan); The Evolution of Organizational Niches: U.S. Automobile Manufacturers, 1885–1981, in: Administrative Science Quarterly 47, 2002 (mit T.-Y. Kim und G. R. Carroll).

Flache, Andreas, Ph.D., research fellow der Königlich Niederländischen Akademie der Wissenschaften (KNAW) und postdoc am ICS (Interuniversity Center for Social Science Theory and Methodology) an der Universität Groningen. Forschungsgebiete: Soziale Netzwerke und Solidarität, insbesondere in Organisationskontexten, Mikrofundierungen von Solidarverhalten, Methoden experimenteller Forschung, spieltheoretische Modellierung, Computersimulation. Veröffentlichungen: Stochastic Collusion and the Power Law of Learning: A General Reinforcement Learning Model of Cooperation, in: Journal of Conflict Resolution 46, 2002 (mit M. W. Macy); The Rational Weakness of Strong Ties. Failure of Group Solidarity in a Highly Cohesive Group of Rational

Agents, in: Journal of Mathematical Sociology 26, 2002; Individual Risk Preferences and Collective Outcomes in the Evolution of Exchange Networks, in: Rationality and Society 13, 2001.

Fuchs, Stefan, Dipl.-Soz., wissenschaftlicher Assistent am Institut für Soziologie der Ludwigs-Maximilians-Universität München. Forschungsgebiete: Frauen in der Wissenschaft, Soziale Ungleichheit und Sozialstrukturanalyse, Organisations- und Bildungssoziologie. Veröffentlichungen: Gender, Science, and Scientific Organizations in Germany, in: Minerva 39, 2001 (mit J. Allmendinger und J. von Stebut); Eine Liga für sich? Berufliche Werdegänge von Wissenschaftlerinnen der Max-Planck-Gesellschaft (mit J. Allmendinger und N. von Stebut), in: A. Neusel und A. Wetterer (Hg.): Vielfältige Verschiedenheiten. Geschlechterverhältnisse in Studium Hochschule und Beruf, Campus 1999.

Hackman, J. Richard, Ph.D., Cahners-Rabb Professor für Sozial- und Organisationspsychologie an der Harvard University. Forschungsgebiete: Fragen der Dynamik und Leistung von Arbeitsgruppen sowie des Designs und der Führung von und in self managing teams und Organisationen. Veröffentlichungen: Leading Teams: Setting the Stage for Great Performances, Boston 2002; Groups That Work and Those That Don't: Creation Conditions for Effective Teamwork, San Francisco 1990.

Hinz, Thomas, Dr. rer. pol., wissenschaftlicher Assistent am Institut für Soziologie, Ludwig-Maximilians-Universität München. Forschungsgebiete: Organisationssoziologie, Wirtschaftssoziologie, Sozialstrukturanalyse, quantitative Methoden. Veröffentlichungen: Geschlechtersegregation in deutschen Betrieben, in: Mitteilungen aus der Arbeitsmarkt- und Berufsforschung 34, 2001 (mit T. Schübel); Programmierte (Un-)gleichheit? Geschlechtsspezifische Chancen bei der Bewilligung von Forschungsanträgen, in: Zeitschrift für Soziologie 31, 2002 (mit J. Allmendinger).

Jansen, Dorothea, Dr. rer. soc., Professorin für Soziologie. Lehrstuhl für Soziologie der Organisation an der Deutschen Hochschule für Verwaltungswissenschaften Speyer. Forschungsgebiete: Organisations- und Verwaltungssoziologie, Wissenschafts- und Technikforschung, Methoden der empirischen Sozialforschung, insbesondere Netzwerkanalyse. Veröffentlichungen: Hochtemperatursupraleitung – Herausforderungen für Forschung, Wirtschaft und Politik, Baden-Baden 1998; Einführung in die Netzwerkanalyse, Opladen 1999; Forschungsbericht des Forschungsinstituts für öffentliche Verwaltung, Speyer 2003 (mit M. Weber), erscheint in 2003 unter dem Titel: Zur Organisation des Gründungserfolgs, Wiesbaden.

Knoke, David, Ph.D., Professor für Soziologie an der University of Minnesota. Forschungsgebiete: Organisationen, Netzwerke, politische Soziologie, Sozialstatistik, ein derzeit laufendes Forschungsprojekt beschäftigt sich mit strategischen Allianzen im globalen Informationssektor. Veröffentlichungen: Organizations in America, Thousand Oaks 1996 (mit A. Kalleberg et al.); Changing Organizations, Boulder 2001.

Liebig, Stefan, Dr., Leiter der Nachwuchsgruppe „Interdisziplinäre Soziale Gerechtigkeitsforschung" am Institut für Soziologie der Humboldt-Universität zu Berlin. Forschungsgebiete: Gerechtigkeitsforschung, Organisationssoziologie, Methoden der empirischen Sozialforschung. Veröffentlichungen: Interdisziplinäre Soziale Gerechtigkeitsforschung. Zur Verknüpfung empirischer und normativer Perspektiven, Frankfurt a.M. 2002 (Hg. mit H. Lengfeld); Einstellungen zur sozialen Mindestsicherung. Ein Vorschlag zur differenzierten Erfassung normativer Urteile, in: KZfSS 54, 2002 (mit S. Mau); Arbeit, Organisation und Moral. Eine Grid-Group-Theorie der Gerechtigkeit in Unternehmen, in: Soziale Welt 53, 2002 (mit H. Lengfeld); Lessons from Philosophy? Interdisciplinary Justice Research and Two Classes of Justice Judgments, in: Social Justice Research 14, 2001.

Nassehi, Armin, Dr. phil., Professor für Soziologie an der Ludwig-Maximilians-Universität München. Forschungsgebiete: Soziologische Theorie, Gesellschaftstheorie, Kultursoziologie, Politische Soziologie, Qualitative Sozialforschung, Ethik in Organisationen, Todesbilder. Veröffentlichungen:

Soziologische Gesellschaftsbegriffe, München 1997 (Hg. mit G. Kneer und M. Schroer); Differenzierungsfolgen, Opladen 1999; Klassische Gesellschaftsbegriffe der Soziologie, München 2001 (Hg. mit G. Kneer und M. Schroer); Kontingenz: Methodisch verhindert oder beobachtet? in: Zeitschrift für Soziologie 31, 2002 (mit I. Saake); Die Emigration der Siebenbürger Sachsen, Opladen 2003 (mit G. Weber et al.); Der Begriff des Politischen, Baden-Baden 2003 (Hg. mit M. Schroer); Geschlossenheit und Offenheit, Frankfurt a.M. 2003.

Podsiadlowski, Astrid, Dr. phil, wissenschaftliche Assistentin am Institut für Psychologie an der Katholischen Universität Eichstätt. Forschungsgebiete: Organisations- und Personalentwicklung, Interkulturelle Kommunikation, Integration ausländischer Mitarbeiter, Effektivität von Arbeitsgruppen. Veröffentlichungen: Multikulturelle Arbeitsgruppen in Unternehmen, Münster 2002; Multikulturelle Arbeitsgruppen. Eine differenzierte Betrachtung der Wirkung von Heterogenität in Arbeitsgruppen nach Untersuchungstyp und Form der Gruppenzusammensetzung, in: Sonderheft 4 Interkulturelle Sozialpsychologie der Zeitschrift für Sozialpsychologie, 2002; Segregation in Organisationen und Arbeitsgruppen, in: Sonderheft 41 Geschlechtersoziologie der KZfSS, 2001 (mit J. Allmendinger).

Rao, Hayagreeva, Ph.D., L. Thomas Distinguished Professor für Leadership und Change at the Kellogg School of Management; seit Januar 2003 Associate Editor des Administrative Science Quarterly. Forschungsgebiete: Entstehung von Organisationen, organisationaler Wandel. Veröffentlichungen: Institutional Change in Toque Ville: Nouvelle Cuisine as an Identity Movement in French Gastronomy, erscheint in: American Journal of Sociology; Harnessing Managerial Knowledge to Implement Product-line Extensions: When Do Mutual Fund Families Share Portfolio Managers Across Old and New Funds? in: Academy of Management Journal, 2002 (mit R. Drazin); Interorganizational Ecology, in: J. A. C. Baum (Hg.): Companion to Organizations, London 2001.

Rosenstiel, Lutz von, Dr. phil. Dr. rer. pol. h. c., Professor für Organisations- und Wirtschaftspsychologie an der Ludwig-Maximilians-Universität München. Forschungsgebiete: Sozialisation in Organisationen, Kompetenzmessung und Personalentwicklung, verhaltenswissenschaftliche Perspektiven der Führung, Arbeitsmotivation und Anreizgestaltung, Markt- und Werbepsychologie. Veröffentlichung: Führung, in: H. Schuler (Hg.): Lehrbuch der Personalpsychologie, Göttingen 2001.

Schimank, Uwe, Dr. rer. soc., Professor für Soziologie im Lehrgebiet Soziologie II/Handeln und Strukturen des Fachbereichs Erziehungs-, Sozial- und Geisteswissenschaften der FernUniversität Hagen; zuvor wissenschaftlicher Mitarbeiter am Max-Planck-Institut für Gesellschaftsforschung, Köln. Forschungsgebiete: Theorien der modernen Gesellschaft, soziologische Zeitdiagnosen, Organisations- und Entscheidungstheorien, Sportsoziologie, Hochschulforschung. Veröffentlichungen: Theorien gesellschaftlicher Differenzierung, Opladen 1996; Handeln und Strukturen, München 1999; Gesellschaftliche Differenzierung, Bielefeld 1999 (mit U. Volkmann); Beobachter der Moderne – Beiträge zu Niklas Luhmanns „Die Gesellschaft der Gesellschaft", Frankfurt a.M. 2002 (mit H.-J. Giegel).

Schulz, Martin, Ph.D., Associate Professor an der Faculty of Commerce & Business Administration an der University of British Columbia. Forschungsgebiete: Organisatorisches Lernen, organisatorisches Wissen, organisatorische Regeln, Gesetze, Bürokratien, organisatorisches Design, organisatorischer Wandel, Institutionalismus, multinationale Firmen, mathematische Modelle und quantitative Methoden. Veröffentlichungen in: Administrative Science Quarterly, Academy of Management Journal, Organization Science, Journal of High Technology Management Research, Journal of Computational and Mathematical Organization Theory, Public Productivity & Management Review, und Journal of Mathematical Sociology; The Dynamics of Rules: Change in Written Organizational Codes, Stanford 2000 (mit J. G. March und X. Zhou).

Stebut, Janina von, Dr. phil, wissenschaftliche Mitarbeiterin am Institut für Soziologie der Ludwig-Maximilians-Universität München. Forschungsgebiete: Organisationssoziologie, Geschlechtersoziologie, Sozialstrukturanalyse, Soziologie Sozialer Ungleichheit. Veröffentlichungen: Eine Frage der Zeit? Zur Integration von Frauen in die Wissenschaft. Eine empirische Untersuchung der Max-Planck-Gesellschaft, in: H. Etzkowitz und C. Kamelgor (Hg.): International Comparisons of Women in Science and Technology, Opladen 2003; Gender, Science, and Scientific Organizations in Germany, in: Minerva 39, 2002 (mit J. Allmendinger und S. Fuchs); Frauen in der Wissenschaft. Gutachten für die Enquete-Kommission „Globalisierung der Weltwirtschaft des Deutschen Bundestages", im Erscheinen (mit J. Allmendinger und S. Fuchs).

Swaminathan, Anand, Ph.D., Professor für Management an der University of California (Davis). Forschungsgebiete: Diffusion von Prohibitionsgesetzen in den USA, Wachstum und Rückgang von Organisationen, die sich gegen Alkoholmissbrauch ausgesprochen haben. Veröffentlichungen: Pretty Pictures and Ugly Scenes: Political and Technological Maneuvers in High Definition Television, in: Advances in Strategic Management 19, 2002 (mit G. Dowell und J. Wade); Why the Microbrewery Movement? Organizational Dynamics of Resource Partitioning in the American Brewing Industry after Prohibition, in: American Journal of Sociology 106, 2000 (mit G. R. Carroll).

Todeva, Emanuela, Ph.D., seit 2002 an der School of Management der University of Surrey; zuvor South Bank University. Forschungsgebiete: internationale Unternehmensnetzwerke, kooperative Unternehmensstrategien und -allianzen, Unternehmensrestrukturierung, Privatisierung und Direktinvestitionen in Transitionsökonomien, Transformationspolitik in Zentral- und Osteuropa sowie China, Veränderungen der Managementpraxis in internationalen Kontexten und in vergleichender Perspektive. Veröffentlichungen: Integration of the Post-Communist Economies of Central and Eastern Europe into the 21st Century World-Economy (mit E. Haico), in: W. Dunaway (Hg.): Crises and Resistance in the 21st Century World System, Westport 2002; zur Zeit arbeitet sie an einer Monographie zu „Business Networks: Strategy and Structure".

Wharton, Amy S., Ph.D., Professorin für Soziologie an der Washington State University. Forschungsgebiete: Vereinbarkeit von Erwerbs- und Familienarbeit in einem großen, international tätigen Finanzdienstleister, Organisationsdemographie, die soziale Konstruktion von ‚Differenzen' in Organisationen. Veröffentlichungen: The Paradox of the Family-Friendly Workplace: Employees' Use of Family-Responsive Policies and the Social Context of Work, in: Social Forces 80, 2002 (mit M. Blair-Loy); Social Context at Work: A Multilevel Analysis of Job Satisfaction, in: Sociological Forum 2000 (mit T. Rotolo und S. R. Bird).

Wimbauer, Christine, Dr. phil., wissenschaftliche Mitarbeiterin am Institut für Soziologie der Ludwigs-Maximilians-Universität München. Forschungsgebiete: Soziologie sozialer Ungleichheit, Organisationssoziologie, Familiensoziologie, Geschlechterforschung. Veröffentlichungen: Organisation, Geschlecht, Karriere. Fallstudien aus einem Forschungsinstitut, Opladen 1999. Die Liebe und das liebe Geld. Zur symbolischen Bedeutung von Geld in Paarbeziehungen, Frankfurt a.M./New York 2003.

Windolf, Paul, Professor für Soziologie an der Universität Trier. Forschungsgebiete: Unternehmensverflechtung, vergleichende Strukturanalyse von Wirtschaftssystemen. Veröffentlichungen: Warum blüht der Osten nicht?, Berlin 1999 (mit U. Brinkmann und D. Kulke); Expansion and Structural Change, Boulder 1997; Institutionen, Interessen, Netzwerke, in: Politische Vierteljahresschrift 42, 2001 (mit M. Nollert).

Wittek, Rafael, Ph.D., Professor für Soziologie an der Universität Groningen; 2001–2002 Fellow am Netherlands Institute for Advanced Studies in the Social Sciences and Humanities (NIAS). Forschungsgebiete: soziologische Theorie, Organisationsforschung, soziale Netzwerkanalyse, Determinanten, Verlauf und Folgen von Reorganisationen in den Niederlanden. Veröffentlichungen:

Violations of Trust Norms and Strategies of Informal Social Control in Organizations, in: B. Nooteboom und F.E. Six (Hg.): The Trust Process Within Organizations: Empirical Studies of the Determinants and Process of Trust Development, Cheltenham 2002; Informal Networks and Social Escalation of Conflicts in a Management Team, Research in the Sociology of Organizations, 2002 (mit M. van Duijn und T. Snijders).

English Summaries

Jutta Allmendinger and *Thomas Hinz:* **The Sociology of Organizations: Some Major Challenges,** pp. 9–28.

The introduction to this volume provides a short overview of the sociology of organizations and then outlines challenges to organizational theory and research, crosscutting conventional lines of analysis. First, focus is given to the old tension between trust and control, as it is seen from an actor oriented approach and applied to leadership; to the effectiveness of group performance; to the development of rules in organizations over time; to strategic alliances between organizations; and more. Does such an approach hold strong? Second, reference is made to the problem of embeddedness of actors in groups, groups in organizations, organizations in organizational fields, and organizations in society at large. While context matters, it seems an open question whether its influence vanishes in times of an ever increasing permeability in and between organizations. Based on these two central issues that are covered by all articles presented in this volume, questions of organizational change and social stratification are discussed and methodological issues are outlined.

Keywords: organizational theory, trust, embeddedness of actors, organizational context, institutional context, social stratification, social change, organizational change

Uwe Schimank: **Organizations: Actor Constellations – Corporate Actors – Systems Theory,** pp. 29–54.

Starting from an actor-theoretical perspective, formal organizations are treated as corporate actors, which may emerge from constellations of individual actors. Two basic types of organizations are distinguished: interest organizations which are constituted bottom up, and work organizations which are formed top-down. In an actor-theoretical perspective Luhmann's view of organizations as *autopoietic* social systems can be reconstructed as an important reference to three fictions which only in combination shape its members actions *as organizations*. Organizations thus constitute an actorless social sphere in which situations are strongly shaped by formalized decision premises, and processes proceed accordingly. This de-coupling of organizations from their members in the social, substantive, and time dimension is emphasized by the theory of social systems, and it is an essential condition for organizations as actors. The de-coupling amounts to a reification of formal organizational structures which manifest in myths of rationality and procedural necessities.

Keywords: actor-theoretical perspective, systems theory, interest organization, work organization, rationality

Rafael Wittek and *Andreas Flache:* **Rational Choice and Organizational Theory,** pp. 55–87.

An extended version of rational choice theory is suggested which can overcome the limits of the neoclassical model and yield fruitful new insights for organizational research. The necessary elements for such an extension of rational choice are presented and some of the more recent empirical evidence is reviewed. First the key assumptions and the explanatory logic of rational choice theories are discussed. Then, three theoretical perspectives and their application to organizational research are described: institutional economics, theories of structural embeddedness, and theories of normative embeddedness. These perspectives are next confronted with empirical evidence in three areas of application: models of formal organizations, of informal organizations, and models of cooperation within and between organizations.

Keywords: rational choice theory, institutional economics, structural embeddedness, normative embeddedness

Dorothea Jansen: **Network Approaches in Organizational Analysis, pp. 88–118.**

The concept of networks in organizational theory is analyzed using sociological network analysis. Special attention is paid to institutional economics and sociological institutionalism. Network analysis has become more than a method or research tool as the concept of social capital has turned into a powerful theory of social networks with a wide range of applicability. Networks and their structures can be related to processes of competition and cooperation, to the diffusion of innovations and to questions regarding the legitimacy of organizations. Networks may yield various benefits to corporate actors, groups, policy fields, or industries. The value added by this approach to organizational research is a better grasp on systemic level effects, on emergent properties of actors, groups of actors and whole networks. This is shown by answering two questions: First, which network structures will yield individual profits in intraorganizational and interorganizational relations? Second, what are the mechanisms that drive the evolution of networks and what roles do organizational actors play in this development?

Keywords: network analysis, institutional economics, competition, cooperation, diffusion of innovation,

Martin Schulz and *Nikolaus Beck:* **Life Cycles of Organizational Rules, pp. 119–150.**

Organizational rule histories are a novel area of research that has attracted increasing attention in recent research on rule-based organizational learning. Rule histories are powerful tools with which deep principles of organizational and social change can be uncovered. This article reviews the concept of rule history and discusses recent research on how organizational rules evolve over time. One of the key perspectives emerging from this research is: Rules are supra-individual and function as semi-autonomous components of social order which are influenced by their own history and also by environmental impulses.

Keywords: organizational rules, life cycle, rule history, organizational learning, social change

Stefan Liebig: **Justice in Organizations. Theoretical Considerations and Empirical Results for a Theory of Corporate Justice, pp. 151–187.**

This contribution deals with the relation between control problems within business organizations and employees' expectations of a just distribution of rights, positions and goods within the firm. Based on a theoretical model of organizations it can be shown that justice expectations are related to four basic features of organizations as corporate actors. Accordingly employees' justice expectations are directed to (1) the fairness of the exchange relation between employer and employee, (2) the fairness of formal procedures within a firm, (3) the fairness of interactions between supervisor and subordinate, and (4) the fairness of the distribution of gains and losses resulting from a pooling of individual resources within corporate actors. Results of a standardized employee survey in 21 firms of the German metal industry illustrate that justice expectations vary according to the four dimensions of corporate justice. Analysis of data demonstrates that the degree of perceived (in-)justice on the four dimensions affect attitudes and behaviors which can be interpreted as causes or results of the basic control problems within corporate actors: an individual's motivation to perform, his organizational commitment, his intention to withdraw, and – on the aggregate level of working units – absenteeism and productivity.

Keywords: corporate justice, corporate actors, fairness, exchange relations, formal procedures, interaction, individual resources, productivity

Amy Wharton: **The Gendering of Organizations and the Organization of Gender,** pp. 188–202.

The atomized individual is disappearing from both gender studies and organizational research. Gender scholars have focused greater attention on gender as it is shaped by the social context, and organizational sociologists have placed more emphasis on social networks, social relations, and institutional processes. These developments have helped to create a more 'gender-informed' body of organizational theory and research, and they have moved organizations from the periphery of gender scholarship to a more central place. While these trends are promising, gender studies and organizational theory and research remain at odds in certain areas. Gender scholars outside the area of organizations have been somewhat indifferent to the burgeoning organizational research on gender, while organizational researchers have not strongly embraced gender scholars' approach to organizations. In this article it is explored why this is the case and the prospects for greater dialogue between gender and organizations scholars are assessed.

Keywords: gender, gendering of organizations, social context, organization of gender

Lutz von Rosenstiel: **Leadership in Organizations,** pp. 203–244.

Organizational leadership is defined as intentional, goal-directed influence on the behavior of the members of an organization. Leadership may become effective through structures – the so-called substitutes of leadership, such as technical design, the design of organizational structures, job descriptions and the culture of an organization – or through mostly communicative behavior of managers. Ultimately, leadership serves to reach the owners' goals, i.e., the aims of entrepreneurs, share holders, or governments. Leadership effectiveness is measured in terms of goal attainment, itself determined interactively by the effects of managers' personalities, managers' behaviors ('leadership style') and by facets of the situation into which leadership is embedded. Social-science theories of leadership mostly seek to explain leadership success. Some theories focus explicitly on the leader's personality, some on leadership behavior, and yet others on situational factors. Correspondingly, practice-oriented intervention concepts focus either on personnel selection, leadership behavior, or on situational factors.

Keywords: leadership, organization, communicative behavior, leadership effectiveness, situational factors

J. Richard Hackman: **An Alternative View of Groups in Organizations,** pp. 245–259.

In this contribution it is explored how the organizational context of purposive groups shapes their ecology, their performance effectiveness, and the circumstances under which groups are open to change. First, it is shown that the number and kinds of groups observed in organizations depend heavily on organization-wide values regarding the development and deployment of human resources. Next, group performance is shown to be more powerfully shaped by structural and contextual factors than by the patterns of group interaction that commonly are viewed as the main determinants of performance. Finally, it is shown that the factors that are most consequential for group behavior and performance are deeply rooted in the context and generally can be altered only during periods of systemic instability. Implications are drawn for research, theory, and practice regarding groups that operate in organizational contexts.

Keywords: group performance, purposive groups, organizational context, performance effectiveness, human resources, systemic instability

Astrid Podsiadlowski: **Organizational Diversity**, pp. 260–283.

As organizations internationalize it has become increasingly important to consider differing backgrounds of employees regarding nationality, ethnic descent, age, and sex. Organizations and groups working in organizations are getting more diverse demographically. In this article the concept of diversity is looked at theoretically and empirically so as to determine the consequences of such increasing heterogeneity. The article relies on Podsiadlowski's study of multi-cultural work groups active in the Asia-Pacific region. The effectiveness of the work groups was measured with regard to group satisfaction, efficiency, creativity and the group's sense of its future. On the level of the individual, attitudes vis-à-vis co-operation and collectivism towards co-workers were shown to be crucial for the success of a work group. At the group level national diversity positively influences the creativity of the group and the satisfaction of its members. Organizational diversity improves group efficiency. More studies designed longitudinally and cross-regionally are recommended and some strategies to 'manage' diversity are suggested.

Keywords: organizational diversity, multi-cultural work groups, group efficiency, co-operation, collectivism, creativity, satisfaction

Juliane Achatz, Stefan Fuchs, Janina von Stebut and *Christine Wimbauer:* **Gender Inequality in Organizations: the Employment of Highly Qualified Women in Germany**, pp. 284–318.

In past research, organizations were identified as important bases of social stratification. In this contribution the focus is on how sex and gender inequalities in organizations (re)produce organizationally. The authors discuss existing theoretical approaches and empirical findings and report results from their analysis of labor market data and of two large German research organizations. Findings reveal how the different allocation of men and women to high-status positions comes about, and how it is mediated and prolonged through an embeddedness of individuals and structures in organizational contexts. This interplay of complex structural and microsocial forces is subject to considerable variation between and within organizations and over time.

Keywords: gender inequality, labor market, employment, highly qualified women, research organization, organizational context,

Hayagreeva Rao: **How Do New Organizations Emerge?**, pp. 319–344.

The emergence of new organizations is discussed, starting with distinguishing different processes as new organizations emerge: signaling the intention to organize, resource mobilization, social organization, operational start-up, and receiving a legal identity. These processes are partly interdependent. Only few people wanting to found a new organization do so successfully because selection at this point is very high. Then it is shown how closely the emergence of new organizational forms is linked to social movements and also to a given cultural and institutional environment. Here, the emergence of new organizational forms can be understood as a political process: new norms, values and ideologies are getting infused into society at large. Institutional activists play a key role establishing new practices, mobilizing new resources and gaining legitimacy for new organizational forms.

Keywords: emergence of new organizations, resource mobilization, social organization, operational start-up, legal identity, new organizational forms, social movements, norms, values

Emanuela Todeva and *David Knoke:* **Strategic Alliances and Corporate Social Capital,** pp. 345–380.

Strategic alliances are developed and propagated as formalized interorganizational relationships, particularly among firms in international business systems. These cooperative arrangements achieve organizational objectives via collaboration rather than through competition, but alliances also generate problems at several levels. Theory and research have likewise proliferated to explain various dimensions of alliance behavior. After presenting a typology of diverse governance forms, a review of recent analyses of alliance formation, implementation management, performance outcomes and societal consequences of collaborative activities is presented. Throughout, the emphasis is on how alliance networks serve as corporate social capital to further both the individual and collective objectives of partners. The article concludes with some reflections about future directions for theory construction and empirical work.

Keywords: strategic alliance, alliance behavior, governance forms, corporate social capital, international business, performance

Glenn Carroll, Stanislav Dobrev und *Anand Swaminathan:* **Resource Partitioning among Organizations in a Market,** pp. 381–413.

By the logic of many theories of organization, the dominance of large firms in an industry should hinder the emergence and operation of small specialist firms. Yet a variety of industries in modern economies display simultaneous trends of increased concentration and specialist proliferation. Within the perspective of organizational ecology, the theory of resource partitioning views these two trends as interdependent. The theory holds that under certain environmental and organizational conditions, the increased dominance of large firms in an industry will enhance the life chances of specialist organizations. In this article, we examine the theory of resource partitioning and the evidence that has been offered in its support. We discuss the various theoretical mechanisms that are likely to produce resource partitioning: location, customization, anti-mass-production cultural sentiment, and conspicuous status consumption. We also explore empirical issues involved in investigating these mechanisms. Finally, we describe some important but little investigated problems of the theory.

Keywords: organizational ecology, concentration process, specialist proliferation, resource partitioning

Paul Windolf: **The Future of 'Rhenish Capitalism',** pp. 414–442.

'Rhenish capitalism' denotes a system of economic institutions specific to German capitalism (and to some other closely related European countries). For more than a decade the question has been discussed whether this form of capitalism can survive in a globalized world. First, economic institutions are not only selected because of their economic efficiency, but cultural factors also play a role. The central position of universal banks (credit) and the specific form of market regulation in Germany (cartels) confirm this hypothesis. Second, seven instances of change are analyzed in more detail: the density of corporate networks has decreased; the legal regulation of financial markets has increased; the structure of 'combines' became more flexible; investment funds have acquired a substantial part of the shares of large German corporations; a change in tax regulation makes it easier to sell subsidiaries; and, the credit policy of the banks has changed (securitization of debt).

Keywords: economic institutions, German capitalism, market regulation, financial market, economic efficiency, cultural factors, corporate networks, credit policy, tax regulation

Armin Nassehi: **The Organizations of Society. An Outline of an Organizational Theory from a Perspective of Societal Theory,** pp. 443–478.

According to sociological common sense formal organizations are a basic characteristic of modernity. Diverse social theories concur with this diagnosis, be it classical authors like Karl Marx, Max Weber, Theodor W. Adorno, and Talcott Parsons or more recent theoreticians like Robert Presthus ('organizational society'), James Coleman ('asymmetric society') or social theoreticians like Jürgen Habermas and Niklas Luhmann. In all these conceptions formal organizations are described as an essential concept but by no means are they seen as the only generator of modernity. No one seriously wants to replace a theory of society with organizational theory. To integrate theories of society with organizational theory, however, was so far also not successful. In this contribution the role of organizations in the functional systems of modern society is outlined. The lead question is: Which problem is solved by the emergence of organizations? The answer relies, in short, on "recursivity and reflexivity", "reflexivity and rationality" and "inclusion and exclusion".

Keywords: modernity, social theory, formal organization, recursivity, reflexivity, rationality, inclusion, exclusion

AUS DEM PROGRAMM

Soziologie

Jörg Ebrecht, Frank Hillebrandt (Hrsg.)
Bourdieus Theorie der Praxis
Erklärungskraft - Anwendung - Perspektiven
2002. 246 S. Br. € 27,90
ISBN 3-531-13747-6

Obwohl von Bourdieu als allgemeine Sozialtheorie mit universellem Erklärungsanspruch konzipiert, beschränkt sich die bisherige Wirkungsmacht seines Ansatzes weitgehend auf die Thematik strukturierter sozialer Ungleichheit. Der Sammelband versucht diese thematische Engführung zu überwinden, indem er die Anschlussmöglichkeiten für einige spezielle Soziologien testet, die eine besondere Relevanz und Aktualität für die moderne Gesellschaft besitzen: die Techniksoziologie, die Organisationssoziologie und die Soziologie des Geschlechterverhältnisses.

Bettina Heintz (Hrsg.)
Geschlechtersoziologie
2002. 551 S. mit 25 Abb. und 24 Tab. Br. € 54,00
ISBN 3-531-13753-0

Das 41. Sonderheft der *Kölner Zeitschrift für Soziologie und Sozialpsychologie* geht aus unterschiedlichen theoretischen Perspektiven der Frage nach, über welche Mechanismen Geschlechterungleichheit erzeugt oder auch abgebaut wird. Obschon die Geschlechtergrenzen durchlässiger geworden sind, gibt es nach wie vor Bereiche, in denen die Geschlechterungleichheit praktisch unverändert fortbesteht. Wie ist zu erklären, dass in einer Gesellschaft, die sich von ihrem Selbstverständnis her an universellen Sachprinzipien orientiert, geschlechtliche Zuschreibungen weiterhin wirksam sind? Die Beiträge machen deutlich, dass die Herstellung von Geschlechterungleichheit an spezifische Konstellationen gebunden ist und interaktive Prozesse, Organisationsstrukturen und internationale Normen hier eine besondere Rolle spielen.

Christoph Deutschmann (Hrsg.)
Die gesellschaftliche Macht des Geldes
2002. 367 S. mit 17 Abb. Br. € 34,90
ISBN 3-531-13687-9

Das Thema „Geld" stellt bis heute trotz - oder vielleicht gerade wegen - seiner Allgegenwart in der Gesellschaft einen blinden Fleck der Sozial- und Wirtschaftswissenschaften dar. Der Band soll helfen, dieses Manko zu beheben. Jenseits der üblichen technischen Betrachtung des Geldes als Tauschmittel, Wertmaß und Zahlungsmittel wird das Thema aus einem bewusst breit gehaltenen Spektrum von Perspektiven beleuchtet: Geld als Kommunikationsmedium, Geld und Religion, Geld und Moderne, Psychologie des Geldes und des Konsums, Geld und Sozialcharakter, Zentralbanken und Finanzmärkte.

www.westdeutscherverlag.de

Erhältlich im Buchhandel oder beim Verlag.
Änderungen vorbehalten. Stand: Oktober 2002.

Abraham-Lincoln-Str. 46
65189 Wiesbaden
Tel. 06 11. 78 78 - 285
Fax. 06 11. 78 78 - 400

Westdeutscher Verlag

Klaus Dörre
Kampf um Beteiligung
Arbeit, Partizipation und industrielle Beziehungen im flexiblen Kapitalismus.
Eine Studie aus dem Soziologischen Forschungsinstitut Göttingen (SOFI)
2002. 439 S. mit 20 Tab. Br. € 32,90
ISBN 3-531-13658-5

Die industrielle Restrukturierung der 90er Jahre hat sich in Gestalt einer arbeitspolitischen Pendelbewegung vollzogen. Auf die breite Rezeption und Anwendung partizipativer Managementprinzipien folgte eine regressive Entwicklung. Das Pendel kehrt jedoch nicht zu seinem Ausgangspunkt zurück. Direkte Partizipation wird zunehmend als Rationalisierungsressource genutzt, während Humanisierungsversprechen auf der Strecke bleiben. Der Autor analysiert die Ursachen dieser Entwicklung auf der Grundlage intensiver Fallstudien.

Klaus Türk, Thomas Lemke, Michael Bruch
Organisation in der modernen Gesellschaft
Eine historische Einführung
2002. 339 S. mit 15 Abb. und 3 Tab. Organisation und Gesellschaft. Br. € 32,00
ISBN 3-531-13752-2

Der Band bietet eine Einführung in die Genese und Entfaltung moderner Organisation von der frühen Neuzeit bis zur Gegenwart. Organisation wird dabei als ein historisch spezifisches Verhältnis und als ein strategisches Element für die Konstitution, Etablierung und Reproduktion asymmetrischer gesellschaftlicher Strukturen begriffen. Die Autoren tragen damit dazu bei, die erheblichen historischen Lücken in der organisationswissenschaftlichen Literatur zu schließen; sie streben darüber hinaus eine organisationssoziologische Erweiterung der Gesellschaftstheorie an. Das Buch richtet sich an Studierende und Lehrende der Sozial- und Wirtschaftswissenschaften.

Klaus Türk (Hrsg.)
Hauptwerke der Organisationstheorie
2000. 346 S. Geb. € 26,00
ISBN 3-531-22186-8

Dieses Lehrbuch behandelt 152 ausgewählte Hauptwerke der Organisationstheorie alphabetisch nach Autorennamen sortiert. Jede einzelne Besprechung folgt einem einheitlichen Muster: Zunächst wird das jeweilige Werk in der Originalsprache genannt, dann in einer (wenn vorhanden) deutschen Übersetzung. Im weiteren geben die Beitragsautoren eine dichte Beschreibung der Entstehung, des Gehalts des Hauptwerkes sowie seiner werkgeschichtlichen Bedeutung sowie Rezeptions- und Wirkungsgeschichte. Angefügt werden bibliographische Hinweise auf aktuelle Ausgaben und weiterführende Literatur.

www.westdeutscherverlag.de

Abraham-Lincoln-Str. 46
65189 Wiesbaden
Tel. 06 11. 78 78 - 285
Fax. 06 11. 78 78 - 400

Erhältlich im Buchhandel oder beim Verlag.
Änderungen vorbehalten. Stand: Oktober 2002.

Westdeutscher Verlag

Wilhelm Heitmeyer, John Hagan (Hrsg.)
Internationales Handbuch der Gewaltforschung
2002. 1583 S. mit 54 Abb. und 32 Tab. Geb. € 99,90
ISBN 3-531-13500-7

Das Handbuch informiert umfassend über Gewalt als soziales Phänomen. Dabei wird fast allen Facetten dieses Themas Rechnung getragen: Sozialstrukturelle Verhältnisse und Gewalt, Sozialisation und Lernen von Gewalt, Gewalterfahrungen und Gewalttätigkeit, Gewaltopfer, Gewalt in gesellschaftlichen Institutionen, Gewalt durch politische Gruppen, Gewaltdiskurse etc. In 62 Artikeln von Autorinnen und Autoren aus zehn Ländern liefert der Band ein komplexes, transdisziplinäres Bild eines Forschungsfeldes zwischen Ordnung, Zerstörung und Macht.

Rainer Geißler
Die Sozialstruktur Deutschlands
Die gesellschaftliche Entwicklung vor und nach der Vereinigung.
Mit einem Beitrag von Thomas Meyer
3., grundlegend überarb. Aufl. 2002. 512 S. mit 78 Abb. Br. € 26,90
ISBN 3-531-32923-5

Für die dritte Auflage wurde das ganze Werk geprüft und auf den neuesten Stand gebracht: Sämtliche Daten wurden aktualisiert, gut die Hälfte der Kapitel darüber hinaus grundlegend überarbeitet, zwei Kapitel wurden praktisch neu geschrieben. Der Autor bezieht auch die jüngsten zugänglichen Daten in seine Analysen ein. Damit ist dieser umfassende Überblick über die sozialstrukturelle Entwicklung Deutschlands wieder top-aktuell.

Sven Papcke, Georg W. Oesterdiekhoff (Hrsg.)
Schlüsselwerke der Soziologie
2001. XII, 547 S. Br. € 38,00
ISBN 3-531-13235-0

Einen schnellen Zugang zu den großen Köpfen der Soziologie bietet der vorliegende Band. 202 zentrale Werke – die Klassiker der Soziologie – werden von ausgewiesenen Experten besprochen. Dabei folgen die jeweils mehrseitigen Beiträge einem einheitlichen Muster, das ausführlich sowohl Entstehung und Gehalt als auch Wirkungsgeschichte des „Schlüsselwerks" berücksichtigt. Mehrere Register erleichtern dem Leser die praktische Arbeit mit diesem Nachschlagewerk.

www.westdeutscherverlag.de

Abraham-Lincoln-Str.46
65189 Wiesbaden
Tel. 06 11. 78 78 - 285
Fax. 06 11. 78 78 - 400

Erhältlich im Buchhandel oder beim Verlag.
Änderungen vorbehalten. Stand: Oktober 2002.

GPSR Compliance
The European Union's (EU) General Product Safety Regulation (GPSR) is a set of rules that requires consumer products to be safe and our obligations to ensure this.

If you have any concerns about our products, you can contact us on

ProductSafety@springernature.com

In case Publisher is established outside the EU, the EU authorized representative is:

Springer Nature Customer Service Center GmbH
Europaplatz 3
69115 Heidelberg, Germany

www.ingramcontent.com/pod-product-compliance
Lightning Source LLC
LaVergne TN
LVHW010332260326
834688LV00036B/681